Wolfgang Fleischer
Das verleugnete Leben

Wolfgang Fleischer

Das verleugnete Leben

Die Biographie des Heimito von Doderer

K&S

ISBN 3-218-00619-8

Gestaltung des Schutzumschlags: Kurt Rendl
Foto auf dem Schutzumschlag: Österreichische Nationalbibliothek, Wien
Lektorat: Dr. Hans Heinz Tögl
Landkarten auf S. 85 und S. 98: Wilhelm J. Wagner
Satz: Zehetner Ges. m. b. H., A-2105 Oberrohrbach
Druck und Bindung: Wiener Verlag, Himberg bei Wien

Gedruckt auf chlorfrei gebleichtem Papier

Inhaltsverzeichnis

4. Teil: 1951–1966

Anhang

Vorwort

Diese Lebensgeschichte ist das klare Gegenteil dessen, was Heimito von Doderer über sich geschrieben hätte wissen wollen.

Vom Künstler, dessen Begabung „eine allgemeinere Bedeutung zukommen kann" als dem Leben anderer Talentierter, hatte er in seinem Buch über Gütersloh gesagt: „Nicht Alle haben also ein „Schicksal", sondern nur Wenige. Wer aber eines hat, dessen Leben ist auch schon paradigmatisch, da es wiederum einen neuen möglichen Weg zum „Gral" (heiße er wie immer) oder zur Hölle (heiße sie wie immer) aufzeigt. Die Irrelevanz des äußeren Geschehens, der äußeren Lebenspositionen, aus denen Einer zu seiner Irrfahrt aufbricht oder die er im Verlaufe derselben erreicht, macht es möglich, ein solches Leben rein von seiner paradigmatischen Seite her aufzuzeichnen und zulänglich zu umschreiben, so daß [. . .] auf alle Psychologismen, Anekdota und auf die ganze zusammengebastelte biographische Mosaik leicht verzichtet werden kann."[1]

Doch Doderers An- und Einsichten zur Kunst – vor allem jener des Romans – zu einem Rechtfertigungskatalog für ein Leben zu machen, das dann, als obskur gehaltene Legende, nicht mehr näher beleuchtet werden dürfte, würde seine Meinungen – in einem geschichtslosen Raum – zu einem rein geistigen Heldenepos stilisieren, wobei jede Frage, die nicht der ‚reinen' Kunst entstammt, unzulässig wäre. Einer solchen Wunschvorstellung zufolge müßte hier eine Metaphysik der Kunst mit ihren besonderen Auswirkungen auf die Romantheorie entstehen; der biographische Faden dürfte nur den Entwicklungsphasen von Doderers Erkenntnissen folgen; und obendrein müßte das alles mit jener überzeugten Apodiktik vorgebracht werden, wie sie zu ‚Paradigmen' gehört.

Statt einer Verabsolutierung von Doderers Lehrmeinungen ist es nicht einmal deren Fragwürdigkeit, die im Mittelpunkt dieses Buches steht. Auch seine Vorstellung, daß Kunst die höchstmögliche – „Adel verleihende" – Lebensform sei, wird nicht als Grundlage zur Betrachtung dieses Lebens übernommen, sondern selbst zu einem Thema der untersuchenden Darstellung. Maßstäbe, die jemand dem eigenen Leben setzt, sind vor allem Äußerungen desselben; wenn der Biograph es als Verpflichtung auffaßte, sie zur Basis seiner Arbeit zu machen, hätte nicht er seinen Gegenstand in der Hand, sondern dieser ihn.

Hier wird ein – gerade um der Kunst willen zunehmend „verleugnetes" – Leben erzählt, das von der Österreichisch-Ungarischen Monarchie durch vielfache politische und gesellschaftliche Umorientierungen bis tief in die Zweite Republik reicht. Es ist ein Leben, zu dem – von den Vorfahren, der Kindheit und Jugend angefangen, über beide Weltkriege und bis zum Tod – so reichliches Material auffindbar war, daß dieses Buch, allem ersten Anschein zum Trotz, das Ergebnis eines Bemühens um Knappheit ist: wenn auch auf der unverzichtbaren Basis der Anschaulichkeit.

Das ergibt vor allem einmal eine zeitgeschichtlich orientierte Lebensbeschreibung, die sich keineswegs bevorzugt an die Leser und Kenner von Doderers Werken richtet, sondern an jeden, den detaillierte Darstellungen zum mehr oder minder bekannten Schicksal unserer vorangegangenen Generationen interessieren.

Erst von diesem Bild eines Lebens in seiner Zeit ausgehend, ergibt sich der Blick auf Doderer als Schriftsteller, der seine konkreten Erfahrungen für seine Erzählkunst verwendete und zugleich von dieser sein Leben zunehmend bestimmen ließ. Das erfordert die Darstellung vielfacher und teilweise wechselseitiger Bezüge, die weniger zu eindeutig erledigenden Aussagen als zur Vernetzung von oft disparat Bleibendem führen, wie es diesem Leben entspricht, das voll von Widersprüchen und nie ganz aussetzenden Versuchen gewaltsamer Vereinheitlichung ist.

Zur Entwicklung der Werke und Theorien Doderers ist die oft sehr fragwürdige und natürlich auch zeitgenössisch bedingte Herkunft seiner Absichten und Ansichten am interessantesten; dabei wird sichtbar und deutlich, wie fruchtbar – oder auch furchtbar – er mit seinen Irrtümern umging. Sie nährten ebenso Romane, die als gelungen und großartig gelten, wie den häufig rücksichtslosen Umgang mit nahestehenden Personen und obendrein katastrophale politische Fehleinschätzungen; aus demselben Bündel von Grundanschauungen stammten jedoch auch immer wieder die Argumente für Kehrtwendungen, Selbstheilungen und neue – ‚paradigmatische' – Rechtfertigungen.

Eine solche Darstellung kann natürlich nicht zu einem gewissermaßen germanistischen Überblick über Doderers Werke führen; das würde ich mir weder anmaßen, noch lag es je in meiner Absicht – hier ist auf die entsprechenden Arbeiten von Wendelin Schmidt-Dengler und Dietrich Weber hinzuweisen[2]. Wie jedoch die einzelnen Werke aus diesem Leben sowie in dessen Atmosphäre und Umwelt entstanden, bildet einen Teil der Erzählung. Daraus positive oder negative Rückschlüsse auf die literarische Qualität zu ziehen, ist von meiner Seite rundweg abzulehnen; als wäre es tatsächlich jemals der Hunger – oder eine richtige Idee gewesen, die aus jemandem einen großen Künstler gemacht hätten.

Hier wäre Doderers Einwänden gegen eine biographische Darstellung fast beizustimmen – hielte ich nicht seine ‚Paradigmen' für ebensowenig zielführend. Die Ganzheit eines künstlerischen Werks auf irgendeinen sogenannten Schlüssel zu reduzieren, wird immer nur zur Verarmung des Bildes führen. Deshalb scheint mir ein Gesamtbild, das nach Möglichkeit alle Faktoren berücksichtigt, als die größte Annäherung an ein Phänomen, das seinem Wesen nach irreduzibel und daher äußerst komplex bleiben muß.

Daraus ergibt sich auch – was vielleicht ohnehin selbstverständlich sein sollte –, daß sogenannte Rücksichten, die sich etwa auf ‚Anstand' oder gar Tabus berufen, nicht nur verfehlt wären, sondern tatsächlich Leerstellen im Mosaik verursachen müßten. Und wenn gar noch Absicht dahintersteckte, würde dies die ganze übrige Arbeit desavouieren.

Diesem Bekenntnis zum Umfassenden einer Biographie steht als Ziel die Schlüssigkeit der Darstellung gegenüber; eine solche wird durch Aufzählungen allzuvieler Details, die schon Bekanntes geringfügig variieren, oder durch die Nennung allzu vieler Namen unnötig belastet, ohne noch wesentlich zu gewinnen. So werden einige Kenntnisreiche diesen oder jenes vermissen; dergleichen ist ebenso unvermeidlich wie, bei einer solchen Materialfülle, kleinere Irrtümer, Mißverständnisse oder Unterschiede der Auffassung.

Zuletzt will ich, die Frage vorwegnehmend, kurz beantworten, ob oder wie es diese Arbeit beeinflußt hätte, daß ich Doderer in dessen letzten Lebensjahren gekannt habe. Natürlich ist von jenem persönlichen Umgang ein Bild geblieben, das nicht nur den alten Mann, seine Hoffnungen, Stimmungen und Depressionen umfaßt, sondern auch einen erheblichen Teil seines damaligen Lebenskreises, was der Beschreibung gewiß zunehmende Anschaulichkeit verleiht. Doch blieb mir, abgesehen vom häufig geschilderten Sibirien, seine gesamte Vergangenheit sowie sein intimeres Wesen weitgehend verschlossen – wie es auch ohne Zweifel seiner Absicht entsprach.

Als ich Doderers Vergangenheit fast so lange recherchiert hatte, wie ich seinerzeit ‚Secretarius' gewesen war – nämlich über drei Jahre –, stand mir zuletzt ein so unbekannter und für mich schwer verständlicher Mensch gegenüber, daß ich an der gestellten Aufgabe mehrfach verzweifelte. Die zunehmende Kenntnis des Charakters, die sich durch die andauernde Beschäftigung mit diesem dann doch ergab, überdeckte weitgehend mein eigenes Erinnerungsbild und machte eine Distanz zur früheren Nähe unvermeidlich. Das ist, wie ich hoffe, zur besten Voraussetzung für das vorliegende Buch geworden.

Wien, im Januar 1996

Herkunft

1. Die Ohren der Kaiserin

Der eigenen Familie durch Legendenbildung und Ahnenfiguren zu einer Wertsteigerung zu verhelfen, die sich auf alle gegenwärtigen und zukünftigen Mitglieder erstrecken sollte, war in der Sippe der Doderers ein immer wieder ernst betriebenes Spiel. Heimito von Doderer jedoch setzte sich von jeder Stammbaumkletterei strikt ab: er sei kein ‚Herkünftler', sondern ein ‚Hinkünftler'. Diese negative Haltung gegenüber einer Familienhistorie, noch dazu von einem, der die Ausbildung zum hochqualifizierten Historiker hinter sich hatte, zeigt vor allem eines: wie sehr der Schriftsteller – allzu lang in seinem Leben – darunter gelitten hatte, dem übersteigerten Wertanspruch seiner Verwandtschaft nicht zu genügen. Denn das ist die verwünschte Kehrseite dieser Selbstaufwertung durch Vorfahren: sie fordert zu direkten Vergleichen mit diesen heraus.

Als er – endlich und reichlich spät – berühmt wurde, wollte er den Zusammenhang mit der Herkunft umgekehrt sehen: daß die Vergangenheit daran zu bemessen wäre, wohin sie geführt hatte. Damit meinte er – in seiner immer verletzlich bleibenden, nie zu geringen Eitelkeit – recht unverblümt sich selbst. Er, dem (auch für ihn) recht schmerzliche Zweifel der Familie gegolten hatten, war das erfolgreichste Endprodukt dieser Sippenentwicklung geworden: und ab nun sah er die ‚Hinkunft' zu ihm als nachträgliche Sinngebung der vorausgegangenen Generationen – als wäre ihre wesentliche Aufgabe bloß gewesen, einen Heimito auszumendeln. Nur einen einzigen Vorgänger schloß er von dieser Sichtweise aus und rückte sich als ‚Urgroßneffe' diesem geschmeichelt näher, als den Tatsachen entsprach: Nikolaus Lenau. Gern, stolz (und vielleicht doch legitimierend für sein poetisches Erbe) erwähnte er die Verwandtschaft mit dem großen Dichter – blieb aber sogar hier auf Distanz: „Geistesverwandtschaft zu Lenau konnt' ich jedoch niemals empfinden."[1] Seine Einzigartigkeit mußte bewahrt und jeder zu direkte Vergleich mit den Ahnen vermieden werden.

Diesem Thema galt auch eine Rede, die Heimo anläßlich des 50. Hochzeitstages seiner Eltern hielt und die – was ganz und gar seiner Interessenlage entsprach – mehr ihm selber als dem Jubelpaar galt. (Sehr persönliche Problemlösungen durch abstrakte Theorien für andere verbindlich zu machen, war ihm damals wie später eine bevorzugte Waffe.) Seine These lautete, daß gerade der weit vom Stamm gefallene Apfel alle bisher ungenutzten Fähigkeiten des gesamten Erbgutes rettet und zur Reife bringt. Die dadurch erweiterte Familienzukunft, auf die stolz zu sein die alten Herrschaften hier vor versammelter Familie gedrängt wurden, verkörperte ein ungenannt bleibender Heimito, der „fast als ein Narr erscheinen" mochte, jedoch verwirklichte, was im „Blut" der Generationen angelegt und bloß noch nicht erwacht war. Deshalb sollten sie gerade seinen Abstand und sein Anderssein als eigentliche Zugehörigkeit empfinden: denn nur im bisher von ihnen Mißachteten lag Fortschritt und Gewinn.[2] Ein fast rührender Appell um Anerkennung war, neben aufgeplusterten Phrasen, dabei deutlich mithörbar und vielleicht das einzige, was von Herzen kam. Und doch beharrte auch diese – zumindest teilweise – versöhnliche Geste auf einer ganz entschiedenen Ablehnung, sich zu den Traditionen der Familie verpflichten zu lassen; was auf die Eltern, die nicht ganz zu Unrecht für ihre eigenen Leistungen gefeiert werden wollten, wohl kaum gefühlserwärmend gewirkt haben mag.

Unversöhnlich vorwurfsbereit wie gegen seine Familie blieb Heimito von Doderer auch gegen alle andern – Geliebte, Freunde, Bekannte –, denen nicht selbstverständlich war, die Kunst und den Künstler immer und überall als übergeordnete und höchste Entwicklungsstufe anzusehen. Im konkreten Fall meistens: seine Kunst und ihn selber. Aristokratie galt ihm als mitgegebener Vorsprung, die Kunst als einzige Möglichkeit, einen neuen Adel entstehen zu lassen. Nur an Künstler und Adelige richtete er auf seinen Briefumschlägen die altmodische Anrede *Hochwohlgeboren Herrn* (andere schätzenswerte Menschen mußten sich mit *Wohlgeboren* zufrieden geben). Eben diese hierarchische Sicht schloß auch aus, daß er von der Ablehnung seiner Familie zur Bohème oder offenen Rebellion weitergegangen wäre; er blieb nicht nur ein *hochwohlgeborener Herr*, sondern war es, der eigenen Bewertung nach, sogar im doppelten Sinn: Aristokrat und Künstler.

So blieb die Trennung von seiner Herkunft zwiespältig und schmerzlich: er löste sich – so absichtlich wie unvollständig – von einer familiären Vergangenheit, auf die er zugleich den Stolz bewahren wollte. Gern zeigte er Besuchern die Wappen seiner väterlichen und mütterlichen Ahnen an einer Kommode in seinem Zimmer – und machte manchmal den Eindruck, daß er zur respektvollen Würdigung seiner Vorfahren bereit gewesen wäre, wenn ihm eine ebensolche in der eigenen Familie entgegengebracht worden wäre.

Aber in deren Geschichte hatte Kunst eine recht nebensächliche Rolle gespielt – etwa zu Schmückungsbedürfnissen oder bei der Pflege töchterlicher Begabungen; und auch Aristokratie erst eine sehr späte.

Linie des Großvaters mütterlicherseits

Das wollte man natürlich anders sehen; und dichtete sich – anläßlich eines großen Familienfestes 1888 – eine hehre Vergangenheit an:

„Als einstens vor fast 1000 Jahren . . .
. . . Erschien der Ritter muth'ge Schaar.
Am kühnsten aber schlug sich durch
Herr Hügel von der Mangelburg.
Er stürmt mit seinem Reitertroß
Heraus aus seinem stolzen Schloß . . ."[3]

Das wurde zum 60. Geburtstag von Heimitos Großvater mütterlicherseits, Heinrich von Hügel, vorgetragen; ihm war der – nicht erbliche – Adel erst dreizehn Jahre vorher von Kaiser Franz Joseph verliehen worden. „Der ‚berühmte Hügel von Mangelburg', auf den unsere Mütter ihre Abstammung zurückführten, existierte nur in der

Phantasie der Hügels", schrieb einer der sorgfältigsten Stammbaumforscher der Familie sehr viel später an den dadurch bloß belästigten Heimito von Doderer, der bei dieser Gelegenheit noch dazu als „kleiner Junge mit Lockenhaar" erinnert wurde.[4]

Tatsächlich sind die Hügels seit rund 1500 in Straßburg nachweisbar, und zwar als ‚Ackergärtner' – was im Grunde Bauern hieß, die jedoch aus Verteidigungsgründen ihre Felder innerhalb der Stadtmauern hatten. Erst David Martin Hügel, geboren 1794, ließ davon ab, die Heimaterde weiter zu durchfurchen, und wurde vorerst in Mainz seßhaft, wo er 1822 Margarethe Brehm heiratete; er brachte es zum ‚Frachtbestatter-Assistenten' und schließlich zum ‚Großhzgl. Hess. Güterexpedienten', nämlich der Main-Weser-Bahn in Gießen. Und ab da wurde die Eisenbahn zum Schicksal einiger Generationen.

Noch in Mainz wurden dem David Hügel nach zwei Töchtern schließlich im Jahre 1828 männliche Zwillinge geboren; einer davon war jener (Georg) Heinrich, der sechzig Jahre danach mit dem erwähnten Familienepos gefeiert wurde. Er war Bauunternehmer: mit deutlichem Schwerpunkt auf der Errichtung von Eisenbahnen. Im Land, wo auch sein Vater diente, wurde er zum Großhzgl. Hess. Geheimen Baurat und heiratete 1857 in Darmstadt die einundzwanzigjährige Maria Louise Vietor.

Linie der Großmutter mütterlicherseits

Durch das ‚berühmte Verlagshaus Vietor', so lautet eine der Doderischen Familienlegenden, sei gewissermaßen das Buch in die Familie gekommen.[5] Das bezieht sich offensichtlich auf Maria Louises Mutter Johanette, geborene Diehl, deren Vater Buchbinder sowie Buch- und Schreibmaterialienhändler in Darmstadt gewesen war – und nicht mehr. Die Vietors selbst hingegen hatten es in zwei Generationen vom Silberarbeiter (Friedrich Ludwig Vietor) zum Großhzgl. Hess. Geheimen Botenmeister (Carl Wilhelm Vietor) gebracht; dieser wurde dann noch Chef der Geheimen Schreibstube und Controlleur der indirekten Abgaben.

Großeltern mütterlicherseits

Die – mit ihrem ausgeprägten Kinn recht willensstark wirkende – Tochter dieses Mannes war jedenfalls für Heinrich Hügel eine respektable Partie; er ging mit der jungen Frau nach München, wo er Architekt bei der Ostbahn-Direktion wurde. Und von hier aus begann der steile Aufstieg des kleinen eleganten Mannes mit der großen Energie: wobei immer mehr die selbständige Tätigkeit als eigenständiger Unternehmer überwog, bald mit Sager als Compagnon (‚General-Bauunternehmung Hügel & Sager'), und es rasch zur Expansion in den Osten kam – in die Österreichisch-Ungarische Monarchie. Dennoch blieb der Hauptsitz in München, wo ihm in seinem Palais, am Karolinenplatz Nr. 6, von 1858 bis 1865 vier Töchter geboren wurden, deren zweite – Johanne Caroline Louise, genannt Willy, geboren am 6. 4. 1862 – die Mutter Heimito von Doderers werden sollte.

Der inzwischen zum Kgl. Bayer. Baurat Arrivierte hatte seine Tätigkeit in Österreich-Ungarn 1869 aufgenommen (und bekam eben dafür sechs Jahre später den per-

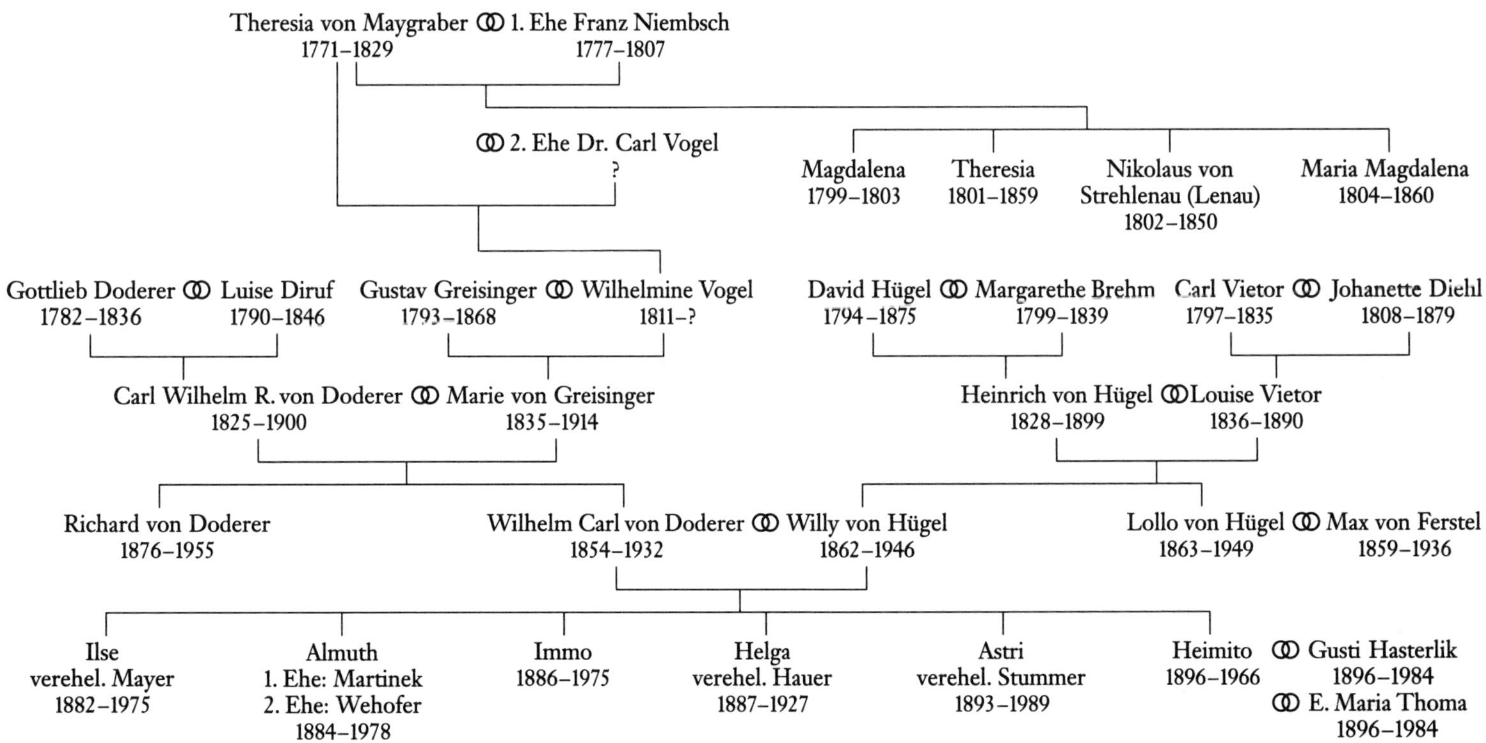
Theresia von Maygraber ⚭ 1. Ehe Franz Niembsch
1771–1829
1777–1807
⚭ 2. Ehe Dr. Carl Vogel
?
Magdalena
1799–1803
Theresia
1801–1859
Nikolaus von Strehlenau (Lenau)
1802–1850
Maria Magdalena
1804–1860
Gottlieb Doderer ⚭ Luise Diruf
1782–1836
1790–1846
Gustav Greisinger ⚭ Wilhelmine Vogel
1793–1868
1811–?
David Hügel ⚭ Margarethe Brehm
1794–1875
1799–1839
Carl Vietor ⚭ Johanette Diehl
1797–1835
1808–1879
Carl Wilhelm R. von Doderer ⚭ Marie von Greisinger
1825–1900
1835–1914
Heinrich von Hügel ⚭ Louise Vietor
1828–1899
1836–1890
Richard von Doderer
1876–1955
Wilhelm Carl von Doderer ⚭ Willy von Hügel
1854–1932
1862–1946
Lollo von Hügel ⚭ Max von Ferstel
1863–1949
1859–1936
Ilse
verehel. Mayer
1882–1975
Almuth
1. Ehe: Martinek
2. Ehe: Wehofer
1884–1978
Immo
1886–1975
Helga
verehel. Hauer
1887–1927
Astri
verehel. Stummer
1893–1989
Heimito
1896–1966
⚭ Gusti Hasterlik
1896–1984
⚭ E. Maria Thoma
1896–1984

sönlichen Adel vom Kaiser verliehen – den erblichen erhielt er erst weitere sechs Jahre später vom König von Bayern, hatte jedoch letztlich aus zwei Ehen nur Töchter). Je renommierter die Firma ‚Hügel & Sager' in Österreich-Ungarn wurde, um so selbstverständlicher war es auch, daß der kunstliebende Hesse aus Bayern in den entsprechenden Kreisen der Kaiserstadt herumgereicht wurde und vor allem seine angesehensten Kollegen kennenlernte: unter diesen natürlich auch Ferstel und Doderer. Deren Fachgebiet war ein völlig anderes: die großen repräsentativen Bauten jener sich hauptsächlich darin ausdrückenden ‚Gründerzeit' in Wien – wie etwa Ferstels Votivkirche und Universität und Doderers Corps-Kommando (das im Zweiten Weltkrieg zerstört wurde – es stand an der Stelle des heutigen Institutsgebäudes hinter der Universität) und die prunkvolle Sommerresidenz des rumänischen Königs in Sinaia; Kaiser Franz Joseph, dessen Kunstsinn allerdings mehr als zweifelhaft war, beschrieb sie in einem Brief an die Schratt als „namenlos schön".

Eine für Erfolg und Ansehen repräsentative Villa wollte sich auch Heinrich von Hügel, wohl seiner Frau zuliebe in Darmstadt, bauen lassen: es wurde ein weitläufiges Palais mit Säulenauffahrt und einem eigenen Gästehaus im Park (mit Äolsharfe – die vielleicht allzu lange Aufenthalte verhindern sollte). Hier bot er Doderers Sohn, der eben beim Vater sein Architekturstudium an der Technischen Hochschule abgeschlossen hatte, die Gelegenheit, Erfahrungen zu sammeln und sich vielleicht auch schon ein erstes Mal zu bewähren. Das scheint tatsächlich der Fall gewesen zu sein; jedenfalls dankte Hügel im Jahre 1877 – als Vater Doderer gerade in den erblichen Ritterstand erhoben worden war – dem „lieben jungen Freund" für die „vielfachen ersprießlichen Bemühungen" und zahlte ihm eine Gratifikation von 500 Mark aus.[6] Drei Jahre später verlobte sich dieser vielversprechende junge Mann mit der zweitältesten Tochter Hügel, ein Jahr darauf wurde geheiratet. Übrigens blieb auch ihre jüngere Schwester Lollo im selben Gesellschaftskreis: sie heiratete 1885 Ferstels Sohn Max.

Linie des Großvaters väterlicherseits

Auch die Doderers stammten von einer langen Reihe von Bauern ab, die ab rund 1500 im Württembergischen Murrtal nachweisbar sind; der älteste hieß Peter Doder, sein Sohn schon Doderer, ebenfalls Peter. Der erste war in Sechselberg, der zweite auf dem Göckelhof in Mettelbach zuhause, dann folgten fünf Generationen auf dem Weidenhof bei Weidenbach; und sie alle heirateten Töchter von Bauern.

Der letzte dieser Bauern war nebenher schon Zimmermann gewesen und als solcher nach Waltersberg gezogen; sein Sohn Gottlieb, geboren 1782, zog weiter nach Heilbronn, wurde dort Bürger, Zimmermann und Mühlenbaumeister und heiratete die Tochter eines andern Bürgers namens Diruf, der Flaschnermeister war. Ihm wurde im Alter von 43 Jahren der Sohn Carl *Wilhelm* Christian geboren, der schließlich zu Wilhelm Ritter von Doderer werden sollte.

Nach zwei Generationen von Zimmerleuten blieb der junge Mann dem Baufach verbunden, allerdings schon auf einer höheren Stufe: er studierte Architektur, was damals freilich so aussah, daß er nach Untergymnasium und Oberrealschule viereinhalb Jahre als Maurer und Steinmetz Erfahrungen sammelte, ehe er in Stuttgart das polytechnische Institut vier Jahre lang bis zur Staatsprüfung besuchte. Nach einem weiteren Studienjahr in Berlin führte ihn 1851 der Weg nach Wien, wo auch schon vor der großen Bauepoche der Ringstraßenzeit berühmte Baumeister und Lehrer wie Siccardsburg und van der Nüll tätig waren; und bei diesen beiden begann Doderer seine Tätigkeit. Sie hatten damals gerade das neue Leopoldstädter Theater gebaut; zu wirklich internationalem Ruhm kamen sie erst erheblich später durch die Errichtung der Hofoper.

Doch das Großbauvorhaben, das beim Eintreffen Doderers fast alle namhaften Architekten Wiens beschäftigte, war das Arsenal, eine direkte Kaiserliche Reaktion auf die Revolution von 1848, die nur durch die brutalste Bombardierung der Stadt (hier hatte sich Feldmarschall Windischgraetz schlimmer als Napoleon erwiesen) hatte niedergeschlagen werden können. Auf einem höhergelegenen Areal südlich der Stadt entstand nun – noch dazu im ‚romanisch-maurisch-byzantinischen Baustil' – ein ummauerter Komplex von 72 Gebäuden, von wo aus das Heer nicht nur mit entsprechender Truppenstärke jederzeit in der Stadt eingreifen, sondern diese auch mit Artillerie bestreichen können sollte. Dieser enorme Einsatz für das Heer – es wurden gleichzeitig und zum selben Zweck noch zwei weitere Kasernen direkt an der Innenstadt erbaut – ist eines der stärksten Zeichen des beginnenden Neo-Absolutismus des jungen Franz Joseph: in der Krise hatten sich nur das Heer und die Bürokratie als staatserhaltend in seinem Sinn – der Dynastie nützlich – erwiesen; jetzt stützte er seine ganze, rasch wachsende Macht auf sie als die einzig geeigneten Mittel der Unterdrückung.

Der junge Architekt Doderer war durch seine Mitwirkung am Arsenalbau für den größten Bauherrn der Monarchie tätig: die Militärbehörden. Bereits nach einem Jahr beriefen sie ihn zum Professor der k.k. Genie-Akademie zu Klosterbruck in Mähren, wo er 1853, also achtundzwanzigjährig, die um zehn Jahre jüngere Marie von Greisinger heiratete. Mit dieser Frau kam bei den Großeltern Heimito von Doderers zu drei deutschen Linien – Hügel, Vietor und Doderer – auch ein österreichischer Teil ins genetische Spiel, mit Lenau zur Gewichtung.

Linie der Großmutter väterlicherseits

Lenaus Mutter Maria Theresia, geborene von Maygraber, stammte aus Pest in Ungarn, wo ihr Vater, ein vorzüglicher Absolvent der philosophischen Hochschule, Oberfiskal der Stadt war; dessen Vater wieder war durch eine Bäckerei in der Pester Innenstadt zu einem ansehnlichen Vermögen gekommen und stammte seinerseits von einem Kaufmann und Richter aus Loretto am Leithagebirge, damals Ungarn, heute Burgenland. Theresia von Maygraber war eine temperamentvolle Frau, die achtundzwanzigjährig den leichtsinnigen Lebemann und Spieler Franz Xaver Niemtz (Niembsch) durch Selbstmorddrohungen drei Wochen vor der Geburt ihres ersten Kindes zur Ehe zwang. Nikolaus Niembsch, der spätere Lenau, wurde als drittes

Kind drei Jahre später geboren und hatte sein Talent gewiß mehr der phantasievollen Mutter zu verdanken als den schlesischen Vorfahren seines Vaters. Dieser konnte auch nicht mehr viel Einfluß als Erzieher geltend machen, woran ihm wohl ohnehin kaum gelegen war; er starb nur vierzigjährig an Schwindsucht, als sein Sohn erst fünf Jahre alt war.

Es kam zu einem zweiten Selbstmordversuch der öfters als psychopathisch dargestellten Frau, wie Lenau seiner Geliebten Sophie Löwenthal 1839 erzählte: „. . . als mein Vater starb [. . .] stellte sie sich auf eine in den Keller führende Falltür, raufte ihr Haar und stampfte mit den Füßen, damit die Tür einbreche und sie in den Keller hinabstürze." Mit der gleich starken leidenschaftlichen Liebe hätte sie auch ihn, ihren einzigen Sohn, ständig umgeben.[7] Sie zog ihn vorerst mit seinen beiden Schwestern allein auf, heiratete jedoch 1811 ein zweites Mal, und zwar den (Civil-)Arzt Dr. Carl Vogel in Tokay (später in Szeret). Da die Geburt der Tochter Wilhelmine bereits am 3. März desselben Jahres erfolgte, wird sich der unmittelbare Anlaß zur zweiten Eheschließung nicht wesentlich von jenem zur ersten unterschieden haben. Erst die Linie aus dieser zweiten Ehe – also die Tochter Wilhelmine Vogel – führte letztlich zu den Doderers. Mit ihrem Halbbruder Nikolaus blieb diese übrigens nur die ersten sieben Lebensjahre unter demselben Dach; dann erzwang dessen Großvater Joseph Niembsch, k.k. Oberst und Kommandant der Monturs-Hauptkommission in Stockerau bei Wien, unter Androhung des Verlustes der Erbschaft für den Enkel, daß dieser bei ihm zu verbleiben hätte. Für seine Enkelkinder und sich erwarb er zu Weihnachten 1820 den Adelstitel ‚Edler von Strehlenau', in Erinnerung an den Ort Strehlen in Schlesien, wo seine Vorfahren herstammten.

Erst im Todesjahr ihres schon seit sechs Jahren geistig umnachteten Halbbruders (er starb wie Heimito in Wien/Döbling), der sich als Dichter Nikolaus Lenau genannt hatte, verehelichte sich Wilhelmine Vogel neununddreißigjährig mit dem um acht Jahre älteren k.k. Oberst im Geniekorps Gustav Adolph Greisinger, der drei Jahre später schon Generalmajor und ‚Ritter von' war; unter den Trauzeugen in der k.k. Ingenieur-Akademie befand sich sogar ein Feldmarschalleutnant. Allerdings hatte das Brautpaar eine bereits fünfzehnjährige Tochter namens Marie, die vom Vater bei der Geburt anerkannt und unter seinem Namen ins Geburtsregister eingetragen worden war; das geht aus den Dokumenten hervor. Familienlegenden umgehen solche Geschichten (obwohl der Grund vielleicht nur in der Militärlaufbahn Greisingers gelegen war) und berichten lieber von der ‚großen Dame' mit Federboa, die den ‚General' und alle andern beherrscht und mit ihrem Temperament in Atem gehalten hätte. Dafür war man 1938, als allerorts Unterlagen für Ariernachweise zusammengerafft wurden, wegen Greisingers Vorfahren besorgt: eines Großhändlers *Abraham* Greisinger, verehelicht mit *Sara* Herzogenrath. Doch stellte sich zur Beruhigung der Familie heraus, daß es damals unter den strenggläubigen Protestanten der Gegend (Brünn in Mähren) üblich gewesen war, alttestamentarische Namen zu bevorzugen.

Welche Beziehungen zwischen Nikolaus Lenau und seiner Halbschwester Wilhelmine sowie ihrem nachmaligen Gatten Gustav Greisinger geherrscht hatten, ist unbekannt; eine weitere Schwester namens Theresia heiratete in Stockerau den Vorstand der Münz- und Bergwesens-Hofbuchhaltung Anton Schurz, der später die erste Biographie seines Schwagers verfaßte; auch die dritte Schwester, Maria Magdalena, die einen Jedleseer Bäckermeister geheiratet hatte, lebte in Wien. Immerhin blieb in der Familie Doderer – und das kann nur von Wilhelmine, geb. Vogel, stammen – einiger Besitz von Lenau: Briefe und ein Faust-Fragment gingen nach dem Zweiten Weltkrieg während der russischen Besetzung des Hauses in der Stammgasse verloren, doch Gegenstände wie Teller oder Lenaus Frühstücks-Service – Tasse, Untertasse und zwei Kännchen in Zartlila – sind bis heute bei Doderer-Nachfahren erhalten. Die Lektüre der Werke des berühmtesten Vorfahren war allerdings nicht obligat: am 12. 10. 1961 schrieb Heimito von Doderer an Professor Ivar Ivask, der ihm eine zweibändige Lenau-Ausgabe geschenkt hatte: „Durch dieses Ihr schönes Geschenk werde ich jetzt meinen Urgroßonkel als Dichter kennen lernen ..." Aber er beschränkte sich auf das biographische Vorwort, um daraus fast empört Beispiele des germanistischen Unverständnisses für erotische Neigungen von Dichtern zu zitieren: als wollte er verhindern, daß seine noch bedenklicheren Fixierungen ähnlich behandelt würden.

Die Großeltern väterlicherseits

Marie Greisinger, endlich eine ‚eheliche' Tochter und bald darauf, sozusagen rückwirkend, eine ‚geborene Edle von Greisinger', heiratete achtzehnjährig – drei Jahre nach der Eheschließung ihrer Eltern, dazu im allgemeinen Taumel der Verlobung des Kaisers mit Sisi und zur Aufhebung des vierjährigen Belagerungszustandes von Wien, Graz und Prag – im Jahr 1853 den jungen Architekten Doderer, den sie wohl über ihren Vater kennengelernt hatte. Der Oberst im Genie-Corps war Studien-Inspektor der k.k. Ingenieurs-Akademie von Brünn in Mähren, Carl Wilhelm Doderer Professor der k.k. Genie-Akademie zu Klosterbruck (bei Znaim) in Mähren, der noch dazu vielfache militärische Bautätigkeit ausübte: daraus hatten sich gewiß genug Berührungspunkte ergeben. Noch in Klosterbruck wurde ihm, schickliche neun Monate nach seiner Heirat und vier Monate nach der Hochzeit des Kaisers, sein erster Sohn geboren, der nicht Carl Wilhelm, sondern Wilhelm Carl hieß – Heimitos späterer Vater.

„Ich mußte sehen, wie meine Landsleute, wie hochgerichtete Edelleute hingerichtet und scharenweise auf Festung verurteilt worden sind, wie alle Freiheit im Lande verschwunden ist." Damit rechtfertigte sich Johann Libényi vor Gericht nach seinem Attentatsversuch auf Franz Joseph (am 16. Februar 1853); der Kaiser war mit einer eher harmlosen Stichverletzung davongekommen und gewann als Opfer erstmals etwas an Popularität (das zweite Mal durch Sisi); sein Bruder Ferdinand Max erklärte: „Den Frevel möge ewige Nacht bedecken ..." und schrieb aus „Dankbarkeit und Freude" über die Rettung einen Wettbewerb zu einer Votivkirche aus. Bis zum Abgabetermin am 1. November 1854 (später auf den 31. Januar 1855 verlängert) fieberten die Architekten in fast ganz Europa, genauer gesagt fünfundsiebzig, der Entscheidung entgegen, unter ihnen auch Wilhelm Doderer. Und tatsächlich gehörte er zu den wenigen prämierten Künstlern, die noch dazu für ihre Mühe mit 1000 Gulden gratifiziert wurden; den Auftrag zu dem Bau, der erstmals seit Jahrhunderten oder zumindest seit der Regotisierung der Augustinerkirche 1784/85 wieder rein gotisch gestaltet werden sollte, erhielt allerdings sein späterer Freund Heinrich [von] Ferstel, der damals erst siebenundzwanzig Jahre alt war.

Doch auch Doderers Ruf wurde durch die Prämierung weiter gefestigt; und außerdem war er in den nächsten elf Jahren ohnehin durch militärische Bauten – hauptsächlich Grenzbefestigungen – zur Genüge ausgelastet. Und natürlich war es diese Tätigkeit – und nicht etwa hervorragende künstlerische Gestaltung –, die ihm später seine österreichischen Orden einbrachte, welche damals für die gesellschaftliche Stellung teilweise bedeutender waren als das Einkommen[8] – vor allem, wenn die Auszeichnung mit einem Allerhöchsten Handschreiben Sr. k.u.k. Apostol. Majestät verbunden war. So hohe Huld wertete nachdrücklicher auf als persönliches Verdienst – das Wilhelm Doderer freilich nicht abzusprechen war. Er blieb bis 1866 in Klosterbruck an der Genie-Akademie, in welchem Zeitraum ihm noch zwei Töchter geboren wurden. Dann erhielt er eine Berufung als ordentlicher Professor ans Wiener Polytechnische Institut, die spätere Technische Hochschule; übrigens gleichzeitig mit Ferstel.

In diesem Jahr der Rückkehr Doderers nach Wien war besonders augenfällig im Gange, was sich bis zum Ende der Monarchie fortsetzen sollte: die Residenzstadt des Kaisers erblühte, während sein Reich als staatliche Einheit sich allmählich auflöste. 1857 begann die Schleifung der Stadtmauern mit ihren Basteien und Toren, und vom Erlös der dadurch freiwerdenden Grundstücke am Rand der Innenstadt konnte die großzügigste Neugestaltung in der Geschichte Wiens atemberaubend rasch vorangetrieben werden. Zwei Jahre darauf setzte sich der noch äußerst selbstbewußte junge Kaiser selber an die Spitze seiner Truppen, um die italienischen Provinzen – wie seinerzeit Radetzky – unter seine Krone zu zwingen, und verlor nach der schrecklichen Niederlage von Solferino nicht nur die Lombardei, sondern auch soviel an innenpolitischer Glaubwürdigkeit, daß er seinen harten Neoabsolutismus durch entscheidende Abstriche einschränken mußte. Und dann folgte nochmals derselbe Zweitakt (in der Zwischenzeit war die Wiener Operette entstanden): 1865 wurden die rund vier Kilometer der 57 Meter breiten Ringstraße prunkvoll eröffnet, im Jahr darauf wurde Österreich durch die vernichtende Niederlage bei Königgrätz endgültig aus dem politischen Spiel der deutschen Staaten geworfen und verlor zudem noch Venetien. Und Sisi, die längst nicht mehr zur Verfügung stand, für den erfolglosen Kaiser um Sympathien zu werben, mischte sich in der Folge und zum einzigen Mal in ihrem Leben in die Politik ein, um durch ihre sentimentale Bevorzugung der Ungarn und den dadurch geförderten österreichisch-ungarischen Ausgleich auch ihren nicht unwesentlichen Beitrag zum späteren Untergang der Monarchie zu leisten.

Eine nicht sonderlich willkommene, dafür umso notwendigere Hilfe für den immer wieder geschwächten Kaiser stellte die Schicht all jener dar, die am meisten leisteten, ohne noch entsprechend an der Macht und am Ansehen beteiligt zu sein: die großbürgerlichen Unternehmer und Bankiers. (Ein gleichnamiger Nachfahre jenes Theodor Hornbostel, der an der Gründung der Creditanstalt beteiligt war, sollte als ‚Teddy Honnegger' in den *Dämonen* Doderers eine Rolle spielen; ein Nachfahre jener Todescos, die in der verlängerten Kärntner Straße ihr Palais erbauten, ein hilfreicher Freund des jungen Heimito werden.) Zu diesen nun Erfolgreichen gehörten große Anwälte und Ärzte wie etwa Billroth (der bei Heinrich von Hügel verkehrte), und natürlich die Stilisten der Gründerzeit, die Architekten der neuen Nobilität. Der Aufstieg der Doderers gehört zu dieser unwahrscheinlichen Blüte des Reichszerfalls.

Carl Wilhelms weitere Karriere zeugt davon: 1874 stellte er das große Corps-Kommando in Wien fertig, in Tiroler Urlaubsorten ließ er sich für den Bau hübscher kleiner Kirchen gewinnen, 1876 errichtete er in Sinaia die Sommerresidenz für den rumänischen König Carol (und noch mehr für die gutartig-poetische Königin Carmen Sylva, die an ihren feinsinnigen Architekten, Träger der rumänischen goldenen Medaille für Kunst und Wissenschaften, romantische Gedichte schrieb). 1876 wurde er Rektor der Wiener Technischen Hochschule (zu der das Polytechnikum im Jahre 1872 erhoben worden war), im Jahr darauf zum ‚Ritter von Doderer' geschlagen. Es war die Zeit, in der man dem Kaiser den Spitznamen ‚Seh-Adler' verpaßte: wen er sah, den adelte er; so dringend war es ihm, die Erfolgreichen an sein Haus zu binden. Was diese neue Klasse vereinte, war der Liberalismus, der in Wien zweifellos in den zehn Bürgermeisterjahren (1868 bis 1878) des vielseitig gebildeten Dr. Cajetan Felder seinen Höhepunkt fand: unter ihm begann der Bau der Hochquellen-Wasserleitung ebenso wie jener der Donauregulierung, die Errichtung des neuen (ebenfalls gotischen) Rathauses sowie des Zentralfriedhofs; und in seinem zweiten Triennium fand auch – 1873 – die große Wiener Weltausstellung statt (getrübt durch Börsenpleite und Cholera). In dieser Legislaturperiode war der o. Prof. Doderer Mitglied des Gemeinderats und wie sein Bürgermeister davon überzeugt, daß Vernunft gepaart mit technischem Einsatz überhaupt alles möglich mache. Doch nichts haßte sein Enkel Heimito mehr als diese Einstellung des Liberalismus, die er letztlich sogar wegen der „sprachlichen Katastrophe, welche das neunzehnte Jahrhundert gebracht hat, als Wurzel des Übels"[9] für den (eigenen?) Nationalsozialismus verantwortlich machte.

Mehr Übel kam, aus heutiger Sicht wie aus jener des damaligen Bürgermeisters (und wohl auch Wilhelm Doderers), von der erstmaligen Wahl Luegers, der bald den Weg des Demagogen von der Rüpelhaftigkeit zum Antisemitismus ging. „Merkwürdig bleibt es immer, daß ausgerechnet der friedliche, patriarchalische Bezirk Landstraße der Boden war, aus dem die Drachenzähne aufkeimten", schrieb Cajetan Felder über Luegers Wahlbezirk später in seiner höchst lesenswerten Lebensgeschichte;[10] merkwürdig in diesem Zusammenhang ist noch, daß der Bezirk Landstraße zur Wohnheimat der nächsten Doderer-Generationen wurde – wenn auch durchaus unter dem patriarchalischen Stern von Wilhelm Carl.

Der Rektor Carl Wilhelm Ritter von Doderer war ein großer, eher schlanker Herr mit einem ebenso prägnanten wie intelligenten Gesicht (der gepflegte Bart war für den Status obligat), darin sich doch eine gewisse vorsichtige Scheu und Empfindsamkeit ausdrückte: im Gegensatz zu seinem Sohn, der ein technisch geprägter Großunternehmer wurde, empfand er sich wie die meisten andern Architekten der Gründerzeit als Künstler (und malte auch recht ansprechende Aquarelle). Das mag ihn mit Ferstel, etwa ab ihrer gemeinsamen Berufung ans Polytechnikum, freundschaftlich verbunden haben: woraus sich nicht nur die spätere Verwandtschaft der beiden Familien ergab, sondern letztlich auch der Erwerb des ‚Riegelhofs', jener in der *Strudlhofstiege* ausführlich beschriebene Sommersitz der Doderers. 1869 plante Heinrich von Ferstel für Erzherzog Karl Ludwig, den Großvater des späteren Kaiser Karl, einen Sommersitz im damals gerade modern gewordenen Sommerfrischenort Reichenau an der Rax (rund 50 km südlich von Wien); 1870–1872 wurde dann die Villa Wartholz – etwa ein kleineres Jagdschloß – gebaut. (1872 trat Ferstel auch eine leitende Stellung in den Wienerberger Ziegelwerken an, die für die Doderers und die Gründung der Sozialdemokratischen Partei eine entscheidende Rolle spielten, wenn auch aus diametral entgegengesetzten Gründen.) In jener Zeit unternahm Ferstel gemeinsam mit Doderer Wanderungen in der Umgebung, also auf Semmering und Rax, wobei die beiden Herren so etwas wie besonders frühe Alpinisten darstellten. Als Doderers Sohn mehr als ein Vierteljahrhundert später in jener Gegend einen Sommersitz zu errichten wünschte, ließ er sich vom Vater beraten, der sich schließlich für den Bauernhof außer- und oberhalb von Prein an der Rax entschied.

Der alte Herr wurde von der ganzen Familie nur ‚Wupperl' genannt, was gar nicht nach – zeitgemäß – strenger Autorität klingt; tatsächlich scheint er nicht nur gutmütig, sondern an äußeren Belangen desinteressiert gewesen zu sein. So kam es, daß seine früh erblindete Frau – Marie geb. von Greisinger – trotz ihres Gebrechens die Angelegenheiten Wupperls geradezu mit einem eigenen sechsten Sinn verwaltete, der sich dabei bis zur unauffälligen Effizienz – oder, in anderer Darstellung, bis zum beherrschenden Kommando steigerte. Erblindet war Marie von Doderer übrigens unmittelbar nach der Geburt ihres zweiten Sohnes, jenes Onkels Richard, der zweiundzwanzig Jahre jünger als sein Bruder Wilhelm war und zu dem Heimito ein besseres Verhältnis als zu den meisten andern Verwandten hatte. Man wohnte herrschaftlich in der Belvederegasse – die damals allerdings noch Heuweg hieß, bis der Thronfolger Franz Ferdinand eine solche Adresse für seine Militärkanzlei im Belvedere als zu vulgär empfand und die Namensänderung veranlaßte. Einmal ging der alte Rektor (und mittlerweile auch k.k. Hofrat) zu Fuß dorthin, weil ihm die Gesichter der Mitfahrenden in der Straßenbahn beim Stadtpark endgültig zu unerträglich wurden; sein Enkel Heimito hätte jederzeit genauso reagieren können (seltsamerweise gibt es auch eine auffallende Ähnlichkeit der Unterschrift beider: jene Heimitos wirkt wie eine pedantische Nachahmung der erheblich schwungvolleren seines Großvaters).

Eltern

Künstler und Architekt war sein Sohn Wilhelm Carl gewiß nicht mehr (obwohl er ‚Architekt' als Berufsbezeichnung führte), sondern nach heutigen Begriffen ein Diplomingenieur für Hoch- und Tiefbau – der allerdings vor der Technischen Hochschule im damals besten Gymnasium Wiens, dem Theresianum, eine solide humanistische Ausbildung erhalten hatte. Diese befähigte ihn nicht nur, bis ins hohe Alter Horaz im Original zu lesen, sondern hatte ihm soviel Liebe zu den klassischen Autoren vermittelt, daß er diese Lektüre auch wirklich immer wieder pflegte. Heimito von Doderer war stolz auf die ererbte väterliche Horaz-Ausgabe, betrachtete sie vielleicht als nachträgliche Verständigungs- oder gar Versöhnungsbrücke mit dem Alten, las aber gewiß weniger darin.

Wilhelm der Jüngere unterschied sich auch äußerlich ganz und gar von seinem Vater: aus dem feschen jungen Kerl mit Schnurrbärtchen wurde bald ein imponierender Büffel von Mann, groß, kräftig, mit wachen gescheiten Augen, im ganzen Habitus ein ständiges Bewußtsein persönlicher Macht ausdrückend, die nicht mehr, wie bei seinem Vater, der Mitgliedschaft zu einem gehobenen Stand galt, sondern dem eigenen Selbstbewußtsein und Können, der eigenen Energie und dem Durchsetzungsvermögen. Da war Humor so selbstverständlich wie Arroganz; seine Güte, Liebe und Toleranz – alles Eigenschaften, die er ebenfalls hatte – kamen nur aus einer Richtung: von oben herab, von seinem patriarchalischen Stern; nichts war einforderbar, sondern alles wurde gegeben, wenn er es so wollte. Damit war er ein Ideal seiner Zeit: autoritäres Mannsbild und sorgender Tyrann, ein Fels des Vertrauens – an dessen Übermächtigkeit seine Kinder weitgehend scheiterten. Er wurde von allen Seiten und ein Lebtag lang auch von der eigenen Frau angehimmelt, mit seinem Charme überwältigte er bedenkenlos, wen immer er wollte; und mit seinen Ansprüchen sowie seiner tatsächlichen Arbeitskraft richtete er sich und andere unbekümmert zugrunde. Ein vollendeter Herr, in bester Kleidung, mit gepflegtesten Umgangsformen. Vom Bild des Übermenschen, wie es die Familienlegende und selbst der Sohn (zumindest teilweise) in den Romanen zeichnet, scheint er tatsächlich nicht allzu weit entfernt gewesen zu sein; solche Kerle gab und gibt es wirklich. (Wie etwa Billroth, der eine Abendgesellschaft gab, um anschließend bei der Uraufführung eines Brahms-Quartettes selbst die zweite Violine zu spielen, worauf er von Mitternacht bis vier Uhr morgens seine umfangreiche Korrespondenz erledigte und um sieben im Seziersaal eintraf.) Und sollte dieser Doderer vielleicht weniger mächtig und machtvoll gewesen sein, als überliefert ist, so bleibt die Tatsache bestehen, daß das Bild des absolut überlegenen Patriarchen die Psyche seiner Nachfahren geprägt hat – nur eine seiner vier Töchter (Ilse) fand einen sie ebenso bestimmenden bis erstickenden Mann, und keinem der Söhne gelang es, sich so sicher im Leben zu verankern; am vorgegebenen Beispiel litten alle gemeinsam.

Wie bald nach seiner Ausbildung (wenn nicht schon vorher durch den Vater) Wilhelm von Doderer auf seinen zukünftigen Schwiegervater Heinrich von Hügel stieß, dessen unternehmerische Erfolge er schließlich mehr oder weniger direkt fortsetzte, läßt sich nicht mehr feststellen. 1876 – als Doderer erst zweiundzwanzig Jahre alt war, aber mit seinem Vater bereits am Schloßbau von Sinaia mitgewirkt hatte und anschließend, ebenfalls nach Entwürfen seines Vaters, das Herkulesbad in Siebenbürgen errichtete – machte sich die ‚General-Bauunternehmung Hügel & Sager' an ihr bisher größtes Vorhaben in der Monarchie: die Eisenbahnstrecke Wien-Preßburg-Budapest-Temesvár von der letztgenannten Stadt bis nach Orsova am Eisernen Tor fortzusetzen; eine Arbeit, die bereits nach zwei Jahren abgeschlossen war (es war ein Teil der Strecke des später dann so berühmten Orientexpresses, der damals von Wien über Marchegg und Preßburg nach Budapest fuhr). Während dieser Bauzeit stand der junge Doderer, wie erwähnt, Hügel für dessen Darmstädter Villenbau hilfreich zur Verfügung.

1878 bekam Österreich die Gelegenheit, auf dem Balkan den starken Mann zu spielen: Serbien, Montenegro und dann vor allem Rußland setzten dem Türkischen Reich so erfolgreich zu, daß die Westmächte, vor allem England unter Lord Disraeli, eine zu große Machtausweitung Rußlands, verbündet mit einem geplanten Großbulgarien, fürchteten. Der einzige Gendarm in der Nähe war Kaiser Franz Joseph, der, durch die günstige internationale Konstellation gestärkt, seine Verluste in Italien und Deutschland durch den Erwerb Bosnien-Herzegowinas in bescheidenem Ausmaß kompensieren konnte: im Juli erfolgte die stolze (und unerwartet verlustreiche) Besetzung jenes Gebiets, wo später durch die Ermordung des Thronfolgers der Erste Weltkrieg und die Zerschlagung der Monarchie ihren Anfang nahmen.

Erstaunlich rasch, nämlich bereits im September 1878, erhielten Hügel & Sager den Auftrag, eine ‚Schleppbahn' (für vorerst militärische Zwecke) von Bosnisch-Brod über 145 Kilometer nach Cepče zu führen, von wo die Strecke später bis Sarajewo verlängert wurde. Dabei benutzten sie die – beim Bau zwischen Temesvár und Orsova für Transport und Versorgung benötigte – betriebseigene Feldbahn, die hier nun unter enorm erschwerten Bedingungen (Partisanen, endlose Regenfälle, schwierigstes Gebirgsterrain) als endgültige Bahn installiert wurde. Es handelte sich dabei um eine aus Bayern stammende Schmalspurbahn der Breite von 760 mm (in voller Absicht um 10 mm breiter als die der Preußen!), für die Hügel & Sager auch Lokomotiven der Münchner Maschinenfabrik Krauß kauften: so kam es zur Einführung der ‚österreichischen Schmalspur'. Bei der technischen Prüfung am 15. Mai 1879 wurde die Bahn für so vortrefflich befunden, daß auch das Fahren von Personenzügen bis zu 15 km/h „ohne Bedenken gestattet wurde"[11].

Der junge Doderer, der, dem allgemeinen Brauch folgend, da und dort praktizierte, wurde von Heinrich von Hügel beim Bau der bosnischen Bahn ebenso wie bei ähnlichen Unternehmungen in Mähren und der Slowakei zur Mitarbeit herangezogen, wobei die allgemeine Linie dieser Entwicklung sich noch nicht deutlich zeigte: nämlich die immer weiter gehende Einbeziehung Doderers in die Firma bis zu deren gänzlicher Übernahme durch den jüngeren Teilhaber nach dem Rückzug der Gründer. ‚Henry' – er wurde, trotz der englischen Schreibweise, nur französisch gerufen – hieß in der Familie der ‚Bonpapa': er hat sich um die Seinen ebenso streng und gerecht wie großzügig gekümmert, an Apanagen nach allen Richtungen fehlte es nie. Sein Haus in Wien – bestens am Kolowratring zwischen Stadtpark und Schwarzenbergplatz gelegen – hielt der ebenso elegante wie tatenfreudige Mann für viele gesellschaftliche Anlässe offen: zu den verbürgten häufigeren Gästen gehörten Kaspar von Zumbusch, Theodor Billroth und Johannes Brahms. (Wer allerdings dort übernachtete, wurde ebenso wie die Familienmitglieder unbarmherzig mit einem Early-morning-tea – um sieben Uhr morgens am Bett – geweckt, während der energische Frühaufsteher Doderer seine Sippe schlafen ließ, so lange jeder wollte, es dafür aber nicht – etwa bei Heimito – an Spott fehlen ließ.)

Durch die Heirat Wilhelms mit der zweitältesten Hügel-Tochter Willy – ab nun ‚die beiden Willys' genannt – wurde Doderer noch intensiver in sämtliche Unternehmungen und auch gesellschaftlichen Verflechtungen der Hügels eingebunden; dennoch hätte der selbstbewußte junge Mann nie – auch vierzig Jahre später nach dem Verlust seines eigenen riesigen Vermögens nicht – daran gedacht, die überaus reiche Mitgift seiner Frau auch nur anzurühren. Sie lag (und liegt zum geringeren Teil noch heute) bei Merck, Finck & Co. in München, wobei Hügel selbst an der Gründung dieser Bank beteiligt gewesen war; auch nach mehrfacher Aufteilung während zweier Generationen stellte jeder Teilbetrag noch ein beträchtliches Vermögen dar.

Die Hochzeit fand (wenige Tage vor dem Brand des Ringtheaters mit 386 Toten) am 24. November 1881 in der Evangelischen Stadtkirche in Wien statt; die Trauzeugen waren Friedrich [später: von] Schmidt, der frühere Dombaumeister und jetzige Errichter des riesigen gotischen Rathauses, das erst 1885 fertig werden sollte, sowie Kaspar [später: von] Zumbusch, der das zeitgenössische Bedürfnis nach monumentalen Kaiser-, Feldherrn- und Künstlerdenkmälern am repräsentativsten befriedigte (Hans Tietze gesteht ihm und Kollegen bis Makart „unbefangenes Pathos" zu[12]) und zuletzt – für Wupperl – das Dorerergrabmal am Zentralfriedhof schuf. In seinem Atelier hatten die vier Hügel-Töchter herumtollen dürfen, wann immer sie wollten, und dabei war es geschehen, daß er die Zweitälteste zu sich gerufen hatte: „Geh, Willy, setz dich her – ich brauch ein paar schöne Ohren für meine Maria Theresia!" So kam es, daß sein berühmtestes Denkmal, jenes der Kaiserin zwischen den [ehemals: Hof-]Museen, die Ohren der Mutter Heimitos trägt. Als Franz Joseph das fertige Werk besichtigen kam, durften sich die vier Mädchen unter dem Podest verstecken und hatten das intime Vergnügen, die Beine des Kaisers aus der Nähe bewundern zu dürfen.[13]

Drei Männer, die den Kaiser in seiner Vorstellung vom Wohlverhalten seiner Untertanen noch zutiefst verstören und später in erbitterter Feindschaft gegeneinander stehen sollten, saßen in jenem Jahr 1881 noch gemeinsam im deutschradikalen Reformverein: Dr. Karl Lueger, einer der Begründer der Christlichsozialen Partei, Dr. Viktor Adler, der die sozialistischen Bewegungen zur Sozialdemokratischen Partei vereinte, und Georg Ritter von Schönerer, der zusätzlich zu seinem Rabaukentum inner- und außerhalb des Parlaments leider auch zu einem der Inspiratoren Adolf Hitlers wurde. Während der anfangs so schwungvolle Liberalismus in nur noch eigennutzigem Konservativismus erstarrte, wuchsen die Drachenzähne auch allerorts außerhalb des III. Wiener Gemeindebezirks heran.

Durchaus unter dem Banner von Eigennutz und Liberalismus gedieh die junge

Familie Doderer und wuchs auch an Zahl der Köpfe: 1882 wurde Ilse geboren, 1884 Almuth, 1886 der erste Sohn, der auf Wilhelm getauft, doch stets nur Immo genannt wurde, und im Jahr darauf Helga, deren Tragödie – unter dem Namen ‚Etelka' – den Lesern der *Strudlhofstiege* bekannt ist. Man verkehrte viel im Hause Hügels, der es liebte, seinen illustren Gästen die Enkelkinder vorzuführen: ein ewiger Schrecken für die kleine Almuth, die abzuküssen Johannes Brahms besonders liebte, während ihr vor seinem großen – und vielleicht nicht immer ganz sauberen – Bart graute[13]. Durch die jungen Doderers lernte übrigens auch Ferstels Sohn Max die Hügels kennen und heiratete 1885 Willys um ein Jahr jüngere Schwester Charlotte, genannt Lollo.

In diesen Jahren begann schon die Planung für das überhaupt größte Bauvorhaben der Firma Hügel & Sager, das dann in Helgas Geburtsjahr begonnen wurde: der Nord-Ostsee-Kanal, der zuerst noch einige Zeit lang Kaiser-Wilhelm-Kanal hieß. Er ist bis heute der meistbefahrene Seekanal der Erde und stellt, quer durch das flache Schleswig-Holstein auf nur einem Niveau mit zwei Gezeitenschleusen gehalten, die kürzeste Verbindung zwischen den beiden Meeren her; seine Tiefe beträgt elf Meter, seine Länge fast genau hundert Kilometer. Gebaut wurde von 1887 bis 1895, wobei Hügel & Sager nicht den ganzen Kanal, aber doch einen der wichtigsten Abschnitte desselben errichtete; die Anwendung der neuesten Baggertechniken in ihrem Bereich sowie der kühne Schwung der Grünentaler Hochbrücke, die den Kanal übersetzte, galten den Zeitgenossen als vorbildlich.

Die beiden Willys mit ihren vier kleinen Kindern aber blieben vorerst in Wien, wobei Doderer offensichtlich die Agenden der Firma im Gebiet der Monarchie weiterbetreute; außer seinem Gehalt erhielt er vom ‚Bonpapa' zusätzlich 2000 Mark im Jahr fürs standesgemäße Wohnen. Wann er, neben Hügel & Sager, seine wichtigsten anderen Geschäftsverbindungen anbahnte, nämlich zur Creditanstalt und den Wienerberger Ziegelwerken, bei welchen später ein Großteil seines Vermögens gebunden war, läßt sich wohl kaum mehr feststellen; bei der Creditanstalt mag sich dies durch deren rege Beteiligung am Bahnbau ergeben haben, bei den Ziegelwerken vielleicht über die Familie Ferstel, da Heinrich, wie erwähnt, seit 1872 dort eine leitende Stelle bekleidete.

Im Dezember 1888 gelang es dem Arzt Dr. Viktor Adler, sich in die Wienerberger Ziegelwerke einzuschleichen; anschließend beschrieb er Zustände, wie sie antiken Sklaven kaum zugemutet worden wären – da diese zumindest ein erhaltenswertes Eigentum darstellten, das nicht leichtfertig verschlissen wurde. Die Arbeiter auf dem Wienerberg erhielten statt Geld bloß Blechmarken, die außerhalb des Betriebsgeländes ungültig waren: somit waren sie gezwungen, alle Lebensbedürfnisse – im wesentlichen Essen und Schlafen – dortselbst zu überhöhten und willkürlichen Preisen zu befriedigen, also mit ihrem elenden Verdienst zum weiteren Gewinn des Arbeitgebers beizutragen. Dafür hausten sie entsetzlich, mußten zum Teil in und auf den Ringöfen in unerträglicher Hitze schlafen, die Frauen brachten ihre Kinder vor fünfzig oder siebzig Mitbewohnern auf die Welt (auf deren dreckigen Boden), und vom

Kantinenfraß sagte ein Wirt treffend: „Und wenn ich in die Schüssel scheiß, müßt ihr's auch fressen!“ Nach Adlers Artikel wurden jedoch nicht die Verantwortlichen angeklagt, sondern es wurde jener Arbeiter von der Polizei inhaftiert, der Adler informiert und ihn in der Nacht aufs Gelände geführt hatte; auch Adler selbst kam vor Gericht, seine Zeitung wurde als ‚anarchistisch‘ unterdrückt.[14]

Der wenige Jahre zuvor verstorbene Heinrich Drasche, der die Ziegelwerke zu seinem blühenden Imperium gemacht und gegenüber der Oper den prächtigsten Zinspalast der Ringstraße gebaut hatte, den Heinrichshof, galt seinen Standesgenossen als außergewöhnlich sozial denkend, honorig und wohltätig.[15] Ähnlich war später der Ruf Wilhelm von Doderers als Bauunternehmer, der sich allerdings wirklich um seine Arbeiter kümmerte und etwa überraschend zum Essen bei ihnen in der Kantine auftauchte, um die Einhaltung der von ihm gewünschten Qualität zu überprüfen; er war, wie in der Familie, ein wohlwollender „Zeus“ (das war auch sein gelegentlicher Spitzname), der von oben herab verteilte, aber nie zugestimmt hätte, daß man von unten verlangen dürfe.

Einen entscheidenden Aufstieg in der Firma seines Schwiegervaters (dem 1890 die Frau gestorben war, worauf er die um 42 Jahre jüngere Anna Garbe heiratete und mit dieser nun vorwiegend in Berlin lebte) machte Doderer am Anfang des Jahres 1891. ‚Papa Hügel‘ schrieb an den ‚lieben Willi‘: „Mit Freund Sager habe ich wiederholt alles im Detail besprochen, er schenkt dir das größte Vertrauen und will dich als sein Stellvertreter ansehen.“ Sager wollte sich persönlich, nicht firmenanteilsmäßig, vom Bau des Nord-Ostsee-Kanals zurückziehen, Doderer sollte 6000 Mark jährlich erhalten, Sagers große Wohnung in Hanerau – von Kiel her etwa nach dem zweiten Drittel des Kanals gelegen – übernehmen und sich bei der Übersiedlung auf Kosten der Firma in nichts beschränken, damit die Familie sich wohl fühlen könne; er müsse sich auf vier Jahre verpflichten („günstigerenfalls ist es auch schon in 3 Jahren erledigt“), werde als „Remuneration . . . von Sagers Werkzeug-Antheil“ 10 Prozent erhalten und „wegen des Antheils von meinem Werkzeug-Antheil werden wir noch reden, du kannst versichert sein, daß ich dich auch fixiere“.[16]

So quartierte sich die Familie Doderer mit vier Kindern im Haus von Lucie Storm ein, der Tochter des vor drei Jahren verstorbenen Schriftstellers Theodor Storm (mit dessen Werk sich Heimito später mehr beschäftigen sollte als mit dem seines ‚Urgroßonkels‘). „Die Bewohner sind äußerst anständig und gebildet“, hatte der Bonpapa geschrieben, und nun spielte Willy von Doderer mit Lucie oft vierhändig Klavier, studierte das Ballett ‚Die Puppenfee‘ ein, das dann in einem Gasthof aufgeführt wurde, und trieb eben, wozu sie als gut erzogene Tochter ausgebildet worden war. Auch kam nochmals ein Kind, die Tochter Astri (die ‚Asta‘ der *Strudlhofstiege*), zu deren Geburt im Mai 1893 sie für einige Zeit nach Wien zurückkehrte. (Lucie Storm kam mit und wurde gemeinsam mit Lollo von Ferstel Taufpatin der Kleinen.)

Die endgültige Rückkehr erfolgte nach Abschluß des gewaltigen Baus zwei Jahre später; die ersten darauf folgenden Arbeiten Doderers in Wien waren zwei Reservoirs für die Hochquellenwasserleitung, und zwar auf dem Rosenhügel und auf dem Schafberg. Irgendwann dazwischen – vielleicht schon gegen den Winter zu – scheint sich das Paar einen Urlaub in Spanien gegönnt zu haben: jedenfalls würde dies mit der häufigsten und auch von Heimito von Doderer selbst erzählten Begründung für die Wahl seines Vornamens übereinstimmen – seiner Mutter hätte der spanische (und eher häufig verwendete) Diminutiv des Namens Jaime, nämlich Jaimito, gut gefallen, was im folgenden Spätsommer, als die Geburt schon bevorstand, mit dem mittelhochdeutschen Namen Heimo kombiniert wurde.

In der Familientradition und den Aufzeichnungen Astris sieht die Rückkehr von Schleswig-Holstein ganz anders aus: „Von dort berief ihn der Wr. Bürgermeister Dr. Lueger, die Wien[fluß]regulierung und Stadtbahntrasse zu bauen", da er sich gegen die Wolkenbrüche und Überschwemmungsgefahr gar nicht mehr zu helfen wüßte. Auch Heimito von Doderer selbst glaubte entweder oder erzählte zumindest, sein Vater hätte die gesamte Wienflußregulierung durchgeführt sowie die Wientallinie der Stadtbahn gebaut; seine Schwester Astri erwähnte immerhin den Baumeister Otto Wagner, der zu diesem großen Werk Doderers die Stationsgebäude der Stadtbahn beigetragen hätte.

In Wahrheit geht die Wienflußregulierung auf die katastrophale Überschwemmung von 1862 zurück; die ‚Comission für Verkehrsanlagen in Wien' unter dem Vorsitz des Sektionschefs Dr. Ritter v. Wittek wurde allerdings erst 1891 eingesetzt. Sie teilte dann die einzelnen Aufträge zu, wobei die Gemeinde Wien für die Flußregulierung zuständig war, jedoch die k.k. Österreichischen Eisenbahnen für die Stadtbahn (erst ab 1896 gab es eine eigene k.k. Bahndirection der Wiener Stadtbahn). Für die Planung war jedoch der Architekt (des beginnenden Jugendstils) Otto Wagner entscheidend, der 1894 – gleichzeitig mit seiner Ernennung zum Professor und Leiter der Architekturschule an der Akademie der Bildenden Künste – zum künstlerischen Beirat der ‚Comission' ernannt wurde und sowohl zur Stadtplanung wie auch zur künstlerischen Gestaltung am meisten beitrug. Für die technische Durchführung beider Projekte, Flußregulierung und Stadtbahn, wurde das gesamte Bauvorhaben in relativ viele, kleinere Teillose – auch getrennt nach Oberbau, Unterbau, Schienenverlegung, Elektrifizierung etc. – zerstückelt, um möglichst viele Firmen an den Bauten zu beteiligen.

Tatsächlich erhielt die Bauunternehmung ‚Sager, Doderer & Göhl' einen der größten Aufträge, nämlich den Wienfluß vor der Stadt zwischen Weidlingau und Hütteldorf Bad in sechs Staubecken (mit einem siebenten für den Mauerbach) aufzufangen, was die Verbauung von rund 37 Hektar verlangte, bei einer Staukapazität von ca. 16 Millionen Hektoliter. Für diesen Auftrag an Doderer sprach sicherlich seine Erfahrung vom Bau des Nord-Ostsee-Kanals. Bei der Wientallinie der Stadtbahn erhielten (mit nun umgestellten Namen) ‚Doderer, Göhl & Sager' in einem der fünf Lose, wo insgesamt sieben Firmen tätig waren, den Unterbau, und schließlich das Bauunternehmen ‚Doderer' (ohne weitere Namen) den Hochbau eines Loses, wo elf weitere Unternehmer beteiligt waren. Bei einer neuerlichen Ausschreibung für die Wienflußregulierung ‚in der Strecke vom Schikanederstege abwärts' wurde Doderers

Bewerbung abgelehnt[17]. Lueger war während dieser Auftragsvergaben vielleicht vom Regen geplagt, aber noch gar nicht Bürgermeister (wenn er auch teilweise unter einem Strohmann namens Strobach schon mitregierte), klagte jedoch später die Baudirection der Wr. Stadtbahn ‚wegen consenswidriger Bauführung' und geriet dabei auch mit Doderer etwas hart aneinander, den er vorher wohl kaum gekannt hatte.[18]

Erneut florierte die Residenzstadt mit riesigen Bauvorhaben, zu denen unter Lueger die Verlegung der Gasleitungen kam (Arbeitskräfte wurden aus Mangel schon teuer), während sonst in der Monarchie die Krisen – durch die Unzufriedenheit der vom österreichisch-ungarischen Ausgleich zurückgesetzten Völker, durch vom Wahlrecht benachteiligte große Bevölkerungsteile – sich ständig verschärften.

1. Teil: 1896–1920

2. Heimchens Welt

Franz Carl *Heimito* – und natürlich auch als Baby schon *Ritter von Doderer* – wurde am 5. September 1896 in Weidlingau-Hadersdorf bei Wien geboren, und zwar in dem zwischen Wald und Feldern weithin einsam gelegenen Laudon'schen Forsthaus, das der Vater hier in der Nähe seiner riesigen Baustelle – den Staubecken des Wienflusses – gemietet hatte: als Sommerquartier für die Familie und um ihr gleichzeitig näher sein zu können. Der Geburt assistiert hatte die Hebamme Antonia Vogel, was im Taufschein vermerkt wurde. (Im März desselben Jahres war bereits Heimitos nachmalige zweite Frau, Emma Maria Thoma, und im Juli die erste, Gusti Hasterlik, zur Welt gekommen.)

Nur wenige Tage nach der Geburt zog die Familie wieder ins Stadt- und Stammhaus in der Stammgasse, im III. Wiener Gemeindebezirk. Dieses mehrstöckige und durchaus repräsentative Gebäude hatte Doderer als Familiensitz für die Zeit nach der Rückkehr aus Norddeutschland von seinem nunmehrigen Schwager Max von Ferstel errichten lassen (bloß die Eisentraversen für die modernste Bauweise bezog er selber vom Fabrikanten Walberg, der später viel im Haus verkehrte); die Doderers bewohnten es bis zum zweiten Stock, darüber hausten Max und Lollo mit ihrem im Frühjahr geborenen ersten Kind, einer Tochter. (Nicht alles rundherum war damals schon mit hohen Häusern verbaut; rechts daneben stand noch das Palais Knobloch, eine große alte Villa mit Reitställen, wo auch die Knechte hausten.)

Dort im Stammhaus – wozu der neue Bau eigentlich erst werden sollte – fand am 24. Oktober die Taufe Heimitos statt; der Dechant der Evangelischen Stadtkirche, Herr Dr. von Zimmermann, kam zu den Feierlichkeiten ins Haus. (Übrigens waren alle Hügels, Vietors und Doderers evangelisch – mit Ausnahme von Heimitos Vater Wilhelm, der wohl seiner Mutter und der Familie Greisinger zuliebe katholisch getauft worden war, aber dann evangelisch heiratete, alle seine Kinder nach Augsburger Bekenntnis taufen ließ und schließlich auch evangelisch beerdigt wurde. Dahinter steckte weder ein Gewissenskonflikt noch ein pragmatischer Kompromiß mit einem Land, das die Gegenreformation reichlich brutal betrieben hatte, sondern bei beiden Wilhelms die religiöse Indifferenz der typisch Liberalen, die der Apostolischen Majestät auch auf diesem Gebiet höchst unfreiwillige Zugeständnisse abgerungen hatten.) Die Taufpaten waren: bestimmend für den ersten Vornamen Dr. *Franz* Bubenik, Gatte von Wilhelm von Doderers Schwester Henriette und bald Direktor der Österreichisch-Ungarischen Bank (was nicht gerade treffend zu Heimitos späterem Bezug auf den asketischen *Franz* von Assisi paßt), und – für den zweiten Beinamen – der Großvater *Carl* Wilhelm. Vielleicht dachte sich bei dieser Zeremonie auch irgendwer, daß hinter diesem feierlich eingehüllten Bündel von Kind das stolze, drängende Selbstbewußtsein stand, das sich aus vier Linien und runden hundert Jahren hier angesammelt hatte.

Bloß Heimito sah das später ganz anders, nämlich „wie widerwärtig diese Familie ist oder war, aus welcher ich stamme ...“[1]. Und noch in seinem Todesjahr: „Die „Landstraße“, also Wien III, woher ich ja stamme, ist ein gemeiner, ordinärer und platter Bezirk, voll von unschönen Häusern und vorwiegend Anstalten für gemeine Bedürfnisse enthaltend, Markthallen und Schlachthöfe. Sich gerade da ein Haus zu erbauen, zeigt eine wenig empfehlende Geschmacksrichtung an.“[2]

Solche Tagebucheintragungen bestätigen nur die Tiefe des schon erwähnten Konflikts; doch zumindest seine zweite Bemerkung ist nicht unbedingt stichhältig. Zwar hatten sich in diesem Teil Wiens – der seit der Bronzezeit besiedelt ist, eine Kelten- und eine zivile Römerstadt aufwies und im Mittelalter eine Erdburg, bei der König Richard Löwenherz gefangen wurde – auch gräßliche Dinge abgespielt wie die öffentliche und als Volksspektakel gefeierte Verbrennung von 210 (reichen) Juden (die armen hatte man ausgewiesen, weil sie dem Staat nichts zu hinterlassen hatten) unter Herzog Albrecht V. im Jahre 1421, auf der sogenannten Gänseweide. Später waren die dort ansässigen Gärtner, Gerber und Fleischer zweimal von den Türken aufs ärgste gebrandschatzt worden; aber spätestens ab der Mitte des 18. Jahrhunderts setzte ein baulicher und auch gesellschaftlicher Aufschwung großen Ausmaßes ein. Ein Sommerpalais im Grünen war hier, so knapp vor der Stadtmauer, ebenso begehrt wie prestigeträchtig: Prinz Eugen und die Fürsten Schwarzenberg bauten in diesem Bezirk ihre berühmten Schlösser, Metternich lebte hier in seinem Stadtpalais, und gerade die Gegend der Stammgasse wurde geprägt von Park und Residenz des Geheimen Botschafters des Zaren, Andreas Kyrill Rasumofsky, der im kulturellen Leben der Stadt in den ersten Jahrzehnten des 19. Jhdts (und also auch während des Wiener Kongresses) eine so bedeutsame Rolle spielte. Er unterhielt ein eigenes Quartett, dem (Doderers Held) Beethoven die drei schwergewichtigen Werke op. 59 widmete; er war es auch, der hier für die Bewohner des Bezirks die erste Brücke über den Donaukanal in den dadurch endlich ganz nahen Prater bauen ließ; an derselben Stelle, doch mittlerweile über die erneuerte Sophienbrücke (heute ist dort die Rotundenbrücke) wird das böhmische Kindermädchen Maschka den ihr anvertrauten kleinen Heimito oft über den Fluß ins Grüne gebracht haben.[3]

Von ihr erinnerte er später nur noch das dunkle und am Rand geblümte Kopftuch; doch Personal, inklusive französischer Gouvernante, war für die Kinder immer vorhanden. Natürlich liebte die – übrigens winzig kleine – Frau von Doderer oder auch ‚Mumi‘, wie sie selbst von entfernteren Nachfahren noch heute genannt wird, ihre Kinder sehr herzlich: sie besuchte sie im Kinderzimmer oder ließ sie zu sich bringen, erzählte, hörte zu oder spielte mit ihnen; aber dann wurden die Kinder wieder den entsprechenden Dienstboten übergeben und blieben mit diesen in ihrem eigenen Bereich. Erst wenn sie groß genug waren, um sich gesittet benehmen zu können, durften sie am Essen teilnehmen: bei Doderers mußte hinter den Stühlen stehend gewartet werden, bis die Eltern saßen, dann küßte man der (ab 1900 hier lebenden) Großmutter die Hand und begab sich auf seinen Platz; vorgelegt wurde von einem Dienstmädchen, das sonst wartend am Buffet stand.

Zu mehr Beschäftigung mit jedem einzelnen ihrer Kinder hätte die kleine Frau Willy gar nicht Zeit gehabt, auch nicht bei dem verhätschelten Jüngsten, den sie ‚Titbit', ihr bestes Stück, nannte: sie ‚führte' – im tatsächlichen Wortsinn – einen großen (‚herrschaftlichen') Haushalt, leitete das Personal, traf alle Entscheidungen, denn schließlich war nur sie – und eben nicht das Personal – für alles verantwortlich. Das hieß etwa in der Küche, daß sie, ohne selber nach Schlagbesen oder Kochlöffel zu greifen, jedes Rezept genau kannte, welches die Köchin – nach ihren Anweisungen – auszuführen hatte, und daß sie damit zu Zusammenstellung und Qualität der häufigen Gastmähler, die für die Reputation des Hauses als unabdinglich galten, den entscheidenden Beitrag leistete (zufällig ist eines ihrer Rezepte, nämlich für eine ‚Citronentorte', erhalten geblieben und gibt den Eindruck höchster Raffinesse). Daß es natürlich die Hausfrau war, die sämtliche Küchenvorräte verwaltete und täglich bestimmte, was eingekauft und ergänzt werden sollte – und in welcher Qualität, und bei welchem Händler –, verstand sich ganz von selbst. Über Nacht sperrte sie übrigens alle Lebensmittel in einen Kasten, der erst morgens wieder geöffnet wurde.

Neben der Anleitung und Überwachung von Kindermädchen, Gouvernanten, Wäscherinnen, Zimmermädchen etc. hatte sie sich auch um die musikalische Erziehung der Kinder zu kümmern, die als Ausdruck der feineren Gebildetheit (wie Speisefolgen, Kleidung, Möbelstücke oder Urlaubsorte) ebenfalls der gesellschaftlichen Bewertung unterworfen wurde. So mußte man herumhorchen, um jedem Kind nicht nur den ‚eigenen Philharmoniker', sondern womöglich noch den besten zu verschaffen; Ilse, Almuth, Helga und Astri studierten, wie seinerzeit die Mutter, Klavier, Immo Geige (wie Lenau), Helga entwickelte später einen beträchtlichen Mezzosopran und erhielt Unterricht der Opernsängerin Lucy Weidt (von Heimitos Cello wird noch die Rede sein). Musikalische Darbietungen bei Abendgesellschaften waren vor Radio und Schallplatte erheblich beliebter, obwohl Gähnen und Hüsteln dabei sicher keine Erfindungen erst unserer Zeit sind. Auch für die Pflege eventuell auftretender weiterer Begabungen der Kinder zu sorgen war Aufgabe der Frau des Hauses: so wurden damals berühmte Künstler berufen, um Almuth und Astri Zeichen- und Malunterricht zu geben. In einem war diese kleine Mutter unermüdlich: ihre Kinder in dem Glauben zu bestärken, sie alle seien noch viel besonderer als andere und schlechthin genialisch – womit späterem Hochmut schon früh die Begründung eingebleut war.

Und die Frau von Doderer – dichtete selber: herzige kleine Theaterstücke, meist mehr oder weniger lustig gereimt (sogar etwas besser als das zitierte Hügel-Epos), nur für häusliche Aufführungen und voll witzig gemeinter Anspielungen auf Ereignisse, die den Anwesenden bekannt waren – und auch niemandem wehtaten; es war ein harmloses Vergnügen. So wenig wie bei allem Musizieren und Malen ging es um Kunst im eigentlichen Sinn, sondern um Kultur als Zier des Standes – und um den unterhaltenden Wert dabei, ohne den diese nutzfreie Verfeinerung ja gar nicht präsentierbar gewesen wäre (vielleicht hat Heimito von Doderer auch deshalb immer wieder so scharf zwischen „ausübenden Talenten“ und Künstlern unterschieden und die kompromißlose Entscheidung zwischen diesen zwei Daseinsformen gefordert, die einander absolut ausschließen – sehr im Gegensatz zu Astri: „Wir Geschwister waren ja alle Künstler!").

Fürs Vergnügen und die ungetrübte Heiterkeit der Gäste zu sorgen war vielleicht die ernsteste Aufgabe der Hausfrau, bei jeder Abendgesellschaft und gar erst beim jährlichen Hausball am 6. Januar – in Kostümen, mit Mitternachts-Souper: denn von der Beliebtheit dieser Veranstaltungen hing ab, welche Gäste man ins Haus brachte. Das mochte eine Zeitlang für die Förderung beruflicher Beziehungen eine Rolle gespielt und auch zur Etablierung des gesellschaftlichen Ranges gedient haben, wurde aber erst wirklich entscheidend, als – nacheinander – vier Töchter an den möglichst besten Mann zu bringen waren (Heimitos älteste Schwester war bei seiner Geburt schon vierzehn Jahre alt). Da galt es über den familiären und finanziellen Status jedes Geladenen Bescheid zu wissen, über die Beziehungen der Gäste untereinander und obendrein noch alles, was der Tratsch zu bieten hatte: die möglichst umfassende Informiertheit der Hausfrau entschied manchmal nicht nur über das Gelingen des Abends, sondern über ein Schicksal, vielleicht auch über das eines eigenen Kindes. Wilhelm von Doderer ließ das alles über sich ergehen, weil es eben zum ganzen Rollenspiel, an dem er ja teilhatte, dazugehörte, und mischte sich nur in einem Punkt ein: „Es kommen mir keine Offiziere ins Haus!" – denn die hielt er ausnahmslos für Mitgiftjäger und ‚Budelhupferische'. Dieser wienerische Ausdruck meint Verkäufer, die beflissen hinter der ‚Budel' hin- und herhüpfen – was das Ausmaß der Dodererschen Geringschätzung für Offiziere drastisch zeigt; auch Kaufleute waren, im Gegensatz zu Fabrikanten, nicht zugelassen.[4]

Die häufig in geringfügigen Variationen wiederholte Schilderung Heimito von Doderers, wie der große übermächtige Vater die zierliche kleine Mama geradezu erdrückt und ihr kaum genug Luft zum Atmen gelassen habe, erweist sich im eben beschriebenen Zusammenhang als ziemlich falsch: Willy von Doderer hatte ihren großen eigenen Lebensbereich mit einer Entscheidungsgewalt und einem Einfluß, der ihr – wie den Zeitgenossen – als durchaus wichtig erschien; und sie war stolz auf ihren Ruf als Inspiratorin großer Feste. Daß sie sich dabei – ihrem gutartigen Wesen entsprechend – eine gewisse kindliche Naivität bewahrte, sozusagen durch Tratsch nicht abgebrüht wurde, machte sie in ihrer Rolle bloß liebenswerter und glaubwürdiger als andere Damen, die allzuleicht den Weg in die Intrige fanden.

Natürlich mußten Haushalt und Lebensrhythmus gänzlich auf Wilhelm von Doderer abgestimmt werden, am Herrschen des Patriarchen durfte kein Zweifel aufkommen, selbst wenn er aus Arbeitsgründen nur wenig zuhause war; ihrem Mann gegenüber verhielt sich die kleine Frau bis ins hohe Alter geradezu devot ergeben (eine Haltung, die auch ihr Sohn Heimito bei Frauen sehr schätzte). Doch sonst war Willy von Doderer sehr lebhaft, plauderte gern und viel (und sehr damenhaft: unter strikter Vermeidung aller unangenehmen Themen), war in ihrem Bereich durchaus einfallsreich und witzig und liebte es, bis zu Tränen zu lachen; und nur bei Kleinigkeiten rutschte ihr die Hand sehr leicht aus, es ‚flogen die Watschen'. Allerdings konnte sie bei Gelegenheit auch plötzlich in eine Distanz entweichen, die ihren sehr österreichischen Nachfahren als Rest einer kühleren deutschen Art erschien; ihre Gefühle direkt auszudrücken fiel ihr überhaupt schwerer als ihrem erheblich impulsiver gearteten Mann, der eben nicht nur allbeherrschend brüllen konnte, sondern auch seine großzügige Warmherzigkeit ohne Rückhalt zum Einsatz brachte.

Vielleicht erscheint eine ganz andere Kritik ihres Sohnes angebrachter: „Die Welt, aus der ich stamme [. . .] war festgefügt und so gut wie ganz frei von irgendeinem Wert aus erster Hand, aber gänzlich vollgestellt von solchen aus zweiter."[5] Tatsächlich scheinen fast alle Bemühungen und Beschäftigungen der Familie, die sich selber für maßlos originell hielt, den Werten und Ansprüchen ihrer Zeit und Klasse völlig entsprochen zu haben.

Dreimal hatte der Kaiser von seinem Vetorecht gegen Luegers Wahl zum Wiener Bürgermeister Gebrauch gemacht; ob ihn dessen hemmungslose Demagogie und sein billig populistischer Antisemitismus so abstießen oder er ihn als Exponenten einer gleichmacherischen Demokratie ansah, ist nicht ganz klar; vielleicht war ihm einfach alles zusammen zu pöbelhaft. Doch im April 1897 half nichts mehr, die Wiener waren ihrem Kaiser schon böse, Lueger wurde ein viertes Mal wiedergewählt und diesmal von Franz Joseph bestätigt.

„. . . nur eine Nation bekämpfen wir, den Juden, nicht etwa wegen der Religion des Stammes, sondern weil er mit räuberischen Händen eingreift in das, was wir heilig halten, weil er uns Vaterland, Nationalität und schließlich das Eigentum nimmt. Der Antisemitismus ist eine rein ethische Bewegung . . ." Dem fügte Lueger als Steigerung noch die Verbindung der Juden mit dem zweiten Übel des Reichs, nämlich den Ungarn, hinzu und sprach von den „ungarischen Totengräbern" der Monarchie: „Ich habe . . . das Wort ‚Judäomagyarismus' geprägt und bin heute noch stolz darauf, daß mir damals so etwas Gescheites eingefallen ist."[6] Man versteht, daß ihm Hermann Broch ‚prä-hitlerhaftes Gepräge' zuschrieb.[7]

Aber noch kein Bürgermeister vor ihm hat so viele der eben noch heftig angegriffenen Bankiers gebraucht wie ‚der schöne Karl' mit seinen gigantischen Ankaufs- und Bauvorhaben; er ging auch in seiner gesamten Amtszeit gegen keinen einzigen Juden Wiens vor und aberkannte den ihm persönlich verbundenen ‚Semiten' einfach ihre Rassenzugehörigkeit („Wer ein Jud ist, bestimm ich!"); was davon Propaganda, Opportunismus oder Einsicht war, läßt sich bei einer so schillernden Figur im nachhinein kaum entscheiden.

Jedenfalls ist es auf ihn zurückzuführen, wenn Maschka ihren Kinderwagen mit Heimito allerorts mühsamst über Gräben und Erdhaufen bugsieren mußte: Lueger hatte die private englische Gasgesellschaft für die Gemeinde aufgekauft und ließ 700 Kilometer neuer Rohre in Wien verlegen; gleichzeitig betrieb er Ankauf, Umbau und Elektrifizierung der Straßenbahn, die ganze Stadt war über Jahre eine riesige Baustelle; auch große Elektrizitäts- und Gaswerke wurden im Auftrag der Gemeinde errichtet. (Doch ebenso Spitäler, Kindergärten und Parkanlagen: der christlich-soziale Auftrag, den er von dem Theoretiker Vogelsang und der durchaus antikapitalistischen Papstenzyklika ‚Rerum novarum' herleitete, lag ihm wirklich am Herzen – und steigerte seine Volkstümlichkeit bis zur Verehrung durch die Massen.)

Gleichzeitig verwandelte sich das Parlament des Reichs des öfteren in eine Stätte wüster Raufhändel, wo sogar die Polizei einschreiten mußte, um prügelnde Abgeordnete zu trennen und abzutransportieren. Durch die Sprachverordnungen des Ministerpräsidenten Badeni (eines galizischen Großgrundbesitzers) wären auch die deutsch-österreichischen Beamten auf tschechischem Gebiet gezwungen gewesen, bei Bedarf tschechisch amtszuhandeln: das hätte zwar die seit langem erste Begünstigung (oder vielleicht auch nur Berücksichtigung) eines slawischen Volks auf dem Boden der Monarchie dargestellt und wurde von den Betroffenen entsprechend gefeiert – erschien aber den Deutschsprachigen als das plötzliche und düstere Ende ihrer bisher als garantiert betrachteten Vorrangstellung.

Spätestens ab hier muß man das deutschnationale Element in der österreichischen Politik auf zwei Ebenen sehen: auf jener, die schließlich zum Nationalsozialismus führte, und auf einer anderen, die sich durch alle Parteien zog. Den rechtsradikalen Flügel führte Schönerer: für ihn hieß deutschnational die Hinwendung nach Deutschland, mit dem aus der Ferne so heiligen Bismarck als Vorbild und Helden; er rief dazu auf, in der Monarchie die Steuerzahlungen zu verweigern, das fünfzigjährige Jubiläum der Regentschaft Franz Josephs zu boykottieren, die germanischen Sagen und Götter wieder hochzuhalten und zählte im Kreis der Getreuen die Jahrzahl ab dem Einfall der Kimbern und Teutonen ins römische Reich, statt ab Christi Geburt. Vor allem aber rief er die Bewegung ‚Los von Rom!' aus: der Kaiser sei Vasall des römischen Papstes, des echten Deutschen Religion aber wäre die Lutherische; immerhin ließen sich – im Gesamtgebiet der Monarchie – rund 40.000 zu einem Kirchenumtritt bewegen.

Im allgemeineren Sprachgebrauch hieß aber ‚deutschnational' bloß, in diesem Vielvölkerstaat eben nicht etwa zur ruthenischen oder tschechischen Nation zu gehören (die Begriffe Volk und Nation wurden reichlich undifferenziert verwendet), sondern zu jenen, die Deutsch als Muttersprache hatten. Auch hier fühlten sich viele von den Bestrebungen der andern Völker bedroht – vor allem in dem Privileg, der führenden Nation anzugehören; aber diese Haltung war mit keinerlei Hinwendung zu Deutschland verbunden. Man wollte bloß die eigene Überlegenheit – zuhause – bestätigt und gesichert wissen.

Der Kaiser, ‚dem nichts erspart blieb', auch nicht die Ermordung seiner Sisi im September 1897, ließ ratlos ein Kabinett aufs andere folgen, wobei Badenis Gesetze immer weiter zurückgenommen und die Tschechen wieder wütend wurden, worauf im Gegenzug wieder eine Begünstigung, dann eine Aufweichung derselben, dann eine Kompensation – etc. etc. – beschlossen und nicht durchgeführt wurden. Letztlich aber nützte diese Schwäche ‚Cisleithaniens' nur den Magyaren, die bei dem alle zehn Jahre neu zu verhandelnden Ausgleich ein Maximum an Vorteilen herauszuschinden verstanden. In ihrer eigenen Reichshälfte hingegen betrieben sie – als bewährte Freiheitshelden – die Unterdrückung ihrer Völker mit soliderem Selbstbewußtsein und ließen sich nicht durch Skrupel schwächen.

Die Abstammung der Doderers aus Deutschland (in drei Linien), dazu die lutherische Konfession: das könnte nahelegen, sie mit der rechtsradikalen Auslegung des Deutschnationalen in Verbindung zu bringen. Doch der spätere Nationalsozialismus Heimitos, Astris und ihres Mannes läßt sich nicht auf die Familie zurückführen (es war eher eine Rebellion gegen diese): die alten Doderers waren liberale Österreicher und dem Kaiser, der sie geadelt hatte, loyal verbunden (und sollten deshalb, was wohl der deutlichste Beweis ist, im Weltkrieg nahezu ihr ganzes Vermögen verlieren). Der bei Znaim geborene Wilhelm von Doderer sprach das gehobene Österreichisch seiner Klasse, aber mit seinen Arbeitern auch den breitesten Wiener Vorstadtdialekt; bei seiner Frau Willy ging der leichte Münchner Anklang immer mehr zurück; beide waren zutiefst in Wien verwurzelt. Beiden wäre Schönerer zu vulgär und gewalttätig gewesen. Sie verkehrten fast ausschließlich in liberalen Kreisen; jener Dr. Heinrich Ritter von Wittek, der als Sektionschef Vorsitzender der ‚Comission für Verkehrsanlagen in Wien' gewesen war, wurde nach einem kurzen Intermezzo als Ministerpräsident anschließend in der ‚Beamtenregierung' Dr. Körbers Eisenbahnminister und als solcher ein großer Förderer Doderers beim Bau der Karawanken- und Tauernbahn. – Im übrigen gab es (vor Heimito und Astri) auch keinerlei Antisemitismus in der Familie: wenn schon sonst nichts, zeigt dies die Liste der durch Wilhelm von Doderer (1911, als Beispiel) bei der Generalversammlung der Creditanstalt vertretenen Aktionäre; da finden sich, neben dem Markgrafen Pallavicini, auch Namen wie Mendelssohn & Co, Ignatz Feuerstein, Samuel Fisch . . .[8]

Das Baby Heimito, bald ‚Heimchen' genannt, wurde wohl noch origineller gefunden, als dies sonst Müttern bei eigenen Kindern gestattet ist. Es ist aber sicher kein großer Schaden, daß von intelligenten Drolligkeiten des Kleinkinds nichts überliefert ist – sieht man von Astris Bericht ab[9], daß er sich Wörter, die im deutschen Sprachschatz fehlten, gleich selber erfand; doch sind kindliche Stammelversuche nicht immer so eindeutig.

Das Laudon'sche Forsthaus wurde auch in den folgenden Jahren als Sommersitz gemietet, vielleicht noch zweimal. Die Beschreibung, die der Schriftsteller später davon gab, entsprach keiner tatsächlichen Erinnerung, da er bei anderer Gelegenheit Weidlingau als jenen Teil seiner Kindheit bezeichnete, den er nicht kenne. Jedenfalls richtete das (gemauerte) einstöckige Haus mit seinem ziemlich steilen Dach die Vorderseite gegen die Felder, es gab Steinstufen auf eine breite Terrasse herab, rechts und links der Tür nur noch ein Fenster und deren drei im ersten Stock; an der linken Seite war ein verglaster Vorbau (‚Salettl'), wo die Kinder auch bei Regen spielen konnten; die Zufahrt war hinten am Waldrand, wo sich noch ein zweiter Eingang befand. Auch gab es einen kleinen, von Kornelkirschen eingesäumten Teich. (Heute ist an der Stelle des abgetragenen Hauses nur noch ein sogenannter ‚Dodererstein'.) Das – von Astri als altvaterisch bezeichnete – kleine Haus bot eher beengte Wohnverhältnisse, da die Familie schon ohne Personal aus acht Personen bestand; und sollte bald auch nicht mehr genügen.

Um so geräumiger war es im Stammhaus: im ersten Stock lagen die Gesellschaftsräume, wie Salon und Musikzimmer, das Herrenzimmer (Wilhelm von Doderer liebte Tarockabende) und vor allem der hohe Speisesaal, alles dem Zeitgeschmack entsprechend dunkel gehalten, in den gedämpften Farben der alten Teppiche und Bilder. Die Möbel waren sorgfältig gewählt, wobei sich allerdings die Stile mischten wie in der Ringstraßen-Architektur (man war stolz darauf, zu allem technischen Fortschritt im Bauwesen noch zusätzlich über alle stilistischen Ausdrucksmittel, jeweils dem Anlaß entsprechend, verfügen zu können): Venezianisches, Biedermeier, selbst bemalte Bauernkästen – alles war vertreten, was und wo es jeweils als passend empfunden wurde; dazu grüne Glaskugellampen, von denen sich noch eine auf dem Riegelhof befindet. Und immer wieder in seinem Leben erinnerte Heimito die Düfte in seinem Elternhaus: nach Seide und dem Leder der schweren Clubfauteuils, nach den Holzkistchen mit den feinen Havannas seines Vaters.

Vom Vorzimmer führte eine Wendeltreppe in den zweiten Stock; in der Spindel hing eine dicke rote geflochtene Schnur mit großer Kordel, an der die Kinder gerne hinunterrutschten, wenn keine Erwachsenen in der Nähe waren. Dort oben waren die Schlaf- und Aufenthaltsräume der Kinder, das Boudoir der Mutter, ein Frühstückszimmer, das elterliche Schlafzimmer mit den roten Damastdecken und roten Nachttisch-Lampen, die eine Gouvernante Heimitos passend angefertigt hatte; und auch das Dienstbotenzimmer. Auf dieses bezieht sich, bezeichnenderweise für eine solche Kindheit, seine älteste Erinnerung: er wurde von einem Mädchen namens Karoline auf dem Arm getragen. Ebenso blieb ihm eine Glaskugel mit einem Goldfisch im Gedächtnis, die auf dem Fensterbrett in der Küche stand.

Und während damals für einen Großteil der Wiener ein Wasserbecken auf dem Gang, die sogenannte Bassena, sowie eine gemeinsame Toilette pro Stockwerk zur Verfügung standen, gehörte zu Doderers frühen Kindsheitserinnerungen das Einlassen des Wassers in die Badewanne, die feuchte Wärme des Raums und der breite weiße Ozeandampfer im Wasser, der als schwimmende Seifenschale diente; zu den Belustigungen im Wasser gehörten auch aufgeblasene Gummitiere, darunter eine Schlange – vielleicht das früheste Anzeichen seiner Vorliebe für Reptilien.

Gekleidet wurde das Kind, dessen goldene Locken – mit einer Rolle endend – bis auf die Schultern herabfielen, in weiße, spitzenbesetzte Kleidchen wie ein Mädchen: was damals, bis etwa zum vierten Lebensjahr, auch für Buben dem Brauch entsprach. Das Ankleiden, Waschen, Baden und Füttern wurde von Maschka oder auch der jungen Karoline besorgt, und selbstverständlich nicht von der Mutter; so wurde seine erste Sprache ein eher schauriges Böhmisch-Deutsch, wie es Maschka mit ihm sprach; hinzu kam ein kindliches Französisch, das ihm die Gouvernante beibrachte (als Besatzungsoffizier in Frankreich wies er öfter darauf hin, daß Französisch ‚die Sprache meiner Kindheit' gewesen sei).

Vom Kinderzimmer sah man hinaus in den weiten Innenhof, an den andere Häuser grenzten (deren Fenster später zu nächtlichen Bespähungen noch wichtig wurden), es hatte auch einen Balkon. Sämtliche Möbel und der kleine Tisch waren in Weiß gehalten; und das erste wichtige Spielzeug war ein Anker-Steinbaukasten mit seinen schweren Klötzchen, Röllchen und Kegeln.

Was die Mutter für ihre Kinder arrangierte, waren wiederum – und gewissermaßen ihrer Spezialisierung entsprechend – Feste wie etwa zum Geburtstag, mit geladenen kleinen Gästen, die von ihren Gouvernanten gebracht wurden. Noch in höherem Alter erinnerte sich Heimito von Doderer an Astris Geburtstagstisch, der mit Maiglöckchen geschmückt war und an der Balkontüre zum Hof stand, wo der wilde Wein und die großen Bäume schon tiefgrün waren. Unerfreulicher war ihm gewesen, wenn er selbst zu seinem Cousinchen Stella in die Walfischgasse gebracht wurde und der als gräßlich empfundenen Lustigkeit ihrer pädagogisch ausgebildeten Gouvernante ausgesetzt war.

Die Nachricht vom Tod des Großvaters Hügel im fernen Berlin war für den Dreijährigen und Astri sicher gänzlich unanschaulich (während ihre vier älteren Geschwister ihre Sommerferien zum Teil noch in der Darmstädter Villa verbracht hatten). Eher mag sie erregt haben, wie der ganze III. Bezirk mit Fahnen geschmückt wurde und dann viele hundert Fiaker mit Festgästen zur Einweihungsfeier der neuen Gaswerke durch die Gassen fuhren (am 31. Oktober 1899, rund anderthalb Jahre nach der ersten elektrischen Straßenbahn Wiens). Das Gas hielt nun überall seinen Einzug, die Laternenanzünder gehörten bald zum vertrauten Bild des städtischen Lebens. Vierzehn Jahre zuvor war das Gaslicht hier in Wien von dem nur 28jährigen Carl Auer von Welsbach erfunden worden, der für sein Patent auf der Stelle eine Million Gulden erhalten hatte. Allerdings scheiterte jener erste und bald auch zweite ‚Auer-Strumpf' an den Damen der Wiener Gesellschaft, die das harte grünliche Licht ihrer Schönheit abträglich fanden; erst 1891 gelang es Auer durch die Beimischung von Cer (das auch die Grundlage seiner späteren Erfindung des Feuersteins wurde), jenen warmen behaglichen Farbton herzustellen, um den bei der Einführung des elektrischen Lichtes später vielen leid tat (übrigens war es wieder Auer von Welsbach, der die erste Metallfaden-Glühlampe der Welt herstellte). Bei den Doderers erwärmte nun ein großer Gaskamin den Speisesaal, und überall summten leise die Leuchtstrümpfe in ihren verschiedenen Glasbehältern, von denen zwei Kettchen herabhingen, mit denen man die Beleuchtung heller oder gedämpfter einstellen konnte.

Auch den zweiten Großvater verlor Heimito, bevor er noch vier Jahre alt war; am 13. Mai 1900 starb der ältere Wilhelm von Doderer hier in Wien an einem Schlaganfall, nachdem er durch einen Zusatz zu seiner „Notiz für Weib und Kinder" (dem Testament) auch den Enkeln Legate vermacht hatte. So erhielt Heimito, der sicher weder den Tod noch das Erbe ganz verstanden hat, aus dem mehr als 150.000 Kronen umfassenden Vermögen des Großvaters ein Sparbuch von 100 Kronen und ein Wertpapierdepot von K 1900[10]; übrigens war die Krone mit 1. 1. (des Jahrs und Jahrhunderts) zur gesetzlichen Währung geworden, im Wert von etwa einem halben Gulden. Eine auch für das Kind deutlichere Änderung im Leben aber war es, daß die verwitwete blinde Frau Hofrat von Doderer (geb. Greisinger) nun in die Stammgasse zog, wo im Mezzanin Raum für sie geschaffen wurde; von jetzt an und bis zu ihrem Tod im Jahre 1914 nahm sie am Leben (und den Mahlzeiten: sie war es, der die Hand geküßt werden mußte) der Familie teil.

Die Sommer verbrachte man bereits in Prein an der Rax, allerdings noch nicht in einem eigenen Haus, sondern in einer gemieteten Villa; sie gehörte dem Wiener Opernsänger Draxler, der sich in den Jahren zuvor das makabre Vergnügen geleistet hatte, die Adler der Gegend mit der Flinte auszurotten. Der Geruch nach den ausgestopften Vögeln war im ganzen Haus vorherrschend. Es gab auch einen großen Garten mit vielen glänzenden Rosenkugeln und daneben einen Bach mit Brücke, wo Heimchen in kindlicher Unermüdlichkeit immer wieder mit einem grünen Wagerl herumfuhr; oder er spielte mit der drei Jahre älteren Astri zwischen den Baumstrünken auf der ‚Hasenhaide', schon in der Nähe des späteren ‚Riegelhofs'. Ein großer ausgerissener Wurzelstock erschien ihnen als Drache, und sie besteckten ihn mit Blümchen. (Offensichtlich faszinierten ihn die Drachen genauso wie die Saurier die heutigen Kinder; und dieses Interesse blieb ihm ein Lebtag lang erhalten.) Die beiden Jüngsten scheinen mit ihren doch erheblich älteren Geschwistern kaum etwas gemeinsam gehabt zu haben; jedenfalls tauchen diese nirgends in Doderers gar nicht so seltenen Erinnerungen an jene Zeit auf (und werden – außer Helga/Etelka – später auch in den Romanen verschwiegen) – sieht man von seiner Beschwerde über die ‚Hunzungen' ab, denen er in seiner Jugend immer wieder durch den um zehn Jahre älteren Immo ausgesetzt war.

Schließlich faßte man den Beschluß, diese Gegend mit ihren dichten Wäldern, darin man stundenlang allein unterwegs sein konnte, und den nahen Bergen, wie der Rax, dem Schneeberg und dem Semmering, endgültig zur Sommerheimat der Doderers zu machen. Es ergab sich, daß außer- und oberhalb von Prein ein kleines altes Bauernhaus mit den umliegenden Wiesen und Wäldern verkauft wurde, und man griff zu. Übrigens steht jenes einfache Bauernhaus, das dann ‚Batzenhäusl' genannt wurde, noch heute ein Stückchen oberhalb des viel größeren Neubaues, den Wilhelm von Doderer selbst auszuführen allerdings keine Zeit hatte; wie schon beim Haus in der Stammgasse bat er seinen Schwager Max von Ferstel um diesen Dienst.

Ab Jänner 1900 regierte Dr. Koerber – erstaunliche fünf Jahre lang (sein Außenminister, Graf Agenor Goluchowski, hat angeblich freundschaftlich im Hause Doderer verkehrt). Koerber, der früher selbst in der höheren Verwaltung der k.k. Staats-Eisenbahnen tätig gewesen war, setzte darauf, die sozialen und nationalen Spannungen durch wirtschaftliche Maßnahmen zu dämpfen, und dabei wurde sein Eisenbahnminister, Dr. Heinrich von Wittek, fast zum wichtigsten Mann dieser Regierung: Österreich sollte durch eine Fülle gigantischer Bauvorhaben eines der modernsten Bahnnetze Europas erhalten (tatsächlich war man da noch etwas im Rückstand). Die gesetzlichen Grundlagen dafür wurden bis Juni 1901 geschaffen und vom Herren- und Abgeordnetenhaus sowie durch die ‚Allerhöchste Sanktion' Franz Josephs bestätigt:

eine k.k. Eisenbahnbaudirektion wurde eingerichtet, sie sollte gleichzeitig fünf Alpenbahnen und mehrere Lokalstrecken in relativ knapp bemessenen Zeiträumen fertigstellen.

Die Firma Doderers erhielt bei der Krawankenbahn mit ihren vielen Tunnels und Brücken den Bauabschnitt von Klagenfurt nach Rosenbach sowie eine gleich schwierige Gebirgsstrecke der Tauernbahn-Südrampe von Obervellach bis Spittal in Auftrag (diesmal nicht nur die Trasse, sondern alles: Tief- und Hochbau, Bahngebäude, Brücken, Tunnels etc.). Durch die vielen gleichzeitigen Bauvorhaben mußten Arbeiter selbst von Süditalien und dem Balkan herbeigeschafft werden, an Fachkräften und Ingenieuren herrschte ständiger Mangel, alle beteiligten Firmen waren an den Rand ihrer Kapazität getrieben. Vater Doderer wird jene acht Jahre, bis die Strecke vom Tauerntunnel nach Spittal an der Drau feierlich eröffnet wurde (1909), nicht viel zuhause gewesen sein.

1902 ereilte seinen jüngsten Sprößling, fast genau zum Geburtstag Anfang September, das Schicksal aller Sechsjährigen: er mußte in die Schule. Diese lag ganz nahe: von der Stammgasse mußte der Kleine links in die Marxergasse abbiegen (dieser Marx bezieht sich nicht auf Karl, sondern ist, als Sankt Marx, eine Altwiener Form für den hl. Markus) und dann nach drei Häuserblöcken rechts in die Kundmanngasse; nur beim Café ‚Zartl', wo er mit und ohne Gusti noch oft sitzen sollte, gab es eine größere Kreuzung – doch wurde er ohnehin von einem Dienstmädchen begleitet und auch wieder abgeholt. Übrigens waren die Straßen der Umgebung, wie auch die Stammgasse selbst, damals noch nicht gepflastert, sondern von den tiefen Fahrspuren der Fuhrwerke durchfurcht – etwa von den Karren der Mistbauern, die zweimal wöchentlich kamen, wobei sie sich mit lautem Geschrei ankündigten, um an den Türen die Bottiche mit den Fäkalien der Bewohner entgegenzunehmen (ein Detail, das bei Doderers sonst so ausführlichen Schilderungen der vergangenen Zeiten nie auftaucht); das Kanalisationssystem der Stadt war noch längst nicht fertig.

Das Schulgebäude erschien dem adrett im Matrosenanzüglein gekleideten, doch etwas eingeschüchterten kleinen Ritter von Doderer ‚enorm ausgedehnt', wie er es noch sechzig Jahre später in *Roman No. 7/1* beschreibt; es war ein k.k. Staatsgymnasium mit einer angeschlossenen Lehrerbildungsanstalt samt Übungsschule, die der pädagogischen Ausbildung der Lehrerseminaristen diente und als Volksschule mit beschränkter Schülerzahl einen eher exklusiven Ruf genoß. Dieser bezog sich auf ihre Fortschrittlichkeit, weil die jungen „Versuchskaninchen" auf die „neueste und beste Art, welche man jeweils gerade zu haben glaubte", unterrichtet wurden.[12] Das mag ihnen immerhin die damals noch durchaus übliche Prügelstrafe mit dem Rohrstock erspart haben; wäre ihm diese Schmach angetan worden, hätten spätere Klagen darüber bei Doderer wohl kaum gefehlt. Als Schüler fiel Heimito am ehesten durch seinen Vornamen auf, mit dem sich ohnehin nicht alle Lehrer abfanden: manche nannten ihn bloß Franz[13].

Natürlich oblag es nicht den Eltern (der Vater war ohnehin kaum zuhause) zu überprüfen, wie Heimchen mit seinen Hausaufgaben fertig wurde, und vielleicht dabei zu helfen. Dafür wurde ein eigener Lehrer – namens Berger – aufgenommen, der sich bei dem Kleinen keinerlei Sympathie erwarb, weil er bloß mit der Uhr in der Hand kontrollierte, wie lange sein Schüler für die Bewältigung der gestellten Aufgaben brauchte. Um das weiße Tischchen vor Farb- und Tintenklecksen zu schützen, wurde es mit braunem Linoleum überzogen. (Die Tintenfässer und die in einen Stiel einzusetzenden Stahlfedern ließen die Kinder ständig tintige Finger haben, zuhause wie in der Schule; dort waren die gläsernen Tintenbehälter in die Pulte eingelassen und wurden aus einer großen Kanne mit langem gebogenem Gießrohr täglich vom Schuldiener nachgefüllt.)

Für die Familie war wichtiger, was soeben vorbereitet wurde und im folgenden Frühling dann stattfand: die Verheiratung der ältesten Tochter Ilse mit dem einunddreißigjährigen Dipl.-Ing. August Mayer, der seinem Schwiegervater viel eher entsprach als dessen eigene Söhne (was damals allerdings bei beiden noch nicht feststand) und schließlich, wie Doderer einst selbst bei seinem Schwiegervater Hügel, die Linie des Unternehmens fortsetzen sollte. Mayer trat in die Firma Doderers ein und übernahm sofort auf beiden Kärntner Baustellen – Karawanken und Tauern – die Bauleitung, womit er zu einer entscheidenden Hilfe seines rund fünfzigjährigen Chefs wurde; dem Charakter nach scheint er ebenso alleinherrschend wie dieser gewesen zu sein, so daß Ilse im neuen Heim gewissermaßen den Vater ersetzt bekam.

Und im selben Jahr, am 15. August 1903, fand das ‚Schlüsselfest' auf dem fertiggestellten Riegelhof statt: in Anwesenheit nicht nur aller Doderers und Ferstels, sondern auch der Familie von Frau Willys älterer Schwester, einer verehelichten Dubois. Es war – unterhalb des ehemaligen Bauernhäuschens – ein beeindruckender Landsitz geworden, bis zum ersten Stock gemauert, darüber in Holzbauweise, mit vielen Zimmern, mit Terrasse und Balkonen, und vor allem wunderbar gelegen, um den herrlichen Ausblick auf Tal und Berge zu genießen. Und es sollte genauso zu einem – immer wieder die Familie vereinigenden – Stammsitz werden wie jener in der Stammgasse.

Intermezzo

Am 4. Oktober 1903 erschoß sich in ‚Beethovens Sterbehaus' (wie Doderer immer wieder betonte: es handelte sich aber bloß um ein an derselben Stelle errichtetes neueres Gebäude) der 23jährige Otto Weininger, dessen wenige Monate vorher erschienenes Buch ‚Geschlecht und Charakter' ein durchaus skandalartiges Aufsehen erregt hatte und im nächsten Vierteljahrhundert rund dreißig Auflagen erleben sollte.

Neben den Frauen und Juden, denen darin Charakter, Essenz und somit die seelische Existenz schlechthin abgesprochen wird, skandalisierte es am meisten den Berliner Arzt Wilhelm Fließ, der heute im wesentlichen nur noch als Sigmund Freuds Briefpartner bekannt ist. In diesen Briefen und bei den selteneren Treffen hatte Fließ, der sich selber eher als bahnbrechender Wissenschaftler denn als Empfänger der Freud'schen Zweifel und Erfolgsmeldungen sah, zwei Theorien entwickelt: daß es erstens kein reines Geschlecht gebe, sondern in jedem Menschen männliche und weibliche Elemente verschieden gemischt aufträten, und zweitens, daß alle Lebensvorgänge sich nach einer Periodizität entwickelten, die einem naturwissenschaftlichen Gesetz gleichkäme: ein 28-Tage-Rhythmus für Frauen und ein 23-tägiger für Männer.

Sein erstes Prinzip übernahm nicht nur Sigmund Freud zur Erklärung verschiedener psychischer Phänomene (wie etwa der Homosexualität), sondern vor allem Otto Weininger, und mit wesentlich radikaleren Schlußfolgerungen: er leitete, Welträtsel mit jugendlichem Elan lösend, nahezu alle Kulturphänomene, Kunst und Genialität, Philosophien und behauptete Rassenunterschiede vom jeweiligen Mischungsverhältnis von *M*[ann] und *W*[eib] ab; was ihm nicht gleich als universale und endgültige Erklärung erschien – wobei er *M* und *W* in pseudo-naturwissenschaftliche Gleichungen setzte, um methodische Exaktheit vorzugeben –, war ihm gar nicht wert, sich so genial damit auseinanderzusetzen. Fließ, der sich mit einer derart umfassenden Auslegung seiner Idee wohl ohnehin kaum identifiziert hätte, war aber aus einem ganz andern Grund betroffen, in tief verletzter Eitelkeit: er hatte seine Überlegungen zur Mischung des Weiblichen und Männlichen noch gar nicht publiziert; er konnte deshalb für die Wissenschaft nicht einmal mehr zum anerkannten Vorläufer Weiningers werden.

Mit seiner anderen Idee ging es dem armen Doktor aus Berlin nicht viel besser: zwar lagen schon erste Publikationen zu seiner Periodizitätslehre vor (in ‚Die Beziehungen zwischen Nase und weiblichen Geschlechtsorganen, in ihrer biologischen Bedeutung dargestellt' von 1897), doch einer von Weiningers besten Freunden, Dr. Hermann Swoboda, veröffentlichte ein Jahr nach dem Bestseller Ottos sein – allerdings weniger zugkräftiges – Buch ‚Die Perioden des menschlichen Organismus in ihrer biologischen und psychologischen Bedeutung': mit genauer Bewahrung des 23- sowie 28-Tage-Rhythmus, dem er später noch – als Hauptwerk – sein ‚Siebenjahr' beifügte. Zwar verleugnete er weder Fließ noch Freud, betonte aber den völlig neuen Ansatz seines Werkes: das Naturgesetz der Periodizität mache Freuds Assoziationslehre zur Erklärung psychischer Phänomene (ob Traum oder Witz, Erinnern oder Vergessen) völlig überflüssig – samt dem lästigen Ansatz der Sexualität, denn entscheidend sei nur der Zeitabstand: die ‚freisteigende Erinnerung' (statt Assoziation) träte deshalb von ganz alleine und gesetzmäßig ins Bewußtsein, weil 23 oder 28 Stunden oder auch ein Vielfaches seit dem Ereignis oder der letzten Erinnerung daran vergangen seien. (Und Heimito von Doderer, der an der Universität die Wahl zwischen beiden Lehrern – Freud und Swoboda – gehabt hatte, entschied sich recht schnell für die ‚Wissenschaft der Periodizität' [als Psychologie!] und rechnete, bezüglich ungünstiger oder förderlicher Augenblicke für ein Vorhaben, sein Lebtag lang seine Rhythmen nach; wie heute die Anhänger der genauso ‚wissenschaftlichen' Biorhythmik).

Schuld an dem doppelten Plagiat an Wilhelm Fließ, so stellte sich schließlich heraus, war Sigmund Freud selber (der um jene Zeit auch eine entfernte Verwandte der Doderers als Patientin hatte, nämlich Marie von Ferstel). Swoboda war mehr als drei Jahre zuvor als ‚Schwerkranker' zu ihm gekommen, bei der ‚Kur' hatte Freud ihn nicht nur auf das Werk von Fließ (‚Nase etc.') hingewiesen, sondern mit ihm auch die Bisexualität zu Heilungszwecken besprechen müssen, worauf Swoboda den neuen Gedanken mit Freund Weininger diskutierte. „Weininger schlug sich darauf auf die Stirne und lief nach Hause, sein Buch zu schreiben ... Auch ich glaube, daß der selige Weininger ein Einbrecher war mit einem gefundenen Schlüssel."[14] Das stand im vorletzten Brief Freuds an Fließ, der ihm diesen leichtfertigen Umgang mit der eindeutigen Urheberschaft seiner Ideen nicht mehr verzieh.

Unterdessen hörte das Kind Heimito, wie der Schriftsteller später stolz berichtete, zuhause die erregten Debatten – vor allem der älteren Geschwister – über ‚Geschlecht und Charakter' und wuchs sozusagen, schon vor jedem Verständnis, in die Geisteswelt Weiningers hinein, den er später (in den *Dämonen*) „den glorreichen" nannte; tatsächlich verdankte er ihm, sein Leben lang, einige Überzeugungen zuviel.

Die Ferien wurden nun zum größten Teil auf dem Riegelhof verbracht, wobei sich für das Kind die erzwungene Wohlanständigkeit im Haus sehr deutlich von der Freiheit in der Natur rundum unterschied. Zuhause mußte er einmal, aufgrund eines nicht gerade glücklichen erzieherischen Einfalls seines Vaters, aus einem Leitartikel der ‚Neuen Freien Presse' alle *r* herausstreichen, draußen durfte er sich nach Laune herumtreiben, im Wald verdrecken, bei den Kaninchen am Heuschupfen sitzen, bei einem Mühlenbau zuschauen, einen Krebs (die Krebse wurden später fast zu seinem Wahrzeichen) unter einen Stein scheuchen; er erfand das etwas zweifelhafte Spiel „Stiere schlachten" (sie waren aus Erd-Fleisch und Holz-Knochen) – und es beschäftigte ihn (wohl eher dumpf), daß er keine grade Linie in sein Leben bringen konnte, hier mit schmutzigen Lederhosen lebte, in Wien im Stadtanzug mit in die Oper ging, einmal mit den Schulbuben raufte, dann wieder völlig gesittet auftrat. Die Erinnerung an diesen frühen psychischen Konflikt ist durchaus glaubhaft: Brüche in seinem Leben durch die Zwangsvorschreibung einer Einheitlichkeit zu beheben war ein ebenso häufig wiederholter wie gescheiterter Versuch in Doderers Leben.

Da sich der Vater von seinen großen Bauunternehmungen in Kärnten nur schwer freimachen konnte, ließ er die Familie einen Sommer lang in die Nähe nachkommen, ins Hotel ‚Lindenhof' am Millstättersee. Dort lernte Heimito schwimmen und hatte Angst vorm Springen; er spielte mit einem Segelschiffchen und adaptierte es so, daß er das Großsegel aufrichten und fallen lassen konnte (ein vielversprechender Junge aus einer Technikerfamilie); er stahl – wohl im Verein mit Älteren – Kukuruz; und er wurde, da man Buben seines Alters als geschlechtslos ansah, ins Damensonnenbad mitgenommen, von wo ihm eine dunkle Frau in Erinnerung blieb, „die ihr Laken wie eine Toga trug, so daß es die eine Schulter frei ließ". Daß man ihm zur Lektüre ein langweiliges Buch über ‚Straßenpolitik' mitgenommen hatte, vergaß er ebenfalls nicht.

Was er in jenen Jahren am aufmerksamsten las, waren naturwissenschaftliche Bücher mit Abbildungen, wie das große Schubert'sche Naturgeschichtsbuch oder Wagners ‚Durch Feld und Flur': aus ihnen erfuhr er alles über die Tiere, denen er begegnete, wie dem Krebs. Und so wußte er dann auch über die Molche Bescheid, die er drüben in den Tümpeln des Praters fand: dieser wurde nun in Wien zum Revier seines Herumstreifens, vielleicht vor allem an den Donnerstagen, die damals in der Monarchie noch schulfrei waren. Dieses riesige, heute eigentlich tief in die Stadt hineinreichende Gelände von Donau-Auen war den Wienern erhalten geblieben, weil es die Habsburger zu ihren Jagdvergnügungen – die ja auch geehrten Gästen geboten wurden – nicht weit haben wollten (weshalb die Praterstraße früher Jägerzeile geheißen hatte).

Heimo – so wurde er, wenn nicht Heimchen, am ehesten genannt, und jahrzehntelang noch nicht Heimito – brauchte bloß über die Rotundenbrücke zu gehen (an Stelle der ehemaligen des Rasumofsky) und war dann nach wenigen Schritten schon auf jener breiten Straße des Praters, die grad zu dem riesigen, aus Stahl und Glas erbauten Kuppelbau der ‚Rotunde' führte, dem zentralen Bau der Weltausstellung von 1873 (sie wurde erst 1937 durch einen Brand zerstört). Nun konnte er links zur Spenadlwiese und dem Konstantinhügel gehen, hinter dem sumpfige, von Binsen und Schilfrohr umgebene Tümpel lagen, oder rechts über die Jesuitenwiese, an deren Ende schon der alte Auwaldbestand begann, zum Heustadlwasser, auf dem grün die Wasserlinsen trieben; da und dort morschten längst gestürzte Bäume im Wasser (heute wird diese Natur viel ‚ordentlicher' gehalten; damals hingegen waren auch die Wiesen noch keine Rasen). Dort traf Heimo noch allerorts die großen, grün irisierenden Smaragdeidechsen an, die sich beim Näherkommen aufrichteten, die Mäulchen aufrissen und ihr drohendes „Chä-chä" ausstießen (es gibt sie im Prater längst nicht mehr; auch sonst sind sie sehr selten geworden). Doch seine eigentliche Faszination galt den Teichmolchen – vielleicht hat er tatsächlich, wie sein Kokosch im *Mord*, einige zuhause in Gläsern gehalten und bei ihren drolligen Kämpfen um die verfütterten Würmer beobachtet; sie kamen den Drachen am nächsten, die sich der Knabe auch hier – schwerfällig durch die Tümpel patschend – immer wieder vorstellte. (Die anderen, weniger urzeitlichen Amphibien, wie etwa Frösche, Unken und Kröten, nahm er kaum zur Kenntnis.)

Rote Krebsschalen – ihre Kopfbrustschilde, wie sie nach dem Essen übrigblieben – waren schon früh zu seinem Spielzeug geworden; dazu kamen, von Vater und Verwandten, weitere Geschenke, wie Muscheln, eine Seespinne, ein getrockneter und ausgestopfter Teufelsfisch, ein schon etwas brüchiger Taschenkrebs; diese empfindlicheren Präparate setzte er vorsichtig und liebevoll in Watte. Die Aufmerksamkeit für die Natur scheint vom Vater gefördert worden zu sein: Wilhelm von Doderer hatte auf seinem Schreibtisch stets einen versteinerten Seeigel vor sich, den er selbst beim Bau des Nord-Ostsee-Kanals gefunden hatte (daneben lag ein großes geborstenes Kettenglied, das ihm bei seinen Arbeitern fast den Ruf eines Hellsehers – und bei den Italienern den Titel ‚Padre' – eingebracht hatte: mit dieser Kette war ein schwerer Kran gesichert gewesen, Doderer sah im letzten Augenblick das langsame Nachlassen der Kette und brüllte so urgewaltig, daß sich alle Arbeiter noch vor dem Umstürzen des riesigen Gerätes retten konnten). Auch ein schöner, im Empirestil gehaltener

Schrank mit Mineralien, den Heimito in den dreißiger Jahren aus Geldnot versetzte und dann gerade noch rechtzeitig zurückkaufen konnte, war ein Geschenk des Vaters an das Kind gewesen. Als jedoch beim älteren Immo – eben damals, als sich Heimo den Prater eroberte – das Interesse für Biologie so weit ging, daß er dieses Fach studieren wollte, wurde er gezwungen, Techniker zu werden.

Auch auf dem Riegelhof, wo in den ersten Jahren noch ein Esel gehalten wurde und man mit Kerzen und Petroleumlampen lebte, weil es die beiden Willys so wollten, lernte Heimo die umgebende Natur immer besser kennen und konnte bald Schlehen und Berberitzen, Weißdorn und Hartriegel unterscheiden (gepflanzt wurden hier wie in den Balkonkistchen der Stammgasse vor allem die beliebten Pelargonien; eher irrtümlich als bewußt unorthodox schrieb Heimito von Doderer fast sein Lebtag lang „Bellargonien"). Wenn allerdings zuviele Gäste anwesend waren – das Haus stand immer offen, man lebte sehr gesellig: doch hier den „Paust'schen Sack" *(Merowinger)* der verzweigten Verwandtschaft zu entwirren, wäre zu gar nichts nutz –, mußte der Kleine mit der Gouvernante zum ‚Oberen Eggl' ziehen, einem Gasthaus am oberen Ende Preins und vom Riegelhof nur durch ein kurzes Stück Straße entfernt; länger mußte man vorher durch den eigenen Wald über weitläufige Serpentinen steigen. Im Zimmer des Gasthofes mag es auch gewesen sein, daß Heimo den weißen Bauch unter dem Mieder der Gouvernante – diese hieß Anna Plefka – gesehen und sich als einziges von ihr eingeprägt hatte; im übrigen ließ sie ihn treiben, was er wollte, um in Ruhe ihre Marlitt-Romane lesen zu können.

Irgendwann gegen Ende der Volksschulzeit ging ihm – wie fast allen Kindern dieses Alters – die Abenteuerwelt des Karl May auf; auch bastelte er sich erstmals, reichlich unbeholfen, Pfeil und Bogen. Der spätere Kult, den er damit trieb, ging sicherlich nicht auf die von ihm häufig zitierte Beschreibung des Bogenschusses bei Homer zurück; am Anfang stand – banalerweise, jedoch edel – der Häuptling Winnetou. (Vielleicht durfte Heimo damals – im Frühling der letzten Volksschulklasse – auch Buffalo Bills Große Wildwestschau im Prater besuchen; Hinweis gibt es allerdings keinen darauf.) Andere Abenteuer spielten sich ausschließlich in der Phantasie ab: wenn er etwa auf dem Boden seines Wiener Zimmers das außerordentlich große und schöne Modell einer Festung mit Leben bevölkerte, Wäglein voll Menschen heranschob und sich Geschichten dazu ausdachte – wie dann sehr viel später, als er bei der Beschreibung der Ritterburg ‚Neudegg' in den *Dämonen* überrascht feststellte, daß sie jener vom Boden des Kinderzimmers glich. (Ob er sich im Krieg an seine schweren dunkelblauen Bleisoldaten und die kleinen Kanonen erinnerte, erscheint zweifelhafter.)

Auf den paar Fotos aus jener Zeit sieht Heimo keck bis frech, lustig und unbekümmert aus: die Verkörperung unschuldiger Lebenslust vor jedem Krampf – wie nie wieder in seinem Leben. Bei der Marmorbüste, die der Vater von seinem Jüngsten (im 8. Lebensjahr) machen ließ, ging es den Eltern wohl, wie der beauftragte (da mit einer Jugendfreundin Almuths verheiratete) Angelo Buzzi-Quattrini richtig erkannt hatte, um die Darstellung der Hübschheit des Kindes: der Ausdruck von Engelshaftigkeit war eher gefragt als jener der Keckheit. An die Sitzungen im Prateratelier des Meisters, wo Heimo zuerst in Ton modelliert wurde, erinnerte sich der Schriftsteller in recht verschiedenen, doch nicht unbedingt widersprüchlichen Darstellungen: da gibt es Buzzi (den HvD immer – irrtümlich – ‚Puzzi' schrieb), den gutartigen Euphoriker, der seiner Verfettung entgegenlebte und dazu Eisbecher löffelte; aber auch den schwunglosen Reaktionär unter den Akademieprofessoren, der sich vor den Ansprüchen modernerer Kunst rettete, indem er sie in Bausch und Bogen als Schwindel bezeichnete.

In den ganzen vier Jahren Volksschule scheint nur eines erschreckend gewesen zu sein: die Tafel mit der Aufschrift ‚K.K. Staatsgymnasium' im Gang, durch den die Schüler der Lehrerbildungsanstalt in den Turnsaal gehen mußten; der erfolgreiche Abschluß der Volksschule war problemlos, die ganze Drohung – durch Immos Geschichten zum „drückend bösen Ruf" verschärft – lag in der Zukunft.

Bevor es noch so weit war, gestattete sich der gewiß schwer überlastete Wilhelm von Doderer mit seiner Familie – und mit Verwandten seiner Frau, der Familie Dubois – einen Urlaub auf der ostfriesischen Insel Norderney. Heimo scheint dort vor allem unter zu engen Schuhen und dem heftigen Wunsch nach einem Spielzeugschiff gelitten zu haben und war wohl ziemlich lästig (zuhause hatte er, nicht weit von der Festung, einen großen Dreimaster auf dem Boden stehen); schließlich bekam er einen kleinen grauen Kreuzer mit zwei Schloten. Positiv in Erinnerung blieben ihm nur die vielen Krabben, doch noch im Jahr 1959 hielt er es für notwendig, ohne nähere Begründung festzustellen: „Norderney . . . Das Leben meiner Eltern und des Onkels Dubois dort war schlechthin lächerlich."[15]

3. Latenz und Lümmel

Kaiser Franz Joseph empfing Wilhelm Ritter von Doderer zweimal in Audienz; wahrscheinlich ein erstes Mal anläßlich von dessen Ernennung zum Oberbaurat. Die gern in der Familie erzählte Geschichte, daß er seinen Besucher nicht und nicht – trotz des drängenden Adjutanten – weglassen wollte, weil ihn dessen Erklärungen zu Fragen des Bahnbaus so faszinierten, erscheint zumindest in Hinsicht auf Franz Josephs fanatische Pünktlichkeit, die ihm meist wichtiger war als jeder Anlaß dazu, eher unwahrscheinlich. Beim zweiten Mal soll der Kaiser die Vorstellung mit der Bemerkung unterbrochen haben, einen Charakterkopf wie Doderer könne man ohnehin nicht vergessen; tatsächlich war es, zumindest unter dem repräsentativen Aspekt seiner Stellung, geradezu eine Hauptaufgabe Franz Josephs, sich möglichst viele seiner Untertanen zu merken und durch Wiederkennen zu verblüffen, worin er es zu bemerkenswerten Leistungen brachte; allerdings wurde ihm vor jeder Audienz ohnehin die Liste der Besucher (mit der zur Verfügung stehenden Minutenzahl) vorgelegt.

Jedenfalls erhielt für Heimo das Bild des Monarchen durch die Familiengeschichte eine persönliche Prägung – die ihm allerdings, bis zuletzt, Franz Joseph nicht sympathischer machte. Dieser war endlich – in seinen letzten und Heimito von Doderers ersten zwei Jahrzehnten – bei seinen Untertanen populär geworden: durch die schiere Dauer jener fast pathetischen Entsagung, mit der er politisch wie privat immer mehr von allem abrücken mußte, was er gerne durchgesetzt oder gehabt hätte; zuletzt übertraf seine Regierungszeit jene von Ramses II. und der Königin Victoria, die allerdings einen Großteil ihrer Ziele erreicht hatten. Dem österreichischen Kaiser blieb vor allem, sein Gottesgnadentum, durch das er sich für staatstragend hielt, in der unerschütterlichen Pedanterie ergebenen Aktenerledigens und in nachsichtsloser Etiketten-Beachtung auszuleben (wozu auch gehörte, wie oft am Tag er sich dem Anlaß entsprechend umkleidete); und dieses Gottesgnadentum durch die vielen Verzichte auf persönliches Wohlergehen zu einer freudlos fernen Entrücktheit zu gestalten, was der legendenhaften Überhöhung guttat. Die tiefreichende Banalität des Wiener Fatalismus, der seine Lust immer wieder im gegenseitigen Decouragieren fand (und findet), brauchte den Kaiser zur Nachahmung gar nicht mehr, erhielt aber doch eine Art Allerhöchster Bestätigung; zudem übernahm man von ihm, der kulinarisch so wenig verfeinert war wie in seinem Kunstsinn, die Bevorzugung des Tafelspitzes unter den damals erheblich mehr als zwanzig Wiener Spezialitäten von gekochtem Rindfleisch; es war keine schlechte und auch nicht die allerbeste Wahl, blieb aber durch fleißige Nachahmung (auch bei den Doderers) die populärste und ist es noch heute. Zudem gab es noch das Kaiserwetter, den Kaiserschmarren, die Kaisersemmeln etc.; und jeder Dienstmann trug geradezu obligat einen kaiserlichen Backenbart. Im Wiener Witz hieß Franz Joseph gelegentlich auch ‚Frau Moser', weil man seine Unterschrift am ehesten so entzifferte; und bei den Tschechen nannte man ihn, spöttisch bis wohlwollend, Procházka, seit eine Prager Zeitung unter das Titelbild, auf dem der Kaiser als erster über eine neueröffnete Brücke geht, geschrieben hatte:‚Pracházka na mostu' – Spaziergang (oder der häufige Familienname: Procházka) auf der Brücke.

Dafür war er kein ‚Seh-Adler' mehr, das eilige Erheben in den Adelsstand hatte er satt; der Baumeister des neuen Wien wurde kein Otto von Wagner; und Gustav kein von Klimt. Die Emporkömmlinge und Erfolgreichen aller Art genügten Franz Joseph nicht mehr als Stützen seiner Macht. Gegen die Zentrifugalkräfte der Monarchie brauchte er eine breitere Unterstützung und kämpfte, zuerst an Seite der Regierung Gautsch, dann mit dem erfolgreicheren Ministerpräsidenten Max Vladimir Beck für etwas, das er tiefinnerlich verabscheute, aber pragmatisch zu einem persönlichen Gewinn machen wollte: nämlich das allgemeine, gleiche, direkte und geheime Wahlrecht. Es wurde im ersten Gymnasialjahr Heimos erreicht und etablierte erstmals ganz massiv die beiden Großparteien: Adlers Sozialdemokraten wurden mit 87 Mandaten zur stärksten Partei, was ihnen aber wenig nützte, da sich Luegers Christlichsoziale mit ihren 66 Mandaten und die Katholisch-Konservativen mit ihren 30 Mandaten zu einer Fraktion vereinten. Allgemein war dieses Wahlrecht übrigens ohnehin nur für die Hälfte einer Hälfte: nämlich nur für den österreichischen Teil der Monarchie und da unter Ausschluß der Frauen.

Ein Jahr zuvor führte die Monarchie immerhin bereits Autonummern ein (die jährliche Weltproduktion an Motorfahrzeugen erreichte schon 200.000 Stück); der Thronfolger Erzherzog Franz Ferdinand erhielt das Schild A 1. Zur Gründung seiner Militärkanzlei im Belvedere, die sich zu einer veritablen Gegenregierung und damit zu einer weiteren Machtschwächung Franz Josephs entwickeln sollte, kam es erst zwei Jahre später, doch stellte sich der Erzherzog schon jetzt ganz offen gegen das neue Wahlrecht. Er glaubte fast noch mehr als der Kaiser an das Gottesgnadentum, durch das er hinkünftig berufen sein würde, seine Völker zu lenken: wozu er deren Einmischung nicht brauchte. Von jener Zeit, als sich wegen seiner als unheilbar geltenden Lungenkrankheit fast alle von ihm abgewandt hatten, die in seiner Entourage an die Schaltstellen der Macht hatten kommen wollen, war ihm nicht nur die disziplinäre Härte geblieben, mit der er seine Gesundheit wiederhergestellt hatte, sondern auch eine überaus große Verletzlichkeit, die durch die – streng etikettegemäße und also brüskierende – Behandlung seiner nicht standesgemäßen Frau, einer gewöhnlichen Gräfin Chotek, bei Hof ständig weiter gestachelt wurde. Kompensativ dazu stilisierte er sein Herrenmenschentum, zu dem auch jene psychopathische Besessenheit zu zählen ist, an einem einzigen Jagdtag bis zu 2000 Tiere abzuknallen. Er war überzeugt deutschnational, antijüdisch und antiungarisch; und wollte, mit leidenschaftlichem und arbeitsintensivem Ehrgeiz, die Monarchie zu einem modernen Staatenbund machen, wenn auch unter autokratischer Führung mit Primat des Militärs; wie das genau aussehen sollte, wurde bis zu seiner Ermordung in Sarajewo nie ganz klar. Dennoch äußerte Heimito von Doderer gelegentlich – und vor allem anläßlich seiner Kritik Franz Josephs –, der Thronfolger sei die letzte und einzige Hoffnung für die Monarchie gewesen.

Wie sein Kaiser und dessen ungeliebter Thronfolger hieß auch Doderer im Gymnasium mit dem Vornamen fast immer nur Franz; und natürlich Ritter von. In den meisten Klassen war er der einzige Aristokrat; die Schule in der Kundmanngasse wurde vorwiegend von Söhnen bürgerlicher – darunter bis zu einem Drittel jüdischer – Familien des dritten Bezirks besucht, wenn auch fast alle Länder der Monarchie durch eine eher verschwindende Minderheit von Schülern vertreten waren. Zwei Jahre nach Franz/Heimito traten sogar die beiden Söhne des Erzherzogs Leopold Salvator in dieses Gymnasium ein. Es wurden auch jährlich einige bedürftige Kinder aufgenommen und durch ein Stipendium unterstützt; die meisten jedoch zahlten das ohnehin eher mäßige Schulgeld. Es handelte sich um keines der berühmten und strengen Gymnasien Wiens, sondern eher um eine liberale bis tolerante Schule, was Doderer, als seine Lernerfolge später immer mäßiger wurden, sicherlich zugute kam. (Wie sehr der gesellschaftliche und finanzielle Rang seiner Familie die Lehrer zu einer wohlwollenderen Haltung bewegte, ist kaum festzustellen; immerhin hatten sie jene hierarchische Ordnung glaubwürdig zu vertreten, in der sie selber – im Vergleich zu manchen Schülern – nicht gerade begünstigt waren.)

Seine Schwester Astri liebte es, ihn anekdotenreich als frühreifes Genie zu präsentieren, das Techniker ebenso wie Altphilologen schon als Halbwüchsiger durch sein Wissen verblüfft hätte. Der Schriftsteller selbst wiederum zog es mit zunehmendem zeitlichen Abstand von der Schulzeit vor, sich als ganz und gar von der humanistischen Erziehung und der griechisch-lateinischen Kultur geprägt darzustellen. In Wahrheit behinderten ihn bei Beginn seines Geschichtsstudiums seine geringen Lateinkenntnisse, wie er selber recht schnell feststellte und es sich nach seinen Schulnoten auch kaum anders erwarten durfte.

Die erste Klasse allerdings ließ einen ausgezeichneten Erfolg in der Schule erwarten: in Latein, Deutsch, Geschichte, Geographie und Religion schloß er mit ‚Vorzüglich' ab, in Naturgeschichte mit ‚Lobenswert', die Mathematik lag ihm freilich von Anfang an wenig (‚Befriedigend' immerhin), und am schlechtesten schnitt er in den sogenannten künstlerischen Fächern ab, wie Zeichnen, Gesang und Kalligraphie; auch beim Turnen zeichnete er sich während der ganzen Schulzeit nie sonderlich aus, obwohl er sich später ein Lebtag lang durch und durch als Sportler präsentierte. Jedenfalls schlug keineswegs eine sofortige Neigung, Begabung oder gar Zielrichtung durch; wie viele andere Schüler interessierte er sich am ehesten für das, was ihm am eindringlichsten nähergebracht wurde: es blieb die Naturgeschichte mit seinen Vorkenntnissen von Tieren, Pflanzen und Mineralien. Da war also nach wie vor der Einfluß des Vaters wirksam; dieser weckte weitere naturwissenschaftliche Neigungen und schenkte dem Knaben bald auch eine Wimshurst'sche Elektrisier-Maschine (deren Ozon-Geruch ihm lebhaft in Erinnerung blieb) sowie einen Chemiekasten mit Retorten und Bunsenbrenner; Heimo war von dem Hantieren mit den Gläsern und seltsamen Substanzen so fasziniert, daß er – nach Weihnachten – nicht einmal nach Murau zum Schilaufen mitfahren wollte.

Später beklagte er aus seiner Jugendzeit „Amnesien", die „zum Teil ungeheuerlich" seien: „es fehlen Sommer und Jahre“[1]. Doch vielleicht fehlten sie nur seinem nachmaligen Konzept von sich selber; vielleicht paßten sie bloß nicht zu jenem Entwurf, nach dem er sich dann gestaltete. Wenn dem so ist, mag ihm eine jugendliche Angepaßtheit an Familie und Umstände, an die allgemein gültigen Werte und üblichen Vergnügungen einfach nicht mehr erinnerlich gewesen sein: auch weil eine individuelle Selbstgestaltung – welche die Ereignisse krisenhaft einprägt – dabei weitgehend fehlt. Eine noch weiter gehende Deutung könnte zu der Vermutung führen, daß er, als er später jede positivistische Geisteshaltung strikt ablehnte, seine kindliche Begeisterung für die Naturwissenschaften samt deren Förderung durch den Vater gern in den Bereich der ‚Amnesie‘ abdrängte – was besonders leicht der Fall ist, wenn mit vergangenem eigenen Glück behaftet ist, wogegen man später dann ankämpft. Demnach könnte er in jenen ersten Gymnasialjahren durchaus ein recht zufriedener Knabe gewesen sein – mehr oder weniger in Eintracht mit seiner Umwelt; sieht man von gelegentlichen ‚Watschen‘ ab, die damals noch häufiger ausgeteilt wurden.

Im Grunde bestand seine Welt bis zur Eruption der Sexualität aus zeitgemäßem Alltag, in der Schule und zuhause. Da gab es am 5. Oktober ein Schulfest zum Namenstag Seiner Majestät (jedes Aussetzen des Unterrichts war den Schülern recht; leider fiel der Geburtstag des Kaisers in die Sommerferien), am 19. November, dem ‚Tage des Namensfestes weiland Ihrer Majestät der Kaiserin Elisabeth‘[2] einen feierlichen Trauergottesdienst – wie denn der Patriotismus in nahezu alle Unterrichtsfächer hineinreichte, am nachhaltigsten bei den deutschen Aufsatzthemen. Mittlerweile gewöhnte er sich an das ursprünglich ‚furchtbare doppelte‘ Schulhaus, an die Stiegenhalle mit den blau-rot-goldenen Malereien oben in den Zwickelfeldern; und der Geruch nach Öl und Sägespänen, mit denen damals die Holzböden üblicherweise gereinigt wurden, war ohnehin der gleiche wie vorher in der Lehrerbildungsanstalt nebenan. Im großen grünen Hof der Schule, der ursprünglich zur Geologischen Reichsanstalt (dem ehemaligen Palais Rasumofsky) gehört hatte, fand er Trümmer von Versteinerungen, die man einfach auf einen mittlerweile halb verwachsenen Haufen geworfen hatte; und vielleicht nahm er diese oder jene Probe mit nach Hause, wo er es liebte, die naturwissenschaftlichen Bücher und Schaustücke so zu arrangieren, daß sie jedem Besucher beim Betreten seines Zimmers – als bezeichnend für dessen Bewohner – in die Augen stechen mußten. (Was später vielleicht Astris Anekdoten über seine frühe Gelehrsamkeit nährte.)

Zur standesgemäßen Kultiviertheit gehörte selbstverständlich auch die Musik, selbst wenn der Gesangsunterricht in der Schule sich nicht sonderlich gut anließ. Doch wurde Heimo schon früh in die elterliche Loge in der Staatsoper (Nr. 12, auf dem ersten Rang) mitgenommen, ohne daß sich daraus für ihn eine Vorliebe oder gar Passion ergeben hätte (im Gegensatz zu seinen älteren Geschwistern mit ihrem Wagner-Kult). Vor allem aber erhielt nun auch er, nach allen andern Geschwistern, seinen sozusagen eigenen Philharmoniker, nämlich Professor Klein, der ihm das Spielen des Cellos beibringen sollte. Er brauchte stets ein Glas Wein und ein Butterbrot, ehe er das Instrument mit ruhiger Sorgfalt in die Hand nahm und stimmte; diese gepflegten

Gesten im Umgang mit dem Cello ahmte Heimo ebenso sorgfältig nach, ohne daß sie sich allerdings auf seine Beherrschung des Instruments auswirkten. Etwas wie eine wirkliche Leidenschaft fürs Cello ergriff ihn erst, als er es bereits seit Jahrzehnten nicht mehr spielte.

Natürlich lagen ihm andere Spiele näher: zum Beispiel das Reißbrett (später geradezu ein Synonym für seine Romankonstruktionen) mit Lederschlaufen zu einem Schild zu verwandeln und dann mit den Reißschienen zu fechten. Das betrieb er mit einem „Kokosch, also wohl Konrad", der in der „Castiletz-Gasse" – irrtümlich für Castellezgasse – beim Augarten wohnte[3]: Conrad Castiletz wurde dann später zum Namen der Hauptfigur des *Mords*. (Die Castellezgasse spielte auch 1921/22 bei einem äußerst krisenhaften Höhepunkt seiner Beziehung zu Gusti Hasterlik eine gewisse Rolle.)

Im Herbst 1907, als Heimo in die zweite Klasse aufstieg, bemühte sich Adolf Hitler vergebens um seine Aufnahme in die Wiener Kunstakademie; für Doderer hingegen war auch dieses Schuljahr ziemlich erfolgreich, er schnitt letztlich mit ähnlich guten Noten ab wie im Jahr zuvor. Zuhause fanden wohl noch immer – wie während der ganzen Untergymnasialzeit des Conrad Castiletz – die physikalisch-chemischen Experimente statt, sicher zur Zufriedenheit des allerdings meist abwesenden Vaters; dieser erhoffte sich wohl die Heranbildung eines realistisch eingestellten Talents.

Vor dem Ende des Schuljahrs, am 12. Juni 1908, kam es noch zu einem der größten Spektakel, das Wien jemals erlebt hatte: ein Umzug, der die gesamte Geschichte der Habsburger prächtigst darstellte, um damit das 60jährige Regierungs-Jubiläum des Kaisers zu feiern; 300.000 Menschen säumten die Ringstraße.

Doch nicht lang nach so viel Prunk und Selbstbeweihräucherung – was diesmal auch dem Kaiser zu viel gewesen war – schlitterte die Monarchie, offensichtlich auf Grund eines bloßen ‚Mißverständnisses' zwischen dem österreichischen und dem russischen Außenminister, Aehrenthal und Iswolsky, in eine schwere internationale Krisis: man annektierte das vor dreißig Jahren mit allgemeinem Einverständnis besetzte Bosnien-Herzegowina, wo Hügel & Sager dann die ‚österreichische' Schmalspurbahn gebaut hatten, nun als dauerhaften Bestandteil der Monarchie; und fand sich als Folge dieser bloßen Erklärung, die an den realen Verhältnissen ohnehin nichts änderte, sehr überrascht am Rande eines Krieges zumindest mit Serbien, das allerdings auf die Unterstützung von Rußland und England zählen durfte. Diesmal waren Kaiser und Thronfolger – im Gegensatz zu ihrem ehrgeizigen Generalstabschef Conrad von Hötzendorf – gleich unwillig zum Krieg, der nur knapp vermieden werden konnte, da Deutschland den (noch vom Krieg mit Japan geschwächten) Russen glaubhaft machen konnte, ehern zu seinem Bündnis zu Österreich-Ungarn stehen zu wollen – was bereits der Frontenziehung im Ersten Weltkrieg entsprach.

In Krisis geriet auch Heimo, der nun in Latein, dem neu hinzugekommenen Griechisch sowie in Mathematik ständig am Rand des Versagens lavierte (sein einziges ‚Sehr gut' blieb ihm in Naturgeschichte erhalten; auch in Deutsch brachte er es nur noch auf ‚Gut'). Statt einer Belobigung erhielt er selbst in Betragen nur noch die Beschreibung ‚Entsprechend'. Das weist auf umfassendere Schwierigkeiten hin, die am ehesten mit dem Einsetzen der Pubertät zu erklären sind. Vielleicht geriet sein Körperbau gerade aus den Proportionen, vielleicht hatte er Pickel und bekam eine krächzende oder überschnappende Stimme, ohne daß er begriff, was ihm da überhaupt geschah; auf jeden Fall fingen die Zweifel an, begann jene grundlegende Unsicherheit, die Vorbilder zugleich ablehnt und braucht und noch lange nicht zu sich selber findet. Selbst in Religion war er von ‚Sehr gut' auf ‚Genügend' abgestürzt, was zu jenem allgemeinen Bild paßt, daß zugleich gegen Vater und Gott gehadert wird; alle Autoritäten verlieren ihre bergende Glaubwürdigkeit.

Für eine solche Deutung sprechen mehrere Hinweise, wenn auch recht indirekt in ihrer späten Stilisierung: etwa daß er erst an seinen Mitschülern erkannt hätte, was Lebensstil sei. Eine solche Ansicht ist eher seltsam für einen Schüler, der zuhause wahrscheinlich die gehobensten Lebensverhältnisse von allen hatte. Aber was bedeutete dieser großherrschaftliche Haushalt in Wahrheit für den halbwüchsigen Burschen? Wenn in seinen Erinnerungsfetzen das Bügelbrett in der Teeküche auftaucht, ist wohl klar, daß nicht die Mutter mit dem schweren heißen Eisen davor stand. Es war nach wie vor das Personal, das sich um all seine persönlichen Bedürfnisse zu kümmern hatte; für die meisten seiner Anliegen war nicht die Mutter, sondern waren das Stubenmädchen, eine Gouvernante oder die Köchin zuständig; und sie wußten gewiß über ihn intimer Bescheid als die Eltern. Beim Personal – zumindest einzelnen Personen davon – war eine vertrauliche Nähe gegeben, der allerdings die vorbildhafte Autorität fehlte; wo diese auftrat – also vor allem beim Vater –, mangelte es hingegen an grundlegender gegenseitiger Kenntnis.

Das Stubenmädchen Karoline Nohel, ‚Lina' oder – wegen ihres schnellen Trippelns – das ‚Wiesel' genannt, wurde von Doderer in der *Strudlhofstiege* mit unverändertem Namen und erheblich liebevoller dargestellt als die meisten Familienmitglieder. (Es handelte sich übrigens nicht um dieselbe Karoline, die seinerzeit das Kind auf dem Arm getragen hatte.) Am wichtigsten erschien ihm ihr ständiger Ausdruck des „Wohlwollens gegen jedermann", bei tiefer Frömmigkeit und völlig „waffenlos", doch „wie von höherem Schutz umgeben"[4]. Hier fand er einen Teil jener liebevollen Wärme, die ihm gerade in dieser Entwicklungsphase so nachhaltig fehlte; und sie war gepaart mit jener selbstverständlichen Unterordnung – die er bei der Mutter sah, doch da ausschließlich dem Vater gegenüber. Daß manche, die Karoline Nohel noch gekannt hatten, später eine Ähnlichkeit – im Äußeren wie im Wesen – mit Doderers zweiter Frau Maria feststellten, würde auf eine reichlich verzögerte Erfüllung pubertärer Sehnsüchte hinweisen.

Ob die Eltern der Krise ihres Jüngsten pädagogisch gewachsen waren, erscheint zweifelhaft. Eher könnte man den bekannten Teufelskreis vermuten, daß die plötzlich weit geringeren Schulerfolge zu einer gereizten häuslichen Stimmung führten, die ihrerseits die Verunsicherung Heimos vertiefte und ihm zumindest die schulische Selbstrettung weiter erschwerte. Ob die verständnislosen Wutausbrüche von Kokoschs Vater im *Mord* irgendwelchen Szenen bei den Doderers direkt entsprechen, läßt sich natürlich nicht feststellen. Doch auch in der *Strudlhofstiege* wird der Vater als „außer Haus entzückend", „in seinem familiären Herrschbereich . . . aggressiv, brüllend, trampelnd" beschrieben[5]. Vielleicht versuchte die Mutter – wie Frau Castiletz – eine begütigende Rolle zu spielen: wohl aber immer mit der notwendigen Vorsicht, ja nicht offen gegen ihren Mann Partei zu ergreifen, womit ihre Möglichkeiten bereits äußerst eingeschränkt waren. Und Wilhelm von Doderer selbst, der soeben die Südtrasse der Tauernbahn fertigstellte, konnte als dann und wann auftauchender donnernder Halbgott gar nicht vermeiden, daß gerade während der tiefen zagenden Unsicherheit des Buben seine eigene und fast schon maßlose Überlegenheit zu einer grundlegenden Bedrückung und einem Unterlegenheitsgefühl führte, das im Verhältnis des Sohnes zum Vater nie mehr verschwand.

Auch bei seinen Geschwistern wird der Jüngste kaum Verständnis oder nennenswerte Unterstützung gefunden haben: es waren junge Erwachsene, die gerade mit der üblichen Gier und Selbstbezogenheit ihr Leben entwarfen und ergriffen. Almuth heiratete im Mai 1909 den Diplom-Ingenieur Richard Martinek; und auch die um nur drei Jahre ältere Astri war von dem Dreizehnjährigen durch Welten getrennt – sie mochte sich gerade auf ihre erste Ballsaison vorbereiten. So kam es wohl – damals schon – zu Heimos langsamem Rückzug aus seiner Familie, die ihm, außer Komfort und dosierter Kultur, überraschend weniger zu bieten hatte, als der erste Anschein vermuten ließe.

Er schloß die dritte Klasse in Latein und Griechisch mit ‚Genügend', in Mathematik jedoch mit ‚Nicht genügend' ab, was auf Wienerisch einen ‚Nachzipf' bedeutete, also eine Wiederholungsprüfung im Herbst. Diese war damals kein Recht des Schülers, sondern mußte – in jedem einzelnen Fall – erst genehmigt werden, was dann auch geschah; sonst hätte Heimo die Klasse wiederholen müssen. Darauf verbrachte er die Sommerferien – auf dem Riegelhof – wohl weitgehend mit Büffeln; später allerdings erinnerte er sich an seine „Indolenz dem Kommenden gegenüber", wobei er sich „alt und bedrückt" vorgekommen sei[6]. Dort auf dem Lande war auch wiederum die Familie Dubois zu Gast; und um diese Zeit dürfte Heimos Schwärmerei für seine – um 14 Jahre ältere, doch unverheiratete – Cousine Marion angefangen haben; im Gästebuch setzte der Dreizehnjährige seine Unterschrift auffällig eng und reichlich großspurig neben die ihre. Die emotionelle Ablenkung verhinderte allerdings nicht, daß er die Versetzungsprüfung im Herbst bestand und in die vierte Klasse aufrückte.

Bald nach Schulbeginn, im Oktober, wohnten SM der Kaiser, die meisten Schüler des Kundmann-Gymnasiums sowie rund 300.000 weitere Wiener einem abenteuerlichen Schauspiel bei: der Franzose Blériot, der im Sommer als erster Mensch den Ärmelkanal überflogen hatte, führte über Wiens großen Gärtnereien auf der Simmeringer Haide seine Flugkünste vor – auch um zu beweisen, daß seine Maschine zukunftsträchtiger sei als die Erfindung des Grafen Zeppelin, dem im Jahr zuvor sein spektakuläres Luftschiff verbrannt war. Als Doderer später dem – eher anonymen – technischen Fortschritt mit zunehmender Skepsis gegenüberstand, dachte er mehrmals über jene fast heroische Pionierzeit nach, in der jede neue Leistung noch mit konkreten Persönlichkeiten und ihren vielberichteten Taten verknüpft war: solang es so blieb, fand er die Welt der Ingenieure noch entschuldbar. Vielleicht rechnete er seinen Vater schon zur anonymen Technik.

Eine andere Errungenschaft jener Zeit wurde dem Gymnasiasten zu einem beliebten Zeitvertreib: das Kino, natürlich noch mit Stummfilmen. Es existierte in Wien schon genauso lang wie er selbst: im Jahre 1896 war das erste Lichtspieltheater an der Ecke Kärntner Straße/Krugerstraße eröffnet worden und hatte sogar den Kaiser zu einer Sondervorführung locken können; mittlerweile gab es viele Kinolokale, wobei Doderer besonders jene im Zentrum, Wollzeile und Tuchlauben, aber auch das näher gelegene in der Beatrixgasse frequentierte.

Über der Hofbauer'schen Fischhandlung am Kohlmarkt – um die Ecke zum Graben – befand sich die Zentral-Bibliothek, wo Heimo mit Mitschülern oft gegen Abend auftauchte, um stapelweise Bücher zu tauschen; allerdings konnte er sich als Erwachsener nicht mehr erinnern, was er damals überhaupt alles gelesen hatte – bloß der ‚Time-Traveller' von H. G. Wells fiel ihm noch ein. Nichts spricht dafür, daß ihn Literatur – über das übliche Maß jugendlicher Lektüre hinaus – besonders faszinierte oder gar zu einer persönlichen Zielvorstellung wurde. Bloß die Verehrung für den dänischen Schriftsteller J. V. Jensen blieb ihm aus der Gymnasialzeit – neben Homer und Hölderlin, wie er betonte – ein Leben lang erhalten; dessen ‚gotische Renaissance' und Mythenbildung mag aber weniger eine literarische Beeinflussung dargestellt als vielleicht Doderers spätere Hinneigung zum Mittelalter beeinflußt haben.

Irgendwann wohnte Marion (eigentlich: Marianne) Dubois eine Zeitlang bei den Doderers in Wien – im Bereich ihrer jüngeren Cousinen, dem ‚Quartier Latin'. Dieses war, genau wie in der *Strudlhofstiege* beschrieben, eine Wohnung im zweiten Stock des Nachbarhauses, zu der man – mit einem kleinen Treppchen für den Niveau-Ausgleich – durchgebrochen hatte, um die Anzahl der Schlafzimmer zu vermehren; außer Helga und Astri wohnten dort noch zwei Dienstmädchen. Es gab auch einen kleinen Salon, wo die jüngere Generation Doderer ungestört konferieren konnte, sowie eine Küche, darin hauptsächlich der zum Tratschen unentbehrliche Kaffee zubereitet wurde.

Anfangs scheint die junge Frau – sie war knapp unter dreißig – die Zuneigung des Buben durchaus gemocht zu haben und wurde ihm vielleicht, was er ohnehin dringend brauchte, zur beratenden Freundin; noch als alter Mann erinnerte sich Doderer an die langen wispernden ‚Confidencen' im Frühstückszimmer. Was sie ihm darüber hinaus noch gestattet hatte, muß Spekulation bleiben; doch ist klar genug, daß sein Interesse an ihr immer eindeutiger zum sexuellen Anspruch wurde: wie er sie mehrmals im Bett abdeckte, taucht in seinen Erinnerungsfetzen ebenso auf wie schließlich ihre Ablehnung, trotz seines „Flehens" an das Bett zu kommen, in dem er „in unbeschreiblichem Zustande" lag.[7] Auch könnte sich jene Szene in der *Strudlhofstiege*, in der René der Editha recht indezent beim Klettern hilft, bis sie ihm erschöpft in die Arme fällt und sich nicht gegen seine Übergriffe wehrt, in Wahrheit auf Marion beziehen.

„Eine beachtliche Woge blonden Haars und milchweißer Haut, in einer sichtlichen Fülle der Hüftgegend ruhend“: so wird Marianne, die künftige Frau des Conrad Castiletz, im *Mord* beschrieben (auch ihre Schwester heißt, wie jene von Marion Dubois, Luison); dann allerdings auch als ein „älteres und durch keinerlei besondere Gaben ausgezeichnetes Mädchen“[8]. Vielleicht sah der junge Kerl sie damals schon so: nämlich abschätzend und abschätzig, mit jener übernommenen prinzipiellen Überheblichkeit den Frauen gegenüber, was ihm schon in der Pubertät gestattete, ohne Scheu und mit unverblümter Frechheit zu agieren; alle Unsicherheit blieb auf den Umgang mit sich selbst beschränkt. Jedenfalls scheint seine Impertinenz Marion bald zuviel geworden zu sein, sie zog sich ziemlich angewidert von ihm zurück. Als er ihr nach seiner Rückkehr aus der sibirischen Kriegsgefangenschaft einen Brief erotischen Inhalts schrieb, war ihr Abscheu noch durchaus lebendig, sie wollte nie wieder mit ihm zu tun haben; das wurde ihm im Laufe seines Lebens bei jedem erneuten Annäherungsversuch energisch wiederholt. Ihn ließ die Erinnerung an sie niemals mehr los: „. . . die Gestalt der Marion Dubois ist mit der Geschichte meiner Erotik allzusehr verknüpft und durch aufpeitschende Erlebnisse der Knabenzeit tief in mir versenkt.“[9] Und zweiundvierzig Jahre nach dieser Eintragung stellte er im selben Zusammenhang fest, „daß auch ich in der frühen Jugend ein obstinater krimineller Lümmel war“[10].

Immerhin gelang es ihm, die vierte Klasse mit ‚Genügend‘ in den meisten Hauptfächern abzuschließen; das einzige ‚Nicht genügend‘ in Stenographie war ungefährlich, da es sich um ein Freifach handelte.

4. Vetteln, Albrecht und Ida

Was Wilhelm von Doderer auf dem Höhepunkt seiner Kraft und Macht leitete, kann ohne Übertreibung ein privates Imperium genannt werden. Mit ungebrochenem Selbstbewußtsein stellte er in einem Rückblick fest, die „hervorragendsten Bauten, die in den letzten Jahren in Österreich zur Ausführung kamen", errichtet zu haben. Auch die Bausummen waren gewaltig: 4 1/2 Millionen Kronen für die Karawankenbahn von Klagenfurt nach Rosenbachtal (1903–1906); 3 Millionen Kronen für die Tauernbahn von Obervellach nach Pusarnitz (1906–1910); eine halbe Million für den Bau des zweiten Gleises von Spittal an der Drau nach Pusarnitz (1908–1909); 950.000 Kronen für den Bau von fünf Personalhäusern der k.k. Staatsbahnen in Spittal an der Drau; und schließlich begann er 1910 gemeinsam mit dem Bauunternehmen von Dipl.-Ing. Josef Riehl das enorme Vorhaben der Mittenwaldbahn. Hier betrug die Bausumme für die ersten beiden Teilstrecken, nämlich von Innsbruck nach Scharnitz und von Reutte nach Griese (bis 1914), rund 28 Millionen Kronen.[1]

Doch die Bautätigkeit allein machte das Imperium noch nicht aus: diese Aufträge der Staatsbahnen sowie der k.k. priv. Südbahngesellschaft wurden weitgehend von der Creditanstalt finanziert – und dort war Doderer einer der mächtigsten Aktionäre. Er besaß das viertgrößte Aktienpaket, nämlich 3000 Stück, was hieß, daß ihm 4,2% der größten Privatbank der Monarchie gehörten, im Nominalwert von 6,3 Millionen Kronen (mehr als das Doppelte der Kosten für die Tauernbahn!). Sein Einfluß war jedoch noch größer, da er zu den 120 Stimmen, die seinem Aktienanteil entsprachen, noch neun andere Aktionäre vertrat und damit auf insgesamt 297 Stimmen kam, womit er nach Rothschild mit dessen 448 Stimmen das zweitgrößte Aktienpaket vertrat; zusätzlich bekleidete er noch den Posten eines Revisors. So konnte er nicht nur seine Bauvorhaben sicherstellen, sondern auch noch aus ihrer Finanzierung kräftige Gewinne ziehen. Und wenn „die CA-Generalversammlung die Repräsentanz des Geld-Adels insgesamt" war, mußte Wilhelm von Doderer zweifellos „zur Spitzengruppe des österreichischen Großbürgertums" gezählt werden[2].

Die dritte Säule seines Imperiums schließlich war die Wienerberger Ziegelfabriks- und Bau-Gesellschaft AG., wo er seinen Aktienbestand kontinuierlich vermehrte, um eine diesem Stand entsprechende Stellung im Verwaltungsrat einzunehmen, was schon vor dem Krieg zu einer leitenden Position führte. Daß er als Bauunternehmer viele seiner Materialien von dort bezog, wo er auf die Verkaufsbedingungen Einfluß hatte und wiederum am Gewinn beteiligt war, kann man als selbstverständlich ansehen. Was er verdiente, scheint Wilhelm von Doderer von Anfang an zielstrebig so angelegt zu haben, daß eine immer größere Verschränkung der Interessen und weitere Maximierung des Gewinnes entstand. Vor dem Krieg wurde sein gesamtes Vermögen auf rund zwölf Millionen Kronen geschätzt. (Immerhin verdiente auch der größte Mime der Monarchie, Josef Kainz, rund eine halbe Million Kronen jährlich.) Wilhelm von Doderer stand täglich um vier Uhr morgens auf, um bis zum eigentlichen Tagesanbruch an seinem Schreibtisch allen Schriftverkehr zu erledigen; dann folgte, wenn er in Wien war, ein Tag voll von Terminen, zu denen ihn neben den eigenen Unternehmungen auch seine Bank- und Fabriksbeteiligungen zwangen; oder er lebte irgendwo improvisiert in der Nähe seiner riesigen Baustellen, wo sein Tagesablauf mindestens ebenso ausgefüllt war.

Vor diesem Hintergrund ist jener Obergymnasiast Doderer zu sehen, der sich „betont als junger Herr" gab und „für die Schule nur mäßiges Interesse übrig hatte"[3]. Was ihn am meisten von allem ablenkte, war natürlich er selber, der sich seine eigene Form von schwüler Erotik herstellte: schon damals die *erleuchteten Fenster*. Viele Nächte schlich er durchs Haus, um von da oder dort quer über den Hof die günstigste Perspektive in eines der Fenster der Nachbarhäuser zu finden und vielleicht dann und wann zu einem undeutlichen Blick auf ein Dienstmädchen am Waschtisch zu kommen. An manche dieser Bilder halb entblößter Frauen erinnerte er sich sein Leben lang, ebenso wie an die bedrängenden Erektionen dabei, wozu er reichlich verwundert feststellte, daß er damals noch nicht onaniert hätte. Jedenfalls gewöhnte die Sexualität ihn – ebenso wie die meisten andern – daran, sich gerade mit dem verstekken zu müssen, was ihn am heftigsten in Anspruch nahm; ein Selbst-Arrangement mit solchen Inhalten blieb höchstens auf Prahlereien unter Gleichaltrigen beschränkt.

Doch trieb sich Heimo vor allem allein herum: das Vermeiden des Elternhauses wurde fast noch bestimmender als das Schwänzen der Schule. Er wanderte stundenlang und lernte neue Stadtteile kennen; und wenn es der Zufall gewollt hätte, dann wäre er vielleicht – gegen Ende November 1910 – gerade bei der Eröffnung der Strudlhofstiege dort vorbeigekommen; sie war noch unter Lueger zu bauen begonnen worden, aber dieser war schon Anfang des Jahres gestorben. Was jedoch Heimo da- und dorthin trieb, ist deutlich zu erkennen: im Prater waren es nicht mehr die Restbestände der Auen mit ihren Molchen, sondern der Volksprater mit seinen Tanzpavillons und Biergärten, mit den Dienstmädchen und billigen Huren. Letztere mit ängstlicher bis erhitzter Neugierde anschauen zu gehen und dabei zu keinem Entschluß zu kommen, war und ist wohl unter Halbwüchsigen allgemein üblich; auch Heimo brauchte, um zum Ziel zu kommen, einen Schulkollegen, der das schon kannte, den ‚Privatisten' Hermann Ettinger.

Der nahm ihn mit in die Adamsgasse, auf ‚Schleichwegen', da sie dem Elternhaus fast allzu nahe lag. Die Lebensumstände dort sind in den *Wasserfällen* und – vorbereitend dafür – in den *Commentarii* genau beschrieben: wie die armen Leute Teile ihrer Zimmer verhängt hatten, um mitten durch ihren kärglichen Lebensbereich einen abgedeckten Durchgang zu einem Kabinett zu schaffen, wo eine Prostituierte ihr Gewerbe ausübte; vielleicht wurden auch noch Gucklöcher zum Zuschauen separat vermietet, jeder Heller war dringend vonnöten. Im Vorgefühl der Entblößung alles dessen, was da vor ihm die Treppe hinaufschritt, folgte also der junge Herr „aus einem großen, reichen Hause" und „roch wohl sehr anders als diese Umgebung", wobei ihn die fremde Atmosphäre durchaus anzog, „die dumpfe, von den Petroleumlampen verbrauchte Luft in den Gängen zwischen Behängen". Dazu kam die Einbildung, daß er, einfach durch sein Anderssein „die Weiber – sonst waren sie der Lust wohl kaum mehr fähig – noch ein wenig reizte", was sich wohl mancher zur Milderung des Geschehens gerne einredet. Dieses führte dann, nach Überreichung des Geldes, zu den erwarteten „Entblößungen mächtiger hängender Brüste und riesiger Hintern: denn solches wurde da geboten, wovor heute jeder junge Mensch glatt davonliefe"[4]. Ihn hingegen sollten die üppigsten Formen gar nicht mehr junger Frauen sein Leben lang weiter reizen; hier blieb ihm eine blanke körperliche Fixiertheit – oder schlicht: Geilheit – erhalten, für die er keinerlei emotionellen Anspruch brauchte und wollte. „Wovor heute jeder . . . davonliefe", scheint den jungen Heimo also keineswegs traumatisiert, sondern ihm eher einen für ihn recht gangbaren Weg gewiesen zu haben.

Schwieriger ist seine homosexuelle Komponente darzustellen, weil es hier – im Gegensatz zu manchen sonst sehr freimütigen Erinnerungen – keinerlei schriftlichen Hinweis gibt. Der Grund dafür mag bei Doderer weniger ein schamhaftes Verschweigen gewesen sein als vielmehr die einfache Tatsache, daß während seiner ganzen Lebenszeit Homosexualität ein strafbares Delikt war; er wollte verständlicherweise kein Zeugnis gegen sich selbst hinterlegen (und bedauerte ein Lebtag lang das Schicksal des „poor Oscar", nämlich Wildes). Nach seinen mündlichen Berichten – an Dorothea Zeeman und Peter von Tramin – fand sein diesbezügliches Debüt ebenfalls – wie jenes bei den Huren – im fünfzehnten Lebensjahr statt, und zwar mit seinem neuen ‚Hofmeister' Albrecht Reif.

Ein neuer Nachhilfelehrer – denn das war der ‚Hofmeister' – war wieder einmal dringend notwendig geworden. Unter seinen Mitschülern fiel Heimito längst nicht nur durch seinen Namen auf – er war zum „Element" geworden, das bei jeder Pausenrauferei, bei jeder Schwamm- und Kreideschlacht in vorderster Reihe stand. Das erwirbt bekanntlich unter den andern mehr Respekt als gute Noten und stellt bei ganz schlechten Schülern die beste Kompensation fürs Selbstwertgefühl dar: und genauso weit war Heimo nun. Vielleicht ist es Reif zu verdanken, daß er diese fünfte Klasse schaffte: wenn auch bloß mit lauter ‚Genügend', selbst in Turnen und Religion – und in Deutsch; vielleicht aber wurde Reif auch erst als Folge dieses eher katastrophalen Zeugnisses aufgenommen, um Heimo während der Sommerferien für die nächste Klasse etwas besser vorzubereiten.

Albrecht Reif war fünf Jahre älter als sein Schüler; er studierte Jus, folgte aber daneben seinen äußerst vielseitigen Begabungen – selbst als bekannter Rechtsanwalt trat er noch als Sänger und Schauspieler auf, dichtete und komponierte. Aus einer ursprünglich wohlhabenden Familie stammend, lebte er jetzt – ganz in der Nähe der Doderers, auf der Weißgerber-Lände – samt dem jüngeren Bruder mit seiner mehr oder weniger mittellos gewordenen Mutter und mußte neben dem beginnenden Studium für den gemeinsamen Unterhalt sorgen; so wurde er ‚Hofmeister'. Im Gästebuch auf dem Riegelhof ist er vom 11. Juli bis 11. September 1911 eingetragen, verbrachte also den ganzen Sommer mit der Familie Doderer und ihren Gästen – wenn zu viele da waren, zog er, wie seinerzeit die Gouvernanten, mit Heimo in den ‚Oberen Eggl‘ – und machte sich durch seine witzige Geselligkeit bei allen ebenso beliebt wie als hervorragender Bridge-Partner.

Auch Heimo mochte ihn. Wenn man der Beschreibung im *Mord* folgt, wo es eindeutig Reif ist, der da als ‚Albert Lehnder‘ dargestellt ist, lernte Kokosch eher seinem Lehrer zuliebe, als weil er eine andere Notwendigkeit dazu einsah. Was ihn am meisten dazu anstachelte, waren die vielen Komplimente, die er von seinem Lehrer erhielt: nicht zu seinen Studien, sondern zu seinem guten Aussehen – etwa in einem blauen Hemd, ein anderes Mal mit den Haaren in der Stirn. Daß ihn jemand so wahrnahm, mag dem Fünfzehnjährigen sehr gutgetan haben. Es ist übrigens jener Sommer, der auch in der *Strudlhofstiege* – unter anderen Aspekten – beschrieben ist, mit prächtigem Wetter und häufigem Baden ‚am Lido‘ beim ‚Unteren Eggl‘, wo der Bach etwas aufgestaut war. Außerdem hatte man, wohl vor allem für die Verehrer der Töchter, auf der Wiese beim alten kleinen Bauernhof, dem ‚Batzenhäusl‘, einen Tennisplatz angelegt (‚lawn-tennis‘), der viel benützt wurde – außer von Heimo, der Tennis nie erlernte (obwohl sogar das Gymnasium über einen eigenen Tennisplatz verfügte, wo im Rahmen des Turnunterrichts Freiwillige lernen oder auch nur spielen konnten). Vater Doderer schrieb – sehr zärtlich und warmherzig wie in all seinen Briefen – am 27. Juli an Almuth („Alchen“), die soeben ihre Tochter Ingrid (Inge) zur Welt gebracht hatte: „. . . sehen alle prächtig aus, Asterl ein Zigeunerl, selbst Heimi wird bräunlich . . .“; Frau von Doderer, im Brief „Mümlein“ genannt, stand ihrer Tochter in Wien bei. Sie wurde übrigens auch mit ‚Häslein‘ angesprochen, nach einem Kindermärchen über ein Häslein und den ‚Griebe‘: und als „Griebe“ unterzeichnete Wilhelm von Doderer fast alle Briefe an seine Kinder.[5]

In diesem Sommer gab Albrecht Reif seinem Schüler – mit dem er sich auch viel in der Umgebung herumtrieb – Platons ‚Symposion‘ (natürlich deutsch: ‚Das Gastmahl‘) zu lesen (hier erscheint es sinnvoll, der Version im *Mord* zu folgen). Darin wird immerhin – mit einem doch gewaltigen Vorsprung auf Wilhelm Fließ und Otto Weininger – der Mythos von den ursprünglichen Menschen entworfen, Männer, Frauen und Mannweiber, die Zeus ihres Übermutes wegen alle zerschnitten hatte – seither suchen die Teile einander zur entsprechenden Ergänzung: „. . . die aber Schnitte eines Mannes sind, suchen das Männliche auf, und so lange sie noch Knaben sind, lieben sie als Schnittstücke des Mannes die Männer, und bei Männern zu liegen und sich mit ihnen zu umschlingen ergötzt sie, und dies sind die trefflichsten unter den Knaben und heranwachsenden Jünglingen, weil sie die männlichsten sind von Natur“ (Symposion, nach der Schleiermacher'schen Übersetzung). Hier hat Reif recht geschickt ein Thema, zu dem wohl beide Affinität zeigten, eingeführt und zugleich philosophisch sanktioniert. Eher seltsam und gar nicht philosophisch erscheint Kokoschs Reaktion auf die Lektüre Platons: ihm gefiel „das Gelüftete und Gewaschene . . . dieser Männer, die hier sich unterredeten“. An Sinn gewinnt diese Bemerkung erst, wenn man sie vor dem Hintergrund der dumpfen Atmosphäre von Petroleumlampen sieht, wo die fetten Vetteln hausten. Gerade der Umgang mit den entwürdigtesten der weiblichen Geschöpfe machte es – in einem fulminanten Kurzschluß –

möglich, die Welt der (für die Entwürdigung verantwortlichen) Männer nicht nur als überlegen, sondern als sauber und heil zu sehen: wo dann auch die Umarmung bei besseren Gerüchen stattfindet (es war in diesem Sommer der *Strudlhofstiege*, daß René auf das Lavendelwasser von Nägele und Strubell am Graben verfiel; Doderer verwendete es sein Lebtag lang in reichlich übertriebenem Maß – geradezu als die Wolke, in der er lebte). 15 Jahre nach Albrecht Reifs Tod notierte er in Hinsicht auf ihn: „. . . und doch ist praesent, was in der Prein im „Atelier“ geschah“[6]; vielleicht ist diese nicht näher erklärte Bemerkung das letzte Indiz zu einem Bild, das kaum vollständig werden kann.

Was Kokosch – in dem kurz vor dem Zweiten Weltkrieg geschriebenen Roman – bei Platons Lektüre noch auffiel, war „die Selbstverständlichkeit, mit welcher das in den letzten Jahren allenthalben so endlos beredete Kriegführen . . . als ein Bestandteil des Männerlebens erschien“[7]. Der alte Heimito von Doderer beklagte sich häufig, elf Jahre seines Lebens an den Militärdienst verloren zu haben; doch findet sich in allen Erinnerungen keine an irgendein Zögern, in den Ersten Weltkrieg zu ziehen (aber auch keine an irgendeinen Patriotismus) – vielleicht war es diese platonische „Selbstverständlichkeit des Männerlebens“, die ihn damals zumindest als Vorbild bestimmte; und die in allen Armeen und besonders in jenen der Nazis eine besondere Rolle spielte.

Weder Albrecht Reif noch Heimo waren in ihrem Leben vorwiegend homosexuell; bei Doderer kam hinzu, wie er der Zeemann sagte, „er sei nie ein Tuer, sondern immer bloß ein Lasser gewesen“[8]. Doch erschien ihm die Beziehung zum Manne, da er hier eben nicht auf der intellektuellen Unterlegenheit des Weibes (ausgeglichen durch Gutmütigkeit) bestehen mußte, wohl als vollständiger; und wenn Erotik umfassender als bloße Sexualität ist, wäre es vielleicht richtiger, ihn als homoerotisch und heterosexuell zu bezeichnen. Daß er prinzipiell das Männliche mehr schätzte, zeigt auch seine Reaktion darauf, wenn ihm eine (weibliche) Geliebte gelegentlich Achtung abrang: er vermännlichte sie in seiner Anrede, Gusti wurde zum Bruder und Lotte Paumgarten zum Kameraden und Grafen – gewissermaßen als höchstes Kompliment (ebenso waren diese beiden – wie Licea/Gaby Murad – die schlanksten aller Frauen, mit denen er zu tun hatte: so daß ihn auch keine ausladenden Formen vom allfälligen Respekt ablenkten). Wenn man an das in der damaligen Zeit vieldiskutierte Schema denkt, demzufolge Mutter und Frau prinzipiell ‚jungfräulich-rein‘ und also verehrungswürdig, geeignete Sexualobjekte daher nur ‚minderwertige‘ Frauen oder Prostituierte waren, bei denen kein hemmender Respekt zur Zurückhaltung zwang, kommt man bei Doderer zu dem verblüffenden Schluß, daß er die ‚Jungfräulichkeit‘ oder Reinheit – im übertragenen Sinn der Achtung des andern – vor allem in den Männern sah.

Nach dem wunderschönen Riegelhof-Sommer der *Strudlhofstiege* kam es im Herbst 1911 in den Arbeiterbezirken Wiens zur sogenannten ‚Hungerrevolte‘; bei der Erstürmung der Barrikaden in Ottakring machte die Polizei von den Schußwaffen Gebrauch, es gab fünf Tote und über hundert Verletzte. Die Großagrarier hatten Einfuhrsperren durchgesetzt – vor allem gegen argentinisches Rindfleisch –, um in der ganzen Monarchie die Preise für Lebensmittel immer höher treiben zu können; parallel dazu wuchs die Not der Armen und Ärmsten. Die Unterernährung in den dichtgedrängten Quartieren förderte weiter einen traurigen Weltrekord Wiens unter den Großstädten: hier starben jährlich mehr Menschen als in Moskau oder New York an der Tuberkulose, die auch als ‚Morbus Viennensis' bezeichnet wurde. (Derlei fehlt in Doderers sonst so genauen Zeitbildern – für die er sogar das Wetter zu bestimmten Daten recherchierte – zur Gänze.)

Heimo hatte, aus begreiflichen Gründen, eher Angst vor der Syphilis.

Es war, in seiner Erinnerung selbst fünfzig Jahre danach, eine düstere Zeit: „. . . in welche frühe Trübnis bohrte ich mich da ein?"[9] Er hockte, statt in die Schule zu gehen, in irgendwelchen Cafés herum; meist bloß um drei Ecken vom Elternhaus entfernt im Café ‚Paracelsus' in der gleichnamigen Gasse (und bildete sich vielleicht etwas darauf ein, Zigaretten wie ein Erwachsener zu rauchen). Dort stank es eher, was seine nachträgliche Beurteilung, er hätte ab der Jugend nur angenehme Gerüche gesucht, ziemlich einschränkt. Er lernte mit fremden Männern, die ihm dabei sein Geld abknöpften, Tarock zu spielen und mußte zu Hause seine Sparkasse – einen violetten Porzellanfisch – ausleeren. Es sah ein bißchen traurig aus um den jungen Herrn.

Er war sich selber zu einem unentwirrbaren Problem geworden: ihm fehlte jede Identifizierung mit dem Leben, das er da führte – sei es in der Familie, im Gymnasium, in den Cafés; er sah kein Ziel dahinter – im Grunde hatte er gar nichts vor, in diesem ganzen Dasein. Er war einfach ein Sohn aus sehr begütertem Hause – dem vielleicht, und als einziges, schon sehr klar war, daß er den Maßstäben und Ansprüchen seines Vaters nie würde genügen können; daß hier eine – wohl erwartete – Nachfolge nicht in Frage kam; und daß er damit nicht nur für sich selber unabwendbar eine Enttäuschung war. So mochte, was ihn bedrückte, nicht bloß die Ungerichtetheit seines Lebens gewesen sein, sondern auch eine beträchtliche Portion von schlechtem Gewissen (wozu er ohnehin sehr lange in seinem Leben neigte); er empfand sich, mehr oder weniger bewußt, als schuldig in diesem Leben. Das gestattete ihm jedenfalls nicht, sich bequem damit einzurichten, daß er eines Tages ein reicher Erbe sein würde. Zudem hatte er Angst vor jenem unbekannten Tag der Wahrheit, an dem sich für alle um ihn unverrückbar herausstellen würde, wozu er nicht taugte.

Während seine älteren Geschwister von schauspielerischer Lebhaftigkeit waren, es liebten, sich in Szene zu setzen und täglich das Außergewöhnliche als ihr Anrecht erwarteten, bildete Heimo einen zähflüssigen bis schwerfälligen Charakter heraus, verstockt und fast finster; der spontane leichte Witz oder die feine Klinge der Ironie wurden ihm nie zum natürlichen Ausdruck. Die grobe Flegelhaftigkeit – die auch sehr viel später noch zumindest seinen Humor prägte – war mehr Symptom als Wesensart; dahinter lebte er sich in seine eigene Verletztheit hinein, er vertiefte eine Empfindlichkeit (für alles, was ihn betraf), die selbst noch fern ihrer Ursachen einen *basso continuo* seines Charakters bildete: bis zuletzt in seinem Leben blieb er sehr empfindlich gegen eine zu geringe Wertschätzung ihm gegenüber und vermutete sie vielerorts, wo es sie gar nicht gab.

Solange die Mißbilligung, auch ihm selbst, als sehr berechtigt erscheinen mochte, wich er in neue und fremde Bereiche der Stadt und des Lebens aus: wo er noch nicht vorbelastet war. Aber wenn er, neben weiblichen Wesen, vor allem eine Orientierung suchte, so wird sich bei seinem Herumhocken und Streunen auch jene geschärfte Beobachtungsgabe entwickelt haben, wie sie der eigenen Unsicherheit entspringt – wachsam nach überhaupt allen Richtungen. Vielleicht saß er schon damals, wie später als berühmter Schriftsteller noch oft, reglos über ein Tischchen gebeugt, um von unten heraufschauend alles um sich zu mustern, ohne in seinem verspannten bis verknoteten Gesicht eine Regung zu zeigen: gerade bei einem ganz jungen Kerl eine beunruhigende Erscheinung. Das obendrein zu kultivieren, lag seinem Wesen nahe. Jedenfalls erscheint es nicht unwahrscheinlich, daß er damals, aufmerksam in seiner umfassenderen Dumpfheit, die erste Voraussetzung für sein späteres Werk entwickelte, ohne davon zu ahnen: die detailscharfe Beobachtung – aus verunsicherter Nutzlosigkeit.

Wenn es in dieser Psyche überhaupt eine Veranlagung zum Glücklichsein gegeben hatte, dann war sie bereits gründlich verschüttet: und zwar fürs ganze Leben, das schließlich und trotz aller Erfolge in tiefer Schwermut endete. Einen Funken jugendlichen Überschwangs und Selbstgefühls mag es am Anfang seiner Beziehung mit Ida Plangl gegeben haben, doch auch dieser verglomm rasch. Im *Mord* ist diese Geschichte – mit dem unveränderten Namen Idas – bereits beschönigt; daß sie auch die – noch verklärtere – Grundlage der biedermeierlichen Idylle René/Paula Schachl in der *Strudlhofstiege* darstellt, ist sehr wahrscheinlich.

Ida Plangl war zwei oder drei Jahre älter als er, vielleicht eine Verkäuferin, gewiß jedoch keine junge Dame seiner Gesellschaftsschicht: offensichtlich in „rauchgrauen" Gassen des Arbeiterbezirks Favoriten zuhause; von Anfang an störte ihn der etwas aufdringliche Geruch ihres Haaröls. Sein Hochgefühl – wenn man ein solches überhaupt annehmen darf – war sicherlich nicht Liebe, sondern der Stolz auf die Eroberung: auch ohne eine vorher entrichtete Geldabgabe hier zu Erfolg zu kommen, und noch dazu bei einem frischen und sympathischen Mädchen. Dann passierte ihm die Überraschung, geliebt zu werden. Ihn zu lieben, gab sie als Grund für ihr Weinen an – weil ihr die Aussichtslosigkeit der Beziehung klar war; Heimo dürfte eher ratlos gewesen sein.

Sie fuhren meistens mit der Stadtbahn nach Hütteldorf und machten ausgedehnte Spaziergänge in den Wäldern dort: die Gefühle noch im Übereinklang mit der umgebenden Schönheit. Was der junge Herr wirklich wollte, ist wohl beiden klar gewesen. Er flunkerte ihr allerlei über seinen Reichtum vor; zur Finanzierung der Konditorei- und Gasthausbesuche mag er wohl wirklich (wie René in der *Strudlhofstiege*) die hinteren Reihen der häuslichen Bücherschränke geplündert und verkauft haben. Schließlich willigte sie ein, mit ihm in ein Hotel zu gehen, ins durchaus bürgerliche ‚Schneller' draußen in Hütteldorf, wo es jedoch im obersten Stock kleine Zimmer für solche Zwecke gab. Dort packte ihn die Angst: wohl weniger, daß sie ein Kind, als daß er eine Geschlechtskrankheit bekommen könnte; um dennoch seine Befriedigung zu erreichen, rieb er sich außen bis zum Erguß an ihrem Geschlechtshügel, was sie sich gefallen ließ, obwohl sie, selbstverständlich und auch in seiner Erinnerung, keinerlei Genuß gewann.

Das dürfte der einzige Besuch beim ‚Schneller' gewesen sein; beim nächsten Ausflug nach Hütteldorf war er völlig pleite, es blieb beim Spazierengehen, wobei er ihr erzählte, alles Geld im Kasino verloren zu haben. Von Anfang an hatte er Albrecht Reif als Mentor ins Vertrauen gezogen; dieser war abgebrühter und erkärte dem Jüngeren, daß eine bequem funktionierende Liaison hier nicht möglich war, weil Idas Liebe zu Heimo eine unberechenbare Komponente darstellte; er riet zu ihrer Verabschiedung. Der Schüler folgte diesem Rat ebenso wie dem etwas seltsamen Vorschlag, als briefliche Begründung für die Trennung eine Meningitis vorzuschützen (dieselbe Krankheit diente als Kennwort für die postlagernden Briefe Paula Schachls in der *Strudlhofstiege*, was um so wahrscheinlicher macht, daß Paula eine von Ida abgeleitete Figur ist).

Nicht verhindern konnte der ‚Hofmeister' allerdings, daß sein Schützling in Mathematik wiederum ein ‚Nicht genügend' bekam; neben vielen ‚Genügend' und der Bestätigung, 129 Unterrichtsstunden versäumt zu haben – was den Eltern offensichtlich nicht auffiel. Jedenfalls mußte über den Sommer wieder für die Nachprüfung gelernt werden, damit Heimo aus der sechsten Klasse aufsteigen konnte, was dann auch gelang.

In diesem Jahr – 1912 – bildete sich unter Rußlands Ägide der Balkanbund: Serbien, Bulgarien, Montenegro und Griechenland gegen die Türkei (die im ersten Balkankrieg eine vernichtende Niederlage erlitt), indirekt aber auch gegen die Habsburger-Monarchie; der neue Leiter ihrer Außenpolitik, Graf Berchtold, konnte nicht verhindern, daß Österreich auf dem Balkan deutlich geschwächt erschien, was eine Herausforderung durch seine Gegner immer wahrscheinlicher machte. Doch gerieten sich diese – sehr zum Glück der zögernden österreichischen Diplomatie – über die Verteilung der türkischen Beute in die Haare; der Balkanbund zerbrach, der zweite Balkankrieg entflammte.

Nichts in den hinterlassenen Zeugnissen oder gar in seinem Charakter spricht dafür, daß sich der junge Doderer in irgendeiner Form für Politik interessiert hätte. So ist auch nicht sonderlich wahrscheinlich, daß er – bereits im Frühling dieses Jahres – den Vortrag Karl Mays ‚Empor ins Reich der Edelmenschen' in den Wiener Sophiensälen besucht hätte, wo Adolf Hitler den rassistisch gefärbten Theorien des Winnetou-Erfinders lauschte. (Übrigens zog sich Karl May bei dieser Gelegenheit seine tödliche Erkältung zu.) Eher saß Heimo mit Reif im Café ‚Sophien-Saal', und beide bewunderten aus der Entfernung die schöne Hansi Hirth: die in der Kassa thronende Chefin, über deren Liebhaber Laschek der umtriebige Albrecht genau Bescheid zu wissen vorgab. (In einem anderen Café, dem berühmten ‚Central', spielte damals der enge Freund aus Doderers letztem Jahrzehnt, Xaver Reichsgraf Schaffgotsch, mit Leib (Lew) Bronstein – später dann: Trotzki – Schach.)

Herumtreiberei – als ‚Jagdgänge' bezeichnet – blieb weiterhin ein vorrangiger Zeitvertreib Heimos. Eines seiner Gefilde war der nahe gelegene Stadtpark, dort lag er oft auf der Lauer; jeder Ansprech-Versuch war reizvoll, auch wenn keine Eroberung gelang, und daneben entschädigten immer noch voyeuristische Einblicke bei dunklen Bänken oder im Gebüsch. Danach erfolgte häufig die Heimkehr zur rechtzeitigen Überwachung der Fenster im Hof: ein Lebensstil – wenn man das so nennen will –, den er auch nach dem Krieg sofort wieder aufnahm.

„Der Monolog IV/1 in Goethes ‚Iphigenie'" oder „Die Vaterlandsliebe in Schillers ‚Wilhelm Tell'" – Aufsatzthemen in der Klasse VII a – hatten mit dieser Wirklichkeit wenig zu tun („O weh der Lüge, sie befreiet nicht . . .!" vielleicht ein bißchen mehr); auch bei der Lektüre Homers und Ciceros wird ihn mehr beschäftigt haben, ob ihm nochmals ein ‚Genügend' gelingen könnte. Sein junger Griechisch-Lehrer und gleichzeitiger Klassenvorstand (‚Ordinarius'), Dr. Richard Meister, hatte rund fünfzig Jahre später als Präsident der Akademie der Wissenschaften mit Heimito von Doderer zu tun: beide ignorierten in Gespräch und Korrespondenz, daß sie jemals schon miteinander in Berührung gewesen waren. Das mag bezeichnend sein: Doderer hatte in der angeblich so prägenden Schulzeit zu niemandes Füßen ehrfürchtig Kultur eingesogen – um eine seiner ironischen Selbstbiographien aus den *19 Lebensläufen* zu paraphrasieren. Auch die Dichtkunst war seinem Herzen nicht allzu nahe gebracht worden. (Lieber las er im Sommer mit Albrecht Reif englische Kriminalromane – welche die spärliche Grundlage seiner späteren Englischkenntnisse blieben.) Er ‚genoß' – nicht gerade sehr – eine humanistische Ausbildung, ohne von ihrem Nutzen tiefer überzeugt zu sein; daß er dann als wichtig hinstellte, woran er sich bruchstückweise sehr viel später erst erinnerte, ist sozusagen eine andere Geschichte.

Sein ‚persönlicher Philharmoniker' hingegen, der Professor Klein, konnte in diesem Schuljahr mit einem kleinen Erfolg seines Eleven aufwarten: am 5. April 1913 veranstalteten die Schüler – wie alljährlich – zugunsten der Schülerlade im Festsaal des Gemeindehauses für den III. Bezirk eine ‚Konzertakademie'. Dabei brachte das Trio der VII a die ‚Valses nobles' von Schubert zur Aufführung: Violine Hugo Gottesmann, Cello H. R. v. Doberer [!], Klavier Ernst Hallama. (Verstümmelungen seines Namens, die den alten Schriftsteller jedesmal zu Wutanfällen veranlaßten, traten schon damals öfter auf; in einigen der Schulnachrichten hieß er ‚Heimilo'.)

Auch seine Schulkollegen spielten eine ziemlich geringe Rolle, er war – abgesehen von den Raufereien – etwas distanziert, wie sich Ernst Alker erinnerte, der selber freilich im Leben Heimos Jahrzehnte später noch sehr wichtig werden sollte: er rettete nach dem Ende des Zweiten Weltkriegs das bisher vorhandene Fragment der *Strudlhofstiege*. Weitere Namen aufzuzählen, von denen kaum einer im späteren Leben Doderers wieder auftauchte, wäre eher sinnlos – mit Ausnahme von Gustav Horowitz. Dieser war von seinem (ehemaligen) Mitschüler so bleibend beeindruckt, daß er sich später in Hollywood, nach seiner Flucht vor den Nazis, das künstlerische

Pseudonym Gustav H. Heimo wählte: auch er war Schriftsteller geworden. Intensiv war die Beziehung der beiden jedoch nur in der kurzen Zeit zwischen der Matura und dem Beginn des Militärdienstes gewesen.

Neben der Schule und Herumtreiberei sowie den Vetteln – er scheint aus Angst vor Geschlechtskrankheiten sein Geld meistens bloß dafür ausgegeben zu haben, ihre riesigen Brüste und die Scham anstarren zu dürfen – gab es noch eine ganz andere Welt: jene in den Salons und im Herrenzimmer seines Elternhauses, jene der Schwestern und ihrer Verehrer, jene der Hausbälle und Gäste. Es ist auch jene des Gymnasiasten René in der *Strudlhofstiege*, der dort recht kultiviert und frühreif-selbstsicher auftritt – und etwa jenem Heimo entsprach, der im Gymnasium standesgemäß Reit- und Fechtunterricht nahm (was damals, ebenso wie Radfahren, im Rahmen des Turnunterrichts als Freifach angeboten wurde).

Schon frühzeitig hatte er Astri und die Gouvernante in Kopetzkys Tanzschule in der Spiegelgasse begleitet, wo nicht nur Walzer gedrillt wurde, sondern vor allem der letzte Schliff des feinen Anstands erfolgte (wie und wann Heimo selber tanzen gelernt hat, ist nicht überliefert; doch tanzte er in den 20er Jahren gern und viel); sich ohne Scheu – zumeist als Jüngster der Anwesenden – ‚richtig' zu benehmen, war ihm selbstverständlich. Er pflegte die Eleganz, die Perle zum Frackhemd, die glänzenden Lackschuhe; er küßte mit routinierter tiefer Verbeugung die Hände der Damen – wie noch fünfzig Jahre später, zu häufiger Verblüffung und gelegentlichem Entzücken. Bei den Abendgesellschaften mit Industriellen und berühmten Gelehrten muß er Brocken zu verschiedensten Themen aufgeschnappt haben, ob er wollte oder nicht, und lernte gewiß auch, sie wiedergekäut weiterzuverwenden (René war da erstaunlich vielseitig und verstand es sogar, die meisten Erwachsenen im Gespräch zu faszinieren). Wieviel vom Geist des Wien ab der Jahrhundertwende ihm dabei wirklich nahegebracht wurde, muß offen bleiben, doch wird es sich zumindest um einen selbstverständlichen kulturellen Hintergrund gehandelt haben – wie etwa jene leidenschaftlichen Diskussionen um Weininger, die er schon als Knabe gehört hatte. Vielleicht setzte Heimo mehr Intelligenz ein, sich in dieser Welt der gehobenen Salongespräche zu bewähren, als er es in der Schule tat.

Die letzten beiden Klassen erledigte er mit der üblichen Anzahl von ‚Genügend'. Im Januar des Jahres 1914 war die im Haus lebende Großmutter Marie von Doderer, geb. Greisinger, gestorben, im Mai heiratete seine Schwester den um zwölf Jahre älteren Diplom-Ingenieur Hans von Stummer, mit dem Heimo sein Leben lang ein ebenso herzliches wie respektvolles Verhältnis verband (er tritt als ‚Captain Aldershot' am Schluß der *Merowinger* auf). Im Juni folgte die schriftliche Matura – damals in acht Fächern, inklusive Religion: Heimo bestand mit sieben ‚Genügend' und einem ‚Gut' in Deutsch. Dann, am 4. Juli, stellte er sich im Cutaway der Maturakommission zur mündlichen Prüfung. Daß er nun in Deutsch mit Fragen zu Versmaß, Anlaß und Gedankengang von Goethes ‚Ilmenau' sowie zu Hauff als Erzähler des 19. Jahrhunderts ein ‚Sehr gut' erreichte, ist vielleicht das erste Anzeichen einer Interessensneigung, deren eigentliche Richtung ihm selber allerdings noch nicht klar war. In

Latein schnitt er mit ‚Genügend‘, jedoch in Griechisch mit ‚Nicht genügend‘ ab. Es gab damals in solchen Fällen eine freundliche Möglichkeit der Rettung: die Kommission konnte einen Kandidaten, statt einstimmig, mit bloßer Stimmenmehrheit für ‚reif zum Besuche einer Universität‘ erklären, was in diesem Falle – gegen die Stimme des Klassenvorstands Dr. Richard Meister – auch geschah.

Daß es am nächsten Tag in der häuslichen Wohnung zu der in der *Strudlhofstiege* beschriebenen Szene mit dem Vater kam, ist immerhin möglich: René/Heimo erhielt eine knallende Ohrfeige (weil er die besorgte Mutter auf dem Riegelhof nicht über den Ausgang der Matura verständigt hatte), darauf 50 Kronen (weil er sie bestanden hatte) und einen Fußtritt (zur Verabschiedung): „Tier!“

Eine Woche zuvor – am 28. Juni – war der Thronfolger in Sarajewo ermordet worden. Das war, zuerst einmal, eine anhaltende Sensation, leider ohne ‚schöne Leich'‘, wie die Wiener ein pompöses Begräbnis nennen. Franz Ferdinand und seine Gemahlin wurden, vom Kaiser selbst nicht sehr betrauert, unter Ausschluß der Öffentlichkeit rasch bestattet. Dann ging es darum, die Serben für ihre – mehr oder weniger eindeutige – Mitschuld am Mord ordentlich zu züchtigen, dabei aber einen wirklichen oder zumindest größeren Krieg zu vermeiden – eine Aufgabe, die der ‚Pedant‘ und sein ‚Feschak‘ (wie Heimito von Doderer den Kaiser und seinen Außenminister gelegentlich nannte) bekannterweise gründlich verpfuschten. (Der härteste und politisch überlegenste Kopf der Monarchie, der ungarische Ministerpräsident István Graf Tisza, wollte von Anfang an alles strikt vermeiden, was einen Krieg provozieren konnte; leider setzte er gerade in diesem Fall seinen berühmten Dickschädel nicht durch.) Da man den bewaffneten Konflikt doch riskierte, versicherte man sich beizeiten des martialischen Beistands des deutschen Kaisers Wilhelm – wodurch England, Frankreich und Rußland ihr Gegenbündnis beschleunigt aktivierten. Man verfaßte ein eigentlich unakzeptables Ultimatum mit zu kurzen Fristen an Serbien, bewies aber Friedenswillen, indem man die Truppen nicht einmal mobilisierte; sie mußten dann, als die Eigendynamik der Ereignisse unsteuerbar wurde, übereilt ins Feld geschickt werden. Zugleich wurde der serbische Oberbefehlshaber, General Putnik, sehr ritterlich mit militärischen Ehren von seinem österreichischen Kurort an die heimatliche Grenze geleitet, damit er seinen Dienst gegen die Monarchie antreten könne; man versicherte den internationalen Kanzleien, nur eine Art von schneller Strafexpedition ohne Gebietsansprüche an Serbien durchzuführen, bezog aber auf dem Feld der Ehre bald die ersten Prügel.

Das war der politische Hintergrund von Heimos Maturaferien auf dem Riegelhof; in diesem schönen Sommer rechnete kaum jemand mit einem großen Krieg, sondern eher mit einem mühelosen Rachefeldzug irgendwo da unten auf dem Balkan. Erst als plötzlich ganz Europa die Fronten deklarierte – weil man das prekäre Gleichgewicht als gefährdet ansah, wenn auch kaum jemand wirklich glauben konnte, es sei durch einen Krieg zu retten –, begann jener beispiellose Hurra-Patriotismus mit wilder Kriegsbegeisterung: auf genau jenem haarsträubend dummen bis brutalen Niveau, wie bei Karl Kraus dargestellt.

Über Heimos Reaktion darauf ist gar nichts bekannt. (Am 20. März 1959 schrieb er in den Commentarii: „Den ersten Weltkrieg verdankten wir einer Sorte von Gesichtern in Österreich, die, knapp bevor sie selbst endgültig vertrockneten, noch alles andere zugrunde richten mußten." Es ist kaum anzunehmen, daß er das als Achtzehnjähriger ähnlich sah.) Er immatrikulierte sich im Herbst an der juridischen Fakultät und erhielt nach einem Semester die Bestätigung, die erforderlichen Rechtsvorlesungen inskribiert und frequentiert zu haben sowie, „daß sein Betragen den akademischen Gesetzen gemäß ist" – dieses ‚Frequentations-Zeugnis' war allerdings bereits „für Militärzwecke" ausgestellt[10]. Die Entscheidung, Jus zu studieren, mag vielleicht durch das Beispiel von Albrecht Reif angeregt worden sein; ist aber wohl auf die – noch immer wirksame – allgemeine Richtungslosigkeit seines Daseins und seiner Interessen zurückzuführen. Vorläufig galt es, einfach irgendetwas zu studieren; und gerade mit diesem Studium konnte er irgendwann hundert verschiedene Wege einschlagen, ob sich dazu nun mehr Klarheit ergab oder noch weniger. Durch den zukünftigen Mann seiner Schwester Helga, den akademischen Konsul Ernő Hauer, war er – wie René – gewiß mit der Konsularakademie vertraut und hielt das später für einen der Wege, die ihm damals möglich gewesen wären, jedoch „mit allen Folge-Erscheinungen dieser dann entgleisten Carrière"[11]. Es sieht so aus, als habe er bewußt eine Entscheidung vermeiden wollen, die ihn in irgendeiner Hinsicht festgelegt hätte.

Vorläufig hatte er, gemeinsam mit dem Freund Gustav Horowitz, beschlossen, „das Cabaret zu erobern"; sie verbrachten ihre Abende im ‚Simplizissimus' sowie im Café ‚Dobner', und „der Operettenkomponist Stolz (damals noch mit langem Bart), sowie die diversen Diseusen waren für uns geläufige Größen"[12]. Sie schrieben selber Chansons: das war immerhin das erste Mal, daß Heimo (mit seinem Freund) aus eigenem Antrieb Texte verfaßte, aber er schloß später aus, dies als literarischen Anfang zu werten; das Motiv dahinter dürfte gewesen sein, sich in dieser reizvollen Nacht- und Halbwelt irgendwie festzusetzen.

Vielleicht stammte sein erotisches Fanal dieser Zeit, nämlich Fritzi, aus eben dem Milieu und ist wahrscheinlich mit jener Friederike identisch, an die er sich in seiner langen sibirischen Kriegsgefangenschaft voll schwüler Gier erinnerte – nach seiner Rückkehr traf er sie im Prater beim Konstantinhügel wieder, doch das Bild war nun ganz anders: sie schob zu seiner Ernüchterung ihren Kinderwagen vor sich her. Sieben Jahre zuvor hatte sie ihn, wenn sie ihn abends bei sich erwartete, schon beim Öffnen der Türe erregt, weil sie bloß einen kurzen schwarzen Unterrock trug, „der fast ihre ganzen Waden sehen ließ, und eine Bluse. Die Unterhosen ließ sie in diesem Falle auch meistens weg. Unter dem dunklen schwarzen Cloth-Stoff trat ihr runder Leib stark hervor, und ich spürte das immer, wenn ich sie zur Begrüßung umarmte"[13].

Das Manöver-Genie unter Österreichs Feldherrn und nun Oberkommandierender in Serbien, Oskar Potiorek, verpfuschte derlei Idyllen und sein eigenes Leben: er ließ sich und seine Armee von den Serben vernichtend schlagen und über die Grenze zurückjagen. Nach den entsprechend schweren Verlusten kam es zu umfassenden strengen Musterungen der Jahrgänge, zu denen auch der Ritter von Doderer gehörte.

5. Fähnrich mit und ohne Apfelschimmel

„Sein Ideal war, Reiteroffizier zu werden, in einem recht feudalen Regiment ... als er [...] sich als Einjähriger um die Aufnahme zu den Dreier Dragonern bewarb ...". Hier ist die Rede von Erich von Stroheim, dem späteren Starregisseur Hollywoods, der weder ein Ex-Offizier noch ein ‚von' gewesen war, sondern bei seiner Bewerbung zu den Dragonern – als Sohn eines Wiener Wäschermädels – völlig chancenlos gewesen war.[1]

Besser Gestellten gelang die Aufnahme zu „dem Regiment mit den dunkelroten Aufschlägen, den gelben Knöpfen und den ersten Takten des Donauwalzers als Regimentsruf" leichter[2], so etwa dem nachmaligen Ministerpräsidenten Baron Max Vladimir Beck, aber auch Heimitos Onkel Richard, dem so viel jüngeren Bruder seines Vaters. Die Dreier-Dragoner, seinerzeit mit den Wiener Kürassieren verschmolzen, waren dem König von Sachsen gewidmet worden (der bei jedem Besuch in Wien ihre Uniform anlegen mußte) und hießen daher auch Sachsendragoner; und sie waren – mit ihrem Standort im gutbürgerlichen XIV. Wiener Bezirk, in Breitensee – eines der nobelsten Kavallerieregimenter.

Heimo rückte Mitte April 1915 in der Breitenseer Kaserne als ‚Einjährig-Freiwilliger' ein. Diese Institution war entstanden, während der Kaiser als ‚Seh-Adler' versucht hatte, die erfolgreichsten Schichten des Bürgertums durch Allerhöchste Ehrungen an sich zu binden; gleichzeitig bot man den Söhnen aus diesen wohlhabenden Häusern die Möglichkeit, einen angenehmeren Zugang zum Militärdienst zu finden. Wer – natürlich durch den Vater – für alle Kosten während der Ausbildung aufkam, brauchte nicht in der Kaserne zu schlafen, sondern konnte dies zuhause oder in einer eigenen Wohnung tun; vor allem aber dauerte diese ‚freiwillige' Ausbildungszeit statt drei Jahre nur eines und endete mit der Möglichkeit, sie als Reserveoffizier zu beenden. Damit war man zwar nicht den Wiener Neustädter Militärakademikern gleichgestellt, die es ohnehin fast alle zum Generalsstab drängte, hatte aber im Armeedienst sehr gute Karrieremöglichkeiten.

Allerdings wurden diese Voraussetzungen durch den Krieg rasch und drastisch verändert. „1914 erwartete man, daß Zugs- oder Kompaniekommandanten ihren Leuten voran in die Schlacht stürmten, Kavallerie-Offiziere an der Spitze ihrer Formation ritten und die Offiziere auffällig ihre Rangabzeichen zur Schau trugen. Auserwählte Fähnriche und Unteroffiziere mußten die Standarten bzw. Fahnen tragen und sie um den Preis ihres Lebens schützen. Der Krieg belehrte die Armeeführung eines Besseren, aber erst nachdem die Tapfersten des Korps gefallen waren."[3] Dazu kam, daß die k.u.k. Armee zu Kriegsbeginn von den europäischen Großmächten – abgesehen von den Russen, bei denen in manchen Einheiten nur ein Gewehr für zwei Mann zur Verfügung stand – bei weitem am dürftigsten aus- und aufgerüstet war. Jedenfalls betrug, nach den fünf Kriegsmonaten von 1914, der Gesamtverlust an Offizieren fast die Hälfte des Standes vor Kriegsbeginn; trotzdem weigerte sich die Heeresführung (im Gegensatz zu den anderen, moderneren Armeen) auch weiterhin, kampferfahrene Unteroffiziere, die sich als Zugsführer bewährt hatten, zu Offizieren zu befördern, wohl weil dies die Kluft zwischen den beiden Ständen – Offizieren und Mannschaft – verringert hätte. Was man also bevorzugte, nennt István Deák mit Recht den „Krieg der Reserveoffiziere"[3], die weitgehend Zivilisten in militärischem Rang waren, sich aber vom Volk – der Mannschaft – standesmäßig deutlich unterschieden. Das Freiwilligen-Jahr wurde nun eindeutig zur Nachschub-Produktion von Offizieren – und dauerte dabei gar kein volles Jahr mehr.

Vater Wilhelm von Doderer schickte seinen Sprößling sicherlich zum besten Uniformschneider, er stattete ihn mit einem herrlichen Apfelschimmel samt Sattel- und Zaumzeug aus (bei der Kavallerie mußten sich die Freiwilligen mit einem hervorragenden Pferd zum Dienst stellen) und sorgte ohne Zweifel auch für die standesgemäßen Bedürfnisse Heimos. Dieser ließ sich in allen Posen fotografieren, im feinen bunten Tuch, mit Stiefeln und Sporen, mit dem langen Reitersäbel, ganz und gar Dragoner, doch in der neuen Rolle eher selbstgefällig als entspannt; wenn er kühn wirken wollte, gelang ihm doch nur ein leicht trotziges Vorschieben der Lippen im blanken Gesicht eines nichts als Neunzehnjährigen.

Während der Rekrutenausbildung in Breitensee nahm er – für nur einen Monat – in der Nähe eine Wohnung, gemeinsam mit einem oder mehreren Kameraden[4]; vielleicht war Hans von Woynarowicz dabei, mit dem die erste Freundschaft in der neuen Umwelt entstand – sie sollten sich dann in der sibirischen Kriegsgefangenschaft wiederbegegnen. In Doderers Erinnerungen taucht nur auf, wie umständlich sie sich für die kurze Zeit einrichteten, was bei der vorauszusetzenden Unerfahrenheit mit praktischen Dingen kein Wunder ist, und wie sehr ihn dieses Haus mit der Schmiede unten auf der Straßenseite beeindruckte. In der Nähe lag das Café ‚Weghuber', das er offensichtlich gern besuchte: als gut aussehender junger Mann und vor allem in Dragoner-Uniform war er nun überall ein respektierterer Gast als bei seinen früheren Herumtreibereien. Zu Pferd frequentierte er, wie die andern Dragoner, das Hütteldorfer Brauhaus, ritt aber auch weiter bis nach Ober St. Veit zu ‚Dolls Weinhaus'; allein oder mit anderen zu Pferd unterwegs zu sein vermittelte ihm offensichtlich ein besonderes Lebensgefühl. Noch über vierzig Jahre später erinnerte er sich stolz daran, wie geschickt und schnell er aus dem Sattel gesprungen war, als sein Pferd – ‚Glückskind' – auf einer nassen Wiese über dem ‚Steinhof' ins Stürzen geraten war, wie er ihm aufgeholfen und sich sofort wieder auf seinen Rücken geschwungen hatte. Und natürlich ritt er auch dort, wo es bis heute in Wien fashionable und der Brauch ist, nämlich in der Hauptallee des Praters, wo damals noch hinter den Hufen die Brocken gelbbrauner Gerberlohe hoch aufspritzten.

Wer sein Leben fürs Vaterland einsetzte, dem wurde viel nachgesehen – auch von den Frauen; Heimo wird sich dies wohl zunutze gemacht haben. Neben Fritzi ist allerdings bloß eine weitere Liaison bekannt, mit einer gewissen Paula L. (außer dem

Vornamen hat sie mit der Paula Schachl der *Strudlhofstiege* nichts gemein), die ihm – erfahrungsmäßig und wohl auch dem Alter nach – ziemlich überlegen gewesen sein dürfte. In seiner Erinnerung führte nicht er sie, sondern sie ihn in ein Absteigehotel im II. Bezirk; und dabei blieb es: „nach einem Zirkus oder Theater, da oder dort: sie war's, welche die erste Initiative ergriff."[5] Vielleicht begann diese Beziehung auch schon vor jener mit Fritzi, etwa ab dem Spätsommer nach der Matura; sie dauerte jedenfalls bis zu seiner zweiten – und in diesem Krieg letzten – Abreise an die Front, im Juni 1916; und war auf jeden Fall, zumindest seinerseits, nicht von Liebe belastet.

Ebensowenig dürfte ihn und seine Familie die zunehmende Not bedrückt haben: als er im April 1915 auf ‚Glückskind' zu den Dragonern einrückte, wurden erstmals Lebensmittelmarken für Mehl und Brot eingeführt, nachdem die große Flüchtlingswelle aus dem Osten – infolge der russischen Offensive – die Einwohnerzahl Wiens auf über 2,2 Millionen hatte steigen lassen. Nicht nur Lebensmittel wurden knapp und teuer, auch die Mieten stiegen kräftig, wobei selbst die Familien von Frontsoldaten bei Zahlungsunfähigkeit delogiert wurden; mindestens ebenso schlecht ging es den Arbeitern, die den Soldaten gleichgestellt wurden und also, unter Kriegsrecht gestellt, jedem Befehl zu folgen hatten, was die völlige Aufhebung der bisher errungenen und ohnehin spärlichen sozialen Rechte bedeutete. Die Monarchie war nicht nur militärisch, sondern auch finanziell einem Krieg dieses Ausmaßes nicht gewachsen; mit der Aktion ‚Gold gab ich für Eisen' zog sie ihren patriotischen Bürgern sogar die Eheringe vom Finger; und den Reichen bot sie mit insgesamt acht Kriegsanleihen die Möglichkeit, ihr gesamtes Vermögen in diesem Untergang kaisertreu zu verlieren. Wilhelm von Doderer, der sein Imperium so umsichtig aufgebaut hatte, gehörte zu jenen, die alles auf den Sieg des Vaterlands setzten und dann jäh ins Nichts stürzten. (Als seine Tochter Astri 1916 ihre Mitgift auf eine Schweizer Bank verlegen wollte, erfuhr ihr Vater durch den zuständigen Direktor der Creditanstalt sofort davon und versetzte der bereits verheirateten Frau vor der versammelten Familie wegen mangelndem Patriotismus eine schallende Ohrfeige; so mußte auch sie ihr – erheblich kleineres – Vermögen letztlich für den Kaiser opfern.)

Billiger als die Finanzierung des Krieges kam die Motivierungs-Kampagne: eine primitive Gehirnwäsche, um blutrünstigen Haß gegen die Gegner zu schüren, ob bigott wie ‚Gott strafe England!' oder brutal wie ‚Jeder Schuß ein Ruß!' oder blöd wie ‚Serbien muß sterbien!'. (Derlei wurde als Verschlußmarken für Briefe verkauft: 10 Stück für 20 Heller. Mithelfend in der Propagandaabteilung waren Hofmannsthal, Rilke, Stefan Zweig, Csokor, Peter Altenberg, Felix Salten, Roda Roda, Blei . . .) Am wirkungsvollsten aber war die wüste Beschimpfung der ‚Katzelmacher', wie die ‚feigen, verräterischen' Italiener, die ‚tückischen Welschen' genannt wurden: sie waren 1915 in den Krieg eingetreten, und offensichtlich konnte niemand im Vielvölkerstaat ihre Hoffnung begreifen, die ‚österreichisch-italienischen' Gebiete bis über Triest hinab ihrem jungen Staat anzuschließen; im Gegenteil: an der neu eröffneten italienischen Front, wo sich bis Kriegsende grauenhaft verbissene Gemetzel (am Isonzo) abspielen sollten, war die haßerfüllte Motivierung am stärksten.

Als Heimo einrückte, und kurz darauf die dritte Front und die zweite Kriegsanleihe eröffnet wurden, hatte die Monarchie – in weniger als einem Jahr – bereits rund zwei Millionen Tote, Verwundete und Gefangene zu beklagen.

Wahrscheinlich zu munteren militärischen Klängen etc. ... ritt ein kleiner Trupp Dreier-Dragoner zu Sommeranfang von der Breitenseer Kaserne zum Penzinger Frachtenbahnhof, um die Reise nach Holics anzutreten. (Die Stimmung mochte tatsächlich eine sehr gute gewesen sein: nicht einmal ganz einen Monat zuvor war es der deutschen sowie der österreichisch-ungarischen Armee gelungen, in einer riesigen Schlacht die Festung Przemysl von den Russen zurückzuerobern; und mancher junge Mann befürchtete vielleicht während seiner Ausbildung, zum ehrenvollen Sieg gar nicht mehr zurechtzukommen.)

In Holics, etwa 60 km nördlich von Preßburg an der March gelegen – also in der Slowakei, die damals zur ungarischen Reichshälfte gehörte –, gab es seit letztem Dezember die Reserveoffiziersschule der k.u.k. Kavallerie, die für alle 42 Reiterregimenter des Heeres – Dragoner, Husaren und Ulanen – diente; der Platz war wegen des geräumigen Schlosses zur Unterbringung der Schule sowie wegen der vielfachen Reitmöglichkeiten in der Umgebung gewählt worden.[6] Doderer nahm am siebenten dort stattfindenden Kurs teil, der ihn – in nur zwei Monaten: Juli und August – zum Reserveoffizier machen sollte (Oskar Kokoschka wurde dort im vierten, Alexander Lernet-Holenia im zwölften Turnus ausgebildet).

Für ihr Quartier mußten die jungen Leute selber sorgen; Heimo fand ein Zimmer bei einer ‚Notärin', die ihn mit großen Tassen von Milchkaffee weckte. Der Dienst begann anfangs um sechs Uhr morgens, später sogar um fünf, und war äußerst anstrengend; je nach Eskadron – zu hundert Mann, denen vier Reitlehrer zur Verfügung standen – mußten sich die Freiwilligen auf dem Schloßplatz oder im Hetzmeisterhof zur angegebenen Morgenzeit einfinden und erhielten von den Pferdewärtern – jeweils einer für zwei Tiere – ihre Pferde. Nach dem langen Ritt zum Czuniner Meierhof erfolgte dort die eigentliche Reitschule, anschließend das Exerzieren im Zug, Felddienstübungen und ähnliches; man lernte, den Säbel in allen Gangarten frei zu gebrauchen – und fürchtete sich ständig vor dem schlimmsten aller Kommandos: „Auf- und Abspringen!" Das hieß, im Mantel, mit Säbel und Karabiner, ohne Hilfe des Steigbügels vom Boden in den Sattel springen und wieder herab: und obendrein bis zu hundertmal hintereinander – in einem heißen Sommer, geplagt von Staub und Durst und unzähligen Stechmücken aus den nahen Marchauen.

Natürlich mußten die Freiwilligen abwechselnd auch selber kommandieren, den Zug führen und mit ihm die erforderlichen Bewegungen durchführen, bis hin zur „Attacke!", wobei die Säbel gezogen und im Galopp dahingejagt wurde; oft lagen dann die Helme, Sporen und Säbel, deren die wilden Reiter dabei verlustig gegangen waren, verstreut auf den Feldern. Bei diesen Gelegenheiten sollte sich in so kurzer Zeit schon herausstellen, wer die entsprechenden Führungsqualitäten hätte: für den Rittmeister Schildenfeld stets derjenige, der die Kommandos am lautesten brüllte.

Heimo allerdings übertrieb: er ließ seine Stimme so laut schallen, daß die Pferde erschreckt auseinanderstoben, was ihm den Kommentar einbrachte, ein blöder Kerl zu sein.

Nach solchen Vormittagen langten die Reiterkolonnen völlig erschöpft, durchgeschwitzt und verdreckt im Schloß ein und mußten oft, vor der Mittagspause, noch eine halbe Stunde mit dem Säbel fechten. Dann erst durften sie sich in das „fürchterliche slowakisch-ungarische Dorf" begeben, wie es der ‚kleine E. P.' in der *Strudlhofstiege* nennt; tatsächlich waren die breiten, schmutzigen Straßen weitgehend nur von strohgedeckten Lehmhäusern gesäumt. Doch gab es zwei große Gasthäuser, ‚Klamtac' und ‚Nekvapil', wo lange Tischreihen sauber gedeckt waren und die Freiwilligen samt ihren Offizieren von Ordonnanzen – in roter Hose, mit blanken Stiefeln – bedient wurden. Wer zusätzlich noch Appetit (und vor allem Zeit dafür) hatte, ging zum ‚Löwl' auf dem Hauptplatz, wo es die besten Bäckereien und Gansleberpasteten gab.

Zwei Stunden dauerte diese Erholung, dann begann in den Wassergräben des Schlosses oder auf angrenzenden Feldern das verhaßte Fußexerzieren (den Pferden mußte man, im Gegensatz zu den Rekruten, Ruhe gönnen), wiederum mit Säbel und Karabiner; dazu kam Kapselschießen und Bajonettfechten; auch hier waren, neben Hitze und Erschöpfung, die Mücken das schlimmste. Nach zwei, drei Stunden Quälerei dieser Art blieb kaum genug Zeit, sich zu säubern und vielleicht mit einer kleinen Jause zu stärken; dann begann mit denselben Offizieren, die seit dem frühen Morgen die Ausbildung leiteten – denn mehr waren von der Front nicht entbehrlich – der theoretische Unterricht: Dienstreglement I. und II. Teil, Exerzierreglement, Taktik und Felddienst, Heerwesen und Pferdewesen. Und abends wieder: ‚Klamtac' und ‚Nekvapil', saubere Ordonnanzen. Was dem Militärarzt Sorgen bereitete, waren die umliegenden Zigeunerlager: venerische Krankheiten breiteten sich rapid aus. Ob sich Heimo enthielt oder seine Spezialtaktik anwandte (frottatio penis ad montem veneris, nannte er das ganz fein bei Ida Plangl), hat er nicht überliefert.

Im übrigen blieb kaum Zeit für ein Privatleben: auch am Samstag und Sonntag war normaler Dienst. Heimito von Doderers Selbstdarstellung in der *Strudlhofstiege* erfolgt gebrochen: er läßt den ‚kleinen E. P.' über René in Holics erzählen, wobei das Bild eines unbekümmerten bis nachlässigen Burschen geboten wird, der es sich offensichtlich leisten kann, nichts sonderlich ernst zu nehmen – wenn auch aus einer Art geistiger Blindheit heraus (die der älter gewordene Doderer der eigenen Jugend häufig nachsagte). „Er hatte keinen Ehrgeiz und drückte sich gern in's nächste Wirtshaus . . ."[7] An anderer Stelle berichtete Doderer, bei einer Übung als Meldereiter – mit vorgeschriebener Gangart und genau überprüfter Uhrzeit – auf der staubigen Landstraße von Durst gequält worden zu sein: er hielt an einer Csarda, „nahm einen Stutzen Wein aus zarter Hand entgegen und trank ihn leer". Anschließend verwechselte er die vorgeschriebene Gangart des Pferdes und kam, nach einem Blick des Offiziers auf die Uhr, „in Ungarn in Arrest"[8].

Seine ‚Konduite' in Holics wurde trotzdem mit ‚Sehr gut' bewertet – ein kräftiger Schluck galt in der Armee nicht als unrühmlich (während das Lesen von Büchern als absolut unmännlich verpönt war); insgesamt schnitt er unter den 49 Kameraden des siebenten Turnus als fünfzehnter auf der Rangliste ab. Der ‚kleine E. P.' vom 13. Ulanenregiment nur als sechsunddreißigster; vielleicht zeigte seine sanftmütige Wesensart allzu deutlich, daß er kaum zum kommandierenden Offizier taugte. Er hieß Ernst Pentlarz, wohnte in Holics gleich links neben dem Hetzmeisterhof am Ortseingang und stammte wie Heimo aus Wien; irgendwie freundeten sich die beiden bald an und sollten auf ihrer nächsten Station, nach der bestandenen Offiziersprüfung, bereits zusammen Quartier nehmen.

Das war in Bruck an der Leitha, einem knapp vierzig Kilometer südöstlich von Wien – in Richtung Neudsiedlersee – gelegenen Städtchen; oder genauer: in Bruck-Királyhida, dem heutigen Bruck-Neudorf, das eigentlich ein Teil des Orts, aber eben jener auf der anderen Seite der hier durchfließenden Leitha ist – und damit, wie das übrige Burgenland, zur ungarischen Reichshälfte gehörte (gerade da am Fluß war anschaulich, warum die beiden Reichshälften auch häufig Cis- und Transleithanien genannt wurden).

In Bruck-Neudorf befand sich die Armeeschießschule – und dort dämmerte den stolzen Reitern das düstere Bild einer pferdlosen Zukunft herauf, in der sie zu militärischen Fußgängern degradiert sein würden: sie mußten eine infanteristische Ausbildung absolvieren. Dem österreichischen Generalsstab schien es (etwas irrtümlich) klar zu sein, daß Reiterschlachten der Vergangenheit angehörten und ein Großteil der Dragoner, Ulanen und Husaren nützlicher wären, wenn man sie den Infanterie-Verbänden anschlösse. (Der vielleicht berühmteste Kavallerie-Offizier des Ersten Weltkriegs hatte sein Fortbewegungsmittel noch viel radikaler gewechselt: nämlich der Baron von Richthofen mit seinem Kampf-Doppeldecker.) Dennoch hoffte jeder der Freiwilligen, daß er, wenn es schon so weit käme, dann wenigstens sein Pferd behalten könnte und im Rahmen einer Infanterie-Einheit als Aufklärungs- und Meldereiter eingesetzt würde; aber auch das scheiterte häufig am immer eklatanter werdenden Pferdemangel der k.u.k. Armee. (Für die großen russischen Reiterscharen mit ihrer enormen Beweglichkeit war es dann leicht, die gegnerische Infanterie immer wieder zu überraschen und zu überrennen.)

Mit der Noblesse war es nun blitzschnell zu Ende: die jungen Herren wurden miserabel im alten Brucker Lager, Baracke Nr. 16, untergebracht und mußten, im Gegensatz zu Holics, dort auch übernachten – selbst wenn sie sich, wie Pentlarz und Doderer, gemeinsam ein privates Zimmer im Städtchen nahmen; und die ‚Menage' war um nichts besser als diese Unterbringung, wobei das Mittagessen im Offizierskasino mit zwei Kronen bereits soviel kostete, wie ein Freiwilliger für den ganzen Tag an Verpflegsgeld erhielt. Statt mit dem Karabiner lernten sie nun mit dem längeren Infanteriegewehr zu schießen, worauf besonders Wert gelegt wurde, ebenso mit der Pistole, und erhielten eine feldmäßige Gefechtsausbildung; der gesamte Kurs stand unter der Leitung des Hauptmanns Eduard Schörger vom 13. Galizischen Jägerbataillon, den Doderer Jahrzehnte später – mit dem Mund des Leutnants Melzer in der *Strudlhofstiege* – als ‚Hauptmann Sch.' besonders rühmt (ebenso wie er dem – von manchen als besten Reitlehrer der Monarchie bezeichneten – Grafen Sandor Teleki von den Budapester 7er Husaren in den *Dämonen* seine Hochachtung zollte: So wenig er der Monarchie politisch nachtrauerte, so sehr lag ihm daran, ihrer Armee und vor allem ihren Offizieren immer nur das beste Zeugnis auszustellen, was genug über seine diesbezügliche Identifikation aussagt).

In mancher Hinsicht war das Leben in Bruck leichter als in Holics: die Freiwilligen hatten über das Wochenende, zumindest bis Sonntag vier Uhr nachmittags, frei und konnten, wenn sie wollten, diese Zeit sogar in Wien verbringen. Zudem wurde es nun im Herbst früher finster, wodurch sich auch an den Wochentagen längere Abende ergaben. Und für diese bot Bruck damals überhaupt alles an verlangten Vergnügungen, von großen Kaffeehäusern bis zu zwielichtigen Etablissements. Wenn das hübsche alte Städtchen beim Heer als übler Sündenpfuhl in Verruf war, so wurde eindeutig übersehen, daß keine andere Institution überall und zu jeder Zeit einen Sündenpfuhl so wirkungsvoll und schnell entstehen lassen konnte wie eben das Militär.

Die Ausbildung dauerte insgesamt nur vier Wochen, dann ging es zurück zur ‚Ersatzeskadron' der Dreier-Dragoner, also nach Breitensee in Wien und später auch in die Kavallerieschule in Stockerau, an der Donau oberhalb Wiens. Hier wurden nicht nur die gewöhnlichen Übungen – vor allem zu Pferd – weiter gedrillt; da sich der Fronteinsatz näherte, mußten die jungen Herrschaften auch lernen, Mannschaften zu führen und zu kommandieren – wobei ihnen gewiß das eitle Bewußtsein ihrer standesgemäßen Überlegenheit zugute kam. Und daneben gab es wieder das Flanieren in Uniform – das bekannte Fesch-Sein in entsprechenden Lokalitäten; für Heimo auch die Fortsetzung der Liaison mit Paula, wohl unter anderem.

Die Stimmung im ausgehenden Jahr 1915 war gut bis ausgezeichnet: auf einem Irrtum beruhend, was den Krieg betraf. Mit Hilfe der Deutschen und um den Preis, von diesen geringgeschätzt und zunehmend auch kommandiert zu werden, hatte man die Russen teilweise bis in ihr eigenes Territorium zurückgedrängt; trotz dieser gewaltigen Anstrengung im Osten hatten auch die Italiener an der südlichen Front keinen Vorteil erringen können. Und der mächtige Bündnispartner in Berlin glaubte – vor Verdun – äußerst siegessicher, die Franzosen demnächst vernichtend zu schlagen. Vor allem aber hatten die Österreicher endlich ihr ursprüngliches Kriegsziel erreicht: es war ihnen (mit deutscher und bulgarischer Unterstützung) gelungen, Serbien zu besetzen. Die Propaganda rundete das Bildnis rosig ab; selbst der alte Kaiser in Schönbrunn hatte etwas weniger freudlose Tage. Und die jungen Kadetten der Reserve durften hoffen, doch noch zum Sieg zurechtzukommen.

1916 wurden die Dragoner, Husaren und Ulanen nicht bloß ihrer Pferde beraubt (beritten blieb nur noch die Landwehrkavallerie), sondern auch ihrer so kleidsamen Uniformen mit dem prächtigen Rot und Blau: man steckte sie ins sogenannte ‚Hechtgrau', das im Falle Heimos, der schließlich beim 57. Infanterieregiment landete, nur durch rosafarbene Aufschläge gemildert wurde.

Mitte Januar wurde er nach Galizien geschickt, jener großen Provinz im Nordosten der Monarchie, die mit und hinter den Karpaten von Schlesien bis tief in die heutige Ukraine reichte, mit polnischer, ruthenischer (ukrainischer), jüdischer, sogar huzulischer und wenig deutscher Bevölkerung. Auf der Zugsreise nach Lemberg (heute Lwow) gefiel Heimo die abwechslungsreiche bergige Landschaft mit den schönen Wäldern, auch wenn er alles als eine „sozusagen außerhalb des wirklichen Lebens stehende Gegend" empfand[9]. Doch war Galizien damals nicht nur so, wie bei Joseph Roth beschrieben: mit Lehmhäusern, Strohdächern und schlammigen Straßen oder mit riesigen Gutshöfen und rückständigen armen Bauern. Es wurde in der Monarchie bereits gar nicht wenig an Industrie angesiedelt, und neben traditionelleren Fabriken kam es sogar schon zur Ausbeutung des hier vorhandenen Erdöls (‚Naphta-Springquellen' genannt). Und Lemberg, eine schöne, zwischen Hügeln gelegene und bis ins 13. Jahrhundert zurückreichende Stadt, prunkte mit imponierenden Bauten, zu denen sich sogar schon eine heimische und recht selbstbewußte Variante des Jugendstils gesellte.

Von dort wurde Heimo an den südöstlichen Frontabschnitt weitergeschickt, wo die Stellungen nördlich von Czernowitz (in der Bukowina) mehr oder weniger parallel zum Dnjestr verliefen. Hier stand die 7. Armee unter General Pflanzer-Baltin, der wegen seiner manchmal recht undurchsichtigen Truppenbewegungen den Spitznamen ‚Baldhin-Baldher' erhalten hatte. Diese Armee war zu Weihnachten einem überaus heftigen Angriff der Russen ausgesetzt gewesen; ihn abzuwehren war zwar auf der ganzen Linie gelungen, jedoch unter sehr hohen Verlusten; Heimo gehörte zu jenen, welche die empfindlichen Lücken auffüllen sollten. Nach dem Sturm herrschte dort fast sechs Monate lang Ruhe – was Doderer später seltsamerweise mit dem Wort „Winterfeldzug" beschrieb[10]. In diesem hatte er erstmals eine jener bis zu zwölf Tagen dauernden neuralgischen „Attacken" erlitten, welche die gesamte rechte Kopfhälfte in puren Schmerz verwandelten; sie kehrten sein Lebtag lang wieder – und retteten ihn während des Zweiten Weltkriegs kurz vor der Einnahme von Kursk, da er wegen der chronischen Neuralgie von der Front zurückgeschickt wurde.

Die Ruhemonate an der russischen Front kamen dem Generalstab sehr gelegen; dessen Chef, Conrad von Hötzendorf, wollte im Frühling einen entscheidenden Durchbruch gegen die Italiener erzielen. Zu diesem Zweck zog er von der Ostfront sechs Infanteriedivisionen sowie mehrere schwere Batterien ab (von denen es ohnehin zu wenige gab). Sie fehlten später bei der russischen Offensive, und da mittlerweile auch das Italienabenteuer schiefgegangen war, mußte der österreichische Generalstabschef zähneknirschend noch mehr Einfluß an die um Hilfe gebetenen Deutschen abgeben – was diese ihm mit Erfolgen und zunehmender Taktlosigkeit dankten.

Man erwartete die russische Offensive und wußte obendrein besser als je zuvor über deren Planung Bescheid, weil es erstmals gelungen war, den russischen Funkkode zu knacken. Also baute man ab Winter entlang der ganzen Front die Stellungen aus, zuerst von der Kälte und dem gefrorenen Boden behindert, dann ab der Schneeschmelze im Morast versinkend – es war eine Schinderei. Und es war sicher nicht das, was sich ein Dragonerkadett (und bald Fähnrich – nominell noch immer Dragoner) erwartet hatte: mit vorwiegend polnischen und tschechischen Infanteristen Löcher zu buddeln oder in solchen zu hocken. (Während dessen heiratete in Wien und unter gewiß recht feudalen Umständen seine Schwester Helga den österreichisch-ungarischen Konsul in Konstantinopel, Dr. Ernő Hauer.)

„Auf welche Art befand ich mich damals wohl? Es gab Wohlbefinden, darüber besteht kein Zweifel.“[11] Auf diese Frage im Tagebuch, fast vierzig Jahre später gestellt, ist nicht leicht zu antworten. Vielleicht war es die bereits erwähnte platonische „Selbstverständlichkeit des Männerlebens“; aber dazu kam noch etwas anderes: „ein schneidiger Jargon“, ein „Wichtigtun mit kriegerischen Dingen“. Das stellte Doderer 1923 fest, als er seine „Aufzeichnungen von der Front“ durchlas – „mit *Entsetzen!*“[12]. Wobei jedoch etwas ganz anderes als wichtig erscheint: nämlich daß er überhaupt „Aufzeichnungen“ machte, also eine Art von Tagebuch führte. Hier war ein – wie auch immer auf sich selber konzentriertes – Bewußtsein, das sich der Sprache und Schrift bediente, um die eigene Lage zu überblicken: im selben Jahr, in dem er dann die Entscheidung traf, Schriftsteller zu werden – wozu das Tagebuch eine erste, wenn auch nicht ganz absichtliche Vorstufe gewesen war. Und trotz des „schneidigen Jargons“ mag sich eine Sensibilität eingestellt haben, welche die einzige Alternative zur Verrohung ist, wenn Tod um einen herum – und vielleicht auch der eigene – ständig gegenwärtig ist. (Die Aufzeichnungen sind verloren oder vernichtet.)

Im März wurde der Oberbefehlshaber der russischen Südwestfront, General Iwanow, durch den als erheblich tatkräftiger eingeschätzten Brussilow ersetzt; doch die österreichische Armeeführung in Teschen erklärte, einem Angriff ruhig entgegensehen zu können. Tatsächlich erfolgte dieser erst am 5. Juni, wenn auch noch nicht gegen die siebente Armee des Generals ‚Baldhin-Baldher‘, sondern gegen die vierte, Erzherzog Josef Ferdinand – und während der Fähnrich Ritter von Doderer gerade auf Urlaub war.

Wie in den anderen Städten war auch in Wien die Ernährungslage ziemlich katastrophal; wegen der ständigen Verknappung der Lebensmittel stiegen die Preise derartig, daß die Ärmeren – wie etwa alle Industriearbeiter – nicht einmal mehr ihre Kinder, geschweige denn sich selber halbwegs ernähren konnten. An Mangelkrankheiten – wie etwa Rachitis – litten bald Zehntausende Kinder. Als Heimo in Wien eintraf, führte die Gemeinde eben eine riesige Aktion durch, Stadtkinder in den Ferien von Bauern einladen zu lassen, welche die Versäumnisse des Staates durch ihre Hilfsbereitschaft ausgleichen sollten.

An der galizischen Front hingegen war die Versorgungslage ausgezeichnet gewesen, wie Bardolff in seinen Erinnerungen schreibt[13] – man brauchte und fütterte die Armee, nicht die Zivilisten. Den Doderers fehlte es allerdings auch in Wien an nichts; man konnte auf dem Riegelhof von den Bauern besorgen, was es in der Stadt nicht mehr gab. Heimo besuchte wieder Paula; daß er während dieses Urlaubs auch Gusti Hasterlik, die Freundin von Ernst Pentlarz, getroffen habe (wie das der kleine

E. P. in der *Strudlhofstiege* berichtet) erscheint eher unwahrscheinlich; zumindest gibt es in der langen Beziehung von Heimo und Gusti keinen einzigen Hinweis auf eine solche erste Begegnung.

Schließlich fuhr er nach Prein an der Rax, also auf den Riegelhof, und unternahm dort etwas, woran er sich immer wieder erinnerte: im Herrenzimmer sitzend, versuchte er eine Beschreibung des Raums „nach der Natur" – wie er auch später viele hunderte solcher „Studien nach der Natur" schreiben sollte[14]. Es war noch nicht die Entscheidung zu einem Dasein als Schriftsteller – die in Chabarowsk, im russischen Mandschurien stattfand –, aber doch ein bezeichnender Beginn. Dieser wäre auch ganz anders möglich gewesen: daß ein junger Mann, übervoll von Erlebnissen oder Einfällen, seinem Mitteilungsbedürfnis auf dem Papier Raum gibt; daß er seine Seele verströmt, um nicht an ihrer Fülle zu ersticken, oder in erfundenen Figuren eigene Sehnsüchte auslebt; wie auch immer. Doderer hingegen begann übend, er wollte ein Metier zu beherrschen lernen: genau das und nicht mehr; etwa wie man Cello zu spielen lernt.

Wieder in Wien, so erinnerte er sich, konnte ihn der Vater zum Abschied noch an die Türe begleiten: der rund Sechzigjährige litt bereits schwer an Gicht, die seine Bewegungsfähigkeit immer mehr einschränkte. (Ebenso wie sich im Februar dieses Jahres bereits Ingenieur Riehl zugunsten seines jüngeren Partners Innerebner aus der gemeinsamen Firma zum Bau der Mittenwaldbahn zurückgezogen hatte, so mußte auch Wilhelm von Doderer im Jahr 1917, seiner Krankheit wegen, zugunsten seines Schwiegersohnes Ingenieur Mayer auf eine weitere eigene Tätigkeit verzichten.)

Am Nordwestbahnhof schließlich, vor der Abfahrt nach Lemberg, kam Paula in einer hellen beigefarbenen Jacke unerwartet über den weiten Platz gelaufen, um den Geliebten zu verabschieden, der in den Krieg zog.

„Die Erklärung meiner genauen Kenntnis des Reitergefechtes ist denkbar einfach: ich war im 1. Weltkrieg Dragoneroffizier"[15], versicherte Heimito von Doderer noch in seinem Todesjahr mit so autoritärem Brustton, daß man seinem Bescheidwissen allemal die persönliche Erfahrung unterstellte; derselbe Eindruck wurde auch durch mehrere Romanpassagen nahegelegt.

Er selber saß allerdings im Schützengraben und hatte – glücklicherweise – noch an gar keiner Kampfhandlung, welcher Art auch immer, teilgenommen. Doch die Offensive des russischen Reitergenerals Brussilow – der später Kerenskis Oberkommandierender werden sollte – war von Anfang an unerwartet erfolgreich gewesen: er überrannte die so stark gesicherten österreichisch-ungarischen Stellungen und trieb die 4. Armee in wenigen Tagen bis zu 70 km dahinter zurück. Die Methode seiner Siege war so einfach wie menschenverachtend: die österreichischen Gräben waren, auf der Seite des Feindes, mit Holz verstärkt und überhöht, um auch beim Schießen zwischen den jungen Stämmen teilweise gedeckt zu sein. Darüber befand sich ein Dach aus meist dicht gefügten Ästen, das gegen Granatsplitter schützen sollte, jedoch nach hinten offen war. Brussilow nun ließ seine Soldatenfluten einfach durchs gegnerische Abwehrfeuer bis direkt zu den Gräben jagen: dort sprangen die Überlebenden übers Dach und griffen den ungeschützten Gegner von hinten an. Diese Kampfart des zahlenmäßig so überlegenen Gegners, der seine so viel höheren Verluste an Menschenleben einfach mißachtete, löste bei den Österreichern überall Panik und Flucht aus.

Der siebenten Armee General Pflanzer-Baltins ging es nicht besser als der vierten: ab 10. Juni trieb Brussilow sie vor sich her, ebenso wie weiter nördlich die erste und einen Teil der zweiten Armee. Conrad von Hötzendorf bemühte sich, Reserven von der italienischen Front wieder in den Osten zurückzubringen; doch das ging zu langsam und genügte nicht: er mußte die Deutschen um Hilfe bitten. Allerorts schoben sich nun deutsche Truppen zwischen jene der Monarchie – als stärkende ‚Korsettstangen', wie es der preußische Soldatenwitz mit deutlicher Geringschätzung der Österreicher nannte. Doch auch die deutsche Führung – zuerst unter Generaloberst von Linsingen – konnte Brussilow kaum bremsen; dieser griff verstärkt die siebente Armee an.

Jetzt erlebte der Fähnrich den Krieg: als Rückzug, Nächte mit Leuchtraketen, Gewehrfeuer und schwankenden Tragbahren. Er lag nicht direkt an der Feuerlinie, sondern dahinter, zuletzt bei dem Dorf Olesza (bei den großen Schleifen des Dnjestr, 30 km südöstlich von Stanislau), wo auf einem Hügel die Schützengräben angelegt waren. Schwerer Artilleriebeschuß konnte bedeuten, daß ein Angriff bevorstand, aber auch eines der vielen Ablenkungsmanöver Brussilows sein; die Soldaten und Offiziere in den Gräben trugen noch keine Stahlhelme, auch bei diesem Beschuß waren die Verluste sehr hoch. (Insgesamt verlor die Monarchie in den Wochen von Brussilows Offensive eine dreiviertel Million Mann: 370.000 tot oder vermißt, 380.000 gefangengenommen.)

Eine ‚Schlacht bei Olesza', und gar der Reiter, wie bei Doderer mehrfach angedeutet, hat es nie gegeben; doch für ihn selber mag es durchaus so gewirkt haben, als sich die Russen daranmachten, nach der langen Artillerievorbereitung die Schützengräben dort im Sturmangriff zu überrennen: am Nachmittag des 12. Juli 1916. Er duckte sich im Graben hinter die Überbank und schoß mit der Pistole auf die Stürmenden, wobei ihm später schien, „daß ich mich etwas zu gut deckte und etwas zu schlecht schoß", dann folgte die „Panik des Nahkampfs"[16]. Das können, im günstigsten Fall, auch bloß einige Momente gewesen sein; selbst überlegene Gegner, die immerhin soeben das Stürmen der Stellung überlebt haben, lassen sich auf eine so mörderische Auseinandersetzung nicht länger ein, als es der Widerstand erfordert; und der mag sinnlos – oder auch erbittert gewesen sein.

Irgendwann folgte, was Doderer häufig erzählt und im *Grenzwald* – mit veränderter Charge – auch beschrieben hat:

„Der feindliche Offizier trat auf [ihn] zu, nahm Haltung an, salutierte und sagte:
„Cherr [Fähnrich], ich muß Sie um Ihren Dägen bitten, Sie sind kriegsgefangen."
[Er] gab ihm auch die Pistole.
Der Russe bot mit höflicher Verbeugung sein aufgeklapptes Zigaretten-Etui."[17]

6. Sibirien als Elysium

Am peinlichsten war es den zaristischen Offizieren, wenn sie ihren gefangenen Standesgenossen nicht immer und überall jene Behandlung verbürgen konnten, die sie deren sowie der eigenen Würde für entsprechend erachteten: sie entschuldigten sich häufig und mit ehrlicher Betrübnis. Die von beiden Seiten vorausgesetzte Ritterlichkeit alten Stils – die auch davon ausging, daß man unter ‚feindlichen' Offizieren eher dieselbe Lebensanschauung vermuten konnte als bei der eigenen Mannschaft, wozu beim höheren Adel noch die internationale Versippung kam – scheiterte an der schieren Menge. Natürlich übertraf die Zahl der gefangenen Soldaten bei weitem noch jene der Offiziere, doch hier stellte sich das Problem völlig anders: nämlich wie man dieses ‚Menschenmaterial' ausnutzen konnte, um aus ihrer Arbeitskraft wenigstens einen teilweisen Ersatz der Kriegskosten herauszupressen. Zu diesen Kosten gehörten noch zusätzlich die fünfzig Silberrubel pro Monat, auf die jeder gefangene Offizier Anspruch hatte, um seine standesgemäßen Bedürfnisse sogar im engen Rahmen der räumlichen Beschränkung befriedigen zu können; es schufteten die Mannschaften auch dafür. Allerdings wußten sie vom Leben der Offiziere so wenig wie diese von ihnen; bis nach der russischen Revolution wurden die beiden Stände voneinander streng getrennt gehalten.

Für alle zusammen – fast vierhunderttausend Gefangene – gleich schwer zu lösen war die Frage ihrer Unterbringung und Verpflegung. Schon vor der Brussilow-Offensive hatte man kleinere Trupps von Gefangenen nach Sibirien verlegt – jetzt wurde es zur allgemeinen Notwendigkeit. Dort, im fernen Osten, hatte Rußland 1904/05 gegen Japan Krieg geführt (und verloren); davon übrig geblieben waren, bei vielen Kleinstädten und Siedlungen, teilweise sehr große Garnisonsviertel, also Kasernen und Depots, die nun weitgehend unbenützt zur Verfügung standen (sie hießen ‚wojennij gorodok' – das ‚kriegerische Städtchen' neben der Stadt). Dazu kam, daß es in diesen fast endlosen, doch dünn besiedelten Gebieten einen Überschuß an Lebensmitteln gab, der wegen der enormen Entfernung für die eigene Armee an der Westfront nicht genützt werden konnte – wie etwa der als unerschöpflich geltende Fischreichtum der riesigen Flüsse Sibiriens. Möglichst viele Gefangene in Sibirien zu internieren war die vernünftigste und für alle Beteiligten vorteilhafteste Lösung – und keineswegs eine Verbannung in kaum überlebbare Unwirtlichkeit (Platznot und eintönige bis ungenügende Kost war eher für die europäischen Lager bezeichnend; in diesem Teil Rußlands wurden die Lebensmittel durch die hohe Anzahl der zu verpflegenden Gefangenen auch für die Bevölkerung immer teurer).

Allerdings bereitete der Transport einer in so kurzer Zeit angesammelten Menschenmenge erhebliche Probleme – und noch mehr bei den Offizieren, denen ein Zugsabteil mindestens der dritten Klasse zustand; trotz aller Entschuldigungen der Russen weigerten sie sich meistens, in den gewöhnlichen Transportwaggons (mit eingebauten Holzpritschen) zu reisen. Man schob sie, unter ständigen Beteuerungen des Bedauerns, in der Ukraine und in Südrußland von einem Lager ins nächste, gewissermaßen in Warteposition: da ein paar Tage, dort ein paar Tage, immer tiefer ins Land hinein. Welchen Eindruck auf Heimo die Nachricht machte, daß das Ziel schließlich Sibirien sein sollte, ist nicht überliefert; doch für die meisten war die bloße Vorstellung der enormen Distanz von aller europäischen Kultur bereits völlig schockierend.[1]

Mehr oder weniger einen Monat nach seiner Gefangennahme begann für den Fähnrich Franz/Heimo von Doderer die lange Reise zu jenem Ort, wo er nicht Entbehrung und Öde, sondern die Bestimmung seines Lebens finden sollte. Auf dem Weg dahin war noch ein Freund von der Kavallerie-Ausbildung dabei: der um zwei Jahre ältere Hans von Woynarowicz, der sich seinerzeit vielleicht auch an der gemeinsamen Wohnung in Breitensee beteiligt hatte; jetzt fuhren die beiden über die Wolga und in immer fremderes Land, wo die dunklen Dorfflecken von ungewohnten Kirchtürmen überragt waren, auf den Stationen etwa russische Popen neben Tataren standen und Reiter fern vom Zug ihre Herden durch baumlose Ebenen trieben. Weniger befremdlich waren Landschaft und Vegetation dann im Ural, wo allerdings in diesem Jahr der Winter so früh begann, daß schon Anfang September Schnee lag, was sich viele, in irrtümlichem Erschrecken, für ganz Sibirien erwarteten. Dort in den Bergen stand auch, als die Bahn eben um eine Biegung herumgefahren war, jene weiße Säule, auf der in schwarzen Buchstaben einerseits noch EUROPA, andererseits schon ASIA stand; dazu pfiff die Lokomotive wie der Ton gewordene Schnitt, der den meisten durchs Herz fuhr.

Als der Zug vom Gebirge herabfuhr, wurde es wieder wärmer; dann begannen die endlosen Moore und Sümpfe, die Urwälder und Grassteppen Sibiriens. Doch mit angenehmen Überraschungen: auf jeder Station gab es nicht nur heißes Wasser für den Tee, sondern auch ein großes Angebot von köstlichen und äußerst billigen Lebensmitteln: Brot, Eier und Butter, aber auch – um rund dreißig Kopeken, was weniger als eine österreichische Krone war – knusprig gebratene Gänse, wobei die Bäuerinnen noch zeigten, daß sie die separat zubereitete Leber wieder in den Bauch gefüllt hatten. Zu diesem ländlichen Angebot kamen, sowie der Ort nur ein bißchen größer war, in der dazugehörigen Restauration auch europäische Waren wie Selterswasser, Bonbons, Liköre und anderes. (Diese Trivialia hat Doderer bemerkenswerterweise nirgends erwähnt; so wie er auch in den Romanen kaum jemals lustvoll beschreibt, was gegessen wurde – seine diesbezügliche Gewöhnung an Qualität war ihm zu selbstverständlich und wurde nur durch Mangel gelegentlich bewußt.)

In größeren Städten – wie etwa Omsk, Nowo-Nikolajewsk oder Krasnojarsk – fanden sie statt einer Bestätigung ihres Vorurteils, in einer kulturlosen Ödnis zu sein, Theater und Fabriken und selbst Straßenbahnen wie in Wien; der deutlichste Unterschied zu einer europäischen Stadt waren die vielen hölzernen Blockhäuser. Spätestens ab Irkutsk, wo sie nach etwa zwei Wochen Fahrt eintrafen, führte die Reise – zuerst entlang des Baikalsees, dann übers Gebirge der mongolischen Burjäten – auch durch atemberaubend schöne und abwechslungsreiche Gegenden. Doderer hat diese wochenlange Fahrt in keinem seiner auf Sibirien bezüglichen Werke und in keiner Erinnerung auch nur andeutungsweise beschrieben; das könnte bedeuten, daß ihn seine eigene Lage allzu sehr beschäftigte, um außerhalb seiner selbst irgendetwas sonst wahrzunehmen. Auch die zunehmende Freundlichkeit der Bevölkerung gegenüber den Gefangenen fiel ihm erst bei erheblich späteren Gelegenheiten auf: hier wohnten, neben den verschiedenen Ureinwohnern sowie angesiedelten Bauern, vor allem Verbannte – darunter rund hunderttausend polnische ‚Rebellen' – und deren Nachfahren. Sie sympathisierten geradezu naturgemäß mit allen Opfern der Staatsmacht, auch wenn es fremde Soldaten waren, die nun ein ähnliches Schicksal erlitten wie vordem sie selber.

Es mag, mit den vielen Aufenthalten in Dörfern und Städtchen, weitere zwei Wochen gedauert haben, bis der Transport an seinem Ziel eintraf: zweihundertfünfzig Kilometer vor der Küste des Japanischen Meers, in Chabarowsk, der zentralen Stadt von Russisch Mandschuria – und von Wien so weit wie Kapstadt oder Mexiko. Etwas südwestlich der Stadt, am Zusammenfluß von Amur und Ussuri – die beide ganz in der Nähe anfingen, die Grenze zu China zu bilden –, lag ein vorwiegend chinesisches Fischerdorf, das von seinen Einwohnern Pie Li Ka genannt wurde, von den Russen jedoch samt den drei großen Lagern, die sich hier befanden, Krasnaja Rjetschka – ‚Roter Fluß'. Dorthin wurden die Gefangenen von Kosaken eskortiert; ihre neue Umgebung – den hier bereits drei Kilometer breiten Amur, die Kirchtürme der rund zwei Schlittenstunden entfernten Stadt am Horizont und, in der andern Richtung, die fernen blauen Berge Chinas – sahen sie nur bei der Ankunft: dann verschwanden sie hinter einem so hohen Plankenzaun, daß der Blick darüber bloß noch den blanken Himmel traf.

Da drinnen im Hof standen k.u.k. Offiziere, die teilweise schon vor längerer Zeit hierher verfrachtet worden waren und jetzt begierig warteten, ob ein bekanntes Gesicht auftauchen würde: unter ihnen Heimos ehemaliger ‚Hofmeister', Verführer und Freund Albrecht Reif, nunmehr Leutnant. Er war Bibliothekar des Lagers und hatte wegen dieser Funktion ein eigenes Zimmer in dem langgestreckten ziegelroten Gebäude, darin sich auch die großen Schlafsäle befanden: sich in einem solchen einen Platz suchen zu müssen, ersparte er Heimo sowie Hans von Woynarowicz, indem er sie bei sich aufnahm – während solche Dreibettzimmer sonst nur den höchsten Offizieren zustanden.

Am 5. September war Heimo gerade zwanzig Jahre alt geworden: jetzt begann er, „behutsam das Geschenkte in der geschenkten Zeit auszupacken", wie er das im *Geheimnis des Reichs* nennt[2]. Das heißt: er suchte vor allem sich selber. Die Voraussetzungen dafür waren ebenso ausgefallen wie ideal: in der erzwungenen Untätigkeit hinterm Plankenzaun blühten die Selbstfindungen; und wenn es nur der Passion und nicht der Nützlichkeit diente, gestatteten die Herren einander sogar praktische handwerkliche Tätigkeiten. Die hohe Anzahl von Reserveoffizieren in der k.u.k. Armee besagte hier vor allem, daß es Leute aus den verschiedensten Zivilberufen gab, von Juristen, Lehrern, Ingenieuren bis zu Berufsmusikern, die sich nun teils fortbildeten,

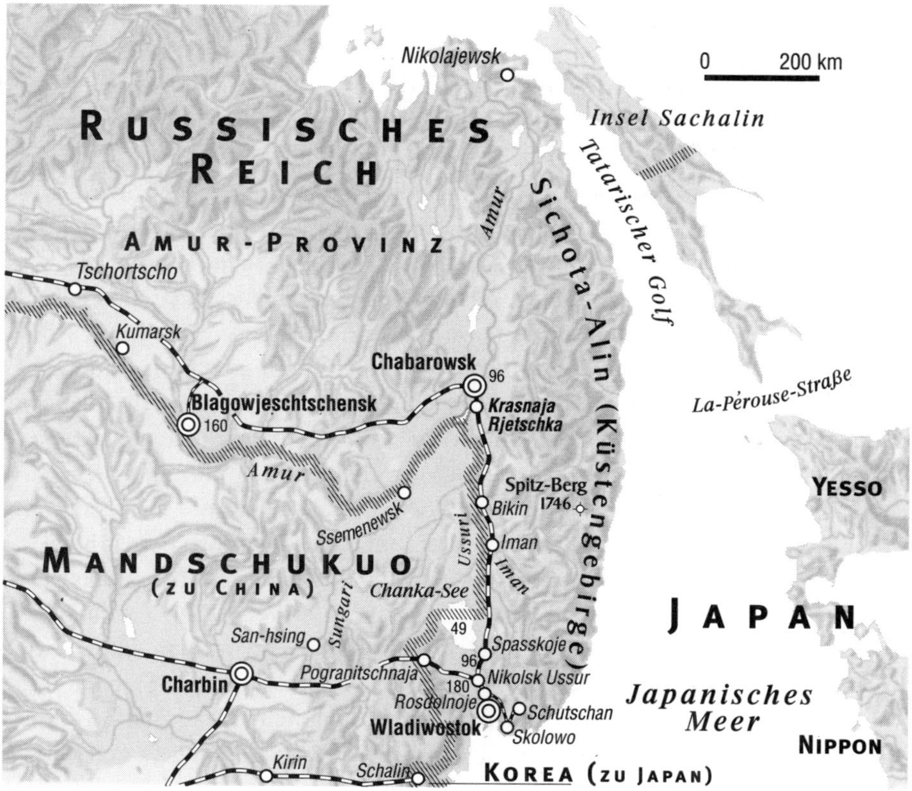

teils Jüngere für das Studium zuhause vorbereiteten. Alles notwendige Material dafür konnte man sich schicken lassen – es kam mit verständlicher Verspätung, aber ziemlich verläßlich.

Jedoch am anziehendsten für eine Selbstverwirklichung in extremer Lage bleiben immer jene Künste, bei denen sich das Talent auch ohne Ausbildung erwarten darf, bald zu einem Ausdruck seiner selbst zu kommen: was vor allem für die leichteren Techniken der Malerei und das Schreiben zutrifft. Maler und Schriftsteller gab es in fast jedem Lager zuhauf; durch harte Urteile – wie in Wien üblich – zu decouragieren war verpönt und durch das Fehlen eines Marktes, auf dem man einander als Konkurrent entgegentrat, auch überflüssig. Alles, was hier im Lager gemacht wurde, war wichtig und interessant – auch weil es sonst nichts gab. Jede aufkeimende Begabung wurde gefördert – und sei es, um einander nicht verrückt werden zu lassen.

Unter diesen Umständen, die keiner realen Welt entsprachen, in der Kunst sonst entsteht, traf Heimo noch im September 1916, gleich nach seiner Ankunft, die Entscheidung, die ihm, je nach Ansicht, sein Leben bestimmte oder verdarb: nämlich Schriftsteller zu werden. Anders als in der bürgerlichen Gesellschaft, die den Künstler erst als Arrivierten anerkennt, war das hier im Lager ein Weg, auf dem man die wohlwollende Anteilnahme der Kameraden gleich, Respekt und Erfolg sehr bald erwarten durfte: eine Begünstigung, die Heimo fast vier Jahre lang erhalten blieb – fast schon zu viel, um seinen Entschluß unter geänderten Bedingungen wieder zurückzunehmen. Außerdem hatte er zum Zeitpunkt der Entscheidung – und erst recht danach – keine für sich glaubwürdige Alternative: weder Cellospiel noch Jus reichten an diese Möglichkeit, mit sich erstmals etwas wirklich Eigenes anzufangen. Und das vor allem gab den An- und Auftrieb; jedoch keinerlei verbürgbare ‚Liebe zur Literatur'.

Er machte sich sofort und fleißig an die Arbeit. Natürlich stimmt seine gelegentliche Selbstdarstellung, nach der er ausschließlich Übungen schrieb und gleich wieder wegwarf (etwa wie Maupassant unter Anleitung Flauberts), nur zum Teil und ist allein schon durch die erhaltenen Manuskripte widerlegt[3]; doch ging es ihm, wie schon im Juni auf dem Riegelhof, gewiß darum, sich – unter anderm auch mit weiteren ‚Studien nach der Natur' – das Metier anzueignen. Diesem verdankte er zwar seine neue Selbstbewertung, er hatte aber noch nicht viel zu bieten: das sollte eine lange Suche werden, der keine spontane Genialität den Weg abkürzte. Die Begabung freilich war sichtbar vorhanden und trat – in manchen der erhaltenen Texte – mit jener Frische auf, die gerade den Anfängern manchmal gelingt, solang sie ihre Arbeit noch nicht durch allzu kenntnisreiche Überlegungen behindern. Hans von Woynarowicz immerhin neigte, vom benachbarten Bett her, zu sofortiger Verehrung des jungen Meisters; und auch der vielseitig talentierte Reif stand dieser Entwicklung seines ehemaligen Schützlings fördernd bei: er schrieb Frau von Hanneken nach Tientsin mit der Bitte, ein griechisches Exemplar der Homerischen Hymnen zu schicken. In der Folge setzte sich Heimo nochmals – erheblich freiwilliger als in der Schule, unterstützt von Albrecht – mit dem ‚Vater der Erzählkunst' auseinander. (Elsa von Hanneken hatte in Tientsin 1914 privat eine Hilfsorganisation für Kriegsgefangene in Sibirien gegründet und war damit so erfolgreich, daß sie bald auch von den Regierungen Österreich-Ungarns sowie Deutschlands unterstützt wurde; wie ernst sie jede noch so verschroben erscheinende Bitte nahm, zeigen gerade die Homerischen Hymnen auf Griechisch.)

Die anstrengendste Tätigkeit eines Fähnrichs im Lager war es, bei den Spazierrunden im Hof viele hunderte Male vor immer denselben vorbeikommenden Offizieren zu salutieren, bis ihm fast der Arm abfiel – denn alle waren ranghöher; und dachten nicht daran, diesen Unfug abzustellen. (Ab 1. Februar 1917 war Heimo immerhin Leutnant: dazu wurde er allerdings erst vier Jahre später vom ‚Militärliquidierungsamt' der Republik – rückwirkend – ernannt.) Sonst gab es kaum Verpflichtungen; je drei Offiziere wurden von einer Ordonnanz bedient – diese Soldaten wohnten nicht bei den Mannschaften, sondern in einem eigenen kleineren Gebäude neben dem der Offiziere, von wo sie morgens das warme Wasser zum Rasieren der Herren herbeitrugen und dann den ganzen Tag zur Verfügung standen, beim Servieren, Schuhputzen, Ausbessern der Uniformen und so weiter. Die Verpflegung kostete rund zwanzig Rubel im Monat, wobei das Grundnahrungsmittel, ob gekocht, faschiert oder gebraten, der Lachs blieb (bis zum Ekel – vor allem bei den Tschechen und ihrer Vorliebe für Knödel und Süßes); wer wollte, konnte sich auch Kaviar bringen lassen, der –

schwarz und rot – in Fäßchen allerorts zuseiten der Ladentüren stand, mit einem großen Schöpfer darin, und pro Pfund fünfzig Kopeken kostete.

Mit dem zunehmend härter werdenden Winter wurden die Runden im Hof weniger (man konnte sich immerhin aus der Heimat dicke Pelze schicken lassen), auch das von Heimo eifrig betriebene Fußballspielen wurde eingestellt (übrigens gab es sogar einen Tennisplatz – aber Heimo spielte bekanntlich nicht Tennis), und das Leben konzentrierte sich um die Öfen und diverse Studien oder Künste. Eines Tages berief der ranghöchste Offizier eine Lagerversammlung ein, zu der er mit einem schwarzen Trauerflor am linken Arm erschien: der Kommandant von Chabarowsk habe ihm zum Ableben des Kaisers Franz Joseph kondoliert. Jetzt ordnete er eine Trauer von sechs Wochen für das Lager an; und da im k.u.k. Heer der militärische Diensteid nie dem Imperium (oder gar nur einer Hälfte davon) geleistet wurde, sondern immer und ausschließlich der Person des Kaisers, mußte er erneuert werden: „Kaiser Karl lebe – hoch! hoch! hoch!" Der Mann, dem sie da ihre Treue und ihr Leben verschworen, sollte für sie ein Kaiser auf riesige Entfernung bleiben, gänzlich unanschaulich in seinen gut gemeinten, aber schwächlichen Bemühungen, etwas zu retten, wozu seine Fähigkeiten und Kräfte nicht ausreichten.

Viel anschaulicher wurde für sie der Winter: von der Kälte eingeschlossen, litt jeder noch mehr unter der ständigen Nähe der andern – am völligen Fehlen von Alleinsein. In den großen Sälen wurden je zwei Betten, mit trennender Schilfwand, aneinandergeschoben, um den nächsten Zwischenraum zu vergrößern: dieser war dann für zwei Leute, die rechts und links davon schliefen, eine Art Zimmerersatz, wobei man auch noch den Zugang mit Matten abschirmte. Doch wer mit wem war oder sein wollte, blieb ein ständig sich wandelndes Kaleidoskop neuer Konflikte: es mußten nicht gleich homoerotische Beziehungen sein, wie sie – zumindest teilweise – unter dem Druck der Frauenlosigkeit entstanden; auch ohne sexuelle Komponente bildeten sich eifersüchtig überwachte Vertrauensverhältnisse mit Bevorzugungen und Gefälligkeiten heraus, die fürs psychische Gleichgewicht der einzelnen die größte Bedeutung hatten. Zudem gab es hübsche Kerle, die durchs ungewohnte Umworbensein rasch zu einer Art von frechen männlichen Kokotten wurden und Vergnügen oder Nutzen daraus zogen, Rivalitäten und Unfrieden zu stiften; andere vereinsamten in der Menge und/oder bliesen eine neu gefundene Berufung zum einzigen Daseinszweck auf. Insgesamt war dieses Leben von Hunderten Männern auf engem Raum sicherlich prekär und in vielen Details extrem schwierig: jeder versuchte in dieser Gemeinschaft einen Ersatz aller jener Gefühlsregungen zu erreichen, die ihm für die ‚Normalität' seines Lebens konstituierend erschienen – was immer das auch (gewesen) sein mochte.

Heimo litt unter den vielen, in ihrer Entwicklung bereits verfestigteren Persönlichkeiten, an einer Art von überkommener Konturlosigkeit: dem Fehlen einer „richtigen continuierlichen Vergangenheit", die ihm in seinem Fall „zerrissen, in Frage gestellt und besudelt" erschien[4]. Es ging ihm nicht nur darum, Schriftsteller zu werden, sondern gleichzeitig auch ein für sich selber akzeptables Ich zu entwickeln. Damit begann ein Werdegang und Denkprozeß, den Doderer schließlich selber, Jahrzehnte später, als weitgehend gescheitert ansah und, in konsequenter Umkehrung des einstigen Wunsches, diesen Mißerfolg zur neuen Doktrin erhob, nach der ein Schriftsteller, um überhaupt einer zu werden, sein Leben unvollendet stehen lassen müsse – wie fragwürdig dieses Ich auch immer geblieben sei.

Jedenfalls setzte damals, in jener geschenkten Leere und Überspannung, im Umgang mit sich selber und mit dem beginnenden Schreiben eine Heilserwartung ein, die kaum erfüllt werden konnte – zumindest nicht ohne das mystische Erlebnis einer ‚Erleuchtung', womit er zeitweise und immer wieder kokettierte. Gerade deshalb blieb die Enttäuschung über sich selbst unausweichlich; und führte – als ihm gemäße Reaktion – zu immer strengeren Vorschriften an sich: woraus sich, für einen erheblichen Teil dieses Lebens, etwas ergab, das am ehesten als häufig wiederholte Selbstideologisierung bezeichnet werden könnte: ein zum starren System geratener Gestaltungsversuch der eigenen Geistigkeit und Spiritualität, bereits vor dem Gelingen zu allgemeingültiger Beispielhaftigkeit erhoben. Umso schlimmer wirkte jedes Scheitern, das eben durch die zu theoretische Unangemessenheit der Ansprüche an sich verursacht wurde. Doch die freudige Erwartung und auch Disziplin, mit der das alles begonnen wurde, waren groß. Und Heimo fühlte sich wohl in Sibirien, er nannte es sein „Elysium", „eine Insel der Seligen"[5].

Dorthin kam eine Frau, die jung und schön war oder zumindest von allen Entbehrenden so empfunden wurde: die Gräfin Kinsky aus Wien, im Auftrag des Roten Kreuzes. Sie sollte sich über die (erfüllbaren) Bedürfnisse der gefangenen Offiziere ein Bild machen und brachte ihnen auch eine Nachricht des Kaisers (noch des alten): daß er sie von ihrer Pflicht entband, unter allen Umständen die Flucht versuchen zu müssen, um sich der Heimat erneut zur Verfügung stellen zu können; jeder Ausbruchsversuch könnte den Zurückgebliebenen zum Schaden gereichen. (Tatsächlich aber wurden die wachthabenden russischen Offiziere bei Fluchtversuchen härter bestraft als die Flüchtlinge, deren eidesgemäße Verpflichtung dazu man kannte und respektierte.) Man hatte alles und sich selber herausgeputzt, dann war die hohe Frau wieder verschwunden. Statt ihr tauchten nun wieder die unbeholfenen bis perfekt detaillierten pornographischen Zeichnungen auf, die für diesen einen Tag versteckt worden waren.

Die einzige andere Neuigkeit dieses Winters war das Offizierstheater, das von den Russen genehmigt worden war und alle in größte Aufregung versetzte: wobei sich das Interesse vor allem auf die Damenrollen konzentrierte – also auf jene glattgesichtigen Jünglinge, die geschminkt und verkleidet das weibliche Geschlecht am glaubwürdigsten darstellten. Sie wurden zu einer neuen Kaste verwöhnter Lieblinge, die rasch Starallüren annahmen – sieht man von Hans von Woynarowicz ab, der als ‚komische Alte' Lachstürme erntete. Heimo nahm nicht teil: das Theater (in seiner Jugend: familiäre Aufführungen von Stücken seiner Mutter, gelegentlich die Loge im Burgtheater als großbürgerliche Kulturbeteiligung) interessierte ihn sein Lebtag lang überhaupt nicht, obwohl er manchmal Interesse heuchelte, wenn es um Stücke von Freunden – etwa

Billinger, Qualtinger oder Weigel – ging. Und als einer, der sich – unter Männern – eher verführen ließ als verführte, war er auch kaum hinter den Darstellern der Frauen-Rollen her; immerhin lebte er unter der Patronanz Albrecht Reifs, der ihn eindeutig für sich reklamierte, was noch zu Eifersuchts-Eklats führen sollte.

Tage- und nächtelang hörten sie das Donnern des aufbrechenden Eises von Amur und Ussuri, das dem Frühling voranging – und sahen hinter ihrem Plankenzaun nichts davon; auch nicht die nachfolgenden Überschwemmungen und, als sich das Wasser wieder zurückzog, die Tausenden Lachse, die zappelnd im Morast steckten und von den Chinesen eingesammelt wurden. Sie sahen überhaupt nichts, als was sie schon bis zum Überdruß kannten: jeden Ziegel in der Wand, jedes Stück Boden, auf das sie schon hundertmal getreten waren, den blanken Himmel darüber. Das alles noch verschärft durch beständige gegenseitige Quälereien, die diesem Frust entsprangen.

Nur Heimo fühlte sich in seinem Elysium durchaus wohl: befreit von den Ansprüchen der Familie und der dazugehörigen Gesellschaft, mit allem Notwendigen zur Genüge versorgt, abgeschirmt wie nie wieder in seinem Leben von jeder Form von Außenwelt und allen Belästigungen durch diese. Im Grunde blieb ihm – dem sämtliche notwendigen Erledigungen stets grauslich bis widerwärtig waren – dieser sibirische Zustand ein Ideal von wohlbehüteter Störungslosigkeit. Das alles gerechtfertigt durch die Bedürfnisse seiner Arbeit, niedergebeugt über ein Tischlein; im Alter nannte er das (meist nur eingeschränkte) Gelingen eines Rückzugs in bescheidene Ruhe dann ‚mönchisch'. Daß es jedoch schon in seiner Jugend so große Befriedigung auslöste, läßt sich kaum nur mit dem Schreiben erklären; oder höchstens in dem Sinn, daß dieses ein willkommener Vorwand war, nach der ‚besudelten' Vergangenheit in eine fast fötale Position von Geborgenheit zurückzukehren. Noch dazu in der Annahme, bald eine neue Geburt zu erleben.

So ist nicht verwunderlich, daß er jetzt (und auch noch ein Jahr später) nichts als in aller Ruhe hier bleiben wollte, während bei seinen Mitgefangenen die Hoffnung auf baldige Heimkehr nun heftig wuchs: Mitte März war der Zar gestürzt und von einer großbürgerlichen Regierung abgelöst worden, und die Möglichkeit eines Separatfriedens erschien gegeben, auch wenn Amerikas Kriegseintritt am 6. April (zwar vorläufig nicht gegen Österreich-Ungarn, sondern bloß gegen das Deutsche Reich) die Chancen der Mittelmächte verschlechterte. Doch schon im Mai wurde mit der Ernennung Kerenskis zum Kriegsminister klar, daß Rußland den Krieg fortsetzen wollte: Brussilow bereitete neue Offensiven in Galizien vor.

Als an den Gartenlauben vor dem rotziegeligen Haus der Gefangenen die Glyzinien zu blühen begannen („blaue Wicken" nannte Doderer in den *Tangenten* diese Wisteria, die auch in Europa beliebt, aber tatsächlich dort – nämlich in China – zuhause ist), konnte sich Heimo beruhigt in die Sonne setzen und weiterschreiben: die geschenkte Zeit und Behütetheit sollte andauern. Die von Albrecht Reif verwaltete Bibliothek, durch Nachbestellungen und Spenden ständig vergrößert, gestattete ihm, sich erstmals – abgesehen von der Deutsch-Matura – gezielt und konzentriert mit Literatur auseinanderzusetzen: ganz offensichtlich war sein Interesse nun ein anderes, seit es darum ging, den bereits anerkannten Kollegen auf die Finger zu schauen und ihre Technik oder Sprache kritisch zu vergleichen; sozusagen einen zunehmend fachmännischen Blick in ihre Werkstatt zu werfen. Dazu kamen die Diskussionen: nicht nur mit all jenen, die ebenfalls zu schreiben begonnen hatten, sondern auch mit den potentiellen Lesern, die manchem dieser beginnenden Schriftsteller – wie auch dem Herrn von Doderer – teilweise an Kenntnis weit überlegen waren.

Künstlerische Entscheidungen fielen vorläufig keine: weder durch die Bevorzugung eines bestimmenden Autors noch durch eine eigene Festlegung auf einen Stil oder ein Thema. Heimo probierte vieles, das zwischen Altenberg und Schnitzler, zwischen Legende, Realismus und Phantasmagorie angesiedelt war – völlig uneinheitlich, aber doch begabt und irgendeines Applauses sicher; zumindest des Herrn von Woynarowicz, dem man die Lust an treuer Gefolgschaft schon am allzu anständigen Gesicht (der ‚komischen Alten') ansah.

Immerhin: ein neuer Gedanke, der letztlich – nach vielen Wandlungen – fürs Lebenswerk bestimmend bleiben sollte, tauchte damals schon auf, wenn auch nicht mit jenem Übergewicht, wie es Doderer 1962 in der *Ouvertüre zu „Die Strudlhofstiege"* darstellen sollte.[6] Vielleicht war es auch gar nichts anderes als eine Verlegenheitslösung: nämlich die Idee, formale Schemata der Musik auf die Literatur anzuwenden. Als Heimo zu schreiben begann, hatte er sich sicher noch nie analytisch mit den Aufbauformen erzählender Prosa auseinandergesetzt. Dafür aber waren ihm die Kompositionsformen der klassischen Musik – durchs Cellospielen und den eigenen Philharmoniker – durchaus vertraut.

Und er spielte Musik auch jetzt und hier, in Krasnaja Rjetschka. Langsam hatten sich die Musiker und schließlich auch die Instrumente für ein Orchester zusammengefunden; einer der Herren baute sich aus tausenden von Streichhölzern selber eine – angeblich vorzüglich klingende – Baßgeige. Anderes wurde gekauft oder aus der Heimat nachgeschickt, ebenso die Noten. Und schließlich kam es zur Einführung der musikalischen Abende, die sich großer Beliebtheit erfreuten; Heimo spielte Cello und mußte natürlich auch üben: was ihn letztlich davon überzeugte, daß man vom erforderlichen Aufwand her nicht zwei Künste gleichzeitig betreiben könne. Mit dieser Einsicht opferte er das Cello für immer, wenn vielleicht auch nicht mit allzu großem Bedauern. Jedenfalls kannte er sich mit musikalischen Formen früher und besser aus als in der Literatur.

Was er von dieser Kenntnis in die Erzählform übernahm und bis in die zwanziger Jahre bei *Jutta Bamberger* weiter versuchte, war sozusagen Symphonisches als avantgardistische Literatur: um die Gleichzeitigkeit von Entwicklungen darzustellen, schrieb er sie nebeneinander in verschiedene Spalten – die man natürlich trotzdem nicht gleichzeitig lesen konnte. Diese Einsicht kam ihm allerdings erst später. Immerhin befriedigen ‚technische Erfindungen' in der Kunst am meisten während jener Anfänge, in denen sonst noch wenig gelingt.

Irgendwann in diesem Jahr schrieb er auch seine ersten Gedichte, wobei es hier eine offen eingestandene Patenschaft gab, nämlich Rainer Maria Rilke, den Doderer überaus verehrte – bis er sich das, rund zehn Jahre später, von Gütersloh ausreden ließ. Doch aus den Werken zu spüren war dieser Einfluß nicht: statt mit eleganter Leichtigkeit kamen seine gesuchten Verse allzu oft noch mit erhobenem Zeigefinger daher, auf die eigene Sinnfälligkeit weisend – also auf jene Tiefe, die durchs Deutlichmachen den Reiz verliert. Daß sich Heimito von Doderer unter anderm auch immer für einen Lyriker (mit geringem Œuvre) hielt, mag seinem Selbstbildnis als Dichter und Künstler geschmeichelt haben, ließe sich aber nur durch wenige – stimmige und stimmungsvolle – Metaphern erhärten, wie sie schließlich als Spätfolge dieser Übung auch in den Romanen auftauchten, wenn dort atmosphärische Dichte knapp und treffend vermittelt werden sollte.

In diesem Sommer gestatteten die polnischen Kommandanten des Lagers, Hauptmann Walicky und Oberst Wisocky, die sehr viel russischer als die Russen sein wollten, ihren Gefangenen das Baden im Fluß. Doch nicht nur das war eine willkommene Sensation: auch jeder Schritt außerhalb des Plankenzauns, jeder Blick über die Wälder oder auf die Blumen im Gras, auf die langen schmalen Frachtkähne im Wasser, auf die Chinesen, Russen oder Tungusen. Es wurde ihnen, immer nur für wenige Stunden, eine umgebende Welt mit natürlicher Ausdehnung geschenkt, zusätzlich zum Vergnügen des Schwimmens.

Von den Riesenschwärmen der Mücken wurden sie allerdings hier ebenso gequält wie im Lager: der kurze heiße Sommer – mit Höchsttemperaturen von fast vierzig Grad – brütete diese in den Sümpfen zu Myriaden aus. Dennoch genoß Heimo seine Tage, teils im Schatten der Gartenlaube, manchmal fußballspielend, fast immer mit einem entstehenden Werk beschäftigt. Darunter befand sich, 1917, die erste Fassung der Erzählung *Das letzte Abenteuer* – deren dritte Fassung schließlich 1953 im Reclam-Verlag erschienen ist; diese frühe (und kürzere) Version ist nicht erhalten. Ebensowenig eine Erzählung des Titels *Ouvertüre zu Alessandro Stradella* nach Flotows Oper, über die er, als er sie 1941 zufällig im Radio hörte, seiner späteren Frau Maria schrieb, daß er sie – „in Russland drüben" – oft im Orchester mitgespielt hätte[7]. Sein ruhiges Leben als Schreibender blieb ihm weiter ungestört erhalten; gegen den Winter zu beschäftigte er sich mit Studien zu einem Roman, welcher *Untergang* heißen hätte sollen (und ebensowenig wie die anderen erwähnten Werke als Übung zum Wegwerfen gemeint war).

Die Oktober-Revolution fand nach unserem Kalender bekanntlich im November statt (am 6. und 7.); und war zwar revolutionär, aber weniger eine Revolution als vielmehr ein fast unblutiger Staatsstreich, da sich das Militär ohnehin gleich den Aufständischen anschloß. Bauern-, Arbeiter- und Soldatenräte hatten sich schon vorher, unter den Regierungen von Fürst Lwow sowie Kerenski, allerorts gebildet und eine Art Nebenherrschaft ausgeübt; jetzt meinten alle, überall und alles selbst bestimmen zu können, und dementsprechend groß war der von sehr vagen und divergierenden

Vorstellungen getragene, allgemeine Enthusiasmus – vor allem um so populäre Gestalten wie Lenin und bald auch Trotzki. Diesen beiden war allerdings klar, welche Ordnung sie in das überschwengliche Chaos bringen wollten.

Wie glücklich und unbesorgt die Stimmung in Petersburg während dieser Anfänge war, erzählte Doderers späterer Freund, Reichsgraf Xaver Schaffgotsch, sehr gerne.[8] Dieser war – mit dänischem Paß und im Auftrag des Roten Kreuzes – damals dort eingetroffen, um den Austausch von 3000 Kriegsgefangenen zu bewirken (was nach Lenins Aufforderung zu Waffenstillstand und Friedensverhandlungen – sozusagen: noch rasch vor der Weltrevolution des Proletariats – nicht aussichtslos erschien). Dabei erinnerten ihn die allerorts verbreiteten Abbildungen Trotzkis plötzlich an jenen Leib Bronstein, mit dem er im Café ‚Central' in Wien manchmal Schach gespielt hatte; und obwohl es mitten in der Nacht war, ging er noch zum Winterpalais, wo jetzt die Volkskommissare regierten – eher unbewacht und Tag und Nacht zugänglich fürs Volk, in dessen Namen sie hier saßen. Der Genosse Türsteher hatte keine Ahnung vom bürgerlichen Namen Trotzkis und schickte den Grafen hinauf in dessen Büro, wo noch eine Sekretärin tätig war, die genauso wenig wußte; da aber Trotzki ohnehin nebenan in seinem Arbeitszimmer sei, sagte sie, solle sich Schaffgotsch ihn halt anschauen – allerdings leise, da der Kommissar manchmal ein Stündlein schlafe. Der Graf betrat den Saal, in dem nur weit hinten eine kleine Lampe über einen Schreibtisch schien, an dem aber niemand saß – und hörte im nächsten Augenblick eine Stimme aus dem Dunkel: „Servus, fein, daß Sie da sind, wie geht's denn dem . . ." usw. Nach dem ausgiebigen Kaffeehaustratsch erkundigte sich Trotzki, ob Schaffgotsch auch etwas von ihm brauche. „3000 Kriegsgefangene", sagte dieser – und bis sechs Uhr morgens war alles bestens geregelt. (Die vorangegangenen Verhandlungen mit Kaiser Karl waren erheblich schwieriger verlaufen.)

Xaver Schaffgotsch war damals siebenundzwanzig Jahre alt, sprach fließend russisch und war (immer weniger insgeheim) Anarchist, der in Rußland auch an den ersten anarchistischen Konferenzen teilnahm (später schmuggelte er sogar für den Aufstand in Sachsen Waffen aus Österreich); offiziell jedoch kümmerte er sich weiterhin – und mit großem Einsatz – um die Kriegsgefangenen. Dabei stieß er auch bald auf Lenin, als dieser einen Vortrag vor Gefangenen hielt, und forderte für diese eine eigene Zeitung, welche wirklich über die internationalen Vorgänge informiere – statt jener der Bolschewiken, auf die Lenin gleich hinwies, und die, wie der Graf ihm sagte, „pardon, ein Scheißdreck" sei. Das weitere Gespräch beendete Lenin auf gut deutsch: „Ihr Wiener wollts ja immer eine Extrawurst!" Schaffgotsch verstand es blendend (und bis ins hohe Alter), rasch um sich eine Atmosphäre von humorvoller Vertraulichkeit herzustellen; das machte die meisten seiner Verhandlungen sehr erfolgreich – was mit den zunehmenden Wirren immer wichtiger wurde (das dänische Rote Kreuz, mit Sitz in Omsk, hatte die Betreuung der Gefangenen Österreich-Ungarns übernommen; das schwedische jene des Deutschen Reichs).

Die Auswirkungen der Petersburger Ereignisse im Fernen Osten waren zunächst einmal Unsicherheit bei den Russen selbst; dann kam schon die Weisung, daß die Offiziere – rang- und gehaltsmäßig – den Mannschaften gleichzustellen seien, bei unverändertem Dienst. Die polnischen Kommandeure in Krasnaja Rjetschka entfernten die Rangabzeichen von ihren Uniformen, damit sie ihnen nicht, wie anderswo, von ihren Soldaten abgerissen würden (Oberst Walicky trat bald zu den Roten Garden über, während die meisten Offiziere in zunehmender Besorgnis verharrten). Der Einfluß der Soldatenräte wurde in allen Belangen immer stärker: so fanden sie es empörend, daß die ausländischen gefangenen Offiziere besser verpflegt wurden als sie selbst und obendrein erheblich höhere Bezüge erhielten.

Diese Gelder trafen allerdings vorläufig überhaupt nicht ein; gleichzeitig wurde im ganzen Russischen Reich nahezu alles beständig teurer: aus Mangel. Selbst hier am Rande der riesigen Wälder gab es nun, mitten im Winter, plötzlich kein Holz zum Heizen mehr; viel schlimmer stand es um Dinge wie Petroleum für die Lampen – und bald auch Lebensmittel. Allzuviele waren vom Land in die Städte gegangen, um nun, in der Morgenröte der neuen Zeit, ‚mitbestimmen' zu können; Produktion und sonstige Arbeit erlahmten, selbst simple Transporte von dort, wo genug vorhanden war, setzten einfach aus. In diesem allgemeinen Chaos überfielen tungusische Banden das chinesische Dorf bei den Lagern; erst nach Stunden überwanden sich die russischen Soldaten einzugreifen.

Das Rote Kreuz versuchte, den Lagern der Offiziere Geld zur Verfügung zu stellen (teilweise funktionierten sogar noch einfache telegraphische Überweisungen); da die Dänen jedoch im Fernen Osten keine Vertretung hatten, half dort das schwedische Rote Kreuz auch den Gefangenen der Monarchie, soweit die Mittel reichten. Eine zusätzliche Erschwernis war, daß die Zahl der Gefangenen bis zuletzt gewachsen war und nun auch die ostsibirischen Lager bereits überbelegt waren (die Gesamtzahl der k.u.k. Kriegsgefangenen in Rußland betrug über zwei Millionen; dazu kamen noch Deutsche und Türken). Unter den Neuankömmlingen in Krasnaja Rjetschka war, seit Ende Oktober, auch Erwin Lang, ein immer bekannter werdender expressionistischer Maler und Holzschneider aus Wien, der mit der berühmten Ausdruckstänzerin Grete Wiesenthal verheiratet war (allerdings entnahm er gerade in diesem Winter einem Brief von ihr das Ende seiner Ehe – ein Schicksal, das ziemlich viele Kriegsgefangene um noch eine Hoffnung ärmer machte). Er war mit Gütersloh gut befreundet und führte dessen Roman ‚Die tanzende Törin' mit sich – ein Buch, auf das er Heimo nachdrücklich hinwies und es ihm dann borgte. Doderer bezeichnete es später immer wieder als den stärksten literarischen Einfluß jener Jahre.

Doch seine abgeschirmte Ruhe war dahin. Den neuen Machthabern im fernen Winterpalais war klar, daß sie bezüglich der Kriegsgefangenen eine Entscheidung zu treffen hätten; und schließlich kam sie: auch unter den Ausländern wurden die Offiziere den Mannschaften gleichgesetzt, sie sollten kein Geld, sondern nur noch dieselbe Verpflegung wie jene erhalten. Dafür allerdings wurden die Lager geöffnet: die Gefangenen konnten nach Lust ein- und ausgehen, sie sollten sich als mehr oder weniger frei betrachten, in Erwartung der Rückkehr in ihre Heimat: seit 15. Dezember herrschte der separate Waffenstillstand zwischen Rußland und den Mittelmächten;

und nur eine Woche darauf begannen die Friedensverhandlungen in Brest-Litowsk, die schließlich am 3. März 1918 zum Erfolg führten.

An diesem Tag schrieb Heimo über die spürbar zunehmende Stärke der Sonnenstrahlen als erstes Anzeichen des Frühlings; er arbeitete so fleißig wie regelmäßig und scheint sich damit eine allgemein herrschende Ordnung vorgemacht zu haben, von der allerdings nicht mehr die Rede sein konnte. Zwar erhielten die Offiziere noch Geld, aber nur noch von den internationalen Hilfsorganisationen; und manche versuchten auch zu verdienen, indem sie sich etwa in den Handel zwischen den Chinesen und Chabarowsk einschalteten oder andere Fähigkeiten da und dort gewinnbringend einsetzten. Allerdings gab es außerhalb des Lagers auch mehr Möglichkeiten, Geld auszugeben; besonders sorgten die Chinesen dafür, indem sie viele Hüttchen am Fluß aufstellten, die – mit Chinesin darin – stundenweise gemietet werden konnten. Manche Gefangenen verkauften bis zur Abreise ihr gesamtes Hab und Gut, um dort immer wieder anzutreten; andere machten sich selbständig und verschwanden einfach. Wer genug eigenes Geld besaß, versuchte die Heimreise über China oder Wladiwostok (wo zum Jahreswechsel wieder die Japaner gelandet waren); doch es gab sogar – unter Offizieren und Mannschaften – einzelne, die irgendwo in der Nähe heirateten und sich einbürgerten (durch den kriegsbedingten Männermangel im Hinterland fehlte es in vielen Gehöften und Betrieben an einem kräftigen oder geschickten Mann).

Das Verschwinden reaktionärer Klassenfeinde über die Grenzen kümmerte die Bolschewiken wenig; im wesentlichen beschränkte sich ihr Interesse an den Gefangenen darauf, wie weit sich diese für die Ideale der Revolution und damit vor allem für den Aufbau der Roten Armee gewinnen ließen. Erwartungsgemäß fanden sie unter den Mannschaften mehr Zulauf als bei den Offizieren; doch da wie dort gab es Überzeugte, denen die kommunistische Ideologie als Rettung im allgemeinen Zerfall erschien, und daneben Opportunisten, die sich an der Seite der neuen Machthaber verschiedene Vorteile erhofften.

Die Trennung von Offizieren und Mannschaften war so durchlässig geworden wie die (teilweise verheizten) Plankenzäune; nun stellte sich heraus, daß unter den sogenannten einfachen Soldaten viel mehr die russische Sprache erlernt hatten als unter den isolierteren Offizieren, daß sie Volk und Brauchtum kannten, auch Freundschaften geschlossen hatten und sich jetzt, bei der Bewältigung der verschiedensten Probleme, entsprechend leichter taten. Aber einzelne Offiziere hatten in den vergangenen Jahren immer wieder, auf verschiedenen Wegen, Geld ins Mannschaftslager hinübergeschickt und konnten jetzt die frühere Verbundenheit am glaubwürdigsten wiederherstellen, da vor allem ein Ziel immer näher rückte: gemeinsam heimzukehren.

Am 30. März – nach westlichem Kalender der Karsamstag – konnten die drei Lager von Krasnaja Rjetschka erstmals gemeinsam zur Messe gehen; der Feldkurat Drexel feierte in seiner Rede das Ende der Gefangenschaft. Der Gefangene Heimo von Doderer empfand darüber anhaltenden Schrecken: er brauchte Zeit, er war noch kein neuer Mensch, der – verwandelt und erleuchtet – mit der Sicherheit gültiger Maßstäbe in die Welt hinausgehen hätte können. Tatsächlich schien er zu glauben, daß das bloße – und gewiß heftig empfundene – Bedürfnis nach einer zweiten (spirituellen) Geburt eine solche auch schon bewirke, noch dazu in absehbarer Zeit; diese Erwartung „verzuckerte die Schwere mit einer Art von Romantik"[9].

Gleise und Waggons waren im Zerfallen, Lokomotiven fehlten fast überall: der Zusammenbruch des gesamten Transportwesens war in den letzten Monaten rapid fortgeschritten. Die Offiziere, die für über tausend Lagerinsassen die Rückreise in die Wege leiten sollten, fanden auch bei den hilfreichsten Russen nur heraus, was alles nicht möglich war. Schließlich wurde der Sonderfonds der Offizierskasse zur vermeintlichen Lösung: die Österreicher erhielten die Erlaubnis, Waggons und Lokomotiven zu mieten oder zu erwerben, wenn sie nur welche fänden; und dann Eisenbahnpersonal auf eigene Kosten einzustellen. Ob es das Geschick der leitenden Offiziere oder das bloße Gerücht über vorhandene Geldbeträge war: jedenfalls gelang es im Laufe des April, zwei Züge zusammenzustellen.

Auf dem Weg zum Bahnhof, in der warmen Frühlingsluft neben den stehenden Wässern der Auen, zeigte Heimo tatsächlich keinerlei spirituellen Fortschritt: er ließ sich mit einem Tänzer am Wegrand ein, den er – und wohl sich dazu – ins Gras warf, was Reif die Gelegenheit gab, sich als Eifersuchts-Maniake zu gebärden.

In den überfüllten Transportwaggons mußten sie, wenn sie auf der Fahrt etwas sehen oder auch nur Licht haben wollten, die breite Schiebetüre öffnen und dort im Zugwind stehen; daß der Lokomotivführer zu viel soff und die Bremsen äußerst defekt waren, stellte ebensowenig Behagen her. Dazu kamen ständig Kontrollen in den einzelnen Bahnhöfen, wo die Restaurants zu Propagandabüros umgewandelt waren und es natürlich auch nichts zu essen gab: dafür Verzögerungen, Überprüfungen und stundenlange Diskussionen, so daß die Weiterfahrt immer wieder vom richtigen Umgang mit der örtlichen Willkür sowie von unvorhersehbaren Zufällen abhing.

Heimo hatte – wie die meisten jüngeren Offiziere – damit nichts zu tun und empfand nur die zunehmende Dumpfheit der langen Reise, des Hämmerns der Räder, des Gerütteltseins im unruhigen Schlaf auf zuwenig Raum. Irgendwie ging es immer wieder weiter: Baikalsee, die Gebirge, das mittelsibirische Tiefland, schließlich der Ural (wobei Doderer im *Grenzwald* eine andere Fahrstrecke beschreibt, als in zwei anderen Berichten angegeben wird). Je näher sie Europa kamen und damit ihre Heimkehr schon als glaubwürdiges Faktum betrachteten, desto mehr wurde ihnen auch bewußt, daß sie nicht einem heimatlichen Frieden entgegenfuhren, sondern in einen kriegführenden Staat zurückkehrten, der sich nach dem Wegfallen des mächtigen Gegners Rußland wieder Hoffnungen auf den Sieg machte: daß sie wohl zu den entscheidenden Endschlachten sofort an die Front geschickt würden. Dazu kam nicht allzuviel Begeisterung auf.

Bei der Abfahrt vom Ural bis Ufa wirkten sich die fast versagenden Bremsen fast katastrophal aus; man fiel in den Wägen kreuz und quer durcheinander, Achsen liefen heiß, aber der von allen erwartete Unfall blieb aus. „Nun war man über den Berg (oder man glaubte so) und in Europa."[10]

Doch während der Wochen dieses Transports hatte sich der erste organisierte Widerstand gegen die Sowjets formiert, vor allem von den Rändern ihres Einflußbereiches her; zaristische bis bürgerliche Offiziere mit ihren Truppen, die gewissermaßen mit Zurückhaltung die Entwicklung der Ereignisse abgewartet hatten, fingen nun an, sich zu dem zusammenzuschließen, was bald als ‚Weiße Armee' bekannt werden sollte. Zugleich begann sich der Konflikt mit der Tschechischen Legion zuzuspitzen: infolge eines Wortbruchs Trotzkis, der sie ursprünglich mit ihren Waffen an die französische Front hatte ziehen lassen wollen, dann aber ihre Entwaffnung als Bedingung der Ausreise verlangte. Darauf versuchten die Legionäre, sich ihren Rückzugsweg bis Wladiwostok freizukämpfen, wobei es – wegen der Roten als dem gemeinsamen Gegner – zu einer Vereinigung mit den Weißen kam (beide wurden von der Entente unterstützt, um die Kommunisten zu schwächen).

Der Transport mit den k.u.k. Gefangenen, der bis Samara am Zusammenfluß der Samara mit der Wolga zu Füßen des Ural gekommen war, blieb hier, sozusagen vom beginnenden Bürgerkrieg umgeben, hoffnungslos stecken. Vor ihm – im Westen – wurde gerade um die Wolgabrücke gekämpft; hinter ihm wurde auf Befehl der Volkskommissare die gesamte Eisenbahnlinie von Ufa bis Omsk stillgelegt, um die Weiterfahrt beziehungsweise Vereinigung der überall auf der Strecke verteilten Tschechen zu unterbinden. Die Gefangenen waren sich selber überlassen; manche versuchten, sich allein durchzuschlagen, die meisten warteten. Einmal mußte der Zug eine Station ostwärts zurückfahren, da die Kämpfe zu nah kamen. Doderer erinnerte sich später der warmen Mainächte während dieser völligen Ungewißheit. Dann kam die Entscheidung: zurück nach Sibirien.

7. Da capo: Sibirien

Auf der Rückreise in den Osten (vorbei an den in fast allen Stationen stehenden Transporten der Tschechen) hatte Heimo Fieber; doch Rilkes mystische Gottessehnsucht im ‚Stundenbuch' hob ihn aus aller Realität des Lastwaggons sowie des eigenen Zustands. Rund um ihn herrschte Bedrückung: zwar hatten die Behörden versichert, daß es sich, da der Frieden ja geschlossen sei, nur um eine kurzfristige Verlegung handelte, bis ein geordneter Heimtransport möglich wäre – aber nun doch wieder von Sibirien verschluckt zu werden, ließ ungute Befürchtungen aufkommen. Und der Zug fuhr und fuhr – allerdings nicht mehr in den Fernen Osten; nach fast zweitausend Kilometern, in Nowo-Nikolajewsk (das seit 1926 Nowosibirsk heißt), wurden einige Waggons des Zuges aus Krasnaja Rjetschka abgehängt – darunter auch derjenige, in dem sich Heimo befand.

Das Lager dort befand sich relativ hoch auf einem Berg außerhalb der Stadt; es waren Holzbaracken, die durch Gänge miteinander verbunden waren; rundum gab es wieder einen Plankenzaun. Hinter diesen kehrten die meisten der Gefangenen, gerädert und verdreckt wie sie waren, jetzt gar nicht so ungern zurück: gewissermaßen der Sorge ums eigene Schicksal entledigt, geborgen in dieser Beschränkung; man wusch sich und sein Gewand, man wurde wieder verpflegt – oder konnte in die Stadt hinuntergehen, um sich etwas einzukaufen. Die Baracken allerdings waren zugig und nur zum Teil eingerichtet; während sich Erwin Lang selber eine notdürftige Pritsche zimmern mußte, fühlten sich Heimo und Albrecht Reif durch seltsame Doppel-Nachtkästchen, die in ihrem großen Schlafsaal zwischen je zwei Betten standen, an den Riegelhof erinnert, wo es ähnliche Möbelstücke gab.

Sich in diesem Frieden behaglich einzurichten blieb ihnen nicht die Zeit: mehrere Tage nach ihrer Ankunft hörten sie Gewehrfeuer aus der Stadt, dann kam der Gefechtslärm immer näher – die angegriffenen Roten versuchten, sich hier hinter die Plankenzäune zurückzuziehen, wurden aber schon vorher überwältigt. Das muß am 26. Mai oder dem Tag darauf geschehen sein: zu diesem Datum hatte die Tschechische Legion – gut ausgerüstete 80.000 Mann (auf diese Stärke waren die ursprünglichen 30.000 Tschechen angewachsen), während Trotzkis Rote Armee erst im Aufbau war – in einem Handstreich alle Stationen der sibirischen Eisenbahn besetzt, wodurch sie in kürzester Zeit – gemeinsam mit den Weißen – von Kasan an der Wolga bis Wladiwostok am Japanischen Meer alle Macht übernahm.

Diese Tschechen – zumindest ihre ursprüngliche Kerntruppe – bestanden aus zum ‚Feind' geschlossen übergetretenen Formationen und Einzel-Deserteuren der k.u.k. Armee, die lieber für einen unabhängigen tschechischen Staat als gegen ihre ‚slawischen Brüder' hatten kämpfen wollen; natürlich war ihr Verhältnis zu den k.u.k. Offizieren eher gespannt, viele verhielten sich eindeutig feindselig. Ihr Hauptquartier schlugen sie nun ausgerechnet in Nowo-Nikolajewsk auf. Im Lager der Kriegsgefan-

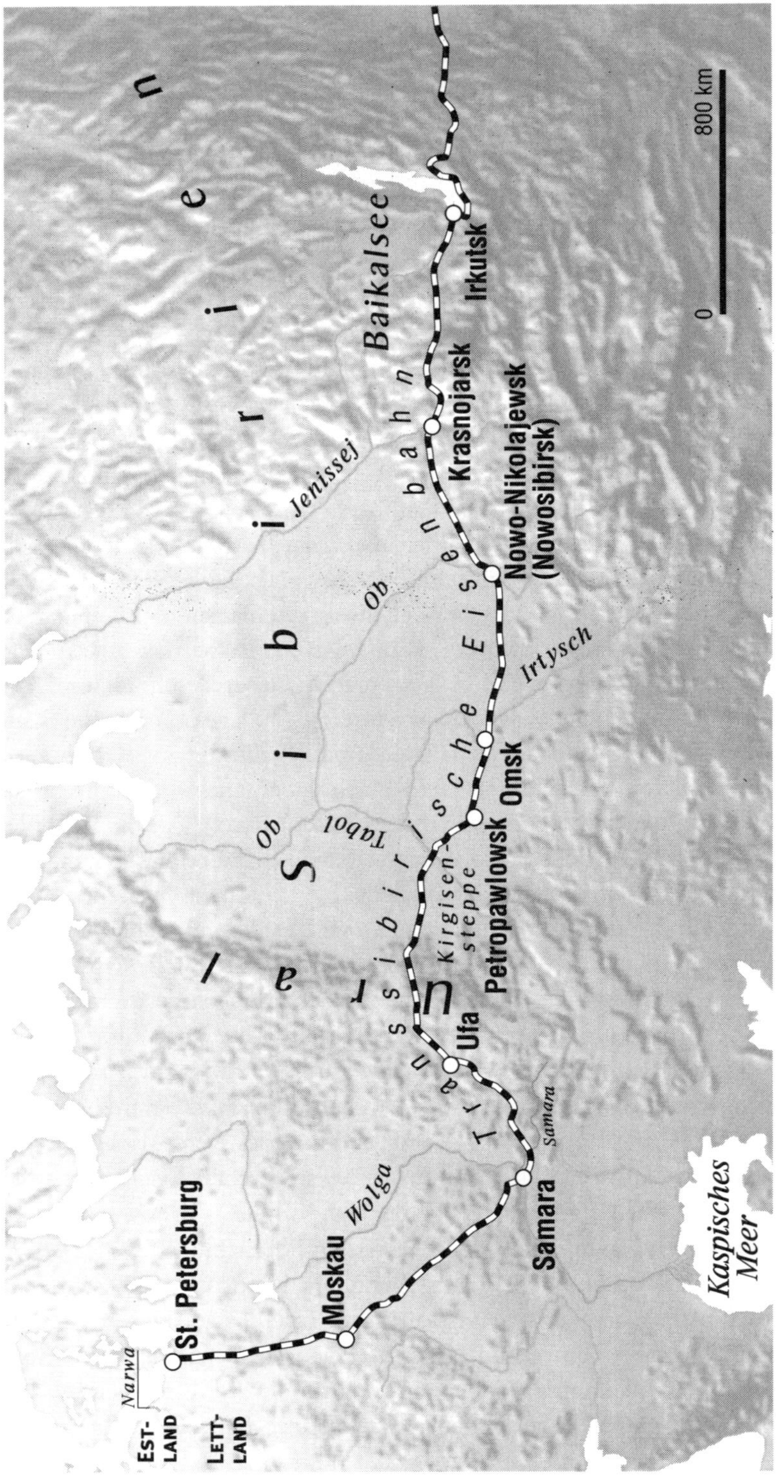
EST-LAND
LETT-LAND
Narwa
St. Petersburg
Moskau
Wolga
Samara
Samara
Kaspisches Meer
Ufa
Ural
Transsibirische Eisenbahn
Kirgisen-steppe
Petropawlowsk
Tobol
Ob
Omsk
Irtysch
Ob
Sibirien
Nowo-Nikolajewsk (Nowosibirsk)
Jenissej
Krasnojarsk
Baikalsee
Irkutsk
0
800 km

genen ging es ihnen im wesentlichen darum, Soldaten und Offiziere tschechischer Herkunft festzustellen, was allerdings für manche typischen Wiener, die ebenso typischerweise tschechische Namen trugen, zu Schwierigkeiten führte. Der Herr von Doderer geriet natürlich in keinerlei diesbezüglichen Verdacht.

Die Verwaltung des Lagers hatten allerdings nicht sie, sondern die Weißen, die sich als Statthalter des Zaren (der in diesem Sommer am 16. Juli 1918 mit seiner Familie erschossen werden sollte) betrachteten und deshalb auch seine Verpflichtungen übernahmen: die gefangenen Offiziere erhielten wieder ihre monatlichen Zahlungen und wurden auch aufgefordert, ihre bereits abgetrennten Rangzeichen erneut anzunähen.

Heimo war also wieder auf einer ‚Insel der Seligen', wenn diese auch erheblich ramponierter war als in Krasnaja Rjetschka: „da und dort beschmutzt vom wieder notwendig gewordenen Existenzkampf"[1]. Immerhin: er spielte Fußball, er frequentierte das Café der Gefangenen; und vor allem schrieb er wieder. Der erwähnte beschmutzende Existenzkampf, vor dem er sich so gern gedrückt hätte, kam vor allem durch die Geldentwertung zustande. Ihre Monatszahlungen reichten nicht mehr, die Essensrationen wurden – in Qualität und Menge – immer ungenügender, alle magerten ab, was die Niedergeschlagenheit bezüglich der ungewissen Heimkehr nur noch drückender machte; wer krank wurde, hatte kaum noch Widerstandskraft.

Die politischen Veränderungen brachten keine Besserung ihrer Lage. Der russische Admiral Alexander Koltschak bildete in diesem Herbst 1918 – in Omsk – eine sibirische Regierung und ernannte sich nicht nur zu deren Oberhaupt, sondern zugleich zum Reichsverweser von ganz Rußland; er erhöhte zwar den gefangenen Offizieren ihre monatliche Zahlung auf hundert Rubel, druckte diese aber leider selber. Damit beschleunigte er die Inflation ganz rapid; die hundert neuen Papierrubel waren bald weniger wert als die fünfzig alten zuvor, der Hunger wurde für alle, die über keine eigenen Geldreserven (womöglich in soliden Währungen) verfügten, immer schlimmer. Und Heimo gehörte nicht zu jenen, die sich durch Geschicklichkeit, Frechheit oder was immer aus Notlagen herauszuwinden verstehen; seine Anpassung neigte zur Passivität, sein einziger Vorteil war es, einer der Jüngsten zu sein.

Zum Hunger und nun auch der Kälte kam – im November – ein Schock ganz anderer Art: das Ende des Kriegs, wobei die wahre Katastrophe viel weniger in der Niederlage der Österreichisch-Ungarischen Monarchie bestand als in ihrer völligen Zerschlagung und Auflösung. Wofür man gekämpft hatte und nun gefangen saß, das gab es nicht mehr; ein jahrhundertealtes Gefüge, eine ganze Welt war zusammengebrochen – „dabei dachte ich befremdlicherweise nur an das Schloß Schönbrunn", erinnerte sich Doderer noch zweiundvierzig Jahre später; er sah sich damals „als einen ohne Heimat in der Fremde Verlorenen"[2]. Und so empfanden es wohl die meisten, als sie die vielfach wiederholte Nachricht endlich und noch immer widerstrebend glaubten: als wäre ihnen, gerade jetzt und hier in Sibirien, auch noch der letzte ferne Rückhalt entzogen. (Kaiser Karl, in jedem Versagen und Untergang auf seine Anständigkeit bedacht, vergaß übrigens nicht, seine Offiziere und Soldaten von ihrem

Treueeid ihm gegenüber zu entbinden – aber er verzichtete für sich und die Habsburger letztlich nicht auf den Thronanspruch.)

Dieser Schock betraf allerdings vor allem die Deutsch-Österreicher, denen jener Rest der Amputationen in der Ferne – eine winzige Republik, vorläufig sozialdemokratisch dominiert – völlig unvorstellbar bleiben mußte. (Dort wurden den heimkehrenden Offizieren ihre Rangabzeichen – die Gefangenen hier hatten sie erst kürzlich wieder aufgenäht – allerorts in den Straßen von Mütze und Waffenrock gerissen, als wären sie alleine schuld am Krieg und nachfolgenden Elend.) Anders sah dies für ihre Mitgefangenen der ehemaligen k.u.k. Armee aus, für die Polen, Ruthenen und Tschechen, Kroaten, Bosnier und Slowenen etc. Ihnen war der Gedanke an neue eigenständige Nationalstaaten vertraut und weitgehend auch lang schon erwünscht: nun erreichte sie die Nachricht, daß sie eine neue Heimat hätten, die viel mehr als die vergangene ihre ‚eigene' sein würde, mit ihrer Muttersprache als der des Gesetzes, mit ihnen selbst als den Bürgern erster Klasse. Hier fiel die Identifikation aus der Ferne viel leichter – wenn auch nicht jeder sofort vom Gelingen und künftigen Wohlergehen der neuen Staaten überzeugt war (und wenige vielleicht doch den Verlust des größeren Zusammenhangs bedauerten). Aber jeder war jetzt vom überschwenglichen Stolz seiner alten und nunmehr in gewissem Sinn ganz neuen Landsleute umgeben und ließ sich irgendwann vom Jubel mitreißen.

Das erlebten die Deutsch-Österreicher überall im Lager um sich, zur gar nicht benötigten Vertiefung ihrer Depression – und zur Verunsicherung gegenüber jenen, die bis jetzt und in so vielen Notlagen ihre Kameraden gewesen waren. Doch auch diese rückten – je nach ihren neuen Zusammengehörigkeiten – auseinander; bald war das ganze Lager in nationale Gruppen gespalten; und manche Spannungen, wie sie die große Politik mit ihren Grenzziehungen in den Ländern erzeugte, klangen auch hier schon an.

In dieser Situation – im Dezember 1918 – zogen die Weißen ihre Gefangenen tiefer nach Sibirien zurück, um sie nur ja nicht in die Hände der angreifenden Roten Armee fallen zu lassen – aber auch schon, um in den Kasernen und Baracken für die eigenen zurückweichenden Truppen Platz zu machen. Die Insassen des Lagers von Nowo-Nikolajewsk wurden tausend Kilometer weiter in den Osten verlegt – und verbrachten ausgerechnet Weihnachten, matt und hungrig auf dem Boden hockend, in Waggons mit winzigen vergitterten Fenstern hoch oben an den Wänden.

Und gerade für dieses Weihnachtsfest hatte Heimo besonders innig gemeinte Wünsche erhalten: nämlich handgezeichnete Weihnachtskarten des Malers Kunft, auf deren einer, statt des Christkinds, sich recht eindeutig ein Amor dem zumindest an den hohen Backenknochen erkennbaren, schreibenden Doderer nähert – was dieser schon zu deuten gewußt haben wird. Auf einer andern – stets mit demselben Text: „Fröhliche Weihnacht wünscht Dir Dein A. Kunft" – reitet dieser Amor, mit den Sporen eines Dragoners, ein Steckenpferd zwischen den Wolken – auch nicht schwer zu entschlüsseln. Außerdem entwarf er ihm auch ein Exlibris, worauf eine Mischung von Kentaur und Pegasus – eine Anspielung auf Doderers in Sibirien verfaßte Erzählung *Der Centaur und die Springschnur* – über ein Hindernis setzt: mit einem mozartähnlichen Dichter auf dem Rücken, der eine überdimensionierte Feder wie eine Turnierlanze hält, als wollte er sich so die Dichtung erkämpfen. Diese Wünsche zu einem fröhlichen Fest trug Heimo nun auf dem Boden des Lastwaggons im Gepäck mit sich – und bewahrte sie bis zum Ende seines Lebens auf.

Die Gefangenen waren tagelang unterwegs und kamen dann nach Krasnojarsk – wohin seinerzeit der restliche Eisenbahnzug aus Krasnaja Rjetschka gleich gebracht worden war. Das Lager dort – außerhalb der Stadt auf einem sanft ansteigenden Hügel gelegen – war eines der größten überhaupt, im Durchschnitt mit rund achttausend Gefangenen belegt.

Doch dort erwartete sie eine weitere böse Überraschung. „Wir wurden in Erdbaracken gesteckt. Das heißt, daß der Wohnraum in der Erde kellerartig versenkt war, wenige kleine Fenster schauten gerade über dem Erdboden heraus, durch sie fiel Licht in diese Grube." Man wollte die Gefangenen für den Fall, daß sie Flecktyphus hätten, dort isoliert halten. Da die rangälteren Offiziere zu ermattet waren, um etwas zu unternehmen, war es schließlich der Maler Erwin Lang – von dem dieser Bericht stammt[3] –, der den verantwortlichen Kommandanten durch die Wache rufen ließ. „Er stieg die Stufen zu uns herab, rechts und links hing das Eis an den Wänden, Gebilde wie in einer Tropfsteinhöhle. Durch die gefrorenen Fenster fällt kaum schwaches Licht herein. Rechts und links des Mittelgangs, in den er weiter vorgeht, türmen sich die Doppelpritschen, auf denen Mann an Mann liegt oder kauert. Die feuchten Mäntel rauchen . . ."

Jener Kommandant war ein kleiner, von der Lage eher überforderter Tscheche, dem Lang – für achthundert Mann sprechend – erklärte: „Sie müssen sich Rechenschaft darüber geben, daß hier ein Typhusfall den Tod aller bedeuten kann, es ist uns hier unmöglich, uns des Ungeziefers zu erwehren, das die Krankheit verbreitet [. . .] Uns hier verkommen zu lassen ist Mord!" Daher schlug er vor, die Gefangenen in die großen leerstehenden Kasernen einziehen zu lassen, die unmittelbar vor dem Lager standen. Der Tscheche wandte ein, daß diese sich außerhalb der Umzäunung befänden. „Dann werden wir uns selbst in einem Tag den Stacheldraht darum bauen, während dieses Tages wird niemand sich auf die Flucht begeben", anwortete Lang. Man kann bis heute darüber verblüfft sein, daß der Tscheche darauf einging; er versprach, am nächsten Morgen den Stacheldraht zu liefern. „In einem Tag hatten wir den Zaun errichtet, der uns von der Außenwelt trennte, am nächsten waren wir einquartiert und gerettet."

Nun lernten sie das Lager von Krasnojarsk, dem sie die Kasernen integriert hatten, ganz anders kennen als bei ihrer Ankunft. Es gab ein Theater, Bibliotheken, ein philharmonisches Orchester, in dem fast ausschließlich Berufsmusiker spielten (hier hätte Heimo vielleicht gar nicht mehr mithalten können) sowie eine ‚freie Universität', in der hervorragende Kapazitäten vor vollen Sälen ihre Vorlesungen hielten; dazu kamen nicht wenige ‚Lawkas', wie die Kriegsgefangenenläden hießen, wo es so ziemlich alles zu kaufen gab, wenn man nur das Geld dafür hatte, sowie mindestens sechs Kaffeehäuser (es wurden immer wieder neue eröffnet und andere geschlossen); und „gewissen Leuten machte am meisten Eindruck ein kleiner runder Uhrturm, eine Art Plakatsäule, im Mittelpunkte des Lagers, sozusagen in der ‚City'; hier wurden alle öffentlichen Kundmachungen der Verwaltung angeschlagen", wie Doderer im *Geheimnis des Reichs* schrieb[4]. – Zudem erhielt jeder mühelos den Passierschein, um in die Stadt hinunter zu gehen.

Nun bildeten sich auch jene neuen Freundschaften heraus, die Doderer zum Teil sein ganzes Leben lang begleiteten. Zwischen ihm und Albrecht Reif war es, wohl zufolge von dessen Eifersucht, zu einer Distanzierung gekommen; schon die Reise nach Krasnojarsk hatte er nicht in dessen Gesellschaft zugebracht, sondern mit Hans von Woynarowicz und Hans Eggenberger (von A. Kunft mit den weihnachtlichen Liebesgrüßen gibt es weiterhin keine Spur mehr). Eggenberger war schon in Krasnaja Rjetschka dabeigewesen, die Freundschaft mit Heimo dürfte jedoch erst in letzter Zeit entstanden sein (und entbehrte ebenfalls nicht der homoerotischen Komponente; vielleicht lag hier der Grund für das Zerwürfnis mit Reif). Eggenberger war Berufsoffizier gewesen (Leutnant des Galizischen Infanterie Regiments Nr. 9) und hatte gleich zu Kriegsbeginn 1914 eine schwere Knieverletzung erlitten, die ihn sein Lebtag lang ein wenig hinken ließ; in der Gefangenschaft hatte er sich jedoch zu einem völlig anderen Lebensweg entschlossen: nämlich Kunstmaler zu werden, wozu er von Erwin Lang eine gründliche Ausbildung erhielt (er lebte später tatsächlich als freischaffender Maler, bis zu seinem Tod im Jahre 1965 – die ‚Sibiriaken' Schaffgotsch und Doderer standen ‚im Namen aller Kameraden' an seinem Grab).

Durch Eggenberger lernte er auch dessen Regimentskameraden, den Berufsoffizier Jossip Zorn aus Prag kennen, der dem rund fünf Jahre jüngeren Heimo zum vielseitig informierten und mit brillanter Schärfe argumentierenden Gesprächspartner wurde; Zorn wählte nach seiner Rückkehr den Weg des kulturell wie politisch gleichermaßen engagierten Journalisten. Hans von Woynarowicz schließlich traf hier in Krasnojarsk seinen Jugend- und Schulfreund Ernst von Scharmitzer (sowie dessen Bruder Egon) und stellte ihm Doderer als einen vor, der schreibe: „Mit einigem Staunen nahm ich wahr, daß mein Freund in Doderer förmlich ein höheres Wesen sah", erinnerte sich Scharmitzer später. „Er war ihm ein bedingungsloser Bewunderer. Ein selbstloser Bewunderer. Wann immer er etwas abzugeben hatte, gab er es mit innerster Befriedigung an Doderer weiter. Wichtig, sagte er, der Opfernde, wichtig allein sei, daß Doderer gesund nach Haus komme: er sei ein großer Dichter."[5] Ernst war sofort interessiert, da er selber zu schreiben versuchte; auch hier entstand eine lebenslange Freundschaft, in der dann der ‚opfernde' Hans von Woynarowicz (dessen Schwester Scharmitzer nach dem Krieg heiratete) eine immer geringere Rolle spielte.

Daß Woynarowicz etwas ‚abzugeben' hatte, war tatsächlich entscheidend für Heimos Möglichkeit, sich dem Schreiben zu widmen – denn mittlerweile reichten die hundert Papierrubel nicht einmal mehr fürs trockene Brot eines Monats. Eine andere Bedingung fürs Schreiben – nämlich die notwendige Ruhe – half Ernst von Scharmitzer herzustellen; er war mit der kleinen Gruppe von türkischen Offizieren gut befreundet und brachte Heimo und Hans in deren Baracke unter, wo würdevolle Stille herrschte – sehr im Gegensatz zur Kaserne. Dennoch brach auch der Kontakt mit dem dort verbliebenen Erwin Lang nicht ab.

Während manche Offiziere meinten, sie seien trotz der widrigen Umstände noch nicht so tief gesunken, daß sie arbeiten müßten, war Lang sofort und energisch bereit, für seine materiellen Bedürfnisse selbst zu sorgen. Nicht nur im Lager, sondern auch in der Stadt Krasnojarsk – die vor dem Krieg rund 65.000 Einwohner gehabt hatte – herrschte empfindlicher Mangel an allem, der hauptsächlich durch die Abwesenheit der arbeitsfähigen Männer hervorgerufen worden war. Die Geschickten und Wendigen unter den Kriegsgefangenen stellten diese Marktlücken fest und fingen auch gleich an, für diese zu produzieren; eine Baracke nach der andern verwandelte sich in Werkstätten für die verschiedensten Güter, wobei sie – durch Agenten und Händler der Stadt – mit Rohmaterial versorgt wurden; dieselben Schlitten und Wägen führten die fertigen Güter wieder hinunter nach Krasnojarsk. Was da hergestellt wurde, reichte von geschnitzten Pfeifen bis zu Sandalen; es entstanden Schneidereien und Bäckereien, eine Färberei gab sogar Aktien aus, von denen eine – im Nominalwert von 50 Rubel, auf ‚Chemifag' – noch heute im Besitz von Doderers Erben ist; man stellte Mundwasser, Liköre und Schnäpse her – und je schauerlicher das Produkt war, umso wohlklingender der Name.

All die schönen Werbetexte und die noch schöneren Etiketten für dieses Zeug druckte Erwin Lang. Er hatte sehr rasch festgestellt, daß es in ganz Krasnojarsk keine funktionierende Druckerei mehr gab; dank seiner Holzschnitte war ihm die Herstellung von Druckplatten vertraut – aber damit konnte man händisch am Tag nicht mehr als höchstens 40 Abzüge herstellen. Da tat er sich mit einem Leutnant der Artillerie zusammen, Rolf (Rudolf) Haybach, der vor dem Krieg an der Technik in Wien studiert hatte und Ingenieur geworden war; beide waren damals dreiunddreißig – um zehn Jahre älter als Heimo. Der auffälligste Charakterzug Haybachs, der bald nach dem Krieg zu Doderers erstem Verleger werden sollte, war seine – manchmal fast kindlich wirkende – Begeisterungsfähigkeit, die ihm erstaunlicherweise bis übers neunzigste Lebensjahr erhalten blieb. Dieser blankäugige Enthusiasmus war völlig unbesorgt, galt der Kunst, Frauen oder der Politik, wirbelte dahin und dorthin, blieb unberührt von Bedenken oder Kritik und fragte auch nicht lange nach den Mitteln der Realisierbarkeit – ob professionell oder dilettantisch war gleichgültig, Haybach wollte seinen Gefühlen und seiner Phantasie leben; die Wendungen und Windungen seines Lebens blieben stets unvorhersehbar.

Daher war er, in einer Situation wie in Krasnojarsk, der ideale Mann für alles, wo es um Findigkeit, Einfälle und Auswege ging. Er baute mit keinem andern Material als Holz eine komplette Rotationspresse, dann trieb er in einem halb geplünderten Magazin die letzte Rolle Linoleum der ganzen Stadt auf, so daß Erwin Lang nun Linolschnitte anfertigen konnte, die er mit Haybach um die hölzernen Walzen spannte: so war man bald in der Lage, acht- bis zehntausend Drucke am Tag herzustellen. Manche wurden, zur Eigenwerbung, am Rand mit der Erzeugersignatur versehen:

‚Haybachpresse Pav. XVI‘[6] – wobei im Zuge der Aufwertung der Produkte auch die Baracke zum Pavillon wurde. Auf diesen Plaketten – zum Großteil russisch beschriftet – findet sich so ziemlich alles bezeichnet, was im Lager hergestellt wurde: phantasievolle kosmetische Artikel wie ‚Eau de Cologne aux Fleurs‘, Streichhölzer, Zigaretten (Papirossi), Schuhwachs und sogar Maccaroni („es hat lange gedauert, bis wir das Rätsel gelöst hatten, wie man um ein Loch Teig rollt“, schrieb Lang in seinen Erinnerungen); dazu kam die Werbung im Lager selbst, etwa für das Theater oder auch die Anzeige:

„Ich Esel – –
war noch immer nicht im ORPHEUM
Café Restaurant
Warme und kalte Speisen zu allen Tageszeiten“

Natürlich war hier wie anderswo die Trennung von Offiziers- und Mannschaftslager längst gefallen beziehungsweise verheizt; so arbeiteten nun auch Soldaten in den Produktionswerkstätten der Offziere mit – häufiger aber mußten sie diesen erst einmal zeigen, wie die Arbeit überhaupt auszuführen sei; mancher Bursche nahm seinen ehemaligen Offizier als Lehrling auf, um ihn ins Handwerk einzuführen – was Doderer im *Geheimnis* recht vorurteilshaft als „fruchtbarer Austausch zwischen Intelligenz und roher Kraft“ bezeichnet. Doch viele Soldaten der Mannschaft, die von Anfang an viel stärker unter Mängeln aller Art gelitten hatten, waren längst in russischen Betrieben tätig, wobei die Tüchtigsten sich im Laufe der Zeit bereits – für Lager-Verhältnisse – ein kleines Vermögen angehäuft hatten. Manche von diesen, denen innerlich die alte Ordnung noch nicht abhanden gekommen war, fühlten sich dann geehrt, einem Herrn Offizier mit Geld aushelfen zu dürfen, rückzahlbar in der Heimat.

Es gab auch russische Kaufleute, die den Offizieren Darlehen einräumten. Heimo, der sicherlich von zuhause Geld überwiesen bekommen hatte, solange dies möglich war, machte schließlich von letzterer Möglichkeit Gebrauch. Andere Offiziere, die weder arbeiten noch Schulden machen wollten, verkauften langsam alles, von der Taschenuhr bis zu den Orden – und auch mit den sogenannten ‚Liebesgaben‘ des Roten Kreuzes, wie Decken, wattierten Jacken oder Unterwäsche, wurde ein schwunghafter Handel getrieben.

Heimos wesentlichstes Bedürfnis, außer seiner Ernährung, waren häufige Besuche in den Kaffeehäusern, weniger des Konsums halber, als um stundenlange Gespräche zu führen: er war – zumindest als Schriftsteller – in jener Aufbruchsstimmung, darin er die tägliche Überprüfung der eigenen Position in umfangreichen Diskussionen als absolut erforderlich ansah. Täglich die eigene Zukunft und dazu gleich den Gang der Welt zu entwerfen, war, solange beides gleich fraglich blieb, ein in diesem Alter vielen gemeinsames Bedürfnis. Die Freunde – Woynarowicz, Eggenberger, Scharmitzer, Zorn, bald auch Haybach, manchmal Lang – nahmen Heimo immerhin ernst genug, um nicht nur seine ganze Problematik wieder und wieder mit ihm durchzukauen, sondern auch noch für ihn zu bezahlen – was zeigt, wie sehr er durch Disziplin beim

Schreiben und anschließende monomanische Gesprächigkeit überzeugen konnte. Während er sich suchte, war er schon so, wie man ihn viel später kennenlernen sollte: wenn nicht auf sich, dann auf sein Werk bezogen – daher ohne Witz und Leichtigkeit. Sich selber behandelte er nur tiefschürfend und gründlich – mit Seitenblick auf die Wirkung, die eine solche Intensität hervorrief. Er kam also gut an.

Dann traf er auf einen noch Jüngeren, Umworbenen, der ebenfalls zu schreiben versuchte – Felician Siegl. Die eisigen Schneestürme – die sibirische Burana – hatten aufgehört, zum anregenden Tauwetter des Frühlings traten Hans Eggenberger und Heimo in einen Wettkampf der Emotionen um den neuen Jüngsten; Heimo scheint, bis zum Sommer, Etappensiege errungen zu haben, doch der Endsieg blieb bei Eggenberger, der auch nach der Heimkehr noch jahrelang mit Siegl zusammenwohnte.

In diesem Frühjahr 1919 – im Mai, als das Eis des Jenissej aufbrach – erhielten sie auch einen Besuch des Beauftragten des dänischen Roten Kreuzes: Graf Xaver Schaffgotsch, der auf dem Weg von Omsk nach Wladiwostok war und sich einige Tage in Krasnojarsk aufhielt – ein aquarelliertes Portrait, das Erwin Lang bei dieser Gelegenheit von ihm anfertigte, ist noch erhalten. Wohl durch diesen lernte Schaffgotsch auch Doderer und die Gruppe der Freunde um ihn kennen; er schenkte ihnen seinen Regenmantel, den sie abwechselnd für ihre Besorgungsgänge in die Stadt benützen sollten; zuletzt landete dieses Stück bei Heimo als Unterlage für seine Pritsche.

Mit dem Näherkommen des Sommers wurde auch ihm klar, daß er endlich Geld verdienen müsse, um für seinen Unterhalt zu sorgen; und er entschied sich für ein Angebot, dem auch viele andere folgten: als Holzfäller in den Wald zu gehen. Erst jetzt, nach drei Jahren Sibirien, lernte er die hier umgebende Natur wirklich kennen, nicht nur die verschiedenen Arten von Birken und Fichten, Lärchen und Tannen, sondern auch jenes überwältigende Phänomen, das sich daraus ergibt, daß Frühling, Sommer und Herbst so eng zusammengedrängt sind und nahezu alles gleichzeitig blüht, in eiliger und prächtigster Fülle. Vieles davon kannte er wohl wegen der Nähe zur heimischen Vegetation, Trollblumen und Fingerkraut, Türkenbundlilien und Storchenschnabel, Anemonen, Astern, Kuhschellen und Riesenprimel – der Unterschied in den verwandten Arten ist gering, doch die unberührte Reichhaltigkeit zur selben Zeit sehr viel größer.

Ebenso sah er erst jetzt die Bauerngehöfte, die aus behauenen Baumstämmen mit dichten Lagen von Moos dazwischen errichtet waren, und lernte die Freundlichkeit der Bevölkerung kennen; nur hübsche Mädchen machten ihn – dieses eine Mal in seinem Leben – eher verlegen, und er wandte den Blick ab, vielleicht aus einer Mischung von Begierde und verunsicherter Entwöhnung. Die Arbeit war – und besonders nach dreijährigem Lagerleben – körperlich sehr anstrengend; zu mehr als Essen und Schlafen blieb daneben weder Zeit noch Kraft. Es gab viele solcher Trupps, die irgendwo in kleinen Waldhütten hausten, den ganzen Tag mit Axt und Säge unterwegs waren, abends verschwitzt und mit harzigen Händen an einem Feuer saßen und dabei – wieder einmal – von Millionen Mücken gequält wurden.

Sie erlebten nicht, was zur größten Erschütterung der im Lager Verbliebenen wurde.

Die Weißen im Verein mit den Tschechen, aber auch Serben und Polen (die von der russischen Bevölkerung so wenig als ‚slawische Brüder' aufgefaßt wurden wie ihrerseits die Russen 1968 in Prag) waren nicht beliebt; nachdem das Ende einer Epoche bereits von so vielen gefeiert worden war – und sei es bei manchen in Verkennung der Lage –, ließ sich deren Restaurierung schwer plausibel machen. Dazu kam ein nationalistisches Element: auf seiten der Weißen standen auch Offiziere der Entente, welche die Bolschewiken bekämpfte; unter diesen hingegen gab es nur ‚eigene Leute', hinter denen – trotz allem ideologischen Internationalismus – kein Ausland stand. So erhielt die Rote Armee viel größeren Zulauf, sie warf die Weißen über den Ural zurück und rückte immer weiter in den Osten vor.

Die Weißen boten auf, was möglich war: die Zwangsrekrutierungen von Jugendlichen wurden immer unbarmherziger, man verpflegte sie unzureichend, bildete sie zu kurz aus und schickte sie dann in einen Kampf, bei dem auf der anderen Seite vielleicht ihre eigenen Väter standen. Deshalb kam es in den Krasnojarsker Kasernen im Sommer 1919 zu einem Aufstand der jungen Rekruten – vielleicht auch genährt durch verfrühte Gerüchte übers Herannahen der Roten Armee. Die Tschechische Legion unter ihrem Oberkommandierenden General Gajda – der eigentlich Rudolf Geidl hieß – setzte sofort zur brutalsten Unterdrückung der Revolte an; dabei kamen die Kämpfe immer näher ans Lager der Kriegsgefangenen, in das einzelne Rekruten auch flüchteten. Diese wurden zwar von den siegreichen Tschechen gefunden, doch bezichtigten sie, aus längst vorhandener Feindseligkeit, auch die k.u.k. Offiziere, den Flüchtenden geholfen zu haben – was die schlimmsten Folgen hatte.

Die rund achthundert russischen Burschen wurden zur sofortigen standrechtlichen Erschießung verurteilt; sie mußten sich in der Steppe außerhalb des Lagers, in der Nähe der prawoslawischen Kirche, ihre Gräber schaufeln, dann folgten die Gewehrsalven und Schreie, wieder und wieder, den ganzen Tag bis Einbruch der Finsternis – Ernst von Scharmitzer, der allerdings mit Jossip Zorn und Heimo im Wald arbeitete, schrieb später eine in ihrer präzisen Sachlichkeit überaus erschütternde Erzählung darüber, ‚Nikolai Sidoroff'[7].

Dann jedoch wurden vierzehn (bei Doderer im *Grenzwald:* neun) ungarische Offiziere bezichtigt, Anstifter jener Revolte gewesen zu sein und ebenfalls zur Erschießung verurteilt; aber auch unter den Offizieren zweier anderer Baracken – die Ungarn hatten zusammen gehaust – wurde jeder zehnte zur Hinrichtung herausgeholt; darunter Erwin Lang. Unterdessen hatte sich jedoch der ‚Engel von Sibirien', Fräulein Elsa Brandström, die unermüdlich und mutig seit Jahren allen Gefangenen half, für die zum Tod Verurteilten eingesetzt – sie konnte allerdings die Hinrichtung der Ungarn nicht mehr verhindern; diese wurden außerhalb der Palisade erschossen. Doch rettete sie die übrigen Verurteilten (also auch Erwin Lang) durch einen Befehl des Militär-Gouverneurs von Irkutsk, wodurch die Metzeleien zu einem Ende kamen. (Es mag Doderer in seinem letzten Lebensabschnitt merkwürdig berührt haben, daß ausgerechnet in dem kleinen Park gegenüber seinem Wohnhaus in der

Währingerstraße ein Denkmal für Elsa Brandström errichtet wurde.) Insgesamt hatten dreiundsechzig Kriegsgefangene durch die Tschechen ihr Leben verloren, die meisten davon – außer den Ungarn – außerhalb des Lagers, in der Stadt Krasnojarsk. Das Entsetzen der Überlebenden galt gewiß in erster Linie den toten Kameraden – aber dazu kam die Erschütterung, daß der als sicher angesehene Status des Kriegsgefangenen ab nun offensichtlich keine Gültigkeit mehr hatte; daß das Überleben mit den zunehmenden politischen Wirren nur noch von Willkür abhing.

Die junge österreichische Republik tat absolut nichts, um die Heimkehr der Kriegsgefangenen aus Rußland zu beschleunigen – die Sozialdemokraten, die soeben die ersten freien Wahlen gewonnen hatten, befürchteten, daß zu viele rückkehrende Soldaten der bolschewistischen Propaganda erlegen seien und das noch labile politische Gefüge in der Heimat gefährden könnten. Dazu kam die Ratlosigkeit, wie man zurückflutende Mengen überhaupt versorgen könnte – der Hunger forderte viele Opfer, vor allem in Wien, wo allein in diesem Sommer über neunzig Menschen an Vergiftungen starben, weil sie in ihrer Verzweiflung Pilze aus dem Wienerwald geholt und gegessen hatten, die sie nicht kannten.

Ob Heimo wußte, daß seine Familie fast ihr gesamtes Vermögen durch die Kriegsanleihen verloren hatte, ist nicht bekannt, aber eher unwahrscheinlich – die Post funktionierte seit 1918 so gut wie nicht mehr; jedoch wird er gewiß erfahren haben, daß sie außerdem keine ‚Ritter von' mehr waren: per Erlaß vom 3. April wurden in Deutsch-Österreich (das nach dem Willen der Siegermächte ab 10. September 1919 nur noch ‚Österreich' hieß) alle Adelsprädikate abgeschafft und das Tragen dieser Titel verboten; auch der Ex-Kaiser, der Ende März das Land verlassen hatte, war damit ein gewöhnlicher Karl Habsburg.

Heimito (von) Doderer dürfte noch im Sommer aus dem Wald ins Lager zurückgekommen sein – in seinen Vorstudien zum *Geheimnis* erinnerte er sich, mit einem Boot zwischen die Inseln des Jenissej hinausgefahren zu sein und gebadet zu haben. Vielleicht hatte er beim Holzfällen genug verdient, um sich einige Zeit ganz dem Schreiben zu widmen – immerhin war sein Partner an der Zugsäge ein überaus kräftiger Türke namens Hussein gewesen, dessen Tüchtigkeit die gemeinsame Leistung gewaltig gesteigert hatte, so anstrengend diese Zusammenarbeit auch gewesen war.

Daß Heimo viel Zeit über seinen Papieren zubrachte, steht außer Zweifel. Zwar zeichnete sich nach wie vor keine klare Entwicklungslinie ab, aber vielleicht war gerade das seine Absicht: mit recht verschiedenen Stilmitteln und Einfällen auszuprobieren, welche Reaktionen er damit hervorrufen würde. Dabei ist durchaus wahrscheinlich, daß er mit unterschiedlichem Material dieselbe Zustimmung fand: die Künstler des Lagers behandelten einander – noch mehr als irgendein heutiger Verein von Kulturschaffenden – mit so viel gegenseitigem Respekt, daß sich schließlich jeder als ganz und gar außergewöhnlich betrachten durfte, was auch der Zweck solchen institutionalisierten Wechsellobes ist. So stellte Hans Eggenberger zu Doderers Erzählung *Fortunatina und die Löwin* – ein Märchen nach Motiven von Peter Altenberg –

zwei üppig verzierte Deckblätter her und schrieb die ganze Geschichte in wunderschönster Schrift ab; ein mit Bleistift angefertigtes Selbstportrait von diesem wiederum hielt Heimo so hoch, daß er es unbeschädigt aus Sibirien zurückbrachte und bis zu seinem Tod besaß. Scharmitzers schon erwähnte Erzählung ‚Nikolai Sidoroff' brachte Doderer selbst der Freundesrunde zu Gehör und bezeichnete sie als ‚document humain'; hier leistete dann er den ehrfurchtsvollen Freundschaftsdienst, die ganze Geschichte auf chinesisches Büttenpapier abzuschreiben, so schön er das nur zustande brachte.

Auch verblüffte er den Freundeskreis damit, daß er nicht nur diese Erzählung, sondern auch einen Großteil der eigenen Werke auswendig konnte, so daß sie beim etwaigen Verlust der Manuskripte nicht verloren waren, wenn nur er selber nach Wien zurückkäme. Er hatte kein eidetisches Gedächtnis, dem sich Gelesenes wie ein immer wieder ablesbarer Film einprägt, sondern die Gabe, sich längere Passagen durch konzentriertes Zuhören – auch der eigenen Stimme – einzuprägen und sehr lange zu merken; so schrieb er tatsächlich in Wien viele der in Sibirien entstandenen Gedichte nieder, zum Teil Jahre später, rekonstruierte aber keines der verlorenen Prosawerke.

Doch neben der literarischen Arbeit verlor er sein noch unerlöstes Ich keineswegs aus dem Auge; die Suche nach sich selbst und einem vielleicht noch verläßlicheren Halt war unter vielen im Lager verbreitet. So taten sich mehrere – darunter Haybach und Lang – zusammen, um gemeinsam das Tao Te King des Lao Tse abzuschreiben; und zwar in der Übersetzung von Richard Wilhelm (Erwin Lang, der diesen Herbst nach Transbaikalien – das Ostsibirien jenseits des Baikalsees – verlegt wurde, floh später nach China, wo er einige Zeit bei Wilhelm verbrachte). Auch Heimo nahm teil: er beendete die Abschrift mit den Nummern 58 bis 81[8]. Die milde Tiefe des alten Weisen hat ihn gewiß beeindruckt, wenn auch sicherlich sein Hauptinteresse war, was er hier, Satz um Satz, auf sich selber beziehen konnte; ob ihm ein bißchen des Wesens der taoistischen Meditation aufging, die den Sinn der ebenso klaren wie unauslotbaren Sätze nur langsam enthüllt, läßt sich nicht sagen; eine Lebensanleitung mit festen Regeln oder gar ‚Erleuchtung' ist daraus unmittelbar nicht zu gewinnen. Doderer hat sich später kaum je direkt auf den Taoismus bezogen; und dennoch zieht sich durch sein ganzes Leben ein immer wieder auftauchender Faden von Gedankengängen, die man für mehr oder minder taoistisch halten kann. Vor allem sind das häufig wiederkehrende Ermahnungen an sich selber: wenn er sich zu einer sachten, nichts störenden Zurückhaltung auffordert, zu Stille und Offenheit – also wenn er sich enttäuscht als das Gegenteil eines Taoisten erkennt.

Womit Heimo seinen Lebensunterhalt nach der Holzfällerei verdiente, ist durch Ernst von Scharmitzer überliefert: durch einen der Offiziere, die als Agenten – Vermittler von Geschäften zwischen Lager und Stadt – wirkten (und natürlich am meisten verdienten), kam es zum Auftrag, größere Mengen von Kaffee zu mahlen, was die beiden Brüder Scharmitzer mit Woynarowicz und Heimo übernahmen. Zuerst mußten sie Geld ausborgen, um sich von einem „trefflichen" Mechaniker im Mannschaftslager die Mühle herstellen zu lassen, „die nichts anderes war als eine in geradezu unwirkliche Größe aufgewachsene Kaffeemühle der Art, wie sie damals daheim in allen Haushalten in Gebrauch stand; sie reichte vom Boden bis über die Knie dessen, der sie bediente. Ihr Inneres, die Messer und das Getriebe war aus bestem Material von Meisterhand geschaffen. [. . .] Wir übernahmen die Vermahlung der Ware unter Einhaltung bestimmter Lieferfristen. Die Arbeitsstätte war ein Abteil im Dachbodenraum der Wohnbaracke. Hier stand die Satansmühle zwischen den Beinen ihres jeweiligen Dieners in Betrieb und wurde ohne Unterbrechung tagaus tagein, nachtaus nachtein gedreht. [. . .] Der Maschinenlauf wurde nur dann unterbrochen, wenn die Lade, in die das Mahlprodukt abfiel, in den bereitliegenden Sack geleert und [die Mühle] mit neuen Kaffeebohnen gefüllt werden mußte. Nach diesen Unterbrechungen der Fronarbeit konnte man sich den wild ersehnten Ablauf der dritten Stunde berechnen. Der Ablöser kam, der Abgelöste taumelte fort und das Werk ging weiter."[9]

Der vierte politische Umsturz in Sibirien seit der Entmachtung des Zaren – dem die Bürgerlichen, die Bolschewiken und die Weißen gefolgt waren – kam Anfang des Jahres 1920 und brachte den Gefangenen eine deutliche Verschlechterung ihrer Lage. Krasnojarsker Fabriksarbeiter hatten sich bewaffnet, um die in den Osten flüchtende Armee der Weißen vom Plündern in der Stadt abzuhalten; ab 7. Januar kam es zu Kämpfen. Wahrscheinlich ist Doderers Darstellung im *Geheimnis* korrekt, daß ein Teil der Kriegsgefangenen die Arbeiter unterstützte, jedenfalls blieb auch das Lager verschont. Als die letzten erschöpften Truppen Koltschaks – durch seine Auslieferung kauften sich die Tschechen den Weg nach Wladiwostok frei, er wurde Anfang Februar in Irkutsk erschossen – im Schnee verschwanden und man die vor der Stadt liegenden Kadaver von Mensch und Tier einfach einfrieren ließ, folgte unmittelbar die Rote Armee.

Sie brauchte Platz und Verpflegung. Die gefangenen Offiziere mußten ihre geräumigen Quartiere verlassen und in die Erdbaracken umziehen, wo sie ab frühem Nachmittag zusammengedrängt in kalter Finsternis saßen; zu den Mahlzeiten erhielten sie im allgemeinen nichts als dünne stinkende Fischsuppe. Zu diesem Ungemach kamen die Seuchen, vor allem Flecktyphus; eine Aufzählung, wie viele Gefangene in den einzelnen Lagern gestorben waren, zitiert Doderer ohne Angabe von Quellen im *Geheimnis;* dieser Text steht in Kowalewskis 1926 erschienenem Werk ‚Vergewaltigte Menschen' und gibt für Krasnojarsk 5000 Tote von insgesamt 12.000 Mann an (trotz des beschränkteren Raums hatte sich die Zahl der Gefangenen von 8000 um die Hälfte vermehrt, was der Seuche erst recht Vorschub leistete).

In der Erdbaracke kam es zur Wiederbegegnung mit Albrecht Reif, der Heimo entsetzt eine Laus zeigte, die er sich unter dem Hemd hervorgefischt hatte: die Läuse übertragen die Seuche, die Inkubationszeit nach dem Biß beträgt neun Tage. Doch sowohl Heimo als auch Albrecht kamen ohne Ansteckung davon; Ernst von Scharmitzer wurde – gegen Sommerbeginn – infiziert, überlebte jedoch. Daß über die ganze Zeit in den Erdbaracken nichts weiteres bekannt ist, mag sehr einfach zu erklären sein: es ging um nichts als das bloße Überleben. So ist auch kaum anzunehmen, daß

Doderer unter diesen Umständen noch zum Schreiben kam; sein letztes in Sibirien abgeschlossenes und dann verlorengegangenes Werk – *Krasnojarsker Variationen* – wird wohl noch vor Jahreswechsel entstanden sein.

Immerhin wurde für alle Gefangenen – am 6. März auch für Doderer Gejnrich [!] – ein Passierschein ausgestellt, der ihnen gestattete, sich täglich von sechs Uhr morgens bis zehn Uhr abends außerhalb des Lagers aufzuhalten. Das bedeutete eine Befreiung vom bedrückenden Dasein in den Erdbaracken, schon rein gesundheitlich eine gewaltige Verbesserung, war aber wohl auch notwendig, um den Gefangenen die Möglichkeit zu geben, sich zumindest ihr Essen selbst zu verdienen. Interessant ist, daß auf einer Bescheinigung vom 9. Januar noch von Kriegsgefangenen die Rede ist, beim Passierschein vom März jedoch schon von ‚ehemaligen ausländischen Kriegsgefangenen'; die Rote Armee betrachtete sie offensichtlich nur noch als ausländische Bürger vor ihrer Ausreise: ein Freiheitsspielraum, den sich Heimo schließlich zunutze machte.

Erhebliche Lücken, gepaart mit eher unwahrscheinlichen Legenden, kennzeichnen den Informationsstand über seine Rückkehr nach Österreich; motiviert wurde die sogenannte ‚Flucht' durch die allgemeine und wohl begründete Ansicht, daß die Roten für einen Abtransport der Offiziere erst sorgen würden, nachdem sie die Heimkehr der Mannschaften bewerkstelligt hätten. Im Frühsommer wurden die Gefangenen zu Arbeiten außerhalb des Lagers eingesetzt; Heimo befand sich bei einer Gruppe, die unter dem Befehl Rolf Haybachs stand; bei diesem meldeten sich die acht Herren korrekt ab, die eine Rückkehr in die (mittlerweile unbekannt gewordene) Heimat versuchen wollten[10]. Eine Flucht war das höchstens in dem Sinn, daß es sich um keinen offiziellen Gefangenentransport handelte; doch wurden sie weder verfolgt noch unterwegs behelligt – es waren Tausende auf ähnliche Weise unterwegs, und den Behörden schien bloß recht zu sein, sie auf diese Weise loszuwerden; Rußland war mit anderem beschäftigt.

Drei Namen der acht sind bekannt – Hinterobermeier, Polak und Krauthauff –, spielen aber im weiteren Leben Heimos keine Rolle; wenn einer seiner engeren Freunde dabei war, dann am ehesten Albrecht Reif – da der einzige Bericht über einen Teil dieser Flucht (und zugleich Heimos erste Veröffentlichung) unter dessen Namen erschien, was natürlich auch eine ganz andere Erklärung finden kann[11]. Sie begannen ihre Reise mit der Bahn, wobei auch durchaus möglich ist, daß sie noch Geld für Fahrkarten hatten. So kamen sie nach Omsk, wo Schaffgotsch leider längst nicht mehr anwesend war, und hielten sich dort offensichtlich einige Tage nicht ohne Behagen auf, da sich Heimo später nicht nur an ein Flußbad in der Stadt erinnerte, sondern auch an die Eisenbahn für den Badeverkehr außerhalb der Stadt, wo sie ebenfalls im Irtysch schwammen – den stärksten Eindruck machten ihm nackt badende Frauen.

Daß der mehrfach erwähnte Fußmarsch durch die ‚Kirgisensteppe' (die nichts mit dem 1500 km südlich gelegenen Kirgisistan zu tun hat) schon dort begann, ist unwahrscheinlich, obwohl Doderer an einer Stelle von der ‚Omsker Steppe' spricht: da er die Länge des Marsches stets mit 500 km oder fast 500 Werst angibt, wonach sie dann den Ural erreicht hätten, ist als Ausgangsort eher die Gegend von Petropawlowsk zu vermuten. Warum sie auf dieser Strecke die Bahn nicht benützen konnten oder wollten, ist unbekannt. Die acht Männer mit Rucksäcken marschierten durchaus militärisch und zügig und bewältigten die ganze Strecke in drei Wochen; sie waren, wie es in dem erwähnten Zeitungsartikel heißt, „fast mittellos", hatten jedoch „während dieser ganzen Zeit nicht eine einzige Kopeke für unser Essen gebraucht".

Wo immer sie hinkamen, wurden sie freundlich behandelt, bekamen Milch, Brot und Eier, man schüttete ihnen Stroh zum Schlafen auf oder legte sogar Decken darüber; und man war voll von Mitleid mit diesen Männern, die ihre Heimat seit vielen Jahren nicht mehr gesehen hatten: die wiedergegebenen Gespräche zeugen von nichts als Güte. (Allerdings konnte Heimo noch immer nicht Russisch, was auch für die Zeit in Kursk – während des Zweiten Weltkrieges – gilt; die russisch wiedergegebenen Dialoge im *Grenzwald* schrieb Xaver Schaffgotsch für ihn.) Ebenso gut wie die russischen Bauern nahmen auch die Nomaden sie auf, hauptsächlich Kirgisen, die mit ihren Kamelherden durch die Steppe zogen; sie boten den Gästen ihr Fladenbrot sowie vergorene Stutenmilch (Kumis) und hätten sie auch in ihren Zelten schlafen lassen – aber in diesen stank es den Österreichern zu sehr.

Vom Ural an – etwa ab Tscheliabinsk – benutzten sie wieder die Eisenbahn und gelangten mit dieser bis Petersburg, wobei Heimo die Verwahrlosung der Stadt lange in Erinnerung blieb: „Gesunkene Kähne in der Gracht beim Park . . . Wir waren in ungepflegten Parks und sahen das Gras hoch stehen am Newski-Prospekt."[12] Offensichtlich hofften sie, von hier aus durch eine internationale Hilfsorganisation weitergebracht zu werden, was aber nicht der Fall war. So versuchten sie, übers Baltikum nach Deutschland zu gelangen. 38 Jahre später schrieb Doderer an seinen estnischen Freund Ivar Ivask über seine Kenntnis von dessen Heimat: „. . . ich muß der Tage gedenken, da ich diese landschaftliche Atmosphäre nach dem glücklichen Verlassen Rußlands im August 1920 kennen lernte [. . .] . . . vor jenen grünen Buchten, dem welligen Land mit den blauen Holzhäuschen, den uralten gewaltigen Burgen: ein eingesprengtes Jenseits im Diesseits, nicht deutsch, nicht russisch, östlich aber durchaus europäisch, süßer Schwermut voll. Ich fuhr dort mit einem kleinen Schiff die Narowa hinab."[13] Die einzige andere Erinnerung an diese Fahrt ist, daß er in der schäumenden Narowa (Narwa) wieder – eine nackte Frau baden sah.

Über den weiteren Weg der Rückkehr ist nichts bekannt, außer daß er auf einem Schiff nach Stettin kam, worauf wohl die deutschen Behörden seinen Heimtransport übernahmen.

Als er fünfundzwanzig Jahre später erneut in Kriegsgefangenschaft saß – diesmal in Norwegen –, erinnerte er sich am 14. August, seinerzeit genau an diesem Tag nach Wien zurückgekommen zu sein: „Ich stand in einem englischen Soldaten-Rock, den man mir zu Stettin nach der Landung meiner Zerlumptheit wegen gegeben hatte, vor dem Elternhause, in welches mich die inzwischen neubestallte Hausmeisterin, die mich nicht kannte, kaum hat hineinlassen wollen."[14]

2. Teil: 1920–1936

8. Zivilist, Student und Schriftsteller

Der große Weltkrieg, von dem damals niemand ahnte, daß er später bloß der Erste genannt werden sollte, war im Gegensatz zum Zweiten mit seinen Verwüstungen nicht ins Innere Österreichs vorgedrungen: Wien und Niederösterreich – das, was Heimo im engeren Sinn als seine Heimat kannte – waren völlig intakt geblieben. Doch umso fremder war ihm die politische Realität des neuen Staates, der bis zum Vertrag von St. Germain – nicht ganz ein Jahr lang – Deutschösterreich geheißen hatte und jetzt nur noch Österreich war, vertraglich zu einer Eigenständigkeit ohne Deutschland verpflichtet, an deren Möglichkeit fast niemand glauben wollte.

Vorarlberg hatte sich in einer Volksabstimmung bereits mit überwältigender Mehrheit gegen diesen Staat ausgesprochen und für einen Anschluß an die Schweiz votiert. In Tirol und Salzburg standen Abstimmungen bevor, die ebenso eindeutig gegen St. Germain und Wien und für den Zusammenschluß mit Deutschland ausfallen sollten. Wien, das mit rund zwei Millionen Einwohnern, dazu mit all seinen bürokratischen Institutionen, Banken und Industrien für ein Reich von über fünfzig statt für sieben Millionen Menschen dimensioniert war, wurde zum ungeliebten ‚Wasserkopf'. Und die Politiker dort glaubten selbst nicht so recht daran, daß das politische Gebilde, zu dem sie von der Entente gezwungen worden waren, auch ökonomisch lebensfähig sein würde; beim Versuch, dies doch zu erreichen, gelang ihnen am besten jener Zwist untereinander, der schließlich die ganze Erste Republik verunglücken ließ.

In jenem Jahr 1920, in dem Heimo zurückkehrte und das Land seine im wesentlichen bis heute gültige Verfassung erhielt (gemeinsam mit deren Schöpfer, dem großen Juristen Hans Kelsen, sollte Doderer 46 Jahre später den Ehrenring der Stadt Wien bekommen), ging die Macht im Staat gerade von Rot auf Schwarz über (zur eindeutigen Mehrheit bei den Wahlen im Oktober). Die Sozialdemokraten hatten sich zwar als weitsichtige Väter der Republik erwiesen, fanden aber durch ihren Verbalradikalismus im Bürger- und Bauerntum kaum Unterstützung; die Christdemokraten hingegen wurden, dreißig Jahre nach ihrem fast revolutionären Beginn, unter dem Prälaten Ignaz Seipel zu einem klerikal-konservativen Block, der all den einigermaßen Abgesicherten in der allgemeinen Ungewißheit und Inflation eher Stabilität verhieß als jeder Versuch einer Umgestaltung der Gesellschaft.

Ein solcher fand, inmitten des christlichsozial regierten Österreich, im ‚roten Wien' statt, wo die Sozialdemokraten auf ihre absolute Mehrheit vertrauen konnten, bis sie schließlich der Gewalt weichen mußten. Durch progressive Luxussteuern in verschiedensten Bereichen – das reichte von Bordellen bis zur Abgabe pro Haushalts-Angestelltem – gelangen soziale Leistungen, die vor allem im Wohnbau und Gesundheitswesen beispielgebend wurden; dies prägte der Stadt in weniger als fünfzehn Jahren einen völlig neuen Charakter auf.

An beiden Massenparteien – sowohl am klerikalen wie am sozialen Weg – nahm Heimo mit seinem viel mehr elitären Bewußtsein keinen Anteil; seine politische Entwicklung – wenn man diese eher anstrengungslose Meinungsbildung so nennen will – führte ihn von Gleichgültigkeit zur geringschätzigen Ablehnung beider Parteien. Eine der heftigsten Reden Seipels aus dem Jahre 1920, darin der Prälat für die völlige Ausschließung der Sozialdemokraten aus allen Regierungsgeschäften plädierte, erhielt Doderer erst in seinem letzten Lebensjahr vom damaligen Bundeskanzler Dr. Klaus zur Lektüre. Als er aus Sibirien in die – zumindest politisch – fremde Heimat zurückkehrte, beschäftigte ihn vor allem sein eigenes weiteres Schicksal.

Noch am Tag seiner Rückkehr, dem 14. August 1920, ließ er sich in der ‚Heimkehrerzerstreuungsstation' in Wien-Hietzing demobilisieren, wobei er ein ‚Adjutum' von 1195 Kronen und 50 Heller erhielt. (Im September kamen dazu noch 3610 Kronen als ‚Gebühren für die Dauer der russischen Kriegsgefangenschaft vom 1. 8. 1916–31. 7. 1920'.)[1] Für einen Schweizer Franken waren damals rund 60 Kronen zu zahlen – also erhielt er insgesamt den Gegenwert von etwa 80 Franken.

Schließlich überwand er auch den Widerstand der neuen Hausmeisterin, traf aber jetzt im Hochsommer niemanden seiner Familie zuhause an – es war die Zeit des Riegelhofs; immerhin kam er zu einem Bad und eigener frischer Wäsche. Was er dann, einen Tag und zwei Nächte lang, allein mit seiner neuen Freiheit anfing, hat er nie erwähnt.

Am 16. August – an diesem Tag feierte sein Vater den 66. Geburtstag – fuhr er nach Prein an der Rax hinaus, wo er bereits ungeduldig erwartet wurde. Bisher hatte niemand Heimos Namen auch nur erwähnen dürfen, um den Schmerz der Mutter nicht noch zu vergrößern; seit der Ankündigung seines Kommens war jedoch von nichts anderem mehr die Rede. Die Kinder – Almuths Tochter Inge sowie Astris Ältester namens Willy – steckten schon längst in der Ribislhecke, die das letzte Stück des Weges bis zum Haus säumte, um nichts zu versäumen; die Schwestern Helga, Almuth und Astri waren dem Bruder entgegengegangen und kamen nun mit ihm die letzte Serpentine herauf. Sowie er die Mutter sah, die eben aus dem Haus trat, warf er den grünbraunen Plüschhut seines Vaters, den er trug, hoch in die Luft und lief ihr entgegen. Genau vor den Kindern in den Ribisln fielen sich die beiden in die Arme, wobei – zum größten Unverständnis der Kleinen – ihre Großmutter an der Brust des Sohnes bitterlich schluchzte.[2] Dem folgte die Begrüßung des fast schon völlig bewegungsunfähigen Vaters im Haus.

„Gottseidank, es ist alles vorüber und wir sitzen beim Nachtmahl! Bravo Nachtmahl, hoch das Nachtmahl!" schrieb er an diesem Abend ins Gästebuch des Riegelhofs, mit der großspurigen Unterschrift „Fähnrich Heimito Ritter von Doderer". Jetzt, inmitten der Familie, war er endgültig wieder zuhause und bezog auch sein altgewohntes Zimmer unterm Dach, das er später – wie alle hochgelegenen Wohnsitze – sein ‚Atelier' nannte.

Am nächsten Tag füllte er, was noch niemand vor ihm getan hatte, zwei weitere

Seiten des Gästebuchs: er stellte sich der Familie, wiederum mit voller Unterschrift, als Dichter vor. Auf die erste Seite schrieb er drei Gedichte, die er schon in Sibirien verfaßt hatte und 1923 in seinem ersten Buch, dem Lyrikband *Gassen und Landschaft*, veröffentlichte. Dem schloß er auf der nächsten Seite eine „Kleine Denkschrift des Heimkehrenden" an, darin er, wie schon im letzten der Gedichte, trotz des „Stromes unaufhörlicher fröhlicher Empfindungen" eher gespreizt und pathetisch nach dem „Bild des Ganzen" sucht – „aus Nacht und Sonne: Menschenleben". – Auf so ausschließlich wohlmeinendes Interesse wie in Sibirien wird er mit diesen Versen und Betrachtungen hier nicht gestoßen sein.

Den Kindern fing der kaum erinnerte neue Onkel aus Rußland eine Ringelnatter, wobei er zum Gaudium von Inge und Willy selber in den kleinen Teich fiel, worin sie die Schlange gesehen hatten.

Ob es schon während dieses kurzen Aufenthalts in der Prein oder erst später in Wien zu dem entscheidenden Gespräch mit dem Vater kam, ist unbekannt; aber daß die Frage nach seinen Absichten für die Zukunft bald gestellt wurde, ist anzunehmen. Jedenfalls teilte er mit, daß er Schriftsteller zu werden beabsichtige. Laut seiner Schwester Astri, die angeblich Zeugin dieses Gesprächs war und darüber mehrfach berichtet hat, hätte der Vater völlig ruhig entgegnet, daß er einverstanden sei und nur wünsche, der Sohn möge, wie alle Doderers seit zwei Generationen, zusätzlich einen akademischen Grad erwerben. Auch habe er gefragt, ob er für Heimo einen Verlag kaufen solle, was dieser ablehnte.

So ruhig und klar dürfte die Sache jedoch kaum verlaufen sein. Dem energischen alten Techniker und Bauunternehmer kann eine von Armut und Erfolglosigkeit bedrohte Künstlerkarriere kaum in den Kram gepaßt haben, noch dazu angesichts des eigenen Vermögensverlustes. Auch weisen Heimos eigene Äußerungen – wie jene (1931 gemachte) des weit vom Stamm gefallenen Apfels – darauf hin, daß sehr wohl die Rede davon war, in welchen Gegensatz zur Familientradition er sich mit seiner Entscheidung stellte. Also wird diese auch kaum widerspruchslos hingenommen worden sein. Kunst, die aus Versuchen und Absichten statt erfolgreichen Werken bestand, hat sich noch kaum je besonderer Achtung erfreut. Am wahrscheinlichsten erscheint ein mißbilligendes Sichdreinfügen des Alten, was auch zum immer wieder auftauchenden Ressentiment Doderers gegen seinen Vater passen würde.

Und gar so sicher war sich auch Heimo selbst nicht; das erst im November einsetzende Tagebuch spricht von „drei Monaten der heftigsten Schwankungen", die er nun hinter sich hätte.

Das ist nach seinen Erlebnissen, zumindest in diesem Jahr, kein Wunder. Nach vierjähriger Gefangenschaft und Erfahrungen, die sich von denen seiner neuen alten Umwelt ziemlich radikal unterschieden, konnte es kein konfliktloses Wiedereintauchen in die Welt von früher geben – die obendrein nur noch in wenigen gesellschaftlichen Bereichen unverändert weiterbestand. Auch Vorstellungen, die in Sibirien noch klar gewesen waren, ließen sich unter völlig neuen Umständen nicht einfach weiter verfolgen.

Das dürfte ihm, selbst inmitten „unaufhörlicher fröhlicher Empfindungen", rasch deutlich geworden sein; und könnte, wie bei vielen Heimkehrern, schon während der Wiedersehensfreude zu jähen Entfremdungen geführt haben. Vielleicht verpflichteten die Empfangenden und der Zurückgekommene einander halb unbewußt dazu, sich weiterhin so zu verhalten, wie es der Erinnerung an früher entsprach – und wußten sich mit den doch eingetretenen Veränderungen wenig anzufangen. Ob Heimo unter diesen Umständen etwa an der Entwicklung der jungen Familien seiner Schwestern sehr interessiert war, bleibt eher fraglich.

Jedenfalls war er drei Tage nach seiner Ankunft auf dem Riegelhof bereits wieder in Wien. Was er seit langem am dringendsten brauchte, waren Erlebnisse mit dem andern Geschlecht – gewiß auch voll von Unsicherheit, da ihm die normalen Erfahrungen eines Vierundzwanzigjährigen fehlten; er war gewissermaßen ein zu alt gewordener Gymnasiast.

Am 19. August war es sicherlich ein Rendezvous, das ihn ins Café ‚Maderner' brachte – er erinnerte sich noch 1959 daran, selbst an das Datum[3]. Von da an gibt es – zumindest bis zu seiner Begegnung mit Gusti Hasterlik fast ein Jahr später – eine Folge von Namen und Ereignissen, bei denen ihm die Einzelpersonen weniger bedeuteten als das Ausleben seiner Sexualität. Vorerst verstellte ihm dieser Nachholbedarf den Blick auf die eigenen Komplikationen dabei. In diesem Spätsommer und Herbst trieb er sich mit einer kleinen blonden Margarete Schindelka, die ihn an Ida Plangl erinnerte, und einer gewissen Jordan vor allem in Weidlingau und im Wurzbachtal herum – also wieder in jenen Bereichen des Wienerwalds, wo er schon seinerzeit Spaziergänge erotisch genützt hatte. Auch die Rückkehr an den Geburtsort legt nahe, daß er, nach der langen Unterbrechung, an sein früheres Leben anschließen zu können glaubte.

Daneben aber begann er das Neue. Für das kommende Wintersemester belegte er – diesmal an der philosophischen Fakultät, aber unter Anrechnung seines Jus-Semesters zu Kriegsbeginn – eine bunte Palette allgemein bildender Vorlesungen, die von der ‚Psychologie der Gefühle' bis zu ‚Rembrandt' und von einer ‚Österreichischen Reichsgeschichte' bis zur ‚Praktischen Philosophie mit besonderer Berücksichtigung der sozialen Probleme' reichten.[4] Das entsprach noch keiner klaren Entscheidung, war aber auch nicht bloß eine oberflächliche Erfüllung des väterlichen Wunsches; vielmehr drückte sich hier ein Bildungsmanko und Minderwertigkeitsgefühl aus: „An allen Ecken und Enden fehlt es mir an durchgearbeitetem intellectuellem Eigentum . . . über nichts hab' ich noch ehrlich nachgedacht!"[5]

Was aber hinter dieser Auswahl an Vorlesungen auf keinen Fall steckte, war die Vorstellung, zu einem akademischen Beruf zu gelangen. Heimo wollte ein Bildungsniveau erreichen, das ihm für einen Schriftsteller angemessen erschien; dazu gehörten auch Lektürelisten, in denen Weininger – den er also offensichtlich noch nicht so gut kannte – neben Goethe, Kant und Schiller stand. Er versuchte also, sich für Gespräch und Aufsatz ein Wissen und eine Tradition zugrunde zu legen, die nicht weit von dem entfernt waren, was er sich im Gymnasium anzueignen versäumt hatte. Auch besuchte er wieder, mit einiger Begeisterung, private Kammermusikabende in Döbling, bei Frau Gertrude von Klastersky (wobei jeder gesellschaftliche Anlaß auch dazu benutzt wurde, die anwesenden Frauen zu sondieren).

Der Beginn des Studiums und der Lektüre ist, wie seinerzeit die ‚Studien nach der Natur', wiederum kein Aufbruch des Künstlers voll heftiger Überzeugung, sondern eine Art von besorgter Kalkulation dessen, was man alles braucht, um der gewünschten Rolle entsprechen zu können. Dazu gehörten auch die pragmatischen Bemühungen, sich Beziehungen zu Zeitungen zu verschaffen, wobei ihm offensichtlich Reif und andere Freunde behilflich waren. Bereits am 16. Oktober erschien in der ‚Wiener Mittagszeitung' sein Bericht über den Marsch durch die Steppe in Rußland, wobei es sicher enttäuschend war, daß – wohl auf Grund eines Irrtums – diese erste Publikation nicht unter seinem, sondern unter Albrecht Reifs Namen erschien.

Schon zwei Wochen vorher – am 4. Oktober – hatte er sich mit einem langen Brief beim soeben aus China eingetroffenen Erwin Lang gemeldet, wobei er dem um zehn Jahre Älteren in seinem Brief das Du-Wort anbot. Lang und seine Familie hatten ausgezeichnete Beziehungen zu verschiedenen kulturellen Institutionen und Persönlichkeiten Wiens. Ebenso nahm Heimo sofort Kontakt mit den anderen heimkehrenden Freunden auf, wie Haybach oder Scharmitzer; natürlich nicht nur der möglichen Hilfe wegen. Aber so gelang es ihm doch ziemlich rasch, beim ‚Wiener Tagblatt', der ‚Neuen Freien Presse' sowie der ‚Wiener Allgemeinen Zeitung' (dem ‚6 Uhr Blatt' der Elbemühl) Redakteure kennenzulernen und allerorts Manuskripte zu deponieren.

Sonderlich erfolgreich war die Aktion dennoch nicht. Statt Erzählungen oder Betrachtungen verlangte man von ihm Aktuelles und Politisches. Wahrscheinlich hielt er beides für unter der Würde eines Schriftstellers stehend; bei Sachthemen – wie auch in der „Denkschrift des Heimkehrenden" – tendierte er schon damals dazu, den aktuellen Anlaß möglichst rasch zugunsten zeitloser paradigmatischer Feststellungen zu verlassen: das entsprach wohl seinen Vorstellungen von der tiefen Einsicht eines Dichters. Und sein politisches Interesse war eindeutig unterentwickelt; wenn er sich schon zu etwas bekannte, dann noch am ehesten zu seinem ‚Herrentum' – Massenpolitik war für ihn eine reichlich unvorstellbare Beschäftigung mit dem Pöbel.

Auch wenn nun schon erste Freundschaften zu Redakteuren entstanden – etwa mit Paul Elbogen –, blieb Doderer doch auf gelegentliche Beiträge im Feuilletonteil der Zeitungen beschränkt. Sein Wunsch, sich durch künstlerische und journalistische Leistungen möglichst schnell aus der finanziellen Abhängigkeit von den Eltern befreien zu können, ging ihm noch lange nicht in Erfüllung.

Insgesamt sollte er bis 1928 in seinem ehemaligen Kinderzimmer im zweiten Stock in der Stammgasse wohnen bleiben, wo in der Kommode noch die technischen Spielsachen – wie Dampfmaschinen und elektrische Apparate – aus seiner ‚naturwissenschaftlichen' Periode aufbewahrt waren. Warum er das Leben dort hassenswert fand, behauptete er selbst nicht zu wissen – und doch wird aus verschiedenen Bemerkungen der *Journale* deutlich, wie zweifelhaft ihm oft seine ganze Existenz erschien, vor allem neben der noch immer vorhandenen wirtschaftlichen Kompetenz seines Vaters. Die materielle Sicherheit, die er dort genoß, erschien ihm allzu oft, gegenüber den so anders gelagerten Wertvorstellungen des Vaters, als unverdiente Begünstigung – während sein verletzter Stolz gerade hier in der Familie keine gegenläufige Hierarchie künstlerischer Wertschätzungen etablieren konnte. Er war und blieb abhängig – und im Land herrschte noch immer Hunger: Österreichs Landwirtschaft war seit dem Zusammenbruch der Monarchie noch nicht die Umstellung gelungen, um ausreichend Nahrungsmittel für die eigene Bevölkerung zu produzieren; allzu viele Grundprodukte waren aus anderen Teilen Österreich-Ungarns gekommen; ebenso die Rohstoffe für die Industrie; man blieb nach wie vor auf Hilfslieferungen der Siegermächte angewiesen. „Das Brot ist schlecht, aber der Kaviar ausgezeichnet", meinte Alfred Polgar zu den Wiener Verhältnissen[6].

Bei alledem mußte Heimo selbst bekennen, daß die Atmosphäre im Hause durchaus angenehm und behaglich war, wobei er auch in keinerlei Freiheit beschränkt wurde. Außer ihm wohnte nur noch sein Bruder Immo bei den Eltern, und dieser – ein Gesellschaftsmensch und Charmeur ersten Rangs – nahm den jüngeren Bruder zu den vielen Gesellschaften und Hausbällen mit, wo dann beide hinter den Röcken her waren.

Daß er „sexuelle Krisen und Complicationen wie ein Frauenzimmer" habe, stellte Heimo drei Monate nach seiner Rückkehr, am 18. November, in seinem *Journal* fest. Und das war noch eher eine Untertreibung.

Er heizte sich immer wieder bis zur Unerträglichkeit selber auf und verdammte sich dafür mit genau so großer Heftigkeit; so wuchs sein gegen sich gerichteter Moralismus konvergent mit allem, was er als sexuellen Unrat bezeichnete. Er konnte sich nicht akzeptieren, sondern nur mit Gewalt zu formen versuchen. In den Nächten gab es wieder die übliche Observanz der Fenster, in denen vielleicht eine schemenhafte Nackte auftauchen würde. Viele Vormittage verdarben offensichtlich den ganzen Tag, der dann die formelhafte Benennung „dies infernalis" erhielt: weil er sich wegen wiederholten Masturbierens („Oh Qual, verfluchte Schweinerei, *die Hölle!*" – am 12. 4. 1921) nicht aus dem Bett brachte. „Ich kann mich also von der Frau nicht unabhängig machen, weil ich sonst dem Übel der Onanie in die Krallen gerate, deren Qualen zu ertragen ich körperlich und seelisch nicht fähig bin!!!!"[7]

Mit diesem Argument, das aber die Höllentage nicht seltener machte, berechtigte er sich selbst, hinter allen Frauen herzusein – im eben zitierten Fall war es eine Bettina –, die ihm dann rasch gleichgültig und damit verachtenswert wurden; so auch „das gemeine Stubenmensch (Maria, von Immo Strotzbürstlein getauft)". Die Geringschätzung, gepaart mit der Unfähigkeit, der Versuchung widerstehen zu können, führte zur bewußten Erniedrigung der Frau und schließlich zu psychischen Grausamkeiten, deren reale szenische Umsetzung – eine wenigstens vorgetäuschte körperliche

Mißhandlung – den schon verlorenen sexuellen Reiz wiederherstellte. Vielleicht auch als Macht zur Rache: jetzt bestrafen zu können, was ihn seiner Meinung nach weniger an-, als vielmehr herabzog.

Wann sich dieser ganze Komplex – zumindest in seinen Vorstellungen – zum fertigen Ritual ausbildete, mit der Bevorzugung einer mittelalterlichen Szenerie, mit Säule, Fesselung und Peitsche, ist nicht genau feststellbar, doch scheint dies am ehesten während seiner Krisen nach der Rückkehr stattgefunden zu haben. So zwang er ein Fräulein Emmy von Novotny, das sich offensichtlich aus Zuneigung zu ihm nicht allzusehr wehren mochte, ihren Hintern zu entblößen, weil er sich nur mit einem Kuß auf diesen verabschieden wolle; die Steigerungen dieser Erniedrigungen führte schließlich (später) zu ihrer Bereitschaft, das volle Ritual der (vorgeblichen) Auspeitschung über sich ergehen zu lassen.

Nach der Meinung mancher Psychologen ist der Komplex des Flagellantismus eng mit der Bisexualität verbunden; vielleicht weil Handlungen und Rituale eine größere Rolle spielen als die Persönlichkeit und eventuell sogar das Geschlecht des Partners. Jedenfalls zerbrach sich Heimo auch den Kopf über seine homoerotische Rolle; im Oktober 1920 verbrachte er eine Woche auf dem Riegelhof gemeinsam mit dem zurückgekehrten Felician Siegl, was zu solchen Überlegungen Anlaß gab. Mit Ausnahme eben von Felician war er in homosexuellen Beziehungen immer der jüngere und – nach eigenem Bericht – auch der passive Partner gewesen.

So wurde ihm auch eine weibliche Komponente seines Charakters bewußt. An die Cousine Marion, die während seiner Pubertät eine so große Rolle gespielt hatte, schrieb er im April 1921 einen (nicht erhaltenen) Brief, „der, eitel und aufrichtig zugleich, einige von den femininen Seiten meines Wesens enthüllte“[8]. Was er dafür angesehen hatte, wäre aufschlußreich.

Doch ist vielleicht ein Rückschluß aus seinem ersten kleinen Roman zulässig, an dem er seit Herbst 1920 schrieb; vorläufig noch unter der Bezeichnung „Divertimento“ – später wurde *Die Bresche* daraus. Für ‚Magdalena Güllich‘, sanfte Erdulderin von Gewalt und Leid, mag er ein Vorbild gehabt haben oder auch nicht – sie ist ohnehin nicht Person aus sich heraus, sondern Schema und Funktion. Die beiden männlichen Figuren sind fiktiv: ‚Jan Herzka‘ (der – von derselben Obsession geplagt – in den *Dämonen* wiederkehrt) und der russische ‚Tondichter Slobedeff‘, auch ‚Fräulein Sascha‘ genannt. Es liegt, bei Doderers immer wiederkehrenden Selbstbespiegelungen in verschiedenen Romanfiguren, nicht fern, hier eine Aufspaltung in die männliche und weibliche Komponente seines Wesens zu vermuten.

Herzka kauft ein barockes Buch, ein „Passional“ mit sehr lebendigen Darstellungen heiliger weiblicher Dulderinnen, die – „den milden Blick in traditioneller Weise zum Himmel erhoben“ – von Kriegsknechten gefoltert werden, dabei jedoch noch nicht ganz entblößt sind – was auch für Heimo immer ein wesentlicher Bestandteil der Inszenierung bleiben mußte. „Der hier dargestellte Gegenstand fesselte Jan sofort, traf bei ihm ins Schwarze, wahrhaftig ins *Schwarze*, in eine Art von Abgrund in seinem Wesen [. . .] hier hatte etwas Gestalt gewonnen, stand nun als Wirklichkeit da, ließ sich nicht mehr leugnen, beiseiteschieben, übersehen, abweisen, wirkte wie verpflichtend, wie etwas tatsächlich begonnenes."[9]

Diese ‚Verpflichtung' führt noch am selben Abend zur brutalsten Vergewaltigung der Magdalena Güllich – „Verwirklichung des tollsten Traums". Jan ist nun „unfähig zu jeder Zärtlichkeit", die er als „letzte Lüge dieses Abends" sieht; hingegen: „ihr Blick, ihr Antlitz waren ganz und gar Hingabe, verklärt lieblich, sanft wie Milch". Er zerfetzt ihr das Kleid, wirft sie zu Boden, fesselt sie mit ihrem eigenen Gürtel, bindet „ein Handtuch fest um Mund und Nase. Als er seinen Leibriemen ablöste zitterten ihm die Hände wieder heftig. Er schlug, es knallte laut, ihm war alles einerlei." Erst nach ihrer „Geißelung" ist ihm der sexuelle Genuß möglich, „die Wollust ein Donner, ein grollendes Feuermeer"[10].

Ohne den kleinen Roman noch erzählen zu wollen, der kein sonderliches Vergnügen bereitet: Jan gesundet an Slobedeff, der in seinem ganzen Wesen Künstler ist – ebenso einfühlsam wie klug. Man mag Heimo nicht gleich in dieser Beschreibung erkennen, doch eher in Slobedeffs Argumenten: daß Jans Tat in Unschuld geschehen war, als notwendige Niederlage, die in die Hülse seiner ganzen Erziehung und gesellschaftlichen Prägung die entscheidende Bresche geschlagen hätte. Erst durch diese käme er hinaus ins eigene Leben und zu sich selbst.

Slobedeff wird als der berühmte Komponist der ‚Abenteuerlichen Symphonie' dargestellt und verwendet auch in seinen Gesprächen häufig den Begriff des ‚Abenteurers'. Am 13. Mai 1921 veröffentlichte Doderer in der ‚Wiener Allgemeinen Zeitung' ein Feuilleton des Titels *Der Abenteurer und sein Typus.* Er versteht darunter jene Söhne des „vernichteten Bürgertums", die durch Krieg und Gefangenschaft „exzentrische Einzelschicksale" erlebt hätten (einer etwa ist „durch die halbe Mandschurei gelaufen"), und „mit den Zurückkehrenden schlug die weite Welt in's Haus". Diese Söhne, die ihre Väter eher bekämpfen, haben weder deren alte noch neue eigene Werte; dieser Abenteurer ist „verstrickt, aber nie schuldvoll; untreu von vornherein. Nicht beschwert, zu rascher Wendung stets bereit, er geht keinen Weg und alle Wege und verläßt jeden leichten Herzens." „Er aber ist glatt und furchtbar. Anziehend den Frauen: könnten sie sein wahres Gesicht sehen, sie entsetzten sich vor solcher Beziehungslosigkeit und Unfähigkeit zu jeder Bindung. Dennoch – die Stirn des echten [. . .] Abenteurers ist eben darum rein, wie knabenhaft." So sah er Slobedeff und wohl auch sich selbst – aber immer nur als Teil einer noch viel größeren ‚Complication'.

Der stets gut angezogene junge Mann besuchte viele private und öffentliche Musik- und Kulturveranstaltungen, teils in Gesellschaft der Freunde, und war bemüht, allerorts einen nachhaltigen Eindruck zu hinterlassen – was sich zu einer Neigung ausprägte, die er bis zu seinem Lebensende beibehielt. Die etwas verkrampfte Fassadenhaftigkeit seines Gehabens erklärt sich aus dem, was hier alles zu verbergen war; die übertriebene Zurschaustellung daraus, daß das Vorgegebene längst nicht erreicht war; und der überwältigende Charme kam mühelos aus einer Familientradition, die sich um die Ehrlichkeit solchen Ausdrucks nie gekümmert hatte. Einen jungen Mann mit dem großen Kriegserlebnis hinter sich machte das alles – seltsam bis bizarr zusammenwirkend – durchaus interessant. Und so jemandem trauten viele ein außergewöhnliches Talent zu.

Wie andere junge Künstler lebte er vorläufig von diesem Vertrauensvorschuß. Als Haybach im Februar in Erwin Langs Atelier sozusagen eine Fortsetzung der sibirischen Druckerei beschloß, nämlich eine Verlagsgründung, war es der viel jüngere Heimo, der zu dieser die Eröffnungsrede konzipierte. Aus dem aktuellen Anlaß entwarf er eine Situationsbeschreibung der heimischen Künste, für welche ausschließlich Rolf Haybach die paradigmatische Lösung bot. Verbunden war diese Rede mit der handfesten Hoffnung auf baldige Veröffentlichungen, wobei als erstes von einer novellistischen Schrift zur Wiener Gotik die Rede war.

Im Grunde war der Verlag ein recht ehrgeiziges Unternehmen. Haybach, der in Sibirien selbst Zeichnungen und Aquarelle gemacht hatte, wollte vor allem Graphikmappen junger bedeutender Künstler herstellen, wobei neben Erwin Lang auch Josef Dobrowsky, Ludwig Heinrich Jungnickel und Franz von Zülow zum engeren Kreis der Freunde gehörten; im Bereich der Literatur sollten neben Doderer vor allem Richard Billinger und Albert Paris Gütersloh zu den wichtigsten Autoren werden. An guten Leuten war kein Mangel: im Salon von Erwin Langs Mutter verkehrten ohnehin fast alle, die kulturell und intellektuell in Wien einen Namen hatten oder sich einen machen wollten. Und den meisten war natürlich jede Möglichkeit recht, mit ihren Werken vor die Öffentlichkeit zu treten.

Viel schlimmer stand es um die finanzielle Solidität des Unternehmens. Auch von einer Kapitalbeteiligung Albrecht Reifs an der Gründung des Verlags war kurz die Rede; schließlich erhielt Haybach alleine eine Konzession zur Herausgabe von ‚illustrierten Werken und Druckgraphik', unter Berufung auf eine Volontärstätigkeit in der Spielkartenfabrik Piatnik, die einem Schulfreund Rolf Haybachs gehörte. Dann klebte dieser rührige Verleger – der davon nicht leben konnte, sondern als Ingenieur im Wasserbau tätig blieb – seine Druckmappen selbst oder schnitt, wie im Fall Billingers und Heimos, die Schrift von deren Gedichten in die Druckplatten: wodurch – je nach Geschmack – ein künstlerischer Wert oder der Eindruck von liebenswürdigem Dilettantismus entstand. Doch so weit war es noch nicht: was den Werken voranging, waren Atelierfeste und durchzechte Nächte, womit auch Heimo den üblichen Weg ging, sich dem Kulturleben der Stadt zu integrieren.[11]

Daneben waren – ebenso üblicherweise – die Kaffeehäuser die Stätten der literarischen Meinungsbildung, wie das ‚Central' und das ‚Herrenhof'; vor allem letzteres mag dafür verantwortlich gewesen sein, daß Heimo mit dem väterlichen Taschengeld selten sein Auslangen fand und wieder anfing, unauffällig Sachen aus dem Elternhaus ins Versatzamt zu schaffen. Im riesigen Kuppelsaal des ‚Central' residierten seit Kriegsende unter anderm Karl Kraus, Franz Blei, Hermann Broch, Alfred Polgar, Anton Kuh, Franz Werfel, Egon Friedell; Doderer erinnerte sich später: „Lazar, Storfer, Grüner, E. Polak, heute tot oder in der Welt verstreut, trieben dort ihren Kafka-Kult."[12]

Er selbst war öfter im ‚Herrenhof', nur wenige Schritte vom ‚Central' entfernt in der Herrengasse. Nach der Drehtür befand sich links der große Saal mit vielen Tischen in der Mitte, umgeben von vierzehn Logen entlang der Fenster und Wände, in denen jeweils ein Geist dominierte, wie etwa Alfred Adler mit Familie und Schülern (darunter Gina Kaus, später Schriftstellerin und Geliebte des Grafen Schaffgotsch), Ernst Polak mit Anton Kuh, dem Weininger-Philosophen Gustav Grüner, Robert Neumann etc. oder Alfred Polgar mit Adolf Josef Storfer (dem Leiter des von Freud ins Leben gerufenen Psychoanalytischen Verlags) und Eugen Lazar (dem Chefredakteur der ‚Wiener Allgemeinen Zeitung') und dem Schauspieler Ernst Deutsch, die Schriftsteller Leo Perutz, Paul Frank und Otto Soyka . . .; manchmal waren Joseph Roth und Vicky Baum dort, seltener Robert Musil oder Hermann Broch; in diesen Logen jedenfalls spielten sich, wie Ernst Polak sagte, die „Wortschlachten und Sexualgefechte" täglich bis zur Sperrstunde ab.

Im Grunde genügte es, einen einzigen zu kennen, um an die Runden und Cliquen weitergegeben zu werden – sofern sie nicht miteinander verfeindet waren, was allerdings einen integralen Bestandteil des literarischen Lebens ausmachte. Heimo jedoch geriet von Anfang an in keinen der berühmten Kreise. Das mag, im nachhinein besehen, wie Absicht und Vermeidung erscheinen, gewissermaßen als frühes Zeichen auf dem Weg zu einer Originalität, die sich nichts und niemandem verpflichtet fühlen wollte – mit dem einzigen Bezug auf Gütersloh als ‚Meister', der sich fast ebenso am Rande oder außerhalb dieser Gruppierungen befand wie Heimo selbst. Doch im Grunde war er ziemlich lang bloß ein unbekannter Student, der noch dazu seiner Gesellschaftsschicht entsprechend auftrat; und die Arroganz, von der sich bürgerliche Kreise beeindrucken ließen, erwarb ihm hier keinerlei Sympathie. Zum andern fehlte ihm gänzlich, was die meisten Männer des literarischen Lebens in Wien damals auszeichnete: die sprühende Ironie, der spontane Wortwitz, die kluge Schlagfertigkeit.

Das brachte er erst als berühmter Mann zuwege, durch den Ruhm von jeder Unsicherheit befreit und vor allem: mit einem längst vorgefertigten und wörtlich auswendig behaltenen Gedankenrepertoire. Als junger Mann hatte er kaum anderes als intensiven Ernst anzubieten, und das weniger beim Zuhören als bei eigenen Ergüssen; er tendierte bereits beim Suchen nach der eigenen Wahrheit zu ausführlichen Belehrungen der andern. So blieb ihm gar nichts übrig, als die Meister der Brillanz einer Oberflächlichkeit zu zeihen, die sein Fall nicht sei – womit er Neid und Wahrheit zur Einheit brachte und die Unsicherheit nicht eingestehen mußte. Unter den ‚Sibiriaken' und im erweiterten Haybachkreis, wo seine Rolle schon etabliert war, fühlte er sich wohler.

Im Sommersemester 1921 nahm sein etwas zielloses Herumschmecken im Vorlesungsangebot bereits ein Ende, er inskribierte zielstrebig ausschließlich historische Fächer. Wie schon im Herbst belegte er mehrere Wochenstunden bei dem damals sehr berühmten Ordinarius Alphons Dopsch, der seine Vorlesungen durch maßlose Selbstüberschätzung und ein fast unerträgliches Räuspern zu würzen pflegte; dazu bei

Wilhelm Bauer, der zwar ein furchtbarer Vortragender, aber hervorragender Wirtschaftsgeschichtler war; bei dem grundgescheiten und witzig vortragenden Alfred Francis Pribram; bei dem Kunstgeschichtler Josef Strzygowski sowie nun auch schon drei Wochenstunden bei Oswald Redlich. Dieser letztere sollte der eigentliche Leiter der historischen Studien Heimos werden; er war ein hochgeachteter und vor allem quellenkundlich sehr genauer Wissenschaftler, doch in seinen Werken reichlich trocken und im Vortrag eher schwunglos.[13]

Heimos Zielstrebigkeit beschränkte sich nicht aufs Inskribieren: er war ab nun sowohl ein ehrgeiziger Student als auch persönlich an den Fächern interessiert. Seine Neigung zum Mittelalter, schon anläßlich von Jensens ‚gotischer Renaissance' erwähnt, blieb ihm sein Lebtag erhalten – in Redlichs Vorlesung zur ‚Historischen Chronologie' beschäftigte er sich erstmals damit (wobei durchaus wahrscheinlich ist, daß seine sexuellen Phantasien dieses Interesse verstärkten). Und zu seinem Studium der Stadtgeschichte schrieb er im *Journal* eines der wenigen Komplimente an die Adresse des Vaters, der jedes Gebäude Wiens und seine Geschichte kenne, während er selbst – „wie ein Prolet oder irgendein Zugereister" – von alledem keine Ahnung habe. Das wollte er nun gründlich ändern.

Zu dem kam, daß er – ohne die Fächer inskribiert zu haben – in Hermann Swobodas psychologische Übungen sowie in dessen Vorlesung über Charakterkunde geriet und ganz offensichtlich fasziniert war, wenn ihm auch Swobodas Gesamtlehre sicherlich noch nicht klar war. Jedenfalls überlegte er, Psychologie zum zweiten Fach seines Studiums zu wählen, mit einer sehr klaren Motivation: „Geschichte und Psychologie, zwei Wissenschaften, die sich mit dem Leben unmittelbar beschäftigen! Das wäre eine entsprechende wissenschaftliche Ausbildung für einen Prosa-Erzähler!"[14]

9. Gusti Hasterlik

Als Immo, ohne Vorankündigung bei der Familie, im April 1921 nach Amerika verschwand, brauchte ihn Heimo als Führer in die gesellschaftlichen Jagdgründe gar nicht mehr; er war mit Sondierungen, Zwischenergebnissen und Endvollzügen sexueller Natur reichlich versorgt. Daß ihn, zusätzlich zur immer wieder geschehenden Abkühlung seiner Gier, das Zimmer jedesmal an die 300 Kronen kostete, war problematischer.

Der Abschluß seines II. historischen Seminars verlangte, daß er den Juli über noch in Wien blieb. Da rief ihn – am 24. Juli – zuhause jener Ernst Pentlarz an, der mit ihm seinerzeit die Kavallerieausbildung in Holics und Bruck an der Leitha gemacht hatte, und fragte, ob Heimo nicht mit ihm und seiner Verlobten Gusti ins Grüne hinausfahren wolle. Das war schon zweimal geschehen – ein Ausflug nach Laxenburg, ein Spaziergang im Belvedere – und hatte bei Heimo keinen sonderlichen Eindruck hinterlassen.

Sie fuhren zum Heurigen (wahrscheinlich in Ottakring), wo Gusti recht ausgelassen und fröhlich war; nachher hängte sie sich auf der Straße „scherzhaft" bei ihm ein, was er wohl richtig als erste Annäherung auffaßte; in der Straßenbahn gab er sich dann distanziert. Der Ausflug endete abends im Prater; es wird eine warme Sommernacht gewesen sein. Gusti und Heimo fuhren auf der ‚Scenic Railway' und in einem kleinen Ringelspiel miteinander, während Ernst Pentlarz zusah. Dann noch in der Grottenbahn, und Ernst wartete; in seiner Gutartigkeit mag er sich wohl gefreut haben, daß seine Verlobte diesmal den Beifall des Freundes fand.

Was Gusti für Heimo zuerst so anziehend machte, ist vielleicht am ehesten daraus zu schließen, daß dieser Nacht letztlich mit angeregter Phantasie ein ‚dies infernalis' folgte. Daß er sich mehr als Sex wünschte, ist zweifelhaft; die Erfüllung vordergründiger Laszivität (oder was immer er dafür hielt) durch feinere Gefühle behindern zu lassen, lag ihm eher fern. Gewiß war Heimo überzeugt, selber einer großen Liebe würdig zu sein. Und Liebe war ihm auch schon von einigen der Frauen, die er deshalb dann geringschätzte, entgegengebracht worden – also nicht neu. Noch nicht geschehen war ihm allerdings eine eigene große Liebe, die einer Frau galt; und anstatt sich dies zu erwarten, mag er sich dazu für ungeeignet gehalten haben – vielleicht sogar mit jener stolzen Koketterie wie im *Abenteurer*.

Gusti Hasterlik war so alt wie er (genauer gesagt: um sechs Wochen älter), eine große schlanke Frau (die er allerdings später als ‚une fausse maigre' bezeichnen würde, womit er die – ihn besonders entzückenden – Funde ungeahnter Pölsterchen meinte); sie hatte große hellblaue Augen – und war intelligent. An Lebenserfahrung, Einsicht und Intuition war sie ihm überlegen; nicht nur wie dies häufig für gleichaltrige Frauen gilt, sondern prinzipiell: ihrem reichen Gefühlsleben, das ihr (später) viel Verständnis für seinen schwierigen Charakter ermöglichte, hatte er niemals etwas Gleichwertiges, sondern höchstens Taktik und männliche Macht entgegenzusetzen.

Sie war eine – wie schon ihre Eltern – katholisch getaufte Jüdin, völlig im Wiener Leben assimiliert wie die meisten Wiener Juden, die erst durch den wachsenden Antisemitismus wieder auf ihre ‚rassische Zugehörigkeit' hingewiesen wurden. Und sie genoß, mit ihrem lebhaften Gemüt und ihrem nicht geringen Wissen, vor allem die Künste: nach einer Ausbildung im Konservatorium spielte sie hervorragend Klavier; sie kannte die Neuerscheinungen der Literatur zum Teil besser als Heimo (den sie später zu seinem geheimen Ärger auf Musil hinwies); und sie nahm teil an den Bemühungen ihres Vaters, Werke zeitgenössischer Maler zu sammeln. Im Hause dieses Mannes – Medizinalrat Dr. Paul Hasterlik – spielte lebendige moderne Kunst eine viel größere Rolle als bei den Doderers, wo Kultur vorwiegend klassische Bildung bedeutete und Kunst vor allem ein Schmuck des gehobenen Bürgertums war; bei den Hasterliks gab es Lesungen neuer Texte – damals schon: James Joyce – und vor allem musikalische Darbietungen.

Dabei lebte Gusti allerdings nicht – wie Heimos Schwestern vor ihrer Verheiratung – als sogenannte ‚höhere Tochter', sondern sie hatte das Klavierspiel auch schon professionell in Norwegen betrieben (wo jene in der *Strudlhofstiege* beschriebene Affaire ‚Grete Siebenscheins' stattfand, die Heimo mit nachträglicher Eifersucht erfüllte) und arbeitete hier in Wien als Zahnarztgehilfin in der Praxis ihres Vaters. Dieser ließ ihr alle Freiheiten, die sie sich ohnehin zu nehmen gewillt war; sie hatte mehrere Liebesbeziehungen hinter sich, wollte modern, eigenständig und dabei ehrlich sein und paßte ziemlich in das Bild, das man sich in den zwanziger Jahren von einer fortschrittlichen jungen Frau machte.

Allerdings war dieses Teilhaben Gustis an der damaligen Emanzipation zwiespältig und brüchig. Sie suchte auch, den überlieferten Vorstellungen aus ihrer Kindheit entsprechend, Vertrauen und Geborgenheit, wobei ihr die Überlegenheit eines geliebten Mannes sogar wichtig erschien. Gleichzeitig neigte sie zu höchst undiplomatischer Spontaneität und provozierender Ehrlichkeit: um sich eine unabhängige Eigenständigkeit zu beweisen, die manchmal mehr Wunsch als Realität war. Sie hatte zu viele und zu widersprüchliche Möglichkeiten in sich, deren keine – im noch dazu verstörenden Rahmen der gesellschaftlichen Zwänge – zur dominierenden Eindeutigkeit tendierte. Doch war ihr, im jeweiligen Moment, jede soeben gelebte Version glaubwürdig. Diese unaufgelösten Widersprüche in Verbindung mit einem heftigen – oft warmherzigen, aber immer nervösen und ungeduldigen – Temperament überforderten Heimo recht deutlich. Einer solchen Frau hatte er nichts vorzugeben: wenn es ihm zu gelingen schien, mit ihr Schritt zu halten, war sie schon wieder sprunghaft voraus.

Und das von Anfang an: während Heimo noch darüber grübelte, wie sich ein nächstes Treffen ergeben könnte, ergriff Gusti schon die Initiative. Sie rief ihn an – am Spätnachmittag des ‚dies infernalis' – und sagte ihm, daß sie ihr Täschchen in seinem Mantel gelassen hätte; er möge es ihr um acht Uhr abends nach Hause bringen. So ging er ein erstes Mal in die Wickenburggasse 18 – im VIII. Bezirk hinterm Rathaus –, später nur ‚die Wickenburg' genannt. Offensichtlich entwarf er Strategien für diesen Abend, den er später als „entscheidend" betrachtete: „die Möglichkeit ging mir vorher in gelungener Form durch den Kopf"[1].

Damit meinte er nicht Inhalt und Verlauf des Abends, sondern die Art seines Auftretens: „bejahend kraftmeierisch" nannte dies Gusti in einem Brief[2] einen Monat später – als er ihr schon vorwarf, ihn nur in dieser Pose des Beginns zu lieben. Wie immer dieses Spiel auch war: das fünf Monate später geschriebene Wort „entscheidend" heißt wohl, daß sehr schnell nicht (nur) um Kuß und Beischlaf gekämpft, sondern die Zukunft ausgelotet wurde. Dazu erlebten sie eine warme Sommernacht bei offenem Fenster, durch das ein Grammophon von gegenüber mit Ländlern tönte. Heimo blieb über Nacht, sie frühstückten gemeinsam, dann begleitete ihn Gusti noch durch die Stadt bis zum Donaukanal, von wo er ins Dianabad schwimmen ging. Ausgerechnet an diesem Tag, als er gegen zwei Uhr nachhause kam, war seine Schwester Astri dort und machte ihm heftige Vorwürfe: sie sollte schnell, als Vertraute des Bruders, die entschiedene Feindin Gustis werden, auch aus ‚rassischen' Gründen.

Der ersten Nacht folgte ein „gemeinsames Leben bis 2. oder 3. August", also etwas über eine Woche lang und wohl weiterhin in der Wickenburggasse, was nur in Abwesenheit der Eltern vorstellbar ist. Aus Gustis Briefen, in den unmittelbar anschließenden Wochen geschrieben, geht ein bißchen von dem hervor, was zwischen ihnen stattfand – vor allem: „Es ist etwas unsäglich Freundliches in dem Bild dieses Verhältnisses, möge es sich nie Lügen strafen."

Wie jedem anderen von plötzlicher Liebe überwältigten Paar war es ihnen zunächst darum gegangen, einander überhaupt einmal kennenzulernen: also jenen Vorsprung, der sich aus den Gefühlen und Intimitäten immer wieder neu ergab, mühsam durch Bekenntnisse und Erklärungen einzuholen. Sicherlich versuchten sie auch die übliche Quadratur des Kreises: völlig offen und ehrlich zu sein (was sie auch weiterhin vorhatten) und dabei das bestmögliche Bild von sich selbst zu geben. Heimo gestand ein wenig von dem ein, wofür es ihm an Verständnis fehle; Gusti gab zu, keine „zwölf Stunden hintereinander eine Stimmung halten" zu können. Jedenfalls war ihnen beiden nach acht oder neun Tagen jener unverbrüchliche Ernst klar, der solche Lagen kennzeichnet: in denen es nur das gänzliche ‚Ja' zueinander gibt oder gar nichts.

Da entschloß sich Heimo, „in Geldmangel und Sorge um meine Arbeit" auf den Riegelhof zu fahren, wobei er diesen Aufenthalt gleich bis Ende September vorsah – was eine Abwesenheit von rund zwei Monaten bedeutete. Es war eine Flucht. Dreißig Jahre später schrieb er (an der ewig unbewältigten Geschichte weiter): „G.[usti] in ihrem Zimmer. Das Böse wurde aus mir herausgereizt durch Unentrinnbarkeit der Lage. Die Ohnmacht ist des Teufels bester Ackergrund."[3] Dieses Zitat könnte sich auch auf andere Zeitpunkte beziehen, ist aber in mehreren Zusammenhängen sinnvoll; die Ohnmacht vor dem Unentrinnbaren und gar das Böse war etwas, von dem er Gusti (vorläufig) nichts spüren lassen wollte; er floh vor sich selber – und vor einer reichlich normalen Welt mit einem großen Gefühlsanspruch darin: auf beides war er gleich wenig vorbereitet.

Neben „schönen, ausführlichen" Briefen, die Gusti im Tonfall für ein bißchen „offiziell" hielt, gelang es ihm immerhin, bis zum 25. August sein Divertimento – *Die Bresche* – abzuschließen: das Werk, mit dem er sich selber auf seine ‚Complicationen' verwies. Das mag die Erinnerung an jene acht oder neun Tage zu einem Traum gemacht haben, der im größeren Kontext seines Lebens immer unglaubwürdiger werden mußte – und vielleicht war das auch seine Absicht gewesen. Immerhin hatte er sie, noch in Wien, in einer Weise auf seine Intellektualität sowie sein Künstlertum hingewiesen, die am ehesten Distanz schaffen sollte. Doch schrieb sie ihm, soweit Weib zu sein, daß sie zu einem Mann „lieber auf- als abwärts blicken will" und „überhaupt zu einer Liebe ohne Achtung nicht fähig ist": „der Mann kann das letzte Einfühlen in seine ganze Gedankenwelt nicht verlangen; mit dem Respekt davor soll er sich zufrieden geben". Der von ihr verwendete Ausdruck einer „höheren literarischen Betätigung" klingt ganz so, als hätte ihr Heimo diesen Begriff in bezug auf sich gehörig eingebleut; sie las, sicherlich auf seine Empfehlung, brav aber kommentarlos Güterslohs ‚Die tanzende Törin'.

Unsicherheit gab es dennoch auch bei Gusti, die sich – kaum eine Woche nach seiner Abreise – als eine „Frau, die verzweifelt ihre Unabhängigkeit wahren möchte", bezeichnete. Und am 22. August schrieb sie: „Mein Liebling, wie siehst Du aus? Manchmal glaub ich ein Phantom zu lieben, einen Traum, der mir geblieben ist. Die Zeit des Miteinander Lebens war zu kurz, zu intensiv, um glaubhaft sein zu können." Doch gab sie offen die Ungeduld zu, mit der sie seine Briefe erwartete, und bezeichnete sich – am 19. August – schlicht als „Deine Frau", obwohl sie im Brief zuvor versichert hatte, weder Netze zu spinnen noch Köder auszulegen, vielleicht auf eine Angst seinerseits Bezug nehmend – falls er diese tatsächlich ausgesprochen haben sollte.

Zudem hatten beide eine sehr berechtigte Sorge: und die hieß Ernst Pentlarz. Er war nach wie vor ahnungslos und fuhr den Freund sogar auf den Riegelhof besuchen. Gusti, die gerne Fotos von Heimo gehabt hätte, bat Ernst obendrein noch, dort Aufnahmen zu machen; diese brachte er ihr und erzählte den ganzen Abend nur begeistert von seinem Besuch – „fast der einzige Gesprächsstoff zwischen uns", schrieb Gusti an Heimo. Beide brachten es nicht fertig, den gutartigen Mann mit dem neuen Sachverhalt zu konfrontieren. „Ernst ist in unserem Sinn kein Erotiker, kein Mensch mit Temperament, u. daher im Grunde ohne richtiges Verständnis für derartige Geschehnisse", meinte Gusti. (Tatsächlich brauchte er gar nichts zu verstehen als das, was ihn selber in diesem Zusammenhang betraf; und dergleichen fällt bei jedem deutlich genug aus, ob „Erotiker" oder nicht. Im Herbst kam es zum völligen Bruch zwischen ihm und dem neuen Paar, das schließlich dennoch „Verständnis" gesucht hatte.)

Ende August kündigte Heimo überraschend an, daß er sich in Wien „leider" eine Stellung suchen müsse; und Gusti faßte sofort richtig auf, daß es keineswegs darum ging, ihr gegenüber – falls sich das ergäbe – als Familienerhalter auftreten zu können.

Dahinter standen vielmehr Streitigkeiten mit dem Vater: der von Schmerzen arg geplagte Mann überwand den Schock seines Vermögensverlustes nicht und hatte manchmal geradezu wahnhafte Vorstellungen, gänzlich zu verarmen. In solchen Stimmungen schlug er die finanziellen Bitten des Sohnes, dessen Werdegang ihm weiter suspekt blieb, ab oder erfüllte sie in eher knausriger Weise. Als Heimo im September nach Wien zurückkehrte, erhielt er für den Lebensunterhalt der nächsten vierzehn Tage nur 2000 Kronen, was wirklich äußerst knapp war. (Wilhelm von Doderer war nicht gänzlich ohne Einkommen: er war sowohl in Wien – etwa bei den Wienerberger Ziegelwerken – als auch in der Tschechoslowakei[4] in mehreren Aufsichtsräten belassen worden, obwohl er die Sitzungen kaum noch zu besuchen in der Lage war. Jedenfalls konnte er beide Häuser – Stammgasse und Riegelhof – samt Personal erhalten; ebenso die manchmal recht zahlreichen Gäste. Selbst in seinen finanziellen Ängsten, die mit dem Alter weiter zunahmen, weigerte er sich absolut, auch nur einen Heller oder Pfennig der enormen Mitgift seiner Frau anzutasten.)

Im letzten Brief vor der Ankündigung seiner verfrühten Rückkehr nach Wien Anfang September konfrontierte Heimo die Freundin mit der Tatsache, daß er noch die Liebe einer Sommerfrischlerin loswerden müsse – eine ‚Ehrlichkeit', die sicher nicht naiv war. Aber Gusti, die in ihren Briefen ebenfalls immer wieder mit der vorgeblich harmlosen Beschreibung von Männern ihrer Umgebung aufwartete, fiel nicht darauf herein, ihn mit Eifersucht zu belästigen: „Du kannst dem Mädele ausweichen oder vielleicht mit einem abschließenden Brief oder Gespräch und auf Nimmerwiedersehen . . ." Doch dann kam er schon.

Das letzte Mal hatte er sie vor vier Wochen gesehen: in ihrem blauen Kleid auf dem Perron winkend, als sein Zug in den Süden abfuhr. Nun stand sie wieder auf dem Bahnsteig; und alle Vorbehalte und Zweifel endeten, als sie einander in die Arme fielen. Es folgten zwei Monate intensiven Glücks, wie es sie in beider Leben vielleicht nie wieder gegeben hat – „völliges Zusammenleben", nannte Heimo das in seiner (ersten) Rekonstruktion. Da sie ja keine gemeinsame Wohnung hatten, konnte damit nur gemeint sein, daß sie selbst während ihres Getrenntseins nichts anderes taten als aufeinander zuzuleben und dann wohl jede Gelegenheit benutzten, sich wieder zu vereinigen: in Cafés, bei Freunden, bei Gustis Schwester Mia; in ihrem oder seinem Zimmer, wenn es möglich war; irgendwo in Döbling, wo ihnen vielleicht jemand ein Zimmer borgte – alles war recht, und jedesmal wurde es zum gänzlichen Glück. So entstand, wie in jeder großen Liebesgeschichte, jenes unglaublich hohe Maß der Seligkeit und vertrauensvollen Intimität, welches dann, an die nachfolgenden Ereignisse angelegt, nur noch ein Fehlen zeigen kann, einen niedrigeren Pegelstand, wofür die Schuld bei sich oder dem Partner gesucht wird – wenn es nicht gelungen ist, aus der ersten Verzückung in eine konkretere und damit reichere Beziehung der unterdessen erkannten Persönlichkeiten überzuwechseln.

Offensichtlich hatte Heimo, gestärkt durch die totale und so liebevolle Aufmerksamkeit, die er in dieser Weise noch nie erlebt hatte, seine „bejahende Kraftmeierei" doch fortgesetzt; schließlich verleiht dergleichen auch köstliches Übergewicht. Aber im dauernden Zusammensein geht jeder Pose – ob ‚froher Mensch', ob ‚großer Künstler' – schließlich die Luft aus. Im November brach, auch für Gusti sichtbar, seine Unsicherheit durch – bezogen auf alles, was er an sich ausmerzen wollte: Schwäche und Wankelmut, seine Unfähigkeit zu praktischen Erledigungen. Er wünschte sich dezidiert, kohärent, von paradigmatischer Gültigkeit; und war davon weit entfernt.

Was jetzt unter anderm deutlich wurde, mußte auch durch die zwei Monate ungewohnt puren Glücks gefördert worden sein: nämlich die eigene sentimentale Berührtheit, die er vorher unterdrückt oder geleugnet hatte. Es war leicht gewesen, sich alleine zu entwerfen und zu panzern; aber in der Hitze der Liebe zerschmolzen zu viele der wächsernen Konturen – Grimassen und Faxereien. Er war völlig durcheinander und sah zugleich, wie erschrocken Gusti diesem Zerfall auch ihres Heimo-Bildes beiwohnte. Das stürzte ihn, der dazu ohnehin immer bereit war, in eine tiefe und teilweise hysterische Depression – die das Gegenteil dessen war, was Gusti brauchte: beruhigt und wieder in ihrem Glauben an Heimo bestärkt zu werden. Weil er das nicht konnte, wurde er noch verzweifelter; womit er schon das Modell der späteren *circuli vitiosi* vorwegnahm.

Zu diesen gehörte auch, daß er – neben allen Selbstbeschuldigungen – noch jemanden brauchte, der dafür verantwortlich war, daß er selbst nicht so sein konnte, wie er sein wollte. Vorwürfe zu konstruieren, wurde zu einer immer wieder geübten Meisterleistung seines Lebens; dank seines hervorragenden Gedächtnisses konnte er weit zurückliegende Äußerungen fast wörtlich wiedergeben und sie im Augenblick – fern der Stimmung, der sie entstammten – als verpflichtend darstellen. Er war sich auch nicht zu gut, Gustis Briefe immer wieder nach Zitaten zu durchstöbern, die er ihr als Beleg ihrer Widersprüchlichkeit vorhalten konnte: pedantisch, kleinlich, rechthaberisch. Aber auch das haßte er an sich und fand einen der schlimmsten Vergleiche, der ihm dazu einfallen konnte: Gustis Mutter Irma. Diese war eine Meisterin darin, „dem Anderen aus allem und jedem einen Strick zu drehen"; ebenso wie er, der noch dazu keine einzige Kränkung je vergessen konnte.

Und kränkend war natürlich, daß Gusti seinem Zerfall offenen Auges zusah, statt einfach nicht daran zu glauben und ihn durch Unterwürfigkeit und Liebesdienste wieder aufzurichten (wie die hochgeschätzten dümmeren Frauen seines Lebens, angefangen von der guten heiligen Karoline Nohel; natürlich hätte Gusti, wie später noch oft, gescheit und einfühlsam reagieren können: aber Heimo scheint sie, vielleicht mit einem ersten Ausbruch des ‚herausgereizten Bösen', bis zur Hilflosigkeit verstört zu haben). Kränkend war auch der eigene Vater sowie Irma Hasterlik (geborene Regenstreif, was wohl in den Romanen zu dem Namen ‚Siebenschein' für Gustis Familie geführt haben mag, in vielleicht antisemitischer Tendenz): sie wollte ihre ältere (25jährige) Tochter verheiraten, war nach Heimos Meinung hochintelligent und daher für ihn gefährlich, weil noch dazu listig; von ihr fürchtete er, in seiner finanziellen Leichtgewichtigkeit durchschaut zu werden; ihren durchdringenden Blick verglich er mit dem einer „nahrungssuchenden Ratte".

Das war zur ganzen Verunsicherung noch hinzugekommen: der rasch sich ergebende, sozusagen fast schon offizielle Aspekt seiner Verbindung mit Gusti; zwei Monate solcher gegenseitiger Inanspruchnahme hatten sich nicht verbergen lassen. Mittlerweile war er mit Gustis jüngerer Schwester Mia, die mit Ernst Weiss verheiratet war, schon befreundet und auch in der Familie Hasterlik mehrmals zu Gast gewesen – selbst wenn Gusti für die Doderers noch nicht existierte. Heimo zerbrach sich natürlich den Kopf über die Zukunft: und war auch dieser Frage nicht gewachsen. Sein Versuch, als Volontär bei einer Zeitung zu landen, war fehlgeschlagen; darauf hatte er beschlossen, doch um des Vaters kärgliches Geld fertig zu studieren.

Nichts an dieser Lage konnte seinem Selbstbewußtsein schmeicheln. Er wehrte sich, etwa gegen Gusti mit patzigen Bemerkungen im *Journal:* daß er im Gegensatz zu ihr keine Tendenz zu einer dauerhaften Beziehung hätte; daß ihm ihre ‚Bürgerlichkeit' immer deutlicher würde. Beide Argumente sollten später häufig wiederkehren und überzeugen doch nicht: weil sie meistens nur das jeweilige Scheitern der Beziehung zu rechtfertigen suchten. Gusti war vielleicht sogar weniger ‚bürgerlich' als die Doderers; und er selbst war kein Bohemien oder gar Revolutionär. Und zugleich war er keineswegs willens, sie aufzugeben und das Verhältnis zu beenden; er befand sich in der ‚Unentrinnbarkeit' und hatte weder eine praktikable Lösung noch Alternativen dazu. Vor allem aber wußte er, wie viel sie über ihn noch nicht wußte; und das mußte sein Vertrauen in eine stabilisierbare Zukunft am stärksten einschränken.

Neben diesem ganzen und veritablen Krieg mit sich und der Freundin präsentierte er sie stolz seinem ganzen Bekanntenkreis; er trug ihr auch Scharmitzers Erzählung ‚Nikolai Sideroff' vor und registierte sehr erfreut, daß sein ‚gutes Herz' eine Stunde lang weinte. (Haybach und Lang, denen er ebenfalls die Erzählung seines Freundes vorlas, reagierten viel reservierter, so daß Ernst von Scharmitzer nicht zur Ehre gelangte, ein Autor des Haybach-Verlags zu werden; und schließlich, nach einer Bankanstellung, Jurist im Amt der Niederösterreichischen Landesregierung wurde.) Als es Anfang Dezember zu den ‚Hunger-Ausschreitungen' und Plünderungen in Wien kam, vermerkte er mit Befriedigung, daß Gusti gerade nicht in Wien war und also davon nicht belästigt wurde. Ein etwas anderer Kommentar zu diesen Ereignissen, die er immerhin auch in *Divertimento No. I* verwendete, lag ihm offensichtlich fern.

Was sich in ihm natürlich auch gegen Gusti sträubte, war ein allgemeiner, aber immer unbändigerer Freiheits- und Unabhängigkeitswille, der vor allem durch seine Abhängigkeit in der Stammgasse genährt und mit Ressentiment belegt wurde; das machte ihm häufig jede Form von Gebundenheit unvorstellbar. Damals entstand sein – die Abneigung gegen Irma Hasterlik markierendes – Sprichwort: „Wer sich in Familie begibt, kommt darin um."

Die Hoffnung vieler junger Künstler, durch Erfolg schlagartig aus der bedrückenden Lage befreit zu werden, erfüllte sich bei ihm nicht: Cassirer in Berlin und Rikola in Wien lehnten *Die Bresche* ab. Sein Wohlbefinden mit den Freunden war ebenfalls beeinträchtigt: mit Eggenberger und Siegl konnte er sich fast nichts mehr anfangen, als wirklich nahestehend empfand er nur noch Erwin Lang und Ernst von Scharmitzer; und natürlich Albrecht Reif, mit dem ihn zuviel an gemeinsamer Vergangenheit verband.

Ausgerechnet mit diesem spielte ihm Gusti einen Streich, wobei die Grenze zwischen Ehrlichkeit und Spiel kaum feststellbar ist. Heimo hatte ihr gegenüber behauptet, daß er sich endlich von ihr gefühlsmäßig ablösen könne; worauf sie ihm zu Jahresende – einen Tag vor Silvester – erklärte, sie hätte sich in Albrecht Reif verliebt; gegen eine solche Beziehung könne er jetzt wohl ohnehin nichts einzuwenden haben. Natürlich ließ er sich – fortschrittlich, wie beide zu sein vorgaben – zu einsichtiger Eifersuchtslosigkeit verpflichten; und kam keineswegs auf die Idee, dies könnte ein Spiel sein.

Eine bald folgende Erklärung Gustis – verliebt sei man immer nur in den, den man *nicht* hat – macht es immerhin möglich, daß Reif wirklich ihre Phantasie erregt hatte. Daß sie dann doch so lange und immer wieder auch treu zu Heimo stand, ist dazu kein Widerspruch: der Konfliktanteil in dieser Beziehung wurde zunehmend so hoch, daß sie auch ihn kaum je *hatte*. Ein erheblicher Teil ihrer Wiedervereinigungen war eine jedesmal erneuerte Eroberung, mit aller dazugehörenden Unsicherheit.

Heimo jedenfalls nahm furchtbar ernst, was da geschah: er grübelte den ganzen Tag und viele Seiten lang im *Journal*, wobei er Szenarios aller nur denkbaren Möglichkeiten entwarf und sich ab sieben Uhr abends vorstellte, wie die beiden jetzt im Café zusammensäßen. Daß ihm die imaginierten Szenen doch Pein bereiteten, mußte er sich zugeben; aber er spielte in seiner inneren Dramatik auch mit der Vorstellung, daß gerade eine so rasche und katastrophale Trennung die beste Lösung für ihn sein könnte.

Gusti jedoch blieb allein im Café sitzen: Reif, von ihr schriftlich eingeladen, erschien nicht; auch bei seiner Mutter, die sie dann noch energisch aufsuchte, traf sie ihn nicht an. Erst am nächsten Morgen erhielt sie den Brief mit seiner Absage – und erzählte Heimo die Geschichte gleich am Telefon. Er traf sich abends mit ihr in einem Café – „bei bestem Einvernehmen“ – und ging mit in die Wickenburggasse zur Silvesterfeier. Doch spät in der Nacht holte er noch Reif von zuhause ab und nahm ihn mit sich ins Zimmer der Stammgasse, wo sie bis zum Morgen bei Kaffee zusammensaßen. Was Heimo dabei bewegte, war die Ungewißheit, ob er die Sache nicht doch auf die Spitze treiben und Reif in die Beziehung zu Gusti hineinhetzen sollte; bei so widersprüchlichen Absichten mag auch das Gespräch etwas konfus geraten sein.

Am frühen Nachmittag des Neujahrstages traf man sich zu dritt: bei Gusti, wobei sich dann Heimo unter einem Vorwand verabschiedete; allerdings nicht, ohne sich mit Gusti für sieben Uhr abends einen Treffpunkt im Café ‚Zartl‘ auszumachen. Dort erfuhr er allerdings nicht, welches Szenario das richtige gewesen wäre; vielmehr vernichtete Gusti beide Männer mit einem einzigen Satz: „Er ist ja *noch* schwächer wie du!“

Darauf fiel ihm nichts anderes ein, als ihr anzukündigen, daß sie einander nun acht Tage lang nicht sehen würden. Sie wollte das gerade jetzt nicht; doch bestand er auf dem Triumph, sich völlig überflüssigerweise als konsequent zu zeigen. Er brachte sie durch die regnerische und stürmische Nacht mit dem Taxi nach Hause, wobei sie kaum davon abließen, einander leidenschaftlich zu küssen. „Wie traurig war dieses geliebte Gesicht beim Abschied unter dem dunklen Haustor.“[5]

Natürlich war er gekränkt und ließ sich auch von Astri bestätigen, daß man einem Geliebten nicht ins Gesicht sagen könne, er sei „schwach und unfähig“; aber er konnte sich doch überlegen und stark fühlen, so lange sie ihn sehen wollte und er ihr das verweigerte. Aus der Ferne beschrieb er sie endlich so, wie ihm Frauen am liebsten waren und blieben: „Die Süße, Rührende, Arme! . . . so gar nicht für dieses „praktische Leben“ gemacht, so bedürftig des Schutzes und der Führung!“ Eine derartige Überheblichkeit war ihm einen angemessenen Preis wert: „Diese Tage ohne G. sind grauenhaft.“[6]

Aus der Sicherheit, Reif als ‚noch schwächer‘ beurteilt zu wissen, redete er diesem nun tatsächlich zu, sich um Gusti zu kümmern. Dabei kam aber bloß – und wohl als Balsam empfunden – heraus, daß der Freund „in aller Güte und Weichheit“ für Gusti ein Treffen mit Heimo zu arrangieren versuchte – vor dem Ablauf der Frist. So kam Heimo billig zu seinem nächsten Etappensieg: „Ich sandte R. statt meiner.“[7] Als Belohnung erhielt er die Nachricht, daß Gusti sich gekränkt habe.

Damit schien ihm der Bilanzausgleich der gegenseitigen Verletzungen geglückt zu sein; jetzt brauchte er nicht einmal das Ende der acht Tage abzuwarten. Am Dreikönigstag rief er Gusti an und holte sie dann abends vom Musikverein ab; schleuste sie hinauf in sein Zimmer in der Stammgasse und verbrachte mit ihr fast die ganze Nacht. Erst gegen sechs Uhr morgens begleitete er sie in die Wickenburggasse, wo sie ihm durch ein Lichtzeichen signalisierte, daß sie unbemerkt in ihr Zimmer gelangt war. Damit hatten sie die erste Krisis ihrer Liebe – den Zweifel an dieser – mit Schrammen überstanden; und wenn sich auch die neuerlichen Umarmungen als alles übertünchende Problemlösung darboten, wußten sie ab nun, was einer dem andern antun konnte. Allerdings war Heimo – im Gegensatz zu Gusti – nicht der Typ, jemals etwas ihm Widerfahrenes zu vergessen.

Während er nun wieder voll an ihrer Seite stand – und sie an seiner –, wandte er sich mehr und mehr gegen seine Familie, auch Gustis wegen. Er hatte den Fehler begangen, zu viel über sie zu reden: allerorts, auch mit den Schwestern und mit Immo (der kurz vor Weihnachten wieder aus Amerika zurückgekommen war, wo er zwar traditionellerweise mit Tellerwaschen begonnen, es aber zu absolut gar nichts gebracht hatte). Heimo konnte, wie schon in Sibirien, gar nicht anders als alle seine Probleme zum beherrschenden Thema jedes Gesprächs mit anderen zu machen; daß dann manches davon die Runde machte, hätte ihn nicht gänzlich verwundern dürfen.

Als er, anschließend an die Krisis, eine Grippe bekam, und ihn Gusti mehrmals besuchte, bat er seine Mutter in den zweiten Stock, um ihr seine Freundin vorzustellen, die ihrerseits das bevorstehende Treffen bereits der eigenen Mutter angekündigt hatte. Doch Frau Willy von Doderer erschien nicht. Sie war bereits gut genug über Gusti unterrichtet, um die Beziehung zu mißbilligen, da dieses Mädchen – wie Heimo sehr verärgert im *Journal* schrieb – dem „Virginitätsblödsinn“ nicht gerecht wurde. Immo wiederum kränkte den Bruder, als er Gustis Anwesenheit bloß mit einem nicht sehr respektvollen „Ah so!“ zur Kenntnis nahm.

Schließlich kam es noch ärger: Gustis Aufbruch aus der Stammgasse – wieder einmal um fünf Uhr morgens – war von Heimos Eltern bemerkt worden, es kam zu einer erregten Auseinandersetzung. Die Alten fürchteten, er könnte sich in seiner Beziehung zu Gusti zu sehr festlegen und deswegen sein Studium vernachlässigen oder überhaupt nicht beenden – und auch seiner Karriere als Schriftsteller schaden, fügten sie wohl nur deshalb hinzu, um ein ihm gemäßeres Argument zu verwenden. Was ihn aber am meisten traf, war die mehrfache Äußerung, daß er ja noch ein Kind sei, das seine zukünftigen Entwicklungen und Veränderungen gar nicht abschätzen könne – womit ihm praktisch jede Kompetenz in eigenen Angelegenheiten abgesprochen wurde. Jetzt wußte er, in seiner ohnehin als bitter empfundenen Abhängigkeit, noch dazu, was man von ihm hielt; und daß er bei jeder Form von Bindung an Gusti nur auf Widerstand stoßen würde.

Astris ablehnende Haltung gegenüber Gusti war von Anfang an deutlich gewesen – aber erst jetzt stellte er den „bornierten Antisemitismus dieser Doderin“ fest[8]. Daß er sich ausgerechnet ihren Vorurteilen eines Tages anschließen würde, war auch in den folgenden Jahren nicht abzusehen. Und seine Bemerkung, daß die männlichen Mitglieder dieser Familie „primitive, ideologische deutsche Lümmel“ seien, weist am ehesten darauf hin, daß ihn auch die von einem Großteil der Österreicher gewünschte Vereinigung mit Deutschland damals noch völlig gleichgültig ließ.

Er war, neben dem Studium, fast nur mit sich und Gusti beschäftigt; und da hatte er mit einer weiteren Eifersucht zu kämpfen, die er (sich) nicht zugeben wollte. Denn Gusti hatte im Spätherbst eine Stellung angenommen, als persönliche Assistentin des nur dreiundzwanzigjährigen Pupa Haim, der eine Handelsagentur betrieb. Der Grund dafür, daß sie (vorläufig) nicht mehr für ihren Vater arbeitete, lag wohl darin, daß dieser sie nicht mehr bezahlen konnte.

Die Inflation hatte 1921 fast 600% erreicht, es stiegen nicht nur die Preise der Grundnahrungsmittel immer wieder und besonders kräftig – Fleisch war fast unbezahlbar –, sondern auch die Honorare wie jene der Ärzte: nämlich im Laufe des Jahres rund ums Dreißigfache. Das führte, beim weitgehenden Fehlen von Krankenversicherungen, vielfach dazu, daß sich die Erkrankten keinen Arztbesuch mehr leisten konnten – was sich auf die Gesundheit der Bevölkerung katastrophal auswirkte. Der Charakter des Dr. Paul Hasterlik, der zu geschäftsmännischem Denken so gut wie unfähig war, legt nahe, daß er seine Patienten lieber für ein zu geringes Honorar oder auf Schulden weiterbehandelte als gar nicht. So oder so – er verdiente jedenfalls nicht genug, um Gusti für ihre Hilfe in der Ordination ein anständiges Taschengeld – für weitere Klavierstunden, Konzertbesuche und Kleider – auszubezahlen. In einem späteren Brief – vom 20. Juli 1922 – meinte sie, kein Recht darauf zu haben, ihm auf der Tasche zu liegen, da er doch selber so schwer zu kämpfen habe.

Bei Pupa Haim arbeitete sie jedoch nicht nur (sie hatte sich selber ein bißchen Maschinschreiben beigebracht), sondern konnte, wie auch Heimo, sie bedrängende Angelegenheiten einfach nicht verschweigen. So ließ sie den Dreiundzwanzigjährigen, schon während des ganzen Verwirrspiels mit Reif, zu ihrem Ratgeber avancieren. Seine Urteile gab sie an Heimo recht unverblümt weiter: Pupa Haim hielt von beiden beteiligten Herren der Affaire so wenig wie zuvor von Gustis Beziehung zu Heimo, wofür er sogenannte vernünftige – also ökonomische – Gründe angab.

Diese Art von Intimität mit ihrem Chef konnte Heimo nicht gerade beruhigen. Schließlich sollte sie Pupa auf einer fünfwöchigen Dienstreise begleiten. Heimo brachte sie am 25. Jänner auf den Bahnhof und sah ihr dann nach, wie sie in dem abfahrenden Zug neben dem jungen Mann am Fenster stand; dieser war, nach Heimos Beurteilung, ein feiner und hübscher Mensch, der Herkunft nach spanischer Jude und ziemlich reich. Als Heimo jetzt auf dem Bahnsteig zurückblieb, empfand er die ganze Situation erniedrigend – am ehesten wohl aus Hilflosigkeit.

Zwei Tage später ging aus Gustis erstem Brief aus Linz hervor, daß ihr Zimmer im ‚Goldenen Adler' mit demjenigen Pupas durch eine offene Türe verbunden war. Derlei gab es bei ihr auch später immer wieder: daß sie ihn durch Mitteilungen, die sie ebenso leicht unterlassen hätte können, recht bewußt reizte. Immerhin berichtete sie auch ihren Eltern von jener Verbindungstüre, und diese waren eindeutig skandalisiert. Es mag durchaus sein, daß Gusti mit solchen Provokationen ihre – vor allem innere – Selbständigkeit unter Beweis stellen wollte; Heimo gegenüber aber wohl auch im Bewußtsein, daß er ständig herausgefordert und neu erobert werden müsse, wenn seine heftige Tendenz, nur ja keine Familie zu gründen, nicht zur völligen Trennung führen sollte.

Mit dergleichen zyklischen Überlegungen – Unsicherheit, Provokation, schlechtes Gewissen – dürfte sie Pupa Haim ziemlich in den Ohren gelegen sein; bereits am 29. Januar sandte dieser an Heimo ein Telegramm, er solle sofort nach Linz kommen. Der nahm ohne Zögern den nächsten Zug und sollte nun vier „unvergeßliche" Tage lang selber in den Genuß eines Zimmers mit Verbindungstür zu Gusti kommen – womit wohl wieder ein Bilanzausgleich gelungen sein dürfte. Gusti, die anschließend mit Pupa nach Salzburg weiterreiste, schrieb schon am nächsten Tag von der „Ruhe und Zuversicht", die in diesen Tagen aufgekommen sei: „Ich fühlte eine derartige Festigkeit in mir, daß ich mich auf uns verlassen kann, wie auf mich selbst."

Doch kaum war Heimo allein in Wien, stieg auch schon wieder seine Empörung; und da er sie gerade jetzt nicht an Gusti abreagieren konnte, mußte Pupa herhalten: „*er* hat *sie* mitgenommen, auf seine Kosten, zu *seinem* Zeitvertreib, damit *er* nicht allein sei".[9] Es muß ihn dann sehr befriedigt haben, daß Gusti mit ihrem nächsten Brief in dieselbe Kerbe hieb und Pupa als „direkt abstoßend in seiner maßlosen Eitelkeit u. dem Egoismus, der wirklich schon Wahnsinnsformen annimmt" beschrieb. Dem folgte schon am 6. Februar ein Telegramm, in dem sie ihre Ankunft für diesen Abend auf dem Westbahnhof ankündigte, worauf die beiden – offensichtlich unbemerkt – zwei Tage lang in der Stammgasse blieben.

Erst mit dieser Beruhigung der Lage tauchte am Rande seines Blickfelds wieder die gewohnte Umwelt auf; Reif hatte Anfang Februar seine Promotion zum Doktor der Rechtswissenschaften, Lang erhielt die silberne Staatsmedaille. Um seine finanzielle Lage zu bessern, wandte sich Heimo an den Onkel Richard in Komotau, der dort für die Poldihütte ein großes Stahlwerk errichtet hatte und es nun als Werksdirektor leitete. Tatsächlich sandte der Onkel Ermunterungen und hundert Tschechenkronen, die nicht von der Entwertung bedroht waren. Etwas kurios war Heimos Versuch, beim Sportverein W. A. C. in die Box-Sektion aufgenommen zu werden. Er stellte sich einem Probeboxen, lag allerdings bereits in der zweiten Runde „sauber erledigt und das Mäulchen voll Blut auf dem Rücken".

Anläßlich eines musikalischen Abends bei den Hasterliks fand er sogar Anerkennung für Irma Hasterlik, da sie die Händel-Variationen mit Fuge meisterlich auf dem Klavier spielte (sie hatte eine Virtuosen-Ausbildung am Konservatorium von Petersburg erhalten); an diesem Abend trug auch Lisl Wanka, Freundin der Familie und vor allem Gustis, Lieder von Mahler und Wolf vor. Gustis Schwester Mia sowie ihren Mann Ernst Weiss traf Heimo nun öfter; es entwickelten sich durchaus freundschaftliche Beziehungen. Nach Pfingsten blieb er allein auf dem Riegelhof; da konnte Gusti nachkommen, und sie verbrachten einige gute Tage zusammen.

Doch dann tauchte aus Norwegen ein Leutnant Rolf Bergh auf, mit dem sie genügend oft ausging, um Heimo fürchten zu lassen, daß er von dem Neuankömmling bei ihr verdrängt werden könnte. Aber schließlich reiste der Leutnant nach Paris weiter, und die Irritation scheint doch nicht allzu groß gewesen zu sein; zumindest gibt es in Gustis Briefen keinerlei Hinweis auf eine Verstimmung. Sie verbrachte den Juli mit Mia und deren Tochter Susi in St. Wolfgang, und ausnahmsweise war nur von den Eheschwierigkeiten Mias mit Ernst Weiss die Rede, während sie Heimo in einem ihrer sehnsuchtsvollen Briefe sogar als „geliebten Herrn Gemahl" anredete – und sich als „seine dumme Frau", was ihm sicher gefiel.

10. Die Erfindung der Genialität

Neben der nun beruhigteren Beziehung zu Gusti hatte Heimo auch wieder schreiben können: bis zur zweiten Julihälfte entstand die zweite Fassung des *Letzten Abenteuers*. Gustis lebhafte Anteilnahme in ihren Briefen aus St. Wolfgang fiel geradezu expertenhaft aus, was zumindest zeigt, wie genau er sie über die Inhalte und Absichten seiner Arbeit informiert hatte. Natürlich wollte er keine guten Ratschläge, sondern als Träger der vielfach suggerierten Wichtigkeit seines Dichtens besser dastehen.

Zudem tauchte die vage Chance auf, daß er für ein Jahr nach Leipzig gehen könnte; am ehesten zu einem Verlag, da er in diesem Fall auf Haybach als Verleger verzichten wollte – den er in diesem Zusammenhang gleich geringschätzig zum „Schnorrer" degradierte. Als sich die Hoffnung zerschlug, war er dem lieben Rolf wieder dankbar und gewogen.

Beim eben herrschenden Vertrauen zwischen Gusti und Heimo war auch eine längere Trennung zu ertragen. Gusti fuhr mit einer Freundin nach Goisern, Heimo begleitete seine Mutter und Astri nach München, von wo die beiden am nächsten Tag nach Bad Wildungen weiterreisten, während er sich noch einige Tage in München umsah. Die Stadt, die ihm neben Wien später zum wichtigsten Bezugsort werden sollte, gefiel ihm gleich beim ersten Besuch; die Menschen erschienen ihm „gröber, aber auch reiner und kräftiger"[1] als die Wiener. Seine Entscheidung von 1936, ins München der Nazis zu übersiedeln, mag neben neueren Motivationen von diesem ersten Eindruck mitbestimmt gewesen sein.

Hier sah er zum ersten Mal Bilder van Goghs und der französischen Impressionisten und deutete im *Journal* mit vielen Rufzeichen sein Entzücken an. Diese sind aber auch ein Zeichen hilfloser Verehrung: er hatte sein Lebtag lang zur Malerei nicht viel zu sagen; lobte die Bilder der Freunde, ohne darüber argumentieren zu können, und ließ sich sonst beraten (wie etwa von Gütersloh über Eggenberger); Ausstellungen besuchte er nur anläßlich persönlicher Verpflichtungen dazu.

Als sein knappes Geld zu Ende war, fuhr er zu seiner ältesten Schwester Ilse nach Innsbruck; die Familie Mayer empfing den jüngsten Bruder der Hausfrau zwar gut, fand aber ebenso wie Stadt und Umgebung vor seinen Augen keine Gnade. Der allzu sichtbare Reichtum und Erfolg, noch dazu aus der Firma seines Vaters hervorgegangen, traf seine ständig wachgehaltene Empfindlichkeit, zu diesem Weg nicht geeignet gewesen zu sein; und eben mit leeren Taschen angekommen, glaubte er für sein eigenes Leben als Schriftsteller wenig Achtung und Verständnis erwarten zu können. Das färbte sicherlich auf seinen Eindruck von Tirol ab; dieses und Bayern nannte er im Alter die breiten Ärsche in Lederhosen, welche Österreich und Deutschland brauchten – um darauf zu sitzen.

Doch dann traf er die ‚komische Alte', die Hans von Woynarowicz beim Theaterspielen in Rußland so trefflich dargestellt hatte: nämlich dessen Mutter. Er war auf

Besuch gekommen, um Alice, die jüngere Schwester von Hans, kennenzulernen, da sich Ernst von Scharmitzer mit ihr verlobt hatte; und outrierte im Tagebuch seine völlige Verständnislosigkeit für dieses Ereignis.

Die Mayers dürften Heimo mit etwas Geld ausgestattet haben, denn auf dem Heimweg nach Wien konnte er sich leisten, in Salzburg zu unterbrechen, um die Stadt und umgebende Landschaft zu besichtigen, die er in allen Belangen auf Kosten von Innsbruck lobte.

Neben Gusti mochten vielleicht einzelne Vorlesungen an der Universität zu kurz gekommen sein, nicht aber sein Studium insgesamt. Dabei war es zu einer klaren Gliederung mit Geschichte als Hauptfach und Psychologie als Nebenfach gekommen; nur im Sommersemester 1922 belegte er eine nicht dazugehörige Vorlesung: ‚Moderne Romantheorie (vom Naturalismus bis zum Expressionismus)' bei Christine Touaillon. Eine Stellungnahme dazu hat er nicht hinterlassen, aber vielleicht stammten von dort die ersten theoretischen Begriffe, die er später in seinen Überlegungen zum Roman verwendete; eine andere Quelle dafür war ‚Die Theorie des Romans' von Georg Lukács, ein Buch, mit dem er sich vom rein Literarischen her gründlich auseinandersetzte, ohne sein Interesse auf die philosophischen und politischen Ansichten des Autors auszudehnen. Mit marxistischer Dialektik – die bei Lukács erst später so bestimmend wurde – beschäftigte er sich nie und hatte auch keinerlei Bedürfnis, seine Ablehnung zu begründen.

Das Geschichtsstudium betrieb er mit jenen Eigenschaften, die sich in seinem Leben noch vorzüglich bewähren sollten: verbohrte Ernsthaftigkeit und Pedanterie. Das war dem Quellenstudium und alten Handschriften durchaus angemessen und sicherte die gewünschten Erfolge. Hofrat Oswald Redlich blieb der Mentor dieses Studiums, wobei das Mittelalter von einer Vorliebe zum eigentlichen wissenschaftlichen Thema – schließlich auch der Dissertation – aufrückte: er beschäftigte sich mit der bürgerlichen Geschichtsschreibung im Wien des 15. Jahrhunderts. Darunter sind – wenige – Einzelberichte von Ereignissen zu verstehen, aber auch Quellen wie das Geschäftsbuch des Doctor Johann Tichtel, darin dieser, zwischen aufgezählten Behandlungen und Arzneien, auf die Tagesereignisse einging und dabei ein gelegentlich sehr lebendiges Bild entwarf. Die Bearbeitung, Darstellung und Analyse solcher Quellen gelang Heimo recht gut, wobei er sich zwar um eine neutrale, der Wissenschaft angemessene Sprache bemühte, aber doch in die Wiedergabe mancher Texte einen lebhaften und farbigen Ton brachte, den man ihm vielleicht zugute hielt, obwohl sorgfältige Genauigkeit sicherlich ein höheres Kriterium war.

Im Herbst 1922 kam ein neuer Ordinarius aus Graz an die Wiener Universität, nämlich der vierundvierzigjährige Heinrich Ritter von Srbik, ein zurückhaltender bis verschlossener Mann. Doderer inskribierte bei ihm ‚Das Zeitalter der Reformation und Gegenreformation' und meinte nach der Vorlesung, eine halbe Seite eines Dialogs von Oscar Wilde sei mehr wert als diese ganze Gelehrsamkeit. Tatsächlich aber sollte ihn Srbik nachhaltiger beeinflussen als alle andern Historiker der Universität.

Seine großen Werke – etwa vier Bände ‚Deutsche Einheit. Idee und Wirklichkeit vom Heiligen Reich bis Königgrätz' – waren noch lang nicht erschienen; die grundlegenden Gedanken prägten jedoch auch damals schon seine Vorlesungen.

Als Gelehrter war Srbik von höchster Quellentreue und Genauigkeit, sein wissenschaftlicher Ruhm ständig im Wachsen (er sollte später Unterrichtsminister und unter den Nazis 1938–1945 Präsident der Akademie der Wissenschaften werden); doch sein eigenwilliger Einfluß begann mit der Interpretation der Geschichte, wobei der scheue Mann durchaus fanatisch zu werden imstande war. Ihm ging es in der Beurteilung der letzten tausend Jahre im wesentlichen darum, wann und wie die ‚deutsche Volkseinheit' verwirklicht worden war – oder was sie jeweils verhindert hatte; die alte Reichsidee, die sich zur Volksidee gewandelt hatte, galt ihm als höchstes Gut aller Deutschen, dem er, nach eigenen Worten, als ‚romantischer Katholik' nachhing. Dabei fiel seine Beurteilung der österreichischen Entwicklung sehr negativ aus (obwohl auch Bismarck seine Schuld zugeteilt bekam): die Schaffung des österreichischen Kaisertums 1804 sei die endgültige Preisgabe (und Verletzung) des Reichslehensrechts gewesen und der „Bruch mit der uralten, der mütterlichen, lebensspendenden Reichsidee"[2]. Diese nicht sterben zu lassen gelang ihm bei fast einer ganzen Generation von Wiener Historikern; wie ihr Lehrer waren sie der Meinung, daß das ‚österreichische Deutschtum' sich der Monarchie – wegen deren bevölkerungsmäßiger Überfremdung – seelisch nicht verbunden fühlen konnte, obwohl es das ‚tragende' Volk dieses Staates war, und daß es erst in der Reichs- und Volksidee wieder seine Identität finden würde: in der ‚Schicksalsverbundenheit' aller Deutschen.

Doderer war an einer solchen völkischen Indoktrination sicherlich nicht so interessiert wie an seinen Privatangelegenheiten; er reagierte während seiner Studienzeit auch mit keiner überlieferten Äußerung darauf; und doch blieben Srbiks Lehren gewissermaßen in Latenz und bereit zur Wirksamkeit. In Dachau, wo er sich – wenige Kilometer vom Konzentrationslager entfernt – endlich auf dem Erfolgsweg sah, bestärkten ihn noch immer Srbiks Grundgedanken in seinem Glauben ans ‚Dritte Reich', dem er daher ‚jugendliche Rüpelhaftigkeiten' nachsah.

Mit erheblich modernerem Gedankengut wurde er bei seinem Studium der Psychologie konfrontiert. Im Jahre 1922 war es der Wiener Universität gelungen, Charlotte und Karl Bühler zu gewinnen, bei letzterem belegte Heimo ‚Psychologie' und ‚Übungen zur Philosophie und Psychologie der Sprache', insgesamt fünf Wochenstunden. Diese Vorlesungen fanden auf der medizinischen Fakultät statt – dort hätte er auch Sigmund Freud hören können, mit dessen ‚Traumdeutung' er sich ein wenig beschäftigt hatte, aber offensichtlich lag ihm nichts daran. Karl Bühler, der wichtige Beiträge zur Sprach- und Gestaltpsychologie geleistet hatte, scheint ebenfalls keinen nachhaltigen Eindruck auf Doderer gemacht zu haben, obwohl es Bezüge auf ihn in der Dissertation gibt; doch später nie wieder. Die sachliche und experimentelle Richtung der Psychologie stellte Doderer vielleicht dem verachteten Positivismus nahe – von dem er so wenig Genaues wußte wie vom Marxismus, aber doch später die Feststellung nicht unterließ, daß Ernst Mach – als hätte er sich je mit ihm auseinandergesetzt – „zu meinen Sternen wahrhaftig nicht gehört“[3].

Daneben gab es noch vieles, was er von Anfang an einfach nie zur Kenntnis nahm: weder die Architektur eines Adolf Loos (der mit Doderer immerhin den Glauben an die ‚Tücke des Objekts‘ gemeinsam hatte) noch die Philosophie des Wiener Kreises und Wittgensteins, noch irgendein Gebiet der Naturwissenschaften (die Physik stellte damals gerade das Naturbild auf den Kopf, auch unter Wiener Beteiligung mit Erwin Schrödinger und Wolfgang Pauli); weder Arnold Schönberg noch Alban Berg oder Anton von Webern (Josef Matthias Hauer lernte er zufällig privat kennen und fand ihn widerlich) – was auch immer Wiens hervorragende Leistungen zu seiner eigenen Zeit betraf, blieb ihm weitgehend fern und vorwiegend uninteressant.

Er brauchte Argumente, die seinem Wesen nahe lagen: nichts platt Zugängliches wie die Weltsicht des Liberalismus der Großväter und Väter, nichts kalt Kalkulierbares, keine brillante Evidenz – sondern Dunkleres und Pathetischeres, das Ahnbare statt der offenen Klarheit. Etwas, um das man in Undeutlichkeit rang, wie in der Kunst. Etwas, das sich dem blank rationalen Zugang verweigerte und dadurch ans Spirituelle zu grenzen schien. Die Erleuchtung, die er sich in Sibirien vage erhofft hatte, ging ihm nie mehr ganz aus dem Sinn; aber dieselbe Sehnsucht nach jenen Tiefen, wo sich Blut und Boden vereinten, führte zum politischen Irrationalismus des Nazitums. Dabei war, was sich durch die Herkunft aus dem Unbegründbaren ergibt, die Trennung zwischen den ‚konservativen‘ und ‚revolutionären‘ Elementen solchen Denkens äußerst unscharf bis nicht existent.

Dieser Haltung, der ebenso wie ihrer Zielrichtung noch die Deutlichkeit fehlte, mußte ein Menschenbild entsprechen, das ihm weder Freud noch Bühler vermitteln hätten können und wollen. Im ahnenden Tasten und der religiösen Inbrunst des Mittelalters fand er mehr davon. Und dann bei Dr. Hermann Swoboda, dem fast fünfzigjährigen Privatdozenten für (nur seine) Psychologie, mit kantiger Bürstenfrisur und dem mächtigen, weit über Gesichtsbreite abstehenden Schnauzbart. Daß auch er überzeugter Deutschnationaler und Bismarck-Anhänger war, mochte Heimo gar nicht gewußt haben; doch der Irrationalismus führte viele auf gemeinsame Wege.

Swobodas Lehre – die Vorgeschichte mit Fließ und Freud wurde schon erwähnt – war präzis wie Newtons Gesetze, aber durch nichts beweisbar: eine mit verschrobener Gescheitheit vorgebrachte Spekulation, die wie die ‚Summa Theologiae‘ des Thomas von Aquin als einzige Wahrheit ausgegeben wurde. Der ehemalige Patient Freuds legte dar, daß Sigmund Freud und die gesamte Psychoanalyse völlig unnötig waren, um psychische Phänomene zu erklären; das konnte nur er. Und zwar hatte er nach Wilhelm Fließ ‚herausgefunden‘, daß jeder seelische Vorgang genauen zeitlichen Rhythmen unterworfen sei, die ein ewiges Naturgesetz darstellten, das als solches – wie in der Physik – keiner weiteren Begründung bedürfe; er hätte es ‚entdeckt‘ wie Newton das Trägheitsgesetz. Demnach träten Assoziationen, Erinnerungen und seelische Gestimmtheiten in einem Abstand von 23 oder 28 Stunden oder Tagen oder einem Vielfachen davon völlig automatisch auf; es handle sich um ein absolut ‚freies Aufsteigen' ins Bewußtsein, das durch keinerlei andere psychische Zustände verursacht oder beeinflußt sei – im Gegensatz zu Freud und dessen Begründungen, auf die man nun als völlig überflüssig (und damit falsch) verzichten könne.[4]

Das war bequem für jeden, der den rein analytischen Blick – zumindest aus Freuds Optik – in seine seelischen Abgründe scheute; zudem stärkte es das Vertrauen in die Erinnerungen, da diese nicht durch aktuelle psychische Zustände beeinflußt, sondern ‚wahr' wiederaufstiegen – was Doderer noch fünfunddreißig Jahre später zu einem der Kernstücke seiner Romantheorie machte[5].

Swobodas verehrungsvolle Beschäftigung mit dem Wesen der Genialität (und natürlich auch ihrer Periodizität) führte ihn zur (nicht erstmaligen) Behauptung, daß das Genie sich durch seine Kunst selbst heile, daß die besten Werke, die es der Welt schenke, Heilungsprotokolle seien – was Doderer im *Fall Gütersloh*, und gleich für die Allgemeinheit gültig, so definiert: „Se ipsum sanans, reperuit [!] remedium malignitatis aevi" (sich selbst heilend, findet [der Genius] das Heilmittel fürs Übel des Zeitalters).[6] So dick aufgetragen sprach er zwar über Gütersloh, meinte aber meistens sich selbst.

Auch für das ‚freie Aufsteigen' der Einfälle führte Swoboda das Genie als Beweis an, indem er erklärte: „Genial ist alles, was nicht mit dem Verstand absichtlich gemacht, sondern aus dem Geist geboren ist."[7] Damit war eine antirationalistische Haltung (dem Genie) fast zwingend vorgeschrieben, was Doderer nur allzu willig aufnahm. Ab 1924 notierte er „Versuche extremer Art" – dann nur noch „Extrema" genannt –, bei denen er sich in eine Art meditativen Zustands versetzte, um das ‚Freisteigen' von Einfällen und Erinnerungen zu begünstigen.

Im ersten Versuch dieser Art (am 21. Mai 1924), der doch noch recht absichtsvoll-expressionistisch auftritt, heißt es: „. . . Alles ist da, nichts ging verloren, . . . und kommt ganz unbeachtet . . . als Erinnerung ohne Namen, so flüssig, dass kein Name davorspringt wie in Hülse zwängend . . ." In der weiteren Entwicklung führten die „Extremas" zum Aufschreiben traumartiger Erinnerungsfetzen – eben ohne Absicht, aus dem Geist geboren. (Mit im Laufe des Lebens veränderter Bedeutung hielt er bis zu seinem Lebensende in den Tagebüchern „Extremas" fest.) Immerhin ist durchaus wahrscheinlich, daß jene aufblitzenden Details, die in seinen Romanen so oft die Atmosphäre verdichten, aus der Quelle dieser Erinnerungsübungen stammen.

Doch selbst das, was in Doderers oft wiederholten Lebensregeln (wie schon erwähnt) taoistisch erscheint, findet eine Verbindung zu Swoboda. Aus der vorgeschriebenen Passivität – nicht absichtlich mit dem Verstande zu schaffen – leitete Swoboda ab, daß der geniale Mensch „so ruhig wie das Werden selber" sein müsse, „eigener Anstrengung und gewaltsamer Maßnahmen" enthoben. Das gleicht vielen Mahnungen, die Doderer bis zuletzt an sich richtete. Swoboda fügte noch hinzu, daß der laute Mensch nicht in Übereinstimmung mit der Notwendigkeit des Werdens sei; bei Doderer hieß die Regula Nr. 6: „Lauschen nicht lärmen . . ." Der geniale Mensch fügt sich den großen und kleinen Rhythmen der vorgegebenen Ordnung, er unterwirft sich einer Determination, die nicht weit von Doderers eigener Fatologie (in späteren Werken) entfernt ist: „Man stirbt nicht, weil man krank wird, sondern man wird krank, weil man stirbt."

Ein letzter großer Einfluß kam sehr viel später – ab 1940 – von Thomas von Aquin, dessen *analogia entis* zur theoretischen Grundlage des Spätwerks Doderers wurde. Doch auch diese Wendung ist bei Hermann Swoboda vorbereitet, für den die „Analogie zwischen den Erscheinungen in unserer Brust und denen am Himmel", die analogische Übereinstimmung von Mikro- und Makrokosmos im Mittelpunkt steht, um die *harmonia animae* zu erreichen. Erst in dieser sich schließenden Weltanschauung – für die er auch noch eine ‚wissenschaftliche Astrologie' erhoffte – ist das von ihm ‚entdeckte Grundgesetz' wirklich verankert – als System Gottes, wie beim Aquinaten, dem unerbittlichsten Dogmatiker des Mittelalters, also rein metaphysisch.

Doderer blieb seinem Lehrer, der noch bis 1963 lebte, bis zuletzt respektvoll und dankbar verbunden und benützte auch einen Zyklusschieber, um seine eigenen Periodizitäten leichter berechnen zu können – obwohl er Swoboda als Quelle so vieler und entscheidender Ansichten und Einflüsse kaum jemals eingestand und würdigte. Immerhin setzte er sich als Student – im Mai 1924 – mit Srbik gemeinsam dafür ein, daß Swoboda zum Professor ernannt werde, was aber offensichtlich nicht genug andere Befürworter fand.

Hermann Swoboda war einer der engsten Freunde des „glorreichen" Otto Weininger gewesen, wie Doderer diesen noch 1963 nannte und dabei das von ihm verwendete Wort als „Epitheton des Helden" deutete[8].

Der ‚Held' Weininger hatte zur Heldenverehrung aufgerufen, auch ihn beschäftigte das Wesen der Genialität ganz dringend; er fühlte sich zum Löser aller Fragen der Welt berufen. Und was er antwortete, mußte Heimo überaus befriedigen: das sicherste Kennzeichen des Genies sei das universelle Gedächtnis – „ohne daß schon schöpferische Leistungen des Menschen vorliegen müssen"; und dann erwähnte Weininger noch besonders das „Gedächtnis für scheinbar nebensächliche Umstände, für Kleinigkeiten"[9]. Gerade auf seine Gedächtnisleistungen war Doderer besonders stolz, seit er in Sibirien begonnen hatte, sich damit in Szene zu setzen; und die ‚Kleinigkeiten' wurden bald zum beherrschenden Inhalt seiner „Extremas", die man auch als Überprüfungen sehen könnte, ob sein Gedächtnis Weiningers Kriterien für das Genie (immer wieder) entspräche.

Der ‚wirklich große Mann' stand für Weininger über allen andern Menschen, er mußte Künstler oder Philosoph sein, kein Wissenschaftler, Politiker oder Feldherr; auch Juden kamen nicht in Frage, da sie das Negative verkörperten; und Frauen schon gar nicht, weil sie bloß das Nichts verkörperten. Ein Mann, der den inneren Imperativ zur Genialität hatte, mußte notwendigerweise die Vereinigung mit der Frau verabscheuen und meiden, um seinen Geist rein und unabhängig zu bewahren; verständlicher als den verächtlichen Coitus fand es Weininger, wenn der geniale Mann als Masochist litt oder als Sadist Leiden bereitete. Hier lag für Heimo vieles dicht beisammen, das ihm geradezu spiegelgleich ein intim verständliches Menschenbild vermittelte.

Selbst wenn er die Vereinigung mit der Frau nicht meiden konnte (was er ohnehin schon um den Preis vermehrter ‚dies infernales' versucht hatte), lag ihm nun das Modell einer Unvereinbarkeit der Geschlechter vor, die sich nur in dauerndem Kampf ausdrücken konnte; mit der gleichzeitigen Versicherung, um wieviel minderwertiger die Frauen seien, da ihnen echtes Denken unmöglich wäre. Heimos Bild der Frauen war ohnehin schon alles andere als schmeichelhaft oder auch nur verständnisvoll; wieviel Weininger dazu noch an Pseudowissenschaft beitragen konnte, läßt sich nicht abmessen. Anders steht es mit dem – ebenfalls als ‚wissenschaftlich' getarnten – Antisemitismus dieses jungen Juden; er könnte für Heimo, nach dessen Schwester Astri, der nächste Anstoß in diese Richtung gewesen sein; auf jeden Fall müssen Doderers – ‚genialem' – Gedächtnis die Argumente Weiningers verfügbar geblieben sein, um irgendwann – zur immer unrechten Zeit – eingesetzt zu werden.

Natürlich berief sich Doderer in späteren Zeiten nicht mehr auf diese Argumente Weiningers, sondern „dankte" ihm für die Einführung des Begriffs der ‚Heniden', die etwa den ‚kleinen Perzeptionen' bei Leibniz entsprechen. Dieser verwendete sie – im Sinne geringerer Wahrnehmung, weshalb Weininger sie auch den Frauen zuschreibt – als Gegensatz zu den umfassenden Apperzeptionen, ein Begriff, den Weininger von Kant übernommen zu haben behauptet, der mit der ‚transzendentalen Apperzeption' jedoch die logische Voraussetzung aller Erkenntnis meinte. Bei Weininger ist die universelle Apperzeption die Voraussetzung des universellen Gedächtnisses und damit der Genialität. Doderer griff, in späteren Tagebüchern und Essays, das Wort Apperzeption zu übermäßig häufigem Gebrauch auf und bezeichnete damit einen Akt der Intelligenz, welcher die Wahr-Nehmung der Phänome in der eigentlichen – analogen – Wirklichkeit meinte. Da er dies vor allem vom modellhaften Schriftsteller – sich selber – forderte, verstand sich die Genialität als letztes Ergebnis der universellen Apperzeption von selber.

Jedenfalls wurde er durch die Lektüre – oder eher schon das Studium – Weiningers in seiner Meinung von der Priorität der Kunst, nun sogar als ethische Verpflichtung des Genies, gründlich bestärkt und mit neuen Argumenten versehen. Es war zwar nicht umwerfend neu, der Kunst einen so hohen Stellenwert zuzuordnen, doch für Heimo, dem ein bescheideneres Sicheinfügen in die Welt schwerfiel, und sei es aus Unsicherheit, bedeutete diese Einstellung geradezu die Rechtfertigung seiner Existenz. Die Reinheit der Kunst zu wahren war die Aufgabe, für die alle anderen dankbar zu sein hatten: weil das Genie damit die Übel des Zeitalters heilt – und zum Führer wird. (Eine Art Führerkult lag auch Weininger nahe.)

Führer oder Held: man erkor (vorläufig) Beethoven für diese Rolle; nämlich sowohl Weininger, der sich an der Stelle von Beethovens Sterbehaus einmietete, um dort Selbstmord zu begehen, als auch Doderer, aber sogar Wittgenstein (bei dem die besessene Weininger-Verehrung am erstaunlichsten ist, aber vielleicht ebenfalls in seinem verqueren sexuellen Selbstverständnis wurzelte). Im *Journal* vom 30. 8. 1923 vermerkte Heimito über Beethoven: „Ich will mir seine Totenmaske kaufen und sie haben und immer sehen können. Er bleibt mir der Held und Mann überhaupt . . .“ Und ganz ebenso wie Wittgenstein liebte es Doderer, Anekdoten über jenen Beethoven zu erzählen, der in Ausbrüchen von Komponierwut – als habe er mit dem Teufel gerungen, sagte Wittgenstein – alle gesellschaftlichen Rücksichten vernachlässigte, wie auch in seinen echten Wutausbrüchen, deren handgreifliche Grobheiten Doderer besonders genoß; beide Verehrer waren überzeugt, daß ein solches Genie zu überhaupt allem berechtigt sei – und vielleicht auch sie selber.[10] Jahrzehnte später manipulierte Doderer ein bißchen die Arithmetik (wie es die alten Chinesen aus religiösen Gründen immer für angebracht gehalten hatten), um seinen letzten Roman mit der Ziffer seiner Lieblingssymphonie Beethovens – Nr. 7 – versehen und damit wohl auch die endlich gelungene Annäherung an den Helden auszudrücken zu können.

Daß nur die Kunst eine neue Aristokratie schaffen könnte, blieb nun seine Überzeugung; daß der Anspruch dieser reinen Kunst gegenüber dem banaleren einer Familie oder Frau absolut heilig gehalten werden müsse, war ein Argument, von dem er nie mehr ließ. Eitelkeit, egoistische Grausamkeit oder andere Defekte – und seien es selbst Widerwärtigkeiten – des höheren Wesens Künstler standen nicht mehr zur Debatte; dessen überlegene Stellung in der Welt war metaphysisch begründet. Bis zu seinem Lebensende ließ er nicht mehr von dem Versuch ab, seine gesamte Umwelt von diesem Sachverhalt zu überzeugen; und manchmal zeitigte das für ihn recht bequeme Ergebnisse, vor allem bei Frauen. Die Heldenhaftigkeit blieb ein geschätztes Thema – wobei er selber sie unverbrüchlich ernst nahm.

Daß unter allen Künsten in Hinkunft der Roman berufen sein werde, die höchste Form darzustellen, erfuhr er aus Spenglers ‚Untergang des Abendlands‘. Dieses Buch war zwar nicht so skandalträchtig wie Weiningers Werk, aber doch zur mehr oder minder verpflichtenden intellektuellen Mode geworden; hier war die sehr profund sich gebärdende Pseudowissenschaft mit einem enzyklopädischen Wissen ausgestattet und gab sich so grenzenlos tief, daß sogenannte ‚Fragen der Zeit‘ – wie etwa die soziale – vor den Zusammenhängen der Unendlichkeit zu kläglicher Lächerlichkeit schrumpften. Ein weiteres Argument, das Doderer sehr lieb werden sollte; er studierte das Werk sorgfältig in der zweiten Jahreshälfte von 1922 und ließ sich sogar von Gusti schriftlich versichern, daß auch sie es lesen werde.

Spenglers ‚wissenschaftliche‘ Methode war – wie unerwähnterweise schon bei Swoboda und Weininger (und natürlich auch in Heimos *Journalen*) – die sogenannte Physiognomik. Diese war keine Lehre von den Gesichtern, sondern – recht ungefähr – inhaltlich von Goethes Morphologie abgeleitet und bedeutete, nach den griechischen Wurzeln, Naturkraft-Erkenntnis, sozusagen die Gnostik der Physis. Wie die leblose Materie ihre – etwa physikalischen – Gesetze hatte, so sollte auch die Welt des organisch Werdenden und damit: der Menschen, Völker und Kulturen, ihre gesetzmäßige Kausalität haben, die – natürlich durch Spengler – nun zum Gegenstand einer exakten Wissenschaft geworden war (schon in den Kapitelüberschriften entworfen: „Physiognomik und Systematik“, „Schicksalsidee und Kausalitätsprinzip“

etc.). Damit wurden Schicksal und Fatalität zu anerkannten Größen, die dem entsprechenden Verständnis der Physiognomik zugänglich waren. Und: „Das Mittel, lebendige Formen zu verstehen, ist die Analogie."[11]

In diesem Rahmen wurden Spenglers Meinungen zur Weltgeschichte von der geläufigen Ebene des Essays oder Feuilletons befreit und zur wissenschaftlichen Erkenntnis der Physiognomik; aber nicht nur seine Ansichten, sondern auch die eines mit seiner Methode arbeitenden Historikers, wobei er diesen Begriff für die Zukunft enorm ausweitete und mit dem Künstler verband. Hier mag wohl Heimos faszinierte Betroffenheit am größten gewesen sein: nämlich an der Stelle, wo Spengler diese Vision entwirft und meint, sie „setzt über die Anlagen des Systematikers weit hinausgehend das Auge eines Künstlers voraus, und zwar das eines Künstlers, der die sinnliche und greifbare Welt ringsum sich in eine tiefe Unendlichkeit geheimnisvoller Beziehungen vollkommen auflösen fühlt".

Dasselbe könnte in einer schmeichelhaften Kritik der vorhandenen Teile von *Roman No.* 7 stehen; und vor allem: es entsprach absolut der Absicht dieses Werks, wo die Figuren nicht durch ihre psychologische Entwicklung, sondern in einem dicht verwobenen Netz von Fatalitäten zu Entscheidungen geführt werden, die sie selber gar nicht verstehen können; ‚richtig' sind diese erst auf der Ebene der ‚Schicksalshaftigkeit'.

Natürlich konnte Heimo gar nicht wissen, daß er damals – etwa 1923/24 – bereits einen Großteil des theoretischen Rüstzeugs seines Lebens beisammen hatte: aus wenigen und – nach heutiger Sicht – problematischen Quellen. Im Nebel dieser (zeitgenössischen ‚modernen') Ideen, die irgendwelche Intuitionen durch Systematik aufwerteten oder Vorurteile mit Jahrtausendtiefe versahen, konnten dann ‚Stimmen des Blutes' oder ‚Reichs-Analogien' ein dazupassendes Gewicht bekommen, wenn der Unfug nur pathetisch genug war (womit er gleichzeitig zur Emotionspflege des Expressionismus paßte). Selbst nach Doderers Abkehr vom Nationalsozialismus ab 1940 und bei der dann einsetzenden Neuorientierung verwendete er weiterhin seine früh übernommenen Ideen und Begriffe: Analogien (nun auch nach Thomas von Aquin) und Apperzeptionen, Heniden und freisteigende Erinnerungen, Schicksalshaftigkeit und glorreiche Helden der Genialität. Zudem ging er von denselben, durch Gütersloh bestärkten antiliberalen und antirationalistischen Positionen aus, die ihn zuerst zum ‚Dritten Reich' geführt hatten, kam aber diesmal, ebenso doktrinär wie früher, zu einem ‚konservativen' statt ‚revolutionären' Ergebnis.

Für sein erzählerisches Gesamtwerk könnte man die Auswirkungen dieser Einflüsse trotzdem für positiv halten, und zwar nicht nur im Sinne eines fruchtbaren Mißverständnisses. Tatsächlich erschlossen ihm die Extremas enorm viele Details der Erinnerung, und diese selbst wurde, wie in *Grundlagen und Funktion des Romans* festgestellt, zur wichtigsten Quelle seines Erzählens, was auch den Charakter der großen Romane wie *Strudlhofstiege* und *Dämonen* prägt. Doderer erzählt weitgehend nicht Geschichte, sondern erinnerte Geschichten. Und seine Meinung, Schicksalshaftes erahnen zu müssen, führte ihn zu sensibler Aufmerksamkeit, manchmal mit geradezu zarter Vorsicht: dabei gewinnen nicht nur Figuren eine Tiefe, die oft über ihr eigenes Verständnis hinausgeht, selbst Örtlichkeiten entfalten oft eine magische Wirksamkeit, als gestalteten sie das Leben geheimer, jedoch nachhaltiger als die Handelnden.

Auf das fatologische Geflecht als voraussetzende Grundlage seiner Romankomposition einzugehen, ist erst später sinnvoll; doch die Vorausbestimmtheit des Lebens ist eine Glaubensfrage, die sich durch Argumentation ohnehin nicht entscheiden läßt. Jedenfalls ist ein Roman im allgemeinen nicht umgesetzte Philosophie; und eine Diskussion, ob die Lebensanschauung(en) eines Autors für richtig oder falsch befunden werden, entscheidet selten über die erzählerische Qualität.

In den Tagebüchern und theoretischen Schriften allerdings wirkten sich diese Einflüsse – und jener Güterslohs – fast unvermittelt aus, wenn sich Doderer auch, anstatt seine geistigen Grundlagen und ihre Herkunft klar zu bekennen, lieber als eigenständiger Denker darstellte, der die andern in den Bann seiner Schlußfolgerungen zwingen wollte, ohne den Weg dazu aufzuhellen. So wirkt er an manchen Stellen gescheit, präzis und dunkel zugleich – was ihn sowohl an Gütersloh angezogen hatte, als es auch wirklich seinem eigenen Wesen entsprach. Und nicht zuletzt: er schätzte seine (künstlerische) Umwelt immer wieder auch pragmatisch ein und wußte daher, was er besser zu verschweigen hatte.

11. Tagebuch eines Sadisten

Erheblich über ein Jahr hinaus scheint er alle seine sexuellen Vorstellungen und Wünsche auf Gusti konzentriert zu haben; oder er fand seine sonst üblichen Hurenbesuche einfach nicht erwähnenswert. Im Herbst 1922 nach der Münchenreise jedenfalls stellten sich bei ihm wieder „sexuelle Wunschrichtungen primitiver Art mit starkem sadistischen Einschlag“ ein[1] – ‚dort unten‘, nämlich ‚in den Kavernen von Neudegg‘ (wie die entsprechenden Kapitel in den *Dämonen* heißen) war trotz der Liebe alles beim alten geblieben.

Wenn ihn dergleichen überkam, dachte er vor allem an jene Emmy, der er zum Abschied den blanken Hintern geküßt hatte; das junge Fräulein war von jener Üppigkeit, die ihn immer anzog, obendrein kuhäugig (wie Homers Hera) und wurde von ihm für dumm gehalten: hier stimmte also alles. Aber er wehrte sich, innerlich wie äußerlich; nicht nur wegen Gustis Schönheit, die bei ihm immer wieder Ausbrüche poetischer und handgreiflicher Bewunderung auslöste, sondern auch in Hoffnung auf einen Heimo, dem die Reinheit seines Geistes gelänge.

Nach Weihnachten kam es zum ersten Eklat, der vor allem innerer Konflikt und hysterischer Natur war; übrigens fast genau ein Jahr nach der nicht minder verwirrten Reif-Affaire. Emmy, „dieses Symbol der Banalität“, hatte sich ihm mit einem Weihnachtsgeschenk in Erinnerung gebracht. Ihrer anhaltenden Zuneigung versichert, verzichtete er vorerst darauf, sich zu bedanken: auch weil er wußte, auf welche Weise er dies gern getan hätte (die „ansteigenden Tendenzen“ in ihm waren klar). Doch Gusti, die das Fräulein von Novotny offensichtlich auch kannte, mahnte ihren Heimo, artig zu sein – also zu danken; diese vorläufige Ahnungslosigkeit vertiefte er gern, indem er kurz danach versicherte, schon wieder darauf vergessen zu haben. So konnte er sich letztlich sogar sagen, von ihr in die Sache hineingetrieben worden zu sein.

Zusätzlich brauchte er noch den Vorwand, daß er zu Emmy nur gehe, um die „Wurzel des Übels“ zu überwinden. Doch angesichts ihrer Köstlichkeiten war ihm sofort wieder drängend deutlich, was er wirklich wollte; zudem informierte sie ihn reichlich sachlich über ihren Entschluß, sich ihm (endlich) hingeben zu wollen. Heimo rief bei Hasterliks an, daß er später kommen werde, vereinbarte mit Emmy den kommenden Donnerstag für das Ereignis und besiegelte dies mit einem Kuß auf ihre entblößte Scham. Doch in der Straßenbahn zur Wickenburg wollte er sich nur noch den Mund waschen und alles rückgängig machen. „Alter Schmutz! Da war er wieder!“[1]

Von den Hasterliks ging er mit Gusti ins Café ‚Landtmann‘ am Ring, wobei allerdings die Umwege trotz der Winternacht mehr und länger wurden: in seiner Übererregtheit konnte er es nicht lassen, Gusti alles zu erzählen. Wahrscheinlich nicht bloß die an sich simple Geschichte, sondern erstmals auch seine dahinter stehenden sexuellen Fixierungen. Er muß es wohl zustande gebracht haben, sich als gequältes Opfer – sowohl der Verführung wie der unglückseligen Veranlagung – darzustellen; tatsächlich nahm er den Kampf um den besseren Heimo ja dramatisch ernst. Jedenfalls: „G. hielt sich bewunderungswürdig, ihre Güte und Freundschaft blieben immer über allem was ich sprach." Daß er dabei viel riskierte, mußte ihm bewußt gewesen sein; doch auch die Absicht, einen endgültigen Bruch zu provozieren, lag in irgendeinem Winkel seines Wesens stets bereit. Mittlerweile wußte Gusti das ebenfalls.

Im ‚Landtmann' konnte er sich gar nicht setzen, sondern ließ sie alleine an einem Tischchen und lief im Gang bei den Garderoben eine halbe Stunde lang auf und ab; unendlich aufgewühlt, aber vielleicht auch befriedigt, die „Bresche" – zumindest als Erklärung – nun auch bei Gusti geschlagen zu haben. Als er sich endlich setzte, war er so weit beruhigt, daß er einen Brief an Emmy schreiben konnte, in dem er ihre Vereinbarung „zunichte machte".

Eine solche Ablehnung ihrer Gaben nahm das üppige Mädchen allerdings nicht hin. In einem erregten Briefchen teilte sie ihm am Donnerstag mit, daß sie ihn am Abend dennoch erwarten werde. Was nun ausbrach, waren jene ‚neuralgischen Kopfschmerzen' (der rechten Hälfte), die er stets auf Sibirien zurückführte, deren häufigste Ursache jedoch nervöse Verspannungen im Nacken sind. Vielleicht gebrauchte er sie als Ausrede bei dem folgenden Telefonat mit Emmy, die ihn aber zu kommen „zwang"; schwankend war er freilich ohnehin schon seit Erhalt ihrer Zeilen gewesen.

Was an diesem Abend folgte, läßt sich am ehesten mit Szenik und Gestik eines dramatischen Stummfilms jener Zeit vergleichen. Bittend gefaltete Hände des ‚armen Weibs': „Nimm mich! Nimm mich!" – vor ihr ein grausam hartherziger Heimo, der stundenlang wiederholt, er hätte kein moralisches Recht dazu, da sein Begehren ausschließlich sexueller Natur sei. Zwischendurch entschuldigte er sich plötzlich, daß er eines Telefonats wegen nach Hause müsse; rief aber aus einem Café Gusti an, um sie über den Stand der Dinge zu informieren.

Dann kehrte er zur Gartenmauer der Geologischen Reichsanstalt zurück – im fließenden Mondschein der Winternacht –, stand dort mit dem Rücken zur Wand, sein „Kopf hing wie bei einem krummen, müden Pferd".

„Ein einziges Mal nur – ein einziges Mal nur!" flehte Emmy.

„Nein – nein – nein – nein – nein – nein . . .", wiederholte er monoton.

Zuletzt riß er ihre Hand an sich, schüttelte sie zum Abschied und rannte davon.

Filmdauer: dreieinhalb Stunden.

Nachspiel: wieder rief er Gusti an und wartete dann auf sie im Café ‚Herrenhof'. Sie kam erst um ein Uhr nachts, doch dann saß noch jemand am Tisch, mit dem sie früher ein Verhältnis gehabt hatte, und Heimo war nichts als eifersüchtig.

Nächster Tag: nachmittags besuchte ihn Gusti, er verzichtete „endültig" auf Emmy und war mit der Freundin „unendlich glücklich".

Drei Wochen später war er überzeugt, ihretwegen auf „große Sensationen" verzichtet zu haben.

Im Februar schlief er schließlich doch mit der Novotny, fand das aber, da er seine geheimen Wünsche (noch) nicht durchzusetzen wagte, eher enttäuschend.

Emmy war mit großer Wahrscheinlichkeit das Vorbild zur Laura Konterhonz in den ‚novellistischen Unterhaltungen', die er Ende Januar begann –: „Da ist Laura Konterhonz, ihr Gemüt (eine große weiche Blase, die sich jeder intellektuellen Selbstverwaltung entzieht) macht Obstruktion gegen weltliche Kaltschneuzigkeit und rechnet sich das hoch an."[2]

Dieses Buch sollte nach seiner Hauptfigur *Jutta Bamberger* heißen, einer teilweise männlichen jungen Frau, der – wie dem Jan Herzka der *Bresche* – der weibliche Mann Sascha Slobedeff gegenüberstand. Der Kern der Handlung sollte etwa folgendes sein: die als Mann verkleidete Jutta lernt bei einem Maskenball Sascha kennen, der als Mädchen gekommen war; und beide verlieben sich ineinander. Als sie einander wiedertreffen, endlich erkennen und die Mißverständnisse klären, entsteht diese Verliebtheit aufs neue. Sascha ist nun doch so sehr Mann, daß er von Jutta eine Weiblichkeit fordert, die sie ihm nicht geben kann. In ihrer Verzweiflung begeht sie Selbstmord, Slobedeff folgt ihr in den Tod.

Diesen Kern der Geschichte wollte Doderer jedoch nicht gradlinig erzählen, sondern mit novellistischen Episoden oder Divertissements umgeben, die sozusagen dezentralisiert, also von verschiedenen Rändern her, die Entwicklung der Ereignisse weitertreiben sollten – als ‚beweglicher Rahmen', wie er das nannte (was ihn damals kompositorisch noch ziemlich überfordert hätte). Gusti hingegen war gleich für eine lineare biographische Darstellung Juttas; nach seinen Textversuchen bis Sommer gab er ihr recht und ließ das Konzept der ‚novellistischen Unterhaltungen' fallen. Tatsächlich besteht ein Großteil des erhaltenen Fragments aus der Beschreibung von Juttas Jugend, wozu er als Anregung seine eigene „verschüttete" Kindheit zu erinnern versuchte – also erstmals aus jenem Fundus schöpfte, der zu seinem wichtigsten werden sollte.

Die Figur der Jutta Bamberger selbst war eine intensive Wunschvorstellung, die ihn bis an sein Lebensende begleiten sollte (er schloß nicht einmal aus, das Fragment zur Grundlage eines ‚Romans No. 8' zu machen). Noch in der *Sonatine II*, die kurz vor seinem Lebensende zu seinem 70. Geburtstag erschien (und sieben Jahre vorher geschrieben wurde), gab er eine mythisch verklärte Darstellung Jutta Bambergers als seiner „unbekannten Geliebten", mit der er sich „jahrelang würde [. . .] beschäftigen müssen"[3].

Tatsächlich war sie eine fiktive Gestalt, während deren Entstehen er in der Straßenbahn eine junge Frau sah, die haargenau dem Bild entsprach, das er sich gemacht hatte; angeblich glotzte er sie so indezent an, daß sie ausstieg. Rund zwei Jahre später begegnete er ‚ihr' in Assisi nochmals; natürlich ist auszuschließen, daß es sich um dieselbe Person gehandelt habe, aber beide Male empfand er es als Begegnung mit ‚Jutta Bamberger' selbst, in einer Art magischer Wirklichkeit.

Diese junge Frau hatte ein eher unhübsches Gesicht, jedoch mit schrägen Augen (wie er selbst), und sie war schmalhüftig, fast knabenhaft, also wohl auch flachbrüstig. Kurzum: ihr fehlten alle weiblichen Attribute, die der landläufige Geschmack und Heimo noch mehr – meistens – deutlich ausgeprägt sehen wollte. Jutta Bamberger war so wenig weiblich, daß er in ihr eine Frau – man möchte fast sagen: erstmals – als Person und Persönlichkeit sehen (oder zumindest imaginieren) konnte; kein ‚Attribut' verstellte ihm mehr den Blick. Ihre sexuelle Vagheit – die Weigerung, sich psychisch weiblicher zu geben, als sie war – stellte sie an den Rand der Gesellschaft; ihr Anspruch an andere galt keiner sexuellen Rolle mehr, sondern der Person – ob männlich oder weiblich. Ein solches Geschöpf, das nicht mit einem Mann, sondern neben ihm leben würde (was Slobedeff zu seinem Verhängnis nicht zuließ), wurde Heimo zum Ideal der „unbekannten Geliebten", einer wirklichen Gefährtin von knabenhafter Weiblichkeit, die seine eigene sexuelle Varianz verstehen und ergänzen könnte.

Die ‚Erfindung' Jutta Bambergers mußte ihm als Erlösung erschienen sein; 1926 schrieb er ‚an sie': „Du stehst überall, wo nur immer eine Brücke ansetzt in ein helleres Gebiet, eine Brücke, die man fassungslos vor ungläubiger Freude beschreiten will, kaum zu beschreiten wagt."[4] Die Sexualität in W selbst (Weininger für Weib) zu überwinden – dieses durfte nur nicht reizen –, erschien ihm als neuer Weg der Selbstrettung zur Freiheit.

Bei Gusti war ihm das schwer möglich, und sie hätte es gar nicht geschätzt; immerhin versuchte er manchmal, sie durch die Bezeichnung ‚Bruder' gewissermaßen zu neutralisieren; auch unterschrieb sie selbst brav ein paar Briefe als ‚Bruder Gusti', aber überzeugend war das nicht; eher nahm schon der ‚Kampf der Geschlechter' seinen weiteren Verlauf.

Dennoch war ein Modell verpflichtender Asexualität geschaffen, dessen er sich noch öfter bedienen sollte: nämlich in den beiden intensiven Beziehungen zu Lotte Paumgarten und Gaby Murad (Quapp respektive Licea in den *Dämonen*), beide knabenhaft schlank.

Im Juni 1923 erschien auf Bütten in sechshundert Exemplaren Heimito Doderers – wie er sich auf Grund der Gesetze der Republik nennen mußte – erstes Buch: der Gedichtband *Gassen und Landschaft.* Die Schrift war von Haybach geschnitten, dieser übernahm mit einem Freund auch selber das Binden, Erwin Lang hatte das Titelblatt gestaltet; Heimo gefiel es. Die Vorfreude und das stolze Verteilen von Exemplaren unter Freunden und Freundinnen sowie Verwandten dürften köstlicher gewesen sein als der Nachgeschmack; wenn er sich vielleicht – wir wissen es nicht – die Begeisterung des verehrten Rilke oder auch Hofmannsthals erwartet hatte, so geschah nichts; im ‚Tag' erschien eine freundliche Rezension des Filmtheoretikers Béla Balász; bei den übrigen Kritikern war er, wie er im November anmerkte, gerade mit heiler Haut davongekommen. Der Ruhm blieb auf den Kreis der Wohlwollenden beschränkt.

Doch eine Steigerung des Lebensgefühls mag sich schon durch die bloße Erwartung der Folgen seines ersten Buchs ergeben haben. Auf den Bällen und Redouten im Frühling trat er nicht nur gerne auf und durchtanzte die Nacht, sondern entwickelte auch die Geste, der bevorzugten Tänzerin am nächsten Tag den spektakulärsten Blumenstrauß ihres Lebens zusenden zu lassen, ob sie verheiratet war oder nicht (riesige Bouquets zu versenden, blieb ihm – vor allem, als er sich das später leichter leisten konnte – ein bevorzugtes Mittel zu beeindrucken). Eine damit beehrte schöne Dame namens Mimi traf er zufällig im Sommer im Döblinger Schwimmbad wieder: da war ihr der junge Verehrer im knappen Höschen vor ihrer Tochter etwas peinlich – diese hieß Hilde Spiel.

An der Universität wurde ihm nun, nach der längst erfolgten Anrechnung des juridischen Semesters, ein weiteres für die Kriegsjahre geschenkt, so daß er mit Ende des sechsten Semsters seiner historischen Studien das Absolutorium erhielt; damit konnte er sich, ohne weitere Vorlesungen besuchen zu müssen, für die Rigorosen vorbereiten und an seiner Dissertation arbeiten. Allerdings hatte er es anders beschlossen: bereits am 6. Juni legte er die reichlich umfassende und schwierige Aufnahmsprüfung für das Österreichische Institut für Geschichtsforschung ab. Darauf wurde er vom Bundesministerium für die nächsten zwei Jahre zum ordentlichen Mitglied des Instituts ernannt; ob das damit verbundene jährliche Stipendium von 80.000 Kronen der alleinige Grund für diese Entscheidung war, ist unbekannt.

Jedenfalls hätte ihn diese zweijährige Ausbildung zu einem Spezialisten gemacht, dem eine Karriere an der Universität, in Archiven oder Bibliotheken eher offenstand als gewöhnlichen Absolventen des Geschichtsstudiums; und vielleicht war der Kurs tatsächlich als eine Absicherung gedacht – wie rund ein Vierteljahrhundert später, als er ihn tatsächlich beendete. Beim ersten Versuch schied er nach vier Monaten wieder aus, nicht wegen mangelhafter Leistung, sondern angeblich freiwillig wegen eines besonders günstigen Berufsangebots, von dem aber sonst nichts bekannt ist. Ein mit gewisser Glaubwürdigkeit kolportierter Grund wäre ein Besuch Gustis im Lesesaal des Instituts gewesen, vielleicht zu späterer Stunde und nicht unter Wahrung jener Schicklichkeit, wie sie Emil von Ottenthal, der Vorstand des Instituts, der hierorts üblichen Würde angemessen erachtete. Ein solcher Grund erscheint bei Heimo wahrscheinlicher als der freiwillige Verzicht auf Geld.

Bei den Hasterliks gehörte er – als eindeutige Gegenwart mit ungeklärten Folgen – mehr oder weniger zum Alltag. Keinerlei Ressentiment seinerseits ergab sich je gegen den Doktor, der Konzerte wichtiger als Honorare nahm; der am Vorzimmerfenster, von wo es links in die Ordination weiterging, friedlich seine Kakteensammlung besprühte und im Speisezimmer den eigenen Klimt und Schiele genoß. Zwischen ihm und Heimo waren unbelastete Gespräche zu vierlerlei Themen auch dann noch möglich, wenn sich bei den Damen des Hauses kakteenübertreffende Stacheln aufstellten.

Der Mutter Irma gegenüber fand Heimo offensichtlich nie den Trick oder Charme, sie wirklich auf seine Seite zu ziehen. Obwohl sie alle Spielregeln der üblichen Höflichkeit einhielt, befürchtete er von ihr, daß sie ihn in seinen – persönlichen wie künstlerischen – Freiheitsbestrebungen allzu gern zurechtstutzen würde; und hatte vielleicht in ihrem Umgang mit Mann und Töchtern das Beispiel dazu vor Augen. Diese überempfindliche Angst, beschnitten und darauf festgelegt zu werden, dehnte er immer wieder auf Gusti aus (die mit ihrer Mutter mindestens genauso schlecht zurechtkam und den ‚Papi' – oder gar das ‚Päpchen' – sehr viel mehr liebte).

Zwischen Heimo und Gusti wurden die heftigen Szenen mit anschließendem Abbruch der Beziehung zur stereotypen Wiederholung; voll antibourgeoiser Verachtung seinerseits, wenn ein Anspruch an ihn gestellt wurde: „Bettelsuppe des täglichen Lebens, Dich kredenzt die Frau!! Erotik das alles wert?? *Nein.*"[5] Aber diese Gegensätzlichkeit war auch ein *basso continuo*, über dem die Versöhnungen dann um so genußvoller ausfielen.

Er ärgerte sich immer wieder über sie; etwa wenn er mitansehen mußte, wie sie bei Gesprächen aufblühte, in denen das spontane Bonmot, das schnelle Ping-Pong der geistreichen Argumente immer funkelnder wurde, während er solches nicht bieten konnte; oder wenn sie begeistert vom Besuch Anton Kuhs in der Wickenburg erzählte, „von seinem ésprit, seiner Schärfe, seinem Witz" während des Essens[6]. Und bis zu existentiellem Mißtrauen verdüsterte er sich, wenn ihre Lebhaftigkeit durch geschäftliche und finanzielle Debatten geweckt wurde – in diesem Zusammenhang scheinen seine ersten antisemitischen Äußerungen gegen sie gefallen zu sein.

Manchmal hatte er den Eindruck, daß ihm ihre jüngere Schwester Mia näher stünde: „dieses Gusti-verwandte Blut würde mich nicht kränken, sie wäre die einzige, an die ich jetzt ohne seelische Carambolage nahe herangehen könnte . . ."[7] Die dreiundzwanzigjährige Mia Weiss galt vielen als eine große Schönheit, ihr Charme war in jeder Gesellschaft geschätzt, Heimo hielt sie obendrein für klug und „lebenskennend". Sie war aber auch zart und sensibel, ebenso wie ihre Schwester zu hoher Nervosität bereit, wobei gelegentliche Dosen von Morphium die Nerven nur scheinbar beruhigten; immer wieder fand sie sich außerstande, allein zu bleiben, mußte sich da oder dort an erregten Oberflächen der Gesellschaft zerstreuen und blühte durch Anregung von außen auf, während sie, auf sich zurückgeworfen, der Depression verfiel.

Ihr Mann, der große schlanke Ernst Weiss mit seiner etwas seltsamen Vorliebe für Kniehosen, verdiente bei seinen verschiedenen Geschäften abwechselnd sehr viel oder nichts, betrog Mia reichlich unverblümt und war maßlos eifersüchtig. An Verehrern fehlte es ihr nie (auch den ganzen Rest ihres Lebens). Die Ehe war offensichtlich im Scheitern; Ernst hatte sich nobel im ‚Grand Hotel' am Ring einquartiert, während Mia sich mit der kleinen Tochter Susi zur Erholung im ‚Cottage-Sanatorium' aufhielt, wo sie von ihrem Mann und den Freunden viele Besuche erhielt; auch von Heimo.

Doch der wichtigste von allen war ein anderer Ernst, nämlich Polak – schlechthin der Prototyp des (zuerst Prager, dann) Wiener Kaffeehausliteraten. Er selbst definierte sich als „gescheit, gescheiter, gescheitert" und umschrieb damit, daß er nur ein kleiner Angestellter der Österreichischen Länderbank war, sich aber jede Nacht in einen anerkannten Experten für literarische Fragen aller Art verwandelte, ohne selber ein bleibendes Werk zustande zu bringen. Sein – von ohnehin niemandem geteiltes – Minderwertigkeitsgefühl kompensierte er durch extrem sorgfältige Kleidung und Monokel, war in all seiner Schmächtigkeit streng distanziert und achtete darauf, nur geschliffene Sätze von sich zu geben (wie auch Doderer später). Sein Urteil war so geachtet, daß selbst Männer wie Hermann Broch oder Franz Werfel sich bei ihrer Arbeit von ihm beraten ließen und ihn als Korrektor ihrer Manuskripte heranzogen.

Vor allem durch den Einfluß des 1920 verstorbenen Psychiaters Dr. Otto Groß war das ‚Herrenhof' zur Zentrale einer Art von erotischer Revolution geworden, der es um die Befreiung vom Patriarchat und das Erreichen einer unbehinderten Promiskuität ging. Anton Kuh und seine Schwester Nina hingen dem ebenso an wie Polak, der zwar mit Milena Jesenská verheiratet war, sich aber daran nur erinnerte, wenn sie so schön zurechtgemacht war, daß er sie stolz herumzeigen konnte. Während sie selbst ihre Liebe zu Franz Kafka hauptsächlich im regen Briefwechsel auslebte, ehe sie später mit Xaver Schaffgotsch auf und davon ging (der seinerseits gerade ein höchst romantisches Verhältnis mit Gina Kaus hatte), war Ernst Polak in Mia Weiss verliebt.

Er verfügte ebenso souverän über kultivierteste Liebenswürdigkeit wie über die Andeutung von Abgründen der Dämonie und wirkte auf viele Frauen überaus faszinierend; auch Mia scheint weniger Schwierigkeiten mit ihren Gefühlen für ihn als mit der Behinderung durch Mann und Kind gehabt zu haben. Diese Konstellation reichte jedenfalls, ihn an dem Verhältnis leiden zu lassen. So geriet er im ‚Herrenhof' an Heimo: „zwei an den Schwestern H.[asterlik] gestrandete Leute . . ."[8] Daß sie in dieser Situation füreinander einfühlsame Sympathie aufbrachten, nimmt nicht wunder; sie putschten sich aber gewiß nicht nur mit trockenen Argumenten auf, da sie schließlich zu später Stunde das Café durchs offene Fenster springend verließen, was sonst gar nicht zu dem überkorrekten Ernst Polak paßte.

Eher schon zu Heimo, der es zunehmend liebte, sich sportlich zu gebärden, was vor allem hieß, daß er gern in Knickerbockern und Stutzen zu festen Schuhen auftrat (während Gusti recht zeitgemäß Sackkleider und Topfhüte bevorzugte); aber er hatte sich auch Hanteln angeschafft und die Vorschrift an sich erlassen, den Körper täglich zu trainieren. Solche disziplinären Maßnahmen setzte er über längere Zeiträume immer wieder mit beachtlicher Hartnäckigkeit durch. Es gefiel ihm nun auch, allerorts recht zackig in Erscheinung zu treten, mit breit auseinandergedrückten Schultern; Anton Kuh, den er ebenfalls bald kennenlernte (ohne daß aus der anfänglichen Faszination eine Freund- oder Anhängerschaft entstand), hatte jedenfalls oft den Eindruck, daß Heimo das ‚Herrenhof' betrat, als wollte er im nächsten Augenblick jemanden niederboxen. Das hatte ihm, selbst wenn es mit Unsicherheit gepaart war, bei den hier Anwesenden wieder einmal wenig Sympathien eingebracht.

Er blieb in diesem Sommer – vor allem wegen Albrecht Reifs Hochzeit mit der wohlhabenden Hansi Fürst („eine recht häßliche Sache") – bis über Mitte August in Wien, wobei er in einzelnen Gesprächen sowohl Mia als auch Ernst Weiss näherkam; letzteren fand er einen „Pracht-Schädel", was am ehesten hieß, daß sich die beiden Männer in ihren nicht unähnlichen Vorurteilen – für dicke Weiber, eigene Libertinage und absolute Treue der Geliebten – eben bestens verstanden. Mia hingegen erregte seine ziemlich heftige Reaktion, als sie am Fenster ihres Zimmers im Sanatorium laut darüber nachdachte, hier herunterzuspringen.

Kaum war er auf dem Riegelhof, geschah dies tatsächlich: „Mia hat sich bei weiteren Krachs so sehr aufgeregt, daß sie sich mit dem endgültigen Geständnis im Ausschnitt zum 2ten Stock heruntergestürzt hat“, schrieb ihm Gusti in kaum lesbar hingefetzter Schrift. Allerdings war über die Terrasse des Sanatoriums, die unter Mias Zimmer lag, ein Sonnendach gespannt gewesen, das den Sturz weitgehend aufgefangen hatte; dennoch brach sich Mia ein Bein und eine Hand. Während sie im ‚Rudolfinerhaus‘ lag, stellte sich Ernst Polak mit Freundesunterstützung dem tobenden Ehemann, wurde abgeohrfeigt und hinausgeworfen. Daraufhin kam es, im Gegensatz zu den früheren Streitigkeiten, zu keinem ‚Liebesrückfall‘ mehr, wie Gusti das nannte, sondern zur Scheidung, allerdings unter drückenden Bedingungen für Mia; immerhin gelang es, aus dem Vertrag jenen Passus zu entfernen, demzufolge ihr das Kind weggenommen würde, falls sie weiteren Umgang mit Polak hätte.

Heimo kommentierte gegen Ende November im *Journal:* „Ich glaube nicht, daß E.[rnst] P.][olak] sich jetzt wird scheiden lassen [. . .] nun hat er die Geliebte ja wieder, was braucht er mehr?“

Heirat oder Trennung schienen für Heimo und Gusti in regem Wechsel jeweils gleich nahe zu liegen, wobei der gerade vorangegangene Zwist den neuerlichen ‚Liebesrückfall‘ nicht unbedingt glaubwürdiger machte: schließlich ging es immer wieder um dieselben unbewältigten Themen. Er wollte seine Freiheit, aber Gusti ausschließlich besitzen – und auch heiraten; sie wollte den Künstler, der jedoch den materiellen Bedingungen fürs Zusammenleben Rechnung tragen sollte – wozu ihn die Liebe ja veranlassen könnte. In den Phasen liebevoller Versöhnlichkeit ließ sich dann jeder auf Kompromisse ein, „die wir beide zu erfüllen ausserstande oder nicht gewillt sind“, schrieb Gusti; und jedes nicht eingehaltene Zugeständnis wurde zur Grundlage späterer Vorhaltungen und mangelnden Vertrauens in neuerliche Versprechungen.

Wenn Heimo – am ehesten nach einer schmerzlichen Trennung – wieder einmal fest entschlossen war, sich ganz zu Gusti zu bekennen und die künftige Ehe ernst zu nehmen, meinte er dies ehrlich, aber beschränkt auf die seelischen (und physischen) Aspekte der Vereinigung. Nach dieser schwer errungenen Eindeutigkeit fiel er aus allen Wolken und hielt es für einen Verrat an seiner Kunst, wenn Gusti etwa fragte, wovon sie denn die gemeinsame Wohnung bezahlen und überhaupt leben sollten – als wäre sein Leben, meinte er, bloß dazu da, „einer kleinen Frau ihre 7 Kleinigkeiten zu arrangieren“[9]. War dann sie ihrerseits – wiederum nach einer Trennung – nun doch bereit, die Beziehung voll und ausschließlich zu akzeptieren, ohne einen Anspruch damit zu verbinden, dann war ihr wohl selber klar, daß sie dazu nicht uneingeschränkt stehen konnte (sie wollte mit Heimerle gemütlich leben, also zumindest mit einigem Komfort); es entsprang solche Anspruchslosigkeit jedoch einer Resignation, der immerhin die Liebe noch nicht wich. So schrieb sie ihm, wenige Tage nach seinem 27. Geburtstag, fast hoffnungslos: „Vielleicht kommst Du einmal in ein passables Verhältnis zur Welt, zu Dritten, kann sein, wenn Du frei u. unabhängig bist, warum solltest auch gerade Du so ein verbittertes Dasein führen.“

Verbitterung war ein fester Bestandteil seines Lebens geworden: wegen seiner einsichtslosen Familie, wegen des fehlenden Geldes, wegen der mangelnden Anerkennung (obwohl Haybach in diesem Herbst einen Vertrag über die *Bresche* mit ihm schloß) – und schließlich wegen Irma und Gusti Hasterlik, deren von ihm weit überschätzer Realismus seine Liebe immer wieder in eine Hölle stürzte, die er sich selber so gut anzuheizen verstand. Als er zu Jahresende bei Gusti wieder einmal den resignativen Verzicht erreicht hatte, nämlich von ihm weder ihren Unterhalt noch überhaupt einen Erwerb zu verlangen, war ihm klar, daß damit nicht mehr als ein vorläufiger Aufschub der Auseinandersetzung gemeint war. Es war keine endgültige Unterwerfung (obwohl er die Ansätze ihrer gelegentlichen Hörigkeit entsprechend genoß), sondern eine vorläufige Unverbindlichkeits-Erklärung der Beziehung, was er im Grunde auch nicht wollte; aber er nutzte – wie vorher und nachher jede Enttäuschung und Trennung – überhaupt alles, woraus ihm bittere Berechtigung zu dunkleren Wegen zu erwachsen schien, zugleich mit verringerter Verpflichtung zur Treue.

Der Drang war ohnehin da, wenn auch mehrfach bekämpft. So war er schon im Sommer wieder in der Adamsgasse gewesen, deren Evas jene fetten alten Vetteln seiner ersten Erfahrungen gewesen waren. Hier hatte er versucht, durch Bezahlung und klare Anweisungen wenigstens ein bißchen von dem zu erreichen, was er sich bei Emmy noch nicht getraut hatte. „Ich wies sie an, den Kopf gesenkt, die Augen geschlossen zu halten und sich stets Busen und Schoß mit Händen und Hemd zu verhüllen. Ich reichte ihr meinen Leibriemen, den sie um die Handgelenke winden mußte [. . .] es war für die Katz, dieses Weib verstand garnichts [. . .] Ich masturbierte einige Schritte von ihr entfernt und halb abgewendet.“[10]

Irgendwann in diesem Jahr hatte ihm auch Gusti (die sich wohl bewußt war, welche Bedeutung die von ihm erklärungsweise geschlagene ‚Bresche‘ gehabt hatte) das gewünschte Schauspiel vorgeführt: aber was die Vettel an Phantasie und Schauspieltalent zu wenig gehabt hatte, schien Gusti mit Intelligenz übertrieben zu haben. Jedenfalls kam es für Heimo nicht zur Erregung durch den Eindruck einer heiligen Dulderin, sondern es wurde „glanzvolles“ Theater bei aller erhalten bleibenden persönlichen Beziehung und gerade dadurch maßlos traurig; sie war brillant, weil sie sich nicht identifizierte, und er bekam seine Fixierung vorgeführt, ohne etwas anderes als deren Bloßstellung und ein schlechtes Gewissen zu erleben.

Mehr Hoffnungen machte er sich im Herbst bei einem Mädchen, das er im *Journal* programmatisch nur als die ‚Güllich‘ bezeichnete, wie das vergewaltigte Opfer in der *Bresche*. Mit ihr dürfte er versucht haben, was er abkürzend ‚die Prozeduren‘ nannte, aber keineswegs auf eine entsprechende Bereitschaft gestoßen sein. Als ihn dann sein Teufel wieder ritt und er ihr begehrlich schrieb, bat sie ihn „inständigst“, er „möge sie für immer in Ruhe lassen“[11] – so deutlich wie seinerzeit die Cousine Marion.

Doch Emmy von Novotny hatte sich von Heimo ihre Zuneigung zu ihm nicht austreiben lassen. Wenn sie ihn besuchte und ihre Üppigkeiten ganz nahe vorführte, registrierte er es als Triumph, der Verlockung des ‚Schmutzes‘ widerstanden zu haben – was jedes Mal ein weiterer Schritt zum hl. Heimito war, der er schließlich doch nicht wurde. Als Ende April 1924 – Heimo war hauptsächlich mit der Dissertation beschäftigt – sein Bruder Immo heiratete und durch mehrtägigen Alkoholkonsum bei diversen Feierlichkeiten ziemlich viel an Kontrolle verlorenging, versuchte sich Heimo aus angestachelter Geilheit an der dicken Toni – zum Hauspersonal gehörig, das ihm in der entsprechenden Stimmung ganz allgemein, in der Stammgasse wie auf dem Riegelhof, als dafür zuständig erschien. Doch dann, benebelt und von Hemmungen befreit, wandte er sich endlich – sechzehn Monate nach der winternächtlichen Stummfilmszene – an Emmy, nützte ihre liebevolle Wehrlosigkeit aus und lotste sie in der Nacht hinauf in sein Zimmer.

Hier sprach er ihr nicht von seiner Liebe, wovon ohnehin nicht die Rede sein konnte, sondern von den gequälten, doch unsagbar heiligen Damen, wie sie auf alten Bildnissen dargestellt würden. Er beschrieb ihr diese wie etwa Gaudenzio Ferraris ‚Marter der hl. Katharina' und stellte dazu noch eine Ähnlichkeit zwischen ihr und Riberas ‚Heiliger Agnes' fest; gewiß mit ganz ernsthafter Überzeugungskraft. Daß es gerade die Schamhaftigkeit der Dulderinnen war, wodurch ihr Märtyrertum für ihn zur sexuellen Erregung führte, betonte er so bewußt wie geschickt, um alles Bemühen seines Opfers aufs Heiligenmäßige zu konzentrieren: dem zu entsprechen, war einer Dame leichter nahezulegen als die Berücksichtigung seiner sexuellen Neigungen. Als es ihm bei seiner zweiten Frau, der sehr katholischen und schamhaften Mienzi gelang, betonte er die Heiligkeit noch viel stärker und führte auch mehr gelehrte Vergleiche aus der Kunstgeschichte an (doch Gaudenzio Ferrari blieb an der Spitze).

Aber es ging ihm nicht nur um die raffiniert hergestellte Bereitschaft, ihm in dieser Form zu Willen zu sein. Er wollte tatsächlich so genau wie möglich vermitteln, was sein Ideal war: niemals eine nackte Frau, sondern eine, die ihre Geschlechtsmerkmale (jene ‚Attribute', die bei Jutta Bamberger fast fehlten) schamhaft verbirgt, während sie machtlos jeder Mißhandlung ausgeliefert und dabei so gottergeben ist, daß der Unterschied zwischen ihrem Mißhandler und Gott fast hinfällig wird. Und wenn sie im dunkel-düsteren Verlies verzweifelt leugnet, Hexe oder Incubus oder Druidin zu sein, gesteht sie ihre untilgbare Schuld dennoch völlig offen ein, indem sie eben die Scham und die Brüste bedeckt: ihr Makel ist die Weiblichkeit, und die Strafe dafür muß unweigerlich kommen, wie vorwandhaft – und uneigentlich – immer die Anklage ist. Die Verführung des (überlegenen!) männlichen Geistes muß bestraft werden.

Die dicklich-dümmliche ‚Gefühlsblase' Emmy verstand nun ihre Rolle offensichtlich perfekt; die Einnahme der von Heimo gewünschten Stellungen vermittelte ihr all jene Scham, die ihr die Religion von Anfang an bloß dafür beigebracht hatte, daß sie ein sexuelles Geschöpf war. Auch sie genoß die Grenzüberschreitung, zu der sie als Handelnde wohl nicht imstande gewesen wäre – die sie sich aber als Opfer, das eine Heilige verkörpern sollte, nicht ohne einverständnisvolle Lust aufdrängen ließ. So kamen beide zu einer bisher noch nie erlebten Sensation, die für Heimo bloß dadurch eingeschränkt war, daß die Bestrafung – also die Auspeitschung – unter „Schonung des Objekts" geschehen mußte; dennoch meinte er, daß die „Erledigung dem innerlich weiterglimmenden Brand vorzuziehen" sei[11].

Von Erledigung konnte indes keine Rede sein, obwohl er schon jetzt meinte, daß man seine Aufzeichnung „bald ‚Tagebuch eines Sadisten' nennen" könnte. Als er einen Monat später die Sache wiederholte („ich fing mir E. N. ein"), war für die Novotny alles „wohl vorbereitet, ein kahles Eck meines Zimmers als Marterkammer wirklich vortrefflich drapiert: die Erfüllung war die denkbar beste"[12]. Und ein paar Wochen später, am 11. Juni, kam der Höhepunkt: „die Grenze des innerhalb der uncriminellen Sphäre Erreichbaren erreicht!!"[13]

12. Franz Heimito von Assisi

Im Frühjahr 1924 – nach dem nicht kommentierten, aber auch nicht als endgültig aufgefaßten Scheitern des Fragments *Jutta Bamberger* – begann Heimo eine Schrift, die mit einigem Recht bis heute nicht erschienen ist: *Seraphica* – eine Lebensgeschichte des heiligen Franziskus von Assisi; das fertige Typoskript umfaßt etwas mehr als vierzig Seiten[1]. In einer der ersten Überlegungen dazu, im *Journal* vom 17. April, stellte er fest, daß die „Anschauungsform" für diese Geschichte „ihre Wurzeln in meinem Leben und in meinem Leib" habe.

Das war die immer wieder ausbrechende Sucht nach Reinheit, nach Disziplinierung bis hin zur Selbstquälerei, nach magischer Einsicht und Erleuchtung. Sein Studium des Mittelalters hatte ihn bereits dazu gebracht, an Stigmatisierungen und Wunder als reale Geschehnisse zu glauben und in der ‚weißen Magie' die Kraft eines Geistes zu sehen, der Sichtbares hervorbringen könne. Schwerer verständlich war ihm die ‚schwarze Magie' als Kraft des Bösen; er diskutierte darüber mit Erwin Lang, der ihm den Gründer der Anthroposophie, Dr. Rudolf Steiner, als den mächtigsten Wiener Schwarzmagier nannte. Als Doderer später die Rolle des Teufels immer ernster nahm – etwa anläßlich seiner Beschäftigung mit dem sogenannten ‚Mittagsdämon', der bei seiner Frau Maria, wie beide versicherten, leibhaftig aufgetreten war –, war ihm die Ableitung der bösen Kräfte dann plausibler.

Aber den deutlichsten Weg zu Franz von Assisi bildeten die für ihn unübersehbaren Parallelen zum eigenen Leben. Jener blieb „lange gleichsam gestaltlos", wie es auch Heimo in Sibirien so deutlich empfunden hatte, „den bereit liegenden äußeren Gleisen folgend", was durch Reichtum und Ansehen des Vaters gegeben war. Jedoch: „Merkwürdig genug, er fühlte sich einer großen Zukunft gewiß und er sagte dies damals auch in bestimmter Weise." Dennoch kam er zur Verachtung seiner selbst und ahnte die beiden Möglichkeiten: „den Abgrund von Licht da drüben, den Abgrund von Schwäche, Trägheit und Dunkel hierinnen". Als er sich schließlich für Armut und Selbstkasteiung entschied, gab der Vater „den hartnäckigen Narren auf". (In der schon erwähnten Rede Heimos zum 50. Hochzeitstag seiner Eltern nahm er diese Bezeichnung für sich in Anspruch, der den Eltern „fast als ein Narr erscheinen" mochte.) Auch der weitere Weg des Franz von Assisi wurde formuliert, wie Heimo seine eigenen Probleme darstellte: „letztes Stückwerk des Umständlichen und Zufälligen mußte fallen, wahre Gestalt hervortreten". Und schließlich erreichte Franz das Ziel: „kein Fremdkörper drückte mehr in seiner Seele"[2]. Er hatte schlechthin alles, was er nicht als ureigen empfand, rücksichtslos beseitigt, mißachtet, unterdrückt: Eltern und Freunde ebenso wie innerliche Anhänglichkeiten; letztlich unterschied sich dieser Held kaum von jenem Beethoven'schen Zuschnitts; Heiliger und Künstler waren gleichgestellt.

Soweit war der Text – in seinen ersten Seiten – Heimos ganz und gar eigenes Anliegen; oder vielmehr der Entwurf eines Wunsches an sich selbst. Dann folgten nur noch, eher brav nacherzählt, die überlieferten Legenden aus der Heiligengeschichte; die Faszination des Autors daran ist schwer zu erkennen. Doch galt sie weder Bruder Sonne noch Schwester Mond und auch nicht der inneren und umgebenden Natur jenes anderen Franz, in der die Vöglein mit ihm sprachen; sie folgte penibel aller Selbstunterdrückung, um die Sexualität abzutöten, die Eitelkeit auszulöschen, den Ekel zu überwinden – sie erging sich in den Qualen, nicht in der Liebe. Wenn sich Doderer schon selbst als Sadisten bezeichnete, so feierte er hier, was Weininger am höchsten gestellt hatte: den Masochismus des an sich selber leidenden Menschen. Und je mehr Leiden, Entbehrungen und Schmerzen sich dieser Heilige auflud, umso gradliniger und reiner wurde der Weg zum eigenen Selbst, in dem er Gott traf; hier fielen unbarmherzige Konsequenz, Narretei, Selbstopferung und Hingabe in eins zusammen. Was – als Egoismus erscheinend – das Selbst fördert, wird zur größten Gabe an die Menschheit. („Se ipsum sanans, reperuit remedium malignitatis aevi.") So hatte Franz Carl Heimito seinen Namenspatron zum Heiligen auch des Künstlers gemacht, welcher so selbstsüchtig gar nicht sein kann, als daß nicht gerade dadurch seine große Gabe an die andern entstünde. Zu zeigen war aber, wie leidensvoll dieser Weg (per aspera . . .) zu den Sternen sein mußte.

[Übrigens las er damals gerade Stifter (später unverzeihlicherweise der Lieblingsautor seiner zweiten Frau Maria) und sprach in diesem Zusammenhang von „unerträglicher Himmels-Limonade"[3].]

Im eigenen Gefilde sah das anders aus; wie Franziskus für seine Mitbrüder verfaßte auch Franz Carl für seinen Mitbruder Heimito sogenannte ‚regulae', die recht offensichtlich und einfach das Gegenteil dessen beschrieben, was er üblicherweise war und tat: „Rede möglichst nichts, nur das Unentbehrlichste [. . .] Dulde in Deiner Phantasie keinen wie immer gearteten sexuellen Schmutz [. . .] Verachte Dein persönliches Teil: diesbezügl. interessiere Dich immer mehr für die Anderen [. . .] mach die Dinge rasch, ohne viel Umstände. Der Pedant verliert sein Leben [. . .] Pflege den Leib mit Ehrfurcht vor diesem Wunder. Halte ihm alle Unreinheit fern. Übe ständig seine Fähigkeiten." Die Umsetzung des letzten Satzes in Turnübungen fiel noch am leichtesten. Doch am selben 31. August, an dem er im *Journal* seine Regeln aufstellte (denen er kurz später noch das „Lauschen nicht lärmen" beifügte), kam es bezüglich Gustis, von der er durch seinen Aufenthalt auf dem Riegelhof getrennt war, zu „onanistischen Erhitzungen", die nun nach Swoboda als „freisteigend" bezeichnet wurden, was sie zumindest – als naturgesetzliches Phänomen – außerhalb persönlicher Schuldgefühle ansiedelte.

Daß er neben Assisi auch noch zu andersartigem Unfug fähig war, bewies er am 70. Geburtstag seines Vaters auf dem Riegelhof: zum Gaudium der Familie spielten Astri und Heimo die Titelrollen des Stückes ‚Judith und Holofernes' in der Fassung Nestroy/Willy von Doderer, wobei beide immer heftiger Ordinärheiten extemporierten und er schließlich seiner Schwester, wie er immer wieder gern erzählte, „die Tutteln aus der Bluse gezaht" hätte, um die rücksichtslose Gier des

Holofernes zu demonstrieren, worüber sich nur noch sein Neffe Kurt Mayer amüsiert haben dürfte.

„Lieber Herr von Doderer,

Was für ein Dank bleibt uns, wenn Könige uns beschenken und wir das demütige „Vergelt's Gott“ des Bettlers noch nicht lernten? oder hofft man auf eine ausgleichende Stunde oder ... aber lernt man so das Glück dessen kennen, der alles vom Himmel anmahnen darf, weil er sich hier unten keine Rechte erwarb?

Ich grüble darüber um Mitternacht und möchte Ihnen gerne beide Hände drücken

Ihre

Lotte Paumgarten“

Diesen Brief schrieb ihm die damals einundzwanzigjährige Comtesse am 20. März 1924, nachdem sie ihn in Gesellschaft kennengelernt hatte; dort scheint er, König unter Bettlern, beeindruckend viel vom Himmel angemahnt zu haben. Gusti allerdings würde diese Zeilen des jungen Mädchens nicht ganz in diesem Sinn interpretiert haben.

Die Gräfin – née Comtesse – Lotte Paumgarten Hohenschwangau-Erlach war auf Schloß Kaltenbrunn am Fluß Laibach geboren worden, das rund vierhundert Jahre vorher von dem mit Regina Fugger verheirateten Hans Paumgarten erworben worden war; ihr Vater war Generalkonsul in Odessa. Sie war nach Wien gekommen, um Violin-Virtuosin zu werden und sich der Philosophie zu widmen: „Welch ein vornehmer, ritterlicher und feuriger Mensch ist das!“[4], meinte der durch ihre Verehrung geschmeichelte Heimo am selben Tag, an dem er sein ihr gewidmetes *Divertimento No I* abschloß: in quasi-musikalischer viersätziger Form, worüber er sicherlich viel mit ihr gesprochen hatte. Diese Widmung erfolgte nur vier Monate, nachdem er sie kennengelernt hatte.

Die Geschichte dreht sich um einen jungen Herrn, der es als Vorzug ansieht, politisch desinteressiert zu sein, sowie eine Kaffeehauskassierin namens Rufina, die schließlich, in der Verbindung von sexuellen Problemen mit religiösen Vorstellungen, geisteskrank wird; oder aber: „das ursprüngliche Goldgewicht der Dinge“ erkennt und es nicht, wie die sogenannten Normalen, in eine „geistige Papierwährung“ umtauscht[5]. Durch sie erkennt der junge Adrian, daß ein Schriftsteller dasselbe tun müsse. Der Bezug zu Franz von Assisi – Heimo arbeitete an beiden Manuskripten zur selben Zeit – liegt auf der Hand; es wird aus zwei verschiedenen Richtungen dasselbe Thema der Reinheit des ureigenen Selbst angesteuert: denn darin sind Kunst und Heiligkeit, Heldentum und nun auch Geisteskrankheit beheimatet.

In diesem Zusammenhang ist es eine unfreiwillige Ironie, daß Lotte Paumgarten, welcher Heimo damals eine außergewöhnliche psychische Kraft bescheinigte, später selber viel Zeit in Geistesheilanstalten zubringen mußte. Den Lesern der *Dämonen* ist sie als ‚Quapp‘ bekannt; daß ihr dort beschriebenes, so wechselhaftes Geschick mit der Violine von der jeweiligen Tagesverfassung abhing und deshalb nur zu Höhe-

und Tiefpunkten, aber nie zu verläßlicher Virtuosenqualität führen konnte, erkannte Heimo damals nicht. Er verbrachte lange Nächte im Gespräch mit ihr, um immer neue Variationen zu seinem Grundthema zu entwickeln, das man am ehesten als seine (lebenslang betriebene) ‚Metaphysik der Kunst' bezeichnen könnte; die gegenseitige Anregung, meist bei Wein, war enorm, wobei Heimo erstmals die Rolle des Meisters zukam, mit der bewundernden Elevin an der Seite.

Diese war unscheinbar und klein, braunhaarig und braunäugig, vor allem aber: ohne deutliche ‚Attribute'. Sie sah der (rothaarigen) Jutta Bamberger nicht ähnlich, konnte aber durchaus eine ähnliche Funktion – des Nebeneinanders statt Miteinanders – für ihn erfüllen, wobei seine künstlerische und intellektuelle Überlegenheit schmeichelhaft gewahrt blieb. Im wahrlich nicht zurückhaltenden *Journal* gibt es keinerlei Hinweis auf irgendeine Form sexuellen Kontaktes zwischen beiden; vielmehr beschrieb Heimo, wenige Tage nach der Fertigstellung des ‚Paumgarten-Divertissements', einen „herrlichen Zustand": „Ich genieße gegenwärtig das unbeschreibliche Glück, von allem Sexuellen verschont zu sein."[6] Dabei schien er allerdings vergessen zu haben, daß er sich erst eine Woche zuvor „E. N. wieder zu einer sadistischen Orgie heraufgezogen hatte", worauf er sie endgültig loswerden wollte, denn „aus dieser Frau ist herausgeholt worden, was herauszuholen war . . ."[7].

Tatsächlich war das asexuelle Moment der Beziehung zwischen Lotte und Heimo so deutlich gewesen, daß das junge Mädchen mühelos freundschaftlichen Anschluß an Gusti fand. Deren Konflikte mit Heimo wurden allerdings heftiger, die folgenden Trennungen länger; dabei begann sich langsam ein immer deutlicheres Ungleichgewicht in dieser Beziehung herauszubilden: Gusti wurde Heimo auch in der Entfernung als Zentrum ihres Lebens nicht los, in ihren Briefen tauchte offen eingestandene Abhängigkeit auf, wobei die gelegentliche Betonung des Sexuellen ebenso wahrhaftig wie als Lockmittel für Heimo beigefügt sein konnte. Er hingegen, in der Selbstaufforderung zur Rücksichtslosigkeit von Weininger bis Franziskus bestärkt, siedelte sie, von Liebesrückfällen abgesehen, immer mehr an den Rand seines Daseins um, darin er seinen Interessen und anderen Frauen ungehindert nachging. Dennoch reagierte er mit wachsam verletzlicher Eifersucht, wenn sie für ihn unerreichbar war, wie etwa in diesem Sommer, den sie mit ihrer Familie in Baden-Baden, dann in Paris und Deauville verbrachte. Daß sie in anderen Gesellschaftskreisen einen unproblematischeren Ersatz für ihn finden könnte und darin von Irma Hasterlik sicherlich unterstützt würde, blieb ihm eine lebendig gehaltene Angst. Auch das Beispiel Mias, die den dreißig Milliarden schweren Julius Koritschoner während dessen Morphium-Entwöhnungskur gepflegt und (später) geheiratet hatte, war ihm beunruhigend; wie er da im Vergleich der potentiellen Schwiegersöhne abschnitt, lag auf der Hand. (Das unfreundliche Bild, das er von dem Paar in den *Dämonen* gibt, bestätigt das lang anhaltende Ressentiment.)

Dazu kam noch eine echte Panik: sich eventuell mit Syphilis infiziert zu haben. Er war betrunken im Bett einer Gouvernante gelandet, die für Astris Söhne im Hause gehalten wurde; sie war ihm sexuell gleichgültig und er selber so wenig potent wie erregt, das Eindringen war kurz und oberflächlich, er mußte „mit Müh und Not die Sache ausserhalb und manuell vollenden“[8]. Doch dann, als er schon auf dem Riegelhof Ferien machte, tauchten die beängstigenden Symptome auf und er fuhr sofort in maßloser Erregung nach Wien, um untersuchen zu lassen, „ob ich den Tod im Leib hab oder nicht“[9].

Zum Glück war keine Rede davon, doch seine Hypochondrie war so übersteigert, daß sich der Arzt mit ihm als einem psychopathischen Fall zu beschäftigen begann, diesen seltsamen Patienten aber letztlich nur durch gehörigen Spott los wurde. Heimo trieb daraufhin ein Plakat auf, das eine nackte Frau und ein Gerippe mit Sense darstellte: Tod und Mädchen als Warnung vor der Syphilis; dieses Blatt affichierte er in seinem reichlich kahlen Zimmer, was seinen jungen Cousin Peter von Doderer, einen Sohn Onkel Richards aus Böhmen, entsprechend beeindruckte. Damit war den Frauen ein weiteres, ihr Geschlecht dämonisierendes Symbol zugeordnet, als wäre die Verbreitung der Krankheit nur ihre Domäne.

Dem Cousin führte er übrigens gleich vor, wie bizarr ein Künstler sein konnte: er drückte ihm eine Partitur Schuberts zur Lektüre in die Hand, und während der junge Bursch damit ratlos herumstand, legte sich Heimo voll bekleidet samt Straßenschuhen ins Bett, um zu schlafen.

Der literarische Durchbruch war durch das Erscheinen der *Bresche* – zu Beginn des Jahres 1924 in tausend Exemplaren mit Illustrationen von Erwin Lang erschienen – noch immer nicht gelungen. Die Freunde waren ohnehin zu begeisterter Zustimmung verpflichtet und versagten sie auch nicht; aber ein stärkerer Widerhall blieb aus. Zwar kam Lob von Gütersloh, aber dieser war weit davon entfernt, eine meinungsbildende Instanz zu sein; Heimo hatte ihn ein paar Mal im Café getroffen, war von den Gesprächen teilweise fasziniert, aber gleichzeitig von der ständigen Theatralik des um neun Jahre Älteren etwas irritiert gewesen. Erwin Lang überreichte Hugo von Hofmannsthal ein Exemplar der *Bresche;* den Kommentar des Dichters gab Doderer, einen extrem näselnden Tonfall nachäffend, bis ins Alter bitter wieder: „Also was dieser Mann da will, ist mir völlig un-er-find-lich!“ So blieben 2 Millionen Kronen, die Onkel Richard zur Anerkennung aus Komotau sandte, noch die erfreulichste Folge dieser Publikation.

In den Caféhäusern, wo genügend Literaten herumsaßen, die es nie zu einem eigenen Buch brachten, mochte er ein bißchen bekannter geworden sein, doch ohne daß man auf den künstlerischen Anspruch dieses aristokratischen Studenten näher einging. Dies scheint auch für die beiden Berühmtesten in seinem literarischen Bekanntenkreis, nämlich Ernst Polak und Anton Kuh, gegolten zu haben.

Anton Kuh, dieses Irrlicht von Spott und Unberechenbarkeit, trieb damals auf den Höhepunkt seiner Auseinandersetzung mit Karl Kraus zu, die schließlich (1925) in seinem Vortrag ‚Der Affe Zarathustras‘ im Konzerthaus gipfelte. Doderer respektierte gebührend die Prosa von Karl Kraus, doch ohne von der ‚Fackel‘ jemals so bestimmt zu werden wie viele seiner Zeitgenossen, darunter sein späterer Kontrahent

Elias Canetti; die Gedichte, die er einmal auch von Kraus selber vorgetragen hörte (später las er mit ähnlich ausladender Gestik), gefielen ihm überhaupt nicht. Mit zunehmendem Alter distanzierte er sich immer mehr von Karl Kraus und nannte seine Essaysprache „puritanisch-grammatisch“[10], während er es liebte, freche Anekdoten von oder über Anton Kuh zu erzählen. Zu den ‚Letzten Tagen der Menschheit‘ von Karl Kraus blieb ihm bloß der Hinweis wichtig, daß mit dem dort vorkommenden ‚Feschak und Tachinierer‘ namens Doderer nicht er, sondern sein Bruder Immo gemeint gewesen sei.

Die Freundschaft zu einem Schriftsteller, der noch dazu deutlicher als er selbst gerade zu ersten Erfolgen kam, gelang Doderer nie wieder so vorbehaltlos wie in jenen Jahren zu dem um drei Jahre älteren Richard Billinger. Ob dazu dessen Homosexualität etwas beitrug, ist allerdings nicht bekannt. Sie hatten einander bei Haybach kennengelernt, der beide Autoren verlegte. Heimo schien Billingers Gedichte ehrlich zu bewundern, die beiden saßen nächtelang in Cafés herum, um über ihre Dichtungen zu reden. Im Herbst 1924 wurde Billingers Theaterstück ‚Der Knecht‘ aufgeführt, in der Ausstattung von Erwin Lang; Heimo nahm an den Vorbereitungen dafür, den Sorgen und schließlich dem Erfolg des Freundes lebhaft teil; der Premierenapplaus für den Autor traf ihn allerdings nicht neidlos. Billinger war vom Bauerntum seiner oberösterreichischen Heimat geprägt, wobei er später vom Expressionismus immer mehr zum Mythos des Archaisch-Heidnischen unter der dünnen Decke des ländlichen Christentums kam; in den künstlerischen Zielvorstellungen gab es im Grunde keinerlei Gemeinsamkeit mit Doderer. Als Billinger dann seltener in Wien war (im Sommer 1925 kündigte er sein Zimmer, ohne die Freunde über seinen weiteren Verbleib zu verständigen), zerfiel die Freundschaft sang- und klanglos; später zeigte Doderer nie wieder Interesse für den ehemaligen Freund oder dessen Werk.

Ein schlimmeres Ende nahm seine Freundschaft zu Karl von Motesiczky, der von den Nazis hingerichtet wurde. Der junge ‚Mote‘, der Heimo noch wertvollste Hilfsdienste leisten sollte, stammte aus der Finanzdynastie der Todescos, deren Palais nicht unbescheiden neben der Staatsoper steht; den Motesiczkys blieb zwar nicht dieses, aber immerhin die ‚Villa Todesco‘ in der Hinterbrühl, im Süden von Wien, sowie ein recht ansehnliches Vermögen, das allerdings ziemlich verlustreich verwaltet wurde.

Der Einundzwanzigjährige, der aus Ratlosigkeit Jus studierte (später sollte er es noch ernsthafter mit Philosophie, Theologie und zuletzt Medizin versuchen), hatte mit sechs Jahren den Vater durch einen Reitunfall verloren; der dadurch verursachte Schock ließ das feinsinnige Kind frühzeitig grüblerisch werden. Er lebte mit der Mutter und seiner jüngeren Schwester; seine rasche Anlehnung an den um sieben Jahre älteren Heimo ist vielleicht darauf zurückzuführen, daß seinem Leben ein männliches Vorbild als Orientierungshilfe fehlte. Mote war, zwar ohne bestimmende Richtung, so doch blitzgescheit und musikalisch hochbegabt; wie schon sein Vater (und früher Heimo) spielte er Cello, bald auch bei den Hasterlik'schen Hausmusik-Abenden; sein Spiel tendierte sowohl zu virtuoser Geläufigkeit wie auch zu Schlamperei, je nach Stimmung.

Die Vertraulichkeit zu Heimo, aber auch zu Gusti und den Freunden, entstand ziemlich rasch; er gestand dem Älteren, darunter zu leiden, daß er noch nie mit einer Frau geschlafen hatte, und suchte Rat, der hoffentlich nicht allzu verdreht ausfiel. Um sich endlich einem Mann gegenüber aussprechen zu können, besuchte er Heimo, als dieser allein auf dem Riegelhof war; nun war es nicht gerade dessen Stärke, auf die Themen anderer geduldig einzugehen, aber Motes wohl auch mit Bewunderung untermischtes Vertrauen scheint er eher geschmeichelt hingenommen zu haben (und hielt sich vielleicht ausnahmsweise an seine ‚regula Nr. 3', derzufolge er sich mehr für andere als für sich selber zu interessieren hätte). Dafür waren er und Gusti auch gern gesehene Gäste in der Hinterbrühl (die Villa Todesco ist heute ein SOS-Kinderdorf); dort hätten sie eventuell auch mit Max Beckmann zusammentreffen können, bei dem Motes Schwester Marie-Louise später Malerei studierte, doch wäre ihnen dieser, der damals in Wien noch völlig unbekannt war, wohl nur durch sein unwirsches Wesen aufgefallen.

Heimo setzte der Freundschaft zu Mote ein Denkmal, noch ehe er diesem Dank schuldig war: er widmete ihm sein zweites *Divertimento* (und Gusti erst das dritte). Tatsächlich nahm Mote an der schriftstellerischen Arbeit seines Freundes, noch ehe er sie direkt fördern sollte, intensiv Anteil; er gehörte gewissermaßen gleich zum engsten Kreis der Getreuen. Dieser blieb leider auch das gesamte Publikum, als Erwin Lang im Dezember zu einer Lesung Heimito Doderers in sein Atelier lud: die wartenden Freunde blieben unter sich, sonst kam niemand, Heimo verzichtete schließlich – und gewiß mit nagend bleibender Kränkung – auf seine Lesung.

Es blieb ihm ohnehin nicht viel Zeit, um sie der Literatur zu widmen. Denn ab Herbst verlangten die Dissertation sowie die Vorbereitung auf die Rigorosen einen Großteil seiner Kraft und Aufmerksamkeit. Daß er seine Aufgabe möglichst gut erledigen wollte, ist der (mit den ganzen Quellenwiedergaben dreibändig geratenen) Dissertation durchaus anzumerken, wobei sich auch Pedanterie und Umständlichkeit – zu beidem neigte er sein Lebtag lang – recht förderlich bewährten. Sein Thema lautete „Zur bürgerlichen Geschichtsschreibung in Wien während des 15. Jahrhunderts"; da kam zu den bereits erwähnten Aufzeichnungen des Doctor Tichtel noch die abenteuerliche Geschichte der Helene Kotanner, die für die Königin Elisabeth die ungarische Krone gestohlen hatte – ein Material, das Heimo abgesehen von der Dissertation zweimal für Feuilletons verwendete und zuletzt sogar noch in den *Dämonen*. Am meisten Arbeit bereitete ihm jedoch die „Wiener österreichische Chronik, 1454 bis 1467", wo er außer der Analyse der Quelle auch recht scharfsinnig versuchte, die Anonymität des mittelalterlichen Autors zu lüften; schließlich legte er eine geschlossen wirkende Kette von Indizien vor, die auf den Stadtschreiber Ulreich Griessenpekch als Verfasser hinwies.

Reichlich originell und schon eher auf den Schriftsteller Doderer hinweisend ist ein Anhang des Titels „Zur historischen Psychologie". Darin versuchte er einerseits, den psychischen Typus jener vergangenen Zeit festzustellen, um dann andererseits die Mittel der modernen Psychologie, wie er sagte, in bezug auf Wert und Glaubwürdigkeit der Quellen anzuwenden. Daß er diesfalls unter Psychologie weder Swoboda noch Freud verstand und auch kein einfühlsames Analogisieren wie etwa bei Spengler, sondern recht methodisch auf möglichst gesichertem Terrain vorging, lag teilweise daran, daß auch Karl Bühler zu seinen Rigorosum-Prüfern gehörte; es zeigt aber auch, daß er sich sehr wohl bewußt war, welche Einflüsse auf sein Denken er unter gewissen Umständen besser zu verbergen hatte. Das ging nicht ohne Zähneknirschen ab: öfters erbitterte ihn die erzwungene Einseitigkeit des rein wissenschaftlichen Vorgehens, an dem er später, trotz allen (und nie schwindenden) Stolzes auf die eigene Leistung, kein gutes Haar ließ; und in einem Moment heftigerer Verärgerung bezeichnete er die ganze Universität als „geistige Gemischtwaren-Handlung am Franzensring"[11], wobei dieser in der Republik bereits ‚Ring des 12. November' hieß und heute, nicht aufgewertet, der ‚Dr. Karl Lueger-Ring' ist.

Neben seiner historischen Arbeit quälten ihn chronische Geldnöte, die er häufig – wie es in Wien bei vielen Sachen der Brauch war – mit einem Ausdruck der Juden bezeichnete: der ‚Dalles'. Während ‚der Kamerad' Paumgarten, wie er die Gräfin nun fast durchwegs nannte, ihm dann und wann diskret Geld zuschob, hatte er mit Gusti nach Jahresbeginn einen dramatischen Auftritt: Als er auf der Straße Geld von ihr verlangte, begann sie, da sie selber knapp bemessen war, in ihrer Geldbörse herumzuzählen, worauf er von Selbstmord zu schreien begann und einfach davonlief. In einem äußerst besorgten Brief an den „süssen Liebling", darin sie ihm sogar zutraute, „was Böses tun [zu] wollen, wie der Raskolnikov", machte sie sich Vorwürfe, ihm nicht einfach alles in die Hand gedrückt zu haben, ohne lang zu schauen, obwohl „die paar Kreuzer Dir auch nicht helfen [hätten] können".

Zur selben Zeit stellte er gemeinsam mit dem erst kurz verheirateten Albrecht Reif fest, daß Monogamie sein (und des Freundes) Leben entfärbe. Zumindest in Heimos Fall war diese Gefahr aber gering, da er gerade im Begriff stand, sich mit der Schauspielerin Erika Wagner, die „in ihrer ganz eigenen trägen, gelassen-üppigen Art"[12] einige Faszination bei ihm auslöste, auf eine Affaire einzulassen. Da fiel es ihm dann leichter in der Wickenburg, sich nach bohrenden Fragen, die immer wieder die gemeinsame, aber verschieden interpretierte Vergangenheit sowie seine Zukunftsabsichten betrafen, von Gusti einfach für einen vereinbarten Zeitraum zu ‚beurlauben'. Gusti wurde unterwürfiger und förderte selber seine Grobheit ihr gegenüber, indem sie etwa nach einer unglücklichen Bemerkung ihrerseits zerknirscht schrieb: „ich steh dem machtlos gegenüber, das ist angeborene Taktlosigkeit, da helfen nur Ohrfeigen . . ." Natürlich sind so selbstentwertende Stimmungen nicht zu verallgemeinern, und Gusti war auch durchaus in der Lage, die Sache dann wieder anders zu sehen. Doch wenn sie einmal seine Wunschvorstellung als Wahrheit akzeptierte und nun schrieb: „Du bist viel mehr wert als ich [. . .] Du bist wenigstens ganz", dann nagelte er sie auf ihre Formulierungen fest; rund ein Jahr später – pedantisch mit 7. V. 1926 datiert – strich er eine Stelle in einem Brief vom 19. 5. 1925 an, worin sie meinte, wenn sie so wie er wäre, nämlich „ganz und rücksichtslos", dann „wahrscheinlich grausam und kleinlich dabei“. Das hielt er ihr wörtlich zu einem Zeitpunkt vor, als sie sich schon gar nicht mehr erinnern konnte, wann und zu welchem Anlaß sie dergleichen geschrieben haben sollte.

Jetzt, im Frühsommer 1925, hatte er für derlei Spielchen keine Zeit. Am 7. Juli wurde seine Abhandlung approbiert, wobei Oswald Redlich vor allem von dem versuchten Nachweis der Verfasserschaft von Ulreich Griessenpekch beeindruckt war. Beim zweistündigen Großen Rigorosum votierten sowohl er wie auch Heinrich von Srbik für ‚Ausgezeichnet‘, nur Professor Schlosser stimmte für ‚Genügend‘; beim einstündigen Rigorosum am 8. Juli stimmten sowohl Bühler wie auch Reininger für ‚Ausgezeichnet‘.

„Am 22. Juli mittags stieg ich im Frack, mein Diplom unterm Arm, die breite Treppe von der Rampe der Universität herab, mit Dr. Reif und Gusti. Unten gab ich einem Wagentürlaufmacher zwei Silber-Stücke. Ich war soeben zum Doctor promoviert worden: wir gingen in's Café „Herrenhof“ und tranken ein Glas auf den erledigten Abschnitt.“[13] Die versuchte Untertreibung erscheint als nicht ganz gelungen, das stolze Hochgefühl überwiegt.

Doch als er eine Woche später in die Prein auf den Riegelhof fuhr, um den Hochsommer zu genießen und von seinem Vater eine entsprechende Belohnung zu erbitten, machte ihm dessen Stimmung beides unmöglich; der nun schon mehr als Siebzigjährige litt offensichtlich gerade wieder an einem heftigen Anfall von Gicht und Verarmungswahn.

Heimo fuhr nach Wien zurück und wohnte eine Woche bei Gusti, die allein in der Wickenburg war. Obwohl es keine Auseinandersetzungen gab und er sich im ganzen recht wohl fühlte, zog er für sich den Schluß, daß ein solches Zusammenleben rund um die Uhr seine Sache nicht sei; Gusti hingegen, die anschließend ins Salzkammergut fuhr, schrieb ihm von dort, wie reich sie diese Tage gefunden habe und daß sie dies dem „besuchsartigen Zusammenleben“ vorziehe. Allerdings ermunterte sie ihn im selben Brief, seinen „ungeheuren Wortschatz an Kraftausdrücken“ in der Prein an die Schwestern zu vergeuden, damit davon weniger für sie übrig bleibe.

Sein zweiter Besuch auf dem Riegelhof verlief angenehmer; er verbrachte viel Zeit mit Helga und Astri, bummelte herum und erholte sich; daneben las er mit allergrößter Bewunderung Kafkas ‚Prozeß‘. Zudem gab es noch interessanten Besuch, nämlich die Gräfin Mary Dobrjenska, die mit Rilke befreundet war und Heimo Hoffnung machte, den verehrten Dichter durch ihre Vermittlung kennenzulernen – wozu es allerdings bis zu Rilkes Tod im folgenden Jahr nicht mehr kam. Wie schon in Sibirien bezeichnete Heimo auch jetzt noch Rilke als ‚seinen Dichter‘, er las in der Folge zum zweiten Mal ‚Die Aufzeichnungen des Malte Laurids Brigge‘ und diesmal mit größerem Verständnis; erst Gütersloh stürzte für Doderer den großen Dichter vom Piedestal des Meisters und ließ sich dann selber dorthin placieren. Das gelang ihm allerdings nicht mit einem anderen ‚Großen‘, den Heimo erst jetzt in seinen literarischen Himmel aufnahm, nämlich Dostojewski.

Zu solcher Lektüre drängte sich der Blick in die eigene Zukunft auf: ob er ebenso wie diese Meister als Künstler leben können würde. Er sah hoffend einen „erlösten" Weg vor sich, auf dem er sein Leben so gestalten könnte, daß aus diesem sein Schreiben ganz ungebrochen hervorgehen würde. Damit meinte er eine Steigerung des mit den Extremas begonnenen Experimentes: nämlich den analytischen und ordnenden Verstand weitgehend bis völlig auszuschalten, um zu den unbenannten Dingen selbst statt zu ihren Namen („Hülsen") zu kommen – also zu ihrem „ursprünglichen Goldgewicht", wie er das im ersten *Divertimento* bezeichnet hatte. Im Grunde versuchte er, gänzlich eigene und seiner Kunst entsprechende Meditationstechniken zu entwikkeln, die den Übergang vom Leben zum Schreiben immer durchlässiger machen und letztlich aufheben sollten. Um aber eine solche spontane spirituelle Sicht auf die ganze umgebende Welt und sich selber zu erreichen, hätte er tatsächlich einer ‚Erleuchtung' (Satori oder wie auch immer) bedurft. Ohne dieses – reale oder als real empfundene – Erlebnis mußte die Vorstellung des erlösten Weges eine äußerst vage bleiben – wie schön immer er sich die künftigen Einsichten auch ausmalte.

Etwas anderes war freilich leichter möglich: nämlich die mehr oder minder mystische Einsicht als erzählerische Fiktion vorzugeben und zu behaupten, den spirituellen Blick ausschließlich auf Eigentliches richten und dadurch alle geheimen Zusammenhänge entschlüsseln zu können. Als literarische Technik, um dichte Geschlossenheit herzustellen, wo sonst die Teile vielleicht disparat auseinanderfallen würden, war dies genau die Methode, die Doderer letztlich durch enorme Anstrengung statt durch Erleuchtung verwirklichte; mit erstaunlicher Treue zum unerreichten mystischen Ziel seiner Jugend.

Diesem wollte er sich auch als Belohnung für das Doktorat annähern, wofür der Vater schließlich doch das Geld bereitstellte. Heimo hatte vor, nach Assisi zu fahren und eine Zeitlang an den von ihm bereits beschriebenen Stätten des heiligen Franziskus zu bleiben.

An Erwin Lang schrieb er am 20. August: „. . . ich bin ruhig und klar jetzt und glaube zu wissen, was ich in den nächsten Jahren tun muss. Ich bin sehr glücklich [. . .] jetzt in diesen Tagen beginnt mein Leben und ich bin sozusagen als ausgewachsener Lakel [!] vorgestern oder vor 8 Tagen geboren worden."

Am 4. September traf er Gusti in Rovereto, von wo sie über Bologna nach Florenz weiterfuhren und dort zehn Tage lang gemeinsam blieben. Dabei ging es ihm wie zuletzt in Wien; das Zusammenleben klappte zwar einigermaßen, doch Inspirationen kamen nur an jenem einzigen Vormittag über ihn, an dem sie Einkäufe machte, während er in dem schmalen langen Zimmer blieb, worin er während des Einschlafens wegen des Lärms mehrmals geträumt hatte, er würde von einer Straßenbahn überfahren. Am 15. brachte er Gusti auf den Bahnhof (sie wollte Perugia sehen) und fuhr am nächsten Tag allein nach Assisi weiter, wo er sich in der Via Metastasio 21 ein Zimmer nahm.

Daß er sich im ersten Land Europas befand, in dem bereits seit drei Jahren der Faschismus herrschte, nahm er, auch im dann begonnenen *Tagebuch eines Schriftstellers*[14], überhaupt nicht zur Kenntnis; dort hieß es vielmehr: „Meine persönliche Meinung [. . .] ist die, dass politische Geschichte überhaupt zum Belanglosen gehört, zumindest aber eine sehr nebensächliche Erscheinungsform geschichtlichen Lebens darstellt." (Thomas Mann reagierte bei seinem Italienbesuch im folgenden Jahr sehr empfindlich darauf, voll Sorge über eine ähnliche Entwicklung in Deutschland; auch ‚Mario und der Zauberer' ist vom verdüsternden Eindruck beherrscht, den ihm dieses Italien des Duce machte.) Trotz gegensätzlicher Absicht sah Heimo wieder einmal vor allem sich selbst: er hatte, allein in diesem fremden Land, schlicht Angst – etwa vor dem Verlust seines Geldes, vor seiner Hilflosigkeit bei Krankheit oder Zwischenfällen, er war ganz allgemein verunsichert. Dieses neue Problem führte er darauf zurück, zu lange bei den Eltern gelebt zu haben, ohne sich um irgendetwas kümmern zu müssen; und verschrieb sich als Kur, daß eben dieses jetzige Leben – völlig allein in der Fremde – das ihm entsprechende sei; auch in dem Sinn, daß er damit nicht nur räumlich, sondern auch geistig vieles (Aufgepfropftes, Belastendes) hinter sich lassen könnte – ein Dauerthema dieses Lebens. Auf einer Ansichtskarte an Ernst von Scharmitzer gab er die neue Adresse an, als wäre dies nun vorläufig unbeschränkt sein Wohnsitz.

In Wahrheit reichte sein Geld für knapp drei Wochen (wozu ihm Gusti noch ihre Reste an italienischer Währung sandte); und das vorgeschriebene Leben – allein in der Fremde – fand hauptsächlich in seinem Zimmer statt. Zwar unternahm er ein paar Spaziergänge, sah die berühmten Sehenswürdigkeiten, sprach mit einem deutschen Franziskaner und einem französischen Jesuiten; aber vor allem las und schrieb er erstaunlich viel. Das *Tagebuch eines Schriftstellers* – der Titel war offen von Dostojewski entlehnt, den er nun eifrig las – begann er gleich während der ersten Tage in Assisi: es sollte eine zur Veröffentlichung taugliche, lockere Folge von Eindrücken, Erinnerungen und Überlegungen sein. So schrieb er (eher langatmig und belehrend) über Assisi und seine Geschichte, desgleichen manche Wiederholung zu Franziskus aus *Seraphica*, vor allem aber machte er sich als Kenner Rußlands wichtig, das als werdender Osten dem erstarrten Westen vorzuziehen sei, obwohl der Intellektualismus des Marxismus den rein geistigen Essenzen der russischen Seele völlig widerspreche.

Interessant dabei ist ein Satz, mit dem er theoretisch gegen den Antisemitismus Stellung bezog: „Von einer „jüdischen Gefahr" oder dergl. zu reden ist in Hinsicht auf Russland [bezüglich der Juden unter den bolschewistischen Führern] aber ebenso lächerlich, wie wenn man hier in Mitteleuropa dergleichen construieren will." Die Begründung dafür ist weder liberal noch humanistisch, sondern entstammt den Spengler'schen ‚Gesetzen' und bleibt dabei völlig rassistisch: „Die Geschichte zeigt keinen Fall, dass ein uraltes Volk, dessen grosses kulturelles Schicksal längst zu Ende gelebt ist, eine noch junge Nation bedrängt oder umgebracht hätte." (Sollte sich – wie für Hitler – eine Bedrängung durch Zion doch herausstellen, war eben anderen analogen ‚Gesetzen' zu folgen.)

Parallel zu seiner persönlichen Aufbruchsstimmung (und jener allgemeineren der zwanziger Jahre) beschäftigte ihn das Aussehen der Zukunft: er war überzeugt, daß mit dem Weltkrieg die sogenannte ‚Neuzeit' zu Ende gegangen sei und nun eine völlig andere Epoche anbräche. Diese müßte das Gegenteil des noch herrschenden Materialismus und Intellektualismus sein – am ehesten ein Eindringen in jene Tiefen des Geistes, wo die Materie nicht mehr den Blick auf Schicksalshaft-Eigentliches verstellen, der analytische Verstand nicht mehr die ‚Stimmen des Blutes' übertönen würde. Heimo hielt sich damals überzeugt für einen ‚modernen' Menschen, einen Parteigänger der Zukunft – wie jeden, dem es gelang, das 19. Jahrhundert und seine Folgen zu überspringen und damit die Oberflächlichkeit des vergangenen Zeitalters (der Eisenbahnen, des Kriegs) zu überwinden, um wahre geistige Werte (wie etwa Reichsideen) zu schaffen. Die neue Zeit sollte tiefschürfend werden.

Assisi brachte ihm nur diese eigenen, etwas aufgeblähten Überlegungen, doch nicht den erwarteten spirituellen Durchbruch; Anfang Oktober fuhr er über Venedig nach Wien zurück.

13. Divertimenti und Katastrophen

Das hatte er seit Sibirien nicht mehr gehabt: sich jeden Tag, von keinerlei sonstigen Verpflichtungen bedrängt, nur dem Schreiben widmen zu brauchen. Damals war es Glück und Geborgenheit gewesen; bei seiner ‚Neugeburt' im Sommer 1925 erwartete er sich offensichtlich nochmals das gleiche, und obendrein für den Rest seines Lebens, mit immer reiferen Ergebnissen. Endlich war er nichts als Schriftsteller.

Vielleicht hatte er in seinem Überschwang mit Wundern gerechnet, die ihm die Verwirklichung seiner Wünsche problemlos ermöglichen würden; oder er war einfach der Meinung, daß sich alles zur Zufriedenheit regeln würde, wenn er ab jetzt seine ganze Zeit zur Verfügung hätte, um nicht nur zu schreiben, sondern auch die Möglichkeiten der Publikation und damit des Verdienstes tunlichst auszuschöpfen. Wie so viele andere Unternehmungen wäre vielleicht auch dieses nicht so begonnen worden, wenn Ausmaß und Dauer der Schwierigkeiten vorstellbar gewesen wären.

Bis Jahresende war ihm, nach „übelsten Erfahrungen" bei diversen Zeitungen, immerhin klar, daß sich die Situation seit seinen ersten diesbezüglichen Versuchen vor fünf Jahren nicht geändert hatte: was verlangt wurde, konnte er nicht liefern; und was er anzubieten hatte, wurde nur gelegentlich für den Feuilletonteil akzeptiert. Das ergab keine Lebensgrundlage, obwohl er es weiterhin versuchte; zwar wurden ihm von Gusti sowie den Freunden Paul Elbogen und Richard Goetz immer wieder neue Wege in Redaktionen geöffnet, aber das änderte nichts am Grundproblem.

So blieb fast nur noch die Möglichkeit, eine Stellung bei einem Verlag zu suchen, was ohnehin schwer genug, für ihn aber außerdem mit der berechtigten Angst verbunden war, daß eine regelmäßige Erwerbstätigkeit seine eigentliche Arbeit allzu sehr gefährden würde. „Ich strebe dringend eine – wenn auch bescheidene – Stellung in einem Verlage oder bei einer Zeitschrift an", schrieb er am 18. Januar 1926 an den Westermann-Verlag in Hannover, wobei er sich auf eine längere „administrative" Tätigkeit im Haybach-Verlag berief, was Rolf gegebenenfalls bestätigen sollte. „Wenn Sie nun, bei Bedarf nach einem pflichttreuen jungen Mann, sich meiner gütigst erinnern wollten," etc., doch daraus wurde so wenig wie aus ähnlichen Versuchen, zu denen er sich ohnehin nur an jeweiligen Tiefpunkten der Depression bereit fand.

Die Bedrückung wurde auch durch den weiteren Verbleib im Elternhaus gefördert. Als neunundzwanzigjähriger Schriftsteller und Doktor der Philosophie fand er es immer unerträglicher, nicht nur auf Quartier und Verpflegung, sondern auch noch auf zusätzliche finanzielle Unterstützung ausgerechnet dort angewiesen zu sein, wo die Abhängigkeit, zumindest was den Vater betraf, auf Grund der gegenseitigen Ressentiments am beschämendsten war. Dazu kam noch, daß er den herannahenden Tod der beiden Alten als eine Mahnung empfand, die auch die Möglichkeit des Widerstands einschränkte und ein unwillkommenes schlechtes Gewissen weckte; dem ständig ausgesetzt zu sein, ertrug er noch weniger. In dieser belastenden Atmosphäre erschien ihm die Flucht aus dem Stammhaus geradezu als das wichtigste Vorhaben, das allen anderen Sanierungen seines Lebens vorangehen müsse – jedoch ohne diese nicht möglich war.

So war aus dem Traum schnell wieder bitteres Leiden an seinem Geschick geworden. Immerhin stand ihm, als halbe Flucht, der Riegelhof auch im Winter zur Verfügung, und dort schrieb er bis vor Weihnachten sein zweites – Mote gewidmetes – Divertimento zu Ende; zudem fand er in einer Lucy, die schon im Sommer hier gewesen war, „ein neues, sonniges Terrain“[1]. Nach zwei Tagen, die er vor Jahresende mit ihr verbrachte, hatte er allerdings den Eindruck eines Löwen, „der freundlich tut“[2].

In Wien zog es ihn nach der (teilweisen) Einsamkeit wieder in Gesellschaft, über die er sich, wie ihm Gusti später richtig vorhielt, lieber beklagte als sie zu meiden; bei einem Fest, zu dem er geladen war, kugelte er zuletzt völlig betrunken die Treppe hinab; auch das brauchte er gelegentlich. Daneben besuchte er Konzerte – Strawinskys ‚Geschichte vom Soldaten‘ griff ihm „geradewegs an’s Herz“ – und war von einer großen Schiele-Ausstellung in der Galerie Würthle sehr beeindruckt. Auch kam es nochmals zu einer Beschäftigung mit Sigmund Freud, wobei ihn weder das System noch die Therapie interessierte, sondern Freuds Sinngebung der Symptome, was ihn als schreibenden Darsteller, der die Menschen erfassen können mußte und wollte, naturgemäß anzog. Daneben las er Thomas Manns ‚Zauberberg‘ und fand das Buch in einer Technik geschrieben, die „ganz natürlicherweise wie ein Brechmittel auf uns wirkt“[3].

Zu dieser Beschäftigung mit Kultur, wie er sie einem Schriftsteller für angemessen hielt, kamen neue Überlegungen zur eigenen Kunst, die überraschend experimentierfreudig wirken. So ließ er sich von einem Film dazu inspirieren, eine neue Technik der Prosaerzählung zu entwerfen, die dem sprunghaften Bildschnitt folgen und sich ganz auf Einfälle und Ereignisse beschränken sollte (quasi: ‚plot and action‘), in knappster Form und ohne meditative Einschübe – was eine Beschreibung des Gegenteils fast aller seiner Werke darstellt. Folgenreicher wurde sein Gedanke, daß Dichtung vor allem gesprochen und gehört werden müsse (statt gelesen) – später und bis ins Alter berief er sich dabei auf Homer. Der rhapsodische Vortrag würde zu größerer Aufmerksamkeit zwingen und die Qualität der Dichtung einer genaueren Prüfung aussetzen, wobei auch Rhythmik und Tempo der Sprache mehr Aufmerksamkeit fänden; daher sei eine für solchen Vortrag geschriebene Prosa die höchste Stufe. Damals wollte er die Erzählung gewissermaßen vom Buch befreien und über die modernen Mittel Radio und Schallplatte verbreiten; die von ihm geschaffene Form des Divertimentos – in vier Sätzen wie eine Symphonie – erschien ihm die dafür geeignetste „moderne Prosadichtung“, was er sehr ermutigend fand. Allerdings überschätzte er damals wie später die Spannung, die er für seine Werke nicht nur immer wieder forderte, sondern stets auch erreicht zu haben glaubte.

Die Gelegenheit zu einem Auftritt als Rhapsode seiner Werke verschaffte ihm Freund Mote. Vorher jedoch, am 14. März, reichte Doderer seine beiden bisher erschienenen Bücher sowie das erste Divertimento für den Preis der Stadt Wien für

Dichtkunst ein (er erhielt sie am 3. Juni zurück, wobei er Kamerad Lotte Paumgarten zum ruhmlosen Abholen vorschickte).

Karl von Motesiczky, in seiner vorläufig ziellosen Vielseitigkeit, hatte schon früher zwei Vorträge Fjodor Steps über Rußland in der Wiener Secession zustande gebracht; diesmal setzte er sich für Heimo ein. Er organisierte dessen Auftritt für den 26. März 1926 im Mittleren Saal des österreichischen Ingenieur- u. Architektenvereines in der Eschenbachgasse; es gab Sitzplätze zu Schilling 1,50 und 2,50 sowie Stehplätze zu 30 Groschen. Mote selbst hielt einen einleitenden Vortrag ‚Über Lesen und Hören', in dem er Heimos Thesen zur vorgetragenen Dichtung erläuterte. Dieser hatte seinen Text – das Mote gewidmete Divertimento – wochenlang vorbereitet, nämlich mit teilweise aus der Musik entlehnten Vortragszeichen versehen und unermüdlich geprobt; die Sicherheit des Auftretens fiel ihm nicht schwer, der Erfolg für den Rhapsoden war gegeben.

„. . . ich gratuliere 1000mal . . . Ich hab so eine Freude über die Sache an sich und ihren guten Verlauf, ich kann's gar nicht sagen", schrieb ihm Gusti aus Italien.

Ausgerechnet beim ersten Applaus seines Lebens – wie gut mußte ihm dieser doch getan haben, nach seinen gemischten Gefühlen bei Billingers Premiere – war sie mit den Eltern, der Schwester und Julius Koritschoner in Neapel.

Das Geld für die Reise der ganzen Familie Hasterlik – sie waren von Anfang März bis Anfang Mai unterwegs – stammte von Julius Koritschoner; daß er die Schwester seiner künftigen Frau mitnahm, hatte allerdings auch den praktischen Grund, daß sie bei der Beaufsichtigung der beiden Kinder mithelfen konnte (die jüngere Julia war bereits sein eigenes Kind). Man fuhr über Florenz nach Rom, dann nach Capri und Neapel, wo sich Gusti am längsten aufhalten sollte – zum Teil mit den Kindern allein gelassen, da Mia mit ‚Julerl' nach Tunis fuhr und die Eltern in Taormina bleiben wollten.

Ihre ersten Briefe deuteten in nichts an, daß sie – ‚allein in der Fremde' – zunehmend über ihre Beziehung zu Heimo nachzudenken begann; es klang, ganz im Gegenteil, recht entspannt, wenn sie (am 23. 3.) schrieb: „. . . wie steht es überhaupt noch mit meinem Buben, hat er mich noch bissi lieb oder punzelt er fleissig herum, ist sie auch unbetrippert? . . . ich leg 15 lire bei für die Postporti . . ."

Am 8. 4. nahm das Nachdenken langsam Formen an: „Aber glaubst Du nicht, daß die Entfernung überhaupt Deinen Gefühlen zu mir nützt [. . .] in der Nähe bin ich Dir sowieso schon reichlich fad bestenfalls, oder Du bist grob u. hässlich zu mir, wenn's Dir Freud macht . . .

Ich für mein Teil muss Dir gestehen, daß ich mir sehr viele Gedanken mache, u. nicht finden kann, daß irgendetwas besser geworden sei, im Gegenteil. Da man einander seltener sieht, schaut es besser aus, d.h. die Krachs sind seltener . . . Das Ganze ist schon so verschlammt, u. mir schon jahrelang der Mund gestopft worden, gegen absolute Grobheit bin ich wehrlos . . ."

16. 4.: „. . . ich bin nicht die arische Gans, die Dir erwiesenermassen am Ende doch lieber ist.

Ich verstehe nur nicht, woher Du die Frivolität genommen hast, wieder anzubandeln, wenn Du am selben Abend in Alserbach erklären konntest, Dein Gefühl zu mir wäre ausgebrannt, eine starke Emotion könnte Dir nicht mehr davon kommen etc. . . . es ist ärger wie Katz und Maus. Und nie konnte ich dagegen remonstrieren, immer hast Du mich tot geschrien, oder mit nichtssagenden Zärtlichkeiten weich u. dumm gemacht.

. . . immer nur das: Du willst frei, ungebunden sein, u. ich verstehe das zwar sehr gut, mein Gefühl zu Dir aber erträgt die Gewißheit eines Abschied's nicht und spielt Blinde-Kuh.

. . . Denk an die Ehen in Deiner Familie, sie sind alle so, Deine Rasse ist die brutalere u. die andere Hälfte muss schauen wie sie davonkommt, es ist ja so typisch."

Und in einem anderen Brief unter demselben Datum: „. . . Es ist als ob ich vergiftet wäre . . . Ich bin Dir ja nur mehr die Person, vor der man sich in jeder Weise gehen lassen kann . . ."

21. 4.: „. . . Und selbst heute schreibst Du: ich glaube, daß ich Dich lieb habe. Du glaubst, nun gut, nach 5 Jahren weisst Du es noch nicht oder nicht mehr?

. . . Aber so war es schon: in bekleidetem Zustand sahst Du mich gar nicht mehr, ich war sofort „Lustpuppe" und einer solchen gegenüber, redet man wahrscheinlich nur in der Babysprache, tröstend und aufreizend, man will auch von so einem Geschöpf um Gottes willen nicht ernsthaft gesehen werden, klar u. sachlich, dann hiess es sofort: natürlich Übellaune, Kritik, Besserwissen u. Ärgeres. Aber diese latente Verlogenheit, dieses nie Hineinlassen, nie wirklich Freund werden, rückte mich so ab, diese Selbstrettungen mit Rache an dem, der sie eventuell sieht . . ."

29. 4.: „Die Annahme, daß Du mich nur zu verschiedenem brauchst, also mich gebraucht [hast], hat sich in mir zur Überzeugung verdichtet. Deine eigene Aussage, Du wärest ein wilder Egoist . . . (die Du notabene immer abgestritten hast) die aber in ihren unzähligen Einzelwirkungen auf die Dauer unerträglich ist . . .

Meine [i.e.:Deine] tiefinnerliche Ablehnung oder Geringschätzung . . . in erster Linie aber meine von Dir konstruierte fremde Rasse etc lassen alle Augenblicke Spalten aufscheinen, die dann von Dir mit Hohnlachen begrüßt werden u. zu so ungeheuren Anwürfen führen wie die nach Liesl's Konzert. Du weisst schon lange, daß ich für Sadismen (ob seelisch oder körperlich) nur Ekel empfinde, den einer Perversion . . ."

30. 4.: „Daß ich heute der Ansicht bin, das Beste wäre das Ende, entsteht aus der klaren Einsicht, daß unsere Charaktere nicht zu ändern sind u. auf gleiche Ursachen immer nur die gleichen Folgen entstehn.

. . . Du weisst nun daß Du mich lieb hast, wenn ich fort bin, Sexualität spielt dabei die Hauptrolle . . .

Wer sich zwischen uns stellt, bist immer nur Du selbst, teils mit teils ohne Absicht. Ich glaube nicht, daß Du das Wissen oder die Macht hast, äussere oder innere Verhältnisse zu bessern, zu klären, auf ein neues Niveau zu stellen. Ausserdem fürchte ich Deine Gewalttätigkeit mehr als alles u. Du entfernst Dich mit jedem bösen Wort auf

Meilen. Was Du mir bist u. warst, weisst Du, aber in jeder Weise umbringen lass ich mich nicht."

In etwas mehr als drei Wochen hatte sie da auf ihn etwas losgelassen, mit dem er im Grunde nie fertig geworden ist, wie man den Darstellungen von ‚Grete Siebenschein' und ‚Camy von Schlaggenberg' entnehmen kann. Einundzwanzig Jahre später, beim Nachdenken zur *Strudlhofstiege*, fiel seine Deutung so aus:

„Was immer sie danach gegen René vorgebracht hat: freilich gibt das keine Erklärung für ihren Haß ab; es sind all' diese, zum Teil wissentlich falschen oder maßlos überschärften Beschuldigungen, nur die nächsten Steine gewesen, die jene auflas, um damit Fenster einzuwerfen, Scherben und Lärm zu erzeugen, Feindschaft anzusagen und zu manifestieren, eine Tathandlung zu setzen, hinter die man hoffte, dann nicht mehr zurück zu können ... Aber woher eigentlich der elementare Willen zum Bruch? Diese außerordentliche Fülle vernichtender Urteile, mit der größten Geschwindigkeit und Entschiedenheit hervorgebracht – wozu sollten sie ihr dienen? Fast neige ich jetzt dazu, anzunehmen, sie hätte mit Erschrecken und eindeutig und endgültig festgestellt (denn fest-stellen konnte sie leicht, bei ihrer Phantasielosigkeit), dies Pferd sei nichts wert, auf das sie alles gesetzt habe, es könne sie nicht einmal tragen, es sei ein schwächlicher Gaul ..." Und als zweite Erklärung fügte er noch hinzu: „Jedoch: zwischen den beiden herrschte Antipathie – und zwar apriorisch, so stark, daß sogar der turbulenteste und tumeszenteste Eros zeitweis davon erdrückt ward."[4]

Seine unmittelbare Reaktion war zumindest teilweise einsichtsvoller als jene des gereiften Schriftstellers, dem, seiner eigenen Theorie zufolge, die erinnerte Wahrheit freisteigend erscheinen sollte. Er schrieb (am 17. Juni) an seine Schwester Helga: „Eine durch Jahre von mir hingeschleppte verbrecherische Nachlässigkeit in der Behandlung meiner Beziehung zu Gusti mußte zwangsläufig zur inneren Katastrophe bei ihr führen ..." Doch auch seine Zusammenfassung von Gustis Argumenten als ‚Nachlässigkeit' stellte kein wirkliches Verständnis dessen dar, was sie über sich und ihre Sichtweise seiner Person gemeint hatte (heutige Frauen würden Doderer als Macho bezeichnen, zu dessen konstituierender Verständnislosigkeit es gehört, diesen Vorwurf absolut unbegreiflich zu finden).

Auch eine weitere, durchaus gerührte Einsicht vom 26. Juli erfaßte eher seine Situation als die ihre: „[...] gewinnen werde ich meine Frau jetzt erst müssen. Nein, ich habe sie nicht mehr, die gütige, warme Freundin! Ich habe sie verscherzt ... heute steht mir gegenüber ganz einfach das Weib, welches fordert. Den Kameraden, den hab' ich verloren – und jetzt erst seh' ich welch ein Kamerad dies war!!! [...] das Wesentliche bleibt doch der Aufbau eines gemeinsamen Lebens – und das heisst vor allem: der Aufbau eines männlicheren Lebens bei mir!!" Auch falls er mit der letzten Schlußfolgerung die Absicht gemeint hätte, sich zum Ernährer und Erhalter zu machen, blieb er doch in seiner Rolle: sich nämlich vorzüglich mit dieser zu beschäftigen.

Das Verständnis für eine Frau, die in ihrer ebenso vielfältigen Welt ganz andere Prioritäten setzt, anstatt die seinen zu übernehmen, war ihm (auch als Schriftsteller) weitgehend unmöglich; daher mußte er die Frauen, abgesehen von ihrer sexuellen

‚Brauchbarkeit‘ (die er abwechselnd als Erpressung auffaßte), auf ihre gesellschaftliche Rolle und darin vor allem auf ihre ‚Forderungen‘ an den Mann reduzieren, was geradezu notgedrungen zur ‚apriorischen Antipathie‘ führte. Sein Anspruch auf ‚brüderliche Kameradschaft‘ verwehrte der Frau im Grunde alles, was er über sie gar nicht wußte. In den Romanen ersetzte er seine mangelnde Einsicht durch minutiöse Detailbeschreibungen der äußerlichen ‚weiblichen‘ Umwelt und ihrer Rituale, mit Flakons und Gerüchen, Konfitüren und Schlagobers, wobei er die Oberflächlichkeit der so dargestellten Charaktere wohl als bezeichnend und richtig ansah. Doch den Charakter einer Frau von innen her und nach ihren eigenen Vorstellungen zu entwickeln, war ihm kaum möglich.

Dauerhafter als alle Ansätze zur Versöhnlichkeit war die Kränkung, in so umfassender Form von gerade der Frau abgelehnt worden zu sein, die ihm in seinem bisherigen Leben die größte Liebe entgegengebracht hatte. Dazu kam noch ein verlorengegangener Brief, den er Anfang Juni erhalten hatte, und dessen Inhalt – wie er in dem erwähnten Brief an Helga schrieb – „über die Grenzen des Erträglichen hinausging“, wohl um „mir eine weitere Annäherung vollkommen unmöglich zu machen“. Die Empfindlichkeit dessen, der ohnehin ständig dazu neigte, sich als vom Leben vernachlässigt zu betrachten, war – wie schon seinerzeit von der Cousine Marion – in jenem Punkt betroffen worden, wo Sehnsucht nach Liebe mit Eitelkeit und Begehren undeutlich zusammenfiel; daraus konnte sich fast nur die Ambivalenz stärkster Widersprüche entwickeln.

So entwarf er im Juli einen absolut unbeherrschten Geburtstagsbrief an Gusti, den er wenigstens (mit größter Wahrscheinlichkeit) nie abgeschickt hat:

„Bruder

Es kommt dein dreissigster Geburtstag. Zugleich ist das der Tag, an dem Du vor fünf Jahren in mein Leben getreten bist . . .

Du hast mich herangezogen, aufgezogen wie Dein Kind, am Ende hart und furchtbar gestraft für alles was ich an Dir begangen habe . . . sperrst mich in dieses schreckliche Zuchthaus der Seele von lauter Qual und Selbstzerreissung, und sagst am Ende ich wäre zu schwach . . . Sibirien war wohl ein Himmel dagegen, wär’ ich doch ganz dort geblieben, ich Esel! Habe ich mich etwa aufgedrängt im Juli vor 5 Jahren! . . . Bist Du denn noch eine Frau? Weißt Du denn überhaupt noch von Gnade, Erbarmen und Menschlichkeit? [. . .] Du brauchtest ja nur die Hand strecken und nehmen was Dir gehört, mein ganzes Leben, nicht gerade ein Mist.“

Im Brief an Helga beteuerte er: „Gusti wäre für meine Kunst [. . .] nun keinerlei Gefahr mehr, sondern im weitesten Sinne nährend und fördernd. [. . .] wird mir klar, daß der für mich notwendig gegebene Lebensweg am erfolgreichsten mit ihr beschritten werden kann. Sie bedeutet für mich heute geradezu auch den Anschluß an’s Leben, die Verbindung mit dem, was ich will . . .“

„Rette, wenn da noch zu retten ist: dann rette uns beide“, schrieb er an Helga und hatte keine Ahnung, daß sie selbst bald nicht mehr zu retten war.

Als vielleicht einzige der Familie war sie Gusti und der Beziehung Heimos zu dieser von Anfang an mit Sympathie und möglichstem Verständnis gegenübergestanden; solange er da noch etwas gutmachen wollte, kam nur diese (um neun Jahre ältere) Schwester als Beraterin und schließlich Vermittlerin in Frage.

Astri hingegen war von ihrem Gefühl arischer Überlegenheit und tiefer Abneigung gegen Gusti nicht abzubringen; Heimo sprach ihr – in diesen Jahren – jede weitere geistige Entwicklung ab und erkannte in ihren überspitzten Prätentionen wohl auch Splitter des eigenen Spiegelbilds. Zudem fand er wenig Verständnis dafür, daß ihr von ihm geschätzter Mann, Hans von Stummer, stumm ergeben ihre Verhältnisse hinnehmen mußte, wie etwa letzten Sommer mit einem „Sport-Idioten"; im Grunde war sie vor allem ein Luder mit Stil – was er allerdings wieder bewunderte.

Daß die Partner in all diesen Ehen (außer bei Ilse, die einen dominierenden Vaterersatz als Mann gefunden hatte) schlechter abschnitten, hatte Gusti richtig gesehen. Auch Almuth hatte ihren honorigen Lokomotivenbauer, den Dipl.-Ing. Richard Martinek, nicht allzulang ertragen und, nach der Scheidung, 1923 ein zweites Mal geheiratet: den Rechtsanwalt Dr. Toni Wehofer, der im wesentlichen nur versuchen konnte, ihren Wünschen möglichst entgegenzukommen – oder nicht im Weg zu stehen.

Bei allen Schwestern war das Bild des Vaters – als Beispiel für die übrigen Männer der Welt – zu übermächtig; und zugleich ihr ererbtes Temperament allzu ausgeprägt, um mit einem schwächeren Exemplar des andern Geschlechts sehr lange Nachsicht zu üben. Helga hatte sogar die breite und hohe Stirn des väterlichen Schädels, seine Wucht des Willens auch körperlich ausdrückend, bei aller Eleganz der *grande dame*. Sie war dem ‚Griebe' von allen am ähnlichsten: in Dominanz und Begabungen, Hochmut und Großzügigkeit, Eitelkeit und Warmherzigkeit, in Gescheitheit und gezielter Provokation; und sie scheiterte am Gefühl ihrer Überlegenheit, alle Anmaßung eingerechnet: weil sie – sehr im Gegensatz zum Alten – eine Frau war.

Für ihren Geist und ihr Wesen – und den Anspruch, zu dem auch Selbstüberschätzung gehörte – gab es, weil sie eben eine Frau war, keinen gesellschaftlichen Freiraum; und schon gar nicht im Rahmen der Klasse, die – samt ihren Privilegien – sie zu verlassen nicht bereit war. Sie zahlte aber auch nicht den Preis der Unterwürfigkeit oder zumindest Heuchelei, der in ihrer Schicht verlangt wurde. Sie lavierte an den Grenzen dessen dahin, was gerade noch durchgehen konnte; vielleicht auch nur deshalb vorwiegend auf erotischem Gebiet, weil ihr das meiste andere, im vorgegebenen Rahmen, verschlossen blieb. Ihren ausgezeichneten und kräftigen Mezzosopran, den sie von der Opernsängerin Widt ausbilden ließ, beruflich einzusetzen oder das auch nur zu versuchen, wäre der Familie – den Eltern wie dem Mann – als undenkbar erschienen: der Bruch, den sie vollziehen hätte müssen, um der ‚Kunst' zu leben, hätte sehr viel radikaler ausfallen müssen als jener des jüngeren Bruders Heimo – wiederum bloß, weil sie eine Frau war. (Ihrer Schwester Almuth, die in den – damals sogenannten – Hofmuseen gerne alte Meister kopierte, wurde einmal von einem holländischen Besucher angeboten, ihre Kopie zu kaufen, was der Vater sofort verbot.)

Ob Helga eine ernsthafte künstlerische Karriere nun gewollt hat oder nicht: sie empfand sich mit Recht von Hindernissen umstellt und eingeschränkt. Die private *soirée musicale* für Geschäftspartner und gleichrangige Freunde der Familie blieb das einzige respektierte Betätigungsfeld eines Talents, das im übrigen als kostenfreie Erweiterung der Aussteuer galt – und war damit nicht bedeutungslos, aber zum Ausdruck privater Sensibilität degradiert worden. Gerade diese und nur diese war gestattet und entsprach der erwarteten weiblichen Empfindsamkeit, zu der unterschiedslos Gedichte oder eingedrehte Locken gehören konnten.

Sie kam in ihrem Leben von vierzig Jahren viel ärger zu kurz als Heimo, obwohl man ihr das Gegenteil anlastete: sich rücksichtslos genommen zu haben, was sie wollte. Ihr gutaussehender Mann, der Konsularakademiker Dr. Ernő (Ernst) Hauer – von dem der Gymnasiast Heimo diskret Nachrichten an die Schwester überbracht und dabei Ernős Freund Theodor Hornbostel kennengelernt hatte – war so sanftmütig-liebenswürdig wie stockkonservativ; daß der poetische Funke, den sie ihm aufgesteckt hatte, nicht als sein ureigenstes Feuer auf sie zurückkam, hätte sie nicht zu verwundern brauchen. Er wurde ihr nie verachtenswert, aber sehr schnell langweilig.

Ihre immer intelligent-wache und lebhafte Überzeugungskraft brachte für viele Jahre eine *ménage à trois* zustande, die keinem der beiden Männer die volle Einsicht gewährte, jedoch sogar deren Freundschaft unverletzt ließ: der zweite war, schon ab Konstantinopel, der österreichische Generalkonsul Robert Kronholz, ein eleganter und vornehmer Herr mit einer gewissen Neigung zur Üppigkeit, der – reifer und gescheiter als Ernő – ihr immer wieder zu einer Stabilität verhalf, die der Ehe und dem daraus entstammenden ‚Bubei' im wesentlichen gut tat.

Doch auch der Generalkonsul Kronholz (mit der Nachfahrin einer Bier-Dynastie verheiratet, Vater zweier Töchter) ging Helga, je selbstverständlicher das alles geregelt war (mit der Opernsängerin Widt als gemeinsamem Briefkasten, Treffpunkt etc.) zunehmend auf die Nerven: dieser ‚Pompeius' hatte zwar einen runden Schädel und kurze Haare wie der seinerzeitige Feldherr (allerdings fehlte die aufgedrehte Stupsnase), aber auch eine krächzende Stimme; und irgendwann konnte sie diese einfach nicht mehr ertragen. Oder anders: so selbstbewußt und provokant sie auch sein mochte – aus der Abhängigkeit vom Vater allein war bloß die belastendere von insgesamt (den ‚Griebe' einbezogen) drei Männern geworden: mit wachsendem Unglück.

Dazu kam ihr Leben in Budapest. Ursprünglich war Ernő österreichisch-ungarischer Konsul gewesen – die beiden Reichshälften hatten ein gemeinsames Außenministerium besessen. Nach dem Krieg wurde er, aufgrund seiner geographischen Herkunft, zu einem Beamten des neuen ungarischen Außenministeriums. Man beließ ihn in der ungarischen Botschaft in Wien (gleich beim Minoritenplatz), wo er mit Helga auch wohnte; dort hatte Heimo nach seiner Rückkehr aus Sibirien zu seiner Überraschung erlebt, wie hilfsbereit sich dieses Paar ihm gegenüber verhielt.

Doch als sie nach Budapest übersiedeln mußten, war dies zwar für Ernő ein notwendiger Karriere-Schritt, für Helga aber die Verdammnis: sie mochte die Stadt nicht, die Gesellschaft nicht, mit der sie nun verkehren mußte (und in der es ihr auch aus sprachlichen Gründen schwerer fiel, stets im Mittelpunkt zu stehen), und schon gar nicht die Schwiegermutter, deren Argwohn nun in ständiger Nähe lauerte. Die wenigen erhaltenen Briefe Helgas an Almuth sind voll von Heimweh und zärtlicher Sehnsucht nach dem vertrauten Umgang; dazu gehören auch überaus lebendige Erinnerungen an den mit Almuth und Toni Wehofer gemeinsam verbrachten Urlaub in Brioni (der krächzende Pompeius war auch dabei gewesen, fand aber kaum Erwähnung).

Die als feindselig empfundene Umkesselung mit schwer auffindbarem Ventil setzte diese kräftigste ‚Doderin' ihrer Generation gehörig unter Druck und Dampf; jetzt war sie eingeengter als je und auf die Rollen von Mutter und Konsulsgattin festgelegt. Da sie den Bruch mit ihrer Herkunft und Umgebung nicht vollziehen wollte – zu dem sie aufgrund ihres Willens und Temperaments vielleicht imstand gewesen wäre, wenn sie auf ihre Eitelkeiten verzichtet hätte –, blieb ihr nur der Ausweg in die Vorstellungswelt der alles beherrschenden Gefühle; und deren Wirklichkeitsgrad mußte denjenigen ihrer Umgebung bei weitem übertreffen, um ihr eine eigene Realität zu sichern: nämlich jenes Leben als Frau, das ihr durch das vorgefertigte weibliche Rollenspiel verwehrt wurde. Oder anders: um sich zu retten, mußte sie sich verlieben.

Während sie ihr letztes Abenteuer mit jenem Mut und jener Verzweiflung begann, die nur bei Grenzüberschreitungen möglich sind, wo man sich fallen läßt, um vielleicht doch noch alles zu gewinnen, bestürmte ihr kleiner Bruder Heimo sie mit seiner pathetischen Verzweiflung. Außer Helga kam in der Familie niemand in Frage, ihm das Rätsel Frau – subspecies: Gusti – zu lösen. Die eigentliche Tragödie der Schwester, deren Stationen bis hin zum Tod er später so ausführlich beschrieben hatte, kam ihm gerade inmitten der selbstbezogenen Dramatik überhaupt nicht zu Bewußtsein. Was ihm als Prätentionen der schwesterlichen Weiber erschien, ging ihm einfach auf die Nerven, war aber zugleich sekundär, da seine Wichtigkeiten (‚Prioritäten') ohnehin woanders lagen. (Seiner Darstellung ‚Etelkas' in der *Strudlhofstiege* fehlt nicht der Ausdruck hilfloser Erschütterung, aber die eigentliche Dimension von Helgas Persönlichkeit, die sich in seiner Sicht vor allem aus ihren erotisch-oberflächlichen Verstrickungen nicht mehr befreien kann, ist ihm offensichtlich unzugänglich geblieben. Übrigens meinte auch seine – angeblich so naive – Mutter stets, daß er Frauen nicht verstünde.)

Heimo nahm diesen Menschen, um den er sich eigentlich nicht kümmerte, im Frühling und Frühsommer 1926 für seine Angelegenheiten heftig in Anspruch. Er wohnte zweimal einige Zeit bei den Hauers in Budapest; um zu klagen und um in einem zunehmend vertrauten Rahmen eingesponnen zu sein, wo die Tatsache, daß für ihn gesorgt wurde, nicht die Ressentiments aus der Stammgasse weckte. Dabei stärkte er das gewählte Rückgrat seines Lebens, seinen inneren Elfenbeinturm: er schrieb an weiteren *Divertimenti.* Was er Gusti entgegenzuhalten hatte, war seiner Meinung nach die künstlerische Qualität seiner Arbeit – als müßte das sie veranlassen, ihre weibliche Dickköpfigkeit, nämlich ihre Vorstellungen vom sinnvollen oder genußreichen Leben, zugunsten seiner Maßstäbe zurückzustellen.

Daß er diese ‚Prioritäten‘ immer wieder zu rechtfertigen versuchte, zeigt doch auch einige Unsicherheit; selbst Helga gegenüber versuchte er sich als ‚Erfinder‘ wichtig zu machen, der die symphonische Form für die Literatur adaptiert habe – als müßte sie ihm deshalb helfen. Aber am dringendsten brauchte er, in wohl vielen Gesprächen, einen Freispruch von den Vorwürfen Gustis und eine Milderung der Kränkungen. So blieb er Mitte Juni in Budapest, während sich Helga in Wien um eine Versöhnung mit Gusti bemühte. Die beiden Frauen, auf recht verschiedene Weise in ihrem Dasein behindert, scheinen sich sehr gut miteinander verstanden zu haben, doch kam es eher zu einer freundschaftlichen Annäherung zwischen ihnen als zu einem Kompromiß für Heimo. Er jedenfalls sah nur das Scheitern des Vermittlungsversuchs.

Noch kam der ‚Liebesrückfall‘ nicht, dafür fiel dieser dann – irgendwann im Hochsommer – umso heftiger aus. Und der folgende Friede mit einer mehr als ein halbes Jahr andauernden Intensität ist – zufälliger- oder bezeichnenderweise – bei Doderer nirgends belegt; zu diesem Fehlen jeder Tagebucheintragung könnte man meinen, daß ihm zu einem Heimo im konfliktlosen Glück einfach nichts genügend Tiefgängiges einfiel. Vielleicht war er aber auch gar nicht so froh und erleichtert wie Gusti, deren Briefe dies für sie so deutlich zeigen, und litt eher darunter, wieder einmal falsche Hoffnungen erweckt zu haben – die er jedenfalls vorläufig nicht berichtigte.

Der Anfang des neuen Glücks dürfte wohl in sogenannten „Haremstagen“ bestanden haben, wie Gusti das nannte, „mit Aufstehen Mittag u. Niederlegen um 7h Abends“: „Du kannst Alles von einer Frau erreichen wenn Du „lieb“ bist.“ Doch so gern beide auch immer ‚punzelten‘, zwang ihnen die vorangegangene Krise doch Überlegungen und Konsequenzen ab.

Diesmal, bei der zumindest psychisch aufwendigsten Wiedereroberung der Freundin, scheint Heimo das größte Eingeständnis gewagt zu haben: nämlich Gusti (irgendwann) heiraten zu wollen. (In sehr viel späteren Erinnerungen – etwa seiner zweiten Frau gegenüber, was der Wahrheit sicherlich nicht förderlich gewesen war – gab er für das Heiratsversprechen das Jahr 1928 an; der Grund für diesen Termin war erheblich peinlicher, wovon noch die Rede sein wird; doch ging es im Grunde während vieler Jahre immer wieder darum, ob sie das Leben gemeinsam verbringen sollten: womit die Festlegung auf irgendwelche Termine der Beschlüsse ohnehin fragwürdig wird.)

Gusti war glücklich, ihrem Heimerle in allem behilflich sein zu können, was die gemeinsame Zukunft betraf, und ersparte ihm, wofür er untauglich war oder es sein wollte: „Ich leb sehr friedlich mit Mama, wir unterhalten uns viel mit Zukunftsplänen, Wohungseinrichtung etc. Dich würde es wahrscheinlich langweilen, ich hab viel Freud dran. Sie fragt mich sehr viel aus was Dich u. Deine Familie betrifft . . .“ Daß Heimo solche Briefpartien vielleicht zähneknirschend las, ist durchaus vorstellbar. Immerhin handelte es sich bei diesem Brief auch um Gustis Glückwünsche zu seinem dreißigsten Geburtstag: „es soll uns beiden gut gehen miteinander“.

Gut ging es ihnen miteinander unter anderem auch wieder deshalb, weil sie getrennt waren: Heimo blieb nach der hochsommerlichen sexuellen Entladung gleich von August bis Weihnachten allein auf dem Riegelhof. Dort entstanden, nachdem er im Frühjahr in Budapest die Arbeit daran wieder aufgenommen hatte, in ziemlich rascher Folge die restlichen *Divertimenti* bis No. VI und zum Abschluß die *Sieben Variationen über ein Thema von Johann Peter Hebel*, wobei es sich um „zwei strenge Variationen (Beibehaltung des Inhalts, nur jedesmal von einem anderen Standpunkt erzählt) und fünf freie (andere Inhalte, gleiche Dynamik der Grundbewegung)" handelt[5] – eindeutig eine Weiterentwicklung seiner Übernahme musikalischer Formen in die Literatur.

Er lebte offensichtlich recht gemütlich dort oben und hatte sich sogar mit einem Grammophon versorgt, um Musik hören zu können (was er im Alter entschieden als Abstumpfung des Gehörs ablehnte: nach der Entbehrung der Musik zuhause sollte einen der Schock der Töne nur in Konzert und Oper treffen; in seiner Wohnung duldete er weder Radio noch Plattenspieler). Von Mitgliedern der Familie wurde er, je tiefer es in den Herbst hineinging, kaum gestört, doch um das Haus und ihn selber kümmerte sich Hanni Dworschak, die Frau des Gärtners, die dafür gratis zu Dr. Paul Hasterlik in Zahnbehandlung fahren durfte (und jeweils ein Briefchen an Gusti mitbekam). (Diese Hanni war übrigens einmal über eine neue Bluse Helgas in lautstarkes Entzücken ausgebrochen, worauf ihr Helga das eben erworbene Stück sofort schenkte, wie das ihrer Lebensart insgesamt entsprach.)

Albrecht Reif sollte unterdessen als Heimos Rechtsanwalt irgendetwas bei Vater Doderer bewirken; Gusti schrieb dazu: „Dir ist soviel Unrecht geschehen u. Du hast so sehr darunter gelitten, daß es wirklich nur zu natürlich ist wenn Dein Recht endlich gewahrt wird." Was damit genau gemeint ist, bleibt unklar, doch dürfte es sich um einen weiteren Versuch Heimos gehandelt haben, einen Teil seines Erbes vorzeitig ausbezahlt zu bekommen – da Immo sehr hohe Beträge, die nach Heimos Meinung bereits dessen Erbe entsprachen, zur Gründung einer Firma erhalten hatte (Immo hatte moderne Mülleimer erheblich vor der Zeit erfunden, konnte keinen Bedarf dafür wecken und ging pleite). Reifs Versuche stießen bei beiden Alten auf wenig Verständnis; und daß es zu Lebzeiten keinen rechtlichen Erbanspruch gibt, dürfte auch diesem klar gewesen sein. Doch Gusti reagierte recht bitter: „Diese Angst man könnte sie mal im Schlaf erwürgen, wenn man ihr Gerstl mal hat, so eine Kurzsichtigkeit u. ein Argwohn."

Natürlich wäre es bequem gewesen, zur Familiengründung einen größeren Betrag zu erhalten; statt dessen mußte sich Heimo selber bemühen: doch aus einer Stellung in einem Zeitungsarchiv wurde so wenig etwas wie aus einer Beziehung, die Vater Hasterlik zum Amalthea-Verlag hergestellt hatte. Daß ihm solche Fehlschläge immerhin gestatteten, in Ruhe auf dem Riegelhof weiterzuschreiben, und daß ihn das Schicksal selber an einer bürgerlichen Existenz hinderte, dürfte ihm nicht ausschließlich unangenehm erschienen sein. Gusti tröstete ihn mit recht illusorischen Worten: „Wenn ich nur die Kraft hätte für Dich zu sorgen wie sonst ein Mann für die Frau u.

Du könntest ruhig arbeiten ...", aber trotz dieser Unmöglichkeit überlegte sie bereits, wann „ein Kind drankommt, so in 4–5 Jahren schätze ich werden wir so weit sein."

Er scheint, diesen ganzen Herbst hindurch, ihren Vorstellungen nie widersprochen zu haben, da sie seine vielen Briefe (die sie zuallerletzt wütend verbrannte) nur als „rührend" und „verliebt" empfand. Doch daß er ihre Erwartungen völlig uneingeschränkt teilte, ist eher ausgeschlossen; dieser Rückzug auf den Riegelhof war auch einer vor tätigen Entscheidungen, wie sie ihm ohnehin sehr schwerfielen, und vielleicht verbunden mit der Hoffnung, daß seine *Divertimenti* (die er bereits vor Abschluß des sechsten sowie der *Variationen* auf Verlagssuche aussandte) sein Dasein grundlegend ändern würden, was jeden Handlungsbedarf seinerseits erübrigen würde. Die Erwartung eines durchschlagenden Erfolgs war wohl auch der Motor der intensiven täglichen Arbeit. (Daß diese Werke schließlich erst aus dem Nachlaß publiziert würden, wäre ihm damals gewiß unvorstellbar gewesen.)

„Du Ärmster sehnst Dich erotisch nach mir, mein süsses Herz", stellte Gusti im Oktober fest und gestand, selber nicht mehr zu wissen, wie ein „Maxi" sei, allerdings mit dem „Bild vor den Augen, wie Du endlich ausgezogen vor mir stehst, mit dem was die Dringlichkeit [...] verständlich macht." Ab nun besuchte sie ihn einige Male, sei es übers Wochenende oder auch nur für eine Nacht, was bei den Verkehrsverbindungen in die Prein keine Kleinigkeit war, und fügte der Ankündigung des ersten Besuchs sogar noch hinzu: „sei unbesorgt, ich will Dir das Leben erleichtern und nicht erschweren." Das war der Kompromiß: er durfte allein und ungestört arbeiten, so viel er wollte (auch wenn es ihr schwerfiel, ihn so lange zu entbehren), aber dafür mußte er sich, vor allem für die Zukunft, zur Verbindung mit ihr bekennen.

Zu Weihnachten kam er mit seinem Bündel neuer Manuskripte nach Wien zurück.

Um diese Zeit wurde Helgas Lage in Budapest dramatisch. Trotz ihrer Abneigung gegen das Leben dort hatte sie sich in einen Ungarn verliebt, der nicht nur verheiratet war und zwei Kinder hatte, sondern obendrein bisher seiner Frau ergeben und treu gewesen war. Das spricht für die Ehrlichkeit seiner Gefühle, auch Helga gegenüber; führte ihn aber schließlich dazu, seiner Frau aus schlechtem Gewissen alles zu gestehen. Für Helga war das ein ‚Verrat', weil er sie, um seine eigene Ehe zu retten, einfach preisgab – während sie ihm wichtiger sein hätte sollen als alles übrige auf der Welt. Diese Känkung traf sie am schlimmsten.

Die ungarische Ehefrau, bei der sich das gegebene Temperament in der tiefen Erschütterung zu Gewalt verdichtete, wandte sich nicht nur mit einem vernichtenden Brief direkt an Helga, sondern war auch nicht gewillt, diese Feindin länger in der Gesellschaft zu dulden; sie mobilisierte gegen sie, womit der Skandal öffentlich war.

Es war aber nicht der Verlust an gesellschaftlicher Reputation oder an moralischem Ansehen, womit Helga nicht fertig wurde. Vielmehr war es ihre eigene – teilweise auch nur prätendierte – Stärke, die sie in die Auswegslosigkeit führte. Sie war es gewohnt, in der Ehe, in ihrer Beziehung zu Robert Kronholz und in jeder Umgebung überlegen zu sein; ihr war die psychische Abhängigkeit der anderen von ihrem – gewissermaßen lautstärkeren – Charakter selbstverständlich, ihre Heiterkeit oder ihre Betrübnis fielen stets intensiver aus als bei andern, sie war – bis jetzt – der tonangebende Mittelpunkt gewesen.

Nun hatte sie soeben und ausgerechnet in ihrer Liebe erfahren müssen, wie unvermittelt sie aus ihrer für selbstverständlich erachteten Vorrangstellung gestürzt werden konnte. Und anschließend konnten die bisher Schwächeren über ihr Leben entscheiden: von ihrem Mann Ernő (samt Schwiegermutter) hing es ab, ob er sie weiterhin im Haushalt und als Mutter des Sohnes duldete oder die Ehe unter beschämenden Umständen beendete, wobei sie auch das Kind verloren hätte. Zugestanden wurde ihr nur noch die Rolle der schuldbewußt braven Duckmäuserei, als reuige Sünderin. Aber sie war nicht die Frau für ausgerechnet das, was man allgemein als Frauenschicksal bezeichnete. Sie hatte herausgefordert, bis sie – wohl unvermuteterweise – tatsächlich zum Opfer geworden war. In ihrem vierzigsten Lebensjahr sah sie kein Leben mehr vor sich, das sie noch führen wollte (dazu kam, daß eine Schilddrüsen-Mißfunktion jede ihrer Depressionen verstärkte).

Am 14. Januar 1927 erfuhr Heimo in Wien, daß seine Schwester Helga, nachdem sie eine reichliche Überdosis schwerster Schlafmittel genommen hatte, in einem Budapester Spital im Koma lag; doch man machte sich noch geringe Hoffnungen. Ihr jüngster Bruder fuhr in der Nacht nach Budapest und wurde am Bahnhof von Helgas Schwager Lala von Pap mit einem Beiwagen-Motorrad abgeholt; bei ihm wohnte er dann auch während seines ungarischen Aufenthalts. Es gab ohnehin nichts zu tun, als in tiefer Betroffenheit abzuwarten; daneben unterrichtete er Gusti über die Vorkommnisse.

Helgas kräftiger Organismus hielt noch bis zum 17. durch, dann erlosch sie im Koma. Die Erschütterung Heimos, der immer nur sich selbst im Zentrum der Dramen gesehen hatte, war groß. Gusti schrieb ihm an nächsten Tag über Helga, „daß die Arme hier in Wien bei ihrer Schwester u. guten Freunden diese Krise überwunden hätte“ – wobei auch sie nicht daran dachte, daß der Bruder eine Hilfe sein hätte können. Er blieb noch einige Tage in Ungarn, um seinem Schwager Ernő behilflich zu sein – der vielleicht weniger zu bedauern sei als der „arme Robert [Kronholz]“, meinte Gusti, denn der „ist auch viel wärmer“.

Als Heimo schließlich nach Wien zurückkehrte, fand er einen (in der *Strudlhofstiege* wörtlich wiedergegebenen) Brief Helgas vor, in dem sie, die ihm in seiner Krise selber noch beigestanden war, den Bruder über ihre unhaltbare Lage unterrichtete, ohne daß man aus diesen Zeilen eindeutig schließen könnte, es habe sich dabei um einen bewußten Abschied gehandelt.

14. Skylla, Charybdis und das Feuer

Dreizehn Tage nach Helgas Tod kam es in dem kleinen burgenländischen Ort Schattendorf, ganz an der ungarischen Grenze gelegen, zu Ereignissen, deren letzte Konsequenzen die noch recht ungewohnte Demokratie der jungen Republik in zunehmendem Ausmaß zersetzten. Am 30. Januar 1927, einem Sonntag, wollte die ortsansässige Vereinigung der ‚Frontkämpfer', ohnehin wie alle 14 Tage, eine Versammlung abhalten, zu der man jedoch auch Gäste aus Wien – samt dem gesamtösterreichischen Frontkämpfer-Führer Hiltl – eingeladen hatte.

Allgemein wurden die Frontkämpfer zu den Heimwehren oder Heimatwehren gezählt. Unmittelbar nach dem Krieg waren in ganz Österreich private Bürger- und Bauernmilizen entstanden, die vor heimkehrenden plündernden Soldaten oder gegen kommunistische Putschversuche schützen sollten. Diese lokal recht verschiedenen, aber immer paramilitärisch geführten Verbände orientierten sich mit der Zeit an den autoritär-faschistischen Vorbildern der Nachbarländer: Horthys Ungarn, Mussolinis Italien und – in erheblich geringerem Maß – an den deutschen Nationalsozialisten Hitlers. Gemeinsam war ihnen: das Bedürfnis nach ‚klaren' (konservativen) Macht-Hierarchien, der Katholizismus, ein angst- bis haßerfüllter Antimarxismus, die Neigung zur Gewalt.

Das alles unterstützte der Staatsapparat mehr oder weniger offen. Der Führer der Christlichsozialen und mehrmalige Bundeskanzler, der Prälat Ignaz Seipel, war ein Vollblutpolitiker und entschiedener Ideologe, der seine christliche Mission so verstand, den Staat, seine Bürger und das ganze Zeitalter unbarmherzig von ihren Fehlern zu heilen, deren größter der Sozialismus war. Da die Sozialdemokraten in den ersten beiden Jahren des neuen Staates den größten Einfluß in fast allen Sachbereichen der Regierung gehabt hatten (ehe sie sich nicht allzu freiwillig in die Opposition zurückzogen), mißtraute die Rechte auch dem unter diesem Einfluß entstandenen Heer, der Volkswehr, und förderte – ebenso wie ein erheblicher Teil der Industrie – alle konservativen militärischen Verbände; wobei auch 1927 deren Vereinigung zu einer gesamtösterreichischen Heimwehr, quasi als einer potentiellen Privatarmee der christlichsozialen Partei, noch nicht abgeschlossen war. Seipel, der die Rechte des Parlaments einschränken und diejenigen seiner Regierung autoritär erweitern wollte, hätte dieses Instrument der Gewalt durchaus geschätzt, doch die Verhandlungen scheiterten immer wieder an den sehr verschiedenen und eigenmächtigen Vorstellungen der Führer dieser diversen Wehrverbände, die teilweise von Putsch und eigener Machtübernahme träumten, ohne der Partei des klerikalen Kanzlers eine klare Vorrangstellung einzuräumen.

Die von dem Machtanspruch der Gegenseite beunruhigten Sozialdemokraten, die trotz hervorragender Offiziere wie etwa dem Generalstäbler Theodor Körner (der der zweite Präsident der Zweiten Republik werden sollte) keineswegs das Heer in ihrer Hand hatten, gründeten 1923 den Republikanischen Schutzbund, um ihrerseits mit Gegengewalt auf Gewalt reagieren zu können. Daß sie damit auch die Heimwehren förderten, lag auf der Hand: die bürgerlichen Ängste nahmen zu und deshalb auch die Unterstützungen für immer weitere militärische Verbände.

Doch fühlten sich die Sozialdemokraten – im Besitz der einzig wahren, weil ‚wissenschaftlichen' Dialektik des Marxismus – absolut bis nachgerade ‚fatalistisch' (wie Norbert Leser sagt) sicher, was den Zusammenbruch des Kapitalismus und die nachfolgende notwendige sozialistische Übernahme des Staatserbes betraf. Diese ständig wiederholte Erwartung der bevorstehenden eigenen Macht führte sowohl zu einer Selbstüberschätzung der Partei wie zu einer Steigerung des abwehrbereiten Hasses der Gegner, mit Seipel an der Spitze. Gefördert wurde dieser reichlich gefährliche Konflikt durch einige nicht sehr glückliche Formulierungen in der Rede des sozialdemokratischen Parteivorsitzenden Otto Bauer am Parteitag in Linz 1926: er sprach von der notwendigen Diktatur des Proletariats, falls der zusammenbrechende Kapitalismus den – bei Wahlen durchaus im Bereich des Möglichen liegenden – demokratischen Übergang der Macht an die Sozialisten mit militärischen Mitteln verhindern sollte. Die bürgerliche Presse ließ den Bedingungssatz weg und machte Panik vor einer Partei, welche angeblich die Diktatur anstrebte.

Und natürlich gab es im Schutzbund auch kämpferische Naturen, denen gerade diese Fehlinterpretation ihrer (sehr intellektuellen und zögerlichen) Parteiführer am ehesten entsprach: sie glaubten daran, die ohnehin notwendige historische Entwicklung durch Gewalt beschleunigen zu können. (Die Bedeutungslosigkeit der Kommunisten in Österreich veranlaßte wohl einige impulsive Kämpfer, sich der machtvolleren Bewegung der Sozialdemokraten anzuschließen.) Ein solcher war auch Thomas Preschitz aus Baumgarten: wie der berühmtere Koloman Wallisch aus Kapfenberg (den die Christlichsozialen 1934 hinrichten ließen) hatte er seine revolutionären Erfahrungen in Sopron unter der kommunistischen Rätediktatur Béla Kuns gemacht und kämpfte jetzt abenteuerlich für eine bessere Zukunft in Österreich (dieses Ziel, bei sehr verschiedenem Inhalt, war allen gemeinsam).

Die Schattendorfer Schutzbündler, ohnehin siebzig Mann gegen dreißig Frontkämpfer, hatten aus Angst vor der anreisenden Verstärkung der Gegner die umliegenden Ortschaften um Hilfstruppen gebeten, welche dann Preschitz kommandierte: man wollte eine größere Versammlung von Frontkämpfern verhindern. Also zogen sie, in weit überlegener Stärke, vors Wirtshaus ‚Tscharmann', worin ihre dreißig Gegner der aus Wien erwarteten Kameraden harrten. Es kam zu Stänkereien, Gerangel und sonst nichts – wie üblich. Dann begaben sich die rund zweihundert Schutzbündler zum Bahnhof, um die angekündigte Verstärkung der Frontkämpfer abzufangen – diese bestand aber aus bloß zehn Mann, und Hiltl war ohenhin nicht dabei; sie wurden mehr oder weniger heftig verprügelt und mit dem nächsten Zug heimgeschickt.

Nach diesem Sieg defilierte die siegreiche Truppe am Gasthof vorbei; das war sicherlich als erniedrigende Geste des Triumphs gemeint, als einschüchterndes Muskelspiel, doch ohne weitere Absichten zu einem Angriff. Doch nachdem der Zug das Gasthaus schon passiert hatte, kam die unerwartete Katastrophe, das Umschlagen der Erniedrigung in tödlichen Haß: zwei Mitglieder der Familie Tscharmann und ein Freund feuerten aus dem Wirtshausfenster mit Schrotgewehren auf die abziehende Menge: fünf Menschen wurden teilweise schwer verletzt, der vierzigjährige einäugige Kriegsinvalide Josef Csmarits, der dem Schutzbund angehörte, und der achtjährige Josef Grössing, der einfach dabeigewesen war, wurden (von hinten) getötet. Diese Tat war, obwohl die ursprüngliche Provokation eindeutig dem Schutzbund anzulasten ist, ohne den geringsten Anlaß zur Notwehr erfolgt, was im späteren Prozeß eindeutig festgestellt wurde – wobei die Täter dennoch freigesprochen wurden.

Die Schutzbündler ließen die Mörder entfliehen; zwar wurde ein folgenloser Schuß abgegeben, doch selbst die Fenster des Gasthofes blieben ganz, wenn auch – wie vor Gericht behauptet – ein Hagel von Steinen dagegen geworfen worden war. Das ist, im Grunde, für die Erste Republik bezeichnend: obwohl die brachiale Gewalttätigkeit von allen politischen Seiten stets zunahm, war die Bereitschaft zum Mord immer wieder auf der rechten Seite am schnellsten da, wobei die Heimwehr lange Zeit sogar die Nazis übertraf.[1]

Es gibt keinerlei Hinweis, daß Heimito von Doderer dieses Ereignis, das er in den *Dämonen* mit entsprechender Wichtigkeit behandelte, zur Zeit des Vorfalls überhaupt zur Kenntnis nahm. Daß er davon – zeitungslesend – erfuhr, ist wohl anzunehmen; er mag es am ehesten damit abgetan haben, daß ihm gleichgültig sein konnte, welche der beiden ihm unsympathischen Massenbewegungen der andern Schaden zugefügt hatte.

Wichtig war ihm nur die Kunst, die er nicht einmal zu einem Beruf degradieren wollte, da er sie nur als umfassende Daseinsform für berechtigt hielt. Seit Anfang Oktober memorierte er das *Divertimento No. IV* samt den von ihm erfundenen Vortragszeichen; er wollte das fünfzig Druckseiten umfassende Werk bei seinem nächsten öffentlichen Auftreten auswendig rhapsodieren. Übrigens widerlegt dies die von ihm öfter vorgebrachte Version, er könne auf Anhieb alles auswendig behalten, wenn er es nur einmal konzentriert gehört habe. Sein Gedächtnis war sicher ausgezeichnet, aber er brauchte doch einige Zeit, um sein Divertimento zu beherrschen (und stellte im November des nächsten Jahres fest, daß er es schon nicht mehr konnte).

Wieder war es Mote[siczky], der den Auftritt des Freunds organisierte, diesmal in den Clubräumen des niederösterreichischen Gewerbevereins. Am 16. März 1927 trat Doderer ohne Manuskript vor sein verblüfftes Publikum und trug dann zweieinhalb Stunden lang sein Werk vor, wobei das freie Sprechen die (noch etwas expressionistische) Intensität des Textes offensichtlich gehörig verstärkte; jedenfalls wurde der einunddreißigjährige Schriftsteller zum zweiten Mal in seinem Leben mit herzlichem Applaus bedankt und gefeiert. „Ein Verschrobener, doch einer mit genialem Einschlag", schrieb Robert Neumann in seinem Bericht an das deutsche Magazin ‚Tempo'. Also war es Heimo gelungen, genügend auffällig zu sein, um bemerkt und dann vielleicht auch noch erinnert zu werden. Genauso wichtig war ihm natürlich, daß Mote den Saal, in dem die Plätze diesmal 2,50 beziehungsweise 3 und 4 Schilling kosteten, gefüllt hatte und dem Freund soviel Geld auszahlen konnte, daß dieser für einige Monate seine Freiheit gesichert wußte.

Daß es mit dieser Freiheit trotzdem nicht allzu weit her war, wußten sowohl er als auch Gusti. So tauchten in ihrer Korrespondenz mehrmals Überlegungen auf, ob er nicht doch als Historiker an einer Universität zumindest eine Absicherung für seine schriftstellerische Betätigung finden könne. Es kam zu Gesprächen mit Hofrat Redlich, der ja auch zu den Eltern Doderers eine freundschaftliche Beziehung unterhielt, doch wurde nichts daraus. (Was in Astris Erinnerung so lautet, daß sich Redlich ab Heimos Dissertation bemüht hätte, seinen genialsten Studenten als Assistenten zu gewinnen, aber schließlich einsehen habe müssen, daß dieser sich nur der höher stehenden Kunst widmen dürfe.) Später nannte Doderer häufig Wissenschaft und Journalismus die Skylla und Charybdis auf dem Weg eines Schriftstellers: an jedem der beiden Felsen könne man scheitern, von jedem der beiden Ungeheuer verschlungen werden – doch wie für Odysseus gab es auch für ihn keinen anderen Weg als genau zwischen beiden hindurch, unter gehörigen Opfern.

Odysseus geriet dabei näher an die Skylla, die ihm sechs Gefährten raubte und fraß; Doderer lieferte seinen Obolus an den Journalismus, von dem er später sagte: „Journalistik entsteht durch die Angleichung eines Autors an die in der Sprache seines Zeitalters jeweils herrschende Art literarischer Herabgekommenheit.“[2] Damit beschrieb er (1950), was er im Grunde nie beherrscht hatte – nicht zu seiner Schande. Dennoch bemühte er sich redlich; ein Großteil seiner ‚journalistischen‘ Produktion fällt in die Jahre 1927 bis 1932.

Daß bis heute so gut wie nichts davon wiederpubliziert wurde, ist durchaus berechtigt: es handelt sich um Gelegenheitsarbeiten, in denen von eigenen Meinungen kaum etwas und selbst von seiner Diktion nicht allzu viel zu finden ist. Und auch ‚journalistisch‘ ist kaum etwas davon, wenn man von den ganz wenigen Vortrags- und Ausstellungskritiken absieht, die nur zeigen, daß er Freunde loben konnte – wie es eben in einer künstlerischen Clique üblich ist; und daß er sonst eher verlegen war, wie er ein klares Urteil fällen sollte. Fast alle seine Beiträge waren ausschließlich für den Feuilletonteil geeignet; viele davon schrieb er unbeauftragt, um sie dann irgendwo unterbringen zu können. Dazu plünderte er vorerst seine eigene Dissertation sowie seine Kenntnisse des Mittelalters aus: er erzählte nochmals die Geschichte der Helene Kotanner, schrieb aber auch einen ‚Knigge des Mittelalters‘ und ähnliches.

Immerhin verwendete er viel Arbeitszeit, um in der Universitätsbibliothek Material zu finden, wobei er allein im Jahre 1927 über fünfzig Werke entlehnte; neben historischen Schriften waren es unter anderm auch alte Monsterbeschreibungen, die nicht nur sein persönliches Interesse fanden, sondern die Chance boten, einen Artikel über Kuriosa zu liefern. Das hoffnungsreichste Geschäft waren Todes- und Geburtstage berühmter Persönlichkeiten, über die zu diesem Anlaß wieder geschrieben werden konnte: so verfaßte er zum Beispiel einen Artikel zum 150. Geburtstag Maria

Theresias, aber auch zu Henry Bolingbroke, Robert Blum (der 1848 nach der mißglückten Revolution in Wien erschossen worden war), über James Cook und andere, die ihm wohl allesamt gleichgültig waren. Eine persönlichere Marotte ist sein Artikel des Titels *Die alten Drachen leben! – Das Mittelalter hat nicht gelogen* (aus dem Jahr 1928); auf dieser Meinung ritt er bis zu seinem Lebensende immer wieder gern herum. Zwischendurch gelang es ihm auch, die eine oder andere Kurzgeschichte unterzubringen, was wohl am befriedigendsten war. Dazu kam noch ein Essay in eigener Sache: *Die Sprache des Dichters;* es ging ihm dabei um den Unterschied zwischen gelesener und gehörter Sprache, wobei er die (vielleicht richtige) Behauptung aufstellte, daß neun Zehntel der Prosa seiner Zeit an der ‚rhapsodischen Probe' scheitern würde; daß er sich mit diesem Kriterium selbst mehr oder weniger deutlich an die Spitze der von ihm dargelegten Hierarchie stellte, erschien ihm sicher richtig.

Jedenfalls ist zu dieser jahrelangen ‚journalistischen' Arbeit kaum mehr zu sagen, als daß sie ihn teilweise von eigener literarischer Tätigkeit abhielt, zum andern aber unregelmäßig mit kleinen Geldbeträgen versorgte, die immer notwendig waren, aber kaum je ausreichten (und schon gar nicht für ein Leben mit Frau und eigener Wohnung). Auch sein Versuch, diese Arbeiten doppelt zu verwerten, indem er sie als Radiovorträge anbot, führte zu wenig Erfolg; immerhin konnte er über sein Dissertationsthema unter dem Titel *Wiener Memoiren aus dem Mittelalter* im Oktober 1928 auch im Rundfunk sprechen. Ein Ressentiment gegen den Journalismus blieb ihm sein Leben lang; aber die volle ‚literarische Herabgekommenheit' war ihm, schon auf Grund seiner Neigung zu Kompliziertheiten, ohnehin nie gelungen; auch blieb ihm der Publikumsgeschmack immer reichlich fremd. Damals mag es ihm jedoch geschmeichelt haben, unter den Freunden (und vor allem Familienmitgliedern) endlich von einkommenden Honoraren reden zu können und sich im übrigen als kauziger Kenner der Absonderlichkeiten des Mittelalters zu präsentieren, was doch ein recht deutlicher Abstand von der sonstigen ‚Journalistik' war.

Gusti in verfügbarer Nähe war nun – im Frühjahr 1927 – nicht mehr ganz so wichtig wie vom Riegelhof aus gesehen; die schon lang entzündlichen Reizpunkte wurden beim endlich wieder persönlichen Umgang geradezu gewohnheitsmäßig häufig stimuliert, was wohl für beide unvermeidlich war. Dasselbe traf allerdings auch für den sexuellen Verkehr zu, wobei Heimo nun statistisch darüber Buch führte (ob überhaupt und wie oft); er bekannte sich, im Umgang mit sich selber, zu seiner Pedanterie und zählte am Ende jeder Woche zusammen, wie oft er zuviel getrunken und wie viele Male er Beischlaf gehabt hatte. Dabei berücksichtigte die Endabrechnung, im Gegensatz zu den täglichen Chiffres, nicht mehr, mit welcher Partnerin es geschehen war, und sollte möglichst oft eine rein quantitative Erfolgsmeldung darstellen.

Es gab aber auch sentimentale Momente, wenn er etwa spät in der Nacht durch die Wickenburggasse ging und unweigerlich zu den Hasterlik-Fenstern hinaufsah; doch ganz wohl fühlte er sich in diesem Verhältnis schon wieder nicht und vermißte manchmal neben dieser Beziehung, die doch – bei aller sexuellen Klitterung – eine wesentlich persönliche war, die Freiheit der weniger individuellen Frivolitäten, also vor allem eine Märtyrerin und im besonderen Emmy von Novotny.

Daneben genoß er das nicht-sexuelle Verhältnis zu Lotte Paumgarten, mit der er teilweise mehr Zeit als mit Gusti verbrachte; dabei wurde sie – in seinem Tagebuch – immer nachhaltiger zum ‚Grafen', kam also in den Genuß seines Kompliments, als männlich betrachtet zu werden, und scheint das nicht uneingeschränkt geschätzt zu haben. Eher war sie so schwärmerisch in Heimo verliebt, daß sie auch die asexuelle Reinheit der Beziehung hinnahm (mit welcher Begründung auch immer er ihr das nahegelegt hatte) und einfach abwarten wollte, ob solchen Sprüchen nicht ohnehin andere Taten folgen würden. Als das lange genug, gut drei Jahre, nicht geschah, akzeptierte sie sich selber als Heimos Schwester (statt als Bruder, wie er sie nannte) und riskierte daneben andere Beziehungen zu Männern, was aber gar nicht seine bereitwillige Zustimmung fand. Auch Gusti fand es nicht leicht, die langen Nächte, die er mit dem ‚Grafen' verbrachte, hinzunehmen, hatte aber genug Überblick, um nicht wirklich eifersüchtig zu werden.

Was ihn, außer ihrer Rolle zu seinen Füßen, noch wirklich mit Lotte Paumgarten verband, war die Musik, die er, da er sie nun nicht mehr selbst betrieb, wenigstens anteilnehmend in seinem Leben bewahren wollte. Lotte Paumgarten war Schülerin von Julius Winkler, einem kleinen hinkenden Mann, dem die eigene körperliche Gebrechlichkeit die große Karriere als Virtuose unmöglich gemacht hatte, der aber sein Manko als Lehrer mehr als kompensierte (er machte auch aus den Brüdern Frisch – deren bekanntester der Nobelpreisträger Karl von Frisch ist – ein hervorragendes Quartett und verbrachte einen Teil jedes Sommers in ihrem Seehaus im Salzkammergut). Doderer begleitete Lotte öfter zu Proben bei Winkler, der sich vor allem um die Quartette Beethovens bemühte. Ob der sehr ehrende Artikel, den Doderer 1932 über Julius Winkler schrieb, eigener Wertschätzung entsprang oder der recht gefährdet erscheinenden Karriere Lottes helfen sollte, ist kaum zu beurteilen; doch blieben ihm gerade Beethovens späte Quartette bis zum Lebensende bedeutungsvoll, wobei er auch im Gespräch immer wieder erwähnte, daß er sie bei Winkler besonders gut kennengelernt hätte.

Von den alten Freunden blieb ihm damals vor allem Ernst von Scharmitzer; der kleine, ruhige und bescheidene Mann überraschte den Freund immer wieder mit literarischen Arbeiten – seien es Theaterstücke oder Erzählungen –, die dieser als zumindest für so gut hielt, daß er seine eigene Prätention, nämlich Dichtung nur aus einer alles andere ausschließenden Daseinsform schaffen zu können, jedesmal verwirrt in Frage stellte. Ernst war Angestellter, er war verheiratet und Vater zweier Kinder, gab wenig vor und leistete viel. Doch scheint Heimo seine Irritation darüber jedesmal schnell verdrängt zu haben, um mit den eigenen Ansprüchen ungestört weiterleben zu können.

Am häufigsten verkehrte er damals mit Richard Goetz, der Feuilletonchef der Zeitung ‚Tag' war und sicherlich am meisten dazu beitrug, daß Heimos mittelalterliche Belehrungen relativ oft erscheinen konnten. Der um zehn Jahre Ältere hatte Jus,

Kunstgeschichte und Staatswissenschaften studiert, hielt sich aber, wie so viele Menschen in literarischen Zweigstellen und nahestehenden Berufen – Redakteure, Lektoren, Kritiker –, im Grunde für einen Dichter (und konnte immerhin mit einem seiner Gedichte Gustis Entzücken erregen). Auch der andere im Zeitungswesen verankerte Freund Doderers, Paul Elbogen, schrieb Romane und später Drehbücher; beide halfen Heimo bei seinen Verkäufen an Zeitungen ganz wesentlich.

Daß Doderer die literarischen Arbeiten von beiden nicht sonderlich schätzte, geht aus den *Journalen* hervor; aber der Freundschaft haftet, zumindest nach seinen Aufzeichnungen, nichts Berechnendes an. Gerade mit Richard Goetz verbrachte er viele Nächte im gemeinsamen Gespräch, wobei sie abwechselnd beieinander übernachteten – ob hier auch eine sexuelle Komponente im Spiel war, ist unbekannt.

Auf seine jüdischen Freunde, vor allem in den Redaktionen – aber auch die Katholiken Reif und Motesiczky waren Halbjuden –, bezieht sich wohl teilweise ein Brief Gustis vom 20. Oktober 1927:

„Widerlicher ich bin sehr bös auf Dich. [. . .] Nämlich wegen des Juden und Deinen ewigen blödsinnigen Beschimpfungen die ausser des Körnchen Wahrheit in Wirklichkeit darauf hinauslaufen daß Du Dich ärgerst weil es Dir schlecht geht, u. Du einen Prügelknaben brauchst. Es ist lächerlich und überhaupt keine politische oder rassenmässige ernste Einstellung, wenn Du nicht auch alle Konsequenzen auf Dich nimmst, mit keinem Juden verkehrst, keine jüdischen Blätter beschickst, nur in den anderen Kreisen bleibst u. mich ganz aufgibst. [. . .] Ausserdem blamierst Du Dich bis in die Knochen, weil Dein Hass erstens so gut anerzogen, 2tens so theoretisch ist, u. Du sonst ausser dem Geschimpfe gar nicht direkt gegen die Juden bist. Zufällig erfahre ich heute lauter Dinge, die das Ganze so beleuchten, z. B. hast Du die beiden Mitspielenden in Lottes Quartett in R. einfach als „2 Judenmädchen" bezeichnet, ein Ausdruck, der Dir alle Ehre macht . . . Ich lasse mir derartige Dinge nicht mehr gefallen u. bin nur traurig, daß sie entstehen können, weil sie so u. in dieser blöden Verallgemeinerung den Sinn wieder längst verlieren u. das betreffende Wesen, das derlei ausspricht nur ad absurdum führen u. noch dazu höchst verblöden. – Amen."

Abgesehen davon, daß auch Gusti eine ‚rassenmäßig ernste Einstellung' offensichtlich für möglich hielt, hatten ihre Ausführungen nur eine knappe Tagebucheintragung Heimos zur Folge: „ein lächerlicher Brief v. G."[3]

Ob Doderer an der österreichischen Nationalratswahl im April 1927 teilnahm, läßt sich durch nichts belegen; es siegte die Einheitsliste der Christlichsozialen und Großdeutschen mit 14 Mandaten Vorsprung vor den Sozialdemokraten. Die Nationalsozialisten spielten noch keine sonderliche Rolle, ihre Organisation war zerfallen, so daß es zeitweise drei konkurrenzierende Bewegungen gab; aufgefallen waren sie vor allem durch organisierte Gewalt, die bis zum sogenannten ‚Fememord' ging, sowie antisemitische Prügelexzesse.

Das fand immer wieder einen zu starken publizistischen Widerhall, als daß Doderers spätere Behauptung, ausschließlich Heinrich von Srbiks Vision des Dritten Reichs vor Auge gehabt zu haben, wirklich stimmen könnte. Daß er bereits 1927 für eine nationalsozialistische Gruppierung – etwa die ‚Hitlerbewegung' – votiert haben könnte, geht aus einem Brief Gustis vom 4. November dieses Jahres hervor, wo sie neben den Satz „Ich habe Deine Situation nicht ganz missverstanden" ein großes Hakenkreuz an den Rand malte; dem folgte die Bemerkung: „ich wollte nur nicht, daß Du Dir Schaden zufügst, wo es leicht vermieden werden kann." Damit meinte sie ihre Besorgnis, er könnte sich durch ein öffentliches Bekenntnis zu dieser Partei oder durch den Versuch, in der Nazi-Zeitung ‚Dötz' (Deutschösterreichische Tages-Zeitung) zu publizieren, selber schaden – vor allem in den Kreisen der weitgehend jüdischen Redaktionen. In seinen Tagebüchern fällt vorläufig keinerlei Bemerkung zur Politik – nicht einmal anläßlich seines tatsächlichen Parteieintritts am 1. April 1933; was auch zeigt, wie gering der Stellenwert der Politik für ihn auch dann noch blieb.

Das politische Großereignis des Jahres 1927 war der Brand des Justizpalastes am 15. Juli. Am Vortag waren die Mörder von Schattendorf freigesprochen worden (zwar hatte eine relative Mehrheit der Geschworenen sie schuldig gefunden, doch reichte dies nach dem Gesetz nicht aus) – ein Urteil, das als von der Regierung beeinflußt angesehen wurde, die in ihrem Organ, der ‚Reichspost', schon zu Prozeßbeginn präjudiziert hatte: „Die ganze Angelegenheit Schattendorf stellt sich als eine von der sozialdemokratischen Leitung zielbewußt herbeigeführte Affäre dar." Und das Ergebnis der Gerichtsverhandlungen wurde – allerdings im Gegensatz selbst zur ‚Neuen Freien Presse' – mit dem Titel „Ein klares Urteil" begrüßt.

Die Empörung unter den Arbeitern und Linken insgesamt war ungeheuer, wie dies auch der Leitartikel des Chefredakteurs der ‚Arbeiter-Zeitung', Friedrich Austerlitz, ausdrückte: „. . . wenn die Arbeiter erkennen müßten, daß es für sie in dieser kapitalistischen Ordnung keine Gerechtigkeit gibt, daß die Justiz zur Komödie herabsinkt, wenn ein den arbeitenden Menschen zugefügtes Unrecht zu sühnen ist, dann wird der Glaube an diese Gerechtigkeit vernichtet und das Vertrauen zu ihr erschüttert . . . Die bürgerliche Welt warnt immerzu vor dem Bürgerkrieg; aber ist diese glatte, diese aufreizende Freisprechung von Menschen, die Arbeiter getötet haben, nicht schon selbst der Bürgerkrieg?"

Als sich Doderer im Jahre 1955 für die *Dämonen* um eine objektive Darstellung der Juli-Ereignisse bemühte, meinte er in einem Brief, Austerlitz „verursachte durch einen maßlosen Leitartikel in d. A.Z. v. 15. Juli 1927 die am gleichen Tag erfolgte Niederbrennung des Justizpalastes"; und zu einem Zeitungsfoto des Chefredakteurs stellte er fest: „Das holde Antlitz spricht Bände."[4] Hier zeigt sich, daß seine Darstellung im Kapitel „Das Feuer", darin er den sozialdemokratischen Schutzbund als Opfer des Tages bezeichnet, zwar ein Ergebnis sorgfältiger Recherchen ist – wie es sich für einen Staatsroman gehört –, aber daß seine private Meinung vom eigenen Werk in manchen Punkten erheblich abwich.

Auch würde kaum ein Leser der *Dämonen* vermuten, daß er selbst die Ereignisse jenes Tages gar nicht gesehen hatte.

Es war nicht nur ein Leitartikel gewesen, der die Dinge ins Rollen gebracht hatte. Schon vor dem Erscheinen der ‚Arbeiter-Zeitung' beschloß die Nachtschicht der Elektrizitätswerke, von acht bis neun Uhr den Strom für die Straßenbahn abzuschalten; unabhängig von ihnen faßten auch die Telefon- und Telegrafenarbeiter den Entschluß, am Morgen zu streiken. Julius Deutsch, der Obmann des Schutzbundes, versuchte vergeblich, diese Streiks zu verhindern, während bereits in einem Betrieb nach dem andern zu Demonstrationen und zum Generalstreik aufgerufen wurde; schließlich ersuchte er die Polizeidirektion, genügend unbewaffnete Polizisten bereitzustellen, um ohne Provokation das Schlimmste zu verhüten.

Immer mehr Gruppen von aufgebrachten Arbeitern zogen in die Innenstadt, wo sich gegen halb zehn eine dichte Menge ums Parlament bildete. Als, wie ursprünglich beabsichtigt, die ersten Gruppen nach dieser Demonstration ihres Unwillens bereits in ihre Betriebe zurückzukehren begannen, eröffnete die Polizei eine Reiterattacke vor dem Parlament – womit die von Julius Deutsch befürchtete Provokation geschehen war. Unter den in die Parks und auf den Schmerlingplatz Geflüchteten wuchs die Wut, sie errichteten Barrikaden gegen die Reiter, bewaffneten sich an einer Baustelle mit Stangen und Steinen, es kam rasch zu immer härteren Kämpfen, bei denen die Polizei vorläufig den kürzeren zog; einzelne Polizisten flüchteten vor der Menge in Privatwohnungen, andere wurden leicht bis schwer verletzt.

Daß die Hauptmasse der Demonstranten auf den Schmerlingplatz gelangt war, erscheint als zufällige Folge der Reiterattacke – aber hier lag der Justizpalast, und dieser wurde sofort als Symbol des Unrechts aufgefaßt und angegriffen. Die Polizisten, die den Eingang verteidigten, waren nur wenige; nun erst faßte die sozialdemokratische Führung, die den bisherigen Ereignissen ziemlich hilflos zugesehen hatte, den Entschluß, massiv den Schutzbund einzusetzen, um ordnend einzugreifen. Aber auch die Schutzbund-Verstärkung am Eingang des Justizpalastes konnte diesen nicht lange verteidigen; er wurde durch die eingeschlagenen Fenster gestürmt, Akten flogen auf die Straße, schließlich wurde Feuer gelegt – ebenso am Gebäude der ‚Reichspost' in der Strozzigasse (die Memoiren ihres Chefredakteurs Friedrich Funder, ‚Vom Gestern ins Heute', studierte Doderer später sehr genau für seine Arbeit an den *Dämonen*).

Nachdem die tobenden Demonstranten der Feuerwehr die Zufahrt zum Justizpalast verwehrt hatten, versuchte der beliebte sozialdemokratische Bürgermeister von Wien, Karl Seitz, persönlich den Weg freizumachen; doch selbst er wurde angegriffen, mit kommunistischen Parolen niedergebrüllt und mußte zurückweichen. Als Julius Deutsch mit einer Schutzbundeinheit den ersten Löschzug ans Gebäude brachte, war es bereits zu spät, um den Brand einzudämmen; zugleich gelang es dem späteren Bundespräsidenten Theodor Körner mit einer weiteren Schutzbundeinheit, die eingeschlossenen Richter, Beamten und Polizisten zum Großteil unverletzt (und verkleidet) vor dem Feuer und der Menschenmenge zu retten.

Unterdessen hatte es der Polizeipräsident, Johannes Schober, nach Intervention des Bundeskanzlers Prälat Seipel durchgesetzt, vom Bundesheer für mehrere hundert

Polizisten Karabiner zu erhalten; mit diesen begann gegen halb drei Uhr nachmittags etwas, das selbst der Vizekanzler Hartleb als ‚Hasenjagd' bezeichnete: es wurde von der Polizei, ganz deutlich mit Rachegefühlen wegen der Niederlagen am Vormittag, auf fliehende Menschenmengen scharf geschossen. Das furchtbare Ergebnis dieses Tages waren 89 Tote, davon nur vier Polizisten – ein Verhältnis, das aus Doderers politisch zu ausgleichender Darstellung kaum vermutbar ist. Dazu kamen über tausend Schwer- und Leichtverletzte, die sich zum Teil nicht einmal in ärztliche Behandlung wagten, um nicht auch noch strafrechtliche Folgen erleiden zu müssen (immerhin kam es zu über 1400 Verhaftungen beziehungsweise Anzeigen).

Die Reaktion der sozialdemokratischen Partei war, einen ab Mitternacht geltenden und auf vierundzwanzig Stunden befristeten Streik von Eisenbahn und Post sowie der gesamten Wiener Arbeiterschaft auszurufen. Unterdessen bewaffneten sich in ganz Österreich die Heimwehren, aber auch der Schutzbund stand in Bereitschaft – womit im Grunde schon die Situation des ständig möglichen Bürgerkriegs gegeben war, die auch in den folgenden Jahren bestehen blieb. Mit dem – in den Bundesländern nicht lückenlos durchgeführten – Verkehrsstreik erreichte man gar nichts; er wurde am 18. Juli aufgegeben, und die sozialdemokratische Führung mußte einsehen, daß sie weder zur Lenkung der Massen am 15. Juli noch zu einer Milderung von Seipels Intransigenz nachher imstande gewesen war.

Der Priester an der Spitze des Staates nützte die Schwäche der Sozialdemokraten beinhart; es gab kein christliches Mitleid für die Opfer, sondern nur Empörung über die Angriffe gegen die Polizisten, von denen er öffentlich feststellte: „Gott sei Dank, sie haben ihre Pflicht erfüllt." Ebenso erklärte er im Parlament mit Genugtuung, „daß es der zielbewußten Festigkeit der Regierung gelungen ist, in kurzer Zeit und ohne Konzessionen Ruhe und Ordnung wiederherzustellen." Zudem blieb der 15. Juli in der bürgerlichen sowie der faschistischen Propaganda lange ein willkommenes Beispiel, um Angst vor der Diktatur des ‚Pöbels' zu schüren. Auch Doderers Darstellung jenes Tages zeigt eine Neigung, dem ‚Ruaß' – also Gelichter und Pöbel – die hauptsächliche Verantwortung für die Ausschreitungen zuzuschreiben.

Da erwies sich als Nachteil, daß er den Ereignissen nicht selber beigewohnt hatte; denn dann hätte ihm auffallen müssen (was deshalb auch in seiner Beschreibung fehlt), daß der Anteil der Jugendlichen besonders hoch war. Es handelte sich dabei zum Großteil um junge Arbeitslose, deren Zahl teilweise auch durch Seipels rigide Wirtschaftspolitik enorm hinaufgeschnellt war; ihre längst aufgestaute Erbitterung, von Hoffnungslosigkeit und Armut geprägt, ist für die Entwicklung der Auseinandersetzungen an diesem Tag erheblich bestimmender als der ‚Ruaß', wobei man sich allerdings fragen kann, ob Doderer, dem die soziale und politische Analyse fernlag, nicht auch diese Arbeitslosen so bezeichnet hätte.[5]

Trotz der unversöhnlichen Starrheit der Regierung gelang es auch den Sozialdemokraten, Seipel persönlich auf eine recht empfindliche Weise zu treffen: die durch ihn verkörperte und nun durch intensive Propaganda angeprangerte Einheit von Klerus und Staatsmacht führte zu einer großen Welle von Kirchenaustritten.

Heimo hatte damals zu alledem nicht viel zu sagen. Er war die letzten Tage vor dem verhängnisvollen Freitag mehrmals mit Richard Goetz in Greifenstein an der Donau baden gewesen – das Wetter war durchgehend wunderbar gewesen – und trug am 15. Juli nur ein, daß es ihm wegen eines „rumor magnus hodie in urbe" nicht möglich gewesen sei, in der Universitäts- oder Nationalbibliothek zu arbeiten. Drei Tage später besuchte er mit Richard Goetz und dem ungarischen Graphiker Tibor Gergely den „Kriegsschauplatz", ohne dies weiter zu kommentieren. Es dürfte ihm auch entgangen sein, daß Otto Bauer am 26. Juli 1927 im Parlament von Leidenschaften sprach, „die leicht das Werkzeug von Dämonen werden können".

Sechsundzwanzig Jahre später, als er dieses Ereignis gewichtig ins Finale seiner *Dämonen* stellen wollte, schrieb er: „Zweifellos ist dieser Polizeipräsident eine widrige Figur gewesen, das wußt' ich längst. [...] Ebenso widrig und teils ganz verworfen die „Massen". [...] Wirklichen Standpunkt hatten vielleicht überhaupt nur Seipel und Karl Kraus."[6] Damit meinte er die Aktion von Karl Kraus, in der zweiten Septemberhälfte in ganz Wien Plakate anzubringen, auf denen er den Polizeipräsidenten Schober zum Rücktritt aufforderte.

Doderers – berühmte – Beschreibung der Geschehnisse des 15. Juli ist, gerade in ihrer angestrebten Ausgewogenheit, doch recht bezeichnend für einen Menschen, der sich selber immer wieder als unpolitisch bezeichnete und eben deshalb übersah, wie viele seiner gesellschaftlichen Vorurteile er in seine Darstellung politischer Ereignisse übernahm.

„Es ist ein solches Glück, daß wir solche Freude aneinander haben, glaubst Du es könnte noch vergehen wenn es so lange angehalten hat ...? [...] Wir werden es so lieb u. herzig in der Lackierergasse haben, wir werden Haushalt spielen, u. dem Buben endlich ein bißchen Ordnung u. Bequemlichkeit verschaffen ..."

Das schrieb ihm Gusti im September aus der Nähe von Kirchberg, wo sie im Haus der Koritschoners war, und es klingt recht überzeugend, obwohl aus dieser Wohnung in der Lackierergasse sowie aus einer späteren, die Richard Goetz in der Weimarerstraße fand, dann doch nichts wurde. Auch Heimo war diesen Sommer recht glücklich mit ihr, wobei er sie allerdings mit der Frau seines Freundes Haybach mehrmals betrog. Im Frühling hatte es noch Schwierigkeiten wegen Lotte Paumgarten gegeben, die einige Zeit in der Stammgasse wohnte, was Gusti doch ganz und gar nicht geschätzt hatte.

Ob sie von seinen Seitensprüngen, zu denen auch gelegentliche Verlockungen durch Emmy von Novotny gehörten, etwas ahnte oder wußte, geht aus ihren Briefen nicht hervor. Nun folgte, bis zur nächsten Katastrophe, ein ganzes Jahr, das vorwiegend wie Routine wirkt: gereizte Streitigkeiten, Versöhnungen, Hoffnungen, Betrügereien (seinerseits), statistisch erfaßte Sexualakte.

Auch sonst läßt sich, und durchaus nicht aus Mangel an Unterlagen, wenig Interessantes sagen: neben der Skylla, also den ‚journalistischen' Arbeiten, begann Doderer ein *Divertimento No. VII*, von dem er selber noch nicht wußte, daß es den vorgegebenen Rahmen sprengen und schließlich zu dem Roman *Das Geheimnis des Reichs* werden sollte. Immerhin findet sich eine Keimzelle dieses Buches in einem Aufsatz, den er unter dem Titel *Psychologie des politischen Mordes* am 26. August 1928 im ‚Tag' veröffentlichte: es ist die Geschichte des Handlungsgehilfen Blau aus Wien, der als Rotarmist in Sibirien zum Mörder wird.

Sein Alltag, zu dem viele lange Nächte mit Richard Goetz gehörten, galt den Bibliotheken und dem Materialsammeln, den Redaktionen und Kaffeehäusern, schließlich Gusti und Lotte sowie einem eher einschränkenden Leben mit den alten Eltern. Wieder einmal schrieb er sich sorgfältig aufgelistete disziplinäre Maßnahmen vor, diesmal weniger moralischer als turnerischer Natur. Dabei ging es ganz offensichtlich nicht nur um Kondition, sondern auch um die körperliche Eitelkeit, sich etwa den Thorax zu erweitern.

Das neue Jahr begann mit Krach und Zweifel zwischen Heimo und Gusti, die Krise dauerte bis Ende Februar, doch am dritten März steht neben der Chiffre für einmaligen Beischlaf: „Die schönste Nacht, so weit ich mich erinnern kann." Es war also ein sehr gelungener Liebesrückfall, dem auch recht friedliche Zeiten folgten, was in Heimos Aufzeichnungen vor allem daraus hervorgeht, daß statt des schnöden „G." voll ausgeschrieben von „Gusterl" die Rede ist. Daneben gab es, ihn durchaus nicht störend, weiterhin noch die Novotny und Anny Haybach sowie, auf die bekannte andere Weise, den Grafen Lotte. In diesem Frühling 1928 nahm er auch wieder die schon vor dem Krieg geliebten Spaziergänge im Wienerwald auf, hauptsächlich mit Gusti und vor allem in der Gegend seines Geburtshauses, also um Weidlingau und Purkersdorf.

Im Freundeskreis befand sich nun auch der Geliebte der Gräfin Paumgarten, nämlich der ungarische Karikaturist Béla Faludy, dessen Darstellung als Imre Gyurkicz in den *Dämonen* eine ziemlich grobe und böswillige Verzerrung ist. Eigentlich hieß er Friedmann, er war Jude und hatte sich als Schüler in Budapest leidenschaftlich für die revolutionäre Räteregierung Béla Kuns engagiert; nach deren Zusammenbruch war er mittellos nach Wien geflüchtet und hatte sich hier, bei verschiedenen Zeitungen, als Karikaturist einen Ruf und eine Existenz aufbauen können. Béla war ebenso charmant wie schwermütig, ein hübscher geselliger Kerl mit schwarzem Schnurrbart, der seine Umgebung amüsierte, sich selber gern auf diese Oberflächlichkeit hereingefallen wäre und in schlaflosen Nächten darunter litt.

Er liebte die Natur und verbrachte – mit Zelt, allein oder mit Lotte – im Juni viel Zeit in der Lobau, wo Heimo die beiden oft in ihrem Lager besuchte. Gerade diesen Frühsommer genoß auch dieser sein Leben offensichtlich auf allen Ebenen: dazu zählte, neben diesen Badeausflügen, eine beachtliche Vergrößerung der Zahl seiner Sexualpartnerinnen, was mit der nachfolgenden Katastrophe in unmittelbarem Zusammenhang steht. Im Juni waren es, neben Gusti: Anny Haybach, eine Lea („mart. ex." bezeichnet das Ritual der Märtyrerin), eine Frau Pöck, eine Claire und schließlich, Anfang Juli, die Novotny („sine mart!! – cum condomate").

Am späten Abend des 11. Juli entdeckte er bei sich die Symptome eines Trippers:

mit all der Panik, mit der er seit je auf Geschlechtskrankheiten reagierte. Am nächsten Tag wurde sein Eigenbefund medizinisch bestätigt, am 13. begann Dr. Urpani in der Landstraße die Behandlung mit der ersten Injektion – damals noch mit Quecksilber, welches in die Harnröhre gepreßt wurde, was extrem schmerzhaft war. Zur gleichen Zeit sandte Heimo ein Telegramm an Gusti, dem ein Expreßbrief folgte; sie war mit ihrer Freundin Lisl Wanka seit dem 3. Juli auf deren Gut in Böhmen. Ganz offensichtlich beschuldigte er sie – da er mit der Novotny eher ausnahmsweise ein Kondom benützt hatte –, ihm am Tag vor ihrer Abreise den Tripper angehängt zu haben.

Von Gusti kam vorläufig keine Antwort, er durchlitt die ganze Serie von Injektionen (sechs insgesamt), wobei er das ganze Thema in mittelalterlichen lateinischen Abkürzungen aufzeichnete, um sich vor indiskreter Lektüre zu schützen („23. 7. mane erctns multae cu dolo" – morgens viele Erektionen, mit Schmerz). Obwohl die Krankheit einwandfrei heilbar war, verfolgte er jedes Stadium mit maßlosem Entsetzen und konnte daher, als die Behandlung vorläufig erfolgreich abgeschlossen war, nur noch notieren: „Lethargia totalis"; das war Anfang August.

Auch Gusti hatte mittlerweile ärztlich feststellen lassen, daß sie infiziert war. Am 3. August schrieb sie ihm ‚eingeschrieben' in die Stammgasse: „Ich erkläre an Eides statt, daß ich an dem Unglück vollkommen schuldlos bin. Daß Du aber erstens überhaupt gewagt hast mir daran Schuld zu geben, u. daß Du 2tens dritten Personen gegenüber meine Schuld behauptest, das zeugt von einer solchen Niedertracht der Gesinnung, daß ich endgültig mit Dir breche. Kein Versuch irgendwelcher persönlichen, schriftlichen oder telephonischen Annäherung wird von mir beachtet werden. – Gusti."

15. Meister und Montmartre

„Meine erste Lektüre der ‚Bekenntnisse' fällt ins Frühjahr 1929, unmittelbar nach der Vollendung von ‚Geheimnis'. Ich begann eines abends, um 11 Uhr heimkommend, die ‚Bekenntnisse' zu lesen, und las auf der Stelle das ganze Buch durch, bis 6 Uhr früh, gleichsam von Stein zu Stein durch diesen schäumenden und reissenden Bach springend und weitaus nicht alles recipierend. Das geschah erst in der folgenden Zeit, und Schub auf Schub durch Jahre." So schrieb Doderer am 28. 8. 1960 an Dietrich Weber, der damals an der ersten Dissertation über Doderers Werke arbeitete; die genaue Erinnerung, mit dem Brustton der Überzeugung vorgetragen, markierte offensichtlich einen wichtigen Schnittpunkt dieses Lebens. Allerdings stimmte soviel wie nichts in diesem Bericht; ob Doderer seiner eigenen Mythologisierung hereinfiel oder diese erst bewußt zuwege brachte, muß dahingestellt bleiben.

Es war genau im Trippermonat Juli (1928), daß Rolf Haybach Heimo zuhause besuchte und mit ihm ein mögliches Gütersloh-Buch besprach (von dem ohnehin schon seit 1926 die Rede gewesen war – abwechselnd mit dem Plan zu einer Zeitschrift nach Güterslohs Vorstellungen). Der Freund und Verleger war seit Jahren einer der rührigsten Bewunderer und auch Förderer Güterslohs und meinte nun, diesem durch eine Art von Monographie behilflich sein zu können. Doderer, der für die *Divertimenti* noch immer keinen Verlag gefunden hatte (bei Haybach waren die finanziellen Aspekte nicht sehr verlockend), mußte über jede in Aussicht gestellte Buchpublikation froh sein; ob er in diesem Anfangsstadium von seinem Thema wirklich begeistert war, ist eher zweifelhaft – immerhin ließ er sich bis November (allerdings nicht bis Frühling) Zeit, Güterslohs ‚Bekenntnisse' zu lesen. Und dann sprang er nicht in einer Nacht von Stein zu Stein, sondern brauchte für die 162 Seiten vier Tage.

Das Zögern ist recht verständlich: daß ein Künstler mit so ausgeprägten Eitelkeiten sich in den Dienst der Selbstüberschätzung und Kunst eines andern stellte, verlangte wohl einige Überwindung. Und diese mußte dann so ausfallen, wie es auch geschah: Gütersloh durfte nicht ein beliebiger zeitgenössischer Künstler bleiben, sondern er wurde zum Meister schlechthin, zum einzig gültigen Paradigma der Kunst – wovon dieser ohnehin schon vorher überzeugt gewesen war.

Ein wichtiges Gespräch mit Gütersloh hatte im März 1927 in dessen Atelier stattgefunden: Heimo sprach mit Trauer über Rainer Maria Rilkes Tod (dieser war Ende Dezember 1926 gestorben), Gütersloh griff Rilke jedoch vehement an: „so geriete ihm alles zu rasch, zu leicht und am Ende zu seicht in's schöne Wort hinein [. . .] Denn Schönheit ist nichts an sich selbst; sie ist nur ein Attribut der Wahrheit [und] kein Ziel für den Künstler."[1] Bei Heimos großer Verehrung für Rilke fanden diese Argumente gewiß keinen mühelosen Zugang; zugleich aber sicherte gerade der Angriff auf den Liebling des künftigen Schülers dem Meister die allergrößte Aufmerksamkeit. Außerdem fand Gütersloh ein vorbereitetes Terrain: daß die Kunst durch das spirituelle Leben des Künstlers in der Wahrheit verankert sein müsse, war auch Heimo eine vertraute Vorstellung; von hier zu einer Nachrangstellung der reinen Ästhetik zu kommen – als „Attribut der Wahrheit" – war dann leichter nachzuvollziehen; ob es nun Rilke gegenüber gerechtfertigt war oder nicht. (Im selben März schrieb Heimo bei Mote in der Hinterbrühl noch ein Requiem auf Rilke: „. . . erst heute mitten in tiefer Nacht: da tritt mich Dein Sterben an . . ."[2])

Jedenfalls hatten die beiden mehr gemeinsame Voraussetzungen, als es auf den ersten Blick den Anschein haben mag.

Der um neun Jahre ältere Albert Conrad Kiehtreiber (wie Gütersloh eigentlich hieß) hatte nach einer Erziehung in klösterlichen Gymnasien die Absicht aufgegeben, Priester zu werden, begann sofort und zielstrebig mit dem Schauspielunterricht, machte nach zwei Jahren die Prüfung und trat dann in verschiedensten Städten – zum Beispiel Mährisch Ostrau, Berlin, Karlsbad, Wien – als Schauspieler auf (sazerdotal und rollenspielend blieb er sein Leben lang). Daneben erschienen bereits erste literarische Publikationen unter dem Namen ‚Paris von Gütersloh'. Ab 1909 arbeitete er an der ‚Tanzenden Törin', die Erwin Lang später in Sibirien Doderer zur Lektüre gab. Vierundzwanzigjährig – 1911 – trat er auch erstmals als Maler vor die Öffentlichkeit, mit Ausstellungen in Wien und Paris. Den Krieg verbrachte er zum Großteil im Kriegspressequartier, wo gewissermaßen die damalige literarische Prominenz ihren Kriegsdienst als Mitarbeiter an der bekannt widerwärtigen Propaganda leistete; dort lernte er auch Robert Musil kennen. Nach dem Krieg war er mit Franz Blei Herausgeber der Zeitschrift ‚Die Rettung', die unter anderm eine idealistische Verbindung von Christentum und Kommunismus versuchte; oder, wie Blei sagte, sie „schrieben gegen das Liberal-Ungenaue einer Werktätigkeit, die aus bloßer Übung von Talenten besteht"[3] – was gleich zwei häufig wiederholte Formulierungen Doderers vorwegnimmt. 1919 wirkte Gütersloh am Münchner Schauspielhaus als Regisseur und Bühnenbildner; in Deutschland begann etwa damals auch seine Freundschaft mit dem Rechtswissenschaftler Carl Schmitt, der in seinen Lehren die Autorität des Staates vertiefen und ausweiten wollte (und damit später den Nazis gute Dienste erwies). Ab 1921 erschienen bei Hegner mehrere Bücher Güterslohs, der diesen Namen nun auch offiziell trug; 1924 kam das vielleicht schönste Buch des Haybach-Verlags heraus: ‚Kain und Abel', eine Legende mit Lithographien Güterslohs. Ab 1925 wohnte er großteils in Cagnes-sur-Mer, 1926 erhielt er den österreichischen Staatspreis für Malerei. Im selben Jahr erschien ‚Meine grosse und kleine Geschichte', vom Verlag Zahn und Diamant in ‚Bekenntnisse eines modernen Malers' geändert (und von Gütersloh auf allen Exemplaren, deren er habhaft werden konnte, handschriftlich rückverbessert auf den Originaltitel).

Dieser „reissende Bach" war eher ein schäumendes Gebrodel und dunkles Wogen, im wesentlichen etwas, „worüber man immer mit feierlichen, nie mit genauen Worten redet"[4], wie Gütersloh sehr bezeichnend versichert. Wenn man die Bombastik des Vorgetragenen, das auf keinen Nebensatz hinzuwuchernder Gedanken und Metaphern verzichtet, auf eine Art von Kern der Theorie vereinfachen will, so lautet diese etwa: wie Hegels Weltgeist nach allen Schöpfungen von Galaxien, Sonnen und Planeten auf dieser Erde schließlich erst in Berlin (durch Hegels Einsicht und die dazu passende staatliche Autorität) wirklich zu sich kommt, sich also durch die von ihm erschaffene Geschichte immer höher entwickelt und letztlich ein Gott im preußischen Werden ist – so kommt Güterslohs Weltgeist erst im Künstler oder in Albert Paris ganz zu sich. Deshalb auch die Wichtigkeit des Originaltitels: in der ‚grossen Geschichte' sind alle Zeitalter des Menschengeschlechts im Künstler gleichzeitig wirksam und präsent, die ‚kleine Geschichte' ist nur die seines Lebens und seiner Kunst, bevor sie gewissermaßen Weltgeist wurden – wobei es die wirkliche Aufgabe des Künstlers sei, seine eigene ‚kleine Geschichte' (seine künstlerischen Leistungen, sein Leben) zu übersteigen, um bewußt die ‚grosse' zu gestalten.

Der metaphysische Wahrheitsanspruch dieser Lehre (die in manchem auch an Jungs ‚Archetypen' erinnert) ist allerdings nicht wie bei Hegel mit irgendeiner, sei es noch so phantastischen quasi-philosophischen Methode untermauert, sondern rundum mit einem schlingenden Gestrüpp unterstützender ‚Einsichten' umgeben, die sich in immer wieder mühsam zu durchschauenden Formulierungen als eine Art von Tiefenschau darstellen, aber eigentlich – wie Doderers ‚unpolitische Einstellung' – ein handfestes Gerüst von Vorurteilen und Idiosynkrasien bilden. Gleichzeitig stellen diese Bemerkungen, durch ihr Ausschweifen und Überwuchern nach allen Richtungen, ein nahezu geschlossenes Weltbild Güterslohs dar, sowohl in bezug auf seine bewußten wie unbewußten Einstellungen.

Zu den wenigen kurzen und halbwegs klaren Sätzen, die es in diesen 162 Seiten gibt, gehören die folgenden: „In unserem Blute lebt die Erkenntnis davon, wie Geschichte entsteht. Wir wissen, daß die metaphorischen Bedeutungen von dem Leben leben, das wir den natürlichen Verhältnissen genommen haben. Damit sind wir, politisch, Wissende ersten Ranges geworden. Und es wäre nicht ersten Ranges, dieses Wissen, wenn es anders denn orphisch von sich redete, wenn es sich unmittelbar, in einer parlamentarischen Debatte etwa, anwenden ließe." Und als klärende Draufgabe: „. . . hinauf in die natürliche Familie der Wahlverwandten und in ihre ununterbrochene Geschichte, noch einen Schritt näher der Zukunft, die jene Ordnung des dritten Reiches wie eine unverdiente Überraschung bereitzuhalten scheint und sie zu bereiten ewig verzögert –."[5]

Bei aller Fülle von Güterslohs Gedanken (und es mag sie mögen, wer sie mag) ist immer wieder, auch bei sorgfältigsten Formulierungen, eine ‚orphische' Undeutlichkeit am auffälligsten. Keine der überspitzten Behauptungen wird definiert oder begründet; der mit dem Raten nie ganz zurande kommende Leser soll offensichtlich zur Ehrfurcht vor dem Unverstandenen gezwungen werden, das keine weitere Berufungsinstanz mehr gestattet – wie das allerdings auch ein ‚gesundes Volksempfinden' tut. Doch ob ‚chthonisch' oder ‚autochthon' – erdig bzw. selbsterdig – nicht bloß gestelzte Ausdrücke für ‚Blut und Boden' sind, soll hier dahingestellt bleiben.

Das Pathos vagen Inhalts so lange mit Emotionen aufzublähen, bis es durch diese gleichsam prägnant – also ‚schwanger' – erscheint, ist vor allem politisch für die Zeit bezeichnend; so bildet man Schlagwörter wie vom *populus sanctus*, um das Volk gründlicher als je zu mißbrauchen: was als heilig erklärt worden ist, wird dann als Masse geopfert. Das war auch der Weg, den Gütersloh und Doderer gemeinsam gingen; nicht mit einer ‚Blut und Boden-Ideologie', sondern – autochthon pathetisch.

Das Wertesystem und die ‚natürlichen' Autoritäten, die sie der Zukunft aufzwingen wollten, sind nur in einer mythologisierten Vergangenheit und in verschrobenen Theorien (zur Kunst) gerechtfertigt. Dabei waren beide klar antidemokratisch; Gütersloh und Doderer sahen sich selber in hierarchischen Strukturen, die in der aktuellen Gesellschaft und ihrem Recht längst nicht mehr gegeben waren. Dazu waren ihre politischen Vorstellungen, wie vor allem jene vom ‚Dritten Reich', stark religiös durchdrungen und von echter Heilserwartung erfüllt; die Bedeutung ihrer Kunst für eine solche Zukunft überschätzten sie beide maßlos und überaus erwartungsvoll.

Dieses seltsame Gemisch von Meinungen und Vorurteilen, deren revolutionäre Absicht rückwärts gerichtet war und deren Theorie auf unbestimmbaren Wirkungskräften beruhte, galt hehren, für Idealismus gehaltenen Gefühlen sowie der eigenen Überlegenheit und machte sie nicht automatisch zu Faschisten, aber doch für den Faschismus sehr bereit – der sich, ohne Kenntnis seiner späteren Taten, nur ähnlich vage definieren ließ (und läßt). Daß damals niemand – und schon gar nicht Phantasten wie Gütersloh und Doderer – diese Taten und Greuel voraussehen konnte, soll nichts entschuldigen, ist aber als Feststellung unerläßlich.

Jedenfalls hielt Doderer einen eher grauenhaften Brief Güterslohs, den dieser im April 1929 an Rolf Haybach schrieb, für so wichtig, daß er ihn zur Gänze in sein Skizzenbuch abschrieb: „Glaube mir, dass der Kampf, den Du nötig fühlst, von mir bis zum letzten durchgefochten werden wird. Ich glaube nur, dass wir, ausgehend die Malerei und Literatur zu ordnen, den österreichischen Staat stürzen werden. Oder meinst Du nicht auch, dass, wer gut schiesst, durch alle Visiere schiesst? Die Chimäre soll ja ein Rätselvogelgeschöpf sein. Wichtig ist nur, hundert junge Leute, rein wie Trappisten und innerlich schön gewachsen wie gewöhnliche Fischermädchen vom italienischen Meer, zu finden, die auf uns schwören. Das stürzt allen Misswuchs, bildenden wie politischen. Ich finde die Waffe, in einer schönen, reinen Hand, schöner als die Feder. Der schöne Mensch darf töten. Denn er tötet, vom Genius gelenkt, nie anderes, als das Häßliche, Alte, Vermorschte! Die Häßlichen sind immer Pazifisten! Sie wissen warum."[6]

Die ‚Chimäre' in dieser grausamen Mischung von Kunst und Politik ist übrigens jene erwähnte Zeitschrift, die Gütersloh immer gründen wollte; statt dessen kam es aber zu Doderers Buch über ihn. Bereits am 25. August 1928, also nur drei Wochen nach dessen Gespräch mit Haybach, riet Gütersloh aus Cagnes-sur-Mer seinem künftigen Biographen, er solle durch seinen Gegenstand (also Gütersloh) „souverain sich selbst erklären". Damit sprach er wohl recht bewußt Heimos Egozentrik an, um sich den Autor und damit das sehr erwünschte Buch zu sichern.

Auf die ersten und gar nicht bescheidenen Belehrungen Güterslohs antwortete Doderer bereits – am 15. September, wieder einmal bei Mote in der Hinterbrühl –

mit der Formel, die ihm eine solche Dienstleistung an der Kunst des andern ermöglichte: „Hochverehrter Meister". – „Und da der Himmel schweigt und Keiner sich selber Autorität geben kann und auch der Genius des Einzelnen auf die Frage, wer er, der Einzelne, eigentlich sei, bedeutsam verstummt, so bleibt, um der eigenen Tiefe Antwort zu geben – die kein natürliches Glück oder Unglück ausfüllt: es fiele ins Bodenlose – nur die gebundene Hingebung an den Meister, dessen physiognomische Sympathien und Antipathien rationale Gründe und prophetische Organe geworden sind", hatte Gütersloh bereits in seinen ‚Bekenntnissen' festgestellt.

Noch 1960, in dem bereits erwähnten Brief an Dietrich Weber, erläuterte Doderer dem jungen Germanisten: „Nie, und bis auf den heutigen Tag, habe ich als ‚Gleichrangiger' mit Gütersloh gesprochen. Denn der Abstand zwischen Lehrer und adoptiertem Schüler ist ein hierarchischer, und uneinholbar, da sei der Schüler, wer er wolle." Auch der Nachsatz ist durchaus bezeichnend.

Den Brief Gustis, in dem sie ihm jede persönliche, schriftliche oder telefonische Annäherung verweigerte, empfand Heimo als den „Gipfelpunkt aller dieser Gemeinheiten"[7]. Er hatte ihn Samstag morgens erhalten und brachte den Großteil des Wochenendes damit zu, an einer vernichtenden Antwort zu feilen, die er schließlich sogar auf der Maschine mit Durchschlag abtippte; dieses Elaborat trug er dann am Sonntag abends auf die Hauptpost und gab es eingeschrieben auf. Am nächsten Tag schickte er noch sicherheitshalber eine Kopie seines Briefs an Gustis Freundin Lisl Wanka (von ihm meist als ‚Lisawetja' bezeichnet) in Böhmen und bat sie um die Weiterleitung.

Das war richtig, denn der an Gustis Wiener Adresse gesandte Brief kam bereits am Mittwoch mit der Anmerkung „Annahme verweigert" zurück. Daraufhin schrieb er den Text auf eine offene Korrespondenzkarte ab, wohl in seiner minutiösesten Handschrift, und sandte ihn so nochmals in die Wickenburggasse: damit diese Peinlichkeiten nun alle lesen könnten, denen das vor die Augen kam.

Mit dieser Art von Triumph mußte er sich vorläufig zufriedengeben, wobei das erneute Auftreten von Gonokokken – „Vidi eas per mikroskopum!" – bei einer Nachuntersuchung seine Stimmung wieder gründlich dämpfte. Und daß ihm der Weg zu Gusti nun so verschlossen war und bleiben sollte, verursachte ihm ebenfalls seelische Turbulenzen. Im Juni hatte er sich noch mit dem *Divertimento No. VII* beschäftigt und erste Zeichnungen dazu hergestellt, daneben Extremas geschrieben, in denen er frei aufsteigende Landschaftsbilder mit frei steigenden Gefühlen verband; jetzt aber konnte von Arbeit nicht mehr die Rede sein. Immerhin bekam er zum Trost fast täglich einen Brief eines oder einer ‚comes' (‚Gefährte') mit beiliegenden zehn bis zwanzig Schillingen, traf – abwechselnd – Rolf und Anny Haybach und fuhr dann am 19. August nach Steyr, um dort sechs Tage mit Lotte Paumgarten und Béla Faludy zu verbringen.

Gleich nach seiner Rückkehr überwand er sich und rief bei den Hasterliks an, wobei er von der Mutter Irma nur erfuhr, daß Gusti krank sei. Und drei Tage später sagte ihm endlich Eva Pollak, eine andere Freundin Gustis, daß deren Erkrankung wirklich ernst war und sie bereits seit sieben Wochen das Bett hüten mußte. Nun wurde Heimo besorgt und holte Auskünfte ein, wo immer ihm dies möglich war. Was sich dann herausstellte, war erschreckend: die Infektion hatte bei Gusti zu einer schweren Entzündung des ganzen Uterus geführt, die nur schwer und langsam zu bekämpfen war und es unwahrscheinlich machte, daß sie noch jemals Kinder bekommen könnte, auch wenn die völlige Heilung schließlich gelingen sollte.

Heimo litt unter diesen Nachrichten so anhaltend, daß er sich vorwiegend selber leid tat und verzweifelte. Nun nahm er auch noch Kontakt mit einer dritten Freundin Gustis auf, nämlich Doris Stoerk, die im selben Hause wohnte (und eine Zeitlang die Geliebte Alexander Lernet-Holenias war); so konnte er sich wenigstens einigermaßen auf dem laufenden halten. Eine weitere Freundin Gustis, Marie Louise Wydler, mit der er fast bis zu seinem Lebensende in Verbindung bleiben sollte, suchte er damals allerdings vergeblich auf; sie befand sich gerade im Ausland. Dieses Nachrichtensammeln und seine emotionellen Reaktionen erschöpften ihn so, daß er vom 8. bis zum 19. September einen Urlaub bei Freund Mote in der Hinterbrühl machte (dieser ging Anfang Oktober nach Heidelberg, um Philosophie zu studieren); doch auch nachher fühlte er sich um nichts besser. Was seine eigene Infektion betraf, wurde er von Dr. Franz Urpani am 26. als gesund entlassen.

Sein Leiden um Gusti blieb intensiv; an manchen Tagen ging er bis zu drei Mal in die Wickenburggasse, um zu den Fenstern hinaufzusehen; dazu bildete er sich Herzbeschwerden ein. Außerdem scheint er versucht zu haben, von Gustis behandelndem Arzt, Dr. Rudolf Kurzmann, nähere Informationen zu erhalten, worauf ihn Gusti durch Doris Stoerk aufforderte, solche ‚Belästigungen' einzustellen.

Am 3. Oktober geschah ihm jedoch etwas durchaus Erfreuliches: er erhielt 1000 Schilling aus den Niederlanden. Das klingt rätselhaft, im Grunde aber kommt nur eine Erklärung in Frage: ein wichtiger Teil der Verwandtschaft sowie der Familienanwalt und damit Vermögensverwalter der Motesiczkys befanden sich in Holland – also dürfte Karl von Motesiczky seinem Freund zu einem größeren finanziellen Befreiungsschlag verholfen haben. Davon gingen allerdings 160,– sofort an Lotte Paumgarten, um ihr beim Erwerb einer Geige behilflich zu sein; außerdem bezahlte ihr Heimo schon seit einigen Monaten die Gas- und Lichtrechnung. Mit dem übrigen Geld machte er sich an das, was ihm seit Jahren immer wieder am wichtigsten erschienen war: er begann die Suche nach einem eigenen Zimmer, um endlich aus dem Elternhaus ausziehen zu können. Daneben gingen aber seine Leiden und die Gänge durch die Wickenburggasse weiter; am 17. rief er an und hörte erstmals seit vier Monaten wieder Gustis Stimme, was ihn in die größte Erregung versetzte – aber zu einem Gespräch war sie nicht bereit. Doch am selben Nachmittag verwendete sich Eva Pollak bei Gusti für Heimo, dem diese daraufhin erstmals wieder einen Zettel sandte: „Lieber Heimo, ich bitte Dich beruhige Dich u hab Geduld."[8]

Gerade damals fand er bei einer Familie Mayer in der Döblinger Hauptstraße 39 ein Zimmer, für das er ab 1. November 70 Schilling monatlich bezahlte; allerdings zog er schon am 24. Oktober, vom ‚Grafen' ins neue Heim begleitet, dort ein; und am 25. Oktober sandte er mit offensichtlichem Stolz eine gedruckte Karte aus: „Dr. Heimito Doderer erlaubt sich Mitteilung zu machen von der Änderung seiner Wohnungsadresse etc."[9] Zur selben Zeit war Jossip Zorn aus Prag auf Besuch in Wien; gemeinsam mit Scharmitzer gab es in den nächsten Tagen mehrere längere Treffen, was vielleicht, abgesehen von der persönlichen Befriedigung über dieses Wiedersehen, auch für das *Divertimento No. VII* wichtig war, aus dem ja schließlich der Roman über ihre gemeinsame Vergangenheit in Sibirien wurde.

Und am 2. November erfolgte, was er, unter diesem Datum, als „Restliquidierung meines Zimmers im 3. Bez." eintrug; eine Bemerkung, die nichts als das aufgestaute Ressentiment ausdrückt (obwohl ihn der Vater nun bei den meisten Begegnungen mit jeweils 100 Schilling bedachte). Der XIX. Bezirk, Döbling, liegt gewissermaßen am andern Ende der Stadt und stellt, bis heute, eine vom III. Bezirk recht verschiedene Welt dar. Heimos Übersiedlung sollte ganz absichtsvoll eine nicht nur räumliche, sondern auch geistige Entfernung von seiner Herkunft und Familie sein; die positiven Erwartungen, die mit dieser Befreiung des immerhin Zweiunddreißigjährigen einhergingen, flossen ganz in seine Sichtweise und Beurteilung von Döbling ein.

Wie sehr ihm das alles, gemeinsam mit dem Zettelchen Gustis, neuen Auftrieb gab, geht unter anderm auch daraus hervor, daß er bereits ab 4. November wieder die regelmäßige Arbeit am *Divertimento No. VII* aufnahm. Und am 6. erfolgte sein endlich gestatteter Besuch in der Wickenburggasse, worüber allerdings keinerlei Bericht vorhanden ist. An der Tatsache der Versöhnung besteht kein Zweifel, wenn diese auch – und eher erstmals – ohne körperlichen Liebesrückfall stattfinden mußte; zudem mag es von beiden Seiten noch eine gewisse abwartende Vorsicht gegeben haben. Gustis gesundheitlicher Zustand war sehr verbessert, wenn auch nicht völlig wiederhergestellt; immerhin konnte sie ihn drei Tage später bereits im Volksgarten treffen, beim Denkmal der stets leidenden Kaiserin Elisabeth, und dann eine „friedliche" Stunde mit ihm im Café ‚Bellaria' verbringen. Daß sie ihn danach einige Tage nicht anrief, weckte wieder all seine depressiven Ängste; am 13. notierte er sein „fortwährend geradezu viehisches Leiden".

Doch bereits ab 18. November sahen sie einander fast täglich: Gusti kam zu ihm in die Döblinger Hauptstraße, einmal auch mit Lisl Wanka, und am 3. Dezember erfolgte in etwas zweifelhaftem Latein die Eintragung: „sah meine Frau in ihrer großen Schönheit, zweimal". Daß sie vieler Ermunterungen bedürftig war, verstand er diesmal sogar. Und das Ausmaß der Versöhnung wurde nun geradezu ein öffentliches: am 8. traf Gusti in Heimos Döblinger Zimmer mit seiner Mutter zusammen, am 13. kam der Vater Hasterlik allein auf Besuch (das Heiratsversprechen, auf das sich Doderer später seiner zweiten Frau gegenüber berief, könnte auch gut aus diesen Tagen stammen). Ab dem ersten Weihnachtsfeiertag blieben Gusti und Heimo bis über Neujahr auf dem Riegelhof.

In diesen letzten Monaten, in denen er emotionell eher überlastet gewirkt hatte, konnte er dennoch gelegentlicher Martyriums-Vorstellungen nicht entsagen und hatte außerdem eine Affäre mit der ungarischen Malerin und Dichterin Anna Lesznai, an die er im Skizzenbuch (reichlich betrunken) ein acht Seiten langes Liebesgedicht richtete, da sie das „ganze All für mich in den Ring eines Kusses" gefaßt hatte[10].

Der immer wieder auftretende ‚Dalles' – die Geldnot – wurde im Dezember erheblich gemindert durch die Bereitschaft seiner Eltern, sein von ihnen ‚unabhängiges' Leben mit 200 Schilling zu unterstützen, wobei nicht klar ist, ob dies monatlich gemeint war; aber gewisser Spenden aus dieser Richtung konnte er immer sicher sein. Außerdem geht aus einem Brief Gustis vom Juni 1929 hervor, daß auch Mote den älteren Freund Heimo mehr oder minder regelmäßig mit Geld unterstützte (ob er der ‚comes' gewesen war und nicht nur hinter den 1000 Schilling – „ex terris bassis" – gesteckt war, läßt sich höchstens vermuten). Daß Heimo jedenfalls nicht wenig Geld brauchte, geht allein aus seinen Lebensgewohnheiten hervor: er pflegte mittags in einem Restaurant zu essen und verbrachte viele Nächte in den diversen Cafés, wo er nicht nur seine näheren Bekannten traf, sondern durch seinen Umgang in den Zeitungsredaktionen mittlerweile auch so viele andere Leute kannte, daß sich immer irgendeine Gesellschaft ergab (so verkehrte er eine Zeitlang mit dem Freund von Georg Lukács, dem Theaterkritiker des ‚Tags' und Schriftsteller Béla Balász, der schon seinerzeit *Gassen und Landschaft* belobigt hatte).

Die regelmäßige Arbeit an *D VII*, wie sein Kürzel hieß, ging aber daneben ständig weiter und war in den ersten fünf Monaten von 1929 ohne Zweifel seine Hauptbeschäftigung. In derselben Zeit kam es in Österreich zu mindestens zwölf schweren bewaffneten Auseinandersetzungen zwischen Gruppen politischer Gegner. Auch Heimo war, sozusagen eingebettet in der weiter verbreiteten Gewalttätigkeit, während der Arbeit an seinem Buch offensichtlich sehr gereizt, wenn auch nicht politisch; die häufigste Formulierung in seinen (knapp bemessenen) Aufzeichnungen lautet: „ich schlage fürchterlich Krach" – ob mit Gusti, mit Paumgarten und Faludy, ob in der ‚Wickenburg'. Seine Schwächen mit Herumgeschrei zu kompensieren, um wenigstens diese ‚Männlichkeit' dezidiert unter Beweis zu stellen, hatte er in den letzten Jahren gut genug gelernt; aber es bezeichnete eine Hilflosigkeit, die ihn nun in fast all seinen Beziehungen bestimmte. Gusti gegenüber hatte er nach ihrer schweren Erkrankung, für die er sich vielleicht doch schuldig fühlte, nicht allzu viel an Eigennutz zu vermelden, wenn er dem Bild vergangener ‚Niedertracht' entkommen wollte; und der Kamerad Paumgarten, als Schülerin zu seinen Füßen gedacht, trieb sich mit Béla Faludy herum, zu dem Heimos Freundschaft ausgeprägt ambivalent blieb.

Rolf Haybachs Versuche, Gütersloh zu unterstützen, obwohl es ihm selber immer wieder an Geld fehlte, führten zu dem Gedanken, eine Gütersloh-Gesellschaft zu gründen; ähnlich wie bei der Musil-Gesellschaft sollte eine gewisse Anzahl kultivierter und wohlhabender Leute sich verpflichten, den Künstler zu erhalten. Daß Doderer, Güterslohs ‚Biograph', hier mitwirken sollte, war klar, doch wurde aus der Sache ohnehin nichts. Sonst gab es in dieser intensiven Arbeitsphase wenige Ereignisse; mit der Familie Hasterlik und Lotte Paumgarten besuchte er ein Konzert von Pablo Casals, im März sah und hörte er die im Vorjahr fertiggestellte ‚Dreigroschenoper' von Brecht und Weill – was ihm den Vermerk, aber keinen Kommentar wert war.

Die Sorgen der Hasterliks galten in jener Zeit nicht ihm, sondern Mia. Sie hatte im November 1927 den sagenhaft reichen Julius Koritschoner geheiratet, aber anscheinend stammte sein Vermögen aus so vagen Geschäften, daß recht wenig genügte, dieses ganze Imperium zum Einsturz zu bringen. Das Wenige war angeblich das kleine Mißgeschick, daß ihm bei einer wichtigen Verhandlung in Paris, als er sein Stecktuch zog, eine Morphiumampulle auf den Boden fiel; eine Absage folgte der anderen, die finanziellen Deckungen brachen zusammen, und er stand vor dem Nichts. Offensichtlich mußte er aus Österreich verschwinden, wurde gesucht, und man fand – seine beiden Koffer am Ufer des Bosporus. Die familiäre Überlieferung sagt, er hätte sich dort ins Wasser gestürzt; wozu er allerdings die Koffer nicht mittragen hätte müssen; immerhin gab es auch ein Gerücht, er sei später in Australien wiedergesehen worden. Mia hörte jedenfalls nie wieder von ihm; sie war Luxus und Personal gewohnt und nun gänzlich – mit beiden Kindern – auf die Unterstützung der Eltern angewiesen.

Die Arbeit an dem vorläufig titellosen Divertimento oder Roman ging so gut voran, daß Heimo ab dem 31. Mai bereits täglich zwei Stunden die Reinfassung einem Fräulein Elsa Hamburger in die Maschine diktierte; mit dem Text selber wurde er am 13. Juni fertig. Und bereits am 16. trug er sein Werk – allerdings nicht auswendig – vor: und zwar in der Villa Scharmitzer in der Schweizertalgasse in Ober St. Veit (der Roman ist auch Ernst von Scharmitzer gewidmet); es war schönes Wetter, und man konnte sich im Garten aufhalten. Das Buch hat in der Druckfassung 252 (wenigstens nicht allzu eng bedruckte) Seiten, im Typoskript waren es 150 Schreibmaschinseiten: Doderer muß mindestens fünf bis sieben Stunden lang gelesen haben, wenn auch sicher mit Pausen. Unter den zwölf Gästen waren, außer Ernst von Scharmitzer und seiner Frau Alice (genannt Lisl), auch Gusti mit ihrem Vater, Rolf und Anny Haybach, Richard Goetz und Gergely sowie einer von denen, die mit Doderer den Marsch durch die ‚Kirgisensteppe' gemacht hatten, nämlich Krauthauff. (Allerdings stellten die Scharmitzers fest, daß bei dieser Lesung Haus und Garten ‚voller Juden' gewesen seien; und glaubten Heimo auch, daß Gusti der Geier sei, der ihm – Prometheus – die Leber aushacke.)

Das Typoskript wurde – nach Diktat – am 22. Juni fertig; die Bezeichnung *Divertimento* gab er auf und fand Anfang Juli den endgültigen Titel des Romans. Als er ihn Gusti mitteilte, schrieb sie am 8. 7.: „Natürlich ist „Das Geheimnis des Reichs" der beste Titel, der einzige, Du hattest ihn schon lange, ich erinnere mich." Daß das Heil sei, wo das Reich sei, hatte er am Ende seines Romans festgestellt; und daß die geheimnisvolle Tiefe der Reichsidee für die Russen wie die Deutschen gelte, hatte ihn immer wieder beschäftigt. Dennoch war sein Buch, absehen von den eingeschobenen Essays wie über die russische Revolution, durchaus nicht politisch.

Daß er seinen Roman in relativer Ruhe fertigstellen hatte können, verdankte er weitgehend der finanziellen Unterstützung durch seinen Vater; er mußte sich das

Geld nicht einmal holen, sondern bekam es mit der Post. Das versuchte er durch einen Brief an die Mutter zu rechtfertigen, in dem er die Wichtigkeit der geleisteten Arbeit noch erheblich ernster darstellte als sonst, fast schon würdevoll und sehr bereit, damit vor die Welt zu treten.

Etwas von dieser Art ermöglichte ihm wieder einmal Karl von Motesiczky, dessen Geschicklichkeit in solchen Belangen außergewöhnlich war. Er lud Heimo nach Heidelberg ein, und dieser fuhr am 9. Juli abends von Wien weg – er unternahm damit (in Deutschland) die gleiche nächtliche Reise auf derselben Strecke wie Conrad Castiletz im *Mord den jeder begeht* (eine Zeitungsmeldung des Titels „Durch einen schlechten Scherz um den Verstand gekommen – Der Totenkopf im Expreßzug" hatte er bereits 1927 zur späteren Verwendung ausgeschnitten[11]). Betrunken war er ebenfalls – wie die Urheber des tragischen Studentenulks –, und zwar schon vor der Abfahrt, so daß er seinen Paß vergaß; daß es ihm dennoch gelang, die Grenze zu passieren, ist erstaunlich.

Dann blieb Heimo vierzehn Tage in Heidelberg, wo ihm Mote in einem Landhäuschen am Neckar, das drei befreundete Studenten bewohnten, ein Quartier besorgt hatte. Doch das Wichtigste waren die Lesungen, die er nicht nur hier, sondern auch in Frankfurt und Mannheim für den Freund arrangiert hatte; außerdem führte er ihn in alle möglichen Kreise ein, um nützliche Verbindungen für Heimo zu schaffen – dieser war ständig gesellschaftlich verpflichtet, wurde von Mote allerorts in den Mittelpunkt gerückt und war davon gebührend entzückt.

Der Mutter, die ihm zweihundert Mark nachgesandt hatte, schrieb er „von dem ungemein verständnisvollen und begeisterungsfähigen Zuhörerkreis"[12], den er mehrmals bei seinen Vorlesungen gehabt hatte, und wie rasch er von einer großen Freundesrunde aufgenommen worden war. Auch Gusti berichtete er ausschließlich von Erfolgen und Applaus, mit der Ausnahme des Besuchs in Frankfurt, von wo er einen ‚Durchfall' meldete, wohl da eine erhoffte Verbindung zur Frankfurter Zeitung nicht zustande gekommen war. Letztlich blieben aber auch alle in Heidelberg und Mannheim angeknüpften Beziehungen folgenlos – am größten war vielleicht seine Erwartung gewesen, zu einem angesehenen deutschen Verleger zu kommen –, und auch der von Gusti angemahnte Versuch, es irgendwie mit einer Dozentur zu versuchen, schlug fehl (falls Heimo diesbezüglich überhaupt etwas unternahm). Doch genoß er seine neue Umgebung so sehr, daß das alles auf Gusti den Eindruck einer „Schilderung des Paradieses" machte. Drei Tage vor seiner Rückfahrt gab es noch ein großes Studentenfest am Neckar, an dem sich auch er und Mote in einem lampiongeschmückten Boot beteiligten; das Schloß wurde mit bengalischen Feuern beleuchtet.

Als Heimo (melancholisch, wie er im Skizzenbuch vermerkte) nach Wien zurückkehrte, war Gusti schon mit Marie Louise Wydler und deren Familie bei Freisach auf Touren unterwegs, was beweist, daß ihre Gesundheit wieder weitgehend hergestellt war; das hatte auch, nach mehr als einem Jahr Abstinenz, eine ganz entscheidende Nebenbedeutung: „Bedenke doch", schrieb sie ihm am 22. Juli, „dass uns gerade jetzt eine wundervolle Zeit bevorsteht, die ich mir, ich gestehe es offen, schon nicht mehr richtig vorstellen kann, wie ist das, wenn man punzelt ..." (Bis dahin hatte es in seiner Buchführung, die heikle Themen nur in Latein behandelte, öfter geheißen: „cu[m] u[x]ore p[er] manu 1 E[jaculatio]".)

Im selben Brief schrieb sie auch: „Du machst mich unendlich glücklich mit Deinen Beteuerungen, und ich bin fest überzeugt dass es uns miteinander und auch im Allgemeinen gut und immer besser gehen wird, wenn wir fest zusammenhalten und uns auch weiter nicht anfechten lassen." Ihre Liebe erscheint, nach all den Vorkommnissen der acht Jahre, nun ungebrochener als nach früheren Krisen; vor Urlaubsende schrieb sie ihm: „... sehe Deine geliebten braunen Augen die so schreien können u. derentwegen ich Dich eigentlich so lieb hab." „Du bist mir Alles. Ich denke an die Kirche in Florenz, in der ich Gott gebeten habe, er möge mir Deine Liebe gewähren, hat er gehalten, was er damals versprach?" Und ein paar Wochen später: „Ich lese in Deinen Gedichten ... „Frühjahr", das ich kaum kannte u. das rhythmisch herrlich schön ist, ich lese es immer wieder. In solchen Augenblicken liebe ich Dich unendlich aber heisst das einen Menschen lieben wenn man seine Kunst liebt ...?"

Genau das hieß es für sie: schon vor Jahren hatte sie festgestellt, daß sie zu ‚ihrem' Mann aufblicken können müßte, und das war für sie in seiner Kunst erheblich leichter als selbst bei den braunen Augen, die sie so oft auch schon belogen hatten. Dazu kam, daß sie nun – was damals bedeutungsvoller war – immerhin schon dreiunddreißig Jahre alt und obendrein nicht mehr fähig war, Kinder zu bekommen; gleichzeitig verhielt sich Heimo, mit seinen „Beteuerungen", offensichtlich besser als je zuvor. Das alles vermehrte die Bereitschaft, der eigenen Liebe, die häufig und mit Recht gezögert hatte, nun bedingungsloser zu vertrauen; da es keinen andern gab, der sie in ihrer ganzen und nicht unproblematischen Zuständlichkeit akzeptiert hätte, lebte sie endlich ihre Liebe zu demjenigen, der ihr Leben entscheidend geprägt (und wie sie später meinte: verdorben) hatte.

Daß sie an seiner Kunst, der großartigen Rechtfertigerin all seiner Schwächen, leidenschaftlich Anteil nahm, steht durch ihre Briefe außer Zweifel. Aus diesen geht auch der Anfang der *Dämonen* hervor, fast unmittelbar nach der Fertigstellung von *Das Geheimnis des Reichs*, wobei die wesentlichen Überlegungen dazu schon vorher – also während der Arbeit am Roman – stattgefunden haben müssen. Dabei scheint, gleichzeitig mit der zunehmenden Beschäftigung mit Gütersloh, ein krisenhafter Wechsel der gesamten literarischen Anschauung eingeleitet worden zu sein. Doderer hatte, mit sieben *Divertimenti* und den *Hebel-Variationen*, einen über viele Jahre reichenden Versuch hinter sich, musikalische Kompositionsformen in die Literatur zu übernehmen. Gütersloh hingegen konfrontierte ihn mit einer ‚diskursiven' Sprache, die alle Überlegungen zum Thema in die Formulierungen der Beschreibung übernahm oder in theoretisch-essayistische Seitenzweige wuchern ließ, wobei zugunsten der Metapher eine mögliche Logik, wohl absichtlich, immer zu kurz kam.

Doderer blieb von dieser Gütersloh'schen Manier bis zu seinem Lebensende beeinflußt (ohne dessen Hybris ganz zu erreichen), verwendete sie aber vorzüglich dort, wo er sie angebracht fand, nämlich im Essay, etwa bei der tiefenschürfenden Erkenntnissuche nach der Mechanik des Geistes und ähnlichem. Daneben aber suchte er einen neuen Zugang zu erzählbaren Inhalten: „ich will *unterhaltende* Romane, Novellen u Novellettchen machen, Bücher zur *Unterhaltung*, weiter nichts [. . .] Dieser Schritt führt zum rein „Narrativen", ohne irgendwelches mus.[ikalische] Rüstzeug", schrieb er in Heidelberg am 13. Juli.[13] Um das zu erreichen, plante er, für ein Jahr, eine Hinwendung zum rein Inhaltlichen, unter Verwendung von Chronikmaterial aus Zeitungen (wie für den *Mord den jeder begeht*, wobei er den 1927 ausgeschnittenen Artikel erst jetzt, zwei Jahre später, ins Skizzenbuch einklebte).

Sein neues Vorhaben, für das die Kurzgeschichte *Léon Pujot* (am 27. Juli als ‚Louis Pujet' geplant) am bezeichnendsten ist, war vielleicht pragmatisch gedacht, in Hinsicht auf den möglichen Verkauf; aber es entsprach sicherlich auch dem Bedürfnis, einen übernommenen Formalismus nicht ständig zu wiederholen. Das hieß unter anderem auch: auf Inhalte bezogen nun spontaner zu schreiben. Zwischen diesen beiden, einander entgegengesetzten, Positionen – sinnlich-konkreter Spontaneität und abstrakter Komposition – sollten sich künftig seine Hauptwerke entwickeln, ohne daß Prioritäten formaler Natur so gesetzt wurden, wie er das nachträglich gerne behauptete.

Das erste Werk, das er in diesem ungelösten Spannungsfeld begann, hieß – im Sommer 1929 – *Chronique Scandaleuse;* gelegentlich nannte er es auch *DD*, was damals keinesfalls die Abkürzung von *Die Dämonen* war, sondern *Dicke Damen* hieß. (Und schon gar nicht zutreffend ist die Behauptung, er hätte dieses Buch von Anfang an als *Die Dämonen der Ostmark* geplant.) „Hier begann ich, 1931, die ‚Dämonen', und zwar mit jenem Kapitel des ersten Teils, das ‚Topfenkuchen' heißt"[14], schrieb er – eventuell an die Nachwelt – im Tagebuch von 1965 (über die Wohnung in der Pfarrwiesengasse), doch wieder einmal stimmt seine Auskunft nicht. Im Skizzenbuch Nr. 15 stellte er 1929 eine Liste von Leuten auf, die – als „Mottenschwarm" bezeichnet – die Chronique bevölkern sollten. Und schon damals war die Idee vorhanden, dicke Damen mit Zeitungsanzeigen anzulocken, wozu ihm Gusti am 24. August 1929 schrieb: „Ich weiss wunderbaren neuen Tratsch für die D. D., sehr gut zu gebrauchen, wir werden inserieren, wenn ich zurückkomme, ich verspreche mir da allerhand."

Seine Annonce entwarf er (schwer leserlich, also kaum nüchtern) im Skizzenbuch: „Junger Doktor / aus guter Familie, finanz. u. tolle Ersch, 33 J, Arier, sucht A. u. mindestens 40-j. dist. [. . .] impos. Figur, breite Statur u. schw. [. . .] Strengste D[iskretion]. Nur Damen, die ausnahmsl. alle genannt Qual. haben, mögen sich unter . . ."[15]

Unterdessen hatte er, am 19. Oktober, das Quartier gewechselt und bewohnte – wieder in Döbling – ein Zimmer in der Scheibengasse 1 bei der Witwe des Direktors der Meteorologischen Anstalt, Frau Hofrat Trabert. (Ihre Tochter erinnerte sich noch im Alter daran, als junges Mädchen etwas schockiert gewesen zu sein, daß Doderer in der Wohnung oft mit nacktem Oberkörper „oder noch weniger" herumlief[16].) In dieser Wohnung fanden auch die Überprüfungen der ‚Dicken Damen' statt, ausschließlich nachmittags.

„Auch seiner strengen, ja pedantischen Zeitbewirtschaftung waren Grenzen gesetzt. Er tat mehr, als er konnte, aber die ihm gestellte Aufgabe erwies sich als lernäische Hydra", schrieb darüber sein Neffe Dr. Kurt Mayer, ein Sohn der ältesten Schwester Ilse, in einem Buch, das erst ein Jahr vor Doderers Tod erschien (und diesen gehörig ärgerte).[17]

Der damals – 1929 – vierundzwanzigjährige Jurist war eines der geistreichsten und unbekümmertsten Mitglieder der jüngeren Doderer-Generation; und war auch mit Begeisterung bei jedem Unfug dabei. Außerdem bewunderte er seinen ‚Ohm' Heimo (oder ‚Heimerl': der Name Heimito, mit dem Doderer überall – auch in privaten Briefen – zeichnete, galt bis etwa zum Erscheinen der *Strudlhofstiege* allen Freunden und Familienmitgliedern als Marotte, als ob ein Fritz ständig auf Friedrich bestehen würde). Er hatte in Heimo und der Tante Helga jene beiden Familienmitglieder erlebt, die sich am nachhaltigsten gegen alle verpflichtenden Banalitäten ihrer Gesellschaft wehrten, und sympathisierte mit dieser Haltung; vielleicht wegen seines eigenen, übermächtigen und konservativen Vaters August Mayer. Aber es beeindruckte ihn auch Immos Art, ab Betreten eines Zimmers jede Gesellschaft mühelos beherrschen zu können, indem er sich bloß amüsiert gab oder charakteristisch mit den Schultern zuckte, und er selber tendierte mehr zum charmanten Witz dieses Onkels. Das gab ihm, neben der Bewunderung, auch Distanz zu Heimos – gerade in der Familie – extrem irritablem Ernst, der diesen finster explodieren ließ, wenn eine der üblichen ironischen Anspielungen gegen ihn selber gerichtet war. So befand sich Kurt zwar im Bannkreis des Onkels, war (und blieb) aber zugleich von so vergnügter Respektlosigkeit, daß sein Porträt als ‚Dr. Körger' in den *Dämonen* – aus mehreren Gründen – ziemlich polemisch ausfiel.

Zuerst jedoch war Onkel Heimo von einem so unternehmungslustigen Neffen – der obendrein nur neun Jahre jünger war – begeistert; und natürlich noch mehr von dessen Anhängerschaft für die eigene Haltung und Arbeit. Er erwies ihm jene Ehre, die Doderer immer wieder die liebste war: er las ihm aus seinen Werken vor. Kurts amüsierte Begeisterung über die ersten ‚Dicke-Damen'-Texte ließ ihn zum Mitarbeiter avancieren; Heimos Annoncen auf der Suche nach fülligen Frauen waren – auch im Jahr der Weltwirtschaftskrise – allzu erfolgreich, er konnte das üppig anfallende Material allein nicht mehr bewältigen. Welcher Darstellung dieses Unternehmens – jener Doderers in den *Dämonen* oder der von Dr. Kurt Mayer – eher zu trauen ist, läßt sich kaum sagen. „Speckschwarten gab es in Prachtexemplaren", meinte der Neffe in seiner Rückschau, und daran ist sicher kein Zweifel. Heimo hatte aus einer seiner sexuellen Fixierungen ein Forschungsprojekt gemacht: daß ihn das (fast?) tägliche barocke Quellen in Entzücken stürzte, ist allein schon daraus abzuleiten, daß es zu keiner Übersättigung kam – die Neigung blieb ihm ungeschmälert für den Rest seines Lebens erhalten. Ob Gusti von der Art dieser Sondierungen noch so begeistert war wie vorher über die Idee zu den Annoncen, ist zu bezweifeln.

Der muntere Neffe Kurt hatte einige Zeit vorher bei Gericht einen Fall zu bearbeiten gehabt, der ihm in Erinnerung geblieben war: ein gewisser Otto Dressel, der wegen Trunksucht teilweise entmündigt war, hatte ohne Einwilligung des gerichtlich bestellten Vormunds und anscheinend alkoholisiert – geheiratet. Diese Ehe wurde von Dr. Kurt Mayer durch Gutachten seinem Vorgesetzten zur Annullierung empfohlen, was auch geschah – offensichtlich ohnehin zum Wohl der Beteiligten. Einen Otto Dressel, diesmal in der Gesellschaft einer Dame namens Pia von Hartungen, traf er einige Zeit später als Gast seines ‚Ohms' Heimo auf dem Riegelhof: beide wohnten beim ‚Oberen Eggl' (wo schon Heimo mit Reif gehaust hatte, wenn die Villa oben überfüllt gewesen war). Bei der persönlichen Begegnung mit dem teilweise Entmündigten – es handelte sich um denselben – kam Kurt Mayer, und das gleich für sein ganzes Leben, zu dem Eindruck, daß dieser Rittmeister Dressel der nobelste, kultivierteste und zugleich biederste Mensch sei, den er je kennengelernt habe[18]. Es entstand eine Freundschaft, die bis zum Tod Otto Dressels dauerte.

Wo Heimo auf diesen würdigen Trunkenbold – der zum Rittmeister Eulenfeld der *Strudlhofstiege* und *Dämonen* wurde – gestoßen war, wird zweifelhaft bleiben. Die einzige überlieferte Version (die so wie manche andere falsche Nachricht von Doderer selbst stammte), nämlich daß er ihn bei den Hasterliks 1928 getroffen habe, ist wenig glaubhaft (wenn auch nicht auszuschließen): erstens ist Dressel in diesem Milieu etwas schwer vorstellbar, zweitens verkehrte Heimo – wegen der leidigen Tripper-Affäre – gerade um diese Zeit nicht in der ‚Wickenburg'. Die erste Erwähnung im Journal, bei sicher noch geringer Kenntnis, stammt vom 27. Januar 1929: „Tressel [sic], die besoffene Autofahrt".

Otto Dressel stammte von einem begüterten thüringischen Spielwarenfabrikanten aus Sonneberg und war bloß ein halbes Jahr älter als Heimo; ihm schien früh gelungen zu sein, was der spätere Freund und Schriftsteller mühsamer bewerkstelligte: sich zur Legende zu gestalten und, von Anekdoten abgesichert, einigermaßen bequem seine Schwächen als bewunderte Charakteristika auszuleben. Sein Leben, so gab er von sich, sei durch die Amme geprägt worden, die mindestens soviel Bier trank, wie er selber gleichzeitig Milch (?) aus ihren Brüsten sog. Das scheint geradewegs zur Offizierslaufbahn geführt zu haben, wobei die Logik wohl nur für Antimilitaristen gegeben ist; bei der Reiterei im Ersten Weltkrieg wurde er zwar kein Rittmeister, führte aber eine Zeitlang eine Schwadron, als wäre er ein solcher gewesen: und daher blieb er bei dem Titel. Nach dem Krieg war er noch Mitglied einer Freiwilligenbrigade in den schlesischen Kämpfen gewesen; doch im damals vielleicht gar nicht so viel friedlicheren zivilen Leben fand er sich weniger gut zurecht – Tricks, die ihm einfielen, waren für die Justiz Delikte. Vielleicht war das der Grund, warum er seit mindestens 1924 im Ausland lebte – nämlich in Österreich.

Als Doderer Otto kennenlernte, der von allen nur ‚Dodo' genannt wurde, gefiel ihm vieles an diesem ‚Herren', der sich obendrein gern, mit einem erfundenen ‚von' zwischen Vater- und Mutternamen, Dressel von Uylefeldt nannte und auch so auftrat. Er war groß und schmalhüftig schlank, die Kantigkeit des Schädels durch kurze Frisur betonend, und vertrug auch große Mengen von Alkohol – vor allem Gin und Cognac – so wunderbar, daß nur sein Benehmen als übertriebener ‚Kavalier der alten

Schule' auffiel. Auch sonst schirmte er sich, wie viele Alkoholiker, durch ein fertiges Rollenspiel ab, das ihn meistens vor jeder neuen Reaktion – also Überforderung – bewahrte und doch ein Dekorum ließ: er hatte sich ein quasi altertümliches Deutsch mit vielverwendetem „füglich" zusammengebastelt und garnierte es reichlich mit antiken oder barocken lateinischen Wendungen. Somit war er, im Gegensatz zu Heimo, eine ‚fertige' und beeindruckende Erscheinung, die in jeder Lebenslage markant agierte oder zumindest bemerkenswerte Aussprüche gelassen ablieferte und damit eine Überlegenheit suggerierte, für die er sich längst nicht mehr anzustrengen brauchte, weil das alles fertig verfügbar war und obendrein die Inspiration des geistigen Getränks nicht zu entbehren brauchte.

Etwa so ist der ‚Rittmeister Eulenfeld' in *Strudlhofstiege* und *Dämonen* auch dargestellt (wozu man ergänzen muß: Dressel arbeitete für Castrol-Öle und glich dort seine Unzuverlässigkeit durch ausgezeichnete Englischkenntnisse aus). Aber ein Alkoholiker dieser Dimension – Dodo schlief oft in geschlossenen Wirtshäusern, weil sein Abtransport unmöglich war, oder auf Parkbänken, weil der Heimweg nicht mehr gelang – besteht nicht nur aus gelassener Souveränität mit barocken Sprüchen. Sowohl seine Kenntnis des alten Deutsch als auch des Lateinischen beruhten auf tatsächlicher humanistischer Bildung und bedeuteten ihm viel; und die dumme Rolle des Haudegens (oder wüsten Autofahrers und bedenkenlosen Trinkers, was in dieser Kombination heute schwieriger wäre) kaschierte einen sensiblen und vor allem enorm gutartigen Menschen, der – im Gegensatz zum darum sehr bemühten Heimo – in gewissser Hinsicht tatsächlich ein Franz von Assisi war (vielleicht im Sinn des ‚heiligen Trinkers' von Joseph Roth): es liefen ihm die Tiere nicht nur zu (woran Heimo nicht einmal auf dem Assisi-Höhepunkt gedacht hatte), sondern er kümmerte sich auch wirklich um alle Geschöpfe der Tierwelt, die er vielleicht als so mißverstanden und verlassen wie sich selber betrachtete. Was Heimo unter den ‚regulae' als verpflichtend aufgezählt hatte, weil es gar so schwer war, geschah Dodo einfach: er liebte – etwa einen mißhandelten und verkommenen Hund. Und die beiden wurden unzertrennliche Freunde. Diesen Aspekt erwähnte Doderer in seinen zwei umfangreichsten Romanen nie – dergleichen war ihm gleichgültig oder schlicht unverständlich. Auch daß Dodo vielleicht für die Menschen, mit denen er zu tun hatte – und eventuell für Heimo selbst –, mehr Sensibilität entwickelte als andere und sich dann hinter dem Schild seiner Sauferei vor der eigenen (auch selbstzerstörenden) Empfindsamkeit verbarg, darüber dachte der tiefenschürfende Dichter gar nicht nach.

Zuerst imponierte ihm Dodo, später ging er ihm auf die Nerven.

Heimo fuhr also mit: nach Kritzendorf, in die Lobau, donauaufwärts und donauabwärts, und damals war ein offener Sportwagen wirklich ein Ereignis: vor allem in dem Sinn, daß weibliche Geschöpfe mitfuhren, die mit dem Vorschlag einer Straßenbahnfahrt nicht zu erobern gewesen wären. Auch des ‚Rittmeisters' Auftreten, so gelassen wie charmant, sicherte solche Begleitung. (Die ‚Unsrigen', wie sie später in den *Dämonen* hießen, wären eigentlich beliebig austauschbar, all die Oki Leuchts und wie sie heißen – nur Eulenfeld nicht.) Heimo liebte es, seinen – immer wieder trainierten –

Körper möglichst spärlichst bekleidet zur Schau zu stellen und dann sexuell zum Zug zu kommen. Das war wohl auch öfter der Fall – „tolle Erscheinung" hatte er in der Annonce versichert; und selber daran zu glauben, vermehrte den Erfolg.

Abgesehen von der wechselnden Besatzung der Ausflüge und Feste, gehörte Dressels Freundin Pia von Hartungen fast immer dazu. Sie war sehr dünn und viel zu groß, eine unschuldig gescheiterte Opernsängerin, wie sie sagte, da man ihre Stimme in der falschen Lage erzogen und damit zugleich zerstört hatte; sie stammte aus bester Familie, war aber doch, vor allem später, völlig verarmt. Ebenfalls fast ständig dabei war Fritz Feldner; zwischen diesem und Heimo blieb die Freundschaft bis zum Lebensende erhalten; er ist der ‚Höpfner' der *Dämonen*. Feldner, 1892 geboren, war Werbeleiter und Werbetexter, schrieb Satiren fürs Kabarett und konnte am ehesten, beruflich wie privat, als ein geistreicher Allrounder gesehen werden. Auch er liebte die Donau-Auen bei Wien ganz besonders und begleitete Béla Faludy, der nun ebenso wie Lotte Paumgarten zu Dressels Trupp gehörte, öfter auf dessen Campingtouren in diesen sehr urtümlich belassenen Wäldern. Dazu kam dann noch Heimos Neffe Kurt; und alle lernten beim ‚Rittmeister' – oder ‚Zerrüttmeister', wie Doderer später schrieb – den Umgang mit größeren Mengen alkoholischer Getränke, sofern sie das nicht schon beherrschten. Das alles hieß dann der ‚Döblinger Montmartre'.

Im Herbst 1929 schien Heimos Leben doch eher geregelt als zerrüttet; er selber saß, etwa von Mitte September bis zur ersten Novemberwoche, auf dem Riegelhof, um zu arbeiten, während Gusti mit seiner neuen Hausfrau in der Scheibengasse die ganze Einrichtung umstellte und den Schreibtisch vor das linke Fenster mit der schöneren Aussicht stellte, so daß er dann bloß einzuziehen brauchte (eine Regelung, die er noch oft in seinem Leben schätzte). Zu arbeiten hatte er mehr als genug: „Chronique oder Gütersloh oder die Wissenschaft oder gar nichts oder Alles?" schrieb Gusti fragend.

Sie vergaß die Skylla: allein im Oktober schickte er zehn Artikel an Zeitungen ab, um dafür seine üblichen Honorare zwischen zehn und dreißig, manchmal auch fünfzig Schilling zu kassieren (ein Bauhilfsarbeiter verdiente in der Woche um die 30 Schilling, ein Maurer oder Handwerker über sechzig); die Jahre 1928 und 1929 markierten den Höhepunkt dieser Publikationstätigkeit. Seine Hauptabnehmer waren ‚Der Tag' bzw. ab 1930 (umbenannt) ‚Der Wiener Tag' mit 68 Veröffentlichungen von 1924–1934, ‚Der Abend' mit 25 Publikationen, das ‚Neue Wiener Extrablatt' mit 16 Artikeln. Ansonsten handelte es sich um verstreute Einzelpublikationen, etwa im ‚Tiermagazin', im ‚Gral', in der ‚Bühne'; insgesamt waren es, bis 1934, 138 Publikationen in 21 Zeitungen und Zeitschriften.[19]

Viel wichtiger aber mußte ihm sein, daß er für *Das Geheimnis des Reichs* nun einen Verleger gefunden hatte; zwar kein großes und renommiertes Verlagshaus, und schon gar nicht in Deutschland, sondern in der Wiener Teinfaltstraße, aber immerhin. Der Saturn-Verlag verpflichtete sich, bis Januar 1930 eine Auflage von 3000 Stück herauszubringen, Heimo erhielt beim Vertragsabschluß am 6. November – wozu er vom

Riegelhof zurückkehrte – 375 Schilling als Vorschuß und sollte dieselbe Summe nochmals vier Wochen nach Erscheinen des Buches bekommen. Für den Saturn-Verlag unterzeichnete den Vertrag dessen Leiter, Dr. Fritz Ungar, der später nach Amerika ging, sich Frederick statt Fritz nannte und eine neue Karriere begann. Doderers Freund Ivar Ivask traf Ungar Anfang des Jahres 1965, Heimito schrieb zurück: „Merkwürdig ist, daß Du meinen einstmaligen Verleger Frederick Ungar getroffen hast. Natürlich erinnere ich mich ganz genau an ihn."[20]

Die Erinnerung war leider nicht die an einen gemeinsamen Erfolg. Im März 1931 schrieb ihm Dr. Ungar (in die Wickenburggasse!), daß er von seinem Optionsrecht für Doderers nächsten Roman zurücktrete und Heimo frei darüber verfügen könne. Weiters teilte er ihm mit, „dass Ihr Roman „Das Geheimnis des Reichs" nunmehr zu bedeutend herabgesetzten Preisen verkauft werden wird, so dass sich für Sie eine Tantiemenforderung aus diesem Buch nicht mehr ergeben wird, zumal da Tantiemen für 1000 Exempläre nämlich S 900,– an Sie ausbezahlt wurden, während zu dem bisherigen in Geltung gestandenen Preis weniger als 400 verkauft worden sind . . ."[21]

Natürlich erwartete sich Heimo ganz anderes, als das Buch erschien; gleichzeitig arbeitete er sehr intensiv am *Fall Gütersloh*, der ebenfalls 1930 erscheinen sollte; und zwei Bücher in einem Jahr herauszubringen, klang nach einem endlich erfolgreichen Schriftstellerleben. (Im Februar und März hielt er auch wieder öffentliche Vorlesungen.) Gütersloh lebte immer noch größtenteils in Cagnes-sur-Mer, doch er und Doderer waren einander in den wenigen Begegnungen und durch die Korrespondenz sehr viel näher gekommen; am 14. Mai 1929 schrieb Gütersloh: „Das Gemeinsame, das uns verbindet [. . .] hat als dritte Bedingung doch denselben Boden und dieselbe bis ins politische gleiche Geschichte unter den Füßen . . ." Dazu trat größte Offenheit, was seine eher verzweifelte materielle Lage betraf: es „erlöschen in Kürze alle Mittel meines Existierens und der Augenblick naht, wo ich Pinsel *und* Feder hinlegen muß"[22]. Daß er in einer Lage, wo zur Eitelkeit noch finanzielle Nöte kamen, besonders viel Hoffnung auf Heimo und dessen „werktätiges Interesse" setzte, ist verständlich; am 10. Februar 1930 nannte er ihn seinen „bereits stadtbekannten Biographen" – womit er wohl diesen wie sich selbst gehörig überschätzte.

Doch einander, als Außenseiter auch der literarischen Szene, über Gebühr in den Himmel zu heben, ohne damit auch nur bei den eigenen Anhängern auf allzuviel Verständnis zu stoßen, blieb noch sehr lang ihre Rolle, auf die sie ganz wesentlich durch den *Fall Gütersloh* festgelegt wurden. Doderer, wie schon gesagt, machte Gütersloh zum Paradigma, auf nachdrücklichste Art; die ‚Grosse und kleine Geschichte' sei „die Gütersloh'sche summa summarum", aber auch „alles Erdenkliche zugleich. Einmal ein speculum unserer Zeit. Dann aber auch, durch das gründliche Erfassen des Begriffes von Geschichte schlechthin, ein Spiegel einer jeden. Zugleich die Durchführung einer völlig neuen Art sowohl der Selbstbiographie, als auch der Geschichtsschreibung. Ja, fast ein speculum universale überhaupt."[23]

Im Grunde wiederholte Doderer in seinem Buch die meisten Positionen des Meisters, ohne daß diese dadurch klarer oder weniger pathetisch wurden, wobei der ‚Prozeß', nämlich zwischen Gütersloh dem Maler und Gütersloh dem Schriftsteller, die sich zu verantworten haben vor dem universalen Genie Gütersloh, unter anderm auch kindisch wirkt. Doch da es immer wieder um die Kunst geht, jenes höchste Amt, das mit Welterkenntnis verschmilzt, wurde Heimo des Argumentierens nicht müde: wie weit der Weg vom Talent zu der Einsicht sei, daß man nicht nur die eigene Existenz, sondern auch die gesamte Geschichte zu überhöhen habe. Und erst als es um „die endlich gewonnene Definition des Künstlers" ging, zitierte er Paris von Gütersloh selbst:

„Denn gerade von ihm, dem aus größter Zeitentiefe Kommenden und über die Lerchenzone hinaus Verschwindenden, von diesem merkwürdigsten Rekapitulanten mit der größten Spannweite zwischen Herkunft und Entwerden, wird verlangt, daß er – solange er die Welt noch nicht aus seinem Vogelauge verliert und betend von der Ätherschwelle stürzt – daß er mit seinem kurzfristigen Menschendasein darstelle und vorstelle, wie Adel entsteht."[24] Bei diesem Höhenflug könnte das Vogelauge ebenso gut über die Lärchenzone gestiegen sein (wahrscheinlich ist aber das „e" der ausgefeilte Witz der Formulierung), doch läßt sich das authentisch nicht mehr klären. Auch Doderers Sprache, manchmal ungewohnt knapp, ist angesichts des vorgegebenen Beispiels immer wieder von schwer ergründlicher Poesie angesteckt; jedenfalls wird nicht sehr einsichtig, warum im „hellhörigen Herbst [. . .] jedes blinkende Ding aus der Stube in die Ferne strebt"[25].

Die gemeinsame Tiefenschürfung Doderer/Gütersloh kostete viel Zeit und Mühe – und vollendete obendrein Haybachs Ruin. Der gute Rolf, der sich hier so sehr um Meister und Schüler bemühte, war nämlich bereits seit zwei Jahren arbeitslos (gemeinsam mit einer Unzahl anderer – darunter besonders viele Ingenieure), bemalte zuhause Holzschalen, half einem Kupferschmied, Schmuck, Türschilder oder Aschenbecher anzufertigen oder zeichnete auf pergamentenen Lampenschirmen mit Kohle und Rötel Landschaften[26]. Das ist auch der wahrscheinlichste Grund, warum der Haybach-Verlag für *Das Geheimnis des Reichs* nicht mehr in Frage kam; das sozusagen letzte Opfer wurde für Gütersloh gebracht, und noch mehr als dreißig Jahre später nahm Doderer dem Freund Rolf, der ja doch sehr viel für ihn getan hatte, das mit gelegentlicher Bitternis übel.

Solange die gemeinsame Erwartung hoch war, spannte Heimo auch andere ein, für Gütersloh zu wirken; zuerst waren das Gusti und Kamerad Paumgarten, doch da es beiden an Geld fehlte, wurde Gustis Vater – sozusagen als Kunstsammler – heftig animiert, sich von Gütersloh porträtieren zu lassen. Dieses 1930 entstandene Werk zeigt Dr. Paul Hasterlik in freundlicher Ruhe, mit einer gewissermaßen darunter liegenden Aufmerksamkeit, die fürs Leben jederzeit bereit zu sein scheint; es erschien als letzte der 48 Kunstdrucktafeln im *Fall Gütersloh*, muß also, ebenso wie das Buch, spätestens gegen Ende Mai 1930 fertig geworden sein (es befindet sich heute in Colorado, USA). Daß die jeweils ganzseitige Wiedergabe von 48 Bildern Güterslohs bei der Herstellung erheblich mehr kostete als die Reproduktion seines Textes, war Heimo sicher klar und zeigte auch ihm, daß es Rolf Haybach vor allem darum ging, Gütersloh zu präsentieren (und ihm Käufer für seine Gemälde zu schaffen). Doch er meinte, mit einem solchen Essay, der neben den abgebildeten Meisterwerken paradigmatisch ins Allgemeingültige ging, an einem Buch mitzuwirken, dessen Auswirkungen unübersehbar sein müßten.

Aus Geldmangel ließ Haybach, zu seinem Glück, nur sehr wenige Exemplare binden, und hob den Rest in Druckbögen auf.

16. Gusti: Hochzeit und Ende

Als der *Fall Gütersloh* fertig, aber noch nicht erschienen war, heirateten Gusti und Heimo: am 28. Mai 1930. Einige Wochen zuvor waren beide aus der Kirche (sie aus der katholischen, er aus der lutheranischen) ausgetreten, am ehesten, um sich mit der möglichst einfachen Standesamt-Zeremonie begnügen zu können. Auch Gäste waren keine geladen; ihr diente ein Familienmitglied als Trauzeuge, Heimo hatte sich Ernst von Scharmitzer als ‚Beistand' ausgesucht. Das fand am frühen Nachmittag im Standesamt am Schlesingerplatz statt; anschließend gingen sie – getrennt – nach Hause. Dabei traf Heimo, bereits allein, in der Florianigasse auf Haybach und sagte ihm, es sei nur um Gustis Visitkarte gegangen, auf der nun eben ‚Auguste von Doderer' stünde. Seiner Hausfrau in der Scheibengasse, die Gusti ja kannte, erklärte er seine rasche Rückkehr von der Hochzeit damit, daß er natürlich nachmittags schreiben müsse.

Um diese Hochzeit ranken sich viele Legenden, während Belegbares gänzlich fehlt; doch sicher ist, daß keine gemeinsame Wohnung beabsichtigt war. Vielleicht stimmt auch, daß es eine Vereinbarung gab, der zufolge sich Heimo ein Jahr nach der Eheschließung wieder scheiden lassen hätte können. Tatsächlich scheint Gusti diese Eheschließung eingefordert und durchgesetzt zu haben: worauf Heimo sehr stur sein gegebenes Versprechen erfüllte und zur verletzenden Minimalversion gestaltete.

Noch in seinem letzten Lebensjahr erzählte er mit völlig unbewältigter Bitternis, daß es, nach ‚zehnjährigen' Bemühungen und Kämpfen (es waren in Wahrheit noch nicht ganz neun Jahre gewesen), gerade am Abend des Hochzeitstages zu einem Streit gekommen sei, der die Trennung endgültig gemacht hätte. Das stimmt so kaum, obwohl die Pointe bizarr gelungen erscheint; aber immerhin könnte wahr sein, daß sich die beiden, nach der ‚Minimalversion' einer Hochzeit, wenigstens am Abend alleine getroffen haben, um vielleicht doch die Hochzeitsnacht gemeinsam zu verbringen – also zu ‚punzeln'.

Der Rest ist Vermutung: Gusti mag bis zuletzt nicht daran geglaubt haben, daß er sie vor ihrer Familie wirklich so bloßstellen könnte, unmittelbar nach dem Spruch des Standesbeamten einfach alleine wegzugehen. Heimo seinerseits könnte der Meinung gewesen sein, durch die tatsächliche legale Eheschließung – das „Ja" – eines der größten Opfer seines Lebens gebracht zu haben, was durch Gusti nächtens gebührend belohnt werden müßte. Und neben diesem Mißverständnis lebte in beiden noch ein Anspruch auf Liebe weiter, der zwar sehr verschieden, für jeden aber durchaus überzeugend und glaubwürdig war: unter solchen Voraussetzungen scheint ein neuerlicher Ausbruch der alten Konflikte unvermeidbar gewesen zu sein. Harmonisches ereignete sich nach dieser Eheschließung jedenfalls nicht.

Aber es war noch nicht das endgültige Aus. Sie machten im Sommer sogar eine Art Hochzeitsreise aufs böhmische Landgut der Wankas, wozu ihm neun Jahre später eine recht einsichtige Erinnerung einfiel: „Ich seh da eine trockene und verhältnismäßig – zwischen den Räumen – kahle, graugrüne Kuppe im Wald von Hrisdemize [sic], und ein Gerinsel von Hohlwegen, die von da zu Tal und Haus führten: aber ich ging (1930), mit meiner Frau und anderer Gesellschaft dort hinuntersteigend – nach dem Abendspaziergange – keineswegs solchen Freuden entgegen, wie sie Zeit, Ort und Gelegenheit uns nahe gelegt haben würden, wär' nicht diese meine damalige Lage tief von Gift durchsickert, gespannt in Gegensätzen, zerbrochen in die Trümmer der Unentschiedenheit gewesen."[1]

An Rolf Haybach schrieb er am 16. August: „hier bin ich in einer überaus schönen Gegend bei lieben und guten Leuten", was doch nach einigem Wohlbefinden klingt. Gusti und er dürften schon einige Zeit hier gewesen sein, als er diesen Brief schrieb, denn in der Zwischenzeit war in Wien *Der Fall Gütersloh* erschienen, und er bat Rolf um Exemplare sowie um Nachricht „von dem Schicksal meines Buches" (später erinnerte er den November als Erscheinungstermin, ganz offensichtlich falsch). Gusti fuhr etwa Mitte September von – wie es richtig hieß – Hřimeždice u Dobřise nach Wien voraus, um für ihn ein neues Zimmer in Döbling zu suchen (er war vor der Abreise aus der Scheibengasse ausgezogen), während Heimo noch bis Mitte Oktober in Böhmen blieb.

Dort erhielt er von Gusti regelmäßig Nachrichten aus Wien, beginnend mit „Liebstes Heimerl" und endend etwa mit „ich küsse Dich tausendmal"; im letzten Brief schrieb sie: „Vielen Dank für Deinen lieben Brief, ich bin sehr glücklich daß Du bald kommst, es hat alle meine Lebensgeister wieder frisch angefacht [. . .] hier ist der Dalles am höchsten aber gute Laune [. . .] Papi lernt den Gütersloh auswendig."

Bei seiner Rückkehr zog er sogar in der Wickenburg ein und hörte von seinem Schwiegervater sicherlich auch schöne Komplimente zu seinem Buch, doch als er am 29. Oktober in sein neues Zimmer in der Pfarrwiesengasse 13 einzog, ließ er bei ‚Gattin, auch Mädchenname' nur eintragen: ‚separat gemeldet'.

Am 9. November 1930 fanden die letzten freien Wahlen der Ersten Republik Österreichs statt. Zuvor hatte es sechzig Tage lang ein Kabinett gegeben, in dem ausgerechnet der Heimwehrführer Starhemberg (der 1923 am Hitlerputsch in München teilgenommen hatte) Innenminister und Hermann Görings Schwager Hueber Justizminister gewesen waren: so daß gerade jene Ministerien, „die das höchste Maß von Gesetzestreue erforderten [. . .] Mitgliedern einer antidemokratischen Putschbewegung" überantwortet worden waren[2]. Das geschah unter dem Kanzler Vaugoin, dem mehrfachen christlichsozialen Heeresminister mit äußerst geringen Sympathien für demokratische Bewegungen; sein Außenminister war Prälat Ignaz Seipel, nach wie vor Führer des harten rechten Flügels der Partei.

Dazu hatte Gusti, die mittlerweile in ihrem so ungesicherten Leben der astrologischen Ratgebung erlag, am 24. September an Heimo in Hřimeždice geschrieben: es „wird von unserer momentanen politischen Lage das Schlimmste erwartet, Schobers und auch das Österreichische Horoskop sollen an einem sehr gefährlichen Punkt angelangt sein, es geht jetzt um die Diktatur!"

Doch die Wahlen vom 9. November führten in Österreich zum gegenteiligen Ergebnis als in Deutschland, wo die Nationalsozialisten enorme Gewinne erzielten: die Sozialdemokraten wurden mit zweiundsiebzig Mandaten zur stärksten Partei – bei 30 Prozent Arbeitslosigkeit mehr als im Vorjahr waren die Arbeiter dem faschistischen Populismus nicht auf den Leim gegangen, sondern hatten der rigid in Opposition befindlichen Partei Otto Bauers vertraut. Gegenüber den rund 41 Prozent der Sozialdemokraten erhielten die Heimwehr etwas über sechs Prozent, die Nazis drei, was ein noch recht geringes faschistisches Potential im Land ergab. Allerdings waren die gut 35 Prozent der Christlichsozialen mit den fast zwölf Prozent des Schober-Blocks in ihrer Koalition überlegen und bildeten die Regierung Ender-Schober (bei letzterem handelt es sich um den Polizeipräsidenten vom 15. Juli 1927).

Von Heimo gab es noch lange keinen politischen Kommentar, abgesehen von den wiederholten Versicherungen, wie widerwärtig ihm sein Zeitalter war; und seine Vorurteile standen ohnehin fest.

„... ich suche eine von 45, mit dunklen Haaren, weisser Haut und einem grossen Arsch. Unter 90 soll sie nicht wiegen [...] Das wird ein stiller und emsiger Winter werden, mit einer ganz neuen und reizvollen Romantik. [...] Wenn ich viel gearbeitet habe und wieder Geld habe suche ich mir den schönsten Popo der Welt."[3]

Er wollte keiner Zukunft mit Gusti mehr trauen, sondern spontaneren sexuellen Bedürfnissen nachgehen, die durch die Liebesbeziehung (gelegentlich) verhindert worden waren; er wollte – vielleicht wirklich ab der Eheschließung – die Scheidung. Gustis so häufige Überwindung der schwersten Krisen und erneute Anpassung an ihn hatte ihm gezeigt, daß er um sie eigentlich gar nicht zu kämpfen brauchte und ihr endlich – in dieser letzten Phase ihrer Beziehung – sogar überlegen war. Das machte sie sicher nicht wertvoller – in den Trennungen hatte er sie am meisten geschätzt –, doch jetzt konnte er sogar ihre Verletzlichkeit sehen. „Ich begleitete sie nachhause – nachdem ich mich an diesem Abend durch besonders „geistreiches" ungenaues und eitles Herumreden ausgezeichnet hatte. Ich ging mit Gusti in ihre Wohnung, und verbrachte die Nacht mit ihr. Dies kommt aus den Komponenten: sexuelle Entbehrung und dementsprechender Andrang, Gelegenheit und Bequemlichkeit. Diese Nacht war entzückend und harmonisch. Am nächsten Tag aber war mir von schlechtem Gewissen ständig *übel* ... Ich erblicke in meinem niedrigen, tierischen Verhalten eine *Herabsetzung ihrer Person.* Nachdem ich mich zuerst von ihr getrennt hatte! Bei der ersten Gelegenheit, da es mir gerade paßt – mache ich Gebrauch ...!" Das klingt ehrlicher als viele andere Selbstbezichtigungen, wäre aber angesichts einer „harmonischen" Nacht gar nicht nötig gewesen, wenn es ihm nicht so sehr um die Schlußfolgerung gegangen wäre: „Nur die gerichtliche *Scheidung* wird helfen; denn so, wie jetzt der *offizielle Ehebund den Kuppler macht,* so wird dann die *Auflösung* dieses Bundes vor aller Welt uns helfen."[4]

Hier hatte die Verfahrenheit der Argumentation, auch jener mit sich selbst, einen Grad von verknoteter Kompliziertheit erreicht, dem kein tatsächliches Leben mehr anzugleichen war. Obendrein war er ständig irritiert bis gereizt, und sicher nicht nur

Gustis wegen; außer einem anerkennenden Brief von Franz Blei zum Gütersloh-Buch hatten die beiden Bücher des Jahres nichts bewirkt, als all seine Erwartungen gründlich zu enttäuschen (und der gutmeinende Windbeutel Rolf Haybach war pleite gegangen).

Dazu kam noch, in seiner ‚heterosexuellen' Beziehung anderer Art, eine längere Krise mit dem Grafen Lotte. Als eigentliches Problem, in der Sicht des Lehrers Doderer, stellte sich heraus, daß sie nicht als leibliche ‚Brüder' geboren worden waren: denn es verstanden Lottes Männer, einer nach dem andern, die Besonderheit dieser Beziehung zwischen ihr und dem ‚Bruder Heimo' nicht. Daß Eifersucht auch andere Gründe als sexuelle haben könnte, kam ihnen beiden nicht in den Sinn. Noch 1932 – also rund acht Jahre nach der anfänglichen Verehrung – schrieb ihm Lotte: „Bruder, geliebter, ich komme zu Dir, nein, ich bin bei Dir, wie stark fühle ich Dein Leben hier in meiner eigenen Brust, der ich doch aus Teilchen von Dir gemacht worden bin und das, um zu meinem Heil zu kommen: denn wie wäre sonst in meinem Leben die geringste Hoffnung vorhanden gewesen, ohne diesen Grossen, Voranschreitenden, der mich deckt, der die erste Gewalt jedes Stosses zuerst auffängt und immer in *der* Entfernung, dass ich noch die kämpfende Gestalt wahrnehmen kann! [. . .] Bruder, ich habe heute viele Gedichte von Dir gelesen, herrlichste Gedichte! *Dein* Leben, dieses kolossale Leben, der Heiland [?] segne es! Du bist das Beste auf dieser Erde, *Du bist die Rechtfertigung dieses Grauens.*"[5] Ob Béla Faludy und andere, in ihrer Liebe zu Lotte, das so einfach hinnehmen konnten, ist fraglich (bei ‚Quapp', ‚Imre' und ‚René' in den *Dämonen* fehlt ein solcher Aspekt der Beziehungen völlig); auch Heimo seinerseits faßte eine vertrauensvolle Beziehung, die Gusti während ihrer langen Krankheit mit ihrem Arzt Dr. Kurzmann gehabt hatte – als von geschlechtlicher Beziehung wirklich nicht die Rede sein konnte –, als ‚Betrug' auf.

Dennoch ertrug er es nicht, wenn ein Mann – diesfalls sein ‚Freund' Béla – etwa von Lotte verlangte, daß sie sich mehr ihm als dem ‚Bruder' widmen sollte; dann fehlte dem Meister die Schülerin und er wurde grantig: „Was ich ihm [!] noch mitgeben konnte, das hat er in meinem letzten Buch. Extrakt für den Schüler. Taugt er noch einen Groschen nur, dann wird's ihm nützen. Gleichwohl, der Bursche war das Beste, was ich im Leben bisher hatte [. . .] Mein lieber Graf, nichts war mir für dich gut genug." Und bald darauf kam die Reue: „Sehnsucht nach diesem teuersten Gesicht . . . diesem barocken Breitgesicht, das aus irgendeinem Herrenbildnis des 17. oder 18. Jahrhunderts in unsere dreckige Zeit herschaut."[6]

Bis Anfang Dezember 1930 arbeitete er an der Komposition von DD – *Dicke Damen;* dann ging er an den Text. Die etwa hundert Seiten bis zur Unterbrechung durch den *Umweg* vor dem Sommer entstanden also, während der ‚Döblinger Montmartre' – die Geschichte der ‚Unsrigen' in den späteren *Dämonen* – seinem Höhepunkt zulebte, wobei die Folgen der ‚Prostungen und Hebungen' der Arbeit sicher nicht immer förderlich waren.

Noch in den Winter fiel die (Teil)-Lektüre des ‚Mannes ohne Eigenschaften', dessen Erscheinen 1930 erhebliches Aufsehen verursacht hatte. Am 14. November hatte Doderer bereits einen Vortrag Robert Musils im Radio gehört und schrieb dazu in sein *Journal:* „Es war nicht überwältigend. Die Stimme dieses Mannes ist klein, sorgfältig, wohlerzogen, spitz, sauer. So muß Grillparzer gesprochen haben. – Jedoch, Musil bleibt uns immer eine erhabene Insel im Dreckmeer dieses Heute. Man *muß* ihm die Stange halten."

Aber nach dem großen Roman, von dessen über tausend Seiten er nur die ersten vierhundert zu lesen sich überwunden hatte, explodierte er geradezu vor Empörung, als wäre die Existenz dieses Buches in der Öffentlichkeit ein ihm persönlich angetanes Unrecht. Musils Art des Schreibens, nämlich Sprache und Denken gleichzeitig zu einem Kristall der Klarheit zu schleifen, bis neue Brechungen darin auftraten, und erst auf dieser Ebene erhöhter Durchsichtigkeit mit feiner Ironie Bruchstücke einer Handlung langsam zu drehen, mußte dem Dichter der *Dicken Damen* sowie Biographen Güterslohs unzugänglich bleiben, wohl bei gleichzeitiger Bewußtseinstrübung durch Neid.

„Der Beweis ist geführt: daß man nämlich auch mit Wasser kochen könne", begann er seine Tirade; bewiesen hätte Musil, der doch ein garantierter ‚Goy' sei, allen Judenbuben, daß man mit dieser Methode – Wasserkochen – ein großer Dichter werden könne. Dieser Autor ohne „die *allermindeste* Gestaltungskraft" hätte nämlich nur „Randglossen zu einer nicht vorhandenen Substanz" geschrieben, wie es alle Caféhaus-Literaten gekonnt hätten, und nun, nach dem Erfolg dieser „Katastrophe", ebenfalls tun werden. „Eines ist noch ein glücklicher Umstand bei diesem Musil-Roman: er ist geradezu maßlos langweilig. Ausser den Literaten wird ihn niemand lesen."

In einem Absatz jedoch parodierte Heimo recht unfreiwillig sich selber oder seinen ‚Meister': Musil mit seinem „krankhaft übersteigerten Selbstbewußtsein" glaube wohl, „in die Geheimnisse der Schöpfung Einblick zu haben", die sich aber „mit solchem armseligen Mittel – nämlich mit dem Mittel eines zwar überscharfen, doch um sich selbst rotierenden richtungslosen und unsystematischen, obendrein aber anmaßend-eitlen sogenannten ‚Denkens'" nicht entschlüsseln ließe.[7] Tatsächlich fehlte Musil die kryptische Tiefe oder orphische Undeutlichkeit des Meisters; aber vor allem zeigt diese Passage Doderers, daß er doch bei Musil einen Anspruch erkannt hatte, den zu erfüllen er unbedingt sich selber vorbehalten wollte – eben mit seinen eigenen „Mitteln".

Übrigens beteuerte ihm Gütersloh bei späterer Gelegenheit: er hätte nicht einmal neunzig Seiten vom ‚Mann ohne Eigenschaften' benötigt, um zu wissen, daß keine einzige weitere Seite die Lektüre wert sei.[8] Hier waren sich die beiden Träger der wahren Werte einig. Außerdem stand Güterslohs baldige Rückkehr nach Wien bevor, wie er am 22. Januar aus Cagnes schrieb, und er wollte in Doderers Nähe wohnen, was er mit der Bitte verband, „dieser erfahrene Untermieter" möge für ihn nach etwas Ensprechendem suchen. Der Grund für diese Rückkehr im Frühjahr 1931 war seine Berufung als Lehrer an die Wiener Kunstgewerbeschule (aus der später die Hochschule für Angewandte Kunst wurde). Tatsächlich fand ihm Doderer gleich um die Ecke auf dem Saarplatz eine geeignete Räumlichkeit, und es kam tatsächlich dazu, „daß unser bisher so spärlicher persönlicher Contakt sich häufe. Die Tatsache, daß wir Beide sehr viel zu arbeiten haben, wird die beiden Eremitagen bei ihrem Begriffe erhalten“, hatte ihm Gütersloh geschrieben, wohl in völliger Unkenntnis des Montmartre.

Um sich in Wien wieder in Erinnerung zu bringen, veranstaltete Gütersloh bei sich zuhause Mitte Mai eine Lesung vor geladenen Gästen und Pressevertretern, und zwar mit seiner neuen Novelle ‚Leben, Tod und Posse in einem Wassertropfen‘. Doderer sprach dazu eine Einleitung, von der es in einem Zeitungsartikel hieß: „Dabei sind Doderers Worte viel mehr als freundschaftliche Heroldsrufe eines vertrauensvollen Jüngers. Sie sind kleine philosophische Lichter über dem großen Gebiet ‚Sprache‘.“[9]

Zu noch größerer Nähe kam es, als im selben Haus am Saarplatz Nr. 18 das große Atelier des Architekten und Bühnenbildners Oskar Strnad frei wurde und Doderer am 7. Juni dort einzog. Daß Heimo sich das leisten konnte, noch dazu bei ständig verminderter Skylla, hatte den Grund in einer ‚Rente‘, die ihm seine Mutter seit einiger Zeit aus den Zinserträgen ihrer Mitgift in Deutschland ausgesetzt hatte (unter der sehr weisen Bedingung, daß er sie nicht als Romanfigur verwenden dürfe; so daß also die blasse Knappheit der Beschreibung der Mutter ‚Stangelers‘ keineswegs, wie das schon geschehen ist, einer psychologischen Deutung bedarf).

Allerdings blieb Heimo am Saarplatz nicht lange allein, sondern zu ihm zog – Otto Dressel, der Zerrüttmeister. Denn dieser war mit seiner Pia von Hartungen in eine so heftige Krise geraten, daß er bei ihr nicht länger wohnen konnte und gewissermaßen verlassen auf der Straße stand. So landete der noch dazu verstärkt trostbedürftige Säufer bei Heimo (der in unheiliger Konvergenz am 21. Juni wieder einmal mit Gusti brach, auf Scheidung drängend), und mit Dressel kam ein gelegentlich heftig anschwellender Troß des Montmartre; besonders häufig mit von der Partie war der mit Dodo immer enger befreundete Neffe Dr. Kurt Mayer, was noch üble Folgen haben sollte. In einem Rückblick aus dem Jahre 1935 meinte Doderer: „Da jene nun meine Saufbrüder waren und ich kein Spielverderber, so überwog allmählich eine qualitätslose Cameraderie ganz und gar ...“ Einige seiner früheren Freunde, wie etwa Ernst und Lisl von Scharmitzer, waren von Anfang an dieser Ansicht: sie verabscheuten Dodo Dressel und waren reichlich pikiert, als Doderer mit Dodo, nach einem Schitag am Himmelhof, unangemeldet bei ihnen zur Stärkung einfiel.

Nach dem Umzug auf den Saarplatz ließ Heimo die DD ruhen, begann aber bereits Mitte Juni eine ‚Novelle‘ barocken und fatalistischen Inhalts, woraus schließlich und in weniger als drei Monaten ein kleiner Roman wurde: *Ein Umweg*. Da er den Juli noch in Wien verbrachte, sicherlich mit Autofahrten, Badeausflügen und was die ‚Unsrigen‘ sonst so trieben, und erst August und September auf dem Riegelhof verbrachte, war dies immerhin eine beachtliche disziplinäre Leistung; Anfang September meldete er im Tagebuch die Fertigstellung des ‚Brandters‘, wie er das Buch vorläufig nach seinem Protagonisten nannte. Dieser wird vor dem Galgen gerettet, sein Umweg führt ihn jedoch nur zum nächsten Galgen; wie immer man zu dieser Geschichte stehen mag, so blieb doch der Titelbegriff des Umwegs – der für nahezu alle Figuren dieses Romans gilt – in Doderers Denken bestimmend: des Todes gewiß, ist das Leben nur ein Umweg zu diesem, während dessen allerdings, meist ohne Wissen der Betroffenen, sich die Fata immer dichter verknüpfen, bis zur endgültigen Unausweichlichkeit des Vorausbestimmten (was sein „Einblick in die Geheimnisse der Schöpfung" war). Diesen unsichtbaren Vernetzungen des Fatologischen kompositorisch einen immer tiefgründigeren Ausdruck zu verleihen, blieb ihm bis zum allerletzten Romanfragment die eigentliche Definition seiner Entwicklung als Künstler.

Der Rückzug auf den Riegelhof rettete ihn nicht vor dem nachkommenden Montmartre: an seinem 35. Geburtstag, am 5. September 1931, sind im Gästebuch eingetragen: „Dressel-Uilenfeldt, Comt. Paumgarten, Béla v. Faludy, Fr. von Hartungen, alle aus Döbling" – wobei natürlich Pia von Hartungen auffällt, der die Versöhnung mit Dodo offensichtlich leichter fiel, als er nicht mehr bei ihr wohnte.

Heimos Rückkehr nach Wien Anfang Oktober war eine sowohl zu den *Dicken Damen* als auch zu Gusti. Mit ihr ging er an Hand seines Tagebuchs die Zeit der Neapel-Briefe von 1926 durch, scheinbar sehr verständnisvoll, denn er gab ihr im nachhinein völlig recht – allerdings ist unbekannt, mit welchen Argumenten; schließlich hatte er auch die seinerzeitige Zerknirschung mit eher verfehlten Einsichten begründet. Einige Tage später stellte er im *Journal* fest, daß er bezüglich Gustis völlig unentschlossen sei und gewissermaßen den eigenen Handlungen entnehme, daß er sie vorsichtig – ohne Drängen – zurückgewinnen wolle. Offensichtlich hatte sein neuerlicher Scheidungsvorstoß bei ihr doch eine Barriere hinterlassen, die nicht mehr so leicht zu überwinden war; entgegen seiner Erwartung, endlich überlegen zu sein.

So ging dies etwa einen Monat lang dahin, wobei sie seiner wieder einmal aufkommenden Liebe recht pragmatische Forderungen entgegenstellte. Seine *Journal*-Eintragung vom 21. November ist eine der realistischsten der ganzen langen Beziehung: „Ich hatte zehn Jahre hindurch, während ich darauf nicht das geringste Anrecht besaß, ein Weib, welches in der wahnsinnigsten Weise in die Strudel eines noch individualistisch überspitzten Lebens hineingerissen wurde. Nun aber, da ich dieser Lebensform entronnen bin, habe ich . . . kein Weib; sondern es ist mir von meiner Ehe nur eine Handvoll Pflichten, hart wie Kieselsteine, übrig geblieben."

Als er dies schrieb, konnte er natürlich nicht wissen, daß Gusti unter demselben Datum folgenden Brief an ihn sandte:

„Aus Deinem Telegramm ersehe ich, daß Du richtig fühlst was mit mir vorgeht. Ich habe tatsächlich in den letzten Wochen wieder einmal die äussere u. innere Beziehung von uns Beiden klar erkannt, u. gefunden, daß sie schlechter denn je, keinen Anlass zur freudigen Hoffnung für die Zukunft gibt. – Ich bin unfähig ausführlich zu schreiben was mich nur masslos aufregt u. Du sowieso alles genau weisst u. kennst. Unserer gegenseitig guten Gefühle unbeschadet halte ich es für das Beste, vor gänzlicher Kampfunfähigkeit dem Leben gegenüber (was mich betrifft, ich bin nahe daran) den Schauplatz zu verlassen u. uns nicht mehr wieder zu sehen.

Gusti"

Drei Tage später hielt er, zum 50. Hochzeitstag seiner Eltern, in der Stammgasse seine Rede ‚Über Tradition', darin er den am weitesten vom Stamm gefallenen Apfel – sich – zum wichtigsten erklärte. So gespreizt er dabei auch auf sich selber einging – sonderlich wohl in seiner Haut wird er sich damals sicher nicht gefühlt haben. Auf die Rede selber war er jedoch stolz und schickte eine Abschrift davon mit Dedikation an Onkel Richard in Böhmen, freilich begleitet von der Bitte um ein ‚Ehrenhonorar'.

In diesem Herbst könnte auch ein anderer Auftritt stattgefunden haben, der mehrfach – jedoch ohne Zeitangabe – erinnert wurde: Heimo lud eine größere Anzahl von Freunden und Bekannten in sein Atelier zu einer Vorlesung, darunter die Scharmitzers, Béla Faludy und Lotte Paumgarten, sicherlich Gütersloh, seine Nichte Inge Martinek, Kurt Mayer und wohl noch andere. Rolf Haybach kam erheblich zu früh, wurde von Dodo Dressel sogleich in Beschlag genommen und zu einer Flasche dirigiert, die dringend geleert werden mußte. Als alle anwesend waren, nahmen auch die beiden zur Lesung Platz, schliefen aber nach wenigen Minuten tönender Literatur noch lauter ein. Ihre Nachbarn versuchten sie zu wecken, das alles löste natürlich Heiterkeit aus, aber nicht beim Autor: was ihn und sein Werk betraf, gab es nichts zu lachen. Er steigerte sich rasch in unbeherrschte Wut und warf, schreiend und schiebend, alle Anwesenden kurzerhand hinaus.

Doch dann bereiteten ihm sein Neffe Kurt Mayer, der nun ebenfalls in derselben Wohnung am Saarplatz wohnte, sowie Dodo Dressel ein empfindliches Debakel – wenn Doderers Darstellung stimmt, die weitgehend auf Mutmaßungen angewiesen war. Da er bei seinem Herumgrübeln ohnehin dazu neigte, sich als verfolgt zu fühlen und allerorts Feinde zu vermuten, ist einiger Zweifel angebracht. Jedenfalls: er wurde in dem schönen Atelier am Saarplatz gekündigt. Angeblich hätte Kurt Mayer mit der Wohnungsinhaberin geschlafen, um sie seinen Plänen geneigt zu machen; dem wäre ein fingierter Rechtsanwaltsbrief im Namen des Hausherrn gefolgt, darin sie darauf hingewiesen wurde, daß sie in der Wohnung nicht mehr als zwei Untermieter haben dürfe. Tatsache ist Doderers Kündigung und daß Mayer und Dodo noch bis Juni 1932 in der Wohnung blieben. In der Folge dieses Ereignisses entstand Heimos Ressentiment gegen die beiden, wobei er den Neffen später als „ein im wesentlichen kriminelles Individuum" bezeichnete[10]. Falls sich die Geschichte annähernd so abgespielt haben sollte, ist angesichts der Zuneigung zu Heimo, die sowohl bei Dressel wie auch Mayer vorher deutlich war, anzunehmen, daß Heimo eher einen triftigen Grund geliefert haben müßte, um die beiden zu einer so hinterhältigen Rache zu veranlassen.

Dieses Ereignis bezeichnete ein ziemliches Auseinanderfallen der ‚Unsrigen', wenn auch keinen völligen Abbruch der Beziehungen. Vorerst jedoch verschwand Heimo sogar aus Döbling; er meldete sich am 1. Februar 1932 am Althanplatz 6 (heute Julius-Tandler-Platz), schräg gegenüber des Franz-Josefs-Bahnhofs, bei einer Marie Kornfeld an – an derselben Adresse wohnte in *Strudlhofstiege* und *Dämonen* die für beide Handlungen wichtige ‚Mary K.'. Daß sie tatsächlich Witwe nach einem Oskar K. gewesen ist, der in der *Strudlhofstiege* 1911 noch Tennis gespielt hat, mag eine ziemliche Identität zwischen Frau Kornfeld und der Roman-Mary nahelegen; und doch haftet ihrer Beschreibung mit den vielen Beifügungen, vom Straßenbahnunfall in der *Strudlhofstiege* bis zur Verbindung mit Leonhard Kakabsa in den *Dämonen*, etwas Seltsames an, etwa als wäre ein ursprüngliches Vorbild mit allzu vielen Erfindungen überfrachtet worden, bis hin zum Dasein als rein fiktive Gestalt.

Drei Monate nach seinem Auszug bei Mary – der am 28. Mai stattgefunden hatte – vermerkte Heimo, daß dieses Verhältnis vielleicht die größte Verrücktheit seines Lebens gewesen sei – „das fiel so herein, etwas gänzlich neues, fremdes“[11]. Worum es dabei gegangen sein könnte, erhellt am ehesten eine Stelle aus den *Tangenten*, wo freilich – entwurfsartig – Realität und Fiktion gemischt sind; immerhin wird dort die Sache auf ‚Schlaggenbergs‘ [Heimos] gerundeten Punkt gebracht, nämlich Dicke Damen: „eine sehr schöne Frau von etwa fünfundvierzig (!), nur etwas zu stark (!)“[12]. Die Ausrufungszeichen stammen von Doderer; doch gerade diese wohlbekannte Fixierung würde keinem Leser der Romane zu ‚Mary K.‘ in den Sinn kommen.

Daß er nicht (nur) im Sinne eines „Verhältnisses“ mit ihr zusammenwohnte, sondern sein eigenes Untermietzimmer hatte, läßt sich daraus schließen, daß ihn Gusti am Althanplatz besuchte – wobei eine Bemerkung in den *Dämonen* auch nahelegen könnte, daß er die Bekanntschaft mit Mary überhaupt Gusti verdankte[13]. Jedenfalls war das Erlebnis, über das sich Doderer gründlich ausschwieg, sehr nachhaltig, weil der Althanplatz zu einem Zentrum zweier Romane wurde. „Die K.sche Wohnung befand sich im dritten Stockwerk des in der „Stiege“ beschriebenen Hauses des Industriellen und Rennstallbesitzers Dr. Doro Stein. Es war eine Eckwohnung, deren Zimmer zum Teil nach dem Althanplatz lagen, zum großen aber nach der Rotenlöwengasse, so daß man von hier aus durch die Stroheckgasse zum Donau-Kanal blikken konnte. Genau unter dieser Wohnung, im zweiten Stockwerk, siedelte der Autor die Familie Siebenschein und damit Grete/Gusti an.“[14] Das heißt, er verlegte in seinen Romanen die ‚Wickenburg‘ hierher.

Und auch wenn Heimo dort endlich die etwas ältere und dicke Jüdin fand, von der er schon so lange in seinen Phantasien geschwärmt hatte (am ausschließlich sexuellen Ziel behinderte ihn der Antisemitismus nie), so verdichtete sich am Althanplatz doch eine schrittweise Absetzung vom vorangegangenen Leben; vielleicht beschleunigt durch die räumliche Distanz vom Döblinger Montmartre. Er wollte sich wieder einmal ganz entschieden disziplinieren, und das geschah nachhaltiger als bei vorangegangenen Versuchen. Natürlich gehörte dazu auch die körperliche Erhärtung – Drill und Ertüchtigung –, wovon er sich auch psychische Auswirkungen versprach, im Sinn einer verringerten Neigung, der eigenen Weichheit und den Schwächen zu erliegen; seine Männlichkeit in allem zu fördern blieb ihm immer ein Anliegen.

Schon seine letzten Äußerungen über sein Verhältnis zu Gusti – bezüglich seines „individualistisch überspitzten Lebens“ – hatten gezeigt, daß er um grundlegendere Änderungen bemüht war – intensiv wie zu Assisis Zeiten. Was er sich nun vorschrieb, waren keine simplen ‚regulae‘ mehr; statt irgendwelche Verhaltensmuster für sich selber zu plakatieren, zog er die Konsequenz aus allen Theorien, die er sich bisher aus den verschiedensten Richtungen angeeignet hatte, und meinte, in den Kern des Selbst vorzustoßen, wenn er sich ausschließlich mit dessen – freisteigenden – Äußerungen beschäftige. Schon Ende Juli des Vorjahrs hatte er notiert, „daß die erstrebenswerte Form des Tagebuchs einfach eine Kette von „*Extremas*“ sein müsse“, und bezeichnete diese, im Gegensatz zu allen an der Oberfläche eines Lebens stattfindenden sichtbaren Ereignisse, als „Notationen der wesentlichen Biographie“[15].

Das tat er ziemlich konsequent, und erstmals verschwanden aus den vorher reichlich freizügigen *Journalen* die vielen Selbstdarstellungen. (Auch deshalb gibt es nicht mehr Hinweise auf ‚Mary K.‘ oder die letzten Stadien der Beziehung zu Gusti.) Gerade für einen so selbstbezogenen Menschen, wie Doderer es war, mußte es besonders viel bedeuten, etwas zu beenden, das er bereits 1916 in Galizien angefangen hatte: möglichst oft und viel über sich, seine Zustände und Probleme zu schreiben. Durch dieses Nicht-Fixiertwerden war sein Leben, außer in der eigenen Erinnerung, nirgends mehr als beschriebene Tatsächlichkeit vorhanden – und auch keiner Nachwelt überliefert. Es muß ihm als eine teilweise Auslöschung seiner Person vorgekommen sein.

Und genau das war die – sicher mühsame – Absicht; ebenso wie immer wieder später in seinem Leben, als es ihm darum ging, die private Person und ihre Geschichte hinter dem Schriftsteller „unvollendet stehen zu lassen“. Das gemahnt ans Aufgeben der ‚kleinen Geschichte‘ im Sinn Güterslohs, um nur noch die ‚große‘ zu leben; es war sicherlich auch ein (weitgehend vergeblicher) Versuch, sich selber weniger wichtig zu nehmen, – und als solcher überfällig bis respektabel. Im Grunde aber steht hinter dieser Abwertung des eigenen realen Lebens – unter Höherhaltung der Kunst – auch jedesmal die depressive Einsicht, besser das Mißlungene bis Nicht-Bewältigte aufzugeben, um es sich entschuldigt und bequem dort einzurichten, wo man die Umstände noch selber definieren und gestalten kann – eben auf der ‚höheren‘ Ebene der Kunst. Zugleich war damit die Egozentrik gerettet – die der älter gewordene Doderer als ‚Ergozentrik‘ rechtfertigte (vom griechischen *ergon*): die Werksbezogenheit.

Die vielen funkelnden Miniaturen, die er statt der eigenen Geschichte nun in den Tagebüchern aufsteigen ließ – über Jahre – hatten aber sicherlich noch andere Folgen. Er sah in ihnen – nach Swoboda – die reine Wahrheit; und aus der Masse der Splitter fügten sich Bilder. Wie ihm früher immer wieder Formulierungen aus seinen Gedichten dazu gedient hatten, seiner (noch ‚expressionistischen‘) Prosa Glanzlichter aufzustecken, so wurden nun die Extremas zum reichen Fundus erinnerter Gerüche (wie Marcel Prousts ‚madeleine‘ zum Auslöser unendlicher Erinnerungen wurde), Gesprächsfetzen, Schlieren auf dem Wasser und eines Sonnenglasts genau da im Erker.

Die Verwandlung der *Dicken Damen* in *Die Dämonen* könnte, auch wenn das unbeweisbar bleiben muß, in nicht geringem Ausmaß durch die Extremas beeinflußt gewesen sein. 1964 erinnerte er sich an seine damalige Arbeitsweise: „Die Unzulänglichkeit beim Beginnen der DD war groß. Ich legte 1931 oder 32/33 am Riegelhof täglich vormittags für meine späteren Begriffe ungeheuerliche Mengen eines sehr lockeren Textes ab, füllte die Seiten, schmierte den Hintergrund voll, etwa so, wie

Baudelaire es dem Balzac vorwirft."[16] Der Übergang vom ‚Schmieranten' – wie er die großen Vielschreiber des 19. Jahrhunderts nannte – zum ‚Schriftsteller' könnte derjenige von den *Dicken Damen* zu den *Dämonen* gewesen sein, mit dem Versuch, die „Notationen der wesentlichen Biographie" zum Bild der – teilweise fiktiven – Vergangenheit zu machen.

Die Erwähnung des Riegelhofs weist auf einen besonders langen Aufenthalt hin – von Ende Mai (nach seinem Auszug bei Marie Kornfeld) bis Anfang Oktober. Während dieser Zeit hatte er in Wien keinen Wohnsitz. So war er in diesem Sommer wenigstens noch oft mit seinem nun achtundsiebzigjährigen Vater zusammengewesen, wenn auch kaum williger oder gar inniger als zuvor. Der *pater familias* – und das war er wirklich intensiv gewesen – starb am ersten November in Wien. Es gibt von Doderer keinen erhaltenen Kommentar zum Tod seines Vaters. Ernst von Scharmitzer, der den Freund zum Begräbnis begleitete – vielleicht als ‚Beistand' wie bei der Hochzeit –, erinnerte sich allerdings sein Lebtag lang, daß ihn Heimos offen zur Schau gestellte Gleichmütigkeit geradezu schockiert hatte. Als er und Astri ihn deshalb zur Rede stellten, schimpfte er bloß über den Verstorbenen; dahinter dürfte wohl die Hilflosigkeit gestanden sein, sich ehrlich und umfassend zu äußern – auch der Vater blieb ihm, wie Gusti, eine weitgehend unbewältigbare Figur.

Damals stand Doderer – schon seit Mai 1930 – in brieflichem Kontakt mit dem Diederichs-Verlag, an den er von Dr. Edwin Rollett – damals in Wien rührend um die jüngeren Schriftsteller bemüht – empfohlen worden war. (Derselbe Dr. Rollett sollte Heimo nach dem Zweiten Weltkrieg bei der sogenannten Entnazifizierung sehr behilflich sein.) Es wäre durchaus möglich, daß der *Umweg* – als kleiner Roman – auch deshalb entstanden war, um Diederichs ein fertiges Werk anbieten zu können. An den Verlagsleiter Dr. Bergmann schickte Doderer Anfang Juni, schon vom Riegelhof aus, eine Beschreibung seines in Arbeit befindlichen längeren Buchs, die erstmals nicht nach *Dicken Damen*, sondern eher schon nach den *Dämonen der Ostmark* klingt: „ein großer Zeitroman, der das sozusagen „unterirdische" Werden eines neuen Deutschland, welches jetzt schon im Tagbau erfaßt werden kann in seiner Vorgeschichte, gestalten will."

Sturm und Umbruch kündigte sich im ganzen Jahr 1932 an; die Anzahl der bewaffneten Zusammenstöße zwischen Heimwehr, Nationalsozialisten und Sozialdemokraten nahm ständig zu, wegen der ebenfalls wachsenden Brutalität häufig mit tödlichen Folgen. Bei den Wiener Gemeinderatswahlen im April gewann die NSDAP-Hitlerbewegung erstmal 15 der hundert Mandate, ein ähnlicher Aufstieg – mit Ergebnissen zwischen 15 und 25 Prozent – ergab sich bei den Landtagswahlen in Niederösterreich und Salzburg, später in der Steiermark und Tirol.

Gegen den ständigen Ruf nach Neuwahlen, der von den Sozialdemokraten ebenso wie von den Nazis erhoben wurde, antworteten die Christlichsozialen mit einem neuen starken Mann, der knapp über ein Meter fünfzig war: Engelbert Dollfuß bildete am 20. Mai sein Kabinett. Er wußte, daß die Nationalsozialisten ihre Wähler vor allem von seinen bürgerlichen Koalitionspartnern – wie den Großdeutschen –, aber auch von den eigenen Christlichsozialen und Heimwehren bezogen, während die Sozialdemokraten ihre Wähler eher halten konnten; daher lag ihm nicht an Wahlen, sondern an der Ausschaltung des Parlaments, um alle Macht im Kanzleramt konzentrieren zu können. Dazu bediente er sich ab 1933 des ‚Kriegswirtschaftlichen Ermächtigungsgesetzes' von 1917, das in die Bundesverfassung von 1920 übernommen worden war. Es gestattete ein Regieren per Dekret, also auf dem reinen Verordnungsweg – sofern man einen ‚Staatsnotstand' herstellen ließ.

In diesem Sommer gab es in Österreich 500.000 Arbeitslose. Viele boten sich – auf der Straße, mit Plakaten behangen – zu jeder Art von Tätigkeit an, aber es half meistens nichts; wer keine Nothilfe bezog – und das wurde durch einen schikanös eingerichteten Hindernislauf knapp gehalten – war auf die ‚Klostersuppe' und Bettelei angewiesen; die höchstmögliche Unterstützung, zwei Schilling pro Tag, dazu noch siebzig Groschen, wenn die Familie mindestens ein Kind hatte, war auf dreißig Wochen begrenzt und wurde dann ersatzlos gestrichen. Bei den Kindern der Armen trat wieder Rachitis auf, es kam sogar zu Hungerödemen.

Daß Arbeitslosenunterstützung nur arbeitsscheu mache, hatte Hitlers ‚Völkischer Beobachter' schon vor einem Jahr verkündet. In Österreich nun boten die Nazis zu diesem Problem eine einfache Rechnung an: zuerst verdoppelten sie die Zahl der tatsächlich in Österreich lebenden Juden auf vierhunderttausend, dann legten sie – durch vorgehaltene Tafeln mit ‚Ist-gleich-Rechnungen' – dar, daß mit deren Vertreibung vierhunderttausend Arbeitsplätze für Arier zur Verfügung stünden (die Arbeitsplätze der verdoppelten Babys und Alten mitgerechnet; aber ähnlich gingen und gehen spätere Populisten in der Frage der Ausländer und Gastarbeiter vor und finden noch immer genug Dumme). Die ganze Lösung der sozialen Frage lautete – „Ausweg sehr einfach!", hieß es zynisch in der Wiener Wahlpropaganda – in der noch harmloseren Version: „Horuck nach Palästina!" – aber in der mörderischen: „Juda verrecke!".

Vom 29. September bis 2. Oktober hielten die Nationalsozialisten in Wien einen ‚Gauparteitag' ab, zu dem aus Deutschland viel Prominenz angereist kam: Josef Goebbels, Hermann Göring, Ernst Röhm, Julius Streicher; man veranstaltete Massenkundgebungen, etwa in der Engelmann-Arena und auf dem Karlsplatz – die geplanten Fackelzüge allerdings und der viele propagandistische Details umfassende Plan, ganz Wien für diese Tage unter das Zeichen des Hakenkreuzes zu stellen, wurde von den Behörden untersagt; statt dessen kam es zu tausendundeiner Straßenschlacht von SA und SS gegen Schutzbündler und Kommunisten, mit weit über hundert Verletzten.

Ob Doderer nach seiner Rückkehr vom Riegelhof noch irgendeine dieser Veranstaltungen besuchte, ist unbekannt. Sein neues Zimmer in der Hardtgasse Nr. 34 – wieder in Döbling – bezog er jedenfalls erst am 5. Oktober; doch scheint es für einen Zufall doch reichlich weit zu gehen, daß er ausgerechnet am ersten Tag des ‚Gauparteitags' – am 29. 9. – in sein *Journal* einen völlig neuen Plan eintrug – zur ‚neuen Heimat Deutschland': „Ja, das ist der rechte Weg und Entschluß: Wien zu verlassen, durchzugehen einfach ... dann ergäbe sich alles von selbst und man hätte den ganzen Mist hinter sich. Mit dem Entschluss, nicht mehr wiederzukehren, sondern auf gut russisch – in Deutschland zu leben. Neue Heimat. ... Was hab ich in Wien? Kaum eine Redaktion, kaum einen Verleger mehr. Fast alles jüdisch und daher jetzt zergehend wie Eis in der Hand."

Was er immerhin noch hatte, waren Weiber. Er war – ob von Gusti gerade getrennt oder nicht – ständig auf der Jagd und beherrschte bestens die Tricks, beim Austausch einer Zeitung, von Tisch zu Tisch im Café, einer Unbekannten seine Visitkarte zuzustecken, die er mit hübschen Komplimenten und der Bitte um Anruf beschrieben hatte. Er fischte sozusagen oft genug im trüben, um auch noch mit dem statistischen Beutedurchschnitt ausgelastet zu sein. „... man hat zeitweise den Eindruck, daß diese ganzen Weiber nur heiraten, um dann zu betrügen"[17], vermerkte er zu einem Verhältnis dieses Herbstes, namens Lisl Brink. Zu ihr stellte er wenig später nur fest, daß der „dämonische" Reiz gefehlt habe; aber daß er doch mehr als den sexuellen Anreiz suchte, gab er sich kaum zu.

Dabei ging ihm irgendwann im November dieses Jahres Gusti einfach verloren, ohne Spur eines neuerlichen Skandals oder großer Szenen. Vielleicht sagten sie einander bloß leise Resignatives zum Abschied; oder schrien einander noch einmal an. Sie haben sich – nach diesen elfeinhalb Jahren bestimmender Intensität – nie wieder in ihrem Leben gesehen.

17. Die Nobel-Standarte

Sein Zimmer in der Hardtgasse mit dem einfachen, jedoch etwas schiefen Klapptisch am Fenster gefiel ihm gar nicht, es war kalt und unbehaglich; er blieb dort nicht einmal zwei Monate. Dann bot ihm Béla Faludy eine Möglichkeit, die er sofort und gern ergriff; dieser hatte in der Obkirchergasse – ebenfalls Döbling – ein großes Atelier gefunden, das eigentlich aus zwei Wohnungen bestand. Die kleinere davon trat er, gegen proportionale Mietbeteiligung, an Heimo ab. Hier wohnten sie dann zwei Jahre unter demselben Dach.

Heimo hatte vorher schon eine nicht immer günstige Meinung von Béla gehabt; das verstärkte sich nun rasch: er kam zu jenem Bild, das er auch noch in den *Dämonen* von ‚Imre Gyurkicz' gab, nämlich das eines im Grunde meinungs- und konturlosen Menschen, der sich aus Glätte und Gesinnungslumperei überall rasch anzupassen und noch dazu geschickt mit fremden Federn zu schmücken weiß; verdüstert wird dieses Bild durch eine angebliche Spionagetätigkeit ‚Imres' – von der bei Béla nicht die Rede sein konnte.

Faludy selbst dürfte Heimo ziemlich lange zugetan gewesen sein – sonst hätte er ihm auch kaum angeboten, einen Teil seines Ateliers zu beziehen. An dessen Türe stand ‚Béla F. Faludy' – das ‚F.' als Hinweis auf seinen eigentlichen Familiennamen Friedmann (so hieß damals auch der Vorsitzende der Wiener Kultusgemeinde), obwohl er seinen Künstlernamen ‚Faludy' mittlerweile in Ungarn legalisieren hatte lassen. Doderer wußte also mit Sicherheit, daß er hier mit einem ehemals marxistischen Juden namens Friedmann zusammenwohnte (was aber gleichzeitig heißt – und das muß im nachhinein doch ausdrücklich festgestellt werden –: er konnte damals nicht die geringste Vorstellung davon haben, daß die SS im Jahre 1944 Béla ermorden würde).

Doch der offen zunehmende Konflikt zwischen den beiden war im wesentlichen politischer Natur. Doderer pflegte jede seiner wirklichen Überzeugungen – und die Vorstellung des Dritten Reichs gehörte dazu, auch in der Realisierungsform Hitlers – extrem apodiktisch zu vertreten und erwartete, daß ihm absolut geglaubt würde, wenn er einmal zur fertigen Formulierung gelangt war. Bloß hypothetische Möglichkeiten zu bedenken, ohne die Eindeutigkeit einer Entscheidung zu suchen, wäre ihm als charakterliche und intellektuelle Schwäche erschienen.

Béla Faludy hingegen brauchte sehr lange, um zu Entscheidungen zu finden, und tat sich im Leben durch Zweifel und Zögern schwer; dazu kam noch, daß sich der um sieben Jahre Jüngere durch Heimos fertige Formulierungen nicht beeinflussen ließ. Er war – langsam und mühsam, ein immer wieder Schlafloser – zum Katholizismus unterwegs, zu dem er 1934 übertreten sollte. Aber nicht nur das: auch politisch bewegte sich der ehemalige Enthusiast für die Räteregierung Béla Kuns in eine ganz entgegengesetzte Richtung – zur Heimwehr. Er wurde ein ‚Hahnenschwänzler' – wie deren Mitglieder nach der Feder auf dem Hut genannt wurden; mit der gebogenen Feder am (Trachten-)Hut stellte er sich auch auf seiner Selbstkarikatur im Gästebuch des Riegelhofs dar[1]. Doderer sah dies nicht nur als historischen Irrtum – der sozusagen doppelt Rassenfremde (Magyare und Jude) konnte die Notwendigkeit der Vereinigung aller Deutschen und deren Reichsidee nicht begreifen –, sondern im wesentlichen als Opportunismus, als bequeme und nützliche Anbiederung an die herrschende Macht.

Daß dabei die Heimwehren in ihren Publikationen einen Jargon verbreiteten, der mit dem der Nazis immer wieder verwechselt werden konnte, macht den erbitterten Gegensatz der beiden Faschismen – zumindest an der sprachlichen Oberfläche – manchmal schwer verständlich. Von ‚Heil Starhemberg' angefangen bis zu ‚Gaujugendführer' und ‚Ortsjugendführer' und der häufigen Verwendung des Wortes ‚ostmärkisch' ist alles auf recht ähnliche Weise grauslich, bei paralleler Verherrlichung der Gewalt als Tugend. Zudem war auf beiden Seiten die Bekämpfung des Sozialismus immer wichtiger als alle noch so erbitterten Scharmützel gegeneinander. Der Austrofaschismus jedoch erhielt sich eine absolute klerikale Deckung (die vorgeschriebene „gewissenhafte Erfüllung der religiösen Pflichten"[2] konnte der Kirche nur recht sein, die dafür gern die Wimpel und Standarten weihte); und er wollte, mit der erhofften Hilfe Mussolinis, die Eigenstaatlichkeit Österreichs bewahren.

Während sich Faludy diesem Staat, in den er als Flüchtling (vor einer ähnlich konservativen Reaktion in Ungarn) gekommen war, immer mehr annäherte, stand Heimo immer eindeutiger in Ablehnung und Opposition zu ihm, mit Blickrichtung auf Deutschland (das auch größere Verlagshäuser hatte). Und dort kam nun Hitler an die Macht; am 30. Januar 1933 hielt er als Reichskanzler seine erste Kabinettssitzung ab. Zwar hatten die Nazis in freien Wahlen nie mehr als 37 Prozent der Stimmen erreicht und erst im November 1932 zwei Millionen Wähler verloren, aber es war die wohlbekannte Schwäche sämtlicher Gegner, die diesen unverhältnismäßigen Sieg ermöglichte. Dazu kam die verblendete Spekulation vieler Politiker – selbst die Kommunisten, deren Hauptziel im Auftrag Stalins die Diskreditierung der Sozialdemokraten war, glaubten daran –, den ‚böhmischen Gefreiten' als Instrument gebrauchen und dann einfach abservieren zu können. Ebenso dumm verhielt sich das ‚revanchistische Junkertum'. Sie alle unterschätzten die Brutalität und den Zynismus der Nazis – die sich jede gelungene Täuschung der andern als politische Tugend anrechneten –, den Staatsapparat sofort gegen jeden demokratischen Widerstand einzusetzen, bis tatsächlich nur noch sie selber als ‚legal' übrigblieben, womit eine nahezu unangefochtene Diktatur überraschend schnell und mörderisch präzis etabliert war.

Adolf Hitler hatte im genau richtigen Augenblick die Schwäche der andern ausgenutzt; Engelbert Dollfuß tat ab Januar 1933 das gleiche, obwohl diese Wendung hin zur österreichischen Diktatur mit einer Peinlichkeit für die Regierung begann. Sozialdemokratische Eisenbahnarbeiter hatten einen falsch deklarierten Gütertransport aus Italien nach Österreich auffliegen lassen: darin fanden sich moderne Waffen für Österreichs Heimwehren und für die ungarische Reaktion unter Horthy. (Während die Heimwehren aufgerüstet wurden, gab es immer wieder ‚demokratische' Polizeiaktionen, um den republikanischen Schutzbund zu entwaffnen.) Da diese Affaire international bekannt wurde, kam es zu einem Protest der Siegermächte (des Ersten Weltkriegs); doch wurde nur ein geringer Teil der Waffen nach Italien zurückgestellt, während den Eisenbahnern, die sozusagen schuldig waren, die Gehälter gekürzt und – im Februar – in drei Raten ausbezahlt wurden; zusätzlich beschloß man Pensionskürzungen für sie. Ein Streik dagegen am 1. März wurde mit der Besetzung der Bahnhöfe durch das Bundesheer beantwortet. Eine von den Sozialdemokraten einberufene Dringlichkeitssitzung des Nationalrates am 4. März zu diesem Thema führte schließlich zur absurden Situation, daß im Zuge der Streitigkeiten alle drei Parlamentspräsidenten nacheinander ihr Amt niederlegten, wodurch das Parlament für den Augenblick handlungsunfähig wurde.

Das faßte Dollfuß als ‚Fingerzeig Gottes' auf: er war das Parlament los – einen Wiederzusammentritt verhinderte er später durch die Kriminalpolizei – und regierte durch Notverordnungen nach dem ‚Kriegswirtschaftlichen Ermächtigungsgesetz' (so etwas fehlte Hitler anfangs, er ließ es sich – vielleicht mit Dollfuß als Vorbild – nach dem Reichstagsbrand zurechtzimmern). Die Zensur der Zeitungen wurde eingeführt, der republikanische Schutzbund (am 31. März) aufgelöst, der Mai-Aufmarsch verboten und so fort. Otto Bauer zögerte, energisch darauf zu reagieren, da dies höchstwahrscheinlich einen Bürgerkrieg mit ungewissem Ausgang bedeutet hätte; diese Entscheidungsschwäche bestärkte Dollfuß in seiner Entschlossenheit, nun die Linken Zug um Zug außer Gefecht zu setzen.

Das rücksichtslose Durchsetzungsvermögen, das Doderer in Deutschland bewunderte, stieß ihn im eigenen Land ab: weil es ihm hier vom falschen historischen Bewußtsein getragen schien, nämlich an der Spaltung der deutschen Stämme festhaltend – soweit Heinrich von Srbiks gründliche Nachwirkungen. In seiner Selbstverteidigung nach dem Zweiten Weltkrieg berief sich Doderer ausschließlich auf dieses ‚Mißverständnis' durch die Reichsidee, als hätte es sich gewissermaßen um den Irrtum einer akademischen Lehrmeinung gehandelt. Vielleicht hätte er besser das Argument verwenden sollen, gegen eine Regierung, die mit den gewaltsamen Einschüchterungen, Attentaten und Morden der Heimwehr kooperierte und also selber äußerst gewalttätig war, die schlagkräftigste Opposition gewählt zu haben: die Nazis. Von deren Terrorakten mußte er gewußt haben, von den Bomben, mit denen auch auf seinen Wegen liegende Telefonzellen nächtens gesprengt wurden. Der ‚Goldene Sonntag' mußte ihm bekannt gewesen sein, an dem die Nazis im Großkaufhaus ‚Gerngroß' kurz vor Weihnachten durch Stink- und Tränengasbomben eine Panik vor allem unter Frauen und Kindern verursacht hatten, wobei es zu zahlreichen Verletzungen kam; er mußte von den Aktivitäten der SA und der SS gewußt haben: von ihren Einsätzen mit Stahlruten – und von den Morden. Daß er selber nicht zu solchen Formationen gehörte oder gar an solchen Gewalttaten teilnahm, war selbstverständlich für einen, der nicht einmal ohne die Hilfe anderer selbständig übersiedelte; doch sein Parteieintritt am 1. April 1933 (genau einen Monat vor Herbert von Karajan) ist nicht nur als akademischer Irrtum zu beurteilen, sondern auch als Befürwortung alles dessen, was die Nazis in Deutschland und Österreich zu jener Zeit taten.

Vorausgegangen war diesem Parteibeitritt die Bekanntschaft mit Dr. Gerhard Aichinger, dem dreiunddreißigjährigen ‚Hauptschriftleiter' der ‚Deutschösterreichischen Tages-Zeitung', die das Organ der österreichischen NSDAP-Hitlerbewegung war. Aichinger galt als ‚romantischer Großdeutscher' – wie andere Intellektuelle und auch Heimo vielleicht mit einer Bewunderung für Gewalt, die von andern ausgeübt wurde – und wurde als möglicher Ansprechpartner für Nicht-Nazis angesehen; man konnte ihm vertrauen, und er verhalf zum Beispiel später Oskar Maurus Fontana, der Halbjude war, zu einem Schriftstellerausweis[3]. Neben dem politischen Journalismus – äußerst propagandistischer Prägung – galt sein Hauptinteresse der Literatur (nach dem Krieg schrieb er Jugendbücher); das mag die Beziehung zu Heimo wirklich freundschaftlich gestaltet haben.

Dieser begann nun keineswegs, politische Schriften oder überhaupt irgendetwas für die ‚Dötz' zu produzieren, sondern er benützte nur die Gelegenheit, vorhandene Kurzgeschichten dem neuen Redaktionsbekannten anzubieten; bis zur Einstellung der Zeitung erschienen vier Erzählungen Doderers. In seinem Ansuchen um Aufnahme in die Reichsschrifttumskammer 1936 gab er sich allerdings als ehemaliger Mitarbeiter der ‚Dötz' aus, wozu Auskunft bei Dr. Aichinger eingeholt werden könne – ein üblicher Freundschaftsdienst in einer für Doderer wichtigen Angelegenheit. Doch sonst zeigt diese Geschichte nur, daß er, abgesehen vom Mitgliedsbeitrag, nichts für die Partei zu leisten vorhatte, sondern sich eher, als Dank für seine Anerkennung ihrer politischen Ideen, Hilfe und die Eröffnung neuer Möglichkeiten erwartete. (Unterdessen hatten – nach Musil – drei weitere österreichische Autoren die Öffentlichkeit erobert: Hermann Broch mit seinen ‚Schlafwandlern', Joseph Roth mit dem ‚Radetzkymarsch' und Franz Werfel mit den ‚Vierzig Tagen des Musa Dagh' – zum Ärgernis kam dazu, daß es sich bei allen dreien um Juden handelte.)

Rolf Haybach war bereits im März der NSDAP beigetreten; Doderers Entscheidung im April folgte noch Ernst von Scharmitzer. Zu ihnen gehörte – in der Einigkeit des politischen Gesprächs – auch Gütersloh, der allerdings beide Faschismen liebte, d.h. über seine Dollfuß-Verehrung nur noch jene für Hitler stellte; daß er der Partei nicht beitrat, hatte jedoch den Grund, daß er dem sogenannten ‚Ständestaat' in Österreich einen erheblichen Teil seiner Aufträge verdankte. Leider waren sie allesamt zu hochmütig, um Hitlers ‚Mein Kampf' zu lesen, was vielleicht die Begeisterung gedämpft hätte; dafür nannten sie sich stolz die ‚Nobel-Standarte'. Die Bezeichnung ‚Standarte' war an sich für Kampfgruppen der SS üblich, doch diese ‚noble' hier bestand ausschließlich aus einfachen Parteimitgliedern. (In der Familie Doderer folgte der Schwager Hans von Stummer Heimos Beispiel und trat drei Tage nach diesem der Partei bei; die Mutter jedoch fand eine Partei zu pöbelhaft, die auch von ihren Dienstboten gewählt wurde.)

In Doderers *Journalen* tauchten nun – zwischen vielen Extremas – wieder Texte auf, die dem Schema von seinem (und Dostojewskis) ‚Tagebuch eines Schriftstellers' entsprachen: diese bemüht lockere Entwicklung einzelner Themen (in Fortsetzungen) ging mit erstaunlicher Naivität auf Goebbels Ankündigung ein, daß die olympischen Spiele in Deutschland „auch einen geistigen, hier im besonderen einen dichterischen Wettkampf darstellen sollen"[4] – und vielleicht erwartete er sich in einem solchen Rahmen sogar eigene Veröffentlichungsmöglichkeiten, etwa für dieses Tagebuch. (Tatsächlich fanden dann 1936 neben den sportlichen Veranstaltungen auch völlig absurde ‚Olympische Kunstbewerbe' statt, und in der Dichtung errang sogar ein – weiterhin unbekannt bleibender – Österreicher die Bronze-Medaille, nämlich Hans Stoiber für sein lyrisches Werk ‚Der Diskus'.)

Am 8. Mai hörte er die fünfte Symphonie Beethovens unter der Leitung von Karl Böhm – ebenfalls ein begeisterter Anhänger der Nazis – und meinte in seinem Überschwang, „die letzten fünfzehn Jahre deutschen Schicksals vorüberstürmen zu hören [. . .] Eigentlich sollte diese gewaltige Stimme in Hinkunft bei keinem Festakt des Reiches fehlen."[5] Sein Enthusiasmus war offensichtlich ebenso ehrlich wie groß; schwerer festzustellen ist das Ausmaß seiner Befürwortung des brutalen Vorgehens; aber ein gewisser Hang zur Gewalttätigkeit – wie er Gusti gegenüber immer wieder aufgetreten war – könnte hier eine Ersatzbefriedigung in den Taten anderer gefunden haben.

Im Juni kam es zu einer immer furchtbareren Eskalation der ungezügelten Gewalt: am 11. Juni gab es einen Revolveranschlag auf den Tiroler Heimwehrführer Steidle durch die Nazis, am nächsten Tag unternahm ihr Terrorspezialist Grillmayr mit vier SA-Leuten ein Bombenattentat auf einen Juwelier in Wien, wobei neben diesem noch ein Passant getötet wurde; zugleich gab es weitere Sprengstoffanschläge auf Geschäfte in ganz Wien, Verwüstungen von Zeitungsredaktionen sowie viele Böller; am 13. folgten Bombenattentate auf das Warenhaus ‚Hak' sowie ein Pfadfinderheim; am nächsten Tag wurde ein Heimwehrmitglied bei einem Zusammenstoß mit Nazis getötet; am 16. wurde eine Bombe vor dem Wohnsitz des Postenkommandanten der Gendarmerie von Mürzzuschlag gezündet; am 19. schließlich überfiel ein Trupp der SA mit Granaten eine Abteilung der Hilfspolizei, was einen Toten, 17 Schwer- und 13 Leichtverletzte zur Folge hatte.[6]

Jetzt erst verbot die Regierung, die ohne solche vorangegangenen Vorkommnisse am 31. März bereits den Republikanischen Schutzbund aufgelöst hatte, die NSDAP in Österreich. Damit gab es natürlich auch keine Mitgliedschaft mehr; diejenige Heimos hatte rund elf Wochen gedauert. Zu den illegalen Zellen der wirklichen Aktivisten, die sofort die Attentate fortsetzten, und ihrer Organisation hatte er keine Beziehung – und wozu hätten sie einen solchen Mitläufer mit hochgestochenen Reichsideen auch brauchen können?

Ihm blieb ohnehin etwas Wichtigeres: Heimo und sein Werk. Er war nun, im Sommer auf dem Riegelhof und ab Herbst wieder in der Obkirchergasse, ganz mit seinen *Dämonen* beschäftigt. 1936 schrieb er darüber in seinem Ansuchen um Aufnahme in die Reichsschrifttumskammer:

„Alle gesellschaftliche Kommunikation war und ist bei uns vom jüdischen Elemente durchwachsen, und diese Gesellschaft – im Liberalismus der Achtzigerjahre aus den verschiedensten Stoffen wahllos und oberflächlich im raschen Wirtschaftsleben zusammengenäht – diese Gesellschaft (wenn man das noch so nennen will) mußte ganz außerordentlichen Zerreissungen entgegengehen, wenn solche Spannungen und Gegensätze, wie ich sie damals schon infolge der Reinheit meines Blutes allüberall spürte, um sich greifen und allgemeiner auftreten würden. In der Tat ging während dieser ganzen folgenden Jahre durch die Gesellschaft unserer Stadt gleichsam der sich ständig verschärfende Ton einer zerreissenden Naht. Jene Gesellschaft und diesen Vorgang zu gestalten, dazu faßte ich den Entschluss [. . .] Denn die bisher darüber schrieben (Schnitzler, Wassermann etc. etc.) waren selbst Juden und ihre Hervorbringungen können wohl seit langem schon nicht mehr ernsthaft gelesen werden. – Ich versuchte, dieses Theatrum Judaicum sozusagen in drei Stockwerken vorzuführen: auf der Ebene des familiären und erotischen Lebens, auf der Ebene der Presse und der Öffentlichkeit, und endlich auf der Ebene der Wirtschaft in der Welt der großen Banken."

Das mag er 1933 noch nicht in diesen Formulierungen gedacht haben – auch der Titel *Dämonen der Ostmark* fiel ihm erst im Herbst 1936 in Dachau ein –, aber das Romankonzept hat diesem Gedanken wohl schon entsprochen. Zur reißenden Naht – etwa zwischen Grete Siebenschein und René von Stangeler – gehörten auch noch „jene marxistischen Gärungen, die im Juli des Jahres 1927 ihren blutigen Ausbruch fanden" – daß hier also für die erste Fassung der *Dämonen* eine ganz andere Darstellung des 15. Juli geplant war als die später geschriebene, ist offensichtlich. Erstaunlich bleibt aber, daß er einen Großteil des Textes, den er bis 1936 schrieb – was etwa dem ersten Teil der ursprünglich zweiteilig angelegten *Dämonen* entspricht – ziemlich unverändert für die spätere Edition (1956) übernehmen konnte; beziehungsweise: daß Änderungen sich aus kompositorischen Gründen ergaben (etwa das Einfügen von Dwight und Drobila), aber nicht aus politischen. Das ‚Theatrum Judaicum' ist also nicht eine schandbare ursprüngliche Fassung der *Dämonen*, aus der später alles Anrüchige entfernt wurde, sondern entspricht durchaus der heute vorliegenden Fassung (wenn man davon absieht, daß der zweite und dritte Teil eben erst in den fünfziger Jahren entstanden).

Das legt nahe, daß Doderer (wie als Journalist, auch) als Nazi ein ‚Versager' war: das primitive propagandistische Niveau, das sie von ihren Lieblingsschriftstellern verlangten, begriff er offensichtlich vorerst gar nicht – oder meinte überhaupt, sie müßten froh sein, endlich einen zu haben, der viel diffiziler darstellte. Er spielte also weiterhin ausschließlich nach seinen Regeln – und erwartete sich dafür Dank und Förderung. Hier lag ein mindestens so großer Irrtum vor wie bei der Reichsidee; in der Realität erwies sich, daß die Nazis mit diesem Schriftsteller absolut gar nichts anfangen konnten, er war ihrer Volkstumsdichtung fern – paßte sich dieser auch nicht an und war dazu auch nicht imstand. – Zum andern aber müßte man vielleicht in den heutigen *Dämonen* das ‚Theatrum Judaicum' bewußter mitlesen, und ebenso die

Übernahme anderer Ansichten, die ihn seit den zwanziger Jahren bestimmten und die sich in seinen Nationalsozialismus ebenso integrieren ließen wie in seine Abwendung davon.

Im Herbst 1933 sowie im darauffolgenden Winter schrieb er regelmäßig Extremas: zarte aufblitzende Bruchstücke der Kindheit, feinste Sorgfalt im liebevollen Detail. Die literarische Qualität des damals entstehenden Teils der *Dämonen* dürfte davon nachhaltiger beeinflußt worden sein als durch seine gläubige Hoffnung auf das, was Dr. Goebbels angekündigt hatte.

Um diese Zeit isolierte er sich immer mehr; alte Freunde wie Albrecht Reif oder Karl von Motesiczky waren fast völlig aus seinem Gesichtsfeld verschwunden, die vielen neuen Bekanntschaften aus den Redaktionen fehlten (Richard Goetz war aus Österreich schon emigriert); Hans Eggenberger war längst in Argentinien, wo er rund dreißig Jahre bleiben sollte; Erwin Lang hielt sich fast immer auf seinem Bauernhof in Oberösterreich oder in Deutschland auf. Mönchische Einsiedelei mit viel Arbeit war das Vorbild, das Gütersloh – verbal – immer gab, und dem Doderer, natürlich abgesehen von der Sexualjagd, zunehmend folgte. Daneben blieb durch Béla Faludy ohnehin ein lockerer Kontakt zum wechselnden Kaleidoskop der ehemals ‚Unsrigen' erhalten, wobei dies nur noch Saufkumpanei ohne Gruppenidentität bedeutete.

Das Jahr 1934 brachte die größte Tragödie der Ersten Republik: den Bürgerkrieg. Während die Heimwehren ständig aufgerüstet hatten, waren über Jahre die Waffen des Schutzbundes von der Polizei beschlagnahmt worden – wobei die Durchsuchungen auch offen als Erniedrigung und Provokation gemeint gewesen waren. Worauf dies hinauslaufen sollte, wurde immer deutlicher: die völlige Zerschlagung der Sozialdemokratischen Partei, wie das von den Heimwehren immer lauter gefordert wurde (aber auch von Mussolini und dem päpstlichen Nuntius). Zugleich begann die propagandistische Vorbereitung dazu: jeder Waffenfund wurde als Beweis einer marxistisch-sozialistischen Konspiration, als Zeichen für den bevorstehenden Putsch der Roten ausgegeben.

In Wahrheit wußten die sozialdemokratischen Führer, daß sie die Möglichkeit zur gewaltsamen Machtübernahme irgendwann in der Vergangenheit endgültig versäumt hatten; jetzt standen sie einem übermächtigen Gegner – Heimwehren und Bundesheer – gegenüber, der mit modernsten Waffen ausgerüstet war; zugleich war der Weg des Generalstreiks wegen der enormen Anzahl von Arbeitslosen und der richtigen Annahme, daß mit Gewalt dagegen vorgegangen würde, zu einer höchst zweifelhaften Waffe geworden. Dazu kam, daß die Sozialdemokraten die von den Nationalsozialisten ausgehende Gefahr sehr viel richtiger einschätzten als die Christlichsozialen; daher suchten sie ständig Verbindung zu Dollfuß und boten ihm immer größere Kompromisse an – darunter sogar eine teilweise Anerkennung ‚ständischer Berufsvertretungen', die das auf Parteien beruhende parlamentarische System ersetzen sollten –, um gemeinsam mit der Regierung den Nationalsozialismus zu bekämpfen; aber Dollfuß verweigerte jedes Gespräch mit Vertretern der Sozialdemokraten. Er sah ihre Schwäche und wollte sie in die Enge treiben.

Auch die Arbeiter, denen die Macht ihrer Masse und der Partei immer wieder eingebleut worden war, erkannten die Schwäche, hielten sie aber für diejenige einer zaudernden Führung (daher gewannen die Nationalsozialisten mit ihren radikaleren Phrasen auch in den Fabriken an Boden). Als die Polizei am Morgen des 12. Februar in dem Linzer Hotel ‚Schiff', einem sozialdemokratischen Parteiheim, nach Waffen suchen wollte, sahen die dort versteckten Schutzbündler nicht ein, warum sie sich widerstandslos entwaffnen lassen sollten, während die Heimwehr schon ihre Truppen zur Zerschlagung der Sozialdemokratie zusammenzog; sie eröffneten das Feuer mit einem Maschinengewehr. Die Bereitschaft, sich diese Staatsgewalt nicht länger gefallen zu lassen, muß bei einem Teil der Arbeiter sehr hoch gewesen sein; blitzartig breiteten sich Straßenkämpfe in der ganzen Stadt aus, und sowie man in Wien davon erfuhr, geschah dort das gleiche.

Höchstwahrscheinlich hätten die Sozialdemokraten auch einen sorgfältig geplanten Putsch und Bürgerkrieg nicht gewinnen können; aber in diesem Chaos konnten sie nicht einmal eine funktionierende Kommunikation aufbauen, geschweige denn die Kampfhandlungen wirksam leiten; sie waren chancenlos. Am härtesten umkämpft wurden die sogenannten Arbeiterburgen des ‚Roten Wien'; die Besatzung des Karl-Marx-Hofes in Wien/Heiligenstadt gab erst am 15. Februar nach stundenlangem Artilleriebeschuß des Gemeindebaues auf. Diese nicht ganz vier Tage währenden Kämpfe hatten wohl bis zu 1500 Tote auf seiten der Arbeiter gekostet (die offizielle Zahl lautete: 196); da sich von den Verwundeten versteckt hielt, wer nur immer konnte, bleibt diese Zahl im dunkeln. Die Regierung ihrerseits gab an, 118 Tote zu beklagen.

Dafür war Dollfuß nun die Sozialdemokratische Partei los: alle ihre Organisationen samt den Gewerkschaften wurden verboten, das Vermögen für den Staat eingezogen. Auch mit dem ‚Roten Wien' – für die Schwarzen ein ständiger Dorn im Auge – war es zu Ende; Bürgermeister Seitz und seine Stadträte wurden ins Gefängnis gesteckt, dafür wurde per Dekret Richard Schmitz zum neuen Bürgermeister ernannt; die Breitner-Steuern wurden sofort abgeschafft, alle Namen und Denkmäler, die an die bisherige Republik erinnerten, geändert beziehungsweise entfernt; nun bekam jede Stadt Österreichs einen Dollfuß-Platz. Unterdessen arbeiteten schon die Standgerichte (die Todesstrafe hatte man bereits 1933 wiedereingeführt); ihr erstes Opfer, ein von den Kämpfen schwer Verwundeter, mußte mit der Tragbahre zum Galgen gebracht werden. Insgesamt gab es 21 Todesurteile, von denen neun vollstreckt wurden; dazu kamen fast zehntausend Verhaftungen. Otto Bauer und Julius Deutsch, den unglücklichen Führern von Partei und Schutzbund, gelang mit Tausenden anderen die Flucht in die Tschechoslowakei, während in Österreich die Diktatur nun endgültig etabliert war.

In Doderers *Journal* gingen die Extremas weiter, zu den bürgerkriegsartigen Ereignissen nahm er weder damals noch später je Stellung – wenn man von den wenigen

Andeutungen in der *Ouvertüre* zu den *Dämonen* absieht, wo vom „Furchtbaren“ die Rede ist, das „bluttriefend“ hervortrat, nachdem die im Roman geschilderten Ereignisse „längst geendet hatten“. Das konnte man bei Erscheinen des Buches im Jahr 1956 auch auf den ‚Anschluß‘ oder den Zweiten Weltkrieg beziehen; tatsächlich wurde die *Ouvertüre* bereits 1935 geschrieben – und aus Doderers damaliger Sicht war am ehesten die blutige Unterdrückung durch den Austrofaschismus gemeint: auch der Nazis. Was in mehrfacher Hinsicht für dieses Buch gilt, wird hier besonders klar: die Undeutlichkeit seiner politischen Aussagen ersparte dem Autor manche Textänderung.

Die Nazis konnten vorläufig zufrieden sein: mit den ‚Marxisten‘ war ihr ernsthaftester Gegner vernichtet, und Dollfuß hatte ihnen durch sein Vorgehen zudem das Argument geliefert, sie leisteten mit ihren Bomben und Mordbanden nur noch die notwendige Gegengewalt gegen eine brutalere Staatsmacht. Diese katastrophale Entwicklung trug entscheidend zu ihrem zunehmenden Erfolg bei; Faschismus durch Faschismus zu verhindern hatte sich für den Staat nicht als die gewinnende Idee erwiesen.

In der ‚Maiverfassung‘ von 1934 wurden die ‚ständischen‘ Vertretungen fixiert, welche die Berufsgruppen ohne Parteienmeinungen repräsentieren sollten (doch eine wirkliche Realisierung dieses ‚Parlament-Ersatzes‘ fehlte bis zur bedingungslosen Übergabe an die Nazis 1938 – den eigentlichen ‚Ständestaat‘ hat es somit, außer als Bezeichnung für diese Diktatur, kaum gegeben). Der Staat ging jetzt ungehindert an die vordringliche Aufgabe seiner Sanierung: die Sozialleistungen wurden weiter drastisch eingeschränkt, das Arbeitslosengeld schwerer erhältlich gemacht und nur noch zwanzig Wochen ausbezahlt. Die 1933 als Plattform der Regierungskoalition gegründete ‚Vaterländische Front‘ wurde jetzt, nach Auflösung aller Parteien, zur Einheitsbewegung; man drohte allen öffentlich Bediensteten – in Bund und Gemeinden – die Kündigung an, falls sie nicht beiträten: mit der Begründung, der Staat brauche diese Garantie ihrer patriotischen und christlichen Verläßlichkeit.

Auch Heimo hatte eine neue Idee, an einen fehlgeschlagenen Versuch von früher anknüpfend: er nahm Boxunterricht. Und zwar bei dem damals noch aktiven Boxer Ferry Proy, der von nun an bis Mitte 1936, also gut zwei Jahre lang, Doderer regelmäßig trainierte. „Er war ein harter austrainierter konditionsstarker Boxer“, erinnerte sich der Lehrer des Boxklubs Austria später „an diesen äusserst netten Sportkameraden“.[7] Daß er Heimos ‚Glaskinn‘, wie das genannt wurde, tunlichst verschonte, um die zahlende Kundschaft nicht zu verscheuchen, erwähnte er allerdings nicht.

Die in der ‚Nobel-Standarte‘ vereinigten Freunde trafen sich weiterhin, um an ihren politischen Illusionen zu basteln – auch ohne direkte Verbindung zur Partei. Doch zumindest einer von ihnen stand in Verbindung zur illegalen SS: nämlich der stille, oft resignativ wirkende Ernst von Scharmitzer, der als der harmloseste gelten hätte können, wären seine erzkonservativen Ansichten nicht so tief verwurzelt gewesen. Er jedenfalls erfuhr telefonisch am 24. Juni, daß für den nächsten Tag ein Unternehmen geplant sei, das wahrscheinlich Dollfuß das Leben kosten würde.[8] Wem er dies noch mitteilte, ist ungewiß; gerüchteweise wußte auch Gütersloh schon vorher von dem Dollfuß-Attentat. Hier ist aber einiges zweifelhaft (abgesehen davon, daß Gütersloh auch ein Dollfuß-Verehrer gewesen war): geplant war eine Besetzung des Kanzleramtes; die Ermordung von Dollfuß, zu der es dann kam, galt als Zufall oder Unfall, jedenfalls konnte ein Auftrag zum Mord bis heute nicht eindeutig festgestellt werden, obwohl sicher ist, daß in vorher zirkulierenden Gerüchten – die teilweise auch der Polizei bekannt waren – die Liquidierung des Kanzlers als beschlossen galt.

An diesem 25. Juli 1934 fuhren über 150 Mann der SS-Standarte 89 in Bundesheeruniformen von der Siebensterngasse ganz einfach zum Bundeskanzleramt, um dort die gesamte Regierung zu ihren Geiseln zu machen – allerdings war deren Sitzung kurzfristig vertagt worden. Das wußte man nicht, obwohl ein Teil des – im geheimen nationalsozialistischen – Wachpersonals sowie der Polizei, wo der Rechtsradikalismus besonders viele Anhänger fand, mit den Putschisten kollaborierte. Etwa gleichzeitig drang eine Gruppe der Putschisten in der Johannesgasse ins Gebäude der RAVAG ein – wie damals der österreichische Rundfunk hieß – und gab dem ganzen Land den Rücktritt der Regierung Dollfuß bekannt, Nachfolger sollte der Botschafter in Rom (und frühere steirische Landeshauptmann) Dr. Anton Rintelen werden, ein radikaler Großdeutscher.

Im Bundeskanzleramt am Ballhausplatz indessen war der allein anwesende Dollfuß bei einem Fluchtversuch von dem Nationalsozialisten Otto Planetta durch einen Pistolenschuß schwer verletzt worden – wobei die Kugel allerdings seitlich von oben in den Hals eindrang, das Rückgrat beim Passieren zertrümmerte und in der Achsel austrat. Ein solcher Schuß konnte auf keinen stehenden oder davonlaufenden Mann abgegeben worden sein; ob er sich bei einer Rauferei unbeabsichtigt löste, wie Planetta zuletzt nach widersprüchlichen Aussagen angab, oder ein von der Seite angesetzter Genickschuß auf den (1,51 m großen) Mann war, bleibt so rätselhaft wie der zweite Schuß, der angeblich von einem Polizeibeamten auf Dollfuß abgegeben wurde, als er schon lag. Kein Arzt hätte ihn mehr retten können; aber sowohl ein solcher als auch ein Priester, um den er mehrfach bat, wurden ihm verweigert; er starb völlig unbetreut nach wenigen furchtbaren Stunden.

Am Spätnachmittag kapitulierten die SSler unter der Bedingung des freien Abzugs, falls es kein Todesopfer zu beklagen gäbe – der ihnen jedoch dann, wegen der Ermordung des Kanzlers, nicht gewährt wurde. Bereits ab 31. Juli wurde wieder der Galgen eingesetzt, es kam insgesamt zu sieben Hinrichtungen; jedoch zu weiteren in den Bundesländern, wo ebenfalls Putschversuche stattgefunden hatten. Tausende Nazis in ganz Österreich wurden verhaftet (und ihr Vermögen – selbst Schmuck von Angehörigen – eingezogen); die ‚Anhaltelager', die Dollfuß nach dem Beispiel von Hitlers Dachau – wenn auch in gemäßigterer Ausführung – eingerichtet (und die Verordnung dazu am 23. 9. 1933 erlassen) hatte, füllten sich; in Wöllersdorf, dem größten Lager, stieg die Zahl der inhaftierten Nazis bis Ende August von 698 auf 3391 – wo sie nun Seite an Seite mit den ein halbes Jahr zuvor verurteilten Sozialdemokraten saßen.[9]

18. Pfeil und Bogen

Für Heimo, der sich auch zur Ermordung von Dollfuß nie geäußert hatte, war jedoch *das* Ereignis des Jahres 1934 –: ‚Licea'; in Wahrheit Gaby Murad, eine knapp zwanzigjährige Medizinstudentin, sehr schlank und groß, Typus: Jutta Bamberger. Sie war gescheit, eigenwillig, phantasievoll und dickschädlig. Nach Gusti und dem Grafen Lotte war dies nochmals eine Frau, die ihn intellektuell und moralisch zu Respekt zwang; daß er sich auf eine Beziehung mit ihr einließ, zeigt, wie sehr ihn die unfreiwilligen bis zwanghaften sexuellen Fixierungen – von den Dicken Damen bis zum Sadismus – auch in einer Einsamkeit beließen, die er doch immer wieder durchbrechen wollte.

Schon anläßlich von Lotte Paumgarten hatte er die Theorie aufgestellt, daß er sie auch körperlich hätte lieben können, wenn seine psychische Entwicklung – in einer ungeklärten Dunkelheit vor dem fünfzehnten Lebensjahr – anders verlaufen wäre; und daß sie dann beide ihre intensive Beziehung auch als Mann und Frau ausleben hätten können. Darauf scheint sie lange gewartet zu haben, während er – vielleicht auch nur, um seine Theorie bestätigt zu finden – dazu unfähig blieb.

Anläßlich von Licea/Gaby, bei nicht geringerer Intensität, stellte er nach mehr als zwei Jahren – bereits in Dachau, und als sie noch bei ihm wohnte – Überlegungen zu seiner eigenen Sexualität an, die ihm sicherlich ehrlich erschienen und aus seiner Sicht auch die ‚Wahrheit' darstellten:

„[. . .] die Art meiner Sexualität [. . .] kann nämlich nur dort ihre eigentümliche Kraft entfalten, wo sie ohne Zusammenhang mit dem übrigen Continuum meines Lebens sich zu etablieren vermag. Daher braucht sie eine gewisse Fremdheit des Objektes, die garnicht gering sein darf [. . . es] müssen meine Sexual-Objekte immer am Rande meines Lebens-Stromes sich halten, so dass ich, die Schwimmfahrt unterbrechend, zu ihnen heraus steigen kann. Nie dürfen sie zu mir in den Strom wollen, denn dort liesse ich sie ohne Mitleid ersaufen. Wer jedoch einmal mit mir zu schwimmen vermag, darf auf meine Sexualität nicht mehr anspielen. [Meine Sexualität ist] durch ihre Isolierung natürlich auch den Perversionen zugänglich [. . .] (Das Gesagte definiert am Rande die Fälle: G., L., D D.)"

Mit G. ist sicher Gusti, mit L. ‚Licea' gemeint; die Dicken Damen sind eher das Gegenbeispiel. Doch zu Licea hatte er am folgenden Tag noch Entscheidendes zu vermelden: „[. . .] am Rande meines Lebens: nur dort brennt das Feuer, welches die Gewänder einer Frau entzünden und durchsichtig machen kann. Wer diese brandige Zone einmal rasch zu durchschreiten vermochte, trifft dann auf keinen entzündlichen Kontakt mehr (dies der Fall L.'s)."[1]

Wie sie die ‚brandige Zone' durchschritten hatte, ist unbekannt; jedenfalls mit sehr viel Liebe – und dann schwamm sie mit ihm in seinem Strom. Gaby Murad nahm – wie keine andere Frau mehr in seinem Leben – an überhaupt allem teil, das ihn beschäftigte; sowohl an äußeren Belangen und Tätigkeiten wie auch an seiner Arbeit und dem, was dahinter stand: an seinen theoretischen Überlegungen zu Kunst und Leben.

Die spirituellen Ansprüche, die er an sich selber stellte – auch die ‚regulae' waren noch nicht vergessen –, galten nun auch für sie. Das hieß vor allem: sich selber so, wie man gewesen war, völlig zu überwinden, abzulösen von aller Vergangenheit (und nicht zuletzt von Herkunft und Familie). Denn dort war jeder bedingt gewesen und steckte voll Befangenheit und bis über die Ohren in seinen Angelegenheiten. Sich von all dem zu trennen, um nach dem Zurücklassen der Fesseln des Selbst zur Freiheit des eigentlichen Ich zu kommen, das war das Ziel, das es durch tägliches Bedenken und Üben zu erreichen galt. Erst dadurch würde der Blick frei auf das Leben, wie es wirklich geschieht – und das sei der Blick des Schriftstellers, der diese Wirklichkeit dann darstellt.

Damit trat Doderer – wie schon bei Lotte Paumgarten – auch Gaby Murad gegenüber als Lehrer des spirituellen Lebens auf; die Hartnäckigkeit, mit der er sein Grübeln – sicherlich in den Gesprächen so bohrend wie in den Tagebüchern – in tausend Varianten immer wieder ausbreitete, beeindruckte sie tief. Geschlechtslos nebeneinander in seinem Strom schwimmend, beschäftigten sie sich mit der allumfassenden moralischen Frage: wie man in Analogie zu Wirklichkeit und Wahrheit richtig lebe. Eine Frage, die in jedem Lebensdetail neu gestellt und immer wieder überprüft werden mußte, um nicht doch alten dumpfen Bedingtheiten zu erliegen, sondern um immer und überall zur eigenen Wiedergeburt in die Freiheit bereit zu sein. (‚René' bekam seine ‚Renata' – die Wiedergeborene – wie ‚Licea' in den *Dämonen* eigentlich heißt.) Sie spornten sich gegenseitig ständig an, ihr Bewußtsein in allen Lagen wach und aufmerksam zu halten, den eigenen Zustand – der mangelnden oder näher liegenden Erlösung – sorgfältig einzuschätzen.

Im Grunde waren das – in Tagebuch und Gespräch stattfindende – Meditationen wie in verschiedenen Mystiken üblich, bei denen es vor allem darum geht, sich von allen weltlichen (und fleischlichen) Zuständlichkeiten Schicht um Schicht zu befreien, bis nur noch die Seele in ihrer Beziehung zu Gott – erst jetzt deutlich erkennbar – als einzige Wirklichkeit und Wahrheit übrig bleibt. Auch für Doderer war der religiöse Konnex absolut verbindlich – doch hieß sein seelenhaftes Endergebnis der Exerzitien eben *Der Schriftsteller* als spiritueller Garant der Wahrheit. Religiöse Suche hatte auch für Gaby Murad schon vorher eine Rolle gespielt; sie war in der Schweiz im Sacré-Coeur erzogen worden, doch später (angeblich) aus Wien mit einer Freundin ausgerissen, um in Berlin für die Quäker Broschüren auf der Straße zu verteilen. Nun fand sie in dem geliebten Gefährten – der auch sie für das Beste hielt, das seinem Leben bisher widerfahren war – einen glaubwürdigen Praktizierer der täglichen Suche, des Ringens um Erleuchtung, der geistigen Intensität; und sie blieb ihr Leben lang von Doderer als moralische Instanz überzeugt.

Ihm ging es hier um das Wichtigste seiner Anschauungen, seiner grundsätzlichen Haltung; um das, was er eigentlich (schon vorher einige Male) sein hatte wollen und nicht geschafft hatte: im Gespräch mit ‚Licea' und in ihrem Glauben an ihn wurde es wahr. In den zwei Jahren, in denen er mit niemandem andern auch nur annähernd so viel Zeit verbrachte wie mit ihr, wurden die Tagebücher – die ab nun *Commentarii* hießen – zum umfänglichen theoretischen Instrument, mit dem er alle bisherigen Grundlagen seiner Weltanschauung zusammenfaßte, wobei die Kunst im höchsten Sinn zur Verpflichtung wurde.

Das nahm neben den *Dämonen* viel Zeit in Anspruch. Schon im Frühling hatte er – im Anschluß an seine drei Einleitungsreden zu Güterslohs Lesungen in den Jahren 1931 und 1932 – in den Commentarii eine längere Arbeit geschrieben, welche die geänderte Situation des deutschen Schriftstellers zu erfassen suchte. Seinerzeit hätte dieser auf das Reich gewartet, jetzt erlebe er gleichzeitig mit dem eigenen Bemühen das erfolgreiche Entstehen des Dritten Reichs. So kam er zu dem Schluß, daß „es wohl möglich wäre, etwa den Rang eines heute lebenden deutschen Autors auch nach seiner politischen Stellung zu beurteilen“[2].

Dann nahm er sich den *Umweg* wieder vor, wohl in der Absicht, neben den so umfangreich angelegten *Dämonen* über ein fertiges Werk erzählender Prosa verfügen zu können: diese Neubearbeitung nahm ihn bis 14. September in Anspruch, wobei Gaby ebenso daran teilnahm wie an der theoretischen Entwicklung in den *Commentarii*. Danach reichte er den Roman bei Hesse & Becker in Leipzig ein und erinnerte sich noch 1953 daran, wie tief ihn die Ablehnung deprimiert hatte.

Gerade durch die von Gaby Murad bestärkte Entwicklung seiner Person nahm seine Entfernung von Béla Faludy und den dazugehörigen Freunden weiter zu. Allerdings war auch bei diesem eine Änderung eingetreten: die Beziehung zu Lotte Paumgarten war in Brüche gegangen, und er hatte sich in eine Hofratstochter namens Christl verliebt, trat vor der Hochzeit zum Katholizismus über und – sagte Heimo – „bemüht sich ein Spiesser zu werden, bleibt aber in seiner Glätte ganz ‚der Mann ohne Identität‘“[3]. Jedenfalls fanden alle Beteiligten, also auch Gaby, daß ein Umzug Heimos in ein anderes Quartier angebracht wäre.

Natürlich kümmerte sie sich darum, damit er ganz ungestört arbeiten könne (womit auch dieses alte Modell wieder etabliert war). Doch schon vor diesem Winter, in dem sie auch oft zusammen schilaufen gingen, hatte sie seinem Leben etwas hinzugefügt, das geradezu emblematisch mit ihm verbunden bleiben sollte: zu seinem 38. Geburtstag am 5. September schenkte sie ihm einen englischen 45-Pfund-Bogen mit Pfeilen, für die sie selber einen bemalten ledernen Köcher hergestellt hatte. Vielleicht hatte er ihr von den unbeholfenen Bögen und Pfeilen seiner Kindheit und der Winnetou-Romantik erzählt; vielleicht aber hielt sie das einfach für einen angemessenen Sport, der ihm mehr Interesse abringen müßte als seine disziplinären Leibesübungen.

Die Bemalungen und Symbole dieses ersten Köchers sind noch relativ einfach; sie sah sich solche Sachen im Völkerkunde-Museum an und übertrug recht geschickt einige Darstellungen der peruanischen Moche-Kultur[4]. Doch dazu kamen auch schon eigene Zeichen, vor allem für ‚Fili den Krebs‘: das war Heimo; und vielfach ‚F‘, vielleicht Freiheit und Fili gleichsetzend. Das Wassergetier, und neben den Molchen besonders das gepanzerte, hatte schon in der Naturaliensammlung seiner Kindheit eine besondere Rolle gespielt; nun wurde es zum persönlichen Symbol und blieb das auch: wie der Krebs den Bach hinauf und der Quelle entgegen ins immer reinere Wasser wandere, so ginge auch der Schriftsteller an die Quellen der ursprünglichen Begriffe – das wurde zur Standard-Antwort Doderers zur Sprache des Dichters. Als Unterstützung der These hatte er auch reichlich kindische Keramik-Krebse auf seinem Schreibtisch sitzen.

Das war der Anfang; nun fing auch in den *Commentarii* ein Überwuchern mit Symbolen an, die er ‚abbreviationes' nannte, also ‚Abkürzungen', was sie eigentlich auch waren, wenn auch graphischer Natur. Es handelte sich weitgehend um Formeln zur Beschreibung des eigenen – psychischen bis spirituellen – Zustandes, den er und Gaby so genau überwachten; und sie stellten tatsächlich, wenn ihre Bedeutung zweifelsfrei definiert war, die kürzeste und präziseste Beschreibung dar (daß die graphische Komposition für die Romane, die ebenfalls der Symbole bedurft hatte, hier Pate gestanden war, ist wohl anzunehmen, vielleicht auch mit gegenseitiger Beeinflussung der beiden bildlichen Methoden).

Zu den Bildern kamen die entscheidenden Motti: HIC ET NUNC SEMPER PARATUS (‚hier und jetzt immer bereit') wurde zum Wahlspruch seines Lebens – auch dieses h n s p findet sich schon auf Gabys erster Pfeiltasche. Gemeint war damit die Hoffnung, in jedem Hier und Jetzt die völlig offene Bereitschaft zu haben, unbehindert von vergangenem Ballast die Wirklichkeit in ihrer ‚analogen' Wahrheit zu erkennen – was er später als ‚Apperception' bezeichnete. Die in den *Commentarii* verwendeten Zeichen, auch wenn nicht alle eindeutig zu entschlüsseln sind, zeigen immerhin – und manchmal sogar deutlicher als die Texte –, was Doderer und Gaby als Konstanten ihrer Problematik empfanden: der Kreis als Ich und Geborgenheit konnte von Pfeilen aus allen Richtungen angegriffen werden oder durch einen aus der Mitte nach oben gehenden Pfeil ausdrücken, daß des Lebens Ziellinie verfolgt wurde; derselbe Kreis – das Ich – konnte durch ‚falsche Belebungen' irrgeführt werden (nach links unten) oder durch einen geknickten Pfeil von der Wirklichkeit abgebracht werden. Unter den mehr als vierzig Zeichen sind welche für: Gleichgewichtsverlust, Öffnung aus einem Engpaß, Ich-Minderung, Last-Bewältigung, Auftrieb, Übergang, Chaos, Liebe, Distanzhaltung des Ichs, Abirrung durch Lebensschwäche und Ähnliches.

Insgesamt war das ein sehr komplexes System, das in manchem an I Ging oder Tarot erinnert, aber keinerlei Voraussagen enthielt, sondern den jeweiligen Zustand so genau (und kurz) wie möglich feststellen wollte, um aus dieser Einsicht die eigene Entwicklung zu steuern. Sich – vielleicht täglich – mit einem solchen Benotungssystem zu bewerten, schuf sicherlich auch psychischen Druck (wie das schlechte Gewissen des konventionelleren Christentums), aber gerade diesen brauchte er, im Umgang mit sich selber, immer wieder.

Das Zimmer, das Gaby für ihn auftrieb, befand sich wiederum in einem Döblinger Atelier, diesmal in der Hartäckerstraße 19. Dort wohnte der junge Maler Gottfried

Goebel mit seiner Lebensgefährtin, der Malerin Greta Freist (die später als Malerin ‚Maria Rosanka' im *Mord den jeder begeht* vorkam).

Als Heimo dort am 31. Dezember 1934 – also zu Silvester – um fünf Uhr nachmittags einzog, war sein Zimmer von Gaby bis ins letzte Detail fertiggestaltet worden: damit prägte sie – gewissermaßen weiterhin emblematisch – seine Wohnumgebung für immer. Auf dem Tisch stand, von seiner kleinen Schreibmaschine angefangen bis zu den Bechern, in denen die Federn und Bleistifte steckten, alles bereit; von links fiel aus dem Fenster in der Dachgaube viel Licht auf seine Arbeitsfläche. Welche Bedeutung ein von der Natur seltsam geformter brauner Stein hatte, der besonders glatt in der geschlossenen Hand liegt und immer – bis zu seinem Lebenende – auf Doderers Schreibtisch ruhte, ist unbekannt. Daneben stand ein fast gleich hohes Beistelltischchen mit genügend Platz für Teetasse, Kanne und Zuckerdose. In einem Vitrinenschränkchen hinter ihm bewahrte er sein weniges Geschirr – im wesentlich Teeservice und Gläser – auf.

Auf der Kommode hatte er einen großen blinkenden Samowar stehen, den er zwar nie benützte, der aber die erinnerte russische Atmosphäre zu verbreiten half. Mit Bett und Kleiderschrank dazu war der Raum ziemlich voll; doch wo noch freie Stellen an den Wänden waren, hatte Gaby aufgehängt, was für ihn bezeichnend war: gerahmte Fotos und Zeitungsausschnitte, die Pfeiltasche, den Bogen, auch einen einzelnen Pfeil und schließlich noch ein asiatisches Erinnerungsstück – einen kaum dreißig Zentimeter großen, doch sehr sorgfältig gefertigten schwarzen Bogen mit einem dazugehörigen etwa fünfzehn Zentimeter langen Pfeil, der als Spitze eine Nadel trug. Doderer erzählte gern, er hätte dieses Stück ‚aus China' – wie er seine mandschurische Gefangenschaft manchmal nannte – mitgebracht, wo man diese Waffe dazu benutzt hätte, im Straßengewühl unbemerkt mit vergifteter Nadel auf Feinde zu schießen. (Gütersloh benützte sie später in der gemeinsamen Wohnung in der Buchfeldgasse, um auf irgendwo sitzende Fliegen zu schießen, und übte so lang, bis ihm ein Treffer gelang.)

Heimos Zimmer lag, von einem großen Vorraum aus, den alle gemeinsam als Salon benutzten und wo auch das Telefon stand, ganz links neben der Küche, in der Goebels jüngerer Bruder Helmuth – ‚Mungo' genannt – oft übernachtete. Das mittlere Zimmer benützte Goebel als Wohnraum und Atelier, ebenso wie Greta Freist den rechten Raum. Sie mußte Doderer jeden Morgen seinen Tee und ein weiches Ei ans Bett bringen, wie es in der Mietvereinbarung festgelegt war; die übrigen Mahlzeiten nahm er außer Haus ein und benützte die Küche nie.

Bei seinem Einzug hatte er, durch bleichen Ernst, den Eindruck auf Freist und Goebel gemacht, als hätte er eine schwere Krankheit hinter sich, doch gingen sie kommentarlos darüber hinweg. Die dauerhafte Freundschaft, die ziemlich bald zu ihrem neuen Mieter entstand, hatte als Grundlage das gegenseitige respektvolle Interesse für die Kunst; Doderer war und blieb an der Malerei seiner Ateliergenossen interessiert und lud sie auch des öfteren in sein Zimmer – wo man wegen mangelnder Stühle auf dem Teppich saß –, um ihnen vorzulesen; vorwiegend aus den *Dämonen*, so daß die beiden schon damals einigen Überblick über das Werk bekamen. Sie hielten ihn jedoch für kein überragendes Talent und schon gar nicht für einen starken Charakter, sondern eher für einen Eigenbrötler, der sich aus vielen kleinen Verschrobenheiten eine Persönlichkeit zusammenzuflicken versuchte. Doch war er freundlich bis liebenswürdig und bezahlte vor allem seine Miete pünktlich, die sie dringend brauchten; sie wären nie auf den Gedanken gekommen, daß er selber knapp an Geld sein könnte.

Das zeigt die Distanz, die hinter diesem freundschaftlichen Umgang doch vorhanden war; Doderer ging nicht mehr wie früher ganz aus sich heraus, um über andere die Flut seiner Probleme oder Gedanken zu ergießen; auch in diesem recht engen Zusammenleben, das immerhin anderthalb Jahre dauerte, behielt er seine Reserviertheit. Seit dem Auszug aus der Obkirchergasse – und dem endgültigen Abschied von den ehemals ‚Unsrigen' – verkehrte er mit fast niemandem mehr. Er war tatsächlich fast in die Einsiedelei gegangen; neben Gaby Murad war in der Hartäckerstraße Gütersloh sein einziger häufiger Besucher. Da hörten dann Goebel und Freist, mit denen Doderer nie über Politik sprach, wie in seinem Zimmer vielfach aufs Dritte Reich angestoßen wurde (sie selber waren gleichermaßen gegen den österreichischen wie deutschen Faschismus und emigrierten 1936 nach Frankreich).

Wenn sie Feste gaben, was gar nicht selten geschah, zeigte er sich von einer ganz neuen Seite: obwohl geradezu selbstverständlich eingeladen, verließ er fast jedesmal das Haus und kehrte erst zurück, wenn wieder Ruhe herrschte; in den zwanziger Jahren war er selbst noch leidenschaftlicher Tänzer gewesen, nun störte ihn bloß noch der Lärm. Offensichtlich lauerte er nicht einmal darauf, sich dabei ein williges Mädchen schnappen zu können; auch gab es keinerlei Anrufe oder Besuche, die auf solche Absichten hinwiesen – so daß Greta Freist den Eindruck bekam, er sei an Frauen desinteressiert. Natürlich mit der Ausnahme von Gaby; mit ihr hörten sie ihn täglich mehrmals und lange telefonieren, wobei ihnen die dabei verwendete Babysprache auffiel, über die – als üblichster Ausdruck seiner Zärtlichkeit – sich schon Gusti mokiert hatte.

Ein gemeinsamer Freund, der Lyriker Theodor Sapper – er war Goebels Freund, verliebte sich dann in Greta Freist – brachte mehrmals Elias Canetti mit, wobei es auch zu mindestens einer Begegnung mit Doderer kam, dem dies offensichtlich kaum in Erinnerung blieb. Da Canetti dieses Zusammentreffen (fast fünfzig Jahre später) mit großer Überzeugungskraft in einer Weise dargestellt hat, die ebenso faszinierend wie in jedem Detail falsch ist (selbst Orte und Leute verwechselnd), wird dahingestellt bleiben, ob hier überhaupt ein irgendwie bemerkenswertes Ereignis stattgefunden hat.[5]

Während im Winter noch das Schilaufen mit Gaby sein Lieblingssport gewesen war, fing ab Frühling das Bogenschießen an und wurde zur Leidenschaft. Relativ nahe, nämlich in der Billrothstraße 73, besaß die ihm bekannte Familie Boesch eine Villa mit anschließendem Park (heute ist dort eine Schule); in diesem durfte er, wann immer er wollte, schießen üben. Das heißt, daß er sich in der Hartäckerstraße bei schönem Wetter vormittags – das war erst später die heilige Zeit zum Schreiben –

Köcher und Bogen umhängte und als etwas seltsamer Indianer durch Döbling marschierte (wie später nicht nur in der Umgebung des Riegelhofs, sondern auch in Dachau – was doch zeigt, wie gern er auffiel). Bei Gabriele Boesch, der Hausfrau, ‚bedankte' er sich bereits im Juli mit einer Lesung (noch aus den *Divertimenti*) vor Gesellschaft; was er nach rund einem halben Jahr wiederholte. Außerdem ließ er von Greta Freist ein kleines Tableau malen, auf dem er selbst als mittelalterlicher Jäger mit Pfeil und Bogen in einem Phantasiewald dargestellt war; dieses Bild brachte er der Familie Boesch als Geschenk. Das sicherlich von ihm gestellte Thema des Bildes zeigt, wieviele Assoziationen er dem Bogenschießen zuordnen konnte; natürlich spielte das Mittelalter wieder eine Rolle, aber auch die Antike: das Beispiel Homers, nach dessen Beschreibung des Bogenschusses man diese Kunst exakt zu lernen imstand sei, beweise, daß ein Schriftsteller alles können müsse, was er darstelle – erklärte Doderer bis ins Alter immer wieder mit diesem Lieblingsbeispiel (daß er weder ein Gulasch kochen noch etwa gar Auto fahren konnte, störte nicht).

Nun setzte er überall in Umlauf, wie wichtig ihm das Bogenschießen sei, so daß er rasch zu einer Sammlung von Bögen kam; zum 39. Geburtstag erhielt er zwei indianische Modelle mit Pfeilen, sogar seine Mutter kaufte ihm neue scharfe Pfeile, dann bekam er einen amerikanischen Stahlbogen „mit geschweiften Enden (nach antiker Art), silberglänzend wie der Bogen des Apoll"[6], auch zwei leichtere Bögen für Damen (nämlich für Gaby und Lotte – die er öfter zur asexuellen ménage à trois zusammenbrachte – und selbst die Schwestern wurden zu dem neuen Sport angehalten). Und vor allem machte ihm Gaby dazu zwei neue Köcher. Der eine wurde – nach seinen ‚abbreviationes' – in der Mitte mit dem Symbol für ‚Übergang, transmutatio, vita nova, Abkoppeln' geschmückt; der zweite mit dem Radkreuz-Motiv; dazu malte sie fein mit Lack einen Großteil seiner – oder besser: ihrer beider – Kürzel für die jeweiligen Zustände des Augenblicks.

Er führte auch Buch über seine Trefferquoten – und so geriet er unversehens in die Nähe der Zen-Bedeutung des Bogenschießens, von der er damals noch gar nichts wußte (erst in den fünfziger Jahren beschäftigte er sich damit). Er stellte – anfangs wohl bloß durch Pedanterie – Ähnlichkeiten seiner Zustandsbeschreibungen und der Trefferquoten fest; da mit ‚Zustand' jedoch eine geistige (und selten körperliche) Befindlichkeit gemeint war, die sich auch nicht auf den einzigen Begriff der Konzentrationsfähigkeit reduzieren ließ, schloß er – so genau ist das allerdings kaum feststellbar – auf etwas, das man vielleicht als moralische Berechtigung zum Treffen mit dem Pfeil bezeichnen könnte, welche geistig erworben werden müßte. Durch diese Verbindung kam eine Rückkoppelung zustande: ebenso wie das wahre Denken den guten Schuß ermögliche, ist auch durch Glück (am ehesten: des harmonischen Unbewußten) oder eine richtige innere Einstellung beim Schießen ein spiritueller Fortschritt erreichbar. Das machte die Bedeutung des Bogenschießens für ihn so wichtig und umfassend: es wurde gleichzeitig zum Instrument geistiger (und dabei auch körperlicher) Übung sowie Anzeiger des eigentlichen und für ihn in Wahrheit immer: ethischen Zustands.

Daß an diesem überzeugt und konsequent gearbeitet wurde, während er anläßlich eines Traumes von Gusti ihre „grausam jüdische Fresse“[7] notierte und seinen Antisemitismus theoretisch verfestigte, weist seinen spirituellen Bemühungen doch die engen Grenzen aller jener (Mystiker oder Sektierer) zu, die ihre geringen oder geschärfteren Gaben nur darauf konzentrieren, sich selbst für die Ewigkeit vorzubereiten – so daß die gesamte Umwelt mit ihren Bedürfnissen (vielleicht auch nach Liebe) hinter der Größe dieser Aufgabe zurücktreten muß. Es war bei Doderer, in dieser Phase, sozusagen der plane Egoismus zur spirituellen Egozentrik geworden, mit dem ‚ergon‘ – seinem Werk – im Mittelpunkt. In dieser Beschränkung, darin er sich sehr urteilsfähig fühlte, fiel ihm dann die peinliche Feststellung leicht, daß die Juden „bei unmittelbarer Nähe des Gottes-Sohnes im Stande der Nicht-Ergriffenheit zu verharren fähig“ gewesen seien. „Das psychologische Korrelat der „Nicht-Ergriffenheit“ ist die Frechheit. Mit ihr ist logischerweise das jüdische Antlitz gezeichnet.“[8]

Bereits Ende Mai 1935 hatte er gehofft, in wenigen Wochen mit dem ersten Teil der *Dämonen* fertig zu sein, was sich allerdings als Irrtum erwiesen hatte; eine Woche vorher hatte er die ersten Planungen zu *Ein Mord den jeder begeht* begonnen, wohl wie beim *Umweg* in der Hoffnung, neben der großen unvollendeten Arbeit zu einer abgeschlossenen kürzeren zu kommen, die sich eventuell leichter verkaufen ließe.

Aber dann ergab sich eine Neufassung der *Dämonen*, ausgehend von der ‚Ouvertüre‘, die kompositorisch soviel vorgab, daß alle folgenden Kapitel dem angeglichen werden mußten, womit er bis Januar 1936 beschäftigt war. Auch damit war die Sache noch nicht erledigt, die rund 700 (Schreibmaschin-)Seiten des ersten Teils – in siebzehn Kapiteln – bezeichnete er erst am 18. Juni 1936 wirklich als beendet.

Allerdings hatte er in den letzten Monaten zuvor schon sehr viel Zeit damit zugebracht, den zweiten Teil – der „An der Wasserscheide“ heißen sollte – vorzubereiten, sowohl kompositorisch als auch durch Recherchen. Damit begann seine Beschäftigung mit den ‚marxistischen Gärungen‘, nämlich dem 15. Juli 1927 und dem Brand des Justizpalastes. Er las nun erstmals in der Nationalbibliothek – neben der ‚Neuen Freien Presse‘ und der ‚Reichspost‘ – die ‚Arbeiterzeitung‘ mit jenem Artikel von Friedrich Austerlitz, der ihn noch zwanzig Jahre später zu seinen empörten Äußerungen veranlaßte.

Doch als wichtigste Hilfe erwies sich Gaby Murad: ihre elterliche Wohnung befand sich am Schmerlingplatz, im obersten Stockwerk, dem Justizpalast direkt gegenüber. Dort war man am Fenster – wie in den *Dämonen* beschrieben – unmittelbarer, aber auch ungefährdeter Zeuge im Zentrum der Ereignisse. Gaby befragte in seinem Auftrag alle Familienmitglieder, immer wieder und wieder ließ sich Doderer jedes von dort beobachtete Detail schildern; da er selber an den Ereignissen nicht teilgenommen hatte, wurden wahrscheinlich diese Informationen zur wichtigsten und vor allem anschaulichsten Grundlage seines Feuer-Kapitels, das er allerdings erst zwanzig Jahre später schrieb.

Im Frühsommer 1936 hatte er also den ersten Teil der *Dämonen* vorläufig beendet, den *Umweg* fertig, den *Mord* gewissermaßen ausführungsbereit – und sah keine Chance für sich in Österreich. Dr. Kurt Schuschnigg, der dem ermordeten Dollfuß nachgefolgt war, trimmte das Land auf katholischen Absolutismus; Doderer war, in seinem ohnehin ungesicherten Beruf (wenn man von der Hilfe der Mutter absieht) durch Repressalien kaum gefährdet, aber er erlebte sie in seiner Familie.

Der wenige Tage nach ihm der Partei beigetretene Schwager Hans von Stummer war 1935 durch eine kriminalpolizeiliche Hausdurchsuchung bereits sehr eingeschüchtert worden; etwas später wurde dessen Frau Astri zu einem längeren Verhör abgeholt: es ging darum, ob die Staatspension auf Grund illegaler Nazi-Betätigung aberkannt werden könnte. So trat Stummer – was der einzige Ausweg war – der ‚Vaterländischen Front' bei und stellte die illegalen Zahlungen an die NSDAP aus Angst ein. (Das alles führte er 1938 an, um einen Wiedereintritt zu bewirken, der ihm mit dem Vermerk, „kann jedoch auf Grund seiner Einstellung befürwortet werden", auch bewilligt wurde.)

Wenn Doderer auch nichts derartiges zu befürchten hatte, so sah er doch im aktuellen Österreich keine Möglichkeit, einen Verlag zu finden und als Schriftsteller von eigenen Einkünften leben zu können. Denn mittlerweile hatte die ‚Vaterländische Front' – unter Guido Zernatto – ein eigenes Kulturprogramm unter dem Namen ‚Neues Leben' geschaffen, das von dem Schriftsteller Rudolf Henz geleitet wurde: es sollte die nervöse, städtische Literatur durch die unverbrauchte Kraft der Provinz ersetzt werden, was auf eine Förderung des Heimatromans hinauslief, wie ihn Karl Heinrich Waggerl und Paula Grogger pflegten, oder auf eine Literatur religiösen Bewußtseins wie in den Werken von Heimos ehemaligem Freund Richard Billinger oder bei Max Mell und anderen.

Doderers Entschluß, Österreich zu verlassen, stand fest und wurde offensichtlich auch von Gaby geteilt; sie fuhr Ende Juli nach München voraus, um dort für ihn eine Wohnung zu suchen.

3. Teil: 1936–1951

19. Dachau: Untergang der Magie

Gaby Murad fand in München schnell heraus, daß diese ‚Hauptstadt der Parteibewegung' – was sie neben der Reichshauptstadt Berlin blieb und dann auch als Ehrentitel erhielt – recht teuer war, was Quartiere betraf. Irgendwo muß sie gehört haben, daß viele Künstler, vor allem Maler, aber auch Schriftsteller – wie seinerzeit Bayerns Dialektbarde Ludwig Thoma – die entzückende alte Kleinstadt Dachau, rund zehn Kilometer nördlich von München gelegen, zu ihrem Domizil gemacht hatten. Dieses Städtchen, auf einer Anhöhe über Mooren gelegen, war auf diese Weise während Münchens Blütezeit, unter anderm, zu einer Künstlerkolonie der nahen Großstadt geworden. Dort fand Gaby ein für Heimo geeignetes ‚Atelier'; zwar nicht oben in der gedrängten Altstadt mit Schloß, Kirche und vielen Wirtshäusern, aber dafür nahe am Bahnhof, in einem neueren Teil der Stadt, die sich allmählich unten im trocken gelegten Flachland auszubreiten begonnen hatte. Wo die Straße in südlicher Richtung nach München führt und daher auch Münchenerstraße heißt, standen und stehen in (heute etwas weniger) lockerer Folge Häuser in Gärten: dort mietete sie Heimo ein und ließ ihn Anfang August nachkommen.

Dieses Dachau war erheblich älter als München; aber auch verschlafener und ärmer. Das hatte sich jedoch kurz nach Hitlers Bestellung zum Kanzler geändert: auf dem Gelände einer stillgelegten Pulverfabrik im Nordosten der Stadt – ein kleines Stück vom flachländischen Ansiedlungsgebiet entfernt – errichteten die Nazis weniger als zwei Monate nach ihrer Machtergreifung das erste Konzentrationslager, mit einem vorläufigen Fassungsvolumen von 5000 Menschen, und es wurde bereits am 22. März 1933 – so offiziell wie in Österreich die ‚Anhaltelager' – in Betrieb genommen.

Damit stand die Stadt unter dem Totenkopfzeichen der SS; vielleicht fehlte vorerst das Verständnis für die rätselhaften Ereignisse hinter den Zäunen des streng abgeschirmten Lagers, wo die ‚Verbrecher' umerzogen wurden, man konnte aber bald profitieren: es gaben nicht nur die Offiziere und Wachmannschaften ihr Geld in der Stadt aus, sondern auch die Bedürfnisse des sich ständig erweiternden ‚Lagers' – wie es allgemein nur hieß – wurden teilweise durch lokale Firmen und Händler befriedigt; es kam regionaler Wohlstand auf.

Schließlich lernte man die ‚Verbrecher' auch kennen: Arbeitstrupps von Häftlingen wurden da und dort eingesetzt, sowohl bei öffentlichen Arbeiten als auch in mehreren verdienstvollen Firmen wie etwa in der ‚Porzellanmanufaktur Allach'. Diese gehörte vier SS-Mitgliedern, die Bierkrüge mit Nazi-Emblemen, irdene Trachtenfiguren und vor allem Schäferhunde – des Führers Lieblinge – herstellten und einen großen Absatz hatten. Auch kaufte fast jeder Dachauer, der einen Garten hatte, seine Kräuter, Blumen und Gemüsepflanzen nur noch in der ‚Plantage' des Konzentrationslagers von bewachten und sehr schweigsamen Männern, die in ihren gestreiften

Anzügen mit Nummer darauf die frisch rasierten Köpfe fast immer gebeugt hielten.[1] Die Arbeitstrupps bestanden weitgehend aus politischen Häftlingen – Kommunisten und Sozialdemokraten –, die oft von einem ebenfalls inhaftierten Schwerverbrecher kommandiert wurden, der sich Vergünstigungen verschaffen konnte, indem er ihre Leistungskraft rücksichtslos ausnutzte.

Dazu kam die ‚österreichische Legion'; insgesamt einige tausend geflüchtete Nazis, die in ihrer Heimat wegen Attentaten und Gewalttaten polizeilich gesucht wurden und nach gelungener (illegaler) Grenzüberschreitung in Dachau von der Partei erhalten wurden – auf irgendeinen ruhmvollen Einsatz wartend, zu dem es nie kam (einige wenige gingen – natürlich auf Francos Seite – in den spanischen Bürgerkrieg). Auch sie füllten Dachaus Kneipen und Wirtshäuser, vor allem mit alpenländischen Gesängen, konnten sich aber – gegenüber den ‚Mädels' – nicht soviel herausnehmen wie die SS, außer sie traten dem Wachpersonal des Lagers bei, wozu sich viele entschlossen. Eine planmäßige Judenverfolgung mit anschließender Vernichtung gab es damals noch nicht (der charakteristische Krematoriumsgeruch sollte erst nach Doderers Auszug aus Dachau bei entsprechender Windlage immer wieder durch die Stadt ziehen); doch wurden bereits 1933 politische Gegner in diesem ersten und wichtigsten Konzentrationslager gefoltert und ermordet.

Als Gaby Murad und Doderer nach Dachau kamen, war die Stadt jedenfalls vom KZ bereits in vielen Details des Lebens bestimmt, mit allerorts knallenden Schaftstiefeln in den Gassen; und es gab über das Lager kaum noch Geheimnisse; manche Dachauer steckten den Arbeitskolonnen Brot und Zigaretten zu, andere verdienten an der riesigen Unterdrückungsmaschinerie und hielten eine solche Behandlung der ‚Verbrecher' auch für grundrichtig: man konnte in Dachau sein Haustor offen lassen, ohne daß etwas gestohlen wurde. Gewalttaten und Erpressungen wurden nur von der SS begangen: aber vorzugsweise an den Feinden der neuen Ordnung.

Er sei endlich „aus dem Grundsumpf", vermeldete Doderer einen Tag nach seiner Ankunft in Dachau, also am 2. August 1936, in seinen *Commentarii;* befreit von „jenem entsetzlichen Druck, der vom Politischen her auf meiner bisherigen Heimat lastete"[2]. Von der Wohnungswahl durch Gaby/Licea war er begeistert; nun kam auch noch das ‚große Gepäck', und mit Gabys Hilfe wurde rasch wiederhergestellt, was er schon in der Hartäckerstraße genossen hatte: an den Wänden rundum die prononcierten Wahrzeichen eines Daseins, das gleichzeitig vorgab, dem Vorleben entronnen zu sein – „um meinem neuen Leben entsprechend auch eine neue Heimat zu gewinnen, *dazu* habe ich Wien verlassen und bin hierher übersiedelt"[3].

Freist und Goebel gegenüber hatte er als Hauptgrund für seinen Umzug nach Deutschland angegeben, daß er nur dort die Chance hätte, einen entsprechenden Verleger für seine Werke zu finden; und natürlich war ihm dies das Wichtigste. Um sein Ziel erreichen zu können, mußte er jedoch zuvor von der Reichsschrifttumskammer als Mitglied aufgenommen werden – sonst hätte er als (hauptberuflicher) Schriftsteller nichts und nirgends publizieren können. Im Land der großen Bücherverbrennung war das, noch vor der Zensur, die entscheidende Kontrolle des gesamten künstlerischen Berufsstandes. Für diese Aufnahme war die Parteizugehörigkeit keine vorgeschriebene Bedingung, jedoch wurde auf den höchst umfänglichen und pedantischen Fragebögen – ein Teil des enormen bürokratischen Aufwandes dieser Diktatur – auch danach gefragt (neben Rubriken, ob man einer Freimaurer-Loge oder der Vereinigung der Bibelforscher angehört hätte).

Doderer wollte jedenfalls seine ehemalige Parteimitgliedschaft wieder aufleben lassen und meldete sich bei der Ortsgruppe Dachau. Dort verwies man ihn an die zentrale Kartothek der Partei in München, wo es auch zu sämtlichen österreichischen Mitgliedern, die vor dem Parteiverbot beigetreten waren, Unterlagen gab. Von da mit dem Beweis der Richtigkeit seiner Angaben versehen, konnte er also unter seiner alten Parteinummer – die mit 1 526 987 relativ niedrig war, was dem Ansehen unter den Kameraden gut tat – der Dachauer Ortsgruppe beitreten (allerdings durch die bürokratischen Verzögerungen erst am 22. September wirksam). Schon vorher kam – am 27. August – der riesige Akt mit allen Unterlagen zum Beitritt in die Reichsschrifttumskammer. Im Grunde haßte und fürchtete Doderer solche amtlichen Erledigungen, aber diesmal war ihm das Ziel die Mühe wert, und dazu kam noch Gabys tatkräftige Unterstützung.

Diese galt auch der Titelsuche für die DD, was sie tage- und nächtelang bebrüteten. Gaby hatte sein Skizzenbuch Nr. 20 schon das ganze Jahr über in Beschlag genommen, um dem ‚Fili' immer wieder auch schriftlich zu versichern, wie sehr sie ihn liebe, oft nur mit dem Kürzel ‚g – s', für: grenzenlos. Nun füllten beide abwechselnd die Seiten mit Titeln, bis sie schließlich bei der Version *Die Dämonen der Ostmark* blieben; von wem der Einfall stammte, geht aus alledem nicht hervor und ist bei solcher Gemeinsamkeit auch nicht mehr sonderlich aufschlußreich. Daß es sich dabei um eine opportunistische Anbiederung ans Dritte Reich handelte, ist jedoch klar.

Nun mußte er noch eine Lebensbeschreibung verfassen, die er in eine ‚gedrängte' und eine erheblich längere ‚wesentliche' teilte. In ersterer versicherte er: „Im Frühjahre 1933 bin ich der NSDAP beigetreten, und habe, wie eben jeder österreichische Nationalsozialist, deren schweres Schiksal [sic] durch die letzten Jahre geteilt, war naturgemäss auch in Polizeihaft." Da von einer solchen absolut nichts bekannt ist und Doderer ein so einschneidendes Erlebnis kaum sein Lebtag lang ohne Erwähnung gelassen hätte, ist anzunehmen, daß er sich hier als etwas wertvoller für die Partei darstellen wollte, als er es (gewesen) war.

Seine ‚wesentliche' Lebensbeschreibung hatte er schon vorher in Wien in einem überlangen Brief an den Freund Gerhard Aichinger (der nach dem Verbot der ‚Dötz' als deutscher Pressevertreter – obwohl aus St. Pölten stammend – in Wien geblieben war) sorgfältig geübt; und sie paßte auch besser für einen privaten Adressaten als für eine Bürokratie. Dieser mitzuteilen, daß es ihm gelungen war, „zwischen Geburt und Tod ein Drittes zu setzen, die Geburt der eigenständigen Person nämlich, ohne welche Anfang und Ende in einander fielen", mochte dort seltsam berührt haben. „Auch ich wurde für das neue Zeitalter bereit, wesentlich jung [. . .] das heisst, ich pfiff meine sogenannten Begabungen zusammen, welche mich bis dahin umkreist hatten, wie die Hunde den Herrn beim Spaziergange, ich sammelte sie und setzte sie nunmehr auf die als richtig erkannte Fährte; während hinter ihnen belebend die Sonne der Dezidiertheit aufgegangen war, belebend und alle pseudo-musischen oder sentimentalischen Nebel niederschlagend, so dass Kontur entstand." Auf dieser Fährte kam er über die Beschreibung des endlich richtig aufgefaßten Schriftstellers – „unauffällig gekleidet in die Formen eines Weltmannes" – zu seiner schon zitierten Beschreibung der *Dämonen* als Theatrum Judaicum: „Denn ich erkannte den Romanschriftsteller (der wirkliche Roman ist immer Gesellschaftsroman!) als den eigentlich kontemporären Geschichts-Schreiber seiner Zeit" – hier hatte er also endlich nachgeholt, was er dreizehn Jahre zuvor bei dem (mittlerweile verfemten) Oswald Spengler gelesen hatte. Vielleicht erwartete sich Heimo auf dieses literarische Elaborat die Begeisterung der Standesvertretung deutscher Schriftsteller; er erhielt jedoch, gleichzeitig mit der Bestätigung der Aufnahme, ab 1. Oktober bloß einen vierteljährlichen Mitgliedsbeitrag von einer Mark und fünfundzwanzig Pfennig vorgeschrieben.

Damit waren nun die Vorbedingungen geschaffen, um auf die Suche nach einem geeigneten Verlag gehen zu können. Aber so pragmatisch, wie diese Handlungen erscheinen könnten, waren sie nicht bloß, sondern es beglückte ihn auch zutiefst, daß sich sein Weg durch diese formellen Aktionen ‚schicksalshaft' mit den großen Ereignissen verband: in einer „einmaligen geschichtlichen Lage [. . .] daher denn auch fleischgeworden in der Führerperson unter einem Strahl vom Himmel, den schliesslich niemand mehr übersehen konnte". Es erschien ihm dies als End- und Reifepunkt einer Entwicklung, als deren Vollendung: „Von hier ab kann es keinen neuen ideologischen Ausgangspunkt zu einer totalen Reform mehr geben. Was hier, im Anfangs-Effekt, einer Diktatur ähnlich sah, war in der Tat die „letzte Diktatur". Wie denn auch das Dritte Reich das letzte ist, was schon unsere Vorfahren wussten."[4] Zumindest für die nächsten tausend Jahre.

Nicht ganz zwei Monate später berichtete er an Rolf Haybach und die Freunde der Nobel-Standarte: „Politisch sind wir hier tadellos und ich glaube, dass die überwältigende Mehrheit aller Deutschen innerhalb der engeren Reichsgrenzen mit wirklicher Liebe am Führer hängt, selbst solche, welche der Bewegung eigentlich fern stehen, ja auch die sogenannten „Meckerer" – in diesem *einen* Punkt der Person sind sich hier so gut wie *alle* Menschen einig." Nach dieser Herausstellung Adolf Hitlers, dem Doderer fast jenes Gottesgnadentum zuzuerkennen schien, das er dem alten Kaiser Franz Joseph gründlich verweigert hatte, kam aber erstmals eine vorsichtige Kritik. Sie galt demjenigen im Politischen, das an sich „transcendent" sein sollte, aber hier, zu seinem Unverständnis, nicht vorhanden war. „Ich konnte die Sache nicht auf einer rein social-nationalökonomischen Ebene sehen, konnte sie unter dieser Kategorie nicht unterbringen. Jedoch hat sie sich dort untergebracht, mit grosser Vernünftigkeit, als welche dem technischen Deutschen von heute überhaupt im höchsten Grade liegt."

Dem hielt er die von ihm selbst miterlebte Entwicklung entgegen: „Was bei uns

Österreichern die Bewegung initiierte, war doch wesentlich ein Fluidisches (und somit Physiognomisches!).“ Und dann kam er zum eigentlichen Punkt seiner Besorgnis, nämlich der Masse, die ihm im Nazi-Deutschland offensichtlich nicht viel geheurer war als seinerzeit in Wien am 15. Juli 1927: „Jedoch darf nur sein, was *en masse* sein kann.“ Damit fürchtete er eine Fehlentwicklung des Nationalsozialismus: „Die Vertreter der anderen Seite des Lebens – der nationalökonomischen, sozialen, technischen und nationalen *ohne* Transcendenz – können naturgemäß viel eher eine klare und *„allen verständliche“* Sprache führen. Aber sie halten die Sprache und Sache nicht einmal kategorisch rein, sondern [. . .] verwenden dann das gleiche Vocabular für das sogenannte „Geistige“, welches damit schon weit von seinem Begriffe entfernt wird.“

Nun hatte er Angst um seine Vorstellung des Dritten Reichs: „Zur Befreiung der Nation aus tiefster politischer Verkommenheit war ihre *ganze* Masse notwendig. Zur Fortsetzung ihrer wesentlichen Geschichte aber ist diese Masse (mit ihren spezifischen Denkformen) ganz ungeeignet, ja sie wird unter Umständen sogar durch ihre Exponenten einer solchen Fortsetzung hindernd in den Arm fallen.“[5] Wen er mit diesen Exponenten meinte, ob etwa den Reichsführer-SS Himmler oder andere, geht aus nichts hervor; jedenfalls war es im wesentlichen eine Besorgnis um die Reinhaltung seiner eigenen Vision, und noch keine wirkliche Abkehr von den Nazis. Doderer dachte gemäß seiner ältesten Überzeugung, nämlich rein hierarchisch: eine Struktur von Wertvorstellungen und ihr analog die Anhängerschaft auf verschiedenen Niveaus gläubig gegliedert, das entsprach dem Heil, das er sich vor allem von Hitler und Goebbels erwartete. Aber er befürchtete, daß die Massen – ‚mit ihren spezifischen Denkformen‘ – und jene, die diese Menschen aufzupeitschen verstanden, das Ideal ihrer Führer verfälschen könnten.

Heimo, selbsternannter und von Licea bestätigter spiritueller Lehrer und Seher einer Wirklichkeit, ‚wie sie wirklich geschieht‘, begriff ganz offensichtlich weder Propaganda noch Macht, wie sie gerade von Goebbels und Hitler ausgingen, sondern fiel blank darauf herein. Er verstand keineswegs die realen Zusammenhänge zwischen (Kriegs-)Wirtschaft und Faschisten und schon gar nicht die enorme Industrie der Propaganda, die den ‚Volksempfänger‘ als Radio für jeden Haushalt verfügbar machte und ähnliches schon für den Fernsehempfang vorbereitete. Während Massen mobilisiert und, nach den damaligen Standards der Welt, am erfolgreichsten manipuliert wurden, pflegte er sein elitäres Selbstverständnis im Bewußtsein, für die ‚Bewegung‘ als kontemporärer Geschichts-Schreiber reinen Blutes nützlich zu sein; und die Häftlingskolonnen (‚Untermenschen‘) im gestreiften Drillich übersah er ebenso wie früher die Armen Wiens; dergleichen war einfach kein Phänomen für seine Apperzeption – während die Deutschen ganze Jahrtausende aufboten, um ihr Schicksal zu erfüllen.

Sein Unbehagen mit allem Massenhaften hinderte ihn aber nicht, von dem straffen militärischen Auftreten, das ihn gerade hier in Dachau allerorts umgab, durchaus fasziniert zu sein: „Das soldatische Moment ruft mich jetzt stark: da ich bei mir von der

Möglichkeit weiss, *alles* disziplinär zu tun, ist nicht einzusehn, warum ich [mich] nicht ganz so drillen soll wie jene?!"[6]

Sein Atelier entzückte ihn. Wenn er von seiner rot gemusterten Decke auf dem Sofa aufstand, sah er durchs Fenster gegenüber auf einen kleinen Ententeich; überall war alles klein, überschaubar und sauber, wie die ganze Stadt und Umgebung, mit dem vielfach verzweigten Flüßchen Amper und den dazugehörigen Brücklein – als wäre das alles aus einer riesigen Spielzeugschachtel aufgestellt worden, von der er meinte, sie müsse noch irgendwo am Horizont herumstehen. Es gefiel ihm auch das erstmalige dauerhafte Zusammenleben mit einer Frau, wogegen er sich bei Gusti so heftig gewehrt hatte; Gaby hatte neben seinem größeren Schlafzimmer eine kleine Kammer für sich allein, und die Harmonie zwischen ihnen beruhte, wie er niederschrieb, auf dem ‚Schweigen' seiner Sexualität.

Das vorläufig einzige Problem des Anfangs hier in der Fremde war eine gewisse Isoliertheit. Dafür bekam er gleich im September Besuch aus Wien, nämlich seine Mutter – das ‚Mümlein' – in Begleitung ihrer Enkelin Inge Martinek. Sie logierten in München, wo ihnen Heimo mit einigem Vergnügen seine ganze Zeit widmete; außerdem ging es dabei auch um die Regelung seiner finanziellen Angelegenheiten. Da er seine ‚Rente', mit der ihn seine Mutter unterstützte, aus den Zinsen ihrer noch immer in München veranlagten Mitgift bezog, war dies in Österreich bereits mehrmals gefährdet gewesen, weil Hitler als Repressalie gegen Österreich immer wieder den Geldverkehr – wie durch die berühmte Tausend-Mark-Sperre – einschränkte. Nun konnte Heimo sein Geld unbesorgt von der Münchner Bank direkt beziehen und richtete sich dort auch ein eigenes Konto ein. Nach einer kurzen harmonischen Zeit kam jedoch seine älteste Schwester Ilse aus Innsbruck, gegen die er eine schon seit längerem genährte Abneigung hegte – damit war das ‚Idyll' zu Ende, wie er an Almuth schrieb.

Zwei Monate später erfuhr er, daß sein ehemaliger Psychologielehrer an der Wiener Universität, Hermann Swoboda, schon seit anderthalb Jahren in München lebte, und besuchte ihn verehrungsvoll. Der nun schon Dreiundsechzigjährige hatte in Österreich den Beitritt zur ‚Vaterländischen Front' verweigert und dadurch über Nacht seine (außerordentliche) Professur verloren. Die Hoffnung, daß ihm dafür jedoch im Reich seine nationalsozialistische Überzeugung (oder Illusion?) gelohnt würde, hatte ihn nach Deutschland geführt, das aber weder seine Zyklus-Theorien noch ihn selber brauchen konnte; er lebte völlig verarmt in einem Untermietzimmer in München und konnte dieses jetzt – im November – nicht einmal beheizen. Doch der Besuch seines ehemaligen Schülers war tröstlich; dieser kam in der Folge noch mehrmals.

Die Isolation, die weder *splendid* noch ganz freiwillig war, brach Doderer teilweise durch intensives Briefeschreiben nach Wien, wobei die Korrespondenz mit Gütersloh so zentral war wie sonst nur das Gespräch mit Gaby; bei beiden ging es um dasselbe Bemühen: die grüblerische Beschäftigung mit einer alten Sehnsucht – jetzt als ‚Magie' bezeichnet. Damit meinten sie das ‚analoge' Ineinsfallen von Wahrheit und Wirklichkeit: wenn die Reinheit der Begriffe mit dem ‚usprünglichen Goldgewicht der Dinge', wie Heimo schon im *Divertimento No. I* gesagt hatte, absolut deckungsgleich wäre, dann müßten diese Begriffe zugleich die ‚magischen' Worte sein, die im mythischen Zeitalter die Dinge noch tatsächlich bewegt hatten – Gütersloh und er hielten offensichtlich das Magische, die „geheime und noch nie entmannte Kraft", wie es der Meister formulierte, für eine real erreichbare Möglichkeit ihrer Spiritualität, was auch der ‚Sprache des Dichters' eine noch nie erahnte Tiefe geben würde (wobei allerdings ‚Genialität' immer schon etwas ähnlich Undeutliches gemeint hatte).

Die totale Ablehnung aller zeitgenössischen Wege ‚ohne Transzendenz' – wie Rationalität, Technik, Sozialökonomie etc. – war die unabdingbare Voraussetzung fürs Aufkommen des Magischen, zumindest im eigenen unkontaminierten Selbst, wo sich die Wunder ereignen würden: „Da ich nur an einen zauberhaften Ausweg aus der Civilisation glaube, also eher an Lohengrins Schwan als an Stephensons Lokomotive"[7], schrieb Gütersloh an den ‚lieben Doktor Doderer'. Und dieser meinte: „Den höchsten Grad von Wirklichkeit zeigen die mythischen Zeitalter. Hier ist innen und aussen ein und dasselbe, das heisst es gibt ein beängstigend-beziehungsloses, sinnloses, bloss äußeres Geschehen überhaupt nicht. Alles ist wirklich. Überall wirken Götter . . ."[8]

Und da „erhob sich, alles logische Gebälk zertrümmernd, das Dritte Reich". Das sieht sehr danach aus, als hätten sich Gütersloh und Doderer – in der Hartäckerstraße die Gläser aufs Dritte Reich erhebend – eigentlich die Wiederkehr des ‚mythischen Zeitalters' erwartet, in dem gewissermaßen großräumig die Bedingungen fürs Wirken des Magischen hergestellt würden. Eine Art Bestätigung dafür scheint Gütersloh in Doderers erstem Brief aus Dachau vermißt zu haben: „Fast scheint mir zwischen Ihren Zeilen der Niederschlag einer feinen Enttäuschung zu liegen" [wie [7]]. Am 15. Oktober – einen Tag vor dem Brief an Rolf Haybach – antwortete Doderer, ohne noch genauer Stellung zu nehmen: „In Ihrem Briefe steht das – was ich von hier zu berichten hätte [. . .] der Schüler reist und der Lehrer teilt ihm dann mit, wie es dort ist, wo jener hingefahren."

Doch am 4. November wurde er deutlicher: „Wir bemühen uns wahrscheinlich ganz vergeblich, in die verschiedenen „Weltanschauungen", die sich heute aufgetan haben, ein Substrat hinein zu interpretieren, welches an sich garnicht darin ist." Die tatsächlichen Umstände verglich er, durchaus treffend, mit einem „Apparat", und überlegte dann, ob man in ein so „ordentliches Gestänge" nicht vielleicht doch einbauen könne, worum es ihnen eigentlich ginge – jedenfalls eher „als in die Schlamperei des Liberalismus".

Doch der emotionelle Aufwand war dahin, das Liebesband zerschnitten: er dachte über den verlorenen Affekt nach: „War es der eines politischen Eros, so bedeutet sein Ende eine ganz grosse Auflockerung (das habe ich erfahren), ja ein Wieder-geschenkt-erhalten des Lebens überhaupt; so wie ein Verliebter die Welt wieder zum Geschenk erhält, wenn er aus dem in ihm rasenden Sturme wieder herausfindet – in einen neuen Zustand." Wie viel er tatsächlich an Gefühlen in den Nationalsozialismus investiert hatte, geht – im selben Brief – aus dem weiteren Vergleich mit dem Ende einer Liebesbeziehung hervor, wobei er sich geradezu schon selbstquälerisch kraß ins eigene Fleisch schnitt: „Wenn man so der Geliebten in's Antlitz schaut, und dieses entschleiert sich immer mehr als das eines ehrlichen und braven Sozialismus mit dem Tortengusse einer gewissen jenseitigen Weihe für das Wochenend' des kleinen Mannes: da ist man weit eher geneigt zu behaupten, die Geliebte hätte sich eben verändert, als zuzugestehen, dass man selbst sich vorlängst in der Kategorie geirrt habe. Jene aber ist immer in der ihren geblieben (wie ich heute weiss) und sie hat keineswegs einen etwa einst besessenen Hinterkopf inzwischen verloren."

Das klingt bereits nach endgültigem Abschied: aber es war keineswegs der vom Nationalsozialismus insgesamt, sondern jener vom ‚politischen Eros': also von der Vorstellung, die eigenen, vor allem künstlerischen und spirituellen Ideale mit denen einer großen Partei oder eher: mit einem Reich von tausendjähriger Zukunft verbinden zu können. Das war die gemeinsame Hoffnung Güterslohs und Doderers gewesen: der Kunst des Dritten Reichs von Anfang an ihre antirationale magische Grundgestalt vorzugeben (die sie wohl von außen in diesem Reich gesehen hatten, mit all dem Kultischen und Hehren, dem dunkel Wogenden) – in schicksalshafter Übereinstimmung mit der ebenfalls nur magisch begründbaren ‚Reichsgeschichte'; und vielleicht in diesem Gleichklang zu den Klassikern der nächsten tausend Jahre zu werden. Die Enttäuschung war enorm – und die Konsequenz zuerst einmal reichlich gering: Doderer bewegte sich persönlich und künstlerisch wieder in die Richtung des im Grunde ‚unpolitischen' Menschen, für den er sich vor dieser *liaison dangereuse* gehalten hatte.

Das hieß unter anderem, daß er sich nicht mehr verpflichtet fühlte, allem zuzustimmen: was im Dritten Reich an Literatur gefördert (und gefordert) wurde, konnte ihn ja tatsächlich bloß vergrausen, wie die gesamte ‚Kunstpolitik', wozu auch die Propagandafilme von primitivster Massenwirkung gehörten. Und von groß aufgemachter Geschmacklosigkeit war man im Dritten Reich ja allerorts umgeben; es ist schwer vorstellbar, daß Doderer vom Kult der ‚deutschen Frau und Mutter' entzückt gewesen ist oder die grenzenlose Dummheit der Sprüche, mit denen ständig aufs deutsche Volk geklopft wurde, wirklich schätzte. Die organisierte Zusammenrottung von singenden oder brüllenden Massen mußte ihn abstoßen; und die Ortsgruppe Dachau kann seine Zuneigung zur ‚Bewegung' ebenfalls kaum verstärkt haben.

Dennoch, während er in diesem Spätherbst 1936 seine intim innerliche Beziehung zum Nationalsozialismus – Hoffnung und Liebe – verlor, blieb sein Respekt vor dem hier errichteten Staatssystem erhalten. Im selben Brief an den Meister versicherte er: „Die moralische und physische Kraft des Reichs spürt man in aller Welt und schon gar in Österreich, so dass ich hierüber Ihnen nichts sagen muss. Anders verhält es sich mit einer Tatsache, die ausserhalb der engeren Reichsgrenzen nicht in dem Maße anschaulich werden kann, wie hier: dass man nämlich in einem eminent sozialen Rechts-Staate lebt, und zwar in jener Freiheit, wie sie gemeinhin verstanden wird. Das sind Wohltaten."

Unter den ,engeren Reichsgrenzen' verstand er – im Sinn des allgemeinen Sprachgebrauchs – die aktuellen Grenzen Deutschlands, die natürlich noch keine endgültigen Reichsgrenzen sein konnten, solange Deutschstämmige außerhalb dieser ihre ,historischen Siedlungsgebiete' hatten. Wer also von ,engeren' Grenzen sprach, meinte bereits Annexion; tatsächlich blieb Doderer bis in den beginnenden Krieg hinein ein überzeugter Gegner des Völkerbundes und der in ihm vertretenen Staaten, mit überwiegender Mehrheit der Demokratien Europas. Und so ist wohl auch sein Lob der ,Rechts-Staatlichkeit' zu verstehen: er meinte eine starke autoritäre ,Ordnung', die ihm – im Gegensatz zur Demokratie – als das naturgemäße Staatsgefüge schlechthin erschien, den vorgegebenen Hierarchien entsprechend. Je weniger die Massen an der Macht beteiligt waren (und das erschien ihm selbst bei den Nazis noch zu viel), desto unbehinderter konnte die Elite das Wohl des Volkes bestimmen. Und jene ,Freiheit, wie sie gemeinhin verstanden wird', galt selbstverständlich nur für jene, die diese Ordnung als die natürliche anerkannten; daß unterdrückt werden mußte, wer sich dagegen stellte, gehörte für ihn eben zur ,Rechts-Staatlichkeit' – wenn nicht gar zu den ,Wohltaten'.

Das galt ganz offensichtlich auch für die Nürnberger Rassengesetze; als er im Dezember nochmals über Gusti nachdachte, war er dankbar für die „Hilfe im Definitorischen"[9], die ihm das „Rassische" bei der Beurteilung ihrer Person gewährt hätte, dadurch die Trennung erleichternd. (Daß er, ganz umgekehrt, durch diese unbewältigte Beziehung überhaupt erst dem Antisemitismus – als einfachste Begründung fürs Scheitern – zugetrieben worden sein könnte, kam ihm vorerst nicht in den Sinn.) Somit stellt sich seine Abkehr vom ,Weltanschaulichen', die ihn wieder zur ,unpolitschen Person' werden ließ, als eine ihm nicht einmal bedenklich erscheinende und weitgehende Übereinstimmung mit einem Regime heraus, außerhalb dessen er keinen politischen Standort hatte. (Zudem las er weiterhin Publikationen wie etwa die Zeitschrift ,Der S.A. Mann' und schrieb daraus Goebbelszitate in sein Tagebuch ab.) Nur die über den bloßen Faschismus hinausgehende persönliche Hoffnung – Dichterfürst im magischen Reich? – war ihm enttäuscht worden; es war ihm nicht gelungen, jene umfassende Lebensweise, als die er seine Kunst betreiben wollte, der Politik zu integrieren.

Und ganz ähnlich war die Situation Güterslohs (der zwei Jahre später den Eintritt in die Partei versuchte); jetzt jedoch versank der Meister in eine so tiefe Depression, daß er fast drei Monate brauchte, ehe er am 29. Januar 1937 zu einer Antwort imstande war: „Eine große, die größte Hoffnung meines späteren Lebens verschied an der von Ihnen geschauten, von mir wol [!] geahnten Realität. Die wahre, die große, nämlich die vollkommen reizlose Einsamkeit begann."

„L[icea] l[iebt]. [mit drei Wellenlinien darunter] den [Zeichen für ,Fili', mit Rufzeichen] grenzenlos!" Das war Gabys Eintragung in Heimos Skizzenbuch auf dem Münchener Hauptbahnhof am 18. Dezember 1936; dann fuhr sie zurück zu Mutter und Studium in Wien.

Nun hatte auch Doderer seine Einsamkeit. Ohne Licea und Liebe zur Partei blieb ihm ebenfalls bloß die Reizlosigkeit dieses Zustands. Damals emigrierte Hilde Spiel, die ihn vor dreizehn Jahren in knapper Badehose, ihre Mutter Mimi verehrend, als junges Mädchen schon gesehen hatte, freiwillig nach England, unterbrach die lange Bahnfahrt in München und war zutiefst angewidert: „In einem Hauch von Weißwürsten, Senf und Kraut ging ich durch die Straßen, Braunhemden, Schaftstiefel, BDM-Mädchen mit Zopffrisuren überall."[10]

Auch Doderer gelangte nun, geheilt von dem Bemühen, sich hier um jeden Preis zu identifizieren, zu zynisch-kritischen Bemerkungen: „Jeder legt da in umständlicher und unglaublich anmaßender Breite seine Anschauungen auseinander, die als traurige Fäkalien der sogenannten „Bildung" unseres Zeitalters im Aufklaricht schwimmen. Es ist fast jedes Wort eine Gottlosigkeit. Auch hier kommt mir der Verdacht, dass die Sozialdemokraten diesem Zustande Vorschub geleistet haben könnten.

So ist also hier das Volk. Zudem von einer stumpfen, stierhaften Gereiztheit, Streitlust und Rauflust, die zu der ohnehin bedeutenden Herzensrohheit, welche uns Deutsche leider auszeichnet, noch als bayrische Besonderheit hinzutritt. Auf dem Wege all dieser Beobachtungen gelangte ich am Ende zu folgender Definition: die bayrische Bevölkerung zerfällt in zwei Teile, einen kleineren und einen zweiten grösseren. Den ersten bilden die, welche von Beruf Metzger sind. Den zweiten, grösseren, jene, die nur so aussehen."[11] Dem fügte er am nächsten Tag, dem 23. Februar 1937, noch die Bemerkung bei, daß „ich den Österreichern immerhin noch etwas mehr Menschlichkeit zuerkennen will (selbstverständlich mit Ausnahme der Tiroler)".

Doch ein Leben in wirklicher und völliger Isolation ertrug er einfach nicht, auch wenn ihn seine Umwelt immer weniger interessierte; er ging immer wieder ins Café ‚Thoma', in die ‚Paulaner-Stuben' oder ins ‚Tschoch', wie er eine ‚Imbiß-Halle' in der Bayerstraße nannte. Dabei glich er sich, wie schon auf seinen Streifzügen als Gymnasiast, den am Tisch oder daneben Sitzenden möglichst an, um in die jeweilige Gesellschaft aufgenommen zu werden, wobei der Alkohol dem Fraternisieren nachhalf. Dann konnte auch vorkommen, daß er eine solche Gruppe, die zur Sperrstunde mit dem Saufen noch nicht aufhören wollte, zu sich in sein ‚Atelier' und zu Cognac oder Gin mitnahm; vor allem, wenn Frauen dabei waren, auf die er sich eine vage Hoffnung machte. Nachher allerdings, ernüchtert und die Spuren der nächtlichen Umtrünke verwischend, haßte er sich dafür, weil er darin seine noch immer unverminderte ‚Lebensschwäche' bestätigt sah.

Immerhin gewann er auf diese Weise auch seinen einzigen Dachauer Freund, einen jungen Stabsoffizier (wohl der SS) namens Milo, der aus dem alten Österreich – nämlich aus Kroatien – stammte und vielleicht mit der österreichischen Legion hierhergekommen war. Er war – wie es in der Beschreibung des Andreas Milohnic in den *Wasserfällen von Slunj* heißt – „beachtlich hübsch"; und er verstand es, sich äußerst elegant zu geben. Zu seiner Bildung mit perfekten Deutschkenntnissen gehörte auch der Abschluß eines humanistischen Gymnasiums, und die beiden schienen sich, inmitten bajuwarischer Umgebung, bei manchem Gespräch auf die alten Klassiker zurückgezogen zu haben. Jedenfalls schenkte Milo dem Freund eine Ausgabe der Römischen Elegiker, die dieser bis zum Tod aufbewahrte, sowie – was an Albrecht Reif auf dem Riegelhof erinnert – eine deutsche Ausgabe von Platons ‚Symposion'; ob die beiderseits herzliche Freundschaft auch einen erotischen Inhalt hatte, ist unbekannt.

Freundschaftlichen Umgang, an dem ihm etwas lag, gab es sonst nur noch in München. Wahrscheinlich hatte er von seiner Mutter erfahren, daß der Sohn der Nachbarn vom Riegelhof jetzt in München lebte; mit diesem Paul Bergholtz hatte er als Kind schon gespielt, aber dann – und nach der Rückkehr aus Rußland – doch mehr Interesse für dessen Schwestern entwickelt, vor allem für Gustava, mit der er einigemale – offensichtlich ‚ehrbare', wie man das nannte – romantische Stunden verbracht hatte. Nun suchte er Paul auf und fand einen äußerlich kalt bis fast unsympathisch wirkenden Menschen vor, der aber hinter dieser – starker Introversion entspringenden – Fassade ein erfreulicher Gesprächspartner von umfassender Bildung war; daß er auch gelegentlich Gedichte schrieb, hat Doderer allerdings nie zu einer Äußerung darüber veranlaßt. Paul war mit einer kleinen lustigen Person namens Griti verheiratet, mit der sich für Heimo ein erheblich warmherzigerer Umgang ergab; er nannte sie ‚Spitzmaus'. Zwar war sie, nach seinem Dafürhalten, „neugierig wie eine Elster, aber gar nicht bösartig, eine gute Haut"[12]; ihr schrieb er vor allem während des Kriegs viele Briefe von der Front.

Wer ihn in die Pension ‚Cavaliere' gleich hinter dem Siegestor in München gewiesen oder mitgenommen hatte, ist unbekannt; dort wohnten nicht nur, für längere Zeit bis dauerhaft, verschiedene Künstler, sondern es gab auch einen hauptsächlich von Aristokraten besuchten und etwas schöngeistigen Salon unter dem Vorsitz der ‚Galant', wie Doderer die Besitzerin, Frau von Polar, nannte. Dort spielte die junge Liselotte Freifrau von Stengel, die mit ihrer Mutter erst kürzlich nach München gekommen war und ebenfalls in der Pension ‚Cavaliere' lebte, gelegentlich Klavier – sie hatte das Instrument am Konservatorium studiert. Zwischen ihr und Doderer entstand eine „rein geistige Freundschaft", die ebenfalls vor allem während des Krieges zu einer regen Korrespondenz führte[13].

In derselben Pension wohnte, als Doderer dort zu verkehren anfing, auch der – angeblich – tscherkessische Maler Halil Beg Mussayassul, bis er sich in der Kaulbachstraße ein großes Atelier nahm. Als ihn Heimo dort später besuchte, vermerkte er neidisch, daß es diesem Halil nie an Abnehmern und Aufträgen für das „geleckte Zeug" fehlte, das er malte; und daß er außerdem ein Buch geschrieben und sofort einen Verleger dafür gefunden hatte – so viel geschickte Glätte erinnerte ihn mit gleich wieder wacher Antipathie an Béla Faludy. Doch war es Halil Beg Mussayassul, der Doderer – angeblich auf der Plattform der Straßenbahnlinie 3 – auf den Verlag C. H. Beck aufmerksam machte, denn dort war, in Zusammenarbeit mit der Verlagslektorin Luise Laporte, sein Buch über die kaukasischen Berge – ‚Das Land der letzten Ritter' – erschienen. Darauf wandte sich Heimo an Rolf Haybach in Wien: „[. . .] durch Dich – dort angetragen zu werden, wäre mir sehr recht. Selbst würde ich es jedoch nicht tun. Meine Hand ist keine glückliche . . ."[14]

20. Die dauerhaften Bindungen

Gearbeitet hatte er in diesem ersten Dachauer Jahr nicht sonderlich viel, wenn man von den ausführlichen Selbstgesprächen in den *Commentarii* absieht, die in der ,Isolation' anderen vertrauten Umgang ersetzten. Jedenfalls war ihm schon vor dem Umzug ,ins Reich' klar gewesen, daß er nicht an den *Dämonen* weiterarbeiten würde, wie er auch dem Freund Gerhard Aichinger mitgeteilt hatte. Er wollte – offensichtlich aus Gründen der Verkaufbarkeit – kürzere Werke verfassen: nämlich nun doch wieder drei *Divertimenti* sowie den als Kriminalroman konzipierten *Mord den jeder begeht.* Statt der *Divertimenti* schrieb er noch 1936 die dritte und endgültige Fassung von *Das letzte Abenteuer* – das erst siebzehn Jahre später als Reclam-Heft erscheinen sollte. Diese mittelalterliche Geschichte vom Ritter und dem Drachen, in einem vergangenen Reich der Magie, wollte ein ,mythisches Zeitalter' aufleben lassen und ist damit, obwohl es als Kuriosum unter seinen Werken erscheinen mag, ein für damals ganz intimes und persönliches Bekenntnis zu der ,Weltanschauung', in der sein Dichten als Daseinsform zu einem entsprechenden Reich gepaßt hätte – was vorzuführen wohl auch der Grund für diese Neufassung war; wobei der teilweise depressive Grundton derselben Konfliktwurzel entstammt. Doch auch in anderen Details, die es in der zweiten Fassung noch nicht gab, kann man persönliche Bezüge finden, die aus seiner momentanen Situation stammten – wie etwa in der Darstellung der Einsamkeit.

In den *Commentarii* ging es ihm hauptsächlich um den nun häufig und programmatisch verwendeten Begriff des ,zweiten Lebens', das erst nach völliger Abtrennung vom ,ersten' und all seinen Wurzeln möglich wäre und zur freien unverstellten Sicht führe – die ihm allerdings gerade damals in hohem Maße fehlte. Bezieht man seine in den vierziger Jahren fortgesetzten Überlegungen zum Thema mit ein, so ergibt das ,erste Leben' die ,zweite Wirklichkeit', das ,zweite' hingegen die ,erste', was ihm letztlich als befriedigende Erklärung dafür erschien, warum er Nazi gewesen war. (Daß er mit diesen Theorien, die im Grunde – kaleidoskopartig gedreht – immer dieselben blieben, recht viele verärgerte, stieß auf sein fassungsloses Erstaunen: da er doch letztlich die Menschen von all ihren Weltanschauungen heilen wollte – ,reperuit remedium malignitatis aevi', ganz wie seinerzeit.)

Mit dem Frühling 1937 wurde die Arbeit am *Mord* dann immer intensiver; der ursprüngliche Einfall ging, wie bereits erwähnt, auf einen Zeitungsartikel aus dem Jahre 1927 zurück; den Titel hatte er bereits 1935 festgelegt. Eine weitere Zeitungsmeldung aus Wien, die er am 23. 2. 1937 in sein Skizzenbuch Nr. 21 eintrug, bescherte ihm auch noch den Romanschluß: durch das Läuten eines Postboten an einer Wohnung, die von Gas erfüllt war, lösten die Funken der Klingel eine Explosion aus. Dieselbe seltene Art eines Unfalls ereignete sich erstaunlicherweise nochmals ganz kurz nach Erscheinen des Romans in Düsseldorf (im Oktober 1938): seitdem verschwieg er die erste Nachricht und behauptete immer wieder sehr stolz, zuerst erfunden zu haben, was dann durch die Wirklichkeit eingeholt wurde: „das Pressefoto, welches damals durch die Blätter lief, zeigte einfach des Romanes Schlußbild, auf dem auch ein Rettungsmann nicht fehlt, der dort vorkommt. Der Verfasser buchte das allen Ernstes als Erfolg und hielt sein Werk auch in jenen erfundenen Teilen für verifiziert, für deren Lebensgemäßheit kein so handfester Erweis erbracht war wie für das Schlußkapitel." Daraus leitete er, in seinem *Autobiographischen Nachwort* zum *Letzten Abenteuer*, den viel zitierten, wenn auch auf diesem Verschweigen beruhenden Satz ab: „Der Verfasser dieser Zeilen, noch immer den Mitteln der naturalistischen Technik verhaftet – wenn auch nicht den diversen „Gesinnungen" des Naturalismus –, hält diese Technik nur dort für beherrscht und erfüllt, wo einer, in ein erfundenes Gewand schlüpfend, bei wirklichen Ärmeln herauskommt." Doch er hatte dem erfundenen Gewand bloß die schon vorhandenen Ärmel angenäht.

Jedenfalls schrieb er bereits im Frühling an der Knabenzeit von Conrad Castiletz, die von den Lurchen und Molchen bis zu den physikalischen Experimenten vieles seiner eigenen Kindheit enthielt: daher denn auch die Bemerkung, diese Geschichte erschiene ihm wie seine „eigene wesentliche Biographie"[1]. Da er früher schon die Extremas – vor allem jene in Form der freisteigenden Erinnerungen – als seine ‚wesentliche Biographie' bezeichnet hatte, ist hier die Herkunft der Texte besonders deutlich; wobei er sich wieder mit Swobodas Theorien beschäftigte, um sich zu erklären, warum ihm manches der eigenen Vergangenheit doch recht undeutlich blieb – was einem durch Weininger definierten Genie mit außergewöhnlichem Erinnerungsvermögen nicht hätte passieren dürfen und Doderer dementsprechend „tief bedrückt[e]"; immerhin brachte er eine zögernde Ausrede vor: „Nach Hermann Swobodas Auffassung von der Spirale als Zeitsymbol können eben jeweils nur die einer Senkrechten entlang coordinierten Punkte anklingen."[2]

Ende Mai wurde er mit dem ersten Teil des Buches fertig und stellte bei seiner Planung der übrigen Abschnitte fest, daß sich wieder einmal, jedoch ohne Absicht, die vierteilige Form – der *Divertimenti* – wie von selbst ergeben hätte; allerdings meinte er nun, daß es, da Form ohne Inhalt und Inhalt ohne Form nicht existieren könnten, absolut gleichgültig sei, unter welche Prioriät man eine solche Arbeit stelle. Dieses Mal scheint der Inhalt wichtiger gewesen zu sein: unerbittlich wie Ödipus sucht Conrad Castiletz einen Mörder – den seiner Schwägerin – und entdeckt, vor der schicksalshaften Gasexplosion, die sein kurzes Leben beendet, daß er selbst der Täter gewesen ist.

Neben dem Roman ging sein übliches Dachauer Leben weiter, manchmal mit der bitteren Würze, wieder einmal von irgendeinem Verlag eine Ablehnung zu bekommen. Dann zog er vielleicht durch Wirtshäuser und landete in einer Gruppe von Leuten, die ihm nachher gleichgültig bis widerwärtig waren. An einem sommerlichen Sonntagabend, im Gasthaus ‚Zur schönen Frau von Dachau', stellte er fest, daß es außer Milo – der an diesem Abend mit einem Mädchen unterwegs war – in ganz Dachau keinen Menschen gebe, mit dem er verkehren wollte. Und umgekehrt galt er den Ortsansässigen wahrscheinlich nur als ‚Spinner', vor allem, wenn er allein mit Pfeil und Bogen loszog, um irgendwo im Freien zu üben.

Daß er sich so nebenher mit den Fragen des Geistersehens und Hellsehens beschäftigte, paßte nur dazu. Mit Hans Eggenberger in Buenos Aires korrespondierte er über die Astrologie; jener hatte das Horoskopstellen neben dem Malen fast zu seinem zweiten Beruf gemacht, und Doderer ging begeistert auf das Thema ein. Für ihn war die Astrologie ein Teil der ‚alten Weisheit', wie er dem Freund schrieb, eine Wissenschaft der Entsprechungen von Mikro- und Makrokosmos.

Schon damals – noch im Jahre 36 – stellte er einen Besuch in Buenos Aires in Aussicht: das spricht dafür, daß er schon früh zu zweifeln begonnen hatte, ob der Schritt, nach Deutschland zu ziehen, wirklich der richtige gewesen war. Aber er hatte ihn zu lautstark und dezidiert gesetzt, um nun kleinmütig aufgeben zu können. In der Korrespondenz mit Gütersloh, die am deutlichsten von der (gemeinsamen) ‚Enttäuschung' und dem ‚Irrtum' geprägt ist, zeigen sich allerdings die Nachwirkungen dieses Einschnitts; er lebe „im Lande ohne Nuancen und Atmosphäre, welch' letztere ich aber neulich erst als den Geruch Gottes schlechthin bezeichnete", schrieb Doderer am 2. April. Dem folgte am 25. Juni die Einsicht, daß er „hier als ein gänzlich überflüssiger Mensch zu leben gezwungen" sei.

Im Juli kam dann, als große Erleichterung für ihn, Gaby Murad auf Besuch; auch mit ihr wird die ‚Enttäuschung' und die daraus zu ziehenden Konsequenzen das wichtigste Thema abgegeben haben. Zwei Tage nach ihrer Abfahrt, am 20. Juli, wurde er dann Gütersloh gegenüber sehr deutlich: „an den „tragischen Irrtümern" kann mich letzten Endes nur ihre Naturgeschichte fesseln, ihre Reduction in die psychologische Kategorie, die ihnen erscheinungsmässig zuständig ist. Nur diese Haltung rettet mich letzten Endes davor, unter Barbaren lächerlich zu werden, was gerade noch fehlte."

Unter diesem ‚Lächerlichwerden' verstand er, auf Politik mit deren Mitteln zu antworten: damit hätte er sich auf jene Ebene begeben, die ihn gerade jetzt am heftigsten abstieß. Die Tagesentscheidungen der Politik mit allem Parteienhader waren ihm stets zu kleinlich gewesen, eine Kritik und Analyse der konkreten Umstände hatte ihn zur Zeit seiner ‚magischen' Visionen nicht beschäftigt und sollte das jetzt schon gar nicht tun. Ihn interessierte ausschließlich die psychologische Mechanik, die zum Entstehen seines ‚Irrtums' geführt hatte.

Er wollte in jenen ‚höheren spirituellen' Zustand zurückfinden, aus dem er durch seinen Fehler gestürzt war, sich selber heilen – „se ipsum sanans". Und das hieß für ihn (jedes Mal): das Heilmittel für die Welt zu finden. Diese angestrebte Allgemeingültigkeit gestattete ihm, den Phänomenen seiner Umwelt sofort in mehr oder minder eigenwillige Abstraktionen auszuweichen, mit denen er die ‚geminderte Wirklichkeit' des ‚totalen Staates' in einer Weise beschrieb, die statt für Hitlers Deutschland ebenso gut für das stalinistische Rußland oder selbst das Inkareich hätte gelten können. Zugleich blieb er bei seinem vertrauten Instrumentarium aller seit Weininger erworbenen Begriffe und Theorien, um mit diesem alten Rüstzeug zu (definitorisch) neuen Ergebnissen zu kommen – was ihm keine einschneidende Änderung seiner Methode des Analysierens abverlangte.

Diese Art von Umgang mit seinem ‚Irrtum' ersparte ihm nicht nur einen radikaleren Bruch mit seiner intellektuellen Vorgeschichte, sondern auch jede direkte Auseinandersetzung mit der nationalsozialistischen Ideologie. Sich mit der Realität des ‚ordentlichen Gestänges' dieses Regimes abzugeben, wäre ihm, von der Höhe der erwünschten Einsicht, als zu minder erschienen; und zudem als völlig unbrauchbar für jene Art von Ergebnis, das ihm als einzig befriedigendes erschien: nämlich das Zeitalter der Ideologien apodiktisch für verfehlt zu erklären und die Menschen von jeder wie auch immer gearteten ‚Weltanschauung' zu heilen – um ihnen schließlich die Wahrheit der ‚ersten Wirklichkeit' anzubieten.

Seine globale Verurteilung aller totalitären Staaten umfaßte natürlich auch den nationalsozialistischen; das Fehlen jeder konkreten Beschäftigung Doderers mit den Realitäten dieser Diktatur weist jedoch darauf hin, wie lang und in welchen Bereichen faschistoide Konstanten seines Charakters bei ihm weiterwirkten. Wegen der Schwammigkeit des Begriffes ‚Faschismus' ist das schwer zu umgrenzen; verschiedene Geisteshaltungen, die ihn dafür anfällig machten, seine Hoffnungen ausgerechnet in dieses Gewaltregime zu setzen, sind bereits deutlich gemacht worden.

Am unverständlichsten bleibt, daß er – der sich stets als ‚Moralisten' sah – nicht schlicht entsetzt war und, auf Theorien und spirituelle Höhen pfeifend, sich gegen das wandte, wovon er in Dachau mehr als genug sehen und hören mußte. Immerhin hätte er unbehindert die Flucht ergreifen und in Österreich warnen können. Die Reichsschrifttumskammer und seine Hoffnung auf einen Verlag als einzigen Grund für sein – diesfalls rein opportunistisches – Verbleiben zu sehen, ist zu billig: obwohl egoistische Motive in diesem Leben selten ein Schattendasein führten.

Immerhin bejubelte er später noch den ‚Anschluß' Österreichs und freute sich, daß Deutschland dem Völkerbund gegenüber so ‚energisch' auftrat. Auch liegt nahe, daß er und Gütersloh eine restliche Hoffnung nährten, das Dritte Reich könnte sich doch noch in jene Richtung entwickeln, die ihren ursprünglichen Erwartungen recht gäbe. Und vielleicht waren sie auch noch immer vom ‚Gröfaz' – dem größten Führer aller Zeiten – beeindruckt, von dem manche meinten, er sähe in seiner Gutartigkeit bloß nicht, wie schlecht in den niederen Parteihierarchien mit seinen hehren Ideen umgegangen würde.

Noch 1953 schrieb Doderer im Nachwort zum *letzten Abenteuer*, daß er zwei Diktaturen fallen gesehen habe: „die Koltschaks in Sibirien und jene des Doktor Dollfuß zu Wien"; die des Adolf Hitler glaubte er, aus der Sicht des Zweiten Weltkrieges schreibend, nur am Rande („Spital zum deutschen Geist") erwähnen zu müssen; und daß das austrofaschistische Regime keineswegs gefallen, sondern daß sein erster Führer von Nationalsozialisten ermordet worden war, gibt seiner Auseinandersetzung mit diesem Thema den Anstrich zumindest von Vagheit.

Seinen 41. Geburtstag verbrachte er wie manche andere Dachauer Nächte: er nahm nach der Sperrstunde irgendwelche Leute zum gemeinsamen Besäufnis in seine Wohnung mit, was ihn eine Woche später zur Bemerkung inspirierte, daß „die Menschwerdung in Dachau erst vollzogen wird, wenn der Spiegel des Alkohols über dem Scheitel steht [und] eine seltsame [. . .] Unter-Bier-Atmung eintreten kann, ich möchte sagen, mit den Kiemen des Säufers“[3].

Doch witzige Bemerkungen alleine genügten nicht, um sich wirklich über die Kläglichkeit des Zustandes zu erheben. Ein Teil des Ressentiments, das er gegen Deutschland entwickelte, ging auch darauf zurück, daß er hier bisher nur Mißerfolg erlebt hatte, statt wie der verlorene Sohn vom besten Verleger aufgenommen zu werden. So klingt eine Huldigung – im Tagebuch vom 13. September – an ‚entartete Künstler‘ fast trotzig, wobei er unter den „verehrten kühnen Meistern“ Juan Gris, Fernand Leger, Pablo Picasso und André Derain aufzählte. Vielleicht fürchtete er nun, nach einem Jahr vergeblicher Bemühungen, dasselbe Schicksal zu erleiden – wenn schon nicht verboten zu werden, so doch gänzlich unbrauchbar fürs Dritte Reich zu bleiben; und er listete eben – für solch ein Schicksal – tröstliche Beispiele auf (mit denen er sich später nie wieder beschäftigen sollte).

Aber der Widerstand gegen die Nazis wegen grober Mißachtung seines Werks blieb ihm erspart. Der treue Rolf Haybach hatte (wieder einmal) Heimos Anweisungen genau befolgt, also den Rat von Halil Beg Mussayassul ausgeführt und an den Beck-Verlag das Manuskript des *Umwegs* gesandt. Dort begeisterte sich der junge, erst seit einem Jahr im Verlag tätige Lektor Horst Wiemer für diesen Roman, dessen „kunstvolle Prosa“ ihm sagte, daß der Autor „kein Anfänger sein konnte“[4]. Haybach sandte auf einen Brief Wiemers weitere Informationen sowie die in seinem Verlag erschienenen Bücher Heimos und dazu – wie von Heimo gewünscht – einen deutlichen Hinweis auf *Die Dämonen der Ostmark;* außerdem gab er bekannt, daß der Autor ohnehin außerhalb von München lebe und telefonisch erreichbar sei.

So klingelte am 17. September bei Doderer in Dachau das diesmal enorm schicksalsträchtige Telefon und berief ihn zu seinem künftigen Verleger; oder zumindest zu dessen Lektor. Es war vielleicht das am längsten erwartete Ereignis seines Lebens, wobei Sehnsucht und Ehrgeiz, Zweifel und übersteigertes Selbstbewußtsein, Verzagen und Hoffnung gleichzeitig anklangen. Bevor er nach Schwabing in die Wilhelmstraße fuhr, schwankte er „zwischen einem vorgreifenden Illusionismus und einem hündischen Pessimismus (der dem Fatum etwas abbetteln möchte . . .)“[5].

Es ging tatsächlich ums Ganze: als Künstler leben zu können oder irgendwann endgültig den Boden unter den Füßen zu verlieren. In Horst Wiemers Büro stärkten ihn offensichtlich die Komplimente für den *Umweg;* außerdem sprachen sie über die *Dämonen der Ostmark* (die Wiemer spätestens in diesen Tagen kennengelernt haben mußte, da sie bereits eine Woche später in den Vertrag aufgenommen wurden). Dann ging es darum, wie man diesen neuen Autor (Wiemer: „Ich habe einen Dichter entdeckt!“) am besten ‚aufbauen‘ könnte – nämlich weder mit *Umweg* noch *Dämonen.* Worauf Doderer, wie er immer wieder gerne erzählte, eine Stunde lang auf- und abgehend, ein mündliches Exposé vom *Mord den jeder begeht* abgeliefert hätte. Diesem Bericht fügte er ganz stolz hinzu: „Ich habe das Buch ab Kopf verkauft!"

Dazu Wiemer: „Der *Mord* war eine Auftragsarbeit für den Verlag, auf Grund eines kurzen Exposés. Doderer erbat sich für die Niederschrift 12 Monate Zeit. Der Umfang wurde von ihm mit 400 Seiten angegeben. Das Manuskript war auf den Tag genau fertig, es hatte einen Umfang von 407 Seiten."[6] Tatsächlich lag, zur Zeit des ‚Auftrags', bereits mehr als ein Viertel des Textumfangs vor – Doderer war mitten im zweiten der vier Teile. Ob sich Horst Wiemer bereitwillig an Heimitos Legendenbildungen beteiligte oder es tatsächlich nicht besser wußte, bleibt ungeklärt.

Als Doderer in seinem letzten Lebensjahr über das Zustandekommen seines Verlagsvertrages mit C. H. Beck schrieb, gab er noch andere Legenden von sich, die vor allem nahelegen sollten, wie vollständig er sich bereits damals vom Nationalsozialismus abgewandt habe: „[Ich] hatte nach wenigen Wochen bereits ein Bild des literarischen Deutschland von 1936. Es war niederschmetternd." Zu Halil Beg Mussayassuls Rat bezüglich des Beck-Verlags schrieb er: „ich war zu ermüdet und zu vergraust von dem, was ich in Deutschland in dieser kurzen Zeit gesehen hatte". Und als hätte er Haybach nie dazu aufgefordert, C. H. Beck auf sein Hauptwerk hinzuweisen, versichterte er: „*Die Dämonen*, deren erster Teil im Manuskript fertig vorlag, wollte ich dem Verlag gar nicht zumuten. Dieses Buch wäre ja unter den damaligen Verhältnissen unpublizierbar gewesen." Damit gab er vor, sein Buch wäre schon damals als Kritik an den Nazis (oder zumindest am ‚totalen Staat') gemeint gewesen und daher nicht veröffentlichbar. Diese immer wieder zweckdienliche Verfälschung drapierte er mit der hübschen Erfindung einer „Pythia [. . .] im rückwärtigen Trakt des Verlagspalais", die Heinrich Beck eingeflüstert hätte, es kämen dermaleinst demokratische Zeiten, die dann endlich Doderers Werk zu würdigen wüßten.

Tatsächlich war (und ist) der Beck-Verlag nur zum geringsten Teil ein belletristischer Verlag; und selbst die allgemein-wissenschaftliche Abteilung machte nur einen Bruchteil der Verlagsaktivität aus. Das ganz sichere und sehr einträgliche Geschäft waren die juridischen Fachpublikationen, die Herausgabe aller neuen Gesetze und Novellen samt kommentierten Ausgaben; es handelte sich um ein altes und seriöses Unternehmen, auf dessen juridische Qualität Verlaß war. Nun auch unter den Nazis, die natürlich – in ihrer bürokratischen Legalitätssucht – eine unerhörte Flut von neuen Gesetzen, Novellen und Kommentaren erließen; der traditionelle Verlag für solche Erlässe blieb Beck. So wurde das altrenommierte Haus noch wohlhabender und entwickelte eine fast aristokratische Hochnäsigkeit – mit einer gediegen steifen Atmosphäre, die Doderer überaus schätzte.

Doch eine gegen die Nazis gerichtete ‚Pythia' war im Hause völlig unerwünscht; in der historischen Abteilung des Verlags hatte man zum Beispiel mehrere Werke über den Abessinienkrieg herausgebracht, darunter auch eines des Marschalls Pietro Badoglio, sowie ‚Die Faschistische Revolution' von Roberto Farinacci. Auch wenn der Geschäftserfolg vielleicht wichtiger war als die Überzeugungen: man ging mit der Zeit. Horst Wiemer hielt von Anfang an *Die Dämonen der Ostmark* für das wichtigste

Werk in Doderers Angebotspalette, und daß es eine Gesinnung versprach, die dem Regime angemessen war, konnte verlegerisch nur begrüßt werden. (Im Jahre 1938, als eben der *Mord* erschien, wurde im Verlagsalmanach ‚Der Aquädukt' auch eine Passage der – nicht ‚zugemuteten' – *Dämonen* abgedruckt; den zweiten Teil des Titels, nämlich: *der Ostmark*, hatte man zwar gestrichen, sprach in einer erklärenden Schlußnote aber ganz im alten Sinn von einem Werk, das sich „die Aufgabe stellt, Kräfte und Gegenkräfte österreichischer Geschichte im letzten Jahrzehnt vor der Erneuerung des Reichs gestaltend zu erfassen"[7]. Übrigens verwendete Horst Wiemer noch dreißig Jahre später ausschließlich das Wort ‚Reich', wenn er – etwa in Österreich – von Deutschland sprach.)

Nach dem Gespräch mit dem Lektor vergingen für Doderer qualvolle Tage: er wollte hoffen, er verbot sich zu hoffen, hatte übersteigerte Erfolgsvorstellungen und litt Qualen der Depression; die Unentschiedenheit der Lage trieb ihn zum Schnaps. Doch „am 23. September, Donnerstags, wurde nachmittags zwischen einem hervorragenden Verlage und mir ein Vertrag abgeschlossen, der eigentlich meine ganze Berufs-Tätigkeit in sich begreift, im besonderen jedoch die Verlagsrechte für drei Romane jenem Institute überträgt, wodurch Leben wie Arbeit zunächst für mich als gesichert erscheinen."[8] Das war schon keine Tagebucheintragung mehr, sondern eine möglichst formvollendete Mitteilung an die Nachwelt.

Am nächsten Tag wurde er noch dazu von Dr. Heinrich Beck in dessen Villa zum Souper eingeladen und war euphorisch wie ein eben noch Sterblicher, der sich plötzlich im Olymp findet. Es waren gerade einundzwanzig Jahre vergangen, seit er in Sibirien den Beschluß gefaßt hatte, Schriftsteller zu werden.

In der Einsamkeit des Hochsommers hatte er festgehalten: „In diesen Wachslichtern und halb verhüllten Gestalten der katholischen Kirchen liegt für mich eine ganz infernalische Erotik, in den Gewandfalten und der Demut dieser heiligen Frauen."[9]

Auf seine wirkliche heilige Frau traf er gerade in der ebenfalls infernalischen Woche während des Wartens auf die Entscheidung des Beck-Verlages. Am Dienstag, zwei Tage vor der erlösenden Vertragsunterzeichnung, ging er zur Vorstellung eines Wanderzirkus in Dachau und sah dort, unweit von ihm sitzend, das Profil einer Frau, die sich sehr still und ernst die komischen Elefanten ansah. „Ich liebte dieses kleine Mädchen auf den ersten Blick."[10]

Das ‚kleine Mädchen' war übrigens ein halbes Jahr älter als er. Doch eine Art mädchenhafter naiver Unschuld bewahrte sie sich im Gesichtsausdruck noch bis ins höhere Alter, etwas wie ländliche Sauberkeit und Anstand, wozu sich in den blankblauen Augen eine gehörige Portion realistischer Tüchtigkeit mischte: Gutartigkeit und erworbene Skepsis hielten einander in diesem ruhigen Gesicht die Waage. Elf Jahre später schrieb er über jenen ersten Anblick: „ich war damit vollkommen entschlossen, und auch zu jedem Mittel (und wirklich, ich hab' keines gescheut!)"[11].

„Wir begegneten uns das erstemal in einem Wanderzirkus und als er mich nach Hause begleitete gingen wir über eine Brücke worunter sich dunkles, geheimnisvolles

Moorwasser zog. Er faßte meinen Arm unter und in diesem Augenblick wußte ich: *das ist jetzt mein Schicksal!*“[12]

Diese Emmi Thoma – die erst von ihm ausschließlich mit ihrem zweiten Vornamen Maria benannt wurde, während sie für ihre Verwandten und Freunde stets die Emmi blieb – war am 27. März 1896 in Freising geboren worden. Ihr Vater war dort Postamtmann und hatte einen Cousin, der während Emmis Jugend gerade berühmt zu werden anfing: es war der besonders bayrische Dichter Ludwig Thoma. Verfeinert Kulturelles berichteten Emma Maria und die Familienlegende auch über die Mutter: sie sei in Venedig Erzieherin des Grafen Marin gewesen: Nachfahre des letzten Dogen und noch im Dogenpalast wohnhaft. Das ist für die Nachfahrin niederbayrischer Bauern, Müller und Posthalter sehr unwahrscheinlich: Erzieher(innen) im Dogenpalast waren anderen (und italienischen) Formats. Aber was immer sie dort gewesen war: sie hatte in Freising sehr Erstaunliches aus Venedig zu berichten; und das hieß, neben dem Wirken Ludwig Thomas gab es weitere kulturelle Aspirationen der Familie; oder anders: man wollte etwas Besseres sein.

Emma Maria, die älteste von vier Schwestern, wuchs damit auf; sehr früh wurde an ihr das Sprachtalent der Mutter diagnostiziert, auch die Begabung zu Gesang und Musik – und ebenso eifrig gefördert wie zur selben Zeit bei den Doderers, aber mit erheblichen finanziellen Einschränkungen. Statt aufs Gymnasium – was für Mädchen damals ohnehin kaum in Frage kam – schickte man sie auf die Höhere Töchterschule in Freising: dort lernte sie – statt Latein und Griechisch – Französisch und Italienisch, wobei sie letzteres statt Englisch wählte, um dem Weg der Mutter nach Italien zu folgen. Die Schule war streng; geprüft wurden die Mädchen – natürlich im Beisein ihrer Klosterschwestern – von Gymnasialprofessoren. Aber außer diesen Bildungsfächern lernten sie, was für Frauen als Wichtigstes galt: nämlich alles, was mit der Haushaltsführung zu tun hatte.

Aber so ganz ihre Sache war das nicht; ihr Klavierunterricht begeisterte sie mehr als der Haushalt (bei den Eltern gab es immerhin Dienstmädchen und Wäscherin; sie selber mußte nichts anrühren); und sie las sehr viel. Ihr Leben lang blieb Adalbert Stifter einer ihrer Lieblingsautoren (weshalb auch Doderers vulgärste Selbstkarikatur, Dr. Cajetan Döblinger, einen Artikel des Titels ‚Adalbert Stifter – ein Scheißkerl‘ verfaßte); und ganz besonders liebte sie den ‚Don Quijote‘. Dabei lebte sie in der ständigen Erwartung, eines Tages das familiäre Niveau übersteigen zu können.

Doch auch das Pragmatische kam nicht zu kurz: sie lernte Stenographie und Maschinschreiben, wobei die Eltern – ebenso wie beim Klavierunterricht – jede Stunde einzeln zahlen mußten: es gab noch keinerlei Erziehungsförderung. Auch die zweite Tochter erhielt die gleiche Ausbildung; bei den beiden Jüngeren war die Familie bereits finanziell überfordert: so daß die Kleinen dann ein erhebliches Ressentiment gegen die älteren Geschwister nährten. Anschließend an die Höhere Töchterschule wurde Emmi noch für ein Jahr in die Hauswirtschaftsschule der Englischen Fräulein in Altötting geschickt. Dort wurde sie nicht nur zur zünftigen Köchin, die zwar ihr Lebtag lang vorzüglich, aber nie gern kochte, wenn sie das nicht – etwa für Heimito –

tun mußte, sondern lernte auch Brot zu backen, was sich während des Zweiten Weltkriegs noch als sehr nützlich erwies, und sogar Käse herzustellen.

Und dann wollte auch sie, wie seinerzeit die Mutter, nach Italien; es war bereits geregelt, daß sie in Venedig einen Posten als Hausdame und Erzieherin bekommen sollte – doch gerade zu diesem Zeitpunkt trat Italien in den Ersten Weltkrieg (gegen Deutschland und Österreich-Ungarn) ein. Emmi arbeitete also, um eine Hoffnung ärmer, in einer bayrischen Brauereimaschinenfabrik und sollte die italienische und französische Korrespondenz erledigen, wovon während des Krieges allerdings nicht viel die Rede sein konnte, so daß sie zunehmend mit Buchhaltung und Zahlmahnungen beschäftigt wurde. Später wurde sie, weitgehend in Dachau, in einer großen Kolonialwarenhandlung Buchhalterin, aber auch Einkäuferin, Lagerkontrollorin – es interessierte sie alles und vor allem ihre Selbständigkeit bei Entscheidungen. Sie kannte sich gut aus: mit Zahlungen, Lieferungen, Bedingungen, Subkontrakten und was es da gab – das war ihre eminent praktische Seite.

Daß ihr der ‚Virginitätsblödsinn' (wie es seinerzeit bei Gusti geheißen hatte) bis ins zweiundvierzigste Lebensjahr erhalten geblieben war, ist kaum anzunehmen und weiter bedeutungslos. Doch vor Heimito war ihr nur ein Mann untergekommen, der sie wirklich betroffen gemacht hatte: und dieser war verheiratet gewesen. Die katholische – und weitgehend klösterliche – Erziehung wirkte sich bei ihr das ganze Leben lang aus: sie neigte sehr schnell zu verlegener Schamhaftigkeit – wie es heiligen Frauen im Sinne Heimitos entprach –; sie errötete sehr oft, in deutlicher Hilflosigkeit, und sei es einer Bemerkung wegen. Dabei trug sie, trotz des berechtigten Stolzes auf ihre berufliche Selbständigkeit, keinerlei offensiven Feminismus zur Schau (der Doderer natürlich sofort in die Flucht geschlagen hätte). Sie war schwierig im Sinn eines sehr verletzlichen Selbstbewußtseins, das sie ab der Kindheit – etwa bei groben Bemerkungen des Vaters – sehr schnell zum Weinen brachte; und sie war sehr einfach durch Nachgiebigkeit und Güte.

Bei Emmis Zusammentreffen mit Heimito – dort in Bayern, wo niemand etwas von ‚Heimo' wußte, begann endlich die Durchsetzung seines vollen Vornamens – traf vieles zusammen: sie hatte in der Familie am Beispiel Ludwig Thomas erlebt, wie ein Schriftsteller das vorgegebene familiäre Niveau verlassen und übertreffen konnte. Ähnliches in irgendeiner Weise selbst zu tun war ihr ein dauerhaftes Bedürfnis gewesen; und zudem war sie, nach damaligen Begriffen, mit fast zweiundvierzig Jahren reichlich ‚überstandig'. Da tauchte nun auf: ein Schriftsteller, Aristokrat und Weltmann – sich so darzustellen konnte dem geübten Poseur nicht schwergefallen sein, vor allem in seiner Beck-Euphorie.

Und wenn er gerade jetzt keine Zeugin für seinen bisher größten Triumph gehabt hätte: wie schal wären die selbstbestätigenden Schnäpse geworden? Ob ihm ‚Maria', abgesehen von der willig ergriffenen Gelegenheit, anfangs wirklich etwas Besonderes bedeutet hat, ist anzuzweifeln; in den *Commentarii* fand er sie noch sehr lange keiner Erwähnung wert. Nur im Notizbuch war nach gut vierzehn Tagen der Erfolg mit einem ‚apud me' (bei mir) verzeichnet – was unter so katholischen Vorzeichen doch recht schnell gegangen war. Das neben dem Datum – 6. Oktober – stehende „Mart[yrium] d. hl. E[mma]" läßt jedoch noch keineswegs, wie später deutlich wird, auf die ‚volle Prozedur' schließen: er empfand sie als so ‚keusch' und sich als so ‚böse' (und betonte es auch immer wieder), daß auch im sogenannten Normalbereich sein zwanghaftes Rollenspiel bereits vorgegeben war – was eben die Besonderheit Marias in seinem Leben ausmachte.

Am wichtigsten war ihm nun die Fertigstellung des *Mords*, wofür er keineswegs, wie Wiemer in seinen Erinnerungen geschrieben hatte, zwölf Monate zur Verfügung hatte: das Buch sollte im kommenden Herbst erscheinen und mußte daher spätestens bis Ende Frühling fertiggestellt sein. Doch angefeuert war er jetzt genug; und erhielt außer der ‚Rente' seiner Mutter nun auch vom Verlag monatlich hundert Reichsmark, wofür er sich sofort einen neuen blauen Tisch kaufte, um seine ‚reizende Werkstatt' bunter zu machen (auch ein roter Jagdfrack hing neben den Köchern und Pfeilen an der Wand) – mit einem Mal gefiel ihm alles wieder; ob er sich erst jetzt eine Bedienerin (‚Zugehfrau') leistete oder schon vorher eine hatte, ist nicht festgehalten.

Für den Roman unternahm er auch eine Reise: er besichtigte in Reutlingen die Gurteweberei Ebhausen, wobei ihm deren Besitzer, Walter Schickhardt, alle Anlagen und Maschinen genau erklärte und ihm überhaupt liebenswürdigst den ganzen Tag – mit Automobil – zur Verfügung stand. Am nächsten Tag war er dann in Lauffen am Neckar, um jenen kleinen Berg – Ringwall – zu besteigen, durch den der Eisenbahntunnel des Romans führt, und maß genau, wie lange der Zug zum Durchfahren brauchte: ganze fünfundzwanzig Sekunden. Auch den nächsten Tag verbrachte er – ‚nach der Natur' schreibend – am Tunnel und holte schließlich vom Fahrdienstleiter die Genehmigung ein, mit dem Streckenwärter hindurchgehen zu dürfen, was er am folgenden Tag auch dreimal tat: das war, mit neuem Selbstbewußtsein gesetzt, die erste pedantische Manifestation seines ‚Naturalismus', die für den Roman selbst eigentlich ohne Belang war.

Dann nahm ihn die Romanarbeit in Dachau so in Anspruch, daß er am 13. November sogar die *Commentarii* einstellte. Dennoch leistete er sich zu Weihnachten eine Unterbrechung: er fuhr für eine Woche nach Wien, wobei er nicht in der Stammgasse wohnte, sondern bei einer Freundin Gabys in der Sterngasse ein Zimmer nahm. Von einer Abneigung gegen Österreich und Wien – wie in der beginnenden Dachauer Zeit – war nun keine Rede mehr: er fand alles liebenswert und schön und ließ sich, als der bereits von künftigem Ruhm Umglänzte, gern die ganze Woche lang im Verwandtschafts- und Freundeskreis herumreichen. Am Tag vor Silvester fuhr er noch nach Salzburg, um Gütersloh zu besuchen, der seit einiger Zeit dort wohnte; Doderer logierte im Hotel ‚Europa'.

Darauf ging die Arbeit in Dachau weiter.

Zur selben Zeit bereitete sich Österreichs Untergang vor. Der Bundeskanzler Dr. Kurt Schuschnigg hatte jahrelang und bis zuletzt jede innenpolitische Allianz – von den Sozialdemokraten bis Dr. Otto Habsburg – gegen Hitler-Deutschland entschieden abgelehnt, sich jedoch alleine im Taktieren mit den Nazis als zu schwach erwiesen. Als letzten Ausweg kündigte er am 9. 3. 1938 eine Volksabstimmung über die Unabhängigkeit Österreichs an, die bereits in vier Tagen stattfinden sollte; darauf kam sofort Hitlers Ultimatum: entweder Absetzung der Volksabstimmung (deren Ausgang den ‚Gröfaz' offensichtlich sehr beunruhigte) oder Einmarsch der deutschen Truppen. Schuschnigg gab nach und ließ sich am 11. 3. von Hitler und Göring zum Rücktritt drängen, „weil wir um keinen Preis, auch in dieser Stunde nicht, deutsches Blut zu vergiessen gesonnen sind". Bereits am nächsten Morgen um halb sechs marschierten die Deutschen ein – jetzt bereits, um einer befreundeten Naziregierung unter Seyss-Inquart ‚Beistand' zu leisten.

Bei diesem Anlaß zeigt sich wieder, wie schwer Doderers politische Stellung zu beurteilen ist. Bereits im Sommer vergangenen Jahres hatte er seiner Schwester Astri geschrieben, „dass sich meine „Weltanschauung" eigentlich nie geändert, sondern nur allmählich *herausgeschält* hat, wie ich heute erkenne. Ich hatte im Grunde 1916 keine andere als 1926 oder 1936. Nur geriet ich *zweimal* mit ihr sozusagen an die falsche Adresse: einmal 1921 und ebenso 1933. Mit beidem hab' ich heute nichts mehr gemein." Das klingt so eindeutig, daß die Sache als beendet angesehen werden könnte; und auch das Rätsel 1921 löste er verblüffend: „ich bin hier [in Dachau] *eben so* überflüssig, wie in der Wickenburggasse".

Aber zehn Tage nach dem Einmarsch schrieb er an Scharmitzer: „Nun, Dein Glück jetzt kann ich mir so ungefähr vorstellen!" und erklärte ihm dann, wie er den Wiedereintritt in die Partei – unter Bewahrung der alten Nummer – zu bewerkstelligen hätte; unterschrieben mit „Sieg heil! – Heimito"[13]. Und ein paar Tage später schrieb er noch an Rolf Haybach: „Die Ereignisse von der Monatsmitte hatten auf mich eine sehr eigentümliche Wirkung. Irgendwie schien mir mit diesem Geschehen die Flut des Positiven in der Welt wieder zu steigen, so dass sie auch mich, der ich auf dem besten Wege war, ein alter Granthefen zu werden, wieder emporhob, wie einst die Wasser des weiland Noah Arche. Tatsächlich zeigt meine Arbeits-Statistik der zweiten Hälfte März einen Hochstand der Leistung [. . .] Dein Bub soll Dir im historischen Schulatlas die Karte zeigen „Deutschland im 11. Jahrhundert", sie schaut aus, als ob sie 14 Tage alt wär'!"[14]

Da stand nicht nur Heinrich von Srbik Pate: was immer Doderer in Deutschland enttäuscht hatte, begrüßte er nun für Österreich. Er hatte zwar seine – ‚magische' – Vision des Dritten Reichs verloren und damit den Anspruch oder die Hoffnung, vom Dichterischen her direkt auf die Politik einzuwirken, aber er war nicht zum ausschließlichen Gegner mutiert. Er betonte – schon im Herbst 1937 – mehrfach, jetzt ein ‚Zeitalter im Zustande geminderter Wirklichkeit' zu erleben, was im Verlaufe seiner schriftlichen Selbstgespräche zum Synonym für den ‚totalen Staat' und die ‚zweite Wirklichkeit' werden sollte: aber er hatte nach wie vor keine Position außerhalb des Dritten Reichs, sondern sah seine ‚spirituellen' Überlegungen als die Grundlage, die ihn zu Urteil und Korrektur befähigte. Damit stand er – für sich selbst – gewissermaßen über der Sache und hielt sich für berechtigt, Spreu vom

Weizen zu trennen – zu Bier und Weißwürsten, was während des *Mords* seine übliche Ernährung war.

Noch stärker war die Wirkung des ‚Anschlusses' auf Gütersloh, der bereits am 13. März an Doderer nach Dachau schrieb: „Nun ist alles so gekommen, wie wirs gewünscht haben, ich habe die Legitimität, dessen was ich nur entworfen und zusammengedichtet habe, von der Geschichte bestätigt erhalten. Der Führer *ist* der Kommissar, wie ich ihn gesehen habe, ja in Linz sprach er von dem „Auftrage", den er in seiner Jugend erhalten hat. – Lieber Freund, nicht meine Feder ist schlecht, sondern die Hand bebt mir, ich habe fast keinen Schlaf seit Tagen, ich bin ein Stück des brüllenden, erlöst umherziehenden Volkes [. . .] Ich grüße Sie mit: Heil Hitler!" Und dem schloß er gar noch ein Befreiungsgedicht an:

„Nun steigt in allen Wurzeln deutsches Blut!
Der ganze Garten wieder blutwarm ruht!" – etc.

Haybach wurde nach dem ‚Anschluß' Kommissarischer Leiter der Österreichischen Kunststelle[15], dank seiner Verbindungen zum ‚Kampfbund'. Und der Pate so vieler Großdeutscher, nämlich Heinrich von Srbik, wurde Präsident der Akademie der Wissenschaften in Österreich sowie Reichstagsabgeordneter in Berlin. Beiden sollte noch das Grauen kommen, als aus ihren Organisationen – hie wie dort – immer mehr Mitglieder aus rassischen Gründen verschwanden; und beide versuchten erfolglos, dies zu verhindern.

Am 5. April meldete Doderer aus Dachau an Gaby die Fertigstellung des dritten Teils seines Romans: „Für den Finalsatz bleibt nun die Zeit bis gegen Ende Mai; dies ist reichlich." Fünf Tage vorher, am 1. April, waren die ersten 150 Gefangenen aus Österreich im Dachauer Konzentrationslager am andern Ende der Stadt eingetroffen: Sozialdemokraten und Kommunisten, die direkt aus dem ‚Anhaltelager' Wöllersdorf übernommen worden waren, aber auch Regierungsmitglieder, Beamte, Journalisten – wer immer den neuen Machthabern als unliebsam galt. Es ist unwahrscheinlich, daß Doderer davon erfuhr; vielleicht hätte es ihn doch schockiert – und noch mehr, daß unter den Hundertfünfzig auch drei Personen waren, die er persönlich kannte: Dr. Rudolf Kalmar, der Chefredakteuer des ‚Wiener Tag', in dem Heimo seinerzeit am meisten publiziert hatte, Viktor Matejka, mit dem er gemeinsam Geschichte studiert hatte, sowie Dr. Theodor Hornbostel, der als höchster Beamter des Außenministeriums den Kanzler Schuschnigg immer wieder (vergeblich) zu einem härteren antideutschen Kurs zu drängen versucht hatte – er war der ‚Teddy Honnegger' aus den *Dämonen*, einst ein Freund von Ernő Hauer. (Die beiden Söhne des ermordeten Thronfolgers Franz Ferdinand, Dr. Max und Ernst Hohenberg, wurden am 2. April in Dachau eingeliefert; bis Juni folgten noch über 1200 weitere Österreicher, größtenteils jüdischer Abstammung.)

In diesem Lager war zwar damals – bei immerhin schon gleicher Menschenverachtung – die Vernichtungsmaschinerie in großem Maßstab noch nicht im Gang, dafür wurden schon seit längerem die bestialischen – sogenannten ‚wissenschaftlichen' – Versuche mit Häftlingen durchgeführt: wie lange jemand in so und so verdünnter

Luft zum Sterben brauche, in so und so kaltem Wasser zum Erfrieren und ähnliches mehr, zur Information des Reichsführers-SS, Heinrich Himmler. „Die deutsche Wissenschaft war auf die Henker gekommen", nannte das Dr. Rudolf Kalmar in seinen Erinnerungen an die fast siebenjährige Haft in Dachau.[16]

Doderers Arbeitsstätte war nicht einmal drei Kilometer davon entfernt; mit manchen der Henker saß er wohl im selben Wirtshaus.

Mitte April fuhr er zu einer letzten ‚naturalistischen' Recherche für seinen Roman nach Berlin, wo er im ‚Württemberger Hof' abstieg, kam aber nach wenigen Tagen wieder zum ‚Finalsatz' und nach Dachau zurück. Seine Schlußanstrengung für den *Mord* wurde nun tatsächlich gewaltig: er schrieb die mehr als achtzig Buchseiten des letzten Teils in rund fünf Wochen. Dabei konnte er auch Maria nicht mehr so oft sehen, wie er wollte, und schrieb ihr entschuldigend, daß er ihr auch „in diesem schweren Ringen [. . .] immer nahe" sei[17]. Als er am 17. Mai gegen vier Uhr nachmittags – vorher immer wieder von Bier und Weißwürsten unterstützt – fertig wurde, empfand er sich körperlich und nervlich im schlimmsten Erschöpfungszustand seines Lebens. Mit Maria, die ihn später besuchen kam, konnte er nicht einmal mehr länger reden, sondern schlief einfach ein.

Vier Tage später war er bereits wieder frisch in München unterwegs, wo seine Mutter eingetroffen war; und blieb dann im Juni recht unternehmungslustig – im ‚Hofgarten', im ‚Ziegelerkeller' oder auch im Café ‚Theresia'. Natürlich bestärkte ihn die als gelungen empfundene Beendigung seines Romans und wohl auch bald das Lob und die Zustimmung vom Beck-Verlag, der ihm nun noch den einleitenden Beitrag zum Verlagsalmanach ‚Der Aquädukt' antrug, was Heimito natürlich gerne annahm: er beschrieb mit wohlgemuter Gespreiztheit den Werdegang des Schriftstellers, wobei er gewissermaßen sein Leben als Metapher vorstellte. Im Verlag war er auch schon während der Romanarbeit öfter auf Besuch gewesen: sein Verhältnis zur Lektorin Dr. Luise Laporte sowie zu Horst Wiemer wurde zunehmend herzlicher, er fühlte sich bei Beck immer besser aufgehoben und war stolz darauf.

Doch beschäftigte ihn, daß er – trotz Maria – nicht länger in Dachau bleiben wollte; er schwankte zwischen Wien, München und Salzburg (wo Gütersloh noch immer wohnte), empfand aber seine Unentschlossenheit nicht als unangenehm. Da fand dann Gaby – fast genau zwei Jahre, nachdem sie dies schon in Dachau getan hatte – eine Wohnung in Wien, was den Ausschlag gab; Ende August, nachdem er die Arbeit an den Korrekturfahnen und dem nachfolgenden Umbruch des Buches abgeschlossen hatte, packte er, machte einen letzten Besuch beim Verlag und kehrte Anfang September nach Wien zurück.

21. Auguste versus Heimito

Was Gütersloh unterdessen erlebt hatte, entbehrte – bei allem Ungemach, das damit über ihn hereinbach – nicht der Ironie. Er wollte seine Begeisterung über den Anschluß möglichst schnell in die klingende Münze einer Parteimitgliedschaft umsetzen, was natürlich, wie in jedem anderen Fall, zur Untersuchung seiner Person führte. Auf Grund seiner seinerzeitigen Tätigkeit mit Franz Blei – der Herausgabe der Zeitschrift ‚Die Rettung' – wurde er als ehemals kommunistischer Schriftsteller eingestuft, der sich dann unter Dollfuß und Schuschnigg dem klerikalen Lager zugewandt hätte – also sei seine ‚politische Zuverlässigkeit' keineswegs gegeben.

Damit war aber nicht nur sein Parteieintritt abgelehnt worden, sondern man stellte auch fest, daß er als Lehrer an der Kunstgewerbeschule durch ‚schlechte' pädagogische Führung und ebenso ‚schlechte' künstlerische Leitung eine Klasse von Schülern zustande gebracht habe, deren Arbeiten weitgehend als ‚Kunstentartung' zu beurteilen seien. Daher kam auch sein Verbleib an der Schule nicht mehr in Betracht: er wurde fristlos entlassen. Und während er (ohnehin vergeblich) wenigstens um eine kleine Pension kämpfte, wurde auch – allerdings weniger überraschend – seine Mitgliedschaft in der Reichskunstkammer abgelehnt, was praktisch einem Berufsverbot gleichkam; somit war er nun selbst ein brotloser ‚entarteter' Künstler – und, als letzte Folge dieses versuchten Parteieintritts, jederzeit vom Arbeitsdienst bedroht.

„Zerspellt auch seine Feder an dem Eiseshauche, der gleich einer Marmorsäule aus dem Maule des Nichts fährt, so ist er an einer unmöglichen physischen Bedingung gescheitert, dem Märtyrer ähnlich, der, zwar unsterblich nach dem Ratschluße Gottes, dennoch durch des Teufels hohle Faust, durch den Tod, hindurch muß, anders er der Märtyrer nicht wäre“[1], wie es in einem seiner zahlreichen pathetischen Briefe an Doderer in Dachau heißt; gemeint war er selbst als nun ‚verfolgter' Schriftsteller.

Daß er und Doderer dann, mit knallharten Nazistiefeln auftretend, die Wohnung in der Buchfeldgasse ‚arisiert' hätten, wurde später zu einem variantenreich wiederholten Gerücht – noch bis heute in Publikationen verbreitet, obwohl blank erfunden.[2] Die ‚wilden' Arisierungen – und keineswegs nur durch Parteimitglieder – hatten bereits in der Nacht vom 11. zum 12. März begonnen und schnell ein breites und furchtbares Maß von Raub, Erpressung und Erniedrigung in ganz Wien angenommen, es war eine plündernde Willkür gegen jüdische Nachbarn, Anwälte, Geschäftsleute – fand aber auch so großen Widerhall in der internationalen Presse, daß es sogar den Nazis peinlich wurde. Vor allem aber entdeckten sie, angesichts dieser vielfachen privaten Bereicherung, sehr schnell, wieviel ihrem Staat und der Partei hier an Vermögenswerten entging, und wollten gewissermaßen das Geschäft so rasch wie möglich selbst übernehmen. Bereits am 28. April verkündete Josef Bürckel, der aus der Pfalz gesandte Gauleiter und ‚Reichskommissar für die Wiedervereinigung', daß „die Arisierung in Wien ab heute durch mich persönlich geleitet wird“. Die Bürokratisierung und ‚Legalisierung' – eben die Schaffung der ‚gesetzlichen' Grundlagen – ging dann ungemein schnell vor sich: bereits am 18. Mai wurde zur Abwicklung der ‚Arisierung' sowie der ‚Entjudung der Wirtschaft' die ‚Vermögensverkehrsstelle' im Ministerium für Wirtschaft und Arbeit eingerichtet und nahm ihre Arbeit auf.[3]

Das war einen Tag nach der Fertigstellung des *Mords* in Dachau; bis Doderer Anfang September nach Wien kam, gab es längst keine ‚wilden' Arisierungen mehr. Vor allem aber konnte die Wohnung in der Buchfeldgasse gar nicht – und sei es über die Partei ‚legalisiert' – arisiert worden sein, da die vormalige Wohnungsinhaberin keine Jüdin gewesen war. Es handelte sich um die – durch ausdrucksreiche Portraits bekannte – Malerin Trude (Schmidl-) Waehner, die den Kommunisten nahestand, den Nationalsozialismus verabscheute, mit Recht das Schlimmste befürchtete und daher bereits im Frühling floh (wobei sie angeblich sogar durch den Rhein schwamm, um der Grenzkontrolle zu entgehen; später gelang ihr von der Schweiz die Emigration in die USA). Ihre Wohnung hatte sie selber, nach ihrer Heirat mit Graf Szekely, als Atelier in den Dachboden hineingebaut; das Haus gehörte ihrer Familie.

Nach ihrer Flucht wurde diese Wohnung in einer Annonce zum Vermieten angeboten, wobei sich Gaby Murad, ihre Freundin Britta Blumencron und der Studienkollege Edmund Schüller entschlossen, das Atelier gemeinsam zu mieten. Dieses traten sie dann bei Heimos Rückkehr an ihn ab; er war das ganze Jahr noch nicht in Österreich gewesen und brauchte sich auf diese Weise auch bei seiner Ankunft am 1. September um nichts zu kümmern; bereits am 2. September meldete er sich polizeilich in der Buchfeldgasse 6, Tür 13, an. Für den Hauseigentümer unterschrieb stellvertretend die Hausmeisterin Leopoldine Kresswaritzky (spätere Engelbrecher), jedoch auch für den Wohnungsgeber: sie schrieb ‚Kresswaritzky f. Gabriele', was am ehesten damit zu erklären ist, daß ihr der Name Murad nicht einfiel. Und der bei der angeblichen ‚Arisierung' hinter Doderer stehende Gütersloh war noch in Salzburg und wußte gar nichts von seinem baldigen Einzug an der dortigen Adresse. Auch ging es bei dem späteren Prozeß um die Wohnung – als Trude Schmidl-Waehner bereits zurückgekehrt war – nur um den geltend gemachten Eigenbedarf des Ateliers wegen künstlerischer Auftragsarbeiten der Malerin, die Doderer dafür eine andere Wohnung im selben Haus anbot, was er schließlich annahm.

Bei seinem Einzug war Doderer, wohl wegen der Kosten der Übersiedlung, gänzlich pleite, so daß er nach seinem Geburtstag – am 5. September, wozu er höchst erfreut ein Glückwunschtelegramm vom Verlag empfing – gleich auf den Riegelhof weiterfuhr, wo ihn die Erholung vor allem nichts kostete. Auf dem Weg von Dachau nach Wien hatte er auf einen ursprünglich geplanten Besuch bei Gütersloh in Salzburg verzichtet, da dieser Schwierigkeiten mit seiner Gastgeberin, Frau von Nusko, hatte (sie war eine Freundin seiner geliebten Milena). So bot ihm Doderer brieflich an, in das geräumige ‚Atelier' zu ihm zu ziehen, was Gütersloh auch – noch während Doderers Aufenthalt in der Prein – in Anspruch nahm.

Die große Dachwohnung – in der Josefstadt knapp hinter dem Rathaus – war leicht in zwei Einheiten zu trennen. Wenn man von der Stiege her, neben dem Dachboden, ins Vorzimmer kam, gab es links eine kleine Küche mit Herd und Abwasch, rechts ein Bad mit WC – das waren die gemeinsamen Einrichtungen. Gegenüber dem Eingang ins Vorzimmer waren zwei Türen; die rechte führte in zwei Räume mit jeweils nur einem Fenster in die entgegengesetzten Richtungen Kahlenberg und Justizpalast; in die Wand, welche die beiden Zimmer trennte, war ein halbrunder Bauernofen eingebaut, der nach beiden Seiten wärmte: dort hauste Gütersloh. Durch die linke Tür kam man – im Finstern über einen Balken steigend – in ein kleineres fensterloses Vorzimmer, das bald vollgerumpelt mit Kisten und Koffern, alten Schuhen und unbrauchbarem Hausrat sowie leeren Flaschen war; und von dort wieder in zwei aufeinanderfolgende Räume: das erste war Heimitos Wohnzimmer, im nächsten hatte er einen unterm Fenster eingebauten Schreibtisch sowie sein Bett. Hier lagen die Fenster in der Dachschräge; er sah in die Richtung der Kirche Maria Treu.

Aus der Buchfeldgasse schrieb Gütersloh am Tag nach seinem Einzug an Doderer Überlegungen zu einer möglichen Emigration, der er allerdings entgegenhielt, daß ihm „die Bedrohung der deutschen Substanz die innerste oder Kernfestung vorstellt", was hieß, daß er diese in der Zukunft zu verteidigen hätte: „Nicht nur also, daß ich, wie nur allzu begreiflich, in meinem Vaterlande bleiben will, mir scheint auch, daß ich's müßte, daß eben jene Volksgemeinschaft, die mich entbehren zu können glaubt, weil die olympische Luft, die die Undankbaren athmen, von den Ahnen her noch vorhält, des neuen Odem schaffenden Flügelschlages noch einmal dringend bedürfen wird."[4] Er schwebte also weiterhin über der ‚Lerchenzone' und dem Deutschtum entgegen, um es für die Undankbaren zu retten. „Unter uns ist somit Alles gesagt. Wie sagt man's dem Aeropag der versammelten, zu morastiger Marmelade eingedämpften Haybachs?"

Daß Doderer in diesem Fall zu seinem Meister stand und einen ‚entarteten Künstler' als seinen Untermieter aufnahm, ist sicherlich als weitere – auch ‚politische' – Standortbestimmung seiner selbst zu werten. Diese war nun zunehmend gegen die Nazis und ihre Praktiken gerichtet, aber noch nicht gegen die Handlungen des Deutschen Reichs in der internationalen Politik. Was aber – bei den meisten Wienern und wohl auch bei Doderer – gründlich hinzukam, war eine gar nicht politisch motivierte Verärgerung über die ‚Piefkes' und ihre vielfache taktlose Selbstherrlichkeit gegenüber den schlappen Ostmärkern.

Den ersten Schritt zur Anpassung ans Reich hatte noch Schuschniggs Regierung gesetzt, als sie mit Jahresbeginn die österreichische Linksfahrordnung auf rechts umgestellt hatte. Doch dann erwarteten sich die ‚angeschlossenen' Österreicher eine Art Sonderstellung, als würden sie verdienstlos dafür belohnt, in der engeren Heimat des ‚Gröfaz' geboren worden zu sein. Statt dessen kam ein Heer deutscher Bürokraten und Parteibonzen, um hier alles gründlich umzukrempeln; die politische Zuverlässigkeit der Einheimischen galt noch als längst nicht erwiesen. Manche freilich bemühten sich, durch besondere Brutalität dieses reichsdeutsche Vorurteil zu widerlegen, was vielleicht die hohe Zahl österreichischer Erfüllungsgehilfen und Schergen der schlimmsten Naziverbrechen erklärt.

Viele aber wurden nach alteingesessener Art und oft auch neben ihrer Bewunderung fürs Dritte Reich – man ließ sich von Kraftakten ja doch imponieren – einfach zunehmend grantiger: daß die altvertrauten gelben Briefkästen abmontiert und durch die roten der Reichspost ersetzt wurden, war irgendwie außerhalb des Vorstellungsbereichs gelegen gewesen und kränkte jetzt: auch so wurde man wieder etwas mehr österreichisch statt deutsch; selbst in der Partei. Noch sichtbarer war jedoch eine besondere Art von ‚Plünderung': die besuchenden Volksgenossen aus dem ‚Altreich' kauften hier wild auf, was in Deutschland bereits Mangelware war – von Butter bis zu Textilien: es wurde nicht der endlich und verzweifelt erwartete Wohlstand, sondern weitere Knappheit importiert. Dafür füllten die Deutschen einen sehr langen Zug mit den Goldreserven der Österreichischen Nationalbank; als ihn der Salzburger Fahrdienstleiter in Richtung Berlin abfertigen mußte, hatte er auf dem Perron Tränen hilfoser Wut in den Augen[5].

Auch die ‚Arisierung' brachte für jene großen Teile der Bevölkerung, die sich dabei nicht persönlich bereichert hatten, weitere Nachteile – von rund einhundert Großhandelsfirmen in Wien blieben 1938 nur noch fünfzehn bestehen, was sich sowohl auf die Versorgung der Stadt wie auch auf die Arbeitsplätze auswirkte. Es kam zu einem allgemeinen Ansteigen der Preise, die schließlich erheblich über jenen des ‚Altreichs' lagen, während die Österreicher jedoch weniger verdienten. So entstand bald der spöttische Spruch (wozu erklärt werden muß, daß in St. Marx die Schlachthöfe lagen und sich in Schwechat eine der größten Brauereien befand):

Wien ohne Wein,
St. Marx ohne Schwein,
Schwechat ohne Bier,
Führer, wir danken dir!

[Albrecht Reif] „wurde, im Jahr 38, nach der Besetzung Österreichs, in der Favoritenstraße bei Nacht von einem Norddeutschen kurz und schnarrend um eine Auskunft ersucht: statt einer Antwort gab er dem Mann eine ungeheure Ohrfeige, und lief davon. Er reagierte gewissermaßen vertretungsweise an Stelle der Österreicher, die sich das nicht trauten", berichtete Doderer – allerdings vierundzwanzig Jahre post festum.[6]

Von Gusti, mit der er nominell noch immer verheiratet war, und der Familie Hasterlik wußte und hörte er vorläufig nichts.

Die Mutter Irma war unterdessen gestorben; der zweiundsiebzigjährige Dr. Paul Hasterlik fühlte sich zu alt, um in ein fremdes Land zu gehen, obwohl er sich kaum Illusionen über die Zukunft im Deutschen Reich machte. Aber er rechnete damit, wenigstens noch kurze Zeit in Frieden und vertrauter Umgebung leben zu können – mit seiner letzten großen Liebe, der vierzigjährigen Lilli. Doch das war bald nur noch im Untergrund möglich: die Wohnung in der Wickenburggasse war, samt einem Großteil seiner Bildersammlung, vom Dienstmädchen ‚übernommen' worden.

Seinen Töchtern war das Ausmaß der Bedrohung absolut klar, und so gern sie den Vater mitgenommen hätten oder weiterhin hofften, ihn später nachkommen lassen zu können, versuchten sie doch von Anfang an entschlossen, vor allem selbst zu emigrieren, was aber ständig schwieriger wurde. Mia hatte schließlich Glück, sie kam als ‚Haushälterin' zu einer Freundin Sarah Churchills nach Kensington, konnte dorthin aber nur ihre jüngere Tochter Julia nachkommen lassen, die jedoch unterwegs in der Schweiz schwer an Kinderlähmung erkrankte und in einer Klinik bleiben mußte. Die ältere Tochter Susi heiratete in ihrer Verzweiflung – sie war rund achtzehn Jahre alt – einen sehr viel älteren und ihr unbekannten Farmer in Kenia, der sie gewissermaßen kaufte, indem er ihr die Ausreise aus Österreich und die Fahrt nach Afrika ermöglichte.

Gusti versuchte sehr realistisch, sich weitere Qualifikationen zu erwerben, um irgendwo als brauchbar zu erscheinen; zu ihrem Klavierspiel und der Praxis als Zahnarztassistentin begann sie ausgerechnet am Tag des Einmarsches der Deutschen – am 12. März – noch einen Säuglingspflegekurs, den sie am 21. Juli 1938 beendete. Während dieser Zeit versuchte sie unentwegt, ein Visum für irgendein Land zu bekommen, wobei sie sich zuerst vor allem durch eine in London lebende australische Bekannte um ein Visum und Bürgschaften für Australien bemühte.

„Ich bin sicher, daß Sie gar nicht begreifen können, was in meinem Land vorgeht. [. . .] Wir sind völlig überzeugt, daß es in sehr kurzer Zeit Juden nicht mehr gestattet sein wird, in Deutschland zu leben. Das Tempo, mit dem man sie aus Österreich vertreibt, ist noch viel höher als in Deutschland [. . .] Und ich denke, daß Europa bereits mit Flüchtlingen überfüllt ist, ebenso wie nun bereits ein Teil Amerikas [. . .] Bitte glauben Sie meinen Worten, auch wenn es Ihnen undenkbar erscheint, aber ab dem Augenblick, da wir die Grenze überschreiten, sind wir nichts als Bettler." Und am Ende dieses (englisch geschriebenen) Briefes vom 24. Juni 1938 fügte sie ihren Qualifikationen noch hinzu, wie gut sie Süßigkeiten zu bereiten verstände, „which, I think, is likely to be a good job".

Doch auch die Hoffnung auf Australien zerschlug sich; ihre Verzweiflung wuchs. Da erhielt sie endlich zu ihrer großen Erleichterung Hilfe und eine Bürgschaft für ein Visum in die USA; doch als bereits alles geregelt erschien, stellte sich im letzten Augenblick heraus, daß noch eine kleine Formalität fehlte: die schriftliche Zustimmung – schlicht: eine Unterschrift – ihres Ehemannes. Daraufhin wandte sie sich, während Heimo im September auf dem Riegelhof war, an seinen Anwalt, der ihr aus der Familie bekannt war – Dr. Heinz Müller, ein ehemaliger Verehrer Astris, die ihn nur als ‚Löwenkatzi' titulierte; und dieser setzte sich mit Heimo in Verbindung.

Was dann geschah, teilte Doderer seiner Maria in Bayern jubelnd mit: „Daß die Scheidung in Ordnung kommen dürfte, freut mich sehr. Meine gewesene Frau gedenkt – wie mir mein Rechtsanwalt vor einigen Tagen schrieb – nach Amerika (USA) zu übersiedeln. Dazu braucht sie (von der amerikan. Behörde) meine Einwilligung . . ." Und mit erheblichem Triumph stellte er sich endlich als energischen Mann dar, der verlangt hatte, daß Gusti auf die „Bedingung rascher und einverständlicher

Liquidierung [der Ehe]" eingehen müsse; nur dann würde er ihr „im nachhinein" seine Einwilligung geben – obwohl auch ihm klar sein mußte, daß sie diese als geschiedene Frau dann gar nicht mehr brauchte.[7]

Er benützte also ihre Notlage, um die Scheidung zu erpressen – die ihm auch nach einer ‚böswilligen Entfernung' – wie Juristen ihre Flucht genannt hätten – ohne Schwierigkeiten zugesprochen worden wäre, obendrein bei einer Jüdin und noch dazu vor einem Nazi-Gericht. Durch die Verweigerung seiner Unterschrift mußte sie noch ein halbes Jahr warten, ständig gefährdet. Und am schlimmsten für sie war die Ungewißheit, ob nach dem Ablauf dieser Frist die Reise nach Amerika überhaupt noch möglich sein würde.

Um ihre Wut und Demütigung nicht bloß als Hilflosigkeit erleben zu müssen, reichte nun sie ihrerseits eine Klage auf Trennung der Ehe ein: da Doderer nie für ihren Unterhalt gesorgt und sie bloß beschimpft und mißhandelt habe.

Und während Gusti wartete, kam es zur ‚Reichskristallnacht'. Am 7. November hatte der erst siebzehnjährige Herschel Grynszpan aus Empörung über das Schicksal seiner Verwandten, die von der Gestapo aus Hannover nach fünfundzwanzig Jahren Ansässigkeit an die polnische Grenze abgeschoben worden waren, aber nicht nach Polen durften (wie viele Tausende), in der deutschen Botschaft in Paris den Legationssekretär Ernst von Rath mit fünf Schüssen schwer verletzt. Dieser starb zwei Tage später, was Hitler, gerade bei einer Feier der ‚alten Kameraden', um 21 Uhr im Münchener Hotel ‚Vier Jahreszeiten' erfuhr. Er ergriff sofort die Gelegenheit, um nun die ‚Entjudung' mit voller Härte – durch scheinbar spontane Empörung der Bevölkerung – durchzuführen. Die Organisation überließ er Goebbels, gab aber die eindeutige Instruktion, daß Massenaktionen gegen die Juden von der Partei weder zu verantworten noch zu verhindern seien.

Bis spätestens Mitternacht waren alle Gauleitungen instruiert, wie sie ‚spontan' vorzugehen hatten. In Wien übermittelte der Leiter des Gestaporeferats für Juden, Dr. Lange, der SS noch in derselben Nacht eine Liste aller Synagogen und Bethäuser, die dann am Vormittag des 10. November systematisch zerstört wurden, teilweise unter dem Kommando von Otto Skorzeny, der später für die Befreiung Mussolinis bekannt wurde und letztlich als Freund und Geschäftspartner des Generalísimo Francisco Franco in Madrid bis ins hohe Alter zu Reichtum und Ehren kam. Die Rollkommandos fuhren in nur drei Stunden alle angegebenen Adressen ab, häuften Torarollen und zertrümmerte Holzbänke und warfen Handgranaten hinein; zweiundvierzig Synagogen und Bethäuser wurden total zerstört. Die Anteilnahme der Schaulustigen, die sehr wohl bemerkten, daß die Feuerwehr nur die umliegenden Häuser vor einem Übergreifen der Brände schützte, war zynisch bis begeistert. Verschont wurde nur die von Josef Kornhäusel erbaute Synagoge in der Seitenstettengasse, doch keineswegs aus Respekt vor der Architektur, sondern um die Archive der Israelitischen Kultusgemeinde im Nebengebäude für die Gestapo unbeschädigt zu bewahren.

Gleichzeitig wurden rund sechseinhalbtausend wohlhabendere Juden inhaftiert, von denen 3700 bereits drei Tage später nach Dachau abtransportiert wurden; Tausende weitere Wohnungen (der Inhaftierten) wurden ‚arisiert', die Einrichtungen, Kunstgegenstände und Schmuck vorläufig in den Parteilokalen – hauptsächlich der SA – gespeichert. Besonders vehement, weil von jeder Art von Gesindel und Verbrechern unterstützt, fiel die Zerstörung und Plünderung jüdischer Geschäfte aus, die von der SA unter striktem Verbot, dabei die Uniform zu tragen, begonnen und angestachelt wurde: diesmal vielleicht noch erniedrigender und brutaler als nach dem Anschluß (was Doderer noch nicht miterlebt hatte, während er jetzt mehr als genug sehen konnte) – damals hatte man Juden gezwungen, ausgerechnet die Schuschnigg-Parolen von den Gehsteigen zu waschen, während spöttelnde Menschengruppen herumstanden.

Nach diesem Pogrom des 10. November schien aller Welt klar zu sein, was Hitler mit den Juden vorhatte: ihnen alles zu nehmen und sie dann zu vertreiben. Diese relativ harmlose Version der eigentlichen Wahrheit rief allgemeines Entsetzen hervor und schwächte erstmals Chamberlains Appeasement-Politik gegenüber Hitler; den Opfern half das vorläufig wenig (allerdings erhöhte England dann seine Aufnahmequote für Flüchtlinge).[8] Am Tag nach diesen furchtbaren Ausschreitungen widmete sich Doderer in seinem Tagebuch bloß Überlegungen zur Periodizität nach Swoboda, um herauszufinden, ob hier die Ursache für seine ‚schlimmen Tage' zu finden sei.

Vierzehn Tage nach der ‚Reichskristallnacht' – bei der Gerichtsverhandlung am 25. November – akzeptierte Gusti, daß die Schuldfrage zurückgestellt und die Ehe allein auf Grund „der Aufhebung der häuslichen Gemeinschaft seit mehr als drei Jahren" geschieden wurde – „Im Names des Deutschen Volkes!".[9] Doderer wartete, wohl aus Angst vor einem Zusammentreffen mit ihr, das Verhandlungsergebnis in einem kleinen Café in der Nähe ab.

Dann mußte Gusti nochmals warten: bis das Urteil am 2. Februar 1939 rechtskräftig wurde. Und jetzt erst war sie frei – zur Flucht ums Leben. Immerhin war ihr gelungen, das von Gütersloh gemalte Portrait ihres Vaters sowie einen Bösendorfer aus der elterlichen Wohnung zu retten und nach New York mitzunehmen; dort versuchte sie, sich mit Klavierstunden über Wasser zu halten. Daß sie Heimerles Briefe nicht als Reliquien mitnahm, sondern verbrannte, ist zu verstehen.

Ungefähr zur selben Zeit gelang auch Motesiczkys Schwester Marie-Louise mit ihrer Mutter die Ausreise nach Holland; und später von dort die – endgültig bleibende – Emigration nach England. Mote selbst, der schon seit langem keinerlei Kontakt zu Heimo hatte, war gerade aus Norwegen gekommen und blieb in der Villa Todesco in der Hinterbrühl, mit dem Argument: „Wer wird Widerstand leisten, wenn alle gehen?" – was entschlossener klang, als es eigentlich gemeint war, aber dennoch letale Folgen hatte.

Wenn Heimo nicht mit dem Geld in der Tasche auftreten konnte, das er seinem (doppelten) aristokratischen Stand für angemessen hielt, fand er die Einschränkung erniedrigend; und dieses Jahr geschah ihm das häufig. Schon während der Fertigstellung des *Mords* in Dachau war er mit den Bezügen der Mutter und des Verlags nicht ausgekommen, vielleicht weil er bei seinen Besuchen in München als endlich ‚kommender' Schriftsteller nobler Abkunft zu großzügig spendiert hatte. Jedenfalls war das ‚Mümlein' oder ‚Häsel', wie er die Mutter in den Briefen nannte, verärgert und wollte den ständigen Forderungen ihres zweiundvierzigjährigen Jüngsten nicht ständig widerspruchslos nachkommen.

Nur durch einen Brief an Astri, in dem er sie um Vermittlung bat, weil es um sein wichtigstes Werk und die gesamte Zukunft gehe, hatte er damals noch etwas Geld herausreißen können. Bei seinem Aufenthalt in der Prein dürfte er versucht haben, diesen still gewachsenen Groll der Mutter zu besänftigen – wozu er, wie bei den Geliebten, nur über das Mittel der babyhaften Zärtelsprache verfügte. Ob die alte Dame so entzückt war, als ‚Flaumbauchi' bezeichnet zu werden, sei dahingestellt. Ende September wurde von ihr der Haushalt auf dem Riegelhof aufgelöst, wobei ihr am liebsten war, dabei nicht durch Familienmitglieder behindert zu werden; die rüstige kleine Alte fuhr daraufhin nach München und Meran.

Heimo kehrte in die noch kaum benutzte Wohnung in der Buchfeldgasse, jedoch vor allem zum Meister zurück, der ihn dringend erwartete, um gemeinsam auszuloten, was die Tiefen nun zu geben hätten. Doch zum Tiefgang kam es nicht, da kleinliche Ärgernisse alles verstörten: Doderers drei Koffer mit Frachtgut aus Dachau waren noch immer nicht angekommen; er haßte es, in ständig nur einem Anzug auftreten zu können, verfiel in Depression und äußerte Maria gegenüber auch den Verdacht, daß Gütersloh und er eventuell aneinander vorbeiredeten, was für ihn immerhin eine der schlimmsten Diagnosen des Zeitalters war.

Zudem hatte er Angst vor einem möglichen Krieg. Vom 1. bis 10. Oktober besetzten deutsche Truppen das Sudetenland, das die im Stich gelassene Tschechoslowakei – der einzige durchgehend demokratische Nachfolgestaat Österreich-Ungarns – aufgrund internationaler und ‚friedenserhaltender' Vereinbarungen hatte abtreten müssen; dafür ‚garantierten' die sogenannten Großmächte die Souveränität der ‚Rest-Tschechoslowakei' im Falle eines ‚nicht provozierten' Angriffs.

Heimito hatte Maria zu einem Besuch des ihr unbekannten Wien eingeladen – gerade damals wurde es von den Nazis zum sogenannten Großwien gemacht, dem umgebende Gebiete Niederösterreichs ‚angeschlossen' wurden –, fühlte sich aber zu bedrückt, um einen guten Gastgeber abgeben zu können, und teilte ihr das mit. Außerdem kam vom Verlag in München vorläufig keine ‚Gage' mehr, da der literarische Direktor zum Wehrdienst einberufen worden war; damit war Heimito wieder ausschließlich auf die Mutter angewiesen und fürchtete wohl, nicht so freizügig sein zu können, wie er gerne auftrat. Worauf ihn Maria, die mittlerweile in ein uraltes Häuslein im Zentrum von Landshut übersiedelt war, dorthin einlud.

Ausnahmsweise reagierte er spontan und traf bereits am 13. Oktober in Landshut ein. Er wußte von ihrer fürsorglich guten Art (immerhin erinnerte sie ihn an die ‚heilige' Karoline Nohel seiner Jugend in der Stammgasse) – und sie ‚stieg nicht in seinen

Fluß': was schlicht hieß, daß sie, W oder Weib bleibend, seinen sexuellen Anspruch nicht verstörte, sondern durch liebevoll unterwürfige Keuschheit reizte. Zugleich konnte er sich ihrer, die im praktischen Leben mit skeptischer Klugheit verankert war, nie ganz sicher sein – was seine übliche Verachtung eines Ws, das ihm nur untertan war, hintanhielt. Dazu kam der durch Kirchenbesuche geförderte Reiz zum Martyrium, was er sich aber noch lang nicht einzugestehen traute. Ans Ufer kommend und heraussteigend, war er gern Pascha; hier in Landshut wurde er umsorgt, wie es nicht einmal in der Kindheit zuhause so persönlich stattgefunden hatte; und wie es Gusti gar nicht gekonnt und gewollt hätte, weil ihr Ideal eines Zusammenlebens völlig anders war.

Kleinbürgerliche Ordnung – nicht als Abstraktum, sondern als sauber funktionierende Wohnverhältnisse –, zudem gepaart mit Warmherzigkeit und Liebe, war etwas, das Doderer kaum je erlebt hatte, es sei denn unter den Dienstboten im Elternhaus. Seither hatte er sich von so einfachen Glücksmöglichkeiten durch seine Prätentionen extrem weit entfernt.

Bei Maria und dem dazugehörigen Reiz ihrer keuschen Heiligkeit fühlte er Sehnsüchte, die er gar nicht durchschauen konnte, weil seine zwanghaften Sphären mit inbegriffen waren. Hier packte ihn eine Erregung, die mehr umfaßte als sein eigenes Verständnis dafür. Seine eher ungehemmte Begehrlichkeit stieß weniger auf Widerstand als auf verlegene Scheu: und er stilisierte sich selber – in den Briefen – zum bösen unersättlichen ‚Eichkätzl', das die keusche Maria immer bedränge. Dazu zeichnete er, neben Herzen und Flammen der Liebe, ab nun und nicht untalentiert diese ‚Eichkätzln', die ihrer Unverschämtheit wegen bestraft werden müßten. Natürlich saßen sie höchst possierlich auf seinem Briefpapier; er selber avancierte in der Unterschrift vom Kätzl zum Kater, und Maria wurde zur sanften verehrungswürdigen Mienzi. Die Zärtel- und Tändelsprache – mit ‚keuschen Fusserln' und ‚1000 Pussi' (nur mit P wirklich ernst gemeint) – gehörte selbstverständlich dazu.

Ebenso brauchte die bayrische Anständigkeit auch die Möglichkeit einer Hochzeit, was durch die ‚in Ordnung kommende' Scheidung immerhin realistischer wurde. Jedenfalls legte er Wert darauf, sein Verhältnis nicht als versteckter Liebhaber zu absolvieren, sondern als ernsthafter Anwärter auf ihre Hand aufzutreten und die Schwestern und weitere Verwandtschaft kennenzulernen – und sei es, um Maria selbst in dieser Hinsicht zu beruhigen. Einige Tage ihres Urlaubs – den Maria sich für Wien genommen hatte – verbrachten sie in einer Mühle in Diemanskirchen, wobei ihn das ständige Rollen an die Druckerei in der Buchfeldgasse erinnerte, deren Vibrationen durch alle vier Stockwerke hinaufdrangen.

Der Höhepunkt seines Aufenthalts und das für ihn wichtigste Ereignis des Jahres 1938 war aber zweifellos das Erscheinen des *Mords*. Als ihm der Verlag das erste Exemplar – gemeinsam mit dem Almanach ‚Der Aquädukt' – nach Landshut schickte, waren seit der Veröffentlichung seines letzten Buchs – *Der Fall Gütersloh* – acht Jahre vergangen, in denen sein Ehrgeiz, zumindest bis zum Vertrag mit Beck, empfindlich wenig Stützen gefunden hatte. Jetzt sein Werk an Mienzis Seite auspacken und die erste Buchwidmung schreiben zu können, muß ihm eine tiefe Wohltat gewesen sein. Wenige Tage später fuhr er nach München, um diesen Genuß im Verlag fortzusetzen; dort hatte er eine Liste hinterlegt, wer aller ein Buch bekommen sollte – darunter auch seine Cousine Marion Dubois in Berlin. Sie war nichts ahnend für die ‚Marion' im *Mord* Modell gestanden und hatte deshalb aus Vorsicht den ‚Aquädukt' bekommen – teilte ihm aber postwendend mit, daß sie sein Buch ungelesen in den Ofen geworfen hätte und weiterhin nichts mit ihm zu tun haben wolle.

Marias Urlaub war nun zu Ende, und nach den beiden Tagen in München fuhr er nach Dachau weiter und wohnte dort in seinem alten ‚Atelier'. Die Bemerkung, daß sich Milo gerade im Badezimmer rasiere, weist darauf hin, daß dieser Heimitos ehemalige Wohnung übernommen hatte. Jedenfalls blieb Doderer gut eine Woche lang – bis Anfang November – dort, wobei er außer Milo auch noch den Maler Richard Graefe traf; gemeinsam besuchten sie die Gaststätten, an die er sich gern erinnerte.

Wie wichtig ihm damals noch werden konnte, was Hitler zu sagen hatte, geht aus seinem Skizzenbuch hervor, darin er in eiligster Schrift sechs Seiten mit Zitaten der Rede füllte, die am 26. Oktober vom Rundfunk übertragen wurde. Bereits am 21. – nur elf Tage nach Abschluß der Besetzung des Sudentenlands – hatte Hitler seinen Generalstab informiert, daß die militärische Zerschlagung der ‚Rest-Tschechoslowakei' zu planen sei (wie dies am 15. März 1939 auch geschah). Nun bereitete er, durch die monströse Aufbauschung sogenannter Provokationen, denen die Deutschen im tschechischen Gebiet ausgesetzt wären, die Bevölkerung auf den nächsten Schlag vor: „Deutsche Geduld kommt zu Ende!" und „Deutsche zu Deutschland, *jetzt und sofort!*" schrieb Doderer brav mit.[10] Vielleicht hoffte er für die Zukunft auf ein etwas heiligeres Reich, als es das jetzige war, und wollte wenigstens dafür die Einheit aller Deutschen hergestellt wissen.

Gerade um dieses Jahr 1938 zirkulieren die verschiedensten Gerüchte über Doderers Distanzierung von der Partei: er sei ausgetreten, er habe sich nicht mehr als Mitglied führen lassen, er habe sein Parteibuch verbrannt und dergleichen. Davon ist, außer der teilweisen inneren Distanzierung, gar nichts wahr, ob nun die Angaben von Doderer selbst, von allzu wohlmeinenden Freunden oder schlicht von Fehlinformierten stammen. Es gibt bis zum Kriegsende keine einzige Zeile von ihm, die irgendwelche Überlegungen zu einem Parteiaustritt andeuten würde (bei aller späteren Kritik am ‚totalen Staat'). Dafür jedoch existiert – vom Frühjahr 1939 – das Dokument seiner Ummeldung von der Ortsgruppe Dachau zur Ortsgruppe Wien[11], wozu er sich am 18. März bei Maria für die „getane Besorgung" bei der Ortsgruppe bedankte und den Ummelde-Schein beilegte[12].

Daß sein innerlicher Abstand zur Partei ab der Desillusionierung im Jahr 1936 zunahm, ist unleugbar. Doch sein damaliges Anliegen – nämlich möglichst sicher und bald Mitglied der Reichsschrifttumskammer zu werden und zu bleiben, bestand völlig unverändert weiter. Jedes öffentliche Abrücken von der Partei oder gar ein Austritt hätte zerstört, was er nun sehr stolz und zufrieden vor sich sah: seine Karriere als Schriftsteller. Ein Berufs- und Publikationsverbot, das durch den Ausschluß aus der

Reichsschrifttumskammer automatisch erfolgt wäre (und wie es den Meister sehr unfreiwillig betroffen hatte), war gewiß das letzte, was er für sich gewünscht hätte. Auch als – ab 1940 – seine innere Emigration immer deutlicher wurde, hütete er sich sehr gründlich, äußerliche Zeichen zu setzen, die als Widerstand gedeutet hätten werden können. Ob zu dem Ehrgeiz, seine Publikationen nicht zu gefährden, auch persönliche Ängstlichkeit hinzukam, ist eine müßige Überlegung, da er den in Frage stehenden Schritt eines Parteiaustritts ja gar nicht erwogen hat.

22. Die erste Wirklichkeit

Wenn Doderer und Gütersloh einander bei dem kleinen Gaskocher in ihrer Küche begegneten, so versuchte einer den andern mit floskelhafter Höflichkeit zu überbieten: „Herr Doktor, gestatten Sie bitte –", „Herr Professor, würden Sie mir bitte erlauben, Ihren Löffel zu benützen" und dazu noch tausend Entschuldigungen; das wurde in allerlei Kreisen Wiens mit Vergnügen persifliert[1].

Ebenso bekannt wurde ein besonders überraschendes Gespräch solcher Art: Doderer fragte beim verehrten Herrn Professor an, ob er sich etwas ausborgen dürfe – „Also bitte, Herr Doktor, ich stehe ganz zu Ihrer Verfügung! Womit darf ich Ihnen dienlich sein?" – „Herr Professor, ich bitte untertänigst um eine Ihrer Romanfiguren!" Es handelte sich um den verschrobenen und pedantischen Amtsrat Julius Zihal, der zur Hauptfigur des Romans *Die erleuchteten Fenster* wurde; Gütersloh hatte ihn, gewissermaßen mit Verbeugung, an Doderer abgetreten.

Im Grunde war Doderer in der Zeit seit seiner Rückkehr nach Österreich nicht sonderlich produktiv; wie öfters bei einem solchen Stand der Dinge wich er ins Tagebuch aus, wo sich die Überlegungen über die Sprache, über die geminderte Wirklichkeit der gegenwärtigen Umwelt und das ‚zweite' Leben immer mehr ausdehnten. In diesen Texten ist Gütersloh indirekt aber ständig spürbar: es handelte sich teilweise um die Fortsetzung gemeinsamer Diskussionen, die nicht selten auch im ‚Piaristenkeller' stattfanden, und Doderers Sprache zeigte den Einfluß der Geschraubtheit des Meisters; sie wurde, wie der Draht einer Glühbirne, doppelt statt einfach gewendelt.

Beiden ging es darum, die Deckung von Mythos und Wirklichkeit wieder zur ausschließlichen Domäne der Kunst, der dichterischen Sprache zu machen: doch in Opposition zur ganzen Welt der politischen ‚Bewegung', die jetzt aus dem ‚magischen' Bereich wiederum verstoßen werden mußte. Das heißt: es galt einmal mehr, die ganze Ebene des Zweckdienlichen, Wirtschaftlichen und Rationalen zu verlassen, wobei nun jedoch die entlarvte Politik zu diesen (immer wieder ‚liberalen') Untugenden gehörte, statt wie vorher als Befreierin davon aufzutreten. Jetzt war sie ein Teil der anderen ‚geminderten Wirklichkeiten', deren Gesamtheit – das Nichts – den totalen Staat definiert.

Wahrheit und Wirklichkeit gab es für Doderer und Gütersloh jetzt nur noch in der Kunst und in der Sprache: wenn diese denselben spirituellen Kriterien entstammten, die sie früher für ihre anderen Absichten aufgestellt hatten. Nun erörterten sie, unermüdlich um Definitionen ringend, die ethische Dimension des geschriebenen Worts, der künstlerischen Schöpfung. Dabei wurde für Doderer später immer deutlicher, daß mit der ‚Wahrheit' der ‚richtigen' Kunst – also seiner – der eigentliche Widerstand gegen die durch Politik geschaffene ‚falsche' Welt geleistet werde – als vorausschauendes Denken, als allgemein verbindlicher und beispielhafter Weg. Schließlich hielt er sich für einen, der das Naziregime an den eigentlichen Wurzeln bekämpft hätte: womit er bei den überlebenden Opfern des Terrors auf so wenig Verständnis stieß wie bei jenen, die tatsächlich unter Einsatz ihres Lebens diese Diktatur bekämpft hatten. Wenn diese meinten, er habe sich doch nur um seine Kunst gekümmert, reagierte er mit verblüffter Kränkung.

Zu Beginn dieser Entwicklung seiner Theorien kreisten seine Gedanken langsam, schwerfällig und gründlich um die immer selben Themen und lösten eine Krise aus, die seine Kunst tatsächlich in ihrem empfindlichsten Punkt traf: er wußte nicht mehr, wie er sein Hauptwerk ‚DD' weiterentwickeln sollte. Daß das alte Konzept, nämlich welche Zerreißproben die Juden in der Gesellschaft der Ostmark vor der Auferstehung des Reichs ausgelöst hätten, nicht mehr verfolgbar war, entsprach tatsächlich immer mehr seiner Einsicht. Übrigens meinte er Maria gegenüber, der er im Winter seine drei früheren Bücher geschickt hatte, daß die Nazis die *Bresche* als ‚entartete' Kunst bezeichnen würden; daher solle sie das Buch, welches er übrigens nach wie vor als ‚gelungen' hinstellte, keinesfalls aus der Hand geben.

Trotz seines rücksichtslosen Egoismus im Falle Gustis stimmte seine spätere – gesprächsweise oft wiederholte – Behauptung, er hätte jüdische Bekannte gewarnt, ihnen zur Emigration zugeredet (tatsächlich konnten sich viele einfach nicht vorstellen, was da wirklich auf sie zukam), und in einem Fall scheint er auch wirklich, zumindest durch Bestätigung einer Lüge, geholfen zu haben. Mehr ist darüber nicht bekannt, doch schrieb er am 27. Mai 1947 an Maria: „[Ich] krieg Pakete aus Amerika von einem vortrefflichen alten jüdischen Ehepaar, denen ich 1938/39 hier in der Not, selbst schwindelnd, schwindeln geholfen habe."

Doch läßt sich daraus kein eindeutiges Ende seines Antisemitismus ableiten; während er sicher nicht befürwortete, daß die Nazis schließlich mit einer kalt ausgeklügelten Vernichtungsmaschinerie gegen die Juden vorgingen, blieb ihm, wie er im Tagebuch festhielt, diese ‚Rasse' doch der Inbegriff der ‚geminderten Wirklichkeit' (mehr nach Weininger als nach Hitler), gewissermaßen am Gegenpol des Schriftstellers in seinem Sinn angesiedelt: da dieser einen geradezu privilegierten Zugang zu Wahrheit und Wirklichkeit hatte, wie es Doderer für sich selber vorschrieb, während er allerdings einem erheblichen Teil seiner Umwelt als jemand erschien, dessen Beziehung zur Realität gestört bis verzerrend war.

Was er für die letzten Jahre diagnostizierte, tauchte im Tagebuch unter ‚m.p.' und ‚morbus p.' auf – am ehesten ‚morbus politicus': die Politisierung der Menschen (und seiner selbst) als Krankheit aufgefaßt. Sich auf die Sprache – wie ein späterer Titel lautete: als *Kernfestung der Wirklichkeit* – zurückzuziehen, galt ihm als die persönliche Heilung von diesem ‚morbus'. Und dessen Analyse führte ihn langsam wieder an die *Dämonen* heran. Am 10. Dezember 1938 schrieb er ins Tagebuch: „Ich ahne heute bereits das wahre Thema von DD: der Wunsch, die Welt wirklicher zu machen, stürmt (und doch schwächlich) hinaus, um dort zu tun, was hier innen vermieden wird; und sie reissen diese Menschen am Ende von jeder Wirklichkeit ganz ab und es beginnt der Absturz in m.p., welch letzterer Zustand von mir als *eine* der Metastasen erkannt wird, ein Zustand der Heillosigkeit . . ."[2]

Damals wollte er nicht länger in Wien bleiben, sondern überlegte eine neuerliche Übersiedlung, etwa nach München, aber auch nach Landshut oder Italien und – nach der ‚Zerschlagung der Rest-Tschechoslowakei' – sogar nach Prag. In Wien hoffte er bloß die Grundlagen für die weitere Arbeit an den *Dämonen* zu finden; aber dazu war die erahnte neue Theorie doch noch zu unausgegoren und vage. Deshalb war er in seiner Arbeit blockiert – wofür er jedoch die ihn umgebenden Zustände verantwortlich machte.

Die Realien für *Die erleuchteten Fenster* hatte er bereits seit Herbst 1938 vor den Augen: ungeahnte Einblicke in Zimmer, deren Bewohnerinnen sich nicht beobachtet wähnten; die Beschreibung jener Wohnung, in die der Amtsrat Zihal nach seiner Pensionierung umzog, stimmt fast genau mit Doderers Teil des Ateliers in der Buchfeldgasse überein. Wegen der Fenster, die Ausblick in verschiedene Richtungen gewährten, sowie der Möglichkeit, hinaus aufs Dach zu steigen (was er auch tat, um sich zu sonnen), empfand er sich wie auf einem Turm; außerdem überragte dieser höchste und vorspringende Teil des Gebäudes die Nachbarhäuser. Wenn er kein Licht machte, vermutete man dort – zwischen Feuermauern und Schornsteinen – keinen Beobachter.

Diese alte Jugendgewohnheit des Voyeurismus nahm er diesmal gemeinsam mit Edmund Schüller auf – der vielleicht die Gelegenheit dazu schon entdeckt hatte, als er das Atelier noch gemeinsam mit Gaby Murad und Britta Blumencron benützt hatte. Der angehende Mediziner, ein junger schlanker Mann, war jedem Unfug so wenig wie dem Alkohol abgeneigt und wurde rasch zu einem besonderen Kumpan Heimitos: im Gespräch wie bei der Aktion. Von Gaby borgten sie sich einen Tubus aus – ein ausziehbares Fernrohr, das ihr Großvater 1866 im Preußisch-Österreichischen Krieg benutzt hatte –, und dann begann die planmäßige Beobachtung der in Frage kommenden Fenster.[3]

Doderer tat dies natürlich im Namen seines ‚Naturalismus': er präsentierte für Edmund und Gaby die Notwendigkeit der regelmäßigen Überwachung aller erleuchteten Fenster als etwas, das mehr oder weniger seinem Besuch des Tunnels für den *Mord* gleichzustellen wäre. Damit war, auch für den jungen Schüller, ein quasi künstlerischer Vorwand zur Begeilung gegeben, die obendrein durchaus ironisch behandelt wurde.

Ob Doderer gleich an einen kleinen Roman dachte, ist fraglich; in den *Tangenten* gab er – allerdings nachträglich – an, es habe sich zuerst um ein wohl zum Tagebuch gehöriges Manuskript des Titels *Galimathiae XXI* gehandelt; was aber auch, gerade in jenem etwas kafkaesken Abschnitt der Tagebücher mit dem Titel *Das kahle Zimmer*, eine literarische Fiktion gewesen sein kann[4]. Edmund Schüller berichtete, daß ihm Doderer bereits während ihrer Beobachtungen das Manuskript *De Spectationibus Libri Quindecim* überreicht hätte, mit Kapiteln wie: „De Tubibus, De Phantasmagoria, De Sororibus Lesbicis [. . .] Wir haben jeden Abend geschaut. Der jeweilige Beobachter mit dem Glas war verpflichtet, die gewonnenen Eindrücke laut und vernehmlich dem unbewaffneten Auges vor Ungeduld zappelnden Partner zu schildern."[3]

Zur langsamen Gestaltung der von Gütersloh ‚ausgeborgten' Figur des alternden Amtsrates Zihal, welcher pedantische Listen der numerierten ‚Nachtgestirne' anfertigte, mit Zeittabellen maximaler Trefferquoten, kam dann noch jener – sowohl von Doderer wie Schüller beschriebene – Zufall, daß einige beim Rechtsverlag Manz bestellte Bücher bei Doderer eintrafen, die „in 8 ganze Druckbogen der Dienstpragmatik des k.k. Finanzministeriums, Ausgabe von 1914" gehüllt waren. Und noch dazu gerade, als Doderer sie für seinen Amtsrat schon dringend brauchte. Da er solche ‚schicksalsgemäße' Zufälligkeiten für bedeutsam hielt – sie waren als Gegenteil vom landläufigen Zufall das, was einem zurecht zufällt – und da es zudem etwas schwer vorstellbar ist, daß er tatsächlich eine größere Anzahl juridischer Fachwerke der Manz'schen Verlagsbuchhandlung benötigte, ist die Glaubwürdigkeit des Berichts der beiden Herren eher einzuschränken.

Jedenfalls spielt die k.k. Dienstpragmatik in dem kleinen Roman eine nicht geringe Rolle. Und die ganze Entstehungsgeschichte samt den dazugehörigen Quellen stellte die Grundlage einer neuen Haltung und Sprache Doderers dar: sie unterscheidet sich (auch abgesehen von den Gütersloh'schen Krausungen) erheblich von jener des *Mords* und weist erstmals jene skurrile Pedanterie und kauzige Ironie auf, die, bei häufig augenzwinkernder Anbiederung an den Leser – „unser Amtsrat" –, ab nun für lange, wenn auch variantenreich, Doderers Trademark bleiben sollte. Sprachliche Altertümelei samt kuriosem Latein – „Et quid susurrant vermes?" (Was flüstern die Würmer?) – sollten eine intime Atmosphäre zwischen einem gescheiten Autor und seinen einsichtsvollen Lesern schaffen; und erst die so erzeugte Stimmung ergab dann das ‚gemeinsame' Vergnügen, einer wohlig ausgebreiteten Geschichte in all ihre Windungen zu folgen, als hätte der Leser das Vorzugsrecht eines launigen Gesprächs mit seinem Autor.

In dieser Hinsicht stellt gerade das nicht sehr bekannte Werk *Die erleuchteten Fenster* die Erarbeitung der Mittel für die nachfolgenden Erfolge dar (übrigens wurde das Buch, sehr viel später und wohl durch seine Mischung bürokratischer und sexueller Zwangsvorstellungen, in Japan tatsächlich ein Bestseller). Neben diesen – je nach Sichtweise – Tricks oder Fundamentalia seiner Erzählweise ging es ihm um die ‚Menschwerdung': gar nicht nur des Amtsrates, sondern als Konzept schlechthin. Sie steht als Chiffre für das, was er unter ‚zweitem Leben' und ähnlichen Theorien schon oft überlegt hatte – wie man über schicksalshafte ‚Umwege' endlich zu sich selber kommt, in einer ‚ersten Wirklichkeit'. Man könnte dafür schlichter sagen: wie einer zu einem unverfälschten Begriff dessen kommt, wer er eigentlich ist. Doch für Doderer wäre diese Erklärung mißverständlich gewesen, da sie auch eine rein psychologische Deutung zuläßt. In seiner Sicht hingegen war der ‚Umweg' eine theologische Aufgabe im Detail des Lebens und bedurfte, um zu einem glücklichen Ausgang zu führen, letztlich der Gnade. Daß die Gnade für Zihal endlich Rosl Oplatek hieß, verstellt den Blick darauf, daß Doderer hier, sehr sorgfältig versteckt, vielleicht auch die Heilung vom ‚morbus politicus' meinte – und sich selber als (besonders geheimen) Autor des Widerstands sah.

„Er hatte im Ganzen ohne Sensationen gelebt, war wohl auch geduldig und jahrelang in der eigenen Leere gesessen wie in einer stillen Pfütze, die den Himmel spiegelt ohne zu ahnen, daß es der Himmel ist . . ."[6] Diese Beschreibung des Amtsrates Julius Zihal ist ebenso klar wie berückend: und gerade darin – lyrisch statt analysierend – kam sich Doderer nun selber immer näher; die Metapher diente ihm besser als die Psychologie. Er überzeugte durch Bilder von treffender Vorstellungskraft, wo andere Schriftsteller unter dem Einfluß der Psychoanalyse zu krasseren Darstellungen gekommen wären. Statt von der Ersatzbefriedigung des frustrierten Witwers Zihal zu sprechen, der wenigstens im Amt seine Macht durch uneingeschränkte Pedanterie ausüben wollte, feierte Doderer eine geradezu mythische ‚Amtswürde'; und daß in der ‚stillen Pfütze der eigenen Leere' Unappetitlicheres geschehen könnte als Himmelsspiegelungen, müßte ihn die eigene Erfahrung gelehrt haben.

Mit dem *Zihal* fängt etwas an, das bei der *Strudlhofstiege* – während des Kriegs in Frankreich begonnen – leichter verständlich ist: bei dem letzteren Werk ist es weitgehend um die Wiedergewinnung einer untergegangenen Welt gegangen, noch dazu aus der Ferne. Das kann, bei dichter Atmosphäre, den besänftigenden Samtüberzug, der hier über die Vergangenheit gelegt wurde, verständlich machen. Warum Doderer jedoch 1939, als die Welt sehr gründlich aus den Fugen ging, den *erleuchteten Fenstern* die Bedeutung beimaß, überhaupt geschrieben zu werden, und das noch dazu mit Spielereien k.k. sprachgebräuchlicher Floskeln durchführte, läßt nur zwei Deutungen zu: es ging ihm entweder ausschließlich um die Hervorbringung von Literatur oder er betrachtete sein Buch tatsächlich, mit der ganzen Prononcierung des Altösterreichischen, als hinreichende Absage ans Deutsche Reich – auf dessen Seite er zumindest gegen den Genfer Völkerbund nach wie vor stand.

„Schreib mir, bitte, ob Du am Ende glaubst, dass uns was passiert sei?!! Seit der Geschichte mit unserer armen Gaby hab ich ständig Sorge . . .", schrieb er im Juni an Maria und meinte damit, ob sie vielleicht schwanger sei.[7] Er war im März 1939 nochmals bei ihr in Landshut gewesen, wobei er allerdings krank wurde und daher den Aufenthalt nicht sonderlich genoß; er brach ihn dann sogar vorzeitig ab (weshalb sie seine Erledigung bei der Ortsgruppe Dachau durchführen mußte). Jedoch vor dem Ausbruch seiner Grippe – oder was es auch war: jedenfalls hypochondrisch wichtig genommen – hatte er ihr vielleicht „in einer gewissen Hinsicht etwas zuviel zugemutet [. . .], besonders am Samstag-Abend muss das für Dich schon beinahe eine Marter gewesen sein, fürchte ich, durch meine Heftigkeit nach so langer Entbehrung"[8].

Daß die ‚Marter', vorläufig als ‚Eichkätzl'sche' Zudringlichkeit getarnt, für ihn ein durchaus positiver Begriff war – womöglich sogar der eigentliche Genuß –, ahnte sie noch nicht; seine vorgegebene Besorgnis wollte auch nur die Bestätigung erhalten, wie arg er doch gewesen sei. Ihre ‚heilige Keuschheit' – Verlegenheit bei des Eichkaters ‚Unverschämtheiten' – dürfte sich jedoch bewährt haben: so daß dieser Reiz für ihn ständig erhalten blieb. Dazu kam noch die Unsicherheit, durch doch zu ‚schlimmes' Verhalten die ganze Beziehung riskiert zu haben, die bei eben diesen versuchten Grenzüberschreitungen am intensivsten war.

Ob Gaby dieses Verhältnis begriff oder überhaupt begreifen wollte, ist fraglich. Ihre Liebe für ‚Fili, den Krebs,' war ‚g-s' – grenzenlos – gewesen; doch für das Privileg, mit ihm in denselben Fluß zu steigen, also an seiner gedanklichen Entwicklung teilzunehmen, hatte sie auf den körperlichen Teil ihrer Zuneigung verzichten müssen. Dabei war sie nicht frei von Eifersucht gewesen: sie hatte sich sogar auf die Lauer gelegt, um Gusti wenigstens vom Sehen kennenzulernen.

Der ‚Fall Maria' jedoch muß sie ganz anders berührt haben. Wo sie keine intellektuelle Konkurrenz für sich selber sah und sehen konnte, war plötzlich ein psychischer und vor allem auch physischer Prozeß zustande gekommen, der sie und alles, was sie je für Heimo getan und empfunden hatte, einfach ausschloß; falls sie noch irgendwelche Hoffnungen in bezug auf ihn hatte, waren diese nun zunichte gemacht.

Das muß sie, die wohl für seine Rückholung nach Wien verantwortlich gewesen war, sehr getroffen – und nach Überwindung der Enttäuschung auch bis zu einem gewissen Grad befreit haben (übrigens heiratete im Oktober desselben Jahrs Lotte Paumgarten). Jedenfalls war sie nicht mehr ausschließlich für den ‚Fili' da. In der riesigen Wohnung ihrer Mutter am Schmerlingplatz, gegenüber dem Justizpalast, wohnte ein junger Mann, Dr. Ferdinand Steinhart, schlank, groß, schnurrbärtig, dazu von einer religiösen Tiefe, deren grübelnde Grundhaltung später auch Doderer sehr ansprach; hier fand sie einige Elemente des schürfenden Ernstes wieder, der ihrer im Grunde strengen Art und Moral entsprach. Daß diese Beziehung zu einer Schwangerschaft führte, war beiden überraschend.

Er suchte daraufhin die Zustimmung seiner Familie zu einer Hochzeit, fand sie aber nicht und zeigte sich dadurch so verunsichert, daß Gaby sich gekränkt von ihm abwandte. Neben Steinhart selbst waren die beiden engsten Freunde am tiefsten betroffen: Heimo und der ‚Edinger', wie Edmund Schüller meistens genannt wurde. Gaby, deren alte Mutter von ihrem Zustand noch nichts wußte, unterbrach ihr Studium und fuhr alleine nach Italien, um bis zur Geburt des Kindes dort zu bleiben.

Ob Edmund Schüller sie tatsächlich liebte oder vor allem nobel sein wollte, ist fraglich: jedenfalls bot er ihr bereits vor der Abreise an, sie zu heiraten: er würde später zu diesem Zweck nach Italien kommen – und sie akzeptierte. So begann er bereits im Juni, als Doderer – auch dadurch in seiner Besorgnis verstärkt – Mienzi nach der Möglichkeit einer Schwangerschaft fragte, fürsorglich Kinderwäsche einzukaufen.

Doch dann nährte das Kind, das sie trug, die Liebe zu dem Mann, der es gezeugt hatte, und sie sagte Edmund ab. Als sie im frühen Herbst nach Wien zurückkehrte, war sie von ihrer Liebe zu Ferdinand Steinhart völlig überzeugt und gleichzeitig entschlossen, sich über alle Hindernisse hinwegzusetzen. Diesmal erwies sich Heimo als wirklich selbstloser Freund: er nahm Gaby bei sich in der Buchfeldgasse auf und wirkte sowohl als Vermittler bei Steinhart wie auch bei der Hofrätin Murad, für die es sich bei der ganzen Angelegenheit vor allem um einen furchtbaren Skandal handelte.

Gaby und Ferdinand entschlossen sich zur Hochzeit, unabhängig von der Reaktion ihrer jeweiligen Familien (Steinhart riskierte den Bruch mit der seinen), wobei fraglich war, ob zuerst das Kind zur Welt käme oder die Ehe geschlossen würde. Dabei behütete Doderer die hochschwangere Freundin in seiner Wohnung und ließ sie kaum allein, da jeden Tag oder jede Nacht das ‚freudige Ereignis' stattfinden konnte. Er wurde dabei auch von Gütersloh unterstützt; beide Herren waren dann, vor Ende September, Trauzeugen des Paares; wenige Tage danach kam eine Tochter zur Welt.

Anfang Oktober zog Doderer in das ehemalige Zimmer Steinharts bei der Hofrätin Murad, um das Elternpaar mit ihrem Kind ungestört in seiner Wohnung leben zu lassen; erst bei dieser Gelegenheit lernte er den Ausblick auf den Schmerlingplatz und Justizpalast, wie in den *Dämonen* beschrieben, gründlich kennen. Auch dürfte er die Gelegenheit benutzt haben, um die alte Dame zu besänftigen; Steinhart stand immerhin knapp vor seiner Ernennung zum Regierungsrat und sollte bald eine neue Stellung in Berlin erhalten, was der Affaire nachträgliche Dignität verlieh.

Diese Ausquartierung aus seiner Wohnung benützte Doderer auch zu einem vierzehntägigen Aufenthalt in der Prein auf dem Riegelhof und freute sich schon im voraus, wie ruhig es dort sein würde, da der Treibstoff bereits rationiert wurde: „sämtlichen Benzinproleten sei der Zustand von Herzen gegönnt"[9]. Denn mittlerweile war der Krieg ausgebrochen: am 1. September hatte Hitler seinen Angriff auf Polen begonnen, am 3. hatten England und Frankreich dem Deutschen Reich den Krieg erklärt.

„Maria, der Krieg ist verloren!"

„Was für ein Krieg?"

Von diesem Gespräch, das (längst?) vor Ausbruch des Krieges stattgefunden hätte, erzählten Heimito und Mienzi ihren Freunden später immer wieder. Vielleicht fand es während Doderers Aufenthalt in Landshut statt, also im März dieses Jahres. Nachträglich erschien es als richtige Vision. Doch ob der Ausspruch mit Besorgnis statt des Vorauswissens erfolgt ist, daß der totale Staat nun scheitern müsse, bleibt ungewiß.

Den Krieg höchstpersönlich zu fürchten, hatte Doderer einen durchaus triftigen Grund: als Leutnant der Reserve hatte er bereits im Januar dieses Jahres die ‚Assentierung' beim deutschen Militär erhalten, was heißt: er war als tauglich zum Wehrdienst befunden worden. Ab diesem Moment war seine Arbeit bedroht, und vielleicht auch sein Leben.

Und wenn er früher auch von den ‚engeren Reichgrenzen' gesprochen hatte: aktiv mitzuhelfen, sie zu erweitern, war seine Sache nicht. Ab dieser Bedrohung kann man seine Abkehr von den Nazis als endgültig ansehen, was immer an konservativem bis faschistoidem Gedankengut – als seiner natürlichen Weltanschauung, wie er das seinerzeit der Schwester Astri gegenüber ausgedrückt hatte – in ihm erhalten geblieben sein mag. Und was der Ausbruch des Krieges für einen dreiundvierzigjährigen Reserveoffizier bedeutete, mußte ihm wohl klar sein. Er hatte, völlig zu Recht, einfach Angst.

So kam es zu seiner Konversion zum katholischen Glauben, die er später als das deutlichste Zeichen seiner Ablehnung des Nazi-Regimes ausgab. Noch am 3. Oktober – das Datum seiner polizeilichen Meldung am Schmerlingplatz – hatte er unter Religion, statt ‚konfessionslos' wie früher, auf dem Meldeschein ‚gottgläubig' ausgefüllt, was ein beliebter Begriff der Nazis war: so wie sie die ‚Eheweihe' vollzogen, um die Kirche auszuschalten, sollte auch der Glaube an Gott nicht mehr an eine Machtstruktur gebunden bleiben, die ihnen zwar teilweise sehr entgegengekommen war (wie etwa Kardinal Innitzer mit seiner bekannten Empfehlung, für den Anschluß und Hitler zu stimmen), die aber doch nicht gänzlich beherrschbar war. Zudem gab es jüngere und hierarchisch noch nicht aufgestiegene Geistliche, die gewisse Formen von Widerstand auch gegen den Willen ihrer Vorgesetzten zu leisten bereit waren.

So hatte bereits am 7. Oktober 1938 die – nach dem Anschluß einzige – Massenveranstaltung gegen das Regime durch die Katholische Jugend stattgefunden, wobei bis zu zehntausend Menschen auf dem Stephansplatz demonstriert hatten, geleitet von dem Seelsorger Otto Mauer, Pater Karl Bäuerle, Domkurat Johann Krawarik sowie dem Domprediger Karl Dorr. Als Racheakt überfielen rund 50 Hitlerjungen am nächsten Tag das erzbischöfliche Palais und verwüsteten es; Johann Krawarik warfen sie aus dem Fenster, wobei sich der Domkurat beide Oberschenkel brach; Gauleiter Bürckel – seines hemmungslosen Lebenswandels wegen auch ‚Bierleiter Gaukel' genannt – veranstaltete am 13. Oktober eine Massenveranstaltung der Partei auf dem Heldenplatz mit besonders vielen Transparenten des Textes ‚Hängt die Pfaffen!'.

Während also der Kirchenaustritt und die ‚Gottgläubigkeit' von den Nazis gefördert wurden, bereitete Doderer den umgekehrten Schritt vor. Daß für ihn nur der Katholizismus in Frage kam, hatte sich schon länger abgezeichnet; vielleicht waren sogar die Darstellungen der ‚heiligen Frauen' daran beteiligt. Doch den entscheidenden Einfluß mußten sicherlich die vielen Gespräche mit Gütersloh gehabt haben, der, auch ohne Priester geworden zu sein, stets sazerdotal geblieben war und sich mit den Äußerlichkeiten einer Religion gewiß nicht zufriedengab, sondern sie metaphysisch in alle Lebens- und Kunstfragen verästelte. Und letztlich mag auch Maria mit ihrer innigen Katholizität eine Rolle gespielt haben; schon zu Weihnachten 1938 hatte er ihr geschrieben, sie solle zur selben Stunde für ihn beten, zu der er das im Stephansdom für sie tun werde.

Als Doderer nun, im Herbst 1939, ernsthaft an den Eintritt in die katholische Kirche dachte, wurden zwei Jesuitenpatres für ihn wichtig, deren Bekanntschaft er den Steinharts verdankte. Deren erster, Bichlmaier, hatte noch 1936 den üblichen Antisemitismus der Kirche öffentlich ausgedrückt, doch dann wurde er Leiter des Pauluswerks zur Bekehrung der Juden, bis die Gestapo im August 1939 diese Tätigkeit verbot. Mittlerweile stellten sich ohnehin schon andere Probleme: da die Nazis bei ihrer rassischen Verfolgung auch Christen nicht ausnahmen, gründete er – nicht offiziell – die ‚Hilfsstelle der Caritas für nichtarische Christen' sowie eine ‚Beratungsstelle für katholische Auswanderer', was natürlich ebenfalls Leute betraf, die gute Gründe hatten, aus der Heimat zu fliehen. So sah das auch die Gestapo und verhaftete ihn im November 1939; er wurde nach Oberschlesien abgeschoben, mit ‚Gauverweis'.

Der zweite Pater, Ludger Born, wurde später, im Dezember 1940, Leiter der ‚Erzbischöflichen Hilfsstelle für nichtarische Katholiken', die Kardinal Innitzer persönlich in seinem Palais einrichtete und auch immer wieder mit Geld zu versorgen wußte. Denn die Finanzierung war das Hauptproblem: um die Behörden, die Pässe, die Reisen zu bezahlen (auch Pius XII. unterstützte diese Einrichtung mit 30.000 Dollar). So konnte Pater Born, ehe die Reichsgrenzen für Juden endgültig undurchlässig wurden, noch etwa 150 Menschen die Ausreise ermöglichen; dann konzentrierte sich die ‚Hilfsstelle' ganz auf die Verfolgten, Versteckten, Verelendeten in Wien selbst, aber auch in den Konzentrationslagern, wohin man Hilfspakete sandte. Wie gefährlich diese Tätigkeit war, geht allein daraus hervor, daß von den dreiundzwanzig Mitarbeiterinnen Pater Borns neun selbst in Konzentrationslager gebracht wurden; und nur eine von ihnen überlebte[10].

Dieser Pater Ludger Born wurde im ersten Kriegswinter zum geistlichen Erzieher Doderers und sollte ihn für die Aufnahme in die Kirche vorbereiten. Ob dieser Jesuit selbst ein begeisterter Anhänger Thomas von Aquins war, der immerhin durch päpstlichen Erlaß von 1879 – also mehr als 600 Jahre nach seinem Tod – zum bedeutendsten Kirchenlehrer des Katholizismus überhaupt ernannt worden war, oder ob er Doderer vorsichtig auf bereits vorhandene Affinitäten abklopfte, um dann seine Kerbe in die Spur der größten Öffnungsbereitschaft zu hauen, muß dahingestellt bleiben; jedenfalls war der Unterricht – die Unterhaltung zweier gebildeter Männer – zunehmend auf Thomas konzentriert, der übrigens, neben Augustinus, auch für Gütersloh ganz besonders wichtig war.

Das Latein dieses Scholastikers ist phantasielos, vokabelarm und reizlos; sein Lehrgebäude keine Suche voll spirituell fragender Leidenschaft, sondern ein dozierender Zeigefinger, der streng und pedantisch dort hinweist, wo letzte Fragen vermeintlich endgültig behandelt werden. Dieser große fette Mann, der Adam für Gottes Schöpfung, die nachträgliche Herstellung Evas aus einer Rippe jedoch für etwas hielt, das ursprünglich nicht beabsichtigt und daher ein Defekt der Schöpfung war, wofür er die Worte ‚Fäulnis und Mißbildung' fand, lehrte auch, daß die Ehe nicht Gnade sei, sondern bestenfalls die Begierde in Grenzen halte, und fand für den Geschlechtsakt nur Worte, die teilweise an Heimos Selbstbezichtigungen in den frühen Tagebüchern erinnern: Befleckung, Schmutzigkeit, Schändlichkeit, Abscheulichkeit; und dergleichen mit erstaunlich fixierter Hartnäckigkeit immer wieder. Die größte Freude des Aquinaten war unmäßiges Essen, und an seiner Fettleibigkeit verschied er auch: und zwar, nach einer der überlieferten Versionen, im Turmkämmerchen der Abbazzia von Fossanova, von wo man den schwer Erkrankten nicht in ein heilendes Bad bringen konnte, weil er in der engen Wendeltreppe gleich zu deren Beginn steckengeblieben war.

Dennoch, seine philosophische Systematik ist von bewundernswerter Geschlossenheit und auch Klarheit. Die – das ganze Mittelalter beschäftigende – Frage nach der

Grenze zwischen philosophischer und theologischer Wahrheit beendete Thomas durch die sorgfältige Definition, welche Themen – wie etwa die Dreieinigkeit, die jungfräuliche Empfängnis und anderes – reine Glaubensfragen und daher der philosophischen Argumentation nicht zugänglich seien. Unter Glauben verstand er natürlich keineswegs eine beliebige subjektive Überzeugung, sondern die Bestimmungen jenes kirchlichen Lehrgebäudes, an dem er selbst als einer der unerbittlichsten Ideologen mitarbeitete.

Was Doderer von Pater Born lernte, war vor allem die thomistische Ontologie: die ordnende Beschreibung alles Seienden. Dabei handelt es sich um eine komplexe Hierarchie, die jedoch zur Gänze von ihrer ‚causa prima' – der ersten Verursachung, also Gott – durchdrungen ist. In der für uns sichtbaren Welt besteht alles aus ‚Zusammengesetztem'; auf jeder Stufe – etwa Pflanze oder Tier – ist das Zusammenwirken von Stoff und Form bezeichnend für die ‚quidditas', die ‚Washeit' des entsprechenden Wesens, wobei Thomas – über Avicenna – unter Form am ehesten etwas wie die Aristotelische Entelechie versteht; also keine Gußform für die Materie, sondern ein prägendes, zugleich sich selbst ausgestaltendes Prinzip.

Rund zehn Jahre später lernte Doderer in seinem Exemplar von Windelbands Philosophiegeschichte Aristoteles etwas genauer kennen und markierte den Satz, daß Aristoteles „das Seiende als das sich in den Erscheinungen selbstentwickelnde Wesen" definierte – woraus sich, was er ebenfalls anmerkte, als natürlich ergab: „Alle Erscheinung wird zur Verwirklichung des Wesens."[11] Damit waren ihm entscheidende Bausteine seiner Romantheorie gegeben – etwa wenn er als Aufgabe, die sich dem Roman heute stellte, „die Wieder-Eroberung der Außenwelt" bezeichnete: „denn die Schöpfung ist nun einmal dinglich, dagegen ist nichts zu machen, und das habe man vor Augen". Zugleich mußte diese Selbstverwirklichung, die jede Materie gestaltet, für das Kunstwerk selber gelten: „Für den Romancier ist die Form die Entelechie jedes Inhalts. Bis zu ihr muß er vordringen."[12]

Im ansteigenden System des Thomas ist der Mensch die Verbindung der beiden Welten von Materie und Geist, da er eben zusammengesetzt sei aus Stoff und Seele; während in den hierarchischen Stufen über ihm nur noch Geister herrschen, aber auch diese getrennt nach ihrer Zusammensetzung von Möglichkeit und Wirklichkeit. Die Stufenleiter der Geister steigt an bis zu Gott, der Ersten Wirklichkeit (‚actus'), die Thomas auch ‚simplicitas' – die unendliche Einfachheit – nennt. Damit stellt die Seele die unterste Stufe der Geister dar, mit den meisten Möglichkeiten unter diesen, so vielen, wie Thomas meint, daß sie fast schon der Materie gliche; aber gerade diese Positionierung an der Schnittstelle ermöglicht ihr, die Kongruenz alles Seienden – dank der Analogie des Seins – wenigstens teilweise wahrzunehmen.

Ob Pater Ludger Born bewußt war, daß er hier jemanden von einer Version der Schöpfung überzeugte, weil sie in dieser Weise eine besonders brauchbare Romantheorie abgab, ist anzuzweifeln. Jedenfalls bezeichnete sich Doderer fortan als Thomist, und das kleine Büchlein ‚De ente et essentia' des Aquinaten war während des Kriegs eine Zeitlang auch seine einzige Lektüre.

Gottes Erste Wirklichkeit, die sich in alle Dinglichkeitsreihen der Welt fortsetzt, wurde ihm nun zur Grundlage der – naturgemäß konservativen – Überzeugung, daß man immer und überall anzuerkennen habe, was ist und wie es ist; daran schloß sich seine prinzipielle Kritik an allen ideologischen Veränderungsversuchen in der Welt. Das wurde, während der nächsten Kriegsjahre, in den Tagebüchern zu seinem wichtigsten Thema: die immer umfassendere Unterscheidung zwischen ‚erster' und ‚zweiter' Wirklichkeit. Von der Quelle her gesehen, könnte man dies als eine fast theologische Untersuchung ansehen (was es in der Korrespondenz mit Ferdinand Steinhart nahezu wurde) – selbst wenn Doderer mit ‚erster Wirklichkeit' nie mehr Gott in direktem Sinn meinte. Was die ‚erste Wirklichkeit' ausmachte, waren die Phänomene dieser Welt in ihrer Beziehung zu Gott, weshalb sie auch nur so gesehen werden durften – und nicht wie irgendwer sie gern gehabt hätte. Das Urteil allerdings, welche Sichtweise die richtige sei, lag bei Doderer: mit ebenso ehrlichem Bemühen wie nicht geringer Selbstüberschätzung. Dabei wurde er mit seiner neuen Lehre relativ schnell apodiktisch und faßte sich selber wieder einmal als Paradigma auf – rund um sich empfand er nur ‚geminderte Wirklichkeit'.

Ebenso sicher behauptete er jetzt, ein wahrer Romanschriftsteller müsse katholisch sein: denn große, sich schließende Romankompositionen, in denen alles in Bezug zueinander steht, sind nur in einem völlig monistischen System zu rechtfertigen, wo die Klammer der ‚analogia entis' auch die disparatesten Teile verbindet. In diesem Sinn faßte er seine literarische Arbeit, die scheinbar die Oberflächen des Lebens nicht verließ, als religiös im eigentlichen Wesen auf, als Beschäftigung mit der dinglichen Schöpfung, als Erahnen der Analogien, als Erspüren der formenden Entelechie. Wäre hingegen Religiöses direkt in den Texten aufgetreten, so hätte er dafür seine Worte von der ‚geronnenen Transzendenz' parat gehabt: gemeint als ein erneutes Verlassen der ‚ersten Wirklichkeit'.

„Hurra die Gans! Bring sie! Braten wird sie die Kress"[13], schrieb er an Maria vor ihrem Weihnachtsbesuch in der Buchfeldgasse. ‚Kress' war die übliche Abkürzung für die Hausmeisterin Kresswaritzky, ehe sie schließlich nur noch ‚die Poldi' war; und daß sie die Gans braten mußte, war klar, da Doderer und Gütersloh über kein Backrohr verfügten, sondern nur über einen sogenannten Rechaud, also einen Tischkocher mit Gas.

Und die Gans war nicht nur ein Vergnügen in dem Sinn, zuhause deftig bekocht zu werden, sondern auch eine ausgiebige Zubuße, da kriegsbedingt bereits die ersten Rationierungen begonnen hatten. Seine Absicht, für Marias Besuch Damenhausschuhe zu kaufen, scheiterte bereits an den amtlichen Problemen, dafür einen ‚Bezugsschein' zu bekommen. Offensichtlich war es sogar leichter, Karten für den ‚Rosenkavalier' in der Staatsoper zu bekommen, denn er teilte ihr schon vorher mit, daß sie für diesen Anlaß ein schönes Abendkleid mitbringen sollte.

So versuchte er (obwohl er vor kurzem noch gar nichts dagegen gehabt hatte, daß sie ihrem Brief einen Zwanzigmarkschein beigelegt hatte), ihr hier in Wien, so weit es anging, ein bißchen Noblesse vorzuführen. Außerdem wollte er gewiß, daß sie auf seine Freunde einen guten Eindruck machte, wobei der verehrte Herr Professor wahrscheinlich schon durch die Einladung zur Gans gebührend zu beeindrucken gewesen war; jedenfalls schrieb ihr Heimito bereits am 4. Januar – sie war am 28. Dezember nach Landshut zurückgefahren –: „Hier sind alle sehr entzückt von Dir, ohne Ausnahme alle Menschen, die Dich kennen lernten."

Was jedoch ab nun sein Wohlbefinden am entschiedensten beeinträchtigte, war der unweigerlich näherrückende Militärdienst; nach Mitte Januar erhielt er einen Stellungsbefehl, am 13. Februar mußte er zu einer erneuten Musterung, wobei damals niemand mehr abgelehnt wurde, wenn die Gründe nicht sehr triftig waren. Zwei Tage später schrieb er ihr gut taoistisch: „Man darf im Leben nicht zu viel strampeln und nicht zu aktiv sein, wie sich's faltet, so liegt's, und gut. Das ist meine einzige bewährte Weisheit."

Seine Arbeit konzentrierte sich vorläufig auf die Überlegungen im Tagebuch, die teilweise auch den *Dämonen* galten, als wollte er sich an der Fiktion eines Kontinuums anhalten, während die Zeit schon angefangen hatte, keinen Stein auf dem andern zu lassen. Daneben fuhr er auch ein bißchen Schi und war stolz darauf, daß es nach vierjähriger Unterbrechung genauso gut wie vorher ging. Im selben Zusammenhang aber teilte er Maria mit, wie glücklich er war, daß sie keinerlei Sport betrieb: „bei Frauen ist er mir auf's äusserste widerwärtig [. . .] Eine Frau hat nicht in Hosen herumzulaufen."[14] In dieser Hinsicht hatte er Glück mit ihr, sie war absolut an keinem Sport interessiert; dafür konnte er sich, auf Grund ihres regelmäßigen Einkommens beim Landshuter Magistrat, kurz darauf wieder etwas Geld von ihr borgen; dann kam sie zu Ostern – in diesem Jahr schon Mitte März – nochmals für acht Tage nach Wien.

Es war ihnen wohl beiden klar, daß er nun bald einzurücken habe und daß damit die Zukunft immer ungewisser würde; und so mögen sie sich, auch im psychischen Sinn, fester aneinander angehalten haben, als dies unter ungefährdeten Umständen der Fall gewesen wäre. Dazu kam, zumindest für ihn, daß er seit Herbst den oft wiederholten Eindruck hatte, sich seiner Familie erneut und verstärkt zu entfremden. Als Maria abgereist war, schrieb er ihr, am 26. März: „Alles, was man auf die Zunge bekommt, schmeckt sozusagen nach Abschied und nach dem Ende eines Zeitabschnittes."

Völlig unrealistischer Weise wandte er sich am nächsten Tag schriftlich an das amerikanische Generalkonsulat und suchte um Einwanderung in die USA an. Und auf seine Bitte vom 27. April hin erhielt er am 9. Mai die Bestätigung: „Sie sind auf der deutschen Warteliste am 10. April unter No. 76256 eingetragen."[15] Man würde seine politische Vorausschau überschätzen, wenn man annähme, er hätte sich diese Bestätigung schon damals nur als Beweisstück für einen endgültigen Distanzierungsversuch von den Nazis verschaffen wollen. Eher war es eine aus Resignation geborene Handlung und erstaunlich naiv; obendrein folgenlos. Immerhin erwies er sich 1946 als genauso naiv: er dachte, diese Bestätigung und eine von Poldi verfaßte Beschreibung seiner ‚unpolitischen' Haltung würden mehr zählen als die bis zuletzt gültige Parteimitgliedschaft.

Für mindestens so wertvoll hielt er im nachhinein die Bescheinigung seines Eintritts in die katholische Kirche (und ließ im Februar 1946 beglaubigte Kopien davon im Bezirksgericht Vöcklabruck herstellen); dieser konnte dennoch nur als privater und nicht als politischer Akt bewertet werden. Zudem war er das auch gewesen, nämlich ein ehrlich gemeintes Bekenntnis zum Katholizismus, unter besonderer Berücksichtigung des Thomas von Aquin. Doderer wurde am Sonntag, dem 28. April 1940, von Pater Ludger Born in die katholische Kirche aufgenommen; nur zwei Tage, bevor er seinen Wehrdienst fürs Dritte Reich antrat.

23. Offizier und Schriftsteller

Mit dem Jahr 1940, das vom Erscheinen des *Umwegs* bestimmt werden hätte sollen, begann die längste Behinderung seiner Kunstausübung.

Seit Beginn seines Militärdienstes ‚ruhte' auch seine Parteimitgliedschaft. Das hieß nun keineswegs, daß Doderer sie ‚ruhen ließ' oder daß eine solche Möglichkeit überhaupt vorgesehen war, sondern daß er – als Frontsoldat – an der Tätigkeit der Ortsgruppe nicht mehr teilnehmen konnte und damit automatisch vom Mitgliedsbeitrag befreit war; ebenso wie seine Mitgliedschaft bei Beendigung des Militärdienstes automatisch wieder aufleben würde. Das entsprach der Vorschrift und hatte den Sinn, innerhalb der Wehrmachtsverbände keine Spannungen zu schaffen wie etwa jene, daß ein Soldat, der Mitglied der NSDAP war, sich einem nicht bei der Partei befindlichen Offizier überlegen fühlen könnte; die absolut notwendige hierarchische Struktur der Kampfverbände sollte nicht gestört werden; außerdem gab es durch SS und Gestapo genügend Möglichkeit der politischen Kontrolle, welche die Partei sich selber und nicht einzelnen Mitgliedern vorbehalten wollte.

Am 30. April rückte Doderer nach Kamenz in Sachsen, ganz in der Nähe von Dresden, ein, wo er zuerst einmal einen achtwöchigen Ausbildungskurs zu absolvieren hatte. Dabei ging es eher rauh zu: sein Tag begann um halb sechs Uhr morgens und endete erst um sieben Uhr abends; er hatte auch kein Zimmer für sich, sondern mußte mit anderen im selben Raum schlafen. Der Tag wurde nicht nur mit Lernen verbracht (etwa drei bis vier Stunden), sondern auch mit sehr viel Exerzieren (fünf Stunden!), sowie Turnen und Sport, wobei er stolz war, damit gut zurecht zu kommen, was nicht für alle zutraf. Im übrigen lobte er, daß die Verpflegung ganz ausgezeichnet sei: natürlich wiederholte sich das aus dem Ersten Weltkrieg (und wohl allen übrigen Kriegen) bekannte Phänomen, daß die Krieger auf Kosten der ‚Zivilisten' (hauptsächlich der Frauen und Kinder) ordentlich gestärkt wurden.

Doch im Gegensatz zur Rekrutierung, bei der fast alle angenommen worden waren, wurde hier durch Härte ordentlich gesiebt. Noch behandelte man die Offiziere nicht wie solche, sondern eher wie Rekruten: sie mußten Stube und Spind täglich sauber halten, Gewehr putzen und ähnliches, aber die größte Anforderung war die körperliche – und rund ein Drittel von ihnen wurde ausgeschieden, weil sie dem nicht standhielten. Warum Doderer diese Möglichkeit nicht nutzte, sondern – mit seinen vierundvierzig Jahren – seine körperliche Tüchtigkeit betonte, ist nicht leicht zu verstehen. Vielleicht war es tatsächlich schwierig, etwas vorzuschwindeln und konnte nachteilige Folgen haben. Seine Strategie für die Zukunft war jedenfalls klar: er wollte – ohne Ehrgeiz, ohne Nachlässigkeit – seine Pflicht so tun, daß er nach Möglichkeit nicht auffiel, weder in positivem noch negativem Sinn.

Was man mit dem Leutnant von Doderer (im Dritten Reich durfte er das Adelsprädikat wieder führen) vorhatte, ergab sich aus seiner militärischen Erfahrung des vorigen Krieges: und die war nicht sehr groß gewesen. Reserveoffiziere ohne besonders verwertbare Erfahrung wurden gern zur Luftwaffe einberufen: um auf den sogenannten ‚Fliegerhorsten' die Bodentruppen zu kommandieren und Verwaltungsarbeit zu erledigen, was auch einen erheblichen Teil des Lernprogramms in Kamenz ausmachte; solche ‚Luftwaffenoffiziere' wurden von den Fliegern übrigens als zweitrangig angesehen.

Nach dieser achtwöchigen Ausbildung bekam er einen kurzen Urlaub und verbrachte mit Maria Anfang Juli drei Tage in Wien, wobei er dies offensichtlich seiner Mutter und der Familie verschwieg: am 7. Juli teilte er dieser aus Breslau mit, daß er nach dem Kurs zu oft den Ort wechseln hätte müssen, um sich melden zu können.

Breslau (in Schlesien) war sein erster Einsatz – oder eher ein ‚Praktikum' – auf einem Fliegerhorst; dieser hieß geradezu euphemistisch ‚Luftpark Gleiwitz'. Jetzt, aus dem Kasernenbetrieb von Kamenz entlassen, durfte er auch wieder privat wohnen und nahm sich im südlichen Teil der Stadt, bei einer Frau Nack in der Goethestraße 16, ein großes Zimmer mit Zugang in den Garten; neben ihm wohnte – aus demselben Grund – der Wiener Rechtsanwalt Dr. Erich Gaglia, der ihm nach dem Krieg in seinem Rechtsstreit gegen Trude Waehner und später gegen die eigene Familie behilflich sein sollte. Damals schon war bei Doderer wie bei vielen ‚angeschlossenen' Österreichern eine eindeutige Präferenz für die eigenen Landsleute recht ausgeprägt; in einem Brief an Maria erwähnte er seinen „aller-reizendsten unmittelbaren Vorgesetzten, einen österreichischen Major, ein gescheiter, eleganter und lieber Mann"[1].

Zudem erhielt er vom ‚Ärar' (der Staatskasse) einen ‚Equipierungs-Beitrag' von 250 Reichsmark, um sich seine eigene Uniform machen zu lassen; das war nicht wenig Geld, um einen Offizier zu überzeugen, daß er fürs Vaterland schmuck aufzutreten hätte, doch Doderer kam nicht damit aus. Sein Geld reichte gerade für den Schneider, aber nicht für die entsprechenden Stiefel, so daß ihm ‚Häslein' Mumi wieder einmal Geld schicken mußte – „nehme ich meine fünfzig Mark monatlich ergebenst wieder in Anspruch"[2]. An entsprechend standesgemäßem Auftreten lag ihm also auch als Offizier des Dritten Reichs; und Maria teilte er mit deutlichem Stolz mit: „Zu tun hab' ich augenblicklich mehr als genug. Ein plötzlicher Befehl hat mich vorige Woche auf eine verantwortungsreiche Stelle berufen."[3] Was immer das gewesen sein mag. Außerdem hatte er zu seiner persönlichen Bedienung ein ganz vortreffliches ‚Organ' gefunden, wie eine Ordonnanz häufig genannt wurde; er gewann seinem Offiziersleben eindeutig Geschmack ab, ganz abgesehen davon, daß ihn der regelmäßige Sold sicherer stellte, als er das bis dahin in seinem (mehr oder minder selbständigen) Leben je erreicht hatte.

Zu diesem eher unerwarteten Wichtignehmen seiner Offiziersexistenz kam nun doch das Erscheinen von *Ein Umweg*, in der zweiten Fassung von 1934. Am 7. August schrieb er an Maria: „Ich bin jetzt ganz mit Arbeit erschlagen: mein Verleger will im Herbste meinen Roman „Ein Umweg" herausbringen; ein paar hundert Seiten Correcturbogen sind in den letzten Wochen gekommen, und nach Dienst-Schluss, um etwa 7 Uhr, beginnt sozusagen erst ein Arbeitstag; dabei muss ich jeden Morgen um 1/2 6 h aufstehen, manchmal auch um 1/2 5."

Mitten in dieses beginnende neue Wohlbehagen – Schriftsteller und Offizier (wenn auch nicht so wie bei Ernst Jünger) – kam am 20. August seine Versetzung nach Frankreich. Da er über München nach Paris zu reisen hatte, sandte er sofort ein Telegramm an Maria, daß sie in der nächsten Nacht – vom 21. zum 22. – nach München kommen und dort ein Hotelzimmer reservieren sollte.

Er traf erst gegen viertel nach elf Uhr abends in München ein, doch dann geschah die ‚unvergleichliche Nacht', die für beide eine immer wieder beschworene Erinnerung bleiben sollte. Da für damals eine volle ‚Prozedur' bekannten Inhalts noch auszuschließen ist, mag es sich – bei und neben allen Umarmungen – um eine weitere Vertiefung des Erlebnisses von Ostern gehandelt haben: nämlich um den psychischen Sturz zweier Einsamkeiten ineinander, während rundum die Welt in Brüche ging und keine Zukunft mehr kalkulierbar war.

Einen Tag später war er bereits in Paris und obendrein gleich mitten in der alten Stadt, in der rue d'Odessa, Hotel ‚St. Malo'. Er war noch nie in Frankreich gewesen und verliebte sich sofort in dessen Hauptstadt; sah im Sprühregen, der an seinem ersten Abend dort herrschte, die bunten Lichterketten der Caféterrassen (die ihn an sein einziges südliches Erlebnis, nämlich an Florenz erinnerten) und setzte sich begeistert irgendwohin, um bloß zu schauen und etwas dazu zu trinken. Daß er als Offizier einer Besatzungsmacht hier war, scheint er dabei verdrängt zu haben.

So blieb das auch weiterhin: er schätzte Frankreich und seine Kultur, als hätte dieses *rendez-vous* kein politisches Umfeld gehabt. In Paris hielt er sich wahrscheinlich nicht länger als eine Nacht auf, um sich dann zu seinem Einsatzort zu begeben. Am 27. war er in Falaise, am 30. berichtete er der Mutter, daß er in einem „kleinen reizenden Schlösschen" auf dem Lande einquartiert sei und daß die Sprachkenntnisse aus der Kinderzeit (nämlich durch die Gouvernante) „wie mit einem Schlag aufgewacht" seien.

Dort fühlte er sich durchaus wohl, mit Himmelbett und entsprechender Bedienung; und die ‚unvergleichliche' Nacht in München wirkte sich nachträglich in seiner Phantasie aus. Am Tag vor seinem 44. Geburtstag schrieb er Mienzi noch nach altem Eichkätzl-Muster: „Ob Du mir nicht böse bist, weil Du gar so viel hast über Dich ergehen lassen müssen . . .?" Doch vier Tage später, an einem Sonntagmorgen, schrieb er ihr an seinem „reizenden Empire-Tischchen", das am Fenster gegenüber der Krone eines uralten Ahornbaumes stand, sein großes Bekenntnis als Verführung – oder umgekehrt:

„Die größten Reize einer süßen Gattin: Keuschheit, Schamhaftigkeit, und Demut in der Liebe [sind] drei Grundlagen, welche für meine erotische Artung Kardinaltugenden und ganz unentbehrlich sind [. . .] Ich geh' so weit, meine Artung für die ursprüngliche zu halten [und muß] gestehen, dass es einer der Wünsche meines ganzen Lebens ist, einmal als „lebendes Bild" eine jener süssen, demütigen, heiligen Frauen zu sehen, wie die italienischen Meister und auch andere sie gemalt haben [...] in ihrer seelischen und körperlichen Art Dir zutiefst verwandt (daher ich meinen Wunsch, jetzt nach drei Jahren, nicht mehr unterdrücken kann ... unbeschreiblich, wenn auch dies bei Dir seine Erfüllung finden könnte!) Freilich, man muss dazu ein wenig probieren und studieren. Nichts darf sein, was die Illusion stört; der Hintergrund geeignet hergerichtet, mindestens neutral; das weiche Licht von Kerzen darf nicht fehlen und auch nicht der erregende Geruch des Weihrauchs. Wenn ich an Deine weissen, frommen Füsse denke, wie sie unter den halb herabgeglittenen Gewändern hervorstehen würden! Hier ist einmal das vollendete Gegenteil der Antike, mit ihrer selbstverständlichen Körperlichkeit ... Hier gibt es keine einfache Nacktheit, sondern nur ein Entblößt-Sein oder -Werden, unbeschreibliche Scham und doch dabei die Bereitschaft und Demut zum Erdulden. So sieht man die hl. Katharina des Gaudenzio Ferrari, auch die Tintoretto's, die hl. Barbara des Lorenzo Lotto oder (lebensgroß im Museo civico zu Padua, an der Säule, nur mit einem Lendentuch) die des Palma il Giovane.

... Du erschienst stets als ent-hüllt, ent-kleidet, ent-blösst, als wärest Du eben im Augenblick der Hüllen beraubt worden, als wären diese, herabgefallen, noch warm von Deinem schneebleichen Körper, der nun, den Blicken preisgegeben, sich vor Scham beugt, und doch dies um meinetwillen voll Demut erduldet ... ja, hierin etwa liegt der letzte, gewaltigste, durchbohrende Reiz, den gerade Du auf mich ausüben kannst ... Und: ich glaube mich nicht zu irren, wenn ich in eben dieser typenhaften Gegenüberstellung den letzten Grund der starken Wirkung, der wechselseitigen so heftigen Anziehung erblicke, die uns durchflutet."[4]

Damit hatte er, wie bei Gusti nach der Emmy-Nacht, sein großes Risiko gewagt, diese Liebe entweder auf die Ebene seiner eigentlichen Fixierungen stellen zu können oder sie zu verlieren. Die zitierten Bilder und Schemata blieben dieselben wie seinerzeit, die Raffinesse der begründenden Darstellung war zur Perfektion gediehen, wobei die Lüge – wenigstens „einmal [...] zu sehen" – in keinem Widerspruch zur Ehrlichkeit der Begierde stand: er sprach den tatsächlichen Reiz an, den Mienzi auf ihn ausübte; er gestand, wo er seine Liebe zu ihr verankern wollte.

Und sicherlich zitterte er ihrer Antwort entgegen. Aber erstens liebte sie ihn, zweitens war die Verführung ihrer Keuschheit sehr kunstvoll gestaltet und drittens glaubte sie ihm wohl wörtlich. Daß er mit diesen Faktoren ebenso gerechnet hatte wie mit der Nachsicht für jemanden im Fronteinsatz, ist anzunehmen. Und er behielt recht, nach angemessener Zitterfrist; einen Monat später konnte er seinen Glückwunsch dazu aussprechen, „wie sehr du diese Atmosphäre der „Eichkätzl-Erotik" begriffen" hast. Und dem fügte er gleich noch eine weitere Erläuterung an: „Dieses mir – wegen der ungriechischen Hässlichkeit seiner Bewegung – tief verhaßte Radfahren ist bei den Frauen [...] eine schamlose und für mein Auge abscheuliche Sache."[5]

Doderer durfte damals – wie alle deutschen Soldaten in Frankreich – in keinem Brief seinen Aufenthaltsort bekanntgeben, sondern nur seine Feldpostnummer sowie den

‚Luftgau'. Der Grund dafür war das ‚Unternehmen Seelöwe', das eine Angriffs- und Landeoperation gegen England zum Ziel hatte – nachdem Hitler bei einem ‚großzügigen Friedensangebot' an das (rassisch nahestehende) England die Enttäuschung erfahren hatte, daß die Engländer zu nichts bereit waren als dazu, ihre Inseln bis zum letzten Mann zu verteidigen.

Ziemlich gleichzeitig mit des Führers erboster ‚Weisung Nr. 17' – nämlich zum See- und Luftkrieg gegen England – entdeckte die deutsche Abwehr in Frankreich, daß Franzosen alle Truppenbewegungen und Errichtungen von Militäranlagen sowie Flugplätzen sorgfältig ausspionierten, um sie nach England weiterzumelden. Die deutsche Antwort darauf, abgesehen von Verhaftungen und zunehmender Repression, waren ununterbrochene Verlegungen der Truppen, um die tatsächliche militärische Situation für den Gegner möglichst unübersichtlich zu halten.

So kam Doderer zu seiner häufig wiederholten Formulierung, daß man beim Militär ständig wie ein Postpaket woanders hin verschickt würde; und natürlich haßte er es, sich nirgendwo wenigstens mit einem Minimum an Behaglichkeit einrichten zu können. Dabei hatte er es in seinem altmodischen Himmelbett im Schloßgemach gar nicht so schlecht; er wurde nur ein bißchen zu viel von dort aus auf Reisen gesandt. Aber er verstand es, die (unfreiwilligen) Gastgeber durch sein Französisch, seine Bildung und seinen Charme notfalls davon zu überzeugen, daß er sich in einer ebenso unfreiwilligen Position wie sie befand. Statt zum Luftgau Paris wurde seine Feldpostnummer – ab 5. Oktober – dem Luftgau Brüssel zugeordnet, aber er blieb weiterhin in der Normandie und Umgebung mit ständig wechselndem Standort, einmal Janville, dann Dieppe, schließlich statt des Schlößchens ein Schloß in St. Riquier-ès-Plains, wo ihn ein Jean, der alte Kammerdiener des Besitzers, Baron de Saney, rührend verwöhnte.

„Vous me gâtez, Jean, et pourquoi donc?" fragte Doderer schließlich. [Jean, Sie verwöhnen mich – warum denn nur?]

„Il faut vous gâter, mon Lieutenant!" antwortete der Alte, der schon in Verdun im Ersten Weltkrieg geschunden worden war, mit Nachdruck. [„Man muß Sie verwöhnen, Herr Leutnant!"][6]

Dort wurde Doderer auch eingeladen, an einer Treibjagd auf Hasen teilzunehmen; dem schloß er sich zwar nicht an, nahm aber an der folgenden Abendgesellschaft in einem der Nachbarschlösser teil, wobei er einen erheblichen Teil der französischen Konversation bestritt (wozu vielleicht die andern deutschen Herrschaften weniger imstande waren). Diese Gegend an der Küste, zwischen dem Meer und ausgedehnten Laubwäldern, gefiel ihm gut, doch wußte er, daß sein Aufenthalt an jedem Ort immer wieder beschränkt war, so daß jede begonnene Integration früher oder später abgebrochen werden mußte.

In einer andern Hinsicht benahm er sich durchaus als Besatzer: er kaufte in Frankreich auf, was im ‚Reich' mittlerweile schon selten geworden war, nämlich Stoffe und Parfums für Maria, Tee für die Mutter und so weiter; seine getreulichen Postsendungen, die vielen Päckchen zeigen ihn erstmals in einer weitgehend gebenden Rolle.

Dort in Frankreich erlebte er auch schließlich – aus der Distanz – das Erscheinen des *Umwegs*. Natürlich hatte er, vom Verlag aus, auch Mienzi in Landshut ein Exemplar zukommen lassen und schrieb ihr eine ausführliche Einführung in die Lektüre, was nicht unbedingt intellektuelles Mißtrauen war: er legte einfach (auch später, und bei allen) Wert darauf, daß seine Bücher in seinem Sinn gelesen statt frei interpretiert würden. So wies er sie auf das gemeinsame barocke Erbe von Österreich und Bayern hin und bezeichnete dann dieses Buch als eine Art „Schwanengesang": „Es ist auch meine Heimat, die hier spricht oder singt, [. . .] die Entstehung ihres eigentlichen Gesichtes, das heute noch verspürt werden kann und nachklingt. Es ist die Welt und Schicht, in der ich noch aufwuchs. Mir ist, als wär' alles vorbei: es ist wohl auch vorbei [. . .] Darum lies mein letztes Buch mit Respect. Darauf hab ich Anspruch, wenn Dich schon das Schicksal berufen hat als Zeugin dieses Untergangs." Hier war er erstaunlich deutlich, trotz seiner sonstigen Angst vor eventueller Zensur; zugleich umriß er schon jene Stimmung, aus der – gar nicht so viel später – die *Strudlhofstiege* entstehen sollte: um das Bild einer entschwindenden Welt zu bewahren. Und er fragte ahnungsvoll im selben Brief, ob ihm „noch einmal der Stumpfsinn gewisser Jahre meines Lebens verziehen werden" sollte: es ist nicht eindeutig, ob das politisch gemeint war, zeigt aber immerhin in seiner Depression eine Grundierung von schlechtem Gewissen.[7]

Dann ging die Verschickerei weiter. Ab 1. Dezember gehörte er wieder zum Luftgau Paris, was noch eine weitere Schwierigkeit mit sich brachte: Ende November hatte ihm eine zwanzig Jahre alte Brücke samt einem ihrer Trägerzähne entfernt werden müssen – von einem französischen Landarzt –, doch dann konnte die Behandlung nicht fortgesetzt werden, was schlicht hieß, daß er außer Breiigem aus Mangel an Zähnen nichts essen konnte. In einem kleinen Restaurant, wo er kurze Zeit Stammgast war (er hatte in der Nähe ein Zimmer bei einem Elektroingenieur), kochte man ihm täglich etwas, das ohne zu beißen bewältigbar war.

Aus dieser Zeit – Mitte Dezember – ist ein Brief Albrecht Reifs erhalten, in dem ihm dieser zum *Umweg* als einem ‚Meisterwerk' gratulierte. Auch erzählte er Doderer, daß er neben Gedichten Gütersiohs eines von Heimo vertont hätte und daß diese Kompositionen gemeinsam als Zyklus in seiner Wohnung aufgeführt worden waren. Reif war ein sehr bekannter und erfolgreicher Strafverteidiger geworden; seine große Wohnung am Südtirolerplatz Nr. 5, wo sich auch seine Kanzlei befand, wurde anläßlich kultureller Abende zu einem beliebten Treffpunkt. Er wohnte dort allein, seine Frau Hanni, geborene Fürst, war mit dem Sohn nach Verona übersiedelt; ob dies aus politischer Vorsicht – sie war Jüdin – oder aus einem tatsächlichen Ehezerwürfnis erfolgte, ist unbekannt. Übrigens war auch Reif selbst, als sogenannter ‚Mischling ersten Grades' durchaus gefährdet.

Doderer blieb nun nirgends lang: Sasseville, Catteville, Beauvais, Amiens, Le Havre, Yvetot, Cany, Rabuel, wiederum Janville, Lisieux, Brionne, Rouen – eine Verlegung folgte auf die andere. Zwischendurch kam er auch mehrmals ins Schloß zurück, wo ihm der alte Jean, beim endgültigen Abschied, versicherte, er werde sich immer an ihn erinnern – außer sein Gedächtnis lasse nach, was er allerdings schon kommen spüre. – Mittlerweile hatte Göring die große Luftschlacht um England bereits verloren, so daß das mehrmals aufgeschobene Unternehmen ‚Seelöwe' in eher unanschauliche Ferne rückte; doch ging von Frankreichs Rollbahnen aus noch immer der Krieg gegen England weiter, hauptsächlich mit nächtlichen Bombardements.

Zu Weihnachten bekam Heimo Bäckereien von Mumi, was er ihr sehr dankte. In seinem Antwortbrief konnte er ihr die Mitteilung machen, daß er im Januar Urlaub bekommen würde – diesen allerdings in Wien mit Maria verbringen wolle, und ein Besuch auf dem Riegelhof käme nur in Frage, „wenn ich sicher wäre, dort keine Mayers, Ferstls u. dgl. zu treffen; das Gerede dieser Menschen könnte ich nicht mehr anhören"[8].

Zum Jahreswechsel war er bereits in Biarritz.

Der Urlaub war ein nicht nur befreiendes Erlebnis, sondern brachte ihm auch das Erlebnis des Erfolgs: beim Beck-Verlag erfuhr er während seiner Reiseunterbrechung, daß die halbe Auflage des *Umwegs* bereits verkauft war und daß man sowohl für dieses Buch wie auch für den *Mord* noch im selben Jahr eine Neuauflage plante (wozu es dann allerdings nicht kam, weil keines der beiden Bücher als genügend ‚kriegswichtig' eingestuft wurde, um die Papierlieferung an den Verlag zu rechtfertigen).

Aber das wußte Doderer vorläufig nicht und verbrachte anschließend – ab 16. Januar – mit Mienzi ‚reizende' Tage in Wien, wobei auch die Wiederbegegnung mit Gütersloh einen ganz besonderen Stellenwert hatte. Dazu kam noch eine Feier völlig anderer Art: Gaby, die nun Steinhart hieß, hatte am 31. Dezember ihre Promotion zum Doktor der Medizin geschafft und, knapp vierzehn Tage später, im Sanatorium Auersperg ihre zweite Tochter zur Welt gebracht: und diesmal sollte Heimo Taufpate sein. So wurde er wieder zum Franz, gemeinsam mit dem Grafen Sigismund Strachwitz, der sich als Franziskaner Franz nannte und die heilige Handauflegung bei Franziska vollzog.

Solche Feiern freuten Doderer gerade jetzt, in diesem allseits bedrohten Leben, ganz besonders; doch war der Aufenthalt in Wien viel zu kurz. Anfang Februar war er schon wieder in Frankreich, diesmal in Bordeaux und Umgebung, wurde aber von dort, nach etwas mehr als vierzehn Tagen, für eine Woche nach Paris abkommandiert. Das war eine willkommene Gelegenheit, Greta Freist und Gottfried Goebel zu besuchen, bei denen er seinerzeit in der Hartäckerstraße gewohnt hatte.

Dem Maler-Paar war es in der Zwischenzeit nicht immer gut gegangen; Gottfried Goebel hatte sogar für einige Zeit in ein französisches Lager müssen, war zwar von den Deutschen daraus befreit worden, hatte aber – als Halbjude – mit diesen und der Gestapo ebenfalls Schwierigkeiten. Auch Greta Freist hätte in ein französisches Lager einrücken müssen, blieb aber im letzten Augenblick, als der dafür eigens gestrickte und gewaschene Pullover nicht rechtzeitig trocknete, einfach zuhause – und wurde nicht mehr behelligt.

Doderer fand die beiden an der alten Adresse nicht mehr vor, doch gelang ihm, mit der Hilfe einer ganzen Reihe von Hausmeisterinnen, ihr neues Quartier ausfindig zu machen. Da er dies unklugerweise in der Uniform eines deutschen Offiziers getan hatte, bereiteten dieselben Hausmeisterinnen, die ihm weitergeholfen hatten, Freist und Goebel später noch einige Schwierigkeiten unter den Franzosen. Zuerst einmal war die Freude über das Wiedersehen groß, und man traf einander in dieser Woche mehrmals.

Doderer wohnte im Hotel ‚Opal', 19, rue Trouchet, hinter der Madeleine, doch wenn er von dienstlichen Verpflichtungen frei war, ließ er sich von den Freunden, soweit dies in der kurzen Zeit möglich war, ins Pariser Kulturleben einführen, besuchte Ateliers in Montparnasse, sah im Theater eine neue Jean-Cocteau-Inszenierung und verliebte sich weiter in diese Stadt, trotz der kriegsbedingten Beeinträchtigungen sowie der Verdunklung.

Kaum zurück in Bordeaux, wo er immerhin mit Geschrei und Champagner empfangen wurde, erhielt er ein Telegramm, das ihn weiterbeorderte; diesmal über Poitiers auf das Flugfeld von Paluel, wo er, als Vorkommando, vorläufg allein war und das sehr angenehm fand. Zudem erhielt er einen Wagen zur Verfügung gestellt, der ihm sehr gefiel, und sicher auch einen Fahrer, da er selber ja niemals Autofahren gelernt hatte.

Mittlerweile war er zum Oberleutnant befördert worden und fürchtete, daß dies gleich eine neuerliche Versetzung mit sich brächte. Doch es wurde auch hier noch schlimm genug: „[. . .] ich habe gegen 90 Wagen aller Art – riesige Lastkraftwagen, Traktoren, kleinere Wagen, und auch eine Reihe von sehr hübschen Personenwagen [. . .] etwa 10 Baustellen, und „an Haufen Leut'" [. . .] viele Hunderte. Das Ganze hab ich zu dirigieren und in Ordnung zu halten [. . .] Cement – Masten – Steine. Zwei Telephone: am einen red ich französisch, am andern deutsch"[9]. Das glich eher der Tätigkeit seines Vaters als einer ihm angemessenen – einen Monat später bezeichnete er sich selbst als eine „komische Miniaturausgabe vom alten Herrn"[10]. Die Deutschen versuchten damals, möglichst viele Rollbahnen in der Nacht anzulegen, die unter Tags mit Planen abgedeckt wurden, um sie zu tarnen.

Es war für Doderer eine fremdere Welt als die rein militärische, er war weder für Verwaltungs- noch gar Bauaufgaben geeignet. Daneben ging die Quälerei mit seinen Zähnen weiter; er verlor eine weitere Brücke und dazu drei Zähne, wozu er besorgt an Maria schrieb, ob sie ihn mit einem Zahnersatz überhaupt noch lieben werde können. Das nur eine Woche, nachdem sie brieflich – und nicht zum ersten Mal – über ihre zukünftige Heirat diskutiert hatten, wobei das Einverständnis von beiden Seiten gegeben war.

Die hektische Bautätigkeit hielt den ganzen Frühling bis in den Juni hinein an, wobei Doderer wieder nach Biarritz kam, aber auch nach Cognac, wo es ihn fast verrückt machte, daß sein Büro drei Eingänge hatte, durch die ständig Leute kamen und gingen; er vertrug die nervliche Belastung dieser Art von Managertätigkeit immer schlechter. Als sich die Zeichen der Erschöpfung schon bemerkbar machten, wurde plötzlich alles viel ruhiger: die Deutschen zogen unter anderm auch große Luftverbände aus Frankreich ab, das Unternehmen ‚Seelöwe' war vorläufig ganz abgesagt, da statt dessen das Unternehmen ‚Barbarossa' im Anlaufen war: nämlich der Angriff auf Rußland.

Doderer kam nach einem Zwischenaufenthalt in Südfrankreich wieder nach Bordeaux zurück, wo er bei jedem Aufenthalt das Café ‚Cardinal' frequentierte; aber mit einem Mal hatte er überall Zeit, sei es um zu paddeln und zu schwimmen oder um seine Turnübungen im Freien wieder aufzunehmen und Sonnenbäder zu nehmen. Auch sein Dienst bestand jetzt mehr aus Exerzieren und sportlichem Training der Mannschaft als aus Verwaltungsarbeit, und das war ihm um vieles lieber.

Besonders angenehm wurde es ihm dann in Mont de Marsan, wo er ab Juli in einer kleinen Villa in einem großen ruhigen Park lebte; beides gehörte zum ehemaligen Asyl Ste. Anne, einer Anstalt für Geisteskranke, die von den Deutschen besetzt worden war. Doderer und noch einige andere Offiziere hausten in der Villa des ehemaligen Direktors und Chefarzts, wobei Doderer über einen wunderbaren großen Raum verfügte, mit einem großen offenen Kamin, der mit Marmor umtäfelt war; die Tür gegenüber führte direkt in den grünen weiten Park hinaus.

Es blieb ihm genug Zeit und Ruhe für sich; er brauchte sich nicht um allzuviel zu kümmern. Nur gelegentlich wurde ihm eine Fahrt nach Biarritz aufgetragen, wo er dann das Baden im Meer genoß. Daß er ausgerechnet in Mont de Marsan einen böhmischen Schneider fand, der obendrein bei Immos Schneider am Stephansplatz Geselle gewesen war, amüsierte ihn nicht nur höchlichst, sondern er ließ sich auch zwei schöne Zivilanzüge machen. Zudem begann er endlich seine mehrfach unterbrochene Zahnbehandlung. Von den anderen Offizieren scheint er ziemlich zurückgezogen gelebt zu haben, soweit dies außerhalb von Dienst und Kasino möglich war, und verkehrte nur mit einem österreichischen Hauptmann sowie einem Arzt, mit dem er einige Male im Fluß schwimmen war.

Unter diesen Umständen hatte er endlich auch wieder mehr Zeit für seine Überlegungen mit der Feder in der Hand: also für die Tagebücher. Diese beschäftigten sich nicht nur mit seinen Theorien zu den beiden Wirklichkeiten, sondern zunehmend auch wieder mit den *Dämonen*, die er ja schon in Wien an seine neuen Ansichten angleichen und damit retten hatte wollen; gewissermaßen als sein nie ganz aufgegebenes Hauptwerk. Um langsam wieder in diese Arbeit hineinzufinden, begann er einen ‚Epilog auf den Sektionsrat Geyrenhoff'. Doch drängten sich seinen teilweise schwermütigen Stimmungen auch andere Erinnerungen auf: wenn er lange und reglos in der Spätnachmittagssonne saß, die dann schon flach in sein Zimmer hereinbrach; und später im Jahr dann stundenlang vor dem knisternden Kamin, seinen Blick in die Flammen gerichtet.

So zweigte sich, aus den ursprünglich zum Umkreis der *Dämonen* gehörigen Bildern, etwas wie die Heraufbeschwörung einer untergegangenen Welt ab, über die zugleich ein milder Glanz gelegt wurde, der die Atmosphäre immer dichter und dichter machte. Etwa so entstanden in Mont de Marsan die Anfänge der *Strudlhofstiege;* keineswegs als geplantes Werk oder gar als Formentwurf, sondern als Ausdruck einer sehr persönlichen Stimmung und Haltung, die Erinnertem galt, den durch die Zeit entfernten Düften, verblaßten Gesichtern, welche plötzlich wieder sprachen. Noch wußte er selbst gar nicht, was das alles werden sollte – weil hier zu vieles seiner Intuition und Inspiration entsprang, um sofort von Konzepten erfaßt und geformt werden zu können. Zugleich liegt in solchen Stimmungen auch eine hinreichende Begründung dafür, sämtliche bitteren Schärfen der Vorkriegszeit und die schrillen hektischen Schroffheiten der zwanziger Jahre auszuschließen; ebenso wie das schlechte Wetter und den Winter – die Düfte und Farben des Romans sind fast ausschließlich sommerlich angelegt, so intensiv, als wollte er sich damit selber erwärmen.

Das Leben in Frankreich veränderte sich unterdessen: der Abzug erheblicher Truppenverbände an die Ostfront und der neue Krieg gegen die riesige Sowjetunion ermutigte die französische Résistance ganz erheblich; es kam bis zum Ende des Jahres zu immer mehr Attentaten, Bombenanschlägen und Sabotageversuchen gegen deutsche und französisch-rechtsradikale Personen und Einrichtungen. Die Nazis reagierten überaus hart – man begann mit Geisel-Erschießungen von Juden und Kommunisten in einem Ausmaß, das auch die meisten jener Franzosen, die bisher eine eher abwartende Haltung bewahrt hatten, maßlos empörte. Zugleich erpreßten die Deutschen von den jüdischen Gemeinden im besetzten Frankreich 50 Millionen Reichsmark als sogenannte Strafzahlung. Doch dann traten – am 7. Dezember 1941 – die Vereinigten Staaten von Amerika in den Krieg ein, womit allerorts die Hoffnung wuchs, daß der Krieg eine gründliche Wende nehmen würde.

Wieviel Doderer von alldem bemerkte oder bemerken wollte, ist ungewiß; doch plötzlich bekam man in vielen Cafés oder Restaurants kaum mehr etwas (in Paris waren sie ab fünf Uhr nachmittags ganz geschlossen), er konnte kein Parfum nach Hause schicken, weil es an Alkohol zur Erzeugung fehlte, und selbst beim Bücherkauf wurde die Auswahl immer geringer: der Papiermangel, dem in Deutschland die Neuauflage von *Mord* und *Umweg* zum Opfer gefallen war, wirkte sich hier mindestens ebenso stark aus.

Erst mit Ende November wurde seine Versetzung nach Mont de Marsan endgültig, was ihn sehr erleichterte; zwar blieben ihm daneben Verpflichtungen für Biarritz, wo er im Winter noch einige Wochen verbringen sollte, aber auch dort hielt er sich gerne auf, wie aus der Beschreibung seines Zimmers im Hotel ‚Lefèvre' hervorgeht, das hoch über den Riffen und Felsen gelegen war[11].

Gerade in dieser Zeit liebte er es, seine Briefe an Mienzi besonders reich mit Zeichnungen zu schmücken: außer dem bösen, aber doch immer possierlichen Eichkätzl sind es vor allem äußerst verwandlungsfähige Herzen – die manchmal zum Busen mit Brustwarzen werden, einen Bauch mit Nabel haben, in einem Schamdreieck enden oder ein keusches Hüfttuch tragen, in andern Fällen zu einem Popoherz werden, mit angezeichneten Kußstellen, und ähnliches mehr. Schließlich – am 14. Dezember – schickte er ihr seinen großen Entwurf eines Nachthemds, das sie genau nach seinen sorgfältigen Angaben nähen sollte, wobei seiner Erotik jedes winzige Detail wichtig war: wo durchsichtig und wo nicht, wo gerafft, mit Rüschen oder Spitzen versehen, welches Bändchen und vieles mehr.

Unterdessen waren ihm so viele Zähne gezogen worden, daß ihm nur noch die Vorderzähne im Unterkiefer blieben; er sah natürlich eingefallen aus und ernährte sich hauptsächlich von Milch, Eiern und Haferflocken. So feierte er dann auch Weihnachten in Biarritz, wo er in der ‚Villa des chênes' beim Parc d'hiver Quartier genommen hatte: er bestellte schon vorher in einem Restaurant ein geeignetes Diner, wobei er mit dem herrlichen Wein am wenigsten Schwierigkeiten hatte. Anschließend fuhr er zur Feier seiner Soldaten und war für später nachts noch von seinen Quartiergebern geladen. An Maria schrieb er jedoch, er sei zeitig nach Hause gekommen und habe dort zu gutem Tee das Evangelium gelesen.

Zum Jahreswechsel erfuhr er, daß er sich bereits in den nächsten Tagen Urlaub nehmen könnte; Mienzi, der er das sofort mitteilte, konnte sich gar nicht so rasch frei machen. Es ist anzunehmen, daß er sich vor Urlaubsantritt noch mit seinem neuen Zahnersatz ausstatten ließ. Dann fuhr er nach Wien und wartete auf Maria, die einige Tage später eintraf; sie werden ihre Zeit zu nutzen gewußt haben. Auf der Rückfahrt unterbrach er in Paris und kaufte ein Gemälde Goebels – ‚Weintrauben mit Zylinderhut' – für das er, ohne es mitzunehmen, sofort 2000 Francs überwies (was etwa 100 Reichsmark ausmachte). Vielleicht wollte Doderer einer gerade akuten Geldnot abhelfen; jedenfalls kümmerte er sich auch nach dem Krieg nie darum, das Bild tatsächlich in seinen Besitz zu bringen.

Diesmal kehrte er in sein angenehmes Zimmer in Mont de Marsan zurück, zum prasselnden Feuer im Kamin; er war jetzt wieder für einige Wochen hier beschäftigt, doch blieb ihm, wie nun schon gewohnt, genügend Zeit und Muße für eigene Arbeit und Lektüre. Unter dieser befand sich auch Thomas von Aquin, über den er an Maria schrieb: „Ich wusste gar nicht, dass es so viel Intelligenz auf Erden geben kann."[12]

Aber die Ruhe sollte nicht lange anhalten. „[. . .] zudem hat man mich neuerlich befördert und das läuft auf eine Versetzung und in's Ungewisse hinaus"[13], teilte er Gütersloh über seine Ernennung zum Hauptmann mit. Mitte März konnte er noch die Explosion des Frühlings in Biarritz erleben und freute sich über die Blütenpracht, doch wenige Tage später mußte er Maria eine neue Feldpostnummer mitteilen; und bereits am 25. März befand er sich wieder in Bordeaux. Dort wurde ihm seine endgültige Versetzung zu einer anderen Abteilung mitgeteilt, ohne daß er nochmals Gelegenheit hatte, nach Mont de Marsan zurückzukehren; er erfuhr nur, daß ein Aufbruch bevorstand, natürlich mit unbekanntem Ziel. (Das Kriegsziel in Frankreich selbst war nicht mehr die Invasion der britischen Inseln, sondern bereits defensiv: die Errichtung des Atlantikwalls.)

Nach depressiven Überlegungen im Café ‚Cardinal' – die ihm auch die Möglichkeit aufzeigten, daß er gern in dieser Stadt leben würde – beschloß er diesmal, das Schicksal nicht einfach hinzunehmen, sondern eine Einflußnahme zu versuchen. Doch am 16. April waren das Scheitern seiner Bemühungen sowie die unmittelbar bevorstehende Abreise endgültig. Am 17. um zwei Uhr mittags fuhr sein Zug aus Bordeaux ab, und jetzt wußte er auch schon das Ziel: die russische Front.

„[. . .] immer weiter geht diese Fahrt nach Osten, durch Länder von einer Öde und Reizlosigkeit, einer kahlen Sauberkeit und peinlichen Ordnung, die einen frieren machen könnte [. . .] ein Hügelschwung, der bei uns daheim noch freundlich und in der Nähe bleiben würde, rollt hier sogleich bis an den Himmelsrand [. . .] wir fahren jetzt schon 6 Tage und Nächte, liegen auf harten Bänken dritter Classe, denn nach Osten dürfen gepolsterte Abteile nicht verwendet werden, wegen des Ungeziefers, angeblich."[14]

Nach insgesamt zwölf Tagen Fahrt kam Doderer in Kursk und an einem Tiefpunkt seiner Depression an; wo sein Zug auf die Bahnstrecke Kiew-Moskau getroffen war, war er selber schon im ersten Krieg als Deportierter auf dem Weg nach Sibirien durchgekommen – und er fühlte sich jetzt um nichts besser. Statt Erholung erfolgte ein Tag Munitionsverladen, erst am folgendenTag gab es Ruhe; dann nahm er in Ryschkowo bei Kursk ein Quartier, das er gleich wieder ‚Atelier' nannte – mit der deutlichen Absicht, sich dort vor allem der eigenen Arbeit zu widmen.

In Kursk versammelten die Deutschen damals gewaltige Truppenverbände für die Sommeroffensive (Unternehmen ‚Blau' genannt), die eine Anwort auf die winterlichen Niederlagen und Rückzüge vor Moskau darstellen sollte, jedoch zur Katastrophe von Stalingrad führte. Jedenfalls machten sich bei Doderers Ankunft in diesem Raum die 2. deutsche sowie 2. ungarische Armee und die 4. Panzerarmee bereit; Luftunterstützung sollten sie durch das VIII. Fliegerkorps unter Generalleutnant Martin Fiebig erhalten. Unmittelbar nach Doderers Eintreffen herrschte jedoch Ruhe: es war die sogenannte Schlammperiode – durch das Auftauen der Böden bewirkt –, eine nahezu unvermeidliche Kampfpause, in der beiderseits der Front die Verbände neu geordnet wurden.

Bereits Mitte Mai mußte Doderer, der ja nun Hauptmann war, eine eigene Kompanie übernehmen – und schon wieder einmal übersiedeln: er wohnte diesmal direkt *auf den Wällen von Kursk* – wie dann ein Gedichtzyklus hieß, den er Mitte Juni beendete[15]. Die alte Stadt ist auf einem Berg gelegen, und Doderer sah von dort oben weit in die Ebene hinaus, mit schönem Licht am Abend; auch machte die Stadt selbst, mit ihren großen Gebäuden und weiten Plätzen und Straßen, einen günstigen Eindruck auf ihn, obwohl durch die Kampfhandlungen bereits sehr viel zerstört war.

Er tat seinen Dienst sicherlich unauffällig und genau und kümmerte sich um seine Leute; doch scheint er einen erheblichen Teil seiner Disziplin darauf konzentriert zu haben, nach Möglichkeit jeden Tag etwas Zeit für sich selbst – zumindest im Tagebuch – zu gewinnen. Darin beschäftigte er sich damals auch mit dem Wahrsagen und der Möglichkeit von Prophezeiungen; entsprechend seiner Anschauung vom Weltgefüge mußte beides möglich sein. Blieb ihm nur wenig Zeit, so trachtete er dennoch, zumindest einige Sätze zu schreiben; das wurde dann im Notizbuch mit dem Wort ‚linea' vermerkt – ganz offensichtlich auf den auch von Beethoven erkorenen Wahlspruch bezogen: Nulla dies sine linea – kein Tag ohne Zeile. Abgesehen von der Disziplin des Schriftstellers war dies wohl auch für seine geistige Stabilität – als Beharren auf der Selbstdefinition – nicht unwichtig.

Zudem schrieb er sehr viele Feldpostbriefe, unter anderm um sicher zu sein, Antworten zu erhalten, in denen doch die vertrautesten Stimmen seines Lebens auch hier in Kursk aufklangen. Natürlich erhielt Maria am meisten Post, doch wurde auch die Mutter regelmäßig (und rücksichtsvoll schönfärbend) unterrichtet, außerdem gab es den Briefwechsel mit Gaby und (getrennt) mit ihrem Mann Ferdinand (‚Ferdl'), mit Gütersloh, Edmund Schüller, den Münchner Bekannten Dr. Bergholtz und Frau Liselotte von Stengel und – im Beck-Verlag – hauptsächlich mit der Lektorin Dr. Lu Laporte. Diese war für ihn zu einer erstrangigen Bezugsperson in literarischen Fragen geworden; er legte ihr immer wieder seine Stellungnahmen vor, ließ sich aber auch – und das war wirklich eine Ausnahme – gern beraten und folgte sogar ihren Vorschlägen für seine Lektüre.

Als einziges eigenes Buch – er benützte auch Kursker Bibliotheken – führte er damals allerdings nur ‚De ente et essentia' des Thomas mit sich. Mit seinem Katholizismus war es ihm durchaus ernst: an jedem Sonntag trug er in sein Notizbuch das Kürzel ‚a.s.m.' ein – apud sanctam missam, bei der heiligen Messe. Zu seinem besten Gesprächspartner in Kursk wurde mit der Zeit auch ein Pfarrer, nämlich der erst dreißigjährige Georg Reiß, vorher Vikar in Danzig, den Doderer sogar für erheblich gebildeter als sich selber hielt.

Doch daneben gab es ständig eine andere Welt: „Lärm, Mühsal und Beschwernis dieses Krieges hier sind unvorstellbar, eine brodelnde, knurrende Hölle, hinter der unaussprechliches und namenloses Elend seine Spur schleift."[16] Erst eine Woche nach dieser Äußerung, nämlich am 28. Juni, begann das Unternehmen ‚Blau', die große Sommeroffensive. Die Arbeit auf den Flugfeldern wurde sehr viel mehr, allerdings ergab sich auch der Vorteil, daß durch die – vorläufigen – deutschen Erfolge sich die Front nach Osten verschob und damit entfernte.

Daß Doderer keinen innerlichen Anteil daran nahm – er meinte, für den Krieg nicht mehr primitiv genug zu sein, während er es mit neunzehn Jahren noch gewesen war –, liegt auf der Hand; im Tagebuch arbeitete er an einem Essay über den Techniker als Typus, wobei er den Pionieren noch heroisches Erobern zuerkannte, während er die Technik selbst für so verabscheuenswürdig hielt wie die nachkommenden Generationen der Techniker. Den einzigen aktuellen Anlaß, den er für diese Arbeit gehabt haben könnte – obwohl sie eher eine weitere Auseinandersetzung mit dem Vater war –, erwähnte er nicht: den ihn umgebenden Krieg mit seinem enormen technischen Einsatz, dem auch er selber auf den Flugfeldern zum Erfolg verhelfen mußte; hier wäre die Perfektion der Mittel, das Rollen einer gigantischen Vernichtungsmaschinerie am deutlichsten in seinem Sinne darstellbar gewesen.

Dieser technisierten Welt der Flugzeuge, ihrer Betreuung und Bewachung, entkam er im Juli mit seiner Kompanie für drei Wochen in ein schlimmeres Grauen: sie mußten im Zuge der Offensive an einem Fronteinsatz teilnehmen; wenn auch nicht an der vorderen Linie, sondern zur Absicherung dahinter. Dabei war der Hauptmann von Doderer mit seinen Leuten auf sich gestellt und konnte weitgehend nach eigenem Ermessen entscheiden.

Sie schlugen, ab 9. Juli, jede Nacht ihre Zelte – im wörtlichen Sinn – woanders auf: gedeckt, getarnt, verborgen – nie fern und manchmal nah der Kampfhandlungen. Doderer behauptete im nachhinein – und hier hindert nichts, ihm zu glauben –, daß ihm an einem militärischen Erfolg, etwa am Rande von Gefechten unterstützend einzugreifen, absolut nichts gelegen gewesen sei; er habe ganz im Gegenteil versucht, seine Kompanie (und sich selber) von jedem Kampf fernzuhalten und die Tarnung und Absicherung seines jeweiligen Lagers so weit getrieben, daß er auch für Vorgesetzte oder deren Boten unauffindbar blieb, welche die Kompanie vielleicht an einer gefährlicheren Stelle hätten einsetzen wollen. Seine Leute begriffen ihren Hauptmann nur zu willig und wurden, statt Leib und Leben zu gefährden, blitzschnell zu Meistern der gegen alle Eventualitäten abgesicherten Tarnung; an einer Front, die wahrhaftig mörderisch genug gewesen sein muß.

Von der zweiten Zeltnacht (am 10. 7.) schrieb Doderer, der seine eigentlichen Absichten natürlich nicht schriftlich festlegen konnte, an Maria, die soeben zu Besuch bei seiner Mutter auf dem Riegelhof war: „Zur Zeit lieg' ich bei sinkender Dämmerung vor meinem Zelt – wie ein Indianerhäuptling." Dabei hatte er eigentlich nur gegen eines zu kämpfen: wie seinerzeit in Sibirien gegen Myriaden von Stechmücken. Die Karl-May-Romantik seiner Jugend galt nun auch für seine Leute: also der Vergleich mit einem Indianerhäuptling, der ihnen das Schleichen und Verstecken beibrachte; sie nannten ihn Häuptling ‚Spitze Feder' (jeder wußte, daß er schrieb) oder ‚Fliegender Pfeil' – er hatte sich wohl mit seinem Bogenschießen gerühmt.

Bereits in der Nacht ihrer Anreise zur Front hatten sie Schreckliches erlebt, wobei das „weichende Dunkel am Morgen eines der düstersten und grauenvollsten Bilder enthüllte, die ich je gesehen"[17]. Und sie stießen auch weiterhin bei ihren vorsichtigen Bewegungen immer wieder auf die furchtbaren Spuren der vor ihnen tobenden Schlacht. Am 22. Juli schrieb Doderer, wieder an Maria, über die ‚Idyllische Lage': „am Rande einer Lichtung im tiefen Laubwald, bei sinkender Dämmerung, in dem Frieden einer erhaben-schönen, üppig wuchernden Natur: Erholung nach all dem Schutt und Staub uferloser Zerstörung, unbeschreiblichen Elends [. . . das hat] Erlebnisse und Bilder hinzugefügt, die sich sozusagen der oberen Grenze des nervlich noch Erträglichen näherten: ich sah's an meinen Leuten." Vielleicht auch im Rasierspiegel.

Am 30. Juli kehrten sie nach Kursk zurück, zu ihrer eigentlichen Aufgabe, ohne ein Debakel erlitten oder auch nur den geringsten Erfolg verbucht zu haben; doch vor allem: ohne einen einzigen Verletzten oder gar Gefallenen. Doderer war bis ins Alter stolz auf diese Leistung[18]; es war, um einen späteren Begriff zu verwenden, der Höhepunkt seines ‚passiven Widerstandes', wobei der Nutzen für die ihm anvertrauten Leute höher steht als jede Erwägung, welche andere Art von Widerstand nachher manche gern von ihm gesehen hätten.

In Kursk folgte wieder einmal eine – Übersiedlung. Diesmal in die Strelezkaja, eine unten gelegene Vorstadt, wo es viel freien Platz und sogar noch gackernde Hühner gab; dort ließ er sich einen Wasserbottich aufstellen und konnte seinen Dienst in der Badehose versehen. Neben diesem – nur von Gestrüpp bewachsenen Gelände – lag eine Schule, in der er mit seiner Kompanie hauste und sich ein eigenes Zimmer bauen ließ, während er den restlichen Sommer und beginnenden Herbst nach Möglichkeit genoß und zur Arbeit nützte.

Im Frühsommer dieses Jahres war ein wohlwollend und gescheit wirkender älterer Herr mit weißem Bart in der Ringstraßenbahn gefahren. Dr. Paul Hasterlik hatte längst keine Wohnung mehr – sie war mit einem erheblichen Teil der Bildersammlung unter Mitwirkung des Dienstmädchens ‚arisiert' worden –, sondern er lebte als sogenanntes ‚U-Boot' bei einem ehemaligen Verehrer seiner jüngeren Tochter Mia, einem gewissen Dr. Heinrich Kopetz, von den Freunden ‚Boni' genannt. Natürlich war es unmöglich, sich ständig nur versteckt zu halten (es gab in Wien gar nicht so wenige Wohnungen mit verborgenen Verschlägen – obwohl den Wohnungsinhabern, die Juden versteckten, die Todesstrafe drohte), hin und wieder mußte man einen Rest der vergangenen Welt sehen.

In der Nähe des ‚Gauhauses der NSDAP' – wie damals das ehemals österreichische Parlamentsgebäude hieß – stiegen zwei jüngere SS-Offiziere auf dieselbe Tramwayplattform, wo schon der alte Mann stand, und forderten von ihm den Hitlergruß. Vielleicht war das Wohlwollen, das sein Gesicht so lange bestimmt hatte, auch schon verschwunden und einer tiefen Traurigkeit gewichen; jedenfalls: er weigerte sich. Sie warfen den Sechsundsiebzigjährigen in einem Bogen aus der noch fahrenden Straßenbahn; er brach sich beide Hüftknochen. An der nächsten Haltestelle verständigten sie die Gestapo, um ihn einsammeln zu lassen.

Am 23. Juli traf er mit dem Transport IV/5 im Konzentrationslager Theresienstadt ein. Obwohl nun selbst schon halb verkrüppelt, gab ihm seine Güte nochmals eine erstaunliche Lebenskraft: sie trieb ihn, den Geschundenen um ihn herum mit seinem medizinischen Wissen – auch ohne Hilfsmittel – bei ihren Leiden behilflich zu sein; so lebte er selber noch mehr als anderthalb Jahre lang. Er starb am 7. März 1944 und wurde verbrannt, die Asche in eine Papierurne gefüllt; als die Nazis im Herbst desselben Jahres bereits einen eventuellen Nutzen darin sahen, die Spuren ihrer Barbarei zu verbergen, ließen sie von Gefangenen die Asche von rund 22.000 ihrer Opfer in das nahe gelegene Flüßchen Ohře schütten.

Doderer, so fürsorglich und hilfsbereit wie sonst kaum in seinem Leben, kümmerte sich weiterhin ums Wohlergehen seiner Leute und ließ sie aus wissender Voraussicht lauter Dinge tun, die sich letztlich als völlig nutzlos erweisen sollten. Da er als einziger von ihnen den russischen Winter kannte, ließ er sie eine frostsichere Wasserleitung zum Schulgebäude verlegen und in dieser einen großen beheizbaren Duschraum sowie ebenfalls beheizte Toilettenanlagen einbauen; zusätzlich sollten sie die Zentralheizung des ganzen Gebäudes instandsetzen. Auch hatte er sich einen ganzen Wald zuweisen lassen, wo er mit seinen Leuten Bäume fällte und Hunderte Kubikmeter Holz schnitt, um ja über genügend eigenen Vorrat zu verfügen; und da er die Vorsicht gern auf die Spitze trieb, bemühte er sich noch erfolgreich, zwanzig Tonnen gut getrockneten Torfs geliefert zu bekommen.

Die Soldaten begriffen seine Fürsorglichkeit, die sich wohl auch in dieser oder jener Sondergenehmigung und anderen Nachsichten äußerte, recht gut und wollten ihrem Hauptmann eine freudige Überraschung bescheren; in das Zimmer, das er in der Schule für sich selber bestellt hatte, ließen sie ihn bis zur Fertigstellung nicht hinein. Dann sah er endlich – Anfang Oktober – und reichlich verblüfft, wie sehr sie sich für ihn angestrengt hatten: alles war „in den Farben Creme-Braun-Gold abgestimmt [. . .] die Wände getäfelt, um die Liegestatt geht die Täfelung noch weiter hinauf und enthält ganz entzückende eingebaute Etageren und Regale und Fächer [. . .] ein tiefer, eingebauter Wandschrank mit Schiebetüren. Der Schreibtisch-Sessel ist fast ein Kunstwerk. Mein Geschmack ist getroffen: wo man hinschaut ist ein eleganter Beleuchtungskörper [. . .] der Ofen aus roten Ziegeln [. . .] war garnicht angeschafft, es war denen ihre Idee und geheimnisvolle Spielerei durch Wochen . . . Ich wünschte, dieses ganze Zimmer in Wien zu haben“[19].

Doch wie unsicher alles Hab und Gut unterdessen auch in der Heimat war, erlebte er am Beispiel seines Kameraden, des Hauptmannes Alphons Cramer, der kurzen Heimaturlaub bekam, weil sein Münchner Wohnhaus zur Gänze von Bomben zerstört worden war. Und wie dort sah es fast in ganz Deutschland aus: immer riesiger wurden die Angriffswellen, mit denen untertags die Amerikaner und in der Nacht die Briten Stadt um Stadt mit Flächenbombardements belegten; die Soldaten mußten um ihre Angehörigen zuhause nun genauso besorgt sein wie umgekehrt.

Mit Cramer verband Doderer eine Freundschaft recht eigener Art: er hatte ihn bereits während der letzten Tage in Bordeaux kennengelernt und zu dessen Freundin, einer jungen Französin namens Renée, begleitet, um den beiden Verliebten zu dolmetschen. Das setzte sich nun in Kursk bei jedem Brief fort, der eintraf oder abgesandt werden sollte; Doderer war nicht nur in diese Beziehung am besten eingeweiht, sondern auch der Erzeuger der sprachlichen Formulierungen und Melodien, die in Bordeaux ihre Wirkung tun sollten.

Unterdessen kam der Winter immer näher, und Doderer fürchtete ihn trotz aller Vorbereitungen geradezu panisch. Da kam Mitte November, nach einer – wie er meinte – von Swobodas Zyklen bedingten längeren Depressionsphase, als weiterer Schlag die Nachricht, daß er mit seiner Kompanie bald verlegt werden sollte – womit alle vorbereitende Arbeit für den Winter vergeblich gewesen war. Bereits zwei Tage später mußte der Arzt – Dr. Lubesins – zu ihm kommen: er lag, von den neuralgischen Schmerzen der rechten Kopfhälfte wie paralysiert, darnieder. (Sein Leben lang blieb er überzeugt, diese Kopfschmerzen aus der sibirischen Gefangenschaft, als Folge der kalten Winter, mitgebracht zu haben, und nahm sicherlich auch in Kursk denselben Grund an; doch schon das Auftreten derselben Schmerzen bei unbewältigten

Problemen wie Emmy von Novotny legt nahe, auch psychische Gründe zu vermuten – was für Kursk genauso gelten kann.)

Am nächsten Tag – jenem Sonntag, an dem sich der russische Belagerungsring um das erst im Oktober von den Deutschen eroberte Stalingrad schloß – mußte er das Kommando an seinen Oberleutnant übergeben, am 23. Oktober wies ihn Dr. Lubesins zur Untersuchung in das Kriegslazarett von Kursk ein; von dort aus wurde ihm bei einer russischen Familie in der Skrobelewskaja ein neues Quartier zugewiesen, wo er auf die ärztliche Entscheidung zu warten hatte. Sein eigenes schönes Zimmer bezog der Oberleutnant Schulz, ein gutartiger bayrischer Bierbrauer von entsprechendem Leibesumfang.

Doderer blieb eine Woche bei der russischen Familie und schrieb darüber – am 26. November – recht begeistert an Maria: „[. . .] sitze hier gegen Mitternacht in der guten Stube eines russischen Holzhäuschens, während draussen ein für diese Jahreszeit, und gar hier, abnormaler Tauwind rast und den Schnee in Wasserfluten löst [. . .] die Hausfrau hat den Samowar hereingebracht, der Thè war ganz herrlich, und dieses Zimmer ist so traulich, mit seinen biederen altmodischen Möbeln, seiner Blitzsauberkeit, und behütet von einer wunderschönen Mutter Gottes, einem altrussischen Ikon [. . .] In dieser ärmsten Hütte ist Russland, wie ich es kannte."

Schließlich kam der ärztliche Befund, welcher auf ‚g.v.h.' lautete: also, im gräßlichen Jargon dieses Militärunwesens, ‚garnisonsdienstverwendungsfähig – Heimat'. Damit war er vorläufig im Krankenstand und hatte auf die Versetzung irgendwohin in Deutschland oder Österreich zu warten. Von seinem russischen Häuschen mußte er wieder zurück aufs Flugfeld in Ryschkowo, wo ihn Alphons Cramer als Gast aufnahm; jeden zweiten Tag kam ein Lübecker Arzt, um ihn zu untersuchen und mit Veramon zu behandeln. Zur selben Zeit erlebte Doderer fassungslos, daß seine Truppe nun wirklich ihr Quartier verlassen mußte und an einen anderen Frontabschnitt verlegt wurde.

Bei Cramer blieb er bis über Weihnachten, das er Maria wieder ähnlich wie im Vorjahr beschrieb: „[. . .] hab' eine Kerze vor einem russischen Madonnenbild entzündet, das Weihnachtsevangelium gelesen, dann DEIN Bild aufgestellt"; daß er ausgerechnet zu diesen Weihnachten Grüße von Franz Hinterobermaier erhielt, mit dem er vor mehr als zweiundzwanzig Jahren glücklich aus Sibirien geflüchtet war, mochte ihm als besonders gutes Omen erscheinen. Nach Neujahr mußte er abermals ins Lazarett und erhielt dort am 4. Januar seinen Marschbefehl nach Frankfurt an der Oder. Am Abend des 6. Januar verließ er Kursk – das nur einen Monat später von den Russen zurückerobert wurde – und beendete damit seinen Fronteinsatz.

24. Prüfer und Versandpaket

Am 10. Januar 1943 kam Doderer in Frankfurt an der Oder an und meldete sich am nächsten Tag bei der 3. Kompanie des Flieger-Ersatz-Bataillons III – in einem weitläufigen Barackenlager am Rand der Stadt und in einer Welt, deren Zwanghaftigkeit ihn nur noch abstieß. Von hier wurde er nach Berlin weitergeschickt, wo ein ausführlicheres neurologisches Gutachten erstellt werden sollte; in Erinnerung an die Zeit, als er hier die letzten Recherchen für den *Mord* gemacht hatte, stieg er wieder im Hotel ‚Württemberger Hof' ab.

Er mußte zehn Tage in Berlin bleiben, in denen seine Neuralgie bestätigt wurde, und erhielt dann überraschend Urlaub nach Wien, wo er am 25. Januar eintraf. Natürlich verständigte er sofort Maria, die nach wenigen Tagen auf Besuch eintraf, und besuchte die Mutter und die Schwestern; von den vier Doderers, die in Rußland im Einsatz gestanden waren, kam außer ihm (später) nur noch Astris jüngerer Sohn Wolfgang Stummer zurück; dessen älterer Bruder Willy und Helgas Sohn Ernő blieben für immer auf dem, was in versunkenen Zeiten das Feld der Ehre genannt worden war. So waren auch freudige Tage, in denen er sich verwöhnen ließ, nie frei von Besorgnis, ganz abgesehen von der allgemeinen Kriegslage; und schließlich wußten er und die anderen, was ihm selber noch bevorstand: Fliegerhorste in Deutschland, natürlich ein häufiges Ziel alliierter Luftangriffe.

Am 15. Februar mußte er zurück „in jenes von allen Musen und Grazien verlassene"[1] Frankfurt an der Oder, von wo er fünf Tage später nach Wiesbaden versetzt wurde. Dort gelang es ihm innerhalb weiterer fünf Tage, seine Verlegung ins oberbayrische Schongau – nahe den Lechtaler Alpen – zu bewirken, wo er am 26. sein Kommando übernahm, mit all dem Üblichen: Übungen, Exerzieren, Verwaltung, Inspektionen und dergleichen mehr. Außerdem war er extrem erschöpft – und nicht nur von der langen Nacht bei Griti und Paul Bergholtz auf der Durchfahrt in München. Doch die kleine alte Stadt und die verhältnismäßige Ruhe, die allerdings am Flugfeld kaum je herrschte, gefielen ihm gut; außerdem empfand er die recht bayrische Verpflegung als äußerst wohltuend.

Als erstes schrieb er sich alle Bahnverbindungen nach München und dortigen Anschlußzüge nach Landshut auf – insgesamt war die Fahrt in etwas mehr als dreieinhalb Stunden zu bewältigen; als ‚Lediger' hatte er freilich nur einmal monatlich Anspruch auf einen Wochenend-Urlaub. Doch ebenso wichtig wie ein Besuch bei Maria war ihm auch ein solcher beim Verlag, da mittlerweile in Frankreich der *Umweg* erscheinen sollte und er höchst neugierig auf die französischen Korrekturfahnen war. Erst am 21. 3. war er endlich wieder einmal bei Dr. Beck zum Tee und erfuhr hier, daß *Le détour* vielleicht schon zu Ostern bei Plon in Paris erscheinen würde – allerdings änderte man im letzten Augenblick den Titel auf *Le sursis* (Der Aufschub). Jedenfalls begeisterte ihn sein erstes Buch auf französisch so sehr, daß er bis ins Alter immer wieder glücklich darauf hinwies, daß einige Passagen in der Übersetzung besser klängen als im Original, da sie dem anderen Idiom eher entsprachen.

Unterdessen ging ihm allerdings Schongau schon wieder gräßlich auf die Nerven: nicht des Städtchens, sondern seines Büros wegen, das wie in Cognac drei Türen hatte und dementsprechend unruhig war, ganz abgesehen von den donnernden Flugzeugmotoren draußen vor der Baracke. An Gaby schrieb er ziemlich verzweifelt, daß er sich seine tägliche ‚linea' immer wieder mühsam erkämpfen müsse; zudem beklagte er sich übers Aufstehen um sechs Uhr morgens, da er doch neun Stunden Schlaf brauche, um sich einigermaßen wohl zu fühlen. Auch seine wechselnde Diensteinteilung verhinderte einen erholsamen Schlafrhythmus. Immerhin konnte er dadurch aus fast fünfzig Kilometer Entfernung – von der Höhe der Berge – den nächtlichen Widerschein der Feuerkatastrophen in München beobachten, wenn die Stadt mit Bombenteppichen belegt worden war. Das also war der ‚totale Krieg', den Goebbels in diesem Februar proklamiert hatte (von Hitler war sechs Tage danach der Befehl gekommen, daß jeder Offizier ungehorsame Untergebene auf der Stelle zu erschießen hätte).

Unter all diesen Umständen war ihm seine nächste Versetzung bloß angenehm: er sollte Anfang Mai seinen Dienst in Wiener Neustadt antreten. Vorher allerdings mußte er noch nach Merzhausen im Taunus, um in einem Lehrgang der Luftdienst-Abteilung zu unterrichten. Als sein Zug, in der Nacht vom 10. auf den 11. April, gegen halb drei Uhr morgens gerade auf Mainz zufuhr, begann plötzlich die große Bombardierung der Stadt, und es eröffnete sich „das ganze Schreckensprogramm, welches unsere Zeit zu bieten hat, in weitem Rundblick an allen Ecken und Enden. Wir standen mehrmals still auf offener Strecke, ganz und gar still, als duckte sich die Wagenreihe nieder"[2].

Der Lehrgang fand dann in „elysisch schöner Umgebung"[2] statt; Doderer hatte zwei Zimmer für sich allein, in einem entzückenden kleinen Häuschen mit Blick auf die Wälder des Taunus, konnte auch viel Ruhe genießen und hatte nur dann und wann eine Stunde Unterricht zu geben. Doch in der Nacht zogen fast immer und stundenlang die Motorengeräusche der riesigen Geschwader über ihn hinweg, und er konnte sich vorstellen, welches Leiden wieder über diese oder jene Stadt hereinbrach.

Er blieb nur zehn Tage dort, fuhr dann Dr. Lu Laporte in der Nähe von München besuchen, blieb anschließend drei Tage in Landshut und kam am 29. April wieder in seine Wiener Wohnung in der Buchfeldgasse. Und wenn es jetzt auch nur für wenige Tage war: er konnte hoffen, mit den Freunden – soweit sie nicht ebenfalls durch den Krieg verstreut waren – regelmäßigeren Umgang zu pflegen und zumindest teilweise in seine alte Welt zurückzukehren.

Seinen Dienst in Wiener Neustadt – beim Luftdienstkommando 1/XVII auf dem Flugplatz – trat er am 3. Mai an: mit Wecken um dreiviertel sechs und Unterrichtsbeginn um dreiviertel sieben. Aber er sah in der Ferne die Rax, auf der noch Schnee lag; dort war der Riegelhof – er war seiner engsten Heimat ganz nahe, auch wenn diese jetzt ‚Gau Niederdonau, Ostmark' hieß. Zum Glücklichsein reichte das noch nicht:

„Hier ist man von aller Welt abgeschlossen, zwischen Hallen und Baracken verloren, der Weg in die Stadt weit über eine Stunde. Aber ich habe ein sehr schönes Zimmer in einem Waldhaus“[3] – das in der Nähe von Wöllersdorf gelegen war, wo Dollfuß seinerzeit sein ‚Anhaltelager‘ errichtet hatte. Was Doderer bedrückte, waren nicht nur die ewigen Baracken und Hallen, diese technische und lautstarke Welt der ‚Fliegerhorste‘, auf die sein Haß immer mehr wuchs, sondern auch, daß er seit vierzehn Tagen ohne Nachricht von Maria war – was sich jedoch dann als harmlos herausstellte.

Als er vom 25. Mai bis 7. Juni Urlaub bekam, traf Maria bereits am 28. in Wien ein, und diesmal fuhren sie für sechs Tage gemeinsam zur Mutter auf den Riegelhof. Es ist durchaus vorstellbar, daß Willy von Doderer in dieser ebenso freundlichen wie realistischen Buchhalterin aus Bayern eine recht notwendige Ergänzung an der Seite ihres Sohnes sah, dessen Geldforderungen sie schon einigemale die Geduld mit ihm verlieren hatte lassen. Maria konnte anschließend noch bis zum 6. Juni in Wien bleiben; als Doderer am 8. wieder seinen Dienst in Wiener Neustadt übernahm, war dies nur noch für drei Tage, da seine Einheit nach Bad Vöslau verlegt werden sollte.

Bad Vöslau gehörte zum ‚erweiterten Standort Wien‘, also konnte er von dort ohne Sondergenehmigung, wann immer es seine Zeit erlaubte, in die Buchfeldgasse fahren. Deshalb übernahm er sofort das ‚Vorkommando‘ und ging am 11. Juni allein nach Vöslau, um für seine Kompanie alles vorzubereiten. Der Vorteil lag auf der Hand, doch die Begeisterung war noch immer gering: schließlich kam er bloß auf einen andern Fliegerhorst, zu anderen Hallen und Baracken. „Hier ist es sehr seltsam: der vertraute Wienerwald schaut von seinen Höhen in eine mir ebenso wie ihm gänzlich fremde Welt von immensen Gebäuden und Hallen, was alles es hier kürzlich noch garnicht gegeben hat; und wir beide werden uns wohl nie so recht daran gewöhnen. Es bleibt ein Traum, ein seltsamer, kein guter.“[4]

Doch sehr rasch überwogen positive Eindrücke. Sein Kommandant, Oberst Dreger, hatte Doderer gleich beim Eintreffen liebenswürdigst empfangen und ihn mit seiner privaten historischen Bibliothek gehörig beeindruckt. Und dann begann Doderer das Kasino der rund fünfzig hier stationierten Offiziere entsprechend zu genießen und berichtete an Maria und die Mutter, wie anständig das Essen sei, samt ausgezeichnetem Ersatzcafé, „und entsprechend serviert, worauf ich Wert lege“[5]. Ebenso legte er auf Distanz Wert: denn diese sicherte ihm den Freiraum und die Zeit – wann immer möglich –, um zu schreiben.

Hier in Vöslau hatte sein Bürozimmer nur eine Tür, er konnte auch private Briefe schreiben oder am Tagebuch arbeiten: es waren damals die fast kafkaesken Betrachtungen *Das kahle Zimmer*[6] – wobei er zur selben Zeit Max Brods Buch über Kafka las.

Während die große Katastrophe ihren Lauf nahm – Hitler mit der Operation ‚Zitadelle‘ die Wiedereroberung von Kursk versuchte und bald die ‚Combined Bomber Offensive‘ mit der Zerstörung Hamburgs begann –, versuchte Doderer, wie unzählige andere, sich den eigenen kleinen Lebensraum so erträglich wie nur möglich zu gestalten. Neben dem Kasino gab es ein großes Schwimmbecken, das er nun mit Sommerbeginn ausgiebig benutzte – natürlich als ‚Disziplin‘ zur Körperertüchtigung.

Und Mienzi sorgte auch in Vöslau wie an allen andern Standorten während des Kriegs mit großen Paketen für sein leibliches Wohlbefinden; sie schickte ihm Mehl, Nudeln und Konserven; mit ihren Eiern und dem bayrischen Speck ließ er sich im Kasino täglich das Frühstück aufbessern, welches für ihn die wichtigste Mahlzeit darstellte (die Zivilbevölkerung bekam längst nur noch ein Ei pro Monat zugeteilt); und er dankte ihr überschwenglich für ihren Guglhupf sowie die „Mienzi-Bäckereien".

Während Doderers Dankesbrief unterwegs war und er selbst eine zweitägige militärische Übung abhalten mußte, wurde am 25. 6. 1943 in Auschwitz der Häftling Nr. 103 786 hingerichtet. Es handelte sich um den gerade vierzigjährigen Karl von Motesiczky. Daß man ihn nicht vergaste oder auf eine der andern verächtlichen Weisen ‚vertilgte', sondern tatsächlich exekutierte, war die ‚Ehre', die man seinem halben Anteil an arischem Blut erwies. – Im selben Konzentrationslager war bereits vorher Ernst Pentlarz – der ‚kleine E. P.' – ohne zweifelhafte Ehren ermordet worden.

Motesiczky war vor dem Krieg in Norwegen gewesen, um sich nach der langen Ziellosigkeit seines Lebens sowie der Suche nach Vaterersatz, wozu auch seine hilfreiche Verehrung für Heimo gehört hatte, bei Wilhelm Reich einer Psychoanalyse zu unterziehen; doch letztlich scheinen die beiden in Unfrieden geschieden zu sein. In Wien wollte Mote endlich Medizin studieren und seine psychoanalytische Behandlung fortsetzen, was nun unter den Nazis gar nicht so einfach war: von den ursprünglich 83 Analytikern in der Stadt von Freud, Adler und ihren Schülern emigrierten 81. August Aichhorn, der kein Arzt war, sondern als Lehrer ein Heim für verwahrloste Jugendliche geleitet hatte und Erziehungsberater der Gemeinde Wien war, hatte sich von Freud zum Laienanalytiker ausbilden lassen; er nahm Motesiczky in Analyse und leitete über dessen Anregung in seiner Wohnung auch – illegale – Kurse für Psychoanalyse, was mutig und verdienstvoll war, aber leider mit mangelndem Talent zum theoretischen Vortrag geschah.

Um diese Zeit – 1939 – lernte Motesiczky durch einen gemeinsamen Bekannten das Studenten-Ehepaar Ella und Kurt Lingens kennen, die ebenfalls Medizin studierten und durch ihren neuen Freund in den psychoanalytischen Kurs von Aichhorn kamen. Zugleich traf man sich jedes Wochenende mit einem größeren Freundeskreis, der sicherlich keine Widerstandsgruppe war, aber den neuen Machthabern mit eindeutiger Antipathie gegenüberstand, in der Villa am Kröpfelsteig in der Hinterbrühl – wo einst Max Beckmann und auch Heimo und Gusti zu Gast gewesen waren. Der Gärtner, der ein Nazi noch aus der Illegalität war, fühlte sich der Familie so verbunden, daß er niemals ein Wort gesagt hätte. Motesiczky wohnte unter der Woche in einer kleinen Wohnung im fünften Bezirk, was für sein Medizinstudium an der Universität angenehmer war, bot aber den beiden Lingens an, in der Villa zu bleiben, wo es außer dem Schwimmbad auch einen Gemüsegarten gab und aus dem Park reichlich Holz zum Heizen zur Verfügung stand, was sonst schon knapp zu werden begann; dafür konnte Ella Lingens an manchen Wochenenden den eingelangten Freunden mit Lebensmittelpaketen aus Jugoslawien aufwarten.

Die meisten derer, die hier in scheinbarer Geborgenheit zusammenkamen, waren in Wirklichkeit ständig bedroht; etwa einige alte Juden, die in der Villa mit Mote am Cello Kammermusik spielten; oder sein Onkel, der Baron Heini Lieben, der in Österreich geblieben war, weil ihm die Freunde der Offiziersrunde aus dem Ersten Weltkrieg versichert hatten, ihm könne absolut nichts passieren. Motesiczky selbst, als ‚Mischling I. Grades', wurde ebenfalls von zunehmender innerer Unsicherheit geplagt; als getaufter Halbjude fühlte er sich der Schicksalsgemeinschaft der Menschen, unter denen er aufgewachsen war und gelebt hatte, existenziell und kulturell verbunden und wollte und konnte nicht einsehen, daß dies mit einem Mal von eben dieser Umwelt nicht mehr anerkannt wurde – daß ein halber Blutsanteil ihn dieser ‚Volksgemeinschaft' entfremden sollte.

Er beschäftigte die Freunde, die sich zu den Wochenenden in der Hinterbrühl versammelten, vielfach mit diesem Thema; und kam schließlich, statt zum Widerstand, zu der eher verzweifelten Vorstellung, er müsse ‚seinem' Volk oder Vaterland eben erst beweisen, wieviel ihm an dieser Identität gelegen sei. Schließlich meldete er sich, so realitätsfern wie meistens, freiwillig zum Militärdienst, statt die Befreiung davon als Vorzug aufzufassen, mit dem die Nazis – aus Verachtung – die ‚Mischlinge' entschädigten. Man akzeptierte ihn sogar, und er tat, gewissermaßen ein letztes Mal dem ehemaligen Freund Heimo nahe, seinen Dienst bei der Bodentruppe der Luftwaffe. Dort meldete er, als Wachestehender, pflichtgetreu einen besoffenen und nach dem Zapfenstreich eintreffenden Vorgesetzten – und wurde in der Folge als ‚wehrunwürdig' entlassen.

Motesiczky kehrte zu seinem Medizinstudium und der Psychoanalyse zurück, wobei Aichhorn es mittlerweile geschafft hatte, seine Kurse offiziell abhalten zu dürfen, wenn er seine Kandidaten zur Genehmigung an das Berliner Institut für Psychotherapie und psychologische Forschung meldete (dieses stand unter der Leitung von Dr. Matthias Göring, einem Cousin des Feldmarschalls, und durfte sich weder auf Freud noch Adler berufen). Beide Lingens bekamen als Arier die Genehmigung von Berlin, Mote jedoch nicht; August Aichhorn behielt ihn aber – illegal – als Patienten.

Damals war das Gut in der Hinterbrühl bereits enorm bedroht, da es offiziell noch seiner Mutter – einer ‚Volljüdin' – gehörte und jederzeit durch die Partei arisiert werden konnte. Die Rechtsanwaltskanzlei eines Freundes wurde zur Hilfe beigezogen; doch erst ein Teilhaber derselben, der Mitglied der SS geworden war, ohne jedoch Antisemit zu sein, ermöglichte es, daß Mote Besitzer der Liegenschaften seiner Mutter wurde.

Unterdessen – nun schon im Frühjahr 1942 – war jedoch die Situation von Motesiczkys Onkel, Heini Lieben, plötzlich extrem gefährdet; er wurde von der ‚Jupo' – der Judenpolizei – abgeholt und in der Seegasse interniert. Die ‚Jupo' bestand ausschließlich aus Juden, die mit der Gestapo kollaborierten, um ihr eigenes Leben zu retten. Ein Mitglied, der jüdische ehemalige Schauspieler Klinger, bot Heini Lieben an, ihn für 10.000 Reichsmark über die Grenze nach Ungarn zu bringen. Zur selben Zeit hatte sich ein Wiener Jugendfreund von Ella Lingens, der Physiker und Kältetechniker Alexander Weißberg, von Krakau aus an sie gewandt, ob sie einen Fluchtweg aus dem Dritten Reich wisse: er war als Jude und ehemaliger Kommunist, der schließlich in russischen Gefängnissen gelandet war, beim Molotow-Ribbentrop-Abkommen als ‚inhaftierter Deutscher' ausgetauscht worden – und fühlte sich mit Recht äußerst bedroht.

Das alles wurde in der Hinterbrühl mit Motesiczky besprochen – er war den beiden Lingens als Taufpate ihres Sohnes Peter Michael mittlerweile noch mehr verbunden – und er war einverstanden, diese Fluchtversuche zu unterstützen. Tatsächlich brachte der Gestapospitzel Klinger den Onkel Motes, Heini Lieben, heil nach Ungarn, wohl weil er sich, für irgendwann nach dem Krieg, die Gunst der mit den Liebens verwandten Rothschilds erhoffte. Jedenfalls schien er seine Glaubwürdigkeit unter Beweis gestellt zu haben, so daß sich die Lingens wegen Weißberg nochmals an ihn wandten. Doch jetzt verriet er der Gestapo den Plan: und diese vermutete irrtümlicherweise, einer Wiener Schaltstelle des polnischen Widerstands auf die Spur gekommen zu sein.

Nun schickte Alexander Weißberg die beiden Brüder Goldstein, die mit zwei Schwestern verheiratet waren, nach Wien, und sie wurden alle vier in der Villa Todesco versteckt, bis Klinger sie über die Grenze brächte; diesmal in die Schweiz. Doch gaben ihnen die beiden Lingens (sowie Motesiczky) einen halbierten Briefbogen mit, um bei der Bestätigung der gelungenen Flucht auf diesem halben Blatt sicher sein zu können, daß kein Verrat dahinterstecke. Was die Gestapo dann als zittrige Nachricht auf einem vollen Bogen aus der Schweiz sandte – noch dazu unterfrankiert, was zu dem gründlichen Schweizer Postvermerk führte, daß der Absender Goldstein am Limmatkai 5 unbekannt sei –, zeigte ihnen, was passiert war (die vier Flüchtlinge waren in Vorarlberg erwartet und verhaftet worden).

Ella Lingens instruierte ihren Mann und Karl, daß beide aussagen sollten, von alldem nichts gewußt zu haben; nur sie allein hätte die ganze Aktion hinter deren Rükken gemacht – als junge Mutter und Ärztin sei sie wohl am wenigsten gefährdet. Natürlich kam es zur Verhaftung der drei und zu gesonderten Verhören, und es wäre beinahe gut ausgegangen: Dr. Ella Lingens behauptete, daß Weißberg durch sie – und sie dann durch den ihr bekannten Gestapo-Spitzel Klinger – feststellen hätte wollen, ob die Nazis über Informationen zu Weißbergs kommunistischer Vergangenheit verfügten; und wenn die Gestapo selber jemanden ins Ausland brächte, sei das nicht ihre Schuld.

Als die Gestapo jedoch gegenüber Karl von Motesiczky vortäuschte, alle andern hätten bereits gestanden, gab er auf.

Dr. Kurt Lingens wurde nach vier Monaten Haft degradiert und in eine Strafkompanie an die Ostfront versetzt, wo er nach einem Lungenschuß nur knapp überlebte; Frau Dr. Ella Lingens war, als Häftling und Ärztin, zuerst zwei Jahre in Auschwitz und dann noch während der letzten vier Kriegsmonate in Dachau, wo sie erst von den Amerikanern befreit wurde. In Auschwitz hatte sie Mote noch einmal kurz gesehen; später sagte ihr ein Mithäftling, Karl sei an Typhus gestorben.[7]

Im Jahre 1942 hatte bereits der Oberlandesgerichtspräsident von Wien, Dr. Schober, dem Reichsstatthalter sowie der Gestapo am Morzinplatz 4 (Hotel ‚Metropol') brieflich mitgeteilt, welche Rechtsanwälte Juden (das war nur noch einer) und welche ‚Mischlinge I. Grades' waren: ebenfalls schon wenige, darunter Albrecht Reif.

Der Hauptmann von Doderer leistete mittlerweile sein kleines Widerständchen, gemütlicher als in Kursk: er erfand das ‚Tachinieren im Verband'. Wenn er mit seiner Truppe zu Übungen ausrückte, besetzte er ‚militärisch' ein möglichst gedecktes Gebiet mit Badeplatz, wo sich's alle gut gehen lassen konnten – mit Ausnahme der Wachen, die das eventuelle Herankommen eigenen Militärs blitzschnell melden mußten, damit ein übungsgemäßes Verhalten noch rechtzeitig vorgetäuscht werden konnte. Daß er die militärischen Übungen auch durchaus im eigenen Interesse so angenehm gestaltete, ist wohl selbstverständlich.

Von Vöslau aus unternahm er auch lange Spaziergänge, etwa bis zum Wiener Neustädter Kanal oder nach Baden; er liebte die sommerliche Umgebung mit den Weinbergen rundum. Ebenso sehr genoß er seine Wochenenden in der Buchfeldgasse; nach mehr als drei Jahren Militärdienst war es jedesmal herrlich, in den eigenen vier Wänden die Tür hinter sich zumachen zu können. Also schien alles besser zu sein als seit Jahren.

Doch dann kam es am 13. August 1943 zu dem schweren amerikanischen Bombenangriff auf Wiener Neustadt, dem ersten auf österreichischem Gebiet. Weil die Ostmark bisher verschont geblieben war, hatten die Deutschen ihre Waffenproduktion zunehmend hierherverlegt – allein in den Wiener Neustädter Flugzeugwerken arbeiteten rund 10.000 Menschen an der Endmontage der ‚Messerschmitt 109'. Doch auch sonst gab es im Raum um Wien viele militärische Zielgebiete: im ausgepumpten unterirdischen See in der Hinterbrühl wurde unter der höchsten Geheimhaltung an den ‚Strahlenjägern' (Düsenjäger) gearbeitet, ebenso wie in Wien und Bad Vöslau; in Moosbierbaum und Schwechat wurde synthetischer Treibstoff hergestellt, dazu gab es fünf Raffinerien für das über die Donau aus Rumänien herbeigeschaffte Erdöl, außerdem die ganze, sehr dezentralisierte Waffen- und Fahrzeugherstellung.

Dennoch kam der Angriff der aus Tunesien gestarteten Amerikaner, die über die Adria und den Plattensee geflogen waren, völlig überraschend – es gab keine Jagd- und Kampfflugzeuge zur Verteidigung, mit Ausnahme der Maschinen der ‚Jagdschule 7' aus Bad Vöslau, aber sie waren zu wenige und nicht vorgewarnt. Die Amerikaner trafen unbehelligt gegen zwei Uhr mittags in Wiener Neustadt ein und ließen Tausende Tonnen von Bomben auf die Flugzeugwerke regnen; zweihundert Menschen kamen auf der Stelle ums Leben, die Zerstörung war groß.

Noch tiefer aber ging die schockartige Erkenntnis, daß die Alliierten ab nun Österreich nicht mehr verschonen würden, wobei Doderer erstaunlich lange davon überzeugt blieb, daß man Wien selber nie bombardieren würde; aber er überlegte dennoch, ob er Manuskripte, von denen er kein Duplikat besaß, nicht besser auf dem Riegelhof deponieren sollte. Dort war er auch an den beiden letzten Wochenenden des August, wobei er, da es aus Treibstoffmangel am Sonntag keinen Autobus gab, abends einen zweistündigen Fußmarsch zur Bahn nach Payerbach machen mußte, um rechtzeitig nach Vöslau zurückzukommen. An seine Schwester Almuth schrieb er dann am 6. September ganz entzückt: „Ich meine, dass ich, wenn ich aus diesem ganzen Hexenkessel heraus könnte, gleich ein halbes Jahr am Riegelhof bleiben würde."

Seinen 47. Geburtstag verbrachte er in Ober St. Veit in der Villa seines alten Freundes Ernst von Scharmitzer, der soeben wieder – wie alle beide seinerzeit – aus Rußland zurückgekommen und davon so mitgenommen war, daß Doderer an Maria schrieb, er hätte ihn sozusagen erst nach einer Viertelstunde wiedererkannt.

Kurz vor seiner neuerlichen, völlig überraschenden Versetzung kam es dann noch zu einem Ereignis, bei dem das ‚Tachinieren im Verband' ernsthafte Folgen haben hätte können: er mußte mit seiner Truppe eine Übung, wie er sie angeblich mehrfach durchgeführt hatte, einer Gruppe höherer Offiziere vorführen. Doch seine Leute wußten, was für sie und ihren Hauptmann auf dem Spiel stand, und ersetzten mangelndes Training durch so viel Eifer, daß Doderer sogar noch belobigt wurde.[8]

Daß seine plötzliche Versetzung, die eine Woche später erfolgte, auch ihn selber letztlich wieder in die absolute Kriegshölle führen sollte, nämlich mitten in die Vernichtung Hannovers, war nicht zu ahnen. Zuerst sah alles hervorragend aus und war es auch: Doderer wurde nach Wien an die Prüfungsstelle für Offiziersanwärter der Luftwaffe berufen. Am 14. September traf das Fernschreiben aus dem Reichsluftfahrtsministerium in Vöslau ein, am 17. trat er bereits seine neue Stelle in der Wiener Schopenhauerstraße an, wobei er nun auch in seiner Wohnung in der Buchfeldgasse bleiben konnte. Er schrieb: „[. . .] sehr ehrenvoll, vor allem eine feste Stellung (hoffen wir's), und eine Tätigkeit psychologischen Einschlags, die mir etwas näher liegt. Und weg von den Fliegerhorsten!"[9] Und im nächsten Brief klang das noch besser: „Die Verhältnisse hier scheinen für mich ausserordentlich günstig zu sein, weit besser noch als in Vöslau, schon deshalb, weil ich in einer physiognomisch-psychologischen Art hier arbeiten muß, die mir freilich zu Gebote steht, während ich ja von Flugzeugen kaum einen blauen Dunst habe."[10]

In den *Commentarii* vom 16. März 1962 sah die Sache dann allerdings ganz anders und gar nicht so ‚ehrenvoll' aus: „Wir atmeten und liefen herum in dieser Schopenhauerstraße: ich allerwege wußte doch vom Blödsinnigen des ganzen Institutes, in welchem ich einen hochwillkommenen Schwindel sah. Daß ich den Untergang jener ganzen Naziwelt noch erleben durfte, empfand ich schon damals als das größte und unverdienteste Beneficium, welches mir das Leben bereitet und geschenkt hatte."

Tatsächlich war er schlicht froh, auf einem einigermaßen bequemen Posten gelandet zu sein, zuhause wohnen und arbeiten zu können und – vorläufig – keine äußerliche Gefährdung fürchten zu müssen: weil er eben meinte, Wien würde keinesfalls bombardiert werden. Außerdem konnte er an manchen Vormittagen oder Nachmittagen, an denen keine Prüfungen waren, zuhause bleiben; er hatte, gemeinsam mit anderen Offizieren, pro Woche rund vierzehn junge Leute – meistens Mittelschüler – auf ihre Eignung als ‚Offiziersanwärter der Luftwaffe' zu prüfen, wobei er – wohl unter Berücksichtigung seiner Mitgliedschaft bei der Reichsschrifttumskammer – für die allgemeine Bildung der Kandidaten zuständig war. Da stellte er dann fest, daß fast keiner orthographisch richtig schreiben konnte – oder daß ein Liebhaber von Mozarts Musik den Namen des Komponisten nicht kannte.

Seine Aufgabe mag ihm manchmal oder häufiger auf die Nerven gegangen sein; in der Erzählung *Unter schwarzen Sternen* stellte er sich als einen dar, der an den jungen Leuten Anteil nahm und sie vor Irrtümern bewahren wollte – und warum nicht: wahrscheinlich war er durchaus wohlwollend. Auch gab es einen Mann dort, mit dem er Freundschaft schloß, nämlich den ziemlich pedantischen Mittelschulprofessor Friedrich Qualtinger, der ihn auch bald mit seinem großen Problem konfrontierte: nämlich mit dem Sohn Helmut.

Doch wirklich wichtig war für Doderer, daß er mit der Straßenbahn E^2 in zwanzig Minuten in der Schopenhauerstraße (Nr. 44–46) war, daß er dort mit seinem ‚allerbesten' Mittagstisch zufrieden war und endlich zuhause wieder Schriftsteller sein konnte. Diese ungeplante Verbesserung seiner Lage stürzte ihn allerdings in eine schwere Depression; an seine Mutter schrieb er am 11. November zu seiner „litterarischen Arbeit": „es tritt, nach so vielen Jahren des Militärs, noch dazu in meinem Alter, die Frage auf, ob nicht hier irreparable Versäumnisse eingetreten sind [. . .] ich rede von geistigen Schäden."

Am ehesten ist anzunehmen, daß ihm die Rettung und anschließende Fortsetzung der *Dämonen* noch nicht genügend klar war; und auch, daß die bisherigen Texte zur *Strudlhofstiege* nicht so weit gereift waren, um ihm ein Konzept für dieses Buch zu ermöglichen. Dazu kam natürlich die Auswirkung aller Behinderungen durch den Militärdienst: Doderer war mit Verpflichtungen eingedeckt, während die Dichter der Nazis ihre Karrieren machten. Er glaubte wohl längst nicht mehr an die tausendjährige Dauer des Reichs, aber so manchen Neid mag das nicht verhindert haben, zumindest im ‚psychischen Unterfutter', wie er das später dann nannte.

Umso befriedigender war dann das endliche Erscheinen von *Le sursis* in Frankreich: „ein Meisterwerk von höchster sprachlicher Cultur. Alles kommt wunderbar heraus. Dieser Roman kann sich französisch sehen lassen", schrieb er an Maria.

Zugleich hatte ihm der Verlag Gerhard Stalling eine größere Maria-Theresia-Biographie – auf Vermittlung Güterslohs, der für sich selber abgelehnt hatte – angeboten; Doderer bezeichnete das im selben Brief an Maria als „der reizendste Auftrag, den ich mir vorstellen kann".

Das Wien, in dem er nun endlich wieder lebte, war ein deutlich anderes geworden; schon 1942 waren die Heurigen geschlossen worden, schließlich blieben auch immer weniger andere Lokale offen, und zuletzt galten nur noch die Bordelle als ‚kriegswichtig', was man allerdings nicht offiziell festhielt. Jetzt, im Herbst 1943, war die rascheste Sicherung vor Luftangriffen die Hauptaufgabe; es wurden nicht nur vermehrt Jagdstaffeln nach Österreich verlegt und Flakstellungen sowie Bunker ausgebaut: in Wien wuchsen jene sechs bis zu vierzig Meter hohen Flaktürme aus Stahlbeton, die sich leider bis heute als unzerstörbar erwiesen haben, erstaunlich rasch in den Himmel, während die Stadt selbst sich noch ein letztes Mal mit den vielen alten Palais und barocken oder biedermeierlichen Bürgerhäusern zeigte, von denen es so viele bald nicht mehr geben sollte.

Rund um die vielen Denkmäler, soweit sie nicht wegen Metallbedarfs oder aus politischen Gründen ohnehin schon verschwunden waren, errichtete man Ziegelhüllen, um sie vor Bombensplittern zu schützen; außerdem wurden an den meisten freien Plätzen der Stadt Löschteiche aufgemauert. Da es viel zu wenige Luftschutzkeller gab – in der Innenstadt stand dann allerdings auch das alte Katakomben-System zur Verfügung –, wurden die Parks durchwühlt, um wenigstens Splittergräben zu schaffen; und zwischen diesen wurde Gemüse und sogar Getreide angebaut. Zunehmende Lebensmittelknappheit gehörte ebenso zum Alltag wie der Schleichhandel und das Hamstern.

Hitlers Statthalter in der Ostmark, Baldur von Schirach, stellte zwar das traditionelle Kulturleben der Stadt immer wieder in den Vordergrund und trumpfte mit Richard Strauss oder Gerhart Hauptmann auf, aber er liebte es auch, im Grauen Haus von einem Nebenzimmer aus durch das verborgene Fenster Hinrichtungen mit morbider Lust zu beobachten; und davon gab es immer mehr. Die deutschen Armeen wurden an allen Fronten nur noch zurückgedrängt, die Überlegenheit der Gegner war immer deutlicher – und der Wiener Pessimismus wußte ausnahmsweise wirklich, wie das alles enden würde. Dieser vagen Verweigerung oder lähmenden Unlust gegenüber setzten Gestapo und SS ihre Mordmaschinerie immer erbitterter ein; und doch gab es genug Leute, die der alliierten Luftwaffe präzise Zielangaben übermittelten, um dieses Regime früher zusammenbrechen zu lassen.

Auch Doderer wartete, beim ‚allerbesten Mittagstisch' in der Schopenhauerstraße, auf diesen Zusammenbruch und tat pünktlich seine Pflicht. Gegen Ende November verband er eine Dienstreise nach Würzburg mit Besuchen in München und einigen Tagen Aufenthalt in Landshut bei Maria. Da diese dann zu Weihnachten nicht nach Wien kommen konnte, fuhr er für eine Woche auf den Riegelhof, so daß er die Feiertage erstmals seit 1939 wieder mit seiner alten Mutter verbrachte; außerdem schleppte er zwei Koffer voll Manuskripten hinauf, außer den eigenen auch alle jene, die ihm der besorgte Gütersloh mitgab.

Doch war Doderer „blind für die nächsten Ziele, scharfsichtigst für die fernsten", er übte neben der „Kunst des Nichtsehens" genauso die „Kunst des Nichthörens"[11]: und tatsächlich, er hatte keine Ahnung, daß Gütersloh ihn längst haßte. Anders kann man es kaum nennen – obwohl der „verehrte Herr Professor" das dem „verehrten Herrn Doktor" gründlich zu verbergen verstand; nämlich noch bis 1962. Vielleicht hatte Gütersloh bereits seinen Einzug in der Buchfeldgasse – in Salzburg von Frau von Nusko nicht mehr wohlgelitten, zwangspensioniert, ‚entarteter' Künstler, obdachlos – als erniedrigend empfunden, bei ohnehin empfindlich verletztem Selbstbewußtsein. Doderer mag auch seine wohlwollende Patronanz ein bißchen zu deutlich ausgekostet haben; wie schon nach seinen Erfolgen beim Beck-Verlag – und eine ganz natürliche Haltung war seine verehrungsvolle Unterwürfigkeit dem Meister gegenüber nie gewesen. Auch pflegte er, wie ein Großteil seiner Familie, das Aristokratische gern herauszustreichen; Gütersloh, von der eigenen Überlegenheit als Künstler und Denker zweifelsfrei überzeugt, sah hier ein Unrecht des Schicksals – was besser klingt als Neid. Vor allem aber waren zwei solche Personen unter einem Dach – trotz aller altertümelnden Floskeln glatten Umgangs – geradezu prinzipiell eine Monstrosität wettstreitender Egozentrik.

Nicht lange nach seinem Einzug bei Doderer empfand Gütersloh diesen als belastende Bedrängung und wehrte sich innerlich durch geschärfte kritische Betrachtung: was er dann im geheimen notierte, stellte seine bedrohte Überlegenheit wieder her. So kam es zur durchaus boshaften Gestaltung der Figur des ‚Ariovist von Wissendrum' in ‚Sonne und Mond', Güterslohs immer wieder abgebrochenem, immer wieder neu begonnenem oder anders fortgesetztem Hauptwerk, an dem Doderer schon seit mindestens zehn Jahren lebhaften Anteil nahm – doch bei der völlig übersichtslos wuchernden Formlosigkeit des Werks fiel es Gütersloh nicht schwer, die Wissendrum-Passagen geheim zu halten (welche Doderer eben erst 1962 kennenlernte).

„WISSENDRUM Weil der Egoismus eine uneinnehmbare Burg ist, kann der Burgherr nie jemals aus ihm befreit werden."[12] Diese vergleichsweise harmlose Erkenntnis unter ähnlich Veranlagten sagt noch wenig über Güterslohs kritische Schärfe, die auch Doderers Antisemitismus galt und vor allem seiner ‚ideologischen' Grundhaltung. Damit war gar nicht das ehemalige Nazitum gemeint – was Gütersloh auch nicht besonders gut anstehen würde –, sondern Doderers anhaltende Neigung, seine theoretischen Gebäude erdrückend über alle überhaupt anfallenden Themen zu stülpen: „[. . .] der Besitz einer Ideologie, gleichgültig welcher. Wem, unglückseliger Weise, eine solche eignet, läßt seine dreidimensionale Person in der einen Ecke stehn und begibt sich, reiner Geist, in die andere, wo er faktisch zwar im selben Zimmer, aber auf dem Orion sich glaubend, seine explosionsartige Notdurft befriedigt. Das Gesicht ist demgemäß bis zum Nochmöglichen eingeschrumpft, der Blick, wie beim Einfädeln, starr auf das einzige Öhr der Idee gerichtet und der Mund ein Strich durch alle übrigen falschen Rechnungen.

Herr von Wissendrum, wann immer angetroffen und womit immer berührt, läßt sofort einen dichten und disziplinierten Reigen von außerordentlich richtigen, oft auch sehr schönen Gedanken auftanzen, zu dem der Tschinellenklang seiner Stimme die erregende barbarische Musik macht. Nach dieser Musik schwingt er seinen häßlichen Körper wie den Schellenbaum hin und her, hebt er ihn bis zum Luftsprung, senkt er ihn bis in die tiefe Kniebeuge, während die harten, dozierenden Finger Fußnoten, Randbemerkungen, Gedankenstriche, Ausrufungszeichen, unter dem charakteristischen Lärm von Explosionen, in die Atmosphäre schleudern. [. . .] Dem Mann ist es wirklich Ernst mit dem Ernste, er ist wirklich ergriffen, allerdings – und das ist der Pferdefuß seiner Metaphysik – von sich selbst."[13]

Hier hat die Ironie längst kein versöhnliches Element des Augenzwinkerns mehr, die Verurteilung versucht zu vernichten; Güterslohs Antipathie und Erbitterung erscheinen – was die spätere Veröffentlichung dieser Texte bestätigt – als endgültig. Dabei achtete er auch Doderers Intimsphäre nicht, sondern stellte ihn gehässig bloß: „Die Aktenmappe, in der, je nachdem, eine Handschrift oder ein Folterinstrument sich befindet, trägt er so hoch unterm Arm und also festgeklemmt, daß jeder, der einen Detektivblick hat, seinen Stolz aufs Geschriebne oder die Intensität, womit er ein Fragwürdiges zu verheimlichen vermag, bemerken muß.“[14]

Das war ein schäbiges Verhalten gegenüber jemandem, der ihm mehr als jeder andere geholfen hatte; es war aber auch, aus Intimität, Neid und Intelligenz, eine Charakteristik, die bei aller Übertreibung sehr zielsicher ins Schwarze traf. Wer Doderers – mit dem Ruhm immer mehr entwickelte – Art, zu jedem Thema stets und ohne nachzudenken eine fertige und apodiktische Antwort parat zu haben, die er aus der Fülle seiner längst formulierten Lehrmeinungen wirkungsvoll rezitierte, nicht wirklich schätzte, hätte diesfalls Gütersloh recht geben müssen. (Wozu es unter anderm auch deshalb nicht kam, weil ‚Sonne und Mond‘ nur wenige geneigt-geduldige Leser fand.)

Ausgerechnet in Cognac, wo Doderer sich in seinem dreitürigen Büro so übel befunden hatte, war neben den Tagebüchern ein Ansatz zu dieser Pflege der eigenen Ideologie begonnen worden, nämlich mit dem *Repertorium – Ein Begreifbuch von höheren und niederen Lebenssachen*[15]. Es handelt sich, zu alphabetisch geordneten Stichwörtern, um Kurzartikel, die teils aphoristisch, teils scherzhaft formuliert wurden, aber durchaus dem ernst gemeinten Vorhaben enstammten, auch zu schwierigen Fragen sofort eine Antwort liefern zu können – und alle zusammen sollten kohärent sein, also einer gemeinsamen Weltsicht entstammen, ob diese nun rechthaberisch oder witzig auftrat.

Am 22. Januar 1944 gab Gütersloh, im gemeinsamen Atelier in der Buchfeldgasse, eine Lesung, bei der – als besonders illustrer Gast – auch Hermann Swoboda anwesend war, der nun eine Rückübersiedlung nach Wien beabsichtigte. Doderer, von Wissendrum nichts ahnend, unterstützte Gütersloh, für den eine private Vorlesung das Maximum war, was er in diesen Zeiten zu seiner Selbstbestätigung erreichen konnte.

Kurz darauf kam Horst Wiemer, vormals und nachher Lektor des Beck-Verlags, auf der Durchreise vorbei: er war Leutnant und sollte nach Agram (Zagreb), konnte Doderer aber berichten, daß der Gallimard-Verlag im Herbst den ‚grossen Roman‘ herausbringen wolle – wahrscheinlich war der *Mord* damit gemeint, doch kam es dann ohnehin nicht mehr dazu.

Seit Doderer wieder in Wien lebte, hatte er auch, nach langer Unterbrechung, wieder regelmäßigen Umgang mit Albrecht Reif und war häufig bei dessen musikalischen Abenden anwesend; ob er von der Bedrohung des Freundes durch die Anzeige des Oberlandesgerichtspräsidenten Dr. Schober wußte, ist nicht aufgezeichnet.

Am 18. Februar kam Albrecht Reif von einer Abendgesellschaft spät heim, nahm noch einen Kaffee und streckte sich dazu auf dem Diwan aus. Dort wurde er, wie friedlich eingeschlafen, von seiner Kanzleihilfe am nächsten Morgen tot aufgefunden; er war knapp dreiundfünfzig Jahre alt. Doderer und Gütersloh kamen rechtzeitig, um ihn noch auf dem Diwan zu sehen, als schliefe er. Die einigermaßen rätselhafte Erzählung Doderers *Unter schwarzen Sternen* hat Reifs Salon zum Mittelpunkt, mit einem Doppelselbstmord als Ende; und ist zweifellos so etwas wie ein verborgenes Requiem auf den ehemaligen Erzieher und Freund; ob auf die Möglichkeit eines Selbstmordes von Reif angespielt wurde, läßt sich aus den vorhandenen Quellen nicht ableiten. Gütersloh widmete dem Verstorbenen am 22. Februar noch ein Gedicht: „Wenn wir Geister / alle einmal wieder / in deiner Stube versammelt sind, / wirst du deine Lieder ergreifen / und uns von der Erde singen, / wo wir so unglücklich gewesen sind . . .“[16] Albrecht Reifs Sarg folgten rund hundertfünfzig Menschen und sehr viel mehr Jahre an Gefängnisstrafen, die er als Rechtsanwalt einem Teil der Trauernden erspart hatte.

Wenn auch Wien selbst noch immer von Bombardierungen verschont blieb, gab es mittlerweile schon so viele Obdachlose, daß nicht nur das Haus in der Stammgasse beschlagnahmt wurde, sondern die alte Frau von Doderer auch den Riegelhof voll von ausgebombten Müttern mit Kindern bekam; Heimito litt unterdessen ständig am Mangel von Zigaretten. Zu Ostern hatte er endlich wieder Besuch von Maria; kurz danach – am 12. April – gab es einen Bombenangriff auf seinen letzten Fliegerhorst, nämlich Bad Vöslau; bei einer weiteren Bombardierung am 23. desselben Monats wurden sämtliche Anlagen dort völlig zerstört.

Auch in der unmittelbaren Umgebung von Wien griffen die Amerikaner nun Öllager und Industrien an, während die britische RAF bei ihren Nachtraids die Donau verminte und damit den Schiffsverkehr – vor allem mit dem lebenswichtigen Erdöl aus Rumänien – fast völlig zum Erliegen brachte. Ausgerechnet am Pfingstmontag – am 29. Mai 1944 – griff dann der Luftkrieg direkt auf den Stadtrand von Wien über: drei Wellen amerikanischer Bomber, die von der Abwehr einfach übersehen worden waren, bombardierten von Mauer über Liesing bis Favoriten den ganzen südlichen Teil Wiens mit seinen Industrieanlagen; die Kunstfettfabriken in der Triesterstraße brannten tagelang, der schwarze Qualm stand erstmals direkt über der Stadt.

„Die Schärfe des Denkens ist das einzige Mittel, welches meine jetzt oft äusserst verwundbare Verfassung heilen kann, ein hartes Mittel allerdings“, schrieb Heimito an Mienzi[17], der er kurz danach mitteilen mußte, daß ab sofort für die gesamte Wehrmacht Urlaubssperre galt – er hatte nun eine neuralgische Attacke nach der andern, die er jetzt, im beginnenden Sommer, auf die Hitze zurückführte. Zudem bedrückte ihn dann, im August, daß Edmund Schüller nach Riga versetzt wurde. In Wien hatte Doderer besonders viele Nächte mit diesem zugebracht; dabei waren sie einmal auch, nach einem glücklichen Alkoholfund, reichlich betrunken bei einer Bekannten Schüllers eingefallen, nämlich bei der Verlegerin Ilse Luckmann – was sich für Doderer in den unmittelbaren Nachkriegsjahren als rettend erweisen sollte.

Unterdessen wurden die Bombenangriffe auf Wiens Randzonen immer schlimmer, etwa auf Guntramsdorf mit seinen ‚Ostmark-Werken‘ sowie auf Floridsdorf, wobei allein das Dröhnen der herannahenden Geschwader – mit teilweise mehr als sechshundert Bombern, von einigen hundert Jägern begleitet, also rund tausend Maschinen, die den Himmel verfinsterten – schon furchteinflößend genug war, auch wenn die tödliche Fracht woanders niederging. Zu diesen ständigen Luftschlägen kamen die immer ärgeren (oder je nach Gesinnung: besseren) Nachrichten: im Juni über die Landung der Alliierten in der Normandie, dann über die deutsche Aufgabe Italiens südlich von Florenz und schließlich über das unaufhörliche Vorrücken der Russen. Und doch gab es noch Nazis, die auf den Sieg hofften: seit Juni wurde England mit der V1 beschosssen, und im Luftkrieg erwartete man sich eine Wende durch den Einsatz der Düsenjäger. Um den Wahnsinn dieser längst sinnlos gewordenen Verteidigung abzubrechen, gab es am 20. Juli den Putschversuch einsichtiger Offiziere, auch in Österreich, doch scheiterte das Unternehmen vor allem daran, daß das Attentat auf Hitler mißlang.

Am 5. September feierte Doderer seinen 48. Geburtstag, zu dem ihn Astri in der Buchfeldgasse besuchte; fünf Tage später war genau dort die Hölle los. Die erste Bombardierung der inneren Teile Wiens traf die Josefstadt am ärgsten. Doderer und Gütersloh retteten sich in den Keller des Hauses; nur vierzig Meter weiter wurde der ganze Vorbau der Gaswerkszentrale weggerissen. Die Verwüstung reichte bis hinüber zum Alsergrund, doch auch die angrenzenden Teile des ersten Bezirks wurden getroffen; Doderer sah später selbst die tiefen Bombentrichter auf dem Michaelerplatz, genau zwischen der spätromanisch-frühgotischen Kirche und der alten Hofburg. Ungefähr tausend Menschen waren bei diesem Angriff ums Leben gekommen. Doch es sollte nun – wie es in Deutschland schon längst der Fall war – der Alltag von Wien werden: Sirenen und Bomben, Tage ohne Strom und Straßenbahn, und überall immer mehr Schutt, über den man zu steigen hatte.

Doderer hatte Maria schon im Frühjahr geschrieben, daß er nun nicht mehr ‚künstlerisch' arbeite, sondern nur noch theoretisch in den Tagebüchern; dem blieb er auch im zunehmenden Chaos treu. Außerdem bezeugt eine Eintragung aus diesem September, nämlich vom 26., daß ihm weiterhin die Gestaltung seines großen Werkes sehr unklar war. Trotz der vorhandenen Texte sah er noch keine eigene Form für die *Strudlhofstiege*, sondern dachte an eine Verknüpfung der Etelka/Helga-Geschichte mit dem Sektionsrat Geyrenhoff – bei einer „simultanen" Lösung um den 16. Juli 1927. Und zum vorhandenen Textblock der *Dämonen* schrieb er: „eine Umarbeitung oder dergleichen kam nie in Betracht; von irgendwo anders her kommend werde ich dereinst vielleicht diesen Block umspülen und er wird ein Inselchen werden in einem kathartischen Strom, von dem ich heut' noch nicht weiß." Daß dies eine Arbeit für den späteren – äußeren und inneren – Frieden sein werde und vorher kaum begonnen werden konnte, war ihm klar.

Zu seinen Sorgen, deren eine ein ‚dysenterie-artiger' Zustand war, kam noch, daß man auch in die Buchfeldgasse Leute einquartieren wollte, nämlich sowohl in Güterslohs wie in sein eigenes vorderes Zimmer; doch schließlich sahen auch die Behörden ein, daß die Wohnung dafür ungeeignet war. Außerdem ergab sich Unruhe in seiner Dienststelle: die meisten Posten seiner Vorgesetzten wurden neu besetzt, wozu sich bald das Gerücht gesellte, daß die ganze Prüfungsstelle woandershin verlegt werden sollte.

Dann traf aus München die dramatische Nachricht ein, daß der Verlag nach einer Bombardierung in Brand geraten war; Dr. Heinrich Beck selbst hatte vom ersten Stock aus, mit einer brennenden Treppe hinter sich, solange Manuskripte aus dem Fenster zu Mitarbeitern in den Hof geworfen, bis er sich selber dringend retten mußte. Schließlich stellte sich, nach einer ersten falschen Nachricht von Dr. Lu Laporte, heraus, daß Doderers Manuskripte nicht dabeigewesen, sondern verbrannt waren, darunter die 700 Seiten der originalen Handschrift der *Dämonen*, das Original des *Umwegs* und anderes – Doderer verfügte glücklicherweise über Kopien von allem. Daß er in seiner Antwort an Dr. Beck, der eben sein Verlagshaus verloren hatte, auch danach fragte, ob vorher noch Kritiken zu *Le sursis* eingetroffen wären, zeigt ihn wieder einmal in der Blüte seiner Selbstbezogenheit, doch Dr. Beck ging korrekt und ernsthaft auf seinen Autor ein: nein, aus Frankreich wäre keine einzige Kritik gekommen.

Ab Oktober nahmen die Fliegerangriffe auf Wien ständig zu, wobei am Sonntag, dem 8., nach dem mittäglichen Bombardement (das ihn wegen des Alarms hinderte, wie an allen andern Sonntagen bei den Steinharts zu essen) abends noch ein relativ starkes Erdbeben folgte. Da es zugleich immer kälter wurde, waren die zunehmend langen Wartezeiten im Keller des Hauses äußerst unangenehm und neben der nervlichen auch eine gesundheitliche Belastung. Anfang November, nach einem besonders langen Angriff, ersuchte er die Mutter um die Zusendung von Sliwowitz; sonst schrieb er ihr alle paar Tage, daß ihm nichts geschehen sei und sie sich keine Sorgen machen sollte. Bei dieser allgemeinen Zerstörung, Welle um Welle, wurden auch immer mehr Baudenkmäler getroffen, so etwa am 17. November das Belvedere. Den Sliwowitz brachte ihm dann übrigens Immo mit: „Dass es eine solche Qualität heute, im Zeitalter der Ersatzstoffe, noch gibt, ist geradezu erstaunlich!“[18]

Die Frau von Doderers ehemaligem (und längst nach England emigrierten) Freund Ernst Polak – nämlich die Milena Kafkas und Schaffgotschs – war bereits am 17. Mai dieses Jahres im Konzentrationslager Ravensbrück gestorben.

Genauso wenig wie über Polak und Milena wußte Doderer über das weitere Schicksal von Béla Faludy Bescheid. Dieser war katholisch geworden, hatte seine Hofratstochter Christl geheiratet und sich, statt Karikaturen für Zeitungen zu machen, einen stabileren Beruf gesucht, nämlich in Linz für ‚Kathreiner und Frank‘ (milder Malzkaffee) die Werbung zu leiten. Offensichtlich glaubte er 1938 nicht an den Anschluß; er war gerade bei Fritz Feldner, als sie davon erfuhren, und dann reagierte er sehr prompt: obwohl er nur 10 Mark in der Tasche hatte, nahm er sofort einen Zug nach Budapest, was – mit Paß – gerade noch möglich war. Im Mai kam Christl nach. Natürlich war es ein schwieriges Dahinwursteln, Kathreiner verhalf ihm durch Empfehlungen zu irgendwelchen Beschäftigungen, ebenso Mautner, er probierte es auch mit Blumen, mit Samen, wieder mit Werbung; 1940 wurde ihm ein Sohn geboren.

Doch als Ungarn 1944 für das Dritte Reich politisch zu unsicher wurde, besetzten die Deutschen am 19. März das Land blitzartig; und diesmal gelang ihm leider keine Flucht. Sofort wurde Eichmanns Sonderkommando mit furchtbarer Effizienz aktiv: in nur drei Monaten wurden fast 400.000 ungarische Juden verhaftet und deportiert, die meisten nach Auschwitz.

Béla Faludy jedoch kam in einen Arbeitsdienst, er wurde nach Nisch in Serbien gebracht, um in einer Kupfermine zu schuften. Als dann die Balkanfront zerbröselte, trieb die SS die 3000 ausgemergelten Gefangenen zu Fuß nach Belgrad – wo noch 300 lebend ankamen. Béla Faludy war nicht mehr unter ihnen: wer am Wegrand zusammengebrochen war, wurde dort erschossen.

Doderer war unterdessen schnell und überraschend im böhmischen Eger gelandet, wo zwar das Hotel ‚Esplanade' zur Wehrmachtsunterkunft gemacht worden war, aber durch die Verlegung der ganzen Prüfungskommission dorthin den Herren keine Einzelzimmer bieten konnte; zum Schreiben ging er in ein kleines Café. Den Dienst mußte er allerdings auf dem Flugfeld ausüben, was wegen der jederzeit möglichen Angriffe höchst unbehaglich war.

Dieses Zwischenspiel dauerte nur eine Woche, dann wurde die ‚Aufnahmestelle 4 für Offiziersbewerber der Luftwaffe' ins oberpfälzische Waldsassen verlegt, einen Ort mit rund 6000 Einwohnern und einem großen Kloster. In dessen Gasthof war Doderer untergebracht, diesmal allein in einem großen Zimmer mit Zentralheizung und warmem Wasser; außerdem fand er die Verpflegung ganz hervorragend. Hier waren Luftangriffe bisher weder vorgekommen noch zu befürchten; er richtete sich auf ruhige literarische Tätigkeit ein und hängte sich ein Bild des Thomas von Aquin, das diesen an seinem Schreibpult zeigte, zur Ermunterung an die Wand. Doch eine Diensteinteilung, die ihm von sieben Uhr morgens bis zehn Uhr abends nur zweimal je eine Stunde Pause ließ, machte diese Arbeitsabsichten gründlich zunichte.

Aus dem nicht allzu fernen Landshut kam ihn Mienzi zu Weihnachten besuchen und sah ihren Heimito, der des Dienstes wegen keine Zeit für sie hatte, fast gar nicht; dafür blieben ihr die schweren Luftangriffe, die unterdessen Landshut trafen, erspart. Kaum waren diese kärglichen Feiertage vorüber, wurde Doderer in den ehemaligen Fürstensitz Bückeburg in Westfalen versetzt, wo er eiskalte Tage in dem Schloß verbrachte, darin auch noch die fürstlichen Nachfahren in einem Seitenflügel froren: „nachts hab' ich mit Pyjama, Zipfelmütze, Sweater, Socken und Bademantel geschlafen"[19].

Was die oberen Militärbehörden damals vorhatten, scheint die unbewußte Absicht gewesen zu sein, ihre absolute Verwirrtheit durch eine Fülle sinnloser Entscheidungen zu überdecken. Am 4. Januar wurde Doderer nach Hannover versetzt, in die Escherstraße 12 zur ‚Aufnahmestelle 2 für Offiziersbewerber der Luftwaffe'; dort erlebte er gleich am nächsten Tag einen vernichtenden Fliegerangriff. Und Tag um Tag folgte das gleiche: was er sah, „übersteigt, was die Schrecklichkeit der Bilder betrifft, vieles in beiden großen Kriegen von mir Gesehene"[20], schrieb er an Maria. Nun konnten auch die Heeresangehörigen nicht mehr versorgt werden: er bat dringend um etwas zu essen und schrieb auch, daß er seit fünf Tagen keine Zigarette mehr gehabt hätte. Die Prüfungskommission kam jedenfalls nicht zu ihrer eigentlichen Tätigkeit, sondern half, die Feuer in der Nachbarschaft zu löschen, auch um das eigene Haus zu retten, das dann allein unter lauter Ruinen stehen blieb.

Die Doppelschläge aus der Luft – untertags die der Amerikaner, nachts die der Briten – richteten nicht nur enormen Schaden an, sondern erschöpften die Zivilbevölkerung maßlos; und das war auch die Absicht gegen ein Regime, welches die sinnlose Verteidigung so weit trieb, bis vom ganzen Reich letztlich nur noch der Führerbunker blieb. Anfang Februar berichtete Doderer, daß er seit einem Monat seine Wäsche nicht mehr hatte waschen lassen können, aber auch selber nicht einmal Gelegenheit gefunden hatte, seine Stiefel zu putzen. Es mag auf den ersten Blick unwahrscheinlich wirken, daß er dabei trotzdem weiterschrieb, wann immer ihm dies möglich war, scheint aber als Akt der Selbstrettung notwendig gewesen zu sein, bei längst zerfaserten Nerven. Zudem hatte er nicht nur Angst um sich, sondern um alle: Landshut wurde ständig bombardiert, Wien ganz ebenso, es gab in diesem Inferno kaum noch Orte, wo man jemanden sicher wähnen konnte. So wurde zum Beispiel Lucie von Ferstel, eine Tochter des Onkels Max, als Oberin des Roten Kreuzes in Wien am 21. Februar durch Bomben getötet.

Doderer wurde bereits am 11. Februar nach Bückeburg zurückbeordert, da das Haus in der Escherstraße, obwohl nicht direkt getroffen, doch so beschädigt und schließlich dachlos war, daß dort nicht mehr ‚gearbeitet' werden konnte – was immer das noch geheißen haben mag. Von dort wurde er wieder nach Waldsassen beordert, nach einem Zwischentag in Eger: die Reise „zeigte mir überall ein Unmaß von Zerstörung; zunächst sind wir nur bis Schweinfurt gekommen und von da mit Personenzügen und Umsteigen allmählich weiter; hinter Bamberg sind wir sechs Stunden auf offener Strecke gestanden"[21].

Dann saß er in Karlsbad, von wo ihn jene militärische Entschlußfreudigkeit, die endgültig keine Gründe mehr für irgendeine Entscheidung hatte, am 30. März nach Oslo versetzte. Dort kam er schließlich nach einer nicht ungefährlichen Überfuhr am 24. April mit dem Dampfer ‚Pompej' an, nahm in einem guten Hotel an der Karl Johans Gate Quartier und war absolut ahnungslos, wie er zu einer ‚Dienstverwendung' gelangen sollte. Mit allen andern deutschen Wehrmachtsangehörigen kapitulierte auch er am 8. Mai.

25. Zweites Elysium und Heimkehr

Die Norweger feierten den – oder, gerade wegen Quisling: genau diesen – Ausgang des Krieges, blieben aber gegen die anwesenden Deutschen in Uniform durchaus zivilisiert bis freundlich. Die Kriegsverlierer selbst bedachten sich aus ihren – noch für lange Zeit reichenden – Vorräten, die der Zivilbevölkerung daheim so abgegangen waren, zum Trost noch einmal recht üppig: Doderer erhielt hundert Zigaretten, inmitten Besoffener, und mag sich auch ein Schlückchen gegönnt haben.

Dabei empfand er es als beschämend, noch mit deutscher Uniform herumlaufen zu müssen, hing aber mit Überzeugung seiner Theorie an, daß urplötzlich, nach der so lange geminderten Wirklichkeit, das wahre Leben wiederkehren müsse und er damit in die uneingeschränkte Gegenwart, in die völlige Apperzeption und in die pralle Wirklichkeit heimkehren könne.

Tatsächlich aber mußte er sich am 9. Mai in einer deutschen Dienststelle einfinden und dort im überfüllten Massenquartier – drei Pritschen übereinander – übernachten. Am nächsten Tag wurde er mit einem Major zum Fliegerhorst am Oslo-Fjord gebracht, bekam dort ein eigenes Zimmer in der Offiziersbaracke, war von der Landschaft entzückt und erhielt obendrein genügend Schnaps, um eine beginnende Verkühlung am Ausbruch zu hindern; was seinen Umgang mit der Wirklichkeit wieder trübte.

Diese blieb ihm – da er seine Tagebuch-Aufzeichnungen ja fortsetzte – ein langlebiges Thema: je nach Verfassung schwelgte er in seinen neuen Einsichten oder klagte über Apperzeptions-Verstopfungen.

Die Norweger, unter britischer Aufsicht, verbrachten ihn – durchaus ehrenvoll im Automobil – in die Berge nach Eggemoen, wo er in einem ehemaligen Ausbildungslager der Armee, das in einer fast alpenartigen Landschaft lag, untergebracht wurde. Hier nun trat Doderer – in Gefangenschaft – seinen wirklichen Erholungsurlaub nach dem Krieg an.

Dazu gehörte weiterhin sein schriftliches Nachdenken. Im Tagebuch löste er das aktuelle Problem, warum die (und seine) konkrete Nazi-Vergangenheit nicht diskussionswürdig sei: es hatte sich bloß um eine „Fülle von Ereignissen" gehandelt, die „nichts waren als herabgekommene Konkretionen, Untertatsächlichkeiten: warum sollten wir jetzt dies rein Materielle, da es von einer auf seiner Ebene ihm zustehenden materiellen Katastrophe hinweggefegt wurde, zum Gegenstand einer Dialektik machen [. . .]?" Daraus folgte für ihn der Schluß: „Soweit, und mehr nicht, über alle Gespräche, welche den deutschen Staat zwischen 1933 und 1945 betreffen: er hat nie existiert und ich wußt' es doch immer."[1]

Das war die Argumentation, die er den Rest seines Lebens ausbaute: die eigentliche Nicht-Existenz der ‚zweiten' Wirklichkeit zu beweisen, über die konkret zu reden völlig unnütz war, während es von entscheidender Wichtigkeit sein mußte, ihre allgemeinen Bedingungen zu definieren (immer wieder auch: theologisch). Jede ,zweite' Wirklichkeit war ein unzulässiger Veränderungsversuch an Gottes oder des Aquinaten Welt, außerhalb der Wahrheit stehend und daher ,nicht existierend' – was Doderer eben auf Hitler, die NSDAP und alles, was mit diesem Regime zu tun hatte, ausdehnte. Sein ,Heilsweg' war eschatologisch und meinte die ,erste' Wirklichkeit als Erlösung durch Wahrheit; jedoch nie eine politische Analyse.

Dennoch bedrückte ihn „seine Beteiligung an dem heutigen allgemeinen Unglück der Welt, an der Herbeiführung dieses Unglücks nämlich"[2]; und gerade das wurde ihm auch sein weiteres Leben lang häufig zum Vorwurf gemacht. Er gestand zwar seinen ,Irrtum' ein, aber beileibe nicht so oft wie er ihn verdrängte; ganz abgesehen von den beschönigenden Lügen zu seiner Selbstverteidigung.

Auch deshalb war es ihm so wichtig, den ganzen Themenkreis der konkreten politischen Ereignisse und seiner Stellung darin durch die Theorie der ,Nicht-Existenz' dieser Phänomene abzutun. In seine theoretischen Überlegungen zu den beiden Wirklichkeiten geriet immer häufiger ein dogmatischer Ton: er mußte damit überzeugen, um sich selber zu entlasten. Wenn er gar noch versicherte, „ich wußt' es doch immer", brauchte er ganz offensichtlich eine zusätzliche Portion von Eigengehirnwäsche.

Schon nach der Feststellung seiner ,Teilnahme an der Herbeiführung des Unglücks' kam er sehr rasch zu der Deutung, daß jedoch die wahre Schuldige am ,Unglück der Welt' die Sprache des 19. Jahrhunderts sei, was er Gütersloh gegenüber – im Frühjahr 1946 – so begründete: „Jeder Weltuntergang ist in erster Linie eine sprachliche Katastrophe gewesen [. . .] Alles ist benannt und damit beherrscht, über jedem Ding schwebt die Flamme des Wortes: die vom zerfallenden Kosmos sich zurückzieht. Dem neunzehnten Jahrhundert wurde das Unmögliche vollziehbar, nämlich die Trennung von Inhalt und Form (ebenso wie es Intelligenz und Frömmigkeit zu trennen vermocht hat, ja aus diesen beiden letzten Begriffen mit der Zeit sogar ein Gegensatz-Paar bildete) [. . .] Es entstand eine Welt ohne Mittelpunkt und vor allem in Deutschland, dem Land ohne Mittelpunkt [. . .] Rutsch und Absturz haben damals begonnen in die immer mehr sich auseinanderfächernden Fächer, in die Unübersichtlichkeit und am Ende in Unanschaulichkeit, die Urmutter unserer Katastrophe von heute."[3]

Das war eine Deutung, die Doderer tiefsinnig und stolz weiterverfolgte. Hier war er wieder beim ursprünglichen ,Goldgewicht der Dinge' angelangt, das ihn seinerzeit zu der von den Nazis verkörperten Hoffnung aufs mythische Reich geführt hatte; nachdem sie diese enttäuscht hatten, verabschiedete er sich von ihnen mit demselben Argument, noch immer den Liberalismus der Vorväter zum allgemeinen Prügelknaben machend. Daß man, wie er in den *Tangenten* am 31. 3. 1946 feststellte, „von der Unordnung in den Worten am Ende zur Ordnung im Morden angelangt" sei, zeigt ebenso seine Abscheu wie die auf künstlerisch-sprachliche Kriterien eingeschränkte Weise seiner Analyse. Auf dieselben Grundideen lassen sich auch alle späteren Abhandlungen zur Sprache der Dichtung zurückführen, wie etwa *Wörtlichkeit als Kernfestung der Wirklichkeit*, wo dies im Titel schon deutlich genug ist.

Doch statt auf diese Weise die Schuldfrage klären zu wollen, hätte er auch über den eigenen Opportunismus nachdenken können, der ihn zwei Jahre lang in Dachau bleiben ließ; oder über seine antisoziale und antidemokratische Grundhaltung, die ihn für den ‚Irrtum' so empfänglich machte. Sein bevorzugtes Ausweichen in Abstraktionen und komplizierte Systeme ließ ihn jedoch weiterhin politisch so naiv bleiben, daß er sich, für die neue Republik Österreich, ausgerechnet Gütersloh als jene „Einzelperson" vorstellte, „welche imstande wäre, die in der Politik Befangenen zu faszinieren und zu influenzieren"[4].

„Auch dies hier ist ein Elysium. Als Arbeitszimmer hab' ich eine weiße, kleine Glasveranda und große Sträuße des späten Flieders darin. Ich seh' von meinem Schreibtisch über einen Gemüsegarten zu dem Nachbarhaus hinüber, blau-weiß wie unseres, dahinter hohe Bäume [. . .] Wenn die Sonne scheint, verbringe ich ganze Tage nackt auf einer über den Rasen gebreiteten Decke, schlafend, schreibend, turnend."[5]

Bedrückend in diesem Elysium war jedoch das Fehlen jeder Verbindung mit den Menschen des ganzen vergangenen Lebens: weder konnte er selber von seinem Überleben und Aufenthaltsort Nachricht geben, noch erfuhr er, wer von seinen Familienangehörigen und Freunden der Katastrophe entkommen war. Somit war Eggemoen außerhalb einer kommunizierenden Welt gelegen, der Aufenthalt hier bot ein absolut insuläres Dasein: das war aber auch ein – in diesem Leben nie ganz unwillkommener – Rückverweis auf die Ausschließlichkeit des eigenen Selbst.

Was früher in Eitelkeit und Selbstdarstellung geendet hätte, um auch in einer solchen Lage im Mittelpunkt des Interesses zu stehen, wurde jetzt zur viel dringenderen Beschäftigung mit einer Ungewißheit, wie sie in diesem Leben noch nie so deutlich geherrscht hatte. Dieser vom Krieg ausgemergelte Hauptmann der Luftwaffe war kein etablierter Schriftsteller, der sich einen einfachen Rückweg ins Zivilleben und in künstlerische Tätigkeit erwarten durfte; er hatte wegen seiner NSDAP-Vergangenheit mit Schwierigkeiten zu rechnen, sein Ruf als Autor war minimal bis vergessen, sein Verlag in München war ausgebrannt, das Ausmaß der Zerstörung seiner Heimat war ihm unbekannt, und er näherte sich, reichlich erschöpft, seinem fünfzigsten Lebensjahr, zudem ohne jeden finanziellen Rückhalt.

Mit den aufgerauhten Nerven, die ihm aus den letzten Kriegsmonaten geblieben waren, traf ihn jedes Bild um so heftiger: das seiner Zukunft ebenso wie jenes der blühenden Sträucher rundum. Auch wenn er gerade mit seiner verallgemeinernden Ideologiekritik ein konservatives Weltbild entwarf, für das er sich spätere Wichtigkeit erhoffte, so war er in seinem Dasein, jetzt und hier, an einen äußersten Rand geraten, der ebenso weit von der wohlbestallten Herkunft wie von den Illusionen künstlerischen Höhenflugs mit Gütersloh – ist's die Lerchenzone oder nicht? – entfernt war. Hier gab es nichts: außer er hielt sich an sich selbst.

Das tat er mit erstaunlicher Konsequenz: schreibend. Er redigierte *Repertoriums*-Artikel, arbeitete an den Tagebüchern, er wartete auf die innere Bereitschaft für die *Strudlhofstiege* (die nun auch schon so hieß). Er änderte sich nicht grundlegend, aber gerade in seiner so prekären Situation wurde ihm die Erahnbarkeit von Zuständen – etwa ‚analogischer' Natur –, dazu alles Deuten des Rätselhaften und vorläufig Undurchschaubaren zu einer Haltung, die sich auch aus seiner tiefen Besorgnis um sich selber ergab: um wenigstens Ansätze einer Gewißheit zu erspüren, wo alles chaotisch erschien. Die umgebenden Phänomene dieser Welt sollten ihm zum lesbaren Orakel werden. Aus einer weitgehenden Hilflosigkeit heraus und das Leben im Grunde immer für zu kompliziert haltend, entwickelte er mit der Zeit einen ungeheuren – theoretischen und künstlerischen – Apparat, um zu bewältigen, was ihn sonst erdrückt hätte.

Er wurde immer achtsamer. Dazu kam seine so enorme Verletzlichkeit: wie schon beim Gymnasiasten verschärfte sich der Blick durch die immer wieder überforderte Empfindlichkeit, was sich wie eine vergrößernde Optik auf seine Weisheiten oder Irrtümer auswirkte. Und so wollte er auch sein, ein Schriftsteller, der seine sensibler gewordene Intelligenz, bei aller Fragilität der äußeren Lebensumstände, aufs äußerste zu nutzen verstand: stets mit Disziplin.

Nach Mont de Marsan legte er nun nochmals – von ihm vorher nicht erahnbar gewesene – Grundlagen für die *Strudlhofstiege*, einen Roman, in dem das Bemühen immer wieder dem schwer erfaßbaren Atmosphärischen gilt, den Zwischenlagen von Stimmungen, den Hinweisen durchs am wenigsten Deutliche. Denn weder die erfundenen Geschichten darin – das Zwillings-Verwirrspiel, der Zigarettenschmuggel – noch die formale Gestaltung, die er nachträglich so stark in den Vordergrund rückte, waren verantwortlich für das Gelingen, sondern die Fülle des Konkreten mit Timbre und Patina, mit Lasur und Halbschatten, kurzum: die Glaubwürdigkeit einer vergangen Welt, die nicht durch recherchierte Genauigkeit (auf die er ebenfalls später bestand) oder gar Analyse erreicht wurde, sondern durch Deutungen fast horoskopischer Natur, durch die Aufbereitung des eigentlich Unüberschaubaren. Dieses mit seinen vielen Unwägbarkeiten vermittelt den Eindruck einer Lebensgemäßheit, wie sie auch zur Erfahrung fast jedes Lesers gehört.

Das Vage und Ungeklärte, das der Verstand mit gebotener Vorsicht zu behandeln hätte – statt mit analytischer Klarheit –, gab einen unerhört weiten Spielraum frei: den der Poesie. Wie Doderer die Welt in ihren feinen und fast versteckten ‚Analogien' zu erklären versuchte, konnte nur mit den Mitteln der Sprache und vor allem der Metaphern geschehen: Einsichten nahelegend, die jeder anderen Zugangsweise verschlossen bleiben. Jetzt hatte er sein Instrument wirklich im Griff; seine recht persönliche Diktion samt Tonfall (für den innerlich mitgehörten Vortrag) stand spätestens seit *Zihal* zur Verfügung, wobei ihm die spekulativ ironische Anbiederung an den Leser weiterhin eine bewußte Trademark blieb. Er konnte überzeugen – wenn auch die weltanschauliche Grundlage seiner Methode, das thomistische System und seine dazu entwickelten konservativen Theorien, eine erheblich geringere Anhängerschaft gefunden hätte.

Für ihn war eine äußerst befriedigende Deckung erreicht: wie er sich in seiner jetzigen Umwelt verhielt, nämlich alles beobachtend und belauernd, vieles auch fürchtend, alles deutend (ob nach Sowoboda oder andern Analogien), so schrieb er auch, Kleinigkeiten in einem Maß berücksichtigend und bewertend, das erst durch die Intensität der Beschreibung gerechtfertigt erscheint. Und wie in Sibirien erlebte er in dieser Kriegsgefangenschaft die Einheit von Mensch und Schriftsteller in sich als wohltuend und geradezu befreiend, da er den Auseinanderfall der beiden Ansprüche an sich schon zu oft und zu krisenhaft erfahren hatte. Das mag ihm auch zu jener erstaunlichen Disziplin verholfen haben, sich gerade in dieser so wenig aussichtsreichen Situation nicht fallen zu lassen, sondern ausschließlich auf seine Arbeit zu konzentrieren, als würde nur sie ihm alle Wege in eine bessere Zukunft eröffnen – was schließlich auch der Fall war.

Noch erheblich leichter machte es ihm die Kriegsgefangenschaft, sich – ebenfalls theoretisch sehr gefestigt – zur Treue gegenüber der Geliebten zu bekennen; er stellte, in Ermangelung von beidem, einen kategoriellen Unterschied zwischen Sexualität und Eros fest und bekannte sich zu letzterem. Daß er Maria dann noch jahrelang nicht sehen würde, konnte er damals natürlich nicht wissen. Da sie einander während seiner fünf Kriegsjahre kaum länger als jeweils ein paar Tage im Jahr getroffen hatten, war die Beziehung stets gefährdet und auch deshalb intensiv gewesen. Nun kam zu dieser Ungewißheit noch jene bezüglich seiner eigenen Zukunft; ob ihm der Gedanke an eine Frau, die nicht nur gütig war, sondern außerdem finanziell selbständig im Leben stand und vielleicht eine Hilfe bedeuten konnte, erleichternd war, nahm er in den Tagebüchern nicht in seine Überlegungen auf (trotz aller Betonungen der offenen Apperzeption blieb ihm das Ausweichen ein Grundzug). Doch seine Hoffnungen beschwor er indirekt durch Theorien zur eigenen Keuschheit und Treue, wozu es hier ohnehin keine Alternative gab.

In Eggemoen setzte er sich auch mit den Klassikern der Literatur auseinander: Grillparzer, Goethe, Schiller – es gab eine größere Bibliothek. Doderers Lektüre war ein Orientierungsversuch, der nicht nur das Bildungsdefizit aus der Gymnasialzeit weiter korrigieren, sondern ihn in seiner handwerklichen Eigenständigkeit gegenüber den klassischen Meistern bestätigen sollte. Was er dazu schrieb, wirkt auch als Vorbereitung für einen noch imaginären Literaturbetrieb, in dem er als Vetreter einer neuen Literatur auf seine profunden Kenntnisse der Alten hinweisen können wollte. Allerdings war er von einigen Werken tatsächlich sehr beeindruckt, vor allem von jenen Grillparzers und Nestroys. Aber die viele Lektüre beendete er – am 9. September – mit der recht selbstbewußten Bemerkung: „jetzt hab' ich genug vom Lesen. Ich will mir meine eigene Musik machen."

Während die Wiener vor allem von den wurmigen Trockenerbsen der russischen Besatzung lebten (wobei die Würmer das einzige Fleisch waren, das offiziell auf den Markt kam) und dankbar sein mußten, wenn sie auf 600 Kalorien pro Tag kamen, lebten die Gefangenen in Norwegen sehr gut von den enormen Vorräten, welche die Deutsche Wehrmacht hier angelegt hatte.

Auch sonst ging es Doderer nicht schlecht. „Heute auf der ‚Insel' – wir haben hier auf der ‚Reservation' eine solche, gebildet durch einen flachen und stillen Arm des Randself, der sie zu drei Viertel umschließt [. . .] Diese Insel ist Au, zugleich aber strichweise durchwachsen von Föhrenwald mit seinem trockenen, sonnheißen Nadelboden. Nach alter Art, wie einst in den Auen bei Greifenstein oder Klosterneuburg, schlag' ich mich durch's Dickicht, nur das Schwimmhöslein auf dem Leib, Schuhe, Hemd und kurze Hose unterm Arm. Es ist zum Teil fast Urwald mit mächtigen, starken Bäumen, auch Laubholz, Tannen, Fichten, alles durcheinander und übereinander wachsend, Wasserarme, Schilf und Teiche ohne Schlamm, man kann sie durchwaten, der Boden ist nicht morastig, sondern von Sand. Dazwischen bade ich am flachen, steinig-kiesigen Ufer des Flusses oder in einem seiner kleinsten durch die Insel fließenden Arme, wo man auf reinem Grund in dem kaum handhohen, klaren Wasser liegen und sich zugleich von der Sonne bescheinen lassen kann."[6]

Was ihm da noch fehlte, waren Bogen und Pfeil – zu einer klar einbekannten Karl-May-Romantik statt der gebildeten Überhöhung durch homerische Bogenschützen. Etwas, das irgendwo zwischen kindlich und kindisch angesiedelt war (und nicht fern der politischen Naivität), blieb Doderer in vielerlei Bereichen erhalten und reichte auch in seinen eher grotesken als fein-ironischen Humor. Es mag an der Herkunft gelegen gewesen sein, die seinem Dasein von Anfang an eine gewisse Realitätsferne leichtgemacht hatte – was er auch durch Theorien über die wirklichste aller Wirklichkeiten nicht ganz ausschalten konnte.

Im großen und ganzen verlief dieser Sommer angenehm und ungestört; nur einmal kam englisches und norwegisches Militär, um nach Gestapo- und SS-Leuten zu suchen. Während die Gefangenen stundenlang, auf dem Sportplatz angetreten, warten mußten, wurden alle Häuser gründlich durchsucht. Danach fehlten Doderer seine Goldfüllfeder sowie die gelbe Ledertasche, darin er die Manuskripte aufbewahrt hatte: diese selbst jedoch waren ausgepackt und auf den Tisch gelegt worden, so daß er demjenigen, der ihn bestohlen hatte, geradezu noch dankbar war.

Nach diesem Zwischenfall lag er weiterhin stundenlang in der Sonne, las und arbeitete an seinen Manuskripten. Nur die Ortung der eigenen Situation – zum Eintritt ins fünfzigste Lebensjahr, Anfang September – stimmte ziemlich bedrückend. Aber nicht nur der Ausblick auf die Zukunft war düster; auch zu seinen Erinnerungen stellte er nun immer wieder fest, daß er seine eigene Vergangenheit weitgehend nicht begreife; vielleicht waren ihm im nachhinein jene oft weiten Spannungen zwischen spirituellen Ansprüchen und seinem tatsächlichen Verhalten, zwischen den Ereignissen und seiner Gemütslage nicht mehr ganz übersichtlich.

Jedenfalls wirkte sich dieses Gefühl der zweifelhaften eigenen Vergangenheit auch auf seine Arbeit an der *Strudlhofstiege* aus, in der er unter anderem die Geschichte René-Grete – also Heimo und Gusti – rekonstruieren und durchleuchten wollte. Daß ihm dies letztlich nie ganz gelang, lag nicht nur an seinem mangelnden Verständnis von Gusti, sondern auch daran, daß er ihre Reaktion auf Heimo beschrieb, während dem René des Romans wesentliche Elemente von Heimos Vergangenheit, im Sexuellen wie in der Kunst, völlig fehlen – so daß das Gewicht selbst richtiger Erinnerungen dann im Roman manchmal unangemessen erscheint.

Jedenfalls kam zur sozusagen apriorischen Wichtigkeit seiner Arbeit auch immer mehr intime Motivation hinzu, die ihn zu seiner Disziplin drängte. Aber die dafür nötige Ruhe war bald zu Ende; in der zweiten Septemberhälfte wurde das Lager aufgelöst, und eine lange Kolonne von Lastwagen brachte die Gefangenen in achtstündiger Fahrt nach Larvik, wo sie in vorerst kalten Baracken einquartiert wurden. Außerdem litt Doderer unter dem Fehlen von Zigaretten und Tee; zugleich mußte er eine Kompanie österreichischer Soldaten übernehmen, unter denen er sich jedoch bald wohler fühlte. Allerdings brachen diese bereits am 2. Oktober zur Heimkehr auf, während Doderer noch bleiben mußte, jetzt in einem wieder behaglicheren Zimmer mit Ofen und hellem Licht für die Arbeit, die jedoch nur aus Tagebuchnotizen bestand; für die *Strudlhofstiege* brauchte er eine ungestört dichte Stimmung und Konzentration, die er hier nach den Unterbrechungen nicht mehr fand.

Und diese Art von Unruhe sollte den Gefangenen erhalten bleiben; am 13. Oktober wurden alle 1400 Mann in kalte Viehwaggons verfrachtet und kamen erst am Nachmittag des nächsten Tages in Hamar an, ihrer nächsten Station. In dem außerhalb der Stadt gelegenen Lager, wo es nicht einmal einen Platz zum Spazierengehen gab, erhielt Doderer in der Offiziersbaracke immerhin ein gut beheizbares Zimmer für sich allein. Doch hatte er nicht mehr die Kraft, seine Arbeitsdisziplin wieder aufzunehmen, und fühlte sich auch gesundheitlich beeinträchtigt. Zudem war die Zukunft immer beunruhigender: er hatte keine Ahnung, wie lange er noch hier bleiben werden müsse, da bisher Gefangene aus dem russisch besetzten Teil Österreichs überhaupt nicht zurückgeschickt wurden; und was dann dort mit ihm geschehen würde, war eine noch bedrohlicher wirkende Ungewißheit.

Auch der Aufenthalt in Hamar dauerte nur rund vier Wochen. Als Doderer erfuhr, daß sie Norwegen verlassen würden, packte ihn die Angst, daß ihm bei der Ausreisekontrolle seine Manuskripte weggenommen werden könnten. Doch irgendwie hatte er erfahren, daß sich der ehemalige Schulfreund Ernst Alker als Germanistik-Lektor an der Universität Lund in Schweden befand, und schrieb ihm mit der typischen österreichischen Schüler-Anrede ohne Vornamen: „Lieber Alker! Ich bin kriegsgefangen in Norwegen und kann meine angefangenen Manuscripte nicht mit mir auf die Heimreise nehmen. Bitte verwahre sie, bis Du einmal wieder von mir hörst!“[7] Diesen Brief samt den Manuskripten übergab er einem vertrauenswürdigen Norweger, der das Paket jedoch, als ihm die Zusendung an Alker zu riskant erschien, bei sich aufbewahrte – so daß Doderer es schließlich verloren glaubte.

Kurz darauf verließen sie per Schiff – auf Strohsäcken in den Ladeluken – Norwegen und landeten in Wesermünde bei Bremen. Diesmal entschied sich Doderer für die französische Zone Österreichs, um zu seinen Tiroler Verwandten zu kommen – und nun wurden alle andern abtransportiert, nur nicht die Tiroler. Postverbindung nach Österreich gab es allerdings auch von hier noch keine; doch wenigstens bei Maria in Bayern konnte er sich als Überlebender zurückmelden und drückte seine Hoffnung aus, daß „wir dereinst den Preis erhalten für diese unmäßig schwere Zeit unseres Lebens“[8]. Anfang Dezember folgten wieder zwei Tage und Nächte im eiskalten Güterwaggon, dann landete er in einer riesigen Zeltstadt für Gefangene bei Darmstadt, wobei allerdings die Zelte beheizbar waren und die Verpflegung so vorzüglich war wie bisher noch nie – und schon gar nicht für die Zivilbevölkerung Deutschlands und Österreichs. Im Tagebuch zählte er begeistert auf, was es hier, außer dem sehr guten Mittag- und Abendessen, noch alles gab: Bohnenkaffee, flockiges Weißbrot, Kuchen, Käse, Butter, Fruchtsäfte und ‚Pflaumen‘ – wobei ihm das österreichische Wort ‚Zwetschge‘, das er vorher und nachher unweigerlich verwendet hätte, gar nicht mehr einfiel.

Zwei Wochen später, als des Winters wegen die Zelte doch zu unwirtlich wurden, kam Doderer mit etwa tausend Mann in eine riesige Garagenhalle, anschließend wiederum in eine Offiziersbaracke – allerdings nicht mehr mit Einzelzimmer, sondern mit Pritschen, drei Mann übereinander. Außerdem mußten sie für ihr Essen arbeiten, wobei Doderer etwa den Boden des Speisesaals in einem amerikanischen Unteroffizierskasino aufwusch und bürstete, Wasser herbei- und Abfall wegtrug und ähnliches. Doch außer Zigaretten erhielt er auch eine zweite Pfeife und amerikanischen Tabak.

Dennoch fiel er verständlicherweise in Lethargie mit zunehmendem Ruhebedürfnis; er war seit über einem Monat zu keiner einzigen Tagebuchzeile mehr imstande und litt nur noch darunter, ständig unter so vielen Menschen sein zu müssen. Dann kam es zu neuerlichen Veränderungen, er mußte nochmals einige Tage in die Zeltstadt, wußte aber nun, daß es endlich nach Hause gehen sollte. Am 28. Januar bezog er wieder einmal für drei Tage irgendwelche zugigen Waggons, kam am 31. in Linz an und wurde dort, nach der gesundheitlichen Untersuchung (‚fit‘) und Hinterlassung seines Daumenabdrucks, aus der ‚Air-Force‘ entlassen. Diesmal hatte er als Heimatadresse die Villa seines Onkels Richard von Doderer in Weißenbach am Attersee angegeben und machte sich dorthin auf den Weg.

Unterdessen erkundigte sich Gusti aus New York bei ihrer Freundin Marie-Louise Wydler nach ihm, verständlicherweise nicht gerade in liebevollem Tonfall: „. . . aber so bringt mich nichts mehr in die geliebte Heimat. Weiss wer, wo mein Verflossener, plus Familie wandelt, moecht mich interessieren, ob's wen erwischt hat. Keiner hat was dort zu lachen, aber nicht alle haben sich's selber so eingebrockt, wie diese Herrschaften.“

Auch eine verhältnismäßig so kurze Reise wie von Linz bis an den Attersee war unter den damaligen Umständen in einem Tag nicht zu bewältigen; Doderer übernachtete unterwegs in der Kammer eines Wirtshauses und fuhr am nächsten Tag mit dem Dampfschiff über den See; voll Ungewißheit, was ihn erwarten würde. Doch als er ausstieg, stand Onkel Richard auf dem Landungssteg; die beiden fielen einander sofort in die Arme – und jetzt erfuhr Heimo endlich, daß seine Mutter und die Geschwister den Krieg heil überstanden hatten. Der Onkel – der täglich am Landungssteg das Schiff erwartete, um nach bekannten Gesichtern Ausschau zu halten oder eventuelle Post in Empfang zu nehmen – gab sofort ein Telegramm an den Riegelhof auf, daß Heimo wohlbehalten zurückgekehrt sei.

Richard von Doderer hatte bereits 1935, ein Jahr nach seinem verfrühten Pensionsantritt, diese typische Villa der Jahrhundertwende bezogen, die ein Stück außerhalb der Ortschaft und knapp über dem See gelegen war; er hatte sie sieben Jahre zuvor als Jagdhaus erworben. Die ersten Winter des Ruhestands hatte er noch auf Reisen verbracht und den Wohnsitz am Attersee nur in der wärmeren Jahreszeit benutzt. Jetzt, nachdem die ganze Familie ihre böhmischen Besitztümer, Beteiligungen und Wertanlagen verloren hatte, war sie auf dieses Haus nicht nur angewiesen, sondern obendrein war es mit mittellos gewordenen Flüchtlingen überfüllt: nämlich den Söhnen Herbert und Peter samt Frauen und Kindern, dazu mit weiteren Verwandten, wie Herberts Schwiegermutter, Alice von Buchwald, oder Willy Till, ein Neffe von Onkel Richards Frau Bertha und ehemaliger Mühlenbesitzer. Die Lage war bedrükkend – man lebte von ‚Wassersuppe mit Wasser', wie sich Peter von Doderer noch fast ein halbes Jahrhundert später ausdrückte –, doch wurde Heimo von Onkel und Tante wie ein verlorener Sohn aufgenommen und, was er in seiner bleibenden Dankbarkeit immer wieder hervorhob, von den beiden Cousins wie von Brüdern.

Er erhielt ein Zimmer unter dem Dach, wo links neben der Tür das Bett unter der Schräge stand und geradeaus vor dem Fenster noch ein Tischchen Platz fand; von dort sah er auf ansteigende Wälder, hinter denen sich ein steiler felsiger Berg des Namens ‚Mahdelschneid' erhebt. Bereits am Tag nach seiner Ankunft mußte Doderer zu den zuständigen Gemeindeämtern in Steinbach und Vöcklabruck, um sich amtlich zu melden und eine Aufenthaltsbewilligung zu bekommen; an Lebensmittelkarten wurde ihm nur das Minimum zugestanden, da man die von ihm ausgefüllte Berufsangabe ‚Schriftsteller' nicht anerkannte; immerhin hatte er noch sechzig Reichsmark, die ihm eingewechselt wurden.

Am darauffolgenden Sonntag, dem 3. Februar 1946, begann er bereits wieder mit den Tagebüchern sowie mit dem Briefschreiben, wobei die ersten Zeilen an die Mutter gerichtet waren. Zwei Tage später meldete er sich bei Almuths Tochter Ingrid Martinek und zeigte dabei, daß er sein wesentlichstes Problem klar erkannt hatte: „Ich hab jetzt sozusagen ein schweres crux mit einer längst überwundenen Vergangenheit, in welcher ich mir, wie sich jetzt zeigt, sehr erfolgreich selbst ein Bein gestellt habe. Dieser Knochen steht jetzt überall heraus, mag er gleich alt und gebleicht sein."[9] Zu diesem Problem ersuchte er am nächsten Tag Gaby Steinhart um Hilfe, wo eine solche immer zu finden wäre; zusätzlich zu „1000 Fragen": „Du selbst? die Kinder?!! Ferdl? Edmund? Professor? Deine Wohnung? Die Buchfeldgasse? Meine Manuscripte?"[10]

Trotz der Erfreulichkeit dieser Heimkehr ohne betrübliche Neuigkeiten zeigt sein Brief an Dr. Heinrich Beck, wie wenig optimistisch er in seine Zukunft sah; er erwartete, daß er bald nach München kommen könne „und mich Ihnen präsentiere, in der Hoffnung sogar, bei Ihnen Arbeit zu finden, sei's welche immer: bitte *behalten* Sie diese bestehende Eventualität im Auge und erwägen Sie dieselbe, ich wäre Ihnen dafür von ganzem Herzen dankbar."[11] Doch erfuhr er schließlich – im April –, daß der Verlag noch keinerlei Tätigkeit aufgenommen hatte und das auch gar nicht konnte; abgesehen von der Zerstörung des Verlagshauses in München (die Druckerei in Nördlingen war erhalten geblieben) stellten sich die amerikanischen Behörden gegen eine Lizenzerteilung – in diesem Fall sollte die sogenannte Entnazifizierung sogar noch vier Jahre dauern. Im übrigen hatte Doderer seine Erwartung, bald nach Deutschland zu kommen, am 9. Februar an Maria noch drastischer ausgedrückt: er fürchtete wegen seiner NS-Vergangenheit „als einer, der das Land hat verlassen müssen", zu ihr zu kommen, was wiederum seine Naivität, aber auch seine übertriebene Angst zeigt.

An Gütersloh hatte Doderer schon am 5. Februar einen (verlorenen) Brief abgesandt und erhielt nun von diesem und Gaby weitgehend erfreuliche Nachrichten, was das Überleben der Freunde sowie die Wohnung in der Buchfeldgasse betraf – welche allerdings, nach Güterslohs Worten, ‚amtlich bedroht' war. Doch alle – außer Edmund Schüller, den man in russischer Kriegsgefangenschaft wußte – waren wieder da (von Mote und Béla war freilich nicht die Rede), und Gaby kündigte ihm sogar einen Besuch an, von dem er ihr wegen der Beschwerlichkeit zwar abriet, aber zwischen den Zeilen doch zu erkennen gab, wie erwünscht ihm ein solches Zusammentreffen wäre. Auch die Mutter, die Schwestern und Ingrid Martinek schrieben ihm, und er genoß diese Wiedereingliederung in sein früheres Leben.

Im überfüllten Haus in Weißenbach herrschte eine gute Atmosphäre; trotz der Knappheit der Lebensmittel kochte die Tante Bertha, wie Doderer berichtete, ganz ausgezeichnet – bloß halt immer zu wenig; und er verstand sich bestens mit seinem Onkel, in dessen Arbeitszimmer er fast täglich mehrere Stunden saß. Der alte Herr hatte eine äußerst umfassende Bibliothek, auch an Literatur, war in vielen Themen bewandert und fand es anregend, mit dem Neffen über vieles zu diskutieren. Heimitos Art, komplexe Theorien in fertigen Formulierungen mit überaus einleuchtenden Metaphern anzubieten – vielleicht unmittelbar und wie druckfertig aus dem übernommen, was er sich zur selben Zeit in den *Tangenten* zurechtlegte – mag ihn beeindruckt haben.

Dem Familienleben schloß sich Heimo ohne große Schwierigkeiten an; er wanderte jeden Sonntag mit den andern waldentlang zu der etwa eine halbe Stunde entfernten Steinbacher Kirche, um die Messe zu hören. Unter der Woche übernahm er seinen Teil des Holzhackens im Schuppen links vom Eingang, wobei er sich seit Sibirien zwar als Experte bezeichnete, aber in Wahrheit weder geschickt noch ausdauernd war. Und schließlich beteiligte er sich am wichtigsten Unternehmen der Familie: nämlich für einen Freiherrn von Wiesern Dominosteine nach vorgedruckten Mustern mit Gemsen, Goiserern, Trachtenpärchen, blauem Enzian und ähnlichen Motiven zu bemalen, was reißenden Absatz bei den amerikanischen Soldaten fand; überall im Haus wurde ständig mit feinen Pinseln gemalt. So kam wenigstens ein bißchen Geld für Lebensmittel und andere Güter aus dem Schleichhandel zustande.

Das Fehlen von ziviler Kleidung störte Doderer am meisten – und ebenso das von Zigaretten. Doch dann traf am 1. März Gaby aus Wien ein, was ein ebenso mühsames wie waghalsiges Unternehmen gewesen war: die meist aus notdürftig reparierten Waggons zusammengestoppelten Züge waren eiskalt und langsam, die russische Kontrolle an der Zonengrenze zu den Amerikanern – auf beziehungsweise vor der Enns-Brücke – konnte bis zu sieben Stunden dauern, wobei nach und nach Leute aus dem Zug geholt wurden, von denen manche für immer verschwanden. Doch Gaby kam glücklich an und brachte aus der Buchfeldgasse zivile Kleidung mit, außerdem Schuhe und Tabak; und vor allem konnte sie ihm endlich alles erzählen, worauf er so wißbegierig gewartet hatte, vor allem die Einzelheiten über das Schicksal der Freunde. Doch erklärte sie ihm auch, daß seine Vorsicht, sich nicht in die russisch besetzte Zone Österreichs zu wagen, ungerechtfertigt war; und daß im viergeteilten Wien der achte Bezirk – und damit die Buchfeldgasse – ohnehin unter amerikanischer Kontrolle stand.

Daß die Wohnung noch leichte (und im Frühjahr behebbare) Kriegsschäden hatte, wußte er schon von Gütersloh; doch jetzt konnte er ins Auge fassen, zur wärmeren Jahreszeit wirklich zurückzukehren. Was sie ihm über die ‚amtlichen Schwierigkeiten' bezüglich seines Ateliers sagte, ist unbekannt; doch taucht der Name Trude Waehner, die nach ihrer Rückkehr Eigenbedarf auf das Atelier angemeldet hatte, in seinen Notizen nirgends auf. Statt dessen verdächtigte er in der Folge Gütersloh, ihn unter dem Vorwand dieser ‚Schwierigkeiten' als Hauptmieter ablösen zu wollen, um die ganze Wohnung für sich und Milena allein in Beschlag zu nehmen – was sich dann, zu seiner Beruhigung, als falsch herausstellte; schließlich dankte er dem verehrten Professor für die Rettung seiner Wohnung durch dessen Anwalt, der einen Rechtsaufschub erreicht hatte.

Daß der Meister – der aus Wien schrieb, alles sei so schlimm, man könne vernünftigerweise nur noch an Emigration denken – bereits 1945 als ‚Professor' an die Akademie der Bildenden Künste in Wien berufen worden war, erfuhr er ebenfalls erst von Gaby. Gütersloh hatte es in seinem Brief an Doderer nicht einmal angedeutet und seine insgesamt verbesserte Lage verschwiegen: denn jetzt war er, der Berufsverbot und Brandmarkung als ‚entarteter Künster' nachweisen konnte, zu einem eindeutigen Opfer des Nationalsozialismus geworden; Doderer hingegen blieb wegen der ebenso feststellbaren Parteimitgliedschaft der Nazi. Gütersloh hatte in den nachfolgenden Jahren auch durchaus nichts dagegen, sich auf Grund seines heroischen Überlebens dem Widerstand zurechnen zu lassen (einige unangenehme Monate im Arbeitsdienst waren ihm allerdings nicht erspart geblieben).

Die Akademie, deren Lehrerschaft dem sogenannten ‚Kunstideal' der Nazis grundlegend angepaßt worden war, hatte bei ihrer Wiedergründung 1945 gar nicht geringe Probleme, politisch ‚saubere' Künstler zu finden. Gleich der erste Rektor, Herbert Boeckl, mußte zurücktreten, weil übersehen worden war, daß er der Partei 1941 beigetreten war; und sein Prorektor Sergius Pauser war jahrelang ein gefügiger Porträtist von Nazi-Größen gewesen. Immerhin waren beide Maler – abgeschnitten wie das ganze Dritte Reich von der künstlerischen Entwicklung in der übrigen Welt – stilistisch erheblich ‚moderner' als Gütersloh, der seine Malerei von den freieren

Kompositionen der zwanziger Jahre zu einer penibel-allegorischen Gestaltung entwickelt hatte (die dann zur Grundlage des ‚Wiener phantastischen Realismus' wurde, eines Lokal-Surrealismus post festum). Doch ausgerechnet Gütersloh wurde nun zu einem ‚Sauberen', zu einem heimattreuen Naziverfolgten, schließlich sogar zum Rektor und Aushängeschild des zweiten österreichischen Demokratieversuchs, der immerhin besser gelang als in der Vertretung des Modells durch die Kunst.

Güterslohs politische Vergangenheit war – da er zwar von allen möglichen Seiten wie etwa der ‚Vaterländischen Front' profitiert, aber Mitgliedschaften vermieden hatte – weitgehend unbekannt. Selbst der Bildhauer Fritz Wotruba, der erst 1946 aus dem Exil kam, das er in der Schweiz mit Robert Musil als dessen hilfreicher Freund geteilt hatte, akzeptierte Gütersloh als einen der wenigen Demokraten an der Akademie. Trude Waehner tat das allerdings nicht: als sie bei ihrer Rückkehr von der Hausmeisterin Poldi erfuhr, wer nun in ihrem Atelier wohne, sagte sie, daß sie von einem Doderer noch nie was gehört habe, aber der Gütersloh sei doch ein alter Nazi – den hätte sie hier nie einziehen lassen.

Von alldem wußte Doderer zu wenig und hätte es wohl auch anders beurteilt. In endlich ziviler Kleidung und frischer Unterwäsche (diese hatte ihm die verläßliche Poldi schon vorher aus seinem Kasten herausgesucht und geschickt), mit der Aussicht auf die dauerhafte Rückkehr nach Wien, fühlte er sich endlich wohler. Seine Arbeit, für die er ständig einen ungestörten Platz in dem zu menschenreichen Haus suchte – einige Zimmer kamen auch wegen ihrer Unbeheiztheit nicht in Frage –, galt hauptsächlich den Tagebüchern. Sowohl in diesen wie den Briefen feierte er immer wieder den Untergang des Nationalsozialismus gemäß seiner Theorie vom ‚totalen Staat', und durchaus glaubwürdig (wie schon in Norwegen); als er schließlich im März von der Ermordung Motes und Bélas erfuhr, war er ehrlich entsetzt. Seine eigene vergangene Nähe zum Regime beinhaltete keinerlei Identifikation mit irgendwelchen Greueltaten oder jener prinzipiell verbrecherischen Kriegsführung, die im Osten weniger einen Feind auf dem Kriegsfeld besiegen, als slawische Untermenschen für die Sklaverei schaffen wollte.

Doch seine Angst nahm zu, nun zur Verantwortung gezogen zu werden, da er an den Voraussetzungen mitgewirkt habe, welche dieses enorme Verbrechen ermöglichten; und nichts Nachweisbares getan zu haben, um es zu verhindern. Da belog er sich und die andern nun ständig: zehn, zwölf Jahre sei sein Irrtum her, das möchte man ihm doch bitte glauben. An Gaby schrieb er, ob ihre Schwester vielleicht sein Ansuchen um ein amerikanisches Visum bestätigen könne (sie war am amerikanischen Konsulat tätig gewesen); am 28. April ließ er sich vom Bezirksgericht Vöcklabruck eine Kopie seines katholischen Taufscheins von 1940 beglaubigen, um auch damit irgendwen überzeugen zu können. Wenn es auch durchaus ehrlich war, daß er mit dem Hitler-Regime innerlich längst nichts mehr zu tun hatte, so belastete er doch durch übertriebene Distanzierungen und falsche Zeitangaben seine Glaubwürdigkeit auf Dauer; damit stellte er sich ein zweites Mal und erfolgreich das Bein, mit Auswirkungen bis an sein Lebensende.

Neben der ganzen Angst – zu deren Ausmaß die vorläufige Unbekanntheit der Folgen beitrug – ging es ihm mit großer Konsequenz um sein Werk: um die *Strudlhofstiege* und die *Dämonen* und dabei besonders um die Frage, ob die beiden Bücher getrennt gehalten oder unter einem erweiterten Konzept vereint werden sollten. Am Text der *Strudlhofstiege* begann er bereits am 7. Februar, knapp eine Woche nach seiner Ankunft in Weißenbach, zu arbeiten; bis zum 11. April schrieb er 24 Manuskriptseiten. Das ist nicht viel, doch die wesentliche Arbeit fand in den Tagebüchern, also den *Tangenten* statt: es wurde ihm allmählich klar, daß es sich bei der *Strudlhofstiege* um einen zu langen Text handeln würde, um ihn den *Dämonen* integrieren zu können. Damit stand auch fest, daß kurze Charakteristiken und knappe Beschreibungen nicht in Frage kamen, sondern daß alles der epischen Breite bedurfte.

Nun hatte er zwei Werke von großer Dimension vor sich – deren Umfang ihm natürlich nicht genauer bekannt war – und er ließ sich darauf ein; mit dem zusätzlichen Arbeitsdruck, es müsse ihm gleich die erste Niederschrift gelingen, da ihm vielleicht für eine zweite keine Zeit mehr bleibe. Also setzte er innerlich alles auf eine Karte: die Vollendung der *Strudlhofstiege*. Er sagte es nirgends direkt, aber offensichtlich sah er, als knapp Fünfzigjähriger, seine einzige Chance darin, das zu tun, was er am besten zu können glaubte, unabhängig von allen realen Lebensmöglichkeiten.

In den Tagebüchern trennte er die *Dämonen* und die *Strudlhofstiege;* nur bei einzelnen Texten war ihm allerdings noch nicht ganz klar, wohin sie gehörten. Unterdessen ließ er wieder einmal andere für seine näheren Lebensumstände sorgen: diesfalls die Schwestern Almuth und Astri zusammen mit Poldi. Sie bereiteten die Wohnung in der Buchfeldgasse vor, damit Heimito dort einziehen könne.

Dieser hatte mittlerweile endlich auch brieflichen Kontakt mit Maria: es gab – ab der zweiten Hälfte des April – wieder Postverkehr zwischen Deutschland und Österreich. Am 29. April sah Doderer erstmals seit mehr als einem Jahr Marias Handschrift auf einem Briefkuvert, am 30. April antwortete er: voll der Unsicherheit und Angst, daß das Vergangene vielleicht keine Zukunft mehr habe.

Aber nun war es an der Zeit, viel seinerzeit Begonnenes fortzusetzen; am 16. Mai verließ er unter Hinterlassung ‚Zahmer Xenien' im Gästebuch – wie Goethe eigene Lebensweisheiten als Gastgeschenk meinend – das Haus des Onkels in Weißenbach und fuhr, unbehelligt die Enns und damit die Zonengrenze überquerend, nach Wien in die Buchfeldgasse.

26. Schutt und Stiege

In die Kaiserstadt, wie Doderer sie als Kind gekannt hatte, mit ihrem Pferdegetrappel auf dem Kopfsteinpflaster der Innenstadt und den quietschenden Fuhrwerken in den tiefen Fahrrinnen der umliegenden Bezirke, waren jetzt furchtbare Schneisen gerissen, durch die nun wiederum, wegen des weitgehenden Mangels anderer Gefährte, Pferdekarren zogen; auch die Rote Armee hatte tausendfünfhundert Tiere zur Verfügung gestellt, damit die Versorgung der Stadt mit dem Wichtigsten überhaupt erfolgen konnte.

Rund ein Viertel der Gebäude war zerstört oder beschädigt, es fehlten fast 90.000 Wohnungen, viele Menschen hausten in Notquartieren, manche kochten auf der Straße oder in den Höfen zwischen aufgeschichteten Ziegeln, Strom und Gas kehrten erst langsam wieder zurück, und auch dann meist nur für wenige Stunden. Und überall lag Schutt in riesigen Bergen, über die man allenthalben steigen mußte; wenn ein stärkerer Wind aufkam, wie er für Wien gar nicht selten ist, zogen von diesen Trümmerhalden dichte Wolken von Staub durch die Stadt und auch in die meisten Wohnungen, da die Wiederverglasung der Fenster – im Herbst 1945 – mit viel zu geringer Produktion einsetzte und erst nach rund einem Jahr weitgehend abgeschlossen war; viele hatten den ersten Winter hinter Pappe und Papier verbracht, mit denen man die Fenster notdürftig schloß. Es fehlte an Straßenbahnen, an intakten Spitälern und Schulen – und selbst an Brücken über den Donaukanal, von denen nur eine einzige den Krieg überdauert hatte.

Viele der berühmten Monumente der Stadt waren Ruinen oder schwer beschädigt, wie etwa der Stephansdom, die Staatsoper, das Burgtheater; aber auch die Gloriette und das Belvedere hatten Treffer abbekommen (im Park des letzteren grasten die Kühe der Russen). Aber so viel den Wienern ihre Kultur auch bedeuten mochte: ein ständig leerer Magen war doch das intensivste Unbehagen, die Lebensmittelrationen waren in dem Jahr vom Kriegsende bis zu Doderers Wiederkehr von rund 600 Kalorien auf 1200 gestiegen. Damit die viele schwere Arbeit zu bewältigen – das Wegräumen des Schutts, Instandsetzungen, Wiederaufbau –, war fast unmöglich, wozu noch kam, daß gerade diese schweren Arbeiten hauptsächlich von Frauen geleistet wurden: ihre Männer waren gefallen, vermißt oder in Kriegsgefangenschaft; fast alle Familien waren, zusätzlich zu ihren Schwierigkeiten, von schwerem Leid belastet.

Daß sich Doderer in Norwegen sowie am Attersee vieles erspart hatte, wußte er vielleicht selber gar nicht so genau. Er zog jedenfalls begeistert wieder in seine Wohnung ein, die er im Spätherbst 1944 überraschend verlassen hatte müssen, und war damit zum ersten Mal nach anderthalb Jahren wieder in seinen eigenen vier Wänden, in vertrauter Umgebung, in der Nähe der Freunde. Diese zu treffen, einander die Erlebnisse der ebenso bewegten wie unüberschaulichen Zeit zu berichten, die gegenwärtige Lage mit ihren neuen Problemen zu besprechen, nahm vorerst sicherlich einen Großteil seiner Zeit in Anspruch; neben Besorgungen kleinerer und größerer Art, wie sie eben nötig waren. Insgesamt klang sein Resümee, das er drei Wochen später an Maria schrieb, recht zufrieden: „Die Buchfeldgasse ist behaglich und entzückend wie je! – und das Zusammenleben mit dem Professor ein lange entbehrter hoher Genuss [. . .] von Hunger nicht mehr die Rede."[1]

Mit dieser letzten Bemerkung allerdings sollte er sich, was die nächsten zwei Jahre betraf, noch gründlich irren. Jedenfalls war man ihm vorläufig recht behilflich; bei seiner Schwester Almuth – also bei den Wehofers in Hietzing – war er jeden Donnerstag abends zum Essen eingeladen; und durch Astri bekam er vom Riegelhof und den näher gelegenen Bauern so manches, das es in der Stadt gar nicht oder nur zu horrenden Schleichhandelspreisen gab (doch mußte in Niederösterreich auch teilweise die Rote Armee mitversorgt werden, da in Rußland selber Lebensmittelknappheit herrschte; das führte auch auf dem Land zu erheblichen Versorgungsschwierigkeiten).

Jedenfalls fühlte sich Doderer vorläufig recht wohl und nahm auch schon drei Tage nach seinem Eintreffen die Arbeit an den Tagebüchern wieder auf, wobei diese mehr seinen theoretischen Überlegungen als der konkreten Situation um ihn galten. Daß er sich auch im Alltag, wann immer dies möglich war, um auftretende Schwierigkeiten tunlichst nicht kümmerte, hatte seinen Grund in der schon längst fixierten Meinung, daß alle schicksalsgemäße Richtigkeit nur im Indirekten wirke, so daß jede direkt versuchte Bewältigung eines Problems dessen Lösung nur behindere. Das nahm durchaus auch die Form von Aberglauben an, wobei es immer nur darum ging, durch allerlei Tricks – nicht daran denken, nicht hinschauen – das Schicksal zu überlisten; Doderer setzte sein Nichthandeln sozusagen als absichtlichen ‚Umweg' ein, damit sich durch die unbehinderte Schicksalshaftigkeit des Lebens letztlich das für ihn Richtige herausstelle.

Natürlich spielte da auch seine Angst vor Behördengängen und anderen Erledigungen hinein, die er häufig nur als Faulheit ausgab; eine solche war es höchstens in dem fast psychopathischen Sinn, daß er sich völlig gelähmt und unfähig zur Aktion fühlte: der auch theoretisch so Autoritätsgläubige fiel völlig auf das herrschende obrigkeitliche System herein, das genau diese ergebene Hilflosigkeit hervorrufen mochte.

Doch seine jetzigen Probleme verlangten äußerst gezieltes Handeln: als ehemaliges Parteimitglied durfte er bis zur endgültigen Klärung seines Falles weder publizieren noch einem Schriftstellerverband beitreten; ohne jedoch von einem solchen eine Berufsbestätigung zu erhalten, war es fast unmöglich, vom Arbeitsdienst befreit zu werden, bei dem die ‚Ehemaligen' – die Nazis – zum Schuttaufräumen, zu Bautätigkeiten oder anderen notwendigen Arbeiten herangezogen wurden; anders erhielten sie keine Lebensmittelkarten. Und dazu kam für Doderer noch das Problem seiner Wohnung, die von Trude Waehner zurückverlangt wurde.

Natürlich bat er zuerst einmal sämtliche Freunde um Hilfe, was – wenn man nur überhaupt welche hat – in Wien immer das wichtigste bleibt, um ein erfolgreiches Netz von ‚Beziehungen‘ zu knüpfen. Dann ließ er sich auch selber etwas einfallen: am fünften Tag nach seiner Rückkehr – dem 21. Mai 1946 – bat er Gütersloh und die Hausmeisterin Poldi in sein Atelier, damit sie schriftlich Zeugnis für ihn ablegten. Beide – gleichlautend ‚Erklärung‘ genannten – Schriftstücke wurden unverkennbar auf Doderers winziger Kofferschreibmaschine verfaßt, der einzigen, die er in seinem ganzen Leben besessen hat; beim Auspacken mußte man den auf der unüblich kleinen Tabulatur aufliegenden Wagen erst nach hinten klappen, dann standen pro Taste drei Zeichen zur Verfügung, das dritte durch eine zweite Höhenstellung des Wagens einsetzbar – ein regelmäßiges Schriftbild war damit kaum erreichbar.

Gütersloh erklärte: „[...] Wir [...] bewohnen seit September 1938 dieselbe Wohnung, Umstände, die zwingend dartun, erstens, dass ich sein Denken und sein Handeln auf's genaueste kenne, zweitens, dass ich, der durch das „Dritte Reich“ Verfolgte und Geschädigte [...] wohl gewusst habe, mit wem ich mein Heim teile, nämlich nicht mit einem noch nationalsozialistisch Gesinnten. Herr Dr. von Doderer hat sogar, unterstützt von der Tatsache seiner Parteimitgliedschaft, die er damals schon sehr beklagte und als eine grosse Gewissenslast empfunden hat, einen sehr hilfreichen Schritt für mich unternehmen können. Es sind mir ferner alle seine Äusserungen zum Nationalsozialismus, die er, angefangen vom Jahre 1936 bis heute, 1946, getan hat, genauestens bekannt und zwar als solche voll von den schärfsten Anklagen gegen dieses unmenschliche Regime [...]“.

Für die Poldi – als ‚Hausvertrauensmann‘ – mußte ein etwas naiverer Tonfall gefunden werden: „[...] Gelegenheit bei Gesprächen wäre schon genug gewesen, doch habe ich bei Dr. Doderer jederzeit nur das gerade Gegenteil vom Nationalsozialistischen zu hören bekommen. Er hoffte, dass wir die Deutschen doch bald wieder los werden. Ob er eingeschriebenes Mitglied des NSDAP war kann ich nicht sicher wissen; hier hat er jedenfalls der Ortsgruppe nicht angehört und nichts gezahlt, denn alle seine kleinen Zahlungen sind durch meine Hände gegangen, ich habe bei ihm bedient. Mit Sicherheit kann ich angeben, dass Dr. Doderer niemals mit einem Abzeichen gesehen worden ist [...] Am Bezirk kann Dr. Doderer nicht als Nazi gegolten haben, eher im Gegenteil. Er ist auch immer in die Kirche gegangen.“

Diesen Ausführungen ließ Doderer selbst – in einem ‚Curriculum litterum [!] et vitae‘ vom 14. Juni – eine weitere ‚Klarstellung‘ folgen, die auch später seine beliebteste Version der Ereignisse blieb: „Der NSDAP habe ich durch einige Wochen einst angehört, als sie in Österreich noch gesetzlich erlaubt war (Frühjahr 33), infolge einiger Vorstellungen vom hl. Römischen Reich, die den prussischen [!] Zentral- und Totalstaat durch Überlagerung meinem Blick entzogen. Man hat sich nach dem Verbot der Partei in Österreich von dieser Seite um mich nicht mehr gekümmert und erst 1938, nach dem Anschlusse, zu München mich citiert. Ich war 1936 und 37 in Deutschland gewesen (meines Verlegers wegen), habe dort gesehen und erkannt, was zu sehen und zu erkennen unvermeidlich war, und daraus schon Ende des Jahres 1937 zu Wien kein Hehl gemacht.“

In all seinen Äußerungen zum Thema findet sich dieselbe Methode, ein Fünklein von Wahrheit insgesamt in eine Lüge zu fassen: „1938 im Herbst habe ich, da ich eine Zeit lang befürchtete, der Anschluss Österreichs könnte ein dauernder bleiben, beim amerikanischen Konsulat in Wien um eine Auswanderungsnummer angesucht und sie erhalten." Das hatte er bereits am 21. Februar in Weißenbach verfaßt und einen dramatischen Appell angeschlossen: „Ich bitte meinem Vaterlande dienen zu dürfen. Hiezu bedarf es der Deregistrierung, welche es mir ermöglichen würde, der Vernichtung durch alte und zuinnerst schon vorlängst verarbeitete und überwundene Irrtümer zu entgehen." Unter Deregistrierung war natürlich die Streichung aus der Liste der Parteimitglieder zu verstehen.

Das sollte aber noch lange dauern; zudem gehörte Doderer keineswegs zu den ‚minderbelasteten' Nazis: für SS, Parteifunktionäre und ‚illegale' Nazis, worunter man pauschal alle verstand, die vor dem Anschluß am 13. März 1938 bereits Parteimitglieder gewesen waren, sahen die auch von den Siegermächten eingeforderten Gesetze strengere Maßnahmen vor. Dennoch fand Doderer entscheidende Hilfe: so bei dem angesehenen Akademikerseelsorger Otto Mauer, der späterhin, als Monsignore, zur Symbolfigur der Avantgarde und Förderer modernster Kunstrichtungen wurde – vor allem mit der Gründung seiner ‚Galerie nächst St. Stephan'. Er war aber auch, wie schon erwähnt, einer jener vier Geistlichen gewesen, die im Jahre 1938 die einzige Demonstration gegen die Nazis geführt hatten; so daß nun sein Eintreten für ein ehemaliges Parteimitglied besonderes moralisches Gewicht hatte.

Die andere wichtige Hilfe kam von Professor Dr. Edwin Rollett, der Doderer schon in den frühen dreißiger Jahren mit einer Empfehlung an den Diederichs-Verlag behilflich gewesen war, wenn auch ohne Erfolg. Jetzt war Rollett der Präsident des ‚Verbandes demokratischer Schriftsteller und Journalisten Österreichs', welcher Doderer zwar nach der Gesetzeslage nicht als Mitglied aufnehmen durfte, aber immerhin bestätigen konnte, daß er „ein Schriftsteller von kulturellem Rang und Verfasser bedeutender Werke" sei, und zwar in hauptberuflicher Tätigkeit.

Durch diese Bestätigungen, zu denen noch Güterslohs ‚Erklärung' kam, gelang es verhältnismäßig schnell, Doderer doch unter die ‚minderbelasteten' Nazis einzureihen. Vor allem aber ging es um seine Eintragung in die ‚Beschäftigtenliste', denn ohne die Anerkennung, daß er hauptberuflich (mit fünfzig wöchentlichen Arbeitsstunden, wie er angab) freier Schriftsteller sei, wäre er zum Arbeitsdienst einberufen worden. Um das zu verhindern, wandten sich Mauer und Rollett an Dr. Friedlaender, den Leiter der Magistratsabteilung 8 – also den direkten Untergebenen des heil aus Dachau zurückgekehrten Dr. Viktor Matejka, der sehr bald zum (kommunistischen) Stadtrat für Kultur und Volksbildung geworden war; der Fall Doderer dürfte ihm allerdings damals unbekannt gewesen sein. Jedenfalls regte Dr. Friedlaender, nach diesen Interventionen, beim Leiter des Arbeitsamts in der Hegelgasse an, Doderer vorläufig von der Arbeitspflicht zu befreien, was auch geschah – allerdings nur mit Wirkung bis zum Jahresende.[2]

Doderer wußte, daß er dankbar zu sein hätte, und bemühte sich nach allen Seiten um eine versöhnliche Haltung, die er jedoch zugleich als Erniedrigung empfand; deshalb nahmen, vorläufig wohlverborgen, seine Ressentiments ständig zu. Er fühlte sich von allen Seiten, auch vom Staat, unschuldig verfolgt und bedrängt: „Die Kunst muß darin bestehen, ruhig am Schreibtisch zu sitzen, während die öffentliche Hand mit Knütteln nach mir schmeißt"; und den Schriftstellerverband des so hilfreichen Dr. Rollett, darin er nicht aufgenommen werden durfte, bezeichnete er eben deshalb als „die Fusion des Schwimmvereins der Gamsböcke mit der alpinen Vereinigung der Fische."[3]

Dabei hatte er weiterhin genug Probleme, zu deren Bewältigung er der Hilfe anderer bedurfte. Eines der dringlichsten war Trude Waehners Räumungsklage, die bereits im August 1945 eingereicht worden, aber durch den erreichten Aufschub nicht rechtswirksam geworden war. Die Malerin wies nun, um ihrer gerichtlichen Forderung Nachdruck zu verleihen, auf die Parteimitgliedschaft Doderers hin und bezeichnete die Tatsache, daß er noch immer in ihrer Wohnung sitze, als ‚Quasi-Arisierung' – von daher stammen die späteren, von Viktor Matejka willig ausgebauten Gerüchte. Doch konnte (wiederum) Dr. Edwin Rollett in einem Brief an Waehners Anwalt bereits am 8. August feststellen, daß die Klage „auf Grund von Angaben, die sich nicht als haltbar herausgestellt haben", erfolgt sei. „Da eine vollständige Rehabilitierung Dr. v. Doderer's und seine Aufnahme in den Verband demokratischer Schriftsteller" in Aussicht stehe, bat er, den Schriftsteller nicht zugleich mit der Wohnung seiner Arbeitsmöglichkeit zu berauben. Dennoch zitterte Doderer (und Gütersloh mit ihm) weiter um das Atelier. Übrigens stand auch die Stammgasse nicht zur Verfügung, da das Haus von Russen besetzt worden war (wobei unter anderem auch Lenaus Manuskripte verschwanden).

Neben den Widrigkeiten gab es aber auch glückliche Wendungen: 1944 war er eines Abends betrunken mit Edmund Schüller bei einer Bekannten des Freundes eingefallen – nämlich bei Ilse Luckmann. Diese gab nun, 1946, als Verlegerin Güterslohs Roman ‚Eine sagenhafte Figur' heraus, wodurch sich auch der Kontakt zu Doderer erneuerte. Ilse Luckmann war eine große hagere Dame mit einem etwas steifen Bein und einem Hang zum Pfeifenrauchen, ebenso intellektuell wie burschikos, doch im wesentlichen von ungezwungener Freundlichkeit; auch neigte sie dazu, ihre Taten kurzentschlossen zu setzen – und eine davon betraf Doderer, der bald zum Freund Heimito wurde. Sie beabsichtigte, da sein deutscher Verlag nicht in Betrieb war, die Rechte auf seine Werke zu erwerben, vor allem jene an der *Strudlhofstiege* – und sei es auch (vorläufig) nur für eine österreichische Lizenzausgabe, da Doderer seine Beziehung zu C. H. Beck nicht auf Dauer verlieren, sondern ausschließlich im Einverständnis mit Dr. Heinrich Beck handeln wollte.

Daß er während all dieser Monate diszipliniert gearbeitet hatte, ist erstaunlich genug, weil die Probleme, die ihn ablenkten, wirklich seine Existenz gefährdeten und es ihm sicherlich besonders schwierig machten, seine Konzentration auf einen mit ganz andern Dingen befaßten Text zu fokussieren. So arbeitete er neben den Tagebüchern im Juni auch wieder am *Repertorium*, fand es allerdings schwierig, in die Arbeit an der

Strudlhofstiege einzusteigen, wofür er vor allem seine Sorge um das in Norwegen hinterlassene Manuskript verantwortlich machte.

Bereits im Frühling hatte er bei dem ehemaligen Schulfreund Ernst Alker in Schweden angefragt, ob dieser seine Sendung erhalten habe; als er nun bis Sommer keine Nachricht bekam, schrieb er, am 7. Juli, nochmals nach Lund. Diesmal antwortete Alker bereits am 16. desselben Monats – jedoch aus Fribourg in der Schweiz: und er wußte von nichts, das Manuskriptpaket war nie bei ihm eingetroffen; als Trost konnte er nur die Übersendung von 200 Zigaretten ankündigen. Wofür Doderer dankte; aber die Verzweiflung über die verlorenen Manuskripte überwog: „Dein Brief hat mich natürlich niedergeschmettert: 110 Seiten eines begonnenen Romans, 43 kleine essayistische Arbeiten [wohl *Repertorium*], 150 Seiten Tagebuch verloren."[4]

Trotz dieser tiefen Unsicherheit, der schließlich die falsche Gewißheit des Verlustes folgte, arbeitete er seit dem 3. Juli am Text der *Strudlhofstiege*, und nun so kontinuierlich wie möglich. Dabei waren die Unterbrechungen extrem unangenehm: er mußte bei der Polizei vorsprechen, um zu einem neuen Leumundszeugnis zu kommen, und hatte dergleichen Widrigkeiten noch mehr am Hals. Dennoch blieb er ab jetzt, was seinen Roman betraf, durchaus konsequent.

Dazu kamen nicht unerhebliche finanzielle Schwierigkeiten. Da er kein Mitglied des demokratischen Schriftstellerverbands war, bekam er zu den minimalen Lebensmittelmarken keine zusätzlichen; er mußte hungern oder sich Ersatz viel teurer im Schleichhandel kaufen (das Angebot auf dem legalen ‚freien Markt' war äußerst beschränkt, unregelmäßig und ebenfalls teuer – dabei handelte es sich etwa um Petersilie oder Schnittlauch, was einer geschickten Hausfrau eher helfen mochte als Doderer). Zudem durfte er nichts publizieren: mußte also teurer leben als die andern Schriftsteller, konnte aber nichts verdienen.

Also blieb ihm, wenn er bei der *Strudlhofstiege* bleiben wollte, vorläufig nur die ‚Tante Dorothee' oder schlicht ‚Dora', wie er das amtliche Versatzhaus ‚Dorotheum' nannte. Am selben Tag, an dem er sich bei der Polizei einfinden mußte, dem 11. Juli, versetzte er einen Ring und zwei Tabatieren, was ihm immerhin 90 Schilling einbrachte – aber er hatte nicht nur für sein Leben zu sorgen, sondern mußte außer Zins und Strom (und Poldi) auch noch Steuern nachzahlen, war also elf Tage später schon wieder pleite. Am 22. versetzte er gelbe Schuhe (S 25,–), am 25. schwarze Schuhe (S 15,–) und ein Goldkettchen (S 25,–), am 29. einen blauen Anzug (S 50,–) und zwei Tage später einen grauen (S 80,–). Das waren zu damaligen Zeiten gar keine geringen Beträge, doch kosteten zehn ‚Ami-Zigaretten' – die auch eine eigene und überall anerkannte Währung darstellten – 12 Schilling, ein Stück Seife 18,–, ein halbes Kilo Rohkaffee 70,–, und ebenso teuer waren Zucker und Saccharin.

Unter diesen Umständen mußte es für ihn die größte Erleichterung sein, daß er am 2. August von Ilse Luckmann einen Vertrag für *Die Strudlhofstiege* und *Die erleuchteten Fenster* angeboten bekam, wobei Dr. Heinrich Beck recht freizügig Lizenzausgaben zugestimmt hatte, die nur für Österreich galten. Unter den herrschenden Umständen konnte der Beck-Verlag selber für seinen Autor gar nichts tun; also wollte er eine von anderer Seite kommende Hilfe nicht blockieren. Ilse Luckmann zahlte an Heimito einen Vorschuß, der es ihm immerhin ermöglichte, am nächsten Tag alle Versatzstücke aus dem Dorotheum wieder auszulösen und auch die übrigen bisher angelaufenen Schulden zu begleichen; außerdem verpflichtete sie sich zu einer monatlichen Zahlung – die manchmal statt in Geld auch, je nach ihren Möglichkeiten, in Kaffee, Tee oder Zigaretten beglichen wurde.

Neben sehr vielen und ausführlichen theoretischen Erwägungen im Tagebuch schrieb er in diesem Sommer bis zum 9. September 43 neue Seiten seines Romans; er scheint tatsächlich fast ausschließlich gearbeitet zu haben, und dies trug ebenfalls zur Intensität seines Werks bei, da er die Vorstellungswelt in seinem Kopf kaum verlassen mußte – was ebenso hilfreich wie erschöpfend war. Auf diese Weise war er – am 5. September – 50 Jahre alt geworden, doch wußte er, wie er an Maria schrieb, sozusagen nur auf dem Papier davon; er fühlte sich seiner Arbeit wiedergegeben, und das war ihm das wichtigste.

In diesem September 1946, am 11., wurde auch die Registrierung der Nationalsozialisten abgeschlossen: es waren nun 536.660 ehemalige Parteimitglieder eingetragen, von denen über 43.000 als ‚belastet' galten (Doderer nicht mehr). Sie alle waren vorläufig nicht wahlberechtigt; viele hatten Berufsverbot, rund 76.000 Beamte waren vom Dienst suspendiert, 10.000 wurden entlassen. Man schätzte, daß mit den Familienangehörigen rund 2 Millionen Menschen direkt und indirekt betroffen waren, was fast ein Drittel der Bevölkerung ausmachte.

Viele sahen sich, eher weniger als mehr gerechtfertigt, als Opfer, und die zahlreichen persönlichen und ökonomischen Probleme, die aus dieser Situation erwuchsen, stellten sich als politische Aufgabe schwergewichtig vor jene einer Lösung für die eigentlichen Opfer des Nationalsozialismus. Rund 130.000 Menschen, denen die Flucht gelungen war, meist unter Verlust von überhaupt allem außer dem Leben und was man am Leib trug, wurden damals sozusagen zum zweiten Mal aus ihrer angestammten Gesellschaft verdrängt, wenn auch diesmal ‚nur' psychisch. Sie wurden nie mehr vom Staat ersucht, in ihre Heimat zurückzukehren, keinerlei Hilfe für ein solches Vorhaben wurde angeboten; wer dennoch kam, wurde eher gefürchtet, weil kompliziert gewordene Besitzverhältnisse zu klären waren und jäh aktualisierte Schuldfragen auftauchten, statt daß ein als wohltätig empfundenes Schweigen bewahrt wurde – welches letztlich zu einer der politischen Grundlagen der Zweiten Republik wurde: nämlich zu dem höchst ungenau und noch lieber gar nicht diskutierten Selbstverständnis, Österreich sei das Opfer der militärischen Nazi-Aggression gewesen, so daß nach dieser die rund 100.000 ermordeten Juden, Roma und Widerstandskämpfer nicht eigentlich in österreichische Kompetenz fielen.

Die österreichische Bundesregierung, zuerst eine Konzentrationsregierung unter Beteiligung sogar der Kommunisten, ab 1947 eine schwarz-rote Koalition, hatte nach der Kriegskatastrophe tatsächlich enorm viele konkrete Probleme des Augenblicks zu lösen und konnte die Bewältigung der Vergangenheit nicht zur Hauptaufgabe erklären. Doch schon die Notwendigkeit der Zusammenarbeit von ehemaligen Bürgerkriegsgegnern der Ersten Republik – es waren obendrein erst elf Jahre vergangen – führte dazu, daß in der Zweiten die Epoche des Austrofaschismus noch weniger öffentlich diskutiert wurde als jene des nachfolgenden Nazifaschismus. Offensichtlich wollte man lieber und schweigend das Aussterben der Betroffenen abwarten, in beiden Fällen; und in der Hoffnung, daß diese dunklen Kapitel später ohnehin niemanden mehr aufregen würden.

Dafür erkannten Schwarze und Rote jedoch sehr klar, daß die von der Entnazifizierung Betroffenen samt Angehörigen weitaus mehr waren als die eigenen Parteimitglieder und selbst Wähler. Wenn es auch durchaus verständlich und human ist, daß eine Demokratie nicht ein Drittel der Gesamtbevölkerung sowohl politisch wie ökonomisch ausschalten kann, ohne ihren eigenen demokratischen Anspruch zu gefährden, und daß man versuchen mußte, möglichst viele der ‚Verirrten' zu reintegrieren – so bleibt doch abstoßend, welch ein Wettlauf um diese Masse potentieller Wähler einsetzte. Und eben dieses Bemühen machte die Verdrängung der Vergangenheit in den beiden großen Parteien geradezu erforderlich.

Jedenfalls hätte sich Doderer, der wieder einmal die wesentlichen politischen Ereignisse vor seiner Nase weder analysierte noch begriff, nicht so viele Sorgen darum machen müssen, ob er in dieser Gesellschaft nochmals eine ‚angemessene' Rolle spielen würde. In den nächsten Jahren herrschte Milde – angesiedelt zwischen pragmatischer Nachsicht und absichtsvollem Vergessen.

Im September lag – mit dem verloren geglaubten Teil – rund ein Viertel der *Strudlhofstiege* vor; womit er sich dabei in diesem Sommer beschäftigt hatte, war das genaue Gegenteil der ihn umgebenden Welt. Denn diese war von gewaltigen Umstürzen, von einem unheimlich raschen Tempo der Veränderungen geprägt, wobei die politischen Ereignisse den weitaus größten Einfluß hatten und tief ins persönlichste Leben des einzelnen – und allzu oft auch in sein Sterben – hineinwirkten; jedes Dasein war von deutlichen bis quälenden Abhängigkeiten bestimmt, und niemand konnte sich einfach abseits stellen, um privat zu sein, was er wollte.

Neben dieser Realität ist die *Strudlhofstiege* geradezu ein Märchen voll Trost – den sich Doderer wohl selber spenden wollte: mit intimer Intensität und fast beschwörend seine Gegenwelt gestaltend. Dieses weit angelegte Gesellschaftsbild aus der Zeit vor dem Ersten Weltkrieg sowie der Mitte der zwanziger Jahre entspricht der Wirklichkeit von 1911 oder gar jener hektischeren des Jahres 1925 nur sehr eingeschränkt. Es scheint selbst den so schmerzlichen und verwirrenden Übergang vom großen Vielvölkerstaat zur kleinen Republik weitgehend zu leugnen: auf der Basis von Doderers Theorie, daß politische Geschichte – außer in Extremsituationen – nicht die eigentliche und wesentliche sei. Diese bestünde vielmehr in den unendlich vielen Geschichten der einzelnen, in einem Kontinuum von Wirklichkeit, die – als jene von Gott und Thomas verstanden – sich im Grunde gar nicht ändern könne; und neben der alles politische Geschehen – gewissermaßen eitel vom Menschen statt von Gott erfunden – verblassen und zur Unterwirklichkeit verkommen müsse, so daß sich keine Beschäftigung damit lohne.

Keine Figur der *Strudlhofstiege* ist von historischen Ereignissen beeinflußt oder gar beeinträchtigt (im Gegensatz zu Doderer gerade jetzt). Jeder ist nichts als Einzelperson, vor allem mit dem eigenen Leben beschäftigt (was Doderer vor seinem politischen Abenteuer gewesen war und nun mit großer Sehnsucht wieder für sich wünschte). Und niemand fühlt sich von sozialen Umständen beengt oder gar bedingt: jeder steht in dieser großen Ordnung an seinem richtigen Platz – oder hat diesen noch nicht gefunden, was als einziges zu Konflikten führt: ob dies nun Melzers Menschwerdung oder Etelkas Katastrophe betrifft. Dazu kommt, geradezu atmosphärisch stabilisierend, ein ewiger Sommer mit viel sonnengefleckten Wegen und gleißenden Lichtbalken in den Zimmern, nur selten von einem Gewitterregen unterbrochen; es ist auch kaum zu schwül oder zu heiß, sondern einfach schön, mit herbeiwehenden Düften aus den blühenden Gärten.

Auch andere Gerüche, wie etwa jener des starken ‚türkischen' Kaffees, der Doderer beim Schreiben häufig fehlte, und feiner Zigaretten sowie würzigen Pfeifentabaks, in der Aktualität ebenfalls mangelnd, spielen oft eine Rolle sich wiederholender Dauerhaftigkeit, die fast wirklicher als die vergänglichen Einzelschicksale zu sein scheint. Dazu kommen noch Örtlichkeiten, die mit anspielungsvoller Tiefe dargestellt werden wie die Strudlhofstiege selbst: als gäbe es geheimnisvolle Zusammenhänge zwischen solchen – geradezu als magisch empfundenen – Plätzen und den Schicksalen, die sich dort ereignen. Manchmal ist man versucht, an sein ‚mythisches Zeitalter' zu denken – in dem die Zeit, vor allem im Sinn von Zeitgeschichte, stillstehen mußte, damit die (unter anderm auch: hierarchische) Einheit von allem bewahrt würde, statt auseinanderzufallen wie in jeder geschichtlichen Realität.

Auch so kam es zur wirksamen Geschlossenheit des Bildes, das er gab – an das er sich klammerte, in das er seine ganze Kraft mit erstaunlich viel Disziplin hineinsteckte; und in das er sich, während dieser vielleicht schwersten Zeit seines Lebens, auch zur persönlichen Gesundung rettete, vor nahezu allem fliehend, was ihn umgab (ohne daß ich deshalb einen so komplexen Roman auf ein bequemes Schlagwort wie ‚Eskapismus' reduzieren will). Und die vielen parallelen Geschichten ganz verschiedener Personen, die er hier erzählte – und welche die Wiedergabe eines ‚Inhalts' nicht einmal umrißhaft gestatten –, brauchen vor allem eines – oder einen: nämlich den Autor. Dieser ist ganz unglaublich präsent: durch seine Sprache mit kauzigem Humor (den er schon bei *Zihal* in dieser Weise geübt hatte), durch seine direkt eingreifenden Kommentare zu den Ereignissen oder Personen, ein augenzwinkerndes Einverständnis mit dem Leser voraussetzend, und vor allem dadurch, daß es nur und ganz deutlich er selber – nämlich der Autor – ist, der durch seine Einsichten (Weisheiten und Banalitäten) einen Überblick in dieser disparaten Fülle ermöglicht. Sozusagen technisch, als Schriftsteller, muß er dazu immer wieder den Zufall bemühen – und konstruiert deren auch allzu viele, was bei den späteren Werken sogar noch zunimmt –, als Mystiker jedoch weist er auf Analogien hin, die Zufälle gar nicht gestatten: und entschleiert sie als schicksalsgemäße Zusammenhänge, welche die – fast – geheime Ordnung erst herstellen.

Um so mißverständlicher ist, daß er dies als ‚Naturalismus' und ‚Wiedereroberung der Außenwelt' ausgab, wobei er nachdrücklich darauf hinwies, selbst das Wetter bei der meteorologischen Zentralanstalt recherchiert zu haben, also in jedem Detail genau zu sein. Bezeichnend für seine Darstellungsweise bleibt jedoch auch alles das, was er nicht berücksichtigte. Die literarische Qualität allerdings ist von seinen Prätentionen und Unterlassungen gleichermaßen unbeeinflußt und immer dann vorhanden, wenn sich ein Leser gänzlich involvieren läßt.

Die von Doderer hergestellte Ordnung im Roman hatte er nur einmal als selbstverständliche Realität erlebt: nämlich in der Kindheit, in dem großbürgerlichen Haus samt allem damals möglichen Komfort, mit den als ewig vorhanden empfundenen Eltern, welche die Stabilität der hierarchischen Gliederung garantierten, und mit viel Fröhlichkeit und Witz durch Geschwister, die teilweise noch ebenso sorglos waren. Zwar stellte er gerade diese Welt nun ganz anders dar (und anders auch, als seine Geschwister, Nichten und Neffen sie empfunden hatten) – aber er war in ihr geborgen gewesen.

In mancher Hinsicht – was im Erotischen besonders deutlich ist – überwand er den nachfolgenden Bruch nicht; er konnte weder die Jugend dem späteren Dasein verbinden, noch dieses den frühen Erinnerungen anschließen. Dem bewußten und vielfach verzerrenden Angriff aufs Elternhaus, wie er vor allem in der *Strudlhofstiege* zutage tritt, stand die viel unbewußtere Sicherheit gegenüber, daß es einmal eine glücklichere Kontinuität gegeben habe: wie es sich in der *Strudlhofstiege* ganz deutlich, wenn auch in anderem Zusammenhang, erweist. Und wie seine Kindheit ankert auch der große Roman am tiefsten im Großbürgerlichen.

Durch seine – nun sich endgültig etablierende – Methode des Romanschreibens erwies er sich außerdem einen persönlichen Dienst: er führte sich selber seine Überlegenheit im Erfassen der geheimsten Zusammenhänge von Schicksalshaftigkeit vor. Damit befand er sich einsam auf einer Ebene, die niemand teilen konnte, der die Dinge des Lebens bloß im Sinn ihrer direkten Zweckmäßigkeit begriff. Doderer aber war, gerade in dieser Epoche der Abhängigkeiten und Erniedrigungen, auf gut verborgene Weise seiner Mitwelt überlegen; und das restaurierte sein Selbstgefühl.

Dennoch fühlte er sich gegen Ende der ersten Septemberwoche völlig erschöpft und wünschte sich einen baldigen Urlaub in der Prein – er hatte die alte Mutter noch immer nicht wiedergesehen –, konnte aber wegen seiner Posterledigungen Wien noch nicht verlassen. Denn er hatte vor, sich bei allen Menschen, mit denen er vor oder während des Kriegs zu tun gehabt hatte, wieder zu melden: Pater Born, Frau von Stengel, Major Cramer, Eggenberger, die Loichingers und Bergholtzs und so fort; das dauerte insgesamt drei Wochen.

Daneben nützte er seine Zeit, um die Wiener Freunde ausgiebig zu treffen; auch Lotte Paumgarten, die bei den Orsini-Rosenbergs in Kärnten Zuflucht gefunden hatte, war für einige Zeit hier (von Egon von Horsitzky hatte sie sich bereits wieder getrennt). Nun traf er erneut mit Marie-Louise Reiter-Wydler zusammen, die er kannte, seit sie ihm 1921 von Gusti im ‚Herrenhof' vorgestellt worden war – und die ihm jetzt auch gleich deren Brief aus New York zeigte, mit der darin enthaltenen recht unfreundlichen Erkundigung nach dem ‚Verflossenen'. Mit ihr, die den Krieg im Schweizer Exil überstanden hatte, begann nun eine über Jahre dauernde Beziehung, unter fast völliger Mißachtung ihres Mannes, Dr. Ferdinand Reiter, und auch seines Namens – für Heimo blieb sie die ‚Wydler'; diese Freundschaft wurde erst durch Marias Eifersucht zwei Jahre vor seinem Tod beendet. Wie weit seine Annäherungen an diese – unter anderm auch vollschlanke – Dame von nun 47 Jahren sexuell erfolgreich waren, ist unbekannt; immerhin bestimmte Marie-Louise, lange nach seinem Tod, noch testamentarisch, daß seine Briefe wegen ihres furchtbaren Inhalts bei ihrer Kremation im Sarg zu verbrennen seien. Mit ihr unternahm er, was schon in seiner Jugend zur erotischen Routine gehört hatte, Ausflüge in den Wienerwald westlich der Stadt, also ins Mauerbachtal (es zog ihn immer wieder in die Nähe seiner Geburtsstätte), ins Wurzbachtal und auch in den Lainzer Tiergarten, obwohl er seine Angst vor den Wildschweinen dort nie ganz überwinden konnte. Auch war er oft bei ihr zuhause in der Kettenbrückengasse eingeladen, wo sie ein schönes Haus besaß; sie war für ihre Gastlichkeit und Kochkünste berühmt. (Doch ihr letztes Resümee über den alten Freund lautete bloß, daß er kein Herz gehabt hätte und brutal gewesen sei.)

Eine andere Dame, die er in den nächsten Jahren sehr häufig treffen sollte, war Antoinette Langer, die er im Kreise Güterslohs kennengelernt hatte. Mit diesem hatte sie bereits an einem Buch zusammengearbeitet: sie malte schöne und sorgfältige Illustrationen und hatte ein eigenes Atelier in der Singerstraße; außerdem war sie fast Doderers Nachbarin, da sie – mit ihrer Schwester – um die Ecke der Buchfeldgasse in der Josefstädterstraße 3 wohnte. Dort sowie im Atelier war Doderer oft, doch wie weit seine Beziehung mit ihr ging, hinterließ er schriftlich nicht.

Am Abend des 19. September 1946 besuchte ihn erstmals der junge Helmut Qualtinger, mit dessen Vater Doderer während des Kriegs in der Schopenhauerstraße gearbeitet hatte. Der Achtzehnjährige, der damals noch nicht zu jener gewaltigen Leibesfülle neigte, die später untrennbar zu seinem Image gehörte, war vom Temperament, der Phantasie und den Talenten her so sehr das Gegenteil seines pedantischen Vaters, daß zwischen den beiden absolute Verständnislosigkeit herrschte. Doderer scheint recht früh von der Außergewöhnlichkeit dieses jungen Mannes überzeugt gewesen zu sein, dessen Begabungen dem Schauspiel und Kabarett ebenso galten wie der Literatur, und er veranlaßte den Vater zu mancher Nachsicht, wenn es ihm auch nicht gleich gelang, dessen ernsthafte Besorgnis in Stolz auf den Sohn umzuwandeln.

Von Beck erhielt er die Erlaubnis, seinen *Mord* für eine österreichische Lizenzausgabe anzubieten; das erledigte er gleich bei Ilse Luckmann und ihrem späteren Mann, Karl Strobl, den er noch von früher aus der Prein kannte; mit ihnen verstand er sich immer besser und wurde schließlich auch ihr Trauzeuge. Außerdem hatten sie das gemeinsame Spiel des ‚Mondentschärfens' entwickelt: es galt ihnen als – nicht sehr ernst genommenes – Unglück, wenn der erste Blick auf die Mondsichel durch Glas erfolgte; daher riefen sie einander an, damit jeder rechtzeitig die Fenster aufmache, um den Mond durch einen direkten Blick ‚entschärfen' zu können.

Dann kam am 21. Oktober die unendlich erleichternde Nachricht, daß sich seine verloren geglaubten Manuskripte noch wohlbehalten in Norwegen bei jenem Mann befanden, dem er sie seinerzeit übergeben hatte. Ernst Alker, der noch eine Wohnung in Stockholm hatte, aber vor seiner Übersiedlung nach Fribourg stand, wo ihm eine Professur für Germanistik angeboten worden war, wollte sich nun weiter um diese Angelegenheit kümmern, bis die Texte – eventuell durch Kurier – sicher in die Hände Doderers gelangt wären.

Die Nacht nach diesem freudigen Ereignis verbrachte Doderer schlecht: in die Wohnung waren Wanzen eingezogen und quälten ihn gehörig. Eine oberflächliche Vertilgung, die er durch Versprühen von Salmiak am nächsten Vormittag mit Poldis Hilfe durchführte, war allerdings wenig erfolgversprechend; in irgendwelchen Spalten und Ritzen überlebten immer wieder einige, außerdem war das Ungeziefer fast in der ganzen Stadt verbreitet, so daß es ständig von irgendwoher eingeschleppt werden konnte.

Am 4. Oktober konnte er endlich auf den Riegelhof fahren, doch erschrak er gleich bei der Ankunft, als er unten an der Auffahrt den Wagen des Arztes stehen sah. Tatsächlich hatte seine vierundachtzigjährige Mutter soeben einen Anfall von Herzschwäche erlitten. Er hatte sie zwei Jahre lang nicht mehr gesehen; nun lag die winzige alte Dame kraftlos im Bett und konnte kaum sprechen. Doch Doderer redete sich ein, daß sie einer starken Rasse angehöre und sich bald wieder erholen würde; was nun auch er ungehindert tun konnte, in seinem von Astri liebevoll hergerichteten Atelier, das noch dazu täglich beheizt wurde, und bei frischer Bauernmilch und hinreichender Verpflegung.

Er verdrängte also seine Besorgnis um die Mutter und schrieb auch recht fröhlich in einer Kindel-Zärtel-Blödel-Sprache an Gaby; unter anderm: „Fili hier tief glücklich." Doch bereits am 11. mußte er sie für die Mutter telegraphisch um Medikamente bitten, die hier nicht erhältlich waren; wegen der Verschlechterung des Zustands kam nun auch Immo. Doch am 21. mußte Doderer zurück nach Wien: da eine mehrtägige völlige Einstellung des Zugverkehrs drohte, fürchtete er, seinen Gerichtstermin wegen der Wohnungsangelegenheit – am 25. – zu versäumen.

Mit dieser verfrühten Heimkehr hatte Poldi nicht gerechnet: sie hatte der Wanzen wegen soeben das ganze Atelier vergasen lassen, was die zuverlässigste Methode war; aber nun stank es noch unerträglich. Außerdem war es bereits furchtbar kalt, und er hatte nichts zum Heizen, bis ihm Gaby am 24. etwas Holz und Koks brachte. Ausgerechnet dieser Winter, in dem es an so vielem noch fehlte, sollte wegen seiner extrem lang anhaltenden Tiefsttemperaturen zum ‚Katastrophenwinter' werden.

Dann kam es am 25. morgens zu seinem Berufungsverfahren, bei dem das erste – dann aufgeschobene – Räumungsurteil aufgehoben wurde; und zwar wegen des Schutzgesetzes für Eingerückte sowie Verfahrensmängel. Das hieß, daß beide Parteien, wenn sie nicht privat oder mit Hilfe ihrer Rechtsanwälte zu einer Lösung kamen, auf ein neues Urteil zu warten hätten. Damit konnte Doderer erheblich zufriedener sein als Trude Waehner, doch die Unsicherheit blieb. Am Nachmittag desselben Tags kaufte er sich Zigaretten und Saccharin im Café ‚Rebhuhn' – die Kellner der diversen Cafés waren bei weitem die wichtigsten Mittelsmänner des Schleichhandels und damit noch halbgöttlicher, als es für den ‚Herrn Ober' in Wien ohnehin schon der Fall ist.

Am 5. November stellte sich heraus, daß er wieder einmal bei der falschen Gelegenheit verdrängt hatte: er erhielt die Nachricht vom Tod seiner Mutter. Noch fast vier Monate später schrieb er an Eggenberger in Buenos Aires: „Das hätte mir eigentlich nicht unerwartet kommen dürfen; aber es war doch unerwartet, ich hatte mich mit der Vorstellung von ihrem nahen Tode in keiner Weise vertraut gemacht [. . .] Man glaubt in solchen Fällen immer, das könne alles so bleiben. Zudem wünschte ich besonders innig, sie möge noch das eine oder andere Jahr bei beruhigteren Verhältnissen im Kreise ihrer zahlreichen Nachkommen verbringen können."[5]

Der Tod seiner Mutter traf ihn ganz besonders heftig; in seiner Nachricht an Maria tröstete er sich damit, daß er „doch zuletzt noch viele Stunden im Geplauder an ihrem Bett verbringen" habe können und daß die „kleinste Mama sanft hinübergeschlafen" sei[6]. Aber gegen akut wirkenden Schmerz über etwas, auf das man absolut keinen Einfluß mehr hat, sondern es nur noch erleiden muß, helfen solche Argumente wenig; das Weiterleben mit einer so offenen Wunde in der Seele hatte er noch nicht erfahren und litt monatelang daran; wohl auch wissend, daß er eine so bedingungslose Akzeptanz – als ‚Titbit' der quasi zeitlosen Kindheit, die diesfalls bis in sein einundfünfzigstes Lebensjahr gereicht hatte – nie wieder erfahren würde. Zudem war sie ihm eine allzu hilfreiche Mutter gewesen, als daß er nicht – wie es Verstorbenen gegenüber häufig geschieht – die heiße Hilflosigkeit des schlechten Gewissens erlebt hätte, sehr viel mehr empfangen als zurückgegeben zu haben, ohne dies noch jemals ändern zu können.

Noch rund neun Jahre später schrieb er an Hartmann Goertz, einen neuen Freund der fünfziger Jahre, dem soeben derselbe Verlust geschehen war: „Und nun muß also der mutterlose Abschnitt von Dir betreten werden. Es ist ein solcher: Du wirst das kennen lernen, sobald die neue Tatsache sich einmal im *alltäglichen* Leben verankert hat; vieles wird davon tingiert und verändert. Es ist eine der wichtigsten biographischen Kerben. Sie geht tiefer selbst als eine Eheschließung."[7]

Am 14. November „haben wir die kleine Mama in der Familiengruft beigesetzt"[8].

Am Tag darauf schrieb er, in einem Guß, die rund vierseitige Erzählung *Die Lerche*. Eine Frau – die vielleicht nicht ganz zufällig Mary heißt, wie eine der Hauptfiguren der *Strudlhofstiege* – kauft aus Erbarmen in einer Tierhandlung eine Lerche, um sie dann im Stadtpark freizulassen, wobei sie unterwegs in den Straßenbahnlinien, die sie benützen muß, wegen Tierquälerei angepöbelt wird. Die Geschichte über diese Frau, deren nähere Lebensumstände unbekannt bleiben, endet mit: „denn eigentlich hatte der entschwindende Vogel sie selbst aus einem Käfig entlassen"[9].

Gerade jetzt und vielleicht unter dem puren Vorwand von Disziplin eine Geschichte zu schreiben, die mit nichts darauf anspielte, was ihn soeben tief betroffen hatte, zeigt deutlich, wie wenig ihn die spirituelle Einheit von Leben und Werk jetzt bekümmerte; er wollte einfach mit Fleiß und Technik das Feld der Literatur behaupten, wie immer das eigene Leben daneben aussah, und war stolz darauf.

Doch könnte der letzte Satz seiner Erzählung auch das ahnende Wissen ausdrükken, daß er den Verlust dieser (fast) kritiklosen Liebe auch als Freiraum benützen konnte: aus dem Käfig der bewahrten Kindlichkeit in ein spätes Erwachsenendasein entlassen worden zu sein.

27. Held der letzten Chance

Er blieb bei seiner Disziplin, wie groß auch die Widrigkeiten waren: die schneidende Kälte und der erneut drohende Arbeitsdienst, die Knappheit an überhaupt allen Gütern des täglichen Bedarfs; dazu behinderte ihn noch seine eigene Depression und der häufig üble Zustand. Doch fast jeden Tag einen weiteren Schritt zur noch fernen Fertigstellung seines Werks zu tun, nun meistens am Morgen, irgendwann zwischen sechs und halb neun Uhr beginnend, war ihm wichtiger als alle Belange der Außenwelt. Diese fast unheimliche Konsequenz des abmagernden und geschwächten Mannes war natürlich nicht nur eine Flucht in die (meistens) schönere Welt der *Strudlhofstiege*, sondern auch die Antwort auf all seine Ängste; oder auf die alte, so vieles umfassende Lebensangst, die vielleicht durch den Tod der Mutter – als immer wieder letzten Rückhalt – verschärft wurde.

Er konnte sich nur ‚im Indirekten' wehren, anstatt seine Angelegenheiten einzeln zu einem glücklichen Ende zu bringen; wo es nur anging, mißachtete er diese und schrieb statt dessen sein bisher größtes Werk, auf das obendrein – außer Ilse Luckmann – noch niemand Wert legte. Es war sein letzter Mut, seine letzte Kraftanstrengung, um sein Leben zu dem einzigen zu machen, das er je gewollt hatte: zu dem eines Schriftstellers. Nachher sollte es nur noch Resignation, ein Sich-Fügen geben, um halt irgendwie zu überleben – wie es dann auch tatsächlich für zwei Jahre geschah; der letzte Mut war jener der Verzweiflung, und dessen einziges nicht-künstlerisches Instrument war die Disziplin, die ihn einen Großteil seines 900 Seiten umfassenden Romans in knapp zwei Jahren vollenden ließ; gegen jede Vernunft, gegen alle Hindernisse.

Viele Nachmittage verbrachte er nun, nach der Vormittagsarbeit, mit den Geschwistern in der Stammgasse, wo sie sich recht einvernehmlich die kleineren Güter teilten, wie Geschirr, Gläser, Silber und ähnliches, dann auch einzelne Möbelstücke. Das hieß für Heimito vor allem: Versatzstücke für die ‚Dora' in die Hand zu bekommen, die ihm nicht sonderlich fehlen würden (dazu gehörte eindeutig eine Busennadel, für die er tausend Schilling erhielt, sowie ein Medaillon, das hundertzwanzig einbrachte). Daneben allerdings hatte das mittlerweile bekanntgemachte Testament seiner Mutter einige Erbitterung in ihm ausgelöst: Willy von Doderer hatte das Haus in der Stammgasse den Töchtern gemeinsam vermacht (Dr. Toni Wehofer kaufte dann die Anteile seiner Schwägerinnen für seine Frau Almuth, deren Tochter, Dr. Inge Martinek, bis heute im Besitz des Hauses ist) und hatte den Riegelhof ihren beiden Söhnen hinterlassen: jedoch zu drei Vierteln für Immo – und nur eines erhielt Heimo. Außerdem sollte noch ihre in der Münchner Bank ruhende Mitgift auf alle Kinder gleichermaßen aufgeteilt werden: doch dieses enorme Paket an Wertpapieren war zur Zeit fast wertlos, da die Fabriken und Gesellschaften, auf welche die Aktien lauteten, weitgehend in Trümmern lagen oder erst notdürftig wieder ihre Aktivitäten begannen.

Daß die Mutter Heimo so eindeutig benachteiligt hatte, war allen Geschwistern selbstverständlich: sie hatte ihn viele Jahre lang – und manchmal auch mit steigender Ungeduld, wie 1938 – monatlich unterstützt. Zwar hatte niemand einen Überblick, wieviel er tatsächlich erhalten hatte, doch nahmen sie mehr oder weniger an, daß dieser Bruder sich nie selber erhalten hatte können – und also immer von der Mutter gelebt habe; und obendrein gar nicht so schlecht. Für ihn aber wiederholte sich eine überaus verärgernde Gekränktheit: schon vom Vater hatte Immo in der Jugend so viel erhalten, wie seinem späteren Erbe entsprochen hätte, ohne daß ihm dies später abgezogen worden war; und nun bekam dieser nochmals von der Mutter den größeren Anteil – wobei neben den erwähnten Argumenten auch die traditionelle Überzeugung mitgewirkt haben könnte, daß der erstgeborene Sohn die größten Rechte haben solle.

Es kam noch zu keinem Streit, aber – auf seiten Heimos – zu ressentimentalen Verstimmungen, welche die späteren Zwiste vorbereiteten.

Mit Jahresende näherte sich ein bedrohlicher Termin: nämlich das Ende der Freistellung vom Arbeitsdienst. Wieder brauchte Doderer die Hilfe des Dr. Rollett und des Hochwürden Otto Mauer – der übrigens auch eine der ersten Kulturzeitschriften der Nachkriegszeit, das katholische ‚Wort und Wahrheit' herausgab, darin aber Doderer natürlich nicht veröffentlichen durfte. Noch wichtiger als diese Bescheinigungen seines kulturellen Ranges wurde jedoch diesmal eine weitere ‚Bestätigung', nämlich von Ilse Luckmann als Verlegerin:

„Ich bestätige hiemit, daß Herr Dr. Heimito von Doderer im Auftrag des Verlags an einem grossen Romanwerk arbeitet, für welches er bereits Honorarvorschüsse zur Deckung der Lebenskosten erhält und welches seine gesammte [!] Arbeitskraft erfordert. Herr Doktor v. Doderer ist hauptberuflich Schriftsteller und hat bereits einige Werke veröffentlicht. Wir ersuchen, ihn von der Heranziehung zu anderen Arbeitsverrichtungen zu befreien."[1]

Mit dieser Bestätigung ging Doderer nun selber – welche Überwindung ihn das gekostet hat, ist leicht vorstellbar – zu dem schon seinerzeit hilfreichen Leiter der Magistratsabteilung 8 (für Kultur und Volksbildung), Dr. L. Friedlaender, der daraufhin an den Leiter des Arbeitsamts nach wohlwollender Begründung schrieb: „Es wird daher angeregt, Herrn Heimito v. Doderer aus kulturellem Interesse von der Verpflichtung zum Arbeitsdienst freizustellen, damit er seine literarischen Arbeiten fortzusetzen vermag."

Dabei fällt am Rande doch auf, daß durch die sieben Jahre deutscher Herrschaft das aus der Ersten Republik stammende und in die Verfassung der Zweiten übernommene Gesetz zum Verbot der Adelsprädikate selbst beim unmittelbaren Untergebenen des kommunistischen Stadtrats Matejka wie ausgelöscht erschien.

Immerhin war damit eine der größten Bedrohungen des vielleicht doch noch möglichen Schriftstellerdaseins – und wie sich dann erweisen sollte: endgültig – behoben.

Aber kaum taten es die Behörden nicht, schlug der Winter zu. Wegen Heizmittelmangels schlossen die Schulen, Theater und Kinos, außerdem fiel der Strom geradezu dauerhaft aus, da die kalorischen Kraftwerke über keinerlei verheizbare Energieträger verfügten. Es ging für die Menschen, in welcher Lage immer, gar nicht mehr darum, daß man natürlich mehr Geld brauchte, um zu Brennbarem zu kommen, sondern es gab einfach fast nichts. Astri versuchte dem Bruder zu helfen, indem sie den Gärtner Leopold Dworschak, dessen Frau Hanni einst bei Dr. Hasterlik in Zahnbehandlung gewesen war, Holz nach Wien bringen ließ; dort führte er es gemeinsam mit Doderer in einem ‚Handwagerl' in die Buchfeldgasse. Doch das war mühsam und reichte natürlich nicht lange aus.

Schon am 14. Dezember hatte Doderer aus Verzweiflung in der eisigen Kälte einen seiner Stühle verheizt; dem sollten noch mehrere Möbelstücke folgen und schließlich – Mitte Januar – selbst sein weißer Kleiderkasten; er hackte und sägte nun zuhause, wann immer dies notwendig war. Zu Weihnachten gab es ein „solemnes Essen"[2] mit Gütersloh (‚verehrter Herr Professor', ‚verehrter Herr Doktor'), dazu Tiefensondierungen der speziellen Einsichten – ebenso zu Neujahr; außerdem waren auch die Wanzen wieder aufgetaucht und reduzierten die ‚Solemnität' doch erheblich. Erst ab 11. Januar ging die Eisschicht an den Fenstern so weit zurück, daß man wieder hindurchsehen konnte.

Seine Arbeit am Roman unterbrach er nur, um etwas – seiner Meinung nach – mindestens gleichermaßen Wichtiges zu schreiben: nämlich einen rund fünfzehn Druckseiten langen Traktat zum sechzigsten Geburtstag Güterslohs am 5. Februar: *Von der Unschuld im Indirekten*[3]. Im Grunde ging es wieder darum, „das Wesen des Genius" zu schauen, wie es gleich im ersten Satz heißt, noch immer auch mit Hilfe des reichlich zitierten Weininger. Doch ebenso bedeutungsvoll wie der Genius an sich und Gütersloh als fleischgewordenes Beispiel war nun Doderers Auffassung des neunzehnten Jahrhunderts, das sozusagen, je länger er darüber nachdachte, immer schuldhafter wurde, was sämtliche Fehlentwicklungen des zwanzigsten betraf, ob nun politischer, künstlerischer oder wissenschaftlicher Natur. Indem er Gütersloh zum genial leuchtenden Gegenbeispiel alles dessen ernannte, worauf sein Grimm gerichtet war, hatte er ausführlich Gelegenheit, mit hoher Selbstsicherheit zu richten (und damit nochmals Verantwortung von sich abzuschieben).

Dazu kam ein weiteres Vergnügen: es sollte dies, trotz des Publikationsverbotes, seine erste Veröffentlichung nach dem Krieg werden – wenn auch nur fast unter seinem eigenen Namen: der Autor nannte sich ‚René Stangeler', wie auch die weitgehend autobiographische Gestalt in *Strudlhofstiege* und *Dämonen* heißt. Der ‚Plan' war in den ersten drei Jahren der Zweiten Republik die wichtigste Kulturzeitschrift Österreichs; viele junge Autoren, die später eine Rolle in der Literatur des Landes spielen sollten, veröffentlichten dort erstmals: wie etwa Ilse Aichinger, Herbert Eisenreich, Milo Dor und Friederike Mayröcker; und waren für diese Möglichkeit dankbar. Zugleich galt es, nach all den Jahren des Nationalsozialismus, einen riesigen Bedarf an Informationen zu befriedigen: man wußte sozusagen nichts mehr von den Autoren der ganzen übrigen Welt, kannte weder die neuen Werke der vordem bekannten Schriftsteller noch auch nur die Namen der jüngeren; und es sollten noch viele Jahre vergehen, bis genug übersetzt und publiziert war, um dieses Manko auszugleichen. Vor allem die jüngeren Künstler, die nach der großen Weltkatastrophe neue Wege suchten, hatten unter der kulturellen Abgeschlossenheit der Nazizeit sehr gelitten und waren begierig, völlig anderes kennenzulernen (das gleiche galt für die Maler und Musiker, ebenso für manche Wissenschaften und die meisten Philosophen). Im ‚Plan' erschienen nun erstmals Arbeiten von Sartre und Camus, von Valéry, Anouilh, Aragon, Mauriac und anderen.[4] Doderer jedoch setzte sich damit nur sehr am Rande auseinander; er war eher der Ansicht, die andern hätten sich bei ihm zu informieren als umgekehrt.

Herausgegeben wurde die Zeitschrift von Otto Basil, der damit die Nachfolge der ‚Fackel' von Karl Kraus anstrebte. Der ‚Plan' sollte zum geistigen Zentrum des kulturell sich erneuernden Österreichs werden und bei aller Weltoffenheit die Selbstidentifikation mit der wiedergewonnenen Souveränität des Landes verstärken; damit war auch die antinazistische Tendenz völlig klar gegeben. Daß Basil dennoch Doderer publizierte, lag daran, daß er Gütersloh würdigen und eben möglichst viele ‚Kulturschaffende' um den ‚Plan' versammeln wollte; außerdem war ihm Doderer persönlich bekannt, so daß er von dessen längst vollzogener Abkehr von den Nazis wußte; da er außerdem zu Toleranz und Liberalität neigte, waren ihm auch die versöhnlichen Gesten wichtig. Von ‚René Stangeler' publizierte er später auch noch eine Kritik (oder Huldigung) zu Güterslohs Roman ‚Eine sagenhafte Figur'. – Übrigens heiratete er später Christl Faludy, die Witwe Bélas.

Daß Doderer seine Entnazifizierung für eine der wichtigsten der ‚äußeren' Angelegenheiten hielt, ist verständlich: im Januar mußte er noch mehrmals mit seinen verschiedenen ‚Bestätigungen' ins Arbeitsamt in der Hegelgasse: zur ‚Einsatzstelle für Nationalsozialisten' – wo der Bedarf nach Hilfskräften zu Abbruchs- und Aufbauarbeiten unvermindert groß war. Nach seiner endlich gelungenen Freistellung, die natürlich wieder befristet war, bemühte er sich um eine dauerhafte Lösung des Problems, nämlich um seine Streichung aus dem Register. Dafür hatte der Staat nun eine ‚Sühne-Abgabe' vorgesehen, die 15 Prozent des Gesamtvermögens minus eines Freibetrags von 10.000 Schilling ausmachte.

Doderer mußte also den Wert vor allem seines Erbes feststellen und amtlich bestätigen lassen: dieser betrug 21.700 Schilling, wovon nach Abzug des Freibetrags und Abrundung 11.000,– übrig blieben; die danach errechneten 15 Prozent machten 1650 Schilling aus. Am 15. März war er so weit, daß er sich ins Café ‚Museum' setzen konnte (das Güterslohs Stammcafé war), um die umständlichen Formulare für die Sühne-Abgabe auszufüllen; dabei ging seine prinzipielle Verdrossenheit in blanke Wut über. Daß der Staat gerade ihn schädigte, während er litt und schuf, fand er unverzeihlich. Außerdem fehlte es ihm, trotz der vielen Versatzstücke, die er nach und nach ins Dorotheum brachte, ständig an Bargeld; er suchte darum an, seine Sühne-Abgabe in vier Raten bis Ende November 1947 abzahlen zu dürfen, was schließlich genehmigt wurde.

Auch die Wohnungs-Angelegenheit hatte ihn nicht wenig gekostet. Zwar war am 3. März – beim Bezirksgericht in der Riemergasse – seine Kündigung endgültig als rechtswidrig befunden worden, doch machten die Gerichtskosten rund 700 Schilling aus. Auch sein Anwalt – jener Dr. Erich Gaglia, der 1940 in Breslau das Zimmer neben ihm bewohnt hatte – ließ ihn nicht allzu billig davonkommen: er verlangte 400 Schilling Honorar. Für Doderer, der manchmal gehörig an Hunger litt (gelegentlich brachte ihm die Poldi ein hausmeisterliches Erdäpfelgulasch ins Atelier hinauf: wofür er sein Lebtag lang die Hausmeister in seinen Werken besonders schlecht wegkommen ließ), waren diese Beträge tatsächlich eine arge Belastung.

Zudem setzte ihm Trude Waehner weiter zu: sie hatte Bilder in Auftrag, sie brauchte ihr Atelier, und sie wollte es unbedingt haben. Auch die Sache mit dem Arbeitsdienst war noch keineswegs endgültig ausgestanden: im Juni stellte er fest, daß er nach wie vor um Befreiung ansuchen mußte, da die Entnazifizierung erst nach Bezahlung der letzten Rate gültig war. Nun bot Astri an, ihm die gesamte Summe zur Verfügung zu stellen, damit er das Problem ein für allemal los sei, und brachte ihm – zwei Tage nach der Hochzeit des einzig verbliebenen Sohnes Wolfgang – tatsächlich am 3. Juni das Geld. (Zur selben Zeit, als er es einzahlte, brauchte er noch dreihundert Schilling für den Zahnarzt.) Dann mußte er warten, bis das Entnazifizierungsbüro in der Mollardgasse die Eingangsbestätigung über den Betrag hatte; und erst jetzt – am 24. Juni 1947 – konnte er sich dort die Bestätigung holen, daß er wieder ein unbescholtener, freier und wahlberechtigter Bürger war. Das war noch kein Grund zum Feiern, denn nun mußte er sich noch im Arbeitsamt in der Hegelgasse anstellen, um dort seinen neuen Status an Hand der Dokumente zu beweisen; jetzt strich ihn auch die ‚Einsatzstelle für Nationalsozialisten' aus ihrer Liste. Das war noch immer nicht genug: am nächsten Tag mußte er mit allen Bescheinigungen und zehn Stempelmarken zur Polizei, um auch dort schlußendlich als entnazifiziert zu gelten. So ging sein Geld ständig dahin; doch an diesem selben Tag brachte ihm Astri – aus ihrem Erbe – noch einige goldene und silberne Becher zum Versetzen. Die sollte er dringend brauchen: das Entnazifizierungsamt entdeckte bei der Überprüfung seines Vermögens, daß er die deutschen Wertpapiere aus dem elterlichen Erbe nicht angegeben hatte, was bedeutete, daß die Entnazifizierung vor weiteren Zahlungen noch immer nicht gültig war.

Dieses erste Jahr seit seiner Rückkehr nach Wien hatte seine Umwelt sehr scharf zweigeteilt: auf der einen Seite standen alle jene, die ihm in unverbrüchlicher Treue und hilfreich zur Seite gestanden waren; auf der andern gab es Menschen, die ihn ablehnten, nichts mit ihm zu tun haben wollten, vielleicht tatsächlich ‚Feinde' waren. Seine Stimmung – mißmutig, verbittert, grollend – zog diesen Trennstrich viel schärfer, als gerechtfertigt war, und ohne Übergänge: nur Freund oder Feind. Damit machte er sich den Rest seines Lebens unnötig schwer.

Seine Neigung aus Gustis Zeiten, jedes noch so kleine Detail im Verhalten des andern zu interpretieren und aufzulisten, um schließlich Rechenschaft zu fordern, nahm in dieser – zugegebenerweise – besonders schweren Zeit noch erheblich zu. Er überwachte sämtliche Mitmenschen aufs mißtrauischste – auch aus seiner Angst heraus, Feinde eventuell nicht rechtzeitig genug erkennen zu können; er sinnierte, konstruierte immer andere Geschichten und Zusammenhänge, um Ereignisse richtiger zu deuten: und entwickelte so die bleibende Paranoia, von Feinden umgeben zu sein, die seinen Aufstieg, seine Anerkennung verhindern wollten, seine Qualität als Schriftsteller leugneten, ihn als Person geringschätzten. Mit diesem Verdacht belauerte er schlechthin alle, die er traf: so viel staunende Wachsamkeit im Blick, daß dieser fast kindlich wirkte – tatsächlich war dem älter gewordenen Titbit unbegreiflich, warum ihn jemand hassen sollte. Das machte die Feinde endgültig zur irrationalen Macht: zum Bösen, das ihn umgab, während er sein Bestes leistete, unter großen Entbehrungen.

Die Disziplin des Schreibens wurde, während dieser psychisch doch sehr belastenden Schwierigkeiten, kaum unterbrochen. Bereits Ende 1946 hatte er die erste ‚Grundrißzeichnung' der *Strudlhofstiege* gemacht; sie war, in einem gewissen Sinn, erheblich altmodischer als seinerzeit die graphischen Dynamikentwürfe für die *Divertimenti:* es ging ihm jetzt vor allem um einen Überblick über die synchronen Abläufe der verschiedenen Handlungen, was einfach eine Erleichterung war, der Überschaubarkeit halber.

Natürlich erinnerte er sich dabei seines ursprünglichen Ansatzes, etwa einen Sonatensatz als literarisch-adaptierte Form vorzugeben. Also begann er, seinen Abschnitten ‚tempi' beizuordnen und der gesamten Konstruktion, welche die unendliche Vielfalt des Lebens abbilden wollte, mehr Einheitlichkeit zu verleihen. Das hieß nicht bloß, den ‚Flohzirkus' zusammenzuhalten, wie Doderer manchmal die Fülle seiner Figuren bezeichnete. In Wahrheit lernte er erst jetzt, sozusagen symphonisch zu ‚komponieren', also nicht apriori festgelegt, wie er es später forderte, sondern bei der Arbeit und als Versuch, von der Improvisation zur Form zu kommen.

Ab nun und bis zu seinem letzten Werk beschäftigte er sich mit Problemen wie etwa dem ‚exzentrischen Einsatz', also der Methode, einen Roman (oder einen seiner Teile) weit entfernt vom zentralen Erzählstrang zu beginnen, über Beiläufiges zur Mitte zu kommen, so daß diese kein eindeutiges Übergewicht bekommt, sondern nur als einer von vielen möglichen Zusammenhängen auftritt. In ähnlicher Weise ist die Figur des Untertitels der *Strudlhofstiege* – „Melzer und die Tiefe der Jahre" – „nicht Hauptperson, sondern Continuitätsträger der Composition", wie er schon in Weißenbach feststellte[5]. Auch war ihm die starke Bezogenheit des gesamten Textes auf ein genau festgelegtes und wirkungsvolles ‚Finale' sehr wichtig – in der *Strudlhofstiege* ist dies schon auf der ersten Seite deutlich.

Das schwierigste technische Problem stellte jedoch die Mischung der beiden Zeitebenen – vor und nach dem Krieg – dar; sie mag zwar da und dort etwas unübersichtlich wirken, erreichte aber auch damit genau ihr Ziel: die Kontinuität des Lebens schlechthin darzustellen – also durch eine rein formale Methode die historischen Veränderungen zwischen den beiden Zeitebenen verschwimmen zu lassen (abgesehen von ein paar deftig zurechtweisenden Bemerkungen in diese Richtung). Jedenfalls wurde jetzt sein Instrumentarium – dreißig Jahre nach der ersten Anwendung des Sonatensatzes in Sibirien – enorm ausgeweitet; ab nun standen Überlegungen zur Romankomposition wie bei keinem andern deutschen Autor stets im Zentrum seines Interesses; vom Formalen ausgehend, glaubte er später, den Roman überhaupt – als Kunstform – erneuern zu können.

Trotz dieser künstlerisch sehr hochgespannten Ansprüche zu sich selbst war er froh, daß in diesem Jahr ein altes Buch – der *Umweg* – bei Luckmann neu erschien; bereits Ende April hatte er die kompletten Korrekturbögen erhalten, im Herbst sollte das Buch erscheinen. Außerdem bereitete er für Ilse Luckmann eine Lyrik-Anthologie vor, die *Sonores Saitenspiel* hieß und nach dem *Umweg* erscheinen sollte; mit der Reinschrift wurde er erst im Juli fertig, da der große Roman immer Vorrang hatte. Bis zu dessen Fertigstellung erhielt er monatliche Zahlungen, die im allgemeinen zwischen 300 und 700 Schilling schwankten. Das Verhältnis zu Ilse Luckmann war sehr herzlich; in diesem Sommer brachte er ihr sogar das Bogenschießen bei.

Neben seinen andern Kriegen führte er auch weiterhin einen gegen die Wanzen, immer wieder mit Salmiak sprühend. Das gehörte so zum Alltag wie – seit dem Frühling – seine Sonnenbäder draußen auf dem Dach und die Turnübungen: um sich für den Roman fit zu halten. Sein Gewicht allerdings hatte sich in den letzten anderthalb Jahren um fast zwanzig Kilo reduziert, nämlich auf sechzig statt der früheren rund achtzig – obwohl ihm Astri bei jeder Gelegenheit vom Riegelhof ‚Packerln' mit Eiern, Obst und anderem schickte.

Im Sommer – Mitte Juli – fuhr er dann selber in die Prein, erstmals als Teilbesitzer des Hauses, das von Astri und Hans von Stummer nun ganzjährig bewohnt wurde. Sein Atelier stand ihm natürlich wieder zur Verfügung, und dort schrieb er auch jeden Vormittag an der *Strudlhofstiege* weiter; nachmittags vergnügte er sich anfangs mit Bogenschießen, später begann er, zur weiteren Ertüchtigung, im Wald Holz zu hacken: man war gezwungen, dem Staat gewisse Mengen abzuliefern, und so half Doderer dem Gärtner. Insgesamt blieb er ziemlich genau zwei Monate, in welcher Zeit ihn auch Ilse Luckmanns Nachricht erreichte, daß das Unterrichtsministerium das Erscheinen seines Romans genehmigt hatte: daß er also offiziell wieder Schriftsteller sein durfte. Zu seinem 51. Geburtstag bereitete ihm Astri ein festliches Essen; zusätzlich wurden ihm am nächsten Tage zwei Pakete Eggenbergers mit Tee und Maté, vor allem aber mit Zigaretten aus Wien nachgesandt, die ihm vorher bei der Arbeit schon sehr gefehlt hatten. (Auch die bereits erwähnte Mrs. Elvried Cunish sowie eine Lea M., die ihm offensichtlich einmal sehr zugetan gewesen war, versorgten ihn mit Care-Paketen aus Amerika.)

Wie nahezu alle Österreicher las er täglich in der Zeitung die Liste der Heimkehrer und erfuhr so auch vom Eintreffen Edmund Schüllers aus der russischen Kriegsgefangenschaft (Astri und Hans warteten noch immer auf ihren älteren Sohn Willy, doch dieser blieb vermißt). Doderer kehrte am 15. September nach Wien zurück, zwei Tage später kam ihn Edmund besuchen. Ein weiteres und mindestens genauso erfreuliches Eintreffen erfolgte bald darauf: nämlich das seiner norwegischen Manuskripte, die ihm – vollständig und unbeschädigt – in die Wohnung gebracht wurden, was der Romanarbeit, so weit dies notwendig war, weiteren Auftrieb gab. Immer wieder auch unternahm er Spaziergänge zur Strudlhofstiege, um den Einfall der Sonnenstrahlen zu verschiedenen Tageszeiten zu sehen, oder auch in der Nacht, wenn die ganze Treppenanlage mit den umgebenden Bäumen unterm Licht des Vollmonds lag.

Was seine Arbeit sehr bedrückend unterbrach, war die Vorschreibung der Nachzahlung zur Sühne-Abgabe: nochmals in der Höhe von 1660 Schilling; Doderers Empörung darüber war noch größer als beim ersten Mal. Tatsächlich bezahlte er bereits seit vierzehn Jahren Steuern für die geerbten Wertpapiere seines Vaters, deren Erträge jedoch – als testamentarisch verfügte Nutznießung – an seine Mutter gegangen waren. Und jetzt, da auch diese Aktien praktisch wertlos waren, mußte er noch für ihren Nominalwert seine Sühne-Abgabe zahlen, was – nach ‚Dora'-Besuchen mit den Silberbechern, Bronzeleuchtern, Kassetten, Münzen und seinem Siegelring – am 20. September erfolgte; erheblich verbitterter als zuvor kehrte er zu seiner Arbeit zurück.

Sein Tagesablauf war ziemlich regelmäßig: er versuchte täglich, um sechs Uhr aufzustehen, was aber nicht immer gelang, und schrieb dann bis zum Mittagessen, das er meistens ganz nah in ‚Grahsls Weinstube' in der Josefstädterstraße zu sich nahm, wobei außer dem Preis auch noch Lebensmittelmarken zu bezahlen waren. Danach pflegte er zu schlafen, um sich ausgeruht entweder anderen Arbeiten oder der Korrespondenz zu widmen und schließlich nochmals auszugehen. Das Einkaufen, Geschirrwaschen etc. besorgte die Poldi; ihre Mutter – Frau Hengl – machte das Frühstück und kümmerte sich um die Sauberkeit von Wohnung und Kleidern; nachdem sie im Oktober einen Schlaganfall erlitten hatte, übernahm die Poldi mehr und mehr dieser Tätigkeiten. Daß Doderer aufräumte oder sich ein einfaches Essen selbst zubereitete, kam zwar vor, doch sogar in der Notzeit äußerst selten; sich in Haushaltsfragen nicht auszukennen war für den alten Junggesellen selbstverständlich und standesgemäß. Erst als berühmter Schriftsteller war er stolz darauf, sich sein weiches Ei zum Frühstück täglich selbst zu machen, was neben der zeremoniellen Herstellung türkischen Kaffees seine einzige Spezialität in der Küche blieb.

Unter den Leuten, die Doderer am häufigsten traf, war ab nun natürlich Edmund Schüller, aber auch Antoinette Langer sah er sehr oft (sie hatte, als Illustratorin, den Einbandentwurf für den *Umweg* gestaltet), ebenso Marie-Louise Wydler, dazu Ilse Luckmann mit Karl Strobl, den Werbefachmann Fritz Feldner (der seinerzeit noch zu Dodo Dressels Kreis gehört hatte), Christl Faludy und Otto Basil – und auch den sogenannten ‚Boni', jenen Dr. Heinrich Kopetz, der den alten Dr. Paul Hasterlik als U-Boot bei sich gehabt hatte und Doderer nun sicher über das schreckliche Ende seines ehemaligen Schwiegervaters unterrichtete. Dem folgte im November die Nachricht vom Tod Otto Dressels, der – neben dem Saufen immer stark rauchend – in St. Wolfgang qualvoll seinem Lungenemphysem erlegen war; eine Krankheit, die Doderer auch noch näher kennenlernen mußte.

Am 14. November ging er zu einer Ausstellungseröffnung Trude Waehners, um ihr zumindest als Künstlerin seinen Respekt zu erweisen; doch drei Tage später teilte sie Gütersloh mit, daß demnächst die gerichtliche Kündigung eintreffen werde – was am 12. Dezember tatsächlich der Fall war. Daß ihre Zielrichtung jetzt eher Gütersloh als Doderer war, hing hauptsächlich damit zusammen, daß ihre eigentlichen Atelierräume von jenem benutzt wurden, während Doderer bloß die ehemaligen Wohnräume besetzt hielt; zum andern mochte es auch daran gelegen sein, daß Gütersloh der Präsident des in diesem Jahr gegründeten Art-Clubs war, dem fast alle moderneren Maler angehörten, während sie selbst nie zum Mitglied gewählt wurde. (Der Stadtrat für Kultur und Volksbildung, Viktor Matejka, war bei der Gründungsrede Güterslohs – am 12. 4. 1947 – natürlich dabeigewesen und konnte ab nun seine Sympathien nicht mehr ganz ausschließlich der Waehner zuwenden; übrigens hatte er bei diesem Anlaß auch seinen ehemaligen Studienkollegen Doderer wiedergetroffen.)

Sonst hatte dieses Jahr nur noch die erfolgreiche Währungsreform zu bieten; Doderer fand das leichte Metallgeld, wie er an Maria schrieb, sehr geschmackvoll gestaltet. Während er den Abend des 24. Dezember mit anderen Gästen bei Antoinette Langer verbrachte, kam es in seiner Wohnung zu einem Kabelbrand, so daß er den Rest des Jahres ohne Strom verbringen mußte.

Im Januar 1948 schrieb er fast täglich an Maria und sah Antoinette Langer immer öfter. Die Bewährungsprobe seiner Treue, die er in der norwegischen Kriegsgefangenschaft recht ernst gemeint hatte, war nun durch die bloße Dauer der Trennung von Maria (und ohne die Internierung) schon sehr strapaziert – und sollte es noch sehr viel länger bleiben. Falls er sie brach, was als Verdacht zunehmend näherliegt und nicht nur in diesem Fall, so hinterließ er im Gegensatz zu früher keine schriftlichen Hinweise darauf; vielleicht auch aus Vorsicht, da er sich nach wie vor eine Ehe mit Maria erhoffte. Wenn er, wie öfter vorgegeben, den Weg der Tugend wählte, dann hieß diese in seinem Fall: Arbeitsdisziplin aus Verzweiflung und Ehrgeiz; im Sexualleben jedoch führen Verzweiflung und Ehrgeiz eher zum Gegenteil des Tugendhaften. Und: einige unterlassene oder doch realisierte Handlungen ändern einen reichlich fixiert angelegten Charakter weniger, als dieser sich das im jeweiligen Moment einbilden mag.

Der Roman füllte ihm den Schädel manchmal bis zum Bersten; er liebte ihn mit Stolz und wollte endlich davon befreit sein. Krisen wechselten mit Hochstimmung: „Mein Werk hat inzwischen einen wahren Tigersprung vorwärts gemacht", meldete er Maria am 11. März. Erst anderthalb Wochen zuvor hatte er im Justizpalast wieder eine Verhandlung wegen der Wohnung gehabt; am 16. erfolgte ein ‚Lokalaugenschein' bei ihm zuhause. Doch jetzt war er, am vierten und damit letzten Teil der *Strudlhofstiege* arbeitend, der Fertigstellung des ersten ganz großen Werkes seines Lebens schon so nahe, daß er sich von keiner Widrigkeit behindern lassen wollte.

Es blieb, gerade in der ‚Final'-Phase des Buches, nicht bei dieser einen. Die gravierendste betraf sein Buch selber, das er – Teil um Teil – bereits beim Luckmann-Verlag abgegeben hatte; Anfang April stellte sich heraus, daß sein Freund Karl Strobl bei der

Lektüre des dritten Teils kapituliert hatte und die Zusammenhänge offensichtlich nicht mehr verstand (was gerade durch das Lesen in Einzelteilen bewirkt werden kann: die dichte Verflechtung der Handlungsabläufe mit ihrer großen Zahl von Protagonisten erfordert eigentlich eine zügige und durchgehende Lektüre des ganzen Romans). Am 13. desselben Monats – es war wenigstens kein Freitag, sondern ein Dienstag – folgte Ilse Luckmann dem Urteil ihres Mannes; das deprimierte Doderer natürlich zutiefst, der sich mit seiner bisher größten Leistung von den wenigen, die diese überhaupt kannten, nicht verstanden fühlte. Mindestens genauso hart traf ihn ihre Entscheidung, ab sofort die finanzielle Unterstützung einzustellen – immerhin hatte Ilse Luckmann in weniger als zwei Jahren insgesamt bereits rund 10.000 Schilling an ihn bezahlt.

Nun erwies sich Gütersloh, trotz des Hasses auf Ariovist von Wissendrum, als Freund des Herrn Dr. Heimito von Doderer; er borgte ihm nicht nur gleich hundert Schilling aus eigenem spontanen Willen, sondern zahlte auch weiterhin für Doderer, wenn dieser etwa den Zins oder die Gasrechnung nicht begleichen konnte. Dennoch blieb die finanzielle Lage enorm gespannt und bedrückend, was die Depressionen verstärkte; dazu kamen eine weitere Gerichtsverhandlung wegen der Wohnung – am 12. Mai – sowie ständige Entwanzungen mit Salmiak, die immer wieder nur kurzfristig wirkten.

Doderers Verzweiflung war akuter als bisher je in seinem Leben, wobei natürlich die skeptische Haltung zu seinem Manuskript am nachhaltigsten wirkte; er mußte den Eindruck haben, daß ihm nach einem vertanen Leben auch dessen späte Rettung mißlungen sei. Unter solchen Umständen seinen riesigen Roman überhaupt zu schreiben, erschien jetzt als ganz erheblicher Fehler, da er damit den Kleinhandel des literarischen Lebens ohnehin nicht zu überzeugen vermochte; doch blieb ihm in diesem letzten Stadium nichts übrig, als das Buch fertigzustellen. Daß der Atmosphäre der *Strudlhofstiege* von diesen äußeren Bedingungen gar nichts anzumerken ist, bleibt vielleicht eine der bewundernswertesten Leistungen seiner Disziplin.

Die nun so prekäre Lage seiner Finanzen, gleichzeitig mit dem unbedingten Willen, sein Buch innerhalb kürzester Zeit zu vollenden, brachte ihn dazu, mit allen bereits vorhandenen Ressentiments der Familie zu Leibe zu rücken. Das Erbe Willy von Doderers wurde von der Rechtsanwaltskanzlei Toni Wehofers bearbeitet (der als Anwalt, seiner Parteimitgliedschaft wegen, noch Berufsverbot hatte, aber natürlich seine Akten bearbeiten konnte und sich nur vor Gericht vertreten lassen mußte).

Doderer hatte ohnehin und immer den Eindruck, an allen Ecken und Enden zu kurz gekommen zu sein. Das hatte schon bei der Möbelverteilung in der Stammgasse begonnen; in einigen ausführlichen Briefen an die ‚herzige' Almuth bat er sie um ein paar Stühle, da aus der elterlichen Wohnung alle verschwunden seien und er einen dringenden Bedarf habe; doch wollte Almuth ihre komplette Garnitur nicht teilen. Was Heimo tatsächlich und als erstes erhielt, war bezeichnenderweise der ‚Wappenschrank' seiner Eltern, eine Kommode, auf deren beiden Türen das Dodererische beziehungsweise Hügelsche Wappen prangte; darauf blieb er stolz. Außerdem erhielt er nur noch eine Empire-Sitzbank, also ganz offensichtlich weniger als andere Geschwister; allerdings hatte er auch keine große Wohnung, um mehr darin unterzubringen.

Nun wandte er sich an Almuth und Toni Wehofer, um von ihnen einen Vorschuß auf sein Erbe nach der Mutter zu erhalten; wobei ihre Vorgangsweise, ihn vorläufig bloß hinzuhalten, schnell zu seiner Erbitterung führte. Außerdem war es für seinen Stolz nicht förderlich gewesen, erzählen zu müssen, daß er alles versetzt habe und selbst seiner Hausmeisterin 700 Schilling schuldig sei; in den Augen von Toni Wehofer – der schwer herzleidend und nur noch eingeschränkt arbeitsfähig war – machte ihn das nur noch weniger reputierlich. Die ganze zweite Maihälfte litt er, neben der täglichen Arbeit, an den schlimmsten Depressionen; zwischendurch schleppte er jeweils bis zu 25 Bände alter Schwarten aus der Stammgasse ins Dorotheum (die er natürlich nicht mehr auslösen wollte).

Dazu kamen fast jeden Tag Besprechungen mit der Hausfrau, die ihn zu überreden versuchte, eine gleich große Wohnung im Stock darunter zu akzeptieren, damit sie wieder zu ihrem Atelier käme. Gütersloh hatte schon resigniert und bereitete seinen Auszug vor – was zu der kuriosen Fortsetzung seiner politischen Laufbahn führte, daß er der Sozialistischen Partei beitrat, um leichter zu einer Wohnung der Gemeinde Wien zu kommen. Im Juni bezahlte er übrigens nochmals die Miete für Doderer.

Am 9. Juni 1948 schlief dieser länger als sonst – bis halb neun –, dann schrieb er die letzte halbe Seite der *Strudlhofstiege;* nach einigen Revisionen am folgenden Vormittag betrachtete er die Arbeit als abgeschlossen – anschließend ging er zur ‚Dora' und versetzte zwei Paar Schuhe, für die er 45 Schilling bekam (Frack, Smoking, Wintermantel und Reitstiefel waren schon dahingegangen). Das reichte kaum zum Feiern; an diesem schwülen Tag blieb er lieber zuhause und las den ‚Don Quijote'.

Fast einen weiteren Monat dauerte die Durchsicht des Manuskripts sowie letzte Textübertragungen in die endgültige Fassung. In dieser Zeit versetzte er seine Armbanduhr, einige Leuchter und wieder Bücher; von Astri erfuhr er schließlich noch, daß seine Mutter relativ hohe Steuerschulden hinterlassen habe, was die Aussicht zunichte machte, daß noch Bargeld für ihn übrigblieb. In seiner neuerlichen Depression besuchte er seine Nichte Dr. Inge Martinek, um über sie Toni Wehofer in seinem Sinne zu beeinflussen, erhielt aber von diesem bloß 200 Schilling, da er als Anwalt für die Erbschaftssteuer bürgte und sich von Doderer deren Bezahlung wohl mit Recht kaum erwartete.

Am 29. Juni verließ Gütersloh die nun fast zehn Jahre lang geteilte Wohnung.

Unterdessen hatte sich das Verhältnis zu Ilse Luckmann und Karl Strobl wieder gebessert; auch wenn sie die Zahlungen nicht wieder aufnahmen – da diese ja zum Entstehen der *Strudlhofstiege* hatten beitragen sollen –, wollte der Verlag nun doch das Buch übernehmen, wobei von einem Erscheinungstermin allerdings noch nicht die Rede war (Heimito hatte natürlich gehofft, es würde sofort herauskommen). Um endlich die Fertigstellung seines Werks feiern zu können, ließ er sich – gemeinsam mit Basil und dessen Frau Christl – von Marie-Louise Wydler zu einer Ananas-Bowle einladen. Anschließend mußte die Wohnung wegen der Wanzen nochmals vergast werden; Doderer zog unterdessen zu den Steinharts auf den Schmerlingplatz.

Kaum wieder zuhause, fand die Angelegenheit Wehofer ein ungutes Ende: es wurde Heimo mitgeteilt, daß er mit keinerlei Zahlungen mehr rechnen könne, zumindest bis feststünde, ob und wieviel für ihn übrigbleibe. Sie selber hätten nicht Geld genug, um einen ‚jüngeren, arbeitsfähigen Verwandten' zu erhalten; und am meisten mag ihn die Beifügung betroffen haben, daß schon sein Vater wiederholt seinen Unmut geäußert habe, wie unbekümmert und bequem Heimo sei, da er doch längst, neben seiner ‚Passion als Schriftsteller', einen Posten annehmen hätte können. Das traf allzu tief: Doderer wollte bis zu seinem Lebensende mit diesem Teil der Familie nichts mehr zu tun haben.

Dafür war nun Immo an seiner Seite, da er genau so dringend Geld brauchte. Gemeinsam schmiedeten sie Pläne und überlegten, auf den Riegelhof eine größere Hypothek aufzunehmen – wozu sie allerdings vorläufig, da das Testament noch nicht rechtsgültig war, die Einwilligung der andern Geschwister gebraucht hätten. Dafür aber schleppte Immo erheblich viel Silber aus der Stammgasse ins Dorotheum, wo er sich mit Heimo traf, dem von dieser Aktion immerhin über 1400 Schilling blieben, wozu am nächsten Tag noch ein weiterer Tausender kam, als er am Graben Schmuck an einen Juwelier verkaufte. Er beglich sofort seine Schulden: 250,– an Gütersloh, 175,– an Gaby und (nur) 500,– an die Poldi.

Vom Sommer hatte er nicht viel: ein einziges Mal, am 6. August, war er im Schwimmbad – wo er immerhin den Dr. Alexander Ingraf traf (bereits eine Figur im *Mord* – nämlich ‚Dr. Inkrat'), der als hoher Beamter im Innenministerium Heimo noch behilflich sein sollte; er frequentierte sozusagen schon immer die Literatencafés wie etwa das ‚Herrenhof' und kannte jeden Schreibenden der Stadt. – Sechs Tage später war Heimito Trauzeuge bei der Hochzeit von Ilse Luckmann und Karl Strobl, als Autor mit seinem Verlegerpaar – doch mittlerweile stand für ihn schon fest (und vielleicht doch als Folge des kränkenden Briefs der Verwandten, und nicht nur der Zermürbung): „Ich will aus dem literarischen Markt und mir eine Stellung suchen auf Grund meiner wissenschaftlichen Ausbildung – und zur Vollendung derselben."[6]

Zugleich ergab sich eine weitere Veränderung: er gab dem Drängen Trude Waehners nach und erklärte sich bereit, in die Wohnung unter dem Atelier zu ziehen; verärgerte sie dann aber wieder, da er mit dem Auszug aus dem Atelier wartete, bis das Wohnungsamt seinen neuen Wohnsitz bestätigt hatte – da er nach all den üblen Erfahrungen fürchtete, plötzlich auch noch an der Luft zu sitzen. Am 15. September, als alles geklärt war, bezog er dann die neue Wohnung.

28. Aus Depression: Wissenschaft

Scheinbar unberührt von all den Nöten, Hindernissen und Anstrengungen blieb die Beziehung zur fernen Geliebten in Bayern. In den bisherigen elf Jahren ihrer Bekanntschaft hatten sie so wenige Wochen – und meistens nur Tage – zusammen verbracht, daß es jedes Mal ein Ausnahmezustand gewesen war, der dann unbehindert weitergeträumt werden konnte. Diese Emma, aus der er seinen Marienkult gemacht hatte, diese Keuschheit, die ihm Abgründe verhieß, diese leicht errötende Naivität, die ihm seine Vorherrschaft sicherte: das alles ließ sich, in nun jahrelanger Ungestörtheit durch ihre Wirklichkeit, zu einem Bild ausgestalten, das in allen Höhen und Tiefen begehbar war, von der tugendhaften Verehrung bis hin zu den sexuellen Phantasien. Aus diesen Stimmungen heraus schrieb er ihr seine Briefe, die ebenso gut Belehrungen zu seinem Werk wie hypochondrische Klagen, ernsthafte Berichte oder Eichkätzl-Zärtlichkeiten in Babysprache enthalten konnten; für alles war Platz in diesem bayrischen Gemüt, dessen Güte und Weite er sich fast grenzenlos zurechtgedichtet hatte.

Das Illusionäre hinderte ihn allerdings nicht, gleichzeitig eine Emma Maria zu sehen, die tüchtig und finanziell unabhängig war; deren Fürsorglichkeit ihn regelmäßig mit Freßpaketen und bei Bedarf auch mit Geld versorgt hatte; und die ihn jedesmal in eine ebenso säuberliche wie behagliche Wohnung aufgenommen hatte, wo er nur noch umsorgt worden war. Und je bitterer sich ihm das Bild seiner mißlichen Umstände darstellte – die erreichten zweiundfünfzig Lebensjahre mit allzuviel Hilflosigkeit paarend –, desto deutlicher mußte sich diese Frau ihm als Hafen und Anker zugleich darstellen. In seiner tiefen Resignation nach Beendigung der *Strudlhofstiege* traten die Ängste mit radikaler Deutlichkeit zutage: angesichts der Unbewältigbarkeit seines Daseins, der liebe-losen Einsamkeit in der Not, verschärft durch das Fehlen der Mutter – für die es vielleicht einen teilweisen Ersatz gab.

Erst beide Aspekte zusammen gaben dem Gefühl, das er als seine Liebe empfand, den entsprechenden Nachdruck. Was er bei Gusti als bourgeois so vehement abgelehnt hatte, trat bei Mienzi als wohlgeordnete Kleinbürgerlichkeit – mit ein paar Flausen im Kopf, die ihr einen Schriftsteller besonders interessant machten – noch viel stärker auf, war aber nun mit dem positiven Akzent einer vielleicht letzten Rettung belegt. Warum er die Ehe mit ihr schon vor dieser tiefgehenden Krise angestrebt hatte, ist schwerer zu beantworten. Doch gehören dazu sicher seine Vorstellungen von der Frau als – durch bloße Anwesenheit zur Verfügung stehendes – Objekt der Lust ebenso wie sein ständiges Moralisieren gegen sich selber, das in einer festen Beziehung (und in der ‚Treue') die Rettung vor den eigenen Abgründen sah; also eigene Widersprüchlichkeiten, die – innerlich ungelöst – in einem äußeren Rahmen aufgehoben werden sollten. Vielleicht aber hatte die Ehe einen noch viel geheimeren Reiz für ihn: als könnte er durch solch einen Schritt, statt bloß älter, wirklich so erwachsen werden, wie es etwa die Vorväter imponierend vorgeführt hatten. (Daß er dann sogar in der Ehe ein mehr oder weniger kauziger Junggeselle blieb, zeigt, daß auch dieses Mittel kein garantiertes Ergebnis verbürgt.)

Maria war realistischer und deshalb auch skeptischer; die ins Vertrauen gezogenen Schwestern sahen in Heimito weniger den aristokratischen Dichter und Weltmann als einen großtuerischen Habenichts, der sich ins gemachte Nest setzen wollte. Ob auch Maria manchmal dieser Verdacht kam, muß dahingestellt bleiben; jedenfalls war sie sich keineswegs immer sicher, daß die vielen Gegensätzlichkeiten zwischen ihr und Heimito erfolgreich und dauerhaft überwunden werden könnten. Das machte sein – hauptsächlich briefliches – Werben um so intensiver, wobei er ihr, in der sprachlichen Verführung, weitaus überlegen war – und mit den ‚Pussis', den gezeichneten Herzen, Eichkätzln und Liebesflammen ihre Unsicherheit immer wieder beruhigte. Gleichzeitig gewann er dabei die – bitter-aphoristisch immer wieder auftauchende – Erkenntnis, daß es schließlich nur die Frau sei, die den Mann erwähle und heirate, nie umgekehrt, was ihm natürlich eine Erniedrigung bedeutete.

Doch inmitten seiner Krisen erschien es ihm als ein neuer ‚Sieg', daß sie wieder einmal seinem Drängen zugestimmt hatte und er sie stolz als seine „künftige Ehefrau und jetzige Braut" bezeichnen konnte[1]. Seine Erschütterung über das vertane Leben – die so groß war, daß er seit des Strobl/Luckmann'schen Zweifels an der *Strudlhofstiege* keine Hoffnung in seine literarische Zukunft mehr zu setzen wagte –, der ständige Geldmangel, der ihm statt der Hilfe nur die Geringschätzung eines Teils der eigenen Familie eingebracht hatte: all das hatte ihn nicht nur zermürbt, sondern sämtliche auf sich bezogenen Vorstellungen so gründlich durcheinandergebracht, daß er zu einer völligen Neuorientierung seines Lebens bereit war. Was sich da gerade jetzt anbot, nahm er aus Verzweiflung sehr ernst.

Es war der Gedanke, fast ein Vierteljahrhundert nach dem ersten und dann bald abgebrochenen Versuch den zweijährigen Kurs des Österreichischen Instituts für Geschichtsforschung jetzt zu absolvieren. Man betrieb dort weitgehend jene positivistische Wissenschaft, die er prinzipiell überall und bei Historikern besonders ablehnte; über die Charybdis, die sein Studium für ihn gewesen war, hatte er seither kaum ein gutes, aber häufig genug ein schlechtes Wort gefunden. Es gab geistig nichts, was ihn an diesem neuerlichen Studium angezogen hätte, eher im Gegenteil – auch wenn man annehmen kann, daß die Kränkung seiner Eitelkeit durch den nicht ganz freiwilligen Abbruch seinerzeit in ihm so lebendig geblieben war wie jede andere der Vergangenheit.

Doch seine wesentliche Motivation war die völlige Mutlosigkeit, sein nahendes Alter ausschließlich der Literatur anzuvertrauen. Vom Abschluß der Institutsprüfung erwartete er sich, in einem Archiv oder in einer der großen Bibliotheken – kurzum: in einer Staatsstellung mit Pensionsanspruch – unterkriechen zu können. (Dasselbe empfahl er noch viele Jahre später jungen Schriftstellern, weil sie sich sonst selber – an die Skylla – verraten und verkaufen müßten oder zugrunde gingen.) Zugleich war ihm klar, daß er als beamteter Wissenschaftler von seiner unmittelbaren Umwelt höher geachtet würde denn als fast unbekannter Schriftsteller in ständigen finanziellen Notlagen.

Zu dieser Umwelt gehörte auch Maria, die zwar seine künstlerischen Attitüden duldend hinnahm, aber keineswegs überzeugt seine Kunst als Rechtfertigung für überhaupt alles akzeptierte; erst der Erfolg der Werke erwirkte bei ihr, was diesen selbst nicht gelungen war. Zu seiner idealen Leserin wurde sie so wenig wie er zu ihrem Lieblingsautor, und das wußte er stets; Stifter mit seinen hehren Idealen des humanistischen Idylls, aber auch Cervantes blieben ihr Autoren, die sie lieber und gründlicher las, ohne es deshalb ihrem Mann an Respekt und Bewunderung mangeln zu lassen. Doch ein Doktor von Doderer, der eventuell als Spezialist für mittelalterliche Handschriften in einem Archiv darauf wartete, vor der Pensionierung zum Hofrat ernannt zu werden, war ihr eine leichter faßbare Größe – mit verläßlich zu erwartenden Bezügen. Ihr ab jetzt ständig vom hohen Anspruch seines Studiums und den möglichen Aussichten im Staatsdienst zu berichten, gehörte daher auch zu seiner Werbung um sie: sich als seriös im Sinne einer bürgerlich-wissenschaftlichen Karriere darzustellen.

Bis zum 1. Oktober 1948 hatte er, hauptsächlich in Gesprächen mit dem Institutsleiter Professor Dr. Leo Santifaller, alles geregelt, was für seinen zweijährigen Kurs zu klären und vorzubereiten gewesen war; keineswegs mit einem wieder erwachenden Hochgefühl, sondern in tiefster Resignation – als lautete sein eigenes Urteil: hier wird mein Versagen durch endgültige Selbstaufgabe besiegelt. Bereits am 4. Oktober – dem Montag des Vorlesungsbeginnes – nahm er an allen ihm vorgeschriebenen Vorträgen und Übungen teil; von halb neun Uhr morgens bis ein Uhr mittags und dann nochmals von sechzehn bis achtzehn Uhr.

Die Unsicherheit eines ältlich wiederbeginnenden Studenten unter jüngeren Kollegen überspielte er durch selbstsicheres Auftreten. Dazu gehörten nicht nur seine übertrieben bis barock anmutenden Höflichkeiten, all die Gesten, Grimassierungen und Floskeln, mit denen er teils beeindrucken, teils aber auch von Anfang an Abstand erzeugen wollte, sondern die guten altmodischen Anzüge, die er aus dem Dorotheum wieder auslösen hatte können, und vor allem der Eindruck, er verfüge über genügend Geld. Während er sich schon im ersten Studienmonat 500 Schilling von Lotte Paumgarten ausborgen mußte (dann allerdings von Astri über 2000 Schilling auf sein Konto überwiesen bekam), vermied er es im Institut sehr sorgfältig, den Eindruck von finanzieller Knappheit zu erwecken: man hielt ihn für wohlhabend. Welch nachteilige Folgen der Eindruck von Mittellosigkeit haben konnte, wußte er mittlerweile zur Genüge; und lud lieber Kollegen ins Universitätsbuffet – unter der Stiege – ein, als jemandem seine tatsächliche finanzielle Lage zu eröffnen.

So nahmen die Jüngeren an, er studiere aus Verschrobenheit oder Liebhaberei, weil er sich das eben leisten konnte, und hielten ihre eigene – berufsorientierte – Motivation für erheblich ernster. Da er zudem den meisten als skurril bis antiquiert erschien, ergab sich gleich anfangs eine spöttische Distanziertheit, die dem überempfindlichen Doderer nicht entging. Doch die enorme Konzentration, die er bei den Vorlesungen und Übungen an den Tag legte, dazu die Tatsache, daß er sämtliche Veranstaltungen des Instituts regelmäßiger besuchte als die meisten, und schließlich seine Disziplin und Konsequenz nötigten den andern immer mehr Respekt ab, welcher sich im allgemeinen bald zu einer freundschaftlicheren Haltung wandelte.

Daß sein Gedächtnis nicht jenes mühelos kopierende war, als das er es auch später noch gern ausgab, erwies sich jetzt: mit der Merkfähigkeit bei reinen Lernstoffen tat er sich anfangs sehr viel schwerer als die Jüngeren; er brauchte einige Zeit, um das Lernen als solches zu trainieren. Seine Leistungen – vor allem in der Quellenkunde – waren also keineswegs herausragend, aber wenigstens gut genug, um sich und den andern zu beweisen, daß er mithalten konnte. Womit er sich da zu beschäftigen hatte, mag ihn zum Teil auch gründlich gelangweilt haben: etwa lateinische und deutsche Paläographie, wobei er alte Urkunden nicht nur fließend lesen lernen und sämtliche Schrifttypen unterscheiden können mußte, sondern diese Schriften auch fehlerfrei und druckfertig abzuschreiben hatte; zum selben Fach gehörten auch die Methoden der Datierung sowie die Siegelkunde und alles, was sich auf das äußere Erscheinungsbild alter Urkunden bezog. Weitere Fächer waren Diplomatik, die den politischen Hintergrund von Urkunden betraf, Quellenkunde, Verfassungsgeschichte, Kunstgeschichte, Chronologie (alle alten Datierungsmethoden und ihre korrekte Umrechnung betreffend), Archiv- und Aktenkunde, Bibliotheks- und Museumskunde und damit insgesamt ein enormer Wust von Lernstoff, der weitgehend auswendig behalten werden mußte.

Was ihn davon wirklich interessierte, waren auftauchende Details des Mittelalters, Kuriosa und Monstrositäten nach alter Vorliebe, und die zunehmende Intimität im Umgang mit originalen Quellen, anstatt deren Inhalte durch die Tätigkeit anderer vermittelt zu bekommen. Hier war sogar sein Schlupfwinkel, sich der Methodik der Geschichtswissenschaften zu entziehen, während er sie gerade zu beherrschen lernte: er machte Textfunde, die ihm inhaltlich intime Freuden bereiteten, und war fürs Institut doch nur mit dem wissenschaftlichen Apparat dazu beschäftigt, den er gleichzeitig mit grimmigem Spott bedenken konnte: und beides sollte schließlich zu den *Merowingern* führen.

Daß er in den zwei Jahren neben dem Institutskurs nicht zu vielem anderen kommen würde, war ihm klar; an seiner doch unabänderlichen Tatsache des Schriftstellertums hielt er durch regelmäßige Texte im Tagebuch fest, deren abstrakte Wirklichkeits-Überprüfungen mit seiner tatsächlichen Umwelt und dem eigenen Schicksal so viel wie nichts zu tun hatten – sieht man davon ab, daß er sie als das eigentliche Zentrum seiner geistigen Existenz betrachtete.

Und gerade aus diesem Kern heraus unterbrach er das Tagebuch für vier Monate, um am 15. November die Arbeit an etwas zu beginnen, das er für die wichtigste theoretische Arbeit seines Lebens hielt – obwohl sie zu seinen Lebzeiten nie erschien: nämlich *Sexualität und totaler Staat.* Diese erste Version ist verschollen, doch 1951 feilte er eine zweite zurecht, die prinzipiell wohl dasselbe Gedankengebäude errichtete und bei derselben Vortragsweise blieb. Letztere ist deshalb so wichtig, weil sie den literarischen Reiz all seiner theoretischen Arbeiten besonders deutlich macht: um zwei so komplexe Themen – wie im Titel vorgegeben – auf rund fünfundzwanzig Druckseiten mit dem Anspruch von Endgültigkeit abzuhandeln, mußte er alles an überzeugender Metaphorik aufbieten, um andern einsichtig und schlüssig zu machen, was er für die Wahrheit hielt. Das führte zu sprachlichen Funden erstaunlicher Prägnanz und Anschaulichkeit, welche eine Erkenntnistiefe andeuten, die sich erst bei genauerer Interpretation ganz erschließt; da man dabei Doderers eigenen Worten und Bildern folgen muß, sollte man selbstverständlich zum mehr oder minder selben Ergebnis kommen.

Eine andere Möglichkeit der ‚Beweisführung' stand ihm gar nicht zur Verfügung, da sich seine Logik bei jedem ihrer Schritte auf die ‚Mechanik des Geistes' berief, von der er noch 1965 sagte: „Mechanik des Geistes" [. . .] stammt nicht von mir, sondern ist von Charles Baudelaire übernommen [. . .] in Baudelaires merkwürdiger Schrift „Ratschläge für junge Schriftsteller". Dort heißt es: „Sicherlich gibt es im Geiste eine Art himmlischer Mechanik, deren wir uns nicht schämen, sondern aus ihr den glorreichsten Vorteil ziehen sollen, ganz wie die Ärzte aus der Mechanik des Körpers."[2] Hier traf er bei einem von ihm sehr verehrten Dichter nochmals auf die Theorie Swobodas, daß man Gedanken nicht durch die rationale Beschäftigung mit einem Thema erzwingen könne, sondern sie spontan und frei aufsteigen lassen müsse; wozu Baudelaire durch seinen Begriff der ‚himmlischen Mechanik' noch nahelegt, daß nur auf diese Weise die richtigen Zusammenhänge entstünden: gewissermaßen als übergeordnete Systematik Gottes, die man durch bewußtes Bemühen nicht stören dürfe.

Somit wurde für Doderer die ‚Mechanik des Geistes' zu einem seiner zentralen Begriffe: und sie zu üben, war nur meditativ möglich. Doch dieses achtsame Lauschen auf die geheime himmlische Ordnung in sich, vom Erspüren bis zur überzeugten Einsicht, läßt sich nur in die Feinsinnigkeit künstlerischer Darstellung übertragen, aber kaum in einem Traktat zum entscheidenden Argument machen. Das ergibt bei Doderer als Theoretiker immer wieder eine ähnliche Situation wie bei einer Auseinandersetzung mit einer Religion oder Mystik: man folgt ihm gläubig (wie Lotte und Gaby) – oder gar nicht. Daß sich Doderer mit diesen Theorien für den Vorläufer eines post-ideologischen Zeitalters gehalten hatte, rückt ihn ironischerweise eher der Bewegung des New Age nahe – dessen Theorien ihn vielleicht sehr erfreut hätten.

In *Sexualität und totaler Staat* setzte er, wie vor Jahren in den Tagebüchern begonnen und im großen Gütersloh-Essay fortgesetzt, seine Ablehnung jedes direkten intellektuellen Zugriffs auf ein Thema fort. Statt dessen sollte die Theorie von der ‚zweiten' Wirklichkeit oder ‚Pseudologie' – womit er eine Scheinlogik mit verfälschten Prämissen meinte – zum geschlossenen Gebäude ausgebaut werden, mit allen dazugehörigen Begriffen wie ‚Apperceptions-Verweigerung'; und natürlich auch wieder den Aquinaten bemühend. Dieses doch sehr vage Instrumentarium war für den Zugriff auf überhaupt jedes Thema gemeint; um diese Auseinandersetzung – durch die Analogie – konkreter zu machen, nahm Doderer die Sexualität als Beispiel: wie die mangelnde oder falsche Auffassung der Wirklichkeit (des andern, der Beziehung) notwendigerweise in die entsprechenden Perversionen führe – was ihm überzeugend darzustellen gelang, auch ohne Freud oder irgendeine Form von Psychologie.

Das Auftreten derselben ‚Apperceptions-Verweigerung' – Blindheit für das Wirkliche – führe in der Gesellschaft jedoch zum ‚totalen Staat'; „und der größte Revolutionär wäre zu bezeichnen als das Genie der Unanschaulichkeit"[3] – je mehr einer die Welt verändern wolle, umso mehr beweise er dadurch, daß er ihre Wirklichkeit nicht zu sehen vermocht habe. (Neben dieser Grundlage seines Konservativismus fehlte auch hier nicht der Hinweis, daß das, was in Deutschland zwischen 1933 und 1945 geschehen war, „nur sehr schwer in die Geschichte eingehen" könne, da es eine „Fälschung des nun einmal Phänomen gewesenen Nichts in's Etwas hinüber" sei.)

Abgesehen von klugen Einzelbemerkungen schuf er hier sicher nicht die universale Methode, sexuelle oder staatliche Fehlentwicklungen zu durchschauen. Eher schon fand er ein erweitertes Instrumentarium, um bei der Behandlung der ihn persönlich berührende Themen – Sexualität und totaler Staat stellten in seinem Leben die empfindlichsten Schmerzpunkte dar – jede Sichtweise vermeiden zu können, die ihm Unangenehmeres über sich enthüllt hätte. Und genau das – statt der Absicht, das Zeitalter mit seiner Einsicht zu heilen – dürfte der Grund für die Hartnäckigkeit gewesen sein, mit der er diese Themen immer wieder aufbereitete (und für *Sexualität und totaler Staat* noch in seinem letzten Lebensjahr eine Publikationsmöglichkeit suchte): es hätte ihn sehr beruhigt, wenn sein verdrängendes Ausweichen als metaphysische Einsicht abgesegnet worden wäre.

Daß er mit diesem Essay auch das theoretische Rüstzeug für die ‚Geistesmechanik' der *Dämonen* bereitgestellt hatte, führte in dem mit ganz anderen Anschauungen begonnenen Romanwerk allerdings noch zu erheblichen Schwierigkeiten.

In der neuen Wohnung fühlte er sich gar nicht so übel. Auch hier hatte er zwei Zimmer wie oben im Atelier und ein gemeinsames Vorzimmer mit dem Mieter der beiden anderen Zimmer, einem Herrn Gold. Was allerdings vorläufig noch fehlte, waren ein Ofen sowie ein Bad; doch sprang nun Ilse Luckmann ein und ließ ihm von ihrem Hafner – und auf ihre Kosten – vor Winterbeginn einen guten Ofen setzen; die Einrichtung eines Bades konnte er sich vorläufig nicht leisten.

Doch wie deprimiert er diesen Herbst weiterhin blieb, geht aus einem langen Brief an seine Schwester Astri vom 31. November hervor – der wohl der 1. Dezember 1948 gewesen sein dürfte: „Ich seh' halt *gar keinen* Lichtblick. Das Institut (2 Jahre!) werd' ich ja doch materiell kaum durchstehen können (obwohl's sehr schön wär'), bin ja bald wieder auf dem Hund [. . .] jetzt kriech' ich aus dem einen Loch nur, um in das nächste hinein zu fallen. Ohne Einkommen kein Auskommen [. . .] Die „Dämonen" fertig zu machen und mein großes Wörterbuch wär' allein für Einen genug. Ob ich je noch dazu komme? Es ist jämmerlich schade."

Erst in diesen Notjahren nach dem Krieg war Astri zu seiner – wie vor allem sie selber nach Doderers Tod gern betonte – ‚Lieblingsschwester' geworden: ihr vertraute er nun wirklich überhaupt alles an, später selbst Details seiner ‚Exzesse' mit Mienzi; die sogenannten ‚Konferenzen' – intime Besprechungen zu zweit – wurden zur Institution bei allen sich bietenden Gelegenheiten, und jeder wirkte ein bißchen wie die Karikatur des andern, durch den übertrieben auf- und absingenden Tonfall mit zu heftig prononcierten Wörtern dazwischen, durch das Stakkato oder Weitausholende der Gesten, durch explosionsartige Ausbrüche von Empörung oder Gelächter zu bizarrem Humor, plötzlichen Würzungen des Stils mit augenzwinkernden Vulgaritäten – beide spielten sozusagen dasselbe Stück. Ihr Einverständnis, die gemeinsamen Verurteilungen und Vorlieben wurden zu einer intimen (und nicht selten kindisch wirkenden) Verschwörung, die alle andern ausschloß – diese Geschwister waren eben etwas ganz Besonderes und verstanden einander selbst ohne Erklärungen.

Heimito jedoch hatte, abgesehen vom so ähnlichen Temperament, auch pragmatischere Gründe, dieser Schwester nun so nahezustehen: niemand war ihm, seit seiner Rückkehr nach Wien, so hilfreich zur Seite gestanden. Anstatt seine Not – wie andere in der Familie – noch mit geringschätzigen Vorwürfen zu begleiten, hatte sie bedingungslos an ihn und sein Werk geglaubt und vor allem immer wieder bedeutende materielle Opfer gebracht, um ihn zu unterstützen; die zur Verfügung gestellten Beträge waren, unter den damaligen Umständen, erstaunlich hoch – wozu noch kommt, daß auch die Stummers nicht gerade wohlhabend waren – und nicht unbedingt als Darlehen gemeint; Heimito konnte zurückzahlen oder auch nicht.

Daß Astri und Hans auf dem Riegelhof wohnten, der – wenigstens zu einem Viertel – ihm gehörte, war ebenso selbstverständlich; und außerdem ein eindeutiger Vorteil, da sie sich um die Erhaltung des gesamten Guts kümmerten, wozu er gar nicht in der Lage gewesen wäre. Dafür wurde ihm sein Atelier hergerichtet und geheizt, wenn er auf Besuch kam; wie nun auch zu Weihnachten 1948 – und an diesem Ort seiner Kindheit, im Kreis der vertrautesten Menschen seines Lebens fühlte er sich wirklich wohl. Auch mit Hans von Stummer war sein Verhältnis immer ungetrübt gewesen, sie diskutierten gern und ausführlich über die verschiedensten Themen – diesmal war es Hörbigers Welteislehre (nach der, zum Beispiel, die Milchstraße bloß aus von der Sonne beleuchteten Eiskristallen bestünde), welche beide ungebührlich ernst nahmen. Auch liebte es Doderer, die zerschnittenen Zeitungen auf der Toilette nach Unterstreichungen und Anmerkungen des Schwagers abzusuchen, und war später über die Einführung von Toilettepapier geradezu empört. – Als er abfuhr, bekam er noch ein großes Stück Schweinskarree mit nach Wien, das bis ins neue Jahr reichte.

Dieses begann er, nach sehr altem Brauch, wieder ‚auf Skiern' im Wienerwald um den Cobenzl, obwohl es nur wenigen und schlechten Schnee gab. Ein deutlicheres Zeichen seines doch zähen Lebensmutes und der Hoffnung entgegen allen eigenen Aussagen war – in diesem Januar – das mehrmalige Treffen mit Dr. Friedrich Funder, dem seinerzeitigen Herausgeber der christlichsozialen ‚Reichspost' (deren Redaktion am 15. Juli 1927 in Brand gesteckt worden war): Funders großes Erinnerungswerk ‚Vom Gestern ins Heute' wurde zu einer der wichtigsten Quellen Doderers für die zeitgeschichtlichen Ereignisse in den *Dämonen* – die er doch nicht, da es ja ‚jämmerlich schade' wäre, so ganz aufgegeben hatte. Zugleich ist bezeichnend, daß er vorläufig seine Information ganz automatisch bei einem Intellektuellen der bürgerlichen Seite suchte und noch gar nicht daran dachte, sich nach sozialdemokratischen Quellen umzusehen.

Neben dem Institut, neben *Sexualität und totaler Staat* sowie Funder (und dem Nachdenken über die *Dämonen*) ging die quälende Kleinlichkeit der Not weiter – obwohl die Schleichhandelspreise seit einem Jahr erheblich gefallen waren und der seit Mitte 1948 auf den Weg gebrachte Marshallplan langsam zu greifen begann, so daß sich allgemein die Zustände in Österreich besserten. Nicht so für Doderer, dem Ende Januar – trotz ‚Dora'-Besuchen – wieder einmal das Heizmaterial ausgegangen war; er fror kläglich und mußte die 120 Schilling, die ihm Gaby borgte, für den Zins und andere erforderliche Zahlungen – Strom und Gas – aufwenden; auch weitere 50 Schilling, die ihm Immo gab, führten zu keiner erheblichen Erleichterung. Bis er am 5. Februar einen Händler fand, der ihm Holz und Kohlen auf Kredit lieferte, war es schon zu spät für seine beginnende Verkühlung: er verbrachte die nächsten Wochen elendiglich und teilweise mit hohem Fieber.

Natürlich sorgten die beiden Ärzte im Freundeskreis, nämlich Gaby und Edmund, für ihn; aber vor allem die Mutter seines Wohnungsnachbarn, die sogenannte ‚Mame' Gold: „die alte Dame hat mir Milchpapperln und Cacao gekocht, eine gute, alte, gescheidte Jüdin."[4] Daß diese und die genau entsprechenden Wohnverhältnisse das Vorbild für die Umstände in den *Posaunen von Jericho* sind, die Doderer zwei Jahre später schreiben sollte, ist offensichtlich.

Eine weitere ‚diskrete' Einmahnung von Geld bei Dr. Wehofer, die ihm sicherlich schwerfiel, blieb erfolglos: die Verlassenschaftsverhandlung nach seiner Mutter zog sich endlos dahin, da nicht geklärt werden konnte, ob der Sohn seiner Schwester Helga, nämlich Ernő Hauer der Jüngere (dessen Vater längst in die USA emigriert, wiederverheiratet und mit Töchtern gesegnet war), in Rußland gefallen oder in Gefangenschaft geraten war.

Marie-Louise Wydler, die im Herbst in der Schweiz gewesen war, hatte trotz eines eher ernsthaften Zerwürfnisses mit ihm, dessen Grund unbekannt ist, einige Kurzgeschichten mitgenommen und drei davon an Schweizer Zeitschriften verkauft. Die vierzig Franken, die er pro Erzählung zu erhalten hatte, trafen jetzt im Frühling ein, allerdings durch einen ungünstigen Umrechnungskurs auf 810 Schilling reduziert. Von ihr erfuhr er auch, „dass die Dame (über welche ich nur Gutes und Respektvolles zu sagen wüsste, aber seelisch war sie für mich immer „Ausland") sich vor drei oder vier Wochen in Newjork [!] neuerlich verheiratet hat"[5]. Gemeint war Gusti Hasterlik, die den emigrierten österreichischen Physiker Dr. Kalmus, der in Los Alamos an der Entwicklung der Atombombe mitgewirkt hatte, geheiratet hatte, ohne in dieser Ehe sonderlich mehr Glück zu finden als bei Heimerle. (Eine ihr gemäßere Befriedigung fand sie erheblich später als wohlhabende Witwe, die für Menschenrechte und Naturschutz, für Feminismus und gesetzliche Liberalität eintrat, ihre finanziellen Mittel dafür einsetzte und engagiert kämpfte, einen immer feineren und gescheiteren

Gesichtsausdruck bekam, wenn auch mit einer gewissen Strenge, und Heimo um achtzehn Jahre überlebte.)

‚Decem milia' – zehntausend Schilling – erhoffte er sich nach einem Gespräch mit Dr. Heinz Müller, Astris altem ‚Löwenkatzi' und Rechtsanwalt – wobei die jäh aufsteigenden und abstürzenden Illusionen Doderers zu den für ihn undurchschaubaren Rechtsprozessen kaum nachvollziehbar sind. Jedenfalls ließ er sich aus den neu erweckten Erwartungen ‚civilisieren', was vom Friseur bis zu Wäsche- und Schuhkäufen reichte. In der Folge mußte er – bereits zum zweiten Mal – sogar seine Schreibmaschine versetzen und konnte sie erst anfangs Mai auslösen. Allerdings hatte er sich in der Zwischenzeit endlich ein Bad installieren lassen und teilte Maria seine Begeisterung über den modernen Luxus mit: „1 Griff – schon läuft heisses Wasser!"[6].

Viel Zeit hatte er bekanntlich nicht. Doch an gelegentlichen Atelierfesten bei Antoinette Langer nahm er ebenso teil, wie er mit Marie-Louise Ausflüge unternahm. Zudem taucht – im Notizbuch – ein(e) EN auf, die (der) ihn im April zweimal besuchte; es könnte – auf Grund einer zufälligen Wiederbegegnung – Emmy (von) Novotny gewesen sein, die er seinerzeit mit dieser Abkürzung angeführt hatte, allerdings auch ein Herr, mit dem er in den fünfziger Jahren ein Verhältnis hatte, wobei er dann allerdings zur Kennzeichnung das E deutlich anders schrieb – mehr läßt sich dazu nicht sagen. Außer daß er sich mit seiner Treue offensichtlich schwerer tat.

Dazu kam – im Mai – die Emmy Kropila, die seit dem Umsturz in Prag – 1948 – in Wien lebte; sie war fünfundzwanzig und hatte in Prag bereits dem – nun etablierten Journalisten – Jossip Zorn gefallen. Der alte Charmeur und Sibiriake, der unter den Nazis zweieinhalb Jahre im Gefängnis gesessen war, hatte ihr Briefe zum Überbringen an zwei Kameraden von Krasnaja Rjetschka und Krasnojarsk geschickt: Ernst von Scharmitzer und Heimito von Doderer. Zu letzterem kam sie abends am 11. Mai 1949 und fand ihn sehr bereit, sich ihr zu widmen. In all den folgenden Jahren (bis zu ihrer Verheiratung 1954) trafen sie sich vor allem zu Spaziergängen im Wienerwald, also bei irgendeiner Haltestelle der Tramway oder Stadtbahn: das war eines der ältesten Rituale Doderers, schon vor dem Ersten Weltkrieg begonnen. Wozu ihn seine und die umgebende Natur verführte, hielt er, im Gegensatz zu früher, nirgends mehr fest.

Die Kropila war jedenfalls eine intelligente und hübsche Person, die vorerst in einer Speditionsfirma arbeitete, aber bei der beginnenden Stabilisierung ihrer Position als Flüchtling sofort zu studieren begann, nämlich Geographie und Geschichte (und schließlich promovierte). Durch sie – unter dem Namen Drobil – kam Doderer nachträglich zu einem ‚exzentrischen Einsatz' für die *Dämonen*, wobei sie allerdings den ihr zugeordneten Insektenforscher nie gekannt hat (obwohl ein Dr. Williams tatsächlich Vorlesungen hielt).

Im Institut hatte Doderer mittlerweile ein Referat über ‚Abtwahlformeln in Herrscherurkunden' übernehmen müssen, mit einer zeitlichen Begrenzung bis zum zehnten Jahrhundert: er war also hauptsächlich mit den Merowingern und Karolingern beschäftigt. Ob er schon in diesem Frühjahr – immer wieder beteuernd, daß er auf Stellungssuche sei – an seinen grotesken Roman *Die Merowinger* dachte, oder sich zumindest nebelhafte Vorformen eines solchen Buchs in ihm bildeten, muß dahingestellt bleiben.

Daß ihm die Literatur – mit den immerhin neunhundert bereitliegenden Seiten der *Strudlhofstiege* sowie dem *Zihal* in der Hinterhand – nicht mit einem Mal und gänzlich aus dem Sinn kam, ist wohl selbstverständlich; und ebenso verwunderlich wäre es, wenn ihn plötzlich der Ehrgeiz verlassen hätte. Ganz im Gegenteil: er suchte, nach der gründlichen Mißachtung als Autor bei der Entnazifizierung, endlich nach Anerkennung und Eingliederung ins Kulturleben. Daß er bei der ersten österreichischen Buchmesse im vergangenen Herbst (ebenso wie Gütersloh) einfach ignoriert worden war, hatte die Kränkung und das Bedürfnis nach Kompensation nur verstärkt.

So war es ihm im Frühling 1949 besonders wichtig, endlich Franz Theodor Csokor kennenzulernen – bei einem Abendessen, an dem auch der Schriftsteller Alexander Sacher-Masoch teilnahm (der Enkel des etwas berühmteren Vertreters dieses Markenartikels). Csokor war, am Kriegsende mit den Briten aus Italien einrückend, nach Österreich als Emigrant und verbürgter Antinazi zurückgekommen und hatte 1947 den PEN-Club reaktiviert, dessen Präsident er dann für viele Jahre war; Sacher-Masoch, der mit ihm bei den Engländern in Bari gewesen war, wurde sein Generalsekretär. Hier erhoffte sich Doderer einen Zugang zum offiziellen literarischen Leben, der ihm bisher versagt war; daß er sich zugleich darüber ärgerte, diesen beiden Literaten hofieren zu müssen, deren Werke – nicht nur in seiner Einschätzung – seinem eigenen nicht in die Nähe kamen, ist leicht vorstellbar.

Der PEN-Club war damals, von seinen Mitgliedern her, mehr durch deren politische Haltung als die künstlerische Qualität bestimmt – was für eine gewisse Übergangszeit nach der Naziherrschaft gewiß notwendig war, aber bald zu Streitereien führte, da viele zwar dem ehemaligen Widerstand oder der kommunistischen Partei angehörten, aber eigentlich gar keine Schriftsteller waren, sondern solchen – bei der üblichen Abstimmung – den Zutritt zum Club verwehrten. Csokor, der immer ein sogenannter aufrechter Sozialdemokrat gewesen war, verhielt sich dabei – und auch Doderer gegenüber – recht konziliant, wie es seinem Wesen entsprach: der schlampige Junggeselle wollte – und das bis zu seinem Lebensende – von allen, die er kannte, vor allem zum Essen und Trinken eingeladen werden und sich einigermaßen mit intellektueller Redlichkeit durchs Leben schnorren. Liebenswürdig und wehleidig wie er war, wollte er aber außerdem noch ernst genommen werden und bedankte sich für die eingeforderten Einladungen, indem er aus irgendwelchen Taschen seines meist schmuddligen Sakkos ein (ebenfalls: meistens) zerfleddertes Manuskript zog, aus dem er dann endlos vorlas – was die Zahl der Einladungen wieder etwas einschränkte. Und Sacher-Masoch war schlicht ein geselliger Windbeutel mit Herrenallüren und Schulden, was ihm offensichtlich die beste Begründung war, sich als Dichter zu gerieren.

Doderer tat beiden unrecht: er reihte sie später unter seinen ‚Feinden' ein, obwohl sie gegen ihn – als Einlader und Mittrinker – nichts gehabt hatten; aber diese Art von nachlässiger Gutartigkeit reichte nicht aus, ihn bei der Abstimmung gegen die andern Mitglieder des Clubs durchzuboxen. So schrieb Doderer zwar, auf ihre Aufforderung hin, im November desselben Jahrs ein wie üblich beschönigendes ‚Curriculum vitae' für den PEN-Club, wurde aber erst nach dem Erfolg der *Strudlhofstiege* Mitglied; Leute wie Hermann Hakel, ein verbitterter Jude von ätzendem Humor, reichten aus, um genug Stimmung gegen eine Mitgliedschaft Doderers zu machen (hier hatte dieser endlich einen echten ‚Feind').

Anders verhielt es sich mit Hans Weigel – der einer der besten Freunde Doderers werden und bis zu dessen Tod bleiben sollte. Als Kind war er ein so verwöhnter und ekelhafter Pimpf gewesen, daß ihn in Prein an der Rax, wo seine Eltern die Sommerurlaube verbrachten, bald jeder kannte. Als er nach dem Krieg aus dem Schweizer Exil zurückkehrte, spielte er die Rolle des verfolgten Juden nicht mit, sondern provozierte nach allen Richtungen – noch dazu mit erfrischender Frechheit unter lauter Leuten, die sich um Ausgleich bemühten, um es ja nirgends zum Konflikt kommen zu lassen; und vor allem agitierte der kleine und damals auch noch recht magere Mann mit den dicken Brillen gegen ein Österreich, das seine Identität in einer totalen Abschottung gegen Deutschland suchte. Weigel war für ein offenes Fenster in diese Richtung, da er – sicher mit Recht – vermutete, daß die dort aufkommenden demokratischen Kräfte zu einer gegenseitigen Bereicherung bereit wären, welche die nationale Eigenständigkeit der beiden Staaten – die in Österreich nach sieben Jahren versuchter Angleichung bereits tief fundiert war – nicht mehr beeinträchtigen würden.

Doderer hatte sein Verhältnis zu dem neuen Staat schon in der Kriegsgefangenschaft in Eggemoen definiert: er bezeichnete diesen als ‚polis', als ‚Drehscheibe', welche das gesamte Erbe der verschiedenen Völkerschaften der Monarchie in Wien vereinigte. Auch damit drückte er die in der *Strudlhofstiege* vorgegebene Kontinuität nochmals aus; schlicht auf die Formel gebracht: in Wirklichkeit ändert sich soviel wie nichts. (Noch deutlicher sagte es der damals vielleicht angesehenste österreichische Erzähler, nämlich Alexander Lernet-Holenia: er meinte, man müsse nur unbesorgt bei jener Vergangenheit anknüpfen, die seinerzeit unterbrochen worden war – dann ginge schon alles von alleine seinen richtigen Weg.) Im Gegensatz zu diesen Künstlern stellte sich die Regierung die Rückkehr zu einem glaubwürdigen Österreichertum ohne großdeutsche Phantasien als eine Aufgabe, die sie vor allem mit Ländlern und Polkas, mit Blaskapellen und Trachtenanzügen im Sinn eines bedingungslosen Provinzialismus bewerkstelligen wollte, was ihr leider auch gelang.

Der junge Weigel hingegen leistete sich an Konfrontationen, was nur möglich war; und für einen Juden, der sich nicht mit der Opfer-Rolle identifizieren wollte, war erstaunlich viel möglich; unter anderm auch, daß er aus Protest wieder aus dem PEN-Club austrat, ohne daß die wohlmeinenden Herren dort so ganz begriffen hätten, warum er das tat. (Nachträglich kam sogar das Gerücht auf, die Ablehnung der Mitgliedschaft des Altnazis Doderer hätte ihn dazu veranlaßt.) – Das war also mehr oder weniger die neu sich formierende Kulturszene Wiens und der Zweiten Republik, der sich Doderer – ebenso zielstrebig wie orientierungslos – zu integrieren versuchte.

Daß ihm das Schicksal des eigenen Werks am wichtigsten war, versteht sich von selbst. Für Ilse Luckmann war die *Strudlhofstiege* eindeutig zu schwergewichtig, es überstieg ihre finanziellen Möglichkeiten, dieses umfängliche Buch alleine herauszubringen; deshalb stand sie mit dem Beck-Verlag in schriftlicher Verbindung, aber es gab noch kaum Reisemöglichkeiten zwischen der russischen Zone Österreichs und der amerikanischen Deutschlands (dies sollte in diesem Jahr auch eines der Hauptprobleme Doderers sein).

Da der Beck-Verlag von den Amerikanern keine Lizenzen erhielt, neue Werke zu publizieren (er durfte bloß die vorhandenen Restauflagen verkaufen, wobei die Nazipassagen darin getilgt werden mußten), war Dr. Heinrich Beck auf den Gedanken verfallen, einen Cousin namens Gustav End, der aus der Branche der Buchhändler kam, zur Gründung eines neuen Verlages zu gewinnen, für den der Name ‚Biederstein' gefunden wurde – das war der Name eines Palais der Familie am Englischen Garten. Dieser Verlag sollte vorläufig Becks Tradition fortsetzen, brachte aber – aus Gründen des Lizenz- und Papiermangels – recht wenig heraus. Erst 1949 erachteten die Amerikaner den Beck-Verlag als genügend entnazifiziert, um ihn wieder publizieren zu lassen; nun blieb der Biederstein-Verlag gewissermaßen übrig und wurde darauf beschränkt, die belletristische Abteilung des größeren Beck-Verlags zu sein. Doch eigentlich wurde er, trotz einiger respektablen Veröffentlichungen vor allem aus dem französischen Bereich, zu einem eindeutigen Doderer-Verlag.

Dieser war vorläufig nicht ganz begeistert, einen ihm unbekannten Verleger – eben Gustav End – zu haben; doch während Lu Laporte bei Beck blieb, wurde nun Horst Wiemer Cheflektor von Biederstein, womit zumindest eine vertraute Kontaktperson erhalten blieb. Dennoch schrieb Doderer weiterhin regelmäßig an Dr. Heinrich Beck: um ihn darüber zu informieren, was er vorher bereits Gustav End und Horst Wiemer mitgeteilt hatte.

Ilse Luckmann, deren Einsatz für Doderer mittlerweile auf 11.000 Schilling gestiegen war, stellte für ihre Rechte Forderungen, über die man sich vorläufig nicht einigen konnte – Doderer war darüber extrem besorgt. Es wäre notwendig gewesen, daß sowohl sie als auch er zu Besprechungen nach München fahren hätten können. Doch die dafür erforderlichen Papiere zu erkämpfen wurde für rund ein halbes Jahr neben dem Geschichtsstudium fast zur Hauptbeschäftigung, obwohl ihm Dr. Ingraf im Innenministerium behilflich war.

Im Institut selbst hatte sein Referat über die Abtwahlformeln zur Folge, daß ihm Professor Santifaller dieses Thema zur sorgfältigeren Ausarbeitung als Institutsarbeit übertrug, die vor Abschluß des Studiums, also in einem Jahr, abzugeben war. Trotz der langsam wieder steigenden Aussichten auf ein Leben als Schriftsteller blieb sein Zweifel bestehen, ob er davon werde leben können, und auch deshalb nahm er seine Studien am Institut sehr ernst; manchmal lernte er nun auch gemeinsam mit Kollegen, besonders in einigen Fächern, bei denen er sich schwerer tat.

Während der Sommerferien fuhr er diesmal nicht auf den Riegelhof, vielleicht seiner Institutsarbeit wegen, vielleicht auch aus privateren Motiven. Gegen Ende Juni hatte er durch Lotte Paumgarten eine Frau Lea von Petrak kennengelernt, die seinem vorgeformten Frauenbildnis sehr entsprach: eine imposante Figur auf schlanken Beinen, dazu freundlich und warmherzig. Mit ihr und Lotte Paumgarten blieb er gleich das erste Mal höchst angeregt bis zum Morgen beisammen, worauf sie aus Frau von Petraks Wohnung – im Schwarzspanierhof – noch in ein Café zum Frühstück gingen. Solche Treffen wiederholten sich nun den ganzen Sommer über sehr oft, und nicht immer im Beisein Paumgartens; es kam auch weiterhin vor, daß er erst im Morgengrauen nach Hause ging.

Er verbrachte ab nun jedes Wochende dieses Sommers draußen in Eichgraben, einem an der Westbahnstrecke gelegenen Ort im Wienerwald, wo er in dem zu Petraks Besitz gehörigen Gartenhäuschen logierte. Aus einer kurzen Anmerkung in Doderers Notizbuch geht hervor, daß ein klärendes Gespräch notwendig wurde; offensichtlich war hier sehr spontan und heftig eine Beziehung entstanden, deren Natur beiden nicht eindeutig war. Jedenfalls unterbrach dieses Gespräch seine Besuche in Eichgraben nicht, aber nach diesem Sommer wiederholten sich weder die Wochenenden auf dem Land noch die langen Abende in der Stadt; eine recht innige Freundschaft, die später auch Maria problemlos miteinschloß, blieb jedoch bis zu Doderers Lebensende erhalten.

Im Herbst 1949 ging es, neben dem Beginn des zweiten Institutsjahres, vor allem um seine Reise nach Deutschland, die er sowohl dem Verlag wie Maria mehrfach angekündigt hatte, aber dann weiter auf die notwendigen Papiere warten mußte. Immerhin hatte er bereits Mitte August ein Köfferchen mit zweitausend Manuskriptseiten zu Ilse Luckmann gebracht, die für den Transport zu Beck sorgte: es enthielt die *Strudlhofstiege*, den ersten Teil der *Dämonen* (das Verlagsexemplar war ja verbrannt) sowie über dreihundert Seiten des *Repertoriums*, das zum ‚großen Wörterbuch' mit rund eintausend Artikeln werden sollte.

Am 29. September konnte er endlich – noch ohne Paß, doch mit den verlangten Bestätigungen, Erlaubnissen sowie dem Visum – abfahren, übernachtete in Salzburg und kam dann am 30. abends in Landshut an: „Ich habe sie, die ich liebe, also wirklich wiedergesehen. Auf dem Bahnsteig zu Landshut, als ihre Erscheinung, die allerlieblichste, aus dem Dunkel auf mich zutrat und sich so vor meinen Augen nach viereinhalbjähriger Trennung gleichsam wieder neu konkretisierte, versank die Trennung, als wir einander umarmten, innerhalb weniger Secunden als wär' sie nie geschehen [. . .] Der gestrige Abend war vielleicht der glücklichste meines Lebens", trug er am nächsten Tag in sein Skizzenbuch ein.[7]

Er blieb zwei Wochen in Landshut, von wo aus er mehrmals den Verlag in München besuchte und dort nicht nur Dr. Heinrich Beck, Lu Laporte und Horst Wiemer wiedersah, sondern auch seinen neuen Verleger kennenlernte, den äußerst freundlichen und umgänglichen Gustav End, zu dem recht schnell eine Art von respektvollem Naheverhältnis entstand, das sich über die Jahre bewähren sollte. Es gab gar keinen Zweifel daran, daß sich der Verlag – nun eben unter dem Namen ‚Biederstein' – weiterhin der Werke Doderers annehmen wollte; doch auch den Autor gedachte man zu unterstützen. Er wurde – weitgehend pro forma – vertraglich zum Verlagslektor ernannt und erhielt ab nun monatlich 350 Mark, von denen nur fünfzig als Vorschuß für die *Strudlhofstiege* galten und später von den Tantiemen abziehbar waren.

Als er wieder in Wien war, dauerte es nur vierzehn Tage, bis er von Beck alle Verträge zugesandt bekam, die er natürlich hochzufrieden unterschrieb und zurücksandte.

Das stärkte ihm sicherlich den Rücken im Umgang mit den andern Schriftstellern, als er wenige Tage später an der Premierenfeier nach der Aufführung von Csokors Stück ‚Der 3. November' teilnahm, wobei die Sauferei bis halb vier Uhr morgens dauerte. Jedenfalls scheint er in diesem Kreis recht wohl aufgenommen worden zu sein, denn zuhause schrieb er während der folgenden Tage gleich sein ‚Curriculum vitae' für den PEN – bei der Abstimmung wurde allerdings wieder gegen ihn entschieden.

Anfang November erhielt er endlich seinen Paß sowie ein zwei Monate gültiges ‚permit' der ‚Allied High Commission' zur mehrmaligen Einreise in die ‚Western Zones' von Deutschland, womit er gleich Anfang Dezember für nur zwei Tage wieder nach Landshut fuhr. Nach dem ersten Besuch hatte er Maria geschrieben: „Sei dem Kater gnädig, obwohl er vielerlei Unarten zeigte: er war ja vor Glück aus dem Häusl"[8]; mittlerweile wurden auch schriftlich ihre Heiratspläne immer konkreter: er rechnete mit dem Erscheinen der *Strudlhofstiege* im kommenden Herbst, und unmittelbar darauf sollte die Hochzeit erfolgen. Doch der Kurzbesuch vom 2. bis 4. Dezember war weniger erfolgreich, da Doderer völlig erkältet war; immerhin gab ihm die besorgte Maria eine ganze Gans nach Wien mit, die wohl wieder von der Poldi zubereitet wurde (vielleicht aß dann die Kropila mit, die er wieder öfter traf).

Vor dieser Kurzreise hatte er im Institut 383 Auszüge aus Urkunden des 6. bis 11. Jahrhunderts abgegeben; also enorm viel gearbeitet. Kaum zurück, war es der ‚Krampus', der jedem Institutsmitglied ein Paket von Urkunden aus dem 13. und 14. Jahrhundert auf den Schreibtisch legte, von denen Doderer annahm, „daß sie von den Verfassern selbst schon damals nur zu dem Zwecke geschrieben wurden, um uns zu hunzen"[9]. Daneben hatte er für den Verlag *Die erleuchteten Fenster* zu korrigieren (die er Astri gegenüber als sein bestes Werk nach der *Strudlhofstiege* ausgegeben hatte). Aber trotz dieser Arbeitsüberlastung war er diesen Herbst hindurch fast ständig guter Laune, entspannt und humorvoll: die nahe scheinende Befriedigung seines großen Ehrgeizes und die Wiederbegegnung mit Maria wirkten sich aus. Zu ihr fuhr er dann am 23. Dezember nach Landshut und blieb dort bis zum 8. Januar 1950; bei seinem Besuch im Verlag erhielt er bereits die kompletten Korrekturfahnen des *Zihal*.

Doch statt das neue Werk herauszugeben, entschloß sich der Verlag, der unterdessen mit Ilse Luckmann handelseinig geworden war (gemeinsame Herstellung der Bücher, sie übernahm den Vertrieb in Österreich), den Rest ihrer Auflage des *Umwegs* für

Deutschland zu übernehmen. Sowohl Wiemer als auch das Fräulein Dr. Laporte lasen, nach dem *Zihal*, die *Strudlhofstiege* sehr sorgfältig, um Doderer ihre Korrekturvorschläge zu unterbreiten. Dieser hoffte zwar noch immer auf ein baldiges Erscheinen seiner Werke (ursprünglich war Ostern 1950 für den *Zihal* und der folgende Herbst für die *Strudlhofstiege* vorgesehen), stellte aber zunehmend fest, daß er selbst nicht in der Lage war, die dazu nötige Leistung – an Gesprächen und Korrekturen – zu erbringen.

Im letzten halben Jahr des Kurses fraß ihn das Institut auf; er konnte es sich – vor den großen Prüfungen im Juni – kaum leisten, auch nur eine einzige Vorlesung zu versäumen. Seine Arbeit über die Abtwahlformeln – die er dann selber mit seiner kleinen Maschine ins reine schrieb – beruhte auf rund fünfhundert Urkunden, die vorher noch nie bearbeitet worden waren. Daneben kam auch sein privates Leben fast völlig zum Erliegen; selbst an Lotte Paumgarten schrieb er (nun mit der Anrede: ‚Lieber Paumgarten!'), daß sie besser nicht nach Wien kommen sollte, da er vor Ende Juni keine Viertelstunde Zeit für sie habe – und schon die briefliche Mitteilung darüber sei eine zusätzliche Belastung.

End und Wiemer hatten Einsehen und ließen die Erscheinungstermine vorläufig offen; und Doderer schlug das Wasser über dem Kopf zusammen. Das Wohlbefinden des Herbsts hielt diesem Druck nicht stand, er war nahezu andauernd verkühlt, beklagte sich über neuralgische Schmerzen und nervliche Überreizung. Darauf reagierte er – abends – häufig mit zuviel Schnaps. Wenn er dennoch ausging, dann geschah es, um sich im Literaturleben der Stadt – im Wien des Dritten Mannes und der Vier im Jeep – weiter zu verankern: er war ebenso bei einem Vortrag Güterslohs in der Albertina wie er, bei Gelegenheit, mit Csokor und Sacher-Masoch bis viel zu spät in der Nacht trank, er ließ sich von dem Ehepaar Annelies und Heinrich Koller einladen, um dort mit Lernet-Holenia zusammenzutreffen; er wußte oder erhoffte seine künftige Rolle und verabsäumte nichts, um sie zu fördern.

Aber so hart er auch für den Abschluß des Institutskurses arbeitete: es geschah nun nicht mehr mit jener Verzweiflung aus Zukunftsangst, mit der er begonnen hatte. Das Nachdenken über die *Strudlhofstiege* und auch über *Sexualität und totaler Staat* hatte ihm die *Dämonen* wieder in greifbare Nähe gerückt: das nun vor rund zwanzig Jahren entworfene Hauptwerk seines Lebens. Und darauf wollte er keinesfalls verzichten. So stellte er der Schwester Astri gegenüber die Arbeit am Institut schon ganz anders dar, als er sie vorher selber gesehen hatte: als eine extreme Disziplin in kleinster Detailarbeit, die sich dann indirekt auf die ganz andere Arbeit an den *Dämonen* auswirken würde. In seinen Hoffnungen auf schriftstellerischen Erfolg erwartete er – trotz gelegentlicher gegenteiliger Äußerungen – gar nicht mehr, sich wirklich einen ‚Brotberuf' suchen zu müssen; wenn er gelegentlich davon sprach, daß er vielleicht an einer Universität eine Dozentur bekommen könnte, so war das – im Gegensatz zur früher angepeilten Arbeit in einem Archiv oder in einer Bibliothek – meistens etwas, womit er Gesprächs- oder Briefpartner beeindrucken wollte.

Am deutlichsten aber wird seine innere Distanz und die daraus erwachsende Freiheit im Projekt der *Merowinger:* einer – wie er selber später gern sagte – ‚Lausbüberei', welche die fachwissenschaftlichen Kenntnisse in verspielte bis derbe Phantastereien rückverwandelte. Es war ein Ventil, das er gleichzeitig mit dem zunehmenden Druck öffnete; die ersten nachweisbaren Skizzen erfolgten im Februar 1950, doch dürfte vieles von diesem gehobenen Unfug auch im Gespräch entstanden sein: in den Briefen an Astri setzte er bereits ein erhebliches Detailwissen dieser Fülle von befreienden Erfindungen und Auslassungen der Wut voraus. Eine geregelte Arbeit daran war vorläufig unmöglich; aber gerade der Druck provozierte die Kompensation durch Phantasie – und das war fast immer und überall möglich, in Pausen, im Wirtshaus, im Bad, im Bett. Zugleich sollte dieses Buch – das Epos der Ungezügeltheiten und Idiosynkrasien, des Zorns und des Kindischen – auch einen Gegensatz zu den strenger geplanten und disziplinierten Werken darstellen; Behinderungen und Willkürlichkeiten bei der Entstehung spielen hier eine geringere Rolle.

Das war unter Umständen sogar die einzige Erleichterung bei der doch sehr erschöpfenden Entschlossenheit, sich seine fachwissenschaftliche Qualifikation zu besorgen. Am 15. Mai lieferte er seine Arbeit über die Abtwahlformeln ab und wurde zehn Tage später vor allen Teilnehmern von Professor Santifaller dafür belobigt. Ab 5. Juni begannen die schriftlichen Prüfungen, bei denen er mit ‚Gut' bis ‚Befriedigend' abschnitt, in Quellenkunde allerdings mit einem ‚Noch genügend' gerade durchrutschte. Die mündlichen Prüfungen dauerten bis zum 19.; mit Leistungen zwischen ‚Sehr gut' und ‚Befriedigend' bestand Doderer und hatte damit, wie er telegraphisch an Mienzi und den Verlag mitteilte, den Institutskurs erfolgreich abgeschlossen. Anschließend wurde ‚gedraht', also feiernd gesoffen. Beim offiziellen Kursende am 29. Juni 1950 hielt er eine Rede, in der er das humanistische Bildungsideal hochleben ließ: dabei anwesend war der Rektor der Universität, Dr. Richard Meister, der als seinerzeitiger Klassenvorstand den jungen Doderer bei der Matura in Griechisch hatte durchfallen lassen.

Ganz unglaublich, gerade für Österreich: es gab und gibt keinen eigenen Titel für die als exklusiv betrachtete Leistung des Institutsabschlusses. Dennoch feierte Doderer am nächsten Tag weiter, diesmal in der Alten Donau badend, mit der Kropila; mit ihr war er auch einige Tage später im Stadionbad und lud sie abends sehr nobel in die ‚Linde' in der Rotenturmstraße ein, wobei er betroffen war, wie hoch die Rechnung ausfiel. Aber schon im ganzen letzten Jahr waren ständig kleinere Beträge aus der Erbschaft nach seiner Mutter freigeworden, Besuche bei Astris Anwalt ‚Löwenkatzi' hatten sich meistens gelohnt – und dort war er auch immer freundschaftlich behandelt worden und nicht als Bittsteller. Zur Verbesserung seiner finanziellen Situation kam noch hinzu, daß Immo und er beschlossen hatten, ihre Anteile am Riegelhof an Astri zu verkaufen – sie erhielten den genauen Schätzwert der Liegenschaft, nämlich 20.300 Schilling; ein Preis, wie er in der russischen Zone Österreichs durchaus üblich war, da man der Zukunft mißtraute und nicht unbedingt an die Sicherheit von Eigentum glaubte. Astri verkaufte einen Großteil ihres Schmuckes, um sich das elterliche Haus leisten zu können; Heimo bekam etwas über 5000 Schilling, wobei sich nicht mehr feststellen läßt, ob er davon abrechnete, was ihm die Schwester früher hatte zukommen lassen.

Zu ihr auf den Riegelhof fuhr er dann auch im Juli, um sich von seinen Anstrengungen zu erholen; gegen Ende des Monats besuchte er nochmals Lea von Petrak in Eichgraben, dann reiste er nach Landshut ins ‚Mienzi-Nest', wo er fast zwei Monate blieb. Dabei gab es viele Besuche in München: jetzt arbeiteten er und Horst Wiemer wirklich hart an den Korrekturen der *Strudlhofstiege*, die nun schon in Fahnen vorlag – und bereits am 20. September trafen die ersten zehn Bögen des Umbruchs ein. Doch ein Erscheinungstermin in diesem Jahr kam nicht mehr in Frage: nun wollte der Verlag im kommenden Frühling sozusagen doppelt beeindrucken, nämlich innerhalb weniger Wochen, nach einer entsprechend großen Werbekampagne, den *Zihal* zuerst und dann die *Strudlhofstiege* herausbringen.

Am 23. September kehrte Doderer nach Wien zurück und dachte gar nicht daran, sich um irgendeine Anstellung in Archiven oder Bibliotheken zu bemühen, wozu ihn das Zeugnis des Instituts für besonders geeignet erklärt hatte. Er korrigierte den Umbruch seines ‚großen Romans' weiter, wie er in den Briefen an Maria meistens schrieb, und tat sonst so dies und das: vorläufig ziellos, wie es nach dem Abschluß großer Arbeiten häufig geschieht. Beim Spazierengehen kam er bis zu einem Schiffswrack in Nußdorf, das er dann ‚nach der Natur' beschrieb, wie die ersten Schreibversuche im Jahr 1916 geheißen hatten. Das sollte zu einem seiner Meisterwerke führen, nämlich den *Posaunen von Jericho*, auch als *Divertimento No. VII* geführt, was ursprünglich der Titel (oder eher: die Absicht) beim Beginn der Arbeit am *Geheimnis des Reichs* gewesen war.

Doch vorläufig war es noch nicht so weit: er trieb sich allerorts und mehr und mehr herum – vorzugsweise in Kreisen, die ihm nützlich sein konnten. Dazu gehörte nun auch Hans Weigel (den Doderer im Notizbuch ein halbes Jahr lang falsch schrieb: nämlich Weigl). Auch ohne nützliche Seitenabsichten war ihm nach Geselligkeit zumute, er saß wieder viel in ‚Grahsls Wirtsstube' herum und frequentierte auch die gewohnten Cafés wie das ‚Rebhuhn'; sogar bei sich zuhause gab er eine Cocktailparty, und zwar für Haybach – der nun die Secession leitete – und dessen junge Freundin Angela. (Mit Haybach hatte er seinerzeit aus Dachau die Vereinbarung getroffen, daß dieser, quasi als sein Agent, mit fünfzehn Prozent an Doderers Tantiemen beteiligt sein sollte, und an diese Abmachung hielt er sich nach wie vor korrekt; doch sonst war der Kontakt nun eher gering.) Ein anderes Ereignis war ein Konzert Lotte Paumgartens in der Urania, das allen Beteiligten in schauerlicher Erinnerung blieb; Doderer hatte möglichst viel Publikum zusammengetrommelt und lud dann Astri, Qualtinger, Marie-Louise, die Kropila und andere ins ‚Griechenbeisl' ein, was ihn ziemlich teuer kam. Sonst traf er noch viel mit Edmund Schüller (der ihn in diesem Winter gegen Ischias behandelte) sowie mit Helmut Qualtinger zusammen, wobei es immer sehr spät wurde.

Neben diesem nun unruhigeren Leben und den vielen Korrekturen an der *Strudlhofstiege* kam es, abgesehen vom Tagebuch, kaum zu regelmäßiger Arbeit. Diese hätte eigentlich den *Merowingern* gelten sollen, zu denen er schon im September – in Landshut – eine Liste von vierzehn Kapiteln notiert hatte (eines davon hieß ‚Antoinette Langer'); aber es scheint ihm doch unter anderm auch der Entschluß gefehlt zu haben, sich ganz ernsthaft auf eine große Organisation dieses vielfältigen Unfugs einzulassen. Dafür schwelgte er bereits in Einzeleinfällen, etwa den Produkten der Firma Hulesch & Quenzel, die garantiert schwere Wutanfälle verursachen: ‚pneumatische Untertassen' zum Beispiel, die sich erst nach Heben der Tasse lösen, oder der ‚Taschengrus', der aus den Anzügen kaum mehr herauszubringen ist und eine Schwarzfärbung der Fingernägel unvermeidlich macht. Doch die wirkliche Arbeit daran begann erst später: nämlich bezeichnenderweise eine Woche nach der großen Präsentation der *Strudlhofstiege*, als er sich sozusagen genügend seriös etabliert fühlte, um sich dem grotesken Gegenteil widmen zu können.

Dafür schrieb er, vom Winter bis Frühling 1950/51, plötzlich an einem kaum vorbereiteten Werk, dem erwähnten neuen Divertimento *Die Posaunen von Jericho*. In der erst 1958 erschienenen Ausgabe des Arche-Verlags umfaßt es weniger als sechzig Seiten Text. Es ist das sprachlich unprätentiöseste Werk Doderers, zumeist in kurzen klaren Sätzen geschrieben, ohne die üblichen Anbiederungen an den Leser, ohne die ironischen Vertracktheiten und Altertümeleien. Im Ich-Erzähler kann man – selbst wenn die Handlung fiktiv ist – durchaus den Autor sehen. Das Thema der Geschichte – sowohl den Ich-Erzähler als auch den zipfnasigen Pensionisten Rambausek betreffend – ist, wie jeder der beiden auf seine Weise schuldig wird. Der Pensionist ist es von Anfang an, mit seinem sexuellen Interesse für kleine Mädchen; der Erzähler, der sich moralisch überlegen fühlt, wird es, indem er sich mit Saufkumpanen treiben läßt (ein häufiger Vorwurf Doderers an sich selbst) und schließlich einer harmlosen und lieben alten Dame mit der besoffenen Runde einen Streich spielen will, der zum Glück ein Schlag ins Wasser ist – der Beschreibung ist anzumerken, daß es sich um Doderers Wohnung in der Buchfeldgasse und um die Mame Gold handelt (auch wenn das Ereignis – die mitternächtlichen Posaunenbläser vor der Schlafzimmertür der alten Frau, die ohnehin nicht zuhause war – gewiß nicht stattgefunden hat).

Diese Geschichte seltsamer Verstrickungen und Verbindungen ist eine der souveränsten Doderers, da er – gerade durch den Ich-Erzähler, der sich bei der Erklärung seiner Gedanken und Empfindungen nur selber entlarvt – keine Gelegenheit hat, als der stets mehr wissende Autor aufzutreten und zu kommentieren. Es handelt sich sozusagen um pures Erzählen im Vertrauen auf die Wirksamkeit der Darstellung; es nimmt jenen ‚roman muet' – den ‚stummen Roman' der letzten Phase Doderers, in dem nichts erklärt, sondern bloß vorgezeigt werden sollte – auf eine seltsam andere und eher natürlichere Weise vorweg. Zugleich berührte ihn das Grundthema sehr persönlich – sicherlich waren es die letzten Monate vor der Niederschrift, die das vordergründige Material geliefert hatten; doch als ein Mensch, der sein schlechtes Gewissen immer wieder auch als Motor seines Lebens und Schaffens begriff und bezeichnete, hatte er hier einen Grundakkord seines Daseins angestimmt, ganz egal, auf welche Thematik seines Lebens man dieses Schuldgefühl nun auslegend anwenden wollte.

Im letzten Absatz verläßt der Erzähler den Schauplatz der Ereignisse und befindet sich, in endlich wieder ausgeglichener, wenn auch sehr empfindsamer Verfassung, im Schnellzug nach Westen, den Wienerwald querend (selbst Eichgraben wird erwähnt). Allein die Schönheit dieser geradezu euphorischen Beschreibung vermittelt ein unerwähnt bleibendes Glück. Tatsächlich fuhr Doderer dann in diese Richtung seinen großen Erfolgen entgegen.

Vorher, noch im März, hatte er sich eines Tages hingesetzt und nach einem Buch gegriffen, um es in einem Zug durchzulesen; es handelte sich um den *Mord den jeder begeht*, und er notierte anschließend: „Ein tadelloses Buch!“[10] Doch nach dem Erscheinen der *Dämonen* bezeichnete er gesprächsweise nicht selten *Die Posaunen von Jericho* als sein eigentliches ‚Hauptwerk‘.

4. Teil: 1951–1966

29. Triumphzug

Mitte März 1951 trafen die ersten fünf Exemplare des *Zihal*, wie er *Die erleuchteten Fenster* für den Hausgebrauch ausschließlich nannte, bei ihm in Wien ein: „ein Kabinett-Stückchen von Buch", teilte er Maria mit. Eines davon erhielt gleich am nächsten Tag Hans Weigel, der vom Café ‚Raimund' aus über Theater- und Literaturkarrieren entschied; vielleicht drückte Doderer ein gewisses Unbehagen darüber aus, als er am selben Tag notierte: „Wien hat den Zauber complexer Fäulnis."[1]

Ein zweites Mal im Leben setzte er, wenn auch nicht mit so absoluter Ausschließlichkeit, fast alles auf Deutschland. Noch vor dem Abschluß seines neuen ‚Divertimentos', das er selber als gewagt und eigentümlich empfand, fuhr er am 4. April nach Landshut; und von dort gleich am nächsten Tag zum Verlag in München. Der Biederstein-Verlag hatte die beiden Bücher in großen – teilweise ganzseitigen – Annoncen beworben, nun fand am 6. April zum Erscheinen der *Strudlhofstiege* im neuerrichteten Verlagsgebäude in der Wilhelmstraße ein großer Presseempfang statt.

Noch nie war Doderer so sehr im Fokus nicht nur seiner persönlichen Umgebung, sondern auch der Öffentlichkeit gestanden, er wurde einer Flut neuer Menschen ausgesetzt, die mit ihm sprechen wollten, die ihn zu interviewen oder zu fotografieren hatten, und das mußte ihm ein gutes Gefühl für den Erfolg seines großen Romans geben – er war noch nicht oft in seinem Leben gefeiert worden. Auch daß Mienzi dies alles an seiner Seite miterlebte, war ihm gewiß wichtig und kompensierend für die vielen Situationen, in denen er ihre Hilfe gebraucht hatte. Das Fehlen der Freunde und Verwandten aus Österreich löste zwiespältige Gefühle aus: einerseits liebte er es, alle andern über seine Erfolge informiert zu wissen, was er auch als eine hierarchische Klarstellung auffaßte, die ihm gleichzeitig das Leben erleichtern sollte; andererseits empfand er Österreich, wo er gerade als Schriftsteller viele bittere Gefühle entwickelt hatte, vom bisherigen Höhepunkt seiner Laufbahn hier als zu Recht ausgeschlossen.

Umso gerührter war seine – weit über eine geschäftliche Verbindung hinausgehende – Anhänglichkeit an den Verlag, der ihm seinen Lebenstraum zu verwirklichen half; bei Dr. Heinrich Beck bedankte er sich mit einer geradezu lebenslangen Verehrung. Mit den Mitarbeitern aus dem Verlag, die auch einen hohen persönlichen Einsatz für Doderer und sein Werk erbracht hatten, ging er schließlich nach dem Presseempfang in die Weinstube am Platzl weiterfeiern: das waren neben Gustav End vor allem Lu Laporte und Horst Wiemer (mit ihm und seiner Frau Madeleine entstand eine enge und herzliche Freundschaft) sowie Dr. Sund, der eigentlich Leiter der wissenschaftlichen Verlagsabteilung war, sich aber bei den Korrekturvorschlägen zur *Strudlhofstiege* als sehr nützlich und hilfreich erwiesen hatte und sich auch für den Erfolg des Werkes vielerorts einsetzte.

Doch zum Genuß des Triumphes, der gerade erst begann, bekannte sich Doderer auch in der Folge kaum offen, obwohl ihm in Wahrheit alles lieb war, was ihn in den

Mittelpunkt der Ereignisse und vor allem der Bewunderung rückte. Das war den Zuschauern klar, die beobachten konnten, wie er sich raumverdrängend und gestenreich absolut unübersehbar – und mit erhobener Stimme auch unüberhörbar – machte, noch dazu mit großem Geschick den Eindruck vermittelnd, er sei immer und ganz natürlich so und nicht anders. Nur manchmal wirkte er verkrampft, wenn er sich seiner Sache oder vor allem der allgemeinen Zustimmung nicht sicher war; dann wurde auch, zwischen den jähen Feuerwerken von Charme, die schmallippige Verbissenheit seines Mundes so deutlich wie ein gerader Strich, den er durch diese Veranstaltung zog. Doch der Erfolg, der in diesem Leben weitgehend nur noch zunahm, wirkte auf ihn wie die Heißluft auf eine Montgolfiere; er paßte nun sehr breitschultrig in seinen Anzug, wurde behend, tänzelnd und geschickt, balancierte Gläser zu allen möglichen Damen, blinkte unter extrem hochgezogenen Brauen sehr dunkel aus den schrägen Augen und verblüffte mit einer früher nicht gekannten Leichtfertigkeit durch immer kontroversiellere Formulierungen, als wäre der Esprit, den Gusti bei andern bewundert hatte, plötzlich sein ureigenstes Wesen geworden.

Natürlich: er war älter und durch seine Erlebnisse, vor allem aber durch seine nun schon so lange Zeit in den Tagebüchern sowie im *Repertorium* geübten Festlegungen auf sehr eigene Meinungen komplex-eindeutiger geworden, was mit der Rückenstärkung durch den Erfolg zu einer imposanten und bewußt sich selbst imponierenden Figur führte. So wurde er, gleichzeitig mit dem Erscheinen der *Strudlhofstiege*, zum eigenen Monument, dessen Starrheit er durch bewußte Bizarrerien und Kauzigkeiten nicht nur unterhaltsam milderte, sondern auch zu noch größerer Singularität aufwertete. Seine Antworten, in Gespräch wie Interview, kamen aus den bis in Einzelheiten der Formulierung beherrschten Theoremen dessen, was man, in der Umfassendheit der gemeinten Problembewältigung, als seine Privatideologie bezeichnen könnte: und obendrein so rasch und zielgerecht wie von der Sehne des Bogens geschnellt (hätte er als Bogenschütze gesagt, zu dem er sich ebenfalls immer wieder stilisierte); im Grunde hatte er sein ganzes Repertoire von Ansichten druckfertig parat und ging auch gesprächsweise so damit um: absichtlich und erfolgreich verblüffend. Da stand es mit einem Mal fix und fertig da: das altösterreichisch wirkende Unikum, außerhalb aller Regeln der umgebenden Literaten angesiedelt; und noch dazu in Deutschland. Daß er den Erfolg jedes Auftritts, wo auch immer dieser stattfand, sehr genoß, steht außer Zweifel.

Zugleich arbeitete er an einer extrem gegensätzlichen Rolle: in den Tagebüchern, die schon für die Öffentlichkeit geplant waren, erwähnte er gar nicht mehr, daß und wie er in dieser auftrat. Im Gegenteil: der Eintragung vom 6. April 1951 würde niemand ansehen, daß es der Tag seines enorm genossenen Presseempfangs gewesen war; er beschäftigte sich – disziplinär – mit der Theorie des Wirklichen: „Die Tiefe ist außen“ lautete das Thema des Tages – seine prinzipielle Begründung des Naturalismus, im Sinnlichen und Künstlerischen überzeugender denn als Doktrin. Die eigene Eitelkeit, die er lebte, war für ihn, als eine erkannte, bereits überwunden und damit kein Thema mehr, also auf der Ebene der eigentlichen (ersten) Wirklichkeit nicht mehr vorhanden: was ja bisher schon der fundamentale Trick gewesen war, um aus der Welt zu schaffen, was er darin nicht haben mochte.

„Für mich verlöre alles Schreiben den Reiz und Stachel, wenn ich nicht immer wieder hoffte, mich damit aus der Welt zu schaffen – samt meiner Schreiberei –": „daß ich mich eliminiere"[2], war acht Tage nach der Buchpräsentation die Hoffnung im Tagebuch. Das war eine Position, an der er bis zu seinem Lebensende mit immer wieder neuen Formulierungen baute: sich selber quasi zum Verschwinden zu bringen, das eigene äußerliche Leben – im Gegensatz zur paradigmatischen Existenz des Künstlers – unvollendet in der Ecke stehen zu lassen, als Person bloß ein unbekannter Herr im Treppenhaus zu sein – um im Werk die Außenwelt wiederzuerobern, in der man dann vielleicht eine Spur der eigenen Wahrheit wiederfindet; eben völlig von außen, fast ohne Erinnerung an den aufgeblähten Popanz, den es in der eigenen Innensicht einmal gegeben hatte.

Da waren sie nun wieder: von Lao Tse – Doderer ließ sich damals von München aus ein Exemplar des ‚I Ging' besorgen – bis zu Franz von Assisi. Die meisten Mystiker waren sich einig gewesen, daß die eigene Person – mit ihren Ansprüchen, Vorlieben, Erinnerungen etc. – den Weg zur Wahrheit verstelle; nur Meditation, die einen selber ‚eliminiert', wie Doderer es reichlich gewaltsam formuliert, macht den Blick auf die Wirklichkeit – der Einheit von Gottes Welt – frei. Diese Anforderung an den Mystiker übernahm Doderer – immer wieder – als eine an den Schriftsteller: was die Wertigkeit zeigt, die er diesem beimaß; also sich selber. (Und tatsächlich könnte man aus der Geschichte des Abendlands die Einsicht gewinnen, daß die Abnahme der Mystik in der offiziellen katholischen Kirche – mit dem Ende des Mittelalters – den Aufstieg neuer Künste bewirkt hat, die von der Renaissance bis zur Romantik spirituelle Sinnfragen immer intensiver stellten und damit ein Erbe übernahmen, das von einer institutionalisierten Religion kaum noch berührt wurde.)

Doch wie viele Motive Doderer auch immer hatte, sich selbst zu ‚eliminieren': er blieb im Zentrum des eigenen Interesses und genoß sich gerade jetzt mehr als je zuvor; mit zunehmend satter Befriedigung. Anstatt sich jedoch dazu zu bekennen, ließ er sich für seine unerhörte Disziplin loben, mit der er die zumeist als überaus anstrengend beschriebene ‚Öffentlichkeitsarbeit' leistete: dem Verlag zuliebe, der so viel für sein Werk eingesetzt und riskiert habe, bald auch den Lesern zuliebe, die ein Recht darauf hätten, ihrem Autor begegnen zu können und ihre Briefe beantwortet zu bekommen, und schließlich auch noch als Verpflichtung einem Werk gegenüber, das nun schon nicht mehr ihm, sondern der Allgemeinheit gehöre. Je mehr er seine Auftritte – Lesungen, Vorträge, Rundfunktermine etc. – als unfreiwillig hinstellte, um so mehr erschienen sie als notwendige Verpflichtung und wichtig; auch das war ein Eindruck, den er nicht ungern vermittelte.

Nach dem Münchener Presseempfang blieb er einstweilen in Landshut. Da er sich die Disziplin so sehr zur Regel seines Lebens gemacht hatte, daß er jeder so zustande gekommenen Leistung die intime Befriedigung abgewann, ein für sich selber respektablerer Mensch geworden zu sein, begann er sofort wieder mit der Arbeit. Zuerst beendete er – bis zum 12. April – das Divertimento; am 14. April fing er ernsthaft an den *Merowingern* zu arbeiten an; und nur drei Tage später begann er die sorgfältige Durchsicht des *Dämonen*-Typoskripts. Hier galt es, zuerst einen Überblick über den vorhandenen ersten Teil zu gewinnen und dann das gesamte Werk neu zu planen, was einige Zeit in Anspruch nahm. Zur Wiederaufnahme des Schreibens an diesem Werk kam es erst am 21. Oktober.

In Landshut nahm er daneben, sozusagen kleinbürgerlich gesittet, an Marias Leben teil, besuchte mit ihr die Schwestern und andere Verwandte und paßte sich mit einer Umgänglichkeit an, der das Schauspielerhafte – wegen laienhafter Übertreibung – noch nach Jahren anzumerken war. (Unterspielen war in keinem Zusammenhang sein Talent – da verschloß er sich eher finster.) Was er von Maria an Anpassung verlangte, fiel ihr vor ihrer Pensionierung nur im Urlaub auf: nämlich daß sie sich den ganzen Vormittag, während er schrieb, nicht mucksen durfte, sondern bloß still und bewegungslos etwa ein Buch am andern Ende der Wohnung lesen konnte: er ertrug nicht das geringste Geräusch. Sonst verlangte er von ihr – wenn man von seinen sexuellen Vorlieben absieht – nur noch mit hartnäckiger Fixiertheit, daß sie mehr essen sollte, um wirklich rund und dick und fett zu werden; er forderte häufig – auch telefonisch von Wien aus – Gewichtskontrollen; und das bloß übliche Ausmaß ihrer Molligkeit enttäuschte ihn immer wieder.

Zunehmend aber lauerte er in Landshut auf Reaktionen und Kritiken zu seinen Werken. Und was da dann – über Monate und bis in den Herbst hinein – eintraf, war überwältigend. Daß die *Strudlhofstiege* als meisterlich bis epochal, der Autor als Epiker höchsten Ranges oder schlicht genial bezeichnet wurde, war geradezu ein Unisono, das nun durch alle Zeitungen tönte. Wenn der *Zihal* daneben ein bißchen unterging oder weniger überschwenglich behandelt wurde, war das, bei allen sonst so laut schallenden Lobeshymnen, zu verschmerzen – obwohl Doderer jede Kritik an ihm penibelst zur Kenntnis nahm und nicht mehr vergaß.

Vor allem aber sammelte sich, vor seinem geistigen Auge, erstmals ein illustrer Kreis von Menschen, die er persönlich zum Großteil noch gar nicht kannte, doch deren Gemeinsamkeit es war, für ihn und sein Werk einzutreten: eine Phalanx gegen seine ‚Feinde'. Und ‚illuster' war für ihn im Grunde jeder, der sich so richtig entschieden hatte; allen diesen gegenüber war er bereit, mit Gegenlob, Komplimenten und Artigkeiten fast jeder Art zurückzuzahlen, was gar nicht gefordert worden war.

Außerdem gab es auch Fälle, die ihn über das übliche Ausmaß hinaus freuten, so etwa ein Brief von Dr. Gerhard Nebel an Horst Wiemer – wobei das Wichtige nicht nur das Lob war, sondern vor allem die Tatsache, daß Nebel als enger Vertrauter von Ernst Jünger galt. Doderer war überzeugt, daß Jünger „neben Gütersloh der wichtigste heute lebende Autor deutscher Sprache" sei[3]. Fast eine Seite dieses Briefes schrieb Doderer im Verlag ab und bewahrte sich das ein Lebtag lang auf: „Die ‚Strudlhofstiege' ist außerordentlich. So etwas von präzisen, tiefen Beschreibungen, von Wachheit, von Kunstverstand gibt es in Deutschland nicht mehr. Das ist Proust und Musil in einem." Nach diesen Bemerkungen störte Doderer nicht einmal die krasse, wenn auch verständliche Fehleinschätzung: „Natürlich habe ich auch Bedenken – das wichtigste ist wohl die Metaphysiklosigkeit, die völlige Absenz des Theologischen. Insofern ist Doderer gar nicht mein Geschmack. Aber gerade darum muß ich die Genialität des Mannes bewundernd anerkennen." Doderer bedankte sich – indirekt bei Ernst Jünger, indem er ihm ein Widmungsexemplar des *Umwegs* schickte (als Antwort erhielt er ein halbes Jahr darauf ebenfalls ein Widmungsexemplar).

Aber am wichtigsten waren ihm, selbst neben so bekannten Begeisterten wie dem Kritiker und Übersetzer Karl August Horst, Zustimmungen von jüdischer Seite. Hilde Spiel war damals als Kritikerin bekannt und gefürchtet (Doderer wußte wohl kaum, daß sie das Mädchen neben der von ihm bewunderten Mutter im Döblinger Bad gewesen war). Obwohl seit ihrer Emigration in London lebend, veröffentlichte sie in den angesehensten Zeitungen und Zeitschriften Deutschlands – und war unter anderm auch berühmt dafür, keine Nachsicht für ehemalige Nazis zu kennen. Daß dann auch sie, mit sehr präzisen Analysen des Werks, geradezu autoritär in den Chor der rückhaltlosen Bewunderer einfiel, erschien Doderer fast als entscheidend – auch im Sinn einer Rehabilitation: das Gelingen in der Kunst war wichtiger als die Fehler des Lebens. Hilde Spiel, die natürlich über Doderer Bescheid wußte, schrieb später in ihren Erinnerungen: „Doderers *Strudlhofstiege* hatte mich verzaubert [. . .] Ich war wehrlos gegenüber dieser Verdichtung wienerischen Lebensgefühls, dieser so präzisen wie skurrilen Sprache, dieser Kraft des Aufbaus bei immer wieder frappierender Anschaulichkeit der Details."[4] Daß zu ihrem wohlüberlegten Urteil auch ein wenig Heimweh beitrug, ist offensichtlich.

Und in Wien selber war es, vor Friedrich Torberg und entscheidender als dieser, Hans Weigel, der sein ganzes Gewicht in Doderers Waagschale warf.

Als ‚Heimo' (jetzt immer öfter auch schon ‚Heimito' oder ‚der Doderer' genannt) war er Anfang April weggefahren, als gefeierter Dichter der *Strudlhofstiege* kehrte er am 1. Juni zurück – genau einen Tag nach dem Tod des damals größten österreichischen Autors, nämlich Hermann Broch.

Sein Leben war ab nun ein anderes – auch wenn er zuerst einmal bloß mit der Kropila ins Kino ging, um sich ‚Der dritte Mann' mit Orson Welles und Joseph Cotten anzuschauen. Doch von den Frauen abgesehen, wurde sein Umgang nun schwergewichtiger.

Sein eventuelles Mißtrauen gegen Hans Weigel schwand: dieser war nicht nur ein allzu wertvoller Verbündeter, sondern wurde auch langsam zu einem immer engeren Freund – wobei diesen späten Freundschaften Doderers, neben aller Herzlichkeit, doch eine letzte Intimität fehlte; man spielte die öffentlichen Rollen eben in verläßlicher Gemeinsamkeit nebeneinander, war sich meistens einig und schätzte die Gesellschaft des andern. Der um zwölf Jahre jüngere Weigel, der schon vor dem Krieg ein bekannter Kabarettist gewesen war und enorm erfolgreiche Texte für Schlager Zarah Leanders geschrieben hatte, erreichte nach dem Exil mit eigenen Romanen und Theaterstücken erheblich weniger Popularität als mit der beißenden Ironie seiner geschliffenen Theaterkritiken. Doch nun, ab 1951, gab er unter dem Titel ‚Stimmen der Gegenwart' eine Reihe von Anthologien heraus, die vor allem Texte der jungen und unbekannten Schriftsteller vorstellten, weshalb fast jeder, der Manuskripte und Hoffnungen hatte, ins Café ‚Raimund' pilgerte, um den großen Hilfreichen zu umlagern – dessen Ruf auf diese Weise etwas überdimensioniert wurde. Doch galt sein Urteil als unbestechlich, wodurch auch sein immer wieder begeistertes Eintreten für Doderer – bis zu dessen Lebensende – nochmals ein besonderes Gewicht bekam.

Anders wurde Doderers Verhältnis zu Alexander Lernet-Holenia, der nun durch den um ein Jahr Älteren erstmals ernsthafte Konkurrenz erhielt (wenn man von Autoren wie Bruno Brehm oder Mirko Jelusich absieht, die während ihres aktiven Einsatzes für die Nazis ebenso Bestseller geschrieben hatten wie danach). Lernet, der seit seiner Jugend mit Lyrik und Theaterstücken, Novellen und Romanen bei hohem und feinsinnigem Niveau erfolgreich war und teilweise wie Doderer die Vergangenheit der k.u.k. Monarchie wieder lebendig machte, war mindestens so sehr Poseur wie Doderer: ein großer, schlanker und gut aussehender Herr, oft mit Monokel, entweder schlaksig oder, wenn er auf seine Vergangenheit als Reiteroffizier im Ersten Weltkrieg anspielen wollte, tadellos kerzengrad; er dementierte nie das wahrscheinlich von ihm selber stammende Gerücht, der illegitime Sohn eines habsburgischen Erzherzogs zu sein und wohnte, dazu passend, in der Hofburg; und im Gegensatz zu allen andern Autoren war er zu bewußt Grandseigneur, um sich im Gespräch je eine Anspielung auf eigene Werke zu erlauben. Statt dessen lebte er seine heftigen Launen mit ihren jähen Umschwüngen hemmungslos aus, ohne die mindeste Rücksicht darauf, in welcher Umgebung oder Gesellschaft er sich gerade befand; er brüllte andere nieder, drohte Watschen an und gab sie auch (einmal selbst einem Unbekannten auf dem Kohlmarkt, der an seinem Mantel angestreift war, als Lernet gerade von einem dreitägigen Nichtrauchversuch enerviert war); oder er war maßlos charmant, mit einer eleganten Souveränität, die Doderer – mit seinen gröberen Übertreibungen – nie erreichte. Er strahlte die stumme und mühelose Sicherheit aus, daß ihm jede Dame verfallen würde (was sehr oft stimmte), er konnte jede Gesellschaft mit hinreißenden Erzählungen in seinen Bann ziehen (und sei es mit Geschichten übers Finanzamt, gegen das er einen geradezu öffentlichen Krieg führte) und sprühte vor Witz und Ironie, die sich auch – anders als bei Doderer – häufig gegen ihn selber richten konnte.

Diese beiden Herren – und solche darzustellen, war ihnen so selbstverständlich, wie es auch die Mitwelt empfand – hatten gewissermaßen nebeneinander nicht genügend Raum; jeder brauchte die Gesellschaft, in der er sich gerade befand, für sich allein. Das heißt auch: sie suchten einander nie; aber sie waren sich beide zu gut, jemals etwas wie ein Konkurrenzverhältnis auch nur anklingen zu lassen oder ein Wort gegen das Werk des andern öffentlich zu sagen. Begegnungen und auch längeres Beisammensein – in einem Lokal, später im PEN – waren unvermeidlich bis häufig; dann klang ihr ‚Du' wie jenes kameradschaftliche der alten Armee, die Herzlichkeit wirkte, als wäre sie nur durch gegenseitigen Respekt eingeschränkt, beide wußten, auf welche Themen – hauptsächlich konservativer Natur – sie ihre Gemeinschaftlichkeit ausrichten konnten; und doch: wenn der Abend, etwa in Lernets Stammbeisl ‚Michaelerbräu', länger dauerte, landeten sie geradezu unvermeidlich an den gegenüberliegenden Enden der Gesellschaft, jeder seinen Teil davon beanspruchend (was manchen Anwesenden Pein bereitete, da sie von keiner Seite den Bannstrahl bekommen wollten). So blieb dies unverändert fünfzehn Jahre lang – bis zu Doderers Tod. Wie nah sie einander jedoch für einen Teil ihrer Leserschaft standen, zeigt ein Brief, in dem Lernet zur – *Strudlhofstiege* gratuliert wurde; dieser sandte ihn gut gelaunt an Doderer weiter und unterschrieb mit ‚Dodet-Lernerer'.

Zuerst sehr gut und später schlechter war Doderers Verhältnis zu George Saiko; auch ihn hatte er, kurz vor der Reise nach Deutschland, beim Ehepaar Koller kennengelernt. Nach der Rückkehr aus Deutschland wurden die Begegnungen immer häufiger (Saiko wohnte ganz nahe in der Langegasse) – sie gingen mehrmals in der Woche gemeinsam abends aus, auch mit Saikos Frau Jella und meistens noch vom Legationsrat Dr. Hanns von Winter und dessen Frau Myra begleitet, besuchten nach der Sperrstunde der diversen Beisln noch ein Café und tranken jeweils mehr, als sie am nächsten Morgen zuträglich fanden; was die regelmäßige Wiederholung der Zeremonie nicht verhinderte.

George Saiko, um wenige Jahre älter, war eher ein ernster Schriftsteller als ein ‚euphorischer Rüpel', wie Doderer später meinte; sein Roman ‚Auf dem Floß' war drei Jahre vor der *Strudlhofstiege* erschienen; 1955 kam noch ‚Der Mann im Schilf' heraus. Beide Bücher stehen durchaus in der Tradition von Musil und Broch, sie sind in präziser und reflektierender Sprache abgefaßt, sehr vorsichtig in der psychologischen Entwicklung der Figuren, Schritt um Schritt die Analyse vertiefend, wobei die Entwicklungen in großer, langatmiger Anschaulichkeit angesiedelt sind. Saiko war ein tief skeptischer Mensch, und daß seinem Werk kein sehr nachhaltiger Erfolg beschert war, ist vor allem darauf zurückzuführen: im Gegensatz zu Doderer meinte er, die Qualität spreche für sich; er selbst war jedenfalls in der (literarischen) Öffentlichkeit kaum gegenwärtig und keineswegs willens oder in der Lage, für die Anerkennung seiner Arbeiten einzutreten und zu kämpfen. So genoß er hohe Achtung ohne Erfolg, was seine Skepsis vertiefte.

Dennoch war seine Haltung nicht gerade demütig, er hielt sich für genau so wichtig wie Doderer, und der akzeptierte das vorläufig; doch selbst nach dem Bruch der Freundschaft blieb Doderer bei der Hochschätzung von Saikos Werk und warb auch immer wieder dafür. Die gemeinsamen Beislabende, immerhin einige Jahre andauernd, waren wohl hauptsächlich der Kunst gewidmet: ihren Voraussetzungen, ihrer Reinheit, der notwendigen Konsequenz fürs Leben und ähnlichem mehr – was Doderers beliebtestes Thema blieb, wie er ja auch in den Tagebüchern ständig die geistige (oder spirituelle) Funktion des Schriftstellers von allen Seiten bedachte.

Auch Dr. Hanns von Winter und seine Frau Myra neigten dazu, Fragen der Kunst ständig neu zu beleuchten. Der ehemalige und nun pensionierte Legationsrat beherrschte mehrere Sprachen perfekt, er war in den zwanziger Jahren an der österreichischen Botschaft in Moskau tätig gewesen – wo er auch seine Frau, eine geborene

Fürstin Tschagin, kennengelernt hatte – und hatte sich dort wie andernorts mit den Literaturen in der Originalsprache profund auseinandergesetzt (später war er auch als Übersetzer tätig); ebenso war sein Leben von einer tiefen und überaus verständigen Liebe zur Musik begleitet gewesen. Nun in Wien widmete er sich diesen beiden Vorlieben seines Lebens mit essayistischen und kritischen Texten, die da und dort erschienen und sehr beachtet wurden. Zwischen ihm und Doderer entstand, gerade wegen dieser beiden Themen, eine Art bevorzugter Gesprächspartnerschaft, die eine besonders innige Form der späten Freundschaft ergab; es kam auch sehr bald zum ‚Du'-Wort, womit Doderer ansonsten immer spärlicher umging. Doch neben dieser persönlichen Beziehung hatte Hanns von Winter dem neuen Freund die von diesem sehr begrüßte Absicht zu bieten, einen Essay nicht nur über die *Strudlhofstiege* allein, sondern über Doderers bisheriges Gesamtwerk zu schreiben – wozu ihm Heimito natürlich alle längst vergriffenen Exemplare früherer Werke lieferte, um die Phalanx gegen die ‚Feinde' zu stärken.

Daneben ging auch noch die ältere Form der Kumpanei, der Intimität und des vertrauensvolleren Saufens weiter, vor allem mit Edmund Schüller; doch auch der junge Qualtinger verführte Doderer immer häufiger zu langen Nächten. Dieser las auch Helmuts Texte und beriet ihn; daß ihm das Kabarett leichtgewichtig erschien, änderte nichts an seiner prinzipiellen Unterstützung des jungen Freunds gegen dessen Vater. Daneben entwickelte Doderer früh die nützliche Neigung, sich, abgesehen von den großen Berühmtheiten unter seinen Anhängern – und Helmut war und blieb das –, vor allem den jüngsten zu widmen. Ihre Begeisterung an seinem Werk galt weniger den Erinnerungen an eine Zeit, die sie selber ohnehin nicht erlebt hatten, als der literarischen Qualität und Glaubwürdigkeit; und vor allem würden es diese Jüngeren sein, die – nach dem Tod des Autors – dessen Werk und Reputation an die nächsten Generationen weitergeben sollten.

Daß die wichtigsten jungen Anhänger die Schriftsteller waren, war ihm ebenso klar wie dem Freund Hans Weigel. Die insgeheime Hoffnung war natürlich, eine ganze Klasse von Schülern zu finden, die das Handwerk und dessen Metaphysik von ihm mit derselben Verehrung aufsaugen würden, die er Gütersloh gegenüber zu haben behauptete. So reagierte er höchst positiv, als sich die beiden Schriftsteller Reinhard Federmann und Milo Dor an ihn wandten, um ihn anläßlich seiner Lesung in einer Münchner Buchhandlung treffen zu können; dabei hatte er von diesen beiden – besonders umtriebigen – Jungliteraten weiters keine Ahnung.

Erheblich ernster war der Fall Herbert Eisenreich. Für diesen wurde die Lektüre Doderers – zuerst einmal der *Strudlhofstiege* – tatsächlich zu einem Einfluß, der seine gesamte schriftstellerische Existenz profund bestimmte; ohne daß er deshalb, als erheblich Jüngerer mit ganz anderen Erfahrungen, zu einem Imitator geworden wäre. Doch er sah und anerkannte den Meister, legte diesem seine Bewunderung zu Füßen – und wollte dafür dessen Hilfe: um seine eigenen Arbeiten besser unterbringen zu können. Das war (und ist) üblich, und vor allem in Wien: eigene Authentizität, je ehrlicher sie gemeint ist, für eine um so größere Berechtigung zu halten, irgendwelche

Formen von wechselseitiger Unterstützung in die Wege zu leiten. Eisenreich, der damals in Hamburg lebte, bot also Doderer an, für ihn tätig zu werden: sowohl im Norddeutschen Rundfunk wie mit Rezensionen, etwa in den ‚Frankfurter Heften'.

Herbert Eisenreichs Brief zur *Strudlhofstiege* war ernst und großartig: hier ahnte Doderer erstmals, daß es eine Art Nachfolgerschaft geben könnte, daß er der Gründer einer Schule der Literatur werden könnte, die er sich – parallel zur Musikgeschichte – wie Haydn/Mozart/Beethoven vorstellte, obwohl er einen so hohen Anspruch nie zu formulieren wagte. Jedenfalls telegraphierte er – in seiner plötzlich ernst genommenen Funktion als österreichischer Lektor des Beck- oder Biederstein-Verlags – an Horst Wiemer, um Herbert Eisenreich den Weg zu ebnen; ein begabter Anhänger Doderers mußte auch im Interesse des Verlags sein (es wurde dann ohnehin nichts daraus).

Es war natürlich für jemanden, der selber über Jahrzehnte auf Hilfe angewiesen gewesen war und sie kaum erhalten hatte, in nicht geringem Maße schmeichelhaft, so schnell nach dem Erscheinen der *Strudlhofstiege* als jemand angesehen zu werden, der anderen zu ihrer schriftstellerischen Karriere verhelfen könnte. Besonders kurios erscheint dabei, daß sich die Frau Dr. Ingeborg Bachmann – nach ihrer Dissertation, die sich mit Argumenten Wittgensteins gegen Heidegger gerichtet hatte – ausgerechnet an Doderer wandte, um Hilfe für ihren ersten Roman zu erfahren. Dieser gilt heute als verlorenes Manuskript des Titels ‚Stadt ohne Namen'. Doderer reichte ihn an Horst Wiemer weiter und fragte später an: „[. . .] was macht die Bachmann (Stadt ohne Namen)? Macht sie Dich und Lu bereits verrückt? Geniales Frauenzimmer (25 Jahre!). Gehört in eine Anstalt"[5]. Bei späterer Gelegenheit bezeichnete er sie als „erleuchtete Kuh".

Natürlich wollte er auch in Wien seinen Triumph haben, wartete aber damit, bis die wichtigsten Kritiken bekannt geworden waren – wie etwa jene Hilde Spiels im ‚Monat' – und sein Name nun wirklich im Munde aller Literatur-Interessierten war. Am 6. Juli sollte dann – in der von Haybach geleiteten Secession – seine erste öffentliche Lesung nach rund zwei Jahrzehnten stattfinden. Zwei Wochen vorher begann er, an einer umfänglichen Einladungsliste zu arbeiten, um ja niemanden zu übersehen, schrieb dann aber nur zwölf Briefe und überbrachte den Großteil der Einladungen persönlich oder rief zumindest an (das Telefon hatte er erst seit kurzem).

Tatsächlich aber kamen dann außer den Freunden so viele, die den neuen Erfolgsautor aus der Nähe erleben wollten, daß der Saal der Secession überfüllt war; auch die von Doderer selbst Geladenen waren in großer Zahl erschienen, wie Vater und Sohn Qualtinger, Professor Hermann Swoboda, das Ehepaar Koller und vor allem auch die neuen Freunde aus der literarischen Szene, wie Weigel, Saiko, das Ehepaar Winter und sogar Ingeborg Bachmann. Als er schließlich aus der *Strudlhofstiege* vortrug, war er in seinem Element: er zog alle Register seiner Stimme, war fast zu laut, jäh fast zu leise, überdehnte Schlüsselworte, setzte ein kleines Stakkato nach, ließ die Hände gestenreich und manchmal fast flatternd etwas wie einen begleitenden Kommentar sprechen und gab insgesamt eine Vorstellung, mit der er sein Publikum mühelos beherrschte: „ein sehr großer Erfolg“, teilte er Maria mit, es hätte „wiederholten heftigen Beifall“ gegeben[6]. Natürlich informierte er auch den Verlag: „In Wien war ein erheblicher Wirbel um mich“, berichtete er und konnte sich einen Seitenhieb auf seine ‚Feinde‘ nicht verkneifen: „Einige Leut’ haben sich da sehr geärgert.“[7]

Mit der Phalanx seiner Anhänger ging er feiern. Weinkeller und Wirtshäuser hatten ihm immer viel bedeutet, jetzt konnte er sich das endlich auch unbesorgt leisten und genoß es noch mehr, wenn er von einem Troß gescheiter und angesehener Leute umgeben war, deren Bewunderung er sich sicher sein konnte. Daß er Alkohol dazu brauchte, um vom starreren Rollenspiel zu geselliger Nähe zu kommen, vor allem wo freundschaftliche Intimität nicht immer vorausgegeben war, steht außer Zweifel; richtige Ausgelassenheit – nämlich: daß er sich tatsächlich bis zu einem gewissen Grad ausließ – mit den kindischer werdenden Bübereien war den späten Stunden vorbehalten.

Wie viele Wiener, die nie genau wissen wollen, wieviel sich beim Trinken so zusammenläppert, bestellte Doderer ausschließlich ‚Achterln‘ und nie ein ‚Viertel‘; und um die zehn Gläser herum waren es in seinem Stammbeisl immer, wobei er es auch schätzte, dazwischen dann und wann einen Sliwowitz ‚einzustreuen‘. Dieses Stammbeisl war nun mehr und mehr der ‚Blauensteiner‘, der eigentlich ‚Gasthof zur Stadt Paris‘ heißt (weil im vorigen Jahrhundert die aus Frankreich kommenden Fuhrwerke hier, unmittelbar außerhalb der Innenstadt, eingestellt wurden). Es befindet sich an der Ecke der Josefstädterstraße und der Lenaugasse, die parallel zur Buchfeldgasse verläuft; also in unmittelbarer Nähe von Doderers Wohnung. Bis 1948 war das Gasthaus ausschließlich den Amerikanern vorbehalten gewesen, die es selber betrieben; als dann der junge Wirt aus der russischen Kriegsgefangenschaft heimkehrte, gaben sie es ihm zurück.

Doderer war ab der Eröffnung immer wieder dort und verstand sich vor allem mit Franz Blauensteiner sehr gut; daß ihm auch die äußerst mollig durchs Lokal kugelnde Gattin des schlanken, drahtigen Mannes sehr gefiel, erhöhte den Reiz, zudem hatte Elly ein schönes Gesicht mit seltsam geschwungenen Augen – und die beiden jungen Leute waren obendrein recht gescheit. Vor allem Franz hatte einen unbestechlichen Blick für Menschen: wer immer hereinkam, wurde von ihm treffsicher eingeschätzt, auch wenn er es meistens nicht zeigte; doch wenn er jemanden fand, der Vergnügen an seiner Menschenkenntnis hatte, wurde er im Gespräch recht lebhaft, mit Humor und manchmal grober Deutlichkeit: das gefiel Doderer. Er kam mit zunehmender Regelmäßigkeit zum Stammtisch, wo sich recht verschiedene Herren fast täglich gegen Abend einfanden und bald willig von dem Schriftsteller – von dessen Größe sie alle auf Grund seiner eigenen Angaben überzeugt waren – dominieren und als Publikum seiner lautstarken Darbietungen gebrauchen ließen; in diesem so eindeutig beherrschten Kreis war er meistens gut gelaunt – dort entspannte er sich nach der Arbeit.

Bis zum Erscheinen der *Strudlhofstiege* fehlte es ihm natürlich manchmal an Geld, was der Wirt daran merkte, daß Doderer zwar nicht auf seine Achterln verzichtete, aber mit großer Sicherheit verkündete, heute brauche er nichts zu essen; das hatte bald und mit schöner Regelmäßigkeit zur Folge, daß er von Franz – durchaus taktvoll – eingeladen wurde, etwa dies oder jenes zu kosten. An Doderers Verhalten in diesem Kreis änderte sich durch den plötzlichen Ruhm soviel wie nichts – teilweise auch, da er seine hervorragende Stellung hier schon vorweggenommen hatte. Er blieb nach wie vor fast immer der letzte Gast – bis zur Sperrstunde um ein Uhr; doch auch dann kam es nicht selten vor, daß er Franz Blauensteiner und andere überredete, noch mit ihm weiterzuziehen, entweder ins ‚Rathaus' oder die Josefstädterstraße hinauf ins Café ‚Hummel', das bis vier Uhr offen hatte; da wurde dann fast ausschließlich Sliwowitz getrunken. Wie betrunken er bei solchen Gelegenheiten manchmal war, merkten nur diejenigen, die ihn gut kannten: es gelang ihm bestens, auch in diesen Zuständen sozusagen seine Fassade – und selbst die Sprache – weitgehend intakt zu halten. Manchmal nahm er Blauensteiner oder eine ganze Partie auch mit hinauf in seine Wohnung in der Buchfeldgasse, wobei die Einladung stets auf den von ihm zubereiteten türkischen Kaffee lautete, doch der begleitende Schnaps überwog auch diesfalls.

Er hatte die vielfachen Widersprüchlichkeiten seines Lebens nicht auflösen, die Abgründe seines Charakters nicht schließen können, und ein spirituell lebender Mensch oder gar Heiliger war er erst recht nicht geworden. Die viele Arbeit und der Erfolg hatten an den prinzipiell unbewältigten Seiten seines Daseins nichts geändert, sondern dieses bloß durch materielle und psychische Sicherheiten abgestützt; doch die Einsichten des Romanciers wirkten sich auf seine Lebensgestaltung nicht sonderlich aus – seine Bücher waren sozusagen klüger und sensibler als er. Er hatte seinen Ehrgeiz befriedigt – was ihn auch deutlich umgänglicher machte –, aber eine kleine oder größere Serie von Achterln versöhnte ihn immer wieder glaubwürdiger mit sich. Natürlich machte er sich auch das zum Vorwurf – im Notizbuch stand dann anklagend ‚nimis' für ‚zu viel!' oder ‚s.s.sp.' für ‚sehr sehr spät!'. Er wußte im Grunde, daß er all dem nicht die bessere Einsicht, sondern nur sein Allheilmittel entgegenzusetzen hatte: die Disziplin, mit den allergrößten Majuskeln geschrieben. Oft war es ein Schreiben, um sich vor dem ausufernden Leben zu retten.

Mit diesem ging er geradezu nach der Formel ‚divide et impera!' um – trenne und herrsche. Er teilte sich – und niemand sollte den völligen Überblick haben, außer ihm selbst. Das fing schon beim ‚Blauensteiner' an, wo er zwar gelegentlich Damen gegenüber als Charmeur alter Schule auftrat, aber ohne die von ihm ebenfalls geliebten gröberen Übergriffe – dort verzichtete er auf das, was wienerisch ein ‚Aufriß' heißt, keine wurde ‚abgeschleppt'. Mit den sonst irgendwo ‚Abgeschleppten' ging er ins ‚Rathaus', was man durch die großen Fenster des ‚Blauensteiner' sah: die blonde und die schwarze Schwester, beide fett und ein bißchen ordinär, gemeinsam in der Buchfeldgasse wohnend, oder die bloß korpulente Südtirolerin von vis-à-vis in der Josefstädterstraße. Man wußte Bescheid, doch weder Doderer noch sonst jemand sprach darüber. Mit den Saikos und Winters kam er nie zum ‚Blauensteiner', Weigel traf er wiederum woanders, Gütersloh im Café ‚Museum'; der Riegelhof war ein anderer

Kontinent; und Mienzi in Landshut war überhaupt ein vom Wiener Leben völlig isoliertes Segment – vielleicht hatte er (zumindest bis zu Dorothea Zeemann) nicht einmal den Eindruck, sie zu betrügen, da dies in einer ganz anderen Welt geschah. Doch das alles hieß auch: Verschlossenheit nach vielen Richtungen – oder einfacher: ein nicht nur verlogenes, sondern längst unvereinbares Leben, das vielleicht auch deshalb im so kultivierten und rein theoretischen Tagebuch als etwas behandelt wird, das aus dem Bewußtsein des Künstlers schwinden müsse, gar nicht vorhanden sein dürfe – etwa wie die Nazis in der Historie. Das war eine durchaus bewußte Verdrängung mit wacher Intelligenz und geschliffenen Argumenten, um Blindheit zu erzeugen.

Wie sehr er sich damit selbst zu beschwichtigen vermochte, zeigte seine versuchte Wiederannäherung an Paul Elbogen, den Freund der zwanziger Jahre, der vor den Nazis nach Amerika geflüchtet war und nun, ohne Absicht einer Heimkehr, in Hollywood als Drehbuchautor und Romanschriftsteller lebte. Ihm schickte er, auch in der Hoffnung, neben Spiel und Weigel weitere Alibi-Juden zu finden, die *Strudlhofstiege* – die Widmung nun schon, wie neuerdings auch die Briefe, mit bis zu vier Füllfedern in verschiedenfärbigen Tinten verfassend (wofür Xaver Schaffgotsch später die treffendste Bezeichnung fand: poikilographisches Schmockogramm – etwa: buntgezeichnete Schmockereischrift).

Ohne vorerst auf das große Buch einzugehen, schrieb ihm Paul Elbogen, der seinerzeit Doderer in allen möglichen Redaktionen den Weg zu bahnen versucht hatte, einen im Grunde tieftraurigen Brief, in dem er sich über Heimos Vergangenheit durchaus korrekt informiert zeigte; und er schloß: „Einen echten Freund, einen Mann, den ich *als Schriftsteller* immer zuhöchst schätzte [. . .], der sich ohne Zwang [. . .] auch nur für einen Tag auf die Seite der Unmenschen stellte, die am organisierten Mord von 25 Millionen schuldig waren, *konnte* und *könnte* ich nicht wieder ins Herz aufnehmen.“[8] Dennoch sandte er ihm noch – am 29. Juni – über zehn Seiten kritischer Betrachtungen zur *Strudlhofstiege;* dabei betonte er neuerlich, daß er kein Freund mehr sei, sondern diesfalls – und ein letztes Mal – Kritiker.

Einen Monat, nachdem Elbogen seinen zweiten Brief begonnen hatte, fing auch Doderer an, eine Antwort zu entwerfen, die sich in eher gereiztem Tonfall gegen den Vorwurf wehrte, nämlich zuerst mit dem richtigen Argument, daß er nie eine Zeile direkt für Nazis verfaßt habe, und dann mit den üblichen Untertreibungen, was seine Parteimitgliedschaft betraf; anschließend fand er herzlichere Worte für den Freund der Jugend, dürfte aber den Brief nie abgesandt haben. Im Grunde hielt er die Auseinandersetzung für überholt; er meinte, durch den Rang seiner Kunst die Fehler dieses Lebens in den Schatten der Belanglosigkeit gestellt zu haben – als wäre nun jeder von ihm zugefügte Schmerz nichtig, als würden alle von ihm ausgeteilten Ohrfeigen im nachhinein ehrend.

Er wollte auf keine Vergangenheit mehr festlegbar oder gar reduzierbar sein – sein Werk war seine einzige aktuelle Wahrheit. Und dieses so unangreifbar wie möglich zu machen, war sein unentwegtes Bemühen. Anwürfe mit nicht mehr gültigen Argumenten empfand er als ungerechtfertigt und zog als Erklärungsversuch nur den ‚Neid der Feinde' heran. Gleichzeitig damit wurde sein Begriff von Kunst und Künstler, wie er ihn in seiner Jugend – mit Hilfe Weiningers, Spenglers und anderer – schon reichlich überdimensioniert hatte, in dieser Selbstverteidigung noch wichtiger: bis zu seinem Lebensende blieb es sein theoretisches Bemühen, die Funktion des Schriftstellers als immer umfassender darzustellen – und die ‚höhere Ebene und Reinheit' der Kunst als etwas, das alle andern Belange eines Lebens und selbst einer Gesellschaft verblassen läßt. Im weiteren gab er es bewußt und endgültig auf, sein auseinandergeratenes Leben überhaupt bewältigen zu wollen – das nicht zu tun, erklärte er schließlich als konstituierend für den Schriftsteller –, um alles Erlösungspotential ausschließlich der Kunst – DER KUNST – und im besonderen der Romankomposition vorzubehalten. Das war als Antwort an viele gemeint, etwa auch an Paul Elbogen und Gusti – und alle ‚Feinde'.

So hatte auch der Triumphzug seine Abgründe: Nagendes, Ärgerliches – eigene Unklarheiten, die jeden Augenblick zu Hilflosigkeit oder Aggression werden konnten.

Wozu er sich jetzt verpflichtet fühlte, war reichliche Lektüre: offensichtlich hatte er bei den nun so häufigen Gesprächen über Literatur festgestellt, daß seine Gesprächspartner – sowohl bei neueren wie älteren Werken – erheblich profundere Kenntnisse hatten: er las Dickens und Grillparzer, aber auch Broch und Canetti; und natürlich auch die Werke all der Leute, die er kennenlernte.

Dazu war der fünfwöchige Aufenthalt auf dem Riegelhof – von Ende August bis nach seinem fünfundfünfzigsten Geburtstag im September – neben dem Bogenschießen recht geeignet; das Holzhacken ließ er nun sein. Dafür ging die Arbeit an den *Merowingern* gut weiter, aus denen er seinem Schwager Hans – mit dem er diesmal die ersten vier Wochen seines Aufenthalts alleine in der Prein hauste – auch gern vorlas. Dessen Reaktion ist am Ende des Buches dargestellt – der bedächtige und pfeifenrauchende Mister Aldershot, der etwas erstaunt feststellt, daß es sich hier ja nur um Blödsinn handle, ist der ‚Stallmeister', wie der Herr von Stummer in der Familie allgemein genannt wurde; Astris Spitzname lautete nun allgemein nur noch ‚Uhu' – sie traf Ende August ein.

Nach seiner Rückkehr gab es als wichtigstes Ereignis das Erscheinen der Luckmann'schen Österreich-Ausgabe der *Strudlhofstiege* Ende September; natürlich gefiel ihm das eigene Buch sehr gut – doch teilte er dem Verlag in München gleich mit, daß dessen Ausgabe eben doch schöner sei. Bei Lu Laportes Schwester Mariane Gilette, die gewissermaßen von Beck kam, begann er mit dem Brauch, alle von auswärts kommenden Besucher zur Strudlhofstiege zu führen, mit Genuß hinauf- und hinabsteigend: hier hatte gewissermaßen er selbst, den ‚genius loci' erkennend, Wien um ein Denkmal bereichert, das bis dahin unbeachtet geblieben war: nun mußte es jeder besichtigen. Doch machte er auch allein, wann immer ihn ein Anlaß in deren Nähe führte, einen kleinen Umweg, um über die Treppenanlage zu schlendern, was später – als er in der Nähe wohnte – häufiger der Fall war; und besonders erfreute ihn, wenn er dabei erkannt und begrüßt wurde.

Als recht kurzfristige Außergewöhnlichkeit in seinem Leben ließ er sich von Qualtinger mehrmals ins Theater verführen, wie etwa in Sartres ‚Huis clos'; daneben blieb es bei den vielen langen Abenden in Gesellschaft, sehr oft mit Saiko und Winter; hauptsächlich aber bearbeitete er kontinuierlich das bisherige *Dämonen*-Manuskript. Am 21. Oktober war ihm die Sache so weit klar, daß er erstmals einen neuen Text dafür schrieb – wobei er allerdings bei laufender Arbeit das Konzept noch mehrmals änderte (so daß auch hier von keiner ‚apriorischen' Komposition die Rede sein konnte). Daneben liefen allerdings die *Merowinger* noch weiter; an vielen Tagen arbeitete er nacheinander an beiden Büchern. Das wurde durch ihre grundlegende Verschiedenheit erleichtert: das eine diente dem Ehrgeiz, das andere der Abreaktion – er nannte es auch sein ‚Reservat'.

Doch dann begann schon wieder die ‚Öffentlichkeitsarbeit': am 23. hielt er eine Lesung in der Buchhandlung ‚Heger' in der Wollzeile (schräg gegenüber dem Haus, wo sich diese heute befindet), wozu er auch Csokor einlud, dem er gleichzeitig eine Materialsammlung über die Wiedertäufer für ein von diesem geplantes Werk zuschickte – womit er einen endlich erfolgreicheren Versuch startete, in den PEN-Club aufgenommen zu werden. Anschließend gab es wieder einen zu großen Troß und eine zu lange Sauferei.

Am 4. November trat er abermals in der Secession auf: diesmal, um die Österreichische Buchwoche, bei der er seinerzeit so schmerzlich mißachtet worden war, nun glanzvoll zu eröffnen – und wieder vermeldete er einen großen Erfolg. Bereits am nächsten Tag fuhr er nach Deutschland, um eine große Lesetournee zu beginnen. Als Begleitung für ihn hatte der Verlag den jüngeren Dr. Hartmann Goertz ausgesucht, der für Rundfunk und Verlage tätig war; er war einer jener etwas dicklichen Männer, deren Temperament sie wie Gummibälle hüpfen läßt, gewandt und witzig, mit einem deutlichen Hang zu gutem Essen und noch besseren Weinen.

Doderer traf ihn und seine Frau in Frankfurt, wo ein Frühstück in einer nur für sie geöffneten griechischen Weinstube für die erste Annäherung sorgte; von dort fuhren sie im Volkswagen weiter nach Hamburg, Doderer im Fond beim Gepäck, mit seiner den beiden Goertzens auffallenden Gewohnheit, den etwas in den Nacken zurückgeschobenen Hut immer aufzubehalten. In Hamburg blieben sie vier Tage, da es nicht nur um die – natürlich ‚erfolgreiche' – Lesung ging, sondern auch um Aufnahmen für den Rundfunk, um Interviews und vor allem um das Zusammentreffen mit einflußreichen Leuten, wie etwa Walter Abendroth von der ‚Zeit' und anderen. Hartmann - Goertz kannte sich aus, er arrangierte, hielt den Einführungsvortrag vor Doderers Lesung, diente ihm als Interviewpartner im Rundfunk, kannte die meisten Menschen, etwa den einflußreichen Buchhändler Kurt Saucke; und abends und noch mehr in der Nacht kannte er die besten Lokale, originellsten Kneipen oder interessantesten Spelunken, auch in St. Pauli. An Friedrich Qualtinger schrieb Doderer schon am zweiten Tag seines Aufenthalts, daß er sich auf einem „Triumphzug" befinde: „Das Buch hat sich durchgesetzt, hier besteht kein Zweifel mehr."[9] (Daß der Verlag die Tournee angesetzt hatte, weil ihm die Absatzziffern des Buches nicht genügten, erwähnte er nie.)

Wie in Hamburg ging es dann in Hannover weiter, wobei die Beschreibung von Hartmann Goertz recht zutreffend ist: „Es war für uns sehr belustigend zu beobachten, mit welcher Eindringlichkeit er die unterschiedlichen kulturellen Herrschaften bediente. Eine Folge von Kratzfüßen, tiefen Verbeugungen, Handküssen, gezielten Bemerkungen, vorbehaltlosen Schmeicheleien und überraschenden Wendungen hoben die Betroffenen wie Luftballons in eine ironisch verdünnte Atmosphäre, in der sie sich wohlgefällig und leuchtend drehten.“[10] Daß Doderer vorher eine Mayonnaise gegessen hatte, die ihm einen – immer wieder zum Galopp zwingenden – Durchfall beschert hatte, macht seine Performance um so beeindruckender.

Dem folgte noch Frankfurt, wo Doderer im Hessischen Rundfunk mit Hartmann Goertz über ‚Die Krise des Romans‘ sprach und dazu mit lapidarer Sicherheit im Notizbuch vermerkte: „wurde erstklassig“[11]. Die Lesung in der Bücherstube am 16. wurde „ein entscheidender Erfolg“[12]; doch wieder ging es darum, möglichst viele Leute zu treffen, sie in persönlichen Gesprächen für Doderer und sein Werk zu gewinnen: er wußte nun, was alles – außer dem Bücherschreiben – für einen literarischen Erfolg notwendig und wichtig ist, und ließ nach Möglichkeit nichts davon aus. Auch die großen Gesellschaften, mit denen man nach Lesungen bis ‚s.s.sp.‘ ausging, gehörten dazu; denn nur so entstanden die etwas persönlicheren Beziehungen, die dann weitergepflegt werden konnten, um sich im Bedarfsfall darauf zu berufen.

Aus demselben Grund, nämlich um Leute zu treffen, die Hartmann Goertz kannte, fuhren sie noch nach Darmstadt und Stuttgart, ehe sie am 19. November – Doderer war nun mit Hartmann und seiner Frau Marianne schon Duzfreund – nach München zurückkehrten. Diese Anstrengung, die gewissermaßen der Eroberung Norddeutschlands gegolten hatte und auch tatsächlich erfolgreich war, hinderte Doderer nicht, wieder in Landshut, täglich an den *Dämonen*, den *Merowingern* sowie an den – *Commentarii* genannten – Tagebüchern weiterzuarbeiten. Doch betrieb er noch eine weitere Auswertung seiner Reise, indem er an die zahlreichen Leute, die er kennengelernt hatte, nun ausführliche Briefe richtete, um die gewonnenen Verbindungen auf diese Weise weiter aufrechtzuerhalten (so entstand seine umfangreiche Korrespondenz, über die er sich dann ständig beklagte). An den Musiktheoretiker und Komponisten Walter Abendroth von der ‚Zeit‘ schrieb er zum Beispiel über die „glücklichen Tage“ in Hamburg, und daß er dabei „Personen von genialischem Format, wie etwa [den] Buchhändler Kurt Saucke,“ kennengelernt habe[13]. Und Mitte Dezember begab er sich in den Verlag, um an jene Leute, die er sich während der Tournee als wichtig notiert hatte, Widmungsexemplare des *Umwegs* versenden zu lassen.

Die letzten Tage dieses Jahres, das ihn endlich zum anerkannten Schriftsteller gemacht hatte, verbrachte er mit Hartmann und Marianne Goertz in deren Haus am Chiemsee, wo er auch neue Texte aus den *Dämonen* vorlas, und kehrte erst am Silvesterabend zu Maria nach Landshut zurück. Dort hatte er Ruhe zur Arbeit und genoß sein umsorgtes Leben, doch folgte er auch jedem Ruf nach München: zuerst etwa, um den neuen Kontakt zu Karl August Horst zu pflegen, und dann vor allem, um am

29. Januar eine Lesung in der Bayerischen Akademie zu absolvieren, was er natürlich ebenfalls als bedeutenden Erfolg einstufte. Anschließend war er wieder einmal eine lange Nacht aus, mit neuen Anhängern und den alten Freunden aus dem Verlag, inklusive Dr. Heinrich Beck. Doch ausgerechnet diese enttäuschten ihn bei einer Verlagskonferenz am 1. Februar: sie waren nicht gewillt, seine – im vergangenen Frühling hergestellte – zweite Fassung von *Sexualität und totaler Staat* zu akzeptieren, wenn auch mit der halbherzigen Tröstung, daß die Zeit dafür noch nicht reif sei.

Am 4. Februar kehrte er nach Österreich zurück, wobei er zuerst Mariane und Roger Gilette in Salzburg besuchte und dann nach Gmunden weiterreiste, wo ebenfalls eine Lesung angesagt war, nämlich am 8. im Rathaus; doch ging es vor allem um ein Wiedersehen mit Lotte Paumgarten, die dort mit Xandl Szagadin wohnte, einem Mann, der sich im wesentlichen nur für Pferde interessierte; auch wollte Doderer den Pater Georg Reiß, der ihm in Kursk so nahe gekommen war, wiedersehen. Damals wohnte in Gmunden außerdem noch der ‚Teddy Honnegger' der *Strudlhofstiege*, nämlich Theodor Hornbostel, der das KZ in Dachau überlebt hatte; das entging Doderer ebenso, wie daß nebenan in Altmünster Erwin Lang, der Freund aus Sibirien, auf seinem Bauernhof hauste. Doderer kam am 12. Februar – nach mehr als drei Monaten und gestärkt vom ‚Triumphzug' – nach Wien zurück und verbrachte den Abend, an dem er von vielen Erfolgen zu erzählen hatte, beim ‚Blauensteiner'.

30. Der Eros des Ruhms

Am 20. Februar 1952 schrieb Csokor an den „lieben Freund“, daß der Vorstand des PEN in seiner gestrigen Sitzung beschlossen hatte, ihn zum Beitritt in „unseren Club“ einzuladen. „Ich brauche nicht besonders zu betonen, dass es für mich und den PEN eine aufrichtige Freude sein wird, Dich als Mitglied unseres Kreises begrüßen zu dürfen.“

Bereits am 22. überwies Doderer den Mitgliedsbeitrag von 120,– Schilling, dankte Csokor in einem persönlichen Brief und sandte alle beigelegten Papiere ausgefüllt und unterschrieben ans Sekretariat des PEN. Damit gehörte nun auch er zur Riege der anerkannten literarischen Kulturträger, wie die wandelnden Denkmäler Max Mell und Felix Braun (nobel erschöpft vom vielen Kulturtragen), wie sein ehemaliger Freund Richard Billinger, mit dem er nichts mehr zu tun haben wollte, und wie der – von Doderer selbst als ‚tief unappetitlich‘ bezeichnete – Rudolf Henz, der sich als einziger für einen Dichter hielt, während er in Wahrheit nur Macht verkörperte: in der Ersten Republik als der leitende Kulturreferent der Vaterländischen Front, in der Zweiten als äußerst dauerhafter Literaturchef des Rundfunks, um den kein Schriftsteller herumkam, der in dieser Institution auch nur einen Groschen verdienen wollte. Dazu gab es all die jüngeren Autoren, denen es genau darum ging: sich hier unter den ‚arrivierten‘ Künstlern die Beziehungen zu schaffen, um eben im Rundfunk oder in einer Zeitschrift zu ein bis zwei Honoraren mehr zu kommen. Doch Doderer war überaus stolz und glücklich: wohl auch, weil er, gerade nach den vergangenen Ablehnungen, wieder einmal der Meinung sein konnte, geradezu offiziell rehabilitiert zu sein.

Diese Mitgliedschaft und sein Erfolg erleichterten es ihm auch, sich unbefangener in die verschiedenen Künstlerkreise zu mischen. So war er ab nun häufiger in dem von Gütersloh seinerzeit gegründeten Artclub, der zuerst eine behausungslose Institution gewesen war, aber schließlich unter der ‚Kärntner-Bar‘, die Adolf Loos eingerichtet hatte, einen Kellerraum bekam, der wegen der Strohmatten an den Wänden und dem zu geringen Platz allgemein nur ‚Strohkoffer‘ hieß und als nächtlicher Treffpunkt immer überfüllt war. Mit Marie-Louise Wydler besuchte er den Ball des Artclubs, wobei er Fritz Wotruba und die Schauspielerin Judith Holzmeister kennenlernte, doch ging er auch regelmäßig zu den Lesungen im Strohkoffer, etwa von Hans Weigel und Herbert Eisenreich. Die gewinnende Art dieses jungen Mannes – umgänglich und bescheiden, gescheit und authentisch wirkend – überzeugte ihn immer mehr; er hielt ihn viele Jahre für den Begabtesten der nachfolgenden Generation, wobei zu diesem Urteil natürlich dessen freundschaftliche Verehrung für den Älteren beitrug – sowie eine mit der Zeit immer deutlicher werdende konservative Gesinnung.

Bei der sich nun ständig vergrößernden Anzahl von Menschen, mit denen er in irgendeiner Weise zu tun hatte (oder umgekehrt), nahm seine nachmittägliche und noch häufiger nächtliche Herumtreiberei weiter zu, obwohl ihn den ganzen Frühling hindurch wieder seine ‚sibirische' Neuralgie quälte – worüber er besonders ausführliche Briefe schrieb. Diese Schmerzen wurden allerdings von Edmund Schüller und einem Röntgenarzt als Nebenhöhleneiterung enttarnt; er mußte sich ab nun mit Dunstumschlägen und einer Heizsonne selber Erleichterung verschaffen, was er als Hypochonder überaus sorgfältig tat. Das hinderte ihn nicht, sich mit Saiko und den Winters ganz oft im ‚Auersperg' zu treffen, mit Lernet-Holenia, Torberg und Dr. Ingraf mehrmals in der ‚Sacher-Bar' (das hatte unter anderm mit der von Torberg gegründeten Kulturzeitschrift FORVM zu tun), in seine nächtlichen Streifzüge schloß er nun auch die ‚Marietta-Bar' ein; und so wurde die Zahl der Bekannten unvermeidlich noch größer. Dazu vernachlässigte er zumindest manche der alten Freunde nicht: der Umgang mit Gaby und Ferdinand Steinhart sowie Edmund Schüller blieb ziemlich regelmäßig, mehr oder minder zeremonielle Treffen mit Gütersloh waren obligatorisch.

Ein eher flüchtiger Freund aus den dreißiger Jahren war Hans Flesch von Brunningen (der gemeinsam mit Ernst von Scharmitzer das Gymnasium besucht hatte); er war zwar nach London ins Exil gegangen – wo er zuerst ein guter Freund von Hilde Spiel und ihrem Mann war, später zu ihrem Lebensgefährten wurde –, kam aber nun öfter nach Wien, um für seine unpublizierten Romanmanuskripte nach Möglichkeiten zur Veröffentlichung zu suchen: da bot sich natürlich der erfolgreiche Heimito an, der für den Freund – allerdings vergeblich – bei Biederstein intervenierte. Wie sich sein Kontakt zu dem Lungenfacharzt Baron Otto von Haus – einem Nachfahren des österreichisch-ungarischenen Großadmirals Anton Haus – ergeben hatte, ist unbekannt; der äußerst kultivierte kleine und geradezu ausgedörrt wirkende Herr – von Astri und Heimito deshalb nur noch ‚Höllenzwiebel' genannt, weil man beim Schälen immer wieder nur auf trockene Häute käme – beschäftigte sich intensiv mit Doderers Werk und wurde, als pensionierter Internist, auch noch zum befreundeten Hausarzt.

Doch unter allen Menschen, die ihm der Ruhm jetzt und weiterhin bescherte, waren die ‚Satanisten' zweifellos die kuriosesten. Der Kontakt ergab sich beim ‚Blauensteiner': einer der regelmäßigen Gäste des Stammtisches war ein Ingenieur namens Erich Halik; dieser fragte Doderer, ob er ihn mit einem andern Ingenieur, Lambert Binder – einem Verehrer vor allem des Werkes von Lernet-Holenia –, besuchen dürfe. Was Doderer nicht wußte: beide waren Satanisten. Es gibt mehrere und einander teilweise bekämpfende Richtungen, wobei der populäre Name ‚Teufelsverehrer' fast nie angebracht ist, doch sind alle von der Wirksamkeit Satans, von seiner Realität in der umgebenden Umwelt so tief überzeugt und versuchen diese Phänomene so genau zu studieren, daß sie kaum noch zur Beschäftigung mit Gott kommen – was die Bezeichnung als ‚Satanisten' einigermaßen treffend macht.

Bereits bei der ersten Begegnung mit Halik und Binder – bei der letzterer einen deutlich höheren Rang einnahm – war das Gespräch auf Hexen gekommen;[1] und es entsprach durchaus Doderers Sicht des Mittelalters, die Phänomene jener Zeit insgesamt für real zu halten, da der Sinn für die Wirklichkeit damals ein anderer gewesen war. Auch glaubte Doderer sozusagen ganz natürlich, wie es bei der von ihm herausgegebenen Helene Kotanner beschrieben war, an den Teufel. Was aber ihn für die Satanisten so besonders wertvoll machte, war seine zweijährige Institutsausbildung, die ihn befähigte, alle mediävalen Handschriften zu lesen und zu übersetzen: denn die meisten Zeugnisse über Auftretensweisen des Teufels stammten natürlich aus dem Mittelalter, und solche Urkunden wurden von den Satanisten erworben und gesammelt, selbst wenn sie es kaum verstanden, mit solchem Material umzugehen. (Es amüsierte Doderer, als er besseren Einblick bekam, ganz besonders, daß der Kreis der Satanisten fast ausschließlich aus Technikern bestand: die sich seiner Meinung nach so sehr in einer wahrheitslosen Antiwelt befanden, daß sie die Gegenverankerung in den gefährlichen Tiefen des Satanismus brauchten.)

Zu alledem kam, daß die Satanisten, die auf eine große Geheimhaltung – auch ihrer persönlichen Identität – stets höchsten Wert legten, sich nie an einen offiziell tätigen Historiker gewandt hätten, damit ihnen dieser beim Studium ihrer Dokumente behilflich sei. Doderer jedoch erschien geeignet: und man bot ihm immerhin Honorare, von denen er sonst nicht einmal träumen konnte – also sagte er zu, mittelalterliche Texte für sie zu übersetzen. Natürlich interessierte ihn das – und es war, statt des seinerzeit angestrebten Bibliotheks- oder Archivpostens, immerhin die einzige lukrative Folge seiner zwei Jahre am Institut.

So bekam er als erstes ein ausführliches Dokument über das Auftreten Satans als ‚Mittagsdämon' (worüber er ebenfalls schon vorher mit Lambert Binder und Erich Halik anläßlich eines Besuches bei ihm in der Buchfeldgasse gesprochen hatte): wenn der Teufel zwischen zwölf und ein Uhr mittags auftritt, gilt er als gefährlicher und aggressiver, als wenn er dies in der Stunde nach Mitternacht tut. Und Doderer war ohnehin davon überzeugt: denn in dem mittelalterlichen Haus in der Pulverturmgasse 4, wo Maria in Landshut wohnte, war der Teufel bereits als Mittagsdämon aufgetreten.

Ihre Wohnung befand sich unter dem – mit einer Eisentür verschlossenen – Dachboden, wo weitgehend das Gerümpel der wenigen Hausbewohner herumlag (und darunter, in den viereinhalb Jahren der Trennung, eine Pappschachtel mit Heimitos hinterlassenen Manuskripten: was dieser seiner Mienzi jahrelang oder überhaupt nie verzieh). Sie war eines Mittags alleine in der Wohnung, und auch sonst war niemand im Haus: da begann über ihr ein Rumoren, das ständig an Lautstärke zunahm, ein diffus dröhnendes Hin und Her, als würden tausend Mann auf der kleinen Fläche marschieren. Maria wagte sich nicht mehr ins Treppenhaus, um davonzulaufen; sie versperrte alle Schlösser und kauerte sich auf ein Sofa, Kissen über ihren Kopf drükkend, doch das Dröhnen und ihr hilfloses Entsetzen nahmen zu. Erst nach einer Stunde – um ein Uhr – nahm das Phänomen ein noch erschreckenderes Ende: das enorme Getöse schien durch die Eisentüre auf die Treppe hinauszuplatzen, versammelte sich dann vor ihrer Wohnungstür und endete mit einem schrecklichen Knall gegen diese. Als sie nach sehr langer Stille wagte nachzusehen, lag eine große schwere Badewanne aus Eisenzink, die auf dem Dachboden gestanden war, zerknüllt wie Papier vor ihrer Türe, und diese selbst war von der Wucht des Aufpralls fast durchschlagen. Die eiserne Dachbodentüre hingegen war normal versperrt.

Diese Geschichte pflegte sie immer wieder mit großer Anschaulichkeit zu erzählen, und Heimito fügte bekräftigend hinzu, daß schließlich beim Abbruch des Hauses, als ein Caterpillar dagegengefahren sei, keineswegs Schutt in sich zusammengestürzt, sondern eine enorme Staubwolke einfach verpufft sei.[2]

Wie groß seine Neigung war, an magische Wirklichkeiten zu glauben, zeigt auch seine Erzählung *Ein anderer Kratki-Baschik* – wobei dieses Wort im Wienerischen (vor allem des Praters) einen sozusagen ‚echten' Zauberer meint. Beim ‚Blauensteiner' war es in einer heißen Sommernacht passiert, daß einer der Stammgäste, ein Beamter mit dem Hobby zu zaubern, seine trickreichen Gerätschaften anschleppte, um dem befreundeten Wirt zu helfen, das Lokal in der flauen Zeit mit Gästen zu füllen. Nach der erfolgreichen Vorführung kam, mit dem Theaterdonner eines Gewitters, der unbekannte – ein bisserl dämonische und schlapphütige – Magier und führte, nachdem er die Geschichten über den braven geschickten Zauberer gehört hatte, den späten Gästen vor, was Zauberei wirklich sei: sie durften sich aus einem Paket Karten eine bestimmte auswählen, mischten und übergaben es ihm mit einem – bei Blauensteiner bestellten – Nagel. Er warf dieses Paket aus einer Hand und meterweiter Entfernung gegen die Holztäfelung, und überall flatterten Karten herum und zu Boden: doch die eine ausgewählte stak angenagelt an der Wand. Worauf sich der ‚Kratki-Baschik' verabschiedete und in die schwarze Nacht hinausging.

Alle im Wirtshaus und auch der Wirt glaubten schlicht, daß hier ein guter Profi gegen den talentierten Laien gewonnen hatte; wirklich zu wundern hatten sie sich nur über Doderer, der – als gefinkelter Mediävist mit der Naivität eines staunendes Kindes – völlig überzeugt war, einen ganz echten Zauberer getroffen zu haben – im Sinn der ‚weißen' Magie, nach der er sich seinerzeit bei Erwin Lang erkundigt hatte.

In seiner Mienzi fand er eine ähnliche Bereitschaft: sie meinte, ländlich abergläubische Vorstellungen, die sich im Laufe der Jahrhunderte mit dem Katholizismus verbunden hatten, als Realität erahnen zu können: das Gespür für Geister- und Hellsehen zu haben und mit der hohen Empfindsamkeit für die Wirklichkeit des Übernatürlichen ausgestattet zu sein. Daß Doderer etwas, das er im Grunde für natürlich, aber in der ihn umgebenden Welt für extrem selten erachtete, geradezu mit Begeisterung bestärkte, ist verständlich: nähere Freunde wies er stolz auf die außergewöhnlichen Begabungen Mienzis hin.

Bei aller Entschlossenheit dazu – heiratete er sie zu spät. Die Überlegenheit, die er im äußeren Leben erreicht hatte, war schon zu groß, seine Dankbarkeit ihr gegenüber zwar verpflichtend, aber kein reales Erlebnis mehr; seine große Umwertung ergab bereits, daß stolz sein müsse, wer ihm überhaupt nahestehen dürfe. Daß er gleichzeitig nicht so wohlhabend war, um ein gemachtes Nest und liebevolle Absicherung wirklich entbehren zu können, machte die ohnehin schon seit einem Jahr verschobene Hochzeit noch etwas prekärer, betraf seine Lebensangst und verletzte seine Eitelkeit, aber vertiefte nicht seine Gefühle.

Diese waren dennoch vorhanden: nicht in der ‚Fussl-Pussl'-Zärtelei seiner Briefe, in die er sich hineinsteigerte, ohne daß seine entbehrungsvolle Geilheit von der routinierten Verlogenheit klar auseinanderzuhalten ist, obwohl die Unterschiede, je nach Stimmung, ahnbar sind und manchmal zur Deutlichkeit von Pinocchios Nase werden. Doch gab es etwas, das ihn unkontrollierbar beherrschte: die Gewandfalten und die Demut der heiligen Frauen, die ganz infernalische Erotik, die ihm spätestens in Dachaus Kirchen so deutlich geworden war, daß er dies sogar ins Tagebuch geschrieben hatte. Ob es Liebe war oder die geradezu idealische Entsprechung einer sexuellen Fixiertheit, die hier noch dazu ausgelebt werden konnte, sei dahingestellt: jedenfalls sah er reale Glücksmöglichkeiten in den Momenten des erregten Fleisches und der dazugehörigen Phantasie samt ‚Prozedur'. Gewiß aber schätzte er auch die Bequemlichkeiten, die ihm durch eine fürsorgliche Liebe geboten wurden; und deren schmeichelhafter Wirkung er sich nicht entziehen konnte und wollte – noch dazu an einem Ort, wo es schien, als könnte ihn seine eigene Vergangenheit nicht einholen oder gar belasten: denn diese gehörte einfach nicht nach Bayern.

Während er in Wien bereits festgestellt hatte, daß Ruhm, (vorgegebenes) Geld und selbst grober Charme ihm den Zugang zu vielen Frauen zwar erleichterte, aber daß diese Beziehungen öfter mühsam bis lästig wurden, blieb ihm in Landshut, nach nun fünfzehn Jahren, eine anstrengungslose Vertrautheit, in der er auch nicht zögerte einzufordern, was er ohnehin für die Rechte des Mannes hielt. Und ganz offensichtlich wollte er heiraten: das angestrebte Junggesellentum, das er auch gegenüber Gusti immer wieder ausgespielt hatte, ohne deshalb auf seinen ausschließlichen Anspruch auf sie zu verzichten, war nur ein Teil seiner Wahrheit gewesen; der andere Teil war, wie es dem väterlichen Vorbild entsprach, als Patriarch von einem dienenden Weib umhegt sein zu wollen.

Zudem hatte er jahrelang so viele Überredungskünste eingesetzt, um Maria davon zu überzeugen, sie müßten Mann und Frau werden, daß er nicht zurückkonnte. Also nahm er sogar die Schrecklichkeit in Kauf, alle vom zuständigen bayrischen Dechanten geforderten Dokumente aufzutreiben: unter anderm Gustis Taufzeugnis und ähnliches mehr. Das erschien ihm, trotz seiner Entschlossenheit, als fast unüberwindliches Hindernis (er hatte keine Ahnung, auf welches Amt er jeweils gehen müsse): und ausgerechnet da kam es zu Marias Zögern in letzter Minute.

Womit er sie zu beeindrucken geglaubt hatte, nämlich an seinem wachsenden Ruhm teilnehmen zu dürfen, wurde ihr zum Problem: „Ich bitte Dich, lass Dich durch die vielen Huldigungen nicht eitel und übermütig machen, denn das ist nicht gut für Dich." Seine Kränkung war geradezu explosiv: „[. . .] eingebildet bin ich noch nicht. Für saudumm hält mich nur meine eigene Frau."[3]

Und dann kam er ihr noch dazu, im selben Brief, mit katholischer Moraltheologie: er hätte all die Jahre nicht zur Beichte und Kommunion gehen können, da er das sündige Verhältnis mit ihr ja nicht abzubrechen beabsichtigt hatte und ohne Reue keine Vergebung, sondern eher eine Exkommunikation erfahren hätte. (Daneben mit jeder fetten Vettel in Wien zu schlafen, hätte er – mit Reue und ohne Wiederholungsabsicht – natürlich beichten können; das sagte er allerdings nicht.) Daher wollte er vor der Hochzeit nicht mehr bei ihr Quartier nehmen, sondern bei der Schwester – ‚Marille' – wohnen: um mit der heiligen Kommunion in den Stand der Ehe eintreten zu können. Worauf er natürlich auch seine Rechte kassieren wollte: „Ausserdem legt der Kater allergrößten Wert auf eine richtige Hochzeits-Nacht. Das sagt er Dir ganz offen."

In Wahrheit wurde es eine geradezu geheim gehaltene Hochzeit: die Trauung fand am 24. September 1952 auf dem Standesamt statt, wobei ausschließlich Mienzis Verwandte anwesend waren; die kirchliche Hochzeit erfolgte am nächsten Tag in der Stiftskirche von Altötting (wo Mienzi bei den Englischen Fräulein seinerzeit das Brotbacken gelernt, aber sicher auch im Chor gesungen hatte). Doderer ließ erst anschließend Karten drucken, die das vergangene Ereignis bekanntgaben, und sandte sie in Österreich nur an die Paumgarten, an Astri und an Ilse Luckmann. Als er wieder beim ‚Blauensteiner' auftauchte, war alles wie nach sonstigen Landshut-Aufenthalten; von seiner Hochzeit sagte er kein Wort und ließ auch, aus naheliegenden Gründen, den Ehering immer zuhause statt am Finger.

Im übrigen beabsichtigten weder Heimito noch Maria, irgendetwas in ihrer Lebensführung nach der Hochzeit zu ändern: sie blieb in Landshut, um sich ihren Pensionsanspruch zu erarbeiten, und er führte allein sein Leben in Wien weiter – als hätte er dabei nie gestört werden wollen: was ja auch zutraf. Das eben getraute Ehepaar plante für die nächsten Jahre nicht mehr als gegenseitige Besuche und hielt für den Großteil der Zeit an mehreren hundert Kilometer Entfernung zwischen den jeweiligen Lebensbereichen fest.

Auch die Hochzeit selbst hatte zu keinerlei Unterbrechung von Doderers wirklichen Absichten geführt: sie war als kleine Pause in eine Deutschlandtournee eingefügt worden. Vorher war er nach Berlin gefahren, um allerlei Leute kennenzulernen und eine Lesung zu halten – natürlich vermerkt als „starker Erfolg"; und anschließend besuchte er nochmals Norddeutschland. In Hamburg las er wieder beim Buchhändler Kurt Saucke, dem er im Vorjahr ‚genialisches Format' zuerkannt hatte. Bei der anschließenden Sauferei im Rathauskeller lernte er Hans Henny Jahnn kennen, blieb aber zuletzt mit Herbert Eisenreich und dessen Freundin (und späteren Frau) Traudl Kuhls über. Daneben geschah wieder einmal alles, was notwendig war: Besuche in Redaktionen, eine Rundfunkaufnahme mit Eisenreich, eine Wiederbegegnung mit Walter Abendroth in der ‚Zeit'.

Anschließend fuhr er nach Wien, mit einer Unterbrechung in Linz, um dort im Rathaussaal eine Lesung zu halten, doch kamen – seiner Meinung nach – des extrem schlechten Wetters wegen so wenige Leute, daß er diesmal keinen Erfolg verbuchen konnte.

Vom 23. Dezember blieb er bis zum 25. Januar bei seiner Frau in Landshut, unterbrochen von Besuchen im Verlag. Diese galten teilweise der Aussendung von Widmungsexemplaren – nach Ernst Jünger lag ihm noch Gottfried Benn sehr am Herzen, der mit Doderer das Los der belastenden Nazi-Sympathie geteilt hatte –, und vor allem hatte er mit Horst Wiemer viel über den Fortgang der Arbeit an den *Dämonen* zu besprechen.

Was er neu daran zu schreiben hatte, macht in der Buchausgabe etwa 900 der insgesamt rund 1350 Seiten aus und hätte damit dem Arbeitsaufwand für die *Strudlhofstiege* entsprochen, doch brauchte er nun doppelt so lang; das lag aber nur zum geringeren Teil an den Ablenkungen – öffentlichen wie privaten Auftritten. Die Planung des Werks fiel ihm sehr viel schwerer, obwohl sie letztlich gradliniger und additiver ausfiel als die verschachteltere *Strudlhofstiege;* aber die inhaltliche Kohärenz herzustellen, war eine Gratwanderung mit ständiger Absturzgefahr. Er hatte den ersten Teil antisemitisch konzipiert und wollte nun im zweiten (die Dreiteiligkeit ergab sich erst später) gerade den Antisemitismus einiger Hauptfiguren darstellen, als könnte er so ein ausgewogenes Gleichgewicht erreichen: die ‚Dämonen' – alle in der ‚zweiten' Wirklichkeit Befangenen – waren im ersten Teil die Juden gewesen, jetzt sollten im zweiten die Antisemiten, als ebenso Befangene, dieselbe Funktion erfüllen. Das war ein bißchen allzu spekulativ und konnte so nicht funktionieren.

Ein weiteres Problem war er selber, da er sich gleich dreifach als Hauptfigur einführte: als junger René von Stangeler, Historiker, als Cajetan von Schlaggenberg, Schriftsteller mittleren Alters, und als Sektionsrat Geyrenhoff, den ‚Chronisten' der Ereignisse, der allerdings keinerlei wirklich autobiographische Züge trägt, sondern eine Art Wunschbild ist: der nahezu vollkommen ausgeglichene Autor mit Staatsgehalt, der noch dazu die wünschenswerteste aller Frauen bekommt (der Zeemann schrieb Doderer einmal, daß er sie – oder seine Liebe zu ihr – mit dem Porträt Friederike Ruthmayrs vorweggenommen habe; doch fehlte ihr Friederikes Vermögen). Dazu kam eine verdoppelte Gusti: als junge Grete Siebenschein etwas positiver, als Camy von Schlaggenberg recht biestig. Und rundum gab es eine Corona von Figuren, die weitgehend seinem vergangenen Kosmos entstammten: Béla Faludy, Kurt Mayer, Otto Dressel, Gaby Murad mit dem Spitznamen ‚Licea' – doch hieß sie auch Renata, was die entsprechende Ergänzung zu René war –, Mia mit ihrem Koritschoner (Titi und Cornel Lasch) und andere – nicht zuletzt Gütersloh als der weise Scolander, dem überall das letzte Wort zusteht (im Gegensatz zu dessen Ariovist von Wissendrum). Hier hatte er nicht nur psychologisch enorm viel zu bewältigen, was teilweise gar nicht gelingen konnte, sondern er mußte dies auch noch mit der gedanklichen Struktur des Romans in Einklang bringen – deren Grundlage eigentlich *Sexualität und totaler Staat* war: das Entstehen und Scheitern der ‚zweiten' Wirklichkeit auf diesen beiden Ebenen – der Liebe und der Politik – zu zeigen, ersetzte das alte dreistöckige ‚Theatrum Judaicum'.

Spekulativ bis opportunistisch war noch ein weiteres Element. Hinter diesem Roman steckte, seit mehr als zwei Jahrzehnten und in geheimer Konkurrenz zu Güterslohs ‚Universalität‘, die in ‚Sonne und Mond‘ formlos nach allen Richtungen zugleich wucherte, Doderers allergrößter Ehrgeiz: er versuchte nun, den ‚totalen Roman‘ kompositorisch fest in den Griff zu bekommen – und ihn zugleich zum ‚Staatsroman‘ zu gestalten. Deshalb treiben die vielfach verflochtenen Ereignisse – mit einem noch größeren Personenkreis als in der *Strudlhofstiege* – auf den 15. Juli 1927 zu, also den Brand des Justizpalastes: und dabei bemühte er sich um eine Ausgeglichenheit der Darstellung (auch wenn sie in entscheidenden Punkten zweifelhaft ist), die weder Rot noch Schwarz vergrämen konnte: beide herrschten in der Zweiten Republik fast mandatsgleich. Doderer verdarb es sich weder hier noch dort: er gab sich als Konservativer, der dennoch den sozialdemokratischen Schutzbund zum Opfer des Tages erklärte, gewissermaßen staatsmännisch über den Fronten stehend, um der Wahrheit zu dienen. Und diese Rechnung ging schließlich auch auf: Schwarz auf Rot waren sich darin einig (so fängt eine berühmte Formulierung Musils an, mit der Fortsetzung: an Anton Wildgans einen großen Dichter verloren zu haben) – in Heimito von Doderer den größten Romancier des erneuerten Österreich präsentieren zu können.

Damit soll dieser monumentale Roman keineswegs auf diesen Aspekt beschränkt werden. Allein schon die Masse der feinsten Beobachtungen, die oft Satz um Satz die Bilder verdichten, leuchtende Pünktchen aufsetzen, schattig Verborgenes ahnen lassen, ist als Leistung geradezu unwahrscheinlich. Zudem ist sie nicht zufällig, sondern Ergebnis einer sehr bewußten Arbeit: Doderer beobachtete sozusagen professionell, er suchte allerorts die Details, die er brauchte, was vom sogenannten ‚Lokalaugenschein‘ – den er oft zu mehreren Tageszeiten wiederholte, wie seinerzeit auf der Strudlhofstiege – bis zur Jagd nach Personen reichte. Da hatte er etwa eine ungefähre Ahnung, welchen (physiognomischen?) Typ er an einem bestimmten Punkt der Handlung brauchen könnte, und suchte in den Wirtshäusern nach ihm – manchmal nahm die ganze Belegschaft von Blauensteiners Stammtisch an solchen Aufspüraktionen teil. In einem späten Interview berief sich Doderer auf Gerhart Hauptmann, der gesagt hatte, er erfinde keine Personen, denn dies täte nur der liebe Gott – und so sog auch Doderer, konzentriert und bewußt, aus seiner Umwelt alles an Bildern und Wissen, was er brauchte. Da konnte es auch durchaus vorkommen, daß sich eine ganze Gesellschaft von ihm mißbraucht fühlte: er beutete sie aus wie eine Mine; einer nach dem andern mußte erzählen, wie sein gewöhnlicher Tagesablauf aussehe, andere wurden für benötigtes Spezialwissen herangezogen, sei es nun die Jagd auf den Auerhahn, die Praxis des Gurtenwebens oder das Aussehen einer Avenida in Buenos Aires. Und da gelang ihm, über den Tisch vorgebeugt und mit enorm wachen Augen lauernd, bei fast erdrückender Intensität jenes seinerzeit geforderte ‚Lauschen, nicht Lärmen‘: aber es galt nicht einer Umwelt, die er jetzt als solche ‚lieben‘ lernen wollte – denn das tat er keineswegs –, sondern es war ‚Ergozentrik‘, ein aufs Werk bezogener Eigennutz.

Diese Fülle und Richtigkeit im Detail propagierte er auch mit vielerlei Berichten, welche Mühen ihn das gekostet habe, und er ging auch tatsächlich in Stiegenhäuser, um die Treppen bis ins soundsovielte Stockwerk zu zählen, ebenso wie er die Schritte vom Althanplatz bis zum Donaukanal zählte und letztlich sogar behauptete, nur deshalb nach London gefahren zu sein, um eine bestimmte Straße zu sehen. Das faßte er literaturtheoretisch weiterhin unter dem Begriff des ‚Naturalismus' zusammen und gab diesem Programm in seinen Aufsätzen den kämpferischen Titel einer ‚Wiedereroberung der Außenwelt': denn sie müsse bis ins letzte Detail richtig sein, um im Sinn der ‚analogia entis' wirksam zu werden – als würde ein einziges falsches Glied in der hierarchischen Kette von Gottes Wirklichkeit die Wahrheit zu Fall bringen. Das heißt mit leichter Übertreibung: daß die (fast theologische) Richtigkeit des Romangebäudes einbrechen würde, wenn Doderer die Treppen oder Schritte falsch gezählt hätte – und zeigt im Grunde, wie wenig er der Wirkung seines tatsächlichen Reichtums an Metaphern und Beschreibungen, an Stimmungen und Beobachtungen traute: er gab allem, was ohnehin nur kommentarlos wirkt und daher selbst-verständlich zu sein hat, und also seiner Kunst insgesamt einen privatideologischen Überbau, als würde erst dieser den Aufwand rechtfertigen.

Daß er tatsächlich Schwierigkeiten hatte, wie der ‚liebe Gott' Figuren zu erfinden, ist kaum irgendwo deutlicher als in den *Dämonen:* einer der wesentlichen Protagonisten ist ein Arbeiter, der durch das humanistische Ideal zu sich selber findet: er erlernt Latein, liest ausgerechnet den Philosophen Pico della Mirandola (der zwar Wissen und Magie verbinden wollte, mit seinen vielen Bänden gegen die Astrologie jedoch kaum Doderers Billigung gefunden hätte) und wird zuletzt Bibliothekar eines Prinzen. Diesen Leonhard Kakabsa fand Doderer in keinem Wirtshaus, sondern nur im eigenen Kopf; selbst als Ausnahmserscheinung in seiner Gesellschaftsschicht bleibt er zu unglaubwürdig, um dann noch zum beispielhaften Modell erhoben zu werden.

Doderer hatte zwar soziale, wirtschaftliche und politische Ereignisse in die *Dämonen* aufgenommen, um zum totalen Roman und noch dazu des Staates zu kommen, doch erwies sich dies als keineswegs erfolgreicher (zumindest im künstlerischen Sinn) als die Mißachtung dieser Realitätsebenen – etwa der Hungerrevolte von 1911 – in der *Strudlhofstiege.* Während in diesem Werk die Atmosphäre in sich ruht, und sei es in ihrem Irrtum, aus dem sie Stärke gewinnt, verliert sie in den *Dämonen* an Einheitlichkeit, da sich neben dem „Leben, wie es immer ist", theoretische Belehrungen darüber breit machen. Und in den Abhandlungen über den Hintergrund der politischen Ereignisse, zu deren Darstellung sich Doderer verpflichtet fühlte, hatte er nichts anderes anzubieten, als was er bereits – mit anhaltender Echolosigkeit – in *Sexualität und totaler Staat* gesagt hatte: wieder und wieder die ‚erste' und ‚zweite' Wirklichkeit auslotend. Er sah sich (mit Spenglers Argumenten) als hoch über den sozialen Fragen stehend an – was ihm ohnehin mehr Wesensart als Ansichtssache war – und wollte doch und gerade von dieser Position aus Antwort auf die komplexen Probleme einer Gesellschaft in Krisis geben: das konnte weder zu einem einheitlichen noch zeitgemäßen Ergebnis führen. Die Bruchlinien im Werk verlaufen nicht nur zwischen den unterschiedlichen Konzepten aus den weit auseinanderliegenden Entstehungszeiten, sondern auch zwischen dem theoretischen Anspruch und den unendlich vielen Detailbeschreibungen, die weitgehend ihrer richtigeren Eigengesetzlichkeit folgen.

Daß bei so mannigfachen Schwierigkeiten immer nur ‚ex-post' Kompositions-Zeichnungen zustande kamen, nimmt nicht wunder; dennoch stellten diese eine formale Überprüfung dar, die im nachhinein zu formalen Verbesserungen führen konnten. So verband Doderers Arbeit an den *Dämonen* den eben zu gestaltenden Abschnitt immer wieder auch mit Umorientierungen des gesamten Konzepts, obendrein meist krisenhaft.

Diese Arbeit bestimmte jedenfalls sein Leben so sehr, daß er von einem „Generalsturm des Volks der Figuren, welches das Zelt unseres privaten Lebens unter seine Füße trampelt", sprach[5]. Daneben blieb fast nur die übliche Routine: irgendwen am späten Nachmittag oder am Abend zu treffen, die Teilnahme an Lesungen, etwa derjenigen Fritz Hochwälders in der Secession, worauf in großer Runde beim ‚Smutny' gefeiert wurde, und eben die gewohnten Beislbesuche.

Im Juni empfand er es als empfindliche Störung, zum Schöffen gewählt worden zu sein und dann eine Woche lang bei einem Krida-Prozeß dabeisitzen zu müssen. Anschließend verbrachte er sogar den Großteil des Sommers 1953 in Wien, wo er – mit eigenem Schlüssel – abends öfter im Institut für österreichische Geschichtsforschung arbeitete, um Quellen für sein mittelalterliches Kapitel zu suchen und auch noch Unterlagen zu den Ereignissen von 1927 zu studieren. Zum letzteren Themenkreis gehörte auch eine Autofahrt nach Schattendorf – wo der Bub und der Invalide erschossen worden waren – und um den Neusiedlersee, wobei es der Ehemann Marie-Louises, Dr. Ferdinand Reiter, war, der am Steuer saß. Vielleicht wurde bei dieser Gelegenheit auch die Lesung vereinbart, die Doderer dann Mitte Dezember in der Staatsdruckerei hielt, deren Direktor Dr. Reiter war.

Nach Landshut kam er erst anläßlich eines traurigen, wenn auch nicht ganz unerwarteten Ereignisses: Lu Laporte war, nach zwei Operationen, ihrer Krankheit erlegen; Doderer sprach, in diesem Fall wirklich tief erschüttert, nach Dr. Heinrich Beck an ihrem Grab. Anschließend blieb er drei Monate bei Maria, wobei er sich hauptsächlich wieder auf die *Dämonen* konzentrierte, aber daneben auch die Fahnen für *Das letzte Abenteuer* korrigierte; zu dessen Herausgabe (in der dritten und letzten Fassung von 1936) hatte sich die Reclam'sche Universal-Bibliothek entschlossen, worauf Doderer sehr stolz war: er wurde damit gewissermaßen unter die Klassiker aufgenommen. Zwar hatte es ein bißchen Schwierigkeiten gegeben, bis der Verlag das etwas lange und eigenwillige *Autobiographische Nachwort* akzeptierte, in dem Doderer seine theoretischen Ansichten zu Leben und Kunst samt ‚Naturalismus' recht selbstgefällig explizierte und also auch seine Geschichte – wie einstmals jene Güterslohs – als paradigmatische darstellte, unter nahezu völligem Verzicht auf die äußeren Lebensereignisse; doch schließlich lag das Büchlein im Oktober vor, und nun konnte jeder, dem die *Strudlhofstiege* zu teuer war, einen ‚billigen Doderer' kaufen, der dennoch respektträchtig war.

Weitere Unterbrechungen waren ein Besuch Weigels in Landshut, etwas später noch einer von Astri; doch auch mit Maria fuhr er manchmal nach München, besuchte Hellabrunn, den botanischen Garten und sogar das Oktoberfest. Auch kam er zu einer Lesung von Canetti, mit dem er dann in größerem Kreis in der ‚Tirolerstube' zusammensaß; in einem Brief an den Schriftsteller Robert Grabner bezeichnete er ‚Die Blendung' damals noch als ganz „ausserordentlich", er „kenne und schätze" sie seit langem[6].

Am 4. November verlegte er seine Arbeitsstätte wieder nach Wien, wo er auch in diesem Jahr wieder die Buchwoche mit einer Lesung – gemeinsam mit Lernet-Holenia – eröffnete. Ende des Monats fuhr er für einige Tage zu Astri und Hans auf den Riegelhof; zu Weihnachten traf er wieder pünktlich bei Mienzi ein. Es ist offensichtlich, daß er in Landshut mehr Ruhe zur Arbeit hatte als in Wien; dennoch kehrte er nach zwei Wochen wieder zurück, um fast jeden Abend nach der Arbeit beim ‚Blausteiner' zu sitzen. Auch nahm er ein bißchen am Fasching teil; zu einem Atelierfest in der Singerstraße bei Antoinette Langer kam er als ‚Toter auf Urlaub' in seinem alten roten Jagdfrack.

Erst ein schlechtes Befinden, das sowohl von einem ungünstigen Horoskop als auch von der Tatsache ausgelöst worden war, daß er den Mond ‚unentschärft' durch Glas gesehen hatte, trieb ihn Mitte März wieder nach Landshut zurück – obwohl sich seine Laune bessern hätte können, da er soeben erfahren hatte, daß er im Herbst den Literaturpreis der deutschen Industrie erhalten sollte. Ein weiterer Grund für die Abreise nach Landshut war zu viel Post, die er neben den *Dämonen* einfach nicht bewältigte; Maria hingegen beherrschte Stenographie und Maschinschreiben. Mit ihrer Hilfe gelang es ihm, vom 19. März bis Mitte April 1954 zweiundfünfzig Briefe zu verfassen. Dem folgten noch zwei absolut ruhige Arbeitsmonate in Landshut, nur unterbrochen von den vorbereitenden Gesprächen für eine Übersiedlung, nämlich aus dem alten Stadtzentrum hinaus ins Grüne.

Noch mehr als mit zeitgeschichtlichen Fragen hatte sich Doderer am Institut mit spätmittelalterlichen Texten beschäftigt, um sich sprachlich auf ein großes Kapitel der *Dämonen* vorzubereiten, das im Roman dann als originale Chronik ausgegeben werden sollte – mit kommentierenden Bemerkungen des Historikers René von Stangeler; tatsächlich wurden diese fünfzig Seiten ein Bravourstück. Es handelt sich um den Bericht über einen nicht legitimen Hexenprozeß gegen zwei Frauen in den Kavernen des Schlosses Neudegg – das mehr oder weniger in derselben Gestalt auf dem Boden von Doderers Kinderzimmer gestanden war –, wobei nur die Lust auf die beiden Opfer der Anlaß für die Gewaltanwendung bei der beschämenden Bloßstellung war.

Der Besitzer des Schlosses ist jener Jan Herzka aus der *Bresche*, der jetzt, mit René als historischem Beistand, den Inhalt der Chronik kennenlernen möchte, da ihn das gleiche erregt wie seinen Vorfahren Achaz von Neudegg: die Hilflosigkeit der Entblößten und Gefesselten. Herr Achaz beobachtet die peinlichen Befragung nur wohlverborgen durch einen Mauerspalt; durchführen läßt er sie von zwei jungen Burschen, von denen der Schüchterne und Unerfahrene in der Seele vergiftet wird, während der andere, unverschämt, geil und frech, die Prozeduren genießt – und dieser trägt den Namen Heimo. Und Heimo ist versessen auf die ältere der beiden Frauen, die weißhäutige ‚purgermaistrin' mit der hohen Brust, die ohne Klage „voller demuetiglichkait" duldet – Mienzi stellt sich sofort zu diesem Bild ein.

Auch alle übrigen Details entsprechen genau Doderers Vorlieben: die Säule in der Mitte des Raums führt nicht bis zur Decke, als hätte sie eine tragende Funktion, sie darf nur sechs Fuß hoch sein und ausschließlich dazu dienen, die Opfer daran zu binden; diese werden zwar gewaltsam entkleidet, behalten aber doch ein knappes Hüfttuch; sie dürfen es zwar nicht wissen, aber es ist die feste Absicht, ihnen keinerlei wirklichen Schaden zuzufügen; und die Peitsche, mit der auch kräftig zugeschlagen werden kann, ist aus Samt, so daß die Hiebe dennoch nicht schmerzen. Immer wieder auch beschreibt er die enorme Erregung der Quasi-Peiniger, von zitternden Knien bis zur halben Ohnmacht durch den überwältigenden Eindruck.

Dieses Kapitel ist in einem Buch, in dem Doderer sich um der angestrebten Universalität willen sogar durch Finanz- und Rechtsprobleme kämpfte (mit qualifizierter Hilfe), eine Insel sehr privater Lüste – die er zugleich der Öffentlichkeit preisgab; er stellte sein Lieblingsspiel mit Maria dar, ihre „schemiglichkeit" und des Eichkaters zudringliche Frechheit; was er durch den scheinbar mittelalterlichen Codex verbarg, verriet er wieder durch die Verwendung des eigenen Namens. Diese spielerische Unbesorgtheit steht für den Anbruch weniger, aber glücklicher Jahre.

Er konnte endlich seiner so lange und mühsam entwickelten Überzeugung entsprechen, daß die äußeren Lebensdaten eines Künstlers völlig belanglos seien; statt sich ständig zu diesem oder jenem gestalten zu wollen, sich mit Selbstvorwürfen zu verfolgen, sich Strafen und Ertüchtigungstrainings aufzuerlegen – ließ er sich aus der Hand, er gab sich frei. Disziplin und Spiritualität galten nur noch der Kunst. Daneben war er, zumindest theoretisch, so unwichtig, daß er eigentlich tun und lassen konnte, was er wollte – wenn ihm nur für das einzig Wichtige genügend Zeit und Energie blieb. Nicht selten wurde seiner Erklärung dieses ‚unvollendet stehen gelassenen Lebens' entgegengehalten, wie eitel er noch immer posierte: doch für ihn zählte auch das zum Ephemeren, er sprach seinem ganzen Leben jede Bedeutung außerhalb der Kunst ab. Und was er an Bedeutungslosem tat oder nicht tat, spielte keine Rolle – denn anders wäre es, wie sein früheres Leben, zur ‚zweiten' Wirklichkeit geworden, womit die ‚erste' seiner künstlerischen Existenz zusammenbrechen hätte müssen: es verpflichtete ihn also seine Privatideologie dazu, ein Leben, das er nicht als Heiliger führte, überhaupt nicht ernst zu nehmen. Daß er dies unter Menschen tat, denen keineswegs klar sein konnte, daß sie bloß zur Entourage seiner Bedeutungslosigkeit und also mitten in diese gehörten, fiel ihm weiter nicht auf: denn von seiner Umwelt hatte er schon immer verlangt, die hierarchische Distanz zu akzeptieren, welche er ausschließlich durch sein Werk hergestellt sah.

Er konnte jetzt, neben der vielen und anstrengenden Arbeit, auch heiter und gelöst sein: es war ohnehin nichts von Belang. In einer seltsamen Umkehrung wurde er zugleich erstmals ganz er selber: weil er sich endlich das zu sein traute, jetzt erst, nachdem er alles entwertet hatte. Und was er sich – auf die Sechzig zugehend – traute, lautete ganz einfach: seinen Launen zu folgen. Seine Neigung zu Wutanfällen, durch die begonnene Arbeit an den *Merowingern* bereits gefördert, wurde nun zum stilisierten Bestandteil der Person: er exekutierte sogar Teekannen unter Brüllen. Und er betrank sich, wann es sich ergab oder er das einfach wollte. Von einem Tischler ließ er sich eine Plattform mit Säule machen, um daran fesseln zu können, wer sich dazu hergab; und er besorgte sich auch eine Peitsche aus rotem Samt.

Als er am 16. Juni wieder nach Wien fuhr – vielleicht hatte Maria ihn schon nicht mehr ganz gut ausgehalten –, soff er auf der ganzen Fahrt, setzte dies in Wien beim ‚Rieder' (neben dem Rathaus), anschließend im Café ‚Rathaus' und letztlich in der ‚Laudon-Bar' fort. Über ein Monat später schrieb er an Mienzi, er sei seit seiner Ankunft nur am Reißbrett und im Tagebuch mit Fragen der Komposition beschäftigt gewesen; das mag zum Teil gestimmt haben, bedeutete aber vor allem, daß er keine Zeile Text geschrieben hatte.

Denn damals spielte sich eine der merkwürdigsten Episoden seines Lebens ab, zu deren Klärung es allerdings weitgehend an Grundlagen fehlt. Die Geschichte fängt damit an, daß – im Notizbuch vom 4. Juli – zwei seiner Abkürzungen am selben Tag aufscheinen: nämlich ‚a.s.m.' – apud sanctam missam, bei der heiligen Messe, wie schon seit Kursk – und ‚d.exc.m.' (manchmal auch nur ‚d.e.m.') – dies excellentis martirii, Tag einer vortrefflichen Folterung. Wie katholisch man das Zusammentreffen der beiden Kürzel sehen mag, sei dahingestellt, obwohl sich ein Konnex schwer leugnen läßt. Doch wen er an diesem Tag traf, ist ungeklärt: Doderer verwendet ein Signum, das am ehesten ein sehr rundes (für ihn selber atypisches) E mit einem N verbindet. E. N. war seinerzeit fast zehn Jahre lang die Abkürzung für Emmy von Novotny gewesen, doch hätte er sie – bei einer Wiederbegegnung – kaum als ‚ihn' bezeichnet, wie in diesem Fall: sie war, in ihrer Üppigkeit und sexuellen Ausstrahlung für Heimo, das Gegenteil jener Frauen wie Paumgarten gewesen, die ehrenhalber das ‚er' erhielten.

Also ist am ehesten mit einem Mann zu rechnen; da ihn Doderer später mehrmals in der Akademie der Bildenden Künste traf, könnte er dort eine Funktion ausgeübt haben. Beide waren an jenem Sonntag in der Michaelerkirche gewesen, ohne einander zu bemerken, stellten dies aber bei ihrem nachmittägigen Treffen fest, das dann bis tief in die Nacht hinein dauerte; ‚d.exc.m.' Mit EN traf er sich wenige Tage später wieder, um den Abend auf dem Kahlenberg zu verbringen; das diesmal angebrachte Kürzel lautete bloß: ‚sp.' – spät. Doch dauerte die Beziehung weiter: noch im Herbst des nächsten Jahres (1955) half EN Doderer bei seiner Korrespondenz – bis er da (und an der Säule) von der Zeemann abgelöst wurde.

In diesem Sommer verbrachte Doderer wieder einmal drei Wochen auf dem Riegelhof, wo er seine Arbeit fortsetzen, aber zur Erholung auch in der vertrauten Umgebung spazieren und bergsteigen konnte; zudem pflegte er natürlich das Bogenschießen. Über dieses hatte er bereits 1952 in einer kurzen Autobiographie – reichlich stilisierend – geschrieben: „Von Jugend an gewöhnt an körperliche Übung (und überhaupt hart erzogen), war ich dennoch nie Sportsmann. Freilich, ich mußte gut reiten lernen als österreichischer Kavallerie-Offizier, ebenso Fechten zu Fuß und zu Pferd, ich war auch einmal ein passabler Boxer, und das Schilaufen versteht sich ja bei einem Österreicher von selbst: aber von allen Sports ist mir nur einer geblieben, zu dem ich ein tieferes Verhältnis gewonnen habe: der Gebrauch des Bogens. Er ist dem Schriftsteller so sehr gemäß. Das Zielen mehr mit Willenskraft und sozusagen mehr mit dem Herzen als mit dem visierenden Aug', die fast magische Konzentration, mit der man dann wirklich trifft (Brücke zwischen Innen und Außen!), dies alles macht den Bogenschuss fast mehr zu einer geistigen als zu einer körperlichen Übung. Zudem wird diese am förderlichsten in der Einsamkeit ausgeübt. Ich verwende jetzt einen U.S.A. Stahlbogen Marke True Temper, den mir vor zwanzig Jahren ein – mir leider unbekannt gebliebener – Leser zum Geschenk machte. Auf die Herstellung und Reparatur von Pfeilen (garnicht so einfach!) verstehe ich mich sehr gut."[7]

Dr. Heinrich Meyers, an den dieser ausführliche Brief gerichtet war, hatte aus Amerika beim Verlag nach näheren Daten über den Autor angefragt und war wohl reichlich erstaunt, vom Autor selbst eine lange Antwort zu erhalten; die etwas seltsamen Auskünfte, die er da erhielt, zeigen recht deutlich, mit welcher oft kindlich wirkenden Naivität Doderer beschrieb, was ihm wichtig erschien. Daß er diesen Brief überhaupt und noch dazu in dieser Weise schrieb, verrät am ehesten sein Interesse, sich als Schriftsteller einen neuen Kontinent zu erobern, wie er es wohl genannt hätte; ob mit den tauglichsten Mitteln, ist fraglich.

Vor der Darstellung des Bogenschießens hatte er im selben Schreiben eine andere Möglichkeit der ‚Selbstbeschreibung' angeboten:

„Pein dem Schwein
reimt sich gut.
Pein dem Schwein
bis es ruht
tief im Grab
eingescharrt,
Vöglein piept,
Fröschlein quarrt."

Das war Wut und Unfug, aus der Freiheit der eigenen Bedeutungslosigkeit angeboten. Dem folgte zur Richtigstellung die paradigmatische Geschichte: „Summarisch wäre ich in der Lage über mich zu sagen, dass ich so lang hinter mir hergerannt sei, bis es mir gelungen war, dem schon fliegenden Pfeil die Spitze aufzusetzen." Was Dr. Meyers mit dieser Feststellung anfing, ist unbekannt.

Für Doderer war der Fall Doderer natürlich viel klarer; er hatte in diesem Herbst wieder eine Reihe von öffentlichen Aufgaben zu bestreiten, die insgesamt unter die Rubrik ‚Ehrungen' fielen. Mitte August fuhr er nach Landshut, um sich dann mit Mienzi die ‚Ausrüstung' für Bamberg und London zu erwerben; außerdem bereitete er sich darauf vor, ‚im Stegreif‘ irgendwo Reden oder Vorlesungen halten zu können, falls sie verlangt würden; er erstellte gewissermaßen Alternativprogramme, um jeder Situation gewachsen zu sein – was zeigt, daß er einerseits ängstlich war, andererseits aber keine Gelegenheit zu brillieren versäumen wollte.

In Bamberg erhielt er am 7. September 1954 den Literaturpreis der deutschen Industrie für Dichtung, gemeinsam mit Annette Kolb; daß er und Mienzi am Vorabend beim feierlichen Abendessen dem deutschen Bundespräsidenten Dr. Theodor Heuss vorgestellt wurden, war sicherlich ein Ereignis, das auch seine Frau nicht mit dem Vorwurf der Eitelkeit begleitete: beide waren in diesem Fall über alle Maßen beeindruckt. Anschließend ans Abendessen erfolgte eine längere gesellige Trinkerei in einer Weinstube, mit Dr. Rudolf de le Roi, dem Direktor des Hauptverbandes der deutschen Bauindustrie, und vielen anderen, darunter dem Schriftsteller Hans Egon Holthusen. Am nächsten Tag gab es zu Mittag ein ‚Déjeuner‘ in den ‚Drei Kronen‘, worauf im sogenannten ‚Kaisersaal‘ nach einem Vortrag Burckhardts die Preisverleihung erfolgte. Abends sah das Programm noch ein Domkonzert und einen anschließenden Empfang beim Oberbürgermeister vor, worauf sich der Großteil der Gesellschaft wieder in die ‚Drei Kronen‘ begab, wo die Kulturträger nacheinander ans Glas klingelten, um ihre Reden zu halten, natürlich auch Doderer – improvisiert nach Entwurf –, und ihr ‚Gelage‘ bis halb fünf Uhr morgens dauern ließen. Obwohl Maria derartige Nächte nicht sonderlich lagen und sie sich auch in der entsprechenden Gesellschaft der Literaten und andern Würdenträger einigermaßen unsicher fühlte, war ihr der so geehrte Heimito immerhin und jedes Mal ein besonderes Ereignis.

Anfang Oktober erfolgte seine Reise nach London, über Brüssel und dann ab Ostende mit der Fähre. Er gab sie später, wie bereits erwähnt, immer als Überprüfung einer Straßenbeschreibung für die *Dämonen* aus – was auch richtig war. Tatsächlich aber beschäftigte ihn die über den deutschen Sprachraum hinausgehende Anerkennung seines Werks. Es waren zwei Interviews mit der BBC geplant, eines mit Hans Flesch von Brunningen – dem er vergeblich beim Biederstein-Verlag helfen hatte wollen – und das andere durch diesen vermittelt: nämlich mit dem langjährigen Leiter des deutschen Dienstes, Dr. Carl Brinitzer, Autor eines Buches über Lichtenberg. Mit ihm sprach er vor dem Mikrophon über seinen Naturalismus, der ihn der Genauigkeit halber nach London getrieben hätte: und da habe sich nun herausgestellt, daß seine Beschreibung ohnehin völlig richtig gewesen sei – auch ohne Überprüfung. Und in Anlehnung an seinen eigenen Brief an Gütersloh nach der Übersiedlung nach Dachau – als der Meister von zuhause aus dem Schüler sagt, was dieser in der Ferne sieht – erklärte er: „Reisen ist immer ein Zeichen von Schwäche. Wäre ich stark gewesen, wäre ich in Wien geblieben."

Ein weiterer wichtiger Grund für seinen Besuch in London war Hilde Spiel. Sie hatte ihn bereits einmal – nach dem Erscheinen ihrer ausführlichen Essays über die *Strudlhofstiege* – in Wien besucht, nämlich im September 1952, gemeinsam mit ihrem Mann Peter de Mendelssohn (der an einer so detaillierten Thomas Mann-Biographie schrieb, daß sie in einem Leben unmöglich fertiggestellt werden konnte). Nun erfolgte ein ausführlicher Gegenbesuch bei den beiden in ihrem Haus in Wimbledon, und er traf sie am nächsten Tag nochmals – sie gingen mit ihm in die Tate Gallery, wo ihn vor allem Cézanne sehr beeindruckte, und anschließend in ein polnisches Café. Seinem – diesfalls eher vorsichtigen – Charme gelang es, sich diese wichtige Befürworterin seines Werkes weiter zu sichern – es entstand eine Scheinfreundschaft. (Noch zehn Jahre später sagte er zu mir: „Hüten Sie sich, das ist eine gescheite Frau – aber eine alttestamentarische Rachegöttin!" Und wenn er dann auch, reichlich verlogen lächelnd, ‚Hilderl' zu ihr sagte, blieb sein Unbehagen erhalten; die Versicherung in ihren Memoiren, daß sie selber und Hans Flesch die besten Freunde Doderers in dessen letzten Jahren gewesen seien, ist jedenfalls falsch.)

Von London kehrte er mit einem Umweg über Landshut (fast einen Monat) und dann über Kärnten zurück, wo er in St. Veit an der Glan an einer „einigermaßen pompösen" Kulturtagung teilnahm und seinen „Schnabel wetzen" sollte, wie er an Astri schrieb[8]; „aber von *allem* gab es *zuviel;* zuviel Literatur, zuviel Musik, zuviel essen [!], zuviel Trinken. Ich hatte bemerkenswerten Erfolg . . ."[9].

Ab 17. November wieder in Wien, war er nun schon damit beschäftigt, neben der eigentlichen Schreibarbeit auch die Herstellung der Abschrift des ersten Teils der *Dämonen* zu überwachen; für diese Arbeit hatte er einen ebenso geduldigen wie peniblen – pensionierten – Gymnasialprofessor gefunden, der dies nach den Handschriften mit großem Interesse und völlig fehlerfrei bewältigte. Dr. Otto Günther blieb Doderer auch in der Zukunft unersetzlich; er war absolut verläßlich und dabei ebenso bescheiden wie seine Honorare. Doderer hatte Horst Wiemer den ersten Teil bereits für Dezember versprochen, durch ständige Änderungen war das Einhalten dieses Termines jedoch völlig unmöglich; die Schwierigkeiten waren zu groß, und außerdem hatte er sich noch gar nicht zur neuen Form der Dreiteiligkeit des Romans durchgerungen.

Daneben ging das Leben mit den gelegentlich langen Nächten weiter, außer beim ‚Blauensteiner' auch bei den ‚Drei Hackln', wo er jedoch eher zu Mittag aß. Zudem ließ er sich für die Feiern seines Gymnasiums in der Kundmanngasse – zu dessen fünfundachtzigjährigem Bestand – gehörig in Anspruch nehmen, da man ihn als prominenten Schüler und damit geradezu Werbeträger gehörig in den Mittelpunkt rückte: was ihn an der Stätte seiner ehemals mäßigen Erfolge sicher befriedigte (ein etwas jüngerer Schüler war damals noch weniger berühmt, nämlich Dr. Bruno Kreisky, der seinerseits Robert Musil weit mehr als Doderer schätzte). Jedenfalls ließ sich Doderer zwei Tage lang zu Abendessen, Votivmesse, Frühstück und ähnlichem mehr vergattern.

Genauso gern ließ er sich Mitte Dezember durch einen mehrtägigen Besuch von Karl August Horst ablenken: vielleicht schätzte er ihn wirklich sehr, doch kann es auch einfach das damals hohe Ansehen dieses Kritikers, Essayisten und Übersetzers gewesen sein, das Doderer sogar veranlaßte, ihn bei seiner Ankunft am Westbahnhof abzuholen – da verfehlte er ihn aber, da ein Treffen offensichtlich nicht verabredet war. Dafür war er am nächsten Tag bei dessen Vortrag in der Nationalbibliothek und berührte den einflußreichen Mann sicherlich mit seiner Geschichte vom vergeblichen Warten am Vortag. Tags darauf gab es noch eine große Party für den geschätzten Gast – wie eben berühmte Kritiker von den sehr besorgten Autoren gewürdigt werden –, an der auch Lernet-Holenia mit Frau, Torberg, Myra von Winter und viele andere teilnahmen.

Ebenfalls dabei war auch die junge Schriftstellerin Jeannie Ebner, für die einen Verleger zu finden er sich schon 1953 bemüht hatte. Damals hatte er ihr geschrieben: „Ich für meinen Teil kenne jetzt drei von den jungen weiblichen Autorinnen; eine davon ist schon bekannt geworden. Aber ich halte Sie, verehrtes Fräulein Jeannie, für die begabteste unter allen dreien."[10] Offensichtlich trennte er, wie im Sport, die Herren- von der Damenmannschaft, um nicht Äpfel mit Birnen zu vergleichen; mit der schon bekannten Autorin meinte er Ilse Aichinger, die dritte war Ingeborg Bachmann, gegen deren (verlorenen) Roman er schließlich eindeutig Stellung bezogen hatte. Seine Bevorzugung Jeannie Ebners war jedoch keineswegs eine erotische oder sexuelle Präferenz: ebenso wie der spätmittelalterliche Heimo im Pseudo-Codex bevorzugte er, seit Emmy Kropila (die mittlerweile verheiratet war) als der letzten Abweichung, ausschließlich reifere Damen, womit er – wie der freche Heimo – jedes Alter über fünfzig meinte: die weiße Weichheit der Üppigkeiten. Zugleich nahm seine Abneigung gegen jüngere Frauen (unter fünfzig) zu, mit Argumenten, wie daß sie alle – irgendwo zwischen eigener Babyhaftigkeit und der Stilltätigkeit als Mütter – ständig milchig-säuerlich röchen, was er verabscheue. Natürlich nahm er damit auch den jungen Frauen seiner Vergangenheit – und vor allem Gusti – im nachhinein allen Reiz und kehrte gleichzeitig zu seiner frühesten – auf Frauen bezogenen – sexuellen Anziehung zurück.[11]

Auch Mienzi wurde mit dem Alter rundlicher; sie und er standen im neunundfünfzigsten Lebensjahr, und ihre Beziehung war, beim seltenen Beisammensein, immer wieder ausgezeichnet. Allerdings war sein Weihnachtsbesuch 1954 sehr kurz, er fuhr bereits am Tag vor Silvester zurück, mit der – nicht einmal vorgegebenen – Begründung, daß er für den Professor Günther, genannt ‚der Copist', täglich telefonisch erreichbar sein müsse, um eventuelle Zweifel beim ‚Copieren' klären zu können.

Daneben war der ganze Januar 1955 neuem Text gewidmet. Doderers Stimmung war trotz der vielen Arbeit nicht selten euphorisch: der *Strudlhofstiege* einen noch größeren ‚Nachschlag' folgen lassen zu können, was mit der zunehmenden Masse des Textes der *Dämonen* immer näher rückte, löste in ihm geradezu Stürme der Begeisterung über sich selber aus – was in der Korrespondenz mit dem Verlag am deutlichsten wird. Jetzt glaubte er wirklich daran, ein epochemachendes Hauptwerk schaffen zu können, dessen Ende ihm absehbar erschien; und in seinem Stolz machte es ihm auch Freude, auf Kompositionsfehler oder zumindest auf mangelnden Überblick Dostojewskis in dessen ‚Dämonen' hinzuweisen, mit dem Brustton der Überzeugung, daß man ihm solche Fehler nicht werde nachweisen können. (Dennoch passierte es kurz vor seinem Tod, daß in einer beliebten Quizsendung des deutschen Fernsehens mit Hans Joachim Kulenkampff eine Kandidatin in der letzten Runde alles verlor, weil sie als den Autor der ‚Dämonen' Doderer statt Dostojewski angab.)

In seiner Kritik an Dostojewski wurde er durch einen ganz alten Bekannten unterstützt, der erst jetzt zu einem engen Freund wurde: nämlich Xaver Schaffgotsch. Der Reichsgraf, der seinerzeit mit Trotzki verhandelt, aber insgeheim die Anarchisten unterstützt hatte, war nach einem langen Leben politischer Abenteuer ein sehr ruhiger Herr geworden, der sich von fast allem Engagement verabschiedet hatte: groß und schlank, mit seltsam frisch-rosigen Wangen und ständig zwinkernden blauen Augen, trat er mit einer Mischung von Bescheidenheit und gelassenem Selbstbewußtsein auf, das seiner Umgebung eine ironisch distanzierte Weisheit nahelegte, deren Inhalte allerdings unbekannt blieben. Statt dessen lächelte er und zwinkerte; auf andere Art als Doderer fand er es ebenso selbstverständlich, den großen Ideologien dieses (und des vorigen) Jahrhunderts endlich fern zu sein. Er war nicht vermögend, sondern lebte hauptsächlich von seinen Übersetzungen aus der russischen Literatur, wie etwa einer Gesamtausgabe von Gogols Werken; zu Dostojewski erzählte er Doderer, daß die meisten Übersetzungen sprachlich besser seien als das Original, denn unter seinem andauernden Schulden- und Zeitdruck hätte Dostojewski jeweils zuviel geschrieben, und das dann in ‚Feuilleton-Russisch' – ein Ausdruck, den Doderer gern übernahm, um eben den Unterschied zwischen den beiden Romanen desselben Titels *Dämonen* herauszustreichen. Zur selben Zeit war Schaffgotsch, der immer wieder nach Rußland reiste, zu einem ganz vehementen Anhänger des damals im Ausland völlig unbekannten Boris Pasternak geworden, den er regelmäßig besuchte und dessen Gedichte er als einer der ersten übersetzte. Solche ‚Fremdgängerei' von Freunden nahm Doderer immer etwas übel, als wäre es ein Verrat an ihm, auch die Werke anderer großartig zu finden; aber natürlich sprach er solche Mißbilligung nie aus, sondern stimmte ganz nach Spielregel in jedes Lob ein, wo ein solches dann auf ihn selber zurückkommen konnte.

So fand er sich natürlich auch in der Redaktion von ‚Wort und Wahrheit' ein, als dort der damalige deutsche Literaturpapst – sprich: Kritiker – Friedrich Sieburg durch einen Empfang geehrt wurde; Doderer erwies sich mühelos als so rechtskonservativ, daß er auch diesen Herrn für sich gewinnen konnte. Daneben ging die Beziehung mit EN weiter, samt der Kombination von ‚a.[pud] s. [anctam] m.[issam]' ‚und d.[ies] exc.[ellentis] m.[artirii]'.

Unterdessen hatte Maria ihre Übersiedlung allein durchführen müssen; Heimito hatte ihr aus den seinerzeit geerbten und kaum verkäuflichen Aktien, die mittlerweile einen erheblichen Wert darstellten, 15.000 Mark zur Verfügung gestellt: und erwartete sich dort draußen im Grünen – im ‚Tal Josaphat' – vor allem ein ruhiges Arbeitszimmer. Während sie mit der Einrichtung beschäftigt war – kleinbürgerliche Gediegenheit mit modernem Resopal und altmodischen Rüschchen –, blieb er in Wien an der täglichen Arbeit und den abendlichen Vergnügungen.

Erst zu Pfingsten erlebte er das neue Heim in Landshut, blieb aber nur eine knappe Woche, und diese zum Teil in München, wobei er mit Britting und Frau sowie Georg von der Vring, den er schon aus Wien kannte, nach den Verlagsbesprechungen in Weinstuben herumsaß. Anfang Juni kam er nach Wien zurück und ließ, um einem allgemeinen Bedürfnis nachzuhelfen, von dem Fotografen Alfred Jahutka – den er vom Stammtisch des ‚Blauensteiner' kannte – Porträtaufnahmen machen.

Dann genoß er noch den in Wien stattfindenden PEN-Kongreß, der am 13. Juni mit einem Empfang des Bundeskanzlers in Schönbrunn begann. Dort traf er gleich einen Kameraden von den Dreier-Dragonern, der aus den USA angereist war, nämlich Robert Pick. Dieser publizierte in Amerika Romane – was Doderer bei dieser verblüffenden Wiederbegegnung weniger interessierte als daß Pick in New York für den Verlag Alfred Knopf tätig war; dort sollten schließlich durch seine Vermittlung die *Dämonen* erscheinen. Und sonst kam es halt zum üblichen Treffen der Prominenz, etwa mit Robert Neumann, den Doderer noch zum Bahnhof begleitete, ohne in den Memoiren des damals so bekannten Autors mehr dafür zu ernten, als ein skurriler Wiener genannt zu werden.

Den PEN-Club leitete offiziell Franz Theodor Csokor; doch die Seele dieses nicht immer erfreulichen Clubs war die äußerst liebenswürdige und verbindliche Sekretärin, nämlich Erika Hanel; ihre gescheite und gutartige Konfliktverhinderung brachte es dazu, daß die sehr dickköpfigen Mitglieder schließlich doch immer wieder zu Kompromissen vergattert wurden, statt sich in ihren Streitigkeiten zu verzetteln. Dafür wurde sie von allen hoch geachtet: und wenn sie bei sich zuhause zum Abendessen lud, dann kamen die sogenannten Würdenträger, Doderer mit ihnen. Er kannte nun alle und jeden – nur Dorothea Zeemann noch nicht.

31. Heimita

Die Republik hatte sich seit der unmittelbaren Nachkriegszeit gründlich verändert. Nach dem Auslaufen des Marshall-Plans gelang es recht bald, die ziemlich hohe Inflation zu bekämpfen, ab 1953 waren auch keine Lebensmittelmarken mehr nötig. Dafür wurde allerorts gebaut, wenn auch weitgehend mit einfallsloser Zweckdienlichkeit, und es gab neben den Gehsteigen immer weniger der hohen Plakatwände, welche die Trümmerfelder mitten in der Stadt verbergen sollten.

Politisch gesehen war das etwas provinzielle Österreichertum, das sich hauptsächlich durch die Kultur einer großen und großräumigeren Vergangenheit aufwertete, nicht mehr umstritten, auch wenn die ‚Ehemaligen' – die alten Nazis – in dem VdU nun eine eigene Partei hatten, die es allerdings kaum zu sonderlicher Bedeutung brachte; auch nicht, als sie sich von ‚Unabhängigen' auf ‚Freiheitliche' umbenannten. Und trotz oder wegen der Russen im Land blieben die Kommunisten die kleinste Partei, mit Tendenz zum Schwinden.

Regiert wurde das Land recht dauerhaft von einer großen Koalition von Schwarz und Rot, mit Bundeskanzlern, die aus dem ehemaligen Austrofaschismus hervorgegangen waren; doch man gab sich erstens auf allen Seiten gemäßigter und sprach zweitens ohnehin nicht mehr von der Ersten Republik. Der ehemalige Richtungs- und Klassenkampf drückte sich nur noch in mühsamen Geplänkeln darüber aus, welche Bevölkerungsschichten steuerlich den höchsten Beitrag zur Aufbauleistung zu leisten hätten.

Doderers Anteilnahme an dieser Art politischen Geschehens ist am ehesten mit ‚null' zu bezeichnen. Sein im Krieg gewachsener Haß auf die Nazis blieb ihm, wurde gelegentlich – zu opportunen Zwecken – vehement geäußert, war ihm aber ebenfalls kein wichtiges Thema. Sein Österreichbild blieb das der ‚polis' Wien, welche sich das reiche Erbe des Vielvölkerstaates verinnerlicht hätte; zu den Bundesländern fiel ihm schon nichts mehr ein. An seinem eigentlichen Weltbild und Denken hatte sich nichts geändert: er blieb elitär, autoritär und hierarchisch bestimmt. Das heißt auch, daß er an den Wahlen nicht teilnahm, da für ihn die bloße Quantität (der Wählerstimmen) kein Kriterium darstellte; und seine qualitativen Begriffe hatten mit praktischer Politik gar nichts zu tun. Er fühlte sich in der Demokratie deshalb nicht unwohl, da sie ihn im wesentlichen gar nicht betraf; die äußeren Lebensbedingungen, die sie für ihn schuf, nahm er als selbstverständliche Voraussetzung zur Kenntnis, ohne daß ihn irgendeine Dankbarkeit dafür nochmals zu einem ‚politischen Eros' verführt hätte wie seinerzeit.

Seine ‚qualitative' Wertschätzung neigte zu überzeugenden Führergestalten, womit natürlich längst nicht Hitler (sondern eher Gütersloh) gemeint war; doch er sah auch in der Demokratie die Möglichkeit, daß sich einzelne Persönlichkeiten durchsetzten und nicht nur Parteien und Massen. Es interessierte ihn bloß nicht sonderlich, was da im einzelnen geschah; und er wollte auch ganz persönlich vorleben, welche Priorität das Kontinuum des Menschlichen vor allen politischen Veränderungen habe.

Er erlebte das genauso, wie er es wollte: sich selbst bestätigend. In den *Commentarii* wird deshalb eines der wichtigsten Ereignisse der Zweiten Republik überhaupt nicht erwähnt: nämlich der Staatsvertrag vom 15. Mai 1955, in dem die vier Besatzungsmächte ihren Abzug erklärten, und ein selbständiges Österreich sich zur Neutralität verpflichtete. Doderer hatte da sicher nichts dagegen: doch es ging dabei nicht um seine Kunst, die ihm wichtiger war.

Für Dorothea Zeemann – eigentlich: für die verwitwete Frau Holzinger – ging es vorläufig nur sehr nebenbei um die Kunst; zwar hatte sie schon ein Buch über Ottilie von Goethe veröffentlicht und schlug sich einigermaßen mit Buchkritiken und Kulturartikeln für Zeitungen durch, aber sie hatte keine Neigung, sich durch Ehrgeiz dem eigenen Leben zu entfremden. Sie lebte so halb und halb mit Walther Schneider zusammen, einem sogenannten Linksintellektuellen, der seine Ideen in verschiedenen Medien – vom Theater bis zur Philosophie – schreibend auszudrücken versuchte, doch nie damit erfolgreich wurde. Er war ein kleiner Mann mit schneidender Schärfe und großen Konsequenzen auch egoistischer Natur; manchmal fand sie ihn ekelhaft und stinkend, aber die Mischung von alter Vertrautheit – sie kannte ihn seit ihrer Jugend – und einer masochistischen Neigung, jenseits der persönlichen Toleranzgrenzen noch nach neuen Werten zu suchen, hielten sie bei ihm: letzteres kam ihr dann auch bei Doderer zustatten. Immerhin hatte sie, als ihr dieser überraschend an den Popo griff, seit einem halben Jahr eine eigene Wohnung in einem Neubau in der Hadikgasse: ebenerdig mit einer kleinen Veranda, an welcher der gesamte Verkehr in den Westen Tag und Nacht vorbeibrandete; im anschließenden Wohnschlafzimmer mußte man bei Gesprächen den Ton erheblich erhöhen, wenn die Ampel gerade wieder dem nächsten Fahrzeugschwarm den Weg freigab.

Auch sie war am 20. Juni zur Lesung Robert Neumanns gegangen; als sich danach aus den Sesselreihen alle in den Mittelgang drängten, verspürte sie den erwähnten festen Griff, wandte sich empört um und stand dem völlig zeremoniellen Doderer gegenüber, der sich mit Bückling und Handkuß entschuldigte und schon auch anfragte, ob er sich im Café ‚Brioni' noch weiter entschuldigen dürfe. Sie ließ ihn stehen und erfuhr erst danach, daß dies ‚der Doderer' gewesen war – der daraufhin, in Ermangelung einer erfolgreichen Eroberung, Robert Neumann auf den Westbahnhof begleitete.[1]

Aber auch er wollte wissen, wer diese Frau gewesen sei; denn daß hier etwas weitergehen könnte, hatte er am überraschten Zusammenbruch ihrer Empörung gesehen, als ihre Blicke sich trafen. Für ihn war sie einfach sehr attraktiv: obwohl ihr noch einige Jahre auf fünfzig fehlten und sie nicht einmal ganze achtzig Kilo auf die Waage brachte – doch diese waren immerhin sehr unregelmäßig verteilt, mit markantem Busen und Popo; ob ihr Gesicht gleich oder erst später seine Aufmerksamkeit fesselte, sei dahingestellt. Dann, als sie für ihn zur ‚Venus' geworden war, kontemplierte er auch immer wieder ihr Antlitz. Ihr dunkles volles Haar und der lebhafte Ausdruck ihrer glänzenden Augen, der großzügig geschwungene Mund zu einer graden Nase, dazu en face die Breite der Backenknochen – das ergab schon einige Faszination; noch dazu ohne die Kälte einer kultivierten Perfektion, da ihrem ganzen Wesen nichts Maskenhaftes eignete. Im Gegenteil: ihr war Neugierde und Spontaneität so anzusehen wie etwas ständig warm nach außen Drängendes, mit Zuneigung ohne Bereitschaft zum Mißtrauen, eine sehr volkstümliche, regsame Wachheit, die sich natürlich auch ihrer Wirkung bewußt war: fesch und sympathisch zu sein.

Ihr ging sein Gesicht – die von ihr als sehr geschlitzt empfundenen Augen, die Zerstörungen durchs Leben in dieser grimassierenden Maske, die sich als solche schon bloßstellte – nicht aus dem Sinn: das also war, wie ihr Walther Schneider sagte, ‚der Faschist Doderer'. Für sie war er ein Mann, wie sie noch nie einen gekannt hatte, mit gleichzeitig empfundener Anziehung und deutlich Abstoßendem – das offensichtlich, wie bei Walther, die Grenzüberschreitung provozierte. Sie glaubte sich verliebt, war aber eher von einer Momentaufnahme hypnotisiert – und wartete.

Als er schließlich anrief, meinte sie, schon vorher gespürt zu haben, wer sich nun melden würde, und bekam weiche Knie. Im Grunde war die Entscheidung schon gefallen; sie lud ihn zu einer Jause bei ihr ein, schützte sich aber dann wieder vor der eigenen Entschlossenheit, indem sie noch Walther, Csokor und das Ehepaar Koller dazu bat. Heimito kam ‚aufgeberstelt', brachte blaue Rosen oder Nelken (die Blumen variierten in späteren Erinnerungen, die Farbe nicht) und war entsetzt über die anwesende Gesellschaft; er drückte sich, so schnell es ging, und sagte der Zeemann bei der Tür, daß sie ihn offensichtlich seinen ‚Feinden' aussetzen hätte wollen. (Der ‚Feind' Csokor kam ihn zwei Tage später in seiner Wohnung besuchen und war friedlich wie immer; anschließend gingen sie zusammen abendessen.)

So führte Heimito seiner neuen Freundin recht schnell vor, wie schwierig er sei: sie hätte begreifen müssen, daß er als enormer Ausnahmefall in der Kunst keiner Gruppe integrierbar sei; und die Feinde blieben auch ihr gegenüber ein konstantes Thema: wobei er zunehmend meinte, jeder Künstler, der Kunst nicht in seinem absoluten Anspruch meinte, müsse notwendigerweise, durch Doderer beschämt, zu dessen Feind werden. – Er selber ging an diesem Abend allein in die ‚Drei Hackln' essen und ließ es beim Wein spät werden.

Doch verstärkte der Mißerfolg dieser Begegnung für beide die Beschäftigung mit dem andern, in Einsamkeit antwortlose Fragen stellend. Neun Tage später trafen sie sich in einem Café in der Innenstadt und saßen dort einander erstmals allein gegenüber: und beide konnten die Faszination durch den andern nicht verbergen. Aber Doderer war kein Mann für innere Dammbrüche in dem Sinn, daß er sich nun geöffnet oder gar offenbart hätte; lieber sagte er ihr, daß er über tausend Seiten eines Romans fertig habe, dem noch ein paar hundert weitere fehlten – und dann würde eines der größten Werke epischer Prosa vorliegen. Damit wollte er zumindest sicherstellen, daß er nicht unter seinem Wert gehandelt würde – auch wenn es um etwas ganz anderes ging; doch von riesigen Textmengen sprechend, war er – zumindest seit der *Strudlhofstiege* – absolut glaubwürdig; und er wußte nun immerhin eine ebenfalls Schreibende vor sich.

Sie sah seine nervöse Energie, die sehnigen harten Finger mit ihren kleinen Gesten über dem Marmortisch, sie war einer Intensität ausgesetzt, die er ebenso bewußt einsetzte, wie er sie ganz unbewußt in ihrer physisch so anregenden Gegenwart kaum einschränken konnte. Ihn als Mann erobern zu wollen, war etwas, das sie vorläufig noch mit Mißtrauen bekämpfte; doch da ihr als Schriftstellerin jeder weitere Weg unklar war, wirkte dieser erfolgreiche Monomane mit seinem Übermaß an scheinbarer Sicherheit, aus der zu jeder Frage die Meinungen fertig herausgeschossen wurden, absolut überwältigend, obwohl sie vieles nicht verstand.

Nun kamen mehr und mehr Begegnungen, an immer anderen Orten, in Nußdorf oder Hütteldorf, in der ‚Meierei' im Stadtpark oder im ‚Ottakringer Bräu', im ‚Penzinger Casino' und schließlich auch auf der Strudlhofstiege und anschließend im Café ‚Brioni' am ehemaligen Althanplatz. Er wußte, daß er einer Frau, die er für sich haben wollte, Öffnungen zu bieten hatte, durch die sie gewissermaßen eintreten konnte, doch war er zu einer Demontage seiner Fassade nicht imstande: er bot ihr einzelne Themen des Einblicks in ihn, wie schon von Anfang an die ‚Feinde', und dazu nun den Vater, der ihn einen ‚ordinären Kerl' genannt habe: eine Verletzung, an der er trug – und offensichtlich unbewältigbar; aber gerade das war wie geschaffen für ihre Warmherzigkeit, die sonst an seinen Masken abprallte; so wurde ‚der Faschist Doderer' für Dora zu einem verletzlichen Menschen mit alten, offenen Wunden.

Zugleich konnte sie, mit ihrer Neigung zum gemütlichen Schlendrian, gar nicht anders, als seine Disziplin bewundern: er schrieb täglich, von morgens bis mittags, an den *Dämonen* (nun jeden Textabschnitt mit einem verständlichen „Deo gratias!" abschließend). Doderer gab ihr den Eindruck, daß man, durch richtige Einsicht und entsprechenden Arbeitsaufwand, enorm viel mehr schaffen könne, als man der eigenen Ausgangsposition ursprünglich zutrauen hätte können – was seiner Situation sicherlich entsprach. Auch das war eine Verführung, die zunehmend an Bedeutung gewann: durch den anderen eine eigene Zukunft zu gewinnen, gibt der Liebe eine Kontur, die sie geradezu objektiv zu bestätigen scheint – als das ‚schicksalshaft' Beste. Wenn noch dazu, wie von Doderer, jede Zufälligkeit abgestritten wird, da es nur darum geht, reif für das Unvermutete zu sein, es also in seiner Bedeutung richtig zu erkennen, anstatt daran vorbeizulaufen, dann war also hier der Punkt ihres Lebens, wo sie die Augen (der ‚Apperception') weit aufreißen mußte.

Daneben war er alle paar Tage mit EN zusammen, und daß ihm die *Dämonen* das überhaupt Wichtigste blieben, steht gänzlich außer Frage; so war er sehr befriedigt, daß es ihm die Magistratsabteilung 30 – der Direktor der Kanalisation – ermöglichte, mit entsprechender Führung in jene Untergründe Wiens hinabzusteigen, deren Kenntnis er für den Roman zu haben müssen glaubte: womit sein seinerzeitiger Kinobesuch mit Emmy Kropila, bei dem sie den ‚Dritten Mann' gesehen hatten, in die *Dämonen* einging. Das heißt: sein Leben war vorläufig durch die Zeemann – die er im

Notizbuch, wenn überhaupt erwähnt, immer wieder anders schrieb: Zemann, Zeeman – noch kaum berührt.

Ende Juli war er das erste Mal ganz lang bei ihr gewesen: „nm u a“ – nachmittags und abends – aber noch nicht im Bett. Ein paar Tage später war Eisenreich mit seiner Traudl bei ihm; am nächsten Tag war er bei EN in der Akademie; und daneben notierte er andere Ereignisse viel ausführlicher: „Nachts, durch ein kleines Glas, das mich ärgerte (wurde vernichtet), beispielloser Wutanfall mit Getrampel, trete halb neben den Pantoffel und tue mir an der Ferse weh! Morgens beim Gehen behindert!“[2] Am 16. August war er wieder in ‚Hietzing‘ – was zwar richtig, aber für Doras laute Straßenwohnung doch euphemistisch war – doch hauptsächlich, um im Radio (ein solches besaß er ja absichtlich nicht) die vierte Symphonie in As, op. 28, des befreundeten Hamburger Kulturredakteurs Walter Abendroth zu hören; er schrieb ihm gleich am nächsten Tag „tief ergriffen“, wobei er sein ganzes musikalisches Fachwissen aufbot, um davon zu überzeugen, daß er das musikalische Geschehen wirklich begriffen habe.

EN fing in diesem Sommer an, Doderer bei der Korrespondenz zu helfen; am 20. August schrieb er sogar neun Briefe nach Diktat. Vier Tage später passierte es Heimito, nach einem Treffen mit Wotruba und Canetti, den Mond ‚unentschärft‘ durchs Fensterglas des Taxis zu sehen. Anschließend kam Mienzi, erstmals als seine Ehefrau, für fünf Tage nach Wien; bei einem Heurigen in Grinzing wurde sie den beiden Eisenreichs, dem – von Doderer geförderten – Schriftsteller und Psychiater Walter Toman samt Frau sowie dem Zeichner Kurt Moldovan vorgestellt; am 31. August brachte er sie mitttags zum Orientexpreß.

Am nächsten Abend war er wieder in Hietzing, ebenso fünf Tage später an seinem 59. Geburtstag. Die Zeemann vermerkte, es sei der erste Abend der körperlichen Liebe gewesen; in Doderers Notizbuch steht kurz und bündig: „Entzug, Ende“. Entzug weist immerhin auf eine gewisse Abhängigkeit hin, die sich im Laufe des Sommers ergeben hatte; am ehesten dürfte ihn gerade bei dieser ersten sexuellen Vereinigung Doras Liebe verschreckt haben, da sie ihn ganz in Anspruch nehmen und zusätzlich durch Provokation aus seinem Panzer locken wollte. Er fuhr in der gewittrigen Nacht noch zu den Blauensteiners, um dort zu saufen. Doch drei Tage später war er wieder dort und stellte fest: „kein Entzug“.

Dem aber folgten die ‚vierzig Tage der Prüfung‘, wie es Dora sah; am 11. September fuhr er mit Jeannie Ebner nach Innsbruck, wo er am nächsten Tag ein Referat hielt und nach einem Mittagessen, an dem auch die Lyrikerin Christine Lavant und der Arzt und Schriftsteller Hermann Friedl teilnahmen, nach München weiterfuhr. Dort konferierte er am späten Nachmittag noch mit Horst Wiemer und leistete sich anschließend ein ‚s.sp.‘ mit Britting und Frau. Tags darauf war er bei Georg von der Vring und fuhr erst am 14. nach Landshut weiter.

Dort konnte er sich diesmal nicht, wie im gewohnten Nest, sofort an die Arbeit begeben: in der neuen Wohnung im Tal Josaphat – der Halbstock eines Zweifamilienhauses mit großem Garten – war vieles noch nicht fertig, es wurden Möbel geliefert – manches ließ er umtauschen –, es mußten die Schränke eingeräumt, die Bilder gehängt werden. Dennoch schrieb er relativ viel Text für die *Dämonen* und sogar einige Passagen der *Merowinger*, deren cholerische Zügellosigkeit ihm als Ventil doch immer wieder notwendig wurde.

Am Ende der ‚vierzig Tage' – wie Jesus in der Wüste – besuchte er in München noch eine Picasso-Ausstellung, hielt abends mit Gustav End und Hartmann Goertz einen Umtrunk im ‚Spaten' und landete erst am nächsten Abend wieder in der Hadikgasse bei Dora: „ohne Entzug". Doch sie hatte diese Zeit, ohne einen einzigen Brief von ihm, in schwerer Depression zugebracht – welche schließlich die Grundlage für ihren ersten Roman, das ‚Rapportbuch', legte.

In der Zeit bis zu seiner erneuten Abreise nach Deutschland am 21. Dezember, also in nicht ganz zwei Monaten, entstand die wirklich intensive Beziehung zwischen den beiden: er kam immer öfter und öfter zu ihr hinaus nach Hietzing und wurde nun auch dort umsorgt oder zumindest, wann immer er das wollte, bekocht – wobei sie sich keineswegs um eine verfeinerte Küche bemühte (und das auch kaum gekonnt hätte), aber er war auch mit Kraut und Würstln oder Palatschinken zufrieden. Natürlich gingen sie dennoch gemeinsam aus und unternahmen Spaziergänge; wenn Dora gelegentlich in die Buchfeldgasse kam, war ein Gang bis zur Strudlhofstiege oft unvermeidlich, die ihm mit der Zeit mehr zum Symbol seines Erfolgs wurde, als daß sie jenes der verschiedenen Rampen und Umwege des Lebens geblieben wäre.

Was sich gegenüber der ersten Phase der Beziehung geändert hatte, war das nun problemlose oder sogar begeisterte Ausleben der gegenseitigen Attraktion, das Erlebnis der gemeinsam erreichbaren Befriedigung – und auch die dadurch immer wieder erfolgende Beruhigung aller Unsicherheiten und Ängste bezüglich des andern. Für Heimito führte das wieder zur kindischen Sprache: bei Dora ‚Heia' zu gehen oder zu ‚heiderln' – wienerisch für ein sehr geborgenes Schlafen im Vertrauten –, blieb ihm jahrelang in seinen Briefen ein immer wieder beschworenes Bild ihrer Zusammengehörigkeit, ebenso wie ihr ‚Katzeng'streck' – nämlich wenn sie sich beim Aufwachen ganz durchstreckte, was ihn besonders entzückte. Er wurde sozusagen zutraulich, mit verringerter Wachsamkeit und Selbstkontrolle; und obwohl ihm von beidem noch genug oder zuviel blieb, empfand er doch das Wohltuende dieser teilweisen Erleichterung – zu der auch gehörte, daß er in der Nacht seine Zahnprothesen herausnahm (seine Theorie, daß das Zahnfleisch auf diese Art ‚ventiliert' werden müsse, um nicht abzusterben, erläuterte er häufig und gern – in Wahrheit brachte er es nie zu einem Zahnersatz, der ihm wirklich gut paßte).

Während für ihn die Beziehung zu Dora gerade in der Erotik sowie der sexuellen Befriedigung überzeugend wurde und ohne diese sicher noch gar nicht vorstellbar war, geschah ihr etwas ganz anderes – obwohl sie im Genießen des Körperlichen durchaus freizügig war und sich offen dazu bekannte. Wesentlicher aber war ihr, welch zunehmenden Raum er in ihrem Geist und Bewußtsein okkupierte: eine fast ständige Anwesenheit, die weniger mit seinem Geschlecht als mit der Intensität seiner Überzeugungen, hauptsächlich zur Literatur, zu tun hatte. Sie bemühte sich ständig zu verstehen, was er denn eigentlich meinte; die ungewöhnlichen Zusammenhänge, die er herstellte, erschienen ihr wie tief erlittene Einsichten, die dem oberflächlicher Lebenden gar nicht gegeben sind – und deren Richtigkeit durch seinen Erfolg außer Frage gestellt war, womit sie vor allem die Qualität seines Schreibens meinte. Und während sie, mit ihrer lebensnahen Skepsis, Walther und den andern gescheiten Freunden immer wieder auch widersprochen hatte, war sie hier hilflos: sie hatte nicht einmal den Eindruck, von einer Fülle von Argumenten niedergewälzt zu werden, sondern meinte, auf eine künstlerische Autorität gestoßen zu sein, die ihrem eigenen, bisher wenig entschiedenen Leben eine Richtung weisen könnte.

Nichts tat Doderer lieber; noch war in ihm nicht die große Liebe zu dieser – jeden Tag vertrauteren – Freundin entstanden, aber doch zeichnete sich etwas ab, das er auf diese Weise noch nie erlebt hatte: die Vereinigung der sexuellen Anziehung mit der Rolle der Schülerin, die seinen Ausführungen über die Geheimnisse von Leben und Kunst zu folgen imstand schien oder sich all dem jeden Tag zumindest mehr annäherte. Nun war nicht mehr, wie anläßlich Gaby Murads, die Rede davon, daß er eine Frau ertrinken lassen würde, die zu ihm in den Fluß steige anstatt am Ufer zu warten, bis er sie besuche und verlasse. Im Gegenteil: er war geschmeichelt und gerührt, daß die so Schöne, die sich entlang seiner Haut im Bett räkelte, zu einer Schülerin wurde, wie es Lotte Paumgarten und Gaby nicht hatten werden können, da sie ja nie beabsichtigt hatten, auch in der Kunst seinem Weg zu folgen – und ausschließlich auf diese war nun seine ganze Spiritualität konzentriert. So wurde die Zeemann zu vielem: zur ‚Tochter', der er im Geistigen wirklich ein ‚Vater' zu sein versuchte (und es offensichtlich genoß, sich auch in den Briefen als solchen zu bezeichnen) und zugleich zu einem angestaunten und bewunderten Alter ego, das den Namen ‚Heimita' führte.

Das war erst im Entstehen und noch nicht ganz durch seinen Selbstschutz gedrungen, als er sie – im Dezember – für mehr als vier Monate verließ. Sie aber hatte nach vielen Gesprächen – jeweils in der folgenden Nacht oder am nächsten Tag – seine Formulierungen aufgeschrieben und im Tagebuch überdacht, hin- und hergewendet, sich seiner Überzeugungskraft gebeugt. Damit war sie nach nur zwei Monaten nahezu gänzlich und sehr freiwillig von diesem Mann intellektuell geprägt; wenn auch ihr Temperament dem seinen sehr gegensätzlich blieb – was er manchmal, Doras unbekümmerter Frischheit wegen, als befreiend empfunden haben mochte. Doch sein Übergewicht in ihrem Hirn entschied auch – vorläufig – über ihre Gefühle; Walther beschäftigte sie kaum noch (außer wegen seiner Eifersucht), Doderer hingegen ständig: sie wurde seine Anwesenheit in ihr nicht los; wenn sie zwischendurch mit dieser Verliebtheit haderte, konnte sie dennoch nichts dagegen tun.

Heimita nannte ihn ‚René', womit sie ihn auf mehreren Ebenen gleichzeitig akzeptierte: als seine Selbstdarstellung und als deren Schöpfer Heimito. Doch war ihr bewußt, daß er Rollen spielte, nicht nur in jeder Gesellschaft – er trat allerorts in Wien so offen mit ihr auf, als wollte er dieses Verhältnis stolz präsentieren –, sondern auch ihr gegenüber; es gab Barrieren, auf die er nicht verzichten konnte: und wie vorläufig oder unabänderbar das war, wußte sie nicht. Es beunruhigte sie so, daß jede Steigerung des Verliebtseins auch eine des Unglücklichseins war. Aus dieser Stimmung begann sie ihren Roman. ‚René' bejubelte das als den einzig richtigen Weg, nämlich jenen zur Kunst; und reiste ab.

Sie wußte nicht, für wie viele Monate, aber sehr wohl, daß ihm die Fertigstellung der *Dämonen* das absolut Wichtigste in seinem Leben war. Und sie wußte natürlich nicht, ob die Geschichten, die er ihr über Mienzi und sein Zusammenleben mit ihr erzählt hatte, der Wahrheit entsprachen. Doch dürfte sie ihm viel geglaubt haben: sie war bis zu ihrem Lebensende davon überzeugt, er hätte Maria nur aus einer Mischung von Dankbarkeit und Mitleid geheiratet. Zudem gab er Dora-Heimita geradezu die Schuld an dieser Heirat: wenn sie nur rechtzeitig Güterslohs Größe erkannt hätte (den sie trotz Doderer weiterhin als unappetitlichen Kerl empfand), dann wäre sie schon vor Jahren zu Lesungen des Meisters gekommen – und Heimito hätte sie gesehen und natürlich nie Mienzi, sondern gleich seine Dora geheiratet.

Mit alldem ließ er sie zurück, um in Landshut an der Fertigstellung der *Dämonen* zu arbeiten. Zwei Tage nach seiner Abfahrt – am 23. Dezember – schrieb sie in ihrem Tagebuch: „Die letzten beiden Abende bei mir. Ich habe ihn auf den Bahnhof begleitet. Am 21. XII. 55 nachts um 12^{25} – große Kälte [. . .] R.[ené] nur mehr Kraft, oder besser gesagt mehr Grundlage – ein besserer Start. Starke Monomanie – alles macht mir ihn lieb. – Gutes Gefühl in Entschlossenheit zur Arbeit."

Während seiner eigenen größten ‚Finalarbeit' hatte er in diesem Herbst natürlich gute Gefühle vermitteln können, die aus der Disziplin kamen – und diese auch ständig vorgeführt. Das ‚Finale' der *Dämonen* ist der Brand des Justizpalastes – nun hatte er auch die Wiener Stadtbibliothek aufgesucht, um die Zeitungen dieser Tage nachzulesen, vor allem die ‚Neue Freie Presse' – jenes konservative Organ, gegen das Karl Kraus am erbittertsten angekämpft hatte. Außerdem hatte er die Meteorologische Anstalt Wiens ersucht, ihm die genauen Wetterberichte des 15. Juli 1927 zu liefern, um die ‚analogia entis' auch in diesem Teil ja nicht zu verletzen.

Daneben hatte er ein persönliches Problem recht ephemer behandelt: nämlich den eigenen Wohnungswechsel. So sehr er das ‚Atelier' in der Buchfeldgasse geliebt hatte und dann auch noch einen Stock darunter bei dieser bevorzugten Bezeichnung geblieben war: der Lärm der ganz unten befindlichen Druckerei hatte ihn empfindlich gestört; und dieser nahm, mit der erfolgreichen Ausweitung des Betriebs, ständig zu: die Rotationspressen sangen ihr eintöniges Lied aus Doderers Mauern und Schränken. Trude Waehners Hausverwaltung bot ihm eine Alternative: gäbe er seine Wohnung frei, so würde man ihm eine andere zur Verfügung stellen. Dieses angebotene Appartement war in einem großen Haus an der Ecke der Währingerstraße und der Nußdorferstraße gelegen: es bestand aus drei hintereinanderliegenden Zimmern auf dem ersten Stock, die in den sehr ruhigen Innenhof hinausgingen. Doderer war zweimal zur Besichtigung dort; kurz vor seiner Abreise nach Deutschland machte er noch einen weiteren ‚Lokalaugenschein', um das Ausmaß der Lärmbelästigung festzustellen – dann stimmte er zu. Auch das war ein Grund, um nach Landshut zu fahren: die gute Poldi sollte die ganze Übersiedlung, das Einrichten etc. in seiner Abwesenheit nach genau festgelegten Anweisungen durchführen, so daß er nicht belästigt war, sondern irgendwann in eine fertige Wohnung einziehen konnte; dafür bekam sie immerhin tausend Schilling ‚Trinkgeld'.

Die vier Monate in Landshut und gelegentlich in München galten ausschließlich und mit höchster Konzentration den *Dämonen;* während er in Landshut fast täglich noch neuen Text produzierte, gingen die fertigen Teile schon in Satz. Daneben beschäftigte ihn im Tagebuch nur noch, alle anderen seiner Wirklichkeiten außer jener des Schriftstellers völlig zu leugnen und als überwunden hinzustellen. Dora merkte das nicht nur daran, daß sie so wenig Post bekam, sondern auch am Tonfall einer nur vorgegebenen Zärtlichkeit. Im März schrieb sie in ihr Tagebuch: „Heimito ist mit einigen Wassern gewaschen – so wie ich – aber im Grunde unverbiegbar – so wie ich. Davon bin ich überzeugt. – Ich habe ein solches Gefühl der Stärke und Überlegenheit aber auch der Amoralität."

Nach einer Verkühlung, die sich unangenehm aufs Ohr geschlagen hatte, sowie einigen Tagen Aufenthalt in München – abends hauptsächlich am Stammtisch Brittings – traf er am späten Nachmittag des 30. April 1956 in seiner neuen Wohnung ein, von der Poldi erwartet, die sich das volle Lob ihres ‚Rittmeisters' verdiente (das war ihre Bezeichnung für Doderer). Alles war fix und fertig nach seinen Anweisungen hingestellt, ausgebreitet, eingeräumt, er brauchte sich bloß in den gewohnten Sessel zu setzen und mit der linken Hand zu dem Beistelltischchen zu greifen, auf dem die Schale mit den Pfeifen neben dem schweren irdenen Tabaktopf bereitstand. Nur seine komplizierte kleine Schreibmaschine war bei der Übersiedlung etwas beschädigt worden, aber das merkte er erst zwei Wochen später.

Es war endlich eine eigene Wohnung – ohne gemeinsames Vorzimmer mit anderen. Und zugleich seine letzte – identisch mit jener Childerichs III. am Ende der *Merowinger.* Das erste der drei aufeinanderfolgenden Zimmer war umgestaltet worden: man trat durch die Eingangstür in einen schmalen Gang, von dem aus links eine Abstellkammer sowie die Toilette zu betreten waren; rechts gab es eine Holzwand mit oben eingelassenen Milchglasscheiben, dahinter eine Kombination von Küche und Bad eher dürftig zusammengestoppelt war. Die Küche bestand aus einem Geschirrschrank sowie einem Gasherd, neben dem an einer langen Schnur der Löffel zum Herausnehmen des weichen Eies festgebunden sein mußte, damit er im entscheidenden Moment nie fehle, was sonst einen Wutanfall zur Folge gehabt hätte (außer Eiern kochte Doderer nur noch Milchreis, worauf sich Poldi jedesmal wunderte, wie man beim Herstellen eines so einfachen Gerichts die ganze Küche verkleistern könne). Das Bad bestand aus einem Waschbecken sowie einer emaillierten Sitzbadewanne, über der einige Bretter quergelegt waren: da es Doderer zunehmend liebte, seine ersten morgendlichen Niederschriften im warmen Wasser sitzend zu erledigen, wobei er sein Schreibbuch auf diese Unterlage stützte. Die Bücher, in die er schrieb, waren seit vielen Jahren die mit unbedruckten Seiten gebundenen Probeexemplare des

Biederstein-Verlags, die dazu dienten, das Versandgewicht festzustellen – um dann an Heimito weitergeschenkt zu werden.

Vom Gang trat man ins Wohnzimmer, mit einem großen Fenster in den Hof – wo selten ein Sonnenstrahl bis in den ersten Stock herunterreichte –, vor dem der größere seiner beiden Schreibtische stand: für die Posterledigung und Verwendung der Schreibmaschine. Links vom Schreibtisch war an der Wand das Telefon montiert, rechts stand der ‚Wappenschrank' Hügel/Doderer. Dem Fenster gegenüber war die Sitzgruppe, mit der etwas kurzen, gebogenen Empirebank (aus der Stammgasse), zwei schönen Lehnsesseln und den Beistelltischchen sowie einer kleinen Bar auf Rädern, mit Gin, Brandy und Soda unten sowie einigen Gläsern und Schwenkern oben. Dazu gab es die übliche Drapierung mit Bögen, Pfeilen und Pfeiltaschen, mit seltsamen Fotos – Franz Joseph zu Pferd, aber mit einem falschen Sattel, wie er ‚kavalleristisch richtig' erklärte, sowie Hilde Benjamin, die unerbittliche Anklägerin in der DDR: gewissermaßen als ständig sichtbares Mahnmal gegen den Kommunismus – sowie wechselnde Bilder von Freunden wie Haybach, doch auch die geborgte Schiele-Zeichnung eines nackten Jünglings, dessen übergroßes Glied, in der verdrehten Stellung, von den Beinen kaum zu unterscheiden war.

Der dritte Raum war das Arbeits- und Schlafzimmer; auf der linken Fensterseite stand, vor einem Bücherregal an der hinteren Wand, sein winziger (Damen-)Schreibtisch, an dem er eigentlich arbeitete; dort waren stets die vier Füllfedern mit den verschiedenen Farben bereit, dort lagen seine Schreibbücher für die aktuelle Arbeit sowie die *Commentarii;* und rechts daneben lehnten auf einem Stühlchen gegen dessen Lehne die Reißbretter mit den Kompositionszeichnungen – manchmal drehte er sie auch um und ging hinaus ins Treppenhaus, um vor Gästen, die seiner geschilderten Kunst des Bogenschusses besonders aufmerksam gelauscht hatten, durch die grade Reihe von drei offenen Türen in die Mitte eines Reißbretts zu schießen. Rechts von diesem und den wenigen Quadratmetern, wo er an einem kleinen Lämpchen mit winziger Schrift seine Werke verfaßte, war ein größerer Paravant, hinter dem sich das Doppelbett befand.

Die Fenster waren untertags mit dichten Stores bedeckt, und sowie er abends das Licht aufdrehte, zog er die besonders schweren dunkelblauen Vorhänge vor. Es war diese Wohnung das absolute Gegenteil seiner ‚Ateliers', sie war dunkel und ohne Ausblick, aber er war vorerst recht stolz auf sie. Die alten, doch gut erhaltenen Parkettböden, der hohe – mit Holz zu beheizende – Kachelofen gaben dem Ganzen doch einen ‚herrenmäßigen' Eindruck. Erst in den allerletzten Jahren, als sein Verdienst die Erfüllung seiner Bedürfnisse überstieg, meinte er, hier mönchsgemäß in einer bescheidenen Kemenate zu wohnen – und fand das noch einmal im Einklang stehend mit seiner Zurückgezogenheit aus dem Leben.

Der Einzug war ihm jedenfalls durch die Hausverwaltung und vor allem durch die Poldi recht leicht gemacht worden; das einzige offene Problem, wie er gerne erzählte, blieb die neue Hausmeisterin. Er traf sie im Treppenhaus und hatte ein soeben gekauftes Papiersäckchen schokoladeüberzogener Datteln in der Manteltasche, ging auf sie zu, kommandierte: „Augen zu, Mund auf!", was sie verblüfft befolgte, und verfütterte seinen ganzen Kauf aus der Konditorei an sie. Dann stellte er sich als der neue Mieter vor.

Am Tag nach seiner Ankunft, dem 1. Mai 1956, schrieb er in den *Commentarii*, wo weder die neue Wohnung noch anderes Persönliches direkt erwähnt wird, recht kryptisch: „Schwerster Tag heute, mein Tag, mein großer Tag. Ich lasse dort drüben nichts mehr: und schon wird es auf jener Bühne hell, und ich seh' mich darauf agieren: das, was wirklich war."

Das ist die schon sehr privat gewordene Sprache seiner erwünschten und kaum mehr vermittelbaren Klarheit: sie bestimmt diese Tagebücher in zunehmender Weise, und er wollte sich selber damit so überzeugen wie bei Gesprächen all jene, die ihn nicht verstanden: es sollte kein Widerspruch mehr möglich bleiben. Eine schlüssige Erklärung der obigen Zeilen ist, sowie man Doderers Sichtweise übernimmt, gar nicht so schwierig: ‚Was wirklich war' bezieht sich auf die freisteigende Erinnerung an die – nun nicht mehr durch persönliche Bewertungen bestimmte – Vergangenheit: und meint zugleich seine ‚erste Wirklichkeit' als Schriftsteller. ‚Dort drüben', wo er nichts zurückläßt, liegt das Leben mit und in der eigenen Befangenheit: es ist endgültig zu leugnen. Erst dann wird die ‚Bühne hell', auf der ihm nur noch die Wahrheit zukommt.

Worum es an diesem ersten Mai wirklich ging, war die Wiederbegegnung mit Dora. Ob er mit seiner knappen Bemerkung auf eine Trennung oder eine Abschiebung an den unwichtigen Lebensrand angespielt hatte, läßt sich seiner Formulierung nicht eindeutig entnehmen. Auch fehlt im Tagebuch die jeweilige Korrektur seiner apodiktischen Feststellungen – wenn schließlich alles ganz anders kam, als es seine Theorie voraussah, pflegte er das Thema einfach längere Zeit nicht mehr zu berühren. Für eine versuchte Trennung spricht immerhin, daß er Dora im Café ‚Diglas' in der Innenstadt traf, anstatt gleich in die Hadikgasse zu ihr zu fahren. Dann gingen sie ins ‚Steindl' bei der Tuchlauben, anschließend noch in den ‚Urbanikeller'; vorläufiges Ergebnis: „kein Entzug" – er ging mit ihr ‚heiderln', und das nicht nur im Sinn kindlicher Geborgenheit.

Am nächsten Tag trug Dora in ihr Tagebuch, das ein sehr spontanes war – und nicht wie dasjenige Doderers entweder überzeugen oder vor Rätsel stellen wollte – etwas bedrückt ein: „Ich muß lieben was Du liebst – ich muß auch Deine M[ienzi) lieben und daß du so von ihr sprichst. Sie trennt uns nicht. Uns trennt nur die Unvollkommenheit des Gefühls . . ."

Seine ‚Unvollkommenheit des Gefühls' hatte vorläufig weitgehend die *Dämonen* als Grund oder Ausrede. Diese Arbeit lag noch nicht gänzlich hinter ihm, und er wollte eine dramatische Entscheidung bezüglich Doras einstweilen lieber verschieben. Horst Wiemer kam für fünf Tage, um mit ihm über Korrekturen zu sprechen, er traf Weigel, Schaffgotsch, Eisenreich, die Paumgarten, erkundete die Restaurants in der Umgebung seiner neuen Wohnung, wobei er vor allem die ‚Flucht nach Ägypten' und den erheblich nobleren ‚Falstaff' gegenüber der Volksoper häufiger besuchte; und diesem äußeren Leben wollte er Dora, mit abendlichen Besuchen bei ihr oder gemeinsamen Ausgängen, unverbindlich integrieren.

Daneben führte er ein inneres Leben mit einer ‚mutierten Meditation', die er als tägliche Übung durchaus ernst nahm; und er setzte diese in den *Commentarii* fort, wobei alles von der ‚grünen Kreuzung', an der er jetzt wohnte, bis zum Lila des Nachtbuches der Kaps, das aus den *Dämonen* zunehmend in seine private Vorstellungswelt übersiedelte, immer symbolhafter, intensiver und für den Außenstehenden auch undeutlicher wird. Es war etwas wie eine Privatreligion: „den Schriftsteller macht nur die ständige schwere Übung der apperceptiven Praxis, nur ein Strom von Apperceptionen kann ihn reinwaschen von den Krusten einer so ausgedehnten deperceptiven Vergangenheit"[3]. Hier war jene Insel des Selbst, die er als einzige ganz und gar wichtig nahm, auf dieser Ebene wurde gewissermaßen über sein paradigmatisches Schicksal entschieden, und dazu gehörte zwar das Werk, aber nicht das Leben, das er als Schreibender führte.

So konnte er fast jeden Abend bei Dora verbringen, während er weitere Abschnitte der *Dämonen* satzfertig machte; er fuhr dann, Ende Juni, nach München und Landshut, um sich gänzlich der umfänglichen Fahnenkorrektur zu widmen. Erst anschließend – am 25. und 26. Juli – schrieb er das letzte Kapitel der *Dämonen*, nämlich ‚Schlaggenberg's Wiederkehr'; am darauffolgenden Tag lieferte er dieses und die Fahnen in München ab und kehrte nach Wien zurück. Da verbrachte er zwar den ganzen nächsten Tag mit Dora – auf langen Spaziergängen in Sievering und bis auf den Cobenzl –, doch ging es ihm im Tagebuch weiter nur darum, die „Gegenwart sorglos zerfallen" zu lassen: „nur so sinkt man auf den Grund"[4].

Das sah dann so aus, daß er ein paar Tage später Dora am Nachmittag bei sich erwartete und erstmals für sie eine ‚mittelalterliche Inszenierung' vorbereitet hatte. Ihr dürfte er nichts von heiligen Frauen und Demut erzählt haben – was auch wirklich schlecht zu ihr gepaßt hätte –, sondern er mutete ihr einfach zu, sich überwältigen zu lassen. Sie erlebte es mit einer Mischung von Ungläubigkeit und doch auch Lust, die sich einzugestehen ihr vielleicht gar nicht so schwerfiel; immerhin paßte es zu jenem Masochismus, mit dem sie sich schon mehrfach über die Grenzen dessen drängen hatte lassen, was ihr vorher als unzumutbar erschienen war. Schwieriger fand sie es, seine fixierte Triebhaftigkeit der ganzen Inszenierung als glaubwürdig hinzunehmen; zumindest in ihrer nachträglichen Darstellung scheint sie nie ganz davon überzeugt gewesen zu sein, sondern es für ein Rollenspiel gehalten zu haben, mit dem er sich um eine zusätzliche Komplikation oder Facette bereichern hatte wollen. Doch unmittelbar von ihm nach Hause kommend, schrieb sie – am 5. August – in ihr Tagebuch: „Er stürmt sord' auf mich ein. Glück! Echtes und daher sehr schmerzliches Glück." ‚Sord' drückt am ehesten aus, wie schwer sie sich tat, ein passendes Eigenschaftswort für sein Verhalten zu finden; ‚sordo' heißt auf Italienisch taub: damit könnte sie eine Art von unansprechbarer Besessenheit gemeint haben. Jedenfalls scheint sie anfangs überzeugt gewesen zu sein, ihn nur durch ihre Person zu diesem mehr oder minder gewaltsamen Angriff – der zugleich eine eigene Bloßstellung war – herausgefordert zu haben; je mehr sie jedoch später begriff, wie unpersönlich gerade dieses Ritual – als stete Wiederholung des längst Festgelegten – war, umso mehr nahm ihre Enttäuschung zu; als hemmungslose Gier nur ihr gegenüber hätte es noch als Liebesbeweis gelten können.

Er dürfte die Schwierigkeiten gespürt haben; sie war einfach zu spontan für ein so fixiertes Szenario; und Lust statt schamvoller Demut war wohl auch eine verstörende Reaktion gewesen – obwohl er sie sicher dafür mit dem roten Samtpeitschchen ‚bestraft' hatte. Es war wieder ein Sonntag gewesen – obwohl die Eintragung ‚apud sanctam missam' fehlte; doch ‚d. exc. mart. +!' notierte er (wobei das Kreuz am ehesten für die Geißelung steht, ein Kreis – daneben oder rundherum – für die Penetration).

Am nächsten Sonntag kam Mienzi nachmittags aus Landshut; vormittags hatte er beschlossen, die *Tangenten* – die Tagebücher von 1940 bis 1950 – als nächstes herauszugeben; mittags war er bei Dora zum Essen gewesen. Maria holte er gegen fünf vom Bahnhof ab, zeigte ihr die neue Wohnung und ging abends mit ihr zum ‚Falstaff' essen: darauf folgte wieder ‚d.exc.m. +!', ‚usque ad manem' – bis zum Morgen, was sich noch zweimal in den vierzehn Tagen ihrer Anwesenheit wiederholte, einmal mit Kreis – während die Zeemann verzweifelt war, weil er tagelang nicht einmal kurz anrief.

Für die zweite Woche von Marias Aufenthalt bestellte er bei Blauensteiner, der außer dem Wirtshaus in Wien auch eine Pension in Gars am Kamp hatte, dort ein Zimmer – er wollte mit Mienzi eine Woche Landurlaub verbringen. Vorher führte er sie in Wien auf den Zentralfriedhof zum Grab seiner Eltern sowie Albrecht Reifs – sie auf diese Weise weiter mit seiner Geschichte zu verbinden, spricht überhaupt nicht für das, was er Dora dann in einem Brief aus Gars mitteilte: nämlich daß ihn Maria, auch ohne noch von seiner neuen Liebe zu wissen, auf jeden Fall ‚freigäbe'.

Ob er einen Einfluß auf Marias Urlaubstermin hatte, ist nicht mehr feststellbar; jedenfalls fuhr sie am 26. August nach Deutschland zurück – anderthalb Wochen vor der bisher größten Feierlichkeit seines Lebens: nämlich dem Zusammentreffen seines 60. Geburtstags mit dem Erscheinen der *Dämonen*. Da wollte er dann mit Dora auftreten, die sich zu diesem Anlaß ein neues Kleid machen lassen sollte (obwohl er es sonst überhaupt nicht schätzte, wenn sie allzu ‚damenhaft' auftrat – wozu ihr ohnehin die Mittel fehlten). Bevor es so weit war, fuhr er mit ihr – am 2. September – noch nach Weidlingau, um ihr sein Geburtshaus zu zeigen: ein merkwürdiger Gegensatz zum Zentralfriedhofsbesuch mit Maria – und im Tagebuch ausgewiesen als „geschichtlicher Tag".

Am Mittwoch, dem 5. September, gab es dann die ganztägige Gratulationstour, die vormittags bei ihm in der Wohnung einsetzte: mit Horst Wiemer und Gustav End vom Verlag, begleitet von Hartmann Goertz und dessen Frau, dann folgten Weigel und die ‚Jungen' oder ‚Halbstarken' – nämlich die Autoren einer schönst gebundenen ‚Festschrift grob unzüchtigen Inhalts': Jeannie Ebner, Herbert Eisenreich, Fritz Feldner, Hermann Friedl, Wolfgang Kudrnofsky, Walter Toman, Friedrich Torberg und Hans Weigel hatten die Texte geschrieben, Kurt Absolon, Paul Flora und Kurt Moldovan hatten sie illustriert. Ihr Präsent war ein gut gemeintes, aber dennoch nicht allzu spannendes Produkt, zwischen Langeweile und Peinlichkeit pendelnd; wenn Weigel etwa gedichtet hatte: ‚Die Gonorrhoe bereitet Nöte, / Der Gütersloh kommt gleich nach Goethe', so mag sich Doderer dennoch amüsiert haben.

Feierlicher wurde es um fünf Uhr beim Empfang durch den Unterrichtsminister Dr. Heinrich Drimmel, wobei Doderer außer einem Scheck noch ein altes Werk über Hexenprozesse überreicht wurde; und anschließend fuhren er und Csokor die Witwe des Erbauers der Strudlhofstiege, die Obersenatsrätin Jäger, abholen und brachten sie ins Palais Berchtold an der Strudlhofstiege: dort fand um acht Uhr die vom PEN-Club veranstaltete Feier statt.

Die einzelnen Punkte des Programms zeigen die weihevolle Inszenierung:

Beethoven: Septett, erster Satz – Adagio

„Auf die Strudlhofstiege", gesprochen von Eva Zilcher

Schubert: Oktett, Scherzo – Allegro Vivace

Geburtstagsansprache: Albert Paris Gütersloh

Schubert: Oktett, Menuett – Allegretto

Heimito von Doderer spricht über die Strudlhofstiege und liest aus seinem neuen Roman „Die Dämonen"

Beethoven: Septett, Finale – Andante con Moto presto.

Anschließend wurde das Souper serviert (Kostenbeitrag per Gedeck: 26 Schilling). Es war eben eines jener Feste der schwarzen Anzüge und feierlichen Kleider, bei denen sich jeder bemüht, launig unterhaltsam zu wirken, wobei vielleicht Gütersloh mit der Bemerkung, Doderer stamme ‚weder aus dem Hofmanns- noch dem Zillerthal', den Vogel abschoß. Doderer hatte getragen und pathetisch geantwortet – darüber, daß der Schriftsteller sich selber zu opfern habe, um eben Autor und nicht Figur zu werden. Er war auf dem eindeutigen Höhepunkt seines Lebens, was Leistung und Anerkennung dafür betraf; und er ließ sich auch willig tagelang weiterfeiern, von Dr. Heinrich Beck und Frau auf dem Cobenzl, von Ilse Luckmann (die wiederum die österreichische Lizenzausgabe der *Dämonen* bekommen hatte) und Karl Strobl im ‚Schanzl' – sowie den andern Freunden. Zuletzt mußte er fünfundneunzig Drucksorten für all die Gratulanten bestellen, denen er nicht persönlich danken konnte – was er jedoch bei allen ‚wichtigen' Leuten, angefangen vom Bürgermeister Wiens, handschriftlich tat. Jedenfalls konnte er den Eindruck haben, daß er nun von niemandem mehr übergangen worden war – nicht einmal von den ‚Feinden'.

Daneben aber war Dora-Heimita zu einem wohl ebenbürtigen Ereignis geworden: er hatte mehr als ein Jahr gebraucht, um sich wirklich – über die Attraktion und den Genuß hinaus – in sie zu verlieben. Am 3. August hatte er erstmals im Tagebuch, zwischen all den kryptischen Metaphern, ganz klar geschrieben: „Daß Eros mich würdigt – nach allem! – ist tiefste Freude, unbegreifliche!" Und am 11. September, nach den Gelagen und Feierlichkeiten und schon auf dem Weg nach München und Hamburg, wurde ihm die Geliebte gleichbedeutend mit der Apperception schlechthin, er beschrieb sie kaum anders als den ‚Strom der Apperceptionen': „Der Gott [Eros], welcher innerhalb weniger Wochen die Wogen über mir zusammenschlagen ließ, reinigte mich so von den Krusten langer Deperception und wies mir den apperceptiven Weg in ein Jenseits im Diesseits."

Wie es dazu gekommen war, bleibt unerwähnt; und da Doras Liebe schon viel länger andauerte (und er ihr vorher oft genug etwas vorgemacht hatte), fiel es ihr auch nicht auf – wenn man vom ‚Martyrium' absieht, das sicher mit der veränderten Gefühlslage zu tun hatte. Doch Doderer gab in späteren Tagebuchstellen vom Herbst als das wesentliche Ereignis den Übergang von der Sexualität zur Erotik an. Wenn er letztere mit seinen ‚Prozeduren' zu erreichen glaubte, wird diese Unterscheidung wieder ziemlich unscharf.

Das Zusammenfallen von Innen und Außen, die plötzlich überwältigende Anwesenheit des Jenseits im Diesseits – kurzum: seine ganze Ideologie, nach der ein Schriftsteller erst zu einem solchen wird und damit sein Leben belanglos macht – wandte er nun an, um seine Liebe angemessen beschreiben zu können. Anstatt einen eklatanten Widerspruch darin zu entdecken, daß er mit denselben Argumenten auch eine Ausschließung Doras aus seinem Leben hätte begründen können oder daß er diesem wieder Belang zuerkennen müßte, war ihm der Eros zur ‚ersten' Wirklichkeit geworden, die sein Leben erst mit Gottes Welt verband.

„Ich bin überhaupt *grundsätzlich und dezidiert* entschlossen, dem Verlag bei der Propagierung von den ‚Dämonen' zu helfen, *wo und wann ich kann.* Ich halte das für meine *Pflicht.* Man setzt auch nicht Kinder in die Welt, ohne sich um ihre Zukunft zu kümmern"[5], hatte Doderer Ende August dem Verlag versichert.

Vierzehn Tage später war er schon in Hamburg, um am 12. September abends ein längeres Gespräch im Fernsehen zu absolvieren und am nächsten Tag mittags im Rundfunk aus den *Dämonen* zu lesen. Dem folgte, nach drei Tagen in Landshut, die Frankfurter Buchmesse, wo er vom 18. bis zum 21. blieb, mit mehreren Radioaufnahmen und vor allem dem großen Empfang des Beck-Verlags, über den er der „geliebten Heimita" schrieb: „gestern der Empfang (größtes Ausmaß), K. A. Horst's Rede. Ich erwiderte. Mir schoss im währenden freien Sprechen die Sprache zu Kristall, ich fühlte das und füllte meine Brust gut mit Atem: nun kam's – in langen schwingenden Perioden – na, wie der Marius auf dem Forum. Thema: „Die Tiefe ist aussen". Der Beifall war ein *frenetischer.* Ich ging vom Rednerpult, umarmte und küsste den Dr. Horst, nahm meinen Platz wieder ein – noch immer wurde getobt. *Dammbruch.* Es wurde ein Fest, ja, ein *Gelage.* Bis 3 Uhr früh. – Heute abend lese ich in Kronberg: ‚Dämonen' [die Reiterattacke] und Kratki-Baschik."[6]

Außerdem war Astri gekommen, um am Triumph des Bruders teilzuhaben; gemeinsam besuchten sie Lotte Paumgarten, die hier nun mit dem Pferdenarren Sascha Szagadin verheiratet war (was auch nicht lange dauern sollte). Und daneben ließ er sich natürlich herumreichen und gab Interviews auf der Buchmesse – wobei nur bedauerlich war, daß den so außerordentlich dicken Roman noch niemand gelesen hatte, so daß er auf Reaktionen darauf noch warten mußte.

Anschließend erledigte er in zehn Tagen mit Mienzi in Landshut die gesamte noch übrig gebliebene sowie die neue Korrespondenz, wobei er auch wieder, wie schon nach der *Strudlhofstiegen*-Tournee, alle neu angebahnten Kontakte brieflich pflegte. In Wien, wo er am 1. Oktober wieder eintraf, erfolgte dann vier Tage später das dreistündige Interview mit dem ‚Spiegel', das zu einem seiner allergrößten Triumphe führen sollte: nämlich nicht nur zu einem langen Artikel, in dem er – mehr als ein Jahr nach dem Tod von Thomas Mann – als größter Epiker deutscher Sprache gefeiert wurde, sondern sogar das Titelbild zierte – so daß nun auch seine Trafikantin wußte, wer bei ihr seine Zigaretten kaufte. Obwohl der Verkaufserfolg der *Dämonen* naturgemäß ein eher geringer sein mußte und das Buch auch keineswegs von allen Käufern wirklich gelesen wurde (und wird), brachte es ihm durch das enorme Aufsehen, den dieser Wälzer erregte, den größten Schub an Popularität.

Nun wollte er, gewissermaßen pausierend, seine Leistung und Liebe gleichzeitig genießen und mit Dora auf eine sogenannte ‚Hochzeitsreise' nach Italien fahren; doch ausgerechnet am Abfahrtstag nach Venedig bekam er so schmerzhafte Hämorrhoiden – ausgegeben als altes Kavalleristen-Übel –, daß er die Reise verschieben mußte. Er unterzog sich einer längeren häuslichen Behandlung durch Edmund Schüller und ließ sich täglich von Heimita besuchen, die nun auch mehrfach bei ihm in der Währingerstraße übernachtete. Das gegenseitige Vertrauen schien enorm gewachsen zu sein, wobei gleichzeitig auch das Lehrer-Schülerin-Verhältnis zunahm: sie schrieb während des Aufschubs bis zur Abfahrt Übungen ‚nach der Natur', genau seinen Anweisungen entsprechend.

Am 17. Oktober fuhren sie ab und blieben mehr als einen Monat aus. In Venedig, Florenz und Fiesole besuchte er vorwiegend Museen und Kirchen, in denen berühmte Bilder heiliger Märtyrerinnen hingen; nach der Weiterfahrt kaufte er in Neapel einen Strick, um Dora ans Bett fesseln zu können, wobei es sie am meisten aufregte, wie weit er dann wirklich gehen – und wie lang er sie in diesem Zustand belassen würde. Beunruhigender war ihr jedoch immer wieder die Distanz, die er zwischendurch nahm: wenn er sich über sein Tagebuch beugte, um an seinen Theorien zu arbeiten; oder wenn er darüber mit gewohnter Unerbittlichkeit sprach.

Von Neapel fuhren sie mit dem Schiff nach Palermo und von dort nach Agrigento in Sizilien, wo sie vom 25. Oktober bis 16. November blieben. Hier gab es den Juno-Tempel und das Meer, Sonne und verschwitzte Lust, Ausgelassenheit und Martyrium; doch auch zunehmende Schwierigkeiten. Heimitos Launenhaftigkeit erwies sich als sehr berechenbar: er verfinsterte sich sofort in drohender Weise – mit Wutausbruch oder allzu sichtbarer Unterdrückung desselben, was fast aufs selbe hinauslief –, wenn die Geliebte und Schülerin nicht absolut seiner Meinung war. Sie wollte ihm ja zustimmen, aus Liebe und Bewunderung – aber erschrak vor seiner Verletzbarkeit mit den heftigen Folgen; sein umfassendes Gebäude aus Vorurteilen und Lehrmeinungen war zu komplex und wies zuviele dunkle und kaum nachvollziehbare Idiosynkrasien auf, als daß sie immer erraten hätte können, was er gerne gehört hätte. Dazu kam, daß sie keine duldende Mienzi war, die jeden Widerspruch (bewußt und still gekränkt) einfach unterließ.

Dora-Heimita hatte politische und soziale Anschauungen, die in seiner gesamten Welt nichts verloren hatten; sie reagierte auf Armut, wo sie diese sah – und fand es zynisch, wenn er den Kindern Geld in den Staub warf, nur um sie loszuwerden. Und sie reagierte vor allem auf den Aufstand in Ungarn, der eben während des gemeinsamen Urlaubs stattfand und dann brutal unterdrückt wurde – was Doderer absolut desinteressiert ließ. Ganz geheim hatte sie ihm in ihrem Tagebuch schon vorher ‚Eskapismus' vorgeworfen, doch diesen, aus ihrer Liebe heraus, als Lebensschwäche (im Werk) nachgesehen – nun in Belangen des aktuellen Lebens und der umgebenden Welt (beides fand sie in seinem Werk verharmlost) wurde es ihr immer schwerer, seine apodiktischen Leugnungen irgendwelcher Wichtigkeiten dieser Art hinzunehmen. Doch jede Uneinigkeit löste bei ihm maßlose Irritation, Kränkung und Wut aus – die noch dazu völlig verständnislos blieb, da er seines Erachtens ohnehin hinreichend erklärte, warum nur er recht haben konnte.

Dennoch war die gegenseitige Verliebtheit groß genug, um diese heftig ausbrechenden Krisen immer wieder zu bewältigen, sei es nur im Bett oder noch dazu mit Strick – wobei diese Zeremonie plötzlich die reale Begründung bekam, daß Dora ihn ohne ‚Bestrafung' nicht zu begreifen schien. Doch auf diese Weise entstand ein neues Ritual – und (aus unbekannten Gründen) ein dritter Name für sie, nämlich Lea, die Süße, die gepeinigt wird; das ergab dann das bleibende Sigel für sie: D–H–L, also Dora-Heimita-Lea. So waren sie übereinander beunruhigt und doch gegenseitig entzückt; und verlängerten den Aufenthalt.

„Du weisst, verehrungswürdige Mienzi, dass ich bescheiden bin und nie „Star-Allüren" gezeigt habe. Aber dieses eine Mal ist es mir zu dumm geworden, und ich will meine Ruh' haben"[7], schrieb er an Maria als Begründung, warum er für den 12. November die Eröffnung der Buchwoche in Innsbruck abgesagt hatte; „hier beginne ich jetzt erst seit 2–3 Tagen mich *wirklich* zu *erholen*, ich fühl's". Und sonst schrieb er ihr halt wie allen andern und sogar dem lieben „Poldilein": „Deiner gedenke ich recht herzlich hier am Südrande Siziliens in einem kleinen Fischerdorf, wo ich im einzigen Hotel als einziger Gast ein stilles Dasein führe."[8]

Am 17. November traf er mit Dora in Mailand ein und besuchte dort sowie, an den folgenden Tagen, in Brera und Bergamo die Bilder heiliger Dulderinnen des Gaudenzio Ferrari und Lorenzo Lotto, die er schon seinerzeit, in seinem Brief an Maria, angeführt hatte. Am 23. trafen sie im bereits verschneiten Österreich ein, am Tag darauf las er bereits in der ‚Mödlinger Literarischen Gesellschaft' (wo er und Gütersloh schon mehrfach aufgetreten waren) und war damit wieder in seinem gewohnten Leben: darin Dora, bis zu seiner üblichen weihnachtlichen Abreise zu Maria, zwar ihren fixen Platz hatte und nun auch Freundin seiner Freunde wie Weigel oder Schaffgotsch war, das aber doch – als er sie etwa gemeinsam mit Walther und Lotte in die ‚Zauberflöte' in der Staatsoper einlud – „etwas steif und konventionell für mich" fand.

Und bereits unmittelbar nach ihrer Rückkehr von der Italienreise hatte sie – am 25. November – eingetragen: „Depression!“ Die Begründung dafür könnte allerdings von Doderer stammen und zeigt, wie stark sein Einfluß auf sie war: „Meine ganze Vergangenheit entgleitet mir als eine Kette von Irrtümern und Befangenheiten.“

32. ZERFALL DER LAGE

Doderers Aufwand bei der Selbstbeobachtung seines spirituellen Zustandes – den man auch als selbstideologisierenden bezeichnen könnte – nahm zu. Er schuf sich, zumeist nur in Abkürzungen angegeben, neue Begriffe für etwas, das die Analyse des Vagen, die genaue Beschreibung des ‚Auratischen' war: insgesamt eine verfeinerte, doch mehr oder minder übungsmäßig betriebene Empfindlichkeit, die bei ihrer meditativen – freisteigenden – Erprobung und Anwendung immer wieder anzeigen sollte, wie aktiv und umfassend seine ‚erste' Wirklichkeit gerade war. Einer dieser Begriffe hieß ‚Anatomie des Augenblicks' und meinte etwa das, was er im gegebenen Moment der inneren Anschaulichkeit wirklich sah; ein anderer war der ‚Querschnitt durch die Vicinität' und galt ähnlichem: welche ‚Vicinitäten' – Nachbarschaften – er bei sich feststellte, also was ihm in gewissen Momenten nahe war, wie etwa das Rußland von 1916 gerade jetzt in Landshut vierzig Jahre später und noch ganz anderes dazu. Zugleich meinte er mit ‚Vicinität' die Aura eines Hintergrunds, wie er das Eigenleben von Bedeutungen des Orts – geradezu unabhängig von den dort stattfindenden Ereignissen – schon in der *Strudlhofstiege* beschrieben hatte; Doras ‚Vicinität' hieß Hietzing und bedeutete alles, was er von ihr an diesem Schauplatz beunruhigenderweise nicht wußte, dazu ihre erklärenden Erzählungen und letztlich alles aus seiner eigenen Vergangenheit, das ihn mit dieser Gegend verband. Dem allem gab er eine gesteigerte Bedeutung; in seinem Werk schuf er durch die Sensibilität der Empfindungen jene Dichtheit, die oft über den Mangel an eigentlicher psychologischer Entwicklung hinwegtäuscht.

Da er eine so auratische Feinfühligkeit – bei der freisteigenden Meditation geübt – für wichtiger hielt als alle bekannten Methoden rationaler Erklärung, gab ihm das immer wieder die große Sicherheit, näher und näher am Geheimnis der Wirklichkeit und Analogie zu leben. So faßte er nun auch Dora-Heimita-Lea auf: wobei er die ganze gespannte Aufmerksamkeit des Verliebten aufs Phänomen des andern Menschen als einen Sturzbach von Apperzeptionen wertete – als das weit geöffnete Auge für die geoffenbarte Wahrheit.

Sie war ihm die ‚pöpschige Venus' und auch der ‚Geniepopo'; er nur noch das ‚Packerl', was er – als ständige Unterschrift aller Briefe – so winzig wie nur möglich hinschrieb: damit sie ja nicht an einem zu großen ‚Packerl' zu tragen habe. Dieses hieß allerdings mit Vornamen ‚Herakles', womit die Relation wieder hergestellt war – der Gigant der Epik, der großen Textmassen, der Disziplin. Mit vollem Namen war ‚Herakles Packerl' denn doch eine beachtliche Größe.

Sie schrieb noch immer an ihrem – vorläufig ‚Concha' genannten – Roman und reflektierte wieder und wieder all das, was er je zur Literatur gesagt hatte („Das Innen ist außen" und dergleichen mehr), ohne aber in eine direkte Doderer-Nachahmung zu verfallen – das war ihrem Temperament nicht einmal sprachlich möglich. Heimito

– das ‚Packerl' hieß nun nicht mehr ‚René' – war begeistert; wohl hauptsächlich davon, daß sie mit solcher Intensität – und noch dazu ihm folgend – Schriftstellerin werden wollte. Als er einen Überblick über das gesamte Romanprojekt bekam, zeichnete er es für sie sogar auf ein Reißbrett: doch blieb ihr diese Abstraktion der Dynamik vorläufig rätselhaft – wie ein noch verschlossenes Tor zu den Geheimnissen der Kunst. Sie wollte immer wieder Aussagen glaubwürdig machen, die ihr mehr oder weniger drängend im Gemüt lagen – er hingegen meinte, daß die Darstellung der Wirklichkeit (natürlich: der ersten) keiner Zusätze und Erklärungen bedürfe, sondern aus sich selbst heraus die Wahrheit nahelege. So kämpfte sie mit einer Vielzahl von halbverstandenen Anweisungen, deren verpflichtende Tiefe sie bedrückte; und sorgte sich gleichzeitig um die Mengen von Zigaretten sowie starkem Kaffee und Tee, die er ständig konsumierte – er nahm sich ihre liebevollen Mahnungen sogar zu Herzen.

Auch darüber schrieb er ihr nun regelmäßig und sehr innig: die ‚Ziehungen' betonend, womit er die Sehnsüchte meinte. Und diese sollten zunehmen, da er wieder – seiner litarischen Tourneen wegen – länger ausbleiben würde.

Womit sich Doderer Anfang 1957 in Landshut auseinandersetzte, war eine Auswahl der Lyrik seines ganzen bisherigen Lebens: das war nicht einmal seine Idee gewesen, sondern ihm im Herbst vom Verlag – während der großen Festlichkeiten in Frankfurt – vorgeschlagen worden.

Die Auswahl, die er zusammenstellte – wobei die Unterabteilungen ‚Gedichte', ‚Epigrammatische Verse' und ‚Improvisationen' hießen –, umfaßte lyrische Arbeiten von 1922 bis 1953; und es wäre im Jahr nach seiner Krönung zum größten Epiker noch ein zusätzlicher Triumph gewesen, plötzlich auch als Lyriker entdeckt zu werden. Ob Horst Wiemer das wirklich erhoffte oder seinem wichtigsten Autor bloß eine Freude machen wollte, ist schwer einzuschätzen – auf jeden Fall war dieser Lektor seinem Dichter verehrungsvoll und bewundernd ergeben.

Der im folgenden Herbst erscheinende, nicht ganz hundert Seiten umfassende Gedichtband *Ein Weg im Dunklen* wurde dann gewissermaßen – mehr oder weniger unter Ausschluß der Öffentlichkeit – zwar des Autors, nicht aber seiner Verse wegen respektiert. Niemand – außer ihm selbst und Astri – hielt Doderer für einen bemerkenswerten Lyriker; er verband expressionistische Anrufungen – „Oh Herdenglokken", „Ihr Bäume!" – nicht nur mit seinen Metaphern, die ihm in der Ausführlichkeit der Prosa besser gelangen, sondern hielt offensichtlich gerade deren Verkürzung zu dunkler Unergründlichkeit für das eigentlich Lyrische. Wenn er dann noch die Bedeutung weniger Zeilen am Schluß plakativ zusammenfaßte, um ja keinen Irrtum aufkommen zu lassen, daß es sich hier um Einsicht und Dichtung handle, dann flüchtete er aus Unsicherheit in ‚Aussagen', die er in der Prosa so vehement ablehnte. Doch verfügte er weder über eine Theorie noch Ideologie zu seiner Lyrik; er verteidigte sie nicht, sondern schwieg darüber – wie zu seiner Enttäuschung auch alle andern.

Nachdem er seine Auswahl getroffen hatte, fuhr er am 9. Januar über München nach Aarau, um in der dortigen Literarischen Gesellschaft über österreichische Lyrik zu sprechen und seine Erzählung *Die Peinigung der Lederbeutelchen* zu lesen. Am nächsten Tag wurde er von der Frau Federico Hindermanns – in dessen Orbis-Reihe Doderer später zu sehr guten Honoraren veröffentlichen sollte – im Auto bei furchtbarem Wetter nach Basel gebracht; da er sich immer fürchtete, wenn ihm eine Autofahrt als gefährlich erschien, blieb ihm diese besonders in Erinnerung. Im Basler PEN-Club las er am Abend seiner Ankunft den *Kratki-Baschik;* und blieb dann noch vier Tage.

Dort traf er auch Frau Dr. Meret Riedtmann, die über die *Strudlhofstiege* eine Arbeit geschrieben hatte, welche Doderer – neben jener des Professors Henry Hatfield der Harvard University – für die beste (oder schmeichelhafteste) hielt, die es bisher gegeben hatte. So war er selbstverständlich bereit, dieser jungen Frau, die altersmäßig ganz weit unter seinem sexuellen Schwellenwert lag, viel Zeit zu widmen; doch dabei verliebte er sich in ihren ebenso jungen Verlobten, der nur von Doderers Charme eingenommen war und dessen weit emotionellere Betroffenheit wohl gar nicht begriff; Doderer schrieb ihm: „[. . .] sehe ich von diesen Tagen zu Basel als Letztes Dein Antlitz – morgens beim Zuge – und es enthält die in eurer Stadt verbrachten Tage ganz: Dir vor allen andern habe ich für sie zu danken, ich weiss es wohl. [. . .] Dass Du eine Tür darin aufstießest – dafür sei Dir hier gedankt."

Als Doderer am 15. Januar, nach einer Nachtfahrt über München, wieder in Wien ankam, fuhr er sofort zu Dora und blieb auch dort: ‚heiderln'. Doch bereits zwölf Tage später fuhr er wieder nach London, wo er im Österreichischen Kulturinstitut über ‚Voraussetzungen österreichischer Lyrik' sprach; am nächsten Tag trat er im germanistischen Institut auf. Der Abend des 31. blieb ihm für den Besuch bei Hilde Spiel in Wimbledon, wobei er darum gebeten hatte, daß auch Hans Flesch eingeladen würde; am Nachmittag des ersten Februar trat er im Queen's College in Oxford auf.

Wie sehr er seine Erfolge genoß und herausstrich, geht aus seinen Briefen an Mienzi hervor: „. . . der gestrige Abend hier in London war der vielleicht größte „Publikumserfolg", den ich jemals hatte, vor dicht gedrängtem Auditorium, das z. T. in der Bibliothek einen Stock tiefer Platz nehmen musste, wohin durch Lautsprecher übertragen wurde. Nachher ein unbeschreiblicher Wirbel."[1]

Am Mittag des nächsten Tages traf er in London wieder Canetti, aber nicht nur diesen: auch Marie-Louise von Motesiczky, die Schwester seines von den Nazis hingerichteten Freundes. Die hervorragende Malerin, die es verstand, in ihrer Portraitkunst subtilste Einsichten in einen Charakter zum eigentlichen Thema werden zu lassen, ohne ihre durchaus eigene – von Max Beckmann bereits entfernte – Technik zu verleugnen, war nach dem Krieg mit ihrer Mutter in London geblieben, ohne jede Absicht, in die Heimat wiederzukehren. Hier saß der triumphierende Doderer nun zwei unbeugsamen Antifaschisten gegenüber, doch es kam, auch von seiten Canettis, zu keinem Eklat: man erwies einander, bei steigender Abneigung, höfliche Reverenzen.

Nach Wien kehrte er am 4. Februar zurück, jedoch nur, um abends bei der Feier zum 70. Geburtstag Güterslohs im PEN-Club die Eröffnungsrede zu halten. Am nächsten Tag setzte er seine große Geliebte D-H-L erstmals als Schreibkraft für die notorischen Postrückstände ein: sie konnte, wie Mienzi, Stenographie und Maschinschreiben, war natürlich gerne bereit, dem überlasteten Herakles Packerl zu helfen, und gab diesem außerdem einen Vorwand, ihre Finanzkrisen mit einer konkreten Begründung zu verringern.

Bereits am 5. Februar – nach anderthalb Tagen in Wien – reiste er wieder ab: diesmal zu einer großen Tournee, die vom Verlag organisiert worden war. Mittlerweile hatten die interessierten Leute die *Dämonen* gelesen, es waren genügend und zumeist hymnische Kritiken erschienen: das war der richtige Zeitpunkt, um den Neugierigen den Erfolgsautor zu präsentieren und Zögernde nochmals anzustacheln. Doderer fuhr und fuhr durch Deutschland, las vor Publikum und im Rundfunk (mit Honoraren von rund 200 DM, was als Tagesverdienst auch nicht so unwesentlich war): Köln, Elberfeld, Düsseldorf, Gummersbach, Braunschweig (wo er vor der Lesung mit einiger Kenntnis zu den historischen Quellen der Stadt brillierte und sich damit die Sympathie vorwegnahm), dann das längst bevorzugte Hamburg, Interview und Vortrag beim Buchhändler Saucke, schließlich Lesung im Auditorium Maximum vor 600 Leuten.

Von dort flog er nach Berlin, wo er am 21. Februar im Amerika-Haus vor 400 Zuhörern über die Theorie des Romans sprach und natürlich wieder – wie überall – aus den *Dämonen* vorlas. Schon nach der Lesung in Gummersbach war erstmals in den Besprechungen die Überschrift aufgetaucht: ‚Doderer gebührt der Nobelpreis!'. Er war auf einem Höhenflug, den er als angemessen betrachtete.

Dabei schrieb er nahezu täglich Expreßbriefe an Maria und Dora, wobei die letzteren inhaltsvoller und ehrlicher waren. So schrieb er ihr am 23. Februar – an dem er sehr viele Leute kennenlernte, was mit ‚nimis,s.s.sp.' (zuviel [Alkohol], sehr sehr spät) endete, zum formalen Aspekt ihres Romans ‚Concha': „Dein *Geheimnis der Dynamik-Kurve:* Du kannst sie gerade aus dem entwickeln, was Du das „Dramatische" bei Dir nennst: überall dort, wo dieses *durchbricht*, sind die dynamischen Akzente (Schwerpunkte) in der Komposition zu setzen: hier: Brückenpfeiler des Erzählungs-Aquäduktes: doch hat der jedesmal, bei jedem Pfeiler, eine Stufe, einen Katarakt, raschere Strömung: auf dieser dynamischen Linie kann man eine *ganze* Komposition aufbauen, auch wenn man noch keineswegs *alle* „Handlungen" und „Inhalte" manifest *hat.*" Dazu zeichnete er ihr einen Aquädukt mit stufenartigen Abbrüchen; und meldete an, daß ein paar Kilo [Gewichtszunahme] für den kl.[einen] H.[eimito] ihn sehr gefreut hätten, was ja hieße, „dass dem kleinen stieläugigen Ungeheuer „dort unten" die keusche und demütige Dulderin Lea in noch üppigerer Pracht preisgegeben werden soll, nur die äusserste Finsternis von der weissen Wolke des Schamtuchs verhüllt, das um ihre mächtigen Hüften liegt . . . Ach Dóra! Welche Verheissungen! [. . .] *Wie* muss sie sich nackt und bloß in ihrer Üppigkeit vor diesem Mistbuben schämen!!!" (Übrigens war sie ihm gar nicht genug üppig: wenn er, auch neben ihr sitzend, in einem Biergarten oder Heurigen von einer besonders dicken Kellnerin bedient wurde, begann er vor Gier zu zittern und küßte sich blitzschnell vom Handrücken bis zum keulenartigen Oberarm empor.)

Mitten in dieser Euphorie von Erfolg und Macht und Liebe kam der für Doderer schwerste Schock in der bisherigen Beziehung zu Dora: er hatte ihr, als Urlaub und gleichzeitige Förderung für die ‚Concha', einen mehrwöchigen Aufenthalt in der Pension ‚Belvedere' auf dem Semmering – eine knappe Stunde südlich von Wien – bezahlt. Dort wurde sie, wie sie Heimito in ihren Briefen offen berichtete, nun an jedem Wochenende von seinem ‚Vorgänger' Walther Schneider besucht.

Doderers Eifersucht auf diesen Teil ihrer Vergangenheit (und alle andern zuvor) war ohnehin schon grenzenlos gewesen: „Daß er an diese dunkle, ja finstre Tiefe sich legen durfte, so viele Jahre, und jederzeit!" – das nagte ständig an ihm, und seine Selbstberuhigung klingt wenig überzeugend: „Aber ihr zu Ehre gereicht dies Wort: ich hätte nie mit einem a-literarischen Mann leben können!"[2]

Die Tage ab dem Eintreffen der so verstörenden Nachricht waren, trotz der sich steigernden Erfolge in Berlin, wie er dennoch gern berichtete, fürchterlich: „Diese fünf Tage haben mich vollends heruntergebracht. Es war eine aushöhlende Qual. Ich bin ganz elend geworden, auch körperlich . . ." Ständig drehten sich dieselben Bilder in ihm: „Gemeinsames Essen in der Pension – Dora vorgeführt, „pro-meniert" mit allen Prächten – „Du"-Sagen, dann wohl auch steigt man gemeinsam hinauf zu ihrem Zimmer. Ob W. auch in der Pension übernachtet hat, kann ich nicht wissen [. . .] Monströse Taktlosigkeit. Er, in Wien, wahrscheinlich: „Dora ist jetzt am Semmering, ich fahr' immer zum Wochenende hinaus.""[3]

Diese Selbstquälerei durch eifersüchtige Vorstellungen ging dann in Landshut weiter, wo er schließlich die ganze Nacht vom 1. zum 2. März wach blieb und erst am Nachmittag endlich einen ‚Durchbruch' schaffte, auf den er schließlich einschlafen konnte. Dieser bestand darin, die Eifersucht zur ‚zweiten' Wirklichkeit zu erklären – zu erfundenen Gespenstern, die ihn dennoch weiterquälten. Am selben Tag schrieb er Dora einen langen Brief, darin er ihr die Qual und deren Überwindung andeutete und dann ausrief: „Ach Dóra, ich liebe Dich so sehr, nun ist alles wieder gut!"

Daß er seinen so aufgewühlten Seelenzustand vor Maria nicht hatte verbergen können, geht aus der Fortsetzung des Briefes hervor: „Hier war eine Auseinandersetzung mit Mienzi. Sie sagt, dass sie sich sehr vor einer Scheidung fürchtet. Großartig folgendes: „Wenn ich einen Mann geliebt hätte, der verheiratet gewesen wäre, so hätte mich das in keiner Weise von ihm abgehalten." Sie identifiziert sich da *ganz ausdrücklich* mit Dir. Frei von jedem Moralismus – katholische Kultur! Aber sonst geht's hier dem Ende zu [. . .] Vielleicht sind meine Tage hier gezählt."

Daß Maria Ende dieses Monats in Pension ging, erschwerte die Situation, da sie keinerlei gemeinsame Pläne hatten – und schon gar nicht den eines Zusammenwohnens – und die Krise noch zusätzliche Unsicherheit vermittelte. Bereits am 7. März fuhr Doderer wieder ab; über München und Salzburg, wo er im Radio las, nach Wien. Dort aß er mit Dora im ‚Falstaff' und fuhr in der Nacht mit ihr nach Hause. Daß Walthers Besuche auf dem Semmering völlig harmlos gewesen waren – er hatte Dora sogar ein FORVM-Heft gebracht, darin ein Bericht über Doderer in London stand –, glaubte dieser nur zögernd; er ließ es sich zwar mit immer neuen Argumenten erklären und beteuern, doch war er nicht der Mensch, seinen Argwohn einfach einschlafen zu lassen.

Dennoch war für ihn, nach den ausgiebigen Gesprächen, die Krisis beendet; wenn auch das Mißtrauen gelegentlich weiternagte, ging er wieder zum gewohnten Liebesgenuß und Alltag über. Was er überhaupt nicht bedachte, war die Tatsache, daß sein Verhalten – er sah sich nur als Opfer – auch Doras innere Vorbehalte ihm gegenüber verstärkte, was noch seinen Niederschlag finden sollte. Vorläufig nahm er sie stark in Anspruch, geradezu als Sekretärin, wobei sie ihm nicht nur bei der Korrespondenz half, sondern nun auch bei der Materialsammlung für seine Theorie des Romans – manche der gelehrten Hinweise auf diesen oder jenen Theoretiker stammten schließlich von ihr.

Sein ganzes Lehrgebäude zur Romankomposition darzustellen, war ihm äußerst wichtig. Zum einen wollte er die Kritiker auf das hinweisen, was ihm nun – im nachhinein – an seinen Romanen das Wichtigste war, nämlich die formalen und technischen Aspekte, die ihr Leben sozusagen in Freiheit von den Inhalten führten; er wollte nicht bloß immer als besonders österreichischer Beschreiber der besonders österreichischen Vergangenheit dargestellt werden. Außerdem hatte er sich geärgert, daß Hilde Spiel die *Dämonen* ‚amorph' gefunden hatte (genau mit diesem Wort tat er Musil ab); natürlich verbarg er seinen Groll – dazu war sie zu wichtig –, schrieb ihr aber, er sollte sich „in's Fäustchen lachen dürfen und sich sagen, er habe eben so vortrefflich konstruiert, dass Dr. Hilde es garnicht bemerken konnte"[4].

Zum andern aber hätte er nichts lieber getan – und die Einflußnahme auf Doras Roman zeigt es, ebenso wie später jene auf Peter von Tramin –, als eine Schule zu gründen. Er meinte, der Roman hätte formal und technisch noch nicht einmal die Entwicklung der Symphonie zu Beethovens Zeiten erreicht, und wollte, mit seinen Vorgaben, diesen Vorsprung der Musik aufholen – also eine Fülle von Regeln schaffen, die man gleichzeitig als neue Möglichkeiten auffassen konnte. Was er dabei – wie in seinen andern Essays – allerdings vermied, war eine systematische Vorgangsweise (die ihn an die Wissenschaft erinnert hätte und daher für die Kunst nicht in Frage kam); so stellte er keineswegs dar, von welchen Quellen und Voraussetzungen ausgehend er zu seinen Einsichten gekommen war, sondern wollte durch diese – kryptisch-gescheit, metaphernreich – direkt überzeugen. Ob ihm bewußt war, daß die Herkunft seiner Überlegungen nicht immer auf Verständnis und Zustimmung stoßen würden – etwa die privat viel häufiger geäußerte Überzeugung, daß der Katholizismus die unabdingbare Voraussetzung für den Schriftsteller wäre (weil ohne ‚analogia entis' entscheidende Säulen seiner Theorie einstürzen mußten) – oder ob er diese seine Leistung, auf die er so stolz war, als durchaus originelle Schöpfung ausgeben wollte, läßt sich schwer beurteilen.

So arbeitete die Zeemann an etwas mit, das sie, mit allen Wurzeln und Verzweigungen, nie ganz überblicken und verstehen konnte; es ging ihr eben weiterhin so, daß sie seine Lehren durch das gewaltige Werk gerechtfertigt sah und daher auch vieles glaubte, was ihr eigentlich rätselhaft blieb. Man mußte es eben übernehmen wie die Einsichten eines Mystikers, dessen Tiefe der Sicht man selber nie erreicht; dennoch blieb in ihr eine – mehr oder minder verborgene – Gegenwehr, da es ihr im Grunde gar nicht lag, sich so überwältigen zu lassen. Aber er kam fast jeden Tag, abends oder in der Nacht; und neben so viel intensiver Gegenwart des auch in seiner Selbsteinschätzung fraglos Überlegenen blieb in dieser Liebesbeziehung für Aufmüpfigkeit nicht viel Raum.

Natürlich nahm er sie auch häufig zu seinen abendlichen Verabredungen mit, sie war keine geheime oder versteckte Geliebte, sondern mittlerweile mit allen befreundet, von Schaffgotsch bis Weigel. Doderer ging, wenn er nicht schon den ganzen Tag bei ihr in Hietzing verbracht hatte, nahezu täglich aus, wobei er immer häufiger aufgesucht oder eingeladen wurde, da er nun der eindeutig Berühmteste in Wiens literarischen Kreisen war. Doch auch bezüglich dieses Umgangs war er für Dora ein bedachter Lehrmeister: er erklärte ihr immer wieder, von wem gelobt zu werden eine Ehre oder fragwürdig sei, welche Beziehungen man zu pflegen und welche man einzuschränken habe, um nicht in den Ruf seichter Billigkeit zu kommen; kurzum: wie man sich mit höchster Vorsicht und gezielten Aktionen einen literarischen Ruf und damit die Karriere aufbaue. Für Lesungen galt allerdings nur das Prinzip, daß Publizität und ein möglichst zahlreiches Publikum immer gut seien, um neue Leser zu gewinnen. Allerdings betrachtete er es auch als Selbstverständlichkeit, daß er die Lesungen sämtlicher Autoren besuchte, die zu den seinen kamen; und daß er immer besonders nachhaltig Beifall spendete, möglichst dem ganzen Publikum zeigend, wer es sei, der so laut klatschte. Durch solche Methoden verringerten sich die ‚Feinde' – wenn es je viele gegeben hatte – ganz rapid; aber von einem dunklen Wogen derselben rund um ihn blieb er bis zu seinem Lebensende überzeugt.

Im April kam ihn der junge Mann aus Basel besuchen; Doderer bestellte ihm ein Hotelzimmer ganz in der Nähe in der Währingerstraße und schrieb ihm in der – bei gewissen Gelegenheiten unausbleiblichen – Beinah-Kindersprache: „Wohnst dort in meiner nächsten Nähe, nur paar Schritte von mir." Und nach dem Besuch: „Ich bin *glücklich*, daß Du gern in Wien warst!"

Wichtigen Besuchern, die ihn kennenlernen wollten, stand er immer zur Verfügung: so am 12. April (mittags im ‚Sacher') dem Philosophen Theodor W. Adorno. Bei den so grundlegend verschiedenen Ansichten der beiden Herren ist es nicht verwunderlich, daß Doderer nie etwas über den Inhalt des Gespräches erzählte; statt dessen schilderte er anschaulich (und fast merowingerisch), wie groß für ihn alle Zeit die Verlockung gewesen wäre, Adorno mit der flachen Hand auf die Glatze zu klatschen: er sei überzeugt gewesen, es würde – wie bei einem Bovist – ein Wölkchen Staub aufpuffen.

Er war nun auch bei den Festen des Bier- und Senfherstellers Mautner-Markhof eingeladen, der es liebte, eine erlesene Gesellschaft von Kulturträgern mit den größten Industriellen des Landes zusammenzubringen. Ständige Gäste dort waren auch Herbert Boeckl und Fritz Wotruba – bezüglich dessen sich Doderer gefreut hatte, in Deutschland eine unbeeindruckt-kaltschnäuzige Ausstellungskritik zu lesen. Wotrubas bullig direkte Art und sein offenes Eintreten für die Sozialisten und Musil waren Grund genug für Doderer, auch vom Werk dieses Bildhauers nicht viel halten zu müssen.

Ein ganz anderer Umgang ergab sich – teilweise durch Vermittlung der Zeemann – mit der sogenannten ‚Wiener Gruppe': den jungen Autoren Gerhard Rühm, Oswald Wiener, Friedrich Achleitner (der eigentlich Architekt war) und H. C. Artmann, der Doderer auch öfter in dessen Wohnung besuchen kam und den gerade zeitgemäßen Titel ‚der Halbstarke' erhielt. Doderer trat sehr offen – zumindest durch lautes Beklatschen – für sie ein, obwohl ihre Werke – damals vorzugsweise im Wiener Dialekt – seiner eigenen Arbeit völlig fern standen; allerdings war dadurch auch jedes Konkurrenzdenken, das so viele Künstlerbeziehungen wechselseitig beherrscht, ziemlich ausgeschaltet. Die jungen Dichter wiederum mochten den geradezu skurril höflichen Alten recht gern, der sich obendrein immer wieder als hilfreich erweisen konnte; und besonders Artmann schätzte das manierierte Auftreten dieses ‚wirklichen Herrn' – seine eigenen teilweise recht verspielten Neigungen gingen in eine durchaus ähnliche Richtung der Selbstdarstellung, allerdings mit erheblich mehr Ironie.

Gegen Ende Juni fuhr Dora nach Jochberg bei Kitzbühel auf Urlaub (diese Entfernung von Walther hielt Heimito für angebrachter als den Semmering), vier Tage später reiste Doderer – übrigens von Walther Schneider freundschaftlich an den Westbahnhof gebracht – nach Landshut. Von dort aus besuchte er mit Maria einen großen Empfang für rund hundert Leute bei Beck, wo er natürlich der Star war – mittlerweile waren von den *Dämonen* schon zehntausend Stück abgesetzt worden (von der *Strudlhofstiege* achtzehntausend); außerdem sollte der *Mord* als verbilligte Sonderausgabe bei den ‚Büchern der Neunzehn' erscheinen (und bald eine Auflage von zwanzigtausend Stück erreichen); auch der *Umweg* hatte im Gefolge der großen Romane bereits fünfzehntausend Stück geschafft – und nur der *Zihal* stagnierte bei fünftausend.

Während Heimito dann seiner Mienzi im Tal Josaphat das Bogenschießen beizubringen versuchte und also das Verhältnis wieder verbesserte, verzweifelte Dora, trotz fast täglicher Liebesbriefe aus Landshut, in den Tiroler Bergen. Auch sie neigte zur Schwermut, und die Beziehung zu Herakles Packerl ausschließlich rosig und beruhigt zu sehen, gelang ihr fast nie. Obwohl sie in Gesellschaft meist den Eindruck lockerer Unbeschwertheit machte, war sie allein schnell zu Verzweiflung und vielen Tränen bereit.

„Liebster,

ich leide nicht an „süßem" Zug, sondern an grauenhafter Sehnsucht. Dieser Sommeraufenthalt, für den ich Dir dankbar sein sollte, wird zur schrecklichen Tortur.

Du schreibst liebe Briefe. Ich wäre nicht, was ich bin, wenn ich den Sinn für Nuancen nicht hätte.

Ich will Dich nicht zwingen zu mir zu kommen. Ich bin „Streitereien" nicht gewachsen. Im März hast DU das Ärgste überwunden und Dich zurückgenommen.

Nun versuche ich dasselbe. „Es gibt keine glückliche Liebe", sagt Proust.

Vielleicht bringen wir es zu einem wohltemperierten Verhältnis? Ich wollte es ja immer so haben!

Ich plage mich wie ein Fakir um Vernunft. Vernunft ist kein Klima fürs Herz und „Liebe eine Primzahl des Lebens".

Ich liebe Dich und bin verloren. D."

Als dieser Brief vom 9. Juli dann am 12. in Landshut eintraf, reagierte Heimito tief erschrocken: er sandte sofort ein Telegramm, in dem er seine Ankunft in Jochberg für den 15. ankündigte. Daß er Mienzi die Wahrheit über seine Reise enthüllte, ist zu vermuten; am nächsten Tag ging er mit ihr in den Wald, um Bogen zu schießen, und stellte im Tagebuch fest, daß sie heiter gewesen sei. Den Grund dafür hatte Dora in ihrem Brief bereits angegeben: er hatte sich nach dem März ‚zurückgenommen'.

Er leugnete weder seine Liebe zu ihr noch seine Anhänglichkeit an Maria und akzeptierte von beiden, was er bekam – aber er bekannte sich weder zu der einen noch zu der anderen Frau. ‚Z' stand im Tagebuch fast im Mittelpunkt: das hieß aber nicht ‚Zeemann', sondern ‚Zerfall der Lage' – als Vorschrift an sich selber: an nichts haften zu bleiben, sondern fallen zu lassen, was von alleine glitt. Am Tag vor seiner Fahrt nach Jochberg schrieb er: „Ich füge mich, und weiß jetzt, was da geschah, und bin vollends bereit, davonschwimmen zu lassen, was in die Strömung geriet, welche die letzten deperceptiven Reste wegspülen will. Die immerwährende Apperceptivität enthebt mich aller Sorgen."[5]

Mit Strömung war diesmal nicht jene des eigenen Flusses gemeint, in dem er andere ertrinken lassen würde – und doch dachte er Dora nun dieses Schicksal zu. Obwohl er fünf Tage bei ihr in Jochberg blieb, mit langen Spaziergängen und ‚Conferenzen', sandte er bereits am dritten Tag ein offensichtlich beruhigendes Telegramm an Maria. Und als Dora nach seinem Besuch über diesen nachdachte, meinte sie, die fünf Tage seien sehr schön, aber für sie eine Niederlage gewesen; im Grunde hatte Heimito versucht, sie gleichzeitig von seiner Liebe zu ihr und seiner notwendigen Rücksicht auf Maria zu überzeugen; und außerdem hatte er für die nahe und ferne Zukunft darum gebeten, ihm nicht mehr solche Briefe zu senden, die ihn nur aus der Arbeit reißen würden; was etwa einen emotionellen Maulkorberlaß bedeutete. Zuletzt meinte sie, gespürt zu haben, daß er gar nicht schnell genug wieder wegfahren hatte können, was sie natürlich auf Mienzi schob.

Seine wenigen und knappen Tagebuchnotizen in Jochberg bezogen sich auf *D*[ivertimento] *VIII* – seinen einzigen literarischen Neubeginn seit den *Dämonen*, bisher rund zwanzig Seiten umfassend. Es sollte der Versuch werden, seine gesteigerten Einsichten in die Wechselwirkung von ‚erster' und ‚zweiter' Wirklichkeit zu gestalten, wie er sie im Entstehen und Bewältigen seiner Eifersucht nach Berlin erlebt hatte. Doch jetzt in Jochberg, erneut mit seiner persönlichen Ausgangslage für diese Arbeit konfrontiert, beschloß er, in *D VIII* auf alles Sexuelle – dem die Sache entstammte – gänzlich zu verzichten: „für das Sichtbarwerden der geistesmechanischen Valeurs dieser Arbeit". Das hieß: wie nach dem Dritten Reich wollte er das konkrete Thema aus den Überlegungen ausschließen, um das Problem auf der höheren Ebene der reinen Geistesmechanik zu lösen. Allerdings handelte es sich diesmal um keine theoretische, sondern eine erzählerische Arbeit; er wollte die bereits entstandene formale Struktur für das „Sichtbarwerden" beibehalten, jetzt aber mit fiktiven Inhalten füllen – so daß er hier wirklich eine apriorische Form zur Verfügung hatte. Diesen Bemerkungen schloß er, unter demselben Datum, eine viel persönlichere an: „Ehrlich gestanden: ich glaube nicht daran, daß ich die gegenwärtigen Bezüge und Umstände meines Lebens auf die Dauer werde in der Schwebe halten können. Es scheint, daß die contradiktorischen Tendenzen meine ausgleichenden Bestrebungen doch an Kraft übertreffen."[6]

Und am Tag nach seiner Rückkehr nach Landshut schrieb er: „Die fortwährende Übung der Apperceptivität enthebt uns jenes Lebens, das wir ja sehen wollen, von welchem wir also wegtreten müssen [...] Zerfall von allem und jedem, was solchem Akte der Intelligenz voraus gesetzt sein könnte, ist ganz unumgänglich, ebenso wie jede Vor-Stellung, Voranstellung einer Vollendung oder Complettierung – welche ja sogleich alles unsichtbar machen würde. Die perfekte Apperceptivität läßt sogleich alles unvollendet stehen."[7]

Also: keine Erwartung oder eigene Vorstellung („Vor-Stellung") darf vor das Bild der eigentlichen Wirklichkeit treten, wie diese auch immer sich darbietet; die Nicht-Einmischung in die Belange des Lebens wird zur höchsten künstlerisch-metaphysischen Kategorie; und angesichts begehrender Liebe auch zum großen moralischen Opfer, um einer Schau der einziggültigen Wahrheit willen.

Weder Dora noch Mienzi konnten es so auffassen; sie kämpften um einen Mann, und das mit gänzlich anderen Argumenten.

Dieser Mann jedoch schuf seiner häufig zu diesem Leben gehörenden Entscheidungsschwäche – und mit denselben Argumenten, mit denen er Nazi und Antinazi geworden war – wieder einmal ein Instrumentarium, um seine Probleme sehr erleichtert auf einer andern Ebene als jener, auf der sie sich gestellt hatten, schlicht zu verlassen; und gewann dabei vorgeblich wiederum an Weisheit. Wie viele Männer, die zwischen zwei Frauen stehen, wollte er bei völliger Handlungsunfähigkeit beide haben und tat schlicht gar nichts: im Auftrag der Mystik oder des Tao; auf jeden Fall: der Kunst.

Von seinem endlichen Eintritt ins Leben – Dora mit dem reinigenden Strom der Apperceptionen gleichsetzend – war nicht mehr die Rede. Er hatte die Apperceptivität – das Dasein in der anschaulichen Wahrheit – zur ausschließlichen Domäne seines Denkens und seiner Kunst gemacht; und beide Frauen waren in den Randbereich des ‚unvollendet stehen gelassenen' Lebens gerückt worden. Und wenn auch beide ahnten, daß ihr Kampf um ihn letztlich über seine Zugehörigkeit zu einer von ihnen entscheiden mußte (wobei auch Marias Sieg nie endgültig war), so wußten sie doch beide bis über seinen Tod hinaus nicht, wie wenig von ihm ausgerechnet das gewesen war, worum sie gekämpft hatten.

Doderer hingegen hatte ganz triumphal, seiner Kunst-Theorie neue Konsequenzen schenkend, den letzten Kampf verloren, den er in der Absicht neuen Lebendigwerdens begonnen hatte.

Auch er litt an Schwermut, seit jeher und nun verstärkt. Er liebte Dora weiterhin – noch über ein Jahr lang gab es erstaunlich ehrlich klingende Briefe, wie sie ihm bei Maria äußerst selten gelungen waren – aber er bekannte sich nicht zu seinem Gefühl: er hatte sich dem, was er sehr wohl seine letzte große Liebe nennen konnte, als nicht gewachsen erwiesen. Denn so sehr er sich weiter um sie als Schriftstellerin kümmerte, Horst Wiemer zu ihr und sie zu Beck brachte, so daß ihr ‚Rapportbuch' letztlich auch bei Biederstein erschien: als Mann war er, bei diesem zweifellos ernsten Versuch, mit einer Frau auf verschiedenen und diesmal einander nicht ausschließenden Ebenen glücklich zu werden, schlicht gescheitert.

Dora schrieb auch weiterhin seine Briefe nach Diktat, übernahm die Reinschrift kürzerer Manuskripte und wurde dafür monatlich entlohnt; zugleich liebte sie ihn und begriff diese unübersichtliche Konstellation gar nicht. Ihre Empfindlichkeit brachte sie immer wieder zur Verzweiflung; doch der eindeutige Nutzen, der ihr gleichzeitig aus dieser Beziehung erwuchs, war ihr bewußt und tröstlich. Auch gefiel es ihr durchaus, sich mit Doderer immer selbstverständlicher in sämtlichen literarischen Kreisen Wiens zu bewegen, und das schuf nebenher noch nützliche Beziehungen. Sie nahm im Grunde an seinem gesamten Leben teil, wozu auch Lotte Paumgarten und Lea von Petrak gehörten, saß nächtelang mit ihm im Café ‚Hawelka' und war dabei für alle die gewohnte Frau an seiner Seite.

Doch er übte den ‚Zerfall der Lage', trotz der vielen Nächte in Hietzing. Und am meisten beschäftigte ihn, daß er seit der Fertigstellung der *Dämonen* – also seit über einem Jahr – zu keinem Erzählwerk mehr gefunden hatte, wenn man von jenem versuchten *D VIII* absieht, welches er bald wieder abbrach und später für *Roman No. 7/III* vorsah. In Wahrheit steckte er in einer beträchtlichen Krisis, die er nicht einmal mit dem (Selbst-)Überzeugungsversuch *Grundlagen und Funktion des Romans* ganz zu überdecken vermochte. Dieser Essay wurde im Herbst 1957 fertig und diente ab nun häufig als Text für Vorträge.

Dennoch machte sich in ihm ein gewisses Unbehagen an den *Dämonen* breit, das sich gesprächsweise etwa darin äußerte, daß er die *Posaunen von Jericho* – mit ihren knapp sechzig Seiten – häufig als sein ‚Hauptwerk' ausgab. Dieses ‚Divertimento' war sozusagen reine Kunst, kommentarloses Erzählen ohne das Riesenaufgebot an legalistischen, historischen, finanziellen Problemen, die zur ‚Totalität' der *Dämonen* beitrugen. Aber die eigentliche – nie eingestandene – Krisis lag noch tiefer: sein ganzes, durch ständige ‚spirituelle' Übungen vertieftes Instrumentarium an auratischer Feinfühligkeit, sein verständnis- und oft liebevolles Eingehen auf Schlichtes und Nebensächliches, die ruhige Ausgewogenheit allem gegenüber, die sachte Zurückhaltung und nie verletzende Ironie, ja, die eigentlich tief menschenfreundliche Grundhaltung sowie eine immer wieder bedachtsam hergestellte Harmonisierung in den großen Romanen – das alles war mühsamst erarbeitet und entsprach zwar seinen Wünschen und dem, was in ihm humanistisch domestiziert werden konnte, aber ganz und gar nicht seinem vielfach zerklüfteten Wesen. So charakteristisch sein persönlicher Tonfall dabei auch geworden war – weshalb ihn Heinz Politzer sogar einen ‚Sprechsteller' nannte –: er lieferte dennoch keinen ‚Ausdruck seiner selbst'.

‚Er selbst' war gerade auch jemand, der ebenso vorsätzlich wie unwillkürlich verborgen bleiben mußte; ‚er selbst' war auch die mißlungene Reform seiner selbst, die nun sein ‚bedeutungsloses' Leben weiterlebte: weder sacht noch menschenfreundlich, weder ruhig noch gar harmonisierend. Doch auch dieser Doderer kam nicht ohne Werk aus, er brauchte es als Ventil seines Überdrucks, welcher gerade durch die maßvolle und disziplinierte Arbeit am Werk ‚des andern' Doderers so sehr wuchs. In den sogenannten *Kürzestgeschichten*, von denen eine eigene Kategorie *Wutanfälle* hieß, ist deutlich zu merken, daß sie dem wirklichen Leben, das ‚unvollendet stehen gelassen' wurde, entstammten. Und daß er sich in seiner Krisis wieder voll den *Merowingern* zuwandte, lag sicher nicht nur daran, daß sich hier, in Ermangelung anderer Vorhaben, ein bereits begonnenes Werk anbot; vielmehr erforderte dieses Buch überhaupt alles, was in ihm unbezähmt und daher aus den andern Romanen ausgeschlossen war.

Es handelte sich keineswegs um einen historischen Roman, obwohl Doderer Bekannten gern und irreführend von den merowingischen Urkunden berichtete, die er studiert habe. Doch die Hauptfigur des Romans, Childerich III., war durchaus ein Zeitgenosse Doderers, wie dieser im Stampfen und Brüllen geübt, mit je nach Wutausmaß gesteigertem Fußwinkel; Grimm und Prügel erscheinen als das eigentliche Thema dieser grotesken Übertreibungen. Die Wut, die den handelnden Personen sowie dem Roman insgesamt zugrunde liegt, ist vor jedem Anlaß vorhanden und ‚grenzenlos', sie ist ständig ausbruchsbereit und gilt als Grundstimmung des Zeitalters, das diese tiefe Frustration und zügellose Aggressivität überhaupt erst hervorgerufen hat – ein Bild seiner Mitwelt, das dem älter werdenden Doderer sehr viel eher entsprach als jenes harmonisierte der *Strudlhofstiege*.

Doderer tobte selber gern und übte childerich'sche Szenen vor der verblüfften Poldi, die mehrmals in der Woche kam, um die Wohnung in Ordnung zu halten und nach seinen Sachen zu sehen: vor ihr sprang er unter Gebrüll beidbeinig immer wieder so hoch er nur konnte, bis es ihr zu dumm wurde und sie ruhig sagte: „Hörn S' auf, Herr Rittmeister, oda i laß Ihna in Gugelhupf führn!" [Wienerisch für: in die Geistesheilanstalt bringen.] Natürlich hörte er auf; mit der wahrhaften und völlig ungespielten Hemmungslosigkeit der Wut jedoch gestaltete er Childerich aus, der wahllos Fußtritte verteilte und, wo er nicht selbst gewalttätig wurde, von seinem Gesinde ganze Geschäfte zusammenschlagen ließ; wobei der jähe Ausbruch jeweils von etwas veranlaßt wurde, das wiederum durchaus Doderers eigenen Idiosynkrasien entsprang, seinen tiefen Abneigungen gegen einen Geruch, eine Geschmacklosigkeit, eine Dummheit, gegen gewisse Gesichter und gewisse Kleidung – er lieferte endlich eine lange Liste dessen, was ihn im Alltag immer wieder bewegte, nämlich insgesamt die „unwürdige und abstoßende Lächerlichkeit" des heraufkommenden Zeitalters.

Und abgesehen von wuchernden Bärten stattete er Childerich mit einer geradezu furchtbaren Potenz aus, die gar nichts anderes sein will als grobe Sexualität, als rücksichtslose Männlichkeit; hier störte keine Feinsinnigkeit mehr. Durch gezielte Heiraten in der Familie war Childerich zum eigenen Vater und Großvater, Sohn und Enkel (und obendrein Onkel) geworden; er verkörperte die ‚totale' Familie, die Macht schlechthin; da aber ‚Totalität' irgendwann platzen muß, kam es schließlich zur Entmannung des Wüterichs samt Scheerung der Bärte und des Haupthaars; er zog sich mit seinem Zwerg Wänzrödl in eine bescheidene Stadtwohnung zurück, in der leicht diejenige Doderers in der Währingerstraße zu erkennen ist, und watschte bei auftretender Wut – gegen Honorar – die Nachbarin, Frau Eygener (Doderers Nachbarn hießen Aigner).

Rund um diese Geschichte gibt es eine Vielzahl von Nebenschauplätzen, etwa London als Sitz der ehrwürdigen Geheimorganisation ‚Hulesch & Quenzel', die mit ihren – von Agenten unauffällig verbreiteten – Produkten von ausgesuchter Infamie weltweit Wutanfälle garantiert. (Einer dieser abgefeimten Agenten war ‚Zilek'; sein Vorbild war der Vater des späteren Ministers und Wiener Bürgermeisters Dr. Helmut Zilk gewesen: Doderer hatte dessen schöne Frau verehrt und war von ihrem Mann mit dem Bannstrahl der Eifersucht belegt worden.) Mit ausführlichem Grimm widmete sich Doderer auch zwei psychotherapeutischen Heilverfahren gegen die Wut, wobei das eine mit Nasenzangen, Wutmärschen und schließlich einem Wuthäuschen operiert, während eine konkurrierende Gruppentheraphie den großen Beutelstich entwickelt. Und zu alledem gab es noch den Dr. Döblinger, Schriftsteller (bereits als Autor von ‚Adalbert Stifter – ein Scheißkerl?!' gewürdigt) und Anführer einer Bande von Verprüglern: es handelt sich um Doderers gröbstes Selbstporträt.

Und grob ist vieles in diesem Buch: zumeist auch der Humor, die übertriebene Groteske, das Pompöse – es entsteht eine geschlossene Welt von wilden Verzerrungen, von grellen Schlaglichtern, von abgrundtiefen Widerwärtigkeiten mit dem *basso continuo* brüllender Wut. Es ist sicher der Roman, bei dessen Abfassung sich Doderer am meisten amüsiert hat; es war ein Rundumschlag gegen alles, was er der Lächerlichkeit preisgeben wollte, von der ernsten Wissenschaftlichkeit der Geschichtsforschung bis zur eigenen ‚Aufgebersteltheit' (was etwa heißt: sich ordinär-protzig auszustaffieren). Es ist im Grunde aber auch ein Buch ohne Hoffnung, die überaus geschlossene Darstellung einer verrückt gewordenen und bösartigen Welt ohne Ausweg, einer Sinnlosigkeit ohne ‚analogia entis'; und bis zu einem gewissen Grad – etwa jenem, ab dem ein Werk seiner Eigengesetzlichkeit folgt – auch das Buch der gewissermaßen privateren Welt Doderers. Seine Schwester Astri liebte diesen Roman mit einer besonderen Intimität und betonte immer wieder, daß ja eigentlich sämtliche Doderers nie etwas anderes als ‚Merowinger' gewesen wären, was etwa heißt: sich selbst darstellende Monstren der Übertreibung und der Posen, bizarr und unbeherrscht, mit groteskem Humor und selbstverständlicher Egozentrik, großzügig und alles andere als harmlos.

Allerdings steht im selben Buch ein geradezu programmatischer Lieblingstext der allerletzten Lebensjahre Doderers, nämlich über ‚Pelimbert den Indiskutablen':

„Wenn er am Rande der zerfallenden Terrasse auf seinem fast ebenso zerfallenden Sofa gesessen war, das er hatte hier heraustragen lassen, dann gab es bei ihm Augenblicke der wirklichen Souveränität und also auch des Glücks. Er hatte sich angewöhnt, jedermann, der mit ihm blutsverwandt war und ihn besuchen kam, hinauszuwerfen und niemals einen Brief zu beantworten. So trat mit der Zeit völlige Ruhe ein [. . .] Es war sich Pelimbert bis in den untersten Wurzelgrund seines Denkens – den er in seiner Einsamkeit nicht selten erreichte – darüber im Klaren, daß die Art, wie jene Zeit, die nun heraufkam, das Leben betrieb, hierin bis zu einem Grade der Lächerlichkeit gelangt war, auf welchen ein Mensch, dem das blinde Schicksal nun einmal das zur Notdurft Erforderliche zugeworfen hatte, nur damit antworten durfte, daß er sich jeder wie immer gearteten Tätigkeit enthielt, um nicht durch sie eine bereits unwürdige und abstoßende Lächerlichkeit noch zu vermehren. Denn in ihr würde nunmehr, und für eine lange Zukunft, alles und jedes enden müssen: die Ernsthaften und die Arbeitsamen, die Strebsamen und gar die Erfolgreichen und Arrivierten mit allem ihrem Kram. So galt es denn, rechtzeitig jedermann hinauszuwerfen, in gelassener Haltung auf dem Sofa oder vor der leeren Schreibtischplatte zu verweilen, neben jenes oder auf diese die Flasche zu stellen, um so zu verharren, gewissermaßen in Mission Null, die einem Menschen heute allein dadurch schon diskret aufgetragen ist, wenn er zu essen bekommt, ohne zu strampeln. So dachte Pelimbert und hielt sich (wie uns scheint übrigens mit einigem Rechte) keineswegs für einen Nihilisten, sondern eher für einen Bewahrer, der allein damit, daß er der alles zerfressenden Lächerlichkeit seinen Beitrag verweigerte, durchaus genug geleistet zu haben vermeinte.“[8]

Noch gehörte Doderer zu den „Erfolgreichen und Arrivierten mit allem ihrem Kram“, wozu noch kam, daß ihn der österreichische PEN-Club – seine Feinde? – zu Österreichs offiziellem Kandidaten für den Nobelpreis ernannt hatte.

33. Hetzjagden

„Dass sie's in Wien mit dem Nobelpreis für mich haben, ist halt einfach ein Gradmesser für den Kurs, den ich endlich auch dort notiere", schrieb er der Zeemann „in heisser Liebe". Die Nominierung war bereits im Herbst 1957 erfolgt, noch ehe er den Österreichischen Staatspreis erhalten hatte.

So fuhr er denn auch besonders willig mit der Delegation des PEN-Clubs zur Österreichischen Woche in Stuttgart, welche er – am 8. November – mit seiner Rede ‚Österreich heute' eröffnete. Sein Grundgedanke und weitgehend auch der Text ist derselbe wie in früheren und späteren Äußerungen zum Thema, etwa 1964 bei seiner ‚Athener Rede': nämlich daß das österreichische Nationalgefühl, als verinnerlichtes Erbe der Monarchie, ein übernationales sei. „Diese Nationalität ist wirklich die von allen am wenigsten materielle. Sie ist ein Zustand, ein goldener Schnitt nur zwischen Distanzen und Kräften, aus dem man fallen kann, wenn man eine rohe und ungeschickte Bewegung macht; und in den man geraten kann, komme man gleich aus Pernambuco, wenn's einen trifft, wenn einen dieses Spannungsfeld festhält. Es kann adoptieren und entlassen. Zum Österreicher müßte man eigentlich fallweise und einzelweise ernannt werden."[1] Dann bekannte er sich noch zu den Kroaten und Magyaren des Burgenlands sowie den Slowenen Kärntens als konkretem Anhalt fürs eigentlich Immaterielle dieser Situation – die in Wahrheit allerdings eher einem Konzept als einer Realität entsprach.

Dazu kamen wieder Empfänge, ein Fernsehauftritt, eine Lesung und was eben nützlich war; den Nobelpreis bekam 1957 allerdings Albert Camus. Doch konnte es Doderer als wichtigen Schritt zum Nobelpreis ansehen, daß sich nun Alfred Knopf in New York entschloß, die *Dämonen* englisch herauszubringen; wobei der Freund Robert Pick die Übersetzung und alle eventuellen Änderungen, die zur besseren Verständlichkeit beitragen sollten, überwachen würde.

Immerhin mag die Nominierung zum Nobelpreis es beschleunigt haben, daß er im März 1958 wenigstens den Großen Österreichischen Staatspreis – als Würdigung für das Gesamtwerk – erhielt. Dieser wird vom Unterrichtsminister auf Grund des Vorschlags des Kunstsenats, der nur aus Staatspreisträgern zusammengesetzt ist, verliehen; im Falle Doderers war es immerhin Gütersloh, der ihn – trotz eindeutigen Neides auf den Erfolg – vorgeschlagen hatte. Getrübt wurde die Ehrung allerdings dadurch, daß die andern – ein Komponist, ein Maler – ihren Preis alleine erhielten, während Doderer ihn mit dem siebenundachtzigjährigen Franz Karl Ginzkey teilen mußte, dem ehrwürdigen Doyen einer fast schon vergessenen Literatur. Doch fand alles mit dem angemessenen Pomp statt, von den Fanfaren der Philharmoniker zum Auftakt bis zur Bundeshymne am Schluß, dem noch ein festliches Mittagsessen mit dem Minister Dr. Drimmel folgte. Am Abend feierte Heimito mit Dora in der ‚Weinperle', beim ‚Blauensteiner' und zuletzt im Café ‚Eiles' bis ‚s.sp.'.

Dem internationalen Ansehen (und vielleicht den Nobelpreis-Chancen) mindestens so förderlich war sein am 22. März erfolgtes Auftreten in der Pariser Sorbonne, wo er (auf deutsch) den Vortrag *Grundlagen und Funktion des Romans* hielt und in einer anschließenden Diskussion (auf französisch, wie er sehr stolz in mehreren Briefen berichtete) seine Ansicht erklärte, daß Robert Musil – deutlich im Gegensatz zu ihm selber – nicht eigentlich der neuen Literatur angehöre, sondern jene des 19. Jahrhunderts erst im nachfolgenden 20sten abgeschlossen habe. Neben der ‚Öffentlichkeitsarbeit' gab es auch privat einiges Erfreuliche: Gottfried Goebel und Greta Freist hatten ihn bereits am Zug mit großer Herzlichkeit abgeholt und zuhause ein Frühstück für ihn vorbereitet; nach seinem Vortrag traf er mit mehreren Professoren zusammen, gab ein Interview für den ‚Figaro', pilgerte zu Baudelaires Grab, verbrachte einen Nachmittag mit dem Lyriker Paul Celan sowie einen mit Dr. Armin Mohler, traf Freist und Goebel auch mit Dr. Cocron, dem Leiter des österreichischen Kulturinstitutes, und fühlte sich wieder einmal so ganz und gar im Mittelpunkt des allgemeinen und wohlwollenden Interesses. Dasselbe wiederholte sich anschließend in Straßburg, wo er an der Universität seinen Vortrag wiederholte, und dann noch im schweizerischen St. Gallen, wo er im ‚Museumsverein' Erzählungen vortrug.

Diesmal kehrte er nicht nach Wien zurück, sondern fuhr nach Deutschland, da seiner Mienzi am 11. April ihr – wie er sagte: zwei Männerfäuste großer – Kropf entfernt werden mußte, was sich als ziemlich langwierige Operation erwies. Am Abend des Eingriffes besuchte er in München die Premiere von Ionescos ‚Stühlen' mit Tilla Durieux in der Hauptrolle; mit ihr, dem Autor, Horst Wiemer und anderen ging er zur anschließenden Feier, fand Ionesco nicht uninteressant, aber vor allem die Durieux eine „echte Merowingerin", wie er Dora mitteilte. Mit der energischen alten Dame traf er sich noch mehrmals; auch sie war von ihm entzückt und wurde eine begeisterte Leserin seiner *Dämonen*.

Solange Mienzi im Spital war – nämlich bis zum Ende des Monats – blieb er in München, traf auch die Bergholtzs, ging zu Brittings Stammtisch und schrieb daneben Kurzgeschichten. Ein weiterer Grund für seinen verlängerten Aufenthalt war, daß er Mitte Juni in Nürnberg mit der Pirckheimer-Medaille ausgezeichnet wurde, etwa ein halbes Kilo, das ihm am grünen Band feierlich um den Hals gehängt wurde; worauf er am nächsten Tag Pirckheimers Grab besuchen und an einer Kuratoriums-Sitzung teilnehmen durfte, dessen ständiges Mitglied er ab nun war. Auch diese Ehrung ging durch einen Teil der deutschen Zeitungen und war daher nützlich; zudem ergaben sich wiederum neue Beziehungen, die zu pflegen seine Korrespondenz weiter anschwellen ließ (Dora in Wien bekam große Pakete zur Erledigung). Und weil es sich gerade ergab, fuhr er gleich nach Bayreuth weiter, wo er am 20. Juni abends von Winifred Wagner empfangen wurde – wie die meisten durchreisenden Berühmtheiten seit Adolf Hitler.

Über all diese Begebenheiten – vom Sorbonne-Auftritt bis zum Besuch am Grab des alten Humanisten Willibald Pirckheimer, aber auch von einem Wienaufenthalt Jules

Romains – berichtete er, als sehr überlegener Weltmann auf Reisen, im ‚Kurier', der damals größten österreichischen Tageszeitung. Schon ab den zwanziger Jahren hatte er, nach dem Vorbild von Dostojewski, mehrfach ein ‚Tagebuch eines Schriftstellers' begonnen, bei dem die Ereignisse nur den Anlaß bieten, um verschiedene Themen damit zu verknüpfen. Die lockere Form dieser Unterhaltungen sollte sich durch die dabei mögliche Vielfalt zu einem mosaikartigen Weltbild zusammenfügen, wie dies beim späten Dostojewski tatsächlich der Fall gewesen war.

Die Möglichkeit dazu bot ihm Hans Dichand; der damalige Chefredakteur des ‚Kurier' hatte Doderer durch die gemeinsame Bekanntschaft mit Marie-Louise Wydler-Reiter kennengelernt und ab Januar mehrfach zuhause besucht, um ihm die Leitung einer Literaturseite anzubieten, die dann ‚Das Buch' hieß. Doderer zögerte etwas, wobei ihn die Möglichkeit, sich mit dem ‚Tagebuch eines Schriftstellers' an eine so breite Öffentlichkeit wenden zu können, sicherlich lockte; ausschlaggebend wurde dann, daß Dichand für die eigentliche Redaktionsarbeit, mit der sich Doderer weniger belasten wollte und konnte, Dorothea Zeemann akzeptierte, die dadurch zu einem Verdienst kam.

Diese Buch-Seite erschien von März bis Ende Juni 1958; dann kam es zum großen ‚Stunk': Dora hatte in einem großen Artikel die ‚Wiener Gruppe' – also Artmann, Rühm, Achleitner, Bayer und Wiener – erstmals vorgestellt, doch als Doderer anschließend den fünf jungen Dichtern seine ganze Seite zur Verfügung stellte, damit sie sich mit ihren Werken selber darstellen könnten, ließ der verantwortliche Redakteur das schon gesetzte Blatt einziehen. Diese Experimente – etwa Gedichte nur um der Lautgestalt wegen zu schreiben, noch dazu im ‚ordinären' Dialekt – erschienen der Zeitung als zu unseriös und dem Publikum nicht zumutbar. Doderer, dem Hans Dichand völlige Entscheidungsfreiheit für seine Seite zugesichert hatte, zog sich, nach mehreren aufgeregten Telefonaten, von der Zeitung zurück; allerdings ohne es zum Bruch mit Dichand kommen zu lassen.

Der Wiener Gruppe blieb Doderer allerdings weiterhin verbunden; Artmanns Besuche erfreuten ihn jedesmal, und er verwendete sich auch beim Biederstein-Verlag für diesen begabten ‚jungen Collegen'; als H. C. Artmann dann im Herbst dieses Jahres – 1958 – durch sein Buch ‚med ana schwoazzn dintn' schlagartig berühmt wurde, nahm er an diesem Erfolg eines andern wirklich freudigen Anteil. Im Jahr darauf verfaßte er für die gesammelten Dialektgedichte von Achleitner, Artmann und Rühm, ‚hosn rosn baa', ein sehr verständnisvolles Vorwort; das Buch wurde von Kritik wie Publikum dennoch abgelehnt, da man es als zu extrem empfand – und gar nicht als das, was man als lyrische Kunst aufzufassen gewohnt war. Daß sich Doderer für diese ‚Halbstarken' selber ganz stark machte, wunderte viele; doch man mußte ihn nur einmal gehört haben, wie begeistert er Rühms ‚bei dar heisldia' – natürlich auswendig – vortrug, um zu begreifen, daß ihn nicht nur die experimentelle Spielfreude, sondern vor allem die sexuelle Grobheit und der vulgäre Tonfall entzückten.

Er kümmerte sich auch um andere Autoren: so las er – gerade in jenen Julitagen, in denen er sich von der Zeitung trennte – das Manuskript des ersten Teils von Hans

Leberts noch nicht fertiggestelltem Roman ‚Die Wolfshaut' und setzte sich auch für dieses Buch bei Biederstein vehement ein – vor allem, als ihm Lebert später erklärte, er habe vor Arbeitsbeginn das gesamte Werk vom Ende her ‚durchkomponiert'. Im selben Jahr lernte er auch den jungen Baron von Tschugguel kennen, der sich später – als Schriftsteller mit dem Namen Peter von Tramin – am nachhaltigsten zum Schüler Doderers erklärte.

Um die Buch-Seite im ‚Kurier' war ihm auch deshalb nicht weiter leid, da sich nun – neben den *Merowingern* – im Tagebuch sein neues Werk kräftig rührte, nämlich *R 10*, wie es vorläufig hieß – also *Roman No. 10*. Schon zu *D VIII* hatte er in einem Brief an Horst Wiemer erklärt, durch seine bisherigen großen Romane in keiner Weise festgelegt zu sein, sondern durchaus Neues versuchen zu wollen; jetzt war endlich die Krise beendet und er hatte das vor Augen, was er am dringendsten brauchte: nämlich eine Vision davon, wie er seine Kunst, auf die all seine Spiritualität konzentriert war, zu noch größerer Meisterschaft – und noch tieferer Einsicht – bringen könnte; denn nur dort lag alle Rechtfertigung fürs unvollendet stehengelassene Leben.

Im Tagebuch nahm die Vision die ersten konkreten Formen an: Figuren, Schauplätze, Verbindungen. Doch worum es eigentlich ging, muß den konkreten Vorstellungen vorangegangen sein: nämlich die Absicht, das Geheimnis des Lebens selbst, die schicksalshaften Verknüpfungen von allem und jedem, sacht zu komponieren. Das hieß, nach den *Dämonen*, vor allem, wieder ‚reiner' zu erzählen – ohne historische Schwerpunkte, ohne die vielen Erklärungen zu einzelnen Sachthemen; es hieß, Personen und ihre Geschichten zu entwickeln und gleichzeitig Metaphern und Zustände – Stimmungslagen, Auren – als Leitmotive zu thematisieren, um durch die rein formale Kunst des Romanbaues Zusammenhänge an der Grenze der Undurchschaubarkeit zu einem großen Ganzen werden zu lassen, das sich nur zusammenklingend – symphonisch – äußert; und ohne die klaren Linearitäten, wie sie die *Dämonen* stark, aber auch die *Strudlhofstiege* teilweise bestimmen.

Damit schloß er bis zu einem gewissen Grad, zumindest in der Planung, an sein sozusagen ‚geheimes' Hauptwerk an, nämlich an *Die Posaunen von Jericho* – die übrigens in diesem Jahr, nach einer Veröffentlichung in der Zeitschrift ‚Merkur' vor drei Jahren, endlich als Büchlein im Züricher Arche-Verlag erschienen. Auch dort wird keine Erklärung gegeben, es sind äußerliche und psychische Stimmungen, mit denen ein Gesamtbild komponiert wird. Bei dem neuen und viel größer konzipierten Werk, das dem Geheimnis des Schicksals nicht nur auf die Spur kommen, sondern dieses zur eigentlichen formalen Struktur des Romans machen wollte, waren die Fragen der Komposition schwieriger und umfassender als je: auch das war eine Herausforderung, die seinem – diesfalls durchaus verinnerlichten – Ehrgeiz entsprach.

Einem ganz andern Ehrgeiz galt sein – neben *Merowingern* und *R 10* – drittes Werk, mit dem er seit längerem immer wieder beschäftigt war: nämlich die *Tangenten*. Es erwies sich als mühsames Unterfangen, das recht beträchtliche Konvolut seiner Tagebücher von 1940 bis 1950 abschnittweise zuerst für den ‚Copisten', Professor Otto Günther, vorzubereiten und die Abschriften dann für den Verlag druckfertig zu machen (und dauerte letztlich viel länger, als er je gedacht hatte: das Buch erschien erst 1964, obwohl es da schon längere Zeit fertig vorlag). Doch war er bei der Lektüre recht stolz auf sich: es handelte sich bei diesen Texten um dicht gepackte theoretische Überlegungen, die all seine zentralen Gedanken, von der ‚ersten' und ‚zweiten' Wirklichkeit bis zur Bekehrung zur Sprache, entwickelten und immer neu beleuchteten – und gleichzeitig jedem Mitdenkenden deutlich machen sollten, wie grundlegend seine Abwendung von den Nazis gewesen sei.

Denn mit Vorwürfen zu seiner Vergangenheit wurde er doch immer wieder, und nicht nur von Viktor Matejka, konfrontiert: mit den *Tangenten* wollte er das ein für alle Mal aus der Welt schaffen. Auch Horst Wiemer, der seinem größten Autor selten widersprach, sondern eher zur Kränkung neigte, wenn man sich nicht seiner Verehrung anschloß, war durchaus der Meinung Heimitos und betrachtete die *Tangenten* als geradezu grenzenlos tiefes Werk; deshalb gab ihm Doderer auch reichlich unbesorgt das Recht, Wiederholungen oder mißliebige Passagen zu streichen – das geschah dann ohnehin nicht. Ob er seine deutschen Leser durch die deutschfeindlichen Bemerkungen vor und nach dem Ende des Weltkriegs nicht vergrämen könnte, stellte für den Autor schließlich eine größere Angst dar als für seinen (preußischen) Lektor.

Wovon aber beide, bei der so versuchten Klärung von Doderers ‚Nazi-Vergangenheit', nichts wußten, war ein Brief aus Wien von einem unbekannten Absender, der dem Nobelpreis-Komitee in Schweden alle Daten von Doderers NSDAP-Mitgliedschaft mitgeteilt hatte, von der Parteinummer bis zu Doderers eigenen Angaben in seinem Schreiben an die Reichsschrifttumskammer. Das reichte, um ihn für immer von dem Preis auszuschließen (was angesichts der Zuerkennung desselben an Ezra Pound fragwürdig erscheint); doch blieb er bis zu seinem Lebensende offizieller und auch hoffnungsvoller Kandidat: in seinen letzten Lebensjahren stellte er sich gerne vor, um dieses Geld für eine Nacht das Wiener Volkstheater zu mieten, um vor einer ausgewählten Gesellschaft von Freunden (und Feinden?) ein einziges Mal die *Merowinger* als Theaterstück aufführen zu lassen. Übrigens sprach er Nóbelpreis immer auf der ersten Silbe betont aus, wie seinerzeit die Nobelkohorte.

Maria hatte er bereits schreiben müssen, daß sie doch wahrhaftig keinen Grund zum Weinen hätte; aber offensichtlich war ihr das weniger klar. Sie war diesen Sommer allein auf Urlaub nach Rimini gefahren, am 10. Juli kam er ihr schließlich nach – wobei ihn die Fahrt über den Semmering, die in dem neuen Roman eine wichtige Rolle spielen sollte, sehr beeindruckte. Er blieb eine Woche am Meer, dann fuhren sie nach Ravenna, wo er die byzantinischen Kirchen, das Grabmal Theoderichs und schließlich Dantes Grab besuchte; anschließend folgten noch drei Tage in Venedig, mit Besichtigungen und Biennale. Am 23. Juli trat er bereits im Internationalen Ferienkurs in Salzburg auf, wo er über *Grundlagen und Funktion des Romans* sprach – Freund Xaver Schaffgotsch war anwesend –, und fuhr gleich am nächsten Tag nach Landshut weiter.

Dort blieb er mit Korrespondenz, Arbeit sowie Bogenschuß-Übungen – auch für Mienzi – bis zum 19. August; las ‚Stiller' von Max Frisch und hatte am 10. die zentrale Idee für den Roman, nämlich: „Katarakt!" – der erste Hinweis auf die *Wasserfälle von Slunj*. Daß ausgerechnet diese – zumindest später recht wenig spektakulären – Wasserfälle dann zu dem furchtbaren Katarakt wurden, lag an einem Bild aus dem vorigen Jahrhundert, das er zufällig bei Güterslohs Milena sah; und dem entsprach auch die Abbildung in ‚Die Monarchie in Wort und Bild', die er sich noch besorgte. Dazu kamen, wieder in Wien, weitere Einfälle für *R 10*, die ihn beschäftigten, vor allem aber die bekannte Figurensuche – so kam ihn zufällig eine Frau von Holzhausen besuchen, die sich dann als perfektes Modell für Harriet erwies.

Ende August fuhr er mit Hans Dichand, Marie-Louise und Weigel ins Waldviertel nach Arbesbach zum Krebsfischen: wobei der Spezialist keineswegs er war, sondern Marie-Louise, die ihm dann – ohne Weigel, der wenig Vergnügen an diesem Ausflug gefunden hatte, und ohne Dichand, der in die Redaktion mußte – am Abend köstlich mit der reichlichen Beute aufkochte; auch dieser – von ihm provozierte – Tagesablauf gehörte zu seinem Studium des Anschaulichen, zur ‚Wiedereroberung der Außenwelt'. Nur wenige Tage danach begann er ein eigenes Schreibbuch für *R 10*, mit grüner Tinte, und ab nun folgten die ersten ‚Probetexte' – entgegen seiner eigenen Forderung wiederum der Komposition vorausgehend. Daß er ab jetzt und über einige Jahre hinweg parallel an zwei Romanen arbeiten konnte, lag – wie er wohl mit Recht meinte – an der absoluten Gegensätzlichkeit von den *Merowingern* und den *Wasserfällen*. Das neue zweite Buch erforderte wiederum seine ganze Disziplin, um eine wenn auch dunkelschattige, so doch in ihrer Geschlossenheit heile Welt entstehen zu lassen, mit Sachtheit und vielen Zwischentönen; das ältere Vorhaben blieb als befreiendes Ventil um so notwendiger.

‚Sine expensis' – ohne Ausgaben – blieb im Notizbuch eine seltene Beschreibung seiner Abende; das hieß nämlich, daß er zuhause blieb und etwa Schinken mit Weißbrot aß – und ganz gratis war das auch nicht, da er nicht einmal selbst einkaufte, sondern von einem nahen Delikatessengeschäft durch Anruf bestellte, was er haben wollte, samt Rotwein. Häufig war er unterwegs und aß sehr oft mit Qualtinger im ‚Falstaff'; nur dort gab es das Bier einer kleinen Brauerei (‚Noppinger') aus Oberndorf bei Salzburg, das Helmut wohl zu Recht für das beste von Österreich hielt, zudem war die Küche hervorragend und bot als Dessert eine von Doderers Lieblingsspeisen, nämlich Kastanienreis mit Schlagobers. Dann gingen sie noch oft in die ‚Marietta-Bar', wo es immer ‚s.s.sp.' wurde. An diesen Abenden nahmen meist noch andere teil, von Doderers Seite vor allem Hans Weigel und Xaver Schaffgotsch, die neben Helmut die wirklich guten – vertrauten, verläßlichen – Freunde all dieser Jahre bis zu seinem Tod blieben. Seine Loyalität gegenüber Menschen, die ihm nicht nur genützt hatten, sondern offen ihre liebevolle Zuneigung bekannten, wirkte einerseits durch lautstarke Kundgebungen dieser Freundschaft etwas übertrieben, war andererseits aber mit einem Ausdruck verletzlicher Sensibilität Doderers verbunden, als flehte er gerade hier darum, nicht (mehr) enttäuscht zu werden.

Daneben gab es immer wieder andere Anlässe zu gesellschaftlichem Auftreten, etwa eine Feier zu Weiningers 55. Todestag gemeinsam mit Nachfahren seiner Verwandten und mit Hermann Swoboda, welcher der literarischen Karriere seines ehemaligen Psychologie-Schülers mit großer und verständnisvoller Aufmerksamkeit gefolgt war. Vor allem bewunderte er, welche Fülle an Wahrnehmungen Doderer verarbeiten konnte, und reagierte auf jedes neue Werk – das ihm natürlich mit verehrungsvoller Widmung überreicht oder übersandt wurde – mit sehr ausführlichen Briefen.

In diesem Herbst kam Mienzi für länger als je nach Wien: zuvor hatte Doderer (mit Dora) seinen großen und skurril ernst gemeinten Essay *Die Wiederkehr der Drachen* vollendet: er richtete sich wieder einmal gegen die Wissenschaftlichkeit des 19. Jahrhunderts, gegen Linné, gegen den Positivismus und behauptete, als vielfältige Metapher, daß es irgendwo noch Drachen geben könnte – deren befreite Existenz gesichert wäre, wenn wir unser Scheinwissen aufgäben, daß es sie nicht geben könne.

Mienzi durfte sich vormittags in der Wohnung nicht rühren, weil der Meister denken oder dichten mußte, verdrängte aber durch ihre Anwesenheit dennoch die Zeemann – und darum ging es ihr wohl. Gleich bei ihrer Ankunft waren Freist und Goebel in Wien, und nun saß Maria im ‚Kerzenstüberl' in der Habsburgergasse neben diesen und Gütersloh – statt Dora. Heimito führte sie auch mehrmals in die Oper, zum ‚Rosenkavalier' und der ‚Entführung aus dem Serail', sie erledigte wieder seine Diktate und ging mit zu Ilse Luckmann, die noch immer die österreichische Lizenz der Werke Doderers vom Biederstein-Verlag bekam. Mit Maria besuchte Heimito seinen Bruder Immo und dann die Scharmitzers, und sie war auch in seiner Wohnung dabei, als der neue Chefredakteur des ‚Kurier', Dr. Hugo Portisch, Anfang Dezember zu Doderer kam, um über eine Wiederaufnahme der Buch-Seite zu verhandeln, allerdings vergeblich (Hans Dichand war ausgeschieden und gründete im April des folgenden Jahres das enorm erfolgreiche Boulevardblatt ‚Kronenzeitung').

Mittlerweile war in Hürlimanns Atlantis-Verlag (in der Reihe Orbis) in Zürich der Bildband ‚Österreich. Bilder seiner Landschaft und Kultur' erschienen (nahezu gleichzeitig mit den *Posaunen*), mit Doderers siebzehnseitiger Einleitung – es war sein Schweiz-Jahr. Dieses Buch benutzte er nun zu einer Aktion, die seiner geringen Sympathie für die späten Habsburger – außer Franz Ferdinand – kaum entsprach: er bat (den Reichsgrafen) Xaver Schaffgotsch – der ehemalige Anarchist hatte nun die besten Beziehungen zu den Monarchisten – ‚Seiner Majestät Otto von Österreich' (man könnte auch sagen: dem bayrischen CSU-Abgeordneten Dr. Habsburg) ein Widmungsexemplar zukommen zu lassen. Auf einen solchen Annäherungsversuch des berühmtesten Schriftstellers Österreichs reagierte der Habsburger, dem die Einreise nach wie vor verboten blieb, recht prompt. Bereits am 9. 1. 1959 konnte Doderer seiner Mienzi schreiben: „den Brief Kaiser Otto's will ich doch nicht mit der Post schicken, ist mir zu wertvoll". Wie schnell Doderer hier jemanden zum Kaiser machte, der es weder war noch werden sollte, zeigt nicht nur sein doch recht zweifelhaftes Verhältnis zur Demokratie, sondern auch seinen Wunsch, sich noch durch das Lob eines ‚Kaisers' aufwerten zu lassen. Im übrigen aber war er ziemlich verärgert, wenn ihn jemand für einen Monarchisten hielt.

Bevor er mit Mienzi über Weihnachten nach Landshut fuhr, trat er noch – sehr freundschaftlich überzeugt – als Taufpate von Helmut Qualtingers Sohn Christian Heimito auf – wobei er die mittelalterlichen lateinischen Formeln verwenden wollte, aber den Priester damit eindeutig überforderte. Als er eine Woche später nach München kam, brachte er Horst Wiemer bereits das fertige – ebenfalls von Professor Günther abgeschriebene – ‚Rapportbuch' von Dora mit. Am selben Tag traf Lotte Paumgarten mit ihrem Reiter Xandi in Landshut ein, um mit den Doderers das Weihnachtsfest zu verbringen, was mit der Anhörung von Beethovens 7. Symphonie (bei dröhnender Lautstärke) und einer Lesung Doderers gefeiert wurde. Daneben stellte Doderer für den Herbst 1959 einen Band Erzählungen zusammen, und zwar aus den verschiedensten Entstehungszeiten, aber mit der klaren Absicht, daß es 28 Texte sein müßten: nämlich vier mal sieben, um des glücklichen Gelingens willen, laut Swoboda.

Noch vor Weihnachten hatte er einen Brief erhalten, der ihn besonders stolz machte: der ehemalige Kommandant des Schutzbundes (und nach seiner Flucht aus Österreich republikanischer General im spanischen Bürgerkrieg), Dr. Julius Deutsch, hatte die *Dämonen* gelesen und schrieb ihm: „Es steht mir nicht zu über die künstlerischen Qualitäten des Werkes zu urteilen, wohl aber darf ich für mich in Anspruch nehmen über die Schilderung rings um den 15. Juli 1927 auszusagen, als Einer, der damals mithandeln mußte, mitsah und auch mitlitt. Ich kenne keine literarische Würdigung dieses Unglückstages, die gerechter wäre als die Ihre . . .“[2]

Daß ein so großer Sozialdemokrat – der allerdings gerade damals aus der Partei ausgeschlossen wurde, weil er meinte, daß sich die zu Wohlstand und Macht aufgestiegenen Sozialisten nun wie ihre vormaligen Gegner verhielten – Doderers Darstellung so lobte, lag wohl auch daran, daß der Schutzbund als ‚des Tages leidender Teil' bezeichnet wurde; noch mehr vielleicht aber an der Tatsache, daß Doderers Version vom ‚Ruaß' die Fehleinschätzung der Ereignisse durch Partei und Schutzbund nachdrücklich rechtfertigte.

Wenige Tage nach Neujahr und bereits wieder in Wien, traf er einen anderen Verehrer der *Dämonen*, den er schon lange hatte kennenlernen wollen: nämlich den großen amerikanischen Dramatiker und Romancier Thornton Wilder. Schon vor Jahren hatte Doderer diesen in München bei einem Vortrag erlebt, jedoch ohne persönlich mit ihm zu sprechen; immerhin blieb er von Wilders Persönlichkeit so beeindruckt, daß er nach dem Erscheinen der *Dämonen* gemeinsam mit Horst Wiemer beschloß, dem Amerikaner seine großen Werke zu senden. Dessen Deutschkenntnisse waren so vorzüglich, daß er sogar verschiedene Dialekte nachahmen konnte (und selbst mit Nestroy keinerlei Probleme hatte); er sagte ein Jahr später in einem Interview in Deutschland, als man ihn fragte, welche Beziehung er zur deutschen Literatur hätte: „Ich habe jetzt Heimito von Doderers dickbändige Romane gelesen, sämtliche Seiten, einmal, in den ‚Dämonen' waren es über tausend. Er ist herrlich. Und so spannend! Ich möchte ihn kennenlernen."[3] Jetzt, am 6. Januar 1959, war es endlich soweit: die beiden Autoren verbrachten den ganzen Nachmittag miteinander und verstanden sich, bei nicht zu wenigen Drinks, ganz prächtig.

Weitere amerikanische Aufmerksamkeit wurde ihm in Gestalt von Frederic Morton zuteil, der in der ‚Times Book Review' bereits zweimal über Doderers Werk geschrieben hatte; als er am 10. Februar kam, bot Doderer noch Hilde Spiel, Hans Flesch sowie Erika Hanel auf und ließ es einen langen Abend werden, der im ‚Stiedl' begann und im ‚Hawelka' spät endete. Eigentlich war Morton, der in Begleitung seiner Frau kam, ein Wiener namens Fritz Mandelbaum, der 1940 als Knabe in New York angekommen war; anschließend veranlaßte sein Vater die Namensänderung. Auch er gehörte hinkünftig zu jenen, die Doderer in Amerika immer bekannter machten.

Das tat, in geringerem Ausmaß, auch ein anderer emigrierter Wiener Jude, nämlich der Stargermanist der Berkeley University, Heinz Politzer. Er verbrachte seit Herbst 1958 sein ‚Sabbatical' – so heißt jenes siebente Jahr, das die amerikanischen Universitätsprofessoren zu Studienzwecken frei bekommen – in Wien und besuchte Doderer gelegentlich; auch trafen sie einander da und dort – etwa bei Dr. Wolfgang Kraus, dem späteren Leiter der österreichischen Literaturgesellschaft, gemeinsam mit Weigel und anderen. Natürlich erwies auch Doderer seine Reverenz, indem er Politzers Vortrag in der Nationalbibliothek besuchte; dessen überaus subtil psychologische Betrachtungsweise – Politzer arbeitete damals an seinem großen Kafka-Buch – lag ihm allerdings genauso wenig wie andere germanistische Analysen, solange sie nicht seine eigenen Theorien berücksichtigten. Und der sehr altwienerische Mann aus Berkeley war seinerseits viel zu gescheit, um sich freiwillig unter die Dampfwalze von Doderers Privatideologie zu legen; sie respektierten einander mit Distanz und einer gewissen – beidseitigen – Unsicherheit.

In diesem Jahr 1959 verdrängte *R 10* die *Merowinger* fast vollständig; und hieß auch bald *R* 7 – also *Roman No.* 7. Das musikalische Werk, das Doderer am meisten bewunderte, war Beethovens 7. Symphonie; und gleich hinter seinem kleinen Schreibtischchen im Schlafzimmer, wo er die großen Bücher schrieb, stand ein Exemplar der Partitur. Er behauptete, nahezu täglich darin zu lesen; das mochte wohl eine posenhafte Übertreibung sein, aber in diesem Fall war der Kern der Wahrheit gar nicht so klein.

Das Werk, das er beabsichtigte, war bei weitem ‚musikalischer' veranlagt als die vorangegangenen großen Romane, und zwar von Anfang an: sonst wäre er schon gar nicht darauf verfallen, die Kunstkategorie – ‚Roman' – mit Werknummer zum Titel zu machen, wie das an sich nur in der Musik üblich ist – wenn man von seinen eigenen Divertimenti absieht. Leitmotivische Auren zu komponieren, führte ihn tatsächlich sehr tief in die Musik hinein; er sah sich nicht nur bei Beethoven, sondern auch bei Schubert recht genau an, wie die Transponierung eines Themas in eine andere Tonart so vorbereitet wird, daß man es nicht ahnt, aber dann die Überraschung als einzig logische Möglichkeit empfindet; oder wie ein neues Motiv ganz unauffällig eingeführt wird, indem gewisse markante Töne daraus im noch durchaus anderen Zusammenhang plötzlich Gewicht erhalten und dadurch ein Wiedererkennen im Neuen ermöglichen – was die Einheit des Ganzen gerade in der ausgebreiteten Verschiedenheit verstärkt. Unterschiedliche Tempi, verschleierte thematische Entwicklungen, plötzliche Klarheit, die dann wieder irreführend ist, stimmungsmäßige Übereinstimmung im thematisch Gegensätzlichen – alles das läßt sich tatsächlich aus Partituren lernen. Im Falle Beethovens kam noch die Erinnerung an Julius Winkler hinzu, der Doderer an Hand der Quartette gezeigt hatte, wie lange Beethoven in seinen Notizbüchern die ursprünglich klaren, geradezu einfachen Einfälle verwandelt und variiert hatte, bevor er sie, gewissermaßen mit der unvermutetsten oder rätselhaftesten Version beginnend, langsam durch weitere Transpositionen – auch der Tonart – zu jenem Höhepunkt trieb, wo der anfängliche Einfall nach allen Überwindungen und Findungen plötzlich zum Triumph der durchbrechenden Klarheit wird.

So mythisierte er den ‚Helden' Beethoven nochmals in seinem Leben – indem er ihm, mit der Romankomposition, an die Seite zu treten versuchte. Das war, für seine Hierarchie, so hoch gegriffen, daß er es nie offen zugab, sondern gesprächsweise eher resignierend meinte, dieser Schritt der Romanentwicklung müsse zwar getan werden, doch sei er leider kein Beethoven. Und bedauerlicherweise wurde ihm auf diese Äußerung zu selten widersprochen. Doch strich er die *Bresche*, *Das Geheimnis des Reichs* und *Das letzte Abenteuer* aus seiner Romanliste, um fürs eigene Werk auf den Titel seiner Lieblingssymphonie zu kommen: *No.* 7.

Zugleich las er mehr und mehr über Beethovens Leben – und gab im Bekanntenkreis, mit großer Theatralik ein kindliches Staunen suggerierend, immer wieder und lieber Geschichten zum besten, wie der Maestro getobt, den Fürsten Brunswick mit Fußtritt über die Treppe befördert, Polizisten verprügelt und Polizeistationen demoliert habe, mit dem immer wieder guten Ende, daß schließlich doch begriffen worden sei, es handle sich wirklich und tatsächlich um Beethoven himself – womit alles entschuldigt war oder von Wohlmeinenden vertuscht wurde. Somit gehörte der ‚heilige Ludwig', wie Doderer ihn gern nannte, eigentlich zur Sippe der Merowinger, stellte aber den Generalablaß dank künstlerischer Leistung außer Zweifel (und wurde nicht entmannt, sondern starb männlich an Leberzirrhose).

So deftig diese Geschichten auch immer waren, es stellte sich Doderer damit in mythische Dimensionen: der blinde Homer und der taube Beethoven wurden zu seinen häufigst zitierten Bezugspersonen. Bei Homer faszinierte ihn nicht nur die thematische Entwicklung; er meinte wie seinerzeit, als er die gesprochene Prosa so hoch über die bloß lesbare gestellt hatte, daß der Fluß des homerischen Hexameters unter aller modernen Prosa hörbar sein müsse; und er hielt den Rhythmus für so wichtig, daß er zuhause – und allein – Lesungen der Probetexte von *R* 7 veranstaltete, um zu richtigen Tempobezeichnungen zu kommen.

Um für den Nobelpreis weiterhin den Boden aufzubereiten, trat er im April 1959 seine große Skandinavientour an; organisiert wurde sie diesmal nicht vom Verlag, sondern vom österreichischen Außenamt (auch die Republik legte auf einen Nobelpreisträger für Literatur Wert, nachdem von Hofmannsthal bis Musil und Broch noch niemand ausgezeichnet worden war). So wurde Doderer in Helsinki, wo er am 14. April ankam, gleich am Flughafen vom Gesandten empfangen und mit Auto ins Hotel ‚Palace' gebracht; am nächsten Tag wurde er vormittags von ihm im Wagen spazierengefahren – ein sogenanntes Sightseeing, mit anschließendem Mittagessen in der Botschaft. Den ganzen Nachmittag mußte er für Interviews und Fotografen zur Verfügung stehen. Am Abend des nächsten Tages folgte Doderers Vortrag, dann gab es in der Botschaft ein großes Souper mit prominenten finnischen Gästen.

Und ebenso ging das am 17. April in Stockholm weiter, wo er wiederum abgeholt und am nächsten Tag mit Lunch und Souper den wichtigsten Leuten nähergebracht wurde, auch am folgenden Tag war ein Treffen nach dem andern arrangiert. Dann gab es einen weiteren Begrüßungsabend, bei dem Doderer einen kleinen Vortrag hielt, und erst am Tag vor seiner Abreise erfolgten die beiden großen Vorträge, vormittags in der Stockholmer Universität, dann fuhr er, nach einem Lunch bei Prof. Dr. Gustav Korlén, nach Uppsala, wo er abends ebenfalls in der Universität sprach. Ähnlich gestaltete sich das in Norrköping und Lund, wobei er überall betreut, umsorgt und einer möglichst qualifizierten oder großen Öffentlichkeit ausgesetzt wurde (außerdem traf er in Norköping und Malmö kurioserweise zwei ehemalige Schulkollegen aus der Kundmanngasse).

Über Malmö fahrend, kam er am 26. nach Kopenhagen, wo er am nächsten Tag besonders angestrengt wurde: nach einem Vormittag beim Botschafter hatte er mittags einen Rundfunktermin, um drei Uhr einen Presseempfang, hielt um acht Uhr seinen Vortrag, war anschließend zu einem Essen bei der Dänisch-Österreichischen Gesellschaft geladen, und dem folgte zu guter Letzt noch eine große Party auf der Botschaft. Und natürlich bemühte sich auch da der Gesandte, in diesem Programm möglichst viele Begegnungen mit Leuten unterzubringen, die der literarischen Rezeption Doderers nützlich sein konnten, was von diesem natürlich eine hohe Konzentration auf die pausenlose Darstellung seiner Lieblingsrolle verlangte: Doderer at his best.

Bereits am nächsten Tag flog er nach Hamburg, wo ihm vom Verlag – wie gewohnt – ein Zimmer im Hotel ‚Graf Moltke' bestellt war; überhaupt empfand er Hamburg bereits als recht vertraut und verbrachte gleich den ersten Abend mit zwei alten Bekannten, nämlich Dr. Tank und C. H. Hager. Der Grund für seinen Aufenthalt in dieser Stadt war jedoch ausnahmsweise keine Lesung, sondern etwas eher noch Befriedigenderes: der Hamburger Germanist Prof. Dr. Adolf Beck hatte das Vorhaben seines Studenten Dietrich Weber akzeptiert, über Doderer zu dissertieren. Die Aussicht, daß eine erste große wissenschaftliche Arbeit über ihn entstehen würde, erregte Verlag und Autor in ähnlicher Weise.

Am 29. kamen der Professor und sein Student zu Doderer; nach dem positiven Vorurteil war auch der erste Eindruck so gut, daß Doderer noch den ganzen Abend mit ihnen im Rathauskeller verbrachte. Natürlich schmeichelte ihn ein so konzentriertes und arbeitswilliges Interesse an seinem Werk; doch Dietrich Webers Art – teils scheu und bescheiden, zugleich gewissenhaft und wirklich viel wissend, überraschend lebhaft in der Debatte, aber sanft sogar in seinem sehr trockenen Witz, dessen Treffsicherheit dann um so mehr überrascht – überzeugte Doderer sehr schnell, daß hier wirklich ein ausgezeichneter junger Germanist seine besten Absichten und Energien dem Werk widmen wollte, das auch sein Autor für das wichtigste hielt.

Sehr rasch entwickelten er und bald auch Maria eine fast väterlich/mütterliche Sympathie und Zuneigung, in die sie später genauso Webers Frau einschlossen; den beiden jungen Leuten eignete eine Frische und Aufrichtigkeit, wie Doderer sie im literarischen Leben der Abgebrühten nicht antraf. Zudem war er hier mit einer warmherzigen Bewunderung konfrontiert, die auch aus ihm – dem Poseur von nahezu allem – das Beste hervorrief: den unzeremoniell-jovialen und fürsorglichen Doderer, dem unter den extrem hochgezogenen Augenbrauen immer wieder ein Blick gelang, dessen kindliches Verblüfftsein über die eigene Einsicht überzeugende Wahrhaftigkeit vermittelte. Wahrhaftig war er dabei tatsächlich: nämlich von seinen Überzeugungen temperamentvoll begeistert – und noch mehr, wenn er den Partner des Gesprächs als irgendwo zwischen gläubig und kongenial angesiedelt vermeinte.

Für Dietrich Weber und seine Dissertation war es ein Glück, daß Doderer so sehr kooperativ war – sowohl in den Gesprächen als auch in den Briefen; außerdem machte sich Doderer die Mühe, eine Bibliographie aller wichtigeren Artikel über sich selbst zu erstellen, um Dietrich Weber mit möglichst vielen Meinungen zu konfrontieren – einen Teil derselben schenkte er ihm sogar. Zudem schienen sie ihm dort ohnehin besser aufgehoben zu sein: bei aller Eitelkeit war er intelligent genug, die Ikonographie zur eigenen Person nicht allzu sichtbar seine Wohnung überwuchern zu lassen. Um so wichtiger war ihm, daß in der ersten wissenschaftlichen Arbeit über Doderer alles berücksichtigt würde; und auch, was er selbst dazu zu sagen hatte: Dietrich Weber erhielt auf jede Anfrage genaue Anworten, manchmal allerdings so falsch und selbststilisierend wie jene zu Güterslohs ‚kleiner und grosser Geschichte'.

Im Sommer war Weber dann auch in Landshut willkommen, wo er, wie alle Gäste, in einer nahen und recht ländlichen Pension beim Tal Josaphat wohnte; der Weg von und zu Doderer konnte durch einen Friedhof abgekürzt werden, welchen Vorteil allerdings in der Nacht wenige benützten. Weber erhielt viel Material und Auskunft, blieb aber nach wie vor von Doderers Persönlichkeit verblüfft, die er sich seinerzeit wie den ruhigen und ausgleichenden Chronisten ‚Geyrenhoff' vorgestellt hatte; statt dessen hatte er einen explosiven Mann getroffen, der ihm ständig druckfertige Sätze – mit großer Lebhaftigkeit – ins Gesicht schleuderte; erst aus den Tagebüchern wurde es Dietrich Weber später klar, daß Doderer mit auswendig beherrschten Zitaten aus seinen (in den *Commentarii* immer wiedergekäuten) Theorien jeder Diskussion die Möglichkeit zu nehmen versuchte, sich in unvorhergesehene Richtungen zu entwikkeln. Aber auch das konnte Weber bloß recht sein: mit jeder dieser fertigen Formulierungen erhielt er einen Baustein von Doderers theoretischem Lehrgebäude.

Seinem Schwager Hans Stummer gegenüber beschwerte sich Heimito, daß die vielen Termine ihn an der Arbeit hinderten. Tatsächlich war die Skandinavientour nur ein geringer Teil seiner Verpflichtungen für dieses Jahr gewesen – doch dann sollte es „Schluss und aus“ damit sein.

Ende Mai war sein New Yorker Verleger Alfred Knopf nach Wien gekommen, um in Schönbrunn an einem internationalen Verleger-Kongreß teilzunehmen; natürlich wollte er seinen Autor kennenlernen. Doderer gab bei sich einen – wie man heute sagen würde – Brunch, nach diesem gingen sie gemeinsam zu einem Foto-Termin auf der Strudlhofstiege. Am Abend desselben Tages holte ihn Torberg mit dem Auto ab, um gemeinsam in die deutsche Botschaft zu einem Empfang zu fahren – und so verliefen viele Tage, mit immer wieder anderen Anlässen, deren jeder einzelne ihm dann doch wieder wichtig erschien.

So lockte ihn auch das Angebot, mit Maria die Sonderfahrt eines Schiffes von Passau nach Wien mitzumachen und an Bord eine Lesung zu halten; zum Glück war herrlichstes Wetter, so daß er die Fahrt genoß. Doch dann mußte er in Wien den Fremdenführer spielen, ehe er, nur wenige Tage danach, zu einer Lesung im Münchener Tukan-Kreis fuhr. Fünf Tage später war er, nach einer kurzen Erholung in Landshut, bereits in Frankfurt, mitten während der ärgsten Sommerhitze. Dort wurde am 20. Juli der PEN-Kongreß in der Paulskirche feierlich eröffnet; anschließend lud der Oberbürgermeister zu einem Essen in den ‚Frankfurter Hof‘. Am nächsten Tag hielt Doderer seinen Vortrag über den *Romancier im Zeitalter der Wissenschaft*, er nahm an allen Veranstaltungen und Partys – etwa des Fischer-Verlags – teil und fand daneben noch Zeit, mit Lotte zu Xandis Reithalle zu fahren.

Die folgenden zwei Monate in Landshut waren die einzig ruhigen des Jahres, wobei er oft am selben Vormittag – nacheinander – am *Roman No.* 7 und den *Merowingern* arbeitete. Und daneben schrieb er noch seinen großen Essay *Die Ortung des Kritikers*, darin er diesen als Zentralsonne der Literatur pries. Nachmittags genoß er lange Spaziergänge, das Bogenschießen im Garten sowie besonders viel Schlaf, was ihm seit der Jugend gleich wichtig geblieben war.

Am 5. Oktober flog er von München nach Berlin, wo er am nächsten Tag einen Vortrag in der Urania hielt, dazu noch Kurzprosa las, und ging gleich anschließend zum Schlußempfang der Festwochen im Schiller-Theater. Nach zwei Tagen sozusagen privaten Aufenthaltes nahm er schließlich am Richtfest der Berliner Akademie der Künste teil, deren Miglied er bereits seit drei Jahren war; jetzt sollte sie ein neues Heim im Hansa-Viertel bekommen; und nach dem Fest der Dachgleiche gab es noch einen großen Richtschmaus.

Ende des Monats folgte Doderer einer Einladung des österreichischen Kulturinstituts in Rom, wo er seinerzeit mit Dora nur hindurchgefahren war, so daß er diesmal einen Aufenthalt von zehn Tagen plante. Auch Hans Weigel war gekommen und hielt am 30. Oktober sehr freundschaftlich und geradezu bewegt eine Rede über Doderer; dieser las anschließend aus dem Kapitel ‚Das Feuer‘; es war zahlreiches Publikum erschienen, darunter auch, wie Doderer sehr befriedigt vermerkte, ein Prälat aus der

Staatskanzlei des Vatikans. Am meisten betroffen von der Lesung war jedoch der Leiter des Kulturinstituts, Sektionschef Dr. Hilbert: denn er war 1927 als junger Polizeileutnant direkt an den geschilderten Ereignissen beteiligt gewesen – und fand, ebenso wie der Staatssekretär a. D. Dr. Julius Deutsch, die Darstellung absolut richtig (auch die Polizei war weitgehend ‚als leidender Teil' und weniger in ihren Exzessen beschrieben worden).

Dem folgten Besichtigungstage, wobei Doderer jedoch auch hier (wie in Berlin) täglich an seinen Manuskripten weiterarbeitete und obendrein zur Erledigung seiner Post vom Kulturinstitut, in dem er auch wohnte, eine Sekretärin zur Verfügung gestellt bekam. Natürlich sah er sich Forum, Capitol und Colosseum an, auch die Via Appia und Ostia antica, zudem das nur wenige Minuten vom Kulturinstitut entfernte herrliche Etrusker-Museum, er traf Jérôme Carcopino, den großen Kenner von Leben und Kultur der römischen Kaiserzeit, und wurde von Gustav René Hocke, dem Spezialisten des Manierismus, zum Abendessen eingeladen; doch er schrieb an Maria: „Rom ist ein historischer Zoo, in welchem die Weltgeschichte hinter Gittern gezeigt wird, so dass sie niemanden beissen kann. Ich möchte hier nicht leben."[4]

Obwohl er in Wien gleich nach der Ankunft mit Dora in den ‚Falstaff' ging (diesen Herbst war ihr ‚Rapportbuch' bei Biederstein erschienen, seine *Peinigung der Lederbeutelchen* folgte erst jetzt im Spätherbst), war es nun Maria, bei der er in einem seiner nächsten Briefe aus Wien anfragte: „Wärest Du gegebenen Falls bereit nach Wien zu fliegen (damit Du 7 Stunden Bahnfahrt ersparst) mit Ziel [. . .] „Dort unten" am Abend Deiner Ankunft, und Rückfahrt mit dem Zug am übernächsten Tag??! [. . .] Du müsstest mir erlauben, schon vor Deiner Ankunft alles herzurichten, damit dann nichts die Stimmung zerstreut [. . .] Ich gebe jetzt beim Tischler eine neue Säule in Auftrag: weit höher (und etwas dicker)."[5]

34. Die Bedrohung

Dora erledigte weiterhin, bei Besuchen am späteren Nachmittag, seine Korrespondenz sowie die Reinschrift kurzer Arbeiten – hauptsächlich Kritiken – (während für die großen ‚Copien' weiterhin Professor Otto Günther zuständig war); wenn sie abends blieb, las er ihr aus einem der beiden entstehenden Romane vor. Doch im ‚Falstaff' oder bei sonstigen gesellschaftlichen Ausgängen kam nun meistens Walther Schneider hinzu, oft auch Hans Flesch und andere wie der junge Baron Tschugguel, für dessen Werke sich Doderer ebenfalls bei Biederstein verwendete.

Vor allem aber fehlte seit einiger Zeit in seinen Notizbüchern das übliche ‚draussen' oder ‚Hietzing' fürs ‚Heiderln bei Dora'; wenn er sie noch besuchte, dann immer in literarischer Gesellschaft; auch war Walther bei solchen Anlässen stets anwesend. Nachdem sich Doderer auf dem Höhepunkt der gemeinsamen Leidenschaft nicht zu einer vollständigen Trennung von Maria durchringen hatte können, war Dora klar, daß dies bei der abflachenden Liebeskurve erst recht nicht mehr der Fall sein würde. Sicherlich war sie auch sensibel genug, um zu spüren, wie sehr er all diese Fragen an den Rand seines eigentlichen Interesses geschoben hatte, das diesbezüglich eher einem neben der Arbeit problemlosen Leben unter Wahrung seiner Obsessionen galt. Das machte es ihr mit der Zeit leichter, zur Eigenständigkeit ihres Lebens zurückzufinden – und Doderer akzeptierte dies nun, da ein freundschaftliches Abstandnehmen wenigstens störende Konflikte fernhielt.

Marias Verunsicherung hingegen blieb erhalten, da für sie naturgemäß seine Glaubwürdigkeit erschüttert war. Doch sie liebte ihn weiter, mit den gelegentlich beklemmenden Minderwertigkeitsgefühlen, ihm nur noch im Weg zu stehen. Dann mochten auch so vehemente Aufforderungen wie jene zum Säulenritual eine bestärkende Wirkung haben, daß er sie noch begehrte. Vor ihrem einwöchigen Besuch Ende Februar 1960 schrieb er: „Übermorgen wird der schwarze Filz-Fußboden geprobt, mit der neuen Säule"[1]; dann dauerte die erste Urlaubsnacht der beiden Vierundsechzigjährigen bis fünf Uhr morgens. Und knapp drei Wochen nach ihrer Abfahrt schrieb er begeistert: „Aber „Dort-unten" muss in Form eines Blitzbesuches wiederholt werden!"[2]

Jedenfalls dürfte sich die größere Säule oder überhaupt: die wiederaufgenommene ‚Prozedur' sehr belebend auf die so lange beeinträchtigte Beziehung ausgewirkt haben. Nach zweieinhalb bei ihr verbrachten Monaten schrieb er Mienzi im Sommer, daß er nicht geglaubt hätte, sich so viel Glück in diesem Leben noch erwarten zu dürfen; und „mein Vertrauen zu Dir kennt keine Grenzen" – worauf der etwas seltsame Nachsatz folgte: „Mich hemmt nichts mehr."[3] Daß Maria jedenfalls wußte, worauf es ihrerseits ankam, drückte sie recht deutlich aus, nämlich: „daß ich ganz Dein bin, um alle Deine Wünsche zu erfüllen"[4].

Daß ihn schon seit längerem eine schwere Krankheit bedrohte, konnten beide nicht ahnen. Bereits im Frühling des Vorjahrs hatte er, wenige Wochen vor der Skandinavientournee, eine Tonbandaufnahme fürs Unterrichtsministerium absagen müssen, da seine Stimme völlig versagte. Er hielt dies damals für die Folge eines Katarrhs und brachte sich mit Fango-Inhalationen so weit, um auf der Tournee wieder lesen zu können. Allerdings überanstrengte er seine Stimme bei jedem Auftritt wieder erheblich, da er auf die charakteristischen Übertreibungen beim Vortragen nicht verzichten wollte. Das Problem der heiseren Belegtheit kehrte im Laufe des Jahres noch einige Male wieder; und mit seinen öffentlichen Auftritten war es keineswegs ‚Schluss und aus', wie er dem ‚Stallmeister' angekündigt hatte.

Im Januar 1960 mußte er wiederum inhalieren – und sogar sein Rauchen etwas einschränken –, um dann am 26. seinen Vortrag *Der Schriftsteller – ein Fremdling in der Wirtschaftswunderwelt* in der Nationalbibliothek halten zu können, zu dem er persönlich unzählige Einladungen ausgesandt hatte, von Lernet-Holenia bis zu Hans Dichand und Dr. Portisch, neben sämtlichen Freunden. Und natürlich nahm er die kleine Beeinträchtigung der Stimme nicht ernst, sondern feierte mit Dora, Walther, Flesch, Tschugguel und vielen andern zuerst in der ‚Weinperle', dann noch in einem der Naschmarktcafés, die bis zum Morgen offenhielten. Außerdem hatte er vor wenigen Tagen den Vertrag für eine jugoslawische Ausgabe des *Mords* erhalten, worauf ebenfalls angestoßen werden mußte. Und noch in derselben Woche gab es ein bis vier Uhr morgens dauerndes Gelage mit Hochwälder, Qualtinger, Weigel und andern im ‚Falstaff'.

Anfang Februar ließ das deutsche Fernsehen im Sieveringer Atelier der Wien-Film einen Teil des Cafés ‚Hawelka' nachbauen: dort saßen dann Doderer und Weigel bei Kaffee und Zeitungen und führten vor laufenden Kameras ein Gespräch über Literatur (der Film wurde zur Sendung aufs gröbste gekürzt und verschwand dann gänzlich). Im echten ‚Hawelka' – wenige Schritte vom Graben entfernt – saß er nun fast jede Nacht, wobei er, dem Brauch folgend, zur späteren Stunde eher Birnenschnaps als Kaffee trank, fast immer umlagert von irgendwelchen Bekannten, die er da traf, etwa den Zeichner Kurt Moldovan, der manchmal hier fast zu wohnen schien (er hatte sich an der Geburtstagsmappe ‚grob unzüchtigen Inhalts' beteiligt) oder – neben den Schriftstellern – auch junge Maler wie etwa Markus Prachensky.

Mittags pflegte Doderer sehr häufig mit Xaver Schaffgotsch in den ‚Drei Hackln' zu essen; nachmittags um vier oder fünf empfing er Gäste in seiner Wohnung, hatte Interviews oder Fototermine – der große Wiener Fotograf Franz Hubmann machte sehr viele Aufnahmen –; und so ergibt sich, daß die Morgenarbeit für ihn unerläßlich war – er hätte sonst kaum Zeit gefunden zu schreiben. Auch ließe sich nicht sagen, daß er sich in irgendeiner Hinsicht – außer in Landshut – schonte; er verließ sich auf seine körperliche Robustheit.

Nach Ostern gab es gegen Ende April in Berlin eine offizielle ‚Österreich-Woche', zu der er sich vom Bundeskanzleramt gemeinsam mit Hochwälder, Csokor und Schreyvogl hinschicken ließ, an den täglichen Veranstaltungen teilnahm, die Lesungen der andern besuchte, sich eine Nacht allein mit Hochwälder furchtbar besoff und schließlich am letzten Tag noch seine eigene Lesung absolvierte. Erst dann folgte die Erholungszeit in Landshut.

Dort tauchte als Besucherin diesmal sogar die Poldi auf, dann für einige Tage auch Astri, wobei er jeden Abend Lesungen aus seinen Manuskripten gab. Da er zur Eröffnung des neuen Gebäudes der Akademie wieder nach Berlin fahren mußte, hatte er einen neuen Essay geschrieben, den er dort zum Vortrag bringen wollte: *Wörtlichkeit als Kernfestung der Wirklichkeit*; auch davon gab er in Landshut eine Probelesung zum besten.

Am 17. Juni flog er von München ab, am nächsten Vormittag begannen die Feierakte in Berlin, denen tägliche Sitzungen der Akademie folgten. Er selber kam am 20. an die Reihe: vormittags war Sitzung, dann aß er mit Werner Bergengruen und Schreyvogl, nachmittags war Plenum bis halb sechs, nach acht Uhr hielt er eine Lesung in der Buchhandlung Elwert u. Meurer und schließlich folgte um halb zehn noch sein Vortrag in der Akademie. Zwei Tage später reiste er nach Landshut und blieb noch zwei Wochen dort.

Was er trotz dieses unruhigen und anstrengenden Lebens doch nie verabsäumte, waren die sehr ausführlichen Briefe an Dietrich Weber; er ließ sich auf alle Fragen ein, die sein erster Dissertant aufwarf, und erstellte mit seinen Anworten etwas wie einen Katalog seiner wesentlichsten Ansichten zum Romanschreiben – natürlich vor allem jener, die gerade bei der Arbeit am *Roman No.* 7 aktuell waren. Das waren nicht nur technische Fragen – wie etwa jene nach den ‚Reifepunkten' in einer Geschichte, wo eine Entwicklung als irreversibel erscheint und man sie daher als Erzählstrang verlassen kann –, sondern auch für Doderers Arbeit viel grundlegendere: was ‚Menschwerdung' bedeute. Doderer verwies zur Erklärung auf Güterslohs ‚Bekenntnisse', woraus Weber richtig schloß, daß Doderer die künstlerische Entwicklung, wie sie dort als eine eigentlich ethische Selbstverwirklichung dargestellt ist, auf den ‚Alltagsmenschen' übertragen habe – für den es allerdings darum gehe, den ihm gemäßen Platz im gesellschaftlichen Gefüge zu finden, weder mehr noch weniger wollend.

Vor allem fragte er Doderer auch, ob dieser an ein vorbestimmtes Schicksal glaube; denn daß dem so sei, legen schon *Umweg* und *Mord* ziemlich nahe; in das vielschichtige Komponieren mit ‚fatologischen' Zusammenhängen war Doderer jedoch gerade erst jetzt mit dem *Roman No.* 7 wirklich tief eingetaucht. Hier hing seine Weise der Romankomposition ursächlich und untrennbar mit dem gesamten Weltbild zusammen, ohne das diese Konstruktion – abgesehen von den ablösbaren Elementen der quasi-musikalischen Gestalt – ihre Schlüssigkeit verlieren würde. Doderer beantwortete Webers Frage nicht im Sinn der Vorherbestimmtheit, sondern durch die Behauptung der „Konstanz der Charaktere": „Es gibt keine Entwicklung eines Charakters, sondern nur sein Sichtbarwerden durch Manifestation seiner verschiedenen Seiten in den verschiedensten hochkomplexen Situationen des Lebens."[5] (In den Humanwissenschaften eskalierte damals gerade der Streit, ob das menschliche Verhalten mehr von der erbgenetischen Prägung [Konrad Lorenz] oder von Umweltbedingungen bestimmt werde [E. O. Wilsons ‚Sociobiology'].) Aus der behaupteten ganzheitlichen Konstanz des Charakters leitete Doderer ab, daß die „psychologistische" Betrachtungsweise, die sich den Einzelphänomenen widmet, verfehlt sei; das ursprünglich „Ganze" des Charakters sei nur für die Mechanik des Geistes greifbar, nur diese könne „sein Leben um neu gepflanzte Angeln drehen und schwingen machen" (was einer Menschwerdung gleichkommt). Die nicht aus den Angeln zu hebende Konstanz, könnte man hier interpolieren, wird zum Fatum, das Schicksal erfüllt sich. „Alles das ist keineswegs neu. Theophrastus von Hohenheim nennt den Charakter „das Tödliche". Nur dieses unterliegt seiner Meinung nach „dem Gestirn"."

Weber gegenüber wird hier Paracelsus bloß zitiert, ohne daß Doderer sich eindeutig zu dessen Meinung bekannt hätte; doch in einem Brief an Jossip Zorn tauchte, bei leichter Abwandlung, die Meinung wieder auf, „daß ein einziges wirkliches System der Charakteriologie [!] seit Jahrtausenden besteht, das allerdings von der modernen Wissenschaft als indiscutabler Aberglauben bekämpft wird. Es ist dies die in der astrologischen Typenlehre faktisch erschöpfend enthaltene Charakterkunde nach den Zeichen der Ekliptik."[6] Seine Anerkennung der Astrologie als Wissenschaft hatte er bereits seinerzeit Hans Eggenberger nach Buenos Aires mitgeteilt (und sich ein Horoskop erstellen lassen). Für das Fatologische des Romans aber – und dessen Richtigkeit – scheint hier keine simple Vorbestimmtheit gemeint zu sein, sondern ein Zusammenhang von Schicksal und Gestirn in dem Sinn, daß eine gesetzmäßige Parallelität zwischen der Konstanz des Charakters und dem Gang der Sterne besteht – ebenso wie zwischen der Mechanik des Geistes und der Astrologie. Daher gelangt die geistesmechanische Erfassung des Ganzheitlichen zu Gesetzen des Schicksals, mit deren Kenntnis der Autor zu jenen ‚Reifepunkten' führen kann, wo „die weiteren Folgen schon unzweifelhaft sind"[7]. Daraus ergibt sich jenes feste Gefüge von Lebenszusammenhängen, das die darin Handelnden nicht mehr verstehen und überblicken können. Tritt das Fatum schließlich sichtbar hervor, ist alles zu spät, die Unerbittlichkeit des längst und so unauffällig in Gang Gesetzten geht weiter.

Diesen rätselhaften Prozeß des Lebens sichtbar zu machen, war die Aufgabe, die sich Doderer mit *Roman No. 7* gestellt hatte, aus sachten Verbindungen von Auren und Stimmungen der Figuren leitmotivische Konstanzen entwickelnd, um sie in ein immer größeres System wechselseitiger Bezüge einzufügen, bis auch der Leser völlig integriert ist, da ihm mehr und mehr der ‚weiteren Folgen' klar werden oder er sie zumindest befürchten kann. Doderer betonte immer wieder, daß er sich damit auf völligem Neuland – auch innerhalb des eigenen Werks – befände; und eine Schwierigkeit oder Frage mußte ihm wohl bewußt sein: war er wirklich in der Lage, Gottes Analogien richtig zu erahnen, oder schuf er im Roman – vielleicht auch unter Zuhilfenahme allzuvieler ‚sinnvoller' Zufälle – nur die Fiktion einer analogisch begriffenen Welt? Falls er diesen letzten Zweifel gehabt hatte, ließ er ihn nirgends anklingen.

Es erinnert an die Vision Oswald Spenglers über den künftigen Schriftsteller – die Doderer in den frühen zwanziger Jahren kennengelernt hatte –, wenn er nun im Sommer feststellte: „Der Roman hat heute nur die Wahl, entweder ein Industrieprodukt und damit lächerlich zu werden, oder aber in die Culmination zu treten und die Herrschaft unter den Künsten dieser Zeit an sich zu reissen.“[8]

Mit jenem Hans Eggenberger, der vor mehr als dreißig Jahren nach Argentinien ausgewandert war, aß er am Tag von dessen Ankunft in Wien – am 6. Juli – mittags im ‚Regina‘ hinter der Votivkirche; dann spazierten sie zehn Minuten lang die Währingerstraße hinunter bis zu Doderers Wohnung und sprachen dort bis abends weiter. Es gab mehr als genug zu erzählen, und dieser erste Tag reichte keineswegs; am nächsten Tag begannen sie wieder im ‚Regina‘, setzten im ‚Ungarischen Weinhaus‘ fort und endeten reichlich spät zur Sperrstunde des ‚Urbanikellers‘.

An Maria schrieb Doderer, wie unverändert dieser Mann sei und überhaupt nicht gealtert; in Wahrheit war der nicht große und hinkende Mann über Mitte Sechzig, kahlköpfig und mager und in einer ziemlich verzweifelten Lage: er hatte sich – wohl im Zwist – von seiner Frau in Buenos Aires getrennt und ihr die Wohnung überlassen; aber sehr leicht war sein Leben auch vorher schon nicht gewesen. Da er von seiner Malerei in der Hauptstadt nicht leben konnte, fuhr er immer wieder, all die vielen Jahre lang, durch das weitläufige Land, um nach Haciendas zu suchen, deren Besitzer porträtiert werden oder ihre Lieblingspferde malen lassen wollten. Nun hatte er, völlig mittellos, die Absicht, seine letzten Jahre in Wien zu verbringen und hoffte wenigstens auf eine Pension als Hauptmann aus dem Ersten Weltkrieg und/oder eine Invalidenrente (was er schließlich, nach den langen Erledigungswegen der Bürokratie, beides erhielt).

Doch galt es, schnell zu helfen; und gerade für diesen Freund und ‚Sibiriaken‘ setzte Doderer sich besonders rückhaltlos ein. Eine Möglichkeit sollte sich bald ergeben: bereits seit seinem Staatspreis hätte sich Doderer im Auftrag des Unterrichtsministeriums porträtieren lassen müssen. Doch betrieb er die Angelegenheit eher lax; eine Zeitlang war die Rede davon gewesen, daß Sergius Pauser sein Porträt malen sollte, aber erstens war dessen Preis sehr hoch, und zweitens war Doderer, trotz der Bekanntheit dieses Malers, von dieser Möglichkeit gar nicht so entzückt – obwohl ihn mit ihm eine, allerdings nicht gerade intensive, Freundschaft verband.

Jetzt hatte er in Eggenberger einen Kandidaten fürs Ministerium, dem allerdings dieser Maler völlig unbekannt sein mußte – also gab Doderer, kurz entschlossen, auf eigene Kosten ein Porträt in Auftrag, um damit überzeugen zu können (und um Eggenberger unter diesem Vorwand sofort mit Geld zu versorgen). Bereits eine Woche nach der Wiederbegegnung der alten Freunde fand die erste Porträtsitzung statt; und dann saß Doderer, ab 14. Juli, fast täglich dem alten Kameraden mindestens eine Stunde Modell, bis am Abend des 6. August dann das fertige Bildnis gezeigt wurde, in Anwesenheit eines weiteren ‚Sibiriaken‘, nämlich Xaver Schaffgotschs. Doderer sah es sich lange und aufmerksam an, um dann zu murmeln, ja, ja, das sei wohl Pelimbert der Indiskutable. Er war sich in der Beurteilung des Bildes sehr unsicher, sowohl was die Auffassung seines Gesichts als auch was die künstlerische Qualität betraf; später zog er Gütersloh zu Rate, der ihm an Hand mehrerer Bilder Eggenbergers erklärte, was für ein ausgezeichneter Meister seines Faches dieser sei, worauf Heimito sehr beruhigt beim Freund später sogar noch ein Porträt Mienzis in Auftrag gab – aber dieses überzeugte Doderer endgültig, daß der ehemalige Berufsoffizier als Künstler eher untauglich war.

Eggenberger hatte ohne Zweifel versucht, Doderers Gesicht nicht nur oberflächlich wiederzugeben, sondern in dessen Ausdruck einiges hineinzulegen, was er von den Abgründen und Widersprüchen des alten Freundes zu kennen oder zu ahnen glaubte. Seiner – wenn auch pastosen, so doch vor allem naturalistischen – Malerei tat das nicht gut: das Gesicht geriet ihm aus den Fugen, jeder seiner Gedanken dazu schien es in eine andere Perspektive zu zerren, einbuchtend, auseinanderziehend; und wenn auch die ungelöste Widersprüchlichkeit vielleicht die richtige Idee war und eine verwirrende Beunruhigung, die von dem Werk schließlich ausging, das richtige Ergebnis: so wirkte das Bild dennoch bloß dilettantisch mißlungen. Das spätere zweite Bild fürs Ministerium – die offizielle Auftragserteilung ließ bis zum nächsten Frühling auf sich warten – schien die Ungelöstheit vertiefen zu wollen, es quetschte und zerriß das Gesicht. – Heimo hängte sein Porträt dennoch im ‚Salon' – dem vorderen Zimmer – über sein gekrümmtes kleines Empire-Sofa, ertrug es aber nicht allzu lang. Er ließ die Haken in der Wand, um es anläßlich der Besuche von Hans wieder daran zu hängen, sonst aber lehnte es unsichtbar hinter der Sofalehne an der Wand.

Das änderte aber nichts an seiner unverbrüchlichen Loyalität dem alten Kameraden gegenüber. Die andern ‚Sibiriaken' – außer Schaffgotsch noch Haybach und Scharmitzer – wurden unerbittlich eingespannt, sich für Eggenberger in jeder nur möglichen Form einzusetzen; dann der gesamte weitere Freundeskreis. Zudem bemühte sich Doderer, bekannte Persönlichkeiten des öffentlichen Lebens dazu zu bringen, sich von Eggenberger porträtieren zu lassen, was diesem am ehesten *publicity* verschaffen hätte können; doch gelang ihm das Herstellen dieser Bereitschaft nur beim Wiener Weihbischof Dr. Franz Jachym, der sich zwar dann gut mit Doderer verstand, aber letztlich doch keine Zeit zum Modellsitzen bei Eggenberger fand.

Nachdem Doderer den Freund in einer Rahmen- und Papierhandlung mit allen nur nötigen Malutensilien versehen und ihn mit dem ganzen Material ins bezahlte Taxi gesetzt hatte, fuhr er am 17. August wieder nach Landshut. Auch diesmal wollte er helfen, nämlich Lotte Paumgarten, die dort ihren Besuch angesagt hatte: sie litt an schwer definierbaren Krankheiten, die später auch von den Ärzten nicht diagnostiziert werden konnten. Sie ließ sich anschließend in Wien von Edmund Schüller weiter untersuchen, und nun gelangte auch Doderer zur Überzeugung, daß sie sich vor ihrer Ehe mit Xandi in eine Krankheit flüchten wolle und nicht mehr ganz „normal", sondern ein „Irrlicht"[9] sei – was doch zeigt, daß er im Leben sehr viel länger als in den Romanen brauchte, um die ‚Konstanz eines Charakters' endlich richtig zu ‚orten'.

In der Folge kam es zu ihren längeren und kürzeren Aufenthalten in Geistesheilanstalten – wie in ‚Steinhof' in Wien und der Dépendance in Ybbs an der Donau –, zwischendurch lebte sie nahezu mittellos irgendwo mehr schlecht als recht; eine seltsame

Ironie wollte es, daß das Schloß Kaltenbrunn bei Laibach, wo sie aufgewachsen war, vom kommunistischen Jugoslawien beschlagnahmt worden war und dann als Geistesheilanstalt verwendet wurde. Die psychiatrische Diagnose in Wien hatte auf ‚rezidivierende Melancholie mit hypermaner Nachschwankung' gelautet – das heißt, wiederkehrende Depressionen mit nachfolgenden Anfällen von wohlbefindlicher Selbstüberschätzung. Wie die meisten Menschen stand auch Doderer, bei Begegnungen mit Lotte, ihrer Krankheit hilflos gegenüber, versuchte aber, das Unlösbare und damit die eigene Insuffizienz mit Geldbeiträgen zu mildern.

Unterdessen war seine eigene Krankheit weiter fortgeschritten. Er habe eine „Stimme wie ein Reibeisen", schrieb er Maria am 23. September; und eine Woche später kündigte er ihr an, daß er nun einen Inhalator kaufen und ihn täglich benützen würde. Doch wirklich ernst nahm er diese Belästigung noch immer nicht.

Er hoffte, den ‚ersten Satz' von *Roman No.* 7 noch in diesem Jahr fertigstellen zu können – das hieß: den ersten Roman einer geplanten Tetralogie, also *Die Wasserfälle von Slunj*. Drei weitere Romane sollten folgen, um diese symphonische *No.* 7 zu ergeben – die vielleicht Beethovens Vorsprung aufholen könnte, wenn auch mit rund hundertfünfzig Jahren Verspätung.

Zu dieser Fertigstellung gehörte auch die schon seinerzeit erfolgte Jagd auf noch fehlende Figuren – zum Teil nur Gesichter oder typische Verhaltensweisen, Gestalten am Rand. Aber er wollte sie alle in der Wirklichkeit verankert wissen, zeichnete sozusagen nur nach der Natur und wollte sogar die Namen nur geringfügig oder auch gar nicht ändern, obwohl er schon einmal in Schwierigkeiten gekommen war, da sich sein Zahnarzt als ‚Ferkel bei Vollmond' beschrieben gefunden hatte. Selbst in durchaus harmlosen Fällen fragte Doderer nicht, ob jemand etwas dagegen habe, in seinen Romanen aufzutreten. Ein „vortrefflicher Philologe und geschickter Lehrer" – nämlich Dr. Kurt Petsche vom Theresianum, mit dem sich Doderer gern über lateinische und griechische Autoren unterhielt – trat in den *Wasserfällen* dann durchaus als ein solcher auf; sein Name war zwar auf Petschenka geändert, kehrte aber in einem Spottvers der Gymnasiasten – „Petschens holdes Angesicht / hat Quadratform, irr' ich nicht." – wieder ins Original zurück; was dem Betroffenen, als er sich bei der Lektüre unvermutet fand, zum Glück bloß Spaß machte.

„Günter Grass ist sicher der beste Erzähler Deutschlands – nur mir hat er nix zum Darzähln!" war Doderers Kommentar nach zehntägiger ‚Blechtrommel'-Lektüre und einem Nachmittag mit Grass im Café; das klang sehr souverän, war aber gewiß nicht ganz ohne Neid. Weitaus schlimmer erging es Federico Fellini, da sich Doderer, zum ersten Mal seit sehr langer Zeit, wieder einmal einen Film anschaute, nämlich ‚Das süße Leben'. „Ich bin nach der Hälfte weggegangen. Es ist mir völlig unbegreiflich, wie erwachsene Menschen sich ein derart blödes Pimperltheater anschauen können . . . Welch ein Zeitalter! Von Idioten für Idioten!"[10]

Wirklich neidlose Freude machte es ihm, daß diesen Herbst – wobei er sich mit allem Gewicht in die Verhandlungen einschaltete – ein Vertrag zwischen Gütersloh und dem Piper-Verlag zustande kam; nun stand endlich die Herausgabe von ,Sonne und Mond' bevor – noch hatte Doderer keine Ahnung von Ariovist von Wissendrum und brachte seine neuesten Freunde, Ivar und Astrid Ivask, sogar verehrungsvoll zum Meister.

Ivar Ivask war in Northfield, Minnesota, Professor für vergleichende Literaturwissenschaft und verbrachte sein ,Sabbatical' – jenes freie Jahr für eigene Studien – in Österreich; seine Frau Astrid hatte ebenfalls Literatur studiert, unterrichtete Russisch und war eine sehr gute literarische Übersetzerin aus mehreren Sprachen. Vor allem aber waren beide in ihren Muttersprachen – Estnisch bei Ivar, Lettisch bei Astrid – wichtige und hervorragende Lyriker. Und beide sprachen auch ein nicht nur akzent- und fehlerfreies Deutsch, sondern eines, dessen Schönheit sie hörbar genossen, wobei Ivar – etwa von Wein angeregt – noch die Fähigkeit zum spontanen Wortwitz, zu einem brillanten Feuerwerk des Aufbrechens der Sprache hatte. Sich mit diesen beiden jungen Menschen – sie waren knapp über dreißig und ein sogenanntes schönes Paar – zu unterhalten, war für Doderer eine wirkliche Freude; ihr Wissen um internationale Literatur und Kunst, ihre große Vielseitigkeit und bereits reiche eigene Erfahrung, dazu etwas wie ein energischer Optimismus, der – neben dem stilleren und immer wieder gütigen Charme seiner Frau – vor allem von Ivar ausging, dessen Stimme oft schallte, als sänge er das gesprochene Wort: all das machte jedes Gespräch mit den beiden zu einem Erlebnis, das trotz aller berührbaren Tiefen fast immer wohllaunig ausfiel.

Zudem beschäftigten sich beide mit einer Liebe, die durch den Respekt nur noch wuchs, mit Doderers Werk, wobei Ivars Kenntnis der österreichischen Literatur bereits durch seine Dissertation über Hofmannsthal vorausgegeben war. Jetzt, während seines ,Sabbatical', wollte er sich vor allem mit der österreichischen Erzählkunst beschäftigen, was schließlich dazu führte, daß er – 1962 – gemeinsam mit Herbert Eisenreich und Otto Basil im Grazer Stiasny-Verlag unter dem Titel ,Das große Erbe' ein Buch über die Literatur Österreichs herausgab. In seinem eigenen Beitrag stellte er – sozusagen von außen – das spezifisch Österreichische in der Abgrenzung von der deutschen Literatur heraus, was auch für Doderer (nach seinem ,Irrtum') längst ein wichtiges Thema war. Diese sogenannte ,Stiasny-Reihe' bestand aus damals sehr populären Taschenbüchern (zu fünfzehn Schilling), von denen die meisten eine kommentierte Auswahl aus dem Werk eines österreichischen Schriftstellers, Lyrikers oder Dramatikers boten: so gab Doderer dort seine – natürlich mit dem Meister besprochene – Auswahl von Gütersloh-Texten heraus und, da jener sich vom Gegendienst zu überbürdet fühlte, Herbert Eisenreich respektvollst den Doderer-Band.

Doderer besuchte die Ivasks nicht nur in ihrem gemieteten ,Atelier mit Gartenbenützung' draußen in Klosterneuburg, sondern nahm sie in Wien auch überallhin mit, wenn sich die Gelegenheit dazu ergab: in alle von ihm frequentierten Lokale, vom ,Blauensteiner' übers ,Stiedl' zum ,Falstaff', dazu noch ins ,Schanzl' und in die ,Flucht nach Ägypten', und in alle Gesellschaften, mit Dora, Weigel, Qualtinger, Schaffgotsch, Flesch, Tschugguel und wer auch immer noch dazustieß. Sie waren schlechthin überall beliebt und fügten sich bestens in diese Wiener Kreise; und daß ein Brief vom Magistrat an sie schließlich auf den Namen ‚Ivacek' lautete, das Estnische tschechisierend, wurde von Doderer als ihre ehrenvolle Ernennung zu echten Wienern gefeiert.

Abgesehen vom Charme und der Klugheit der beiden mochte auch ihr Alter eine gewisse Rolle gespielt haben: wenn er junge Menschen für gut oder außergewöhnlich hielt und obendrein noch mochte – was keineswegs prinzipiell der Fall war –, wurde er sehr väterlich besorgt und ungewohnt sacht, nur ja die Eigenständigkeit dieser andern Generation nicht zu beeinträchtigen (wie es ihm selbst noch vielfach geschehen war). Voraussetzung dafür war natürlich so viel an geistiger Gemeinsamkeit, daß er sich selber – und gar sein ganzes Gedankengebäude – nicht verleugnen hätte müssen. Aber diesen jüngeren Menschen, die ihn bewunderten, verdankte er – offensichtlich recht bewußt – gar nicht so wenig an entspanntem Wohlbefinden, an herzlichem Gelächter, an eigener Erfrischung; und dazu kam noch eine uneingestandene Sehnsucht, die sich wohl in einem Brief an Dietrich Weber am deutlichsten äußerte: er hatte diesen vom Bahnhof Landshut abgeholt, um ihn in die Pension nach Landshut-Berg zu bringen; dann hatte der Fahrer, offensichtlich von der höflichen Kultiviertheit des jungen Mannes beeindruckt, anerkennend zu Doderer gemeint, das sei wohl der Sohn.

In diesem Herbst 1960 hielt Doderer noch drei Vorlesungen: eine am 21. Oktober vor den sozialistischen Studenten, wozu ihn der spätere Finanzminister und Vizekanzler der Republik, Dr. Hannes Androsch, eingeladen hatte, allerdings unter dem Namen ‚Haimito von Doderer', was dieser vor der Aussendung der Einladungen richtigzustellen bat (mit verborgenem Grimm). (Übrigens hatte sich im selben Jahr bereits ein anderer späterer Vizekanzler – diesmal von der schwarzen Reichshälfte – an Doderer gewandt, nämlich Erhard Busek als Klassensprecher, der im Namen der Maturaklasse um des Dichters Ratschläge für die Zukunft gebeten hatte; und natürlich erhielten die ‚lieben Freunde' von ihrem ‚älteren collega' eine ausführliche Antwort.)

Eine Woche später las er in einer Matinée der Buchhandlung von Dr. Gottfried Berger, einem sehr an der Literatur interessierten Mann, dem Doderer auch eine eigene Beschreibung – *Der Buchhändler* – widmete; in dem Saal über der Buchhandlung fanden in den folgenden Jahren noch mehr als hundert ‚Stunden der Begegnung' – zwischen Lesern und Autoren – statt, und Doderer nahm häufig daran teil.

Dann trat er am 11. November – nachdem er am Montag zuvor das Manuskript der *Wasserfälle* mit seinen rund vierhundert Seiten vorläufig abgeschlossen hatte – im Grazer ‚Forum Stadtpark' auf und gab dies nachher, wie nicht selten bei anderen Gelegenheiten auch, als seinen größten Erfolg überhaupt aus: die Aufmerksamkeit und Konzentration seines großen Publikums sei so stark gewesen, daß man einen Floh hätte husten hören. Er hatte seiner aufgerauhten bis krächzenden Stimme nochmals das Letzte abverlangt.

Schließlich mußte er sich aber doch in fachärztliche Behandlung begeben, für die ihm der Primarius Riccabona des Lainzer Krankenhauses empfohlen wurde. Am Vorabend der Untersuchung hatte er noch einen langen Besuch seines ehemaligen Lehrers Hermann Swoboda gehabt, am nächsten Tag nahm er ins Wartezimmer des Arztes sein großes Schreibbuch der *Merowinger* mit, um sich nach der – noch gar nicht endgültigen – Fertigstellung der *Wasserfälle* wieder auf die andere Arbeit einzustimmen, die in diesem Jahr fast gänzlich vernachlässigt worden war.

Die Untersuchung ergab die Notwendigkeit einer relativ harmlosen Operation: Doderer hatte an den Stimmbändern sogenannte ‚Sängerknötchen', eine Mißbildung, die durch seine extremen Überdehnungen und abrupten Lautstärkewechsel beim Vortrag – mit entsprechender Verkrampfung statt natürlichen Stimmgebrauchs – hervorgerufen worden war. Doch beruhigte ihn der Primarius: es sei ein kleiner Eingriff, der knappe fünf Minuten dauern würde; einige Zeit danach würde er seine normale Stimme wiedererhalten. Die Operation sollte in zweieinhalb Wochen durchgeführt werden.

Bis dahin machte Doderer mit Dora noch einen ‚großen Postschluß', d.h. die Erledigung aller angesammelten Korrespondenz, die vor allem in der Schlußphase der Arbeit an den *Wasserfällen* völlig mißachtet worden war. Daneben nahm er ausgerechnet an der Enthüllung einer Musil-Gedenktafel teil, da er sich trotz seiner – mittlerweile sehr verschleierten – Angriffe auf diesen Autor nicht mehr die Blöße geben wollte, dessen Qualität offen zu leugnen. Doch dankte er schriftlich fast jedem Kritiker, der festgestellt und geschrieben hatte, daß ein direkter Vergleich zwischen Musil und Doderer verfehlt wäre, da sie in ihren Werken sehr Verschiedenes beabsichtigt hätten.

Am 5. Dezember mußte Doderer morgens in das Lainzer Spital, um sich auf die Operation am nächsten Tag vorbereiten zu lassen. Mienzi, die ihm beistehen hatte wollen, hatte er – mit dem Argument der fünf Minuten – abgehalten, nach Wien zu kommen. Tatsächlich war der Eingriff am 6. Dezember kurz und problemlos gewesen, obwohl Doderer fürs erste die Stimme nahezu ganz verlor. Doch am darauffolgenden Morgen wurde er bereits aus dem Spital entlassen, aß mittags allein in der ‚Weinperle' und am Abend mit Dora im ‚Falstaff' – er führte sein gewohntes Leben weiter.

Am 16. mußte er zur Nachuntersuchung nochmals zum Primar Riccabona: und dieser wußte nun, daß die zum histologischen Befund eingesandten ‚Sängerknötchen' von Krebs durchwuchert gewesen waren. Das ist gar nicht so selten: lange Zeit mißhandelte Schleimhäute neigen – und häufiger bei rauchenden Patienten – zu krebsartigen Wucherungen. Das teilte der Primar seinem Patienten mit; und daß in wenigen Wochen eine Bestrahlungstherapie folgen müsse – die bis heute bei den Krebsarten der Schleimhäute besonders erfolgreich ist.

Für Doderer war das ein Schock. Am Abend nach seiner Entlassung aus dem Spital war er mit EN verabredet und kam noch nicht ganz zur Konzentration auf sich selber; doch in der nächsten Nacht saß er allein bis vier Uhr morgens an seiner ‚Bar' –

dem Wägelchen mit Gin, Brandy und Soda. Bis zu diesem Alter – von vierundsechzig – hatte er den Tod, wie fast jeder, schon oft bedacht und in zwei Weltkriegen sehr konkret vor Augen gehabt; das Wissen, daß man sterben würde müssen, war immer vorhanden gewesen und manchmal in den Depressionen der Jugend bis an den Rand des Selbstmords gelangt. Jetzt aber fehlte schlagartig jede Koketterie mit dem Sterben, und vor allem jede Freiwilligkeit; jetzt tickte eine unberechenbare Zeitbombe in ihm, und als letztes mochte ihm nur noch eine Handvoll Leiden bleiben, ohne Rücksicht auf seine Absichten und Pläne.

Natürlich klammerte er sich an Hoffnungen: diesfalls an seine statistisch gar nicht schlechte Überlebenschance, wie er sich das am nächsten Tag von Edmund Schüller versichern ließ. Doch als er am 21. Dezember nach Landshut fuhr, war die – vor anderthalb Jahren an Krebs operierte – Schwester Marias gerade am Vortag gestorben. Das erhöhte rein äußerlich die Düsternis dieser Winter-Feiertage, betraf ihn aber natürlich noch tiefer: nämlich nun nicht mehr in der Hypochondrie (die ab nun nie wieder auftrat), sondern in seiner ganz kreatürlichen Todesangst.

Was die medizinische Betreuung seines Körpers betraf, verhielt er sich eingeschüchtert-diszipliniert: er nahm mehr oder weniger alles in Kauf, was ihm zur möglichen Verlängerung seines Lebens glaubwürdig gemacht wurde. Aber aus dem theoretischen Wissen ums Sterben war etwas wie ein Sprung im Glas geworden, leise, aber doch erschreckend deutlich hörbar: ab jetzt konnte alles zerfallen, nämlich die ganze Welt, wie sie sich ausschließlich im Kopf des Heimito von Doderer darstellte.

Doch sprach er sich Mut zu: „es wird Zeit zu erkennen, daß wir zum Tode immer und in jeder Beziehung bereit und bereitet sein müssen – um dann in's volle Leben wieder zurück zu treten; in diesem jedoch mit dem Tode weiter sich noch abzugeben, wäre ein Verstoß gegen die Kategorie, in der man sich bewegt."[11]

Und in sein Skizzenbuch schrieb er kurz vor Jahreswechsel: „Unmittelbar, ja plötzlich, tritt die Forderung nach Vollendung an mich heran, die mich aus allem Gestrüppe meiner Bindungen und Verbindungen hebt und in die Distanz setzt, ja aussetzt. Dahinter erhebt sich vollkommenes, ja, erstmaliges Erfassen des Vergangenen, als Möglichkeit."[12]

Mit der ‚Forderung nach Vollendung' meinte er sicher sein Werk; nicht ins ‚unvollendete Leben' wollte er zurücktreten, sondern in die letzte und höchste Meisterschaft seiner Kunst. Und das war es auch, was er in Landshut täglich betrieb: die große Konstruktionszeichnung zu *R* 7 hatte er erst nach der ersten Fertigstellung durchgeführt, und aus diesem Gesamtüberblick ergaben sich weitere Verfeinerungen der vielfältigen Bezüge. Zudem brauchte er noch Einfügungen, nicht nur des Inhalts, sondern auch der Gesamtlänge wegen. Diese neuen Textabschnitte wurden zu sogenannten ‚Fenstern', die er nach den Seitenzahlen numerierte, wo er sie ‚öffnen' wollte. Dabei machte er aus der kompositorischen Not eine metaphysische Tugend und definierte die ‚Fenster' als Durchblicke auf eine ganz andere Ebene, die mit der Oberfläche der Komposition nichts mehr zu tun hat, sondern deren ‚Zerfall' bedeutet; auch in dem Sinn, wie er den ‚Zerfall der Lage' als Durchblick aufs eigentlich

Wirkliche meinte; oder wie er sich zu Beethovens spätem Streichquartett op. 131 einmal geäußert hatte: „Hier werden immer wieder Fenster in den Himmel aufgemacht, gerade so lang, daß man erkennt: es ist der Himmel – und wieder geschlossen, bevor man noch wirklich was gesehen hat."[13]

In seinem jetzigen aufgewühlten Zustand erschienen solche Fenster als überaus angemessenes Bemühen, welches zugleich seiner Kunst eine weitere Dimension gab: das war ihm die einzige Ebene, auf der er sich wirklich heilen konnte, wenn überhaupt. Zu diesem Versuch der Selbstrettung gehörte auch die Beschäftigung mit der enormen Größe des Vorhabens von *R 7:* zu Weihnachten listete er jene ‚Personnagen' aus dem ‚ersten Satz' auf, die im dritten wiederkehren sollten. Insgesamt würde das Werk vier ‚Sätze' haben: zuerst drei in sich geschlossene und sozusagen selbständige Romane, deren erster die *Wasserfälle von Slunj* waren. „Der vierte Teil hat zuletzt nicht nur seine eigene Thematik zu erledigen, sondern auch die der drei vorhergehenden Teile in sich aufzunehmen. Der Gesamtumfang des Werkes entspricht etwa dem der *Dämonen.*"[14] Das war der Ausblick in seine eigentliche Zukunft; aber auch Anlaß zu Zweifeln.

Er fühlte sich jetzt meistens müde und abgespannt, was seinen Hang zur Schwermut jedesmal verstärkte. Dennoch unternahm er mit Mienzi lange Spaziergänge hinaus in die Natur; dabei hatte er ein überaus seltsames Erlebnis, das er seinem Schwager Hans von Stummer am 5. Januar 1961 in einem ausführlichen Brief beschrieb:

„Mein lieber, verehrter Hans, diese Zeilen dienen lediglich der wissenschaftlichen Information, einen Gegenstand betreffend, von welchem wir alle in den letzten Jahren viel gehört haben; doch kann ich für mein Teil nicht sagen, dass ich dem jemals besondere Beachtung geschenkt hätte. Ich meine die „unbekannten Flugkörper". Gestern jedoch hatte ich, gemeinsam mit Maria, Gelegenheit, unter günstigen Bedingungen, selbst eine derartige Beobachtung zu machen.

Hier die Data: Zeit: 4. Jan. 61, 15^h 28'. Ort: Hofberg bei Landshut (etwa wie das Krapfenwaldl über der Stadt gelegen), am sogenannten Engelberg-Weg, der auf einem Hochplateau in der Generalrichtung Ost-West dahinführt. Wir gingen gegen Osten (heimwärts, die sinkende Sonne im Rücken) als das Objekt über einem gegen Süden gelegenen Wald auftauchte. Es wurde – wegen der rötlichen Färbung durch die bereits schrägen Sonnenstrahlen – von Maria zuerst für einen Fasan gehalten. Erst als sie den nicht natürlichen Charakter (und die Größe) des Objektes erkannte, rief sie: „Was ist das?!", und nun sah ich es auch. Es hatte über dem Wald eine Schwenkung gemacht und flog nun, in etwa 3–400 m Höhe, senkrecht zu unserer Wegrichtung in einer Entfernung von etwa 500 Metern vorüber, mit hoher Geschwindigkeit – mindestens 400–600 km/h in der Richtung nach Norden, also linker Hand weg. Dies geschah vollkommen lautlos. Die Gestalt war boots- oder fischförmig, metallisch glänzend, oben rötlich, wohl durch die Abendsonne. Ich vermeinte etwas wie ein Kabinenfenster zu erkennen. Wir konnten das Objekt durch etwa 15–20 Sekunden genau verfolgen. Durch die *Lautlosigkeit* schließt sich die Annahme von einem Motorflugzeug aus, durch die Schnelligkeit die eines Segelflugzeuges. Es war an diesem Tag vollkommen windstill und nur wenig bewölkt. Wir hatten eine Viertelstunde vorher zwei Düsenjäger auf einem Übungsfluge beobachtet. Diese fliegen mit Überschall-Geschwindigkeit. Das später gesehene Objekt war *mindestens* halb so schnell. Ich erinnere hier noch daran, dass ich während meiner sechs Jahre bei der Luftwaffe naturgemäß eine gewisse Übung im Erkennen von Flugzeugen bekommen habe.

Dies also zur Information. Folgerungen überlasse ich Dir. Es grüßt Dich innigst Heimito." Und daneben stand noch: „Alles richtig! Maria".

Übrigens flog im selben Jahr erstmals ein Mensch in den Weltraum und umkreiste die Erde fast anderthalb Stunden lang.

In Wien kam er am 11. Januar an und hatte nachmittags Dora zum Tee bei sich; einen gesamten Tag – von mittags bis in die Nacht – verbrachte er mit den Ivasks; am Morgen des 17. mußte er sich ins Lainzer Spital begeben, wo er in zwei Wochen zweimal vierzehn Radiumbestrahlungen erhielt – eine wilde ‚Roßkur', die er sich selber, als die kürzestmögliche Störung bei der Arbeit, statt einer sanfteren, aber über einige Monate verteilten Behandlung ausgesucht hatte. Die Ärzte hatten ihn vorgewarnt, daß er ab der dritten oder vierten Bestrahlung einen sogenannten ‚Radium-Kater' haben würde, aber offensichtlich war seine Konstitution wirklich stärker als die der meisten anderen; die Nachwirkungen setzten erst nach der zwölften Bestrahlung ein.

Er lag mit dem Verkaufsdirektor einer großen Firma in einem geräumigen Zweibettzimmer und ging jeden Nachmittag in dem großen Park, der zu diesem riesigen Spitalskomplex gehört, spazieren; vor allem aber arbeitete er täglich an ergänzenden Texten zu *R* 7. Als Lektüre hatte er sich Michel Butor mitgenommen – der sozusagen ein Verlagskollege bei Biederstein geworden war – sowie ‚Galapagos' von Irenäus Eibl-Eibesfeldt, wohl der urtümlichen Echsen halber, die es dort noch gibt. Außerdem erhielt er sehr viel Besuch, natürlich von Dora, aber auch – separat – von Walther Schneider; zudem von Peter Tschugguel – dem jungen Mann hatte er unterdessen das Du-Wort angeboten –, von Poldi, Xaver, Franz Blauensteiner, Eggenberger, Hanns von Winter und den Ivasks. Daß er genau während dieser Zeit, am 27. Januar, in den Kunstsenat der Republik Österreich berufen wurde, dürfte ihn im Augenblick weniger berührt haben, doch später genoß er auch dieses als ehrenvoll empfundene Amt überaus und versuchte vor allem, wie die meisten andern dort, seinen Einfluß geltend zu machen; und das konnte er ohnehin schon recht gut.

Das wenige, was er seit der Operation an Stimme wiedergewonnen hatte, ging nun, unter zunehmend starken Halsschmerzen, erneut fast gänzlich verloren. Als er am 3. Februar in seine von der Poldi vorgeheizte Wohnung zurückkam, „versank" er für zwei Wochen „in eine Mischung aus Schlaftrunkenheit und schweren Schmerzen"[15]. Erst dann war er in der Lage, Dora mit leiser Stimme – noch immer unter Schmerzen und bei schlechtem Befinden – die wichtigste Post und einen Artikel über das Wien der zwanziger Jahre zu diktieren. Natürlich hätte er sich in Landshut umsorgter erholen können, aber es drängte ihn, *R 7/I* so weit fertig zu machen, daß er das Manuskript an Otto Günther zum Kopieren übergeben konnte, was am 1. März der Fall war.

Dann fuhr er – allerdings nur für vier Wochen – nach Landshut, um auf der Veranda in der Sonne zu sitzen, spazieren zu gehen, mit dem Bogen zu schießen und viel zu schlafen, wobei er noch immer häufig über seinen schlechten Zustand klagte. Dennoch schrieb er auch dort, nämlich die Erzählung *Trethofen*, eine sozusagen schwermütige Version einer Wut- und Prügelgeschichte, sowie seine Rezension über Leberts ‚Wolfshaut' – in der ersten Version. Außerdem erhielt er Dietrich Webers Dissertation, die ihn natürlich brennend interessierte und rasch in Begeisterung versetzte – während in Wien schon die nächste Dissertantin auf einen Besuch bei ihm wartete, nämlich Elisabeth Stengel.

Aus Landshut schrieb er auch noch einen recht bezeichnenden Brief an einen Gymnasiasten, der Schriftsteller werden wollte: „Zum Berufe des Schriftstellers ist zu sagen, dass es eines der größten denkbaren Risikos darstellt, sein Leben (in jedem Sinn) ganz der Sprache anzuvertrauen, um so mehr, als man dann gegen sein einziges tragfähiges Vehikel notwendig wieder selbst sündigt, obendrein durch andere Faktoren (Zeitung, Radio) dazu ständig verleitet wird, sich also schwächt, während man kämpft. So sieht heute jede literarische Jugend in den Grundzügen aus; und das alles ist furchtbar. Ausserdem gibt es heute auch noch eine ganz offizielle ‚Förderung'. Na servus!"[16] Das zeigt die Kompromißlosigkeit, mit der er die Voraussetzungen der Kunst und diese selbst ganz ‚rein' gehalten wissen wollte; tatsächlich hatte er seit rund dreißig Jahren keinen Text mehr geschrieben, der – wie noch die meisten seiner journalistischen Arbeiten – des Verkaufs willen von leichterem Kaliber gewesen war; bei ihm kam nun längst schon alles aus derselben Einheit von Sprache und Denken. Das war für jüngere Autoren, die noch dazu vom Schreiben leben wollten, nahezu unmöglich; und daraus stammte Doderers tiefer Pessimismus für sie. Zugleich grenzte er sich damit deutlich ab, mit jener Unerbittlichkeit, die sich auch für ihn selbst durch seine ‚Forderung nach Vollendung' ergab.

Am 5. April kam er nach Wien zurück und damit, bei nachlassender Schonung, in sein altes Leben mit allen Freunden und gewohnten Lokalen; auch seine Stimme kehrte ihm wieder, blieb allerdings stark aufgerauht.

In Wien wurde dem ‚Herrn Rittmeister' alles von seinem ‚treuen Polderl' besorgt, nun schon eine ältliche, magere und etwas gekrümmte Person, mit undefiniert scharfen Gesichtszügen, die schnell von Freundlichkeit zu voller Wehrhaftigkeit wechseln konnten, wie das in ihrem Leben wohl notwendig war. Sie hatte große dunkle Augen, die überall eindringlich hinhuschten; und sie war längst nicht mehr treu.

Sie achtete auf alle Anzeichen, die sie in der Wohnung vorfand, sie spitzte in der Küche die Ohren, wenn der Herr Rittmeister im Salon telefonierte; und in seiner Abwesenheit sah sie seinen Terminkalender nach verdächtigen Eintragungen durch. Aus all dem zusammen bildete sie sich ihre Meinung – sie hatte einen wachen und gewissermaßen respektlosen Verstand, der sich mühelos über ihre eigene Ehrerbietung hinwegsetzte –, verfaßte ihr Resümee und sandte es mehr oder weniger regelmäßig der ‚Gnädigen': das war Maria. Und diese versäumte nie, ihren Antwortbriefen Scheine von fünfzig oder hundert Mark beizulegen.

Jetzt im April blieb Doderer allerdings nur kurz in Wien; Jossip Zorn war es nach zweijährigen Bemühungen in Prag endlich gelungen, ein Visum zu bekommen – zwar nicht für Österreich, aber für Deutschland, wo ein Bruder von ihm wohnte. So wurde ein großes ‚Sibiriaken'-Treffen in Landshut vereinbart. Ernst von Scharmitzer und seine Frau Lisl fuhren von Wien aus im Auto und nahmen Doderer und Hans Eggenberger mit, wobei sie die Fahrt durch die Wachau, mit Besichtigung von Maria Taferl, sehr genossen; abends trafen sie über Passau in Landshut ein, wo die Scharmitzers und Eggenberger im Hotel ‚Dräxlmair' abstiegen.

Jossip Zorn wurde am nächsten Tag mit dem Auto vom Bahnhof in Nürnberg abgeholt, dann feierten sie zwei Tage lang, erzählten einander aus ihrem Leben und redeten natürlich auch viel von den alten Zeiten: was für Doderer eine besondere Bedeutung hatte, da er im *Roman No. 7 / II* nochmals – wie im *Geheimnis des Reichs* – von der Kriegsgefangenschaft in Sibirien erzählen wollte. So war er auf jedes Detail der andern erpicht, das in seiner eigenen Erinnerung fehlte. Sibirien wurde auch in Wien zum immer intensiveren Thema seiner Gespräche mit Xaver Schaffgotsch; und auch der weniger häufigen mit Rolf Haybach.

Als Jossip und die Scharmitzers abreisten, blieb Eggenberger weitere drei Tage bei den Doderers; anschließend erfolgte noch ein Besuch von Hilde Spiel und Hans Flesch. Am 15. Mai fuhr Doderer mit Mienzi nach Wien, um sich am nächsten Tag feierlich den Preis der Stadt verleihen zu lassen; abends folgte im Rathaus ein großes Souper. Außerdem war er bereits eine Woche vorher zum Mitglied der Deutschen Akademie für Sprache und Dichtung in Darmstadt ernannt worden.

Doch da er seine Stimme noch schonen mußte, machten ihm öffentliche Auftritte – ohne große Lesung und den Beifall dazu – vorläufig weniger Spaß. Alfred Knopf hatte in New York, wo *The Demons* am 18. September erscheinen sollten, bereits ein größeres Programm für Doderers angekündigten Besuch zusammengestellt und war nun enttäuscht, daß dieser – wegen der Operationsfolgen – nicht kommen konnte.

Mit Mienzi in Wien war sein Leben ohnehin solider als sonst; und jetzt war ihm das gerade recht, um sich den *Merowingern* widmen zu können (was wieder Stillhalte-Vormittage für sie bedeutete, wenn sie nicht Erledigungen außer Haus vorzog). Er behauptete nach wie vor, das Buch als Büberei zu seinem Amüsement zu schreiben, war aber weder bübisch noch sehr amüsiert; wohingegen, und bis zum Ende seines Lebens, der unterirdische Groll zunahm, oft beherrscht, aber zumindest prinzipiell immer ausbruchsbereit. Und dieser war es auch, der die *Merowinger* wirklich nährte.

Ob er eine, nach der Erkrankung verstärkte, prinzipielle Enttäuschung mit diesem Leben ausdrückte, ist schwerer zu sagen; doch auch der so deutlich und immer häufiger ausgesprochene Rückzug aus diesem Leben, die vielen abfälligen Bemerkungen über dieses und die Konzentration alles positiven Bemühens auf die Kunst könnte eine solche Deutung nahelegen. Auch sprach er – mit der Ausnahme von Sibirien –

über seine Vergangenheit immer nur bitter; und über seine Erfolge stets nur in der Form: man hätte ja gar nicht mehr anders gekonnt, als ihn anzuerkennen, man hätte müssen. Dazu kam nun das Alter mit merklich geringerem Wohlbefinden und diesbezüglich nur noch abnehmenden Erwartungen; in einem – trotz des Ruhms – eher bescheidenen Lebensrahmen.

Doch Grimm und Groll, oder wienerisch: eine tiefe Grantigkeit, drücken vor allem auch Hilflosigkeit aus – als Abwehrknurren gegen alles, was man nicht zu ändern vermag. Und tatsächlich war Doderer in einem gewissen Sinn zutiefst unfrei: er hatte die Rolle des Schriftstellers, den Stellenwert von Kunst und Leben so ideologisch festgelegt, er hatte die Folgerungen daraus seiner gesamten Mitwelt so starrsinnig als einzig richtig eingetrichtert, daß ihm zwar kaum mehr jemand zu widersprechen wagte – aber ihm selber blieb auch nichts anderes übrig, als an diesem Gefängnis weiterzubauen. Er hätte nicht plötzlich – und schon gar nicht vor sich selber – als wichtig ausgeben können, einen Winter in warmem Klima am Meer zu verbringen, dringend eine Villa mit Garten haben zu wollen – oder: ganz anders zu schreiben, seine reiche künstlerische Erfahrung sorglos zu seinem Vergnügen einzusetzen; er hätte sich nicht wünschen können, ein überlegen verrückter Alter in Freiheit zu sein. Er konnte sich gar nichts wünschen – außer *Roman No. 7;* und nahm diesen wie ein Joch auf sich: das einzige, worauf er nicht verzichten konnte.

Es ist sicher, daß er sich nicht so sah; aber er erklärte sich auch nicht seine Bitternis und nicht seine Wut; er war stolz darauf, daß er außer in der Kunst keinen Anker warf, und es fehlte ihm das grundlegende Wohlbefinden im Leben. Die Ehrungen nahmen zu, aber er hatte nichts für sich – dafür jedoch in sich sehr viel gegen sich. Hier waren ein enormes verschwiegenes Minus an Leben, die Kavernen des hilflosen Grimms – und der depressiven Schwermut, die nur noch zunahm.

Natürlich mochte er die Heiterkeit, sie war ihm eine Erleichterung, die von andern ausgehen mußte, und deshalb nützte er bis zum Ende ihres Sabbatical (Anfang Juli) fast jede Gelegenheit, Ivar und Astrid Ivask zum Abendessen mit Mienzi zu bitten; und diese – wie manche andere – fühlten auch bei seinem Blödeln und dann übertriebenen Gelächter den fast monolithischen Untergrund erstarrter Düsternis, die weder Verzweiflung noch Angst sichtbar werden lassen wollte. Das machte sein Alter für viele rätselhaft; nur wenige, die ihn nicht von früher kannten, blieben Doderer gegenüber unbefangen (es sei denn, aus unempfindlicher Ignoranz); dann aber geschah es auch, bei entsprechender Feinfühligkeit, daß er rührte, vor allem in seinem sehr bereiten, unmittelbar betroffen wirkenden Verständnis für Schwieriges und Schmerzliches.

35. Heimitisten und andere

Zu Doderers Rückzugstendenzen vor diesem und jenem, um dann seine Zeit und Energie ausschließlich dem Wichtigsten widmen zu können, gehörte auch, daß er seine Kritik zu Hans Leberts ‚Wolfshaut' (wie jede doch noch folgende Rezension) als seine absolut ‚letzte' bezeichnete. Er nahm diese Arbeit so ernst, daß er schließlich nach langen Überlegungen eine zweite Fassung erstellte und dazu dem Herausgeber des ‚Merkur', wo die Kritik erschien, erklärte: „Aber wie denn anders als mit Scrupeln und mit einem unter Umständen bis an die Grenze des Zulässigen gehenden Zögern könnte man Literaturkritik betreiben? [. . .] So eben hätte man Anspruch behandelt zu werden – was, schon gar jungen Autoren, selten geschieht."[1]

So lag immer wieder in der Literatur seine höchste Verantwortung; und zu dieser gehörte natürlich auch, bei seiner ersten Teilnahme an einer Sitzung des Kunstsenats so lange auf einer Zuerkennung des Staatspreises für Literatur an Gütersloh zu beharren (der jenen für Malerei schon vor Jahrzehnten erhalten hatte), bis es schließlich – wie in Doderers eigenem Fall – zu einer Teilung der Ehrung kam, nämlich zwischen Lernet-Holenia und Gütersloh.

Die Macht, die diese höchsten Kulturträger des Staates in den Spielen ihrer geschlossenen Gesellschaft auszuüben vermochten, erwies sich als äußerst unzureichend, als sie sich, auf völlig anderem Terrain, an die Öffentlichkeit wandten. Es war in Südtirol zu verschiedenen schweren Bombenattentaten gegen italienische Einrichtungen und vor allem gegen die Carabinieri gekommen, die mehrere Todesopfer zu beklagen hatten; doch die österreichische Öffentlichkeit verurteilte weniger diese verbrecherischen Akte als vielmehr die Italiener, die schuldig seien, das Klima für diese Gewalttaten geschaffen zu haben. Dagegen wollte man protestieren, nämlich neben Doderer auch der Komponist Gottfried von Einem, Friedrich Heer, Fritz Hochwälder, Lernet-Holenia, der Physiker Hans Thirring, Friedrich Torberg, Msgr. Leopold Ungar und Fritz Wotruba – eine überaus erlesene Gesellschaft der österreichischen Kultur, wobei Doderer zu allen – außer dem berühmten Physiker Thirring – persönliche Kontakte unterhielt und in diesem Fall sogar mit Wotruba allein konferierte. ‚Fritzl' Heer saß öfter bei ihm in der Wohnung und diskutierte übersprudelnd mit hochrotem Kopf: er war einer der vielseitigsten intellektuellen Umrührer in Österreich, Historiker von Kulturen, Religionen und politischen Entwicklungen mit einer nahezu überall aufschlagbaren Enzyklopädie im Kopf; Msgr. Ungar, ein Geistlicher jüdischer Abkunft, später Präsident der Caritas, war ein enorm gebildeter, geistig von jeder offiziellen Kirchenpolitik weit entfernter Mann, der es durch die Unabhängigkeit und vor allem Unerschrockenheit seiner Stellungnahmen dazu brachte, zu einer nahezu verbindlichen moralischen Instanz des Landes zu werden.

Diese Männer wollten, unabhängig von ihren sehr verschiedenen parteipolitischen Präferenzen, diesem Aufkommen von Chauvinismus und nationaler Hetzerei, die sie, auf Südtirol und Österreich bezogen, mit dem beginnenden Nationalsozialismus verglichen, deutlich entgegentreten; sie bekannten sich zu ihrer Liebe zu Italien und zur gesamten europäischen Kultur und meinten, Österreichs Parteinahme und antiitalienische Propaganda desavouiere und isoliere das Land; wozu sie allerdings betonten, daß Autonomieverträge für Südtirol notwendig, aber auf friedlichem Weg herbeizuführen seien. Das veröffentlichten sie, nach Beratungen seit Juni, am 9. August in der ‚Presse', die gleich in massivem Fettdruck einen Kommentar beifügte, wie irrtümlich die Meinung dieser Kulturträger doch sei. Dem folgte über Wochen die ständige Publikation empörter Leserbriefe; mit dem Grundtenor, daß Italien die geschlossenen Verträge nicht berücksichtige und der Faschismus nur bei ihnen und ihren Polizeimethoden, nicht jedoch bei den Südtirolern zu suchen sei; auch Herbert Eisenreich schloß sich dem mit einer ausführlichen Argumentation an – wobei vom rechtsextremen Bombenterror und seiner teilweisen ‚Rechtfertigung' nie die Rede war.

Doderers Beteiligung an dieser Initiative mag verwundern oder zu dem Verdacht Anlaß geben, er hätte bloß die Gelegenheit benützt, um nochmals seine gründliche Entfernung von jeder Form von Nationalismus öffentlich zu machen. Er meinte seine These vom übernationalen Erbe Österreichs jedoch durchaus ernst, hier war die Wandlung nachhaltig. Den Mißerfolg der gemeinsamen ‚Erklärung' nahm er jedoch reichlich gelassen hin.

Nach dem Abschied zuerst der Ivasks – dem jedoch die intensivste Korrespondenz seiner letzten Lebensjahre folgen sollte – und dann auch Mienzis, die nach Landshut zurückkehrte, verbrachte er, nach längerem wieder einmal, einige Zeit auf dem Riegelhof – abends mit Astri und Hans Tarock spielend – und den restlichen Sommer in Wien. Den Ausklang dieser Jahreszeit bildete, wie immer, sein Geburtstag – diesmal war es der fünfundsechzigste, und Doderer wurde vom Österreichischen Kulturzentrum im Figaro-Saal des Palais Palffy offiziell gefeiert, wobei Telegramme und Glückwünsche in hoher Zahl eintrafen, angefangen vom Bundespräsidenten Dr. Schärf bis zu Professor Leo Santifaller vom Institut für Österreichische Geschichtsforschung und Tilla Durieux aus München; nach dieser Feier ging Doderer noch mit Qualtinger und Eggenberger in den ‚Falstaff'.

„Herr Rittmeister war erst am 18 sept in Hitzing habe an denselben Tag durch Tel gesprech gehört das sie krank sei und nicht ausgehen könnte, Herr Rittmeister hat auch seine ganze Gratulations korespondenz selbst erledigt wenn ich drüben bin [d.h. in HDs Wohnung] schreibt er fast immer auch im Kalender beim telephon find ich keine eintragung ich glaube nicht das sie noch in sorge sein müssen das persönliche ist dort drausen bestimmt erledigt", meldete Poldi diesen Herbst an die ‚Gnädige'.[2]

„[. . .] manchmal fehlt es mir an der nötigen Entschlußkraft, die letzten Jahre haben meine Nerven doch sehr in Mitleidenschaft gezogen [. . .] habe ich noch kleine Schulden bei Ihnen und nehmen Sie dafür das Beiliegende an [. . .] Ich werde nie vergessen was Sie für mich getan haben. Ich danke Gott dass das Schlimme vorüber gegangen ist, möge es doch so bleiben", antwortete Maria.[3]

Für Doderer brachte dieser September vor allem das Erscheinen der *Dämonen* in Amerika; Thornton Wilder hatte ein kurzes Vorwort für diese zweibändige, völlig ungekürzte Ausgabe verfaßt. Zuerst kam eine ausführliche und geradezu huldigende Kritik Frederic Mortons in der ‚New York Times Book Review' heraus; doch dann erschien eine Serie recht übelwollender Rezensionen, die vorerst Schlechtes für das weitere Schicksal des Buches verhießen. Im ‚New Yorker Magazine' etwa wurde das Werk als ein ‚Durcheinander komplexer Gemeinplätze' bezeichnet, im ‚Reporter' als zwar monumental, aber ‚von muffiger Luft erfüllt', und im ‚Time Magazine' hieß es, der Roman sei ‚mehr lang als groß'. Gegen Jahresende pflegte Doderer bereits wieder einmal seine Lieblingslegende, nämlich die von seinen Feinden: „es kommen jetzt da und dort merkwürdige Hass-Ausbrüche gegen mich hervor. Sogar in Amerika . . ."[4].

Diese Bedenken wären nicht notwendig gewesen: die sorgfältigeren Rezensenten brauchten eben Zeit, um die mehr als 1300 Seiten genau zu lesen, und verfaßten dann Besprechungen, die den Autor der *Demons* nahezu einhellig als den bedeutendsten lebenden Epiker deutscher Sprache hinstellten. Der Verband der nordamerikanischen Buchhändler setzte das Werk auf die höchst renommierte Liste der fünfzig wichtigsten Bücher des Jahres; und dazu kam noch ein gewichtiges Wort der Käufer: die erste Auflage war in kurzer Zeit vergriffen, es mußte nachgedruckt werden. Und Knopf plante bereits die Ausgabe von *Every Man a Murderer.*

Zum schnell bereiten Pessimismus Doderers kam nun auch die wiederkehrende Bedrückung durch Todesfälle von Freunden in seinem Alter, wie sie für jeden Überlebenden zu den späten Jahren gehören. Noch im Monat seines fünfundsechzigsten Geburtstages war Hanns von Winter, mitten im angeregten Gespräch mit einem andern Musikkritiker, auf dem Opernring tot zusammengebrochen. Und rund sechs Wochen später starb Hans von Woynarowicz, jener seinerzeitige (und seither selten gesehene) Freund, der ihm in Sibirien gewiß am selbstlosesten geholfen hatte.

Doch dazwischen kam, als große Annehmlichkeit, Dietrich Weber mit seiner Frau eine Woche nach Wien, und Doderer verbrachte an allen Tagen einen Großteil seiner Zeit mit den jungen Leuten, und keineswegs nur der Dissertation halber; sie unternahmen auch einen langen Spaziergang im Wienerwald und saßen abends im ‚Falstaff' zusammen. Doderer war tatsächlich von dieser ersten Dissertation – für die er auch so bereitwillig Auskünfte geliefert hatte – begeistert und hielt sie immerhin für so richtig, daß er sie sogar zu Unterweisungszwecken benützte: nämlich für Peter Tschugguel von Tramin, der Wert darauf legte, als Schüler Doderers angesehen zu werden.

Der junge Baron, der seinen Adel durch sehr nachdrückliche Aussprache-Manierismen pflegte, aber zwischendurch wieder darauf vergaß, mußte für seinen Lebensunterhalt als Kassabeamter in einer Bank arbeiten; es war sein Ziel, Schriftsteller zu werden. Er hatte bereits amerikanische Kriminalromane übersetzt und dann selber nach diesem Muster zu schreiben versucht; nun wollte er bei Doderer die Literatur lernen, den Aufstieg in die reine Kunst; und wurde standesgemäß herzlich aufgenommen. Er war ein zu großes Kind voll naiver Freundlichkeit, wobei Momente selbstüberschätzender Zuversicht von Unsicherheiten abgelöst wurden, die vor allem in späteren Jahren zu anhaltenden Depressionen führten; er konnte bescheiden oder überheblich sein, wollte in der Kunst unerhört gern professionell wirken und fand für sich, irgendwo zwischen den Ansprüchen und der Realität, einfach keine überzeugende Rolle – außer einer gesellschaftlichen, die ihm nicht genügte. Sein Charakter war eher weich – im positiven wie negativen Sinn – und taugte kaum für Dodererrsche Konsequenzen; und sein Talent neigte eher zum schnellen leichten Gelingen, sei es auch etwas oberflächlicher Natur, aber kaum zur harten Disziplin, vor allem im Sprachlichen.

Daß er sich von Doderer, der ihm verläßlich mit herzlicher Freundschaft entgegenkam, viel erwartete, nämlich nicht nur äußerliche Hilfe, sondern auch einen Beistand bei der Überwindung eigener Schwächen, ist klar. Warum Doderer diese ‚Schülerschaft' so zufrieden akzeptierte, ist es weniger. Er war und blieb schmeichelhafter Wertschätzung gegenüber fast gänzlich unfähig, sie nicht für bare Münze zu nehmen: da sie mit seinem eigenen Urteil über sich als Künstler übereinstimmte. Und bei seiner Absicht, eine neue Technik und Tradition des Romanschreibens zu begründen, war ihm zumindest ein Schüler – bei nun längst wachsenden Zweifeln an Doras schriftstellerischem Können – lieber als keiner. Dennoch vermittelte er nicht den Eindruck, an Peter als Nachfolger und großen Romancier der Zukunft zu glauben; sowohl Eisenreich als auch Lebert schätzte er als Künstler höher ein.

Aber es gab noch eine Angst in diesen letzten Jahren: daß sein Werk, mit dem er vor allem in die Zukunft weisen wollte, von allerlei wichtigtuerischen Experimenten beiseite geschoben und als obsolet und veraltet hingestellt würde, bevor er noch damit fertig war. Dabei war es nur natürlich, daß neue Tendenzen in der Literatur aufkamen; und daß deren Theoretiker sich zur eigenen Abgrenzung gegen vieles andere wandten. Aber wo sich Doderer mißachtet oder gar geringgeschätzt fühlte, sah er neue ‚Feinde': eine rundum aufkommende Welt, für die er nicht mehr im Mittelpunkt stand, sondern zum alten Eisen gehörte.

Dabei war gerade das ‚alte Eisen', auf dem Grunde eines andern Mißverständnisses, ein Atout für sein Werk: da nicht nur die meisten Leser, sondern auch viele der Kritiker vor allem seine thematische Auseinandersetzung mit Alt-Österreich sahen, verlor er unerhört schnell – sozusagen nach dem Verklingen der Sensation beim Erscheinen der Bücher – den Ruf, überhaupt ein zeitgenössischer Autor zu sein, sondern avancierte zum spät eingetroffenen Klassiker einer anderen Zeit; als wäre sein äußerliches Vorhandensein nur ein fossiler Überrest aus jener. Er wurde der Literatur der großen Verstorbenen integriert, irgendwo neben Musil oder Broch; so reihte man ihn in die Anthologien, so wurde er im Schulunterricht dargeboten. Das war ihm leider sehr bewußt – und bildete einen sehr handfesten Grund für tiefen Ärger; obwohl es dem Absatz seiner Bücher durchaus zugute kam.

Zwischen dem Versinken in der Klassikerabteilung der Bücherschränke und dem Mißachtetwerden neben neueren Sichtweisen in der Literatur – damals etwa des ‚nouveau roman' – fürchtete er um sein Werk und dessen eigentliche (paradigmatische) Bedeutung. So entstand nahezu nochmals eine Situation wie in der Nachkriegszeit: wer für ihn war, durfte – aus immanent ideologischen Gründen – andere Autoren nur sehr eingeschränkt berücksichtigen; und die Welt zerfiel wieder in Anhänger und Feinde. Wer sich eindeutig zu ihm bekannte – wie etwa Peter Tschugguel –, der konnte sich auf die absolute Loyalität des ‚alten Doderer' verlassen, wie dieser sich nun häufig selber nannte; und er scharte recht bewußt einen Kreis der Getreuen um sich: der ‚Heimitisten', wie Ivar Ivask sie so trefflich bezeichnete – wobei die Ivaceks natürlich dazugehörten.

Ins öffentliche Leben als Schriftsteller kehrte er in Berlin zurück: am 19. und 20. November 1961 nahm er am Plenum der Akademie teil; am Abend des zweiten Tages las er endlich wieder vor großem Publikum – 2000 Zuhörern –, und zwar aus *R 7/I*. Diese Lesung fand in der ‚Internationalen Lesereihe' des renommierten Germanisten Walter Höllerer an der Technischen Universität statt, zu der ausschließlich weltberühmte Autoren geladen wurden: T. S. Eliot, Jean Cocteau, Ionesco, Jorge Luis Borges, Henry Miller und andere. Es entsprach gewissermaßen diesem illustren Anlaß, daß Doderer am nächsten Morgen mit Martin Heidegger frühstückte und dann auf dem Rückflug neben dem Komponisten Wolfgang Fortner saß.

In Wien galt es, einem Heimitisten der besonderen Art in der ersten Reihe des Premierenpublikums Beistand zu leisten: nämlich Helmut Qualtinger bei der Uraufführung seines ‚Herrn Karl'. Dieses von Helmut gemeinsam mit Carl Merz verfaßte Stück löste einen enormen Skandal, gewissermaßen eine gesamtösterreichische Aufgeregtheit erster Ordnung aus. Die Österreicher waren gerade so schön ins Wirtschaftswunder gerutscht und stolz auf sich: da wurde ihnen dieser Herr Karl, von Qualtinger mit leiser, sich resignativ gebender Infamie gespielt, als Spiegel vorgehalten.

Der Magazineur einer Gemischtwarenhandlung redet da allein vor sich hin, was ihm halt so einfällt, und berührt mit seinen Geschichten die vielen heiklen Punkte in seiner und Österreichs Vergangenheit: aber er kann sich immer wieder selbst bestätigen, weil er lieber Widersprüche hinnimmt, anstatt sich auf einen Standpunkt festlegen zu lassen. Nur so bringt er die Gemütlichkeit und die Grausamkeit, den Eigennutz und die Liebelei, die Schleimigkeit und die Selbstachtung, den Anstand und die Treulosigkeit achselzuckend unter einen Hut. Und weil diese Verquollenheit eine so wienerische Weisheit ist, war eben alles gar nicht so, wie es angeblich war; und was sollte das schon für ein Verbrechen gewesen sein, wenn es doch gleichzeitig so menschlich war?

Was heute ein Klassiker auf Videokassetten ist, verschlug damals den Leuten die Luft: gerade die Treffsicherheit galt ihnen als ‚Nestbeschmutzung', das Vorführen der Doppelmoral als eigentliche Morallosigkeit, das gespiegelte Fehlen der Werte als künstlerische Wertlosigkeit und die enorme Brillanz der Darstellung als Beleidigung des Publikums. – Es war eine düstere Nebelnacht, durch die Qualtinger mit Doderer und Weigel mit dem Taxi in den ‚Falstaff' fuhren, um zu reichlichem Essen und Wein ein Meisterwerk zu feiern.

Einige Monate später unternahm Doderer in den *Commentarii* einen Versuch, das Phänomen Qualtinger definitorisch in den Griff zu bekommen, aber es blieb bei einer Skizze: „das hochgesteigert Egozentrische fast aller großen Schauspieler scheint hier völlig zurückgedrängt. Keine Röhren-Optik, sondern ein Rundhorizont. Qualtinger ist objektiv-amüsiert. Sein Wesen ist eher das eines Schriftstellers. Und ich halte ihn auch durchaus für einen solchen."[5] Den ‚Schriftsteller' meinte Doderer hier durchaus im Sinne seiner Theorie: daß dieser ein Fenster zur Welt sei; denn wenn er selber mit Helmut zusammen war, benahm sich eher er wie ein Schauspieler, dem der andere sehr aufmerksam zuhörte und zusah.

Und wenn Qualtinger sprach, dann war das meistens sehr leise: wie ein sanfter Koloß. Er, der seine Stimme zur gewaltigen schöpferischen Kraft oder zur Imitation nahezu jedes sprachlichen/charakterlichen Ausdrucks machen konnte, setzte sie privat soviel wie gar nicht ein; sein unauffällig neutraler Tonfall wirkte wie eine Rücksicht, die ihm natürlich war. Und seine Kunst des schauspielerischen Ausdrucks, die so häufig der perfekten Wiedergabe des Widerwärtigen, des Abgefeimten, des Hinterhältigen, des Bösen schlechthin galt, beruhte auf seiner genauen Beobachtung dessen, was er am wenigsten leiden konnte; er spielte nicht – wie so viele Schauspieler – immer wieder sich selber in einer neuen Variante, sondern er spielte seine Feinde – oder eher: die von ihm für gefährlich Erachteten, denen er aber noch in ihrer abgrundtiefen Vulgarität oder Bösartigkeit etwas wie Menschlichkeit gab, indem er – schauspielend – das Wesen des ihm Fremdesten zu ergründen versuchte.

Dieser Mann, den viele – auf Grund seiner Rollen, auf Grund seiner Erscheinung – für jemanden ‚zum Fürchten' hielten, war enorm empfindlich; und behandelte sehr feinfühlig auch andere so, als wären sie ebenso sensibel. Dazu kam ein sehr weit gespanntes literarisches Wissen und eine immer bereite Neugierde nach vielen Richtungen, aber vor allem eine wachsame politische Besorgtheit, die den Hindernissen oder Gegnern einer freien und schöpferischen Gesellschaft galt – auch das war ein Grund für die vielen ‚unsympathischen' Rollen, die er spielte: er wollte aufmerksam machen und warnen. Mit dieser seiner Intensität gelang es ihm auch, seinen älteren Mentor Doderer in seinen Bann zu ziehen: viele Elemente einer lebendigen offenen Gesellschaft wären diesem ohne Qualtinger kaum vermittelbar gewesen.

Und ebenso wie Doderer brauchte Helmut Alkohol (oder die Bühne), um seine überlastete Sensibilität soziabel zu machen, um in privatem Kreis aus sich herauszugehen und seine Fähigkeiten, mit durchaus eigenem Genuß, zur Unterhaltung der Freunde einzusetzen. So etwa sprach er mit Doderer im ‚Falstaff' plötzlich mit gehobenem Tonfall überzeugend Russisch, was ja weder er noch Doderer konnten: bis eine eindeutig irritierte sowjetische Delegation, einige Tische weiter, den Kellner schickte, um zu fragen, aus welcher Provinz dieser russische Herr käme, da sie kein Wort verstünden. Doderers Zuneigung zu Helmut Qualtinger war wirklich tief; wie immer das Gespräch verlief, ob leise über Literatur, ob laut mit *practical jokes* von Helmut: ‚der Alte' – auch so nannte er sich bisweilen – zeigte eine unverhohlene Freude über den jungen Freund; und oft auch geradezu staunende Bewunderung.

Am 5. Februar 1962 hielt Doderer im Palais Palffy eine Rede zum fünfundsiebzigsten Geburtstag Güterslohs; dann wurde ohne diesen im ‚Stiedl' weitergefeiert, mit Spiel und Flesch, Dora und Walther, Xaver Schaffgotsch, Peter Tschugguel und andern. Eine Woche später las Gütersloh in der Buchhandlung Dr. Gottfried Bergers, wobei Peter Tschugguel – oder als Schriftsteller: Peter von Tramin – den Einleitungsvortrag hielt; anschließend wurde im ‚Ancora verde' gefeiert. In dieser Nacht scheint es einen letzten Rückfall bezüglich Doras gegeben zu haben: Doderer tauchte dort spät und betrunken mit dem Taxi auf, und sie brachte es nicht zustande, ihn abzuweisen.

Vor drei Jahren hatte er einen anderen ‚Sibiriaken', nämlich Erwin Lang, das letzte Mal gesehen: sie waren gemeinsam bei dessen erster Frau, der seinerzeit so berühmten Ausdruckstänzerin Grete Wiesenthal, zum Abendessen eingeladen gewesen. Nun, am 16. Februar, stand er am Grab des alten Freundes, auf jenem Grinzinger Friedhof, wo auch er selbst schließlich die sogenannte letzte Ruhe finden sollte. Es schneite, war bitter kalt und obendrein sehr windig; anschließend gingen er und Xaver zu den ‚Drei Hackln', um sich nicht nur an der Heizung, sondern auch mit andern Mitteln zu wärmen; an Maria berichtete er jedoch, wie sie vom Friedhof mit dem Taxi direkt zu ihm nach Hause gefahren wären, um heißen Tee zu trinken – offensichtlich hielt sie ihn zu einem mäßigeren Leben an und konnte dann befriedigt lesen, wie erfolgreich sie damit gewesen war.

Tatsächlich stand es um seine Gesundheit immer wieder nicht zum besten; eine starke Bronchitis mit häufig auftretender Kurzatmigkeit schreckte ihn so sehr, daß er mit dem Baron Otto Haus – der Lungenspezialist war – den Primar Riccabona aufsuchte, damit die beiden Ärzte im Consilium entscheiden sollten, was zu tun sei. Man machte Röntgenaufnahmen, und bis der Befund – auf Bronchitis lautend – fertig vorlag, war diese bereits vergangen.

Und schon begab sich Doderer zu Frack-Proben; er sollte Ende März am Empfang des deutschen Bundespräsidenten im Schloß Schönbrunn teilnehmen: als einer jener höchsten Würden- und Kulturträger des Landes, die der Staat bei Gala-Diners vorzeigen wollte. Doch ist anzunehmen, daß er anläßlich des Fracks auch wieder einmal an den Nobelpreis dachte, den man bekanntlich ohne einen solchen nicht in Empfang nehmen kann. Ivar Ivask, der ausgezeichnete Beziehungen nach Stockholm hatte, war es letzten Herbst gelungen zu verifizieren, daß Doderer tatsächlich ein äußerst ernsthafter Anwärter auf den Preis gewesen und dann – wegen seiner ehemaligen Parteimitgliedschaft bei den Nazis – ausgeschieden war. Nun wollte dieser wahrhaftige Freund eine neuerliche Kampagne von den USA aus starten, welche die Wahrheit über Doderers kurze Beziehung zu den Nazis – genauso, wie dieser sie ihm erzählt hatte – bekannt machen sollte.

„Ihre Absicht, über meinen ‚Nazismus' endlich in der englisch sprechenden Welt die Wahrheit zu verbreiten, ehrt mich und freut mich innig!" hatte Doderer am 8. Januar zurückgeschrieben; und ab nun hoffte er bis zu seinem Lebensende weiter auf den Nobelpreis. Vielleicht dachte er auch bei jeder anderen Ehrung, bei jedem hochoffiziellen Auftreten wie jenem in Schönbrunn, dem am nächsten Tag noch ein Empfang des Bundespräsidenten im Palais Pallavicini gefolgt war, daß ihn das, Schritt um Schritt, dem Ziel näherbringe. Aber irgendeine tiefe Verstimmung nagte an ihm, sonst hätte er nicht am Abend nach den beiden Empfängen allein in seiner Wohnung bis halb fünf Uhr morgens getrunken.

Wenige Tage danach besuchte ihn der Komponist Wolfgang Fortner, neben dem er nach dem letzten Berlin-Aufenthalt im Flugzeug gesessen war, und lud ihn zu seiner Premiere in der Staatsoper am nächsten Tag. Doderer nahm geschmeichelt an und wählte sich als Begleiterin Marie-Louise, die er, nach sehr langer Unterbrechung, in letzter Zeit einige wenige Male wiedergesehen hatte. Doch war dieses sogenannte Privatleben meistens – von den wenigen freundschaftlichen Bindungen abgesehen – nur noch eine Ansammlung von Oberflächlichkeiten; mit berühmten oder weniger berühmten Namen, was nichts änderte – auch der ‚Bovist' Adorno kam ihn nochmals besuchen, ohne daß es Doderer etwas bedeutet hätte.

Von Ende April bis Mitte Mai war er krank: er litt über vierzehn Tage an dauerndem Durchfall, der alte Baron Haus kam jeden Abend, diagnostizierte ‚Darmkatarrh' – wohl statt infektiöser ‚Darmgrippe' – und behandelte ihn mit Sulfonamid, was schließlich einigermaßen erfolgreich war. Da jedoch sein späterer Darmkrebs – an der dafür bezeichnenden Stelle – fast ausschließlich als Folge eines nicht behandelten ‚Morbus Crohn' auftritt, könnte man hier bereits das erste Auftreten dieser Krankheit vermuten. Bei dieser handelt es sich um eine – Durchfall auslösende – Schleimhautentzündung des endständigen Dünndarms, wobei es nach längerer Zeit nahezu sicher zur karzinomatösen Entartung kommt (so daß man heute – gewissermaßen aus Sicherheitsgründen – häufig bereits ‚Morbus Crohn' operativ behandelt). Das Seltsamste jedoch ist: es handelt sich bei ‚Morbus Crohn' um eine psychosomatische Erkrankung, die meistens bei jüngeren Menschen – etwa zwischen zwanzig und fünfunddreißig Jahren – auftritt; in Doderers Alter ist sie jedoch extrem selten. Seine allgemeine Gemütslage – sein verleugnetes Leben – schließt jedenfalls eine psychosomatische Erkrankung keineswegs aus.

Was ihn zur Zeit ernsthaft beschäftigte, waren ausschließlich die Korrekturen zu den *Merowingern*, die diesen Herbst erscheinen sollten; erfreulich war neben der Arbeit, sobald er sie wieder aufnehmen konnte, nur noch ein Besuch von Frederic Morton und dessen Frau, da dieser sich als einer der verläßlichsten Herolde Doderers in Amerika erwiesen hatte.

Nach seiner – wohl nur scheinbaren – Genesung ging er Mitte Mai wieder einmal zu einer Besprechung ins Internationale Kulturzentrum in der Annagasse: dort hatten vor weniger als einem Jahr die Treffen all jener stattgefunden, die ihre gemeinsame Südtirol-Erklärung berieten; auch jetzt kam er in denselben Räumlichkeiten wieder mit dem Prälaten Ungar und Friedrich Heer zusammen, die schon damals dabeigewesen waren, und wurde schließlich zum Kuratoriums-Mitglied ernannt. Die Leiterin der Kulturzentrums, Inge Zimmer-Lehmann, hatte seinerzeit im selben Haus wie Doderer in der Buchfeldgasse gewohnt, zuerst unter seinem Atelier, nach seinem Umzug war er in der mit Mame Gold geteilten Wohnung ihr Nachbar geworden;

doch man war einander ausgewichen: bei Zimmer-Lehmann trafen sich nach dem Krieg regelmäßig die ehemaligen Widerstandskämpfer wie Fritz Molden (bei dessen Eltern Doderer in den dreißiger Jahren gelegentlich eingeladen gewesen war) – und mit den Altnazis wollte man nichts zu tun haben. Jetzt war Doderer – eben durch die Südtirol-Erklärung – den Rechtsnationalen ein Dorn im Auge und daher bei ihren Gegnern als prominentes Aushängeschild willkommen.

Er nahm es nun moralisch durchaus ernst, eine allgemeine Ethik jener Verpflichtung des Schriftstellers zuzuordnen, alle Dinge richtig zu sehen (auch ohne sich auf die ‚erste' Wirklichkeit zu berufen). Und wie weit diese Sichtweise in der längst schon heilig erklärten Kunst ging, bewies er bei der nächsten Sitzung des Kunstsenats: er forderte mit totaler und erfolgreicher Vehemenz den großen Staatspreis für George Saiko, den er persönlich seit langem mied, da er ihn für einen ‚Schurken und Widerling' hielt – aber eben auch für einen großen Schriftsteller. Am Abend danach erholte er sich mit den Webers, die wieder einmal in Wien waren; da es ein lauer Abend war, saßen sie unter den großen Bäumen im Gastgarten des ‚Schanzl', hinter den barocken (ehemaligen) Hofstallungen.

Doch leitete dieser schöne Abend keinen genußvollen Sommer ein. Zu Beginn der Urlaubszeit „hatt' ich ein macabres (und zeitraubendes) Erlebnis, beim Tode der Witwe des Theaterhistoriker Joseph Gregor, die allein in ihrer großen Wohnung verstarb, so still wie sie gelebt (ich kannte sie seit meiner Jugend). Ihre sämtlichen Angehörigen waren in ihren Autos davongefahren. Ihr Tod wurde rein zufällig entdeckt, durch einen deutschen Herren. Gütersloh und ich schickten uns schon an, sie begraben zu lassen, wozu ich vor allem die Leiche am gerichtsmedizin. Institut sistieren musste, sonst hätte man sie ‚ämtlich' verscharrt, etc. etc."[6] Daraus wurde später seine Erzählung *Tod einer Dame im Sommer*, darin es auch heißt: „Trennung von allem und jedem, Bitternis, Einsamkeit und Angst zogen eine schwere Spur durch mich."[7]

Dann litt er den ganzen Juli über an einer so schmerzenden Hüfte, daß er mehr oder weniger lahm war; seltsamerweise schrieb er diese Schmerzen seinem Alkoholkonsum zu und setzte mit diesem gänzlich aus – rund zwei Wochen –, bis er wieder gehen konnte. Und statt irgendwelche jüngeren Leute zur Gesellschaft zu haben, die ihn wenigstens momentan aufgeheitert hätten, stand plötzlich die aus der Heilanstalt entlassene Lotte Paumgarten an seiner Tür: er mußte sich um sie kümmern und ihr auch mehrmals mit höheren Geldbeträgen aushelfen. Er dachte an Ivar und Astrid Ivask und hätte sie wohl gerne dagehabt; ihnen galt die letzte freundschaftliche Liebe seines Lebens, und er schrieb ihnen, daß es eine „Dämonie des Österreichischen" gewesen sein mußte, die verhindert hätte, einander der Freundschaft entsprechend zu duzen; nun schlug er brieflich – Maria einbeziehend – mit energischer Herzlichkeit vor: „das ganze Quartett hat sich wechselseitig zu duzen!!!"[8] Aber das brachte die Freunde leider räumlich nicht näher.

In Landshut, wo er diesmal von Ende Juli bis Mitte November blieb, sollte ihm schließlich noch eine der schwersten Enttäuschungen seines gesamten Lebens bevorstehen: nämlich durch Gütersloh. Vorerst war er mit Korrekturen an den *Merowingern* beschäftigt und mußte im allerletzten Moment noch die Bedenken seines Verlegers, Gustav End, wegen des Wappens am Schluß des Buchs – zwei mit gekreuzten Balken durchgestrichene Eier – zerstreuen (er hatte es von Eggenberger gegen ein Honorar von fünfhundert Schilling malen lassen). Dann wartete er gespannt, wie Kritik und Publikum auf diese handfeste Überraschung reagieren würden. „Das Werk ist gewagt und bietet frei die Flächen zum Angriff, was manchen dazu provozieren wird (auch abgesehen von meinen notorischen Feinden ...)", schrieb er am 31. August an Hilde Spiel.

Doch während sich ein Großteil der Kritiker noch den Kopf zerbrach, war bereits – nach sechs Wochen – die erste Auflage vergriffen, und auch die zweite reichte nicht einmal bis Jahresende. Neben diesen Erfolgsmeldungen aus München fiel es ihm leichter, mit Marias Hilfe die angesammelte Post zu erledigen: es waren genau neunundneunzig Briefe – deren Fertigstellung er schließlich mit Nr. 100 und 101 an Ivar und Astrid feierte.

Nach einem zweitägigen Besuch mit Mienzi bei Hilde Spiel, mit der er nun ebenfalls per du war, und Hans Flesch in St. Wolfgang erhielt er vom Piper-Verlag die Druckbögen von ‚Sonne und Mond' nach Landshut gesandt und begann am 21. September die Lektüre. Bereits zuvor hatte er Friedrich Sieburg, der die Literaturseiten der ‚Frankfurter Allgemeinen Zeitung' leitete, angeboten, gleich nach dem Erscheinen von Güterslohs Hauptwerk – Ende Oktober – darüber zu berichten, was postwendend und begeistert akzeptiert wurde.

Doderer ließ sich fast einen Monat Zeit, um das Buch sorgfältig zu lesen, und fuhr zwischendurch auch einige Tage nach München, um reichlich viele *Merowinger*-Exemplare mit Widmungen zu versehen und verschicken zu lassen. Ariovist von Wissendrum kommt in ‚Sonne und Mond' erst spät vor, aber dann sogleich unverkennbar. Doderers Verblüffung muß zuerst darin bestanden haben, gar nicht glauben zu können, was er sah; mit der Gewißheit kam dann die Kränkung und der Schmerz. Nach rund fünfunddreißig Jahren treuer Dienste und Verdienste an und um Gütersloh, deren letzter seine Hilfe dabei gewesen war, gerade dieses Buch erscheinen zu lassen, hätte er sich zumindest eine respektvolle Anerkennung erwarten können – aber nie und nimmer eine öffentliche und geschmacklos-perfide Bloßstellung seines Wesens und sogar Aussehens über Dutzende von Seiten. Diese waren gewiß die peinigendste Lektüre seines Lebens; zum Beispiel wenn er, bei der ausführlichen Darstellung der Wissendrumschen Häßlichkeit, sein Gesicht beschrieben fand „wie etwa ein mittelgroßes, verwelktes Kohlblatt, das, in dickem Spülwasser schwimmend, durch einen immer mehr und mehr sich verstopfenden Abfluß soll"[9]; und Ärgeres über seinen Charakter und seine ‚Ideologie'.

Sicherlich war schon die bloße Tatsache solcher Beschreibungen durch den ‚verehrten Meister' mehr als schlimm genug – und blieb auch weiterhin für Doderer gleich unfaßbar. Doch dazu kam noch Güterslohs intimste Kenntnis seines Objekts und seine umwuchernde Gescheitheit, die das Wissendrumsche Wesen von allen Seiten und hinab bis in die Würzelchen durchdrang und bloßlegte, so daß nicht nur eine hämisch-boshafte Karikatur Doderers entstand, sondern wirklich ein Hieb ins Mark erfolgte, die Lächerlichmachung des Ideengebäudes eines ganzen Lebens, mit nichts als einer riesigen Ego-logie dahinter. Selbst wenn Doderer überzeugt war, diesem Bild nicht wirklich und eigentlich zu entsprechen, muß ihn vieles davon zumindest in seiner so kränkbaren Unsicherheit zutiefst betroffen gemacht haben. Und selbst die Teilwahrheiten waren noch vernichtend genug.

Und obendrein schluckte er diesen fürchterlichen Brocken völlig stumm. Er senkte das Haupt und schrieb eine respektgebietende Rezension für die FAZ. Nicht einmal in seinem langen Brief an Ivar – vom 1. und 2. November – spielte er darauf an, ganz im Gegenteil: er versprach dem Freund, für ihn bei Gütersloh eine Widmung zu besorgen. Und dabei blieb es bis zu seinem Lebensende: wer immer – Fremde oder Freunde – ihn zu diesem Thema ansprach, erhielt nicht mehr Antwort als vielleicht den Ausspruch: er hätte im Laufe seines Lebens schon alles über Gütersloh gesagt, was es zu sagen gebe.

Im Tagebuch reagierte er erst nach zwei Monaten: „Ariovist von Wissendrum nennt er ihn, und auch ich könnte ihn so nennen. Gut gezeichnet, leider auch, unfair genug, deutlich be-zeichnet (als „Bogenschütze"). Man muß das quittieren."[10] Erst im Mai kam er wieder darauf zurück, mit dem erleichternden Einfall, daß er sich seinerzeit als Schüler dem Meister aufgedrängt hatte, „und daraus erklären sich leicht einige unangenehme Aspekte seines Verhaltens gegen mich"[11].

Ab 15. November wieder in Wien, hielt er noch zwei Reden zu ‚Sonne und Mond': am 4. Dezember im Palais Pallavicini und am 18. im PEN-Club, und in keiner wurde Güterslohs Werk die hohe Anerkennung versagt, auch wenn er ihm, aus seiner Sicht, die Bezeichnung ‚Roman' nicht zuerkannte. In dem kurzen Vortrag im PEN-Club hieß es am Ende jedoch, daß es den ‚Fall Gütersloh' mit dem Erscheinen von ‚Sonne und Mond' nicht mehr gebe. „Ich habe meine Zeit zu Ende gedient [. . .] Damit nehme ich Abschied."

Zur selben Zeit verfolgte ihn die Firma ‚Hulesch & Quenzel', wie er dies in Fällen gelungener Wuterregung immer wieder bezeichnete. So war er zum Beispiel am 11. Dezember, nach alleiniger Posterledigung bis ein Uhr nachts, beim wohlverdienten Cognac im Fauteuil eingeschlafen und darin um halb sieben völlig zerschlagen aufgewacht. Nachdem er bis elf Uhr im Bett weitergeschlafen hatte, mußte er auf die Toilette, wo die alte Klomuschel bei versuchter Benützung lautlos auseinanderbrach; mit Hilfe der panisch herbeigeholten Hausmeisterin konnte wenigstens eine größere Überschwemmung verhindert werden. Er rief auch Poldi zur Unterstützung, da natürlich dringend eine neue Anlage eingebaut werden mußte, empfing sie aber an der Tür mit Wutgebrüll, da ihm am Vorabend, als er die Vorhänge zuziehen hatte wollen, diese samt der von Poldi montierten Karnische auf den Kopf gefallen waren. Während seines Donnerwetters merkte er gar nicht, wie bleich sie geworden war, doch dann begann sie zu kotzen und hörte stundenlang nicht mehr auf, so daß er als ihr Krankenpfleger alle Hände voll zu tun hatte; unterdessen stellten die Installateure fest, daß die neue Muschel nicht an die alten Rohre angeschlossen werden konnte und stemmten alles auf, bis der Schuttberg immer höher und höher wurde und und und . . .

Nach solchen Ereignissen und den letzten Diensten an Gütersloh fuhr er, kurz vor den Feiertagen, gern wieder nach Landshut, wo er noch vor dem Jahreswechsel gleichzeitig an *Tod einer Dame im Sommer* und *Unter schwarzen Sternen* zu schreiben begann. Die letztere große Erzählung, die er vom 25. Dezember 1962 bis 10. Januar 1963 schrieb, ist die einzige, die nicht nur in der Nazizeit handelt, sondern diese auch mit der damals und anschließend entwickelten Theorie darstellt. Was als abstraktes Denken einen hohen Aufwand an Metaphorik brauchte, um zu überzeugen, erweist aber gerade durch diese seine Wirksamkeit fürs Erzählen: es gibt die Bildhaftigkeit vor, in welche die Ereignisse dann überhöht werden. Dabei wird deutlich, wie sehr Doderers gelegentlich abstrus wirkenden Überlegungen das passende Instrumentarium für seine Kunst darstellen, als wären sie von Anfang an daraufhin konzipiert worden. Jedenfalls ist ihm mit *Unter schwarzen Sternen* eine ‚auratisch' dichte, sorgfältig komponierte Erzählung gelungen, die jene Zeit ungemein aussagekräftig beschreibt.

Doch nach diesem Aufenthalt, der bis Mitte Januar dauerte, schrieb er aus dem eisigen Wien (damals fror sogar die Donau zu) entschuldigend an Maria: „die Kunst hat mich gehunzt, daher impotent"[12]. Wie dauerhaft das war, wußte er noch nicht; und wie groß seine Irritation darüber war, schrieb er nicht auf. Bis zu eher gelassenen Äußerungen über die Impotenz vergingen noch rund zwei Jahre, in denen es allerdings keinen Hinweis mehr auf sexuelle Tätigkeiten oder ‚Dort unten'-Spiele gibt. Später stellte er fest, daß ihm nicht der Geschlechtsverkehr, sondern die „Quelle störender Belebung"[13] fehle; und schließlich gliederte er diesen Zustand seiner Gesamttheorie mit der Feststellung ein, daß alles Sexuelle bei ihm immer ein ‚Einfallstor der Deperception' gewesen sei, also zur Verweigerung gehört habe, die Wirklichkeit zu erkennen, wie sie ist; doch erst als ‚apperceptive' würde die Sexualität zu ihrem wirklichen Leben befreit. Auch diese Einsicht vermochte nichts an der Realität zu ändern.

Gerade damals – im Februar 1963 – erhielt Doderer von Hans Eggenberger die ersten drei Bilder eines siebenteiligen Zyklus, den er bestellt hatte: nämlich von ihm genau festgelegte Darstellungen – gleichsam Illustrationen – zum Kapitel ‚Dort unten', mit Maria als Vorbild der ‚purgermaistrin', wobei er sie nun als ‚hl. M. E.' bezeichnete – in Umkehrung ihrer wahren Namenfolge, die Emma Maria lautete. Die Titel der gelieferten Werke lauteten: ‚Die Entkleidung', ‚Die Dulderin nackend' und ‚Die Geisselung'. Als er dann im April das vierte Bild erhielt – ‚Marter der hl. Matrone Maria Emerentiana' –, schrieb er ihr begeistert: „Die schweren Brüste, der üppige Leib prachtvoll dargestellt."[14] Und als die Serie gegen Ende des Sommers fertig wurde, hängte er sie in seinem Schlafzimmer – hinter dem Paravent – an die beiden Wände, wo das Bett in der Ecke stand, und ließ von Poldi, trotz der üblen Erfahrung des Dezembers, darüber eine Karnische mit Vorhängen montieren; diese verhüllten im allgemeinen die Bilder, waren aber mittels eines Schnurzugs zurückzuziehen.

In diesem Frühjahr beschäftigten ihn vor allem *Roman No. 7/I* – die *Wasserfälle* – und *7/II*, für den nun ebenfalls schon der Titel feststand: *Der Grenzwald;* außerdem schrieb er im April *Tod einer Dame im Sommer* fertig, wozu noch mehrere Aufsätze kamen. *Die Wasserfälle von Slunj* sollten im Herbst erscheinen, und er war bis zuletzt mit Überarbeitungen und Korrekturen beschäftigt; so hieß etwa Slunj im Frühling noch Szluin, was die ungarische Schreibweise zur Zeit der Monarchie gewesen war, als das Gebiet zur ungarischen Reichshälfte gehört hatte. Nun ließ sich Doderer leicht überzeugen, daß die kroatischen Namen, wie sie seit dem Ende der Monarchie eingebürgert waren, eine bessere Lösung darstellten. Auch ließ er die ungarischen und tschechischen Zitate von seinen jeweiligen Spezialisten bearbeiten oder überhaupt erst einfügen, da er von beiden Sprachen keine Ahnung hatte, im Roman aber dann, nach einem tschechischen Satz, recht überlegen erklärte: „Übersetzung ist nicht statthaft (für gelernte Österreicher wäre sie zudem überflüssig)." So sprach er denn auch den ungarisch richtig geschriebenen ‚Globusz' mit sichtlichem Behagen als Glóbusch statt Globus aus und ließ sich nicht davon abbringen.

Vom *Grenzwald* gab es noch nicht einmal einen Probetext, doch beschäftigten ihn die theoretischen und inhaltlichen Überlegungen sehr intensiv. Es sollte ein rein aus seiner inneren Dynamik erfließender Erzählvorgang ohne jeden Kommentar werden, wofür er schließlich die Bezeichnung ‚roman muet' – der ‚stumme Roman' – fand; als Autor, der in seinen bisherigen Büchern gern dazwischengeredet und manchmal sichtbar Regie geführt hatte, verbot er sich sozusagen ab nun das Wort und die Einmischung. Zugleich tat er diesmal wirklich, was er in der Vergangenheit nur behauptet, aber nie wirklich durchgeführt hatte: er stellte ‚apriorische' Kompositionsentwürfe her, so daß erstmals die formalen Überlegungen auf die Entwicklung der entstehenden Handlung Einfluß hatten.

Während das alles erst undeutlich im Werden war und er auch noch ständig durch andere Arbeiten abgelenkt war – wozu wieder einmal eine in Landshut zu bewältigende Postflut kam –, kehrte das schmerzliche Gütersloh-Erlebnis aus anderer Richtung wieder: Humbert Fink, der schon seit Jahren gegen Doderer schrieb, benützte das Gütersloh'sche Material, um damit ein äußerst geringschätziges Bild von Doderer zu geben. Doch während dieser beim ‚Meister' noch ritterlich geschwiegen hatte, war er jetzt voll offener Empörung: alle Freunde von Hans Weigel über Hilde Spiel bis Ivar Ivask – der harte Kern der Heimitisten – wurden aufgefordert, es dem ‚Schmierfink' gründlich zu zeigen, also scharfe Briefe an die Redaktion des ‚Monat' zu richten, wo Finks Aufsatz erschienen war. Das befolgten sie getreulich und selber empört, aber Doderers Überzeugung, ständig von Feinden umgeben zu sein, hatte sich weiter verhärtet.

Unterdessen braute sich ein ganz anderer und wiederum völlig unerwarteter Konflikt zusammen. Doderer hatte Maria schon vor Jahren mit Dorothea Zeemann in Wien zusammengebracht, meist in der Gesellschaft Walther Schneiders; und hatte durch gutes Zureden nach beiden Seiten ehrlich – aber doch sehr naiv – gemeint, hier eine freundschaftliche Nähe fördern zu können. Beide täuschten ihn, aber nicht einander; während er von der für ihn bequemsten Lösung entzückt war und nur noch sah, was er auch glauben wollte (beileibe keine ‚erste' Wirklichkeit), belauerten sie einander mit süßlichem Lächeln. Schließlich hatte er Dora sogar für einen Tag nach Landshut eingeladen, um zu besiegeln, was er für Freundschaft hielt. Mienzi mußte für die liebe Freundin seine Lieblingsspeise kochen, nämlich Milzschnittensuppe, die Nachmittagsruhe sollte Dora (immerhin allein) in seinem Bett verbringen, damit sie wisse, wie er dort schlafe; und erst als sie abends nach München zurückfuhr, endete die stumme Pein für die beiden Frauen des nun hoch zufriedenen Heimito.

Von Mienzis bleibender Eifersucht oder gar der Überwachung durch Poldi hatte er natürlich keine Ahnung. Nun hatte er den Auftrag übernommen, für eine Sendereihe des Norddeutschen Rundfunks über verschiedene Städte Europas die Beschreibung Wiens zu verfassen; nach der Sendung aller Beiträge sollten diese auch noch gesammelt als Buch erscheinen, was finanziell recht lohnend war. Doch dann, als die Arbeit getan werden mußte, hatte er keine Lust dazu und delegierte die Sache, sicher gegen üppige Honorar-Beteiligung, an Dora: sie sollte sich selber etwas einfallen lassen, aber darin möglichst viele – wörtliche oder gedankliche – Zitate aus seinen verschiedensten Arbeiten über Wien oder Österreich verwenden, da der Text ja dann unter seinem Namen erscheinen mußte. So kam es nochmals zu einer Zusammenarbeit wie 1958 bei der Buch-Seite des ‚Kurier': sie brachte Vorschläge oder Textproben zu ihm, er beriet und redigierte. Und Poldi berichtete.

Als ihn Maria anrief, war sie tränenreich zur Scheidung entschlossen; die diesmal durchaus wahren Beteuerungen seiner Unschuld und die genaue Darlegung des Sachverhaltes nützten nichts: er hatte seine Glaubwürdigkeit längst verspielt. Schließlich kam es doch zu einem Kompromiß: Dora dürfe, auch unter dem Vorwand bloßer Arbeitshilfe, nicht mehr allein in seine Wohnung kommen; als Unterstützung bei der Erledigung der Post und anderer Arbeiten möge er sich jemanden andern suchen.

Gerade an diesem Samstagnachmittag – dem 22. Juni 1963 – sollte ein zwanzigjähriger Student der Philosophie, begeisterter Kenner aller Werke Doderers und selbst mit Schreibversuchen beschäftigt, auf einen kurzen Besuch kommen: das war ich.

Ich hatte Doderer im Oktober 1960, bei seiner Lesung vor den sozialistischen Studenten, erstmals persönlich erlebt, ihm dann einen jugendlich überschwenglichen Brief geschrieben und war gegen Ende November – knapp zwei Wochen vor seiner Stimmbandoperation – bei ihm am Spätnachmittag zu einem etwa zweistündigen Gespräch eingeladen worden. Doderers konzentriert lauernde Aufmerksamkeit, wenn ich etwas sagte, schüchterte mich so ein, daß ich mich den Mund bald nicht mehr zu öffnen traute; zugleich behandelte er mich – den damals Siebzehnjährigen – durchaus wie einen Erwachsenen, bot Whisky und Zigaretten an (was mir beides zuhause natürlich verboten war) und bemühte sich mit Freundlichkeit um ein Gespräch, das dennoch von den langen Pausen meiner stummen Hilflosigkeit beherrscht wurde. Er hatte es also etwas schwer, versuchte mich mit der Erklärung anzuregen, daß er sich mit der Germanistik und den Klassikern, mit der Literaturgeschichte und dem Theater absolut nichts anzufangen wisse und schrieb mir zuletzt Dedikationen in die mitgebrachten Bücher.

Dennoch wurde ich, als besonders junger und daher für die erfolgreiche Zukunft seiner Werke wichtiger Anhänger, bereits im nächsten April zu einem neuerlichen Besuch zugelassen, wobei es ihm diesmal gelang – und sei es, weil der Alkohol noch schneller wirkte –, mir die Befangenheit zu nehmen. Zu schreiben, meinte er damals, könne man gar nicht jung genug anfangen – und dürfe dann niemals eine germanistische Vorlesung besuchen. Auch zeigte er die beiden Reißbretter neben seinem Schreibtisch: das kleinere für Detailentwürfe einzelner Abschnitte, das große für die Gesamtkomposition. Um die Sache einem Ahnungslosen verständlich zu machen, verglich er diese Zeichnungen mit der Darstellung eines Flusses: wo dieser breit, an der Oberfläche ausgedehnt und langsam fließend sei, wo er sich verästle und wo er tief und eng sei, mit immer größerer Geschwindigkeit. Um das doch zu einfache Bild zu differenzieren, verwies er dann auch auf die Partitur von Beethovens Siebenter, die dahinter auf einem Vorsprung des Bücherkastens stand (gleich neben seinen bogenschießenden Spielzeug-Indianern und dem Keramikgetier, wie Krebsen, Krokodil, Drachenaschenbecher und ähnlichem, das von dort aus auch den kleinen Schreibtisch invadierte).

So kam es, bis zu jenem Juni 1963, weiterhin zu etwa ein bis zwei Besuchen pro Jahr, stets von fünf bis rund sieben oder halb acht Uhr abends. An dem Bild Doderers, das sich damals in mir entwickelte, erschreckte mich vor allem – durchaus Mitgefühl erweckend – die Bitternis, mit der er immer wieder darauf zu sprechen kam, wie spät der Erfolg in seinem Leben gekommen und daß er nun viel zu alt sei, um diesen noch genießen zu können; und außerdem, so sagte er häufig mit sich zusammenballender Finsternis im Gesicht, hätte ihm das Militär elf Jahre seines Lebens geraubt (dabei zählte er allerdings die vier Jahre ‚Elysium‘ mit, die ihn zum Schriftsteller gemacht hatten). Ebenso erbittert waren seine Anspielungen auf die Jahre im Bann seiner Familie; dazu kam die häufige Erwähnung der Feinde, woran ich kaum glauben konnte; doch manchmal war sein Blick, in fast naiver Ungebrochenheit, wie der eines weidwunden Tieres, das nicht begreift, warum man es verletzt hat; und er wirkte auf mich, bei zunehmendem Vertrauen, dann durchaus erschütternd; wozu oft kam, daß ihn lange Hustenanfälle quälten.

Daneben gab es für mich durchaus Seltsames, ganz abgesehen von den intensiven Duftwolken von ‚Eau de Lavande‘, die selbst aus jedem seiner Bücher aufstiegen, wenn man es öffnete; so etwa seine dringende Leseempfehlung für Paul Bussons kitschig-mystischen Roman ‚Die Wiedergeburt des Melchior Dronte‘ – er nannte den Autor einen „wirklichen Dichter“; das nächste Mal war es Conan Doyles ‚Der Hund von Baskerville‘. Ein anderes Mal erklärte er, Gütersloh und er seien sich darin absolut einig, daß ‚Der Schut‘ von Karl May – „ein Meisterwerk!“ – die bei weitem beste Grundlage für ein romantisches Opernlibretto darstelle. Dazu kamen seine lebhaftest geschilderten Prügelanekdoten von Beethoven, der ernsthafte Bericht, daß der größte Österreicher aller Zeiten – nämlich Franz Schubert – auf Grund des täglichen Genusses von zwölf Krügel Bier an ‚Herzbeutelwassersucht' gestorben sei (was nun wirklich mit keinerlei Quellen übereinstimmt) sowie seltsame Geschichten über Johannes Brahms, die er als direkte Überlieferung seines Cellolehrers, der Brahms noch gut gekannt habe, ausgab: der Meister habe auf die Toilette am Gang, die für alle Bewohner des Stockwerks bestimmt war, stets Notenpapier mitgenommen und so lange komponiert, bis die angesammelte Menschenmenge vor der Tür in ihrer natürlichen Bedrängnis zu heftig zu toben begann.

Besonders gern auch berichtete Doderer von Thornton Wilder: wie dieser einen Whisky bestellt habe und dann dem bereits servierenden Ober versicherte, daß er nicht ‚Glas' dazugesagt habe, also natürlich eine Flasche meine; wie er zwei anwesenden Wiener ‚Adelsgören' die Bedeutung Doderers zu erklären versucht habe; wie er ‚den nächsten Whisky' mit der Bemerkung eingeleitet habe: „Liebe Freunde, bei der zweiten Flasche red' ich lieber englisch!" und dann den aristokratischen Fräulein, auf Doderer weisend, zurief: „He is just like Beethoven – do you understand: just like Beethoven!"

So machte Doderer den Eindruck einer kaleidoskopartig wechselnden Buntheit in immer wieder anderen Stimmungen, rasch zwischen schwermütig und fast kindisch vergnügt wechselnd, von explosiver Lebhaftigkeit oder in innere Starre versinkend; wenn er unaufgefordert Manuskriptbücher oder Konstruktionszeichnungen herbeibrachte, um sie einem zu zeigen, konnte man ihn für offen und mitteilsam halten, und prallte gleich darauf mit irgendeiner Bemerkung an verschlossene Finsternis. Ich bewunderte ihn damals nicht nur, sondern hatte aus eigener Unsicherheit zudem das dringende Bedürfnis, mehr Orientierung zu finden; und daß er, diese zu geben, imstande und bereit war, vermittelte mir Doderer durchaus – nicht nur durch Apodiktik, sondern auch sehr genau zuhörend und einfühlsam in seinen Antworten. Doch war ich zu jung, um umgekehrt ihm als Gesprächspartner viel bedeuten zu können, abgesehen von meinem Interesse für sein Werk; Momente der Fremdheit zwischen uns waren immer wieder spürbar geworden – und nicht nur in bezug auf Robert Musil, den ich (darüber bald sehr verschwiegen) höher schätzte.

An jenem 22. Juni 1963 – Doderer hatte mir bereits vorher am Telefon gesagt, er hätte nur wenig Zeit – geschah Merkwürdiges: nahezu unmittelbar nach meinem Eintreffen fragte er mich mit eher unverständlichem und fast besorgtem Interesse, ob ich in der Lage sei, mit Spagat und Packpapier eine Postsendung versandreif zu machen; als er dann noch, nachdem ich irgendwelche Bücher verpackt hatte, ebenso intensiv fragte, ob ich, wenn er mir das Geld gäbe, mit dem Päckchen und einem Brief auf die Hauptpost fahren könne, um beides aufzugeben, und anschließend mit dem restlichen Geld neuerdings ein Taxi nehmen und zu ihm zurückkehren würde, fühlte ich mich fast für grenzdebil gehalten; sagte aber, ich würde mir das zutrauen. So schickte er mich auf die Reise vom neunten in den ersten Bezirk und zurück und schien überrascht und erfreut, als ich wieder kam und ihm das restliche Geld gab. Ich nahm an, ihm – in seiner am Telefon behaupteten Eile – behilflich gewesen zu sein und nun verabschiedet zu werden.

Statt dessen setzten wir uns zu Drinks, und nun schlug er mir vor, etwa zehn Mal monatlich nachmittags zu kommen und ihm bei der Erledigung seiner Korrespondenz behilflich zu sein. Ich sagte sofort zu, vergaß meinen Eindruck, eben noch für grenzdebil gehalten worden zu sein, und dachte, dieser große Mann müsse in mir besondere Qualitäten gesehen haben (von der Zeemann und dem Telefonat Mienzis wußte ich natürlich nichts); es war mir geradezu peinlich, daß er mir für diese künftige Tätigkeit – sie konnte wegen meiner Abwesenheit in den nächsten drei Monaten erst im Herbst beginnen – sechshundert Schilling monatlich (wie sie auch die Poldi erhielt) nicht nur anbot, sondern darauf bestand, daß ich die erste Zahlung gleich entgegennähme: damit er sich meiner „sicher sein könne". Anschließend lud er mich ein, ihn zum Abendessen in den ‚Falstaff' zu begleiten; als er mich vor dem Verlassen der Wohnung mit ‚Eau de Lavande' besprühen wollte, sprang ich entsetzt zurück, was ihm unverständlich blieb; und beim Essen erzählte Doderer viel über Sibirien und, geradezu mit Rührung, über das Wohlbefinden der Gefangenen dort, was wiederum mir äußerst rätselhaft war.

Einen Freund hatte er an die Ferne verloren, nämlich Edmund Schüller, der geheiratet hatte und dann – diesen Frühling – eine Berufung an die Universität von Buffalo in den USA akzeptiert hatte.

Dennoch sollte es ein Sommer der Heimitisten werden und nicht so trist und einsam wie vor einem Jahr, beim Tod einer Dame im Sommer. Vor allem waren die Ivasks da, und als er mit ihnen beim ‚Stiedl' saß, rief er begeistert aus: „Ihr kommt mir wie Jugendfreunde vor!" Ivar hatte seinen Band deutsch geschriebener Gedichte – ‚Gespiegelte Erde' – mitgebracht, Doderer dafür mit viel Fleiß einen Aufsatz über estnische Lyrik geschrieben, und so ergab sich sofort wieder jener rege Austausch, wie er während des Sabbatical entstanden war. Zu dritt besuchten sie die gemeinsamen Freunde, soweit diese im Sommer anwesend waren, machten lange Spaziergänge und saßen wieder in den schon seinerzeit bevorzugten Wirtshäusern. Allerdings war es diesmal nur ein kurzer Aufenthalt, da die beiden in diesem Sommer noch Rom und anschließend Finnland besuchten.

Doch war Doderer diesen Sommer umgänglicher und ließ sich sogar im Auto zu einem zweitägigen Fest Herbert Eisenreichs in Sandl mitnehmen. Dieser hatte sich dort – in einer der abgelegensten Gegenden, fast an der Grenze der Tschechoslowakei zu Oberösterreich – um einen enormen Verlagsvorschuß ein Haus gebaut, damit er sein Riesenwerk, den auf 1500 Seiten geplanten Roman ‚Sieger und Besiegte', in Ruhe schreiben könne; allerdings kam er, aus ständigem Geldbedarf Auftragsarbeiten produzierend, über das vor diesem Bau entstandene Fragment dann nie mehr hinaus (und blieb später sogar, nach dem verlustreichen Hausverkauf, durch seine Schulden weiterhin blockiert). Doderer war, was diese Umstände sowie Herberts vielseitige Auftragsschreiberei betraf – so daß die Erzählprosa entschieden zu kurz kam – äußerst skeptisch; hier erschien ihm sein langer Weg durch die Armut, bis er mit der ‚reinen' Kunst genug verdiente, beispielhaft und Freund Herbert – mit dem er erst jetzt Bruderschaft schloß – ein warnendes Beispiel (allerdings bedachte er nicht, wie viele Jahre seines Lebens nur durch die mütterliche Unterstützung so möglich gewesen waren).

Bei dem Fest, zu dem er mit der Sekretärin des PEN-Clubs, der liebenswürdigen Erika Hanel und ihrem Freund, dem ungarischen – seit seiner Flucht im Jahre 1956 deutsch schreibenden – Schriftsteller György (‚Gyuri') Sebestyén gekommen war, traf er auch die Verfasserin der zweiten deutschsprachigen Dissertation über ihn wieder, nämlich Elisabeth Stengel, die im Mai dieses Jahres promoviert hatte; zudem waren noch zwei deutsche Auslandskorrespondenten und ein Stuttgarter Buchhändler anwesend; Herberts Frau Traudl kannte Doderer ja bereits aus Hamburg, woher sie stammte. Es dürfte nicht wenig Alkohol geflossen sein: später erinnerten sich die Beteiligten eher an die allgemeine Vergnügtheit als an konkrete Anlässe dazu. Nach Doderers Abreise ging dieses Sommerfest weiter, und am nächsten Tag erhielt er in Wien ein Telegramm, in dem „DIE ABWESENHEIT JENES VEREHRTEN MEROWINGERS OHNE DEN DIE FAMILIE NICHT MEHR TOTAL IST" lebhaft bedauert wurde.

36. Pelimbert d. I.

Ab Mitte August 1963 erschienen in der Frankfurter Allgemeinen Zeitung, von André Razumovsky sozusagen mit Fanfarenklang eingeleitet, *Die Wasserfälle von Slunj* in täglichen Fortsetzungen auf der zweiten Seite (am Wochenende in der Literaturbeilage). Die Buchausgabe folgte Anfang September und übertraf den Erfolg der *Merowinger:* die Leser warteten keine Kritiken mehr ab, die erste Auflage war blitzschnell vergriffen, und das Buch schien allerorts in den Bestsellerlisten auf, in Österreich sogar – ein Mal – auf dem ersten Platz.

Doderer war mit Mienzi zuerst in Bayreuth gewesen – zwei Abende im Festspielhaus –, dann nahm er in Landshut den ‚durchschlagenden Erfolg' erfreut zur Kenntnis; außerdem war *Unter schwarzen Sternen* im Jubiläumsband 100 der ‚Bücher der 19' erschienen. Auch *Tod einer Dame im Sommer* erschien jetzt im Beck-Almanach zum zweihundertjährigen Bestand des Verlages, der natürlich würdig gefeiert wurde, unter anderm mit einer Rede seines berühmtesten Autors.

Am 19. September war er wieder in Wien; und nun hatte er, abgesehen von den Alltagsbelästigungen, wirklich den Rücken frei für *R 7/II:* in diesem Herbst sollte die Vorbereitung, Erahnung und intime Vision des *Grenzwaldes*, ein tastendes Ausfühlen mit kaum jemals gekannter Aufbruchsstimmung, zu einer Intensität gelangen, die alles andere völlig in den Hintergrund drückte – und das durchaus noch ohne jeden Text. Er suchte die verschiedenen Steinchen seines Puzzles und erlebte, wie sie – gewissermaßen einander assimilierend – zusammenwuchsen, was jedesmal wie eine Bestätigung des prinzipiellen Wahrheitsgehaltes aussah; als hätte er keinen Einfluß darauf gehabt, was er seiner Erinnerung oder der Außenwelt für seinen Stoff entnahm.

Den stärksten Eindruck machte ihm diesbezüglich jetzt die Villa Ben Tiber im Hütteldorfer Haltertal mit dem anschließenden ‚Grenzwald'. Vor anderthalb Jahren hatte er sie noch als „Maximum an verrückt gewordener roher Geschmacklosigkeit" bezeichnet und auch nicht gewußt, daß ihr Architekt Otto Wagner gewesen war: „kein Mensch würde heute mehr so bauen (vielleicht war's auch damals ein Unmensch)". Doch nun war er entzückt: „war heute in Hütteldorf in einem prachtvollen, aber wüst und leer liegenden Palast im Walde (habe mir Eingang verschafft): hier ist das Zentrum von R 7/II. Ich habe den Photographen Hubmann bei mir gehabt, er hat alles aufgenommen [...] Das Gebäude wird abgerissen werden", schrieb er an Maria.[1]

Enthusiastischer ist seine Eintragung im Tagebuch:

„Lebenbeschreibung

Ich bin auf dem in mäßigen Zustande befindlichen Geh-Steige (Trottoir) vor der Villa Ben Tiber im Haltertale hinter Hütteldorf am 25. Oktober des Jahres 1963 um die Mittagszeit zur Welt gekommen."[2] Zwei Tage vorher hatte er seine Neugeburt noch anders definiert: „Die einzige stets vorhandene und allseitige Realität meines

Lebens jetzt ist seine tiefe Depression. Aus ihr allein kann ich mein neues Dasein gebären."

Tatsächlich gehören die beiden Selbstbeschreibungen eng zueinander: hatte schon *Roman No. 7/I* ,letal' geendet, ohne daß er das, wie er sich dann entschuldigte, verhindern hätte können, so lag das Todesmotiv dem *Grenzwald* von Anfang an zugrunde: und er würde selbst mit hindurch gehen müssen, versicherte er (sich und andern) mehrfach – nämlich eben durch jenes lichte Wäldchen, das für eine der Hauptfiguren des Romans todbringend sein sollte. Für sich selber meinte Doderer den letzten und endgültigen Tod des stehengelassenen Lebens, die Geburt in die ,reine Apperceptivität' – eine Art von Satori des Schriftstellers, die letzte Erleuchtung zur Kunst.

So sagte er auch immer wieder – was seinen Gesprächspartnern eher schwer verständlich war –, es sei ihm zumute, als hätte er noch nie einen Roman vor diesem geschrieben; oder: sein ganzes Lebenswerk wäre sinnlos, wenn ihm dieser ,zweite Satz' nicht gelinge. Wobei Erleuchtung zur Kunst noch zu wenig meint: denn eine der Voraussetzungen dieser Komposition war die Einsicht in die Mechanismen von Leben und Sterben selbst; er glaubte nun tatsächlich, Gottes verborgene Wege – per analogiam – darstellen zu können; auch wenn er das so kaum zugegeben hätte.

Seine Ansicht vom Gang des Schicksals entwickelte er vom ursprünglich einfacheren Konzept des ,Umwegs' oder der ,Umwege' zu seiner Überzeugung weiter – die übrigens auch in einigen mystischen Schulen vertreten ist –, daß ein gradliniges Richtigmachen im Leben, durch Gnade oder Erkenntnis, schnell zu dessen Erfüllung führe, zum Tod, also dem Übergang in ein höheres Stadium. Somit werden die ,Umwege' auch zum göttlichen Geschenk, nicht im landläufigen Sinn als langes Leben, sondern als Chance für die Befangenen und Schuldverstrickten, doch noch zur richtigen Einsicht zu kommen. Damit gab Doderer seiner Behandlung der ,Konstanz von Charakteren' geradezu ein klares Maß: und das ist zumindest eines der geheimen Konzepte des *Romans No. 7/II.* Denn erzählt wird darin hauptsächlich die Geschichte eines jungen Mannes, dem es immer wieder leichtfällt, das ,Richtige' zu tun; ein Älterer (Ziehnhammer), der weit von jener Gnade entfernt ist und einige deutliche Parallelen mit Doderer selbst aufweist, tötet den Jüngeren, auf Grund eines noch dazu falschen Verdachtes, im Grenzwald.

Doch diesen Zusammenhang so unkenntlich wie nur möglich zu machen – nämlich daß sich gerade die schicksalshafte Notwendigkeit im anscheinend sinnlosen Zufall verbirgt – war die so neue Aufgabe: der Mord wird auf einer ganz andern Ebene (nämlich jener der langen und komplizierten Geschichte des falschen Verdachts) begründet. Nach diesem Muster sollten alle Zusammenhänge der Handlungen und Personen mehrfache sein, wobei die sichtbaren und klar verständlichen die belanglosesten sind – und jene wirklich entscheidenden nie ausgesprochen werden: wer sie erkennt, sieht sie als die stumme Sprache der Wirklichkeit. Der ,roman muet' ist der Roman der Regeln des Schicksals, die der Sterbliche gar nicht durchschauen sollte – und die der Autor nicht ausspricht, weshalb er ,stumm' erzählt.

Eben deshalb wird die Komposition wichtiger denn je: ,exzentrische' – also weit vom Zentrum der eigentlichen Geschichte entfernte – Einsätze werden zur Regel; ein still sich entwickelndes Chaos, ein unverständliches Leben, in das einzelne ihre falschen Ordnungsprinzipien und Epochisierungen einbringen, sollte sich ganz natürlich entwickeln und die wirklichen Zusammenhänge nicht preisgeben, sondern verhüllen; und nur der Komponist weiß um die Fundamentalia, die das Disparate ehern zusammenhalten. – Die Beratungskonsilien mit Beethovens Partituren verstehen sich dabei von selbst.

Es handelt sich hier gewiß um eines der ehrgeizigsten Projekte der Romanliteratur insgesamt; und verblüfft durch eine Kohärenz der Ansprüche – zuerst ans Leben, dann an die davon abgehobene Kunst –, die in mehr oder minder steter Entwicklung von der mandschurischen Gefangenschaft bis ans Lebensende reicht; von dubiosen Quellen bis zu einer Metaphysik oder Mystik ausgestaltet, ohne deren Anerkennung als Wahrheit keinerlei ‚Nachfolge' in dieser Literatur möglich ist. Doderer wollte eine Schule des gänzlich sich erneuernden Romans gründen und wurde, je mehr er sich seinem wesentlichen Ziel näherte, zum absolut singulären Phänomen.

Daß ihn neben der Entwicklung dieser Vision – mit den unzähligen Problemen der konkreten Durchführung – wenig anderes wirklich beschäftigte, liegt auf der Hand. In den Tagebüchern ist daneben etwas festzustellen, das ihr späterer Herausgeber Wendelin Schmidt-Dengler vornehm als wachsende Misogynie bezeichnet: eine Geringschätzung der Frauen prinzipiell – und der Männer, soweit sie sich mit ihnen auf eine Ehe einlassen. Insgesamt eine Auseinandersetzung, die zunehmend grob und primitiv ausfiel, wenn auch auf sprachlich hohem Niveau als tiefe Einsicht dargeboten. Es war ein weiteres Distanznehmen vom Leben und den Problemen, die er darin nicht bewältigt hatte.

In diesem Herbst war auch der Roman seines ‚Schülers' Peter von Tramin – oder: des Baron Tschugguel – erschienen: ‚Die Herren Söhne'. Darin geht es vorwiegend ums psychische Gemurkse und die Promiskuität der jungen Aristokraten Wiens. Auch um des gesellschaftlich beliebten Rätselspiels wegen, wer denn da gemeint sei, wurde das Buch zumindest zu einem lokalen Erfolg. Doderer ging in einer wieder einmal ‚letzten' Kritik sehr ernsthaft darauf ein, um verschiedene künstlerische Kompetenzen des Autors nachdrücklich aufzuzeigen; da er aber gleichzeitig seine eigene Urteilsfähigkeit nicht desavouieren wollte, mußte er doch darauf hinweisen, daß man zum Beispiel mit ‚grobem Geschütz' niemanden ‚um den Haufen [zu] rennen' pflege, sondern eher aus der Entfernung damit zu schießen; sehr stolz war er, bei aller Loyalität, auf seinen einzigen Schüler nicht – und schenkte sein Belegexemplar nach der Fertigstellung der Kritik sofort weiter.

Einige Zeit und Mühe kostete ihn Ernst Erich Noth; die Bekanntschaft mit diesem reichte bis ins Jahr 1960 zurück: damals war Noth Professor der Marquette University in Wisconsin gewesen und hatte seit zehn Jahren die renommierte Vierteljahrszeitschrift ‚Books Abroad' herausgegeben, die über literarische Neuerscheinungen aus nahezu sämtlichen Sprachen der Welt unterrichtete (nach Noths Abgang wurde sie von Ivar Ivask übernommen, der selber zwölf Sprachen beherrschte und die Zeitschrift zu höchster internationaler Geltung brachte). Damals war Noth, der mit einem Stipendium des Deutschen Akademischen Austauschdienstes zwei Monate in Europa das Material zu einem Buch über den zeitgenössischen Roman gesammelt hatte, sehr willkommen gewesen, um als weiterer Propagandist Doderers in Amerika zu wirken; und diese Erwartungen erfüllte er auch.

Nun war er wieder hier: er hatte seine Familie und seinen Posten verlassen, um mit einer Studentin, die bereits ein Kind hatte, ein neues Leben zu beginnen; sein erster Standort war Paris. Doderer war wie bei allen, die sich für ihn bewährt hatten, äußerst loyal: er marschierte brav ins Unterrichtsministerium zum zuständigen Ministerialrat Dr. Hans Brunmayr und zu Dr. Wolfgang Kraus, der seit Dezember 1960 die von ihm gegründete ‚Österreichische Gesellschaft für Literatur' leitete, und brachte es zustande, daß Ernst Erich Noth für zwei Monate – bezahlt, mit der Verpflichtung zu Vorträgen – nach Wien eingeladen wurde. Außerdem setzte er sich auch beim Beck-Verlag für ein germanistisches Werk und schließlich bei Biederstein für einen ‚vehementen' Roman Noths ein, der in Frankreich erschienen war.

In diesem Herbst hatte sein ‚Secretarius mit dem häßlichen Namen' – also ich – seine Tätigkeit aufgenommen. Ich kam zwei- bis dreimal wöchentlich gegen fünf Uhr nachmittags, wir nahmen einen Kaffee und/oder Drink – manchmal bevorzugte Doderer ‚Café royal', also mit Cognac, oder dann bei größerer Kälte einen ‚Fiakercafé', mit Sliwowitz – und danach begann die meistens rund zwei- bis dreistündige Arbeit: er diktierte, ich schrieb auf dem größeren Schreibtisch im ersten Zimmer (‚Salon') mit seiner schrecklichen uralten Koffermaschine mit den beiden Höhenschaltungen. Weniger eilige Briefe, die ich nach Diktat auf dem Notizblock mitgeschrieben hatte, ließ er mich auch zuhause auf meiner eigenen – damals modernen – Schreibmaschine schreiben. Und mit zunehmendem Vertrauen gab er mir auch Briefe mit, zu denen er mir bloß vage sagte, wie ich sie zu beantworten hätte; meine manchmal übertriebenen Imitationen seines Stils und vor allem der Orthographie – gelegentlich schrieb ich auch ‚sey' und streute großzügig ‚c' statt ‚k' – amüsierte ihn ziemlich; auch er hatte Altertümeleien in seinen launigeren Briefen zunehmend eingesetzt; gemeinsam und wiehernd trieben wir jetzt diesen Unfug zu Blüten kindischen Vergnügens (was ihm die Postarbeit sichtlich erleichterte). Etwa nach einem Jahr fing ich, natürlich mit seinem Einverständnis, auch an, diese bei mir geschriebenen Briefe als ‚Heimito von Doderer' – an links stehende Persönlichkeiten ohne ‚von' – zu unterschreiben und abzusenden; beim nächsten Besuch brachte ich nur die Durchschläge. Es war ihm alles recht, was die Postflut – ohne seine allzu große Anteilnahme – einzudämmen half.

Die einkommende Post wurde in drei verschiedenen Mappen abgelegt: aus der ersten wurde stets alles erledigt, aus der zweiten vieles, doch reichlich spät; bei der dritten erreichte die Verpätung ein solches Ausmaß, daß mittlerweile für einen Großteil der Briefe die sogenannte ‚Selbsterledigung' eingetreten war. Was sich als natürliches System ergeben hatte, wurde nun perfektioniert, d.h. daß jeder Brief, dessen Selbsterledigung durch Terminversäumnis abzusehen war, sofort in die dritte Mappe kam, was uns jedes Mal diebische Freude bereitete.

Dann ergab sich, nach anfänglicher Artigkeit meinerseits, daß die vielen Höflichkeiten Doderers, mit denen er auf absurde Ansinnen, auf schreckliche Manuskripte und vor allem auf jeden Schmeichler der glatten Art sorgfältig einging, mir schnell den Eindruck machten, dieser ganze Aufwand sei nicht notwendig. Doderer wußte immer wieder nicht, ob es richtig oder gar wichtig sei, diesen oder jenen Brief zu beantworten. Nach einer besonders penetranten Briefschreiberin (Leserin), die in kurzen Abständen lange und extrem banale Empfindungen bei ihrer Lektüre Doderers zum besten gab, ordnete ich Briefe dieser Art unter ihrem Namen, nämlich ‚Jugl' – und veranlaßte Doderer relativ bald, gedruckte Karten für solche Fälle herstellen zu lassen, die er (oder ich) wenigstens mit Autogramm versahen: es wurden zwei verschiedene Drucksorten gedruckt, nämlich ‚Jugl I' – fürs freundliche Interesse dankend – und ‚Jugl II' – Ablehnung aller Fälle, die außerhalb des Interesses des Autors lagen; ab nun war es leichter, einen Teil der Post ‚abzujugln'. Dazu kam noch, einem dringenden Bedürfnis Doderers folgend, eine Karte, auf welcher die Behandlung aller Zuschriften, bei denen sein Name „verstümmelt" geschrieben worden war, entschieden zurückgewiesen wurde: „weil solches den bescheidensten Forderungen der Höflichkeit widerspricht".

Für ‚Jugl I' kamen viele Briefe von Damen in Frage, die etwa – die *Strudlhofstiege* bewundernd – mitteilten, daß sie bereits in den zwanziger Jahren immer besonders gern über diese gegangen wären, und heute noch – zum Beispiel jeden Mittwoch vormittags – im Café ‚Brioni' anzutreffen seien, am dritten Tisch links (in deutlicher Erwartung): sie erhielten den Titel ‚Strudlhofziegen'. Und ich, vor allem meines Spottes wegen, denjenigen eines ‚Halbstarken'. Zwar trug ich Jeans, aber keine schwarzen Lederwesten; doch Doderers Erleichterung durch meine Maßnahmen war ein wenig von schlechtem Gewissen begleitet, weil er bisher so höflich gewesen war; erst ein ‚Halbstarker' – in allen Notizen an mich mit ‚H. St.' abgekürzt – rechtfertigte eben vieles.

Manche Post und/oder Versandarbeit erledigte ich auch, wenn Doderer – wie zu und nach den Weihnachtsfeiertagen – in Landshut war; dann mußte mich Poldi in die Wohnung lassen, wachte mit Argusaugen über mich und erzählte dabei, was meiner Anstellung als Sekretär vorangegangen war – natürlich hatte sie das Telefongespräch mit Maria aus der Küche erlauscht.

Gegen Ende Januar 1964 mußte ich auch Sachen von Wien zum Verlag in München bringen, anschließend war ich zwei Tage in Landshut eingeladen (in der Pension jenseits des Friedhofs wohnend). Die modern-biedere Wohnung verblüffte mich, auch der große geschmückte Christbaum, der noch immer im Wohnzimmer stand, am meisten aber Doderer selbst. In Wien hatte ich ihn, auch in der Wohnung, nie anders als mit blinkenden Straßenschuhen, mit Sakko oder im Sommer hemdsärmlig, aber stets mit Krawatte oder ‚Mascherl' gesehen; hier jedoch wirkte er, in Strickweste und mit Pantoffeln, geradezu domestiziert, zu den pünktlichen Mahlzeiten passend, die Maria – gut bayrisch – bereitete; in einer lichten sauberen Atmosphäre, die jeden Merowinger, wie ich damals meinte, sofort in Wut versetzt hätte. Doch Doderer wies immer wieder nachdrücklich auf die Behaglichkeiten hin, die ihm hier zur Verfügung standen – unter anderm auch Radio und Plattenspieler.

Bei der Arbeit mit Doderer war ich wiederum reichlich erstaunt, in seiner peniblen und umständlichen Pedanterie eher den Amtsrat Julius Zihal als dessen Autor zu erkennen; auch jede Erklärung zu irgendwelchen Alltagsbelangen war extrem ausführlich und wiederholend, alle nur möglichen Klarstellungen bedenkend – die Darstellung von Chwostiks ‚Wohnungssache' in den *Wasserfällen* gibt am ehesten eine Idee davon. Im Grunde drückte sich auf diese Weise – bei jeder Kleinigkeit – seine Angst aus, daß etwas schiefgehen und ein Problem entstehen könnte.

Daß er seine, ab dem Erscheinen der *Merowinger* und gar der *Wasserfälle* endlich abgesicherte und sogar sehr gute Finanzlage vor allem durch unendliche Klagen über die Steuern, die er nun zahlen müsse, ausdrückte, fand ich damals, in aller bitteren Ausführlichkeit, reichlich übertrieben; dabei machte er seinem Steuerberater den Vorwurf, daß man sich in diesem Beruf, je länger man ihn ausübe, um so mehr dem Finanzamt angleiche. Verblüffend fand ich auch seine Begründung zu all den finanziellen Klagen: er müsse doch seiner künftigen Witwe mindestens eine Million Schilling hinterlassen.

Ab Ende Februar war Doderer wieder in Wien, stets darum bemüht, sich mehr oder weniger ausschließlich dem *Roman No. 7/II* zu widmen; doch Störungen gab es weiterhin genug. So hielt er dann gleich im März eine Einleitungsrede zum Vortrag Ernst Erich Noths in der Literatur-Gesellschaft im Palais Palffy; er lehnte auch kaum ein Interview oder einen Auftritt im Fernsehen ab, obwohl er diesbezüglich erklärte: „Ich glaube nicht, daß Fernseher meine Bücher lesen. Auch nicht, daß meine Leser fernsehen."[3]

Die Sehnsucht nach Pelimberts ‚Mission Null' war stark und ehrlich, aber beides nicht genug. Er konnte zwar endlich aufs Auftreten in ‚Pimperlvereinen' verzichten, aber auf nichts, das tatsächlich Einfluß auf die Verbreitung seiner Werke hatte; das brachte er doch nicht übers Herz. Und gerade die nachträglich ständig zunehmende Bitternis über seine Vergangenheit – er sei „34 Jahre lang als räudiger Hund behandelt" worden, sagte er Oscar Bronner in einem Interview für den ‚Kurier'[4] – brauchte dringend den Balsam des Applauses. Doch wenn auch die Mission Null eher eine Mission Sieben – *R* 7 – und damit ein gigantisches und überaus ehrgeiziges Arbeitsprojekt war, so gab es doch Momente, in denen ihm ein echtes Garnichts am Herzen lag: dann phantasierte er mit sehnsuchtsvollem Neid über Gioacchino Rossini, der nach einer beträchtlichen Reihe von Meisterwerken diese Tätigkeit für beendet erklärt und sich vorzüglich der Kochkunst gewidmet hatte.

Zum immer wieder doch unverzichtbaren Auftreten in der Öffentlichkeit kam aber noch, daß er, wenn er schon einmal die ersehnte Ruhe hatte, in der Einsamkeit seiner Depression nicht Herr wurde, in quälende Lethargie verfiel und dann die endlich zur

Verfügung stehende Zeit gar nicht nutzen konnte. Und in solchen Zeitspannen des Stillstehens von allem wurden sämtliche Übel ärger: der über Kurzatmigkeit bis fast zum Ersticken andauernde Husten der Bronchitis, der Ärger über alles erlittene oder eingebildete Unrecht, die Öde der Impotenz, die Stille oder der Lärm.

Er brauchte die Gesellschaft, die ihn aufrieb, mit den zu langen Nächten und den zu vielen Zigaretten, die den nächsten Tag noch übler machten. Da er kein äußeres Leben hatte, an dem er affektiven Anteil nahm – keine zentralen Banalitäten wie Häuserbauen oder Bäumepflanzen, von Kindern ganz zu schweigen –, brauchte er dringend die Ablenkung von seinem Unwohlbefinden. Und diese fand er hauptsächlich in den Wirtshäusern: ihn meist zu Recht im ‚Falstaff' oder später öfter auch im ‚Wilden Mann' vermutend, trafen ganze Gesellschaften dort ein, meistens Hans Weigel mit einem Kreis von Schauspielerinnen wie Elfriede Ott (fast immer), aber auch die junge und damals schon berühmte Annemarie Düringer vom Burgtheater, oder die große alte Dame des Volkstheaters, Dorothea Neff; diese vermittelte den überaus erstaunlichen Eindruck, die einzige vornehme Merowingerin der Welt zu sein, mit kultivierter Gradlinigkeit und einem unbetonten, doch autoritären Mut (sie hatte ein jüdisches ‚U-Boot' heil durch den ganzen Krieg gebracht). Dazu kam immer wieder Xaver Schaffgotsch, manchmal der stets uralt wirkende Baron Haus, der damals, um sein Italienisch zu üben, die ersten hundert Seiten der *Strudlhofstiege* in diese Sprache übersetzte (was zur selben Zeit Ervino Pocar für Einaudi in Turin professioneller besorgte), sowie mancherlei hauptsächlich gräfliche Aristokraten, die dem lebhaften Wandel des Tischgesprächs meistens mit gepflegtem Unverständnis folgten.

Doderer lebte bei diesen, doch mehrmals wöchentlich stattfindenden Gelegenheiten sichtlich auf; nun ging es ihm längst nicht mehr darum, beim Gespräch ständig im Mittelpunkt zu stehen; am auffälligsten war er nur noch durch die Artigkeiten, die er allen Anwesenden ständig erweisen wollte: „etwa ein Punschkrapferl, Gnädigste? ein Verdauungsschnäpslein vielleicht?" Wenn er etwas sagte, wurde ihm ohnehin die gebührende Aufmerksamkeit zugewandt; doch im Grunde war er einfach dankbar, in seiner Einsamkeit erleichtert zu werden, was vor allem der liebevoll-feinfühlige Hans Weigel sehr genau wußte und auch deshalb den Brauch dieser häufigen Treffen pflegte; wozu natürlich kam, daß er selber sehr gern mit Doderer beisammen war. Später am Abend traf meistens noch Helmut Qualtinger an der Theke des ‚Falstaff' ein; dann blieben einige der Abendgesellschaft – Doderer und der H. St. immer – noch dort hängen.

Auch Xaver Schaffgotsch, der alle Beschwerlichkeit des Lebens beharrlich augenzwinkernd zu leugnen schien, wußte um Doderers Bereitschaft, sich stundenweise aus dem selbsterbauten Gefängnis entführen zu lassen. Er durfte sich als einziger erlauben, unangemeldet vorbeizukommen; und sprach Doderer – als der Ältere – fast nur mit „Mein lieber Alter" an; solchen Besuchen folgte meistens, daß sie – über die Strudlhofstiege – zur ‚Flucht nach Ägypten' gingen; heute ein chinesisches Lokal, damals ein echtes Beisl.

Doch das Beisammensein mit den Gleichaltrigen oder Älteren war nie wieder so sorgenfrei wie früher; sie wußten sich alle von Krankheit und Tod bedroht. Als Doderer bei Hilde Spiel und Hans Flesch, die nun endgültig in Wien ihren Wohnsitz genommen hatten, zum Abendessen eingeladen worden war, schrieb er anschließend an Maria: „sie haben's sehr schön; wie die Turteltäubchen! wenn er nur nicht impotent wird! mir ist jetzt um jeden bang!"[5] Und bänger kam es wenige Tage später: Doderer war bei Ilse und Karl Strobl-Luckmann zum Abendessen eingeladen, man unterhielt sich noch einmal gut, und nur zwei Tage später fiel der alte Freund Karl plötzlich tot um.

Bereits einige Wochen zuvor war es Doderer allein in seiner Wohnung geschehen, daß er plötzlich, am hellichten Tag, auf dem Boden zu sich kam: er hatte, bei einigen beliebigen Schritten, das Bewußtsein verloren und war schwer gestürzt. Obwohl er zuvor nichts getrunken hatte, machte er den Alkohol verantwortlich und trank längere Zeit nichts oder höchstens – zum Essen – ein kleines Bier. Am Abend des Todes von Karl Strobl – am 8. März – aßen wir allein im ‚Falstaff'; Doderer trank noch immer nichts. Doch beim Weggehen trafen wir Helmut Qualtinger und MAC, den bekannten Karikaturisten der Kronenzeitung, an der Theke; nun bestellte Doderer doch ein Achtel Rotwein – und knallte, nach dem ersten kleinen Schluck, rücklings der Länge nach auf den Steinboden.

Ich hatte, von Doderer abgewandt, gerade mit dem Karikaturisten geredet; als ich mich nach dem Geräusch des Falles umwandte, erkannte ich im ersten Augenblick Doderer auf dem Boden ganz und gar nicht: er war bewußtlos um Jahrzehnte verjüngt, wenn auch wächsern. Dann, nach nur zwanzig oder dreißig Sekunden, begann er plötzlich zu altern wie Dorian Gray, und als er, in wenigen Augenblicken, wieder siebenundsechzig Jahre alt geworden war, wachte er erstaunt auf. Unterdessen hatte Helmut bereits die Rettung verständigt, doch konnte der Arzt absolut nichts feststellen; und auch Doderer behauptete recht glaubwürdig, sich wieder völlig normal zu befinden.

Dann brachte uns die Rettung zu dritt in seine Wohnung; Helmut und ich waren so besorgt, daß wir Doderer noch in seine Wohnung hinaufbegleiteten. Dieser, in seiner Mischung von augenblicklichem Wohlbefinden und irritierter Angst, schenkte uns so lange Sliwowitz nach, bis schließlich er sich gezwungen sah, die beiden Schwankenden wieder zum Haustor hinab zu begleiten.

In diesem Frühling erschien der *Mord* auf englisch bei Knopf in New York, mit einem für Doderer äußerst ärgerlichen Reklametext: „If Freud had ever written a novel It could have been Every Man a Murderer"; doch das Buch selbst – in seiner äußeren Aufmachung – entzückte ihn. Doderer selbst flog nach Athen, um dort auf französisch – abgelesen von einer fachkundigen Übersetzung – vor dem PEN-Club eine Rede über Österreich zu halten: die Zusammenfassung seiner lange gehegten Gedanken zur übernationalen Identität. Beim Flug gefiel ihm, daß er von seinem Sitzplatz erster Klasse abgeholt wurde, um sich fast eine Stunde lang im Cockpit vieles erklären und erzählen zu lassen – da war seine Fähigkeit zum Staunen doch größer als die

Technikfeindlichkeit. Sein Vortrag in Athen jedoch endete mit einer enttäuschenden Erfahrung: „ich mußte entdecken, dass ich eine Stunde lang (in französischer Sprache) zu Damen und Herren gesprochen hatte, denen Namen wie Adalbert Stifter, Johann Nestroy, Karl Kraus, Robert Musil etc. bis dahin völlig unbekannt geblieben waren“[6].

Er ließ sich nur noch einen Tag zum Besichtigen in Athen Zeit, und selbst dabei ging ihm BT (die Villa Ben Tiber) nicht aus dem Kopf.

Am 10. Mai kam ich kurz nach seiner Rückkehr zu ihm; fast immer öffnete er die Wohnungstür schon einige Minuten vor fünf, da er sich mittlerweile auf meine Pünktlichkeit verließ, und ich konnte eintreten, ohne zu läuten. Als ich das Wohnzimmer betrat, wartete er gar keine Begrüßung ab, sondern sagte mit großer Heftigkeit:

„Ohne daß es irgend wäre im voraus zu vermuten oder auch nur zu ahnen gewesen, urplötzlich, Knall und Fall, und, nicht genug an dem, zur allerfrühesten Morgenstunde, voll Hohn, Hass und Bitternis -

Ja, was denn nun eigentlich?!!

Ja – das weiß ich nicht.“

„Das ist Ihr Hauptwerk, Herr von Doderer!“

Tatsächlich zeigt dieses kleine Stück Prosa, das er am selben Tag unter dem Titel *Erzählung* verfaßt hatte, in prägnantester Form die Wirkung der verschiedenen Tempi und den Gesamtverlauf einer Dynamik, wie er dies für seine Kompositionsskizzen meinte; wobei die Ablösung von einem konkreten Inhalt hier durchaus programmatisch ist. Zugleich sieht man an diesen wenigen Zeilen viel deutlicher als in größeren Werken, wie sehr er sich, zumindest im Technischen, als Exponent eines avantgardistischen Schreibens sah. (Mein Kommentar entzückte ihn so, daß er sofort mit einer Schere die originale Niederschrift aus seinem Tagebuch schnitt und mir schenkte.)

Zu *R 7/II* gab es noch immer keinen Text, aber nun schon ausführliche Skizzen auf den beiden Reißbrettern, wo er bereits die Seitenzahl der einzelnen Textabschnitte festlegte – was ich doch verblüffend fand, bis sich später herausstellte, daß er dies dann in soviel wie keinem Fall einhalten konnte; die allgemeine Tendenz war, daß sich der Umfang fast verdoppelte.

Was ihn bei der Arbeit an *R* 7 noch behinderte, waren die Korrekturen der *Tangenten*, die diesen Herbst erscheinen sollten – immerhin rund 850 Seiten des schwierigen theoretischen Textes seiner Tagebücher von 1940 bis 1950. „Die correctures haben sich nicht gar gut mit meinem Roman vertragen. Hol der Teufel alle narrischen Reutter des Hyppogryphen, aber hat Eyner da einmal sich angelassen, leichtlich krallt er nicht mehr herab“[7], schrieb er an den Verlag.

Neben dieser Art des Briefstils um des Blödelns willen, fand Doderer auch plötzlich Geschmack an Briefen voll Groll und Grimm. So ärgerte es ihn, daß seine ehemalige Dissertantin Elisabeth Stengel, die er vorigen Sommer zuletzt bei Eisenreichs Feier gesehen hatte, das Einlangen eines Manuskriptes, das sie für eine Anthologie des Salzburger Residenz-Verlag erbeten hatte, nicht bestätigte. „Das Maß der Ohnverschämtheiten ist (und zwar ganz vornehmlich in Österreich) da und dort so hoch gestiegen, dass bei mir nun ab sofort allenthalben ohne Anruf scharf geschossen wird. Es geht nicht mehr anders. Ich bin nicht daran schuld. Wenn ich für mein Teil großartige Langstieligkeiten in der Behandlung meiner Manuscripte dulde – *was* wird man dann erst mit den *jungen* Autoren treiben."[8]

Mit diesem Brief forderte er sein Manuskript – die relativ neue Erzählung *Bett und Bart* – sofort zurück, ob es bereits gedruckt sei oder nicht, und drohte bei Mißachtung mit dem Rechtsanwalt. Und als dann sowohl Gyuri Sebestyén als auch Herbert Eisenreich etwas erschrocken für die Freundin eintraten, schrieb er an letzteren: „Mag sein, dass man mitunter das falsche Schwein schlachtet; dennoch wird bei mir munter weitergemetzgert und ich halte schon beim vierten."[9] Aber er wußte doch, daß er hier übertrieben und vor allem das eigene energische Auftreten genossen hatte, welches er sich bei früheren ‚Langstieligkeiten' wohl oft gewünscht hätte, aber erst jetzt leisten konnte; immerhin empfahl er Elisabeth Stengel bei späterer Gelegenheit als „kritisch wirklich begabt" an Rolf Michaelis von der ‚Frankfurter Allgemeinen Zeitung'.

Auch eine Kombination von Vortragsreise mit einem Urlaub hielt ihn von *R* 7 ab; am 25. Mai fuhr er mit Maria über Nacht im Schlafwagen nach Zagreb, wo er am folgenden Tag in der Österreichischen Lesehalle vor einer ‚illustren' Gesellschaft – mit dem österreichischen Botschafter und Generalkonsul – las. Beeinträchtigt war das ‚glanzvolle' Ereignis nur durch eine deutliche Unruhe Mienzis, die gerade jetzt, nach einem vorangegangen Besuch auf dem Markt, – von einem Floh gequält wurde. Insgesamt blieben sie nur zwei Tage in Zagreb, doch war Doderer von dieser als zutiefst altösterreichisch empfundenen Stadt sehr beeindruckt; in mancher Hinsicht erschien ihm hier die Vergangenheit fast lebendiger als in Wien.

Am 27. flogen sie nach Dubrovnik weiter, um dort nun zwei Wochen Urlaub zu machen und dabei die für jugoslawische Übersetzungen angesammelten Tantiemen aufzubrauchen. Das ehemalige Ragusa mit den vielen mittelalterlichen Bauten und der abwechslungsreichen Umgebung an der dalmatinischen Küste gefiel Doderer ganz ausgezeichnet; dazu natürlich wieder die vielen Aspekte, die ans alte Österreich erinnerten. Dem Halbstarken schrieb er darüber – was für gute Laune spricht – auf Latein: „Hic adstans miror non paulum apparentis undique veteris Austriae lingua et usu aliisque consuetudinibus, quae imprimis in tabaernis inveniuntur"[10] (‚Hier sehe ich nicht wenig davon, daß das alte Österreich allerorts in Sprache, Brauchtum und Gewohnheiten auftaucht, vor allem findet's sich in den Wirtshäusern.') Er hatte sich kurz zuvor sehr über mich geärgert, da ich in einem von zuhause abgesandten Brief einen Lateinfehler gemacht hatte, der vom Empfänger natürlich Doderer angelastet wurde. Nun fiel ihm, nach Absenden der Karte an mich, nachträglich ein von ihm begangener Fehler ein und er schickte eine zweite Karte: „Ides[!] Junii Kalendis substituere Pintschii dignum mihi videtur quem hoc in casu *ego* recipiam. – Na servus!"[11] (‚Durchs Verwechseln der Iden des Juni mit den Kalenden habe mir diesmal *ich* den Pintsch verdient' [mit neuerlichem Irrtum]; wobei ‚Pintsch' die österreichische Bezeichnung für die schlechteste Schulnote ist.)

Natürlich wurde er, anschließend an den Urlaub, von vielen gefragt, warum er die Wasserfälle von Slunj nicht besucht habe. Tatsächlich hatte er vor Abschluß des Romans diese Absicht gehabt; außerdem war Dietrich Weber, nach Abschluß seines Studiums, mit seiner Frau für ein Jahr nach Belgrad gegangen, wo er an der Universität ein Lektorat für deutsche Literatur innehatte; so hätte sich ein Besuch bei diesen beiden bestens mit einer gemeinsamen Reise zu den Wasserfällen verbinden lassen. Doch hatte Doderer seinen – angekündigten – Besuch immer wieder aufgeschoben, bis die Webers schließlich alleine nach Slunj fuhren, dort fotografierten und Doderer ihre Beschreibung samt Bildern sandten. Die Wasserfälle waren keineswegs mehr so hoch, wie sie in der alten graphischen Darstellung ausgesehen hatten, die Doderer so beeindruckt hatte; auf Webers Aufnahmen sah das eher wie eine Stromschnelle aus – auch die Mühlenhütten darauf waren bis auf zwei, drei verschwunden, daneben führte eine Autobahn vorbei[12]. An Ivar Ivask schrieb Doderer: „Ich bin froh, daß ich nicht – wie es ursprünglich ja meine Absicht gewesen ist – hingefahren bin. Ich hätte meinen Roman möglicherweise gar nicht so beendigen können wie er heute dasteht."[13] Im selben Sommer versuchte auch Herbert Eisenreich, Slunj zu besuchen, kam aber wegen Motorschadens nicht ganz hin; Doderer schrieb ihm mit denselben Argumenten, daß Herbert lieber froh sein solle, den kläglichen Rest der Wasserfälle gar nicht gesehen zu haben.

Die Rückreise – wieder über Zagreb – war so geplant, daß sie am 12. Juni nach Graz kamen, wo Doderer abends in der Urania las; am nächsten Tag fuhren sie nach Wien zurück.

„Eigentlich ist das Ergebnis (residuum) solcher Kunstreisen gleich: 0 [. . .] Ich habe alles übrige abgesagt: Köln, Duisburg, Rom, Brüssel, Ankara, das heißt, ich habe es garnicht acceptiert."[14]

Dennoch lag bei seiner Rückkehr in der Post schon wieder etwas, das er weder ignorieren wollte noch konnte: nämlich die Mitteilung vom 5. Juni, daß er am 10. Juli den Literaturpreis der Bayerischen Akademie der Schönen Künste erhalten sollte (siebentausend Mark); natürlich sagte er zu, blieb aber, vorher und nachher, nur kurz in Landshut, um diesmal die – in seinem Werk so häufig beschriebene – Sommereinsamkeit in Wien für *R* 7 zu nutzen. Um dafür wirklich frei zu sein, hatte er etwas getan, das in seinem Leben erstmalig war: so wichtig ihm die *Tangenten* – als Substrat all seiner Theorien – waren, weigerte er sich, den Umbruch selber zu lesen.

Ich verbrachte damals den gesamten Sommer im Landhaus meiner Eltern am Wallersee; und dort erhielt ich nun, in etwa acht- bis zehntägigem Abstand, vom Biederstein-Verlag expreß die Lieferungen des Umbruchs eines mir noch unbekannten Buches, jeweils mit relativ knapp bemessenem Rücksendedatum. Manche Korrekturen – Setzfehler – waren eindeutig genug; doch außerdem ergaben sich nicht wenige Fragen, die ich allein nicht zu entscheiden wagte. Deshalb arbeitete ich jede Lieferung sofort durch, damit für Doderer noch genug Zeit bliebe, mir auf meinen Expreßbrief voll von Fragen zu antworten. Das geschah aber absolut niemals, aus Wien kam kein

Wort und zum letztmöglichen Absendedatum mußte ich doch jedesmal allein entscheiden; am 7. August war der Umbruch beendet, das Werk ging in Druck.

Der einzige Auftrag, den Doderer mir erteilt hatte, lautete, alle Seitenzahlen zu notieren, wo sich der Text – direkt oder indirekt – auf Maria bezog, da es ihr ja keinesfalls zumutbar wäre, das ganze Buch zu lesen. Ausgerechnet von ihr kam nun ein Brief aus Landshut, in dem sie mich aufforderte, meinen Ferienaufenthalt sofort abzubrechen, da ihr Mann der Überlastung durch die mittlerweile angesammelte Korrespondenz nicht mehr gewachsen sei.

Als ich mich Anfang September bei Doderer einfand, sagte er ganz leise und sanftmütig, die Antwort auf meine vielen Anfragebriefe fände ich auf dem Schreibtisch: dort lag sein vorgedrucktes – immer gelbes – Briefpapier, mit durchgestrichenem Namen, handschriftlich ersetzt durch ‚Pelimbert d. I.'. Es war natürlich nicht der indiskutable Pelimbert der Mission Null, sondern jener der Mission Sieben, und tatsächlich hatte er bereits vor Mitte August die ersten Probetexte geschrieben. Die las er nun vor, und die Post schien ihm gar nicht so wichtig zu sein.

Doch waren die drei Mappen giftig geschwollen und erforderten einigen Aufwand; und dazu gehörte nun diesmal auch Politisches. Seit Kriegsende regierte in Österreich die ‚große Koalition' von Schwarz und Rot, mit immer schwarzen Bundeskanzlern, aufgrund der Mandatszahl im Parlament, obwohl die Sozialisten zweimal die Stimmenmehrheit errungen hatten. In diesem Frühjahr war Alfons Gorbach zurückgetreten und durch den vormaligen Salzburger Landeshauptmann und späteren Finanzminister Dr. Josef Klaus ersetzt worden. Dieser Mann, mit markantem Gesicht und einem sehr gradlinigen Charakter, stand dem spanischen Opus Dei nahe, war umfassend gebildet und sehr intelligent; ein Politiker, dessen moralische Integrität niemand anzweifelte, doch ein Mann zum Fürchten für die weniger konservativen oder nichtkatholischen Kreise.

Josef Klaus begann sich sofort um die berühmten Künstler und Wissenschaftler des Landes zu kümmern; kurz nach seiner Ernennung zum Kanzler gab er einen ersten Empfang für diese Elite des Landes und war der Aufgabe gewachsen, in Einzelgesprächen jeden zu überzeugen, wie sehr der Regierungschef gerade ihn zu würdigen wisse. Anschließend ließ er noch Briefe an die Teilnehmer seines Empfanges schreiben: an Doderer den „Dank für alles, was Sie oft auch in schwerer Zeit und unter widrigen Umständen diesem Land und seinen Menschen gegeben haben"[15]. Doderer war natürlich entzückt und ließ sich dann vom Generalsekretär der Partei willig davon überzeugen, einem Kuratorium beizutreten, das sich die Errichtung eines Julius-Raab-Denkmals zum Ziel gesetzt hatte.

Den ganzen Herbst über – und dann auch im Winter – fühlte er sich immer wieder besonders ermattet, abgespannt, zerschlagen; das förderte weiter die Depression. Auch die Probetexte zu *R 7* entstanden nur schleppend und zäh, doch Ernst Erich Noth gegenüber bezeichnete er sie als seine „aussichtsreichsten Schwierigkeiten": sie stellten immerhin die wesentlichsten Lichtblicke seines jetzigen Lebens dar. Dieses bezeichnete er immer häufiger als ‚mönchisch' und sprach nicht selten davon, daß er im Grunde eigentlich keinerlei Bedürfnisse mehr habe, obwohl er sich solche nun leichter als je in seinem Leben erfüllen könnte. Auch seine Selbstbezeichnung als ‚Pelimbert' wurde häufiger; nur war es keine behaglich-faule Verweigerung, sondern eine Unfähigkeit, die sich jetzt sogar auf Dinge erstreckte, die er sonst schätzte, wie nächtliche Gesellschaften, Trinken und Rauchen.

Trotz der Einsamkeit blieb er nun abends öfter zuhause und ließ sich vom nahen Delikatessengeschäft etwas Schinken und Brot bringen; die alkoholfreien Tage wurden häufiger, bei den Zigaretten wechselte er von den filterlosen ‚Austria 2' zu den damals leichtesten überhaupt – ‚Favorit' –, die, wie er erbittert dazu feststellte, nicht einmal nach Stroh schmeckten und ihm dennoch schwere Hustenanfälle verursachten. Natürlich gab es bei Gelegenheit weiterhin die Geselligkeiten im ‚Falstaff' oder in anderen Lokalen, wobei ausgerechnet ein Ausspruch Poldis, als sie mit Bildung glänzen hatte wollen, zu allgemeiner Beliebtheit aufstieg: „Herr Rittmeister, das hat Ihnen wohl der Pegasus zugeflüstert!"

Im Dezember schließlich brachte Baron Haus Doderer zur Untersuchung ins Lainzer Krankenhaus, wobei sich herausstellte, daß er nicht nur eine chronische Bronchitis, sondern auch ein ziemlich fortgeschrittenes Lungenemphysem hatte. Da sich die Lunge nach akuten Bronchitis-Anfällen nicht mehr selbst von den angesammelten Sekretionen befreien konnte, mußten ihm diese abgesaugt werden. Das hatte eine Erleichterung zur Folge, die sich einige Zeit lang auf sein Gesamtbefinden auswirkte; doch er blieb dabei, nahezu alle der vielen Einladungen zu Lesungen und Vorträgen außerhalb Wiens abzulehnen.

Eines der erfreulichsten Ereignisse in diesem bedrückenden Herbst war ihm die gute Aufnahme der *Tangenten* selbst bei Kritikern, die vorher seinem Werk skeptisch gegenübergestanden waren. „Doch ist's nun einmal bei denen Deutschen so beschaffen, dass sie der Gestalt oder Gestaltung, im Leben oder in der Kunst, nicht froh werden können: nein, es muß ihnen der Knochen des Denkens dargeboten werden. Da ich selben Knochen aus meinen Romanen nit gern lasse hervorstehen, so habe ich ihn mittels der Tagebücher gesondert serviert, und jetzo hat jeder [Günter] Blöcker sein Schinkenbein und ist's zufrieden."[16]

Ebenso befriedigend war für Doderer die ständige Zunahme an Übersetzungen; so kam völlig überraschend Professor Cho Ogawa aus Tokio auf Besuch und legte ihm die japanische Ausgabe des *Zihal* vor: ausgerechnet dieses Buch war in Japan sofort zum Bestseller geworden. Der würdige Professor, der völlig flüssig im Stil Goethes redete, war von Fräulein Katto, einer seiner Studentinnen, begleitet; das führte dazu, daß Doderer eine ganze Woche lang keinen Brief fertig diktierte, weil er immer wieder ins völlig verzückte Schwärmen über dieses winzige porzellan-puppenhafte Wesen geriet.

Dann erhielt er Mitte Januar 1965 das erste Exemplar von *La Scalinata del Palazzo Strudl;* und im Februar folgte *Les Démons* bei Gallimard in Paris. Schon zuvor waren in den ‚Cahiers du Sud' zwei große Aufsätze über Doderer publiziert worden, einer von Ernst Erich Noth, der andere vom Übersetzer der *Dämonen*, Robert Rovini; dem folgte noch ein Abdruck von Doderers Athener Rede.

Diesmal hatte er, nach den Feiertagen in Landshut, Maria überzeugt, für längere Zeit mit ihm nach Wien zu kommen; nach dem düsteren Herbst war ihm ihre Gesellschaft eine große Erleichterung, er fühlte sich neben ihr – diesem einfacheren und klaren Gemüt – erheblich heiterer. Das wirkte sich auch auf die Arbeit aus; ab Ende Januar begann er einzelne Probetexte ins Hauptmanuskript zu übertragen.

Während dieses längeren Aufenthaltes Marias ließ er sie von Hans Eggenberger porträtieren; auch sonst war sie viel unterwegs, zum Teil mit Lotte Paumgarten, der es gerade wieder etwas besser ging. Doderer war allen Freunden dankbar, die für Marias Unterhaltung sorgten und sie einluden, etwa auch ins Theater, da er selber nicht mitgehen wollte; er holte die kleinere oder größere Gesellschaft lieber nachher zu einem späten Essen ab. Er war wirklich froh über ihre Anwesenheit, sie aber hatte den Eindruck, hier völlig überflüssig zu sein und überredete ihn schließlich, gemeinsam mit ihr, seiner Gesundheit zuliebe, nach Italien ans Meer zu fahren.

Doch dann schob er – ab März – den Besuch im Reisebüro ein ums andere Mal auf, da seine Arbeit am Roman keine Unterbrechung durch eine Reise vertrage; schließlich gab sie auf und fuhr nach Landshut zurück, um allein einen Besuch bei Verwandten in Kanada vorzubereiten.

37. Gesänge geheimen Grimms

Die Wut der Greise war eines der Themen eines Gerontologenkongresses, und Doderer, der solche Veranstaltungen sonst eher den Lächerlichkeiten des Zeitalters zurechnete, las darüber mit Befriedigung in der Zeitung. Ihm fehlte das Wuthäuschen der *Merowinger;* außer den Briefen, in denen er ‚ohne Anruf scharf schoß‘, schrieb er noch gelegentliche Kürzestgeschichten zum Thema Geprügel und Grimm sowie – hauptsächlich im Skizzenbuch zu irgendwelchen Anlässen – *Die Tretorgel/Gesänge geheimen Grimms:* Gedichte wie etwa das folgende, zu dem ihn jemand am Nachbartisch im ‚Falstaff‘ angeregt hatte:

„Du sprichst wie aus dem Hodensäckl.
Ich hieb‘ dir gern in's Maul hinein,
und saftig, und bis zum Verreckl.
Du bist ein widerliches Schwein.“[1]

Es ist die sozusagen späte Wut im Leben noch mehr der Ausdruck von Hilflosigkeit als je zuvor; und gerade die nicht seltenen Anspielungen auf Sexualorgane zeigten den besonders empfindlichen Punkt. Wenn er – eher häufig – den Vorhang von der Bildserie überm Bett wegzog, dann könnte er, wie er Maria schrieb, „fast wieder potent“ werden; am Voyeurismus konnte er sich – wie nach der Pubertät an den Fenstern der Stammgasse – noch entzünden und nannte das jetzt ‚Bathseba‘: ein Komplex, der ihm manchmal krisenhaft zu schaffen machte. Die wenigen Daten der Erwähnung fallen weitgehend, aber nicht immer in Zeiten von Marias Anwesenheit; daß er auch sonst nicht gerade gehemmt war, wenn er schauen wollte, beweist sein mehrfach überliefertes Ansinnen an Marie-Louise, ihm sogar nach ihrer Brustoperation den bloßen Oberkörper zu zeigen. An einer Stelle des Tagebuchs – am 6. 1. 1966 – wird sie sogar direkt als ‚Bthsb.‘ bezeichnet, was aber nicht unbedingt eine Identifikation bedeuten muß – er dürfte diesen Namen durchaus für alle Objekte dieser Begierde sowie seine eigenen Phantasien verwendet haben; doch daß er zugleich mit seiner Lust auch deren Hilflosigkeit einzugestehen hatte, machte ihm ‚Bthsb.‘ so problematisch.

Und noch immer beließ er den Frauen sozusagen jene Urschuld, die ohne weitere Begründung selbst ihre Fesselung und Geißelung gerechtfertigt hatte:

„Bath-seba eine Fürstin war.
Das Übrige ist nicht ganz klar.
Verwerflich scheint des Königs Tat.
Doch dünkt mich: *sie* hat *ihn* verzaht.“[2]

Einige kindische Verse braucht man nicht zu überschätzen; und schließlich betrachtete er nicht nur ‚Bthsb.‘ als Krise, sondern, in viel höherem Ausmaß, sein gesamtes Altern – zumindest seit Athen, wie er mehr als ein Jahr danach vermerkte: es fehlte ihm ständig an Energie und Spannkraft – oder schlechthin an Wohlbefinden als Voraussetzung des Tages. Und wenn er auch sein neues Werk für tiefergehend als alles Vorangegangene hielt und tatsächlich noch nie einen Text so sorgfältig vorbedacht und vorbereitet hatte, so war ihm doch sehr deutlich bewußt, daß er geradezu quälend langsam vorankam, obwohl er einige Male ergebnislos beschloß, die Sache nun kräftiger und rascher zu betreiben. Es ging einfach nicht, aber er konnte sich weder von der Arbeit noch von Wien losreißen. Aus alledem, samt den körperlichen Beschwerden, kam die immer wieder spürbare grollende Bitternis, die er selber so gern überwunden hätte; und sogar die groben und manchmal recht infantilen Verslein waren ein Versuch dazu, nämlich das Übel selbst zum Spaß zu verfälschen – oder dem schwer Benennbaren einen Henkel zu geben, an dem man es zu fassen kriegte.

Daß er im Grunde mit seinem Altern und Kräfteverfall nicht oder nur mühsamst zurechtkam, daß ihm auch alle seine theoretischen Ermahnungen an sich – für die höchste Stufe der Apperzeption müsse er auch das Alt- und Kranksein überwunden haben – dabei nichts nützten, merkte ihm im allgemeinen kaum jemand an. Er brauchte immer wieder Gesellschaft und fiel dieser keineswegs durch Klagen auf die Nerven; sowohl sein Training im bedingungslosen Aufrechterhalten der Fassade als auch seine noch immer außergewöhnlich hohe Konzentrationsfähigkeit ließen ihn eher als energischen älteren Herrn erscheinen, dessen tiefe Verbeugungen und charmant angedeuteten Handküsse nichts an Schwung verloren hatten; und wenn er einmal zu blitzenden Blicken polterte, gefiel das durch mittlerweile absolut überzeugende Autorität – ein Schauspiel war das allemal, und auch sichtbar so gemeint.

Und wenn ihm gute Freunde das an Freude vermittelten, was er alleine nicht mehr aufbrachte, war er schnell imstande, zu alter Form aufzulaufen, ohne daß sich jemand Sorgen um ihn gemacht hätte. So etwa, als Ivar und Astrid Ivask – nach zwei Jahren – wieder zu ihrem Sommerbesuch vom 1. bis 15. Juli eintrafen; ihnen las er nicht nur nahezu alles vor, was bisher von *R 7/II* vorlag, sondern ging auch, unter ständig intensivem Gespräch, mit ihnen sieben Stunden auf den Kobenzl und wieder herab, mit anschließendem Heurigenbesuch in Grinzing.

Er war auch über viele Stunden der durchaus lebhafte Mittelpunkt einer größeren Gesellschaft beim sogenannten ‚Halbstarken-Nachmittag‘: Ivar hatte sich eine Tonbandaufnahme des lesenden Doderer gewünscht, und da ich ein Magnetophongerät mit Mikrophon besaß, fand diese Sitzung bei mir statt. Doderer las um so besser, je mehr Leute anwesend waren, und deshalb hatte ich etliche Freunde zu mir gebeten, darunter Georg Madeja, den späteren Regisseur der Fernsehverfilmung der *Strudlhofstiege* sowie einiger Dokumentationen über Doderer, auch Elisabeth Stengel (Doderers Groll war längst verraucht) mit ihrem Vater (wahrlich kein Halbstarker, sondern ein kultivierter und besonders liebenswürdiger Herr) und andere. Auf Ivars Wunsch las Doderer die ‚Bärenjagd‘ aus der Strudlhofstiege und dann noch einige Kurzgeschichten; anschließend wurde ein Interview aufgenommen, das mein ehemaliger Universitätslehrer für Portugiesisch machte, Prof. Dr. José Antonio Palma Caetano, der damit – und erstmals – Doderer in Portugal vorstellen wollte[3]; es ist, durch die allgemein gute Stimmung, eines der lebhaftesten Doderers, wobei ich nicht mehr weiß, ob wir schon angefangen hatten, aus hohen Teegläsern Sliwowitz zu trinken, was jedenfalls den weiteren Fortgang des Abends bestimmte.

Zur selben Zeit erhielt Dorothea Zeemann, die er nur noch gelegentlich – und eher zufällig – im ‚Hawelka' traf, eine Stellung im Kulturamt; das sicherte sie finanziell ab und freute Doderer sehr: er neigte nun, in seinem doch überwiegenden Übelbefinden, häufig dazu, auch über das Schicksal der näheren Freunde ernsthaft besorgt zu sein; und griff da und dort helfend ein, mit dem für ihn immer bezeichnender werdenden schwermütigen Pessimismus. Jedenfalls wurde er, je schlechter es ihm selber ging, ein um so besserer und hilfreicherer Freund, was deutlich zeigt, zu welcher Einsicht ihn das Alter – und die so sacht-tragische Schicksalserforschung in *R 7/II* – brachte. So hatte er Herbert Eisenreich, als dieser ihn durch mich bitten ließ, sofort zwanzigtausend Schilling überwiesen, ohne nach Gründen oder gar Sicherstellungen zu fragen. Und als ich, für eine neue Untermietwohnung, dreitausend Schilling Kaution brauchte, hatte er diese bereits zwei Stunden nach meinem Anruf von der Bank geholt. Am nächsten Tag kam ich um fünf zur Posterledigung: da saß er auf dem Küchenboden zwischen offenen Regalen und hatte für mich (und meine Freundin, die er kannte) ganz fürsorglich die ‚Mindestbehelfe' zusammengesucht: zwei Mokkatassen, zwei Eierbecher, zwei Suppenteller und so fort.

Wenn er vom ‚Falstaff' zu Fuß die paar Minuten bis zu seiner Wohnung hinunterging – meist mit dem von einem Nachtkolporteur erworbenen ‚Kurier' unterm Arm – kam er an einem großen Schuhgeschäft vorüber und blieb immer wieder vor der Kinderauslage stehen: „Schaun S' doch, diese Schucherln – so winzig, so winzig!" Manchmal konnte er sich minutenlang nicht vom Anblick dieser Perfektion im Kleinsten losreißen, zeigte immer wieder auf Details der minutiösen Ausführung, fast quietschend vor Begeisterung – doch als ich gleichzeitig Tränen in seinen Augen stehen sah, war doch klar, daß er anderes meinte; ein besonders gut verborgenes Versäumnis seines Lebens.

Wieder betraf ihn, Anfang August, nicht ein Lebensereignis, sondern ein Todesfall, nämlich der völlig unerwartete Tod seines alten Freundes Fritz Feldner durch einen Herzinfarkt.

Im August fuhr er auf den Riegelhof; sein Schwager Hans Stummer war nun schon vierundachtzig Jahre alt. „Schön war's in der Prein. Ein paar Pfeile habe ich auch geschossen, aber es geht nicht, das Gras steht zu hoch und gestrüppig, seit sie die Landwirtschaft aufgegeben haben; die Wiesen werden nicht mehr gemäht. Allenthalben ist, durch den feuchten Sommer gefördert, ein enormer Wuchs im Vordringen. Viele Wege sind gänzlich verschwunden. Es ist eigentlich herrlich."[4]

Zu dieser Zeit kam Maria aus Kanada zurück, was ihn sehr freute, doch blieb sie in Landshut. Er hatte sich in der Zwischenzeit an Eggenbergers Porträt von ihr zu gewöhnen versucht, doch war es ihm nicht gelungen: „[. . .] immer mehr mißfällt mir das Porträt, welches Eggenberger von Dir gemalt hat. Ich mag es schon nicht mehr sehen. Er hat Dich nicht erkannt [. . .] Er kann mir (als Maler) gestohlen bleiben. Ich hab genug für ihn getan. Punktum."[5] Doch schrieb er nun bereits an den Sibirien-Passagen des Romans und unterhielt sich immer wieder gern mit dem Freund über einzelne Details, ebenso wie mit Schaffgotsch, der ihm noch dazu alle russischen Dialogstellen schrieb. Doch wenige Tage nach Doderers Geburtstag im September hatte Eggenberger einen schweren Schlaganfall; die Wohnung mußte aufgebrochen und der gelähmte und sprechunfähige Mann ins Spital gebracht werden. Doderer, der sich wieder einmal als großstadtmüde bezeichnete, blieb in Wien und kümmerte sich um den Freund im Krankenhaus.

Dabei mag es ihn besonders merkwürdig berührt haben, daß gerade jetzt – am 26. September – in dem kleinen Park an der ‚grünen Kreuzung', gegenüber seinem Wohnhaus, eine Denkmalsenthüllung für eine ihnen beiden gleich viel bedeutende Persönlichkeit stattfand: nämlich für Elsa Brandström, den ‚Engel von Sibirien'. Doderer hatte bereits vorher dafür gespendet; am Sonntag der Enthüllung versammelten sich die alten ‚Sibiriaken' sehr gerührt, doch auch mit der schmerzlichen Feststellung, wie wenige sie nun nur noch waren.

Maria war von diesem Festkleben in Wien (und am Romanmanuskript) gar nicht begeistert und kam wieder mit dem Mittelmeerprojekt: wie gut es doch seiner Gesundheit täte, einen ganzen Winter im milderen Klima zu verbringen. Doderer stimmte einigermaßen begeistert zu und schickte sie, im Oktober, nach Sizilien – nämlich Taormina – voraus; er wollte nur ihre Eindrücke abwarten, um dann nachzukommen.

Dann starb die so ungemein liebenswürdige Erika Hanel – erst dreiundfünfzigjährig – an Gehirnschlag. „Der ganze PEN-Club war am Friedhof, der alte Tschok [Csokor] hat am Grab gesprochen, der Wind hat seine weissen Haare aufgestellt . . ."[6] Und im Tagebuch schrieb er am nächsten Tag: „Mit Erika's Leben ist eine Zeit zu Ende gegangen und vollendet: es sind die Jahre nach Ende des letzten Krieges. Vielleicht ist das, deutlich oder undeutlicher, gestern am offenen Grab von Vielen empfunden worden. Ich habe noch kein Begräbnis gesehen mit so bewegter Anteilnahme Aller, die dem Sarge folgten."[7]

Auch Hans Eggenberger überlebte seinen Schlaganfall nicht: er starb am 1. November; und da es sonst niemanden gab, mußte Doderer – mit der Hilfe von Xaver Schaffgotsch sowie des Secretarius – die ganzen Formalitäten für Begräbnis, Nachlaß und Wohnungsauflösung selbst erledigen, wobei er gerade von einer überaus schmerzhaften Gürtelrose noch nicht ganz geheilt war. Das alles zermürbte ihn fast endgültig, raubte ihm den Schlaf und ließ ihn auch nicht mehr zum Schreiben kommen; er hatte den Eindruck, daß aus jeder Zeile nur noch seine Depression zum Vorschein käme.

Daß er gerade unter diesen Umständen nicht verhindern konnte, immer wieder auch an den eigenen Tod zu denken, ist keineswegs verwunderlich. Dennoch war ich überrascht, als er mich fragte, ob ich bereit sei, mich in seinem Testament als Nachlaßverwalter nominieren zu lassen; erstens scheute ich vor dem Thema seines Todes zurück, zum andern meinte ich schließlich, daß da ein Germanist wie Dietrich Weber wohl nützlicher sein könnte; so kam es in seinem Testament schließlich zur Formulierung, daß seine Alleinerbin – Maria von Doderer – den Nachlaß im Einvernehmen mit Dr. Weber und mir betreuen sollte.

Dieses Testament unterzeichnete Doderer Ende November dieses Jahres beim Notar.

Unterdessen begann Mienzi in Taormina einzusehen, daß er in diesem düsteren Zustand sicher nicht nachkommen würde, und fuhr daher, vor den Feiertagen, ihrerseits nach Wien.

„‚Pelimbert' war ein heiterer Name für einen perniciösen Sachverhalt [. . .] Ich habe inzwischen längst erkannt, daß mir gerade ein rechtes Gegenteil jener Haltung sehr gut tut."[8] Damit meinte Doderer, seine Passivität in der Außenwelt dürfe sich nicht auf Abwehr begründen, sondern müsse ‚durchlässig' werden – also ‚apperzeptiv', ohne sich gegen etwas zu sperren.

Daß er zu keinem Jahr der ausschließlichen Passivität – einmal abgesehen von der Arbeit an *R 7/II* – Gelegenheit haben würde, war ihm allerdings klar: die Vorbereitungen für seinen siebzigsten Geburtstag hatten schon längst begonnen. Bereits mehr als ein Jahr vor diesem hatte der Verlag einen Fotoband zum Leben seines berühmtesten Autors geplant, was jedoch bei Doderer auf geringe Gegenliebe stieß. Für ihn war nur mit der gestaltenden – nicht analytischen – Sprache die Reinheit seiner Kunst gegeben, und hinter dieser sollte bekanntlich der Autor verschwinden; er wollte also keinen biographischen Band, und schon gar nicht selber eine Autobiographie dazu verfassen, wie es dem Verlag wünschenswert erschien.

Diese gegensätzlichen Ansichten führten schließlich zu dem durchaus gelungenen und originellen Büchlein *Meine neunzehn Lebensläufe und neun andere Geschichten.* Darin parodierte Doderer kurz eine übliche ehrwürdige Künstlerbiographie, um dann statt dessen ‚Autobiographien in Kürze' anzubieten, deren bekannteste gleich die erste ist: „Erst bricht man Fenster. Dann wird man selbst eines." Dieser Abteilung folgten kürzere Geschichten, wie etwa *Sonatine*, *Trethofen* und zum Abschluß die *Erzählung*. Nach einem *Selbstbildnis*, das alles andere als autobiographisch ist, kam der Verlag mit neunzehn Fotos von Doderer zu seinem Recht, hinten wurde dem Buch noch eine kleine Schallplatte beigegeben.

Gleichzeitig mit diesem Bändchen, das als Geburtstagsgabe des Verlags gedacht war, sollte noch eine größere Sammlung von Erzählungen erscheinen, mit *Unter schwarzen Sternen* als Titelgeschichte. Dieses Buch enthielt auch *Die Posaunen von Jericho* und *Das letzte Abenteuer*, die beide noch nie bei Biederstein erschienen waren, sowie zwei noch unpublizierte alte Arbeiten, nämlich ein verworfenes Kapitel aus den *Dämonen* (mit Laura Konterhonz als recht deutlichem Abbild der Emmy von Novotny) sowie die *Sieben Variationen über ein Thema von Johann Peter Hebel* von 1926.

Das alles machte – bis tief in den Frühling hinein – nicht wenig Arbeit; die Aufnahme der kleinen Platte – eine größere war bereits im Herbst bei Preiserrecords aufgenommen worden – erfolgte erst Anfang Juni; und wie beim vorigen Mal störte es Doderer ganz erheblich, daß er beim Vorlesen allein in einer schalldichten Kabine sitzen mußte. Er hatte ersucht, jemanden als Zuhörer mitnehmen zu dürfen, das war aber angeblich aus akustischen Gründen nicht möglich; ohne Publikum und isoliert, las er tatsächlich teilweise uninspiriert und weniger lebhaft als sonst.

Unterdessen ging seine erstaunliche Annäherung an die österreichische Politik weiter; wenige Tage nach seiner Teilnahme am Raab-Denkmals-Kuratorium rief ihn am 25. Januar abends der Bundeskanzler Dr. Josef Klaus an und fragte, ob er diesen Abend noch Zeit für einen Besuch im Bundeskanzleramt habe; Doderer sagte zu und wurde eine Stunde später mit dem Dienstwagen des Kanzlers abgeholt. Unsere Posterledigung war auf den nächsten Tag verschoben worden; und natürlich fragte ich dann Doderer sehr neugierig, was Dr. Klaus von ihm gewollt habe. Er war sichtlich von dessen Persönlichkeit beeindruckt, erklärte aber, daß er versprochen habe, den Inhalt ihres Gespräches absolut geheim zu halten; doch sei es großartig, wenn der Kanzler einer Republik über deren ernsteste Probleme mit dem größten Schriftsteller des Landes konferiere.

Offensichtlich war es Josef Klaus gelungen, Doderer genau diesen schmeichelhaften Eindruck zu vermitteln; tatsächlich aber hatte er Wahlwerbung betrieben. Am 6. März sollten in Österreich Wahlen zum Nationalrat stattfinden, und die Volkspartei plante, daß eine Reihe bekannter Persönlichkeiten vorher einen Aufruf zu ihren Gunsten veröffentlichen sollte. Da es bei diesen Wahlen um die erklärte Absicht ging, die Sozialisten, die seit Kriegsende in der großen Koalition mitregierten, aus möglichst vielen Machtpositionen zu verdrängen, fand Klaus den Vergleich mit 1920 angebracht und sprach mit Doderer über Seipel und dessen Argumente, warum Sozialisten prinzipiell an der Führung des Staates nicht beteiligt sein sollten. Und wie in diesem Gespräch versprochen, schickte er Doderer sechs Tage später, mit einem respektvollen Brief, den Text von Seipels Rede samt dem Bericht der ‚Reichpost' vom 7. Januar 1920.

Es war, wie schon früher erwähnt, eine der kompromißlosesten und härtesten Reden Seipels; ob es wirklich diese war, die Doderer überzeugte, für Josef Klaus einzutreten, oder eher dessen Persönlichkeit und die – vielleicht spekulativ vorgeführte – Wertschätzung des berühmten Autors, muß dahingestellt bleiben. Doch einen Monat später (eine Woche vor der Wahl) teilte ihm der Bundeskanzler mit, daß ihm parteiintern vorgeschlagen worden war, „den geplanten Aufruf, um dessen Zustandekommen auch Sie sich bemüht haben, nicht zu veröffentlichen"[9]; er hoffte, die Gründe dafür Doderer bald mündlich erklären zu können. Es ist durchaus denkbar, daß dies dann die erste demokratische Wahl war, an der Doderer teilnahm; die Volkspartei erreichte tatsächlich die absolute Mehrheit, und die Sozialisten mußten sich, wie zu Seipels Zeiten, mit der parlamentarischen Opposition zufriedengeben.

Im selben Monat trat Doderer auch dem Herausgeberkomitee des FORVM bei und nahm ab nun an den Sitzungen teil, da er, wie er betonte, für die Wichtigkeit der Literaturkritik eintreten wollte; es sah dieses Jahr vorläufig gar nicht nach Passivität aus. Auch besuchte er noch immer – mit Lernet, Wotruba, Weigel, Torberg, Einem und andern – die Empfänge des Bier- und Senfherstellers Mautner-Markhof. Marias Anwesenheit sorgte wenigstens zwischendurch für ein ruhigeres Leben; auch wenn sie in seiner kleinen und recht unvollständig ausgestatteten Küche nicht sonderlich gerne werkte, kochte sie doch öfters ein einfaches Abendessen, und sie blieben zuhause. Dann trank Doderer meistens nichts; wenn er anschließend noch aus *R 7/II* vorlesen und daher mich dabeihaben wollte, schrieb er ganz diskret auf die Weinflasche ‚H. St.', damit er sich weiter nicht dazu äußern müsse.

Der Halbstarke wurde auch delegiert, um Maria etwa ins Burgtheater zu begleiten, das sie gern und mit gepflegter Feierlichkeit besuchte; Ende April ging Doderer auch selber mit in die Volksoper, wo er die Loge für uns und Lea von Petrak genau über den Celli genommen hatte, um diese besser beobachten zu können: es wurde seine Lieblingsoper, nämlich ‚Hoffmanns Erzählungen' von Jacques Offenbach, gegeben, und er erzählte dazu, daß der Komponist selber Cellist gewesen sei und daher dieses Instrument ganz besonders einsetze. Er nahm ungemein lebhaft an der Musik Anteil, anschließend folgte obligat das Souper im ‚Falstaff'.

Wenige Tage danach kam ein Besuch aus sehr ferner Vergangenheit, nämlich Karl von Motesiczkys Schwester Marie-Louise, die nach dem Krieg mit ihrer Mutter in London geblieben und dort eine bekannte Malerin geworden war. Das Gespräch über das Schicksal Motes mag beiden nicht unbedingt angenehm gewesen sein; Marie-Louise von Motesiczky meinte später, nicht sicher gewesen zu sein, ob Doderer bezüglich seiner Abkehr von den Nazis nicht bloß gelogen hätte; dennoch akzeptierte sie sein Angebot, die Eröffnungsrede zu ihrer Ausstellung – am 5. Mai – in der Secession zu halten. Er schrieb den Text dazu im Café ‚Eiles' und nannte sich darin einen ‚Freund ihres großen Elternhauses', ohne Mote direkt zu erwähnen.

Am Tag danach – dem 6. Mai – hätte er in Braunschweig den Wilhelm-Raabe-Preis in Empfang nehmen sollen (fünftausend Mark), der ihm für die *Wasserfälle* zuerkannt worden war; doch er hatte gleich nach der Benachrichtigung Anfang April diese Reise abgelehnt und Gustav End ersucht, für ihn stellvertretend den Feierlichkeiten beizuwohnen.

Und trotz seines allgemein schlechten Befindens trat er auch weiterhin bei offiziellen Anlässen auf, ohne daß eine Verpflichtung dazu direkt gegeben war: er ging ins Rathaus, als Canetti den Preis der Stadt Wien für Dichtung und Torberg jenen für Publizistik erhielt. Elias Canetti gab später in seinen Memoiren ein durchaus negatives Bild Doderers; als habe ihn jener, weil Canetti noch niemanden getötet hätte, als ‚Jungfrau' bezeichnet[10]. Doderers intensive Auseinandersetzung mit einer der Hauptfiguren des *Grenzwalds*, nämlich Ziehnhammer, führte tatsächlich zu einer durchaus tragischen Beschäftigung mit der Frage des Mords, aber sicherlich nicht in dem von Canetti wiedergegebenen Sinn. Daß Doderer ausgerechnet diesen Ziehnhammer seinem eigenen seinerzeitigen Schicksal im Ersten Weltkrieg angenähert hatte, hing eher mit der besorgniserregenden Frage zusammen, ob nicht er selbst, pflichtgemäß aus der Deckung des Schützengrabens schießend, jemanden getötet habe; und das war für den alten und schwermütigen Doderer alles andere als ein erhebender Gedanke.

So sehr er – seit vielen Jahren – Gleichgültigkeit seinen Familienangehörigen gegenüber vorgab, fuhr er dann doch mit Maria nach Ober St. Veit (im XIII. Bezirk Wiens, nahe der Villa der Scharmitzers), um den 80. Geburtstag seines Bruders Immo zu feiern; dessen Tochter Mae war mit dem Burgschauspieler Andreas Wolf verheiratet, der bereits bei mehreren Gelegenheiten Texte seines angeheirateten Onkels vorgetragen hatte; es wurde ein langer Abend, wobei vor allem die Brüder sicherlich viel in der Vergangenheit weilten.

Als er am 17. Juni das Auditorium Maximum der Universität aufsuchte, war der Anlaß nicht die ‚durchlässig gemachte' Passivität: es wurde hier – in einer germanistischen Vorlesung – zwei Stunden lang über Heimito von Doderer geredet. Drei Tage später war er mit mir in der ‚Galerie Basilisk', wo H. C. Artmann sein Dracula-Stück aufführte und selber die Hauptrolle spielte; wir saßen in der ersten Reihe (hierher war Maria übrigens nicht mitgekommen), und als ‚H. C' zum Schlußapplaus einen Strauß roter Rosen bekam, warf er ihn Doderer zu, was diesen noch tagelang freute.

In alledem war sehr viel Disziplin – und vielleicht auch die Gewohnheit, das lange so geführte Leben, trotz aller Behinderungen, einfach weiterzuführen. Aber die Beeinträchtigungen nahmen zu; gleichzeitig bedeutete ihm der *Grenzwald* immer mehr; schließlich nicht nur im Sinn des künstlerischen Höhepunktes, sondern seiner gesamten Existenz. „Es ist schwer zu arbeiten, wenn man bei Nacht schlecht schläft und bei Tag Leibschmerzen hat; aber es ist die einzige Möglichkeit, gesund zu werden."[11] Das blieb bis zu seinem Tod so: er war fest überzeugt, sich nur durch das richtige Schreiben heilen zu können.

Der – wohl aus ‚Morbus Crohn' hervorgegangene – Krebs wirkte schon lang in ihm; er berichtete immer wieder über Schlaf-Exzesse, wie er sie eigentlich sein Lebtag lang geschätzt hatte, die ihn jedoch jetzt zerschlagener aufwachen ließen, als er es vor dem Einschlafen gewesen war. Der Operateur seiner Stimmbänder, Primarius Riccabona, und Baron Haus (auch er war Primarius gewesen) stellten fest, daß der – keineswegs gute – Zustand der Lunge stabil und der Krebs der Stimmbänder nicht wiedergekehrt war; was seine zunehmenden Bauchschmerzen betraf, beruhigte man ihn ohne nähere Untersuchung.

Anfang August fuhr er mit Maria für fünf Tage zu Lea von Petrak nach Eichgraben, was gewissermaßen den Urlaub dieses Jahres darstellte; zuerst war es extrem schwül, dann gab es schwere Regenfälle. Das Wetter erschien ihm zunehmend der Grund seines Übelbefindens: als sei es, trotz der immer wieder vorhandenen Fülle von Licht, mit einer prinzipiellen Finsternis behaftet. Aufheiterungen mit Qualtinger bei verschiedenen Heurigen von Sievering und Grinzing halfen diesmal auch nicht mehr. Mitte August waren seine Bauchschmerzen so stark, gleichzeitig mit langanhaltender Konstipation, daß er wiederum Otto von Haus rief, der nun eine Dickdarmentzündung diagnostizierte und Doderer, wie schon seinerzeit, mit Sulfonamiden behandelte; das führte innerhalb von drei Tagen zu einer erheblichen Erleichterung. Da Maria gerade jetzt nach Landshut gefahren war, um vor den Geburtstagsfeierlichkeiten die dringendsten Sachen dort zu erledigen, und Doderer relativ hohes Fieber hatte, wachte ich über Nacht im vorderen Zimmer auf dem kleinen Empiresofa.

Am 19. August erklärte Doderer sein Befinden wieder für ‚normal', am 25. kam Mienzi zurück, und dann gingen schon die Vorbereitungen für die großen Feierlichkeiten los; der ganze Verlag – Beck, End und Wiemer mit Frauen – kam angereist, um das Palais Schwarzenberg zu inspizieren, das für den 5. September gemietet worden war, samt Catering, Hunderten von Sesselchen und was eben dazugehörte.

Doderers siebzigster Geburtstag – offiziell vom PEN-Club und Biederstein-Verlag gemeinsam zelebriert – geriet erheblich zum Staatsakt; es kam der Bundeskanzler Klaus – der noch weitere Absichten mit diesem Autor hatte –; und nach dem ‚alten Tschok' sprach der Unterrichtsminister Piffl-Perčević, dem eine recht gescheite Rede geschrieben worden war, die Teilhard de Chardin mit Doderers übernationalem ‚Theatrum Austriae' verband (wohl in Unkenntnis des seinerzeitigen ‚Theatrum Judaicum'). Schließlich trat Doderer selbst – zu ungeheurem Applaus – auf, sprach über sich als ‚zoon grammatikon' (in Abwandlung des zoon politikon – ‚Gesellschaftstiers' – von Aristoteles) und las aus dem *Grenzwald.* Zum Abschluß hielt noch Hans Weigel eine Rede voll freundschaftlicher Ironie, die Doderers Fleiß feierte – unter anderm: daß er keine Fragmente wie Musil hinterlasse – und schließlich jeden einzelnen Anwesenden warnte, Doderer nicht anders zu verlassen, als wie man sich – als Figur – in seinen Romanen wiederzufinden wünsche.

Dann standen die rund dreihundertfünfzig Gäste noch zwei Stunden herum, wobei jeder einzelne davon Doderer persönlich zum Geburtstag gratulieren wollte. Anschließend zog die Runde der vertrauten Heimitisten – von Peter Tschugguel bis zum alten Haybach – noch ins ‚Löwenbräu', wo die nicht-offziellen Reden – etwa von Herbert Eisenreich – gehalten wurden und, um den Alkoholkonsum freundlich zu umschreiben, die Euphorie keine Grenzen kannte. (Als ich einige Wochen später Maria zu einem Stück Molières in der Übersetzung Hans Weigels begleitete, erzählte sie etwas zögernd, während der Feierlichkeiten eine Vision gehabt, nämlich in jemandes Gesicht dessen bevorstehenden Tod gesehen zu haben; das sei ihr früher schon mehrfach geschehen, die betreffenden Personen wären dann alle bald gestorben; und schließlich sagte sie noch den Namen: Lernet-Holenia; doch diesem waren, im Gegensatz zu ihrem Mann, noch einige Jahre gegönnt.)

Mittlerweile war Doderer längst ein schwerkranker Mann, obwohl er dies nach wie vor gut zu verbergen wußte – vielleicht auch vor sich selber. Zwei Tage nach seinem Geburtstag fuhr er mit Mienzi hinaus nach Eichgraben, um am nächsten Tag an der Hochzeit des Sohnes von Lea von Petrak – eines erfolgreichen Linguisten an einer amerikanischen Universität – teilzunehmen. Dem folgte eine Lesung für Radio Köln, für die er zwei Stunden ins Funkhaus mußte; dann kam am 13. September die Eröffnung einer Ausstellung von Greta Freist und Gottfried Goebel in der Galerie Nebehay; die beiden alten Freunde waren – zu diesem Zweck – schon im Frühling in Wien gewesen, wobei sie mit Doderer üppigst im ‚Wilden Mann' gefeiert hatten.

Abgesehen von den Postfluten, die dieser Geburtstag mit seinem weitreichenden publizistischen Widerhall hervorgebracht hatte (daß ihm ‚Seine Majestät Otto von Österreich' ebenfalls gratuliert und Doderer ehrfurchtsvoll geantwortet hatte, war auch diesmal von besonderer Wichtigkeit), ging der Wirbel gewissermaßen unaufhaltsam weiter. Am 16. September war Doderer wieder in der Gesellschaft für Literatur: diesmal lasen Friederike Mayröcker und Ernst Jandl, dessen Lyrikband ‚Laut und Luise' Doderer besonders schätzte; vor allem ‚eulen' war eines seiner Lieblingsgedichte, mit dem er Besucher, die den konservativen Doderer kennenlernen wollten, gern und erfolgreich verblüffte. Bereits am 19. September folgte ein Auftritt im ‚Volksheim' in Linz: in diesem Fall wollte er Dorothea Zeemann helfen, die sich in ihrer neuen Stellung fürs Kulturamt Meriten erwerben wollte. Doch war auch der alte Freund – und nächste Liebhaber der Zeemann – Hartmann Goertz nach Wien gekommen, und sie fuhren, wie 1951 nach dem Erscheinen der *Strudlhofstiege* – gemeinsam im Auto nach Linz; am nächsten Tag auf der Rückfahrt ließen sie sich Zeit, und die Fotos, die Hartmann Goertz bei der Ruine Aggstein in einem Gasthaus machte, zeigen deutlich, wie schwer Doderer dabei schon von seiner Krankheit gezeichnet war.

An einem dieser Tage saßen wir – nur zu dritt – mit Lernet-Holenia im ‚Michaelerbräu'; da legte dieser plötzlich beide Hände auf den Tisch und stellte mit verschmitzter Befriedigung fest: „Ach Kinder, Ihr wißt ja gar nicht, wie schön die Welt ist – wenn man nicht mehr darüber zu schreiben braucht!" Doderer bemühte sich um ein Lächeln, das deutlich mißlang, und sah Lernet mit fassungslosem Staunen an.

Am 9. Oktober machte er seinen letzten Besuch auf dem Riegelhof: zu Hans von Stummers 85. Geburtstag, wobei er vormittags abfuhr und sich abends von dessen Sohn Wolfgang nach Wien im Auto zurückbringen ließ. Ein paar Tage zuvor hatte er nochmals an einem ‚Halbstarkenfest' teilgenommen; Doderer war öfter zu solchen gekommen: nun war gerade der Vater Elisabeth Stengels wieder in Wien, dazu kamen andere Leute wie Peter Marginter, dessen Buch ‚Der Baron und die Fische' er gerade gelesen hatte (ein großes ‚ausübendes Talent', meinte Doderer), und vor allem Wendelin Schmidt-Dengler, der später den (von mir übergebenen) Nachlaß Doderers betreuen sollte; da er damals noch eher klassischer Philologe als Germanist war, ergab es sich, daß Doderer und er einander griechische Brocken Homers zuzuwerfen begannen, immer länger rezitierten und nicht nur alle beeindruckten, die ohnehin nichts verstanden, sondern durchaus den Eindruck ihrer guten Laune dabei zu vermitteln vermochten.

Am 26. Oktober erhielt Doderer im Rathaus von Bürgermeister Bruno Marek, zwischen zwei Sätzen von Mozarts Klarinettenquintett, feierlich den Ehrenring der Stadt Wien überreicht (gemeinsam mit dem allerdings abwesenden Hans Kelsen); bei der anschließenden ‚Erfrischung' im Grünen Salon konnte er jedoch, wie nun schon sehr häufig, seine gereizte Nervosität nur mühsam verbergen. Dennoch ließ er sich vom Bundeskanzler Klaus noch dazu bewegen, dem ‚Proponentenkomitee' für eine ‚Österreichische Nationalstiftung' mit vorerst reichlich unklaren Zielen beizutreten und der ersten Sitzung beizuwohnen.

Mit Hilfe Marias hatte ich versucht, ihm zur Erleichterung bei der Postbewältigung – um ihn dabei zeitlich unabhängig zu machen – den Umgang mit einem Diktaphon beizubringen, doch blieb sein Mißtrauen gegen die Technik – daß das Gerät etwa nicht aufnehme, was er sage – zu groß. Auch sonst versuchten wir beide, ihm möglichst viel vom Leib zu halten, aber oft erfolglos. Dabei wurden seine Stimmungen immer unberechenbarer, mit tiefer Düsternis unter einer brüchigen Oberfläche.

Als ich ihn vor seinem Spitalsaufenthalt das letzte Mal traf – rein zufällig nach Mitternacht auf dem Neuen Markt –, rief er schon über eine größere Entfernung:

„Jetzt hab' ich grad dem Reinhard Federmann eine Riesenwatschen angeboten!"

„Und wollt' er sie haben?"

„Leider nicht!"

Dann tranken wir in einem kleinen häßlichen Café, das es damals an der Ecke zur Plankengasse gab, noch einige Gläser Wein.

Im Laufe dieses Jahres, das Maria fast zur Gänze in Wien verbracht hatte, war es beiden endlich klar geworden, daß sie in Hinkunft mehr zusammenleben würden als in der Vergangenheit. Dazu aber war die Wohnung in der Währingerstraße zu klein; zwar schreckte Doderer der Gedanke an eine Übersiedlung, aber dann wuchs plötzlich die Hoffnung, seine Zukunft in Döbling verbringen zu können, wo er einst in seinen geliebten Ateliers gehaust hatte. Eine Wohnung unterm Dach sollte es auch diesmal wieder werden, und er fing bereits an, Erkundigungen einzuziehen; vor allem war ihm Ilse Luckmann behilflich, die bei der Gemeinde vorfühlte, ob diese nicht ein würdiges Domizil für ihren berühmten Dichter zur Verfügung hätte.

Doch am 6. November wurden seine Bauchschmerzen so schlimm, daß Maria Gaby Steinhart zu Hilfe rief, und diese brachte Doderer sofort ins Rudolfinerhaus – so daß er auf diese Weise nach Döbling kam. Er nahm noch drei Schreibbücher und das Reißbrett mit. Dort hatte er ein großes Zimmer für sich allein und vor dem Fenster eine Art lichten ‚Grenzwald' – eine Baumgruppe im Park des Spitals. Auch hier war ihm klar, daß es keine simple Reparatur des Körpers gäbe, sondern er sich schreibend selber heilen müsse; doch ließ er, in seiner starken Müdigkeit und Apathie, alle Untersuchungen ziemlich geduldig über sich ergehen – wobei der Grund für seine Mattigkeit bald gefunden wurde: hohe Blutverluste in den Darm, daher eine starke Anämie.

Für seine Behandlung weiterhin verantwortlich blieb Gaby Steinhart, da sie die einweisende Ärztin gewesen war und nun täglich kommen mußte. Das Rudolfinerhaus als Privatspital hatte keine eigenen Spezialisten, welche die Behandlung automatisch übernommen hätten wie in einem öffentlichen Spital; es war ein sogenanntes Belegspital, das seine Einrichtungen zur Verfügung stellte, um den Privatpatienten und deren Vertrauensärzten die freie Wahl bei der Zuziehung gewünschter Fachärzte zu ermöglichen.

Doch so kam es relativ lange Zeit zu keinen sicheren Diagnosen; schließlich vermutete man eine – eben extrem seltene – Schleimhautentzündung beim Übergang vom Dünn- zum Dickdarm, doch wurde Doderer den ganzen November hindurch – abgesehen von Medikamenten – nur mit Darmspülungen behandelt, welche die entzündete Stelle gar nicht erreichen konnten. Dennoch ergab sich eine langsame Besserung, was diesfalls nur heißt: eine Linderung der Schmerzen. Aber als ich ihn das erste Mal besuchen kam, war das Bild erschütternd: er hatte, am frühen Abend, das Licht nicht aufgedreht, saß starr auf dem Bettrand und wirkte dann – mittlerweile im Licht – wie erloschen. Das Essen, das ihm später gebracht wurde, wollte er nicht einmal anschauen; er klagte über starke rheumatische Schmerzen in der Schulter, weil er einige Male versucht hatte, das stark überheizte Zimmer zu lüften; zu den paar Briefen, die zu besprechen waren, wies er mich eher finster an, sie so unwirsch wie nur möglich zu halten.

Doch in der zweiten Monatshälfte ging es ihm etwas besser; zu meiner größten Überraschung entschied er sich nun zu einer schon oft – und ergebnislos – vorgeschlagenen Vortragstour durch die USA im Herbst des kommenden Jahres, wobei er gleich, da es gewissermaßen auf dem Weg lag, eine Lesung in Paris eingeplant wissen wollte. Aber dann nahmen die Schmerzen wieder zu und Gaby Steinhart – die selber praktische Ärztin war – entschloß sich, einen erfahrenen Chirurgen beizuziehen, der sich schließlich, auf Grund der Röntgenaufnahmen sowie Doderers prekärem Zustand, am 13. Dezember – fünf Wochen nach der Einlieferung ins Spital – zur Operation entschloß. Dabei wurde aus dem endständigen Dünndarm und anliegendem Blinddarm ein zehn Zentimeter langes Stück entfernt, das von Geschwüren fast zugewuchert war.

Es dauerte mehrere Tage, bis der Darm wieder zu arbeiten begann; Maria plante bereits erneut einen Erholungsaufenthalt in Taormina; doch dann gingen die Nähte auf, gleichzeitig kam ein Lungeninfarkt hinzu. Am 19. Dezember mußte eine Notoperation durchgeführt werden, nach der nur noch wenig Chancen auf Doderers Überleben bestanden. Dennoch gab es nach zwei Tagen etwas wie ein kleines Wunder: die Arbeit des Darms setzte wieder ein, die Telefone der Heimitisten in ganz Wien liefen heiß. Doderer allerdings litt furchtbar, da zu den Schmerzen noch die Erstickungsangst kam – seine Lunge war fast voll von Sekreten. Gaby Steinhart, die im Alter extrem religiös war, nützte diesen Moment der leidvollen Klarheit, um die Letzte Ölung zu veranlassen, welche er mit vollem Bewußtsein erlebte; doch dann setzte die Darmtätigkeit wieder aus, und man sedierte ihn zunehmend, bis er am frühen Abend des 23. Dezember starb.

Am nächsten Morgen um sechs waren sein Neffe Wolfgang Stummer und ich zugegen, als Fritz Wotruba die Totenmaske abnahm; wir stellten alle drei gleichermaßen entsetzt fest, daß diese geschundene Kreatur, die hier erstarrt lag, am ehesten den Bildern aus den Vernichtungslagern der Nazis glich. An diesem Morgen des 24. Dezember gab es anschließend, auf Intiative von Hans Weigel, ein Treffen bei Lea von Petrak, an dem auch Peter Tschugguel teilnahm: Weigel wollte dafür sorgen, daß wir Maria von Doderer einen würdigen Text für den Partezettel vorschlagen könnten.

Doch mittlerweile hatte sich Gaby Steinhart völlig der Angelegenheiten Marias bemächtigt und setzte nicht nur ihren Text durch, sondern auch die Entscheidung, daß statt Kranzspenden Theologiestudenten der Karmeliter gefördert werden sollten – woran sich allerdings keiner der Freunde Doderers hielt. Auch Doderers nicht selten ausgesprochener Wunsch, daß an seinem Grab der zweite Satz von Beethovens Siebenter ertönen sollte, wurde von ihr und der Kirche als ‚zu weltlich' abgetan; daß die militärische ‚Retraite' das dann nicht war, ist erstaunlich.

Ilse Luckmann, die unterdessen bei der Gemeinde Wien erreicht hatte, daß Doderer in Döbling eine große Dachwohnung zur Verfügung gestellt werden sollte, mußte dies in die Genehmigung für ein Ehrengrab umwandeln.

Das Begräbnis am 2. Januar 1967 fand ‚im Auftrag des Staates' statt und war tatsächlich eine Art von Staatsbegräbnis; das Requiem in der Karmeliterkirche zelebrierte der Kardinal-Erzbischof von Wien, Dr. Franz König, im Beisein fast der gesamten Bundesregierung unter Dr. Josef Klaus. Anschließend fand die Überführung auf den Grinzinger Friedhof statt, wohin dann sehr viel weniger Leute nachkamen, da es an diesem sonnigen Wintertag schneidend kalt und windig war. Wieder einmal redete der alte ‚Tschok' mit aufgestellten weißen Haaren, und noch andere: eher ergebnislos gegen den Wind. Und dem Trompeter froren die Lippen fast ans Mundstück, die ‚Retraite' erklang sehr spröd und verzerrt über der benommen frierenden Gesellschaft zwischen den Grabsteinen.

Anhang

Dank

Der erste Dank muß – mit nachhaltiger Ehrlichkeit, aber auch in guter Erinnerung an grollende Verzweiflung – meinem alten Freund Richard Tupy gelten. Aus keinem andern Grund, als daß er das nun vorliegende Buch irgendeinmal lesen wollte, hat er mich mit freundschaftlicher Unerbittlichkeit in diese Arbeit hineingehetzt. Als ich bei einem noch länger vertrauten Freund, nämlich Wendelin Schmidt-Dengler, die Befreiung von meiner zweifelnden Unwilligkeit suchte, ließ dieser die Falle zuschnappen: er wagte den mir noch fehlenden Entschluß – zu meiner Arbeit.

Nach mehr als einjähriger Recherche war ich dennoch zum Absprung reif und bereit: da rief mich Doderers und mein Freund Ivar Ivask aus Irland an, um mich in einem halbstündigen Gespräch zu überzeugen, daß es gerade mein Zögern sei, das mich zur Fortsetzung der biographischen Bemühungen verpflichtete. Sein unerwartet früher und sehr schmerzlich empfundener Tod ließ mir nicht einmal Zeit zum Widerspruch.

Auf diese drei Freunde schiebe ich, in durchaus liebevoller Verbundenheit, einen Teil meiner Verantwortung ab.

Dr. Engelbert Pfeiffer, der vieljährige ehrenamtliche Kurator des Doderer-Museums im Wiener Alsergrund, hat den wohl größten Beitrag zu diesem Buch geleistet. Seine Sammlung an Dokumenten sowie vor allem die vielen Gesprächsprotokolle mit Personen aus dem Umkreis Doderers, die zur Zeit meines Arbeitsbeginnes nicht mehr lebten, stellten naturgemäß absolut unersetzliche Quellen dar. Daß er mir den Zugang zu seinem Material in ebenso rückhalts- wie selbstloser Weise gewährte, wobei ich viele Nachmittage bei ihm und seiner ebenso liebenswürdigen Frau Rosl in der Nußwaldgasse verbringen durfte, möchte ich als Beispiel einer intellektuellen Großzügigkeit werten, wie man diese nur selten erlebt.

Ebenso unersetzlich in ihrer Hilfsbereitschaft waren mir einige Mitglieder der Familie Doderers: vor allem Frau Dr. Inge Martinek, Baden bei Wien, und Wolfgang Stummer auf dem Riegelhof in Prein an der Rax. Mit ihnen war es nicht nur möglich, lange und vorurteilsfreie Gespräche über ihre Verwandten und Vorfahren in einer Art zu führen, daß die reiche Information zur köstlichen Unterhaltung wurde; sie machten sich zudem beide die Mühe, alle auf die Familie bezüglichen Kapitel zu überprüfen, wobei manche Details nochmals und genauer geklärt werden konnten. Besonders wichtig für dieses Buch wurde auch der Fund von Gustis Briefen auf dem Riegelhof, wofür ich mich Wolfgang und Berthi Stummer zu besonderem Dank verpflichtet fühle. Ebenso wohlmeinend und freundlich war Frau Mae Doderer-Wolf in Kitzbühel, deren Mitteilungen und Gastfreundschaft mir sehr angenehme Stunden bereiteten. Auch Herr Dr. Peter von Doderer sowie seine Gemahlin, deren Gast ich sowohl in Salzburg wie am Attersee war, boten so faszinierend lebendige Bilder einer fernen

Vergangenheit, daß mir diese Besuche unvergeßlich bleiben werden. Schließlich danke ich Herrn Dipl.-Ing. Jörg Mayer, der mir mehrmals Material zur Familiengeschichte sowie die hochinteressanten Erinnerungen seines Vaters Dr. Kurt Mayer – vor allem an ‚Dodo' Dressel – ins Haus brachte.

Größter Dank gilt auch den Überlebenden und Nachfahren der Familie Hasterlik. Diesen Kontakt ermöglichte mir – über den mittlerweile verstorbenen Professor Milan Dubrovic – die liebenswürdige Großnichte Gustis, nämlich Julia Grissinger in Wien; dem folgte ein Besuch bei ihrer Mutter, Susi Wolff in Kitzbühel, die sich gern als springlebendiger Quell von Erinnerungen zur Verfügung stellte. Ganz besonders danken möchte ich noch der jüngeren Tochter Mias, Frau Giulia M. Hine in Colorado, die sich nicht nur die Mühe einer ausführlichen Korrespondenz mit mir gab, sondern immer wieder Fotos und Briefkopien übersandte, welche zur Erhellung der tragischen Geschichte ihrer Familie dienten. Daß der Schreiber der Biographie Heimito von Doderers, welcher von Gusti ihrer Familie gewissermaßen als Feindbild hinterlassen wurde, gerade hier auf eine so sympathische Bereitschaft zur Zusammenarbeit stieß, war die erfreulichste Überraschung bei dieser Recherche: und ich möchte mich für das entgegengebrachte Vertrauen nochmals sehr explizit bedanken.

Doderers persönliches Erbe, das auch viele Schriftstücke, Dokumente und Fotos umfaßt, ging an seine Frau Maria und von dieser an ihre Nichte, Hannelore König in Moosburg. Daß ich bei Frau Hannelore und Herrn Dipl.-Ing. Gustav König tagelang zu Gast sein konnte, um das dort vorhandene Material zu sichten, ist für die Biographie mindestens ebenso bedeutsam wie alle bisher erwähnten Hilfeleistungen; und mein Dank daher besonders profund. Daß ich zugleich mit dieser herzlichen bayrischen Gastfreundschaft den Hintergrund von Marias Familie besser zu verstehen lernte, war ein besonderer Gewinn.

Danken muß ich in diesem Zusammenhang auch dem C. H. Beck-Verlag für das zur Verfügung gestellte Material und vor allem für die ausgiebigen Zitatrechte.

Insgesamt ist und bleibt es für denjenigen, der nicht routinemäßig nur schreibt, was andere ihm erzählen, ganz erstaunlich, wieviel Hilfe er braucht, um berichten zu können, was er vorher nicht wußte. Und im Grunde bin ich noch immer fassungslos über das Ausmaß der Bereitschaft, durch mich Zeitverlust, Belästigung und zusätzliche Mühen – wie etwa die Bereitstellung von Unterlagen – hinzunehmen. Daher ist mein Dank auch in der bloßen Aufzählung stets ehrlich gemeint:

Frau Hofrat Lisl (bzw. Alice) von Scharmitzer möchte ich zuerst erwähnen: in der Meinung, daß die vielen Gespräche über die Vergangenheit uns gleichermaßen erfreut haben. Und was die sibirischen Zeiten betrifft: die beiden Söhne von Erwin Lang, nämlich der Architekt Lukas Lang in Wien und der Maler Konrad Lang in Altmünster, haben mir soviel Zeit und Mühe gewidmet, daß ich kaum genug danken kann. Rolf Haybach kannte ich selber ganz gut, dennoch waren mir die Arbeit von Frau Dr. Gerlinde Michels über ihn sowie Gespräche mit Angela Pauser sehr hilfreich. Besonders zu danken habe ich auch der Malerin Greta Freist, Paris, für mehrere Gespräche genußreicher Raffinesse. Und ein ganz intimer und besonders freundschaftlicher Dank gilt der großen Lyrikerin Astrid Ivask, die mir nach dem Tod ihres Mannes unverbrüchlich und mit allem Material zur Seite stand.

Sehr freundschaftlich war die Hilfsbereitschaft von Dr. Ingrid Ramirer, Universitätsbibliothek, und von Dr. Wilhelm Zrounek, Bildarchiv der Nationalbibliothek. Besonders köstlich fand ich die Unterhaltung mit Dr. Irmgard und Dr. Heribert Hutter über Gütersloh: solche Gespräche gehörten zu den Höhepunkten der zähen Recherche. Ähnlich faszinierend war auch das Gespräch mit Frau Dr. Ella Lingens. Und froh bin ich, daß mich Frau Helen Knopp-Rupertsberger auf Fritz Riedels Erinnerungen aufmerksam machte, da dieser das Atelier in der Buchfeldgasse gekannt hatte. Ohne das informative Gespräch mit Frau Dr. Christl Basil wüßte ich über Béla Faludy um vieles weniger. Sehr ergebnisreich waren auch die Gespräche mit meinem Freund und Arzt Dr. Michael Gutharc, ohne den mir Doderers Krankengeschichte erheblich rätselhafter geblieben wäre.

Herbert Ketzler hat enorm viel Zeit seiner Pension der kompletten Erforschung und Sammlung von Doderers journalistischen Arbeiten gewidmet: darüber wußte niemand genauer Bescheid; leider ist er noch vor der Publikation seiner Arbeitsergebnisse in diesem Frühjahr 1996 verstorben.

Die Unterstützung des Bundesministeriums für Kunst und Wissenschaft und jene des Bundesministeriums für Unterricht verhinderten das Scheitern dieser Arbeit an finanziellen Problemen; dafür danke ich.

Doch ganz besonders entscheidend war die Hilfe der Freunde: mit Wendelin Schmidt-Dengler gab es eine sehr intensive Zusammenarbeit, also regelmäßige Gespräche während des gesamten Arbeitsverlaufs. Er hat allen Text der Biographie in Einzelabschnitten beim Entstehen mitgelesen und mir seine eventuellen Bedenken mitgeteilt; dazu kamen viele Anregungen und Korrekturvorschläge. Dasselbe gilt für Dietrich Weber: auch er hat mitgelesen und überlegt, was nicht stimmen könnte; seine Ratschläge zu möglichen Verbesserungen waren immer richtig. Diese Fülle von Bereicherungen, zu denen noch einige von Georg Madeja kamen, der das Manuskript ebenfalls während des Entstehens las, habe ich nicht nur äußerst dankbar verarbeitet; es bereitet mir ein mehr oder minder schlechtes Gewissen, zu den einzelnen Textstellen gar nicht mitteilen zu können, wieviel ich jeweils der Hilfe dieser selbstlosen Freunde verdanke.

Eine ebenso tief empfundende Dankbarkeit gilt dem Verleger: mein lieber Freund Leo Mazakarini hat gänzlich darauf verzichtet, mir irgendwelche Vorschriften zu machen – etwa was den Umfang oder Inhalt betrifft –: das ist allein schon außergewöhnlich genug. Doch obendrein hat er sich als äußerst sachkundiger Leser bewährt, ebenso wie seine Frau Monika; beider Hinweise waren in jedem Fall absolut treffsicher.

Außerdem hat mir Leo Mazakarini gestattet, meinen ehemaligen Deutschlehrer aus dem Gymnasium, Dr. Hans Heinz Tögl, als Lektor für dieses Werk zu gewinnen. Dessen staunenswerte Sorgfalt sowie seine historischen und literarischen Kenntnisse stellten meine größte Beruhigung bei der Fertigstellung dieser Arbeit dar; die Mühe, die er sich gegeben hat, kann kein Dank gebührend würdigen.

Meine Frau Anna hatte dieses schreckliche Ausmaß von Arbeit zu ertragen, das häufig genug zu einer Verleugnung unseres eigenen Lebens zwang. Diesen stets nur unwillkommenen Zustand hätte ich ohne ihre liebevolle Geduld selbst nicht ausgehalten; somit meine ich, daß sie im Grunde die Hauptlast trug.

Anmerkungen

Die Werke Doderers sind *kursiv* und in verständlicher Abkürzung angegeben. Seine Notiz- und Skizzenbücher befinden sich in der Nationalbibliothek (NB – S.n.), ebenso ein Großteil der Briefe und Manuskripte. Eine große Sammlung der Korrespondenz findet sich auch im Nachlaß, Universität Wien, Inst. Prof. Dr. Schmidt-Dengler; manches – wie der Nachlaß von Dorothea Zeemann und Rudolf Haybach – in der Wiener Stadtbibliothek.

Der Hinweis *Bildband* bezieht sich auf W. Fleischer, ‚Heimito von Doderer – Das Leben / Das Umfeld des Werks / In Fotos und Dokumenten', Kremayr & Scheriau, 1995.

Vorwort

1 *Der Fall Gütersloh*, pag. 125 f.

2 Dazu vor allem: Dietrich Weber, ‚Heimito von Doderer', Autorenbücher, München 1987, und Wendelin Schmidt-Denglers große Werkmonographie Doderers, geplant im Beck Verlag, München 1996.

Herkunft/1

1 HD an E. M. Thoma, 4. 9. 1943.

2 *Über Tradition, Journal*, 24. 11. 1931.

3 Ms. des mehrseitigen Gedichts zum 7. August 1888 bei Dipl.-Ing. Jörg Mayer, Wien.

4 Oberregierungsbaurat Dipl.-Ing. Kurt Dubois an HD, 3. 6. 1963.

5 Handschriftliche Erinnerungen Astri von Stummers, im Besitz von Wolfgang Stummer, Riegelhof.

6 Heinrich von Hügel an Wilhelm von Doderer, 24. Dez. 1877.

7 Vgl. Dr. Dr. B. Völlick ‚Über Lenaus mütterliche Vorfahren', Budapest, 1924, und derselbe, ‚Ahnentafeln berühmter Deutscher', Leipzig, 1939–1943; Bd. V. ‚Nikolaus Lenau'.

8 Vgl. vor allem zur Person Carl Wilhelm Doderers, aber auch zu Wilhelm Carl D., den ausgezeichneten Vortrag von Prof. Ernst Bruckmüller ‚Forschungen zur Geschichte des österreichischen Bürgertums – Person und Werk Doderers in sozialhistorischen Konnotationen', in ‚Internationales Symposion Heimito von Doderer', Prein a. d. Rax, 1986, herausgegeben von der Niederösterreich-Gesellschaft für Kunst und Kultur.

9 *Tangenten*, 13. 12. 1944.

10 Cajetan Felder, ‚Erinnerungen eines Wiener Bürgermeisters', Forum Verlag, 1964.

11 Vgl. Richard Heinersdorff, ‚Die K.u.K. Privilegierten Eisenbahnen', Verlag Fritz Molden, Wien, 1975.

12 Hans Tietze ‚Wien – Kultur/Kunst/Geschichte', Verlag Dr. Hans Epstein, Wien und Leipzig, 1931. Unter den mir bekannten Werken zum Thema bei weitem das beste.

13 Von Dr. Inge Martinek nach Berichten ihrer Mutter Almuth (einer älteren Schwester Heimitos) aufgeschrieben; Ms. im Besitz von Wolfgang Stummer auf dem Riegelhof.

14 In ‚Viktor Adler aus seinen Reden und Schriften', pag. 179 ff., Verlag Wiener Volksbuchhandlung, 1947.

15 Hellmut Andics, Ringstraßenwelt, Jugend und Volk, Wien, München, 1983.

16 Heinrich von Hügel an Wilhelm von Doderer, 12. Febr. 1891.

17 Vgl. die handschriftlichen Sitzungsprotokolle der ‚Comission für Verkehrsanlagen in Wien' ab 1891, im Verkehrsarchiv im Österreichischen Staatsarchiv.

18 Zu sämtlichen publizierten oder auch nur handschriftlich erhaltenen Erinnerungen Astri von Stummers – siehe auch[5] – ist zu sagen, daß sie ebenso überzeugend lebendig wie unzuverlässig sind, vor allem, wenn sie ihre eigenen und Heimitos Vorzüge oder auch die anderer Familienmitglieder hervorheben will. Dazu kommen – altersbedingte? – Irrtümer wie etwa, daß sie Gustav von Greisinger zum General der Sachsendragoner macht (die es damals – als ‚Sachsendragoner' – noch gar nicht gegeben hatte, aber bei denen sein Urenkel Heimito im 1. Weltkrieg diente), oder daß sie Heimito von Doderer im 2. Weltkrieg gar zum Kommandanten von Orly erklärt (mit begleitenden Anekdoten), wo er sich nicht einmal auf der Durchreise je nachweislich aufgehalten hat; Moritz von Schwind, der 1871 in München verstorben war, läßt sie in den 80er Jahren mit Brahms und Billroth bei den Hügels in Wien verkehren etc. Da sie sich nach Heimitos Tod immer lieber und häufiger mit neuen Erinnerungen zu Wort meldete, wurden diese vielfach als ‚Quellen ersten Ranges' benutzt, so daß sich eine ganze Reihe solcher Legenden durch häufiges Zitieren und Wiederholen sozusagen als ‚biographische Wahrheit' etabliert hat. Als typisches Beispiel dafür – inklusive Luegers Verzweiflung nach dem langen Regen, als nur noch half, Doderer vom Nord-Ostsee-Kanal nach Wien zu rufen – siehe Michael Horowitz, ‚Heimito von Doderer – Versuch einer Biographie' (immerhin fast 60 Seiten) in ‚Begegnung mit Heimito von Doderer', Amalthea-Verlag, Wien-München 1983. Horowitz benützte fast nur Erzählungen Astri von Stummers, ohne auch nur eine einzige durch Recherchen verifiziert oder zumindest an Hand eines Lexikons chronographisch richtiggestellt zu haben, und gilt nun wohl schon seinerseits als ‚Quelle', obwohl die Darstellung vor Irrtümern strotzt. – Dennoch muß festgestellt werden, daß Astri von Stummers Aufzeichnungen, wenn überprüft, viele wertvolle Details bewahren, die sonst unbekannt wären.

I/2

1 *Commentarii*, 21. 12. 1952.

2 *Commentarii*, 8. 4. 1966.

3 Vgl. Helmut Kretschmer, ‚Landstraße, Geschichte des 3. Wiener Gemeindebezirks und seiner alten Orte', Jugend und Volk, Wien München, 1982.

4 Gespräch mit Dr. Inge Martinek am 20. 8. 1992.

5 *Commentarii*, 11. 3. 1964.

6 1933, als die von Lueger gegründete Partei dem Höhepunkt des Austrofaschismus entgegenstrebte, erschien die Biographie ‚Karl Lueger und seine Zeit' von Dr. Rudolf Kuppe, Österreichische Volksschriften, Wien. Darin wird der ‚christliche Kampf' gegen die Juden mit besonders stolzer Ausführlichkeit behandelt; in späteren Schriften jedoch bagatellisiert.

7 Hermann Broch, ‚Hofmannsthal und seine Zeit', in ‚Dichten und Erkennen. Essays. Band I', Rhein-Verlag, Zürich, 1955.

8 Vgl. Eduard März, ‚Österreichische Bankpolitik in der Zeit der großen Wende 1913–1923', R. Oldenburg Verlag, München, 1981.

9 In ‚Erinnerungen an Heimito von Doderer', herausgegeben von Xaver Schaffgotsch, Biederstein Verlag, München, 1972; fortan nur als *Schaffgotsch* zitiert.

10 Genauer bei Bruckmüller, o.c.

11 Vgl. Heinersdorff, o.c.

12 *Mord*, pag. 12 f.

13 Siehe Ernst Alker, ‚Die Jahre mit Doderer', in *Schaffgotsch.*

14 Sigmund Freud, ‚Briefe an Wilhelm Fließ 1887–1904, Ungekürzte Ausgabe, S. Fischer, 1986; siehe auch: Hermann Swoboda, ‚Otto Weiningers Tod', Hugo Heller & Cie, Wien/Leipzig, 1923; Jacques Le Rider, ‚Der Fall Otto Weininger', Löcker Verlag, Wien 1985.

15 *Commentarii*, 30. 5. 1959.

I/3

1 *Commentarii*, 25. 3. 1937.
2 Vgl. ‚Jahresberichte des k.k. Staatsgymnasiums im III. Bezirk in Wien'.
3 *Commentarii*, 7. 5. 1955.
4 *Strudlhofstiege*, pag. 252 f.
5 *Strudlhofstiege*, pag. 110.
6 *Journal*, 12. 2. 1932.
7 *Commentarii*, 21. 2. 1957.
8 *Mord*, pag. 152 u. 159.
9 *Journal*, 22. 4. 1921.
10 *Commentarii*, 19. 3. 1963.

I/4

1 Zitiert nach einer Aufstellung, die Wilhelm von Doderer am 1. März 1915 für die Verleihung der Baumeisterkonzession an seinen Schwiegersohn Ing. August Mayer schrieb.
2 Vgl. nochmals Bruckmüller, o.c., und März, o.c.
3 Ernst Alker in *Schaffgotsch*, l.c.
4 *Commentarii*, 5. 7. 1958.
5 Dieser Brief Wilhelm von Doderers befindet sich im Besitz von Dr. Inge Martinek.
6 *Commentarii*, 23. 11. 1959.
7 *Mord*, pag. 70.
8 Gespräch mit Dorothea Zeemann am 1. 5. 1992.
9 *Commentarii*, 5. 2. 1962.
10 Das Zeugnis ging aus Doderers Besitz in den seiner Frau Maria über und befindet sich heute bei deren Erben, der Familie Hannelore und Dipl.-Ing. Gustav König, Moosburg in Bayern.
11 *Commentarii*, 20. 3. 1959.
12 HD an Gustav H.[orowitz] Heimo, 17. 3. 1962.
13 *Journal*, 20. 10. 1931.

I/5

1 Anton Kuh, ‚Der Traum eines österreichischen Reservisten' in ‚Luftlinien', Löcker Verlag, Wien, 1991.
2 J. Chr. Allmayer-Beck, ‚Ministerpräsident Baron Beck', Verlag für Geschichte und Politik, Wien, 1956.
3 István Deák, ‚Der K.(u.)K. Offizier', Böhlau Verlag, Wien 1991.
4 Gewiß nicht mit Hanns von Winter, wie Michael Horowitz, o.c., schreibt; dieser Freund Doderers – aus den 50er Jahren – war gar nicht bei den Dragonern.
5 *Commentarii*, 13. 7. 1959.
6 Für die Ausbildung in Holics, Bruck a.d. Leitha sowie Stockerau vgl. Ernst Putz, ‚Die Reserveoffiziersschule der Kavallerie der k.u.k. Armee in Holics und Stockerau / 1914–1918', Verlag Ferdinand Berger, Horn, o. J., sowie Martin Loew-Cadonna, Nachwort zu Heimito von Doderer, *Die sibirische Klarheit*, Biederstein Verlag, München, 1991.
7 *Strudlhofstiege*, pag. 340.
8 Nach einer Mitschrift von Dorothea Zeemann, ohne Datum.
9 *Journal*, 24. 4. 1932.
10 *Commentarii*, 5. 2. 1951.
11 *Commentarii*, 26. 9. 1953.

12 *Journal*, 18. 7. 1923.
13 Carl Freiherr von Bardolff, ‚Soldat im alten Österreich', Diederichs Verlag, Jena, 1938.
14 *Commentarii*, 11. 5. 1959; 15. 3. 1954.
15 Brief an Dr. Manfred Franke, Deutschlandfunk Köln, 15. 6. 1966.
16 *Journal*, 19. 10. 1931.
17 *Grenzwald*, pag. 77.

I/6

1 Für vieles, das hier zu den allgemeinen Umständen auf der Reise und in den verschiedenen Lagern erzählt wird, fehlt bei Doderer selbst jeder Hinweis. Doch gab es in den 20er Jahren eine wahre Flut von Erinnerungen und ‚Romanen' aus Sibirien, als deren bekanntestes Werk E. E. Dwingers, ‚Die Armee hinter Stacheldraht', Diederichs, 1929, gelten kann. Zur Rekonstruktion von Doderers sibirischer Zeit nützlicher sind jedoch Berichte von Autoren, die (zumindest teilweise) zur selben Zeit in die selben Lager kamen wie HvD, so vor allem: Rodion Markovits, ‚Sibirische Garnison', Propyläen-Verlag, Berlin, o. J.; Bruno Wolfgang, ‚Batjuschka', Wiener Verlagsgesellschaft, 1941; Erwin Lang, ‚Erinnerungen', Typoskript; Karl Drexel, ‚Feldkurat in Sibirien', Felizian Rauch, Innsbruck, 1949; Burghard Breitner, ‚Unverwundet gefangen', Rikola Verlag, 1922; allgemeiner: Viktor Kowalewski, ‚Vergewaltigte Menschen', Amon Franz Göth, 1926; Sil-Vara, ‚Briefe aus der Gefangenschaft (zugunsten der Oesterreichischen Gesellschaft vom Roten Kreuze [für die österreichischen Kriegsgefangenen in Rußland und Sibirien] und des Kriegs-Hilfsbüros des k.k. Ministiums des Innern)', Verlag Julius Brüll, etwa 1916/17.
2 *Frühe Prosa*, pag. 229.
3 *Die sibirische Klarheit*, 1991.
4 *Journal*, 24. 1. 1923.
5 *Tangenten*, 11. 6. 1945.
6 *Die Wiederkehr der Drachen*, pag. 264 f.
7 HD an E. M. Thoma, 12. 4. 1941.
8 Nach einem Gespräch am 6. 11. 1969 von mir aufgezeichnet.
9 *Journal*, 24. 1. 1923.
10 *Grenzwald*, pag. 114.

I/7

1 *Frühe Prosa*, pag. 247.
2 *Commentarii*, 1. 1. 1962.
3 Siehe Anm. I/6/1; dieses Typoskript befindet sich bei seinem Sohn Konrad Lang, Altmünster.
4 *Frühe Prosa*, pag. 250.
5 Ernst von Scharmitzer in *Schaffgotsch*.
6 Viele Originale davon sowie Zeichnungen und Aquarelle aus dem Lager sind noch im Besitz von Konrad Lang. Siehe auch *Bildband*.
7 Typoskript im Besitz seiner Witwe, Alice von Scharmitzer, Wien.
8 Rudolf Haybach brachte dieses handschriftliche Exemplar nach Wien mit; es befindet sich heute im Besitz von Dr. Engelbert Pfeiffer.
9 Ernst von Scharmitzer in *Schaffgotsch*, pag. 146.
10 So erzählte mir dies auch Doderer selbst. Vgl. Martin Loew-Cadonnas Nachwort zu *Die sibirische Klarheit:* hier werden die schon reichlich wirren Erinnerungen des sehr alten Rudolf Haybach wiedergegeben. Daß es in Wahrheit acht statt drei Leute waren, die flohen, geht aus dem *Journal* vom 17. 12. 1931 hervor, ebenso ihr Zwischenaufenthalt in Omsk; auch daher ist es völlig unwahrscheinlich, daß sie in Petropawlowsk zur Arbeit eingesetzt wurden und dann auf der Flucht wieder (250 km in die falsche Richtung) in den Osten nach Omsk zurückkehrten – abgesehen da-

von: Gefangene 1500 km weit zur Feldarbeit an einen Ort zu transportieren, wo es viel nähere Lager gab, ist schon gar nicht anzunehmen (ebensowenig daß es sich bei dieser Arbeit, etwa sechs Wochen nach dem Eisgang der Flüsse, um das Dreschen von Getreide gehandelt hätte – was die Unzuverlässigkeit von Haybachs Erinnerungen nochmals zeigt). – Diese Mißverständnisse kamen wohl durch eine Verwechslung des Ausgangsorts der ‚Flucht', nämlich Krasnojarsk, mit jenem des Fußmarsches, am ehesten Petropawlowsk, zustande. – Haybach war damals Kommandant jener Gruppe, die außerhalb des Lagers (von Krasnojarsk) arbeitete, und der auch Doderer angehörte, vielleicht war er auch im Lager Kommandant einer Baracke; aber die mehrfach wiedergegebene Version, er sei Kommandant des Lagers Krasnojarsk gewesen, ist absolut irrtümlich: das war der Ranghöchste der gefangenen Offiziere, also keineswegs ein Leutnant der Artillerie, sondern in diesem Fall ein Feldmarschalleutnant. – Was Michael Horowitz, o.c., über Doderer in Sibirien berichtet, ist eine weitere Verzerrung falscher Legenden.

11 *Das russische Land*, Wiener Mittags-Zeitung, 16. Oktober 1920. Auf dem erhaltenen Exemplar hat Doderer den Namen des Verfassers, Albrecht Reif, durchgestrichen und handschriftlich durch seinen eigenen ersetzt. Vielleicht kam es so zur Verwechslung, daß Reif, der viel mehr Leute kannte, diesen Artikel Heimos an die Zeitung weitergab, welche dann irrtümlich seinen Namen daruntersetzte. Daraus läßt sich natürlich keineswegs ableiten, daß Reif auf der Flucht mit Heimo dabei war.

12 *Journal*, 30. 11. 1931.

13 HD an Ivar Ivask, 21. 3. 1958.

14 *Tangenten*, pag. 363.

II/8

1 Siehe *Bildband*.

2 Brief Dr. Inge Martineks vom 12. 11. 1991.

3 *Commentarii*, 23. 1. 1959.

4 Vgl. Elisabeth Lebensaft, ‚Die Eskapade in die Wissenschaft – Materialien zum Geschichtsstudium Heimito von Doderers', in: ‚Mitteilungen des Instituts für österreichische Geschichtsforschung', XCII. Band, Hermann Böhlaus Nachf., Wien – Köln – Graz, 1984.

5 *Journal*, 18. 11. 1920.

6 Alfred Polgar, ‚Geistiges Leben in Wien' (1920), in ‚Taschenspiegel', Löcker Verlag, Wien 1980.

7 *Journal*, 24. 4. 1921.

8 *Journal*, 22. 4. 1921.

9 *Frühe Prosa*, pag. 11, pag. 13.

10 *Frühe Prosa*, pag. 21/22.

11 Dr. Gerlinde Michels: ‚Haybach – Die Verlagszeit'; Typoskript.

12 *Nicht alle zogen nach Berlin*, Magnum 9, 1961.

13 Diese Darstellung folgt im wesentlichen: Peter Broucek ‚Ein General im Zwielicht – Die Erinnerungen Edmund Glaises von Horstenau'. Bd. 1-3, Böhlau, 1980. – Glaise von Horstenau, der als ehemaliger Generalstäbler des Weltkriegs nun im Kriegsarchiv tätig war, besuchte zur selben Zeit wie Doderer historische Vorlesungen an der Universität. Daraus konstruierte Viktor Matejka (der ebenfalls Student der Geschichtswissenschaften gewesen war) in einer sogenannten ‚Doderiade' (‚Anregung ist alles – Das Buch Nr. 2', Löcker Verlag, Wien, 1991) eine Geschichte, derzufolge die ehemaligen Offiziere unter den Historikern – außer Glaise von Horstenau noch Bruno Brehm, Egon Caesar Conte Corti u. a. – gemeinsam mit Doderer eine geschlossene Gruppe gebildet hätten. Das enthält eine politische Implikation: Alle von Matejka – der nach dem 2. Weltkrieg kommunistischer Stadtrat von Wien war, durch sein hohes kulturelles Niveau aber auch von Mitgliedern anderer Parteien geschätzt wurde – genannten Persönlichkeiten wandten sich mehr oder weniger heftig dem Nationalsozialismus zu. Glaise von Hor-

stenau wurde unter Bundeskanzler Schuschnigg – bis zum Anschluß – Minister ohne Portefeuille, was in Wahrheit hieß: er war der persönliche Überbringer der Botschaften (und Drohungen) Hitlers an die österreichische Regierung; als österreichischer Minister war er also von fast ausschließlich deutscher Loyalität geprägt. Allerdings war er bereits in den frühen 20er Jahren der Christlichsozialen Partei beigetreten und gehörte zum katholischen Flügel der Großdeutschen, also nicht unmittelbar zu den Nazis; trug aber zielbewußt zum Untergang (oder ‚Anschluß') Österreichs bei. Nun gibt Matejka vor, von einer ‚Freundschaft' Glaises und Doderers zu wissen, wobei Doderer noch während Glaises Ministerschaft ‚gute Kontakte' zu diesem gehabt hätte – etwa als wären beide vom Sommersemester 1921 bis ins Dritte Reich mit einem gemeinsamen politischen Ziel durchmarschiert. Der erheblich ältere Berufsoffizier Glaise, der bis zu seinem Selbstmord im Gefängnis von Nürnberg (hochinteressante und hervorragend herausgegebene) Erinnerungen aufzeichnete, darin er sich an Tausende Namen, Umstände und Daten mit unwahrscheinlicher Präzision erinnerte, erwähnte Doderer nie. Dieser selbst nannte Glaise genausowenig; zudem taucht – in den doch recht umfänglichen *Journalen* der 20er Jahre – politisches Interesse so viel wie gar nicht auf; und auch keiner der anderen von Matejka erwähnten ‚Freundes'-Namen. Später, während der angeblichen ‚guten Kontakte' zum Minister, war Doderer zwar Nazi, aber gar nicht in Österreich. Diese Behauptungen Matejkas (ebenso wie einige andere, auf die noch einzugehen sein wird) erfreuen sich aus polemischen Gründen zwar immer wieder einer gewissen Beliebtheit (als ‚Quellen aus erster Hand'), doch sind Nachweise dafür unauffindbar und erscheinen aus dem Zusammenhang von Doderers (und diesfalls auch: Glaises) Geschichte auch kaum als wahrscheinlich.

14 *Journal*, 26. 4. 1921.

II/9

1 *Journal*, 29. 12. 1921; hier findet sich über mehrere Seiten eine Rekonstruktion der ersten Monate mit Gusti.

2 Anläßlich seiner zweiten Verehelichung – mit Emma Maria Thoma – bat HD seine Schwester Astri, die auf dem Riegelhof vorhandenen Briefe Gustis zu verbrennen. Astri bestätigte ihm (und später anderen Nachfragenden), dies getan zu haben. Diese Briefe wurden jedoch nach ihrem Tod von ihrem Sohn Wolfgang Stummer gefunden und befinden sich nach wie vor auf dem Riegelhof. Sie stellen, zu den Darstellungen Doderers in den Tagebüchern und Romanen, ein ganz wesentliches ‚Et audiatur altera pars' dar; vermitteln aber auch – durch die größere Weltoffenheit Gustis – ein lebendigeres Bild der Zeit sowie auch von Doderers Freundeskreis. Dessen Anmerkungen – mit Bleistift, in der Handschrift der vierziger Jahre – zeigen, daß er sie für die Arbeit an der *Strudlhofstiege* benützt hat. – Seine eigenen Briefe an sie hat sie verbrannt; jedenfalls war keine Zeile von Doderer in ihrem Nachlaß (bei ihrer Nichte, Giulia M. Hine, Colorado), doch immerhin einige vorher unbekannte Fotografien (siehe *Bildband*).

3 *Commentarii*, 29. 12. 1951.

4 Auskunft seines Neffen Dr. Peter von Doderer; am 21. 1. 1992, Salzburg.

5 *Journal*, 2. 1. 1922.

6 *Journal*, 3. 1. 1922.

7 *Journal*, 4. 1. 1922.

8 *Journal*, 17. 1. 1922.

9 *Journal*, 5. 2. 1922.

II/10

1 *Journal*, 6. 9. 1922.

2 Heinrich von Srbik, ‚Österreich in der deutschen Geschichte', Bruckmann AG., München, 1936.

3 *Commentarii*, 27. 10. 1962.

4 Vgl. Hermann Swoboda, ‚Studien zur Grundlegung der Psychologie', Deuticke 1905, ‚Harmonia animae', Deuticke 1907, ‚Das Siebenjahr', Orion, 1917, ‚Otto Weiningers Tod', Heller, 1923.
5 *Grundlagen und Funktion des Romans*, Glock und Lutz, 1959.
6 *Der Fall Gütersloh*, Haybach 1930, pag. 47.
7 Swoboda, ‚Harmonia animae', pag. 24.
8 *Rede auf Otto Weininger*, in Jacques Le Rider, ‚Der Fall Otto Weininger', Löcker, 1985.
9 Otto Weininger, ‚Geschlecht und Charakter', Braumüller, 1921 (22. Auflage).
10 Vgl. Ray Monk, ‚Wittgenstein – Das Handwerk des Genies', Klett-Cotta, 1992.
11 Oswald Spengler, ‚Der Untergang des Abendlandes', C. H. Beck, Nachdruck 1969.

II/11
1 ‚Chronik der letzten vierzehn Tage', *Journal*, 3. 1. 1923.
2 *Frühe Prosa*, pag. 173.
3 *Meine neunzehn Lebensläufe*, pag. 40.
4 *Tagebuch eines Schriftstellers*, 1926, im *Journal*.
5 *Journal*, 27. 1. 1923.
6 *Journal*, 24. 2. 1923.
7 *Journal*, 21. 7. 1923.
8 *Journal*, 7. 8. 1923.
9 *Journal*, Rückschau, Anfang November 1923.
10 *Journal*, 21. 7. 1923.
11 *Journal*, 30. 4. 1924.
12 *Journal*, nachträgliche Chronik zum 24. 5. 1923.
13 *Journal*, 11. 6. 1924.

II/12
1 Nationalbibliothek, S.n. 14.245.
2 *Seraphica*, a. a. O.
3 *Journal*, 4. 4. 1924.
4 *Journal*, 24. 6.–7. 7. 1924.
5 *Frühe Prosa*, pag. 38.
6 *Journal*, 7. 7. 1924.
7 *Journal*, 29. 6. 1924.
8 *Journal*, 24. 7. 1924.
9 *Journal*, 18. 8. 1924.
10 *Commentarii*, 15. 5. 1958.
11 *Journal*, 21. 11. 1924.
12 *Journal*, 4. 2. 1925.
13 *Journal*, 25. 7. 1925.
14 *Tagebuch eines Schriftstellers*, N.B., S.n. 14.065.

II/13
1 *Journal*, 15. 12. 1925.
2 *Journal*, 30. 12. 1925.
3 *Journal*, ‚Februar 26'.
4 *Tangenten*, 17. 3. 1947.
5 Brief an Dietrich Weber vom 12. 12. 1960.

II/14

1 Vgl. Gerhard Botz, ‚Gewalt in der Politik', Wilhelm Fink Verlag, 1976.
2 *Repertorium*, pag. 130.
3 *Journal*, 21. 10. 1927.
4 HD an Adolf Frisé vom 22. 8. und 4. 9. 1955.
5 Vgl. Botz, o.c.; ‚Die Ereignisse des 15. Juli 1927', Protokoll des Symposiums, Verlag für Geschichte und Politik, Wien 1979; ‚Vom Justizpalast zum Heldenplatz', Studien und Dokumentationen, Österreichische Staatsdruckerei, 1975; ‚Die Wiener Julitage 1927', ein Gedenkbuch von Julius Braunthal, Verlag der Wiener Volksbuchhandlung, 1927; dazu die Memoirenwerke von Julius Deutsch, Ernst Fischer, Elias Canetti, Friedrich Funder und anderen.
6 *Commentarii*, 23. 1. 1953.

II/15

1 *Journal*, März 1927.
2 Skizzenbuch Nr. 6, S.n. 14.111.
3 Franz Blei, ‚Erzählung eines Lebens', Paul List Verlag, Leipzig, 1930.
4 Paris von Gütersloh, ‚Bekenntnisse eines modernen Malers', Verlagsanstalt Dr. Zahn und Dr. Diamant, Wien/Leipzig, 1926.
5 Gütersloh, o.c., pag. 105 u. 108.
6 Skizzenbuch Nr. 14, S.n. 14.119. Vgl. auch die sehr sorgfältige Einleitung von Reinhold Treml zu Doderer/Gütersloh, *Briefwechsel 1928–1962*, Biederstein-Verlag, München, 1986, wo Güterslohs Brief ebenfalls zur Gänze zitiert wird.
7 *Journal*, 4. 8. 1928.
8 *Journal*, 17. 10. 1928.
9 Vgl. zu diesem und den weiteren Döblinger Wohnsitzen vor allem: Dr. Engelbert Pfeiffer, ‚Heimito Doderers Jahre in Döbling', Döblinger Museumsblätter Nr. 84-85, Mai 1986.
10 Skizzenbuch Nr. 13, S.n. 14.118.
11 Vgl. Martin Loew-Cadonna, ‚Zug um Zug – Studien zu Heimito von Doderers Roman *Ein Mord den jeder begeht*', Wilhelm Braumüller, Wien, 1991.
12 HD an die Mutter vom 22. 7. 1929.
13 Skizzenbuch Nr. 15, S.n. 14.120.
14 *Commentarii*, 9. 12. 1965.
15 Skizzenbuch Nr. 15, S.n. 14.120.
16 Frau Mag. Meyer, geb. Trabert, im Gespräch mit Dr. Engelbert Pfeiffer, am 7. 4. 1986.
17 Curt Bodemer, ‚Das Rendezvous der Doggen', Forum Verlag 1965. Bodemer ist das Pseudonym Dr. Kurt Mayers. In diesem Erzählungsband sind die rund 150 Seiten ‚Im Zeichen des Hügelhorns' eine Erinnerung an das Leben der Doderers auf dem Riegelhof (= ‚Hügelhorn'), wobei der Autor vor allem auf geistreichen Spott Wert legt. Eine zweite Geschichte, ‚Der Leichenschmaus', ist im Gedenken an Ernő Hauer geschrieben.
18 Über Otto Dressel gibt es zwei Arbeiten. Dr. Kurt Mayer schrieb eine Art von romanhafter Biographie, die unter dem Titel „Die Viechereien des Rittmeisters" als Typoskript in seiner Familie erhalten ist. Ebenfalls als Typoskript existiert eine Untersuchung von Dr. Engelbert Pfeiffer: ‚Heimito Doderers „Rittmeister Eulenfeld": Otto Dressel'.
19 Vgl. Herbert Ketzler, ‚Die journalistische Tätigkeit Heimito von Doderers in den Jahren 1920 bis 1934', in Relation, Jg./Vol. 2 (1995) No. 2, Verlag der Österreichischen Akademie der Wissenschaften, Wien.
20 HD an Ivar Ivask, 1. 2. 1965.
21 Dr. Fritz Ungar an HD, 21. 3. 1931; NB.
22 Gütersloh an HD, 8. 8. 1929; o.c.

23 *Der Fall Gütersloh*, Verlag Rudolf Haybach, Wien, 1930; pag 109 f.
24 Gütersloh, o.c., pag 104.
25 *Der Fall Gütersloh*, pag. 109.
26 Frau Dr. Gerlinde Michels stellte mir freundlicherweise ihr Typoskript ‚Haybach – die Verlagszeit' zur Verfügung, wofür ich sehr danke.

II/16

1 *Commentarii*, 11. 9. 1939.
2 Charles A. Gulick, ‚Österreich von Habsburg zu Hitler', (University of California Press, 1948) deutsche Ausgabe: Danubia-Verlag; Band III, pag. 175 f.
3 *Journal*, ‚Anfang November' 1930.
4 *Journal*, 10. 12. 1930; Hervorhebungen von Doderer.
5 Lotte Paumgarten an HD, 17. 2. 1932; N.B.
6 *Journal*, 1. 12. 1930.
7 *Journal*, ‚Anfang Jänner' 1931.
8 Dies erzählte mir Doderer bei meinem ersten Besuch bei ihm, 1960. Ich hatte eben den ‚Mann ohne Eigenschaften' gelesen und war so unvorsichtig, Doderer – mit deutlicher Bewunderung für Musil – zu fragen, ob er diesen persönlich gekannt hätte. Er verfinsterte sich sofort: es hätte ihm die „hellgelbe Stimme" Musils vom Nebentisch im Café ‚Herrenhof' schon gereicht. Auf meine Frage, was er unter „hellgelb" verstehe, sagte er angewidert: „Wie eine gestopfte Trompete!"
9 ‚Wiener Allgemeine Zeitung', 19. 5. 1931.
10 *Commentarii*, 6. 7. 1935.
11 *Journal*, 24. 9. 1932.
12 *Tangenten*, pag. 115.
13 *Dämonen*, pag 663.
14 Dr. Engelbert Pfeiffer, o.c.
15 *Journal*, ‚Ende Juli 31'.
16 *Commentarii*, 11. 10. 1964.
17 *Journal*, 26. 9. 1932.

II/17

1 Siehe *Bildband.*
2 Vgl. als instruktives Beispiel ‚Der Ortsjugendführer', herausgegeben von der Abteilung ‚Jung-Vaterland' im Amte des Bundesführers des Österr. Heimatschutzes, 1935.
3 Gespräch mit Prof. Milan Dubrovic am 29. 10. 1991.
4 *Journal*, 7. 5. 1933.
5 *Journal*, 8. 5. 1933.
6 Alle Daten aus Gerhard Botz, o.c.
7 Ferry Proy an Dr. Engelbert Pfeiffer, 2. 5. 1978.
8 Gespräch mit Frau Hofrat Lisl von Scharmitzer am 23. 7. 1991.
9 Vgl. Gerhard Jagschitz, ‚Der Putsch – Die Nationalsozialisten 1934 in Österreich', Styria, 1976.

II/18

1 *Commentarii*, 10. und 11. 11. 1936.
2 *Commentarii*, 1934/III, ab 6. 3.
3 *Commentarii*, 6. 6. 1935
4 Zu den im Doderer-Museum (Wien IX, Alsergrund-Museum) aufbewahrten Pfeiltaschen sowie den Symbolen in den Tagebüchern verfaßte der Kurator des Museums, Dr. Engelbert Pfeiffer, eine sorgfältige Untersuchung: ‚Doderers ‚abbreviationes", Typoskript, Dez. 1992.

5 Elias Canetti, ‚Das Augenspiel', Lebensgeschichte 1931–1937, Carl Hanser Verlag, 1985. Vgl. pag. 303f. – Alle Angaben über Doderers Leben in der Hartäckerstraße verdanke ich ausführlichen Gesprächen mit Greta Freist, Ende Oktober bis Anfang Dezember 1992.
6 *Commentarii*, 18. 1. 1936.
7 *Commentarii*, 9. 8. 1935.
8 *Commentarii*, 21. 6. 1935.

III/19
1 Vgl. Rosel Kirchhoff, ‚Am Lagertor', Bayerland Verlag 1972; eine autobiographische Erinnerung an die Kindheit und Jugend im damaligen Dachau.
2 *Commentarii*, 28. 8. 1936.
3 *Commentarii*, 27. 8. 1936.
4 *Commentarii*, 25. 8. 1936.
5 HD an Haybach, 16. 10. 1936. Ehe Haybach seine gesammelten Briefe Doderers an Wendelin Schmidt-Dengler übergab, dürfte er diesen Brief vernichtet haben. Jedoch schrieb Doderer – mit Poststempel vom 20. 10. 1936 – an Ernst von Scharmitzer und bat ihn – da er nicht nochmals dasselbe schreiben wollte – seinen Brief an Rolf bei diesem zu lesen. Scharmitzer tat das und war so beeindruckt, daß er eine Abschrift verfaßte, die in seinem Nachlaß erhalten blieb.
6 *Commentarii*, 2. 9. 1936.
7 Gütersloh an HD, 22. 9. 1936.
8 *Commentarii*, 17. 8. 1936.
9 *Commentarii*, 10. 12. 1936.
10 Hilde Spiel, ‚Die hellen und die finsteren Zeiten'; List Verlag, München, 1989.
11 *Commentarii*, 22. 2. 1937.
12 HD an Maria Thoma, 24. 8. 1942.
13 Gespräch mit Liselotte Freifrau von Stengel im Juni 1993, München.
14 HD an Haybach, 5. 7. 1937.

III/20
1 *Commentarii*, 9. 11. 1936.
2 *Commentarii*, 18. 3. 1937.
3 *Commentarii*, 12. 9. 1937.
4 Horst Wiemer in *Schaffgotsch*, pag. 187 f.
5 *Commentarii*, 17. 9. 1937.
6 Vgl. *Neunzehn Lebensläufe*, pag. 29 ff.
7 ‚Der Aquädukt', Ein Jahrbuch, C. H. Beck'sche Verlagsbuchhandlung, 1938.
8 *Commentarii*, 23. 9. 1937.
9 *Commentarii*, 26. 8. 1937.
10 Vgl. Notizbuch 1947, S.n. 14.200.
11 HD an Emma Maria Thoma, 11. 4. 1948. In Hinkunft nur: ‚Maria'.
12 Emma Maria Doderer, ‚Mein Lebenslauf', 2 Seiten Typoskript, November 1977.
13 HD an Ernst von Scharmitzer, 22. 3. 1938.
14 HD an Rolf Haybach, 27. 3. 1938.
15 Vgl. Klaus Amann, ‚Der Anschluß österreichischer Schriftsteller an das Dritte Reich', Athenäum, Frankfurt, 1988.
16 Rudolf Kalmar, ‚Zeit ohne Gnade', Schönbrunn Verlag, 1946.
17 HD an Maria, 13. 5. 1938.

III/21

1 Gütersloh an HD, 15. 7. 1938.

2 Das Gerücht ging von Trude Waehner selbst aus, die sich, als sie ihr eigenes Atelier nicht beziehen konnte, ‚quasi arisiert' fühlte; daraus machte Viktor Matejka dann seine frei erfundene Geschichte. Er selbst war während der Ereignisse allerdings – wie erwähnt – im Dachauer Lager und erfuhr von dem Streit um die Wohnung erst später Ungenaues, das er nach Doderers Tod in seine endgültige, detailreich ausgeschmückte Fassung brachte, die seither besonders gern zitiert wird. Vgl. Viktor Matejka, ‚Anregung ist alles', Löcker Verlag, Wien, 1991. Daß er unter den gegebenen Umständen, und noch dazu als Kommunist, natürlich heftige Ressentiments gegen Doderer hatte, braucht nicht ausgeführt zu werden; daß er auch ganz genau beschrieb, welche Hosen Doderer bei der ‚Arisierung' angehabt hätte, bleibt nicht mehr als die geschickte Detailliebe eines doch kurzbeinigen Lügners.

3 Zitiert nach Irene Etzersdorfer, ‚Arisiert', Kremayr & Scheriau, Wien, 1995.

4 Gütersloh an HD, 14. 9. 1938.

5 Es handelte sich um meinen Vater. – Zum übrigen vgl.: Radomír Luza, ‚Österreich und die großdeutsche Idee in der NS-Zeit', Hermann Böhlaus Nachf., Wien – Köln – Graz, 1977.

6 HD an Gustav H.[orowitz] Heimo,15. 5. 1962.

7 HD an Maria, 26. 9. 1938.

8 ‚Der Novemberpogrom 1938, Die „Reichskristallnacht" in Wien', 116. Sonderausstellung des Historischen Museums der Stadt Wien, 10. Novemer bis 29. Januar 1989, Eigenverlag der Museen der Stadt Wien. Vgl. besonders den Beitrag von Jonny Moser, ‚Die „Reichskristallnacht" in Wien'.

9 Landesgericht für ZRS. Wien, Abt. 12, am 25. 11. 1938; 12 C g 492/38.

10 Skizzenbuch Nr. 22, S.n. 14.126.

11 siehe *Bildband.*

12 HD an Maria, 18. 3. 1939.

III/22

1 Interview Helen Knopps mit Fritz Riedl vom 18. 5. 1988. – Fritz Riedl, der bekannteste Teppichweber Österreichs, war mehrmals bei Gütersloh auf Besuch gewesen; Helen Knopp gestaltete ein sehr informatives Buch über ihn, darin die erwähnte Interview-Passage jedoch nicht vorkommt. Ich danke ihr für diese Information, die sich mit jener deckt, die auch ein Gespräch mit Dr. Heribert Hutter im Februar 1995 erbrachte. Vgl.: Knopp-Rupertsberger, ‚Fritz Riedl', T & T Verlag, Wien – Eisenstadt, 1991.

2 *Commentarii,* 10. 12. 1938.

3 Vgl. Edmund Schüller, ‚De Spectationibus', in *Schaffgotsch,* pag. 151 ff. Allerdings irrt sich Schüller in der Zeitangabe: im Sommer 1940 – den er dafür angibt – war Doderer gar nicht mehr in Wien; da der erste Hinweis Doderers auf seine Arbeit an den *Erleuchteten Fenstern* vom März 1939 stammt, müssen die frühesten Beobachtungen schon vorher – und wohl auch vor dem dafür eher ungünstigen Winter – stattgefunden haben. Auch gab Doderer – siehe *Tangenten,* pag. 349 – die Jahre 1938 und 1939 für die Abfassung der *Erleuchteten Fenster* an.

4 *Tangenten,* pag. 214 f.

5 *Tangenten,* pag. 349.

6 *Die erleuchteten Fenster,* pag. 120.

7 HD an Maria, 8. 6. 1939.

8 HD an Maria, 18. 3. 1939.

9 HD an Maria. 14. 10. 1939.

10 Vgl. Markus Honsig, ‚Mehr als erschlagen können sie mich nicht', Salzburger Nachrichten, 26. 11. 1988.

11 Wilhelm Windelband, ‚Lehrbuch der Geschichte der Philosophie', Tübingen 1912.
12 *Grundlagen und Funktion des Romans*, Glock und Lutz, Nürnberg, 1959.
13 HD an Maria, 13. 12. 1939.
14 HD an Maria, 22. 2. 1940.
15 Siehe *Bildband*.

III/23

1 HD an Maria, 14. 8. 1940.
2 HD an die Mutter, 7. 7. 1940.
3 HD an Maria, 24. 7. 1940.
4 HD an Maria, 8. 9. 1940.
5 HD an Maria, 8. 10. 1940.
6 Wiedergegeben nach einem Brief Doderers an seine Mutter, 17. 11. 1940.
7 HD an Maria, 18. 10. 1940.
8 HD an die Mutter, 28. 12. 1940.
9 HD an Maria, 5. 3. 1941.
10 HD an die Mutter, 18. 4. 1941.
11 *Tangenten*, pag. 57.
12 HD an Maria, 11. 2. 1942.
13 HD an Gütersloh, 7. 3. 1942.
14 HD an Maria, 21. u. 22. 4. 1942.
15 In *Ein Weg im Dunklen*, Biederstein, 1957. Für das Datum der Fertigstellung: HD an Astri, 16. 6. 1942.
16 HD an Maria, 20. 6. 1942.
17 HD an Maria, 14. 7. 1942.
18 Daß es aus jener Zeit keine schriftlichen Beweise für diese Geschichte gibt, ist natürlich. Doch deckt sich diesfalls die Erinnerung Astris an die Erzählungen ihres Bruders sehr genau mit dem, was mir Doderer selbst erzählte. Es könnte noch immer dieselbe Lüge gewesen sein. Aber auch die Eintragungen im Notizbuch – NB 1942, S.n. 14.199 – und die Hinweise in den Briefen finden am ehesten eine Deutung in diesem Sinne; und die dankbare Zuneigung seiner Soldaten ergänzt die Glaubwürdigkeit der Geschichte; ebenso wie die Tatsache, daß sicherlich kein militärischer Ehrgeiz Doderers für diese Zeit anzunehmen ist. – Daß er selbst, wenn er diese Geschichte erzählte, dann als weitere Begründung hinzufügte, er hätte damals als Österreicher ja für eine fremde Macht, nämlich das Deutsche Reich, kämpfen müssen, war eine jener Überpointierungen, mit denen er auch eventuelle Wahrheiten etwas verdächtig machte.
19 HD an Maria, 5. 10. 1942.

III/24

1 HD an Maria, 15. 2. 1943.
2 HD an Dr. Lu Laporte, 14. 4. 1943.
3 HD an Maria, 10. 5. 1943.
4 HD an Maria, 16. 6. 1943.
5 HD an Maria, 20. 6. 1943.
6 *Tangenten*, pag. 205 ff.
7 Archiv des österreichischen Widerstand, Akt Nr. 72 45/a/b. – Die genaueren Details verdanke ich der liebenswürdigen Bereitschaft von Frau Dr. Ella Lingens, mir diese schmerzlichen Ereignisse nochmals zu erzählen.
8 Auch die Geschichte des ‚Tachinierens im Verband' erzähle ich, soweit die Versionen, die Astri wiedergab, und jene, die mir Doderer selbst erzählte, übereinstimmen.

9 HD an Maria, 19. 9. 1943.
10 HD an Maria, 2. 10. 1943.
11 A. P. Gütersloh, ‚Sonne und Mond', Piper, München, 1962; pag. 679.
12 A. P. Gütersloh, ‚Der innere Erdteil – das Wörterbuch zu ‚Sonne und Mond'', Piper, München, 1987; pag 358.
13 A. P. Gütersloh, ‚Sonne und Mond', pag 713 f.
14 A. P. Gütersloh, ‚Der innere Erdteil', pag. 361.
15 *Repertorium*, herausgegeben von Dietrich Weber, Biederstein, München, 1969.
16 NB, S.n. 33.622; mit Dank an Dr. Irmgard und Dr. Heribert Hutter, die mir dies mitgeteilt haben.
17 HD an Maria, 16. 5. 1944.
18 HD an die Mutter, 19. 11. 1944.
19 HD an Maria, 3. 1. 1945.
20 HD an Maria, 18. 1. 1945.
21 HD an Maria, 12. 3. 1945.

III/25

1 *Tangenten*, 4. 6. 1945.
2 *Tangenten*, 13. 12. 1944.
3 *Tangenten*, 31. 3. 1946.
4 *Tangenten*, 4. 2. 1946.
5 *Tangenten*, 12. 6. 1945.
6 *Tangenten*, 15. 7. 1945.
7 HD an Ernst Alker, 16. 11. 1945.
8 HD an Maria, 26. 11. 1945.
9 HD an Ingrid Martinek, 5. 2. 1946.
10 HD an Gaby Steinhart, 6. 2. 1946.
11 HD an Dr. Heinrich Beck, 9. 2. 1946.

III/26

1 HD an Maria, 7. 6. 1946.
2 Alle bisher zitierten Dokumente, Briefe, Erklärungen etc. befanden sich in Doderers persönlichem Nachlaß und kamen über seine Witwe an deren Erbin, Hannelore König, Moosburg.
3 *Tangenten*, 18. 10. 1946.
4 HD an Ernst Alker, 27. 8. 1946.
5 HD an Hans Eggenberger, 24. 2. 1947.
6 HD an Maria, 10. 11. 1946.
7 HD an Hartmann Goertz, 31. 3. 1955.
8 Notizbuch 1946, S.n. 14 201.
9 *Die Erzählungen*, pag. 310.

III/27

1 Luckmann Verlag, Bestätigung vom 10. 12. 1946.
2 Notizbuch 1946, S.n. 14 201.
3 *Die Wiederkehr der Drachen*, pag. 111 ff.
4 Vgl. Wendelin Schmidt-Dengler, ‚Bruchlinien', Residenz Verlag, 1995, pag. 23 ff.
5 Skizzenbuch 27, S.n. 14.134; 9. 5. 1946.
6 *Tangenten*, 2. 8. 1948.

III/28

1 HD an Maria, 8. 10. 1948.
2 HD an Walter Abendroth, 7. 8. 1965.
3 *Die Wiederkehr der Drachen*, pag. 275 ff.
4 HD an Maria, 14. 3. 1949.
5 HD an Maria, 6. 3. 1949.
6 HD an Maria, 29. 4. 1949.
7 Skizzenbuch Nr. 31; 1. 10. 1949.
8 HD an Maria, 21. 10. 1949.
9 HD an Egon von Horsetzky, 14. 12. 1949.
10 Notizbuch 1951, S.n. 14.207; 4. 3. 1951.

IV/29

1 Skizzenbuch Nr. 34, 15. 3. 1951.
2 *Commentarii*, 14. 4. 1951.
3 Skizzenbuch Nr. 33, 19. 12. 1950.
4 Hilde Spiel, ‚Welche Welt ist meine Welt?', Paul List Verlag, 1990.
5 HD an Horst Wiemer, 4. 3. 1952.
6 HD an Maria, 7. 7. 1951.
7 HD an Horst Wiemer, 22. 7. 1951.
8 Paul Elbogen an HD, 7. 6. 1951.
9 HD an Friedrich Qualtinger, 9. 11. 1951.
10 Hartmann Goertz in *Schaffgotsch*, pag. 89.
11 Notizbuch 1951, S.n. 14.207; 14. 11. 1951.
12 Ibidem; 16. 11. 1951.
13 HD an Walter Abendroth, 26. 11. 1951.

IV/30

1 Notizbuch 1951, 26. 7. 1951; im übrigen vgl. *Commentarii*, 2. 12. 1954, wo er Lambert Binder als den „großen Hexenmeister" bezeichnet.
2 Die Geschichte von Doderers Arbeit für die ‚Satanisten' läßt sich nicht weiter beweisen – außer diese würden Doderers Übersetzungen zur Verfügung stellen. Ich schrieb den Bericht so, wie Doderer es mir erzählt hat. Marias Geschichte habe ich mehrfach gehört.
3 HD an Maria, 4. 8. 1952.
4 Notizbuch 1952, 18. 9. 1952.
5 HD an Hans Flesch, 16. 3. 1953.
6 HD an Robert Grabner, 28. 10. 1953.
7 HD an Dr. Heinrich Meyers, 27. 6. 1952.
8 HD an Astri, 21. 9. 1954.
9 HD an Gustav End, o. D.
10 HD an Jeannie Ebner, 17. 2. 1953.
11 Das Thema kenne ich deshalb gut, da Doderer, von dessen Bisexualität und flagellantischen Praktiken ich keine Ahnung hatte, völlig verständnislos war, daß ich nicht einmal auf dem Gebiet der Heterosexualität seine Argumente verstand, obwohl er sie mir immer wieder vortrug, selbst in bezug auf meine eigene Freundin: „Ja meeerken Sie dennn nicht, wie miiilchig sie riiiieeecht?!" Gemildert wurde sein Eindruck nur, doch immerhin erheblich, durch die Tatsache, daß sie ein ‚Freifräulein' war, wobei er die Genealogie ihrer Familie auf Anhieb bis ins dreizehnte Jahrhundert wußte – was wiederum ich als äußerst überflüssige Bewertung auffaßte.

IV/31

1 Die wesentlichen Quellen zur Geschichte Doderers und Zeemanns sind: seine Notizbücher (NB) ab 1955; etwas mehr als 200 Briefe HDs an DZ (Wiener Stadtbibliothek); ein handschriftlich erhaltenes Tagebuch der Zeemann vom Nov. 1955 bis Juli 1957; und schließlich ihr Erinnerungsbuch ‚Jungfrau und Reptil', Suhrkamp, 1982. Dazu kommen zwei lange Gespräche, die ich am 1. Mai und 2. Juni 1992 mit ihr führte, wobei ich sie schon von früher – im Umgang mit Doderer – ganz gut kannte. Zu ihren publizierten Memoiren ist zu sagen, daß sie offensichtlich ihre eigenen Quellen nicht mehr durchsah, worauf unter anderm völlig unbegründete Zeitsprünge und Irrtümer hinweisen. Außerdem gab sie in ihrem Buch ein Bild, das von einem fertigen Erinnerungsbild Doderers ausging, anstatt zu entwickeln, wie sich dieses Bild langsam ergab; auch sich selbst stellte sie als diejenige dar, die sie erst im Laufe der Zeit geworden war – freier, souveräner und glücklicher, als sie es zur maßgeblichen Zeit gewesen war. Das schränkt den Quellenwert ihrer Memoiren ein wenig ein, doch hat sie in einer sozusagen letzten Sicht vielfach recht – was ihr auch entsprechend angekreidet wurde.
2 Notizbuch 1955, 10. 8. 1955.
3 *Commentarii*, 20. 5. 1956.
4 *Commentarii*, 28. 7. 1956.
5 HD an Horst Wiemer, 29. 8. 1956.
6 HD an Dora Zeemann, 20. 9. 1956.
7 HD an Maria, 31. 10. 1956.
8 HD an Poldi Engelbrecher, 14. 11. 1956.

IV/32

1 HD an Maria, 30. 1.1, 1957.
2 *Commentarii*, 12. 1. 1957.
3 *Commentarii*, 21. 6. 1957.
4 HD an Hilde Spiel, 17. 1. 1957.
5 *Commentarii*, 14. 7. 1957.
6 *Commentarii*, 17. 7. 1957.
7 *Commentarii*, 21. 7. 1957.
8 *Merowinger*, pag. 115 ff.

IV/33

1 *Die Wiederkehr der Drachen*, pag. 242.
2 Julius Deutsch an HD, 12. 12. 1958.
3 Frankfurter Allgemeine Zeitung, 5. 10. 1957.
4 HD an Maria, 9. 11. 1959.
5 HD an Maria, 20. 11. 1959.

IV/34

1 HD an Maria, 14. 2. 1960.
2 HD an Maria, 17. 3. 1960.
3 HD an Maria, 16. 7. 1960.
4 Maria an HD, 1. 10. 1960.
5 HD an Dietrich Weber, 3. 4. 1960.
6 HD an Jossip Zorn, 25. 8. 1960.
7 HD an Dietrich Weber, 16. 6. 1960.
8 HD an E. E. Noth, 30. 7. 1960.
9 HD an Maria, 7. 10. 1960.

10 HD an Maria, 10. 9. 1960.
11 *Commentarii*, 24. 12. 1960.
12 Skizzenbuch 43–45, S.n. 14.152, 26. 12. 1960.
13 Doderer, der ja keinen Plattenspieler hatte, war mich in seinem letzten Lebensjahr überraschend besuchen gekommen, um eben Beethovens op. 131 zu hören; bei dieser Gelegenheit fiel der erwähnte Ausspruch. Anschließend wollte er noch ‚Petruschka' hören und erzählte, daß er seinerzeit eine Aufführung unter Strawinsky selbst erlebt habe.
14 HD an Gustav End, 12. 8. 1961.
15 HD an Maria, 18. 2. 1961.
16 HD an W. Fleischer, 28. 3. 1961.

IV/35
1 HD an Hans Paeschke, 11. 6. 1961.
2 Poldi Engelbrecher an Maria, 8. 10. 1961.
3 Maria an Poldi Engelbrecher, 9. 11. 1961.
4 HD an Dietrich Weber, 29. 12. 1961.
5 *Commentarii*, 15. 5. 1962.
6 HD an Horst Wiemer, 2. 7. 1962.
7 *Unter schwarzen Sternen*, pag. 58.
8 HD an Ivar Ivask, 23. 7. 1962.
9 Gütersloh, ‚Sonne und Mond', pag. 772.
10 *Commentarii*, 21. 12. 1962.
11 *Commentarii*, 23. 5. 1963.
12 HD an Maria, 8. 2. 1963.
13 *Commentarii*, 12. 4. 1965
14 HD an Maria, 5. 4. 1963.

IV/36
1 *Commentarii*, 1. 1. 1962. HD an Maria, 26. 10. 1963.
2 *Commentarii*, 29. 10. 1963.
3 HD an Dr. Ehrentreich (Hessischer Rundfunk), 9. 9. 1964.
4 Kurier, Samstag, 19. 9. 1964.
5 HD an Maria, 6. 3. 1964.
6 HD an Rudolf Hagelstange, 8. 10. 1964; fast gleichlautend an Ivar Ivask am 10. 6. 1964; der Vortrag fand am 8. Mai statt.
7 HD an Gustav End, 8. 4. 1964.
8 HD an Dr. Elisabeth Stengel, 24. 5. 1964.
9 HD an Herbert Eisenreich, 3. 10. 1964.
10 HD an W. Fleischer, 4. 6. 1964.
11 HD an W. Fleischer, 10. 6. 1964.
12 Vgl. *Bildband.*
13 HD an Ivar Ivask, 10. 9. 1964.
14 *Commentarii*, 12. 6. 1964.
15 Dr. Josef Klaus an HD, 28. 4. 1964.
16 HD an Ivar Ivask, 29. 11. 1964.

IV/37
1 Skizzenbuch 46/47, S.n. 14.153.
2 Skizzenbuch 48/a, S.n. 14.154.

3 Das Interview erschien auch in *Schaffgotsch*, pag. 33 ff.
4 HD an Maria, 20. 8. 1965.
5 HD an Maria, 24. 8. 1965.
6 HD an Maria, 22. 10. 1965.
7 *Commentarii*, 23. 10. 1965.
8 *Commentarii*, 16. 2. 1966.
9 Dr. Josef Klaus an HD, 28. 2. 1966.
10 Elias Canetti, ‚Das Augenspiel', Hanser 1985, pag. 303 f.
11 *Commentarii*, 27. 6. 1966.

Bibliographie

A) Werke Heimito von Doderers in Buchform

Gassen und Landschaft. [Gedichte], Haybach Verlag, Wien, 1923.

Die Bresche. ‚Ein Vorgang in vierundzwanzig Stunden', Haybach Verlag, Wien, 1924.

Das Geheimnis des Reichs. Roman, Saturn-Verlag, Wien, 1930.

Der Fall Gütersloh. ‚Ein Schicksal und seine Deutung', Haybach Verlag, Wien, 1930. [1960 Neuausgabe bei Biederstein-Verlag, München, mit neuer Vorrede.]

Ein Mord den jeder begeht. Roman, C. H. Beck'sche Verlagsbuchhandlung, München, 1938.

Ein Umweg. Roman, C. H. Beck'sche Verlagsbuchhandlung, München, 1940.

Die erleuchteten Fenster oder Die Menschwerdung des Amtsrates Julius Zihal. Roman, Biederstein-Verlag, München, 1951.

Die Strudlhofstiege oder Melzer und die Tiefe der Jahre. Roman, Biederstein-Verlag, 1951.

Das letzte Abenteuer. Erzählung, Reclam Verlag, Stuttgart, 1953.

Die Dämonen Nach der Chronik des Sektionsrates Geyrenhoff, Roman, Biederstein-Verlag, München, 1956.

Ein Weg im Dunklen. Gedichte und epigrammatische Verse, Biederstein-Verlag, München, 1957.

Die Posaunen von Jericho. Neues Divertimento, Im Verlag der Arche, Zürich, 1958.

Grundlagen und Funktion des Romans. Glock und Lutz Verlag, Nürnberg, 1959.

Die Peinigung der Lederbeutelchen. Erzählungen, Biederstein-Verlag, München, 1959.

Die Merowinger oder Die totale Familie. Roman, Biederstein-Verlag, München, 1962.

Roman No. 7/I. Teil: Die Wasserfälle von Slunj. Roman, Biederstein-Verlag, München, 1963.

Tangenten, Tagebuch eines Schriftstellers 1940–1950. Biederstein-Verlag, München, 1964.

Unter schwarzen Sternen. Erzählungen, Biederstein-Verlag, München, 1966.

Meine neunzehn Lebensläufe und neun andere Geschichten. Biederstein-Verlag, München, 1966.

Roman No. 7/II. Teil: Der Grenzwald. Roman-Fragment, Hrsg. Dietrich Weber, Biederstein-Verlag, München, 1967.

Frühe Prosa. ‚Die Bresche. Jutta Bamberger. Das Geheimnis des Reichs', Hrsg. Hans Flesch-Brunningen, Biederstein-Verlag, München, 1968.

Repertorium. ‚Ein Begreifbuch von höheren und niederen Lebens-Sachen', Hrsg. Dietrich Weber, Biederstein-Verlag, München, 1969.

Die Wiederkehr der Drachen. Aufsätze, Traktate, Reden, Hrsg. Wendelin Schmidt-Dengler, Biederstein-Verlag, München, 1970.

Die Erzählungen. Hrsg. Wendelin Schmidt-Dengler, Biederstein-Verlag, München, 1972.

Commentarii 1951 bis 1956. Tagebücher aus dem Nachlaß, Hrsg. Wendelin Schmidt-Dengler, Biederstein-Verlag, München, 1976.

Commentarii 1957 bis 1966. Tagebücher aus dem Nachlaß, Hrsg. Wendelin Schmidt-Dengler, Biederstein-Verlag, München, 1986.

Heimito von Doderer – Albert Paris Gütersloh: Briefwechsel 1928–1962. Hrsg. Reinhold Treml, Biederstein-Verlag, München, 1986.

Die sibirische Klarheit. Texte aus der Gefangenschaft, Hrsg. Wendelin Schmidt-Dengler und Martin Loew-Cadonna, Biederstein-Verlag, München, 1991.

Das erzählerische Werk. 9 Bde., C. H. Beck, München, 1995.

Von Figur zu Figur. Briefe an Ivar Ivask über Literatur und Kritik, Hrsg. Wolfgang Fleischer und Wendelin Schmidt-Dengler, C. H. Beck, 1996.

Tagebücher 1920–1939. C. H. Beck, München, 1996.

B) Von Doderer verwendete und/oder auf ihn bezügliche Werke

Der Aquädukt 1763–1988, C. H. Beck, München, 1983.

Blei, Franz, Erzählung eines Lebens, Paul List Verlag, Leipzig, 1930.

Bodemer, Curt [Kurt Mayer], Das Rendezvous der Doggen, Forum Verlag, Wien, 1965.

Canetti, Elias, Das Augenspiel. Lebensgeschichte 1931–1937, Carl Hanser Verlag, 1985.

Festschrift zum zweihundertjährigen Bestehen des Verlages C. H. Beck 1763–1963, München, 1963.

Fischer, Roswitha, Studien zur Entstehungsgeschichte der *Strudlhofstiege* Heimito von Doderers, Braumüller, Wien, 1975.

Flesch-Brunningen, Hans, Die verführte Zeit. Lebenserinnerungen, Brandstätter, Wien, 1988.

Gütersloh, Albert Paris, Die tanzende Törin, Roman, Langen Müller, München, 1973.

Gütersloh, Paris von, Bekenntnisse eines modernen Malers [Meine grosse und kleine Geschichte], Verlagsanstalt Dr. Zahn und Dr. Diamant, Wien/Leipzig, 1926

Gütersloh, A. P., Sonne und Mond, Piper, München, 1962; Der innere Erdteil – das Wörterbuch zu ‚Sonne und Mond', Piper, München, 1987.

Internationales Symposion Heimito von Doderer, Prein/Rax, 1986.

Loew-Cadonna, Martin, Zug um Zug – Studien zu Heimito von Doderers Roman *Ein Mord den jeder begeht*, Wilhelm Braumüller, Wien, 1991.

Matejka, Viktor, Widerstand ist alles, Löcker Verlag, Wien, 1984; Anregung ist alles – Das Buch Nr. 2, Löcker Verlag, Wien, 1991.

Putz, Ernst, Die Reserveoffiziersschule der Kavallerie der k.u.k. Armee in Holics und Stockerau / 1914–1918, Verlag Ferdinand Berger, Horn, o. J.

Schaffgotsch, Xaver (Hrsg.), Erinnerungen an Heimito von Doderer, Biederstein-Verlag, München, 1972.

Schmidt-Dengler, Wendelin, Bruchlinien, Residenz Verlag, Salzburg, 1995.

Spengler, Oswald, Der Untergang des Abendlandes, C. H. Beck, München, Nachdruck 1969.

Spiel, Hilde, Die hellen und die finsteren Zeiten, List Verlag, München, 1989; Welche Welt ist meine Welt?, List Verlag, München, 1990.

Srbik, Heinrich von, Österreich in der deutschen Geschichte, Bruckmann AG., München, 1936.

Stieg, Gerald, Frucht des Feuers, Edition Falter im ÖBV, Wien, 1990.

Swoboda, Hermann, Studien zur Grundlegung der Psychologie, Deuticke, 1905; Harmonia animae, Deuticke, 1907; Das Siebenjahr, Orion, 1917; Otto Weiningers Tod, Hugo Heller & Cie, Wien/Leipzig, 1923.

Vischer, Friedrich Theodor, Auch Einer, Deutsche Verlags-Anstalt, Stuttgart und Leipzig, 1911.

Völlick, Dr. Dr. B., Über Lenaus mütterliche Vorfahren, Budapest, 1924; Ahnentafeln berühmter Deutscher, Leipzig 1939–1943; Bd. V. ‚Nikolaus Lenau'.

Dietrich Weber, Heimito von Doderer, Autorenbücher, München, 1987.

Weininger, Otto, Geschlecht und Charakter, Braumüller, Wien, 1921 (22ste Auflage).

Windelband, Wilhelm, Lehrbuch der Geschichte der Philosophie, Mohr, Tübingen, 1912.

Zeemann, Dorothea, Einübung in Katastrophen, Leben von 1913–1945, Suhrkamp, Frankfurt, 1979; Jungfrau und Reptil, Leben zwischen 1945 und 1972, Suhrkamp, Frankfurt, 1982.

C) Werke zum allgemeinen Hintergrund der Lebensbeschreibung

‚Viktor Adler aus seinen Reden und Schriften', Verlag Wiener Volksbuchhandlung, 1947.

Adunka, Evelyn, Friedrich Heer. Eine intellektuelle Biographie, Tyrolia, Innsbruck, 1995.

Allmayer-Beck, J. Chr., Ministerpräsident Baron Beck, Verlag für Geschichte und Politik, Wien, 1956.

Allmayer-Beck/Lessing, Die K.(u.)K.-Armee 1848–1914, Ueberreuter, Wien, 1990.

Altmann-Loos, Elsie, Mein Leben mit Adolf Loos, Ullstein, Berlin, 1986.

Amann, Klaus, Der Anschluß österreichischer Schriftsteller an das Dritte Reich, Athenäum, Frankfurt, 1988.
Andics, Hellmut, Gründerzeit, Jugend und Volk, Wien, 1981; Ringstraßenwelt, Jugend und Volk, Wien, 1983; Luegerzeit, Jugend und Volk, Wien, 1984.
Andreas-Salomé, Lou, Lebensrückblick, Insel, Frankfurt, 1968.
Bardolff, Carl Freiherr von, Soldat im alten Österreich, Diederichs Verlag, Jena 1938.
Bauer, Otto, Eine Auswahl aus seinem Lebenswerk, Verlag der Wiener Volksbuchhandlung, 1961.
Benda, Richard/Gabriel, Ingrid, Terror rot/weiss/rot. Politische Kriminalität in Österreich, Presdok, Zürich, 1989.
Benedikt, Heinrich, Damals im alten Österreich, Amalthea, Wien, 1979.
Berczeller, Richard/Leser, Norbert, ... mit Österreich verbunden. Burgenlandschicksal 1918–1945, Jugend und Volk, Wien, 1975.
Bilke, Martina, Zeitgenossen der ‚Fackel', Löcker, Wien, 1981.
Bischof, Günter/Leidenfrost, Josef, Die bevormundete Nation. Österreich und die Alliierten 1945–1949, Haymon, Innsbruck, 1988.
Bled, Jean Paul, Franz Joseph, Böhlau, Wien, 1988.
Böhm, Johann, Erinnerungen aus meinem Leben, Verlag des Österreichischen Gewerkschaftsbundes, Wien, 1953.
Botz, Gerhard, Gewalt in der Politik. Attentate, Zusammenstöße, Putschversuche, Unruhen in Österreich 1918–1938, Fink, München, 1976.
Braunthal, Julius, Die Wiener Julitage 1927. Ein Gedenkbuch, Verlag der Wiener Volksbuchhandlung, 1927.
Braunthal, Julius, Auf der Suche nach dem Millenium, Nest-Verlag, Nürnberg, 1948.
Breitner, Burghard, Unverwundet gefangen, Rikola Verlag, Wien, 1922.
Broch, Hermann, Hofmannsthal und seine Zeit, in ‚Dichten und Erkennen. Essays. Band I', Rhein-Verlag, Zürich 1955.
Brook-Shepherd, Gordon, Der Anschluß, Styria, Graz, 1965.
Broucek, Peter, Ein General im Zwielicht – Die Erinnerungen Edmund Glaises von Horstenau, Bd. 1–3, Böhlau Verlag, Wien-Graz, 1980.
Bruckmüller, Ernst/Döcker, Ulrike/Stekl, Hannes/Urbanitsch, Peter, Bürgertum in der Habsburger-Monarchie, Böhlau, Wien, 1990.
Buber-Neumann, Margarete, Milena, Kafkas Freundin, Ullstein, Frankfurt, 1990.
Bunzl, John/Marin, Bernd, Antisemitismus in Österreich, Sozialhistorische und soziologische Studien, Inn-Verlag, Innsbruck, 1983.
Cerná, Jana, Milena Jesenská, Verlag Neue Kritik, Frankfurt, 1985.
Clark, Ronald W., Sigmund Freud, Fischer Verlag, Frankfurt, 1981.
Clary-Aldringen, Alfons, Geschichten eines alten Österreichers, Ullstein, Frankfurt, 1977.
Croy, Otto R./Haslinger, Josef, Leben in der Asche. Trümmerjahre in Wien 1945–1948, Kremayr & Scheriau, 1993.
Czeike, Felix, Wiener Bürgermeister, Jugend & Volk, Wien, 1975.
Czernin, Ottokar, Im Weltkriege, Ullstein, Berlin und Wien, 1919.
Dachauer, Dr. Max, Das Ende Österreichs. Aus der k.u.k. Monarchie ins Dritte Reich, Weller Verlag, Berlin, 1939.
Das Rote Wien 1918–1934, Historisches Museum der Stadt Wien, 1993.
Das schöne Groß-Wien, Deutscher Verlag für Jugend und Volk, Wien, 1941.
Deák, István, Der K.(u.)K. Offizier, Böhlau Verlag, Wien, 1991.
Der Novemberpogrom 1938, Die „Reichskristallnacht" in Wien, Historisches Museum der Stadt Wien, 1989.
Deutsch, Julius, Ein weiter Weg, Lebenserinnerungen, Amalthea, Wien, 1960.

Die Universität Wien, ihre Geschichte, ihre Institute und Einrichtungen, Lindner Verlag, Düsseldorf, 1929.
Drabek/Häusler/Schubert/Stuhlpfarrer/Vielmetti, Das österreichische Judentum, Jugend und Volk, Wien, 1974.
Drexel, Karl, Feldkurat in Sibirien, Felizian Rauch, Innsbruck, 1949.
Dubrovic, Milan, Veruntreute Geschichte, Zsolnay, Wien, 1985.
Dwinger, Edwin Erich, Die Armee hinter Stacheldraht, Diederichs, Jena, 1929.
Ehrhardt, Robert, Im Dienste des alten Österreich, Bergland, Wien, 1958.
Etzersdorfer, Irene, Arisiert, Kremayr & Scheriau, Wien, 1995.
Feigl, Erich, Kaiserin Zita, Amalthea, Wien, 1982.
Felder, Cajetan, Erinnerungen eines Wiener Bürgermeisters, Forum Verlag, Wien, 1964.
Feldl, Peter, Das verspielte Reich. Die letzten Tage Österreich-Ungarns, Zsolnay, Wien, 1968.
Fischer, Ernst, Erinnerungen und Reflexionen, Sendler Verlag, Frankfurt, 1987; Das Ende einer Illusion, Sendler Verlag, Frankfurt, 1988.
Fliess, Wilhelm, Vom Leben und vom Tod. Biologische Vorträge, Diederichs, Jena, 1924.
Freud, Sigmund, Briefe an Wilhelm Fließ 1887–1904, Ungekürzte Ausgabe, S. Fischer, Frankfurt, 1986.
Frick, Adam, Erinnerungen eines Alt-Österreichers, Sensen-Verlag, Wien, 1984.
Funder, Friedrich, Vom Gestern ins Heute. Aus dem Kaiserreich in die Republik, Herold, Wien, 1971 (3. Auflage); Als Österreich den Sturm bestand. Aus der Ersten in die Zweite Republik, Herold, Wien, 1957.
Galizien, Seine kulturelle und wirtschaftliche Entwicklung, Buchdruckerei ‚Industrie', Wien, o. J.
Geretsegger, Heinz/Peintner, Max, Otto Wagner 1841/1918, Residenz, Salzburg, 1983.
Glaise-Horstenau, Edmund von, Die Katastrophe, Amalthea, Wien, 1929.
A. P. Gütersloh zum 100. Geburtstag, Österreichischer Kunst- und Kulturverlag, Wien/St. Johann, 1987.
Albert Paris Gütersloh, Retrospektive, Eine Ausstellung der Niederösterreich-Gesellschaft für Kunst und Kultur, 1982.
Gulick, Charles A., Österreich von Habsburg zu Hitler, 5 Bde., (University of California Press, 1948) deutsche Ausgabe: Danubia-Verlag, Wien, o. J.
Hakel, Hermann, Dürre Äste Welkes Gras, Lynkeus, Wien, 1991.
Hartl, Edwin, Wenn ich so zurückdenke, Edition Atelier, Wien, 1991.
Heer, Friedrich, Der Kampf um die österreichische Identität, Wien, 1981.
Heindl, Eduard, Über ein halbes Jahrhundert, Braumüller, Wien, 1948.
Heinersdorff, Richard, Die K.u.K. Privilegierten Eisenbahnen, Verlag Fritz Molden, Wien, 1975.
Helmer, Oskar, 50 Jahre erlebte Geschichte, Verlag der Wiener Volksbuchhandlung, o. J.
Jagschitz, Gerhard, Der Putsch – Die Nationalsozialisten 1934 in Österreich, Styria, 1976.
Janik, Allen/Toulin, Stephen, Wittgensteins Wien, Piper, München, 1987.
Jedlicka, Ludwig, Der 20. Juli 1944 in Österreich, Herold, Wien, 1965.
Jerábek, Rudolf, Potiorek, Styria, Graz, 1991.
Johnston, William M., Österreichische Kultur- und Geistesgeschichte, Gesellschaft und Ideen im Donauraum 1848 bis 1939, Böhlau, Wien, 1992.
Jones, Ernest, Sigmund Freud, Leben und Werk, Fischer Verlag, Frankfurt, 1969.
Kalmar, Rudolf, Zeit ohne Gnade, Schönbrunn Verlag, 1946.
Karpow, Vladimir, Russland im Krieg 1941–1945, Schweizer Verlagshaus AG, Zürich, 1988.
Kinsky, Zdenko Radslav Graf, Zu Pferd und zu Fuß, 70 Jahre aus den Erinnerungen, Heidrich, Wien, 1974.
Kirchhoff, Rosel, Am Lagertor, Bayerland Verlag, 1972.
Kleinschmied, Dr. Oskar, Schober, Manz, Wien, 1930.

Kohn, Hans, Karl Kraus Arthur Schnitzler Otto Weininger. Aus dem jüdischen Wien der Jahrhundertwende, Mohr, Tübingen, 1962.
Kollman, Eric C., Theodor Körner, Militär und Politik, Oldenbourg Verlag, München, 1973.
Kowalewski, Viktor, Vergewaltigte Menschen, Amon Franz Göth, Wien-München, 1926.
Kretschmer, Helmut, Landstraße, Geschichte des 3. Wiener Gemeindebezirks und seiner alten Orte, Jugend und Volk, Wien München 1982.
Kreisky, Bruno, Zwischen den Zeiten, Siedler Verlag und Kremayr & Scheriau, 1986.
Kuppe, Dr. Rudolf, Karl Lueger und seine Zeit, Österreichische Volksschriften, Wien, 1933.
Kuh, Anton, Luftlinien, Löcker Verlag, Wien, 1991.
Leser, Norbert (Hrsg.), Das geistige Leben Wiens in der Zwischenkriegszeit, Österreichischer Bundesverlag, 1981.
Loos, Nina, Das Buch ohne Titel, Ullstein, Frankfurt, 1989.
Lorenz, Reinhold, Kaiser Karl und der Untergang der Donaumonarchie, Styria, Graz, 1959.
Lützow, Heinrich Graf von, Im diplomatischen Dienst der k.u.k. Monarchie, Oldenbourg, München, 1971.
Luza, Radomír, Österreich und die großdeutsche Idee in der NS-Zeit, Hermann Böhlaus Nachf., Wien/Köln/Graz, 1977.
Maderthaner, Wolfgang (Hrsg.), Sozialdemokratie und Habsburgerstaat, Löcker, Wien, 1988.
Mähr, Wilfried, Der Marshallplan in Österreich, Styria, Graz, 1989.
März, Eduard, Österreichische Bankpolitik in der Zeit der großen Wende 1913–1923, R. Oldenburg Verlag, München 1981.
Magenschab, Hans, Der Krieg der Großväter 1914–1918, Edition S, Wien, 1990.
Mantl, Wolfgang (Hrsg.), Politik in Österreich. Die Zweite Republik: Bestand und Wandel, Böhlau, Wien, 1992.
Margutti, Albert Freiherr von, Kaiser Franz Joseph, Manz, Wien, 1924.
Markovits, Rodion, Sibirische Garnison, Propyläen-Verlag, Berlin, o. J.
Meysels, Lucian O., Der Austrofaschismus, Amalthea, Wien, 1992.
Mikoletzky, Hanns Leo, Österreichische Zeitgeschichte. Vom Ende der Monarchie bis zur Gegenwart, Austria Edition, Wien, 1962.
Millenkovich-Morod, Vom Abend zum Morgen, Reclam, Leipzig, 1940.
Molden, Fritz, Fepolinski & Waschlapski, dtv, München, 1991; Besetzer, Toren, Biedermänner, Molden, Wien, 1980.
Monk, Ray, Wittgenstein – Das Handwerk des Genies, Klett-Cotta, Stuttgart, 1992.
Morton, Frederic, Wetterleuchten 1913/1914, Ueberreuter, Wien, 1990.
Motesiczky, Marie-Louise von, Ausstellungskatalog, Österreichische Galerie, Oberes Belvedere, 1994.
Musulin, Freiherr von, Das Haus am Ballhausplatz, Verlag für Kulturpolitik, München, 1924.
Neumann, Robert, Ein leichtes Leben, Desch, Wien, 1963.
Niehl, Alfred, Wiener Eisenbahnvergnügen, Jugend und Volk, Wien, 1982.
Noack, Paul, Carl Schmitt, Propyläen, Berlin, 1993.
Obolensky, Chloe, Das Alte Russland, C. H. Beck, 1980.
Österreich und der Zweite Weltkrieg, Dokumentationsarchiv des österreichischen Widerstandes, Österreichischer Bundesverlag, Wien, 1989.
Pauli, Hertha, Der Riss der Zeit geht durch mein Herz, Zsolnay, Wien, 1970.
Pemsel, Jutta, Die Wiener Weltausstellung von 1873, Böhlau, Wien, 1989.
Piekalkiewicz, Janusz, Der Zweite Weltkrieg, Econ, Düsseldorf, 1985.
Polgar, Alfred, Taschenspiegel, Löcker Verlag, Wien, 1980.
Pollak, Walter, Dokumentation einer Ratlosigkeit. Österreich im Oktober/November 1918, Kremayr & Scheriau, Wien, 1968.

Radax-Ziegler, Senta, Labyrinthe der Liebe. Albert Paris Gütersloh und Milena Hutter, Herder, Wien, 1988.
Rathkolb, Oliver, Führertreu und gottbegnadet, Künstlereliten im Dritten Reich, Österreichischer Bundesverlag, Wien, 1991.
Rathkolb/Duchkowitsch/Hausjell (Hrsg.), Die veruntreute Wahrheit, Hitlers Propagandisten in Österreichs Medien, Otto Müller, Salzburg, 1988.
Rauchensteiner, Manfried, 1945 Entscheidung für Österreich, Styria, Graz, 1975; Der Sonderfall. Die Besatzungszeit in Österreich 1945 bis 1955, Styria, 1979.
Rebhann, Fritz M., Bis in den Tod: Rotweißrot, Herold, Wien, 1988; Das braune Glück zu Wien, Herold, 1973; Finale in Wien, Herold, 1969.
Reimann, Viktor, Fünf ungewöhnliche Gespräche, Ueberreuter, Wien, 1991.
Renner, Karl, An der Wende zweier Zeiten. Lebenserinnerungen, Danubia, Wien, 1946.
Le Rider, Jacques, Der Fall Otto Weininger, Löcker Verlag, Wien, 1985.
Roschitz, Karlheinz, Das Wiental, Jugend und Volk, Wien, 1983.
Rozenblit, Marsha L., Die Juden Wiens 1867–1914. Assimilation und Identität, Böhlau, Wien, 1988.
Rübelt, Lothar, Österreich zwischen den Kriegen, Molden, Wien, 1979.
Sablik, Karl, Julius Tandler. Mediziner und Sozialreformer, Schendl, Wien, 1983.
Schaefer, Camillo, Peter Altenberg oder Die Geburt der modernen Seele, Amalthea, Wien, 1992.
Salisbury, Harrison E., Die Ostfront. Der unvergessene Krieg 1941 bis 1945, Molden, Wien, 1981.
Scheu, Friedrich, Der Weg ins Ungewisse, Molden, Wien, 1972.
Schimetschek, Bruno, Der österreichische Beamte, Verlag für Geschichte und Politik, Wien, 1984.
Schnitzler, Arthur, Jugend in Wien, Molden, Wien, 1968.
Schnöller, Andrea/Stekl, Hannes, „Es war eine Welt der Geborgenheit . . .“. Bürgerliche Kindheit in Monarchie und Republik, Böhlau, Wien, 1987.
Schorske, Carl E., Wien – Geist und Gesellschaft im Fin de Siècle, Fischer, Frankfurt, 1982.
Schuschnigg, Kurt, Im Kampf gegen Hitler, Amalthea, 1988.
Seiger, Hans/Lunardi, Michael/Populorum, Peter Josef, Im Reich der Kunst. Die Wiener Akademie der bildenden Künste und die faschistische Kunstpolitik, Verlag für Gesellschaftskritik, Wien, 1990.
Sil-Vara, Briefe aus der Gefangenschaft, Verlag Julius Brüll, etwa 1916/17.
Singer, Ladislaus, Ottokar Graf Czernin, Styria, Graz, 1965.
Spiel, Hilde, Rückkehr nach Wien, Tagebuch 1946, Nymphenburger, München, 1968; Glanz und Untergang, Wien 1866–1938, Kremayr & Scheriau, Wien, 1987.
Spitzmüller, Alexander, . . . und hat auch Ursach, es zu lieben, Frick, Wien, 1955.
Stackelberg, Traugott von, Geliebtes Sibirien, Neske, Pfullingen, 1951.
Starhemberg, Ernst Rüdiger, Memoiren, mit einer Einleitung von Heinrich Drimmel, Amalthea, Wien, 1971.
Streeruwitz, Ernst, Wie es war, Steyrermühl Verlag, 1934.
Hans Tietze, Wien – Kultur/Kunst/Geschichte, Verlag Dr. Hans Epstein, Wien und Leipzig 1931; Die Juden Wiens. Geschichte – Wirtschaft – Kultur [1933], Edition Atelier, Reprint, Wien, 1987.
Torberg, Friedrich, Kaffeehaus war überall, Langen-Müller, München, 1982.
Trotzki, Leo, Mein Leben, Fischer, Frankfurt, 1961.
Tyrell, Albrecht, Führer befiehl . . . Selbstzeugnisse aus der ‚Kampfzeit‘ der NSDAP, Droste, Düsseldorf, 1969.
Viertel, Salka, Das unbelehrbare Herz, Claassen, Hamburg, 1970.
Vom Justizpalast zum Heldenplatz. Studien und Dokumentationen 1927 bis 1938, Österreichische Staatsdruckerei, 1975.
Wagner, Nike, Geist und Geschlecht. Karl Kraus und die Erotik der Wiener Moderne, Suhrkamp, Frankfurt, 1987.

Weinberger, Lois, Tatsachen, Begegnungen und Gespräche, Österreichischer Verlag, Wien, 1948.
Weinzierl, Erika/Skalnik, Kurt, Österreich 1918–1938, Geschichte der Ersten Republik, 2 Bde, Styria, Graz, 1983.
Weinzierl, Ulrich, Alfred Polgar, Löcker, Wien, 1985.
Wien 1938, Museum der Stadt Wien und Dokumentationsarchiv des österreichischen Widerstandes, 1988.
Wien 1945 davor/danach, Brandstätter, Wien, 1985.
Wibiral, Norbert/Mikula, Renata, Heinrich von Ferstel, Steiner Verlag, Wiesbaden, 1974.
Windisch-Graetz, Ludwig, Helden und Halunken. Selbsterlebte Weltgeschichte 1899–1964, Frick, Wien, 1967.
Wissenschaftliche Kommission des Theodor-Körner-Stiftungsfonds und des Leopold-Kunschak-Preises, Die Ereignisse des 15. Juli 1927, Protokoll des Symposions am 15. Juni 1977, Verlag für Geschichte und Politik, Wien, 1979.
Wolfgang, Bruno, Batjuschka, Wiener Verlagsgesellschaft, 1941.
Zöllner, Erich, Geschichte Österreichs, Verlag für Geschichte und Politik, Wien, 1961.
Zohn, Harry, Karl Kraus, Hain, Frankfurt, 1990.
Zuckerkandl, Berta, Österreich intim, Ullstein, Frankfurt, 1970.

Personenregister